国家哲学社会科学基金重点项目

"加快建设世界重要人才中心和创新高地研究"（编号：23AZD039）

中国基础研究人才

指数报告

（2023）

CHINA'S BASIC RESEARCH TALENT
INDEX REPORT (2023)

柳学智　苗月霞　刘晔　等　著

社会科学文献出版社
SOCIAL SCIENCES ACADEMIC PRESS (CHINA)

专家指导委员会

序

当前，新一轮科技革命和产业变革蓬勃兴起，科学探索加速演进，学科交叉日益紧密，一些基本科学问题孕育重大突破。世界主要发达国家普遍强化基础研究，全球科技竞争不断向基础研究前移。

基础研究是创新的源头，人才是基础研究的主要驱动因素。了解和评估基础研究人才的分布和发展趋势，是政策制定和理论研究的重要依据。从微观层面看，对个体、团队、组织等进行人才评估，评估的范围相对较小，评估的内容相对确定，评估的方法易于选择；从宏观层面看，在区域层面上评估一个国家或地区的基础研究人才，或者在研究领域层面上评估一个学科或学科大类的基础研究人才，评估范围广，评估内容多，文献计量评估是一种比较客观、准确的评估方法。本报告基于基础研究文献大数据，构建基础研究人才指数，对中国 31 个省区市基础研究人才的分布和发展趋势进行评估。

对基础研究人才进行文献计量评估，必须划分研究领域。当前，研究领域的划分没有公认的标准，考虑到对中国基础研究的针对性，本报告参照中国自然科学基金委员会学科组分类，从学科、学科组、总体三个层面对研究领域进行划分，以学科为基本单元，构建指数，评估学科层面的基础研究人才；汇总学科层面的统计结果，评估学科组层面的基础研究人才；汇总学科组层面的统计结果，评估总体层面的基础研究人才。这样在评估基础研究人才时，既能体现研究领域的整体性，又具有学科针对性。

考虑到不同学科的文献类型有所不同，本报告在选取数据时，涵盖每一学科的主要文献类型，避免基于一种或几种文献类型进行学科比较而产生针对性不足、偏颇等问题。

考虑到基础研究的动态性，本报告针对最近 10 年各年度及年度合计基础研究文献分别计算指数。年度指数反映年度变化趋势，年度合计指数更为全面地反映一个省份的整体水平，作为人才比较的主要指数。

本报告基于文献被引频次分布的特点，截取被引频次的累计百分比处于前 10%的优秀人才，并且依据 1‰、1%、10%标线对优秀人才进行了更细致的分层，据此提出了一套中国基础研究人才指数，并运用科睿唯安大数据进行了实证，全面、客观、准确地反映中国基础研究人才的分布和发展趋势，为政策制定和理论研究提供实证参考。

柳学智
2024 年 4 月

目 录

第1章　中国基础研究人才指数

本报告基于基础研究文献大数据，构建中国基础研究人才指数，对中国 31 个省区市各领域基础研究人才进行评估。

第一节　考量因素

本报告的数据来源于科睿唯安的 InCites 数据库，数据更新时间为 2024 年 1 月 25 日。

科睿唯安遵循客观性、选择性和动态性的文献筛选原则，将文献被引频次作为主要影响力指标，筛选每一研究领域中最有影响力的期刊等文献，确保文献的代表性。

经过数据清洗，最后纳入统计分析的文献数据共 12876457 篇。

一　基础研究领域的划分

本报告以科睿唯安 Web of Science 学科分类为基础，选择了 198 个 Web of Science 学科，根据中国国家自然科学基金委员会关于学科组的划分，归入相应的学科组，形成 8 个学科组和 1 个交叉学科，进一步将各学科组和交叉学科归为自然科学总体，这样，就将自然科学基础研究领域划分为学科、学科组、总体三个层次。

表 1-1　基础研究领域的划分

学科组	Web of Science 学科
数学与物理学	数学（Mathematics）
	数学物理（Physics，Mathematical）
	统计学和概率论（Statistics&Probability）

续表

学科组	Web of Science 学科
数学与物理学	应用数学（Mathematics，Applied）
	逻辑学（Logic）
	跨学科应用数学（Mathematics，Interdisciplinary Applications）
	力学（Mechanics）
	天文学和天体物理学（Astronomy&Astrophysics）
	凝聚态物理（Physics，Condensed Matter）
	热力学（Thermodynamics）
	原子、分子和化学物理（Physics，Atomic，Molecular&Chemical）
	光学（Optics）
	光谱学（Spectroscopy）
	声学（Acoustics）
	粒子物理学和场论（Physics，Particles&Fields）
	核物理（Physics，Nuclear）
	核科学和技术（Nuclear Science&Technology）
	流体物理和等离子体物理（Physics，Fluids&Plasmas）
	应用物理学（Physics，Applied）
	多学科物理（Physics，Multidisciplinary）
化学	有机化学（Chemistry，Organic）
	高分子科学（Polymer Science）
	电化学（Electrochemistry）
	物理化学（Chemistry，Physical）
	分析化学（Chemistry，Analytical）
	晶体学（Crystallography）
	无机化学和核化学（Chemistry，Inorganic&Nuclear）
	纳米科学和纳米技术（Nanoscience&Nanotechnology）
	化学工程（Engineering，Chemical）
	应用化学（Chemistry，Applied）
	多学科化学（Chemistry，Multidisciplinary）
生命科学	生物学（Biology）
	微生物学（Microbiology）
	病毒学（Virology）

续表

学科组	Web of Science 学科
生命科学	植物学(Plant Sciences)
	生态学(Ecology)
	湖沼学(Limnology)
	进化生物学(Evolutionary Biology)
	动物学(Zoology)
	鸟类学(Ornithology)
	昆虫学(Entomology)
	制奶和动物科学(Agriculture, Dairy&Animal Science)
	生物物理学(Biophysics)
	生物化学和分子生物学(Biochemistry&Molecular Biology)
	生物化学研究方法(Biochemical Research Methods)
	遗传学和遗传性(Genetics&Heredity)
	数学生物学和计算生物学(Mathematical&Computational Biology)
	细胞生物学(Cell Biology)
	免疫学(Immunology)
	神经科学(Neurosciences)
	心理学(Psychology)
	应用心理学(Psychology, Applied)
	生理心理学(Psychology, Biological)
	临床心理学(Psychology, Clinical)
	发展心理学(Psychology, Developmental)
	教育心理学(Psychology, Educational)
	实验心理学(Psychology, Experimental)
	数学心理学(Psychology, Mathematical)
	多学科心理学(Psychology, Multidisciplinary)
	心理分析(Psychology, Psychoanalysis)
	社会心理学(Psychology, Social)
	行为科学(Behavioral Sciences)
	生物材料学(Materials Science, Biomaterials)
	细胞和组织工程学(Cell&Tissue Engineering)
	生理学(Physiology)
	解剖学和形态学(Anatomy&Morphology)
	发育生物学(Developmental Biology)
	生殖生物学(Reproductive Biology)
	农学(Agronomy)

续表

学科组	Web of Science 学科
生命科学	多学科农业（Agriculture，Multidisciplinary）
	生物多样性保护（Biodiversity Conservation）
	园艺学（Horticulture）
	真菌学（Mycology）
	林学（Forestry）
	兽医学（Veterinary Sciences）
	海洋生物学和淡水生物学（Marine&Freshwater Biology）
	渔业学（Fisheries）
	食品科学和技术（Food Science&Technology）
	生物医药工程（Engineering，Biomedical）
	生物技术和应用微生物学（Biotechnology&Applied Microbiology）
地球科学	地理学（Geography）
	自然地理学（Geography，Physical）
	遥感（Remote Sensing）
	地质学（Geology）
	古生物学（Paleontology）
	矿物学（Mineralogy）
	地质工程（Engineering，Geological）
	地球化学和地球物理学（Geochemistry&Geophysics）
	气象学和大气科学（Meteorology&Atmospheric Science）
	海洋学（Oceanography）
	环境科学（Environmental Sciences）
	土壤学（Soil Science）
	水资源（Water Resources）
	环境研究（Environmental Studies）
	多学科地球科学（Geosciences，Multidisciplinary）
工程与材料科学	冶金和冶金工程（Metallurgy&Metallurgical Engineering）
	陶瓷材料（Materials Science，Ceramics）
	造纸和木材（Materials Science，Paper&Wood）
	涂料和薄膜（Materials Science，Coatings&Films）
	纺织材料（Materials Science，Textiles）
	复合材料（Materials Science，Composites）
	材料检测和鉴定（Materials Science，Characterization&Testing）
	多学科材料（Materials Science，Multidisciplinary）
	石油工程（Engineering，Petroleum）

续表

学科组	Web of Science 学科
工程与材料科学	采矿和矿物处理（Mining&Mineral Processing）
	机械工程（Engineering, Mechanical）
	制造工程（Engineering, Manufacturing）
	能源和燃料（Energy&Fuels）
	电气和电子工程（Engineering, Electrical&Electronic）
	建筑和建筑技术（Construction&Building Technology）
	土木工程（Engineering, Civil）
	农业工程（Agricultural Engineering）
	环境工程（Engineering, Environmental）
	海洋工程（Engineering, Ocean）
	船舶工程（Engineering, Marine）
	交通（Transportation）
	交通科学和技术（Transportation Science&Technology）
	航空和航天工程（Engineering, Aerospace）
	工业工程（Engineering, Industrial）
	设备和仪器（Instruments&Instrumentation）
	显微镜学（Microscopy）
	绿色和可持续科学与技术（Green&Sustainable Science&Technology）
	人体工程学（Ergonomics）
	多学科工程（Engineering, Multidisciplinary）
信息科学	电信（Telecommunication）
	影像科学和照相技术（Imaging Science&Photographic Technology）
	计算机理论和方法（Computer Science, Theory&Methods）
	软件工程（Computer Science, Software Engineering）
	计算机硬件和体系架构（Computer Science, Hardware&Architecture）
	信息系统（Computer Science, Information Systems）
	控制论（Computer Science, Cybernetics）
	计算机跨学科应用（Computer Science, Interdisciplinary Applications）
	自动化和控制系统（Automation&Control Systems）
	机器人学（Robotics）
	量子科学和技术（Quantum Science&Technology）
	人工智能（Computer Science, Artificial Intelligence）
管理科学	运筹学和管理科学（Operations Research&Management Science）
	管理学（Management）
	商学（Business）

续表

学科组	Web of Science 学科
管理科学	经济学（Economics）
	金融学（Business，Finance）
	人口统计学（Demography）
	农业经济和政策（Agricultural Economics&Policy）
	公共行政（Public Administration）
	卫生保健科学和服务（Health Care Sciences&Services）
	医学伦理学（Medical Ethics）
	区域和城市规划（Regional&Urban Planning）
	信息学和图书馆学（Information Science&Library Science）
医学	呼吸系统（Respiratory System）
	心脏和心血管系统（Cardiac&Cardiovascular Systems）
	周围血管疾病学（Peripheral Vascular Disease）
	胃肠病学和肝脏病学（Gastroenterology&Hepatology）
	产科医学和妇科医学（Obstetrics&Gynecology）
	男科学（Andrology）
	儿科学（Pediatrics）
	泌尿学和肾脏学（Urology&Nephrology）
	运动科学（Sport Sciences）
	内分泌学和新陈代谢（Endocrinology&Metabolism）
	营养学和饮食学（Nutrition&Dietetics）
	血液学（Hematology）
	临床神经学（Clinical Neurology）
	药物滥用医学（Substance Abuse）
	精神病学（Psychiatry）
	敏感症学（Allergy）
	风湿病学（Rheumatology）
	皮肤医学（Dermatology）
	眼科学（Ophthalmology）
	耳鼻喉学（Otorhinolaryngology）
	听觉学和言语病理学（Audiology&Speech-Language Pathology）
	牙科医学、口腔外科和口腔医学（Dentistry，Oral Surgery&Medicine）
	急救医学（Emergency Medicine）
	危机护理医学（Critical Care Medicine）
	整形外科学（Orthopedics）
	麻醉学（Anesthesiology）

续表

学科组	Web of Science 学科
医学	肿瘤学（Oncology）
	康复医学（Rehabilitation）
	医学信息学（Medical Informatics）
	神经影像学（Neuroimaging）
	传染病学（Infectious Diseases）
	寄生物学（Parasitology）
	医学化验技术（Medical Laboratory Technology）
	放射医学、核医学和影像医学（Radiology，Nuclear Medicine&Medical Imaging）
	法医学（Medicine，Legal）
	老年病学和老年医学（Geriatrics&Gerontology）
	初级卫生保健（Primary Health Care）
	公共卫生、环境卫生和职业卫生（Public，Environmental&Occupational Health）
	热带医学（Tropical Medicine）
	药理学和药剂学（Pharmacology&Pharmacy）
	医用化学（Chemistry，Medicinal）
	毒理学（Toxicology）
	病理学（Pathology）
	外科学（Surgery）
	移植医学（Transplantation）
	护理学（Nursing）
	全科医学和内科医学（Medicine，General&Internal）
	综合医学和补充医学（Integrative&Complementary Medicine）
	研究和实验医学（Medicine，Research&Experimental）
交叉学科	交叉学科（Multidisciplinary Science）

二　文献类型的选择

基础研究成果的主要形式是在期刊、报纸、图书等各种媒介上或者在会议、研讨、论坛等各种活动中发表的论文、综述、评论等各种文献。

考虑到各学科之间文献类型存在差异，本报告选择了多种文献类型，涵盖了所研究学科的主要文献类型。

表 1-2　文献类型

中文名称	英文名称
期刊论文	Article
会议论文	Proceedings Paper
会议摘要	Meeting Abstract
综述	Review
编辑材料	Editorial Material
快报	Letter
更正	Correction
图书章节	Book Chapter
图书综述	Book Review
传记	Biographical-Item
新闻条目	News Item
数据论文	Data Paper
转载	Reprint
软件评论	Software Review
参考书目	Bibliography
数据库评论	Database Review
硬件评论	Hardware Review
图书	Book
记录评审	Record Review
摘录	Excerpt
研究报告	Note
研讨	Discussion
个人研究领域	Item About An Individual
年表	Chronology

三　人才活跃期的界定

基础研究成果随着时间连续累积，基础研究人才也随着时间连续分布，只有"活跃的"基础研究人才才有可比性。

考虑到基础研究的长期性，本研究以 10 年作为基础研究人才的活跃期，基于 10 年数据进行统计分析，评估在这一活跃期内某一省份某一研究领域中基础研究人才的分布和发展趋势，能够更为合理地反映该省份该研究领域的人才发展状况。

考虑到基础研究的动态性，本研究以 1 年为活跃期，对活跃期内各年度数据进行统计分析，以及时反映基础研究人才的年度变化情况。

第二节　指数设计

本报告基于基础研究文献大数据的计量分析，划分基础研究人才层次，构建基础研究人才指数，评估各省份各领域的基础研究人才。

一　文献计量方法

一篇文献可能有一个或多个作者，作者可能属于一个或多个省份，甚至一篇文献可能属于一个或多个学科。在本报告中，如果一篇文献有多个作者，且属于同一个省份，视为一个作者；如果一篇文献的作者属于多个省份，视为作者所属的每一省份都拥有该篇文献，例如，某篇文献有 3 个北京的作者、2 个上海的作者，那么北京和上海各自计量为 1 篇文献；如果一篇文献属于多个学科，视为文献所属的每一学科都拥有该篇文献，例如，某篇文献既属于有机化学，又属于高分子科学，那么有机化学和高分子科学各自计量为 1 篇文献。

二　基础研究人才层次划分

本报告将基础研究人才界定为，在某一学科某一年度的全球文献中，被引频次的累计百分比处于前 10% 的文献作者。

为了对基础研究人才进行更细致的区分，我们继续以 1‰、1%、10% 为标线，将基础研究人才划分为 A、B、C 三个层次。

表 1-3　基础研究人才层次划分

人才层次	累计百分比（p）
A	$p \leqslant 1‰$
B	$1‰ < p \leqslant 1\%$
C	$1\% < p \leqslant 10\%$

三　中国基础研究人才指数界定

学科是基础研究领域划分的基本单元，也是基础研究人才划分的基本单元，本报告以学科为基本单元构建指数，进行学科层面的指数计算；在学科分析的基础上，根据学科组的划分，对应汇总相应学科的指数，形成了学科组的指数；进一步汇总学科组的指数，形成自然科学总体的指数。

根据学科、学科组、总体三个研究领域层面和 A、B、C 三个人才层次，构建某一省份某一研究领域某一活跃期内某一人才层次的人才指数，具体指数如下。

A 层人才指数：某省份某研究领域某活跃期内 A 层人才的人次数。

A 层人才占比：某省份某研究领域某活跃期内 A 层人才指数占全球相应研究领域相应活跃期内 A 层人才指数的百分比。

B 层人才指数：某省份某研究领域某活跃期内 B 层人才的人次数。

B 层人才占比：某省份某研究领域某活跃期内 B 层人才指数占全球相应研究领域相应活跃期内 B 层人才指数的百分比。

C 层人才指数：某省份某研究领域某活跃期内 C 层人才的人次数。

C 层人才占比：某省份某研究领域某活跃期内 C 层人才指数占全球相应研究领域相应活跃期内 C 层人才指数的百分比。

为了比较各省份各领域基础研究人才的发展情况，本报告选择 A、B、C 层人才占比作为人才比较的主要指数。

第三节　指数计算与结果呈现

本报告从以下三个层面进行指数计算和结果呈现。

一　学科层面

根据数学与物理学、化学、生命科学、地球科学、工程与材料科学、信息科学、管理科学、医学等 8 个学科组，计算和呈现每一学科组下每一学科每一省份 A、B、C 层人才在 2013~2022 年各年度及其合计的全球占比。

将交叉学科视为一个学科组，其下只有一个学科，进行学科层面的指数计算和结果呈现。

二　学科组层面

以数学与物理学、化学、生命科学、地球科学、工程与材料科学、信息科学、管理科学、医学等 8 个学科组为单元，在学科层面的指数计算基础上，汇总每个学科组中各个学科的计算结果，呈现每一学科组每一省份 A、B、C 层人才在 2013~2022 年各年度及其合计的全球占比。

三　总体层面

以自然科学总体为单元，在数学与物理学、化学、生命科学、地球科学、工程与材料科学、信息科学、管理科学、医学等 8 个学科组和交叉学科组的指数计算基础上，汇总各个学科组的计算结果，呈现自然科学总体每一省份 A、B、C 层人才在 2013~2022 年各年度及其合计的全球占比。

第2章 数学与物理学

数学与物理学是自然科学中的基础科学，是当代科学发展的先导和基础。其研究进展和重大突破，不仅推动自身的发展，也为其他学科的发展提供理论、思想、方法和手段。

第一节 学科

数学与物理学学科组包括以下学科：数学，数学物理，统计学和概率论，应用数学，逻辑学，跨学科应用数学，力学，天文学和天体物理学，凝聚态物理，热力学，原子、分子和化学物理，光学，光谱学，声学，粒子物理学和场论，核物理，核科学和技术，流体物理和等离子体物理，应用物理学，多学科物理，共计20个。

一 数学

浙江、湖南数学 A 层人才的世界占比分别为 5.02%、4.63%，排名前二；山东、上海、北京、江苏、天津、黑龙江有相当数量的 A 层人才，世界占比在 3%~1%[①]；四川、广东、湖北、福建、云南、安徽、江西、辽宁、陕西、重庆、广西、贵州、宁夏、新疆也有一定数量的 A 层人才，世界占比均超过 0.1%。

B 层人才最多的是浙江，世界占比为 3.06%；北京、湖南、江苏、山东、上海、四川、广东、湖北有相当数量的 B 层人才，世界占比在 3%~1%；黑龙

---

① 为了和表中数据从大到小的顺序对照，全书此类数据按从大到小写法呈现，如 3%~1%，特此说明。

江、天津、云南、安徽、河南、重庆、甘肃、广西、江西、吉林、辽宁、福建、贵州、陕西、山西、河北也有一定数量的 B 层人才，世界占比均超过 0.1%；海南、宁夏、内蒙古、青海、新疆 B 层人才的世界占比均低于 0.1%。

C 层人才最多的是北京，世界占比为 2.48%；江苏、上海、山东、广东、浙江、湖北、湖南有相当数量的 C 层人才，世界占比在 2%~1%；河南、天津、四川、安徽、福建、重庆、黑龙江、甘肃、吉林、陕西、江西、云南、辽宁、贵州、广西、河北、山西、内蒙古、新疆也有一定数量的 C 层人才，世界占比均超过 0.1%；宁夏、海南、青海 C 层人才的世界占比均低于 0.1%。

表 2-1　数学 A 层人才的世界占比

单位：%

省　份	2013 年	2014 年	2015 年	2016 年	2017 年	2018 年	2019 年	2020 年	2021 年	2022 年	合计
浙　江	0.00	0.00	0.00	0.00	0.00	10.00	3.77	11.86	9.52	9.68	5.02
湖　南	0.00	2.22	0.00	6.38	4.00	0.00	7.55	13.56	3.17	6.45	4.63
山　东	0.00	0.00	2.13	4.26	0.00	10.00	3.77	1.69	1.59	1.61	2.51
上　海	2.38	0.00	2.13	2.13	2.00	8.00	3.77	0.00	0.00	1.61	2.12
北　京	2.38	0.00	0.00	2.13	0.00	2.00	1.89	0.00	1.59	3.23	1.74
江　苏	0.00	0.00	4.26	0.00	0.00	4.00	5.66	0.00	1.59	0.00	1.74
天　津	0.00	0.00	4.26	2.13	0.00	4.00	3.77	1.69	0.00	0.00	1.54
黑龙江	2.38	0.00	2.13	6.38	0.00	0.00	1.89	1.69	0.00	0.00	1.35
四　川	0.00	0.00	2.13	0.00	2.00	0.00	1.89	0.00	0.00	1.61	0.97
广　东	0.00	0.00	0.00	0.00	0.00	0.00	0.00	0.00	1.59	3.23	0.77
湖　北	0.00	2.22	4.26	0.00	0.00	0.00	1.89	0.00	0.00	0.00	0.77
福　建	2.38	0.00	0.00	2.13	0.00	0.00	0.00	0.00	0.00	1.61	0.58
云　南	0.00	0.00	2.13	2.13	0.00	0.00	1.69	0.00	0.00	0.00	0.58
安　徽	0.00	0.00	2.13	0.00	0.00	0.00	1.89	0.00	0.00	0.00	0.39
江　西	0.00	0.00	0.00	0.00	0.00	2.00	0.00	0.00	0.00	1.61	0.39
辽　宁	0.00	0.00	0.00	2.13	0.00	2.00	0.00	0.00	0.00	0.00	0.39
陕　西	0.00	0.00	0.00	2.13	0.00	0.00	0.00	0.00	0.00	1.61	0.39
重　庆	0.00	2.22	0.00	0.00	0.00	0.00	0.00	0.00	0.00	0.00	0.19
广　西	0.00	0.00	0.00	0.00	0.00	0.00	0.00	0.00	0.00	0.00	0.19
贵　州	0.00	0.00	0.00	2.13	0.00	0.00	0.00	0.00	0.00	0.00	0.19
宁　夏	0.00	0.00	0.00	0.00	0.00	0.00	1.89	0.00	0.00	0.00	0.19
新　疆	0.00	0.00	0.00	0.00	0.00	2.00	0.00	0.00	0.00	0.00	0.19

表 2-2　数学 B 层人才的世界占比

单位：%

省　份	2013 年	2014 年	2015 年	2016 年	2017 年	2018 年	2019 年	2020 年	2021 年	2022 年	合计
浙　江	0.77	0.74	1.18	1.64	2.47	3.42	4.93	5.27	4.62	3.78	3.06
北　京	4.88	3.44	3.78	3.27	3.36	3.65	2.87	2.07	1.07	1.89	2.91
湖　南	0.51	0.98	2.13	1.40	0.90	3.65	3.29	6.59	1.78	2.65	2.50
江　苏	2.06	2.21	1.18	1.40	1.79	2.74	2.26	1.32	2.13	1.51	1.85
山　东	0.51	0.98	1.18	1.87	3.36	2.51	2.46	1.69	0.89	1.32	1.68
上　海	1.03	1.72	2.13	1.64	1.57	1.60	1.85	1.32	1.60	1.13	1.55
四　川	0.77	1.23	0.47	2.10	1.79	3.20	2.26	0.38	0.53	0.19	1.25
广　东	0.77	0.98	1.42	0.93	0.90	1.37	1.03	2.26	1.24	1.13	1.23
湖　北	0.77	2.21	2.84	0.47	0.45	2.05	1.23	0.94	0.71	0.76	1.21
黑龙江	0.00	0.49	0.95	1.40	1.57	0.46	1.23	0.94	1.07	0.95	0.93
天　津	2.06	0.49	0.95	1.17	1.57	1.14	0.82	0.38	0.89	0.19	0.93
云　南	1.54	1.23	0.24	0.47	0.67	0.46	0.41	0.75	0.36	0.38	0.62
安　徽	0.26	0.00	0.71	0.93	0.90	0.46	0.62	0.19	0.36	1.13	0.56
河　南	1.03	0.98	0.47	0.47	0.45	0.91	0.41	0.56	0.00	0.57	0.56
重　庆	0.00	0.98	0.71	0.93	0.22	0.91	1.03	0.00	0.18	0.00	0.47
甘　肃	0.77	0.25	0.47	0.23	0.22	0.68	0.21	0.75	0.00	0.19	0.37
广　西	0.00	0.00	0.00	0.47	0.22	0.46	0.62	0.56	0.36	0.38	0.32
江　西	0.26	0.25	0.00	0.70	0.00	0.00	0.21	0.38	0.00	0.95	0.28
吉　林	0.51	0.49	0.00	0.00	0.00	0.00	0.21	0.38	0.18	0.95	0.28
辽　宁	0.51	0.49	0.95	0.00	0.00	0.23	0.00	0.19	0.00	0.38	0.26
福　建	0.26	0.25	0.24	0.47	0.00	0.23	0.00	0.00	0.18	0.57	0.22
贵　州	0.26	0.25	0.47	0.23	0.22	0.00	0.82	0.00	0.00	0.00	0.22
陕　西	0.26	0.25	0.24	0.23	0.22	0.23	0.00	0.00	0.36	0.38	0.22
山　西	0.00	0.25	0.47	0.00	0.00	0.00	0.41	0.00	0.00	0.38	0.17
河　北	0.00	0.25	0.00	0.23	0.00	0.23	0.00	0.19	0.00	0.57	0.15
海　南	0.00	0.00	0.00	0.00	0.00	0.00	0.21	0.00	0.18	0.38	0.09
宁　夏	0.00	0.00	0.00	0.00	0.00	0.00	0.00	0.00	0.36	0.00	0.09
内蒙古	0.00	0.00	0.00	0.23	0.22	0.00	0.21	0.00	0.00	0.00	0.06
青　海	0.00	0.00	0.24	0.00	0.00	0.00	0.00	0.00	0.18	0.00	0.04
新　疆	0.00	0.00	0.00	0.00	0.00	0.00	0.00	0.00	0.18	0.00	0.02

表 2-3　数学 C 层人才的世界占比

单位：%

省　份	2013 年	2014 年	2015 年	2016 年	2017 年	2018 年	2019 年	2020 年	2021 年	2022 年	合计
北　京	2.23	2.84	2.78	2.83	2.67	3.00	2.54	2.16	2.09	1.94	2.48
江　苏	1.78	1.61	1.43	1.65	1.68	1.90	2.09	1.86	1.83	1.70	1.76
上　海	1.39	1.18	1.64	1.55	1.71	1.29	1.58	1.62	1.66	1.13	1.48
山　东	1.18	0.98	0.95	1.13	1.73	2.15	2.00	1.25	0.96	1.05	1.33
广　东	0.92	0.70	1.12	1.30	1.28	1.56	1.25	1.66	1.01	1.52	1.25
浙　江	0.87	1.06	0.59	0.92	0.84	1.17	1.51	1.86	1.48	1.07	1.17
湖　北	0.79	0.98	0.95	0.94	1.03	1.39	1.14	1.23	1.07	0.91	1.05
湖　南	1.07	0.91	0.66	0.68	0.72	0.78	1.34	1.92	0.88	1.05	1.02
河　南	0.81	0.70	0.82	1.04	0.53	0.93	0.49	0.73	0.60	0.79	0.74
天　津	0.50	0.70	0.74	1.11	0.79	0.78	0.76	0.69	0.68	0.44	0.72
四　川	0.47	0.48	0.54	0.61	0.63	0.93	0.82	0.85	0.57	0.95	0.69
安　徽	0.37	0.48	0.61	0.78	0.55	0.90	0.87	0.79	0.57	0.53	0.65
福　建	0.52	0.50	0.61	0.78	0.65	0.80	0.89	0.77	0.41	0.44	0.64
重　庆	0.47	0.40	0.49	0.40	0.53	0.61	0.71	0.53	0.37	0.44	0.50
黑龙江	0.26	0.40	0.43	0.16	0.38	0.46	0.60	0.51	0.55	0.57	0.44
甘　肃	0.39	0.50	0.41	0.38	0.43	0.46	0.69	0.53	0.31	0.24	0.43
吉　林	0.42	0.15	0.38	0.42	0.22	0.39	0.36	0.42	0.27	0.24	0.33
陕　西	0.10	0.30	0.28	0.14	0.19	0.39	0.38	0.47	0.31	0.59	0.33
江　西	0.26	0.08	0.28	0.35	0.29	0.39	0.24	0.38	0.25	0.24	0.28
云　南	0.31	0.33	0.28	0.38	0.24	0.17	0.33	0.26	0.18	0.16	0.26
辽　宁	0.08	0.35	0.18	0.28	0.14	0.24	0.16	0.26	0.20	0.34	0.23
贵　州	0.16	0.15	0.13	0.12	0.24	0.41	0.20	0.20	0.27	0.18	0.21
广　西	0.13	0.13	0.10	0.12	0.12	0.20	0.27	0.14	0.31	0.42	0.20
河　北	0.24	0.18	0.13	0.02	0.14	0.29	0.24	0.32	0.12	0.12	0.19
山　西	0.05	0.30	0.15	0.28	0.36	0.15	0.11	0.18	0.14	0.10	0.18
内蒙古	0.05	0.08	0.13	0.14	0.12	0.22	0.24	0.16	0.18	0.14	0.15
新　疆	0.00	0.20	0.08	0.07	0.22	0.15	0.07	0.08	0.12	0.20	0.12
宁　夏	0.00	0.03	0.00	0.02	0.05	0.02	0.16	0.06	0.10	0.04	0.05
海　南	0.03	0.03	0.05	0.02	0.00	0.02	0.00	0.00	0.16	0.10	0.04
青　海	0.05	0.03	0.03	0.05	0.00	0.10	0.04	0.06	0.02	0.00	0.04

二 数学物理

数学物理 A 层人才最多的是北京，世界占比为 5.33%；江苏、浙江的 A 层人才分别以 2.00%、1.33% 的世界占比排第二、第三位；安徽、黑龙江、湖北、内蒙古、江西、辽宁、陕西 A 层人才的世界占比均为 0.67%。

北京、江苏 B 层人才分别以 4.03%、2.94% 的世界占比排名前二；浙江、湖北、湖南、上海有相当数量的 B 层人才，世界占比在 2%~1%；山东、辽宁、广东、重庆、天津、河南、陕西、四川、安徽、黑龙江、山西、福建、甘肃、江西、吉林、云南、广西、贵州、河北也有一定数量的 B 层人才，世界占比均超过 0.1%；海南 B 层人才的世界占比低于 0.1%。

北京、江苏 C 层人才分别以 3.76%、2.33% 的世界占比排名前二；上海、广东、浙江、湖北、山东有相当数量的 C 层人才，世界占比在 2%~1%；四川、湖南、陕西、安徽、重庆、辽宁、黑龙江、甘肃、河南、天津、福建、江西、山西、广西、吉林、河北、贵州、云南、内蒙古、新疆也有一定数量的 C 层人才，世界占比均超过 0.1%；宁夏、海南、青海 C 层人才的世界占比均低于 0.1%。

表 2-4　数学物理 A 层人才的世界占比

单位：%

省　份	2013 年	2014 年	2015 年	2016 年	2017 年	2018 年	2019 年	2020 年	2021 年	2022 年	合计
北　京	0.00	0.00	0.00	0.00	5.88	12.50	6.25	0.00	11.76	12.50	5.33
江　苏	0.00	0.00	0.00	0.00	5.88	6.25	0.00	0.00	0.00	6.25	2.00
浙　江	0.00	0.00	0.00	0.00	0.00	0.00	0.00	0.00	5.88	6.25	1.33
安　徽	0.00	0.00	0.00	0.00	0.00	0.00	0.00	0.00	0.00	6.25	0.67
黑龙江	0.00	0.00	0.00	0.00	0.00	0.00	0.00	0.00	5.88	0.00	0.67
湖　北	0.00	0.00	0.00	0.00	0.00	0.00	0.00	0.00	0.00	6.25	0.67
内蒙古	0.00	0.00	0.00	0.00	0.00	0.00	0.00	0.00	0.00	6.25	0.67
江　西	0.00	0.00	0.00	0.00	0.00	0.00	0.00	0.00	0.00	6.25	0.67
辽　宁	0.00	0.00	0.00	0.00	0.00	0.00	0.00	0.00	0.00	6.25	0.67
陕　西	0.00	0.00	0.00	0.00	0.00	0.00	0.00	0.00	5.88	0.00	0.67

表 2-5 数学物理 B 层人才的世界占比

单位：%

省 份	2013 年	2014 年	2015 年	2016 年	2017 年	2018 年	2019 年	2020 年	2021 年	2022 年	合 计
北 京	5.63	2.08	2.08	4.24	3.85	2.08	3.27	2.78	6.90	6.88	4.03
江 苏	3.52	3.47	2.08	3.03	2.56	3.47	2.61	0.00	2.87	6.25	2.94
浙 江	1.41	2.08	0.69	1.82	0.00	2.08	0.65	3.33	5.17	1.88	1.98
湖 北	1.41	1.39	2.08	0.00	1.28	2.78	1.31	1.11	1.72	3.13	1.60
湖 南	2.11	0.69	0.00	0.00	1.92	0.69	0.65	1.67	3.45	1.25	1.28
上 海	2.11	0.69	0.69	1.82	1.92	1.39	1.96	1.11	0.57	0.63	1.28
山 东	0.00	0.00	0.69	0.00	0.00	2.08	1.96	0.56	0.57	2.50	0.83
辽 宁	1.41	0.00	1.39	0.00	0.64	0.00	0.00	0.00	1.15	2.50	0.70
广 东	0.00	0.00	0.00	0.00	0.64	0.00	0.65	0.56	1.72	1.25	0.58
重 庆	0.70	0.69	0.00	0.61	0.64	0.00	0.00	0.00	1.72	0.63	0.51
天 津	0.70	0.69	0.00	0.00	1.28	0.69	0.00	0.00	0.57	1.25	0.51
河 南	0.00	0.00	0.00	0.00	0.00	1.39	0.00	0.00	2.30	0.63	0.45
陕 西	0.00	0.00	2.08	1.21	0.00	0.69	0.65	0.56	0.00	1.25	0.45
四 川	0.00	0.00	0.69	0.00	1.28	0.69	0.65	0.00	0.00	1.25	0.45
安 徽	0.70	0.00	0.69	0.00	0.64	0.00	0.65	0.56	0.57	0.00	0.38
黑龙江	0.00	0.00	0.69	0.00	0.64	1.39	1.31	0.00	0.00	0.00	0.38
山 西	0.00	0.00	0.00	0.61	1.28	0.00	0.00	0.56	1.15	0.00	0.38
福 建	0.00	0.00	0.69	0.61	0.00	0.69	0.65	0.00	0.00	0.63	0.32
甘 肃	0.00	0.00	0.00	0.00	1.28	1.39	0.00	0.00	0.57	0.00	0.32
江 西	0.00	0.00	0.69	0.00	0.00	0.69	0.00	0.56	0.00	0.63	0.26
吉 林	0.70	0.00	0.00	0.61	0.00	0.69	0.00	0.00	0.57	0.00	0.26
云 南	0.00	0.00	0.00	0.00	0.00	0.00	0.65	1.67	0.00	0.00	0.26
广 西	0.00	0.69	0.00	0.00	0.64	0.00	0.65	0.00	0.00	0.00	0.19
贵 州	0.00	0.00	0.00	0.00	0.00	0.00	0.00	0.00	0.57	1.25	0.19
河 北	0.70	0.00	0.00	0.00	0.64	0.00	0.00	0.56	0.00	0.00	0.19
海 南	0.00	0.00	0.00	0.00	0.64	0.00	0.00	0.00	0.00	0.00	0.06

表 2-6 数学物理 C 层人才的世界占比

单位：%

省 份	2013 年	2014 年	2015 年	2016 年	2017 年	2018 年	2019 年	2020 年	2021 年	2022 年	合 计
北 京	4.15	2.55	4.09	4.29	4.95	3.88	3.22	3.17	3.63	3.69	3.76
江 苏	1.97	1.20	1.58	1.69	1.75	2.93	3.02	3.05	2.71	3.18	2.33
上 海	2.04	1.35	1.79	1.36	2.01	1.29	0.98	1.47	1.79	2.35	1.64

续表

省　份	2013 年	2014 年	2015 年	2016 年	2017 年	2018 年	2019 年	2020 年	2021 年	2022 年	合计
广　东	0.87	0.71	1.00	1.04	0.75	1.23	1.05	1.70	1.97	2.67	1.32
浙　江	0.80	0.57	0.93	1.10	0.88	0.95	0.85	1.23	2.77	2.16	1.25
湖　北	1.02	0.78	0.50	0.78	0.81	1.09	1.05	1.47	1.48	1.27	1.04
山　东	1.02	0.50	0.57	0.52	0.63	1.02	1.38	1.12	0.92	2.42	1.02
四　川	0.87	0.78	1.36	1.10	0.88	1.36	1.12	0.59	0.80	0.83	0.96
湖　南	0.80	0.71	0.72	0.39	0.88	0.48	1.18	0.94	1.60	1.27	0.91
陕　西	0.44	0.57	0.65	1.43	1.32	0.54	1.05	0.70	0.99	0.95	0.87
安　徽	0.80	0.50	0.57	0.71	0.38	0.68	0.66	0.65	0.62	1.08	0.66
重　庆	0.36	0.71	0.50	0.39	0.38	0.75	0.66	0.47	0.80	0.83	0.59
辽　宁	0.73	0.28	0.43	0.26	0.50	0.34	0.52	0.47	0.62	1.15	0.53
黑龙江	0.44	0.28	0.43	0.52	0.44	0.34	0.98	0.35	0.62	0.57	0.50
甘　肃	0.22	0.42	0.50	0.32	0.88	0.75	0.26	0.23	0.99	0.25	0.49
河　南	0.29	0.14	0.07	0.19	0.25	0.41	0.13	0.47	0.62	1.21	0.39
天　津	0.22	0.14	0.29	0.45	0.13	0.54	0.33	0.76	0.31	0.57	0.38
福　建	0.58	0.07	0.43	0.26	0.63	0.20	0.59	0.35	0.18	0.38	0.37
江　西	0.29	0.14	0.22	0.06	0.25	0.48	0.46	0.23	0.31	0.32	0.28
山　西	0.22	0.28	0.29	0.13	0.19	0.14	0.13	0.29	0.18	0.38	0.22
广　西	0.15	0.07	0.07	0.19	0.13	0.20	0.07	0.35	0.43	0.45	0.22
吉　林	0.15	0.07	0.22	0.26	0.31	0.27	0.20	0.18	0.25	0.19	0.21
河　北	0.29	0.07	0.00	0.06	0.13	0.27	0.39	0.06	0.31	0.25	0.18
贵　州	0.07	0.00	0.07	0.00	0.06	0.41	0.13	0.18	0.12	0.45	0.15
云　南	0.07	0.07	0.00	0.32	0.06	0.14	0.13	0.23	0.25	0.19	0.15
内蒙古	0.07	0.00	0.07	0.00	0.06	0.14	0.13	0.18	0.31	0.06	0.11
新　疆	0.07	0.07	0.00	0.19	0.13	0.00	0.07	0.12	0.25	0.13	0.11
宁　夏	0.00	0.00	0.00	0.19	0.25	0.00	0.00	0.00	0.00	0.00	0.05
海　南	0.07	0.07	0.00	0.06	0.00	0.00	0.00	0.00	0.00	0.00	0.02
青　海	0.00	0.00	0.00	0.00	0.00	0.00	0.07	0.00	0.00	0.00	0.01

三　统计学和概率论

统计学和概率论 A 层人才最多的是广东，世界占比为 2.94%；湖北、北京、辽宁有相当数量的 A 层人才，世界占比均超过 1%；黑龙江、湖南、上海 A 层人才的世界占比均为 0.59%。

湖南、四川 B 层人才的世界占比均为 1.92%，并列排名第一；上海、广东、江苏、北京、湖北、天津有相当数量的 B 层人才，世界占比在 2%~1%；福建、浙江、黑龙江、辽宁、山东、河南、江西、新疆、安徽、陕西、贵州、吉林、广西、山西也有一定数量的 B 层人才，世界占比均超过 0.1%；云南 B 层人才的世界占比低于 0.1%。

北京 C 层人才的世界占比为 2.64%，排名第一；上海、广东、江苏有相当数量的 C 层人才，世界占比在 2%~1%；湖南、浙江、湖北、山东、四川、天津、安徽、辽宁、陕西、吉林、黑龙江、福建、重庆、云南、江西、河南、甘肃、广西、新疆也有一定数量的 C 层人才，世界占比均超过 0.1%；河北、贵州、海南、山西、内蒙古、青海、西藏 C 层人才的世界占比均低于 0.1%。

表 2-7　统计学和概率论 A 层人才的世界占比

单位：%

省　份	2013 年	2014 年	2015 年	2016 年	2017 年	2018 年	2019 年	2020 年	2021 年	2022 年	合计
广　东	0.00	0.00	0.00	0.00	0.00	5.56	0.00	0.00	10.00	11.11	2.94
湖　北	0.00	0.00	6.25	0.00	0.00	5.56	0.00	0.00	5.00	0.00	1.76
北　京	0.00	0.00	6.25	0.00	0.00	0.00	0.00	9.09	0.00	0.00	1.18
辽　宁	0.00	0.00	0.00	0.00	0.00	0.00	0.00	0.00	0.00	11.11	1.18
黑龙江	0.00	0.00	0.00	0.00	0.00	0.00	0.00	0.00	0.00	5.56	0.59
湖　南	0.00	0.00	0.00	0.00	0.00	0.00	0.00	0.00	5.00	0.00	0.59
上　海	0.00	0.00	0.00	0.00	0.00	0.00	0.00	0.00	0.00	5.56	0.59

表 2-8　统计学和概率论 B 层人才的世界占比

单位：%

省　份	2013 年	2014 年	2015 年	2016 年	2017 年	2018 年	2019 年	2020 年	2021 年	2022 年	合计
湖　南	0.72	0.66	0.67	0.61	0.60	2.44	2.04	2.96	4.60	3.21	1.92
四　川	0.00	1.32	0.00	1.22	1.79	3.05	3.57	3.45	2.30	1.28	1.92
上　海	0.00	1.32	0.67	0.61	1.79	3.05	2.04	2.46	2.30	3.21	1.80
广　东	0.00	1.32	2.68	1.83	1.19	3.05	2.04	0.49	1.72	3.21	1.74
江　苏	0.00	0.00	0.00	1.22	1.19	1.83	0.51	2.46	5.17	3.21	1.62
北　京	0.72	0.66	0.00	1.22	0.60	1.22	1.02	2.46	4.02	2.56	1.50

续表

省 份	2013 年	2014 年	2015 年	2016 年	2017 年	2018 年	2019 年	2020 年	2021 年	2022 年	合计
湖 北	0.72	0.00	1.34	0.61	0.60	1.22	0.51	1.97	2.87	1.92	1.20
天 津	0.00	0.00	0.00	0.00	1.19	1.83	4.59	0.00	1.72	1.28	1.14
福 建	0.00	0.66	0.00	0.00	1.19	0.61	2.04	2.46	0.57	0.00	0.84
浙 江	0.00	0.00	0.00	0.00	0.60	1.83	0.51	0.99	1.15	2.56	0.78
黑龙江	0.00	0.00	0.00	0.00	0.00	1.22	0.51	0.99	1.72	1.92	0.66
辽 宁	0.00	1.99	0.00	0.00	1.79	1.22	0.51	0.00	0.57	0.64	0.66
山 东	0.00	0.00	0.00	0.00	0.00	1.22	1.53	1.48	1.15	0.64	0.66
河 南	0.00	0.00	0.00	0.61	0.00	1.83	0.51	0.49	1.15	0.64	0.54
江 西	0.00	0.00	0.00	1.22	1.79	0.00	0.00	0.00	0.57	0.64	0.42
新 疆	0.00	0.00	0.00	0.00	0.60	0.61	0.00	0.49	1.72	0.64	0.42
安 徽	0.00	0.00	0.00	0.00	0.60	0.00	1.53	0.49	0.00	0.64	0.36
陕 西	0.00	0.00	0.00	0.00	0.00	0.00	0.51	0.99	1.15	0.64	0.36
贵 州	0.00	0.00	0.00	0.00	0.00	0.61	0.00	0.00	0.57	1.28	0.24
吉 林	0.00	0.00	0.00	0.00	0.60	0.00	0.00	0.00	0.57	0.64	0.18
广 西	0.00	0.00	0.00	0.00	0.00	0.00	0.00	0.00	0.57	0.64	0.12
山 西	0.00	0.00	0.67	0.00	0.00	0.00	0.00	0.00	0.57	0.00	0.12
云 南	0.00	0.00	0.00	0.00	0.00	0.00	0.00	0.49	0.00	0.00	0.06

表 2-9　统计学和概率论 C 层人才的世界占比

单位：%

省 份	2013 年	2014 年	2015 年	2016 年	2017 年	2018 年	2019 年	2020 年	2021 年	2022 年	合计
北 京	2.47	1.96	2.80	2.02	2.78	2.73	2.72	2.79	3.50	2.49	2.64
上 海	2.03	1.69	1.60	1.77	1.60	1.82	1.18	2.07	2.24	1.66	1.76
广 东	0.94	0.68	1.07	0.67	0.99	1.15	1.44	1.29	2.01	1.96	1.24
江 苏	1.09	0.75	0.60	0.79	1.11	1.33	1.13	1.29	1.43	1.48	1.12
湖 南	0.22	0.68	0.73	0.18	0.56	0.73	0.82	1.08	1.72	1.54	0.85
浙 江	0.44	0.68	0.67	0.79	0.62	0.42	0.97	1.03	1.03	1.48	0.83
湖 北	0.51	0.68	0.60	0.37	0.74	0.79	0.82	1.24	0.92	1.19	0.80
山 东	0.29	0.20	0.53	0.43	0.56	0.30	0.97	0.46	1.26	1.30	0.65
四 川	0.29	0.41	0.20	0.06	0.62	0.91	0.46	0.52	0.97	0.83	0.54
天 津	0.29	0.27	0.53	0.55	0.62	0.42	0.46	0.88	0.69	0.53	0.54
安 徽	0.22	0.41	0.60	0.49	0.25	0.55	0.46	0.67	0.92	0.59	0.52

续表

省　份	2013 年	2014 年	2015 年	2016 年	2017 年	2018 年	2019 年	2020 年	2021 年	2022 年	合计
辽　宁	0.15	0.27	0.47	0.49	0.49	0.42	0.31	0.57	0.40	0.53	0.42
陕　西	0.22	0.14	0.13	0.24	0.19	0.49	0.26	0.57	0.69	0.71	0.37
吉　林	0.00	0.00	0.13	0.18	0.31	0.30	0.31	0.57	0.69	0.71	0.34
黑龙江	0.44	0.14	0.47	0.43	0.37	0.24	0.21	0.41	0.40	0.18	0.33
福　建	0.22	0.07	0.33	0.24	0.12	0.24	0.21	0.52	0.69	0.41	0.31
重　庆	0.29	0.14	0.07	0.24	0.12	0.42	0.31	0.31	0.29	0.24	0.25
云　南	0.15	0.14	0.20	0.12	0.25	0.24	0.26	0.26	0.34	0.30	0.23
江　西	0.22	0.00	0.13	0.18	0.25	0.24	0.26	0.31	0.34	0.24	0.22
河　南	0.07	0.00	0.20	0.12	0.19	0.24	0.21	0.15	0.34	0.30	0.19
甘　肃	0.07	0.07	0.07	0.06	0.06	0.30	0.10	0.05	0.29	0.30	0.14
广　西	0.07	0.20	0.00	0.00	0.06	0.24	0.10	0.15	0.23	0.06	0.11
新　疆	0.00	0.00	0.00	0.12	0.06	0.18	0.00	0.21	0.11	0.36	0.11
河　北	0.15	0.07	0.07	0.00	0.06	0.00	0.05	0.10	0.23	0.12	0.08
贵　州	0.00	0.07	0.00	0.00	0.06	0.00	0.10	0.15	0.06	0.12	0.07
海　南	0.00	0.00	0.00	0.00	0.12	0.00	0.00	0.00	0.06	0.00	0.04
山　西	0.07	0.07	0.07	0.00	0.00	0.06	0.05	0.05	0.00	0.06	0.04
内蒙古	0.00	0.00	0.00	0.06	0.12	0.00	0.05	0.00	0.06	0.00	0.03
青　海	0.00	0.00	0.00	0.00	0.00	0.00	0.00	0.00	0.00	0.00	0.01
西　藏	0.00	0.00	0.00	0.00	0.06	0.00	0.00	0.00	0.00	0.00	0.01

四　逻辑学

逻辑学是小学科，A 层人才数量很少，集中在世界少数国家和地区，中国大陆各省份均无 A 层人才。

B 层人才仅分布在北京、广东、湖南；其中，B 层人才最多的是北京，世界占比为 2.13%；广东、湖南 B 层人才的世界占比均为 0.43%。

C 层人才最多的是北京，世界占比为 0.92%；广东、浙江、重庆、安徽、江苏也有一定数量的 C 层人才，世界占比均超过 0.1%；吉林、陕西、上海、福建、湖北、湖南、山东、山西、天津 C 层人才的世界占比均低于 0.1%。

表 2-10 逻辑学 B 层人才的世界占比

单位：%

省　份	2013 年	2014 年	2015 年	2016 年	2017 年	2018 年	2019 年	2020 年	2021 年	2022 年	合计
北　京	0.00	0.00	3.85	8.33	0.00	0.00	4.17	0.00	3.57	0.00	2.13
广　东	0.00	0.00	0.00	0.00	0.00	0.00	4.17	0.00	0.00	0.00	0.43
湖　南	0.00	0.00	0.00	0.00	0.00	0.00	4.17	0.00	0.00	0.00	0.43

表 2-11 逻辑学 C 层人才的世界占比

单位：%

省　份	2013 年	2014 年	2015 年	2016 年	2017 年	2018 年	2019 年	2020 年	2021 年	2022 年	合计
北　京	0.51	0.34	1.97	0.87	1.33	0.96	0.00	1.90	0.49	0.00	0.92
广　东	0.00	0.00	0.00	0.00	1.33	0.48	0.51	1.43	0.00	0.00	0.37
浙　江	1.01	0.00	0.00	0.00	0.44	0.96	0.00	0.95	0.00	0.00	0.32
重　庆	0.00	0.34	0.33	0.00	0.00	0.48	0.00	0.00	0.92	0.00	0.18
安　徽	0.00	0.34	0.00	0.44	0.00	0.48	0.00	0.00	0.00	0.00	0.14
江　苏	0.00	0.00	0.00	0.00	0.00	0.48	0.51	0.48	0.00	0.00	0.14
吉　林	0.00	0.00	0.00	0.44	0.00	0.00	0.00	0.00	0.49	0.00	0.09
陕　西	0.00	0.00	0.33	0.00	0.00	0.00	0.51	0.00	0.00	0.00	0.09
上　海	0.00	0.00	0.00	0.44	0.00	0.00	0.51	0.00	0.00	0.00	0.09
福　建	0.00	0.00	0.00	0.44	0.00	0.00	0.00	0.00	0.00	0.00	0.05
湖　北	0.00	0.00	0.00	0.00	0.00	0.00	0.00	0.48	0.00	0.00	0.05
湖　南	0.00	0.00	0.33	0.00	0.00	0.00	0.00	0.00	0.00	0.00	0.05
山　东	0.00	0.00	0.33	0.00	0.00	0.00	0.00	0.00	0.00	0.00	0.05
山　西	0.00	0.00	0.00	0.00	0.00	0.00	0.00	0.00	0.49	0.00	0.05
天　津	0.00	0.00	0.00	0.00	0.00	0.00	0.00	0.48	0.00	0.00	0.05

五　应用数学

应用数学 A 层人才最多的是北京，世界占比为 3.83%；浙江 A 层人才以 3.63% 的世界占比排名第二；江苏、山东、湖南、四川、上海、天津有相当数量的 A 层人才，世界占比在 3%～1%；广东、安徽、辽宁、云南、福建、甘肃、贵州、黑龙江、湖北、陕西、广西、河北、江西也有一定数量的 A 层人才，世界占比大于或等于 0.2%。

江苏 B 层人才以 4.65% 的世界占比排名第一；山东、北京、浙江的 B 层人才比较多，世界占比在 4%~3%；上海、湖南、四川、广东、湖北、天津、辽宁有相当数量的 B 层人才，世界占比在 3%~1%；黑龙江、河南、重庆、安徽、陕西、云南、山西、福建、广西、甘肃、贵州、河北、吉林、宁夏、江西、内蒙古、新疆也有一定数量的 B 层人才，世界占比均超过 0.1%；海南、青海 B 层人才的世界占比均低于 0.1%。

北京、江苏 C 层人才分别以 3.77%、3.38% 的世界占比排名前二；山东、上海、浙江、广东、湖南、湖北、四川有相当数量的 C 层人才，世界占比在 3%~1%；辽宁、重庆、河南、黑龙江、天津、安徽、陕西、福建、甘肃、吉林、山西、云南、江西、广西、河北、贵州、内蒙古、新疆也有一定数量的 C 层人才，世界占比均超过 0.1%；宁夏、海南、青海 C 层人才的世界占比均低于 0.1%。

表 2-12 应用数学 A 层人才的世界占比

单位：%

省份	2013 年	2014 年	2015 年	2016 年	2017 年	2018 年	2019 年	2020 年	2021 年	2022 年	合计
北京	4.88	4.44	0.00	0.00	2.04	4.08	0.00	7.69	4.69	9.43	3.83
浙江	0.00	0.00	2.38	0.00	2.04	4.08	0.00	9.62	6.25	9.43	3.63
江苏	2.44	0.00	0.00	2.27	2.04	8.16	8.77	0.00	3.13	0.00	2.82
山东	0.00	0.00	0.00	2.27	2.04	4.08	7.02	3.85	1.56	5.66	2.82
湖南	0.00	0.00	0.00	0.00	0.00	0.00	1.75	7.69	4.69	3.77	2.02
四川	0.00	0.00	0.00	0.00	2.04	6.12	1.75	3.85	1.56	0.00	1.61
上海	2.44	0.00	2.38	0.00	2.04	4.08	1.75	0.00	0.00	1.89	1.41
天津	0.00	0.00	2.38	2.27	0.00	4.08	0.00	0.00	0.00	1.89	1.01
广东	0.00	0.00	0.00	2.27	2.04	0.00	1.75	1.92	0.00	0.00	0.81
安徽	0.00	0.00	2.38	2.27	0.00	0.00	0.00	0.00	1.56	0.00	0.60
辽宁	0.00	0.00	0.00	0.00	0.00	0.00	0.00	0.00	1.56	3.77	0.60
云南	0.00	0.00	2.38	0.00	0.00	0.00	1.75	1.92	0.00	0.00	0.60
福建	0.00	0.00	0.00	0.00	0.00	0.00	1.75	0.00	1.56	0.00	0.40
甘肃	0.00	0.00	2.38	0.00	0.00	0.00	1.75	0.00	0.00	0.00	0.40
贵州	0.00	0.00	0.00	0.00	0.00	2.04	0.00	0.00	0.00	1.89	0.40
黑龙江	0.00	0.00	2.38	2.27	0.00	0.00	0.00	0.00	0.00	0.00	0.40
湖北	0.00	0.00	0.00	0.00	0.00	2.04	1.75	0.00	0.00	0.00	0.40

续表

省 份	2013 年	2014 年	2015 年	2016 年	2017 年	2018 年	2019 年	2020 年	2021 年	2022 年	合计
陕 西	0.00	0.00	0.00	0.00	0.00	2.04	0.00	0.00	0.00	1.89	0.40
广 西	0.00	0.00	0.00	0.00	0.00	0.00	1.75	0.00	0.00	0.00	0.20
河 北	2.44	0.00	0.00	0.00	0.00	0.00	0.00	0.00	0.00	0.00	0.20
江 西	0.00	0.00	0.00	0.00	0.00	0.00	1.75	0.00	0.00	0.00	0.20

表 2-13　应用数学 B 层人才的世界占比

单位：%

省 份	2013 年	2014 年	2015 年	2016 年	2017 年	2018 年	2019 年	2020 年	2021 年	2022 年	合计
江 苏	4.46	4.76	3.54	4.15	5.48	6.61	5.58	3.02	4.23	4.81	4.65
山 东	2.10	1.75	1.77	2.44	3.20	5.92	6.18	4.91	4.05	3.97	3.77
北 京	5.77	2.26	3.54	3.17	2.97	4.33	4.58	1.89	4.75	2.09	3.52
浙 江	1.05	1.25	1.77	2.44	2.05	4.78	4.78	5.67	3.70	2.72	3.17
上 海	2.89	2.01	3.28	3.17	2.97	3.87	3.39	1.13	1.76	2.72	2.67
湖 南	1.31	1.25	1.26	0.49	2.74	2.05	3.19	4.73	1.94	2.51	2.25
四 川	0.00	0.50	0.51	1.46	2.97	3.64	2.99	2.65	1.76	1.26	1.85
广 东	0.52	0.50	1.01	1.71	1.37	1.14	1.59	2.27	3.52	2.30	1.70
湖 北	1.31	1.00	1.52	0.73	2.51	0.91	1.39	1.51	1.94	1.46	1.45
天 津	1.57	0.50	1.52	1.95	1.14	2.73	1.59	1.13	1.41	1.05	1.45
辽 宁	0.79	1.00	2.02	1.22	0.46	1.37	1.00	0.57	1.58	2.51	1.26
黑龙江	0.52	1.25	0.76	0.73	0.68	0.68	1.20	1.13	0.88	1.67	0.97
河 南	0.52	0.25	1.01	0.49	0.23	0.91	0.80	1.51	1.58	1.67	0.95
重 庆	0.26	0.50	0.25	0.98	1.14	0.68	1.39	0.76	0.53	1.67	0.84
安 徽	0.79	0.25	0.25	1.22	0.91	0.23	1.20	0.57	0.88	1.05	0.75
陕 西	0.00	1.00	0.76	0.49	0.00	0.46	1.20	1.32	0.18	1.26	0.68
云 南	0.52	0.75	0.25	0.00	0.23	0.46	0.40	1.32	0.53	0.42	0.51
山 西	0.79	0.50	1.01	0.00	0.46	0.91	0.20	0.19	0.35	0.63	0.48
福 建	1.05	0.25	0.25	1.22	0.00	0.46	0.60	0.38	0.35	0.21	0.46
广 西	0.00	0.25	0.51	0.24	0.23	0.91	0.40	0.38	0.70	0.63	0.44
甘 肃	0.52	1.25	0.25	0.00	0.46	0.00	0.80	0.19	0.00	0.42	0.37
贵 州	0.00	0.25	0.25	0.49	0.46	0.23	0.20	0.00	0.70	0.63	0.33
河 北	0.00	1.00	0.00	0.00	0.00	0.23	0.00	0.19	0.88	0.42	0.29
吉 林	0.52	0.50	0.00	0.00	0.46	0.23	0.40	0.00	0.53	0.00	0.26

续表

省份	2013 年	2014 年	2015 年	2016 年	2017 年	2018 年	2019 年	2020 年	2021 年	2022 年	合计
宁　夏	0.00	0.00	0.00	0.00	0.00	0.23	0.40	0.76	0.53	0.42	0.26
江　西	0.26	0.00	0.00	0.24	0.23	0.23	0.00	0.19	0.35	0.63	0.22
内蒙古	0.00	0.25	0.51	0.00	0.00	0.00	0.20	0.19	0.35	0.21	0.18
新　疆	0.00	0.00	0.25	0.24	0.23	0.00	0.20	0.19	0.00	0.21	0.13
海　南	0.00	0.00	0.00	0.00	0.00	0.23	0.00	0.00	0.00	0.00	0.02
青　海	0.00	0.00	0.00	0.00	0.00	0.00	0.00	0.00	0.18	0.00	0.02

表 2-14　应用数学 C 层人才的世界占比

单位：%

省份	2013 年	2014 年	2015 年	2016 年	2017 年	2018 年	2019 年	2020 年	2021 年	2022 年	合计
北　京	3.69	3.99	3.61	3.74	4.11	4.98	4.26	3.14	3.19	3.06	3.77
江　苏	2.62	2.69	2.79	3.11	3.19	3.87	4.03	3.66	3.85	3.59	3.38
山　东	1.89	1.70	2.00	2.18	2.91	4.04	4.05	2.92	2.59	2.56	2.73
上　海	2.16	2.16	2.20	2.13	2.18	2.44	2.57	2.41	2.15	2.13	2.26
浙　江	1.01	1.19	0.97	1.52	1.33	1.67	2.12	2.65	2.17	2.15	1.73
广　东	1.01	1.07	1.49	1.20	1.83	1.55	2.00	1.77	1.89	1.95	1.60
湖　南	1.23	1.40	1.10	1.32	1.51	1.31	2.10	2.61	1.61	1.44	1.60
湖　北	1.20	1.32	1.15	1.52	1.44	1.74	1.91	1.57	1.33	1.14	1.45
四　川	0.93	0.76	1.00	1.15	1.28	1.90	1.79	1.51	1.41	1.87	1.38
辽　宁	0.57	1.07	0.82	0.76	0.96	0.99	1.17	1.05	0.72	1.06	0.92
重　庆	0.60	0.79	0.90	0.76	1.03	0.96	0.88	0.95	0.92	0.81	0.87
河　南	0.63	0.94	0.64	0.78	1.03	1.17	0.66	0.70	0.98	0.99	0.85
黑龙江	0.71	0.71	0.77	0.83	0.78	0.70	0.91	0.82	0.78	0.56	0.76
天　津	0.49	0.76	0.82	0.59	0.85	0.99	0.82	0.91	0.58	0.61	0.75
安　徽	0.60	0.51	0.64	0.59	0.71	0.80	0.76	0.82	0.67	0.58	0.67
陕　西	0.27	0.48	0.33	0.61	0.69	0.68	0.93	0.76	0.74	0.99	0.66
福　建	0.71	0.66	0.44	0.68	0.60	0.61	0.88	0.62	0.58	0.48	0.63
甘　肃	0.71	0.63	0.56	0.66	0.69	0.56	0.78	0.62	0.46	0.43	0.61
吉　林	0.41	0.38	0.46	0.54	0.46	0.61	0.31	0.50	0.20	0.30	0.41
山　西	0.33	0.43	0.26	0.44	0.62	0.26	0.41	0.40	0.26	0.30	0.37
云　南	0.36	0.46	0.31	0.39	0.30	0.26	0.51	0.38	0.32	0.35	0.37
江　西	0.30	0.10	0.31	0.42	0.23	0.52	0.41	0.42	0.52	0.30	0.36

省　份	2013 年	2014 年	2015 年	2016 年	2017 年	2018 年	2019 年	2020 年	2021 年	2022 年	合计
广　西	0.25	0.15	0.28	0.22	0.16	0.52	0.37	0.48	0.40	0.58	0.35
河　北	0.14	0.41	0.26	0.12	0.23	0.45	0.41	0.34	0.26	0.46	0.31
贵　州	0.27	0.23	0.28	0.22	0.34	0.47	0.27	0.16	0.26	0.33	0.28
内蒙古	0.19	0.10	0.15	0.15	0.21	0.19	0.25	0.24	0.40	0.20	0.21
新　疆	0.14	0.10	0.20	0.10	0.18	0.16	0.29	0.10	0.18	0.28	0.17
宁　夏	0.00	0.00	0.05	0.07	0.07	0.00	0.06	0.06	0.18	0.05	0.06
海　南	0.00	0.00	0.00	0.02	0.05	0.02	0.02	0.00	0.00	0.05	0.02
青　海	0.03	0.03	0.03	0.00	0.02	0.00	0.00	0.00	0.02	0.00	0.01

六　跨学科应用数学

跨学科应用数学 A 层人才最多的是浙江，世界占比为 3.30%；上海、江苏、广东、湖北、湖南、陕西、四川有相当数量的 A 层人才，世界占比在 3%~1%；安徽、北京、河北也有一定数量的 A 层人才，世界占比均超过 0.5%。

江苏、北京 B 层人才的世界占比分别为 3.56%、3.23%，排名前二；湖北、山东、湖南、广东、上海、浙江、辽宁有相当数量的 B 层人才，世界占比在 3%~1%；河南、陕西、四川、天津、安徽、江西、重庆、福建、黑龙江、云南、河北、甘肃、贵州、山西、广西、吉林也有一定数量的 B 层人才，世界占比均超过 0.1%；海南、内蒙古、宁夏、青海、新疆 B 层人才的世界占比均低于 0.1%。

江苏、北京 C 层人才分别以 3.81%、3.73% 的世界占比排名前二；上海、湖北、山东、湖南、广东、辽宁、浙江、四川、陕西有相当数量的 C 层人才，世界占比在 3%~1%；河南、重庆、天津、安徽、黑龙江、甘肃、福建、广西、河北、山西、江西、吉林、贵州、云南、新疆、内蒙古也有一定数量的 C 层人才，世界占比均超过 0.1%；宁夏、青海、海南 C 层人才的世界占比均低于 0.1%。

表 2-15　跨学科应用数学 A 层人才的世界占比

单位：%

省　份	2013 年	2014 年	2015 年	2016 年	2017 年	2018 年	2019 年	2020 年	2021 年	2022 年	合计
浙　江	0.00	0.00	0.00	0.00	6.25	0.00	0.00	0.00	3.70	19.05	3.30
上　海	0.00	0.00	0.00	7.14	6.25	5.88	5.56	0.00	0.00	0.00	2.20
江　苏	0.00	0.00	6.67	0.00	0.00	5.88	0.00	0.00	0.00	4.76	1.65
广　东	0.00	0.00	0.00	0.00	0.00	0.00	0.00	0.00	7.41	0.00	1.10
湖　北	0.00	0.00	0.00	0.00	0.00	0.00	0.00	0.00	7.41	0.00	1.10
湖　南	0.00	0.00	0.00	0.00	0.00	0.00	5.56	0.00	3.70	0.00	1.10
陕　西	0.00	0.00	0.00	7.14	0.00	0.00	0.00	0.00	4.76	1.10	
四　川	0.00	0.00	0.00	0.00	0.00	0.00	0.00	4.17	0.00	4.76	1.10
安　徽	0.00	0.00	0.00	0.00	0.00	0.00	0.00	0.00	0.00	4.76	0.55
北　京	0.00	0.00	0.00	0.00	0.00	0.00	0.00	0.00	0.00	4.76	0.55
河　北	0.00	0.00	0.00	0.00	0.00	0.00	0.00	0.00	3.70	0.00	0.55

表 2-16　跨学科应用数学 B 层人才的世界占比

单位：%

省　份	2013 年	2014 年	2015 年	2016 年	2017 年	2018 年	2019 年	2020 年	2021 年	2022 年	合计
江　苏	3.57	4.14	0.00	1.49	4.61	4.82	3.13	2.15	3.83	6.45	3.56
北　京	1.43	1.38	1.97	2.24	2.63	1.20	2.08	3.43	6.38	6.05	3.23
湖　北	2.14	0.69	0.66	1.49	1.97	4.22	2.08	1.72	5.11	6.05	2.89
山　东	0.00	1.38	0.66	0.00	0.66	3.61	3.65	1.72	2.55	2.02	1.78
湖　南	0.71	0.00	0.00	0.75	1.97	1.81	1.56	1.72	4.26	2.42	1.73
广　东	0.00	1.38	0.00	0.75	0.66	2.41	0.52	1.72	2.13	4.84	1.67
上　海	0.00	1.38	2.63	2.24	3.29	1.20	1.56	0.43	1.28	1.61	1.50
浙　江	0.00	1.38	0.66	0.00	0.66	2.41	1.56	0.86	2.55	2.82	1.45
辽　宁	0.71	1.38	0.66	1.49	2.63	0.00	1.04	0.86	0.85	3.23	1.34
河　南	0.00	0.00	0.00	0.00	0.00	0.00	1.56	0.00	2.98	1.21	0.83
陕　西	0.00	0.00	0.00	0.75	0.00	1.20	0.00	0.86	0.85	3.23	0.83
四　川	0.71	0.00	0.00	0.00	1.32	0.00	1.04	0.86	0.85	2.02	0.78
天　津	0.00	0.00	0.00	0.00	1.97	0.00	2.60	0.43	1.28	0.81	0.78
安　徽	0.00	1.38	0.00	0.00	0.00	0.60	2.08	0.43	0.43	0.81	0.61
江　西	0.00	0.00	0.00	0.00	0.66	1.20	0.00	1.29	0.43	1.61	0.61
重　庆	1.43	0.69	0.66	0.00	0.00	0.00	1.04	0.43	0.43	1.21	0.56
福　建	0.71	1.38	0.00	0.00	1.32	0.00	1.04	0.43	0.43	0.40	0.56
黑龙江	0.00	0.69	1.32	0.00	0.66	0.00	0.52	0.00	0.43	1.61	0.56

续表

省　份	2013 年	2014 年	2015 年	2016 年	2017 年	2018 年	2019 年	2020 年	2021 年	2022 年	合计
云　南	0.00	0.00	0.00	0.00	0.00	0.60	1.04	0.86	0.00	0.81	0.39
河　北	0.71	0.00	0.00	0.00	0.00	0.60	0.00	0.86	0.43	0.40	0.33
甘　肃	0.00	0.00	0.00	0.00	0.66	1.20	0.00	0.00	0.43	0.00	0.22
贵　州	0.00	0.00	0.00	0.75	0.00	0.00	0.00	0.00	0.43	0.81	0.22
山　西	0.00	0.00	0.00	0.00	0.66	0.00	0.00	0.43	0.00	0.81	0.22
广　西	0.00	0.00	0.00	0.00	0.00	0.00	0.00	0.00	0.00	1.21	0.17
吉　林	0.00	0.69	0.00	0.00	0.00	0.00	0.00	0.00	0.43	0.40	0.17
海　南	0.00	0.00	0.00	0.00	0.00	0.00	0.00	0.00	0.00	0.40	0.06
内蒙古	0.00	0.00	0.00	0.00	0.00	0.00	0.00	0.00	0.00	0.40	0.06
宁　夏	0.00	0.00	0.00	0.00	0.00	0.00	0.00	0.43	0.00	0.00	0.06
青　海	0.00	0.00	0.00	0.00	0.00	0.00	0.00	0.43	0.00	0.00	0.06
新　疆	0.00	0.00	0.00	0.00	0.00	0.00	0.00	0.43	0.00	0.00	0.06

表 2-17　跨学科应用数学 C 层人才的世界占比

单位：%

省　份	2013 年	2014 年	2015 年	2016 年	2017 年	2018 年	2019 年	2020 年	2021 年	2022 年	合计
江　苏	3.15	2.45	2.66	2.74	4.03	5.26	4.38	3.47	4.55	4.41	3.81
北　京	3.08	3.14	4.13	4.04	4.03	3.96	4.49	3.47	3.99	2.94	3.73
上　海	2.15	2.24	2.93	2.52	2.71	2.66	2.45	2.33	1.76	2.35	2.38
湖　北	1.29	1.54	1.53	1.60	2.05	2.23	3.29	2.51	2.57	2.20	2.17
山　东	1.65	0.84	1.26	1.68	2.57	2.84	2.77	2.69	1.89	2.01	2.07
湖　南	1.00	1.82	1.33	1.45	1.65	2.16	2.35	2.65	2.57	2.55	2.05
广　东	1.43	0.63	1.73	1.52	1.39	1.73	1.20	1.83	2.36	3.03	1.76
辽　宁	1.58	1.40	1.13	1.22	1.52	1.79	2.14	1.51	1.63	2.50	1.68
浙　江	1.15	1.19	1.33	1.45	1.25	1.18	1.46	1.69	2.40	1.96	1.57
四　川	0.57	0.63	0.67	0.99	1.19	1.48	2.04	2.05	1.37	1.66	1.34
陕　西	0.36	0.91	1.00	1.22	0.99	1.05	0.84	1.19	1.24	1.66	1.08
河　南	0.29	0.63	0.40	0.23	0.66	0.80	0.99	0.96	1.59	2.35	0.99
重　庆	0.36	0.63	0.73	0.76	0.73	1.61	0.89	1.00	0.86	0.83	0.86
天　津	0.57	0.49	0.40	1.22	0.73	0.80	0.89	1.05	1.03	1.13	0.86
安　徽	0.57	0.42	0.60	0.76	0.73	0.68	1.36	0.87	1.03	1.13	0.85
黑龙江	0.79	0.56	1.00	0.99	1.06	0.68	0.73	0.87	0.77	0.59	0.79
甘　肃	0.72	0.35	0.40	0.53	1.06	0.87	0.31	0.41	0.81	0.20	0.56

续表

省　份	2013 年	2014 年	2015 年	2016 年	2017 年	2018 年	2019 年	2020 年	2021 年	2022 年	合计
福　建	0.43	0.98	0.33	0.46	0.40	0.43	0.57	0.50	0.64	0.34	0.51
广　西	0.29	0.14	0.33	0.30	0.40	0.49	0.42	0.55	0.81	0.44	0.45
河　北	0.29	0.49	0.33	0.30	0.40	0.56	0.26	0.27	0.77	0.49	0.43
山　西	0.21	0.49	0.20	0.38	0.26	0.19	0.57	0.23	0.21	0.44	0.32
江　西	0.21	0.21	0.40	0.30	0.46	0.49	0.16	0.32	0.34	0.24	0.31
吉　林	0.29	0.21	0.53	0.08	0.40	0.19	0.10	0.23	0.30	0.20	0.25
贵　州	0.07	0.14	0.13	0.00	0.07	0.31	0.37	0.23	0.21	0.49	0.22
云　南	0.36	0.35	0.27	0.23	0.13	0.06	0.16	0.37	0.17	0.15	0.22
新　疆	0.00	0.07	0.07	0.30	0.33	0.12	0.10	0.32	0.34	0.29	0.21
内蒙古	0.00	0.07	0.00	0.00	0.07	0.06	0.10	0.27	0.21	0.15	0.11
宁　夏	0.00	0.00	0.00	0.23	0.20	0.00	0.00	0.00	0.04	0.00	0.04
青　海	0.00	0.00	0.07	0.00	0.00	0.00	0.10	0.05	0.00	0.00	0.02
海　南	0.00	0.00	0.00	0.08	0.07	0.00	0.00	0.00	0.00	0.05	0.02

七　力学

力学 A 层人才最多的是江苏，世界占比为 3.40%；广东、辽宁、北京、上海、浙江、湖南、河南、山东、四川有相当数量的 A 层人才，世界占比在 3%~1%；河北、甘肃、湖北、陕西、重庆、福建、江西、天津也有一定数量的 A 层人才，世界占比均超过 0.2%。

北京、上海的 B 层人才分别以 4.97%、3.34% 的世界占比排名前二；江苏、广东、湖北、湖南、浙江、山东、重庆有相当数量的 B 层人才，世界占比在 3%~1%；辽宁、天津、四川、陕西、黑龙江、河南、福建、安徽、吉林、河北、甘肃、贵州、广西、江西、山西、云南也有一定数量的 B 层人才，世界占比均超过 0.1%；海南、内蒙古、青海 B 层人才的世界占比均低于 0.1%。

北京、江苏、上海的 C 层人才分别以 5.41%、3.22%、3.07% 的世界占比排名前三；广东、湖南、湖北、辽宁、浙江、四川、黑龙江、山东、陕西、天津有相当数量的 C 层人才，世界占比在 3%~1%；重庆、安徽、河

南、福建、河北、山西、吉林、甘肃、广西、江西、云南也有一定数量的 C
层人才，世界占比均超过 0.1%；贵州、内蒙古、新疆、宁夏、青海、海
南、西藏 C 层人才的世界占比均低于 0.1%。

表 2-18　力学 A 层人才的世界占比

单位：%

省　份	2013 年	2014 年	2015 年	2016 年	2017 年	2018 年	2019 年	2020 年	2021 年	2022 年	合计
江　苏	4.00	2.44	9.68	2.86	5.26	7.69	0.00	2.33	0.00	2.50	3.40
广　东	0.00	0.00	6.45	0.00	2.63	2.56	6.82	2.33	2.17	0.00	2.36
辽　宁	0.00	2.44	0.00	2.86	2.63	2.56	2.27	0.00	0.00	7.50	2.09
北　京	0.00	0.00	0.00	5.71	0.00	0.00	0.00	4.65	4.35	2.50	1.83
上　海	0.00	0.00	3.23	0.00	2.63	0.00	0.00	2.33	2.17	5.00	1.57
浙　江	0.00	0.00	3.23	0.00	0.00	2.56	0.00	2.33	4.35	2.50	1.57
湖　南	0.00	0.00	0.00	0.00	0.00	7.69	2.27	2.33	0.00	0.00	1.31
河　南	0.00	0.00	0.00	0.00	2.63	2.56	2.27	0.00	0.00	0.00	1.05
山　东	0.00	0.00	0.00	0.00	0.00	0.00	4.55	0.00	2.17	2.50	1.05
四　川	0.00	2.44	0.00	0.00	2.63	0.00	0.00	0.00	0.00	5.00	1.05
河　北	4.00	0.00	0.00	0.00	0.00	0.00	0.00	2.33	2.17	0.00	0.79
甘　肃	0.00	0.00	0.00	0.00	2.86	0.00	0.00	0.00	0.00	2.50	0.52
湖　北	0.00	0.00	0.00	0.00	0.00	0.00	0.00	2.33	2.17	0.00	0.52
陕　西	0.00	0.00	0.00	0.00	0.00	5.13	0.00	0.00	0.00	0.00	0.52
重　庆	0.00	0.00	0.00	0.00	0.00	0.00	0.00	0.00	0.00	2.50	0.26
福　建	0.00	0.00	0.00	0.00	0.00	0.00	0.00	0.00	0.00	2.50	0.26
江　西	0.00	0.00	0.00	0.00	0.00	2.56	0.00	0.00	0.00	0.00	0.26
天　津	0.00	0.00	0.00	0.00	0.00	0.00	0.00	2.33	0.00	0.00	0.26

表 2-19　力学 B 层人才的世界占比

单位：%

省　份	2013 年	2014 年	2015 年	2016 年	2017 年	2018 年	2019 年	2020 年	2021 年	2022 年	合计
北　京	3.41	2.28	3.96	6.12	3.15	3.74	6.67	3.78	6.67	8.84	4.97
上　海	2.27	3.55	3.24	2.75	3.72	3.16	3.59	2.27	3.81	4.55	3.34
江　苏	1.52	1.78	4.68	2.14	1.72	3.16	4.10	2.27	3.57	4.55	2.98
广　东	0.76	1.02	2.16	0.61	2.01	2.87	3.33	3.53	3.10	2.78	2.30
湖　北	0.76	1.52	1.44	1.83	2.58	2.30	2.56	1.51	1.67	3.54	2.02
湖　南	1.14	1.02	1.80	0.61	0.86	3.74	2.56	2.77	1.90	3.28	2.02
浙　江	1.14	0.76	1.44	0.31	1.15	1.72	2.56	2.52	3.33	2.27	1.80

续表

省　份	2013 年	2014 年	2015 年	2016 年	2017 年	2018 年	2019 年	2020 年	2021 年	2022 年	合计
山　东	0.00	0.51	0.72	0.31	0.86	2.59	1.79	1.51	1.67	1.77	1.23
重　庆	1.52	0.25	0.72	0.31	1.15	0.57	1.54	1.26	1.19	1.52	1.01
辽　宁	0.00	0.51	0.36	1.22	1.72	0.57	1.03	0.76	1.90	1.26	0.98
天　津	0.38	0.25	0.36	0.00	1.15	1.15	0.77	0.25	0.95	2.53	0.81
四　川	0.38	0.25	0.36	0.00	0.86	0.57	1.03	1.26	1.43	1.26	0.79
陕　西	0.00	0.00	1.08	0.31	0.57	0.29	0.51	0.76	1.90	1.77	0.76
黑龙江	0.00	0.25	1.08	0.61	1.15	0.29	0.26	0.50	0.71	2.02	0.70
河　南	0.38	0.25	0.72	0.00	0.00	0.86	0.51	1.01	1.67	0.76	0.65
福　建	0.00	0.25	0.36	0.61	0.00	0.86	0.77	0.76	0.48	1.01	0.53
安　徽	0.76	1.52	0.00	0.00	0.00	0.86	1.28	0.25	0.00	0.25	0.51
吉　林	0.00	0.25	0.36	0.00	0.57	0.00	0.51	0.25	0.71	0.25	0.31
河　北	0.00	0.00	0.00	0.61	0.00	0.29	0.77	0.25	0.24	0.51	0.28
甘　肃	0.00	0.51	0.00	0.00	0.57	0.00	0.00	0.25	0.48	0.25	0.22
贵　州	0.00	0.25	0.00	0.00	0.00	0.29	0.00	0.25	0.24	1.01	0.22
广　西	0.00	0.00	0.00	0.31	0.00	0.86	0.00	0.25	0.24	0.51	0.20
江　西	0.00	0.00	0.00	0.31	0.00	0.00	0.51	0.25	0.24	0.51	0.20
山　西	0.00	0.00	0.00	0.31	0.00	0.00	0.00	0.76	0.00	0.00	0.11
云　南	0.00	0.00	0.00	0.31	0.29	0.00	0.26	0.25	0.00	0.00	0.11
海　南	0.00	0.00	0.00	0.00	0.00	0.00	0.26	0.00	0.00	0.00	0.03
内蒙古	0.00	0.00	0.00	0.00	0.00	0.00	0.26	0.00	0.00	0.00	0.03
青　海	0.00	0.00	0.00	0.00	0.00	0.00	0.26	0.00	0.00	0.00	0.03

表 2-20　力学 C 层人才的世界占比

单位：%

省　份	2013 年	2014 年	2015 年	2016 年	2017 年	2018 年	2019 年	2020 年	2021 年	2022 年	合计
北　京	3.69	4.50	4.70	4.77	4.71	6.46	6.06	5.75	6.20	6.39	5.41
江　苏	1.57	1.57	2.24	2.28	3.59	3.45	4.20	3.91	3.96	4.40	3.22
上　海	2.20	2.51	2.65	2.83	3.01	3.42	3.43	3.04	3.04	4.19	3.07
广　东	0.86	0.71	1.58	1.70	1.83	2.66	3.09	2.86	3.33	3.30	2.28
湖　南	1.22	1.07	1.36	1.49	2.09	3.04	2.60	3.04	2.77	3.14	2.25
湖　北	1.14	1.52	1.91	2.07	1.77	2.46	2.89	2.32	2.65	2.68	2.19
辽　宁	1.26	1.39	1.10	1.52	1.68	1.61	2.06	1.59	1.90	2.04	1.65
浙　江	0.94	0.99	0.99	0.97	0.94	1.43	1.49	1.69	2.53	2.28	1.48

省　份	2013 年	2014 年	2015 年	2016 年	2017 年	2018 年	2019 年	2020 年	2021 年	2022 年	合计
四　川	0.55	0.71	0.99	0.91	1.36	1.49	1.78	1.84	1.80	2.55	1.45
黑龙江	0.90	1.12	1.29	0.97	1.36	1.46	1.70	1.57	1.53	1.69	1.39
山　东	0.71	0.73	0.77	0.76	0.85	1.11	1.80	1.52	1.80	1.96	1.25
陕　西	0.47	0.42	0.99	0.79	1.06	1.11	1.39	1.49	1.46	2.15	1.17
天　津	0.55	0.52	0.84	0.76	0.82	1.17	1.34	1.74	1.58	1.85	1.16
重　庆	0.35	0.65	0.62	0.55	0.35	1.05	1.19	1.27	1.19	2.07	0.97
安　徽	0.83	0.63	0.62	0.88	0.68	0.85	0.85	0.90	0.90	1.15	0.84
河　南	0.24	0.16	0.29	0.43	0.50	0.61	0.49	0.65	0.88	1.26	0.57
福　建	0.20	0.34	0.26	0.33	0.32	0.44	0.41	0.65	0.56	0.30	0.40
河　北	0.16	0.26	0.00	0.06	0.29	0.29	0.52	0.45	0.68	0.67	0.36
山　西	0.16	0.37	0.18	0.15	0.38	0.35	0.46	0.30	0.19	0.38	0.30
吉　林	0.00	0.13	0.26	0.21	0.24	0.35	0.15	0.35	0.29	0.70	0.28
甘　肃	0.28	0.26	0.22	0.24	0.21	0.32	0.15	0.22	0.32	0.27	0.25
广　西	0.08	0.03	0.18	0.12	0.15	0.18	0.33	0.45	0.34	0.32	0.23
江　西	0.04	0.08	0.15	0.12	0.18	0.29	0.21	0.27	0.34	0.24	0.20
云　南	0.16	0.16	0.04	0.12	0.06	0.18	0.15	0.17	0.29	0.13	0.15
贵　州	0.04	0.03	0.00	0.00	0.09	0.15	0.03	0.17	0.10	0.30	0.09
内蒙古	0.00	0.00	0.07	0.00	0.03	0.12	0.13	0.10	0.05	0.13	0.07
新　疆	0.00	0.05	0.11	0.03	0.03	0.06	0.08	0.10	0.07	0.11	0.07
宁　夏	0.04	0.00	0.00	0.06	0.00	0.00	0.03	0.00	0.07	0.11	0.03
青　海	0.00	0.00	0.00	0.00	0.00	0.00	0.00	0.10	0.00	0.00	0.03
海　南	0.00	0.00	0.00	0.00	0.03	0.00	0.00	0.02	0.02	0.11	0.02
西　藏	0.00	0.03	0.00	0.03	0.03	0.00	0.00	0.00	0.00	0.00	0.01

八　天文学和天体物理学

　　北京、江苏的天文学和天体物理学 A 层人才分别以 1.74%、1.16% 的世界占比排名前二；上海、云南、安徽、湖北、广东、广西、辽宁、天津也有一定数量的 A 层人才，世界占比均超过 0.1%。

　　北京、上海 B 层人才的世界占比分别为 2.33%、1.02%，排名前二；江苏、安徽、湖北、云南、新疆、广东也有一定数量的 B 层人才，世界占比均超过 0.1%；辽宁、河北、陕西、浙江、甘肃、吉林、四川、福建、广西、贵州、河南、湖南、山东、西藏 B 层人才的世界占比均低于 0.1%。

C 层人才最多的是北京，世界占比为 2.01%；江苏、上海、安徽、湖北、广东、云南、浙江、山东、甘肃也有一定数量的 C 层人才，世界占比大于或等于 0.1%；湖南、辽宁、广西、天津、四川、重庆、新疆、河南、河北、福建、陕西、贵州、江西、山西、吉林、黑龙江 C 层人才的世界占比均低于 0.1%。

表 2-21　天文学和天体物理学 A 层人才的世界占比

单位：%

省份	2013 年	2014 年	2015 年	2016 年	2017 年	2018 年	2019 年	2020 年	2021 年	2022 年	合计
北　京	0.00	0.00	3.70	1.85	2.08	3.51	3.45	0.00	0.00	2.17	1.74
江　苏	0.00	0.00	0.00	0.00	2.08	0.00	1.72	3.23	0.00	4.35	1.16
上　海	0.00	0.00	0.00	1.85	2.08	1.75	1.72	0.00	0.00	2.17	0.97
云　南	0.00	0.00	0.00	0.00	2.08	0.00	1.72	0.00	0.00	2.17	0.58
安　徽	0.00	0.00	0.00	0.00	0.00	0.00	1.72	0.00	0.00	2.17	0.39
湖　北	0.00	0.00	0.00	0.00	0.00	0.00	1.72	0.00	0.00	2.17	0.39
广　东	0.00	0.00	0.00	0.00	0.00	0.00	1.72	0.00	0.00	0.00	0.19
广　西	0.00	0.00	0.00	0.00	0.00	2.08	0.00	0.00	0.00	0.00	0.19
辽　宁	0.00	0.00	0.00	0.00	0.00	0.00	0.00	0.00	1.89	0.00	0.19
天　津	0.00	0.00	0.00	0.00	0.00	2.08	0.00	0.00	0.00	0.00	0.19

表 2-22　天文学和天体物理学 B 层人才的世界占比

单位：%

省份	2013 年	2014 年	2015 年	2016 年	2017 年	2018 年	2019 年	2020 年	2021 年	2022 年	合计
北　京	1.40	1.40	2.24	0.73	3.13	2.86	2.47	1.79	3.95	2.85	2.33
上　海	0.23	0.80	1.02	0.54	0.74	0.71	1.76	0.89	1.48	1.68	1.02
江　苏	0.47	0.40	0.41	0.36	0.55	0.71	1.41	0.36	0.82	1.17	0.68
安　徽	0.00	0.40	0.61	0.00	0.18	0.00	0.88	0.18	0.99	1.68	0.52
湖　北	0.23	0.40	0.00	0.18	0.00	0.00	1.41	0.18	0.82	0.84	0.44
云　南	0.23	0.00	0.41	0.00	0.00	0.00	1.06	0.66	1.17	0.37
新　疆	0.47	0.00	0.20	0.18	0.18	0.18	0.18	0.33	0.67	0.24
广　东	0.00	0.00	0.20	0.36	0.00	0.18	0.00	0.33	0.34	0.17
辽　宁	0.00	0.00	0.00	0.00	0.00	0.18	0.00	0.49	0.17	0.09

续表

省份	2013年	2014年	2015年	2016年	2017年	2018年	2019年	2020年	2021年	2022年	合计
河北	0.00	0.00	0.00	0.00	0.00	0.00	0.00	0.00	0.33	0.17	0.06
陕西	0.00	0.00	0.20	0.00	0.00	0.00	0.18	0.00	0.16	0.00	0.06
浙江	0.00	0.00	0.20	0.00	0.00	0.00	0.00	0.00	0.00	0.34	0.06
甘肃	0.00	0.00	0.00	0.00	0.18	0.00	0.00	0.00	0.16	0.00	0.04
吉林	0.00	0.00	0.00	0.00	0.00	0.00	0.00	0.00	0.33	0.00	0.04
四川	0.00	0.00	0.00	0.00	0.00	0.00	0.00	0.00	0.33	0.00	0.04
福建	0.00	0.20	0.00	0.00	0.00	0.00	0.00	0.00	0.00	0.00	0.02
广西	0.00	0.00	0.00	0.00	0.00	0.00	0.00	0.00	0.16	0.00	0.02
贵州	0.00	0.00	0.00	0.00	0.00	0.00	0.00	0.00	0.17	0.00	0.02
河南	0.00	0.00	0.00	0.00	0.00	0.00	0.00	0.00	0.16	0.00	0.02
湖南	0.00	0.00	0.00	0.00	0.00	0.00	0.00	0.00	0.16	0.00	0.02
山东	0.00	0.00	0.00	0.00	0.00	0.00	0.00	0.00	0.16	0.00	0.02
西藏	0.00	0.00	0.00	0.00	0.00	0.00	0.00	0.00	0.16	0.00	0.02

表2-23 天文学和天体物理学 C 层人才的世界占比

单位：%

省份	2013年	2014年	2015年	2016年	2017年	2018年	2019年	2020年	2021年	2022年	合计
北京	1.57	1.16	1.69	1.70	1.93	2.15	2.45	2.25	2.30	2.72	2.01
江苏	0.43	0.37	0.59	0.54	0.61	0.67	0.83	0.59	0.92	0.75	0.64
上海	0.49	0.41	0.43	0.50	0.38	0.49	0.58	0.53	1.13	0.86	0.59
安徽	0.31	0.28	0.35	0.31	0.40	0.47	0.43	0.46	0.62	0.82	0.45
湖北	0.25	0.10	0.16	0.28	0.27	0.25	0.31	0.33	0.37	0.46	0.28
广东	0.16	0.14	0.12	0.17	0.17	0.29	0.36	0.31	0.35	0.44	0.26
云南	0.04	0.12	0.06	0.15	0.11	0.15	0.20	0.15	0.25	0.46	0.17
浙江	0.04	0.00	0.02	0.02	0.04	0.04	0.14	0.27	0.32	0.55	0.15
山东	0.16	0.10	0.08	0.11	0.11	0.22	0.16	0.15	0.11	0.13	0.13
甘肃	0.13	0.04	0.02	0.06	0.13	0.05	0.20	0.11	0.09	0.15	0.10
湖南	0.02	0.02	0.08	0.04	0.13	0.05	0.23	0.15	0.05	0.06	0.09
辽宁	0.04	0.02	0.00	0.04	0.06	0.00	0.14	0.15	0.16	0.02	0.07
广西	0.02	0.02	0.04	0.04	0.02	0.05	0.05	0.02	0.14	0.15	0.06
天津	0.04	0.00	0.00	0.06	0.11	0.02	0.07	0.11	0.05	0.10	0.06
四川	0.04	0.02	0.00	0.02	0.04	0.00	0.05	0.04	0.19	0.08	0.05
重庆	0.02	0.02	0.00	0.07	0.04	0.05	0.02	0.02	0.11	0.06	0.04

续表

省　份	2013 年	2014 年	2015 年	2016 年	2017 年	2018 年	2019 年	2020 年	2021 年	2022 年	合计
新　疆	0.04	0.00	0.02	0.06	0.02	0.02	0.04	0.05	0.09	0.06	0.04
河　南	0.02	0.00	0.00	0.06	0.02	0.00	0.05	0.04	0.11	0.04	0.03
河　北	0.00	0.02	0.00	0.04	0.04	0.05	0.02	0.02	0.11	0.00	0.03
福　建	0.02	0.00	0.02	0.02	0.00	0.05	0.04	0.00	0.02	0.04	0.03
陕　西	0.00	0.00	0.00	0.00	0.04	0.00	0.04	0.05	0.05	0.02	0.02
贵　州	0.00	0.00	0.00	0.00	0.00	0.04	0.00	0.00	0.05	0.08	0.02
江　西	0.00	0.02	0.02	0.00	0.00	0.04	0.04	0.00	0.02	0.02	0.02
山　西	0.02	0.00	0.02	0.02	0.00	0.00	0.05	0.00	0.00	0.00	0.01
吉　林	0.00	0.00	0.00	0.00	0.00	0.00	0.00	0.00	0.05	0.00	0.01
黑龙江	0.00	0.00	0.00	0.00	0.00	0.04	0.00	0.00	0.02	0.02	0.01

九　凝聚态物理

凝聚态物理 A、B、C 层人才最多的均为北京，世界占比分别为 9.09%、12.24%、9.82%，均显著高于其他省份。

广东、湖北、江苏、上海、浙江的 A 层人才比较多，世界占比在 4% ~ 3%；山东、河南、陕西、四川、吉林、辽宁、天津、安徽有相当数量的 A 层人才，世界占比在 3% ~ 1%；湖南、黑龙江、山西、江西、重庆、福建、甘肃也有一定数量的 A 层人才，世界占比均超过 0.1%。

江苏、广东、上海的 B 层人才处于第二梯队，世界占比分别为 6.21%、6.05%、5.53%；湖北、浙江的 B 层人才比较多，世界占比在 4% ~ 3%；天津、安徽、河南、山东、吉林、辽宁、湖南、陕西、福建、四川、黑龙江有相当数量的 B 层人才，世界占比在 3% ~ 1%；重庆、山西、广西、河北、甘肃、江西、云南也有一定数量的 B 层人才，世界占比均超过 0.1%；贵州、海南、新疆、内蒙古 B 层人才的世界占比均低于 0.1%。

江苏、广东、上海的 C 层人才处于第二梯队，世界占比分别为 5.46%、5.06%、4.56%；湖北、浙江、天津、安徽、山东、四川、吉林、湖南、辽宁、福建、河南、陕西有相当数量的 C 层人才，世界占比在 3% ~ 1%；黑龙江、重庆、江西、山西、甘肃、广西、河北、云南、海南、内蒙古、新疆也有一定数量的 C 层人才，世界占比大于或等于 0.1%；贵州、宁夏、青海、西藏 C 层人才的世界占比均低于 0.1%。

表 2-24　凝聚态物理 A 层人才的世界占比

单位：%

省　份	2013 年	2014 年	2015 年	2016 年	2017 年	2018 年	2019 年	2020 年	2021 年	2022 年	合计
北　京	4.88	4.76	6.38	12.50	9.62	7.14	10.00	8.06	15.25	9.84	9.09
广　东	0.00	2.38	2.13	2.08	3.85	0.00	5.00	3.23	6.78	9.84	3.79
湖　北	0.00	2.38	2.13	2.08	3.85	7.14	5.00	1.61	6.78	4.92	3.79
江　苏	0.00	2.38	6.38	2.08	0.00	1.79	6.67	3.23	5.08	3.28	3.22
上　海	0.00	0.00	2.13	2.08	0.00	7.14	1.67	1.61	5.08	9.84	3.22
浙　江	2.44	0.00	0.00	4.17	1.92	3.57	0.00	3.23	3.39	11.48	3.22
山　东	0.00	0.00	0.00	2.08	0.00	5.36	0.00	3.23	1.69	9.84	2.46
河　南	0.00	0.00	0.00	0.00	1.92	0.00	0.00	4.84	3.39	6.56	1.89
陕　西	0.00	0.00	0.00	0.00	0.00	0.00	5.00	0.00	3.39	6.56	1.70
四　川	0.00	0.00	0.00	0.00	0.00	1.79	0.00	1.61	3.39	8.20	1.70
吉　林	2.44	0.00	0.00	4.17	1.92	1.79	1.67	1.61	0.00	1.64	1.52
辽　宁	2.44	0.00	0.00	0.00	1.92	0.00	1.67	0.00	6.56		1.33
天　津	0.00	0.00	2.13	2.08	0.00	3.57	1.67	1.61	0.00	1.64	1.33
安　徽	2.44	0.00	2.13	0.00	0.00	3.57	0.00	0.00	1.69	1.64	1.14
湖　南	0.00	0.00	0.00	0.00	1.92	0.00	0.00	3.23	1.69	1.64	0.95
黑龙江	0.00	2.38	0.00	0.00	1.92	0.00	0.00	1.61	1.69	1.64	0.76
山　西	0.00	0.00	0.00	2.08	0.00	1.79	0.00	0.00	1.69	0.00	0.57
江　西	0.00	0.00	0.00	0.00	0.00	0.00	0.00	0.00	1.69	1.64	0.38
重　庆	0.00	0.00	0.00	0.00	0.00	0.00	0.00	0.00	0.00	1.64	0.19
福　建	2.44	0.00	0.00	0.00	0.00	0.00	0.00	0.00	0.00	0.00	0.19
甘　肃	0.00	0.00	0.00	0.00	0.00	0.00	0.00	0.00	1.69	0.00	0.19

表 2-25　凝聚态物理 B 层人才的世界占比

单位：%

省　份	2013 年	2014 年	2015 年	2016 年	2017 年	2018 年	2019 年	2020 年	2021 年	2022 年	合计
北　京	12.57	9.59	7.18	11.19	13.70	14.51	13.73	10.64	16.12	11.30	12.24
江　苏	2.14	2.85	5.26	5.36	6.74	7.45	7.61	4.59	9.88	7.48	6.21
广　东	1.60	2.07	1.44	3.73	4.57	5.10	8.53	7.89	10.40	10.26	6.05
上　海	4.01	3.11	4.07	2.80	4.57	6.08	6.31	6.06	7.28	8.52	5.53

续表

省　份	2013 年	2014 年	2015 年	2016 年	2017 年	2018 年	2019 年	2020 年	2021 年	2022 年	合计
湖　北	1.07	2.07	2.87	3.50	3.70	4.71	2.97	4.40	4.33	5.91	3.72
浙　江	1.07	2.33	1.91	1.63	3.04	2.94	2.23	3.85	5.37	6.96	3.35
天　津	0.80	0.78	4.07	2.10	3.04	2.55	4.27	3.67	3.12	3.65	2.93
安　徽	1.07	2.07	0.72	2.56	1.74	3.92	5.19	2.20	1.91	2.09	2.43
河　南	0.27	0.26	0.96	0.00	0.43	1.18	3.15	3.49	3.64	4.35	1.99
山　东	0.53	0.52	0.96	0.47	1.30	1.96	2.23	1.47	3.81	4.70	1.97
吉　林	0.53	1.04	0.96	1.63	3.04	1.96	1.86	2.20	3.12	2.09	1.93
辽　宁	0.80	0.52	1.67	2.10	1.09	2.16	2.97	2.20	1.56	2.43	1.83
湖　南	0.00	0.52	0.96	0.00	1.74	1.96	2.23	1.83	3.81	2.96	1.77
陕　西	0.53	0.26	0.96	0.23	0.43	2.16	1.30	1.65	3.99	4.17	1.75
福　建	0.27	1.30	0.48	1.17	0.87	0.78	1.67	1.65	3.29	4.17	1.70
四　川	0.53	0.00	0.24	1.17	1.96	1.57	1.48	2.39	1.91	3.65	1.62
黑龙江	1.07	0.00	0.24	0.47	0.87	0.59	0.93	2.20	1.39	2.09	1.06
重　庆	0.53	0.00	0.72	0.00	0.65	0.59	0.56	0.92	1.73	1.39	0.77
山　西	0.00	0.52	0.00	0.70	0.22	0.59	0.19	0.55	1.04	0.35	0.44
广　西	0.00	0.00	0.00	0.23	0.00	0.20	0.19	0.18	1.21	1.22	0.37
河　北	0.00	0.00	0.00	0.23	0.43	0.78	0.37	0.18	0.52	0.52	0.33
甘　肃	0.27	0.26	0.48	0.23	0.22	0.00	0.74	0.00	0.35	0.17	0.29
江　西	0.00	0.52	0.00	0.00	0.00	0.20	0.00	0.00	1.04	0.52	0.29
云　南	0.27	0.00	0.00	0.00	0.00	0.00	0.00	0.18	0.87	0.35	0.19
贵　州	0.00	0.00	0.00	0.23	0.00	0.39	0.00	0.00	0.00	0.17	0.08
海　南	0.00	0.00	0.00	0.00	0.22	0.00	0.20	0.00	0.17	0.17	0.08
新　疆	0.00	0.00	0.00	0.00	0.22	0.00	0.19	0.00	0.17	0.17	0.08
内蒙古	0.00	0.00	0.00	0.00	0.00	0.00	0.19	0.18	0.00	0.17	0.06

表 2-26　凝聚态物理 C 层人才的世界占比

单位：%

省　份	2013 年	2014 年	2015 年	2016 年	2017 年	2018 年	2019 年	2020 年	2021 年	2022 年	合计
北　京	6.46	6.77	7.65	9.51	9.96	11.29	12.14	10.06	10.57	11.40	9.82
江　苏	2.08	2.63	3.58	4.99	5.79	6.10	6.79	6.14	6.65	7.44	5.46
广　东	0.99	1.56	1.82	2.63	4.00	5.40	6.66	6.89	7.85	8.87	5.06
上　海	2.85	3.10	3.13	3.78	3.87	4.44	5.71	4.97	6.17	5.92	4.56
湖　北	0.99	1.30	1.85	2.19	3.07	3.82	3.64	3.83	3.46	3.85	2.95

续表

省 份	2013 年	2014 年	2015 年	2016 年	2017 年	2018 年	2019 年	2020 年	2021 年	2022 年	合计
浙 江	1.15	1.09	1.09	1.72	2.53	2.42	2.62	2.83	4.35	4.74	2.61
天 津	0.37	0.62	1.02	1.24	2.07	2.78	2.81	2.79	3.00	2.77	2.09
安 徽	0.88	1.20	1.23	1.51	1.94	1.98	2.40	2.35	2.32	2.97	1.97
山 东	0.61	0.62	0.66	0.91	1.27	1.60	2.55	2.39	2.95	3.61	1.86
四 川	0.53	0.57	0.64	0.91	1.21	1.78	1.86	1.96	2.39	2.65	1.56
吉 林	1.17	1.22	1.18	0.98	1.30	1.70	1.97	2.08	1.56	1.84	1.55
湖 南	0.51	0.47	0.76	0.96	1.08	1.46	1.88	1.90	2.16	2.40	1.45
辽 宁	0.48	0.83	0.66	0.77	1.19	1.40	1.84	1.69	1.80	2.13	1.36
福 建	0.51	0.65	0.71	0.56	0.95	1.36	1.60	1.48	2.37	2.40	1.35
河 南	0.11	0.31	0.40	0.51	0.52	0.92	1.41	2.22	2.81	2.74	1.33
陕 西	0.27	0.18	0.31	0.51	0.63	1.52	1.86	1.82	1.96	2.77	1.30
黑龙江	0.40	0.57	0.62	0.65	0.82	1.20	0.54	1.21	1.17	1.31	0.89
重 庆	0.27	0.26	0.47	0.49	0.48	0.76	0.84	0.78	1.10	1.72	0.77
江 西	0.11	0.16	0.24	0.12	0.39	0.30	0.54	0.55	0.76	0.82	0.43
山 西	0.08	0.18	0.21	0.44	0.26	0.50	0.48	0.62	0.53	0.64	0.42
甘 肃	0.29	0.23	0.33	0.19	0.45	0.56	0.26	0.46	0.49	0.70	0.41
广 西	0.05	0.00	0.02	0.14	0.17	0.26	0.52	0.53	0.78	0.98	0.39
河 北	0.03	0.13	0.17	0.28	0.17	0.36	0.52	0.43	0.32	0.63	0.33
云 南	0.00	0.05	0.05	0.09	0.09	0.18	0.19	0.18	0.42	0.30	0.17
海 南	0.00	0.00	0.03	0.00	0.04	0.10	0.00	0.14	0.14	0.36	0.11
内蒙古	0.03	0.00	0.05	0.00	0.06	0.10	0.09	0.09	0.19	0.27	0.10
新 疆	0.03	0.03	0.05	0.09	0.11	0.10	0.09	0.14	0.16	0.16	0.10
贵 州	0.03	0.03	0.05	0.00	0.04	0.02	0.09	0.14	0.12	0.13	0.07
宁 夏	0.00	0.00	0.02	0.00	0.06	0.12	0.00	0.09	0.02	0.05	0.05
青 海	0.00	0.00	0.00	0.00	0.02	0.04	0.02	0.02	0.02	0.04	0.02
西 藏	0.00	0.00	0.00	0.02	0.02	0.00	0.00	0.00	0.02	0.02	0.01

十 热力学

热力学 A、B、C 层人才最多的是北京，世界占比分别为 3.57%、5.34%、6.02%。

江苏、广东、湖北、浙江有相当数量的 A 层人才，世界占比在 3% ~ 1%；河南、湖南、上海、四川、安徽、重庆、广西、海南、河北、黑龙江、辽宁、山东、山西、天津也有一定数量的 A 层人才，世界占比均超过 0.4%。

江苏、上海、广东、山东、湖北、浙江、天津、河南、湖南、辽宁有相当数量的 B 层人才，世界占比在 3%~1%；陕西、四川、重庆、福建、安徽、黑龙江、吉林、江西、云南、甘肃、广西、河北、贵州、山西也有一定数量的 B 层人才，世界占比均超过 0.1%；海南、宁夏 B 层人才的世界占比均为 0.05%。

江苏、上海、湖北、广东、山东、湖南、浙江、天津、安徽、四川、辽宁、重庆有相当数量的 C 层人才，世界占比在 3%~1%；陕西、黑龙江、福建、河南、河北、吉林、广西、甘肃、江西、云南、山西、新疆、贵州也有一定数量的 C 层人才，世界占比均超过 0.1%；内蒙古、青海、宁夏、海南、西藏 C 层人才的世界占比均低于 0.1%。

表 2-27 热力学 A 层人才的世界占比

单位：%

省 份	2013 年	2014 年	2015 年	2016 年	2017 年	2018 年	2019 年	2020 年	2021 年	2022 年	合计
北 京	0.00	0.00	0.00	4.55	4.35	9.09	3.57	7.69	0.00	4.00	3.57
江 苏	0.00	0.00	5.26	4.55	0.00	4.55	0.00	0.00	3.33	4.00	2.23
广 东	0.00	0.00	0.00	0.00	0.00	0.00	10.71	3.85	0.00	0.00	1.79
湖 北	0.00	0.00	0.00	0.00	4.35	0.00	0.00	0.00	0.00	12.00	1.79
浙 江	0.00	0.00	5.26	0.00	4.35	0.00	0.00	3.85	0.00	0.00	1.34
河 南	0.00	0.00	0.00	0.00	0.00	0.00	0.00	0.00	3.33	4.00	0.89
湖 南	0.00	0.00	0.00	4.55	0.00	0.00	3.57	0.00	0.00	0.00	0.89
上 海	0.00	0.00	0.00	0.00	0.00	4.55	0.00	3.85	0.00	0.00	0.89
四 川	0.00	0.00	0.00	0.00	4.35	0.00	0.00	0.00	0.00	4.00	0.89
安 徽	0.00	0.00	0.00	0.00	0.00	0.00	3.57	0.00	0.00	0.00	0.45
重 庆	0.00	0.00	0.00	0.00	0.00	0.00	0.00	0.00	3.33	0.00	0.45
广 西	0.00	0.00	0.00	0.00	0.00	0.00	0.00	0.00	0.00	4.00	0.45
海 南	0.00	0.00	0.00	0.00	0.00	0.00	0.00	0.00	0.00	4.00	0.45
河 北	0.00	0.00	0.00	0.00	0.00	0.00	0.00	3.85	0.00	0.00	0.45
黑龙江	0.00	0.00	0.00	0.00	0.00	0.00	0.00	0.00	3.33	0.00	0.45
辽 宁	0.00	0.00	0.00	0.00	0.00	0.00	0.00	3.85	0.00	0.00	0.45

续表

省 份	2013 年	2014 年	2015 年	2016 年	2017 年	2018 年	2019 年	2020 年	2021 年	2022 年	合 计
山 东	0.00	0.00	0.00	0.00	0.00	0.00	3.57	0.00	0.00	0.00	0.45
山 西	0.00	0.00	0.00	0.00	0.00	0.00	0.00	0.00	3.33	0.00	0.45
天 津	0.00	0.00	0.00	0.00	0.00	0.00	0.00	3.85	0.00	0.00	0.45

表 2-28　热力学 B 层人才的世界占比

单位：%

省 份	2013 年	2014 年	2015 年	2016 年	2017 年	2018 年	2019 年	2020 年	2021 年	2022 年	合 计
北 京	2.14	0.60	6.32	6.81	5.80	5.16	4.38	7.20	6.64	6.06	5.34
江 苏	1.43	1.80	2.87	4.19	3.13	3.29	3.19	3.39	1.11	3.03	2.76
上 海	2.14	4.19	0.57	3.14	2.23	2.35	3.59	1.69	4.06	3.03	2.76
广 东	1.43	0.60	2.30	1.57	1.79	3.29	2.79	4.24	2.21	3.90	2.53
山 东	0.00	0.60	0.57	0.52	1.34	3.29	3.19	2.97	3.69	3.03	2.14
湖 北	0.00	0.60	1.72	1.05	3.13	1.41	2.79	2.12	1.48	0.87	1.62
浙 江	0.00	0.60	0.00	0.52	0.89	2.35	1.20	2.12	2.21	3.90	1.53
天 津	1.43	0.60	2.30	0.00	1.34	1.88	1.20	0.00	0.74	4.33	1.38
河 南	2.14	0.60	1.15	0.00	0.89	1.41	2.79	0.85	1.85	0.87	1.29
湖 南	0.00	0.60	1.15	0.00	0.00	2.82	1.59	2.12	0.74	1.30	1.10
辽 宁	0.00	0.00	0.57	1.57	2.68	0.94	1.20	0.42	1.85	0.87	1.10
陕 西	0.00	0.00	0.57	1.05	0.00	0.94	0.00	0.00	1.11	3.46	0.76
四 川	0.71	0.00	0.57	0.00	0.00	0.00	0.80	1.69	1.11	2.16	0.76
重 庆	0.71	0.00	0.00	0.00	0.89	0.00	1.59	0.85	0.74	1.73	0.71
福 建	0.00	0.00	0.57	1.05	0.00	0.47	1.20	0.85	0.74	1.73	0.71
安 徽	0.71	0.60	0.00	0.00	0.00	0.94	1.20	0.00	1.11	1.73	0.67
黑龙江	0.00	0.00	1.15	0.52	0.45	0.00	0.40	0.42	0.74	1.30	0.57
吉 林	0.00	0.00	0.57	0.00	0.45	0.47	0.40	0.42	0.74	1.73	0.52
江 西	0.00	0.00	0.57	0.00	0.00	0.94	0.80	0.42	0.00	1.30	0.43
云 南	0.00	1.20	0.00	1.05	0.00	0.45	0.00	0.40	0.00	0.00	0.33
甘 肃	0.00	0.60	0.57	0.00	0.45	0.00	0.40	0.00	0.74	0.00	0.29
广 西	0.00	0.00	0.00	0.52	0.00	0.94	0.00	0.00	0.43	0.00	0.29
河 北	0.00	0.00	0.00	0.52	0.00	0.47	0.40	0.42	0.00	0.87	0.29
贵 州	0.00	0.00	0.00	0.52	0.00	0.47	0.00	0.42	0.00	0.87	0.24
山 西	0.00	0.00	0.00	0.00	0.00	0.00	0.00	0.42	0.37	0.43	0.14
海 南	0.00	0.00	0.00	0.00	0.00	0.00	0.40	0.00	0.00	0.00	0.05
宁 夏	0.00	0.00	0.00	0.00	0.00	0.00	0.00	0.00	0.37	0.00	0.05

表 2-29 热力学 C 层人才的世界占比

单位：%

省 份	2013 年	2014 年	2015 年	2016 年	2017 年	2018 年	2019 年	2020 年	2021 年	2022 年	合计
北 京	4.22	5.63	6.11	6.12	6.04	7.11	6.71	4.94	6.06	6.47	6.02
江 苏	1.16	1.75	1.70	2.26	3.44	2.74	3.34	3.55	3.39	3.77	2.86
上 海	1.38	2.18	2.43	2.61	2.42	2.46	2.75	2.73	2.37	2.40	2.42
湖 北	1.02	2.00	2.04	1.71	2.28	2.79	2.71	2.43	2.33	2.90	2.30
广 东	1.31	1.03	1.81	1.25	1.92	2.97	3.10	2.08	3.16	2.49	2.23
山 东	0.51	0.67	1.02	0.75	1.12	1.67	2.08	2.34	2.26	3.03	1.67
湖 南	0.80	0.42	0.85	0.85	1.34	2.23	1.81	1.60	2.26	1.74	1.48
浙 江	0.73	0.85	0.90	0.50	0.81	1.21	1.37	1.60	2.29	1.53	1.25
天 津	0.95	1.03	1.13	1.25	1.12	1.25	1.26	1.65	1.32	1.24	1.24
安 徽	1.24	0.79	1.13	1.40	1.03	1.35	1.26	1.04	1.09	1.08	1.14
四 川	0.22	0.42	0.62	0.75	1.30	1.16	1.14	1.17	1.43	1.66	1.06
辽 宁	0.44	0.79	1.13	0.85	1.34	1.11	1.22	0.78	0.94	1.20	1.01
重 庆	0.51	0.36	0.62	0.55	0.63	1.07	1.33	1.47	1.35	1.49	1.00
陕 西	0.29	0.42	0.40	0.50	1.12	0.93	1.02	0.91	1.13	1.41	0.87
黑龙江	0.36	0.73	0.68	0.35	1.07	1.11	0.82	0.61	0.53	1.04	0.75
福 建	0.15	0.73	0.34	0.20	0.49	0.74	0.47	1.17	0.83	0.54	0.59
河 南	0.29	0.30	0.06	0.20	0.54	0.46	0.63	0.65	0.68	1.00	0.52
河 北	0.07	0.06	0.17	0.30	0.13	0.28	0.78	0.65	0.83	0.91	0.47
吉 林	0.15	0.18	0.23	0.40	0.31	0.46	0.43	0.26	0.49	0.70	0.38
广 西	0.07	0.06	0.11	0.15	0.27	0.23	0.27	0.39	0.30	0.58	0.27
甘 肃	0.22	0.18	0.40	0.20	0.40	0.33	0.20	0.13	0.30	0.17	0.25
江 西	0.15	0.00	0.23	0.10	0.22	0.46	0.35	0.13	0.30	0.41	0.25
云 南	0.15	0.12	0.06	0.25	0.04	0.23	0.16	0.35	0.41	0.41	0.23
山 西	0.22	0.24	0.28	0.15	0.27	0.14	0.43	0.30	0.11	0.12	0.23
新 疆	0.00	0.00	0.06	0.10	0.09	0.09	0.16	0.17	0.19	0.25	0.12
贵 州	0.00	0.12	0.00	0.00	0.13	0.09	0.08	0.13	0.11	0.37	0.11
内蒙古	0.00	0.06	0.11	0.05	0.09	0.14	0.09	0.04	0.23	0.08	0.09
青 海	0.00	0.06	0.00	0.10	0.09	0.09	0.04	0.22	0.11	0.08	0.09
宁 夏	0.00	0.00	0.00	0.05	0.04	0.00	0.04	0.04	0.08	0.21	0.05
海 南	0.00	0.00	0.06	0.00	0.00	0.00	0.00	0.04	0.00	0.08	0.02
西 藏	0.00	0.06	0.00	0.05	0.00	0.00	0.00	0.04	0.00	0.04	0.02

十一 原子、分子和化学物理

原子、分子和化学物理 A 层人才最多的是湖北，世界占比为 3.83%；湖南、四川、福建、山西、北京有相当数量的 A 层人才，世界占比在 3%~1%；甘肃、上海、安徽、重庆、广东、黑龙江、江苏、江西、青海、山东也有一定数量的 A 层人才，世界占比均超过 0.4%。

B 层人才最多的是北京，世界占比为 3.55%；浙江、上海、湖北、江苏、广东、山东有相当数量的 B 层人才，世界占比在 2%~1%；四川、安徽、湖南、辽宁、福建、天津、重庆、吉林、贵州、河南、陕西、广西、黑龙江、甘肃、江西、河北、山西也有一定数量的 B 层人才，世界占比均超过 0.1%；云南 B 层人才的世界占比为 0.08%。

C 层人才最多的是北京，世界占比为 3.65%；江苏、上海、广东、山东、安徽、湖北有相当数量的 C 层人才，世界占比在 2%~1%；浙江、吉林、辽宁、四川、湖南、河南、福建、重庆、天津、黑龙江、陕西、山西、江西、贵州、甘肃、广西、河北、云南也有一定数量的 C 层人才，世界占比大于或等于 0.1%；新疆、青海、内蒙古、海南、宁夏 C 层人才的世界占比均低于 0.1%。

表 2-30 原子、分子和化学物理 A 层人才的世界占比

单位：%

省份	2013 年	2014 年	2015 年	2016 年	2017 年	2018 年	2019 年	2020 年	2021 年	2022 年	合计
湖北	4.17	8.33	0.00	0.00	7.41	0.00	3.85	0.00	0.00	13.04	3.83
湖南	0.00	0.00	0.00	0.00	3.70	0.00	0.00	0.00	0.00	17.39	2.13
四川	0.00	0.00	0.00	4.55	0.00	0.00	0.00	0.00	0.00	17.39	2.13
福建	0.00	0.00	3.70	0.00	0.00	0.00	0.00	0.00	0.00	13.04	1.70
山西	0.00	0.00	0.00	4.55	0.00	0.00	0.00	0.00	0.00	13.04	1.70
北京	0.00	0.00	0.00	4.55	0.00	0.00	0.00	0.00	14.29	4.35	1.28
甘肃	0.00	0.00	0.00	0.00	0.00	0.00	0.00	0.00	0.00	8.70	0.85
上海	0.00	0.00	3.70	0.00	0.00	0.00	0.00	0.00	0.00	4.35	0.85
安徽	0.00	4.17	0.00	0.00	0.00	0.00	0.00	0.00	0.00	0.00	0.43
重庆	0.00	0.00	0.00	0.00	0.00	0.00	0.00	0.00	0.00	4.35	0.43

续表

省　份	2013 年	2014 年	2015 年	2016 年	2017 年	2018 年	2019 年	2020 年	2021 年	2022 年	合计
广　东	0.00	0.00	0.00	0.00	0.00	0.00	0.00	0.00	14.29	0.00	0.43
黑龙江	0.00	0.00	0.00	0.00	0.00	0.00	0.00	0.00	0.00	4.35	0.43
江　苏	0.00	0.00	0.00	0.00	0.00	0.00	0.00	3.45	0.00	0.00	0.43
江　西	0.00	0.00	0.00	0.00	0.00	0.00	0.00	0.00	0.00	4.35	0.43
青　海	0.00	0.00	0.00	0.00	0.00	0.00	0.00	0.00	0.00	4.35	0.43
山　东	0.00	0.00	0.00	0.00	0.00	0.00	0.00	0.00	0.00	4.35	0.43

表 2-31 原子、分子和化学物理 B 层人才的世界占比

单位：%

省　份	2013 年	2014 年	2015 年	2016 年	2017 年	2018 年	2019 年	2020 年	2021 年	2022 年	合计
北　京	4.41	1.74	5.33	3.31	4.47	3.83	3.35	2.69	2.69	3.77	3.55
浙　江	0.88	0.87	0.82	1.24	0.41	2.13	1.26	1.54	5.77	1.67	1.69
上　海	1.32	1.74	0.82	1.24	2.03	1.28	2.51	0.77	1.54	2.51	1.57
湖　北	1.32	2.17	0.41	0.83	1.63	0.43	1.67	1.54	2.31	1.26	1.36
江　苏	1.32	1.74	0.00	1.24	0.81	0.43	2.09	1.15	0.38	3.35	1.24
广　东	0.00	0.43	0.41	0.41	2.44	0.00	1.67	1.92	0.77	2.51	1.07
山　东	0.44	0.87	0.41	0.83	0.81	1.70	0.42	0.77	1.54	2.51	1.03
四　川	0.00	0.00	1.23	0.00	1.63	0.43	1.26	1.92	2.31	0.84	0.99
安　徽	0.00	1.30	0.82	2.89	0.41	0.85	0.84	0.77	0.77	0.42	0.91
湖　南	0.00	0.00	0.41	0.41	0.00	0.43	0.42	1.54	3.08	1.26	0.78
辽　宁	0.88	0.43	1.64	0.41	1.22	0.43	0.00	0.00	1.15	0.84	0.70
福　建	0.88	1.30	0.82	0.41	0.00	0.00	0.00	0.38	1.15	0.42	0.54
天　津	0.44	0.00	0.41	0.41	0.81	0.85	0.00	0.00	0.00	1.67	0.45
重　庆	0.00	0.00	0.41	0.41	0.00	0.43	0.00	0.77	1.92	0.42	0.41
吉　林	0.00	0.87	0.00	0.41	1.22	0.00	0.84	0.00	0.77	0.00	0.41
贵　州	0.00	0.00	0.00	0.41	0.00	0.85	0.42	0.38	0.38	1.26	0.37
河　南	0.44	0.00	0.41	0.00	0.41	0.00	0.42	0.00	0.77	0.84	0.33
陕　西	0.00	0.00	0.00	0.00	0.41	0.85	0.84	0.00	0.38	0.84	0.33
广　西	0.00	0.00	0.00	0.00	0.00	0.00	0.00	0.77	1.15	0.00	0.21
黑龙江	0.00	0.00	0.00	0.00	0.41	1.28	0.00	0.00	0.00	0.42	0.21
甘　肃	0.88	0.00	0.00	0.00	0.00	0.41	0.00	0.00	0.00	0.42	0.17
江　西	0.88	0.00	0.00	0.00	0.00	0.00	0.42	0.00	0.38	0.00	0.17
河　北	0.44	0.00	0.00	0.00	0.41	0.43	0.00	0.00	0.00	0.00	0.12
山　西	0.00	0.00	0.00	0.00	0.00	0.43	0.00	0.38	0.38	0.00	0.12
云　南	0.44	0.00	0.00	0.00	0.00	0.00	0.00	0.00	0.38	0.00	0.08

表 2-32 原子、分子和化学物理 C 层人才的世界占比

单位：%

省　份	2013 年	2014 年	2015 年	2016 年	2017 年	2018 年	2019 年	2020 年	2021 年	2022 年	合计
北　京	3.12	3.90	4.05	3.65	3.64	3.63	3.80	3.67	3.34	3.67	3.65
江　苏	0.94	0.92	1.21	1.50	1.55	2.39	2.55	1.92	1.95	2.39	1.73
上　海	1.29	1.62	1.13	1.63	1.55	1.46	1.56	1.29	1.91	1.33	1.47
广　东	0.36	0.31	0.58	0.82	1.06	1.64	1.86	2.38	2.00	2.12	1.32
山　东	0.31	0.88	0.54	0.73	0.94	1.11	1.34	2.03	1.56	1.95	1.15
安　徽	0.98	0.92	1.00	0.82	0.86	0.93	1.38	1.25	1.22	1.06	1.04
湖　北	0.62	0.74	0.75	1.03	1.19	1.33	1.60	0.90	1.13	1.06	1.03
浙　江	0.58	0.48	0.63	0.64	0.86	0.58	0.95	1.06	1.82	1.24	0.88
吉　林	0.71	0.83	0.83	0.60	0.86	1.06	0.78	0.90	0.43	0.97	0.80
辽　宁	0.71	0.61	0.75	0.60	0.78	0.84	0.99	0.94	1.00	0.71	0.80
四　川	0.27	0.26	0.58	0.39	0.94	0.93	1.04	0.82	1.13	0.93	0.73
湖　南	0.45	0.53	0.42	0.43	0.70	0.84	0.73	0.74	0.96	0.84	0.66
河　南	0.09	0.35	0.67	0.52	0.53	0.80	0.73	1.02	0.78	0.80	0.63
福　建	0.18	0.53	0.63	0.64	0.41	0.27	0.61	0.78	1.13	0.49	0.57
重　庆	0.09	0.22	0.33	0.21	0.45	0.27	0.35	0.90	0.96	1.06	0.49
天　津	0.36	0.00	0.42	0.43	0.33	0.58	0.35	0.63	0.70	0.88	0.47
黑龙江	0.04	0.39	0.29	0.39	0.49	0.53	0.43	0.66	0.56	0.75	0.46
陕　西	0.22	0.09	0.29	0.26	0.41	0.71	0.48	0.70	0.65	0.58	0.44
山　西	0.18	0.18	0.17	0.39	0.41	0.44	0.48	0.39	0.52	0.49	0.36
江　西	0.18	0.04	0.25	0.17	0.08	0.18	0.22	0.27	0.48	0.53	0.24
贵　州	0.04	0.09	0.08	0.09	0.08	0.09	0.09	0.51	0.74	0.31	0.21
甘　肃	0.13	0.44	0.13	0.30	0.08	0.18	0.22	0.27	0.13	0.13	0.20
广　西	0.00	0.09	0.08	0.13	0.00	0.09	0.13	0.31	0.30	0.44	0.16
河　北	0.04	0.04	0.04	0.17	0.20	0.04	0.13	0.16	0.26	0.35	0.15
云　南	0.00	0.09	0.00	0.04	0.04	0.13	0.04	0.08	0.22	0.40	0.10
新　疆	0.00	0.00	0.00	0.04	0.04	0.04	0.04	0.04	0.17	0.09	0.05
青　海	0.00	0.00	0.00	0.00	0.00	0.00	0.09	0.08	0.00	0.04	0.04
内蒙古	0.00	0.00	0.08	0.04	0.04	0.00	0.00	0.12	0.00	0.04	0.03
海　南	0.04	0.00	0.00	0.04	0.00	0.00	0.00	0.04	0.04	0.09	0.03
宁　夏	0.00	0.00	0.00	0.00	0.00	0.00	0.09	0.00	0.00	0.04	0.01

十二 光学

广东、北京、江苏光学 A 层人才分别以 3.89%、3.59%、3.44% 的世界占比排名前三；上海、浙江、四川、安徽、湖北有相当数量的 A 层人才，世界占比在 3%~1%；湖南、吉林、山东、天津、福建、黑龙江、重庆、河南、江西、广西、辽宁、陕西、山西也有一定数量的 A 层人才，世界占比均超过 0.1%。

B 层人才最多的是北京，世界占比为 5.52%；江苏、广东、上海的 B 层人才比较多，世界占比在 4%~3%；湖北、浙江、四川、湖南、安徽、山东、吉林、陕西、福建有相当数量的 B 层人才，世界占比在 3%~1%；天津、黑龙江、山西、辽宁、重庆、河南、江西、甘肃、广西、河北、新疆也有一定数量的 B 层人才，世界占比大于或等于 0.1%；云南、贵州、青海、内蒙古、西藏 B 层人才的世界占比均低于 0.1%。

C 层人才最多的是北京，世界占比为 5.47%；广东、上海、江苏处于第二梯队，世界占比在 4%~3%；湖北、浙江、四川、山东、湖南、安徽、天津、陕西、黑龙江有相当数量的 C 层人才，世界占比在 3%~1%；吉林、福建、辽宁、山西、重庆、河南、江西、河北、广西、甘肃、云南也有一定数量的 C 层人才，世界占比均超过 0.1%；新疆、贵州、内蒙古、海南、青海、宁夏 C 层人才的世界占比均低于 0.1%。

表 2-33 光学 A 层人才的世界占比

单位：%

省 份	2013 年	2014 年	2015 年	2016 年	2017 年	2018 年	2019 年	2020 年	2021 年	2022 年	合计
广 东	1.89	1.52	6.06	0.00	1.39	2.63	8.33	4.69	5.97	6.56	3.89
北 京	0.00	1.52	0.00	1.41	1.39	2.63	11.11	6.25	5.97	4.92	3.59
江 苏	0.00	4.55	1.52	4.23	1.39	5.26	6.94	4.69	1.49	3.28	3.44
上 海	0.00	3.03	3.03	0.00	2.78	0.00	2.78	4.69	4.48	6.56	2.69
浙 江	0.00	0.00	0.00	1.41	0.00	0.00	4.17	4.69	2.99	4.92	1.80
四 川	0.00	1.52	0.00	1.41	2.78	0.00	1.39	0.00	4.48	1.64	1.35
安 徽	0.00	0.00	0.00	0.00	0.00	0.00	1.39	3.13	5.97	1.64	1.20

续表

省　份	2013 年	2014 年	2015 年	2016 年	2017 年	2018 年	2019 年	2020 年	2021 年	2022 年	合计
湖　北	0.00	0.00	3.03	1.41	1.39	0.00	0.00	0.00	2.99	1.64	1.05
湖　南	0.00	1.52	3.03	1.41	0.00	0.00	0.00	3.13	0.00	0.00	0.90
吉　林	0.00	0.00	0.00	0.00	0.00	1.32	0.00	3.13	1.49	3.28	0.90
山　东	0.00	1.52	0.00	1.41	0.00	0.00	0.00	0.00	2.99	1.64	0.75
天　津	0.00	1.52	1.52	0.00	1.39	0.00	0.00	0.00	1.49	1.64	0.75
福　建	0.00	0.00	0.00	0.00	0.00	1.32	1.39	0.00	1.49	1.64	0.60
黑龙江	0.00	0.00	0.00	0.00	0.00	0.00	1.39	1.56	2.99	0.00	0.60
重　庆	0.00	0.00	0.00	0.00	1.39	0.00	0.00	0.00	0.00	1.64	0.30
河　南	0.00	0.00	0.00	0.00	1.39	0.00	1.39	0.00	0.00	0.00	0.30
江　西	0.00	0.00	0.00	0.00	1.39	0.00	0.00	0.00	0.00	1.64	0.30
广　西	0.00	0.00	0.00	0.00	0.00	0.00	0.00	1.56	0.00	0.00	0.15
辽　宁	0.00	0.00	0.00	0.00	0.00	0.00	0.00	0.00	1.49	0.00	0.15
陕　西	0.00	0.00	0.00	0.00	0.00	1.32	0.00	0.00	0.00	0.00	0.15
山　西	0.00	0.00	0.00	0.00	0.00	0.00	0.00	1.56	0.00	0.00	0.15

表 2-34　光学 B 层人才的世界占比

单位：%

省　份	2013 年	2014 年	2015 年	2016 年	2017 年	2018 年	2019 年	2020 年	2021 年	2022 年	合计
北　京	3.84	3.87	5.15	4.22	5.16	6.20	7.55	5.21	5.95	8.05	5.52
江　苏	1.83	2.02	2.66	3.28	3.91	3.55	4.78	5.06	5.29	6.55	3.89
广　东	0.91	3.37	2.82	2.19	3.59	3.84	4.93	4.27	7.27	5.24	3.86
上　海	1.65	0.17	2.99	3.44	2.97	3.55	3.70	3.79	5.62	3.93	3.20
湖　北	0.73	0.67	1.50	1.09	1.56	2.95	2.93	3.16	3.47	3.93	2.21
浙　江	1.83	1.52	1.00	0.78	2.03	1.18	1.85	1.90	3.97	5.62	2.11
四　川	0.37	1.18	2.66	1.88	1.56	0.74	2.00	0.95	1.49	2.81	1.55
湖　南	0.91	1.68	0.83	1.41	1.09	1.48	2.47	1.58	1.32	1.31	1.42
安　徽	1.10	0.67	1.00	0.94	0.94	0.89	1.54	2.05	1.16	2.06	1.23
山　东	0.55	0.17	0.50	0.94	0.31	1.62	0.62	1.74	2.64	2.43	1.14
吉　林	0.18	1.35	1.00	0.78	0.47	1.03	1.23	1.42	1.32	2.62	1.13
陕　西	0.73	0.84	1.33	1.09	0.16	0.44	1.85	0.79	1.98	2.06	1.11
福　建	0.37	1.01	0.50	0.94	0.63	0.89	0.46	1.58	1.98	2.43	1.06
天　津	0.37	0.84	1.33	0.94	0.94	1.18	0.62	1.11	1.16	1.12	0.88
黑龙江	0.73	0.17	0.17	0.00	0.31	1.18	0.46	1.26	0.99	1.87	0.70
山　西	0.00	0.34	0.17	0.78	0.31	1.18	0.46	1.26	1.16	0.75	0.65

续表

省份	2013年	2014年	2015年	2016年	2017年	2018年	2019年	2020年	2021年	2022年	合计
辽宁	0.55	0.00	0.50	0.47	0.31	0.74	0.31	1.26	0.99	1.31	0.64
重庆	0.18	0.17	0.00	0.78	0.47	0.00	0.31	0.95	1.32	0.37	0.46
河南	0.18	0.00	0.17	0.16	0.16	0.30	0.92	0.79	0.83	1.12	0.46
江西	0.00	0.17	0.17	0.31	0.16	0.00	0.92	0.63	0.99	1.12	0.44
甘肃	0.00	0.00	0.00	0.00	0.00	0.00	0.15	0.32	0.66	1.12	0.21
广西	0.00	0.00	0.17	0.31	0.31	0.15	0.15	0.16	0.17	0.37	0.18
河北	0.00	0.00	0.00	0.16	0.00	0.15	0.00	0.16	0.00	0.94	0.13
新疆	0.00	0.17	0.00	0.31	0.00	0.00	0.00	0.00	0.00	0.56	0.10
云南	0.00	0.00	0.00	0.00	0.16	0.00	0.15	0.16	0.17	0.00	0.07
贵州	0.00	0.00	0.00	0.16	0.00	0.00	0.15	0.00	0.19	0.00	0.05
青海	0.00	0.00	0.00	0.00	0.00	0.00	0.00	0.16	0.17	0.00	0.03
内蒙古	0.00	0.00	0.00	0.00	0.00	0.00	0.00	0.00	0.17	0.00	0.02
西藏	0.00	0.00	0.00	0.00	0.00	0.00	0.00	0.00	0.00	0.19	0.02

表2-35 光学C层人才的世界占比

单位：%

省份	2013年	2014年	2015年	2016年	2017年	2018年	2019年	2020年	2021年	2022年	合计
北京	4.55	4.34	4.82	4.49	4.90	5.68	6.38	6.17	6.75	6.64	5.47
广东	1.55	1.68	2.47	2.39	2.81	3.63	4.18	5.57	5.58	6.53	3.62
上海	2.11	2.20	2.80	2.52	2.94	3.27	3.48	3.51	4.29	4.26	3.13
江苏	1.89	1.87	2.30	2.40	2.99	3.31	3.62	3.53	4.23	4.82	3.09
湖北	1.74	1.36	1.58	2.31	2.55	2.91	2.66	2.34	2.29	2.71	2.26
浙江	1.70	1.51	1.46	1.62	1.74	2.06	2.23	2.44	2.84	3.86	2.13
四川	0.91	0.92	1.21	1.34	1.45	1.66	1.62	1.94	2.07	1.99	1.51
山东	0.56	0.61	1.23	0.97	1.16	1.19	1.40	1.76	2.25	2.02	1.31
湖南	0.76	0.89	1.19	1.02	1.19	1.54	1.40	1.67	1.51	1.81	1.30
安徽	0.61	0.79	1.31	0.89	1.16	0.98	1.38	1.35	1.64	1.52	1.16
天津	0.81	0.47	1.04	1.11	1.07	1.07	1.24	1.55	1.39	1.64	1.14
陕西	0.78	0.62	0.84	0.84	0.86	0.98	1.57	1.52	1.31	1.34	1.07
黑龙江	0.63	0.67	0.86	0.78	0.97	1.25	1.26	1.33	1.41	0.96	1.02
吉林	0.72	0.74	0.71	0.60	0.74	0.98	1.18	1.21	1.10	1.53	0.95
福建	0.33	0.47	0.66	0.54	0.69	0.81	0.83	1.06	1.29	1.17	0.78
辽宁	0.35	0.40	0.60	0.59	0.71	0.82	0.81	1.07	1.22	1.10	0.77
山西	0.17	0.22	0.20	0.35	0.58	0.90	0.99	1.18	1.31	0.92	0.68

续表

省 份	2013年	2014年	2015年	2016年	2017年	2018年	2019年	2020年	2021年	2022年	合计
重 庆	0.41	0.30	0.32	0.49	0.64	0.45	0.60	0.65	0.84	1.05	0.57
河 南	0.17	0.29	0.17	0.25	0.36	0.52	0.48	0.61	0.76	0.69	0.43
江 西	0.24	0.22	0.34	0.33	0.25	0.42	0.48	0.63	0.62	0.56	0.41
河 北	0.09	0.20	0.20	0.32	0.14	0.33	0.40	0.24	0.60	0.65	0.32
广 西	0.11	0.15	0.20	0.19	0.25	0.27	0.35	0.31	0.38	0.72	0.29
甘 肃	0.19	0.17	0.12	0.08	0.08	0.19	0.19	0.19	0.33	0.32	0.18
云 南	0.02	0.12	0.02	0.11	0.09	0.12	0.08	0.29	0.15	0.34	0.13
新 疆	0.07	0.05	0.08	0.05	0.05	0.03	0.11	0.15	0.14	0.04	0.08
贵 州	0.04	0.02	0.03	0.03	0.03	0.06	0.11	0.14	0.15	0.05	0.07
内蒙古	0.00	0.05	0.04	0.00	0.02	0.00	0.11	0.07	0.12	0.05	0.05
海 南	0.00	0.00	0.00	0.00	0.00	0.00	0.00	0.03	0.14	0.20	0.03
青 海	0.00	0.00	0.00	0.02	0.03	0.01	0.00	0.00	0.05	0.04	0.01
宁 夏	0.04	0.00	0.00	0.00	0.00	0.00	0.02	0.00	0.02	0.05	0.01

十三 光谱学

光谱学 A 层人才仅分布在甘肃、安徽、广东、河南；其中，A 层人才最多的是甘肃，世界占比为 2.63%；安徽、广东、河南 A 层人才的世界占比均为 1.32%。

B 层人才最多的是江苏，世界占比为 2.07%；北京、广东、浙江、上海有相当数量的 B 层人才，世界占比在 2%～1%；湖北、安徽、甘肃、陕西、山东、吉林、福建、河南、山西、天津、重庆、贵州、黑龙江、湖南、四川、新疆、海南、河北、江西、辽宁、青海、云南、内蒙古也有一定数量的 B 层人才，世界占比均超过 0.1%。

北京、江苏 C 层人才的世界占比分别为 2.82%、2.33%，排名前二；山东、广东、湖北、河南、上海、四川、浙江、辽宁、安徽有相当数量的 C 层人才，世界占比在 2%～1%；重庆、福建、湖南、陕西、黑龙江、吉林、天津、江西、山西、甘肃、广西、云南、河北、贵州、新疆、内蒙古也有一定数量的 C 层人才，世界占比均超过 0.1%；海南、青海、宁夏 C 层人才的世界占比均低于 0.1%。

表 2-36 光谱学 A 层人才的世界占比

单位：%

省　份	2013 年	2014 年	2015 年	2016 年	2017 年	2018 年	2019 年	2020 年	2021 年	2022 年	合计
甘　肃	0.00	0.00	0.00	0.00	0.00	0.00	0.00	0.00	0.00	28.57	2.63
安　徽	0.00	0.00	0.00	0.00	0.00	0.00	0.00	0.00	0.00	14.29	1.32
广　东	0.00	0.00	0.00	0.00	0.00	0.00	0.00	0.00	0.00	14.29	1.32
河　南	0.00	0.00	0.00	0.00	0.00	0.00	0.00	0.00	0.00	14.29	1.32

表 2-37 光谱学 B 层人才的世界占比

单位：%

省　份	2013 年	2014 年	2015 年	2016 年	2017 年	2018 年	2019 年	2020 年	2021 年	2022 年	合计
江　苏	1.10	0.00	0.00	2.15	1.10	2.22	1.09	2.06	5.15	7.81	2.07
北　京	1.10	2.11	0.00	0.00	0.00	3.33	4.35	1.03	5.15	3.13	1.96
广　东	0.00	0.00	0.93	0.00	0.00	0.00	1.09	3.09	3.09	12.50	1.74
浙　江	0.00	0.00	1.87	2.15	1.10	0.00	1.09	1.03	1.03	6.25	1.31
上　海	0.00	0.00	0.93	0.00	1.10	2.22	2.17	1.03	2.06	1.56	1.09
湖　北	0.00	0.00	0.00	0.00	0.00	1.11	1.09	3.09	1.03	4.69	0.98
安　徽	0.00	0.00	0.00	1.08	0.00	2.22	2.17	0.00	1.03	3.13	0.87
甘　肃	0.00	0.00	0.93	0.00	0.00	1.11	1.09	4.12	1.03	0.00	0.87
陕　西	0.00	0.00	0.93	0.00	1.10	0.00	1.09	0.00	3.09	3.13	0.87
山　东	1.10	0.00	0.00	0.00	0.00	0.00	2.17	2.06	2.06	1.56	0.87
吉　林	0.00	0.00	0.93	1.08	0.00	2.22	2.17	1.03	0.00	0.00	0.76
福　建	0.00	2.11	0.93	0.00	0.00	0.00	0.00	0.00	0.00	3.13	0.55
河　南	0.00	0.00	0.00	0.00	0.00	0.00	1.09	0.00	3.09	1.56	0.55
山　西	0.00	0.00	0.00	0.00	0.00	0.00	2.17	1.03	2.06	0.00	0.55
天　津	0.00	0.00	0.00	0.00	2.20	0.00	0.00	1.03	0.00	1.56	0.44
重　庆	0.00	1.05	0.00	0.00	0.00	0.00	0.00	1.03	1.56		0.33
贵　州	0.00	0.00	0.00	0.00	1.10	0.00	0.00	0.00	3.13		0.33
黑龙江	0.00	0.00	0.00	0.00	0.00	1.11	0.00	1.03	1.03	0.00	0.33
湖　南	1.10	0.00	0.00	0.00	0.00	1.10	0.00	0.00	1.03		0.33
四　川	1.10	0.00	0.00	0.00	0.00	0.00	0.00	0.00	3.13		0.33
新　疆	0.00	0.00	0.00	0.00	0.00	0.00	0.00	1.03	1.03	1.56	0.33
海　南	0.00	0.00	0.00	0.00	0.00	0.00	0.00	0.00	3.13		0.22
河　北	0.00	0.00	0.00	0.00	0.00	0.00	0.00	0.00	1.03	1.56	0.22
江　西	0.00	0.00	0.00	0.00	0.00	1.11	0.00	0.00	0.00	1.56	0.22
辽　宁	0.00	0.00	0.00	0.00	0.00	0.00	0.00	1.03	1.03	0.00	0.22

续表

省　份	2013 年	2014 年	2015 年	2016 年	2017 年	2018 年	2019 年	2020 年	2021 年	2022 年	合计
青　海	0.00	0.00	0.00	0.00	0.00	0.00	0.00	0.00	0.00	3.13	0.22
云　南	1.10	0.00	0.00	0.00	0.00	1.11	0.00	0.00	0.00	0.00	0.22
内蒙古	1.10	0.00	0.00	0.00	0.00	0.00	0.00	0.00	0.00	0.00	0.11

表 2-38　光谱学 C 层人才的世界占比

单位：%

省　份	2013 年	2014 年	2015 年	2016 年	2017 年	2018 年	2019 年	2020 年	2021 年	2022 年	合计
北　京	2.68	2.16	1.68	2.81	2.43	1.95	2.79	3.69	4.61	4.59	2.82
江　苏	0.86	1.62	0.93	1.35	1.99	2.07	3.49	2.26	5.26	5.48	2.33
山　东	1.07	0.43	0.93	0.79	0.88	2.18	2.44	1.55	3.29	4.06	1.62
广　东	0.75	1.40	0.65	0.79	0.44	1.95	1.40	2.26	1.84	3.71	1.40
湖　北	0.64	1.08	1.31	1.01	1.00	1.95	0.93	1.90	1.71	1.41	1.28
河　南	0.32	0.22	0.75	0.79	0.88	2.07	2.21	2.26	2.11	1.59	1.26
上　海	0.96	1.29	0.56	0.67	0.77	1.49	1.16	1.90	1.84	2.47	1.24
四　川	1.07	0.86	0.65	0.34	0.55	1.26	1.40	1.55	2.24	2.30	1.15
浙　江	0.96	0.86	0.19	0.67	0.66	2.07	1.40	2.14	1.32	1.59	1.14
辽　宁	0.43	1.08	1.31	0.34	0.33	0.92	1.75	1.19	1.97	2.30	1.10
安　徽	0.75	0.86	0.28	0.45	0.66	0.80	1.40	1.90	1.58	2.30	1.02
重　庆	0.11	0.54	0.75	0.56	0.22	0.92	1.75	2.14	1.32	1.06	0.90
福　建	0.54	0.54	0.75	0.67	0.33	0.80	0.93	1.19	1.18	2.47	0.87
湖　南	0.86	0.65	0.56	0.67	0.55	0.80	0.70	1.31	1.84	0.71	0.85
陕　西	0.11	0.43	0.65	0.56	0.77	0.57	1.28	0.95	2.11	1.06	0.81
黑龙江	0.11	0.22	0.75	0.34	0.55	0.80	1.63	1.07	1.18	1.94	0.80
吉　林	0.32	0.86	0.56	0.22	0.77	1.38	0.81	0.24	1.32	1.77	0.78
天　津	0.11	0.32	0.56	0.34	0.44	0.46	1.28	1.07	1.18	1.59	0.68
江　西	0.43	0.00	0.19	0.67	0.00	0.46	0.12	1.07	1.97	1.59	0.60
山　西	0.00	0.22	0.28	0.22	0.00	0.80	1.98	0.59	1.45	0.88	0.60
甘　肃	0.43	0.65	0.56	0.34	0.55	0.69	0.70	0.24	0.79	0.00	0.51
广　西	0.32	0.11	0.28	0.11	0.00	0.23	0.93	0.83	1.05	0.71	0.43
云　南	0.21	0.11	0.28	0.34	0.33	0.69	0.47	0.36	1.05	0.71	0.43
河　北	0.21	0.00	0.19	0.11	0.44	0.34	0.58	0.48	0.39	1.24	0.36
贵　州	0.00	0.11	0.19	0.11	0.11	0.34	0.58	0.36	0.13	0.71	0.24
新　疆	0.00	0.00	0.00	0.11	0.11	0.11	0.23	0.24	0.66	1.06	0.21
内蒙古	0.21	0.11	0.09	0.11	0.11	0.11	0.23	0.00	0.00	0.18	0.12

省　份	2013 年	2014 年	2015 年	2016 年	2017 年	2018 年	2019 年	2020 年	2021 年	2022 年	合计
海　南	0.00	0.00	0.00	0.00	0.00	0.11	0.00	0.24	0.13	0.18	0.06
青　海	0.00	0.00	0.00	0.11	0.11	0.23	0.00	0.00	0.00	0.18	0.06
宁　夏	0.00	0.00	0.09	0.00	0.00	0.00	0.00	0.00	0.13	0.00	0.02

十四　声学

声学 A 层人才最多的是北京，世界占比为 5.32%；黑龙江 A 层人才的世界占比为 3.19%，排名第二；陕西、浙江的 A 层人才比较多，世界占比均为 2.13%；安徽、广东、湖北、江苏、四川有相当数量的 A 层人才，世界占比均为 1.06%。

B 层人才最多的是江苏，世界占比为 3.92%；上海、北京、浙江、广东、黑龙江、陕西有相当数量的 B 层人才，世界占比在 3%～1%；河南、湖北、安徽、山东、四川、重庆、辽宁、山西、福建、甘肃、湖南、天津、广西、江西、河北、内蒙古、吉林、新疆也有一定数量的 B 层人才，世界占比大于或等于 0.1%。

C 层人才最多的是北京，世界占比为 4.00%；江苏 C 层人才的世界占比为 3.16%，排名第二；上海、广东、黑龙江、浙江、四川、湖北、辽宁、湖南有相当数量的 C 层人才，世界占比在 3%～1%；陕西、山东、安徽、重庆、天津、河南、福建、山西、河北、江西、吉林、甘肃、内蒙古、新疆、广西、云南也有一定数量的 C 层人才，世界占比大于或等于 0.1%；贵州、海南、宁夏、青海 C 层人才的世界占比均低于 0.1%。

表 2-39　声学 A 层人才的世界占比

单位：%

省　份	2013 年	2014 年	2015 年	2016 年	2017 年	2018 年	2019 年	2020 年	2021 年	2022 年	合计
北　京	0.00	12.50	0.00	8.33	0.00	14.29	0.00	8.33	9.09	0.00	5.32
黑龙江	0.00	0.00	0.00	0.00	0.00	0.00	0.00	0.00	9.09	16.67	3.19
陕　西	0.00	0.00	0.00	0.00	0.00	14.29	0.00	0.00	0.00	8.33	2.13

续表

省　份	2013 年	2014 年	2015 年	2016 年	2017 年	2018 年	2019 年	2020 年	2021 年	2022 年	合计
浙　江	0.00	0.00	0.00	0.00	0.00	0.00	0.00	8.33	0.00	8.33	2.13
安　徽	0.00	0.00	25.00	0.00	0.00	0.00	0.00	0.00	0.00	0.00	1.06
广　东	0.00	0.00	0.00	0.00	0.00	0.00	0.00	0.00	0.00	8.33	1.06
湖　北	0.00	0.00	0.00	0.00	0.00	0.00	0.00	8.33	0.00	0.00	1.06
江　苏	0.00	0.00	0.00	0.00	0.00	0.00	0.00	0.00	9.09	0.00	1.06
四　川	0.00	0.00	0.00	0.00	0.00	0.00	0.00	0.00	0.00	8.33	1.06

表 2-40　声学 B 层人才的世界占比

单位：%

省　份	2013 年	2014 年	2015 年	2016 年	2017 年	2018 年	2019 年	2020 年	2021 年	2022 年	合计
江　苏	0.00	3.61	1.87	3.67	1.94	4.00	6.36	3.70	4.65	8.04	3.92
上　海	3.57	2.41	2.80	1.83	0.97	2.00	2.73	1.85	5.43	4.46	2.87
北　京	2.38	2.41	0.00	0.92	0.97	1.00	0.91	1.85	6.20	4.46	2.20
浙　江	0.00	2.41	0.00	0.92	0.97	2.00	0.00	2.78	6.20	5.36	2.20
广　东	0.00	2.41	0.93	2.75	0.00	0.00	0.00	1.85	1.55	5.36	1.53
黑龙江	0.00	0.00	0.00	0.92	0.00	0.00	1.82	0.93	2.33	4.46	1.15
陕　西	0.00	0.00	0.93	0.92	0.00	0.00	0.91	1.85	3.88	1.79	1.15
河　南	0.00	0.00	0.00	0.92	1.94	1.00	0.91	0.00	0.78	1.79	0.77
湖　北	0.00	1.20	0.93	1.83	0.97	0.00	0.00	1.85	0.00	0.89	0.77
安　徽	0.00	1.20	0.93	0.00	0.00	0.00	0.91	0.00	1.55	1.79	0.67
山　东	0.00	0.00	0.00	0.00	0.00	0.00	0.00	1.85	0.78	1.79	0.48
四　川	0.00	0.00	0.00	0.00	0.00	1.00	0.00	0.93	1.55	0.89	0.48
重　庆	0.00	0.00	0.93	0.00	1.94	0.00	0.00	0.00	0.78	0.89	0.38
辽　宁	0.00	0.00	0.00	0.00	0.00	0.00	0.00	0.93	0.78	1.79	0.38
山　西	0.00	0.00	0.00	0.00	0.00	1.00	0.00	0.93	1.55	0.00	0.38
福　建	0.00	0.00	0.00	0.00	0.00	0.00	0.00	0.00	0.78	1.79	0.29
甘　肃	0.00	0.00	0.00	0.00	0.00	0.00	0.00	0.00	0.78	1.79	0.29
湖　南	1.19	0.00	0.93	0.00	0.00	0.00	0.00	0.00	0.00	0.89	0.29
天　津	0.00	0.00	0.93	0.00	0.00	0.00	0.91	0.00	0.00	0.89	0.29
广　西	0.00	0.00	0.00	0.00	0.00	0.00	0.00	0.00	0.78	0.89	0.19
江　西	0.00	0.00	0.00	0.00	0.00	0.00	0.00	0.00	0.78	0.89	0.19
河　北	0.00	0.00	0.00	0.00	0.00	0.00	0.00	0.93	0.00	0.00	0.10

续表

省　份	2013 年	2014 年	2015 年	2016 年	2017 年	2018 年	2019 年	2020 年	2021 年	2022 年	合计
内蒙古	0.00	0.00	0.00	0.00	0.00	0.00	0.00	0.00	0.78	0.00	0.10
吉　林	0.00	0.00	0.00	0.00	0.00	0.00	0.00	0.00	0.00	0.89	0.10
新　疆	0.00	0.00	0.00	0.00	0.00	0.00	0.00	0.00	0.78	0.00	0.10

表 2-41　声学 C 层人才的世界占比

单位：%

省　份	2013 年	2014 年	2015 年	2016 年	2017 年	2018 年	2019 年	2020 年	2021 年	2022 年	合计
北　京	2.48	3.00	2.87	3.80	3.67	4.49	2.84	5.47	4.66	5.94	4.00
江　苏	0.94	2.40	1.98	2.57	2.24	3.34	3.60	4.69	4.44	4.34	3.16
上　海	2.01	1.92	1.68	1.62	1.73	3.24	2.75	2.25	3.46	3.90	2.52
广　东	0.47	1.44	0.89	1.05	1.02	1.04	1.33	3.91	3.83	4.61	2.08
黑龙江	1.42	0.60	1.38	1.24	1.02	1.88	0.47	1.47	1.95	2.66	1.45
浙　江	0.47	0.60	0.49	0.67	1.12	1.36	0.95	1.86	2.56	2.22	1.30
四　川	0.47	0.72	0.89	1.52	1.22	1.36	0.76	1.47	1.28	1.06	1.10
湖　北	0.47	1.08	0.49	0.38	1.22	1.36	0.57	1.96	1.28	1.86	1.09
辽　宁	0.71	0.36	0.69	0.86	0.92	0.94	0.66	1.08	1.80	1.77	1.03
湖　南	0.94	0.96	0.89	0.67	0.71	1.15	0.85	0.98	0.98	1.95	1.02
陕　西	0.00	0.84	0.10	0.76	0.71	0.52	0.95	1.27	1.35	2.22	0.92
山　东	0.12	0.36	0.10	0.76	0.20	0.94	1.04	1.17	1.65	1.33	0.82
安　徽	0.59	0.24	0.69	1.24	0.20	0.94	0.66	0.39	1.28	0.71	0.72
重　庆	0.59	0.84	0.59	0.29	0.31	0.73	0.57	0.78	0.60	0.89	0.62
天　津	0.00	0.12	0.20	0.10	0.51	0.42	0.66	1.17	0.90	0.98	0.54
河　南	0.12	0.12	0.49	1.14	0.92	0.31	0.47	0.59	0.38	0.44	0.51
福　建	0.12	0.00	0.10	0.19	0.10	0.73	0.28	0.78	0.83	0.53	0.39
山　西	0.00	0.00	0.00	0.00	0.31	0.10	0.19	0.29	0.98	0.53	0.27
河　北	0.12	0.12	0.10	0.10	0.20	0.21	0.28	0.20	0.08	0.71	0.23
江　西	0.00	0.12	0.10	0.29	0.00	0.00	0.00	0.49	0.38	0.53	0.20
吉　林	0.12	0.12	0.00	0.00	0.31	0.31	0.09	0.20	0.45	0.09	0.18
甘　肃	0.00	0.12	0.00	0.10	0.31	0.10	0.09	0.20	0.08	0.27	0.13
内蒙古	0.00	0.00	0.00	0.00	0.31	0.00	0.19	0.39	0.15	0.00	0.13
新　疆	0.00	0.36	0.20	0.00	0.10	0.00	0.00	0.20	0.23	0.09	0.13
广　西	0.00	0.00	0.00	0.00	0.00	0.00	0.09	0.10	0.00	0.53	0.10
云　南	0.00	0.12	0.00	0.10	0.10	0.21	0.09	0.10	0.08	0.18	0.10

续表

省　份	2013 年	2014 年	2015 年	2016 年	2017 年	2018 年	2019 年	2020 年	2021 年	2022 年	合计
贵　州	0.12	0.00	0.00	0.00	0.00	0.00	0.09	0.29	0.08	0.18	0.08
海　南	0.00	0.12	0.00	0.00	0.00	0.00	0.00	0.10	0.15	0.27	0.07
宁　夏	0.00	0.00	0.00	0.00	0.10	0.00	0.09	0.00	0.00	0.00	0.02
青　海	0.00	0.00	0.00	0.10	0.00	0.00	0.00	0.00	0.08	0.00	0.02

十五　粒子物理学和场论

粒子物理学和场论 A、B、C 层人才最多的是北京，世界占比分别为 3.44%、2.53%、2.63%。

甘肃、广东 A 层人才的世界占比均为 1.15%，并列排名第二；辽宁、上海、江苏、山东、新疆也有一定数量的 A 层人才，世界占比均超过 0.3%。

上海 B 层人才以 1.00% 的世界占比排名第二；湖北、广东、安徽、江苏、山东、甘肃、湖南、浙江、广西、天津、河南、辽宁也有一定数量的 B 层人才，世界占比均超过 0.1%；四川、重庆、福建、河北、黑龙江、吉林、山西、新疆、云南 B 层人才的世界占比均低于 0.1%。

上海 C 层人才的世界占比为 1.12%，排名第二；江苏、安徽、广东、山东、湖北、浙江、甘肃、天津、湖南、四川、河南、辽宁、重庆也有一定数量的 C 层人才，世界占比均超过 0.1%；广西、河北、山西、吉林、江西、陕西、福建、云南、黑龙江、青海、贵州、新疆 C 层人才的世界占比均低于 0.1%。

表 2-42　粒子物理学和场论 A 层人才的世界占比

单位：%

省　份	2013 年	2014 年	2015 年	2016 年	2017 年	2018 年	2019 年	2020 年	2021 年	2022 年	合计
北　京	0.00	6.45	3.23	0.00	0.00	2.78	4.35	3.45	8.11	0.00	3.44
甘　肃	0.00	0.00	0.00	0.00	9.09	0.00	4.35	0.00	2.70	0.00	1.15
广　东	0.00	0.00	0.00	0.00	0.00	0.00	8.70	0.00	2.70	0.00	1.15

续表

省　份	2013 年	2014 年	2015 年	2016 年	2017 年	2018 年	2019 年	2020 年	2021 年	2022 年	合计
辽　宁	0.00	0.00	0.00	0.00	0.00	0.00	0.00	0.00	5.41	0.00	0.76
上　海	0.00	0.00	0.00	0.00	0.00	0.00	0.00	3.45	2.70	0.00	0.76
江　苏	0.00	0.00	0.00	0.00	0.00	2.78	0.00	0.00	0.00	0.00	0.38
山　东	0.00	0.00	0.00	0.00	0.00	0.00	4.35	0.00	0.00	0.00	0.38
新　疆	0.00	0.00	0.00	0.00	0.00	0.00	0.00	0.00	2.70	0.00	0.38

表 2-43　粒子物理学和场论 B 层人才的世界占比

单位：%

省　份	2013 年	2014 年	2015 年	2016 年	2017 年	2018 年	2019 年	2020 年	2021 年	2022 年	合计
北　京	1.79	1.95	2.43	1.94	2.62	1.86	2.84	2.63	3.42	3.63	2.53
上　海	0.36	0.00	0.35	1.11	0.87	1.55	1.42	1.17	0.62	2.11	1.00
湖　北	0.36	1.17	0.69	1.39	0.87	0.00	0.57	0.88	1.24	1.21	0.84
广　东	0.36	0.00	0.00	1.11	0.58	1.24	0.57	0.88	0.93	1.81	0.78
安　徽	0.36	0.39	0.35	0.83	0.58	0.93	1.14	0.88	0.93	0.91	0.75
江　苏	0.36	0.00	0.00	1.39	0.58	1.24	1.14	0.58	0.93	0.60	0.72
山　东	0.36	0.00	0.00	1.11	0.58	0.93	0.57	0.58	0.00	0.60	0.50
甘　肃	0.00	0.00	0.00	0.00	0.58	0.00	0.00	0.29	0.62	0.91	0.25
湖　南	0.00	0.00	0.00	0.00	0.00	0.31	0.00	0.58	0.31	1.21	0.25
浙　江	0.00	0.00	0.00	0.00	0.00	0.00	0.28	0.29	0.00	1.21	0.19
广　西	0.00	0.39	0.00	0.28	0.00	0.00	0.00	0.29	0.00	0.60	0.16
天　津	0.00	0.00	0.00	0.28	0.00	0.00	0.28	0.29	0.31	0.30	0.16
河　南	0.00	0.00	0.00	0.00	0.00	0.00	0.00	0.29	0.00	0.91	0.13
辽　宁	0.00	0.00	0.00	0.00	0.00	0.31	0.00	0.29	0.62	0.00	0.13
四　川	0.00	0.00	0.00	0.28	0.00	0.00	0.00	0.00	0.30	0.00	0.09
重　庆	0.00	0.00	0.00	0.28	0.00	0.00	0.00	0.00	0.30	0.00	0.06
福　建	0.00	0.00	0.00	0.28	0.00	0.00	0.00	0.00	0.30	0.00	0.06
河　北	0.00	0.00	0.00	0.28	0.00	0.00	0.00	0.00	0.30	0.00	0.06
黑龙江	0.00	0.00	0.00	0.28	0.00	0.00	0.00	0.00	0.30	0.00	0.06
吉　林	0.00	0.00	0.00	0.28	0.00	0.00	0.00	0.00	0.30	0.00	0.06
山　西	0.00	0.00	0.00	0.00	0.00	0.00	0.29	0.00	0.30	0.00	0.06
新　疆	0.00	0.00	0.00	0.28	0.00	0.00	0.00	0.00	0.00	0.00	0.03
云　南	0.00	0.00	0.00	0.00	0.00	0.00	0.00	0.00	0.31	0.00	0.03

表 2-44　粒子物理学和场论 C 层人才的世界占比

单位：%

省　份	2013年	2014年	2015年	2016年	2017年	2018年	2019年	2020年	2021年	2022年	合计
北　京	2.14	2.06	2.09	2.34	2.52	2.45	2.55	3.02	3.40	3.64	2.63
上　海	0.65	0.98	1.11	1.21	1.04	1.11	0.82	0.99	1.52	1.71	1.12
江　苏	0.62	0.80	0.98	0.84	0.69	0.86	1.12	1.17	1.18	1.43	0.97
安　徽	0.94	0.72	0.84	0.87	0.66	0.92	1.03	1.08	1.14	1.25	0.95
广　东	0.62	0.76	0.81	0.90	0.53	0.79	0.76	0.90	0.93	0.82	0.79
山　东	0.62	0.65	0.74	0.72	0.53	0.60	0.76	0.51	0.40	0.54	0.61
湖　北	0.43	0.29	0.37	0.58	0.50	0.38	0.33	0.57	0.80	1.11	0.54
浙　江	0.07	0.00	0.10	0.03	0.03	0.03	0.33	0.66	0.99	1.29	0.35
甘　肃	0.22	0.11	0.10	0.14	0.31	0.13	0.39	0.33	0.59	0.79	0.31
天　津	0.11	0.00	0.03	0.14	0.19	0.06	0.15	0.30	0.40	0.64	0.20
湖　南	0.04	0.00	0.13	0.06	0.28	0.03	0.33	0.33	0.31	0.46	0.20
四　川	0.14	0.00	0.03	0.09	0.09	0.00	0.15	0.09	0.43	0.57	0.16
河　南	0.07	0.04	0.10	0.12	0.09	0.03	0.06	0.15	0.53	0.36	0.16
辽　宁	0.11	0.04	0.03	0.12	0.09	0.06	0.27	0.15	0.34	0.32	0.16
重　庆	0.04	0.04	0.00	0.12	0.16	0.10	0.00	0.18	0.34	0.18	0.12
广　西	0.04	0.00	0.03	0.14	0.03	0.00	0.09	0.00	0.28	0.32	0.09
河　北	0.00	0.07	0.00	0.06	0.06	0.00	0.03	0.12	0.37	0.14	0.09
山　西	0.07	0.00	0.07	0.03	0.06	0.00	0.09	0.00	0.09	0.25	0.06
吉　林	0.00	0.00	0.00	0.00	0.00	0.03	0.00	0.03	0.09	0.21	0.04
江　西	0.00	0.00	0.00	0.00	0.00	0.03	0.00	0.09	0.09	0.11	0.03
陕　西	0.00	0.00	0.00	0.00	0.03	0.00	0.00	0.09	0.09	0.04	0.03
福　建	0.00	0.00	0.00	0.03	0.00	0.00	0.00	0.00	0.12	0.00	0.02
云　南	0.00	0.00	0.00	0.00	0.03	0.00	0.00	0.00	0.06	0.14	0.02
黑龙江	0.04	0.00	0.00	0.00	0.00	0.00	0.00	0.00	0.09	0.00	0.01
青　海	0.00	0.00	0.00	0.00	0.00	0.00	0.00	0.09	0.00	0.04	0.01
贵　州	0.00	0.00	0.00	0.00	0.00	0.00	0.00	0.00	0.06	0.04	0.01
新　疆	0.00	0.00	0.00	0.00	0.00	0.03	0.06	0.00	0.00	0.00	0.01

十六　核物理

甘肃、北京核物理 A 层人才分别以 7.23%、6.02% 的世界占比排名前二；广东、湖北、山东的 A 层人才比较多，世界占比在 5%~3%；安徽、上海的 A 层人才世界占比均为 2.41%；广西、河南、湖南、江苏、辽宁、山西、四川、天津、浙江的 A 层人才世界占比均为 1.20%。

B 层人才最多的是北京，世界占比为 2.95%；湖北、安徽、上海有相当数量的 B 层人才，世界占比在 2%～1%；甘肃、山东、江苏、广东、河南、天津、广西、四川、重庆、河北、湖南、辽宁、浙江、福建、黑龙江、吉林也有一定数量的 B 层人才，世界占比均超过 0.1%；山西、西藏、新疆、云南 B 层人才的世界占比均低于 0.1%。

C 层人才最多的是北京，世界占比为 3.33%；上海、湖北、安徽有相当数量的 C 层人才，世界占比在 2%～1%；江苏、甘肃、广东、山东、浙江、四川、湖南、河南、天津、广西、重庆、河北、山西、辽宁也有一定数量的 C 层人才，世界占比均超过 0.1%；吉林、福建、贵州、陕西、黑龙江、云南、江西、新疆、内蒙古 C 层人才的世界占比均低于 0.1%。

表 2-45 核物理 A 层人才的世界占比

单位：%

省　份	2013 年	2014 年	2015 年	2016 年	2017 年	2018 年	2019 年	2020 年	2021 年	2022 年	合计
甘　肃	0.00	0.00	0.00	0.00	13.33	0.00	5.56	6.25	16.67	0.00	7.23
北　京	0.00	0.00	0.00	0.00	6.67	0.00	5.56	6.25	16.67	0.00	6.02
广　东	0.00	0.00	0.00	0.00	0.00	0.00	5.56	6.25	16.67	0.00	4.82
湖　北	0.00	0.00	0.00	0.00	6.67	0.00	5.56	6.25	0.00	0.00	3.61
山　东	0.00	0.00	0.00	0.00	6.67	0.00	5.56	6.25	0.00	0.00	3.61
安　徽	0.00	0.00	0.00	0.00	6.67	0.00	0.00	6.25	0.00	0.00	2.41
上　海	0.00	0.00	0.00	0.00	6.67	0.00	0.00	6.25	0.00	0.00	2.41
广　西	0.00	0.00	0.00	0.00	0.00	0.00	0.00	6.25	0.00	0.00	1.20
河　南	0.00	0.00	0.00	0.00	0.00	0.00	0.00	6.25	0.00	0.00	1.20
湖　南	0.00	0.00	0.00	0.00	0.00	0.00	0.00	6.25	0.00	0.00	1.20
江　苏	0.00	0.00	0.00	0.00	0.00	0.00	0.00	6.25	0.00	0.00	1.20
辽　宁	0.00	0.00	0.00	0.00	0.00	0.00	0.00	6.25	0.00	0.00	1.20
山　西	0.00	0.00	0.00	0.00	0.00	0.00	0.00	6.25	0.00	0.00	1.20
四　川	0.00	0.00	0.00	0.00	0.00	0.00	0.00	6.25	0.00	0.00	1.20
天　津	0.00	0.00	0.00	0.00	0.00	0.00	0.00	6.25	0.00	0.00	1.20
浙　江	0.00	0.00	0.00	0.00	0.00	0.00	0.00	6.25	0.00	0.00	1.20

表 2-46 核物理 B 层人才的世界占比

单位：%

省份	2013 年	2014 年	2015 年	2016 年	2017 年	2018 年	2019 年	2020 年	2021 年	2022 年	合计
北 京	1.99	2.92	2.48	2.96	2.56	2.31	2.60	3.31	4.60	4.72	2.95
湖 北	1.32	2.19	2.48	2.37	2.56	1.54	0.00	1.32	2.30	2.83	1.81
安 徽	0.00	0.00	0.00	1.18	2.56	2.31	0.65	0.66	3.45	4.72	1.36
上 海	0.00	0.00	0.00	1.18	0.85	3.08	1.95	1.32	2.30	3.77	1.36
甘 肃	0.00	0.00	0.00	1.18	2.56	0.77	0.65	0.00	1.15	4.72	0.98
山 东	0.00	0.00	0.00	1.78	0.85	2.31	1.30	0.00	1.15	2.83	0.98
江 苏	0.00	0.00	0.00	1.18	0.00	1.54	0.65	0.00	3.45	2.83	0.83
广 东	0.00	0.00	0.00	1.18	0.00	1.54	1.30	0.00	2.30	1.89	0.76
河 南	0.00	0.00	0.00	0.59	0.00	0.00	0.00	0.00	1.15	3.77	0.45
天 津	0.00	0.00	0.00	1.18	0.00	0.00	0.00	1.32	1.15	0.94	0.45
广 西	0.00	0.73	0.00	1.18	0.00	0.00	0.00	0.00	1.15	0.94	0.38
四 川	0.00	0.00	0.00	1.18	0.00	0.00	0.00	0.00	1.15	1.89	0.38
重 庆	0.00	0.00	0.00	0.59	0.00	0.00	0.00	0.66	0.00	1.89	0.30
河 北	0.00	0.00	0.00	0.59	0.00	0.00	0.00	0.00	1.15	0.94	0.23
湖 南	0.00	0.00	0.00	0.59	0.00	0.00	0.00	0.00	0.00	1.89	0.23
辽 宁	0.00	0.00	0.00	0.59	0.00	0.00	0.00	0.00	1.15	0.94	0.23
浙 江	0.00	0.00	0.00	0.59	0.00	0.00	0.00	0.00	0.00	1.89	0.23
福 建	0.00	0.00	0.00	0.59	0.00	0.00	0.00	0.00	0.00	0.94	0.15
黑龙江	0.00	0.00	0.00	0.59	0.00	0.00	0.00	0.00	0.00	0.94	0.15
吉 林	0.00	0.00	0.00	0.59	0.00	0.00	0.00	0.00	0.00	0.94	0.15
山 西	0.00	0.00	0.00	0.59	0.00	0.00	0.00	0.00	0.00	0.00	0.08
西 藏	0.00	0.00	0.00	0.00	0.00	0.00	0.00	0.00	1.15	0.00	0.08
新 疆	0.00	0.00	0.00	0.00	0.00	0.00	0.00	0.00	0.00	0.94	0.08
云 南	0.00	0.00	0.00	0.00	0.00	0.00	0.00	0.00	1.15	0.00	0.08

表 2-47 核物理 C 层人才的世界占比

单位：%

省份	2013 年	2014 年	2015 年	2016 年	2017 年	2018 年	2019 年	2020 年	2021 年	2022 年	合计
北 京	2.01	2.21	2.45	3.24	3.15	3.03	3.09	3.80	5.77	6.95	3.33
上 海	0.75	0.60	1.61	1.22	0.98	1.33	1.46	2.18	2.42	2.76	1.44
湖 北	1.13	1.00	1.12	1.22	1.12	0.96	1.33	1.20	2.14	2.40	1.29
安 徽	0.88	0.40	0.77	0.98	0.66	0.59	1.15	1.48	2.23	2.40	1.06
江 苏	0.50	0.54	0.63	0.79	0.79	0.74	0.97	1.27	1.77	2.04	0.93

续表

省份	2013年	2014年	2015年	2016年	2017年	2018年	2019年	2020年	2021年	2022年	合计
甘肃	0.69	0.33	0.70	0.86	0.98	0.59	0.36	0.98	2.05	2.52	0.90
广东	0.50	0.47	0.49	0.73	0.59	0.59	0.61	1.13	2.14	1.92	0.83
山东	0.69	0.54	0.70	0.67	0.52	0.37	0.97	0.84	1.49	1.68	0.79
浙江	0.13	0.00	0.14	0.12	0.13	0.07	0.30	0.56	2.23	2.04	0.45
四川	0.19	0.07	0.14	0.12	0.39	0.15	0.30	0.35	1.02	0.96	0.32
湖南	0.06	0.00	0.07	0.18	0.20	0.07	0.42	0.14	1.30	1.20	0.30
河南	0.06	0.00	0.14	0.43	0.33	0.07	0.00	0.42	0.84	1.20	0.29
天津	0.13	0.07	0.07	0.06	0.39	0.07	0.18	0.14	0.93	1.32	0.27
广西	0.06	0.07	0.07	0.37	0.20	0.07	0.12	0.14	0.93	0.84	0.24
重庆	0.06	0.07	0.14	0.12	0.26	0.00	0.30	0.35	0.37	0.24	0.19
河北	0.06	0.07	0.07	0.00	0.13	0.15	0.06	0.42	0.65	0.36	0.17
山西	0.13	0.00	0.07	0.12	0.20	0.00	0.06	0.21	0.56	0.72	0.17
辽宁	0.13	0.00	0.21	0.06	0.26	0.07	0.00	0.00	0.56	0.60	0.16
吉林	0.00	0.00	0.00	0.00	0.00	0.07	0.00	0.07	0.56	0.48	0.09
福建	0.00	0.00	0.00	0.00	0.00	0.00	0.00	0.00	0.37	0.12	0.04
贵州	0.06	0.00	0.00	0.00	0.00	0.07	0.00	0.00	0.09	0.24	0.04
陕西	0.00	0.00	0.00	0.00	0.07	0.00	0.06	0.07	0.28	0.00	0.04
黑龙江	0.06	0.00	0.00	0.06	0.00	0.00	0.00	0.00	0.19	0.00	0.03
云南	0.00	0.00	0.00	0.00	0.00	0.00	0.00	0.00	0.00	0.48	0.03
江西	0.00	0.00	0.00	0.00	0.00	0.00	0.00	0.00	0.00	0.12	0.01
新疆	0.00	0.00	0.00	0.00	0.00	0.00	0.00	0.00	0.09	0.00	0.01
内蒙古	0.00	0.00	0.00	0.00	0.00	0.07	0.00	0.00	0.00	0.00	0.01

十七 核科学和技术

核科学和技术 A 层人才最多的是上海，世界占比为 2.50%；广东、湖北、浙江有相当数量的 A 层人才，世界占比均为 1.67%；北京、重庆、湖南、辽宁、山东也有一定数量的 A 层人才，世界占比均为 0.83%。

B 层人才最多的是北京，世界占比为 3.21%；安徽、上海、四川、广东有相当数量的 B 层人才，世界占比在 2%~1%；山东、辽宁、湖南、江苏、浙江、湖北、重庆、陕西、甘肃、天津、吉林、福建也有一定数量的 B 层

人才，世界占比均超过 0.1%；广西、河北、黑龙江、河南、江西、山西 B
层人才的世界占比均低于 0.1%。

C 层人才最多的是北京，世界占比为 3.62%；四川、上海、安徽、江苏
有相当数量的 C 层人才，世界占比在 2%～1%；广东、黑龙江、湖南、湖
北、辽宁、甘肃、江西、浙江、山东、重庆、陕西、福建、天津、河南、山
西也有一定数量的 C 层人才，世界占比大于或等于 0.1%；河北、广西、吉
林、新疆、贵州、宁夏、云南、青海、海南、内蒙古 C 层人才的世界占比
均低于 0.1%。

表 2-48　核科学和技术 A 层人才的世界占比

单位：%

省　份	2013 年	2014 年	2015 年	2016 年	2017 年	2018 年	2019 年	2020 年	2021 年	2022 年	合计
上　海	0.00	6.25	0.00	0.00	5.88	0.00	0.00	0.00	0.00	7.69	2.50
广　东	0.00	0.00	0.00	0.00	5.88	0.00	0.00	0.00	8.33	0.00	1.67
湖　北	0.00	0.00	0.00	0.00	5.88	0.00	0.00	0.00	0.00	7.69	1.67
浙　江	0.00	0.00	0.00	0.00	0.00	0.00	0.00	6.25	8.33	0.00	1.67
北　京	0.00	0.00	0.00	0.00	0.00	0.00	0.00	0.00	0.00	7.69	0.83
重　庆	0.00	0.00	0.00	0.00	0.00	0.00	0.00	0.00	0.00	7.69	0.83
湖　南	0.00	0.00	0.00	0.00	0.00	0.00	0.00	0.00	0.00	7.69	0.83
辽　宁	0.00	0.00	0.00	0.00	5.88	0.00	0.00	0.00	0.00	0.00	0.83
山　东	0.00	0.00	0.00	0.00	0.00	0.00	0.00	0.00	8.33	0.00	0.83

表 2-49　核科学和技术 B 层人才的世界占比

单位：%

省　份	2013 年	2014 年	2015 年	2016 年	2017 年	2018 年	2019 年	2020 年	2021 年	2022 年	合计
北　京	2.03	2.04	2.88	2.92	4.82	1.90	2.68	5.16	4.32	3.23	3.21
安　徽	0.68	2.04	1.44	2.19	2.41	0.00	1.34	1.94	0.72	0.81	1.37
上　海	0.00	0.68	2.88	2.19	1.20	1.90	1.34	2.58	0.00	0.81	1.37
四　川	0.00	0.68	0.00	0.73	2.41	0.63	0.67	1.94	5.04	1.61	1.37
广　东	0.00	0.68	0.72	0.73	0.00	0.63	2.68	4.52	0.72	2.42	1.30
山　东	0.00	0.00	0.00	0.73	0.60	0.00	0.67	2.58	0.72	2.42	0.75
辽　宁	0.00	0.00	0.72	0.00	0.60	1.27	1.34	0.00	0.72	2.42	0.68
湖　南	0.00	0.00	0.00	1.46	0.00	0.00	2.01	0.65	0.72	1.61	0.62
江　苏	0.00	0.00	0.00	0.72	1.46	0.00	0.63	2.01	0.00	0.72	0.81	0.62

省　份	2013 年	2014 年	2015 年	2016 年	2017 年	2018 年	2019 年	2020 年	2021 年	2022 年	合计
浙　江	0.00	0.00	0.00	0.00	0.00	0.63	0.67	0.00	0.00	4.03	0.48
湖　北	0.00	0.00	0.00	0.00	0.00	0.00	1.34	1.29	0.72	0.81	0.41
重　庆	0.00	0.00	0.00	0.73	0.60	0.63	0.00	0.00	0.72	0.81	0.34
陕　西	0.00	0.00	0.00	0.00	0.60	0.63	0.00	0.65	0.72	0.81	0.34
甘　肃	0.68	0.00	0.00	0.73	0.00	0.63	0.00	0.00	0.72	0.00	0.27
天　津	0.00	0.00	0.00	0.73	0.00	1.27	0.67	0.00	0.00	0.00	0.27
吉　林	0.00	0.00	0.00	0.00	0.00	1.27	0.67	0.00	0.00	0.00	0.21
福　建	0.00	0.00	0.00	0.00	0.00	0.00	0.00	0.65	0.72	0.00	0.14
广　西	0.00	0.00	0.00	0.00	0.00	0.00	0.00	0.00	0.72	0.00	0.07
河　北	0.00	0.00	0.00	0.00	0.00	0.00	0.00	0.00	0.72	0.00	0.07
黑龙江	0.00	0.00	0.00	0.00	0.00	0.63	0.00	0.00	0.00	0.00	0.07
河　南	0.00	0.00	0.00	0.00	0.00	0.00	0.00	0.65	0.00	0.00	0.07
江　西	0.00	0.00	0.00	0.00	0.00	0.00	0.00	0.65	0.00	0.00	0.07
山　西	0.68	0.00	0.00	0.00	0.00	0.00	0.00	0.00	0.00	0.00	0.07

表 2-50　核科学和技术 C 层人才的世界占比

单位：%

省　份	2013 年	2014 年	2015 年	2016 年	2017 年	2018 年	2019 年	2020 年	2021 年	2022 年	合计
北　京	2.76	3.02	3.72	4.27	2.78	4.44	3.26	4.32	3.88	4.05	3.62
四　川	1.04	1.23	1.63	1.69	1.58	1.97	2.51	2.95	2.36	3.19	1.99
上　海	0.37	1.17	1.71	1.84	2.08	2.26	1.77	2.23	2.20	2.07	1.77
安　徽	1.34	1.99	1.55	1.69	1.77	1.46	1.70	1.44	1.22	0.95	1.53
江　苏	0.15	0.69	0.85	1.03	0.82	1.38	2.17	2.74	0.99	1.03	1.19
广　东	0.07	0.27	0.39	0.07	0.76	0.87	1.29	2.23	1.67	1.21	0.88
黑龙江	0.52	0.69	0.39	0.52	0.51	1.24	0.68	1.01	1.06	0.43	0.71
湖　南	0.60	0.34	0.62	0.22	0.19	0.95	0.95	1.51	0.76	0.78	0.68
湖　北	0.67	0.55	0.70	0.44	0.44	0.58	0.75	0.72	1.14	0.60	0.65
辽　宁	0.60	0.55	0.54	0.37	0.69	0.29	0.81	0.79	0.76	0.78	0.62
甘　肃	0.67	0.55	0.00	0.44	0.38	0.66	0.54	0.36	0.68	0.34	0.47
江　西	0.30	0.27	0.54	0.81	0.13	0.51	0.48	0.43	0.15	0.34	0.39
浙　江	0.30	0.14	0.39	0.29	0.38	0.15	0.48	0.86	0.61	0.34	0.39
山　东	0.07	0.21	0.23	0.22	0.25	0.07	0.54	0.58	1.06	0.69	0.39
重　庆	0.07	0.14	0.08	0.15	0.25	0.29	0.81	0.79	0.46	0.34	0.34

续表

省 份	2013 年	2014 年	2015 年	2016 年	2017 年	2018 年	2019 年	2020 年	2021 年	2022 年	合计
陕 西	0.07	0.21	0.23	0.37	0.19	0.44	0.81	0.36	0.23	0.43	0.33
福 建	0.45	0.14	0.23	0.15	0.13	0.15	0.27	0.72	0.84	0.17	0.32
天 津	0.07	0.07	0.23	0.15	0.32	0.22	0.27	0.58	0.46	0.17	0.25
河 南	0.15	0.07	0.08	0.00	0.13	0.07	0.27	0.43	0.53	0.60	0.23
山 西	0.00	0.00	0.00	0.22	0.06	0.15	0.07	0.29	0.08	0.17	0.10
河 北	0.07	0.00	0.00	0.00	0.00	0.15	0.14	0.07	0.30	0.17	0.09
广 西	0.00	0.00	0.07	0.00	0.00	0.13	0.07	0.00	0.22	0.15	0.17	0.08
吉 林	0.00	0.00	0.08	0.00	0.00	0.00	0.07	0.36	0.08	0.09	0.07
新 疆	0.00	0.00	0.08	0.07	0.00	0.00	0.00	0.14	0.00	0.17	0.05
贵 州	0.00	0.00	0.00	0.00	0.00	0.07	0.00	0.14	0.15	0.09	0.04
宁 夏	0.00	0.00	0.00	0.00	0.00	0.00	0.00	0.14	0.15	0.17	0.04
云 南	0.00	0.00	0.00	0.00	0.00	0.00	0.20	0.00	0.00	0.09	0.04
青 海	0.00	0.00	0.08	0.00	0.06	0.00	0.07	0.00	0.00	0.00	0.02
海 南	0.00	0.00	0.00	0.00	0.00	0.00	0.00	0.14	0.00	0.00	0.01
内蒙古	0.00	0.00	0.00	0.00	0.00	0.00	0.00	0.00	0.15	0.00	0.01

十八 流体物理和等离子体物理

流体物理和等离子体物理 A 层人才最多的是北京，世界占比为 1.97%；安徽、江苏、陕西、四川有相当数量的 A 层人才，世界占比均为 1.32%；贵州、河北、湖北、湖南、吉林、浙江也有一定数量的 A 层人才，世界占比均为 0.66%。

B 层人才最多的是北京，世界占比为 3.82%；江苏、上海、安徽、广东、湖北、四川、浙江有相当数量的 B 层人才，世界占比在 2%~1%；黑龙江、湖南、陕西、山东、辽宁、重庆、河北、山西、天津、福建、江西也有一定数量的 B 层人才，世界占比均超过 0.1%；甘肃 B 层人才的世界占比为 0.07%。

C 层人才最多的是北京，世界占比为 3.67%；安徽、上海、四川、广东、江苏有相当数量的 C 层人才，世界占比在 2%~1%；浙江、湖北、陕西、辽宁、黑龙江、湖南、山东、重庆、天津、甘肃、河南、福建、河北、吉林、广西也有一定数量的 C 层人才，世界占比大于或等于 0.1%；山西、内蒙古、江西、云南、海南、宁夏、新疆、贵州、青海、西藏 C 层人才的世界占比均低于 0.1%。

表 2-51　流体物理和等离子体物理 A 层人才的世界占比

单位：%

省　份	2013 年	2014 年	2015 年	2016 年	2017 年	2018 年	2019 年	2020 年	2021 年	2022 年	合计
北　京	0.00	0.00	0.00	0.00	6.25	0.00	6.67	0.00	0.00	6.67	1.97
安　徽	0.00	0.00	0.00	0.00	6.25	0.00	6.67	0.00	0.00	0.00	1.32
江　苏	8.33	0.00	0.00	0.00	0.00	5.88	0.00	0.00	0.00	0.00	1.32
陕　西	0.00	0.00	0.00	0.00	0.00	5.88	6.67	0.00	0.00	0.00	1.32
四　川	0.00	0.00	0.00	0.00	6.25	0.00	6.67	0.00	0.00	0.00	1.32
贵　州	0.00	0.00	0.00	0.00	0.00	0.00	0.00	0.00	0.00	6.67	0.66
河　北	8.33	0.00	0.00	0.00	0.00	0.00	0.00	0.00	0.00	0.00	0.66
湖　北	0.00	0.00	0.00	0.00	6.25	0.00	0.00	0.00	0.00	0.00	0.66
湖　南	0.00	0.00	0.00	0.00	0.00	0.00	0.00	0.00	0.00	6.67	0.66
吉　林	0.00	0.00	0.00	0.00	0.00	0.00	6.67	0.00	0.00	0.00	0.66
浙　江	0.00	0.00	0.00	0.00	0.00	0.00	6.67	0.00	0.00	0.00	0.66

表 2-52　流体物理和等离子体物理 B 层人才的世界占比

单位：%

省　份	2013 年	2014 年	2015 年	2016 年	2017 年	2018 年	2019 年	2020 年	2021 年	2022 年	合计
北　京	5.65	3.68	1.52	4.52	1.17	1.24	5.04	3.60	6.90	5.84	3.82
江　苏	1.61	2.94	1.52	0.00	1.75	2.48	1.44	2.16	2.07	2.19	1.81
上　海	1.61	0.74	0.76	0.00	1.75	2.48	2.16	2.16	0.00	1.46	1.32
安　徽	1.61	1.47	1.52	0.00	2.34	1.24	0.72	1.44	0.69	0.73	1.18
广　东	0.81	0.00	0.00	0.00	3.11	0.00	0.00	4.83	0.73	1.18
湖　北	2.42	0.74	0.76	0.00	0.00	0.62	2.16	1.44	2.07	2.19	1.18
四　川	0.81	0.00	0.76	0.00	1.75	0.00	1.44	1.44	2.07	2.19	1.04
浙　江	0.81	0.74	0.76	1.29	0.00	1.86	2.16	0.72	2.07	0.00	1.04
黑龙江	0.00	0.00	1.52	0.65	0.00	1.24	1.44	0.00	3.45	0.73	0.90
湖　南	0.81	0.74	0.76	0.00	1.17	1.24	0.00	1.44	0.69	0.00	0.69
陕　西	0.00	0.00	0.76	1.29	1.17	0.62	0.72	1.44	0.00	0.00	0.63
山　东	0.00	0.00	0.76	0.00	0.00	0.62	1.44	0.72	1.38	1.46	0.63

续表

省　份	2013 年	2014 年	2015 年	2016 年	2017 年	2018 年	2019 年	2020 年	2021 年	2022 年	合计
辽　宁	0.81	0.00	0.00	0.65	0.00	1.24	1.44	0.00	1.38	0.00	0.56
重　庆	0.81	0.74	0.00	0.00	0.00	0.00	0.00	0.00	0.00	2.19	0.35
河　北	0.00	0.00	0.00	0.00	0.00	0.00	0.00	0.00	2.07	0.00	0.21
山　西	0.00	0.00	0.00	0.65	1.17	0.00	0.00	0.00	0.00	0.00	0.21
天　津	0.00	0.00	0.76	0.00	0.00	0.00	0.00	0.00	0.69	0.73	0.21
福　建	0.00	0.00	0.00	0.00	0.00	0.00	0.72	0.00	0.69	0.00	0.14
江　西	0.81	0.00	0.00	0.00	0.00	0.00	0.00	0.72	0.00	0.00	0.14
甘　肃	0.00	0.00	0.00	0.00	0.58	0.00	0.00	0.00	0.00	0.00	0.07

表 2-53　流体物理和等离子体物理 C 层人才的世界占比

单位：%

省　份	2013 年	2014 年	2015 年	2016 年	2017 年	2018 年	2019 年	2020 年	2021 年	2022 年	合计
北　京	2.39	2.23	2.47	3.23	3.70	3.31	3.27	4.96	5.31	6.11	3.67
安　徽	1.73	1.11	1.94	0.99	1.73	1.72	1.82	1.13	1.31	1.69	1.52
上　海	1.24	1.19	0.80	1.32	1.08	0.89	1.45	1.70	2.47	3.22	1.50
四　川	0.66	0.96	1.74	0.86	1.19	1.40	1.45	0.99	1.53	3.06	1.37
广　东	1.07	0.82	0.13	1.06	0.54	1.21	1.45	1.77	2.40	2.90	1.30
江　苏	0.83	0.82	0.74	0.99	0.48	1.21	0.94	1.84	2.18	2.33	1.21
浙　江	0.66	0.67	0.60	0.86	0.36	0.25	1.01	0.99	1.60	2.49	0.91
湖　北	0.91	0.74	0.47	1.06	0.42	0.83	0.82	0.64	1.31	1.69	0.87
陕　西	0.08	0.37	0.13	0.46	0.84	0.95	0.94	0.78	1.60	1.45	0.76
辽　宁	0.66	0.45	0.27	0.73	0.90	0.57	0.82	0.85	0.80	0.80	0.69
黑龙江	0.50	0.07	0.13	0.53	0.84	0.64	0.75	0.71	1.24	1.13	0.65
湖　南	0.41	0.30	0.40	0.53	0.48	0.57	0.88	0.50	0.29	0.97	0.53
山　东	0.50	0.22	0.13	0.53	0.30	0.19	0.38	0.57	0.36	1.29	0.43
重　庆	0.00	0.45	0.13	0.07	0.24	0.45	0.25	0.21	0.87	0.64	0.33
天　津	0.17	0.00	0.20	0.20	0.06	0.06	0.19	0.85	0.22	0.56	0.24
甘　肃	0.25	0.22	0.20	0.20	0.54	0.13	0.00	0.21	0.29	0.08	0.21
河　南	0.25	0.07	0.07	0.13	0.18	0.25	0.00	0.35	0.29	0.48	0.20
福　建	0.17	0.15	0.20	0.07	0.24	0.25	0.13	0.14	0.00	0.16	0.15
河　北	0.08	0.00	0.07	0.07	0.06	0.19	0.06	0.07	0.22	0.48	0.12
吉　林	0.00	0.07	0.13	0.13	0.12	0.06	0.06	0.28	0.15	0.00	0.10
广　西	0.17	0.07	0.07	0.07	0.12	0.00	0.06	0.14	0.22	0.08	0.10

续表

省　份	2013 年	2014 年	2015 年	2016 年	2017 年	2018 年	2019 年	2020 年	2021 年	2022 年	合计
山　西	0.08	0.22	0.07	0.13	0.00	0.19	0.06	0.07	0.00	0.08	0.09
内蒙古	0.00	0.00	0.00	0.00	0.00	0.00	0.13	0.07	0.36	0.08	0.06
江　西	0.08	0.07	0.07	0.00	0.00	0.06	0.06	0.00	0.15	0.08	0.06
云　南	0.00	0.07	0.00	0.07	0.00	0.00	0.00	0.21	0.07	0.08	0.05
海　南	0.00	0.00	0.00	0.07	0.00	0.00	0.00	0.07	0.00	0.00	0.01
宁　夏	0.00	0.00	0.00	0.07	0.06	0.00	0.00	0.00	0.00	0.00	0.01
新　疆	0.00	0.00	0.00	0.00	0.00	0.00	0.00	0.00	0.07	0.00	0.01
贵　州	0.00	0.00	0.07	0.00	0.00	0.00	0.00	0.00	0.00	0.00	0.01
青　海	0.00	0.00	0.07	0.00	0.00	0.00	0.00	0.00	0.00	0.00	0.01
西　藏	0.00	0.00	0.00	0.00	0.00	0.00	0.00	0.00	0.00	0.08	0.01

十九　应用物理学

应用物理学 A、B、C 层人才最多的是北京，世界占比分别为 8.91%、11.20%、8.43%，均显著高于其他省份。

江苏、广东、上海、湖北的 A 层人才比较多，世界占比在 5%~3%；浙江、山东、湖南、辽宁、陕西、河南、天津、四川、吉林有相当数量的 A 层人才，世界占比在 3%~1%；安徽、福建、黑龙江、重庆、河北、江西、山西、广西、贵州也有一定数量的 A 层人才，世界占比均超过 0.1%；甘肃、海南 A 层人才的世界占比均为 0.08%。

江苏、广东、上海、湖北、浙江的 B 层人才比较多，世界占比在 6%~3%；天津、山东、安徽、河南、湖南、吉林、辽宁、四川、陕西、福建、黑龙江有相当数量的 B 层人才，世界占比在 3%~1%；重庆、山西、广西、江西、河北、甘肃、云南、贵州、海南、内蒙古、新疆也有一定数量的 B 层人才，世界占比均超过 0.1%；宁夏、西藏 B 层人才的世界占比均低于 0.1%。

江苏、广东、上海的 C 层人才比较多，世界占比在 5%~3%；湖北、浙江、山东、四川、安徽、天津、湖南、吉林、辽宁、河南、陕西、福建有相当数量的 C 层人才，世界占比在 3%~1%；黑龙江、重庆、甘肃、山西、广西、江西、河北、云南、新疆、内蒙古、海南也有一定数量的 C 层人才，世界占比大于或等于 0.1%；贵州、宁夏、青海、西藏 C 层人才的世界占比均低于 0.1%。

表 2-54　应用物理学 A 层人才的世界占比

单位：%

省　份	2013 年	2014 年	2015 年	2016 年	2017 年	2018 年	2019 年	2020 年	2021 年	2022 年	合计
北　京	4.46	5.93	2.54	7.03	11.45	8.89	11.11	12.16	13.91	8.78	8.91
江　苏	0.89	5.93	5.08	3.13	2.29	3.70	4.44	4.05	5.30	5.41	4.08
广　东	0.00	4.24	0.85	2.34	1.53	1.48	5.93	6.76	9.27	5.41	4.00
上　海	0.89	3.39	2.54	0.78	4.58	4.44	1.48	6.08	3.97	6.76	3.63
湖　北	0.89	2.54	1.69	0.78	6.11	4.44	3.70	2.70	5.30	3.38	3.25
浙　江	1.79	0.85	0.00	2.34	2.29	2.96	1.48	3.38	1.99	6.76	2.49
山　东	0.89	0.85	0.00	1.56	0.00	2.96	0.74	2.70	3.31	4.05	1.81
湖　南	0.00	0.00	0.85	0.78	2.29	0.00	0.74	4.73	1.99	2.70	1.51
辽　宁	1.79	0.00	0.85	0.00	0.76	0.74	2.22	2.03	2.65	3.38	1.51
陕　西	0.00	0.00	0.00	0.00	0.00	0.74	2.96	0.68	1.99	7.43	1.51
河　南	0.00	0.00	0.00	0.00	0.76	0.00	0.00	4.05	2.65	4.73	1.36
天　津	0.00	0.00	0.85	1.56	0.76	2.96	0.74	2.70	1.32	2.03	1.36
四　川	0.00	0.00	0.85	0.78	0.76	1.48	0.00	1.35	3.31	3.38	1.28
吉　林	0.89	0.00	0.85	1.56	2.29	0.74	0.74	2.03	0.66	0.68	1.06
安　徽	0.89	0.00	0.85	0.78	0.00	2.22	1.48	0.68	1.32	1.35	0.98
福　建	1.79	1.69	0.00	0.00	0.00	0.74	0.00	0.68	3.97	0.68	0.98
黑龙江	0.00	0.85	0.00	0.78	0.76	0.00	0.00	2.03	1.32	0.00	0.60
重　庆	0.89	0.00	0.85	0.00	0.76	0.00	0.74	0.00	0.00	0.68	0.38
河　北	0.00	0.00	0.00	0.00	0.00	0.74	1.48	0.00	1.32	0.00	0.38
江　西	0.00	0.00	0.00	0.00	0.00	0.00	0.00	0.00	1.99	0.68	0.38
山　西	0.00	0.00	0.00	0.00	0.78	0.00	0.74	0.00	0.66	0.00	0.30
广　西	0.00	0.00	0.00	0.00	0.00	0.00	0.00	0.00	0.66	0.68	0.15
贵　州	0.00	0.00	0.00	0.00	0.00	0.00	0.74	0.00	0.00	0.68	0.15
甘　肃	0.00	0.00	0.00	0.00	0.00	0.00	0.00	0.00	0.66	0.00	0.08
海　南	0.00	0.00	0.00	0.00	0.00	0.00	0.00	0.00	0.00	0.68	0.08

表 2-55　应用物理学 B 层人才的世界占比

单位：%

省　份	2013 年	2014 年	2015 年	2016 年	2017 年	2018 年	2019 年	2020 年	2021 年	2022 年	合计
北　京	8.74	9.03	9.08	10.77	12.10	14.06	13.16	9.85	13.40	10.66	11.20
江　苏	2.38	2.79	4.35	5.04	6.35	6.79	6.98	5.50	7.89	7.68	5.74
广　东	1.29	1.58	1.99	3.30	5.08	5.64	6.34	8.02	9.78	9.32	5.53
上　海	3.28	3.45	3.31	3.65	4.15	4.82	6.26	5.50	6.88	6.94	4.95
湖　北	0.79	1.68	2.37	3.04	3.30	4.09	3.37	3.82	4.56	4.62	3.27
浙　江	0.99	2.33	1.89	1.56	2.88	2.45	2.33	3.13	5.36	6.19	3.04
天　津	1.19	1.02	2.74	1.56	3.05	2.70	3.21	2.98	2.90	2.61	2.45
山　东	0.40	0.47	0.85	0.78	1.52	2.45	2.73	2.29	4.06	5.74	2.27
安　徽	1.29	1.68	1.04	2.09	1.86	2.37	3.45	2.52	2.17	1.94	2.08
河　南	0.20	0.28	0.47	0.35	1.02	1.55	2.41	2.98	3.91	3.50	1.80
湖　南	0.30	0.37	0.76	0.61	1.86	2.21	2.17	1.60	3.69	2.68	1.72
吉　林	0.99	1.30	1.04	1.39	1.86	1.39	1.85	2.29	2.17	2.24	1.70
辽　宁	0.50	0.74	1.23	1.56	1.78	1.88	2.57	1.99	2.03	2.16	1.70
四　川	0.60	0.47	0.47	0.87	1.44	1.64	1.52	1.83	2.17	4.47	1.64
陕　西	0.40	0.37	0.47	0.78	0.68	2.21	1.36	1.53	2.82	3.65	1.52
福　建	0.70	0.93	0.95	0.87	0.76	1.14	1.69	1.38	2.32	3.28	1.46
黑龙江	0.60	0.56	0.66	0.52	0.51	0.82	0.80	1.38	1.74	2.01	1.00
重　庆	0.30	0.19	0.57	0.26	0.68	0.74	0.80	1.07	1.52	1.57	0.81
山　西	0.00	0.37	0.00	0.52	0.17	0.33	0.24	0.53	0.94	0.60	0.39
广　西	0.00	0.00	0.00	0.09	0.08	0.08	0.48	0.46	1.23	0.89	0.37
江　西	0.10	0.19	0.28	0.26	0.17	0.16	0.24	0.76	0.65	0.60	0.36
河　北	0.00	0.00	0.28	0.17	0.17	0.49	0.48	0.46	0.51	0.60	0.33
甘　肃	0.10	0.37	0.47	0.17	0.25	0.16	0.32	0.23	0.51	0.45	0.31
云　南	0.10	0.00	0.00	0.00	0.08	0.08	0.00	0.08	0.58	0.15	0.13
贵　州	0.00	0.09	0.09	0.17	0.08	0.08	0.00	0.31	0.07	0.22	0.12
海　南	0.00	0.09	0.00	0.00	0.08	0.41	0.00	0.08	0.22	0.15	0.11
内蒙古	0.10	0.00	0.09	0.17	0.00	0.00	0.16	0.08	0.07	0.30	0.10
新　疆	0.00	0.00	0.00	0.00	0.17	0.16	0.32	0.00	0.07	0.22	0.10
宁　夏	0.00	0.00	0.00	0.00	0.00	0.08	0.08	0.00	0.00	0.07	0.03
西　藏	0.00	0.00	0.00	0.00	0.00	0.00	0.00	0.00	0.00	0.07	0.01

表 2-56 应用物理学 C 层人才的世界占比

单位：%

省 份	2013 年	2014 年	2015 年	2016 年	2017 年	2018 年	2019 年	2020 年	2021 年	2022 年	合计
北 京	5.76	6.30	7.40	8.37	9.00	9.80	10.07	8.39	8.69	9.55	8.43
江 苏	2.50	2.95	3.78	4.34	5.17	5.71	5.97	5.57	5.77	6.15	4.90
广 东	1.09	1.78	1.86	2.61	3.65	4.52	6.24	6.15	6.40	7.31	4.36
上 海	2.69	3.17	2.90	3.36	3.67	3.73	4.59	4.25	5.13	4.94	3.92
湖 北	1.21	1.26	1.81	2.17	2.67	3.41	3.27	3.34	3.16	3.20	2.62
浙 江	1.46	1.34	1.39	1.68	2.01	2.42	2.60	2.66	3.59	3.95	2.39
山 东	0.66	0.70	1.03	0.85	1.47	1.79	2.45	2.59	2.84	3.32	1.85
四 川	0.76	0.82	1.03	1.09	1.56	1.96	2.29	2.14	2.15	2.34	1.67
安 徽	0.86	1.17	1.41	1.32	1.67	1.83	1.89	1.87	1.94	2.35	1.67
天 津	0.60	0.79	0.92	1.29	1.50	2.14	2.33	2.11	2.32	2.06	1.66
湖 南	0.68	0.93	0.88	1.17	1.20	1.41	1.99	1.90	1.96	2.14	1.47
吉 林	1.15	1.22	1.27	0.99	1.35	1.60	1.49	1.66	1.40	1.49	1.38
辽 宁	0.70	0.67	0.79	0.84	1.15	1.47	1.65	1.64	1.74	1.70	1.27
河 南	0.26	0.31	0.51	0.56	0.80	0.96	1.59	1.93	2.30	2.50	1.25
陕 西	0.39	0.44	0.50	0.74	0.92	1.34	1.81	1.75	1.69	2.14	1.23
福 建	0.69	0.64	0.79	0.83	1.03	1.25	1.48	1.50	1.80	1.88	1.23
黑龙江	0.62	0.59	0.85	0.74	0.91	1.15	0.79	1.15	1.01	1.23	0.92
重 庆	0.32	0.33	0.52	0.56	0.75	1.00	1.03	0.83	1.10	1.49	0.82
甘 肃	0.53	0.39	0.44	0.39	0.53	0.61	0.45	0.57	0.57	0.66	0.52
山 西	0.16	0.20	0.28	0.29	0.44	0.67	0.62	0.67	0.59	0.62	0.47
广 西	0.11	0.08	0.14	0.27	0.19	0.27	0.57	0.64	0.92	0.98	0.45
江 西	0.19	0.16	0.31	0.16	0.36	0.36	0.48	0.58	0.61	0.74	0.41
河 北	0.09	0.22	0.22	0.21	0.27	0.43	0.46	0.50	0.45	0.55	0.35
云 南	0.06	0.15	0.09	0.13	0.11	0.25	0.16	0.25	0.32	0.38	0.20
新 疆	0.06	0.06	0.09	0.10	0.12	0.10	0.16	0.15	0.15	0.18	0.12
内蒙古	0.06	0.05	0.09	0.02	0.11	0.12	0.09	0.14	0.12	0.20	0.10
海 南	0.01	0.04	0.00	0.03	0.09	0.12	0.09	0.12	0.17	0.28	0.10
贵 州	0.01	0.04	0.04	0.04	0.05	0.09	0.12	0.08	0.13	0.16	0.08
宁 夏	0.00	0.00	0.03	0.00	0.00	0.05	0.06	0.03	0.05	0.11	0.04
青 海	0.00	0.02	0.00	0.00	0.03	0.05	0.04	0.02	0.05	0.06	0.03
西 藏	0.00	0.00	0.00	0.01	0.01	0.00	0.02	0.01	0.01	0.02	0.01

二十 多学科物理

多学科物理 A 层人才最多的是北京，世界占比为 6.02%，显著高于其他省份；上海、广东的 A 层人才分别以 1.57%、1.05% 的世界占比排名第二、三位；安徽 A 层人才的世界占比为 0.79%，辽宁、陕西、云南 A 层人才的世界占比均为 0.26%。

B 层人才最多的是北京，世界占比为 4.23%；上海、江苏、安徽、广东有相当数量的 B 层人才，世界占比在 2%～1%；湖北、山东、浙江、四川、湖南、天津、陕西、河南、辽宁、甘肃、山西、黑龙江、吉林、新疆、广西、江西也有一定数量的 B 层人才，世界占比大于或等于 0.1%；福建、云南、重庆、河北、内蒙古 B 层人才的世界占比均低于 0.1%。

C 层人才最多的是北京，世界占比为 3.94%；上海、江苏、广东、安徽、湖北有相当数量的 C 层人才，世界占比在 2%～1%；浙江、湖南、山东、四川、天津、甘肃、陕西、辽宁、山西、河南、重庆、吉林、江西、黑龙江、福建、广西也有一定数量的 C 层人才，世界占比均超过 0.1%；河北、云南、新疆、贵州、内蒙古、海南、宁夏 C 层人才的世界占比均低于 0.1%。

表 2-57 多学科物理 A 层人才的世界占比

单位：%

省　份	2013 年	2014 年	2015 年	2016 年	2017 年	2018 年	2019 年	2020 年	2021 年	2022 年	合计
北　京	7.14	7.69	12.50	2.78	4.00	2.63	6.38	8.82	4.08	5.00	6.02
上　海	2.38	0.00	0.00	0.00	0.00	0.00	0.00	11.76	2.04	0.00	1.57
广　东	0.00	0.00	0.00	0.00	0.00	0.00	2.13	2.94	2.04	2.50	1.05
安　徽	0.00	0.00	0.00	0.00	0.00	0.00	0.00	8.82	0.00	0.00	0.79
辽　宁	0.00	0.00	0.00	0.00	0.00	0.00	0.00	0.00	2.04	0.00	0.26
陕　西	0.00	0.00	0.00	0.00	0.00	0.00	0.00	0.00	0.00	2.50	0.26
云　南	0.00	0.00	0.00	0.00	0.00	0.00	0.00	0.00	0.00	2.50	0.26

表 2-58   多学科物理 B 层人才的世界占比

单位：%

省　份	2013 年	2014 年	2015 年	2016 年	2017 年	2018 年	2019 年	2020 年	2021 年	2022 年	合 计
北　京	2.11	2.76	3.02	4.21	4.21	4.11	4.15	3.72	5.95	7.28	4.23
上　海	0.79	2.21	1.51	2.37	1.87	2.05	2.30	2.07	2.42	2.21	2.00
江　苏	1.05	0.83	0.76	1.58	1.87	1.37	1.84	0.83	2.64	2.43	1.54
安　徽	1.58	1.38	1.01	1.58	1.87	0.91	0.69	1.24	3.08	1.77	1.52
广　东	0.79	0.83	0.50	0.79	0.70	0.46	2.30	1.24	1.76	3.09	1.28
湖　北	0.53	0.83	0.25	1.58	0.70	0.68	1.15	0.83	0.88	1.55	0.90
山　东	0.79	0.55	0.25	1.05	0.23	0.46	0.00	0.41	2.42	0.44	0.67
浙　江	0.53	0.28	0.50	0.79	0.47	0.46	0.46	0.41	0.88	1.55	0.64
四　川	0.53	0.00	0.00	0.53	0.93	0.46	0.23	0.41	1.10	0.44	0.48
湖　南	0.79	0.00	0.00	0.26	0.23	0.68	0.23	0.00	0.66	1.55	0.45
天　津	0.53	0.28	0.50	0.26	0.00	0.00	0.46	0.21	1.10	0.22	0.36
陕　西	0.00	0.28	0.00	0.26	0.70	0.68	0.00	0.00	0.44	0.66	0.31
河　南	0.53	0.28	0.00	0.00	0.47	0.00	0.00	0.21	0.88	0.22	0.26
辽　宁	0.53	0.00	0.00	0.00	0.00	0.00	0.00	0.00	0.88	0.66	0.21
甘　肃	0.53	0.00	0.00	0.00	0.00	0.00	0.23	0.00	0.66	0.00	0.19
山　西	0.53	0.00	0.00	0.00	0.00	0.00	0.00	0.62	0.22	0.44	0.19
黑龙江	0.00	0.28	0.25	0.26	0.00	0.23	0.00	0.21	0.00	0.44	0.17
吉　林	0.00	0.28	0.00	0.26	0.23	0.00	0.00	0.00	0.22	0.66	0.17
新　疆	0.00	0.00	0.00	0.00	0.70	0.23	0.00	0.00	0.22	0.00	0.12
广　西	0.53	0.00	0.00	0.00	0.00	0.00	0.00	0.00	0.44	0.00	0.10
江　西	0.00	0.00	0.00	0.26	0.00	0.00	0.00	0.00	0.66	0.00	0.10
福　建	0.00	0.00	0.00	0.00	0.00	0.00	0.00	0.41	0.00	0.22	0.07
云　南	0.00	0.00	0.00	0.00	0.00	0.23	0.00	0.41	0.00	0.00	0.07
重　庆	0.00	0.00	0.00	0.00	0.00	0.00	0.00	0.00	0.44	0.00	0.05
河　北	0.00	0.28	0.00	0.00	0.00	0.00	0.00	0.00	0.22	0.00	0.05
内蒙古	0.00	0.00	0.00	0.00	0.00	0.00	0.00	0.00	0.22	0.00	0.02
西　藏	0.00	0.00	0.00	0.00	0.00	0.00	0.00	0.00	0.22	0.00	0.02

表 2-59   多学科物理 C 层人才的世界占比

单位：%

省　份	2013 年	2014 年	2015 年	2016 年	2017 年	2018 年	2019 年	2020 年	2021 年	2022 年	合 计
北　京	2.85	3.67	3.60	3.44	3.77	3.94	4.12	3.80	4.96	4.96	3.94
上　海	1.02	1.54	1.85	1.79	1.79	1.89	2.15	2.24	2.07	2.36	1.89
江　苏	0.89	0.78	1.62	1.49	1.66	1.79	2.08	2.20	2.63	2.67	1.82

续表

省　份	2013 年	2014 年	2015 年	2016 年	2017 年	2018 年	2019 年	2020 年	2021 年	2022 年	合计
广　东	0.38	0.51	0.31	0.64	0.79	0.97	1.96	1.71	2.39	2.20	1.24
安　徽	0.78	1.11	1.33	0.88	1.07	0.92	1.25	1.23	1.35	1.20	1.12
湖　北	0.56	0.62	0.89	0.85	0.89	0.92	1.06	1.38	1.26	1.53	1.02
浙　江	0.54	0.49	0.52	0.35	0.79	0.57	1.09	1.36	1.68	2.01	0.97
湖　南	0.32	0.16	0.31	0.35	0.55	0.52	0.59	0.79	1.28	0.99	0.61
山　东	0.16	0.73	0.39	0.27	0.42	0.54	0.62	0.57	0.85	1.06	0.57
四　川	0.27	0.38	0.36	0.43	0.50	0.57	0.85	0.53	0.78	0.85	0.56
天　津	0.24	0.35	0.57	0.32	0.27	0.50	0.31	0.31	0.35	0.66	0.39
甘　肃	0.11	0.46	0.44	0.16	0.32	0.07	0.38	0.29	0.63	0.42	0.33
陕　西	0.16	0.08	0.16	0.19	0.22	0.21	0.43	0.35	0.48	0.57	0.29
辽　宁	0.11	0.30	0.21	0.21	0.25	0.21	0.21	0.31	0.50	0.52	0.29
山　西	0.11	0.22	0.29	0.19	0.22	0.14	0.38	0.44	0.41	0.38	0.28
河　南	0.05	0.16	0.26	0.11	0.15	0.14	0.17	0.33	0.52	0.73	0.27
重　庆	0.21	0.08	0.13	0.16	0.20	0.24	0.12	0.20	0.35	0.38	0.21
吉　林	0.35	0.11	0.21	0.11	0.17	0.12	0.24	0.20	0.28	0.28	0.19
江　西	0.19	0.11	0.10	0.00	0.15	0.14	0.07	0.31	0.13	0.35	0.16
黑龙江	0.05	0.05	0.08	0.08	0.07	0.12	0.21	0.22	0.17	0.26	0.14
福　建	0.00	0.05	0.03	0.03	0.05	0.02	0.19	0.15	0.24	0.24	0.13
广　西	0.00	0.16	0.23	0.05	0.10	0.05	0.05	0.13	0.24	0.21	0.12
河　北	0.00	0.11	0.10	0.03	0.07	0.02	0.14	0.04	0.11	0.17	0.08
云　南	0.03	0.03	0.03	0.05	0.02	0.02	0.09	0.09	0.07	0.14	0.06
新　疆	0.00	0.03	0.03	0.05	0.05	0.02	0.07	0.07	0.07	0.07	0.05
贵　州	0.03	0.00	0.05	0.00	0.00	0.02	0.00	0.02	0.04	0.14	0.03
内蒙古	0.03	0.00	0.03	0.03	0.02	0.07	0.05	0.02	0.02	0.02	0.03
海　南	0.03	0.03	0.00	0.00	0.02	0.02	0.00	0.00	0.00	0.09	0.02
宁　夏	0.00	0.00	0.00	0.00	0.02	0.02	0.00	0.04	0.02	0.00	0.01

第二节　学科组

　　在数学与物理学各学科人才分析的基础上，按照 A、B、C 三个人才层次，对各学科人才进行汇总分析，可以从学科组层面揭示人才的分布特点和发展趋势。

一 A层人才

数学与物理学A层人才最多的是北京，占该学科组全球A层人才的4.59%；其后依次是江苏、广东、上海，A层人才的世界占比分别为2.33%、2.19%、2.04%；浙江、湖北、湖南、山东有相当数量的A层人才，世界占比在2%~1%；四川、辽宁、安徽、天津、陕西、河南也有一定数量的A层人才，世界占比均超过0.5%；黑龙江、吉林、福建、甘肃、江西、山西、重庆、河北、云南、广西A层人才的世界占比均超过0.1%；贵州、海南、新疆、宁夏、内蒙古、青海A层人才的世界占比均低于0.1%。

在发展趋势上，各省份A层人才的世界占比总体上呈现相对上升的趋势；其中，北京、江苏、广东、上海、浙江、湖北、湖南、山东、四川、辽宁、陕西、河南的增幅相对较大。

表2-60 数学与物理学A层人才的世界占比

单位：%

省 份	2013年	2014年	2015年	2016年	2017年	2018年	2019年	2020年	2021年	2022年	合计
北 京	2.41	2.96	2.33	3.86	4.65	4.35	5.49	5.79	6.85	5.92	4.59
江 苏	0.74	1.97	2.83	1.77	1.55	3.48	3.30	2.21	2.28	2.66	2.33
广 东	0.19	1.15	1.33	0.80	1.40	0.87	3.98	2.76	4.57	3.70	2.19
上 海	0.74	1.15	1.66	0.80	2.33	2.75	1.37	2.90	2.02	4.14	2.04
浙 江	0.56	0.16	0.50	0.96	1.09	2.03	1.10	3.72	2.96	5.62	1.96
湖 北	0.37	1.15	1.33	0.48	2.64	1.74	1.79	1.10	2.42	2.66	1.61
湖 南	0.00	0.33	0.50	0.96	1.09	0.43	1.24	3.45	1.48	2.51	1.26
山 东	0.19	0.33	0.17	1.13	0.31	2.03	1.65	1.38	1.61	2.81	1.22
四 川	0.00	0.33	0.17	0.64	1.24	1.01	0.55	0.97	1.48	3.11	0.99
辽 宁	0.56	0.16	0.17	0.32	0.62	0.43	0.69	0.69	1.34	2.51	0.78
安 徽	0.37	0.16	0.83	0.32	0.31	0.72	0.96	0.97	1.08	1.18	0.71
天 津	0.00	0.16	1.00	0.80	0.47	1.45	0.55	1.24	0.40	0.89	0.71
陕 西	0.00	0.00	0.00	0.32	0.00	1.01	1.10	0.14	0.81	2.96	0.67
河 南	0.00	0.00	0.00	0.00	0.62	0.14	0.27	1.38	0.94	2.07	0.58
黑龙江	0.19	0.33	0.33	0.80	0.31	0.00	0.27	0.83	1.08	0.59	0.49
吉 林	0.37	0.00	0.17	0.64	0.62	0.43	0.41	0.83	0.27	0.59	0.44

续表

省 份	2013 年	2014 年	2015 年	2016 年	2017 年	2018 年	2019 年	2020 年	2021 年	2022 年	合计
福 建	0.74	0.33	0.17	0.16	0.00	0.29	0.27	0.14	1.08	1.04	0.43
甘 肃	0.00	0.00	0.17	0.16	0.47	0.00	0.41	0.14	0.67	0.74	0.29
江 西	0.00	0.00	0.00	0.00	0.31	0.29	0.14	0.00	0.54	0.89	0.23
山 西	0.00	0.00	0.00	0.48	0.00	0.29	0.00	0.28	0.40	0.59	0.21
重 庆	0.19	0.16	0.17	0.00	0.31	0.00	0.14	0.00	0.13	0.89	0.20
河 北	0.56	0.00	0.00	0.00	0.00	0.14	0.27	0.28	0.54	0.00	0.18
云 南	0.00	0.00	0.33	0.16	0.16	0.00	0.27	0.28	0.00	0.30	0.15
广 西	0.00	0.00	0.00	0.00	0.31	0.00	0.14	0.00	0.13	0.30	0.12
贵 州	0.00	0.00	0.00	0.16	0.00	0.29	0.00	0.00	0.00	0.44	0.09
海 南	0.00	0.00	0.00	0.00	0.00	0.00	0.00	0.00	0.00	0.30	0.03
新 疆	0.00	0.00	0.00	0.00	0.16	0.00	0.00	0.00	0.13	0.00	0.03
宁 夏	0.00	0.00	0.00	0.00	0.00	0.00	0.14	0.00	0.00	0.00	0.02
内蒙古	0.00	0.00	0.00	0.00	0.00	0.00	0.00	0.00	0.00	0.15	0.02
青 海	0.00	0.00	0.00	0.00	0.00	0.00	0.00	0.00	0.00	0.15	0.02

二 B 层人才

数学与物理学 B 层人才最多的是北京，占该学科组全球 B 层人才的 5.67%；其后依次是江苏、上海、广东，世界占比分别为 3.23%、2.81%、2.67%；浙江、湖北、山东、湖南、安徽、天津、四川有相当数量的 B 层人才，世界占比在 2%~1%；辽宁、河南、陕西、吉林、福建、黑龙江、重庆也有一定数量的 B 层人才，世界占比均超过 0.5%；山西、甘肃、江西、广西、云南、河北、贵州 B 层人才的世界占比均超过 0.1%；新疆、内蒙古、海南、宁夏、青海、西藏 B 层人才的世界占比均低于 0.1%。

在发展趋势上，各省份总体上呈相对上升的趋势；其中，北京、江苏、上海、广东、浙江、湖北、山东、湖南、安徽、天津、四川、辽宁、河南、陕西、吉林、福建、黑龙江的增幅相对较大。

表 2-61 数学与物理学 B 层人才的世界占比

单位：%

省 份	2013 年	2014 年	2015 年	2016 年	2017 年	2018 年	2019 年	2020 年	2021 年	2022 年	合计
北 京	4.86	4.08	4.59	5.19	5.75	6.35	6.45	5.00	7.32	6.52	5.67
江 苏	1.76	2.02	2.29	2.80	3.26	3.79	3.96	2.80	4.34	4.64	3.23
上 海	1.78	1.90	2.24	2.30	2.57	3.04	3.48	2.76	3.62	3.85	2.81
广 东	0.70	1.15	1.28	1.66	2.17	2.65	3.22	3.64	4.51	4.63	2.67
浙 江	0.75	1.13	1.03	1.02	1.46	1.88	1.89	2.38	3.37	3.69	1.93
湖 北	0.81	1.22	1.47	1.49	1.80	2.13	2.02	2.12	2.50	2.89	1.89
山 东	0.46	0.48	0.62	0.81	1.07	1.96	1.91	1.69	2.36	2.75	1.47
湖 南	0.53	0.57	0.72	0.53	1.04	1.62	1.68	1.95	2.10	1.96	1.32
安 徽	0.75	0.98	0.68	1.15	1.07	1.22	1.85	1.18	1.29	1.48	1.19
天 津	0.70	0.46	1.27	0.83	1.26	1.33	1.51	1.14	1.37	1.52	1.16
四 川	0.37	0.39	0.56	0.80	1.27	1.16	1.30	1.28	1.44	2.01	1.09
辽 宁	0.44	0.41	0.77	0.75	0.84	0.90	1.01	0.83	1.22	1.41	0.88
河 南	0.31	0.21	0.36	0.19	0.39	0.72	1.09	1.21	1.74	1.64	0.83
陕 西	0.20	0.27	0.50	0.48	0.34	0.87	0.76	0.76	1.45	1.88	0.78
吉 林	0.33	0.60	0.41	0.54	0.76	0.63	0.76	0.79	1.01	1.08	0.71
福 建	0.33	0.57	0.39	0.58	0.33	0.50	0.73	0.76	1.08	1.51	0.70
黑龙江	0.29	0.29	0.46	0.40	0.47	0.61	0.58	0.80	0.93	1.33	0.64
重 庆	0.29	0.24	0.29	0.35	0.47	0.35	0.57	0.55	0.88	0.91	0.51
山 西	0.11	0.19	0.14	0.30	0.19	0.32	0.17	0.45	0.53	0.37	0.29
甘 肃	0.22	0.26	0.21	0.13	0.33	0.18	0.26	0.24	0.40	0.41	0.27
江 西	0.11	0.10	0.10	0.21	0.14	0.15	0.22	0.37	0.39	0.60	0.25
广 西	0.04	0.07	0.05	0.19	0.09	0.21	0.20	0.24	0.62	0.51	0.24
云 南	0.24	0.17	0.07	0.08	0.14	0.11	0.25	0.34	0.36	0.25	0.20
河 北	0.05	0.10	0.05	0.16	0.09	0.26	0.17	0.22	0.36	0.44	0.20
贵 州	0.02	0.07	0.07	0.16	0.08	0.14	0.10	0.10	0.14	0.38	0.13
新 疆	0.04	0.02	0.03	0.08	0.14	0.08	0.10	0.06	0.15	0.22	0.09
内蒙古	0.04	0.02	0.05	0.05	0.02		0.09	0.04	0.07	0.12	0.05
海 南	0.00	0.02	0.00	0.00	0.05	0.11	0.04	0.01	0.07	0.12	0.04
宁 夏	0.00	0.00	0.00	0.00	0.02	0.05	0.03	0.07	0.08	0.06	0.03
青 海	0.00	0.00	0.02	0.00	0.00	0.00	0.01	0.01	0.06	0.03	0.01
西 藏	0.00	0.00	0.00	0.00	0.00	0.00	0.00	0.04	0.03		0.01

三 C层人才

数学与物理学C层人才最多的是北京,占该学科组全球C层人才的5.09%;其后依次是江苏、上海、广东,世界占比分别为2.90%、2.49%、2.38%;湖北、浙江、山东、安徽、湖南、四川有相当数量的C层人才,世界占比在2%~1%;天津、辽宁、陕西、河南、黑龙江、吉林、福建、重庆也有一定数量的C层人才,世界占比均超过0.5%;甘肃、山西、江西、广西、河北、云南、贵州C层人才的世界占比大于或等于0.1%;新疆、内蒙古、海南、宁夏、青海C层人才的世界占比均低于0.1%。

在发展趋势上,各省份总体上呈现相对上升的趋势;其中,北京、江苏、上海、广东、湖北、浙江、山东、安徽、湖南、四川、天津、辽宁、陕西、河南的增幅相对较大。

表2-62 数学与物理学C层人才的世界占比

单位:%

省 份	2013年	2014年	2015年	2016年	2017年	2018年	2019年	2020年	2021年	2022年	合计
北 京	3.74	4.00	4.46	4.79	5.11	5.73	5.78	5.21	5.60	5.99	5.09
江 苏	1.60	1.72	2.10	2.40	2.86	3.25	3.53	3.37	3.65	3.93	2.90
上 海	1.76	1.96	2.06	2.18	2.32	2.49	2.78	2.71	3.14	3.20	2.49
广 东	0.86	1.02	1.27	1.49	1.91	2.49	3.05	3.30	3.56	4.08	2.38
湖 北	0.95	1.02	1.19	1.42	1.64	2.03	2.01	2.00	1.97	2.11	1.66
浙 江	0.90	0.87	0.84	1.01	1.16	1.35	1.57	1.83	2.35	2.53	1.47
山 东	0.68	0.67	0.82	0.82	1.11	1.40	1.75	1.66	1.80	2.08	1.31
安 徽	0.75	0.81	0.99	0.95	1.04	1.15	1.29	1.24	1.33	1.49	1.12
湖 南	0.63	0.68	0.72	0.76	0.94	1.14	1.39	1.54	1.50	1.58	1.11
四 川	0.55	0.58	0.74	0.78	1.02	1.27	1.37	1.35	1.45	1.66	1.10
天 津	0.42	0.45	0.64	0.75	0.85	1.08	1.13	1.24	1.24	1.27	0.93
辽 宁	0.47	0.57	0.56	0.58	0.77	0.84	1.01	0.97	1.07	1.17	0.82
陕 西	0.28	0.33	0.39	0.50	0.60	0.78	1.01	1.00	1.04	1.32	0.75
河 南	0.24	0.29	0.35	0.41	0.48	0.61	0.70	0.94	1.16	1.31	0.67
黑龙江	0.42	0.46	0.56	0.51	0.64	0.78	0.68	0.80	0.80	0.84	0.66

续表

省　份	2013 年	2014 年	2015 年	2016 年	2017 年	2018 年	2019 年	2020 年	2021 年	2022 年	合计
吉　林	0.50	0.49	0.55	0.45	0.58	0.73	0.68	0.78	0.67	0.82	0.63
福　建	0.36	0.40	0.44	0.44	0.52	0.64	0.73	0.80	0.94	0.91	0.63
重　庆	0.28	0.33	0.39	0.40	0.48	0.64	0.68	0.68	0.78	0.98	0.58
甘　肃	0.34	0.32	0.30	0.28	0.40	0.38	0.36	0.38	0.46	0.44	0.37
山　西	0.13	0.20	0.18	0.24	0.31	0.36	0.43	0.43	0.42	0.43	0.32
江　西	0.17	0.11	0.22	0.19	0.21	0.30	0.30	0.38	0.41	0.44	0.28
广　西	0.09	0.09	0.13	0.16	0.15	0.21	0.30	0.35	0.48	0.57	0.26
河　北	0.09	0.16	0.13	0.14	0.17	0.26	0.32	0.30	0.38	0.43	0.25
云　南	0.09	0.14	0.09	0.15	0.11	0.16	0.18	0.21	0.25	0.29	0.17
贵　州	0.05	0.05	0.06	0.04	0.07	0.13	0.11	0.13	0.15	0.19	0.10
新　疆	0.04	0.05	0.06	0.07	0.09	0.07	0.10	0.12	0.14	0.15	0.09
内蒙古	0.04	0.03	0.06	0.04	0.07	0.09	0.10	0.10	0.13	0.12	0.08
海　南	0.01	0.02	0.01	0.01	0.03	0.04	0.03	0.05	0.08	0.15	0.04
宁　夏	0.01	0.00	0.01	0.03	0.04	0.02	0.03	0.03	0.06	0.05	0.03
青　海	0.01	0.01	0.01	0.02	0.02	0.03	0.03	0.04	0.03	0.03	0.02

第3章 化学

化学是研究物质的组成、结构、性质和反应及物质转化的一门科学，是创造新分子和构建新物质的根本途径，是与其他学科密切交叉和相互渗透的中心科学。

第一节 学科

化学学科组包括以下学科：有机化学、高分子科学、电化学、物理化学、分析化学、晶体学、无机化学和核化学、纳米科学和纳米技术、化学工程、应用化学、多学科化学，共计11个。

一 有机化学

有机化学 A 层人才最多的是上海，世界占比为 3.52%；江苏、天津、北京有相当数量的 A 层人才，世界占比在 2%~1%；甘肃、广东、湖北、吉林、山东、浙江 A 层人才的世界占比均为 0.88%；福建、广西、黑龙江、江西、陕西、新疆 A 层人才的世界占比均为 0.44%。

B 层人才最多的是江苏，世界占比为 5.16%；广东、上海、北京、浙江的 B 层人才比较多，世界占比在 4%~3%；山东、湖北、天津、辽宁、河南、湖南、江西、四川有相当数量的 B 层人才，世界占比在 3%~1%；福建、安徽、黑龙江、广西、重庆、陕西、吉林、甘肃、海南、山西、云南、宁夏、新疆、贵州、河北也有一定数量的 B 层人才，世界占比均超过 0.1%；青海、内蒙古 B 层人才的世界占比均低于 0.1%。

江苏、上海 C 层人才的世界占比分别为 5.69%、5.08%，排名前二；北京、广东、浙江的 C 层人才比较多，世界占比在 5%~3%；山东、湖北、天津、河南、四川、安徽、甘肃、福建、湖南、辽宁、陕西、江西有相当数量的 C 层人才，世界占比在 3%~1%；重庆、吉林、黑龙江、云南、广西、贵州、新疆、山西、河北、海南、青海也有一定数量的 C 层人才，世界占比均超过 0.1%；宁夏、内蒙古、西藏 C 层人才的世界占比均低于 0.1%。

表 3-1　有机化学 A 层人才的世界占比

单位：%

省　份	2013 年	2014 年	2015 年	2016 年	2017 年	2018 年	2019 年	2020 年	2021 年	2022 年	合计
上　海	4.17	0.00	4.35	0.00	4.55	0.00	4.17	8.70	4.17	5.26	3.52
江　苏	0.00	4.35	0.00	4.35	0.00	0.00	0.00	0.00	4.17	5.26	1.76
天　津	0.00	0.00	0.00	0.00	0.00	0.00	12.50	0.00	4.17	0.00	1.76
北　京	0.00	0.00	0.00	0.00	4.55	0.00	0.00	0.00	8.33	0.00	1.32
甘　肃	4.17	0.00	4.35	0.00	0.00	0.00	0.00	0.00	0.00	0.00	0.88
广　东	0.00	0.00	0.00	0.00	0.00	9.09	0.00	0.00	0.00	0.00	0.88
湖　北	0.00	0.00	0.00	4.35	0.00	0.00	0.00	4.35	0.00	0.00	0.88
吉　林	0.00	0.00	0.00	0.00	4.55	0.00	0.00	0.00	0.00	5.26	0.88
山　东	0.00	0.00	0.00	0.00	0.00	0.00	4.17	0.00	0.00	5.26	0.88
浙　江	0.00	0.00	4.35	0.00	0.00	0.00	0.00	0.00	0.00	5.26	0.88
福　建	0.00	4.35	0.00	0.00	0.00	0.00	0.00	0.00	0.00	0.00	0.44
广　西	0.00	0.00	0.00	0.00	0.00	0.00	0.00	0.00	0.00	5.26	0.44
黑龙江	0.00	0.00	0.00	0.00	0.00	0.00	4.17	0.00	0.00	0.00	0.44
江　西	0.00	0.00	0.00	0.00	0.00	4.55	0.00	0.00	0.00	0.00	0.44
陕　西	0.00	0.00	0.00	0.00	0.00	0.00	0.00	4.35	0.00	0.00	0.44
新　疆	0.00	0.00	0.00	0.00	0.00	0.00	4.17	0.00	0.00	0.00	0.44

表 3-2　有机化学 B 层人才的世界占比

单位：%

省　份	2013 年	2014 年	2015 年	2016 年	2017 年	2018 年	2019 年	2020 年	2021 年	2022 年	合计
江　苏	1.36	2.26	5.09	4.69	6.64	6.48	5.02	8.26	7.83	3.83	5.16
广　东	1.36	0.90	1.85	2.82	1.77	6.02	6.39	3.21	6.91	6.01	3.67
上　海	3.62	4.98	4.63	3.29	4.42	2.31	2.28	4.13	2.30	4.92	3.67
北　京	2.26	4.52	1.85	1.88	7.52	2.78	2.74	1.38	4.15	2.73	3.21
浙　江	0.90	0.90	3.24	2.82	2.21	1.39	4.57	3.21	5.99	5.46	3.02
山　东	0.45	1.36	1.85	1.88	0.88	4.17	2.74	5.50	5.99	4.92	2.93
湖　北	0.90	0.90	1.85	0.47	1.33	3.24	3.65	4.13	3.23	3.83	2.33

续表

省　份	2013 年	2014 年	2015 年	2016 年	2017 年	2018 年	2019 年	2020 年	2021 年	2022 年	合计
天　津	0.00	0.45	0.93	1.88	2.65	1.85	0.46	2.29	3.69	2.19	1.63
辽　宁	1.81	0.90	1.85	2.82	2.21	2.31	0.46	0.46	1.84	0.55	1.53
河　南	0.90	1.36	1.39	0.47	1.33	3.24	1.83	0.92	1.38	2.19	1.49
湖　南	0.90	0.90	1.39	0.94	0.88	0.93	2.28	0.46	1.84	2.19	1.26
江　西	0.45	0.45	0.46	0.47	0.44	1.39	1.83	1.38	1.84	2.73	1.12
四　川	0.00	0.90	0.93	0.94	0.88	0.00	0.46	1.38	2.76	3.28	1.12
福　建	0.45	0.45	0.93	0.94	0.88	0.46	1.37	1.83	0.46	1.09	0.88
安　徽	0.90	0.90	0.93	0.00	0.00	0.93	1.37	1.83	0.92	0.00	0.79
黑龙江	0.00	0.45	0.46	0.94	0.88	0.46	0.46	1.38	0.92	1.64	0.74
广　西	0.00	0.00	0.00	0.00	0.00	0.46	1.37	2.75	1.38	0.55	0.65
重　庆	0.45	1.36	0.00	0.00	0.44	0.93	0.46	0.92	0.46	1.09	0.60
陕　西	0.00	0.90	0.00	0.00	0.88	0.93	0.91	0.92	0.46	1.09	0.60
吉　林	0.00	0.90	0.93	0.00	0.00	0.46	0.91	0.00	0.92	0.55	0.47
甘　肃	0.45	1.36	0.46	0.47	0.00	0.00	0.00	0.00	0.00	0.55	0.33
海　南	0.00	0.00	0.00	0.47	0.44	0.00	0.00	0.00	1.38	1.09	0.33
山　西	0.00	0.45	0.00	0.00	0.88	0.46	0.91	0.46	0.00	0.00	0.33
云　南	0.00	0.45	0.00	0.47	0.44	0.00	0.00	0.46	0.92	0.00	0.28
宁　夏	0.00	0.00	0.00	0.00	0.00	0.00	0.00	0.00	0.46	1.09	0.19
新　疆	0.00	0.00	0.00	0.00	0.44	0.00	0.00	0.46	0.92	0.00	0.19
贵　州	0.00	0.00	0.46	0.47	0.00	0.00	0.00	0.46	0.00	0.00	0.14
河　北	0.00	0.45	0.00	0.00	0.00	0.00	0.00	0.00	0.00	1.09	0.14
青　海	0.00	0.00	0.00	0.00	0.00	0.00	0.46	0.00	0.46	0.00	0.09
内蒙古	0.00	0.00	0.00	0.00	0.00	0.00	0.00	0.46	0.00	0.00	0.05

表 3-3　有机化学 C 层人才的世界占比

单位：%

省　份	2013 年	2014 年	2015 年	2016 年	2017 年	2018 年	2019 年	2020 年	2021 年	2022 年	合计
江　苏	4.06	4.22	5.13	6.01	6.48	6.08	6.01	5.75	6.02	7.54	5.69
上　海	4.47	5.34	6.23	6.06	4.92	5.63	5.19	4.49	3.82	4.49	5.08
北　京	3.82	4.22	4.67	5.42	5.24	4.95	4.10	3.43	3.48	5.16	4.44
广　东	2.44	2.69	2.56	3.67	3.26	4.75	3.78	4.73	6.31	5.21	3.89
浙　江	2.21	2.65	2.43	2.34	2.76	2.45	3.32	3.96	4.65	5.82	3.21
山　东	1.24	1.21	1.56	1.84	1.84	2.65	3.14	3.33	3.77	4.71	2.48
湖　北	1.15	1.66	1.88	1.79	2.67	2.99	2.87	2.85	2.84	3.33	2.38

省　份	2013 年	2014 年	2015 年	2016 年	2017 年	2018 年	2019 年	2020 年	2021 年	2022 年	合计
天　津	1.84	2.47	1.60	2.11	2.34	2.25	2.14	2.27	2.35	1.89	2.13
河　南	0.74	1.30	1.10	1.38	1.38	2.16	2.32	2.22	2.74	3.77	1.87
四　川	0.92	1.26	1.60	1.10	1.84	1.81	1.78	1.93	2.30	3.33	1.75
安　徽	1.11	1.53	1.51	1.74	1.61	1.42	1.55	1.35	1.76	1.94	1.55
甘　肃	1.38	1.44	1.97	2.11	1.75	1.47	1.50	1.30	1.08	1.00	1.51
福　建	0.78	0.85	1.19	1.88	1.33	1.91	1.50	1.40	1.52	1.55	1.38
湖　南	0.55	0.90	1.05	0.92	0.83	1.37	2.37	1.45	1.37	1.83	1.25
辽　宁	1.29	1.12	1.14	1.70	1.33	1.13	0.91	0.87	0.98	1.50	1.19
陕　西	0.55	0.81	0.73	0.69	0.46	0.78	1.82	1.69	1.22	1.77	1.04
江　西	0.60	0.49	0.73	0.73	0.97	0.98	1.09	1.69	1.42	1.50	1.01
重　庆	0.18	0.45	0.60	0.69	0.78	0.69	1.00	0.92	0.54	1.16	0.69
吉　林	0.51	0.63	0.46	0.46	0.87	0.73	1.05	0.63	0.54	0.89	0.67
黑龙江	0.51	0.18	0.87	0.55	0.64	0.69	0.82	0.82	0.78	0.55	0.64
云　南	0.28	0.40	0.69	0.46	0.32	0.39	0.59	0.72	0.64	0.94	0.54
广　西	0.23	0.13	0.14	0.14	0.23	0.39	0.73	1.21	0.69	1.28	0.50
贵　州	0.14	0.22	0.23	0.28	0.32	0.54	0.55	0.48	0.44	0.39	0.36
新　疆	0.05	0.22	0.14	0.23	0.14	0.10	0.27	0.19	0.44	0.44	0.22
山　西	0.00	0.18	0.18	0.28	0.28	0.10	0.18	0.19	0.24	0.44	0.20
河　北	0.28	0.04	0.09	0.00	0.05	0.34	0.27	0.24	0.24	0.28	0.18
海　南	0.14	0.04	0.09	0.05	0.09	0.20	0.27	0.29	0.20	0.17	0.15
青　海	0.00	0.09	0.00	0.00	0.09	0.15	0.18	0.19	0.20	0.22	0.11
宁　夏	0.00	0.04	0.09	0.00	0.05	0.00	0.00	0.24	0.00	0.11	0.05
内蒙古	0.05	0.00	0.05	0.05	0.05	0.05	0.00	0.05	0.15	0.00	0.05
西　藏	0.05	0.00	0.00	0.00	0.00	0.00	0.00	0.05	0.00	0.00	0.01

二　高分子科学

高分子科学 A 层人才最多的是广东，世界占比为 2.00%；浙江、北京、陕西、上海、天津、黑龙江有相当数量的 A 层人才，世界占比在 2% ~ 1%；河南、湖北、江苏、辽宁、山东、四川、安徽、重庆、福建、江西、吉林、山西、云南也有一定数量的 A 层人才，世界占比均超过 0.3%。

江苏、北京 B 层人才的世界占比分别为 3.50%、3.29%，排名前二；山东、浙江、广东、上海、天津、湖北、黑龙江、四川有相当数量的 B 层人才，世界占比在 3%～1%；河南、安徽、吉林、重庆、陕西、江西、广西、湖南、辽宁、山西、福建、甘肃、宁夏、云南、新疆、河北也有一定数量的 B 层人才，世界占比均超过 0.1%；贵州、海南、青海 B 层人才的世界占比均为 0.07%。

北京、江苏、广东 C 层人才的世界占比分别为 4.59%、4.36%、3.25%，排名前三；上海、山东、浙江、天津、四川、湖北、安徽、陕西、吉林、黑龙江有相当数量的 C 层人才，世界占比在 3%～1%；福建、河南、辽宁、江西、重庆、湖南、广西、山西、甘肃、云南、海南、河北、贵州、新疆也有一定数量的 C 层人才，世界占比均超过 0.1%；内蒙古、宁夏、青海、西藏 C 层人才的世界占比均低于 0.1%。

表 3-4 高分子科学 A 层人才的世界占比

单位：%

省 份	2013 年	2014 年	2015 年	2016 年	2017 年	2018 年	2019 年	2020 年	2021 年	2022 年	合计
广 东	0.00	4.17	0.00	0.00	4.00	3.33	2.94	3.13	0.00	2.50	2.00
浙 江	0.00	0.00	4.00	0.00	0.00	3.33	0.00	0.00	7.50	0.00	1.67
北 京	0.00	0.00	0.00	0.00	0.00	3.33	2.94	0.00	5.00	0.00	1.33
陕 西	0.00	0.00	0.00	3.85	0.00	0.00	0.00	0.00	7.50	0.00	1.33
上 海	0.00	0.00	0.00	3.85	4.00	0.00	0.00	3.13	0.00	0.00	1.33
天 津	0.00	0.00	0.00	0.00	0.00	0.00	5.88	0.00	5.00	0.00	1.33
黑龙江	0.00	0.00	0.00	0.00	0.00	0.00	5.88	0.00	0.00	2.50	1.00
河 南	0.00	0.00	0.00	0.00	0.00	0.00	2.94	0.00	0.00	2.50	0.67
湖 北	0.00	0.00	0.00	3.85	0.00	0.00	0.00	3.13	0.00	0.00	0.67
江 苏	0.00	0.00	0.00	0.00	0.00	6.67	0.00	0.00	0.00	0.00	0.67
辽 宁	0.00	4.17	0.00	0.00	0.00	3.33	0.00	0.00	0.00	0.00	0.67
山 东	0.00	0.00	0.00	0.00	0.00	0.00	5.88	0.00	0.00	0.00	0.67
四 川	0.00	0.00	0.00	0.00	0.00	0.00	2.94	0.00	0.00	2.50	0.67
安 徽	0.00	0.00	0.00	0.00	4.00	0.00	0.00	0.00	0.00	0.00	0.33
重 庆	0.00	0.00	0.00	3.85	0.00	0.00	0.00	0.00	0.00	0.00	0.33
福 建	0.00	0.00	0.00	0.00	0.00	0.00	2.94	0.00	0.00	0.00	0.33
江 西	0.00	0.00	0.00	0.00	0.00	3.33	0.00	0.00	0.00	0.00	0.33

续表

省　份	2013 年	2014 年	2015 年	2016 年	2017 年	2018 年	2019 年	2020 年	2021 年	2022 年	合计
吉　林	0.00	0.00	0.00	0.00	0.00	0.00	2.94	0.00	0.00	0.00	0.33
山　西	0.00	0.00	0.00	0.00	0.00	0.00	2.94	0.00	0.00	0.00	0.33
云　南	0.00	0.00	0.00	0.00	0.00	0.00	0.00	0.00	2.50	0.00	0.33

表 3-5　高分子科学 B 层人才的世界占比

单位：%

省　份	2013 年	2014 年	2015 年	2016 年	2017 年	2018 年	2019 年	2020 年	2021 年	2022 年	合计
江　苏	0.44	3.14	2.22	2.99	1.19	4.66	5.45	3.72	6.35	2.73	3.50
北　京	2.20	3.59	4.00	2.56	3.56	3.58	4.17	2.29	4.14	2.73	3.29
山　东	0.44	0.45	1.78	0.85	2.77	4.30	2.88	2.58	2.76	3.01	2.33
浙　江	0.00	1.35	2.67	1.71	0.79	3.58	1.28	2.29	4.14	3.55	2.30
广　东	0.44	0.90	2.22	1.71	1.58	3.58	3.21	2.29	2.49	1.91	2.12
上　海	0.88	1.79	0.89	1.28	1.98	2.87	1.60	1.15	2.49	3.55	1.94
天　津	0.88	0.90	1.78	1.71	1.58	1.08	2.88	1.43	1.93	0.82	1.52
湖　北	1.32	0.00	0.89	1.28	1.58	2.87	0.96	1.72	0.83	1.64	1.34
黑龙江	0.88	0.90	0.44	1.71	1.19	2.51	1.28	0.57	1.10	1.09	1.17
四　川	1.32	1.35	0.44	0.43	0.40	1.43	1.28	0.00	1.93	1.91	1.10
河　南	0.44	0.00	0.44	0.00	0.00	2.15	1.60	1.15	1.10	1.37	0.92
安　徽	0.88	0.00	0.44	1.28	0.79	0.36	0.96	1.72	1.10	0.82	0.88
吉　林	0.44	0.00	0.89	1.28	0.79	0.72	0.96	1.15	0.28	0.55	0.71
重　庆	0.00	0.45	0.00	0.00	0.40	2.87	0.64	0.29	0.28	0.55	0.57
陕　西	0.00	0.45	0.00	0.00	0.79	0.36	0.64	1.43	0.55	0.55	0.53
江　西	0.00	1.35	0.00	0.85	0.40	0.36	0.00	0.86	0.28	0.55	0.46
广　西	0.00	0.00	0.00	0.43	0.40	0.36	0.00	1.72	0.28	0.55	0.42
湖　南	0.88	0.00	0.00	0.00	0.40	0.00	1.28	0.00	0.55	0.27	0.35
辽　宁	0.00	0.45	0.00	0.43	0.79	0.72	0.32	0.29	0.28	0.00	0.32
山　西	0.00	0.00	0.44	0.00	0.00	0.72	0.64	0.29	0.55	0.00	0.28
福　建	0.00	0.00	0.44	0.43	0.00	0.00	0.00	0.55	0.55	0.21
甘　肃	0.00	0.00	0.00	0.00	0.40	0.36	0.32	0.29	0.28	0.27	0.21
宁　夏	0.00	0.00	0.00	0.00	0.00	0.00	0.32	0.29	0.55	0.27	0.18
云　南	0.00	0.00	0.00	0.00	0.00	0.36	0.00	0.57	0.28	0.27	0.18
新　疆	0.00	0.00	0.00	0.43	0.00	0.00	0.00	0.29	0.55	0.00	0.14
河　北	0.00	0.00	0.00	0.00	0.00	0.00	0.00	0.00	0.55	0.11
贵　州	0.00	0.00	0.00	0.00	0.00	0.36	0.00	0.00	0.00	0.27	0.07
海　南	0.00	0.00	0.00	0.00	0.00	0.00	0.00	0.29	0.28	0.00	0.07
青　海	0.00	0.00	0.00	0.00	0.00	0.00	0.00	0.28	0.27	0.07

表3-6 高分子科学 C 层人才的世界占比

单位：%

省份	2013 年	2014 年	2015 年	2016 年	2017 年	2018 年	2019 年	2020 年	2021 年	2022 年	合计
北京	4.77	4.51	4.55	4.20	4.68	4.92	4.78	3.81	4.26	5.38	4.59
江苏	2.66	3.14	3.13	3.81	3.87	4.55	4.65	5.65	5.26	5.13	4.36
广东	1.58	1.90	2.25	2.49	2.62	3.84	4.55	4.17	4.18	3.39	3.25
上海	3.06	1.90	2.47	2.40	2.94	2.83	2.54	2.26	2.30	3.17	2.59
山东	1.26	1.19	1.28	1.63	1.65	3.02	3.06	3.07	3.36	4.07	2.54
浙江	1.98	1.28	2.25	2.27	2.34	2.35	2.96	2.53	2.84	2.81	2.43
天津	1.67	1.81	1.50	1.89	2.06	2.38	2.24	2.05	2.30	1.69	1.98
四川	1.13	1.95	1.02	1.37	1.61	1.83	2.18	1.76	2.25	2.48	1.83
湖北	0.90	1.19	1.50	1.67	2.10	1.71	2.44	1.90	1.76	2.40	1.82
安徽	0.77	1.11	1.10	0.99	0.97	1.34	1.27	1.01	1.45	1.20	1.14
陕西	0.63	0.71	0.44	0.64	0.73	0.97	1.69	1.43	1.31	1.28	1.05
吉林	0.99	1.06	0.66	0.90	1.09	1.19	1.24	1.01	1.11	1.04	1.04
黑龙江	0.99	0.71	1.24	0.81	1.29	1.04	1.01	1.10	0.77	1.06	1.00
福建	0.45	0.40	0.49	0.86	0.93	1.19	0.88	0.95	1.19	1.56	0.94
河南	0.32	0.35	0.53	0.77	0.69	0.97	1.40	1.55	1.11	1.09	0.94
辽宁	0.68	0.62	0.49	0.34	0.93	1.01	1.11	1.04	1.08	1.17	0.89
江西	0.32	0.40	0.66	0.39	0.64	0.63	0.42	1.13	0.37	0.71	0.59
重庆	0.05	0.09	0.31	0.26	0.64	0.67	1.27	0.71	0.28	0.82	0.55
湖南	0.32	0.40	0.40	0.34	0.40	0.41	1.01	0.45	0.54	0.68	0.52
广西	0.14	0.18	0.31	0.09	0.12	0.41	0.65	1.01	0.74	0.90	0.51
山西	0.14	0.04	0.04	0.21	0.24	0.52	0.85	0.33	0.60	0.33	0.36
甘肃	0.36	0.18	0.22	0.56	0.20	0.34	0.23	0.18	0.31	0.16	0.27
云南	0.09	0.04	0.13	0.09	0.04	0.15	0.20	0.39	0.28	0.38	0.20
海南	0.05	0.04	0.13	0.13	0.16	0.22	0.23	0.09	0.20	0.44	0.19
河北	0.00	0.09	0.09	0.17	0.00	0.19	0.23	0.33	0.20	0.44	0.19
贵州	0.05	0.04	0.00	0.09	0.00	0.15	0.29	0.30	0.17	0.16	0.14
新疆	0.05	0.13	0.00	0.17	0.12	0.04	0.16	0.21	0.34	0.08	0.14
内蒙古	0.05	0.00	0.04	0.04	0.04	0.15	0.10	0.09	0.09	0.05	0.07
宁夏	0.00	0.00	0.04	0.00	0.04	0.03	0.12	0.03	0.14	0.05	0.05
青海	0.05	0.00	0.00	0.04	0.00	0.00	0.03	0.00	0.03	0.05	0.02
西藏	0.00	0.00	0.00	0.00	0.00	0.04	0.00	0.06	0.00	0.00	0.01

三　电化学

电化学 A 层人才最多的是北京，世界占比为 4.10%；湖南、广东、天津、吉林、重庆、江苏、上海、浙江有相当数量的 A 层人才，世界占比在 3%～1%；安徽、福建、甘肃、海南、河北、辽宁、青海、四川也有一定数量的 A 层人才，世界占比均为 0.51%。

B 层人才最多的是北京，世界占比为 6.77%；广东 B 层人才的世界占比为 3.20%，排名第二；山东、江苏、上海、浙江、湖南、湖北、天津、福建、河南、四川、辽宁、重庆、吉林、安徽、陕西有相当数量的 B 层人才，世界占比在 3%～1%；黑龙江、甘肃、江西、山西、广西、云南、河北、海南、宁夏、新疆也有一定数量的 B 层人才，世界占比大于或等于 0.1%；贵州、内蒙古、青海 B 层人才的世界占比均为 0.05%。

C 层人才最多的是北京，世界占比为 6.14%；江苏、山东、上海、广东的 C 层人才比较多，世界占比在 5%～3%；湖北、浙江、湖南、吉林、四川、天津、河南、辽宁、福建、安徽、重庆、陕西、黑龙江有相当数量的 C 层人才，世界占比在 3%～1%；江西、甘肃、山西、广西、河北、云南、新疆、海南、贵州、宁夏、内蒙古、青海也有一定数量的 C 层人才，世界占比大于或等于 0.1%；西藏 C 层人才的世界占比为 0.02%。

表 3-7　电化学 A 层人才的世界占比

单位：%

省　份	2013 年	2014 年	2015 年	2016 年	2017 年	2018 年	2019 年	2020 年	2021 年	2022 年	合计
北　京	11.11	10.53	0.00	5.26	0.00	5.26	0.00	0.00	0.00	10.53	4.10
湖　南	5.56	0.00	6.25	0.00	0.00	5.26	0.00	0.00	9.52	0.00	2.56
广　东	5.56	0.00	0.00	0.00	0.00	0.00	4.55	5.00	0.00	5.26	2.05
天　津	5.56	0.00	0.00	0.00	0.00	5.26	0.00	0.00	0.00	10.53	2.05
吉　林	5.56	5.26	0.00	0.00	0.00	0.00	0.00	0.00	0.00	5.26	1.54
重　庆	0.00	0.00	0.00	5.26	0.00	5.26	0.00	0.00	0.00	0.00	1.03
江　苏	0.00	0.00	0.00	0.00	0.00	5.26	0.00	0.00	4.76	0.00	1.03
上　海	0.00	0.00	0.00	5.26	0.00	0.00	0.00	5.00	0.00	0.00	1.03
浙　江	0.00	0.00	0.00	0.00	0.00	0.00	0.00	0.00	4.76	0.00	1.03

续表

省 份	2013 年	2014 年	2015 年	2016 年	2017 年	2018 年	2019 年	2020 年	2021 年	2022 年	合计
安 徽	0.00	0.00	0.00	0.00	0.00	0.00	0.00	0.00	0.00	5.26	0.51
福 建	0.00	0.00	0.00	0.00	0.00	0.00	0.00	0.00	0.00	5.26	0.51
甘 肃	0.00	0.00	0.00	5.26	0.00	0.00	0.00	0.00	0.00	0.00	0.51
海 南	0.00	0.00	0.00	0.00	0.00	0.00	0.00	0.00	0.00	5.26	0.51
河 北	0.00	0.00	0.00	0.00	0.00	5.26	0.00	0.00	0.00	0.00	0.51
辽 宁	0.00	0.00	0.00	0.00	0.00	0.00	0.00	5.00	0.00	0.00	0.51
青 海	0.00	0.00	0.00	0.00	0.00	0.00	0.00	0.00	0.00	5.26	0.51
四 川	0.00	0.00	0.00	0.00	0.00	0.00	0.00	0.00	4.76	0.00	0.51

表 3-8 电化学 B 层人才的世界占比

单位：%

省 份	2013 年	2014 年	2015 年	2016 年	2017 年	2018 年	2019 年	2020 年	2021 年	2022 年	合计
北 京	5.92	4.65	7.05	3.24	6.64	11.44	5.88	6.06	7.32	8.78	6.77
广 东	1.18	1.74	1.92	2.16	3.32	4.48	2.94	3.54	2.44	7.32	3.20
山 东	0.59	3.49	0.64	1.62	1.42	4.98	3.43	2.53	3.41	5.85	2.89
江 苏	2.37	4.07	0.64	2.16	2.37	1.99	2.94	1.52	2.44	4.88	2.57
上 海	1.18	2.33	1.28	2.16	0.95	4.48	1.96	3.03	4.88	2.93	2.57
浙 江	2.96	2.33	0.64	2.70	2.37	1.00	1.96	3.03	2.93	2.93	2.31
湖 南	2.96	2.91	2.56	1.62	1.42	1.00	3.43	1.52	1.46	2.44	2.10
湖 北	1.18	2.33	0.64	2.16	2.37	2.49	0.49	1.01	4.39	2.93	2.05
天 津	2.37	1.16	3.21	1.62	0.47	1.49	2.45	1.01	4.39	2.44	2.05
福 建	0.59	0.58	2.56	1.08	0.95	2.49	3.92	1.52	1.95	1.46	1.73
河 南	1.18	1.74	1.28	1.08	0.95	2.49	3.43	1.52	2.44	0.49	1.68
四 川	1.78	0.58	1.28	0.54	0.47	1.00	2.45	1.52	1.46	4.39	1.57
辽 宁	0.59	0.00	1.28	1.62	1.90	2.49	1.96	0.00	3.41	0.98	1.47
重 庆	0.00	1.74	0.64	1.08	0.95	0.50	0.98	3.03	1.46	3.41	1.42
吉 林	1.18	2.91	1.28	0.00	0.47	1.49	0.49	1.01	0.98	1.46	1.10
安 徽	1.78	0.58	0.00	0.54	0.00	1.00	1.96	0.51	1.95	1.95	1.05
陕 西	0.00	0.00	1.28	1.08	0.47	1.00	1.96	1.52	0.49	2.44	1.05
黑龙江	1.78	1.16	0.64	0.00	0.47	1.99	0.00	0.51	0.00	0.00	0.63
甘 肃	1.18	0.00	0.00	1.08	0.95	1.49	0.00	0.51	0.00	0.49	0.58
江 西	1.18	0.58	0.00	1.08	0.00	1.00	0.00	1.01	0.49	0.00	0.52
山 西	0.00	0.58	0.64	0.54	0.95	0.00	0.49	0.00	0.00	1.95	0.52
广 西	0.59	0.00	0.64	0.00	0.00	0.50	0.00	0.00	0.49	1.95	0.42

续表

省　份	2013 年	2014 年	2015 年	2016 年	2017 年	2018 年	2019 年	2020 年	2021 年	2022 年	合计
云　南	0.00	0.00	0.00	1.08	0.47	0.00	0.00	1.01	0.49	0.49	0.37
河　北	0.59	0.00	0.00	0.00	0.00	0.50	0.00	0.51	0.98	0.00	0.26
海　南	0.00	0.00	0.00	0.00	0.00	0.50	0.00	0.51	0.00	0.00	0.10
宁　夏	0.00	0.00	0.00	0.00	0.00	0.00	0.00	0.00	0.00	0.98	0.10
新　疆	0.00	0.00	0.00	0.00	0.00	0.00	0.49	0.00	0.49	0.00	0.10
贵　州	0.00	0.00	0.00	0.00	0.00	0.00	0.49	0.00	0.00	0.00	0.05
内蒙古	0.00	0.00	0.00	0.00	0.00	0.00	0.00	0.49	0.00	0.00	0.05
青　海	0.00	0.00	0.00	0.00	0.00	0.00	0.49	0.00	0.00	0.00	0.05

表 3-9　电化学 C 层人才的世界占比

单位：%

省　份	2013 年	2014 年	2015 年	2016 年	2017 年	2018 年	2019 年	2020 年	2021 年	2022 年	合计
北　京	6.24	7.26	6.71	5.75	5.60	6.23	5.86	5.73	6.75	5.45	6.14
江　苏	2.67	3.75	3.98	3.18	4.82	4.91	5.18	5.98	4.83	6.90	4.67
山　东	2.43	2.40	2.42	3.07	4.19	4.41	5.08	4.41	4.53	4.84	3.85
上　海	3.38	3.34	3.54	3.29	4.29	3.85	3.86	3.70	3.93	4.28	3.76
广　东	2.14	3.81	2.86	2.52	2.73	3.04	4.93	4.26	5.34	4.90	3.69
湖　北	2.14	2.58	2.61	2.63	2.73	2.58	2.59	2.38	2.67	2.84	2.58
浙　江	2.49	2.28	2.98	1.97	1.71	2.33	2.73	3.14	3.22	2.95	2.58
湖　南	2.73	2.93	2.86	2.58	1.51	2.18	3.03	2.38	1.51	2.28	2.37
吉　林	1.90	2.46	2.92	1.97	2.24	1.98	2.15	2.03	1.96	2.00	2.15
四　川	1.07	1.35	1.49	2.08	2.00	2.03	2.59	2.08	2.37	2.45	1.98
天　津	1.37	2.46	1.74	1.53	1.22	1.42	2.20	1.93	3.52	2.00	1.95
河　南	1.01	1.70	2.05	1.42	1.41	1.93	2.54	2.28	2.01	2.11	1.86
辽　宁	1.19	1.64	1.43	1.59	1.27	1.57	1.90	1.77	2.11	2.28	1.68
福　建	1.54	1.82	1.93	1.15	1.85	1.42	1.56	1.77	1.36	1.50	1.59
安　徽	1.19	1.23	1.68	1.21	1.02	1.42	1.71	1.22	1.76	2.17	1.46
重　庆	0.59	1.00	1.68	1.21	1.85	1.52	1.32	1.42	1.86	1.06	1.37
陕　西	0.48	0.29	0.87	1.10	1.07	1.62	1.61	1.42	1.66	1.89	1.23
黑龙江	1.25	1.41	1.43	1.15	0.97	1.17	1.07	1.12	0.81	1.06	1.13
江　西	0.95	0.82	0.87	0.77	0.63	1.01	0.78	0.66	0.86	1.06	0.84
甘　肃	0.95	1.11	1.24	0.88	0.73	0.51	0.63	0.56	0.55	0.67	0.77
山　西	0.65	0.59	0.50	0.44	0.78	0.81	0.83	0.81	1.11	0.95	0.76
广　西	0.12	0.23	0.43	0.55	0.54	0.56	1.42	0.61	0.70	1.17	0.65

续表

省　份	2013 年	2014 年	2015 年	2016 年	2017 年	2018 年	2019 年	2020 年	2021 年	2022 年	合计
河　北	0.06	0.41	0.75	0.33	0.34	0.61	0.54	0.71	0.76	1.06	0.56
云　南	0.36	0.35	0.43	0.44	0.24	0.30	0.29	0.51	0.55	0.67	0.41
新　疆	0.18	0.29	0.37	0.49	0.19	0.15	0.29	0.05	0.65	0.45	0.31
海　南	0.06	0.06	0.25	0.05	0.19	0.05	0.39	0.30	0.35	0.22	0.20
贵　州	0.12	0.12	0.00	0.05	0.19	0.20	0.10	0.41	0.25	0.28	0.18
宁　夏	0.06	0.12	0.00	0.11	0.05	0.10	0.05	0.15	0.30	0.39	0.13
内蒙古	0.06	0.18	0.06	0.11	0.05	0.15	0.15	0.05	0.05	0.11	0.10
青　海	0.06	0.00	0.06	0.16	0.05	0.05	0.15	0.20	0.00	0.22	0.10
西　藏	0.00	0.00	0.00	0.05	0.00	0.00	0.00	0.05	0.00	0.11	0.02

四　物理化学

物理化学 A、B、C 层人才最多的是北京，世界占比分别为 10.26%、11.08%、9.83%，均显著高于其他省份。

湖北 A 层人才世界占比为 4.08%，排名第二；广东、上海、江苏的 A 层人才比较多，世界占比在 4%~3%；浙江、湖南、山东、四川、河南、安徽、陕西、天津、辽宁、吉林、福建有相当数量的 A 层人才，世界占比在 3%~1%；山西、黑龙江、江西、重庆、甘肃、广西、河北也有一定数量的 A 层人才，世界占比均超过 0.1%；贵州、海南、内蒙古、宁夏、云南 A 层人才的世界占比均为 0.09%。

江苏、广东 B 层人才的世界占比分别为 6.04%、5.43%，排第二、第三位；上海、湖北、浙江的 B 层人才比较多，世界占比在 5%~3%；天津、山东、湖南、安徽、辽宁、河南、四川、福建、陕西、吉林、黑龙江有相当数量的 B 层人才，世界占比在 3%~1%；重庆、山西、广西、甘肃、江西、河北、云南、宁夏、新疆、贵州也有一定数量的 B 层人才，世界占比大于或等于 0.1%；海南、内蒙古、青海 B 层人才的世界占比均低于 0.1%。

江苏、广东 C 层人才的世界占比分别为 5.51%、5.16%，排第二、第三位；上海、湖北的 C 层人才比较多，世界占比在 5%~3%；浙江、山东、天津、安徽、辽宁、湖南、四川、福建、河南、吉林、陕西、黑龙江有相当数量的 C 层人才，世界占比在 3%~1%；重庆、甘肃、山西、江西、广西、河北、云南、新疆、海南、贵州、内蒙古、宁夏也有一定数量的 C 层人才，世界占比大于或等于 0.1%；青海、西藏 C 层人才的世界占比均低于 0.1%。

表 3-10　物理化学 A 层人才的世界占比

单位：%

省　份	2013 年	2014 年	2015 年	2016 年	2017 年	2018 年	2019 年	2020 年	2021 年	2022 年	合计
北　京	7.79	6.17	6.82	10.99	14.00	12.50	10.17	6.56	12.59	12.40	10.26
湖　北	0.00	1.23	5.68	1.10	5.00	3.85	5.08	3.28	4.20	8.53	4.08
广　东	0.00	1.23	1.14	2.20	2.00	0.96	6.78	3.28	5.59	10.85	3.89
上　海	0.00	2.47	2.27	3.30	3.00	5.77	2.54	0.82	5.59	8.53	3.70
江　苏	0.00	3.70	3.41	1.10	1.00	1.92	3.39	4.10	2.80	6.98	3.04
浙　江	1.30	0.00	0.00	2.20	2.00	1.92	0.00	1.64	2.10	7.75	2.09
湖　南	0.00	0.00	0.00	0.00	4.00	1.92	1.69	1.64	3.50	4.65	1.99
山　东	0.00	0.00	0.00	2.20	0.00	2.88	0.00	2.46	3.50	4.65	1.80
四　川	0.00	0.00	0.00	1.10	0.00	0.96	0.00	0.82	4.20	6.20	1.61
河　南	0.00	0.00	0.00	0.00	1.00	0.00	0.00	3.28	2.80	4.65	1.42
安　徽	1.30	0.00	1.14	1.10	0.00	1.92	2.54	0.82	2.10	1.55	1.33
陕　西	1.30	0.00	0.00	0.00	0.00	0.00	2.54	0.00	1.40	6.20	1.33
天　津	0.00	0.00	1.14	1.10	1.00	1.92	2.54	0.82	0.70	3.10	1.33
辽　宁	1.30	0.00	1.14	0.00	2.00	0.96	0.85	0.82	0.70	3.88	1.23
吉　林	1.30	0.00	1.14	2.20	2.00	1.92	0.85	0.82	0.00	1.55	1.14
福　建	1.30	0.00	1.14	1.10	0.00	0.00	0.00	1.64	0.70	3.88	1.04
山　西	0.00	0.00	0.00	2.20	0.00	0.96	0.85	0.00	0.70	2.33	0.85
黑龙江	0.00	1.23	0.00	1.10	1.00	0.96	0.00	0.82	0.70	0.78	0.66
江　西	0.00	0.00	0.00	0.00	0.00	0.00	0.85	0.00	0.70	2.33	0.47
重　庆	0.00	0.00	0.00	0.00	0.00	0.96	0.00	0.00	0.70	0.78	0.38
甘　肃	2.60	0.00	0.00	0.00	0.00	0.00	0.00	0.00	0.70	0.78	0.38
广　西	0.00	0.00	0.00	0.00	0.00	0.00	0.00	0.00	0.70	0.78	0.19
河　北	0.00	0.00	0.00	0.00	0.00	0.96	0.85	0.00	0.00	0.00	0.19
贵　州	0.00	0.00	0.00	0.00	0.00	0.00	0.00	0.00	0.00	0.78	0.09
海　南	0.00	0.00	0.00	0.00	0.00	0.00	0.00	0.00	0.00	0.78	0.09
内蒙古	0.00	0.00	0.00	0.00	0.00	0.00	0.00	0.00	0.70	0.00	0.09
宁　夏	0.00	0.00	0.00	0.00	0.00	0.00	0.00	0.00	0.00	0.78	0.09
云　南	0.00	0.00	0.00	0.00	0.00	0.00	0.00	0.00	0.00	0.78	0.09

表 3-11　物理化学 B 层人才的世界占比

单位：%

省　份	2013 年	2014 年	2015 年	2016 年	2017 年	2018 年	2019 年	2020 年	2021 年	2022 年	合计
北　京	11.51	8.82	8.39	10.77	11.27	13.28	12.55	8.47	14.25	10.06	11.08
江　苏	3.02	2.63	4.19	5.45	6.63	6.49	6.88	4.90	9.03	7.93	6.04
广　东	1.44	1.97	1.65	3.15	3.87	4.92	6.88	6.15	8.72	10.14	5.43
上　海	3.02	2.37	3.05	3.39	4.42	5.33	5.58	4.81	6.46	7.84	4.91
湖　北	2.01	2.89	2.16	3.27	4.86	4.60	2.97	4.37	5.14	4.69	3.86
浙　江	1.29	1.84	1.78	2.18	2.43	2.62	2.14	2.94	4.75	7.08	3.15
天　津	1.44	0.92	2.54	1.57	2.43	3.24	3.53	2.94	3.12	3.32	2.64
山　东	0.43	0.39	1.14	0.48	0.88	2.30	2.97	1.78	4.60	5.54	2.35
湖　南	0.29	0.53	1.27	0.36	1.99	3.24	2.51	2.85	3.58	4.18	2.32
安　徽	0.86	1.71	0.64	2.54	2.10	3.14	4.09	2.23	1.87	2.56	2.26
辽　宁	1.01	0.39	1.78	2.06	2.10	2.20	2.51	1.87	2.41	2.30	1.95
河　南	0.29	0.26	0.64	0.12	0.33	1.46	2.32	2.41	3.97	3.84	1.83
四　川	0.86	0.39	0.64	0.73	1.33	1.78	1.39	2.67	2.49	4.09	1.82
福　建	0.86	1.45	0.64	1.45	0.77	1.26	1.67	1.52	2.88	3.32	1.71
陕　西	0.58	0.66	0.76	0.48	0.33	1.99	1.49	1.43	3.35	4.01	1.70
吉　林	0.72	1.32	1.14	1.33	2.10	1.67	1.30	1.16	2.18	1.71	1.51
黑龙江	1.01	0.26	1.14	0.73	0.99	1.05	0.74	1.34	1.79	2.13	1.19
重　庆	0.58	0.13	0.64	0.73	0.77	0.73	0.46	1.07	1.40	1.36	0.85
山　西	0.14	0.13	0.13	0.73	0.44	0.84	0.28	0.53	1.32	0.77	0.58
广　西	0.00	0.00	0.00	0.12	0.22	0.42	0.28	0.62	0.93	1.19	0.45
甘　肃	0.14	0.26	0.51	0.24	0.22	0.31	0.46	0.09	0.55	1.28	0.44
江　西	0.14	0.39	0.13	0.00	0.22	0.21	0.19	0.62	0.93	0.77	0.41
河　北	0.00	0.00	0.00	0.12	0.33	0.42	0.37	0.27	0.78	0.68	0.34
云　南	0.14	0.13	0.00	0.00	0.22	0.00	0.37	0.18	0.55	0.26	0.21
宁　夏	0.00	0.00	0.00	0.00	0.00	0.00	0.00	0.00	0.23	0.68	0.11
新　疆	0.00	0.00	0.13	0.24	0.11	0.00	0.19	0.00	0.31	0.09	0.11
贵　州	0.00	0.00	0.13	0.12	0.00	0.21	0.00	0.00	0.16	0.34	0.10
海　南	0.00	0.00	0.00	0.00	0.11	0.21	0.00	0.09	0.16	0.17	0.08
内蒙古	0.00	0.00	0.13	0.00	0.00	0.00	0.09	0.09	0.08	0.34	0.08
青　海	0.00	0.00	0.00	0.00	0.00	0.00	0.00	0.00	0.00	0.09	0.01

表 3-12　物理化学 C 层人才的世界占比

单位：%

省　份	2013 年	2014 年	2015 年	2016 年	2017 年	2018 年	2019 年	2020 年	2021 年	2022 年	合　计
北　京	7.34	7.69	8.88	8.79	10.05	11.34	11.10	10.28	10.18	10.69	9.83
江　苏	2.26	2.90	3.78	4.49	5.64	5.73	6.64	6.22	6.74	7.70	5.51
广　东	1.38	2.10	2.49	2.97	4.02	5.12	6.35	6.99	7.54	8.18	5.16
上　海	3.44	3.89	3.82	3.93	4.28	4.65	5.50	5.14	5.87	5.66	4.78
湖　北	1.48	1.69	2.36	2.59	3.37	4.03	3.88	3.91	3.73	4.09	3.27
浙　江	1.51	1.59	1.60	1.86	2.29	2.90	3.01	3.14	4.37	4.49	2.87
山　东	0.84	0.93	1.20	1.21	1.92	2.41	3.19	2.96	3.93	4.32	2.52
天　津	1.23	1.18	1.47	1.48	2.24	2.86	2.98	2.97	3.16	2.83	2.38
安　徽	1.22	1.42	1.42	1.57	1.88	2.09	2.50	2.18	2.29	2.82	2.02
辽　宁	1.46	1.35	1.24	1.31	1.80	2.01	2.46	2.17	2.56	2.51	1.98
湖　南	0.80	1.03	1.03	1.09	1.41	1.79	2.54	2.26	2.34	2.64	1.82
四　川	0.57	0.78	0.80	1.08	1.46	1.88	2.30	2.13	2.44	2.88	1.77
福　建	1.06	1.19	1.23	0.93	1.39	1.79	1.86	2.15	2.43	2.55	1.76
河　南	0.28	0.50	0.82	0.73	0.83	1.12	1.95	2.66	3.44	3.19	1.76
吉　林	1.10	1.24	1.38	0.98	1.35	1.63	1.85	1.91	1.49	1.77	1.51
陕　西	0.38	0.36	0.43	0.73	0.71	1.48	1.94	1.81	2.32	2.52	1.42
黑龙江	0.59	1.03	1.03	0.79	1.14	1.39	1.19	1.44	1.53	1.64	1.23
重　庆	0.39	0.42	0.74	0.57	0.81	0.98	1.05	1.10	1.20	1.57	0.94
甘　肃	0.58	0.67	0.55	0.53	0.59	0.55	0.57	0.66	0.84	1.16	0.69
山　西	0.35	0.33	0.49	0.40	0.44	0.66	0.71	0.78	0.82	0.80	0.61
江　西	0.20	0.24	0.38	0.29	0.36	0.58	0.64	0.63	0.88	1.00	0.57
广　西	0.04	0.13	0.09	0.15	0.27	0.36	0.54	0.66	0.86	1.20	0.49
河　北	0.17	0.26	0.24	0.32	0.30	0.32	0.54	0.60	0.63	0.70	0.44
云　南	0.06	0.16	0.06	0.08	0.21	0.21	0.21	0.21	0.50	0.47	0.24
新　疆	0.06	0.09	0.13	0.12	0.21	0.18	0.17	0.13	0.26	0.29	0.17
海　南	0.04	0.03	0.08	0.05	0.13	0.15	0.13	0.13	0.17	0.35	0.14
贵　州	0.00	0.08	0.05	0.05	0.11	0.10	0.10	0.19	0.26	0.28	0.14
内蒙古	0.01	0.04	0.05	0.06	0.09	0.11	0.08	0.11	0.22	0.31	0.12
宁　夏	0.03	0.01	0.01	0.02	0.07	0.07	0.06	0.15	0.20	0.23	0.10
青　海	0.00	0.00	0.00	0.01	0.02	0.07	0.00	0.05	0.04	0.08	0.03
西　藏	0.00	0.00	0.00	0.01	0.01	0.00	0.00	0.01	0.04	0.06	0.02

五 分析化学

北京、福建的分析化学 A 层人才的世界占比分别为 3.36%、3.10%，排名前二；江苏、山东、广东、浙江、上海、吉林、辽宁、湖北有相当数量的 A 层人才，世界占比在 3%~1%；重庆、湖南、四川、安徽、海南、河南、陕西、甘肃、贵州、河北、黑龙江、江西、天津、云南也有一定数量的 A 层人才，世界占比均超过 0.2%。

B 层人才最多的是北京，世界占比为 4.76%；山东、江苏的 B 层人才比较多，世界占比在 4%~3%；广东、上海、浙江、湖南、福建、湖北、吉林、天津、重庆、四川、辽宁有相当数量的 B 层人才，世界占比在 3%~1%；安徽、河南、山西、甘肃、黑龙江、陕西、江西、广西、河北、云南、新疆、海南、青海也有一定数量的 B 层人才，世界占比均超过 0.1%；贵州、宁夏、内蒙古 B 层人才的世界占比均低于 0.1%。

北京、江苏、山东 C 层人才的世界占比分别为 5.13%、4.61%、3.65%，排名前三；广东、上海、湖北、浙江、吉林、湖南、重庆、辽宁、河南、福建、安徽、天津、四川有相当数量的 C 层人才，世界占比在 3%~1%；陕西、甘肃、江西、黑龙江、广西、山西、河北、云南、新疆、海南、贵州、青海、内蒙古也有一定数量的 C 层人才，世界占比均超过 0.1%；宁夏、西藏 C 层人才的世界占比均低于 0.1%。

表 3-13 分析化学 A 层人才的世界占比

单位：%

省　份	2013 年	2014 年	2015 年	2016 年	2017 年	2018 年	2019 年	2020 年	2021 年	2022 年	合计
北　京	3.33	3.23	0.00	0.00	5.71	5.00	2.44	4.26	8.70	0.00	3.36
福　建	0.00	0.00	0.00	0.00	0.00	0.00	2.44	8.51	2.17	12.00	3.10
江　苏	0.00	0.00	0.00	5.88	5.71	5.00	0.00	2.13	6.52	2.00	2.84
山　东	0.00	0.00	0.00	2.94	0.00	2.50	7.32	2.13	4.35	2.00	2.33
广　东	0.00	0.00	3.03	0.00	2.86	2.50	4.88	4.26	2.17	0.00	2.07
浙　江	0.00	0.00	0.00	2.94	8.57	0.00	0.00	0.00	8.70	0.00	2.07
上　海	0.00	0.00	0.00	0.00	2.86	2.50	2.44	2.13	4.35	0.00	1.55
吉　林	3.33	3.23	3.03	0.00	0.00	2.50	0.00	0.00	2.17	0.00	1.29

续表

省 份	2013 年	2014 年	2015 年	2016 年	2017 年	2018 年	2019 年	2020 年	2021 年	2022 年	合计
辽 宁	0.00	0.00	0.00	0.00	0.00	5.00	2.44	4.26	0.00	0.00	1.29
湖 北	0.00	0.00	0.00	0.00	0.00	0.00	0.00	0.00	2.17	6.00	1.03
重 庆	0.00	0.00	0.00	0.00	2.86	2.50	0.00	0.00	0.00	2.00	0.78
湖 南	0.00	0.00	0.00	0.00	0.00	0.00	2.44	0.00	0.00	4.00	0.78
四 川	0.00	0.00	0.00	0.00	0.00	0.00	0.00	2.13	2.17	2.00	0.78
安 徽	0.00	0.00	0.00	0.00	0.00	0.00	2.44	0.00	2.17	0.00	0.52
海 南	0.00	0.00	0.00	0.00	0.00	0.00	2.44	2.13	0.00	0.00	0.52
河 南	0.00	0.00	0.00	0.00	0.00	0.00	2.44	2.13	0.00	0.00	0.52
陕 西	0.00	0.00	0.00	0.00	0.00	0.00	2.44	0.00	2.17	0.00	0.52
甘 肃	0.00	0.00	0.00	0.00	0.00	0.00	0.00	0.00	0.00	2.00	0.26
贵 州	0.00	0.00	0.00	0.00	0.00	0.00	2.44	0.00	0.00	0.00	0.26
河 北	0.00	0.00	0.00	0.00	0.00	0.00	0.00	0.00	2.17	0.00	0.26
黑龙江	0.00	0.00	0.00	0.00	2.86	0.00	0.00	0.00	0.00	0.00	0.26
江 西	0.00	0.00	0.00	0.00	0.00	2.50	0.00	0.00	0.00	0.00	0.26
天 津	0.00	0.00	0.00	0.00	2.86	0.00	0.00	0.00	0.00	0.00	0.26
云 南	0.00	0.00	0.00	0.00	0.00	0.00	0.00	0.00	2.17	0.00	0.26

表 3-14　分析化学 B 层人才的世界占比

单位：%

省 份	2013 年	2014 年	2015 年	2016 年	2017 年	2018 年	2019 年	2020 年	2021 年	2022 年	合计
北 京	4.44	3.58	4.70	3.16	6.85	5.22	5.93	4.60	4.64	4.21	4.76
山 东	1.11	2.51	1.68	2.85	3.43	3.85	3.35	4.60	5.80	6.21	3.80
江 苏	4.07	3.58	2.35	1.90	2.18	4.12	2.84	2.99	4.87	5.10	3.49
广 东	1.85	1.79	1.34	1.58	1.25	2.47	2.84	2.99	4.87	4.43	2.73
上 海	2.96	2.51	0.00	0.95	2.80	1.92	2.58	2.30	4.41	3.55	2.50
浙 江	1.48	0.36	1.34	1.90	2.18	2.75	3.09	2.07	1.62	2.44	2.00
湖 南	1.85	1.08	2.68	2.53	1.56	2.47	3.09	1.15	2.32	1.11	1.97
福 建	1.48	3.23	1.34	1.58	2.18	3.57	2.06	0.92	1.39	2.00	1.94
湖 北	0.74	0.72	1.01	2.22	1.25	1.92	2.58	2.07	2.32	1.55	1.72
吉 林	1.48	1.43	1.34	1.27	2.49	2.20	1.80	0.69	2.78	1.55	1.72
天 津	1.48	0.72	0.67	0.95	1.87	1.10	1.55	1.15	2.78	2.44	1.55
重 庆	0.74	1.08	0.34	1.58	1.56	1.10	1.03	2.30	2.32	1.33	1.41
四 川	2.22	1.08	0.34	0.32	0.62	1.65	0.77	1.61	2.32	2.00	1.35
辽 宁	0.74	0.36	1.01	0.63	1.25	1.92	1.80	0.69	0.93	1.33	1.10

续表

省　份	2013 年	2014 年	2015 年	2016 年	2017 年	2018 年	2019 年	2020 年	2021 年	2022 年	合计
安　徽	1.85	0.72	0.34	0.63	0.93	0.27	0.77	1.15	1.39	1.33	0.96
河　南	0.74	0.36	0.67	0.00	0.62	1.65	2.32	0.46	1.62	0.67	0.96
山　西	0.00	0.00	0.67	0.63	1.25	0.55	1.03	0.23	1.16	0.67	0.65
甘　肃	0.00	0.36	0.34	0.32	1.56	0.27	0.00	0.92	0.93	0.67	0.56
黑龙江	0.74	0.00	0.67	0.32	0.93	1.10	0.52	0.00	0.46	0.89	0.56
陕　西	0.00	0.00	0.67	0.95	0.93	0.82	0.77	0.46	0.23	0.67	0.56
江　西	0.37	0.72	0.67	1.27	0.31	0.27	0.00	0.69	0.46	0.44	0.51
广　西	0.37	0.00	0.34	0.63	0.62	0.00	0.26	0.23	0.93	0.89	0.45
河　北	0.74	0.00	0.67	0.00	0.00	0.27	0.00	0.46	0.23	0.89	0.34
云　南	0.00	0.36	0.00	0.95	0.62	0.27	0.00	0.23	0.00	0.22	0.25
新　疆	0.00	0.00	0.34	0.00	0.31	0.55	0.26	0.00	0.23	0.44	0.23
海　南	0.00	0.36	0.00	0.00	0.00	0.00	0.00	0.23	0.70	0.00	0.14
青　海	0.00	0.00	0.00	0.32	0.31	0.00	0.52	0.00	0.00	0.00	0.11
贵　州	0.00	0.00	0.34	0.00	0.00	0.00	0.00	0.00	0.23	0.00	0.06
宁　夏	0.00	0.00	0.34	0.00	0.00	0.00	0.00	0.00	0.00	0.22	0.06
内蒙古	0.00	0.00	0.00	0.00	0.31	0.00	0.00	0.00	0.00	0.00	0.03

表 3-15　分析化学 C 层人才的世界占比

单位：%

省　份	2013 年	2014 年	2015 年	2016 年	2017 年	2018 年	2019 年	2020 年	2021 年	2022 年	合计
北　京	4.53	5.84	5.37	5.61	5.98	5.74	4.82	4.80	4.72	4.44	5.13
江　苏	2.68	4.23	3.91	4.38	4.28	5.08	4.85	4.39	5.31	5.86	4.61
山　东	2.68	2.26	2.31	3.04	3.66	4.91	4.15	3.78	4.55	3.97	3.65
广　东	1.38	1.93	1.84	1.97	2.60	2.20	3.69	2.98	3.61	4.22	2.79
上　海	2.21	2.66	2.01	2.73	2.57	2.85	2.89	2.52	2.50	3.27	2.66
湖　北	1.59	1.82	2.35	2.35	3.47	2.80	2.55	2.06	2.52	2.79	2.46
浙　江	1.63	1.68	1.70	1.68	1.58	2.28	1.96	2.47	3.07	2.79	2.16
吉　林	1.41	2.15	1.70	1.84	2.05	2.31	2.01	1.72	2.07	2.11	1.95
湖　南	1.96	1.97	1.60	2.00	2.05	1.71	2.35	1.89	1.56	1.71	1.87
重　庆	0.98	1.46	1.84	1.46	2.05	2.00	1.65	1.60	1.89	2.13	1.74
辽　宁	1.05	1.57	1.39	1.40	1.36	1.83	1.29	1.28	1.72	1.98	1.51
河　南	0.47	0.73	1.09	1.17	1.24	1.68	1.96	1.41	1.98	1.56	1.40
福　建	1.49	1.61	1.29	1.62	1.55	1.20	1.60	1.45	1.06	1.23	1.39
安　徽	0.91	0.91	0.99	1.08	1.12	1.31	1.57	0.97	1.51	1.89	1.27

续表

省　份	2013 年	2014 年	2015 年	2016 年	2017 年	2018 年	2019 年	2020 年	2021 年	2022 年	合计
天　津	0.91	1.09	1.22	1.17	0.96	1.11	1.44	1.26	1.60	1.34	1.24
四　川	0.58	0.55	0.92	0.86	1.02	1.03	1.42	1.33	1.32	2.04	1.18
陕　西	0.40	0.58	0.54	0.57	0.96	1.20	1.37	1.16	1.23	1.34	0.99
甘　肃	0.69	0.55	1.05	0.86	0.53	0.86	0.75	0.92	0.83	0.79	0.79
江　西	0.76	0.66	1.09	0.73	0.68	0.80	0.83	0.75	0.71	0.64	0.76
黑龙江	0.47	0.51	0.68	0.38	0.59	0.86	0.64	0.75	0.59	0.90	0.65
广　西	0.22	0.29	0.54	0.38	0.46	0.57	0.67	0.61	0.80	0.97	0.59
山　西	0.33	0.33	0.48	0.54	0.77	0.74	0.77	0.46	0.78	0.48	0.58
河　北	0.18	0.33	0.24	0.22	0.37	0.43	0.41	0.48	0.57	0.48	0.39
云　南	0.29	0.47	0.37	0.41	0.25	0.31	0.34	0.34	0.28	0.40	0.34
新　疆	0.07	0.11	0.17	0.38	0.19	0.17	0.28	0.15	0.26	0.51	0.24
海　南	0.14	0.00	0.17	0.00	0.03	0.09	0.20	0.26	0.19	0.33	0.51	0.21
贵　州	0.18	0.29	0.14	0.10	0.19	0.09	0.18	0.24	0.19	0.31	0.19
青　海	0.00	0.00	0.10	0.22	0.09	0.26	0.31	0.15	0.12	0.18	0.15
内蒙古	0.00	0.15	0.10	0.13	0.15	0.17	0.13	0.10	0.12	0.11	0.12
宁　夏	0.04	0.07	0.07	0.06	0.06	0.06	0.05	0.05	0.07	0.13	0.07
西　藏	0.00	0.00	0.00	0.00	0.00	0.03	0.00	0.02	0.02	0.04	0.01

六　晶体学

　　晶体学 A 层人才最多的是河南，世界占比为 5.10%；广东、湖北、上海的 A 层人才比较多，世界占比均为 3.06%；江苏、北京、重庆、福建、湖南、江西、宁夏、四川有相当数量的 A 层人才，世界占比在 3%～1%。

　　B 层人才最多的是北京，世界占比为 3.50%；江苏、山东、上海、甘肃、陕西、四川、广东、河南、辽宁、福建、吉林、天津、浙江有相当数量的 B 层人才，世界占比在 3%～1%；湖北、山西、黑龙江、安徽、重庆、湖南、江西、云南、宁夏、广西、新疆、贵州、海南、河北、青海、西藏也有一定数量的 B 层人才，世界占比大于或等于 0.1%。

　　北京、江苏 C 层人才的世界占比分别为 3.78%、3.08%，排名前二；山东、福建、吉林、上海、广东、天津、河南、浙江、安徽、辽宁有相当数量的 C 层人才，世界占比在 3%～1%；湖北、陕西、黑龙江、四川、山西、甘肃、湖南、江西、河北、广西、重庆、新疆、云南、贵州、内蒙古也有一定数量的 C 层人才，世界占比均超过 0.1%；海南、宁夏、青海、西藏 C 层人才的世界占比均低于 0.1%。

表 3-16　晶体学 A 层人才的世界占比

单位：%

省　份	2013 年	2014 年	2015 年	2016 年	2017 年	2018 年	2019 年	2020 年	2021 年	2022 年	合计
河　南	0.00	0.00	0.00	0.00	8.33	0.00	9.09	0.00	0.00	30.00	5.10
广　东	0.00	0.00	0.00	0.00	0.00	0.00	0.00	0.00	11.11	20.00	3.06
湖　北	8.33	0.00	0.00	0.00	0.00	0.00	0.00	10.00	0.00	10.00	3.06
上　海	0.00	0.00	0.00	0.00	0.00	12.50	0.00	20.00	0.00	0.00	3.06
江　苏	0.00	0.00	0.00	0.00	8.33	0.00	0.00	0.00	0.00	10.00	2.04
北　京	0.00	0.00	0.00	0.00	8.33	0.00	0.00	0.00	0.00	0.00	1.02
重　庆	0.00	0.00	0.00	0.00	0.00	0.00	0.00	0.00	0.00	10.00	1.02
福　建	8.33	0.00	0.00	0.00	0.00	0.00	0.00	0.00	0.00	0.00	1.02
湖　南	0.00	0.00	0.00	0.00	0.00	0.00	0.00	0.00	0.00	0.00	1.02
江　西	0.00	0.00	0.00	0.00	0.00	0.00	0.00	0.00	11.11	0.00	1.02
宁　夏	0.00	0.00	0.00	0.00	0.00	0.00	0.00	0.00	0.00	10.00	1.02
四　川	0.00	0.00	0.00	0.00	0.00	0.00	0.00	0.00	11.11	0.00	1.02

表 3-17　晶体学 B 层人才的世界占比

单位：%

省　份	2013 年	2014 年	2015 年	2016 年	2017 年	2018 年	2019 年	2020 年	2021 年	2022 年	合计
北　京	1.75	1.61	4.00	1.01	7.69	6.32	3.92	3.26	0.99	5.05	3.50
江　苏	3.51	2.42	2.00	1.01	1.92	1.05	1.96	1.09	3.96	9.09	2.82
山　东	4.39	0.00	2.00	1.01	0.96	3.16	5.88	3.26	2.97	5.05	2.82
上　海	1.75	1.61	3.00	3.03	2.88	4.21	1.96	0.00	0.99	1.01	2.04
甘　肃	0.88	0.00	0.00	2.02	3.85	1.05	4.90	0.00	3.96	3.03	1.94
陕　西	2.63	2.42	0.00	2.02	0.96	2.11	2.94	0.00	0.00	4.04	1.84
四　川	0.88	2.42	0.00	0.00	0.00	4.21	4.90	2.17	0.99	2.02	1.75
广　东	2.63	0.00	0.00	2.02	0.96	1.05	3.92	3.26	0.99	2.02	1.65
河　南	1.75	1.61	0.00	0.00	2.88	2.11	3.92	0.00	0.00	0.00	1.36
辽　宁	0.88	3.23	1.00	1.01	0.96	1.05	0.98	1.09	1.98	1.01	1.36
福　建	1.75	0.81	2.00	0.00	0.96	1.05	0.98	0.00	0.99	3.03	1.26
吉　林	1.75	1.61	1.00	2.02	1.92	1.05	0.00	0.00	0.99	0.00	1.07

续表

省　份	2013 年	2014 年	2015 年	2016 年	2017 年	2018 年	2019 年	2020 年	2021 年	2022 年	合计
天　津	0.88	1.61	1.00	1.01	0.96	1.05	1.96	1.09	0.99	0.00	1.07
浙　江	3.51	1.61	1.00	1.01	0.96	2.11	0.00	0.00	0.00	0.00	1.07
湖　北	0.88	0.00	0.00	2.02	2.88	0.00	0.00	0.00	0.00	3.03	0.87
山　西	0.00	0.81	0.00	0.00	0.00	1.05	0.98	1.09	2.97	1.01	0.78
黑龙江	1.75	1.61	0.00	0.00	0.00	0.00	1.96	0.00	0.00	0.00	0.58
安　徽	0.00	0.81	1.00	0.00	0.96	0.00	0.00	0.00	0.99	1.01	0.49
重　庆	0.00	0.81	0.00	0.00	0.00	0.00	2.94	0.00	0.00	1.01	0.49
湖　南	0.88	0.81	0.00	0.00	0.00	0.00	1.96	0.00	0.00	1.01	0.49
江　西	0.00	0.00	0.00	1.01	0.00	1.05	0.00	1.09	0.99	1.01	0.49
云　南	0.00	0.00	0.00	0.00	0.96	0.00	0.00	1.09	1.98	1.01	0.49
宁　夏	0.00	0.00	0.00	0.00	0.00	0.00	1.96	1.09	0.00	1.01	0.39
广　西	0.00	0.00	1.00	0.00	0.00	0.00	0.98	0.00	0.00	0.00	0.19
新　疆	0.00	0.00	1.00	0.00	0.00	0.00	0.00	0.00	0.00	1.01	0.19
贵　州	0.00	0.00	0.00	0.00	0.00	0.00	0.00	0.00	0.00	1.01	0.10
海　南	0.00	0.00	0.00	0.00	0.00	0.00	0.98	0.00	0.00	0.00	0.10
河　北	0.00	0.00	0.00	0.00	0.00	0.00	0.98	0.00	0.00	0.00	0.10
青　海	0.00	0.00	0.00	0.00	0.00	0.00	0.00	0.00	0.00	0.00	0.10
西　藏	0.00	0.00	0.00	0.00	0.00	0.00	0.00	1.09	0.00	0.00	0.10

表 3-18　晶体学 C 层人才的世界占比

单位：%

省　份	2013 年	2014 年	2015 年	2016 年	2017 年	2018 年	2019 年	2020 年	2021 年	2022 年	合计
北　京	4.79	3.88	3.48	3.54	3.03	4.30	3.30	3.36	3.95	4.06	3.78
江　苏	3.94	3.97	2.99	3.43	2.11	2.53	3.19	3.00	2.48	2.92	3.08
山　东	1.46	2.50	2.19	1.55	2.20	2.20	3.09	3.72	2.76	3.30	2.45
福　建	2.65	2.16	2.09	2.32	1.01	2.42	1.28	2.52	2.39	1.52	2.04
吉　林	3.42	3.02	2.89	1.77	1.28	1.54	1.38	1.20	1.29	0.63	1.92
上　海	2.57	2.41	1.89	1.99	1.38	1.43	1.60	1.56	1.65	2.03	1.87
广　东	1.46	1.55	1.19	0.99	1.56	2.31	2.56	2.52	1.84	2.66	1.82
天　津	1.80	0.86	0.70	1.10	1.19	2.42	1.92	1.68	2.48	1.90	1.59
河　南	1.71	1.21	1.39	0.77	0.92	1.54	1.17	0.84	1.29	1.40	1.23
浙　江	1.80	1.03	0.50	1.44	1.38	1.54	1.17	1.08	0.83	1.65	1.23
安　徽	1.97	1.29	1.39	0.77	1.47	1.10	1.06	1.08	0.83	0.89	1.21
辽　宁	0.86	0.52	1.29	0.44	1.01	1.32	1.60	1.68	1.29	0.89	1.07

续表

省　份	2013 年	2014 年	2015 年	2016 年	2017 年	2018 年	2019 年	2020 年	2021 年	2022 年	合计
湖　北	0.51	0.95	0.70	0.99	0.73	1.54	1.06	0.60	0.83	2.03	0.96
陕　西	0.68	1.03	0.80	0.44	1.10	1.10	0.96	0.72	1.01	1.27	0.91
黑龙江	1.28	1.29	0.90	0.88	0.83	0.22	0.75	0.48	0.74	0.63	0.83
四　川	0.51	0.17	0.60	0.55	0.73	1.76	0.96	0.96	0.64	1.27	0.78
山　西	0.17	0.34	0.70	0.33	1.01	1.43	1.17	1.44	0.64	0.76	0.77
甘　肃	0.51	0.34	0.30	0.88	1.01	1.43	0.96	0.24	0.37	0.51	0.65
湖　南	0.34	0.43	0.10	0.11	0.55	0.88	0.64	0.12	0.92	0.63	0.48
江　西	0.09	0.34	0.40	0.66	0.46	0.44	0.21	0.48	0.92		0.47
河　北	0.09	0.26	0.20	0.44	0.18	0.77	0.32	0.36	0.46	0.38	0.33
广　西	0.34	0.17	0.20	0.11	0.28	0.22	0.64	0.36	0.46	0.51	0.32
重　庆	0.17	0.34	0.20	0.11		0.55	0.53	0.24	0.37	0.51	0.30
新　疆	0.43	0.09	0.00	0.11	0.55	0.33	0.32	0.36	0.28	0.00	0.25
云　南	0.09	0.43	0.00	0.44	0.28	0.11	0.21	0.24	0.37	0.38	0.25
贵　州	0.26	0.09	0.30	0.00	0.09	0.33	0.21	0.24	0.28	0.00	0.18
内蒙古	0.00	0.09	0.40	0.00	0.09	0.22	0.43	0.00	0.09	0.38	0.16
海　南	0.00	0.00	0.10	0.11	0.00	0.00	0.11	0.00	0.18	0.51	0.09
宁　夏	0.00	0.00	0.00	0.00	0.00	0.00	0.00	0.00	0.09	0.13	0.03
青　海	0.09	0.00	0.00	0.00	0.09	0.00	0.00	0.12	0.00	0.00	0.03
西　藏	0.00	0.00	0.00	0.00	0.00	0.00	0.00	0.00	0.00	0.13	0.01

七　无机化学和核化学

北京、河南的无机化学和核化学 A 层人才的世界占比均为 5.71%，并列排名第一；广东 A 层人才的世界占比为 5.14%，排名第二；江苏、浙江、福建的 A 层人才比较多，世界占比在 5%~3%；天津、湖南、吉林、四川、安徽、湖北、陕西、山东、上海有相当数量的 A 层人才，世界占比在 3%~1%；重庆、甘肃、广西、宁夏、山西有一定数量的 A 层人才，世界占比均为 0.57%。

北京、江苏、福建 B 层人才的世界占比分别为 5.38%、5.25%、3.18%，排名前三；广东、河南、天津、浙江、吉林、湖北、山东、湖南、上海、安徽、陕西、四川、辽宁、甘肃有相当数量的 B 层人才，世界占比在 3%~1%；江西、广西、宁夏、山西、黑龙江、河北、新疆、内蒙古、青海、云南也有一定数量的 B 层人才，世界占比均超过 0.1%；重庆、贵州、西藏 B 层人才的世界占比均为 0.06%。

北京、江苏 C 层人才的世界占比分别为 4.65%、4.26%，排名前二；广东、吉林、山东、福建、浙江、上海、河南、天津、甘肃、安徽、辽宁、湖北、四川、陕西、黑龙江有相当数量的 C 层人才，世界占比在 3%~1%；湖南、江西、山西、广西、河北、重庆、云南、内蒙古、宁夏、新疆、贵州、海南也有一定数量的 C 层人才，世界占比均超过 0.1%；青海、西藏 C 层人才的世界占比均低于 0.1%。

表 3-19 无机化学和核化学 A 层人才的世界占比

单位：%

省　份	2013 年	2014 年	2015 年	2016 年	2017 年	2018 年	2019 年	2020 年	2021 年	2022 年	合计
北　京	5.56	0.00	0.00	11.76	6.25	0.00	11.11	5.56	5.26	11.11	5.71
河　南	5.56	0.00	0.00	0.00	6.25	0.00	0.00	11.11	10.53	22.22	5.71
广　东	0.00	0.00	0.00	0.00	0.00	11.76	0.00	11.11	0.00	27.78	5.14
江　苏	5.56	0.00	0.00	5.88	12.50	5.88	5.56	5.56	0.00	5.56	4.57
浙　江	0.00	5.26	0.00	0.00	0.00	0.00	11.11	11.11	5.26	11.11	4.57
福　建	0.00	0.00	6.67	0.00	6.25	0.00	11.11	11.11	0.00	0.00	3.43
天　津	5.56	0.00	6.67	0.00	0.00	0.00	5.56	0.00	5.26	5.56	2.86
湖　南	0.00	0.00	0.00	0.00	0.00	5.88	0.00	0.00	0.00	16.67	2.29
吉　林	11.11	0.00	0.00	5.88	0.00	0.00	5.56	0.00	0.00	0.00	2.29
四　川	0.00	0.00	6.67	0.00	0.00	0.00	0.00	0.00	10.53	5.56	2.29
安　徽	5.56	0.00	0.00	0.00	0.00	5.88	0.00	5.56	0.00	0.00	1.71
湖　北	0.00	0.00	0.00	5.88	0.00	0.00	5.56	0.00	5.26	0.00	1.71
陕　西	5.56	0.00	0.00	0.00	0.00	0.00	5.56	0.00	0.00	5.56	1.71
山　东	0.00	0.00	0.00	0.00	0.00	5.88	0.00	5.56	5.26	0.00	1.71
上　海	0.00	5.26	0.00	0.00	0.00	0.00	0.00	0.00	5.26	0.00	1.14
重　庆	0.00	0.00	0.00	0.00	0.00	0.00	0.00	0.00	5.26	0.00	0.57
甘　肃	0.00	0.00	0.00	0.00	0.00	0.00	0.00	0.00	5.26	0.00	0.57
广　西	0.00	0.00	0.00	0.00	0.00	0.00	5.56	0.00	0.00	0.00	0.57
宁　夏	0.00	0.00	0.00	0.00	0.00	0.00	0.00	0.00	0.00	5.56	0.57
山　西	0.00	0.00	0.00	0.00	0.00	0.00	0.00	0.00	0.00	5.56	0.57

表 3-20　无机化学和核化学 B 层人才的世界占比

单位：%

省份	2013年	2014年	2015年	2016年	2017年	2018年	2019年	2020年	2021年	2022年	合计
北京	2.42	8.67	6.33	3.85	2.47	8.81	5.99	4.97	5.26	4.85	5.38
江苏	4.24	2.31	2.53	5.13	3.09	6.92	5.99	7.45	5.85	9.09	5.25
福建	3.03	2.31	2.53	3.21	2.47	5.66	4.19	1.86	3.51	3.03	3.18
广东	1.21	1.73	2.53	1.28	2.47	2.52	4.79	4.97	4.09	3.64	2.93
河南	1.21	0.00	0.63	3.21	3.09	1.89	5.39	6.21	3.51	3.03	2.81
天津	1.82	1.16	1.90	3.85	3.09	3.77	5.39	1.24	2.34	2.42	2.69
浙江	1.21	2.89	0.00	1.92	0.62	5.03	4.19	2.48	3.51	4.24	2.63
吉林	2.42	4.05	3.80	0.64	1.23	2.52	2.40	3.11	1.17	3.64	2.50
湖北	0.61	2.31	1.90	3.21	2.47	5.66	1.80	1.86	1.75	2.42	2.38
山东	0.61	1.16	0.00	0.00	2.47	2.52	1.20	4.35	5.85	4.85	2.32
湖南	0.61	0.00	0.00	1.28	0.00	2.52	3.59	4.35	5.85	3.64	2.20
上海	1.82	0.58	2.53	1.28	1.23	2.52	3.59	3.73	3.51	1.21	2.20
安徽	2.42	3.47	1.27	1.92	0.00	1.26	2.40	2.48	0.58	3.03	1.89
陕西	0.61	2.31	2.53	1.28	0.62	2.52	1.80	3.73	1.17	0.61	1.71
四川	0.00	1.73	0.00	0.00	1.23	1.89	0.60	1.86	2.92	3.64	1.41
辽宁	1.21	0.58	1.27	0.64	1.23	2.52	0.60	0.62	1.17	1.82	1.16
甘肃	0.61	0.58	0.63	1.28	1.85	0.63	1.80	1.86	0.00	3.03	1.10
江西	0.00	0.00	0.63	1.92	0.00	0.00	1.20	2.48	0.58	1.21	0.79
广西	0.61	0.58	1.90	0.00	0.00	0.00	0.00	0.62	1.17	1.21	0.61
宁夏	0.00	0.00	0.63	0.64	0.00	1.26	0.60	0.00	1.17	0.61	0.49
山西	0.00	0.00	0.00	0.64	0.62	0.00	0.60	0.62	0.58	1.82	0.49
黑龙江	0.00	0.00	0.63	0.00	0.62	0.63	0.60	0.00	0.00	1.82	0.43
河北	0.00	0.00	0.00	0.64	0.62	0.63	0.00	0.00	0.58	0.00	0.24
新疆	0.00	0.00	0.00	0.64	0.00	1.26	0.00	0.00	0.00	0.61	0.24
内蒙古	0.00	0.00	0.00	0.00	0.62	0.00	0.60	0.00	0.00	0.00	0.12
青海	0.00	0.00	0.00	0.00	0.00	0.00	0.00	0.62	0.00	0.00	0.12
云南	0.00	0.00	0.00	0.00	0.00	0.63	0.00	0.62	0.00	0.00	0.12
重庆	0.00	0.00	0.00	0.00	0.00	0.00	0.00	0.00	0.00	0.61	0.06
贵州	0.00	0.00	0.00	0.64	0.00	0.00	0.00	0.00	0.00	0.00	0.06
西藏	0.00	0.00	0.00	0.00	0.00	0.00	0.00	0.00	0.58	0.00	0.06

表3-21 无机化学和核化学 C 层人才的世界占比

单位：%

省 份	2013 年	2014 年	2015 年	2016 年	2017 年	2018 年	2019 年	2020 年	2021 年	2022 年	合计
北 京	4.31	4.00	4.63	3.92	3.99	5.14	6.53	5.10	4.50	4.30	4.65
江 苏	1.72	2.37	3.47	3.73	4.38	5.52	5.38	4.60	4.44	7.23	4.26
广 东	1.29	1.56	0.96	1.67	2.51	2.70	3.45	3.84	3.61	4.62	2.62
吉 林	2.65	2.55	2.31	1.67	2.64	2.83	2.96	2.90	2.07	1.63	2.43
山 东	1.17	1.10	1.29	1.86	1.68	2.95	2.48	3.28	3.26	3.84	2.28
福 建	1.79	1.62	2.25	2.19	2.64	2.50	2.24	2.65	2.55	2.15	2.25
浙 江	0.68	1.39	1.16	1.41	2.00	1.80	2.72	2.58	2.84	3.45	2.00
上 海	1.23	1.97	2.38	2.44	2.19	1.93	2.06	1.89	1.84	1.76	1.96
河 南	0.68	1.51	1.16	1.54	1.03	2.18	2.36	2.65	2.49	2.67	1.83
天 津	0.86	1.27	1.61	1.48	1.48	2.38	2.84	1.76	1.60	1.69	1.70
甘 肃	0.62	1.27	1.22	1.61	1.48	1.48	1.81	1.39	1.18	2.54	1.45
安 徽	0.99	1.27	0.90	1.09	0.84	2.06	1.63	1.39	1.72	1.63	1.35
辽 宁	1.11	0.98	1.09	0.71	1.03	1.22	1.39	1.76	1.95	1.11	1.24
湖 北	0.92	0.93	0.51	0.32	0.84	1.28	1.33	1.76	1.95	2.21	1.21
四 川	0.25	0.29	0.39	0.84	0.97	1.86	1.69	1.64	1.90	2.02	1.18
陕 西	0.37	0.64	0.90	0.96	0.90	1.16	1.63	1.26	1.60	1.69	1.11
黑龙江	0.99	1.04	0.84	0.64	1.22	1.35	1.27	1.20	1.24	0.78	1.06
湖 南	0.43	0.41	0.26	0.58	0.58	1.03	1.21	1.26	1.36	1.82	0.89
江 西	0.37	0.17	0.45	0.45	0.64	0.83	1.45	0.88	1.18	1.30	0.77
山 西	0.18	0.35	0.64	0.32	0.64	0.39	1.03	0.82	0.89	1.30	0.65
广 西	0.18	0.12	0.26	0.19	0.13	0.39	0.91	1.26	1.13	1.04	0.56
河 北	0.25	0.17	0.39	0.13	0.32	0.39	0.54	0.69	0.83	0.72	0.44
重 庆	0.18	0.35	0.26	0.26	0.13	0.64	0.73	0.63	0.41	0.72	0.43
云 南	0.00	0.17	0.19	0.06	0.13	0.19	0.30	0.44	0.41	0.46	0.24
内蒙古	0.18	0.06	0.06	0.06	0.13	0.26	0.48	0.25	0.36	0.33	0.22
宁 夏	0.00	0.17	0.13	0.06	0.19	0.26	0.60	0.44	0.18	0.13	0.21
新 疆	0.06	0.17	0.39	0.06	0.26	0.19	0.30	0.32	0.12	0.13	0.21
贵 州	0.06	0.00	0.13	0.06	0.13	0.13	0.12	0.19	0.36	0.59	0.17
海 南	0.00	0.00	0.13	0.06	0.00	0.13	0.12	0.50	0.36	0.46	0.17
青 海	0.00	0.00	0.00	0.13	0.06	0.13	0.18	0.06	0.12	0.07	0.07
西 藏	0.06	0.00	0.00	0.00	0.00	0.00	0.00	0.00	0.00	0.00	0.01

八 纳米科学和纳米技术

纳米科学和纳米技术 A、B、C 层人才最多的是北京，世界占比分别为 10.34%、11.78%、10.85%，均显著高于其他省份。

湖北 A 层人才的世界占比为 3.55%，排名第二；广东、上海、江苏、陕西、河南、湖南、山东、吉林、浙江、辽宁、天津、安徽、四川有相当数量的 A 层人才，世界占比在 3%~1%；福建、山西、重庆、黑龙江、甘肃、广西、海南、河北、江西也有一定数量的 A 层人才，世界占比均超过 0.1%。

江苏、广东、上海的 B 层人才处于第二梯队，世界占比分别为 6.44%、5.75%、5.47%；浙江、湖北的 B 层人才比较多，世界占比在 4%~3%；天津、山东、安徽、吉林、河南、湖南、辽宁、陕西、福建、四川、黑龙江有相当数量的 B 层人才，世界占比在 3%~1%；重庆、山西、广西、甘肃、河北、江西、云南、贵州、海南也有一定数量的 B 层人才，世界占比均超过 0.1%；内蒙古、新疆 B 层人才的世界占比均为 0.08%。

江苏、广东、上海的 C 层人才处于第二梯队，世界占比分别为 6.15%、5.89%、5.39%；湖北、浙江的 C 层人才比较多，世界占比在 4%~3%；山东、天津、安徽、四川、吉林、湖南、河南、福建、辽宁、陕西、黑龙江有相当数量的 C 层人才，世界占比在 3%~1%；重庆、甘肃、广西、山西、江西、河北、云南、海南、新疆、贵州、内蒙古也有一定数量的 C 层人才，世界占比大于或等于 0.1%；青海、宁夏、西藏 C 层人才的世界占比均低于 0.1%。

表 3-22 纳米科学和纳米技术 A 层人才的世界占比

单位：%

省　份	2013 年	2014 年	2015 年	2016 年	2017 年	2018 年	2019 年	2020 年	2021 年	2022 年	合计
北　京	8.33	3.85	7.14	11.29	16.92	8.70	14.29	7.32	17.86	4.88	10.34
湖　北	0.00	1.92	5.36	0.00	7.69	2.90	3.90	3.66	4.76	3.66	3.55
广　东	0.00	1.92	0.00	0.00	3.08	0.00	7.79	4.88	3.57	3.66	2.81
上　海	0.00	1.92	0.00	4.84	1.54	0.00	5.19	2.44	5.95	3.66	2.81
江　苏	0.00	1.92	1.79	1.61	1.54	2.90	5.19	1.22	2.38	3.66	2.36

省　份	2013 年	2014 年	2015 年	2016 年	2017 年	2018 年	2019 年	2020 年	2021 年	2022 年	合计
陕　西	2.08	0.00	0.00	0.00	0.00	0.00	3.90	1.22	3.57	9.76	2.36
河　南	0.00	0.00	0.00	0.00	1.54	0.00	0.00	4.88	4.76	4.88	1.92
湖　南	0.00	0.00	0.00	1.61	4.62	1.45	1.30	2.44	2.38	3.66	1.92
山　东	0.00	0.00	0.00	1.61	0.00	1.45	0.00	3.66	4.76	4.88	1.92
吉　林	2.08	0.00	1.79	3.23	3.08	0.00	2.60	2.44	0.00	1.22	1.62
浙　江	2.08	0.00	0.00	1.61	3.08	0.00	0.00	0.00	2.38	6.10	1.62
辽　宁	2.08	0.00	0.00	1.61	1.54	1.45	2.60	1.22	1.19	1.22	1.33
天　津	0.00	0.00	1.79	1.61	1.54	2.90	1.30	1.22	0.00	2.44	1.33
安　徽	2.08	1.92	1.79	0.00	0.00	1.45	0.00	1.22	1.19	1.22	1.03
四　川	0.00	0.00	0.00	0.00	0.00	0.00	0.00	0.00	3.57	4.88	1.03
福　建	4.17	0.00	0.00	3.23	0.00	0.00	0.00	1.22	0.00	0.00	0.74
山　西	0.00	0.00	0.00	0.00	1.61	0.00	0.00	1.22	1.19	1.22	0.59
重　庆	0.00	0.00	0.00	1.79	0.00	1.54	0.00	0.00	0.00	1.22	0.44
黑龙江	0.00	0.00	0.00	0.00	1.54	0.00	1.30	1.22	0.00	0.00	0.44
甘　肃	2.08	0.00	0.00	0.00	0.00	0.00	0.00	0.00	0.00	0.00	0.15
广　西	0.00	0.00	0.00	0.00	0.00	0.00	0.00	0.00	1.19	0.00	0.15
海　南	0.00	0.00	0.00	0.00	0.00	1.54	0.00	0.00	0.00	0.00	0.15
河　北	0.00	0.00	0.00	0.00	0.00	0.00	1.30	0.00	0.00	0.00	0.15
江　西	0.00	0.00	0.00	0.00	0.00	0.00	0.00	0.00	1.19	0.00	0.15

表 3-23　纳米科学和纳米技术 B 层人才的世界占比

单位：%

省　份	2013 年	2014 年	2015 年	2016 年	2017 年	2018 年	2019 年	2020 年	2021 年	2022 年	合计
北　京	14.09	8.65	8.61	11.35	13.99	13.17	12.43	10.11	15.42	9.14	11.78
江　苏	2.08	2.11	4.89	5.14	7.68	6.67	6.94	5.82	10.72	8.44	6.44
广　东	1.62	2.32	0.98	3.19	4.44	5.56	6.79	6.93	9.41	11.11	5.75
上　海	4.39	2.74	3.52	2.66	5.29	6.19	6.21	6.37	7.45	7.31	5.47
浙　江	1.62	1.69	1.96	2.66	2.90	3.33	3.18	3.32	5.23	6.47	3.45
湖　北	1.85	2.53	1.76	2.66	4.95	4.13	2.75	3.60	3.92	3.66	3.29
天　津	1.15	1.27	3.52	2.13	2.39	3.17	3.32	3.74	3.01	2.95	2.78
山　东	0.92	0.63	1.17	0.89	1.54	1.90	2.46	2.77	5.23	6.47	2.66
安　徽	1.62	2.11	0.78	2.13	2.05	3.65	3.90	2.08	1.18	1.97	2.18
吉　林	1.62	2.11	1.37	1.42	2.56	2.86	1.73	2.35	2.61	2.11	2.12
河　南	0.23	0.42	0.39	0.53	0.34	1.59	2.89	2.77	4.31	4.36	2.04

续表

省　份	2013 年	2014 年	2015 年	2016 年	2017 年	2018 年	2019 年	2020 年	2021 年	2022 年	合计
湖　南	0.23	0.63	0.98	0.18	1.71	2.54	2.89	3.19	3.27	2.25	1.97
辽　宁	0.92	0.42	1.57	2.13	1.54	2.38	2.02	2.91	1.96	2.11	1.89
陕　西	0.23	0.21	0.78	0.53	0.34	1.75	1.88	2.35	3.66	4.64	1.86
福　建	0.69	1.27	0.59	0.89	1.19	1.11	1.73	2.35	3.01	2.67	1.68
四　川	0.00	0.84	0.20	1.06	1.02	1.11	1.01	2.22	3.14	3.23	1.54
黑龙江	1.15	0.63	0.78	0.89	0.68	1.43	0.72	1.66	2.35	2.11	1.31
重　庆	0.92	0.00	0.39	0.53	0.85	1.11	0.87	0.69	0.78	0.98	0.74
山　西	0.00	0.21	0.20	0.35	0.17	0.48	0.00	0.28	0.39	2.67	0.53
广　西	0.00	0.00	0.00	0.18	0.34	0.00	0.43	0.97	0.92	1.13	0.46
甘　肃	0.92	0.42	0.20	0.18	0.51	0.00	0.29	0.42	0.26	0.84	0.39
河　北	0.00	0.00	0.00	0.18	0.17	0.79	0.29	0.42	0.78	0.84	0.39
江　西	0.00	0.21	0.39	0.18	0.34	0.32	0.29	0.55	0.92	0.42	0.39
云　南	0.00	0.00	0.00	0.00	0.00	0.00	0.00	0.28	0.52	0.14	0.13
贵　州	0.00	0.00	0.00	0.00	0.00	0.16	0.00	0.00	0.13	0.56	0.11
海　南	0.00	0.00	0.00	0.00	0.17	0.16	0.00	0.28	0.26	0.14	0.11
内蒙古	0.00	0.00	0.00	0.00	0.00	0.00	0.14	0.14	0.00	0.42	0.08
新　疆	0.00	0.00	0.00	0.18	0.17	0.00	0.29	0.00	0.00	0.14	0.08

表 3-24　纳米科学和纳米技术 C 层人才的世界占比

单位：%

省　份	2013 年	2014 年	2015 年	2016 年	2017 年	2018 年	2019 年	2020 年	2021 年	2022 年	合计
北　京	7.84	8.64	10.21	10.39	11.17	11.87	12.49	11.29	11.00	11.57	10.85
江　苏	2.95	3.65	4.56	5.50	6.55	6.87	6.98	6.71	7.23	7.89	6.15
广　东	1.37	2.01	2.26	3.29	4.59	5.84	7.04	8.29	9.30	9.81	5.89
上　海	4.29	3.84	4.36	4.22	4.76	5.03	5.98	5.52	6.88	7.32	5.39
湖　北	1.46	1.73	2.46	2.69	3.60	4.09	3.82	3.69	4.31	4.32	3.38
浙　江	1.69	1.33	1.53	1.87	2.49	2.83	3.14	3.59	5.14	5.58	3.14
山　东	0.90	0.84	1.25	1.26	2.11	2.38	3.09	2.99	4.11	4.40	2.54
天　津	1.04	0.99	1.41	1.69	2.39	2.85	3.22	3.03	3.33	3.05	2.45
安　徽	0.95	1.67	1.37	1.55	1.89	2.25	2.55	2.72	2.62	3.03	2.17
四　川	0.65	1.06	1.09	1.37	1.67	2.41	2.49	2.72	2.70	3.04	2.06
吉　林	1.72	1.61	1.84	1.58	1.84	2.14	2.33	2.43	1.66	1.98	1.94
湖　南	0.97	0.74	0.99	1.32	1.57	1.93	2.69	2.26	2.72	2.71	1.91
河　南	0.23	0.42	0.67	0.80	0.77	1.35	2.16	2.98	3.56	3.58	1.85

续表

省　份	2013 年	2014 年	2015 年	2016 年	2017 年	2018 年	2019 年	2020 年	2021 年	2022 年	合计
福　建	1.44	1.35	1.01	1.07	1.43	1.61	1.94	2.01	2.31	2.63	1.75
辽　宁	1.14	1.08	1.01	1.21	1.72	1.57	2.20	1.94	2.14	2.15	1.69
陕　西	0.39	0.38	0.57	0.78	0.87	1.74	2.14	2.14	2.27	2.67	1.54
黑龙江	0.56	0.97	1.09	0.91	0.97	1.36	1.14	1.52	1.24	1.47	1.16
重　庆	0.44	0.46	0.79	0.73	0.73	0.78	0.94	1.08	1.39	1.66	0.96
甘　肃	0.51	0.44	0.61	0.53	0.43	0.55	0.58	0.84	0.65	0.83	0.61
广　西	0.05	0.08	0.08	0.23	0.26	0.34	0.64	0.73	1.23	1.46	0.58
山　西	0.19	0.21	0.28	0.37	0.34	0.63	0.49	0.70	0.55	1.24	0.54
江　西	0.16	0.25	0.28	0.27	0.31	0.42	0.68	0.74	0.80	0.88	0.52
河　北	0.09	0.25	0.28	0.44	0.34	0.42	0.49	0.54	0.53	0.77	0.44
云　南	0.05	0.15	0.10	0.11	0.15	0.22	0.16	0.21	0.43	0.40	0.21
海　南	0.00	0.11	0.04	0.02	0.12	0.16	0.14	0.15	0.20	0.33	0.14
新　疆	0.02	0.06	0.00	0.11	0.14	0.11	0.19	0.20	0.09	0.23	0.13
贵　州	0.00	0.06	0.04	0.05	0.03	0.08	0.12	0.14	0.19	0.21	0.10
内蒙古	0.02	0.13	0.02	0.05	0.09	0.06	0.09	0.06	0.09	0.30	0.10
青　海	0.00	0.00	0.00	0.02	0.02	0.06	0.09	0.03	0.01	0.04	0.03
宁　夏	0.00	0.00	0.00	0.00	0.03	0.03	0.01	0.04	0.05	0.07	0.03
西　藏	0.00	0.00	0.00	0.00	0.02	0.02	0.03	0.01	0.03	0.04	0.02

九　化学工程

北京、广东、江苏化学工程 A 层人才的世界占比分别为 6.70%、5.29%、5.11%，排名前三；湖北、湖南、上海、浙江的 A 层人才比较多，世界占比在 5%~3%；山东、河南、四川、辽宁、安徽、天津有相当数量的 A 层人才，世界占比在 3%~1%；黑龙江、陕西、重庆、广西、吉林、福建、江西、宁夏、甘肃、河北、山西、新疆有一定数量的 A 层人才，世界占比均超过 0.1%。

北京、江苏、广东 B 层人才的世界占比分别为 8.62%、6.26%、5.18%，排名前三；上海、湖北、浙江的 B 层人才比较多，世界占比在 5%~3%；湖南、山东、河南、四川、天津、安徽、辽宁、福建、黑龙江、重庆有相当数量的 B 层人才，世界占比在3%~1%；陕西、吉林、江西、河北、甘肃、广西、山西、云南、宁夏、海南、贵州、新疆也有一定数量的B层人才，世界占比大于或等于0.1%；内蒙古、青海、西藏B层人才的世界占比均低于0.1%。

北京、江苏C层人才的世界占比分别为8.52%、5.69%，排名前二；广东、上海、山东的C层人才比较多，世界占比在5%~3%；湖北、浙江、天津、湖南、辽宁、四川、黑龙江、福建、河南、安徽、陕西、重庆有相当数量的C层人才，世界占比在3%~1%；吉林、山西、江西、甘肃、河北、广西、云南、新疆、贵州、宁夏、海南、青海、内蒙古也有一定数量的C层人才，世界占比大于或等于0.1%；西藏C层人才的世界占比为0.03%。

表3-25　化学工程A层人才的世界占比

单位：%

省　份	2013年	2014年	2015年	2016年	2017年	2018年	2019年	2020年	2021年	2022年	合计
北　京	4.88	2.44	9.09	2.00	5.66	9.26	6.25	6.45	11.25	6.41	6.70
广　东	2.44	2.44	0.00	2.00	1.89	3.70	9.38	6.45	10.00	7.69	5.29
江　苏	4.88	0.00	2.27	0.00	3.77	3.70	4.69	6.45	3.75	15.38	5.11
湖　北	4.88	2.44	2.27	0.00	11.32	3.70	3.13	9.68	2.50	5.13	4.59
湖　南	0.00	2.44	0.00	4.00	5.66	1.85	7.81	6.45	1.25	5.13	3.70
上　海	4.88	2.44	0.00	4.00	0.00	0.00	3.13	3.23	3.75	10.26	3.53
浙　江	0.00	0.00	0.00	0.00	1.89	3.70	3.13	3.23	2.50	12.82	3.35
山　东	4.88	0.00	0.00	0.00	0.00	0.00	4.69	1.61	2.50	10.26	2.82
河　南	2.44	0.00	2.27	0.00	0.00	0.00	0.00	8.06	5.00	5.13	2.65
四　川	0.00	0.00	0.00	0.00	0.00	1.85	1.56	3.23	3.75	8.97	2.47
辽　宁	0.00	4.88	2.27	2.00	3.77	1.85	1.56	1.61	2.50	0.00	1.94
安　徽	2.44	2.44	0.00	2.00	1.89	3.70	3.13	0.00	1.25		1.59
天　津	2.44	2.44	2.27	0.00	1.89	1.85	3.13	0.00	1.25		1.59
黑龙江	0.00	2.44	0.00	2.00	0.00	0.00	0.00	3.23	1.25		0.88
陕　西	0.00	0.00	0.00	0.00	1.89	0.00	1.56	1.61	0.00	1.28	0.88
重　庆	0.00	0.00	0.00	0.00	0.00	0.00	0.00	1.61	0.00	3.85	0.71
广　西	0.00	0.00	0.00	0.00	0.00	0.00	1.56	1.61	0.00	1.28	0.53
吉　林	0.00	0.00	2.27	0.00	1.89	0.00	1.56	0.00	0.00	0.00	0.53
福　建	0.00	0.00	0.00	0.00	0.00	0.00	1.56	1.61	0.00	0.00	0.35
江　西	0.00	0.00	0.00	2.00	0.00	0.00	0.00	0.00	0.00	1.28	0.35

续表

省　份	2013 年	2014 年	2015 年	2016 年	2017 年	2018 年	2019 年	2020 年	2021 年	2022 年	合计
宁　夏	0.00	0.00	0.00	0.00	0.00	0.00	0.00	0.00	0.00	2.56	0.35
甘　肃	0.00	0.00	0.00	0.00	0.00	0.00	0.00	0.00	0.00	1.28	0.18
河　北	0.00	0.00	0.00	0.00	0.00	0.00	1.56	0.00	0.00	0.00	0.18
山　西	0.00	0.00	0.00	0.00	0.00	0.00	0.00	0.00	0.00	1.28	0.18
新　疆	0.00	0.00	0.00	0.00	0.00	0.00	0.00	0.00	1.25	0.00	0.18

表 3-26　化学工程 B 层人才的世界占比

单位：%

省　份	2013 年	2014 年	2015 年	2016 年	2017 年	2018 年	2019 年	2020 年	2021 年	2022 年	合计
北　京	8.65	10.64	5.72	7.98	9.19	8.55	10.90	9.08	7.37	8.24	8.62
江　苏	3.24	2.93	1.24	4.66	5.01	7.54	7.96	10.07	6.26	8.81	6.26
广　东	1.89	1.06	2.24	3.55	7.31	5.50	5.54	5.94	7.51	6.82	5.18
上　海	3.51	2.39	1.99	3.55	3.76	3.87	3.81	4.79	5.29	6.53	4.21
湖　北	2.70	2.13	1.99	2.44	4.38	3.26	5.36	3.63	5.29	5.54	3.94
浙　江	1.89	1.86	2.49	1.77	3.13	2.44	2.25	2.97	5.70	5.54	3.28
湖　南	0.54	0.53	1.74	1.55	2.92	4.89	4.33	3.96	3.76	3.13	2.98
山　东	1.08	1.06	1.00	1.11	1.46	1.43	3.46	2.81	5.15	5.40	2.76
河　南	0.81	0.80	0.25	0.22	0.84	1.02	2.94	2.97	4.59	3.98	2.18
四　川	0.27	0.27	0.50	0.67	1.46	2.44	2.94	3.63	2.09	3.84	2.07
天　津	1.89	0.53	1.24	1.33	2.09	2.04	2.25	2.81	1.53	3.41	2.03
安　徽	0.81	2.93	1.24	0.44	0.84	2.24	2.77	2.64	1.53	2.70	1.89
辽　宁	1.89	1.60	1.99	2.88	1.25	1.43	1.21	1.49	1.67	2.56	1.80
福　建	0.81	1.06	1.74	1.55	0.84	1.43	1.90	2.64	1.85	1.76	1.76
黑龙江	0.54	0.00	1.24	0.89	2.30	2.04	1.04	1.82	2.50	3.41	1.76
重　庆	0.54	0.00	0.00	0.67	1.25	0.81	1.21	2.48	1.11	1.42	1.06
陕　西	0.27	1.00	0.44	0.42	0.61	0.52	2.31	1.95	1.14	0.99	
吉　林	0.81	0.53	1.00	0.44	0.42	0.41	0.87	1.49	0.97	1.56	0.91
江　西	0.27	0.27	0.25	0.00	0.42	0.41	0.69	0.99	0.56	1.70	0.64
河　北	0.54	0.00	0.00	0.00	0.42	0.41	0.87	0.99	1.11	0.99	0.62
甘　肃	0.54	0.27	0.25	0.67	0.42	0.61	0.17	0.99	0.42	0.99	0.56
广　西	0.00	0.00	0.25	0.22	0.00	0.41	0.35	0.99	0.97	1.42	0.56
山　西	0.81	0.00	0.50	0.00	0.21	0.61	0.17	0.66	0.83	0.71	0.48
云　南	0.27	0.00	0.00	0.00	0.63	0.41	0.52	0.17	0.28	0.71	0.33
宁　夏	0.00	0.27	0.00	0.00	0.21	0.00	0.00	0.33	0.42	0.71	0.23

续表

省 份	2013年	2014年	2015年	2016年	2017年	2018年	2019年	2020年	2021年	2022年	合计
海 南	0.27	0.00	0.00	0.22	0.21	0.00	0.00	0.17	0.14	0.43	0.15
贵 州	0.00	0.00	0.00	0.00	0.00	0.00	0.00	0.17	0.28	0.43	0.12
新 疆	0.00	0.00	0.00	0.22	0.00	0.00	0.00	0.00	0.14	0.43	0.10
内蒙古	0.00	0.00	0.00	0.00	0.00	0.20	0.00	0.00	0.00	0.14	0.04
青 海	0.27	0.00	0.00	0.00	0.00	0.00	0.17	0.00	0.00	0.00	0.04
西 藏	0.00	0.00	0.00	0.00	0.00	0.00	0.17	0.00	0.00	0.00	0.02

表 3-27 化学工程 C 层人才的世界占比

单位：%

省 份	2013年	2014年	2015年	2016年	2017年	2018年	2019年	2020年	2021年	2022年	合计
北 京	6.13	6.70	7.70	7.73	9.04	9.48	9.64	8.70	8.92	9.30	8.52
江 苏	2.52	2.89	3.16	4.32	5.35	5.50	6.12	7.01	7.47	8.43	5.69
广 东	1.52	1.89	2.21	2.39	3.15	4.00	5.05	5.82	6.19	6.56	4.27
上 海	2.47	2.78	2.88	3.12	3.37	3.62	4.02	4.43	4.71	4.49	3.75
山 东	1.03	1.32	1.22	2.17	1.88	3.54	4.11	4.32	4.48	5.27	3.25
湖 北	1.49	1.68	1.79	2.37	2.77	3.30	3.10	3.58	3.45	3.49	2.86
浙 江	1.82	1.35	1.57	2.04	2.29	2.46	3.16	3.25	3.90	4.34	2.82
天 津	1.63	1.95	1.81	1.79	2.31	2.32	2.95	3.00	2.70	3.11	2.46
湖 南	0.73	0.54	0.84	1.22	1.80	2.16	2.98	3.31	2.50	3.07	2.11
辽 宁	1.38	1.11	1.12	1.57	1.63	2.28	2.29	2.52	2.57	2.65	2.03
四 川	0.57	0.59	0.94	0.84	1.50	2.32	2.17	2.54	3.01	2.65	1.90
黑龙江	0.46	0.70	0.92	1.09	1.61	1.82	2.06	2.27	1.87	2.34	1.64
福 建	0.71	0.95	0.84	1.06	1.33	1.48	1.82	1.86	2.33	2.23	1.58
河 南	0.41	0.76	0.72	0.69	0.74	1.10	1.46	2.36	2.57	2.57	1.51
安 徽	1.09	1.27	0.70	1.13	1.35	1.50	1.37	1.68	2.02	1.98	1.48
陕 西	0.43	0.38	0.52	0.51	0.76	1.44	1.73	1.91	2.47	2.31	1.42
重 庆	0.49	0.38	0.32	0.55	0.66	1.26	1.63	1.75	1.38	1.64	1.11
吉 林	0.35	0.59	0.77	0.44	0.66	0.98	1.30	1.09	1.20	1.70	0.98
山 西	0.49	0.24	0.80	0.64	0.57	0.88	1.07	0.99	0.99	0.93	0.81
江 西	0.24	0.41	0.50	0.49	0.55	0.94	0.83	0.96	1.00	1.18	0.77
甘 肃	0.46	0.30	0.27	0.64	0.66	0.34	0.81	0.89	0.83	0.82	0.64
河 北	0.22	0.19	0.35	0.09	0.47	0.66	0.62	0.69	0.69	0.90	0.54
广 西	0.14	0.11	0.10	0.18	0.34	0.38	0.50	0.66	0.97	1.16	0.53
云 南	0.16	0.14	0.20	0.24	0.25	0.26	0.33	0.46	0.52	0.51	0.34

省　份	2013 年	2014 年	2015 年	2016 年	2017 年	2018 年	2019 年	2020 年	2021 年	2022 年	合计
新　疆	0.14	0.22	0.15	0.11	0.38	0.26	0.35	0.20	0.30	0.40	0.26
贵　州	0.03	0.14	0.02	0.13	0.11	0.26	0.19	0.35	0.24	0.50	0.22
宁　夏	0.05	0.00	0.05	0.00	0.08	0.10	0.24	0.25	0.23	0.45	0.17
海　南	0.05	0.05	0.02	0.11	0.04	0.10	0.05	0.16	0.30	0.45	0.16
青　海	0.00	0.03	0.05	0.04	0.17	0.16	0.23	0.05	0.10	0.12	0.10
内蒙古	0.00	0.03	0.05	0.18	0.04	0.06	0.03	0.08	0.17	0.25	0.10
西　藏	0.00	0.00	0.00	0.00	0.00	0.00	0.05	0.08	0.06	0.08	0.03

十　应用化学

广东、湖北应用化学 A 层人才的世界占比均为 4.80%，并列排名第一；河南、上海的 A 层人才比较多，世界占比在 4%～3%；北京、江苏、湖南、辽宁、天津、安徽、四川、浙江有相当数量的 A 层人才，世界占比在 3%～1%；广西、黑龙江、宁夏、山东、重庆、福建、甘肃、河北、江西、吉林、陕西有一定数量的 A 层人才，世界占比均超过 0.4%。

江苏、北京、广东 B 层人才的世界占比分别为 6.27%、4.72%、4.54%，排名前三；湖北、浙江、山东、上海、黑龙江、湖南、江西、辽宁、河南、陕西、四川、安徽、天津有相当数量的 B 层人才，世界占比在 3%～1%；福建、吉林、重庆、广西、河北、山西、宁夏、海南、云南、新疆、甘肃也有一定数量的 B 层人才，世界占比均超过 0.1%；贵州、西藏 B 层人才的世界占比均低于 0.1%。

江苏、北京 C 层人才的世界占比分别为 6.95%、5.69%，排名前二；广东、浙江的 C 层人才比较多，世界占比在 5%～3%；山东、湖北、上海、陕西、天津、辽宁、河南、江西、四川、安徽、福建、黑龙江、湖南有相当数量的 C 层人才，世界占比在 3%～1%；重庆、吉林、广西、甘肃、山西、云南、海南、河北、贵州、新疆、宁夏、青海也有一定数量的 C 层人才，世界占比大于或等于 0.1%；内蒙古、西藏 C 层人才的世界占比均低于 0.1%。

表 3-28　应用化学 A 层人才的世界占比

单位：%

省　份	2013 年	2014 年	2015 年	2016 年	2017 年	2018 年	2019 年	2020 年	2021 年	2022 年	合计
广　东	0.00	0.00	5.56	0.00	0.00	5.56	0.00	3.33	12.50	13.33	4.80
湖　北	5.56	10.53	0.00	0.00	5.00	5.56	0.00	6.67	6.25	6.67	4.80
河　南	0.00	0.00	0.00	0.00	0.00	0.00	4.00	3.33	12.50	10.00	3.93
上　海	0.00	0.00	0.00	5.26	5.00	0.00	0.00	3.33	9.38	3.33	3.06
北　京	0.00	5.26	0.00	0.00	0.00	11.11	0.00	3.33	6.25	0.00	2.62
江　苏	0.00	0.00	0.00	0.00	0.00	0.00	4.00	0.00	3.13	13.33	2.62
湖　南	0.00	5.26	0.00	0.00	0.00	0.00	0.00	3.33	3.13	6.67	2.18
辽　宁	5.56	0.00	0.00	0.00	5.00	5.56	0.00	0.00	0.00	3.33	1.75
天　津	0.00	0.00	0.00	0.00	0.00	5.56	8.00	0.00	3.13	0.00	1.75
安　徽	0.00	0.00	0.00	0.00	0.00	0.00	0.00	3.33	3.13	3.33	1.31
四　川	0.00	0.00	0.00	0.00	0.00	0.00	0.00	0.00	3.13	6.67	1.31
浙　江	0.00	0.00	0.00	0.00	0.00	0.00	0.00	0.00	0.00	10.00	1.31
广　西	0.00	0.00	0.00	0.00	0.00	0.00	4.00	0.00	0.00	3.33	0.87
黑龙江	0.00	0.00	0.00	0.00	0.00	0.00	4.00	0.00	0.00	3.33	0.87
宁　夏	0.00	0.00	0.00	0.00	0.00	0.00	0.00	0.00	0.00	6.67	0.87
山　东	0.00	0.00	0.00	0.00	0.00	0.00	8.00	0.00	0.00	0.00	0.87
重　庆	0.00	0.00	0.00	0.00	0.00	0.00	0.00	0.00	3.13	0.00	0.44
福　建	0.00	0.00	0.00	0.00	0.00	0.00	4.00	0.00	0.00	0.00	0.44
甘　肃	5.56	0.00	0.00	0.00	0.00	0.00	0.00	0.00	0.00	0.00	0.44
河　北	0.00	0.00	0.00	0.00	0.00	0.00	0.00	0.00	0.00	3.33	0.44
江　西	0.00	0.00	0.00	0.00	0.00	5.56	0.00	0.00	0.00	0.00	0.44
吉　林	0.00	0.00	0.00	0.00	0.00	0.00	0.00	0.00	3.13	0.00	0.44
陕　西	0.00	0.00	0.00	0.00	0.00	0.00	0.00	0.00	3.13	0.00	0.44

表 3-29　应用化学 B 层人才的世界占比

单位：%

省　份	2013 年	2014 年	2015 年	2016 年	2017 年	2018 年	2019 年	2020 年	2021 年	2022 年	合计
江　苏	2.47	4.79	4.05	2.67	3.63	6.99	8.91	7.25	10.10	6.92	6.27
北　京	1.85	1.80	2.31	4.28	4.66	3.49	6.20	3.62	9.43	5.77	4.72
广　东	2.47	1.20	4.05	5.35	2.07	6.11	5.04	4.71	5.72	6.15	4.54
湖　北	1.23	1.20	0.58	2.67	2.07	2.18	2.33	3.26	4.38	4.62	2.68
浙　江	1.85	1.80	1.16	1.60	2.07	3.06	1.94	3.62	4.04	3.08	2.59
山　东	0.62	0.60	1.16	1.07	3.11	1.31	0.78	2.90	4.71	5.00	2.36
上　海	1.23	1.80	0.58	0.53	0.00	1.75	0.78	1.81	2.36	4.62	1.68

续表

省　份	2013 年	2014 年	2015 年	2016 年	2017 年	2018 年	2019 年	2020 年	2021 年	2022 年	合计
黑龙江	0.00	0.60	0.00	2.67	1.04	1.31	1.94	2.17	2.36	1.92	1.54
湖　南	0.62	0.60	0.58	1.07	1.04	1.31	1.16	1.81	3.70	1.54	1.50
江　西	0.62	1.20	1.73	4.28	0.52	0.87	3.10	0.72	1.35	0.77	1.50
辽　宁	0.62	0.60	0.58	0.53	1.55	0.87	1.16	2.17	2.36	1.92	1.36
河　南	0.62	0.00	0.58	0.00	0.00	0.87	1.16	1.45	3.03	2.69	1.23
陕　西	1.23	1.20	0.00	0.00	0.52	1.31	1.94	1.45	2.02	1.54	1.23
四　川	0.00	0.00	0.58	0.00	1.04	0.44	1.94	1.45	2.69	2.31	1.23
安　徽	0.62	0.60	1.16	0.53	1.55	2.62	1.16	1.09	1.01	0.38	1.09
天　津	0.00	0.60	1.16	1.07	0.00	0.87	1.16	2.17	1.35	0.77	1.00
福　建	0.62	0.60	0.58	1.07	0.00	1.31	0.00	1.81	1.01	1.92	0.95
吉　林	1.23	0.00	1.16	0.00	1.04	0.44	0.39	1.81	0.67	1.92	0.91
重　庆	0.00	0.00	0.00	0.53	0.00	2.18	0.00	0.36	1.68	1.15	0.68
广　西	0.00	0.00	0.00	0.53	0.00	0.00	0.39	2.17	0.34	1.15	0.54
河　北	0.00	0.00	0.00	0.53	0.00	0.44	0.78	0.72	1.35	0.77	0.54
山　西	0.00	1.20	0.00	0.00	0.52	1.31	0.78	0.36	0.67	0.38	0.54
宁　夏	0.00	0.00	0.00	0.00	0.00	0.00	1.16	1.09	1.35	0.38	0.50
海　南	0.00	0.00	0.00	0.00	0.00	0.44	0.39	0.00	1.01	1.15	0.41
云　南	0.00	0.60	0.00	0.00	0.52	0.00	0.39	0.72	0.34	0.77	0.36
新　疆	0.00	0.00	0.00	0.00	0.00	0.00	0.39	0.72	1.01	0.00	0.27
甘　肃	0.00	0.00	0.00	0.53	0.00	0.00	0.00	0.00	0.67	0.38	0.18
贵　州	0.00	0.00	0.00	0.00	0.00	0.00	0.00	0.00	0.34	0.38	0.09
西　藏	0.00	0.00	0.00	0.00	0.00	0.00	0.00	0.00	0.34	0.00	0.05

表 3-30　应用化学 C 层人才的世界占比

单位：%

省　份	2013 年	2014 年	2015 年	2016 年	2017 年	2018 年	2019 年	2020 年	2021 年	2022 年	合计
江　苏	3.94	5.44	4.43	4.98	5.87	7.28	7.70	7.53	9.06	10.02	6.95
北　京	3.94	4.68	3.78	3.64	4.52	5.96	6.45	6.23	7.41	7.74	5.69
广　东	3.08	3.16	3.48	4.02	4.31	4.42	6.37	5.71	6.12	6.28	4.92
浙　江	2.34	1.76	2.24	2.36	2.55	3.14	4.23	3.66	4.51	4.33	3.28
山　东	1.35	1.70	1.53	1.71	1.87	2.55	3.31	4.44	3.99	4.99	2.97
湖　北	1.41	1.93	1.59	1.98	3.01	2.37	2.94	3.51	3.08	4.53	2.77
上　海	1.41	1.52	2.30	1.82	2.75	2.37	2.14	2.83	2.55	4.08	2.46
陕　西	1.35	1.05	1.18	1.12	1.14	1.87	1.98	2.50	2.90	2.41	1.87

续表

省 份	2013 年	2014 年	2015 年	2016 年	2017 年	2018 年	2019 年	2020 年	2021 年	2022 年	合计
天 津	1.23	1.00	1.36	1.07	2.08	1.73	1.73	1.79	2.17	2.25	1.70
辽 宁	1.29	1.05	0.53	0.91	1.61	1.50	1.57	2.35	2.41	2.20	1.65
河 南	0.86	0.47	0.41	0.86	0.88	1.32	1.41	2.28	2.80	2.66	1.54
江 西	1.11	1.11	1.24	1.34	1.09	1.18	1.41	2.20	1.68	1.21	1.40
四 川	0.74	1.11	0.65	1.07	1.14	0.68	1.49	1.45	2.59	2.12	1.40
安 徽	0.37	0.82	0.94	0.75	0.94	1.37	2.10	1.45	1.96	1.75	1.34
福 建	0.62	0.53	0.77	0.96	1.25	1.32	1.69	1.45	1.96	1.79	1.32
黑龙江	1.17	0.59	0.83	0.86	0.88	1.00	1.21	1.49	1.71	2.25	1.26
湖 南	0.49	0.59	0.71	0.59	0.62	0.68	1.61	1.12	1.57	1.75	1.05
重 庆	0.37	0.59	0.35	0.37	0.62	0.82	1.25	1.01	1.01	1.25	0.82
吉 林	0.55	0.47	0.47	0.48	0.57	0.77	1.13	0.60	1.08	1.58	0.82
广 西	0.06	0.35	0.06	0.11	0.16	0.36	0.81	1.19	0.91	0.92	0.56
甘 肃	0.86	0.41	0.65	0.32	0.47	0.46	0.36	0.45	0.52	0.75	0.52
山 西	0.31	0.41	0.47	0.32	0.31	0.64	0.52	0.52	0.45	0.42	0.45
云 南	0.18	0.29	0.12	0.27	0.21	0.32	0.52	0.63	0.77	0.58	0.43
海 南	0.18	0.23	0.24	0.37	0.42	0.23	0.52	0.26	0.63	0.75	0.41
河 北	0.18	0.12	0.47	0.27	0.16	0.41	0.36	0.48	0.73	0.58	0.41
贵 州	0.12	0.00	0.06	0.05	0.21	0.36	0.36	0.41	0.70	0.50	0.32
新 疆	0.25	0.12	0.12	0.21	0.36	0.14	0.36	0.37	0.24	0.42	0.27
宁 夏	0.12	0.06	0.12	0.05	0.05	0.05	0.08	0.07	0.31	0.50	0.17
青 海	0.06	0.00	0.00	0.00	0.21	0.18	0.16	0.07	0.07	0.21	0.10
内蒙古	0.06	0.00	0.06	0.05	0.00	0.18	0.12	0.04	0.10	0.08	0.07
西 藏	0.00	0.00	0.00	0.00	0.00	0.00	0.00	0.04	0.03	0.04	0.01

十一 多学科化学

多学科化学 A、B、C 层人才最多的是北京，世界占比分别为 9.33%、10.56%、8.40%，均显著高于其他省份。

广东、上海、江苏、湖北的 A 层人才比较多，世界占比在 5%~3%；浙江、天津、安徽、辽宁、福建、湖南、山东、河南、吉林、陕西、四川有相当数量的 A 层人才，世界占比在 3%~1%；重庆、江西、黑龙江、山西、甘肃、河北也有一定数量的 A 层人才，世界占比均超过 0.2%；广西、海南、内蒙古、西藏 A 层人才的世界占比均为 0.08%。

江苏、上海、广东的 B 层人才处于第二梯队，世界占比分别为 5.43%、5.22%、5.11%；湖北、浙江、天津、安徽、福建、辽宁、吉林、山东、湖南、河南、四川、陕西有相当数量的 B 层人才，世界占比在 3%～1%；黑龙江、重庆、江西、甘肃、山西、河北、广西、新疆、云南、内蒙古也有一定数量的 B 层人才，世界占比均超过 0.1%；贵州、海南、宁夏、青海 B 层人才的世界占比均低于 0.1%。

江苏、上海、广东的 C 层人才处于第二梯队，世界占比分别为 4.84%、4.81%、4.47%；浙江、湖北、天津、安徽、山东、福建、吉林、辽宁、四川、湖南、河南、陕西有相当数量的 C 层人才，世界占比在 3%～1%；黑龙江、重庆、甘肃、江西、山西、广西、河北、云南、新疆、海南、贵州也有一定数量的 C 层人才，世界占比均超过 0.1%；内蒙古、宁夏、青海、西藏 C 层人才的世界占比均低于 0.1%。

表 3-31　多学科化学 A 层人才的世界占比

单位：%

省　份	2013 年	2014 年	2015 年	2016 年	2017 年	2018 年	2019 年	2020 年	2021 年	2022 年	合计
北　京	7.29	1.87	8.70	12.50	12.40	7.30	10.39	7.75	11.88	10.65	9.33
广　东	1.04	1.87	0.87	0.83	3.88	2.92	5.84	4.93	6.88	10.06	4.36
上　海	1.04	4.67	2.61	7.50	2.33	5.11	4.55	0.70	5.00	6.51	4.14
江　苏	1.04	0.93	2.61	0.83	4.65	2.19	3.90	3.52	4.38	7.10	3.39
湖　北	0.00	2.80	2.61	0.83	6.20	2.92	1.95	2.82	3.75	5.92	3.16
浙　江	2.08	0.00	2.61	0.83	2.33	0.00	1.30	2.11	3.75	8.28	2.56
天　津	1.04	0.93	2.61	4.17	0.78	4.38	1.30	4.93	1.25	1.78	2.33
安　徽	3.13	1.87	0.00	1.67	3.10	4.38	3.90	2.11	1.25	1.18	2.26
辽　宁	3.13	1.87	0.87	0.00	1.55	2.19	1.95	2.82	1.88	4.14	2.11
福　建	3.13	0.93	0.87	0.83	1.55	2.19	1.30	1.41	3.13	2.37	1.81
湖　南	1.04	0.00	0.00	0.83	2.33	0.73	1.95	3.52	1.25	4.73	1.81
山　东	0.00	0.00	0.00	2.50	0.78	2.19	2.60	1.41	2.50	2.96	1.66
河　南	0.00	0.00	0.00	0.00	0.78	0.73	0.65	4.23	3.75	3.55	1.58
吉　林	3.13	1.87	2.61	2.50	0.78	0.73	2.60	1.41	0.00	1.18	1.58

续表

省 份	2013 年	2014 年	2015 年	2016 年	2017 年	2018 年	2019 年	2020 年	2021 年	2022 年	合计
陕 西	0.00	0.93	0.00	0.00	0.78	0.00	1.95	0.00	3.13	4.73	1.35
四 川	0.00	0.00	0.00	0.00	0.00	0.73	0.65	0.70	1.25	6.51	1.20
重 庆	1.04	0.00	2.61	0.83	0.78	0.00	0.65	0.70	0.00	1.78	0.83
江 西	0.00	0.00	0.00	0.00	0.00	0.73	0.65	0.70	0.63	1.18	0.45
黑龙江	0.00	1.87	0.00	0.00	0.78	0.00	0.65	0.00	0.63	0.00	0.38
山 西	0.00	0.00	0.00	0.00	0.83	0.00	0.65	0.00	0.63	0.59	0.30
甘 肃	1.04	0.00	0.00	0.00	0.00	0.73	0.00	0.00	0.00	0.59	0.23
河 北	0.00	0.00	0.00	0.00	0.78	0.00	0.00	0.70	0.63	0.00	0.23
广 西	0.00	0.00	0.00	0.00	0.00	0.00	0.65	0.00	0.00	0.00	0.08
海 南	0.00	0.00	0.00	0.00	0.00	0.00	0.65	0.00	0.00	0.00	0.08
内蒙古	0.00	0.00	0.00	0.00	0.00	0.00	0.00	0.00	0.63	0.00	0.08
西 藏	0.00	0.00	0.00	0.00	0.00	0.00	0.00	0.00	0.00	0.59	0.08

表 3-32 多学科化学 B 层人才的世界占比

单位：%

省 份	2013 年	2014 年	2015 年	2016 年	2017 年	2018 年	2019 年	2020 年	2021 年	2022 年	合计
北 京	7.86	7.80	7.12	9.58	11.73	12.17	11.64	9.78	12.49	12.60	10.56
江 苏	2.20	2.94	3.27	3.90	5.44	6.73	5.46	6.54	6.88	8.01	5.43
上 海	3.70	3.55	3.37	3.11	5.18	5.76	6.18	5.29	5.81	8.07	5.22
广 东	1.73	1.62	1.83	2.84	4.14	5.27	5.96	5.51	7.62	10.24	5.11
湖 北	1.39	1.62	1.83	1.77	3.45	3.73	2.73	3.31	3.74	4.59	2.97
浙 江	1.04	1.11	2.02	2.04	2.16	2.27	2.73	3.09	4.41	6.23	2.94
天 津	1.27	0.91	2.50	2.40	2.33	2.84	2.87	4.34	3.47	4.33	2.89
安 徽	2.08	1.72	1.92	2.04	2.42	3.89	3.74	3.46	2.47	2.95	2.75
福 建	1.04	1.22	1.54	1.33	2.16	1.70	2.01	2.57	2.94	3.28	2.09
辽 宁	1.97	0.91	1.54	1.69	1.81	2.84	1.87	2.65	2.07	2.76	2.07
吉 林	1.16	2.63	1.92	1.42	1.90	2.19	1.80	1.99	2.27	2.69	2.04
山 东	1.16	0.91	0.77	0.62	1.04	2.27	1.58	1.54	3.27	4.53	1.93
湖 南	0.35	0.30	0.77	0.44	1.29	2.03	2.01	1.76	2.47	2.95	1.58
河 南	0.23	0.51	0.29	0.35	0.43	0.89	1.80	2.28	3.27	3.54	1.55
四 川	0.23	0.61	0.38	0.35	1.04	1.14	1.51	1.40	2.27	3.15	1.35
陕 西	0.12	0.10	0.48	0.62	0.26	1.14	1.08	1.91	2.34	2.82	1.23
黑龙江	0.58	0.51	0.38	0.80	0.52	1.14	0.65	1.25	1.34	1.64	0.94
重 庆	0.46	0.00	0.29	0.27	0.35	0.73	0.57	0.74	1.00	1.44	0.64

续表

省　份	2013 年	2014 年	2015 年	2016 年	2017 年	2018 年	2019 年	2020 年	2021 年	2022 年	合计
江　西	0.12	0.20	0.19	0.18	0.35	0.57	0.29	0.81	0.53	0.98	0.46
甘　肃	0.23	0.20	0.29	0.27	0.43	0.49	0.22	0.37	0.33	0.85	0.39
山　西	0.35	0.30	0.19	0.09	0.43	0.32	0.29	0.51	0.53	0.52	0.37
河　北	0.00	0.10	0.10	0.09	0.17	0.49	0.22	0.44	0.47	0.46	0.28
广　西	0.00	0.00	0.00	0.18	0.17	0.08	0.14	0.15	0.40	0.92	0.24
新　疆	0.12	0.00	0.10	0.09	0.43	0.32	0.22	0.07	0.13	0.26	0.18
云　南	0.12	0.10	0.00	0.09	0.00	0.16	0.00	0.44	0.20	0.13	0.13
内蒙古	0.00	0.00	0.00	0.00	0.00	0.00	0.00	0.07	0.22	0.33	0.39	0.12
贵　州	0.00	0.00	0.10	0.09	0.00	0.08	0.07	0.15	0.13	0.13	0.08
海　南	0.00	0.00	0.00	0.00	0.09	0.24	0.00	0.07	0.13	0.20	0.08
宁　夏	0.00	0.00	0.10	0.00	0.09	0.00	0.07	0.00	0.00	0.20	0.05
青　海	0.00	0.00	0.00	0.00	0.00	0.00	0.00	0.00	0.00	0.07	0.01

表 3-33　多学科化学 C 层人才的世界占比

单位：%

省　份	2013 年	2014 年	2015 年	2016 年	2017 年	2018 年	2019 年	2020 年	2021 年	2022 年	合计
北　京	6.17	6.41	7.10	7.67	8.33	8.96	9.92	9.07	9.09	9.33	8.40
江　苏	2.25	2.44	3.58	4.00	5.03	5.35	6.00	5.60	5.70	6.29	4.84
上　海	3.88	3.86	4.03	3.78	4.18	4.69	5.39	5.14	6.02	5.89	4.81
广　东	1.44	1.57	1.72	2.49	3.58	4.53	5.57	6.17	6.84	7.35	4.47
浙　江	1.51	1.36	1.43	1.58	1.99	2.26	2.45	2.82	3.70	4.14	2.46
湖　北	1.17	1.29	1.45	1.93	2.39	2.72	2.68	2.82	2.88	3.18	2.36
天　津	1.03	1.09	1.69	1.63	2.01	2.66	3.02	2.73	2.81	3.01	2.28
安　徽	1.05	1.45	1.46	1.71	1.82	2.00	2.13	2.16	2.35	2.59	1.94
山　东	0.65	0.76	0.83	0.94	1.34	1.99	2.53	2.23	2.50	2.82	1.79
福　建	1.20	1.10	1.20	1.14	1.50	1.75	2.04	2.05	2.61	2.39	1.78
吉　林	1.73	1.62	1.57	1.37	1.38	1.71	1.84	1.96	1.52	1.73	1.65
辽　宁	1.24	1.06	1.08	1.05	1.23	1.43	1.73	1.68	1.81	1.68	1.44
四　川	0.57	0.61	0.80	0.87	1.20	1.63	1.97	1.88	1.85	1.93	1.42
湖　南	0.62	0.60	0.71	0.91	1.14	1.55	1.73	1.60	1.71	1.82	1.31
河　南	0.28	0.37	0.40	0.46	0.66	0.73	1.60	2.27	2.49	2.44	1.30
陕　西	0.28	0.29	0.34	0.53	0.60	1.18	1.44	1.45	1.39	1.74	1.01
黑龙江	0.48	0.48	0.55	0.68	0.65	0.89	0.70	1.06	0.74	0.95	0.74
重　庆	0.28	0.27	0.57	0.42	0.50	0.62	0.66	0.73	0.87	0.97	0.62

续表

省　份	2013 年	2014 年	2015 年	2016 年	2017 年	2018 年	2019 年	2020 年	2021 年	2022 年	合计
甘　肃	0.67	0.45	0.64	0.52	0.41	0.54	0.54	0.45	0.60	0.65	0.55
江　西	0.12	0.23	0.32	0.23	0.35	0.42	0.57	0.65	0.69	0.78	0.47
山　西	0.19	0.21	0.26	0.28	0.37	0.51	0.51	0.40	0.43	0.56	0.39
广　西	0.08	0.05	0.12	0.10	0.13	0.32	0.38	0.39	0.43	0.71	0.30
河　北	0.09	0.10	0.18	0.17	0.17	0.35	0.39	0.41	0.33	0.46	0.29
云　南	0.06	0.06	0.09	0.13	0.16	0.16	0.15	0.22	0.26	0.24	0.16
新　疆	0.07	0.04	0.10	0.10	0.16	0.12	0.16	0.14	0.16	0.28	0.14
海　南	0.02	0.04	0.03	0.03	0.08	0.10	0.18	0.14	0.16	0.24	0.11
贵　州	0.03	0.05	0.06	0.09	0.05	0.09	0.12	0.18	0.19	0.14	0.11
内蒙古	0.08	0.03	0.08	0.06	0.06	0.06	0.09	0.09	0.12	0.17	0.09
宁　夏	0.01	0.00	0.02	0.04	0.02	0.06	0.05	0.07	0.05	0.05	0.04
青　海	0.01	0.00	0.00	0.00	0.04	0.07	0.04	0.03	0.01	0.02	0.02
西　藏	0.00	0.00	0.00	0.00	0.02	0.01	0.03	0.04	0.03	0.02	0.02

第二节　学科组

在化学各学科人才分析的基础上，按照 A、B、C 三个人才层次，对各学科人才进行汇总分析，可以从学科组层面揭示人才的分布特点和发展趋势。

一　A 层人才

化学 A 层人才最多的是北京，占该学科组全球 A 层人才的 7.35%；其后依次是广东、上海、湖北、江苏、浙江，世界占比分别为 3.65%、3.15%、3.06%、3.00%、2.18%；湖南、河南、山东、天津、辽宁、安徽、四川、福建、陕西、吉林有相当数量的 A 层人才，世界占比在 2%~1%；重庆、黑龙江、山西、江西、甘肃、广西、河北、宁夏、海南也有一定数量的 A 层人才，世界占比均超过 0.1%；新疆、云南、贵州、内蒙古、西藏、青海 A 层人才的世界占比均低于 0.1%。

在发展趋势上，多数省份 A 层人才的世界占比总体上呈现相对上升的趋势；其中，北京、广东、上海、湖北、江苏、浙江、湖南、河南、山东、辽宁、陕西、重庆、山西的增幅相对较大。

表3-34 化学A层人才的世界占比

单位：%

省　份	2013年	2014年	2015年	2016年	2017年	2018年	2019年	2020年	2021年	2022年	合计
北　京	5.67	3.26	5.41	7.78	9.82	7.72	7.99	5.61	10.94	7.30	7.35
广　东	0.74	1.40	0.90	0.86	2.40	2.70	5.61	4.42	5.47	8.23	3.65
上　海	0.99	2.33	1.58	4.32	2.20	2.90	3.06	2.38	4.71	5.43	3.15
湖　北	0.99	1.86	2.70	1.08	5.01	2.51	2.55	3.74	3.19	5.43	3.06
江　苏	0.99	1.40	1.80	1.51	3.01	2.90	3.23	2.89	3.34	6.83	3.00
浙　江	0.99	0.23	1.13	1.08	2.20	0.97	1.02	1.70	3.34	6.99	2.18
湖　南	0.49	0.47	0.23	0.86	2.61	1.35	2.04	2.38	1.98	4.50	1.85
河　南	0.49	0.00	0.23	0.00	1.00	0.19	0.85	3.91	3.65	4.81	1.76
山　东	0.49	0.00	0.00	1.51	0.20	1.74	2.55	1.87	2.74	3.88	1.68
天　津	0.99	0.47	1.58	1.73	1.00	2.51	2.72	1.53	1.37	1.86	1.62
辽　宁	1.48	1.17	0.68	0.43	1.60	1.93	1.36	1.70	1.06	2.17	1.39
安　徽	1.72	0.93	0.45	0.86	1.20	2.32	2.04	1.19	1.37	1.09	1.34
四　川	0.00	0.00	0.23	0.22	0.00	0.58	0.51	0.85	3.04	5.43	1.30
福　建	1.72	0.47	0.68	0.86	0.60	0.58	1.36	2.04	1.06	2.48	1.24
陕　西	0.74	0.23	0.00	0.43	0.40	0.00	2.04	0.51	1.82	4.50	1.22
吉　林	2.22	0.93	1.58	1.73	1.40	0.77	1.70	0.85	0.30	1.09	1.20
重　庆	0.25	0.00	0.90	0.65	0.80	0.58	0.17	0.34	0.46	1.55	0.59
黑龙江	0.00	0.93	0.00	0.43	0.00	0.19	1.02	0.68	0.46	0.47	0.52
山　西	0.00	0.00	0.00	0.86	0.20	0.19	0.51	0.17	0.46	1.09	0.38
江　西	0.00	0.00	0.00	0.22	0.00	0.97	0.34	0.17	0.61	0.93	0.36
甘　肃	1.48	0.00	0.23	0.22	0.00	0.19	0.00	0.30	0.62	0.29
广　西	0.00	0.00	0.00	0.00	0.00	0.00	0.68	0.17	0.30	0.62	0.21
河　北	0.00	0.00	0.00	0.00	0.20	0.39	0.51	0.17	0.30	0.16	0.19
宁　夏	0.00	0.00	0.00	0.00	0.00	0.00	0.00	0.00	0.00	1.09	0.13
海　南	0.00	0.00	0.00	0.00	0.00	0.00	0.34	0.17	0.00	0.31	0.11
新　疆	0.00	0.00	0.00	0.00	0.00	0.00	0.00	0.17	0.00	0.30	0.00	0.06
云　南	0.00	0.00	0.00	0.00	0.00	0.00	0.00	0.00	0.30	0.16	0.06
贵　州	0.00	0.00	0.00	0.00	0.00	0.00	0.17	0.00	0.00	0.16	0.04
内蒙古	0.00	0.00	0.00	0.00	0.00	0.00	0.00	0.00	0.30	0.00	0.04
西　藏	0.00	0.00	0.00	0.00	0.00	0.00	0.00	0.00	0.00	0.16	0.02
青　海	0.00	0.00	0.00	0.00	0.00	0.00	0.00	0.00	0.00	0.16	0.02

二 B层人才

化学B层人才最多的是北京，占该学科组全球B层人才的8.69%；其后依次是江苏、广东、上海，世界占比分别为5.36%、4.60%、4.19%；湖北、浙江、山东、天津的B层人才比较多，世界占比在3%~2%；安徽、湖南、福建、辽宁、河南、吉林、四川、陕西、黑龙江有相当数量的B层人才，世界占比均超过1%；重庆、江西、山西、甘肃、广西、河北、云南、新疆、宁夏、海南也有一定数量的B层人才，世界占比均超过0.1%；贵州、内蒙古、青海、西藏B层人才的世界占比均低于0.1%。

在发展趋势上，多数省份B层人才的世界占比总体上呈相对上升的趋势；其中，江苏、广东、上海、湖北、浙江、山东、天津、河南、四川、陕西、黑龙江的增幅相对较大。

表3-35 化学B层人才的世界占比

单位：%

省 份	2013年	2014年	2015年	2016年	2017年	2018年	2019年	2020年	2021年	2022年	合计
北 京	7.64	7.10	6.47	7.76	9.72	10.06	9.84	7.58	10.55	8.78	8.69
江 苏	2.57	2.88	3.30	4.13	5.13	6.14	6.01	5.90	7.54	7.34	5.36
广 东	1.60	1.59	1.80	2.87	3.74	4.82	5.61	5.22	7.06	8.20	4.60
上 海	3.03	2.70	2.63	2.68	3.91	4.55	4.55	4.35	5.32	6.37	4.19
湖 北	1.54	1.82	1.65	2.29	3.50	3.56	2.80	3.25	3.88	4.02	2.96
浙 江	1.41	1.52	1.87	2.11	2.26	2.64	2.56	2.91	4.41	5.44	2.89
山 东	0.92	0.99	1.11	0.96	1.52	2.56	2.52	2.56	4.41	5.20	2.49
天 津	1.27	0.91	2.16	1.86	2.09	2.45	2.77	2.92	2.83	3.06	2.33
安 徽	1.38	1.62	1.06	1.56	1.57	2.60	2.95	2.27	1.69	2.19	1.94
湖 南	0.68	0.61	1.13	0.76	1.52	2.39	2.58	2.24	2.89	2.71	1.88
福 建	0.95	1.26	1.21	1.28	1.28	1.63	1.78	1.90	2.41	2.57	1.71
辽 宁	1.25	0.76	1.45	1.74	1.65	2.14	1.71	1.81	1.92	2.05	1.69
河 南	0.54	0.53	0.54	0.39	0.63	1.46	2.38	2.18	3.31	3.13	1.68
吉 林	1.08	1.72	1.45	1.08	1.63	1.71	1.37	1.53	1.84	1.90	1.56
四 川	0.60	0.73	0.47	0.55	1.02	1.44	1.56	1.97	2.40	3.27	1.53
陕 西	0.35	0.48	0.66	0.57	0.46	1.32	1.28	1.72	2.22	2.60	1.28
黑龙江	0.76	0.46	0.69	0.83	0.91	1.30	0.80	1.21	1.55	1.85	1.09

省　份	2013 年	2014 年	2015 年	2016 年	2017 年	2018 年	2019 年	2020 年	2021 年	2022 年	合计
重　庆	0.46	0.30	0.30	0.53	0.67	0.97	0.71	1.12	1.11	1.32	0.80
江　西	0.22	0.40	0.32	0.55	0.30	0.47	0.48	0.83	0.74	0.91	0.55
山　西	0.19	0.25	0.25	0.30	0.46	0.56	0.39	0.45	0.78	0.91	0.48
甘　肃	0.38	0.30	0.30	0.41	0.59	0.39	0.33	0.43	0.46	0.96	0.47
广　西	0.08	0.03	0.17	0.21	0.20	0.21	0.30	0.76	0.73	1.06	0.42
河　北	0.14	0.05	0.07	0.11	0.20	0.43	0.32	0.43	0.64	0.65	0.34
云　南	0.08	0.13	0.00	0.18	0.24	0.14	0.15	0.38	0.38	0.29	0.21
新　疆	0.03	0.00	0.10	0.16	0.20	0.16	0.19	0.09	0.26	0.22	0.15
宁　夏	0.00	0.03	0.07	0.02	0.04	0.04	0.15	0.14	0.25	0.43	0.13
海　南	0.03	0.03	0.00	0.05	0.13	0.16	0.00	0.14	0.28	0.24	0.12
贵　州	0.00	0.00	0.10	0.11	0.00	0.10	0.04	0.07	0.15	0.27	0.09
内蒙古	0.00	0.00	0.02	0.00	0.04	0.00	0.07	0.11	0.12	0.24	0.07
青　海	0.03	0.00	0.00	0.02	0.00	0.02	0.09	0.05	0.02	0.05	0.03
西　藏	0.00	0.00	0.00	0.00	0.00	0.00	0.02	0.02	0.03	0.00	0.01

三　C层人才

　　化学C层人才最多的是北京，占该学科组世界C层人才的7.94%；其后依次是江苏、广东、上海，世界占比分别为5.26%、4.42%、4.19%；浙江、湖北、山东、天津的C层人才比较多，世界占比在3%～2%；安徽、福建、四川、辽宁、湖南、吉林、河南、陕西、黑龙江有相当数量的C层人才，世界占比超过1%；重庆、甘肃、江西、山西、广西、河北、云南、新疆、贵州、海南、内蒙古也有一定数量的C层人才，世界占比均大于或等于0.1%；宁夏、青海、西藏C层人才的世界占比均低于0.1%。

　　在发展趋势上，各省份C层人才的世界占比总体上呈相对上升的趋势；其中，江苏、广东、上海、浙江、湖北、山东、天津、安徽、福建、四川、湖南、河南、陕西的增幅相对较大。

表 3-36 化学 C 层人才的世界占比

单位：%

省　份	2013 年	2014 年	2015 年	2016 年	2017 年	2018 年	2019 年	2020 年	2021 年	2022 年	合计
北　京	6.01	6.46	7.15	7.32	8.04	8.77	9.01	8.24	8.37	8.71	7.94
江　苏	2.65	3.21	3.81	4.43	5.26	5.63	6.08	5.99	6.32	7.12	5.26
广　东	1.59	2.03	2.15	2.70	3.53	4.40	5.48	5.94	6.55	6.90	4.42
上　海	3.27	3.40	3.59	3.57	3.85	4.12	4.61	4.39	4.95	5.14	4.19
浙　江	1.69	1.54	1.67	1.84	2.17	2.51	2.84	3.05	3.93	4.19	2.68
湖　北	1.33	1.57	1.87	2.16	2.80	3.09	3.03	3.09	3.16	3.47	2.66
山　东	1.14	1.19	1.31	1.57	2.00	2.75	3.22	3.17	3.65	4.04	2.56
天　津	1.25	1.35	1.54	1.59	2.01	2.43	2.72	2.56	2.76	2.62	2.17
安　徽	1.05	1.35	1.28	1.41	1.57	1.82	2.01	1.88	2.11	2.36	1.74
福　建	1.16	1.17	1.18	1.19	1.45	1.65	1.81	1.89	2.19	2.19	1.65
四　川	0.65	0.83	0.92	1.06	1.40	1.81	2.06	2.03	2.26	2.45	1.64
辽　宁	1.22	1.14	1.10	1.19	1.45	1.64	1.88	1.85	2.06	2.02	1.61
湖　南	0.86	0.88	0.94	1.11	1.29	1.61	2.19	1.93	1.94	2.16	1.56
吉　林	1.38	1.47	1.45	1.20	1.41	1.65	1.80	1.74	1.48	1.71	1.55
河　南	0.45	0.65	0.76	0.80	0.86	1.21	1.81	2.33	2.70	2.63	1.54
陕　西	0.45	0.47	0.54	0.68	0.77	1.36	1.72	1.69	1.89	2.05	1.25
黑龙江	0.65	0.76	0.88	0.78	0.96	1.16	1.07	1.32	1.16	1.36	1.04
重　庆	0.38	0.47	0.70	0.60	0.78	0.93	1.05	1.07	1.11	1.35	0.89
甘　肃	0.65	0.58	0.70	0.70	0.60	0.62	0.66	0.67	0.71	0.84	0.68
江　西	0.33	0.37	0.51	0.43	0.49	0.64	0.73	0.85	0.86	0.93	0.65
山　西	0.27	0.27	0.40	0.38	0.46	0.63	0.67	0.63	0.67	0.74	0.54
广　西	0.11	0.13	0.17	0.18	0.24	0.38	0.59	0.68	0.80	1.04	0.48
河　北	0.14	0.19	0.26	0.23	0.26	0.40	0.45	0.51	0.52	0.62	0.38
云　南	0.12	0.18	0.17	0.19	0.19	0.22	0.24	0.31	0.42	0.42	0.26
新　疆	0.09	0.11	0.12	0.16	0.21	0.15	0.22	0.17	0.24	0.30	0.19
贵　州	0.06	0.09	0.07	0.09	0.10	0.15	0.17	0.24	0.25	0.27	0.16
海　南	0.05	0.05	0.08	0.06	0.11	0.14	0.19	0.17	0.24	0.36	0.15
内蒙古	0.04	0.06	0.07	0.08	0.07	0.10	0.10	0.09	0.14	0.21	0.10
宁　夏	0.02	0.03	0.04	0.03	0.05	0.07	0.08	0.12	0.13	0.18	0.08
青　海	0.01	0.01	0.01	0.04	0.06	0.10	0.10	0.06	0.05	0.08	0.06
西　藏	0.01	0.00	0.00	0.00	0.01	0.01	0.02	0.03	0.04	0.04	0.02

第4章 生命科学

生命科学是研究生命现象、揭示生命活动规律和生命本质的科学，其研究对象包括动物、植物、微生物及人类本身，研究层次涉及分子、细胞、组织、器官、个体、群体及群落和生态系统。生命科学既是一门基础科学，又与国民经济和社会发展密切相关。它既探究生命起源、进化等重要理论问题，又有助于解决人口健康、农业、生态环境等国家重大需求。

第一节 学科

生命科学学科组包括以下学科：生物学、微生物学、病毒学、植物学、生态学、湖沼学、进化生物学、动物学、鸟类学、昆虫学、制奶和动物科学、生物物理学、生物化学和分子生物学、生物化学研究方法、遗传学和遗传性、数学生物学和计算生物学、细胞生物学、免疫学、神经科学、心理学、应用心理学、生理心理学、临床心理学、发展心理学、教育心理学、实验心理学、数学心理学、多学科心理学、心理分析、社会心理学、行为科学、生物材料学、细胞和组织工程学、生理学、解剖学和形态学、发育生物学、生殖生物学、农学、多学科农业、生物多样性保护、园艺学、真菌学、林学、兽医学、海洋生物学和淡水生物学、渔业学、食品科学和技术、生物医药工程、生物技术和应用微生物学，共计49个。

一 生物学

生物学A层人才最多的是浙江，世界占比为2.67%；北京、广东A层人才的世界占比均为2.00%，并列排名第二；其后是江苏、上海，世界占比均为 1.00%；湖北、吉林、安徽、重庆、福建、甘肃、广西、湖南、山东、云南也有一定数量的 A 层人才，世界占比均超过 0.3%。

北京、广东、上海 B 层人才的世界占比分别为 2.18%、1.22%、1.07%，排名前三；浙江、江苏、湖北、山东、云南、四川、吉林、安徽、福建、辽宁、陕西、黑龙江、湖南、河南、天津、重庆、江西、甘肃、内蒙古也有一定数量的 B 层人才，世界占比均超过 0.1%；广西、贵州、海南、河北、宁夏、山西、新疆 B 层人才的世界占比均低于 0.1%。

北京、广东、上海 C 层人才的世界占比分别为 1.73%、1.19%、1.08%，排名前三；江苏、浙江、湖北、山东、四川、湖南、安徽、河南、辽宁、天津、陕西、福建、云南、重庆、黑龙江、吉林、广西、河北也有一定数量的 C 层人才，世界占比均超过 0.1%；甘肃、江西、山西、内蒙古、新疆、贵州、海南、宁夏、青海、西藏 C 层人才的世界占比均低于 0.1%。

表 4-1 生物学 A 层人才的世界占比

单位：%

省 份	2013 年	2014 年	2015 年	2016 年	2017 年	2018 年	2019 年	2020 年	2021 年	2022 年	合计
浙 江	0.00	0.00	3.85	0.00	6.06	0.00	0.00	2.50	0.00	11.43	2.67
北 京	0.00	0.00	3.85	0.00	3.03	0.00	0.00	5.00	0.00	5.71	2.00
广 东	0.00	0.00	3.85	0.00	3.03	4.00	0.00	5.00	0.00	2.86	2.00
江 苏	0.00	0.00	0.00	0.00	3.03	0.00	0.00	2.50	2.94	0.00	1.00
上 海	0.00	0.00	0.00	0.00	6.06	0.00	0.00	2.50	0.00	0.00	1.00
湖 北	0.00	0.00	3.85	0.00	0.00	0.00	0.00	2.50	0.00	0.00	0.67
吉 林	0.00	0.00	0.00	0.00	0.00	0.00	0.00	0.00	0.00	5.71	0.67
安 徽	0.00	0.00	0.00	0.00	0.00	0.00	0.00	2.50	0.00	0.00	0.33
重 庆	0.00	0.00	0.00	3.45	0.00	0.00	0.00	0.00	0.00	0.00	0.33
福 建	0.00	0.00	0.00	0.00	3.03	0.00	0.00	0.00	0.00	0.00	0.33
甘 肃	0.00	0.00	0.00	0.00	0.00	0.00	0.00	0.00	0.00	2.86	0.33
广 西	0.00	0.00	0.00	0.00	0.00	0.00	0.00	0.00	2.94	0.00	0.33
湖 南	0.00	0.00	0.00	0.00	3.03	0.00	0.00	0.00	0.00	0.00	0.33
山 东	0.00	0.00	0.00	0.00	0.00	0.00	0.00	2.50	0.00	0.00	0.33
云 南	0.00	0.00	0.00	0.00	0.00	0.00	0.00	2.50	0.00	0.00	0.33

表 4-2　生物学 B 层人才的世界占比

单位：%

省　份	2013 年	2014 年	2015 年	2016 年	2017 年	2018 年	2019 年	2020 年	2021 年	2022 年	合计
北　京	1.63	2.20	1.18	3.41	2.03	1.96	2.19	2.50	2.06	2.43	2.18
广　东	0.82	0.88	0.00	0.76	1.36	1.47	1.46	1.94	1.18	1.82	1.22
上　海	0.00	0.44	0.00	1.89	0.68	0.98	2.19	1.67	0.59	1.82	1.07
浙　江	0.41	0.44	0.39	0.76	0.00	0.49	0.73	0.56	0.59	3.65	0.86
江　苏	0.00	0.00	0.00	1.89	0.34	0.49	0.73	0.83	1.18	1.22	0.72
湖　北	0.00	0.00	0.39	0.38	0.34	0.49	0.36	0.56	0.88	2.13	0.61
山　东	0.41	0.00	0.39	0.38	0.34	0.49	0.00	0.83	0.59	0.91	0.47
云　南	0.00	0.00	0.00	1.14	0.34	0.49	0.00	0.56	1.47	0.30	0.47
四　川	0.00	0.00	0.00	0.76	0.00	0.49	0.00	0.56	0.00	2.13	0.43
吉　林	0.41	0.44	0.00	0.00	0.00	0.00	0.36	0.00	0.29	1.52	0.32
安　徽	0.00	0.44	0.00	0.00	0.34	0.49	0.00	0.28	0.29	0.61	0.25
福　建	0.00	0.00	0.00	0.38	0.00	0.00	0.00	0.28	0.29	1.22	0.25
辽　宁	0.00	0.00	0.39	0.38	0.00	0.00	0.00	0.28	0.29	0.91	0.25
陕　西	0.00	0.00	0.39	0.00	0.00	0.49	0.00	0.28	0.29	0.91	0.25
黑龙江	0.00	0.00	0.00	0.00	0.00	0.98	0.36	0.28	0.29	0.30	0.21
湖　南	0.00	0.00	0.39	0.00	0.00	0.49	0.36	0.56	0.29	0.00	0.21
河　南	0.00	0.00	0.00	0.00	0.00	0.00	0.00	0.56	0.29	0.61	0.18
天　津	0.00	0.44	0.39	0.00	0.00	0.49	0.00	0.00	0.29	0.30	0.18
重　庆	0.00	0.00	0.39	0.00	0.34	0.00	0.36	0.00	0.00	0.30	0.14
江　西	0.00	0.00	0.39	0.38	0.00	0.00	0.00	0.00	0.29	0.30	0.14
甘　肃	0.00	0.00	0.39	0.38	0.00	0.00	0.00	0.28	0.00	0.00	0.11
内蒙古	0.00	0.00	0.00	0.00	0.34	0.00	0.36	0.00	0.29	0.00	0.11
广　西	0.00	0.00	0.00	0.00	0.00	0.00	0.00	0.28	0.29	0.00	0.07
贵　州	0.00	0.00	0.00	0.00	0.00	0.00	0.00	0.00	0.29	0.00	0.04
海　南	0.00	0.00	0.00	0.00	0.00	0.00	0.00	0.28	0.00	0.00	0.04
河　北	0.00	0.00	0.00	0.00	0.00	0.00	0.00	0.00	0.30	0.00	0.04
宁　夏	0.00	0.00	0.00	0.00	0.00	0.00	0.00	0.00	0.30	0.00	0.04
山　西	0.00	0.00	0.00	0.00	0.38	0.00	0.00	0.00	0.00	0.00	0.04
新　疆	0.00	0.00	0.00	0.00	0.00	0.00	0.00	0.00	0.00	0.30	0.04

表4-3 生物学 C 层人才的世界占比

单位：%

省 份	2013 年	2014 年	2015 年	2016 年	2017 年	2018 年	2019 年	2020 年	2021 年	2022 年	合计
北 京	1.30	1.01	0.87	1.13	2.09	1.86	2.26	2.29	1.99	1.99	1.73
广 东	0.33	0.44	0.47	0.41	1.08	0.91	1.78	1.88	1.43	2.46	1.19
上 海	0.50	0.44	0.67	0.75	1.08	0.95	1.42	1.41	1.40	1.73	1.08
江 苏	0.25	0.39	0.55	0.34	0.67	0.91	0.95	1.05	1.13	1.63	0.82
浙 江	0.25	0.39	0.36	0.26	0.74	0.69	0.98	1.16	1.22	1.56	0.81
湖 北	0.25	0.13	0.39	0.34	0.37	0.69	0.91	0.66	0.92	0.90	0.58
山 东	0.17	0.13	0.20	0.15	0.40	0.82	0.44	0.80	1.07	0.76	0.53
四 川	0.08	0.04	0.16	0.19	0.24	0.52	0.44	0.50	0.50	0.57	0.34
湖 南	0.13	0.17	0.08	0.11	0.17	0.35	0.29	0.36	0.48	0.66	0.29
安 徽	0.04	0.04	0.16	0.08	0.40	0.30	0.44	0.39	0.24	0.60	0.28
河 南	0.04	0.00	0.12	0.11	0.27	0.26	0.36	0.47	0.45	0.43	0.27
辽 宁	0.08	0.04	0.16	0.15	0.13	0.13	0.25	0.28	0.36	0.63	0.24
天 津	0.08	0.09	0.04	0.11	0.20	0.22	0.36	0.30	0.42	0.27	0.22
陕 西	0.08	0.17	0.04	0.08	0.24	0.26	0.22	0.39	0.15	0.43	0.22
福 建	0.13	0.09	0.12	0.08	0.17	0.26	0.22	0.25	0.27	0.37	0.21
云 南	0.17	0.09	0.08	0.11	0.07	0.22	0.44	0.28	0.27	0.10	0.20
重 庆	0.33	0.04	0.12	0.04	0.07	0.17	0.22	0.28	0.09	0.43	0.18
黑龙江	0.08	0.09	0.20	0.08	0.10	0.22	0.15	0.25	0.24	0.23	0.17
吉 林	0.04	0.04	0.20	0.11	0.10	0.22	0.11	0.17	0.30	0.30	0.16
广 西	0.00	0.00	0.04	0.11	0.07	0.09	0.07	0.19	0.27	0.17	0.11
河 北	0.00	0.00	0.16	0.11	0.07	0.09	0.07	0.28	0.06	0.17	0.11
甘 肃	0.08	0.04	0.00	0.00	0.00	0.04	0.04	0.14	0.27	0.13	0.08
江 西	0.08	0.00	0.00	0.04	0.00	0.13	0.07	0.08	0.09	0.13	0.08
山 西	0.04	0.00	0.00	0.08	0.00	0.00	0.09	0.00	0.11	0.24	0.08
内蒙古	0.04	0.00	0.04	0.04	0.03	0.09	0.11	0.06	0.09	0.04	0.06
新 疆	0.00	0.04	0.00	0.08	0.00	0.09	0.04	0.08	0.00	0.13	0.06
贵 州	0.04	0.00	0.00	0.00	0.00	0.04	0.00	0.11	0.06	0.17	0.05
海 南	0.00	0.00	0.00	0.00	0.03	0.00	0.07	0.06	0.09	0.10	0.04
宁 夏	0.04	0.00	0.04	0.00	0.00	0.00	0.00	0.03	0.06	0.03	0.02
青 海	0.04	0.00	0.00	0.04	0.00	0.00	0.00	0.00	0.03	0.00	0.01
西 藏	0.00	0.00	0.00	0.00	0.04	0.00	0.00	0.03	0.00	0.01

二　微生物学

微生物学 A 层人才最多的是北京，世界占比为 2.86%；湖北、广东、江苏、上海、浙江有相当数量的 A 层人才，世界占比在 2%~1%；福建、湖南、辽宁、贵州、河南、吉林、山东、四川也有一定数量的 A 层人才，世界占比均超过 0.2%。

B 层人才最多的是北京，世界占比为 2.09%；广东、上海、湖北有相当数量的 B 层人才，世界占比在 2%~1%；浙江、江苏、福建、山东、四川、湖南、重庆、黑龙江、河南、安徽、海南、吉林、辽宁、天津、陕西也有一定数量的 B 层人才，世界占比均超过 0.1%；河北、江西、云南、新疆、广西、贵州、内蒙古、山西、甘肃 B 层人才的世界占比均低于 0.1%。

C 层人才最多的是北京，世界占比为 2.52%；广东、江苏、上海、浙江有相当数量的 C 层人才，世界占比在 2%~1%；湖北、山东、四川、福建、湖南、河南、黑龙江、重庆、云南、天津、辽宁、甘肃、安徽、江西、吉林、陕西、海南、河北、广西、新疆也有一定数量的 C 层人才，世界占比均超过 0.1%；贵州、内蒙古、山西、青海、宁夏、西藏 C 层人才的世界占比均低于 0.1%。

表 4-4　微生物学 A 层人才的世界占比

单位：%

省　份	2013 年	2014 年	2015 年	2016 年	2017 年	2018 年	2019 年	2020 年	2021 年	2022 年	合计
北　京	6.06	0.00	0.00	2.38	4.44	0.00	0.00	9.52	3.17	3.17	2.86
湖　北	0.00	0.00	0.00	0.00	2.22	0.00	2.04	9.52	3.17	0.00	1.76
广　东	0.00	0.00	2.44	4.76	0.00	0.00	0.00	7.14	1.59	0.00	1.54
江　苏	0.00	0.00	0.00	2.38	2.22	2.27	0.00	2.38	1.59	1.59	1.32
上　海	0.00	0.00	0.00	0.00	0.00	0.00	2.04	2.38	3.17	1.59	1.10
浙　江	0.00	0.00	0.00	2.38	2.22	2.27	0.00	2.38	0.00	1.59	1.10
福　建	3.03	0.00	0.00	0.00	0.00	0.00	0.00	2.38	1.59	0.00	0.66
湖　南	0.00	0.00	0.00	0.00	0.00	0.00	0.00	2.38	0.00	1.59	0.44
辽　宁	0.00	0.00	0.00	0.00	4.44	0.00	0.00	0.00	0.00	0.00	0.44

续表

省　份	2013 年	2014 年	2015 年	2016 年	2017 年	2018 年	2019 年	2020 年	2021 年	2022 年	合计
贵　州	0.00	0.00	0.00	0.00	2.22	0.00	0.00	0.00	0.00	0.00	0.22
河　南	0.00	0.00	0.00	0.00	0.00	0.00	0.00	0.00	1.59	0.00	0.22
吉　林	0.00	0.00	0.00	0.00	0.00	0.00	0.00	0.00	1.59	0.00	0.22
山　东	0.00	0.00	0.00	0.00	0.00	0.00	2.04	0.00	0.00	0.00	0.22
四　川	0.00	0.00	0.00	0.00	0.00	0.00	0.00	0.00	1.59	0.00	0.22

表 4-5　微生物学 B 层人才的世界占比

单位：%

省　份	2013 年	2014 年	2015 年	2016 年	2017 年	2018 年	2019 年	2020 年	2021 年	2022 年	合计
北　京	1.80	0.58	2.20	1.27	0.97	2.67	1.34	3.44	3.26	2.18	2.09
广　东	0.30	0.58	0.28	0.76	0.97	1.46	1.57	5.16	1.72	1.63	1.60
上　海	1.20	0.87	1.10	0.51	0.97	1.21	1.12	2.68	0.51	1.09	1.15
湖　北	0.00	0.87	0.00	0.25	0.97	0.00	0.00	6.12	0.86	0.73	1.12
浙　江	0.90	0.00	0.55	0.76	0.73	0.73	0.67	1.91	0.69	1.45	0.89
江　苏	0.60	0.29	0.83	0.00	0.24	1.70	1.34	0.96	1.03	1.27	0.87
福　建	0.00	0.29	0.55	0.25	0.97	1.46	0.45	0.57	0.69	0.18	0.55
山　东	0.30	0.87	0.00	0.51	0.49	0.49	0.45	0.96	0.34	0.00	0.44
四　川	0.30	0.00	0.28	0.00	0.49	0.89	0.38	0.00	1.09	0.00	0.37
湖　南	0.00	0.00	0.00	0.25	0.24	0.49	0.45	0.96	0.17	0.36	0.32
重　庆	0.30	0.00	0.00	0.25	0.00	0.24	0.45	0.38	0.17	0.18	0.21
黑龙江	0.00	0.00	0.00	0.00	0.24	0.00	0.45	0.38	0.34	0.36	0.21
河　南	0.00	0.00	0.00	0.00	0.00	0.24	0.45	0.19	0.51	0.18	0.18
安　徽	0.30	0.00	0.00	0.25	0.24	0.00	0.00	0.57	0.17	0.00	0.16
海　南	0.00	0.00	0.28	0.00	0.00	0.00	0.00	0.76	0.00	0.18	0.14
吉　林	0.00	0.00	0.28	0.00	0.00	0.49	0.22	0.19	0.00	0.18	0.14
辽　宁	0.00	0.00	0.00	0.00	0.24	0.00	0.22	0.19	0.34	0.18	0.14
天　津	0.00	0.00	0.28	0.25	0.00	0.00	0.00	0.38	0.34	0.00	0.14
陕　西	0.00	0.58	0.00	0.00	0.24	0.24	0.00	0.19	0.00	0.36	0.11
河　北	0.00	0.00	0.00	0.00	0.24	0.00	0.22	0.19	0.17	0.00	0.09
江　西	0.00	0.00	0.00	0.00	0.00	0.49	0.00	0.19	0.17	0.00	0.09
云　南	0.00	0.00	0.00	0.00	0.00	0.00	0.00	0.38	0.34	0.00	0.09
新　疆	0.00	0.00	0.00	0.00	0.00	0.00	0.67	0.00	0.00	0.00	0.07

续表

省 份	2013 年	2014 年	2015 年	2016 年	2017 年	2018 年	2019 年	2020 年	2021 年	2022 年	合计
广 西	0.00	0.00	0.00	0.00	0.00	0.24	0.00	0.00	0.00	0.18	0.05
贵 州	0.00	0.00	0.00	0.00	0.00	0.00	0.00	0.19	0.17	0.00	0.05
内蒙古	0.00	0.00	0.28	0.00	0.00	0.24	0.00	0.00	0.00	0.00	0.05
山 西	0.00	0.00	0.00	0.00	0.00	0.00	0.00	0.38	0.00	0.00	0.05
甘 肃	0.00	0.00	0.00	0.00	0.00	0.00	0.22	0.00	0.00	0.00	0.02

表 4-6　微生物学 C 层人才的世界占比

单位：%

省 份	2013 年	2014 年	2015 年	2016 年	2017 年	2018 年	2019 年	2020 年	2021 年	2022 年	合计
北 京	1.39	1.46	2.03	2.32	1.81	2.89	3.08	3.35	2.59	3.27	2.52
广 东	0.48	0.54	0.54	0.87	1.15	2.04	2.13	2.33	1.95	2.67	1.60
江 苏	0.55	0.54	0.92	1.15	1.29	0.88	1.45	1.91	1.60	2.02	1.31
上 海	0.58	0.63	0.68	0.77	1.05	1.05	1.22	1.73	1.33	1.78	1.15
浙 江	0.33	0.78	0.65	0.84	0.90	1.00	1.13	1.19	1.37	1.76	1.06
湖 北	0.61	0.27	0.35	0.46	0.54	0.56	0.88	1.67	1.12	1.09	0.82
山 东	0.27	0.36	0.43	0.33	0.39	0.63	0.54	0.91	0.71	1.04	0.60
四 川	0.06	0.24	0.30	0.28	0.37	0.49	0.38	0.76	0.80	0.78	0.49
福 建	0.15	0.24	0.41	0.36	0.44	0.63	0.70	0.64	0.41	0.55	0.47
湖 南	0.06	0.12	0.24	0.18	0.15	0.22	0.29	0.70	0.43	0.49	0.32
河 南	0.15	0.09	0.11	0.10	0.17	0.32	0.25	0.49	0.41	0.58	0.29
黑龙江	0.12	0.18	0.08	0.18	0.07	0.36	0.41	0.35	0.37	0.49	0.28
重 庆	0.21	0.00	0.05	0.18	0.32	0.39	0.11	0.53	0.37	0.38	0.28
云 南	0.21	0.15	0.11	0.15	0.20	0.17	0.20	0.27	0.48	0.53	0.27
天 津	0.12	0.06	0.19	0.20	0.10	0.15	0.36	0.27	0.27	0.53	0.24
辽 宁	0.00	0.09	0.22	0.15	0.12	0.24	0.34	0.31	0.27	0.33	0.22
甘 肃	0.03	0.24	0.00	0.10	0.10	0.15	0.23	0.29	0.30	0.38	0.20
安 徽	0.15	0.12	0.19	0.10	0.05	0.17	0.16	0.23	0.14	0.38	0.18
江 西	0.03	0.00	0.05	0.08	0.15	0.24	0.14	0.21	0.28	0.29	0.16
吉 林	0.00	0.06	0.00	0.10	0.15	0.12	0.16	0.27	0.23	0.35	0.16
陕 西	0.12	0.03	0.08	0.13	0.20	0.10	0.11	0.27	0.21	0.25	0.16
海 南	0.00	0.00	0.03	0.03	0.05	0.10	0.11	0.14	0.25	0.47	0.14
河 北	0.03	0.00	0.05	0.05	0.00	0.17	0.14	0.33	0.12	0.24	0.13

续表

省　份	2013 年	2014 年	2015 年	2016 年	2017 年	2018 年	2019 年	2020 年	2021 年	2022 年	合计
广　西	0.03	0.06	0.05	0.10	0.07	0.10	0.16	0.12	0.23	0.24	0.13
新　疆	0.06	0.00	0.05	0.08	0.07	0.17	0.11	0.14	0.14	0.18	0.11
贵　州	0.00	0.00	0.00	0.05	0.02	0.12	0.05	0.06	0.09	0.27	0.08
内蒙古	0.00	0.06	0.03	0.03	0.05	0.05	0.05	0.14	0.07	0.18	0.07
山　西	0.00	0.00	0.00	0.03	0.05	0.02	0.11	0.08	0.09	0.09	0.05
青　海	0.03	0.03	0.00	0.08	0.00	0.07	0.05	0.02	0.02	0.04	0.03
宁　夏	0.00	0.03	0.00	0.03	0.00	0.00	0.05	0.04	0.02	0.11	0.03
西　藏	0.00	0.00	0.00	0.00	0.02	0.02	0.02	0.02	0.00	0.05	0.02

三　病毒学

病毒学 A 层人才最多的是北京、湖北，世界占比均为 5.13%，并列排名第一；其后是广东，A 层人才的世界占比为 4.27%；上海有相当数量的 A 层人才，世界占比为 2.56%；安徽、福建、黑龙江、江苏、浙江也有一定数量的 A 层人才，世界占比均为 0.85%。

B 层人才最多的是北京，世界占比为 3.39%；广东、湖北 B 层人才的世界占比分别为 2.31%、2.06%，分列第二、第三位；浙江、上海、江苏、重庆、福建、四川、广西、黑龙江、山东、安徽、河南、湖南、甘肃、河北、江西、辽宁、天津、云南也有一定数量的 B 层人才，世界占比均超过 0.1%；海南、吉林、陕西、新疆 B 层人才的世界占比均为 0.08%。

C 层人才最多的是北京，世界占比为 2.71%；湖北、广东、上海有相当数量的 C 层人才，世界占比在 2%～1%；浙江、江苏、黑龙江、山东、福建、湖南、吉林、河南、安徽、四川、天津、重庆、甘肃、云南、广西、辽宁、江西、陕西也有一定数量的 C 层人才，世界占比大于或等于 0.1%；海南、河北、贵州、宁夏、新疆、内蒙古、山西 C 层人才的世界占比均低于 0.1%。

表 4-7　病毒学 A 层人才的世界占比

单位：%

省　份	2013 年	2014 年	2015 年	2016 年	2017 年	2018 年	2019 年	2020 年	2021 年	2022 年	合计
北　京	9.09	0.00	0.00	0.00	0.00	0.00	14.29	33.33	0.00	0.00	5.13
湖　北	9.09	0.00	0.00	0.00	12.50	0.00	0.00	33.33	0.00	0.00	5.13
广　东	0.00	0.00	9.09	7.14	0.00	0.00	0.00	25.00	0.00	0.00	4.27
上　海	18.18	0.00	0.00	0.00	0.00	0.00	0.00	8.33	0.00	0.00	2.56
安　徽	9.09	0.00	0.00	0.00	0.00	0.00	0.00	0.00	0.00	0.00	0.85
福　建	0.00	0.00	0.00	0.00	0.00	0.00	0.00	0.00	0.00	7.69	0.85
黑龙江	0.00	0.00	0.00	0.00	0.00	0.00	0.00	0.00	0.00	7.69	0.85
江　苏	9.09	0.00	0.00	0.00	0.00	0.00	0.00	0.00	0.00	0.00	0.85
浙　江	0.00	0.00	0.00	0.00	0.00	0.00	0.00	0.00	0.00	7.69	0.85

表 4-8　病毒学 B 层人才的世界占比

单位：%

省　份	2013 年	2014 年	2015 年	2016 年	2017 年	2018 年	2019 年	2020 年	2021 年	2022 年	合计
北　京	3.65	1.64	1.65	1.61	2.68	2.83	3.70	11.02	2.96	1.68	3.39
广　东	2.92	0.00	0.00	1.61	1.79	3.77	0.93	10.24	1.48	0.00	2.31
湖　北	0.00	0.00	1.65	0.81	0.00	1.89	1.85	12.60	1.48	0.00	2.06
浙　江	1.46	0.82	0.00	1.61	1.79	0.94	0.00	2.36	0.00	0.00	0.91
上　海	1.46	0.00	0.00	0.00	0.00	0.94	1.85	2.36	0.74	0.84	0.83
江　苏	0.73	0.00	0.00	0.00	0.00	1.89	0.93	2.36	0.00	0.00	0.58
重　庆	0.00	0.00	0.00	0.00	0.00	0.89	0.94	0.00	2.36	0.00	0.41
福　建	1.46	0.00	0.00	0.00	0.00	0.00	0.93	1.57	0.00	0.00	0.41
四　川	0.00	0.00	0.00	0.00	0.00	0.89	0.94	0.00	2.36	0.00	0.41
广　西	0.00	0.00	0.00	0.00	0.00	0.00	0.00	2.36	0.74	0.00	0.33
黑龙江	0.73	0.00	0.00	0.00	0.00	0.94	0.00	1.57	0.00	0.00	0.33
山　东	0.00	0.00	0.83	0.00	0.00	0.00	0.00	1.57	0.74	0.00	0.33
安　徽	0.73	0.00	0.00	0.00	0.00	0.00	0.79	0.00	0.00	0.84	0.25
河　南	0.00	0.00	0.00	0.00	0.00	0.00	0.00	2.36	0.00	0.00	0.25
湖　南	0.00	0.00	0.00	0.00	0.00	0.94	0.00	1.57	0.00	0.00	0.25
甘　肃	0.73	0.00	0.00	0.00	0.00	0.00	0.00	0.79	0.00	0.00	0.17
河　北	0.00	0.00	0.00	0.00	0.00	0.00	0.00	0.00	0.74	0.84	0.17
江　西	0.00	0.82	0.00	0.00	0.00	0.00	0.00	0.79	0.00	0.00	0.17
辽　宁	0.00	0.00	0.00	0.00	0.00	0.00	0.00	1.57	0.00	0.00	0.17

续表

省　份	2013 年	2014 年	2015 年	2016 年	2017 年	2018 年	2019 年	2020 年	2021 年	2022 年	合　计
天　津	0.73	0.00	0.00	0.81	0.00	0.00	0.00	0.00	0.00	0.00	0.17
云　南	0.00	0.00	0.00	0.00	0.89	0.00	0.00	0.79	0.00	0.00	0.17
海　南	0.00	0.00	0.00	0.00	0.00	0.00	0.93	0.00	0.00	0.00	0.08
吉　林	0.00	0.00	0.00	0.00	0.00	0.00	0.00	0.79	0.00	0.00	0.08
陕　西	0.00	0.00	0.00	0.00	0.00	0.00	0.00	0.79	0.00	0.00	0.08
新　疆	0.00	0.00	0.00	0.00	0.00	0.00	0.93	0.00	0.00	0.00	0.08

表 4-9　病毒学 C 层人才的世界占比

单位：%

省　份	2013 年	2014 年	2015 年	2016 年	2017 年	2018 年	2019 年	2020 年	2021 年	2022 年	合　计
北　京	2.71	2.39	2.31	2.88	3.06	2.88	2.41	3.89	1.84	2.77	2.71
湖　北	0.90	1.12	1.28	1.68	1.95	1.79	1.67	5.68	1.15	1.82	1.90
广　东	0.53	0.56	0.86	0.80	1.02	1.40	1.39	2.68	1.99	1.99	1.32
上　海	0.83	0.72	0.94	1.28	1.11	1.17	1.58	1.95	1.84	1.47	1.29
浙　江	0.15	1.04	0.51	0.80	0.84	1.01	0.74	2.51	0.77	1.04	0.94
江　苏	0.38	0.80	0.60	0.64	1.02	0.93	0.74	1.46	1.23	1.21	0.90
黑龙江	0.38	0.16	0.26	0.40	0.46	0.62	0.37	0.41	0.61	0.87	0.45
山　东	0.23	0.24	0.34	0.00	0.19	0.31	0.74	1.30	0.54	0.69	0.45
福　建	0.15	0.40	0.09	0.40	0.28	0.39	0.37	0.49	0.31	0.52	0.34
湖　南	0.08	0.08	0.34	0.32	0.28	0.54	0.09	0.65	0.54	0.09	0.30
吉　林	0.15	0.24	0.00	0.16	0.19	0.16	0.46	0.49	0.69	0.43	0.30
河　南	0.00	0.08	0.17	0.24	0.37	0.23	0.37	0.65	0.00	0.61	0.26
安　徽	0.08	0.40	0.17	0.00	0.19	0.31	0.28	0.65	0.23	0.26	0.26
四　川	0.00	0.08	0.17	0.24	0.46	0.31	0.37	0.49	0.31	0.17	0.24
天　津	0.53	0.08	0.09	0.24	0.19	0.23	0.28	0.41	0.08	0.26	0.24
重　庆	0.08	0.08	0.09	0.00	0.19	0.00	0.09	1.05	0.31	0.26	0.21
甘　肃	0.08	0.32	0.00	0.24	0.09	0.08	0.09	0.32	0.46	0.43	0.21
云　南	0.08	0.32	0.00	0.32	0.00	0.23	0.19	0.49	0.15	0.17	0.20
广　西	0.00	0.00	0.09	0.32	0.19	0.23	0.00	0.32	0.00	0.00	0.12
辽　宁	0.00	0.16	0.00	0.00	0.00	0.00	0.28	0.49	0.15	0.00	0.12
江　西	0.08	0.00	0.00	0.00	0.19	0.08	0.09	0.08	0.23	0.35	0.11
陕　西	0.00	0.00	0.00	0.08	0.19	0.16	0.09	0.24	0.15	0.09	0.10

续表

省　份	2013 年	2014 年	2015 年	2016 年	2017 年	2018 年	2019 年	2020 年	2021 年	2022 年	合计
海　南	0.00	0.00	0.09	0.00	0.28	0.00	0.00	0.16	0.08	0.17	0.07
河　北	0.00	0.00	0.00	0.00	0.19	0.16	0.00	0.16	0.08	0.17	0.07
贵　州	0.00	0.00	0.00	0.00	0.19	0.08	0.00	0.16	0.00	0.09	0.05
宁　夏	0.00	0.00	0.09	0.00	0.00	0.00	0.09	0.08	0.08	0.09	0.04
新　疆	0.00	0.00	0.00	0.00	0.00	0.00	0.00	0.16	0.00	0.09	0.03
内蒙古	0.00	0.00	0.00	0.00	0.00	0.00	0.00	0.08	0.08	0.00	0.02
山　西	0.00	0.00	0.00	0.00	0.00	0.00	0.09	0.08	0.00	0.00	0.02

四　植物学

植物学 A 层人才最多的是北京，世界占比为 5.80%；广东、上海、湖北、江苏、浙江有相当数量的 A 层人才，世界占比在 3% ~ 1%；山东、云南、河南、湖南、安徽、重庆、福建、河北、陕西、贵州、黑龙江、江西、吉林、辽宁、天津也有一定数量的 A 层人才，世界占比均超过 0.1%。

B 层人才最多的是北京，世界占比为 5.49%；江苏、浙江 B 层人才的世界占比分别为 2.24%、2.07%，分列第二、第三位；湖北、上海、广东有相当数量的 B 层人才，世界占比在 2% ~ 1%；山东、河南、四川、福建、云南、陕西、安徽、重庆、湖南、广西、黑龙江、天津、甘肃、海南、江西、辽宁、贵州、河北、新疆、吉林也有一定数量的 B 层人才，世界占比均超过 0.1%；山西、内蒙古、宁夏、青海 B 层人才的世界占比均低于 0.1%。

C 层人才最多的是北京，世界占比为 6.45%；江苏、湖北、广东、浙江、上海、山东、河南有相当数量的 C 层人才，世界占比在 3% ~ 1%；四川、陕西、福建、云南、安徽、黑龙江、湖南、辽宁、河北、海南、甘肃、吉林、重庆、广西、新疆、天津、江西、贵州、山西、内蒙古也有一定数量的 C 层人才，世界占比均超过 0.1%；宁夏、青海、西藏 C 层人才的世界占比均低于 0.1%。

表 4-10 植物学 A 层人才的世界占比

单位：%

省 份	2013 年	2014 年	2015 年	2016 年	2017 年	2018 年	2019 年	2020 年	2021 年	2022 年	合计
北 京	0.00	2.33	6.67	2.08	4.55	4.08	10.91	3.33	9.09	10.45	5.80
广 东	0.00	2.33	2.22	2.08	2.27	4.08	0.00	5.00	3.03	5.97	2.90
上 海	0.00	0.00	2.22	0.00	0.00	2.04	0.00	5.00	4.55	5.97	2.32
湖 北	2.50	0.00	2.22	0.00	2.27	0.00	5.45	3.33	1.52	2.99	2.13
江 苏	0.00	2.33	2.22	2.08	0.00	0.00	0.00	1.67	3.03	5.97	1.93
浙 江	0.00	0.00	0.00	0.00	2.27	0.00	1.82	1.67	3.03	4.48	1.55
山 东	0.00	0.00	0.00	0.00	2.27	0.00	1.82	1.67	3.03	0.00	0.97
云 南	0.00	0.00	0.00	0.00	0.00	2.04	5.45	0.00	1.52	0.00	0.97
河 南	0.00	0.00	0.00	0.00	0.00	0.00	0.00	5.00	1.52	0.00	0.77
湖 南	0.00	0.00	0.00	0.00	0.00	0.00	0.00	1.67	1.52	1.49	0.58
安 徽	0.00	0.00	0.00	0.00	0.00	2.04	0.00	0.00	1.52	0.00	0.39
重 庆	0.00	0.00	0.00	2.08	0.00	0.00	1.82	0.00	0.00	0.00	0.39
福 建	0.00	0.00	0.00	0.00	0.00	0.00	0.00	0.00	1.52	1.49	0.39
河 北	0.00	0.00	0.00	0.00	0.00	0.00	0.00	0.00	3.03	0.00	0.39
陕 西	0.00	0.00	0.00	0.00	0.00	0.00	1.82	0.00	0.00	1.49	0.39
贵 州	0.00	0.00	0.00	0.00	0.00	0.00	0.00	0.00	0.00	1.49	0.19
黑龙江	0.00	0.00	0.00	0.00	2.27	0.00	0.00	0.00	0.00	0.00	0.19
江 西	0.00	0.00	0.00	0.00	0.00	0.00	0.00	0.00	1.52	0.00	0.19
吉 林	0.00	0.00	0.00	0.00	0.00	2.04	0.00	0.00	0.00	0.00	0.19
辽 宁	0.00	0.00	0.00	0.00	0.00	0.00	0.00	0.00	1.52	0.00	0.19
天 津	0.00	0.00	0.00	0.00	0.00	0.00	0.00	0.00	1.52	0.00	0.19

表 4-11 植物学 B 层人才的世界占比

单位：%

省 份	2013 年	2014 年	2015 年	2016 年	2017 年	2018 年	2019 年	2020 年	2021 年	2022 年	合计
北 京	3.83	3.13	4.38	4.43	7.60	6.10	4.26	6.89	5.91	6.93	5.49
江 苏	0.82	0.52	1.22	1.63	2.76	1.41	2.03	2.05	3.89	4.29	2.24
浙 江	1.09	1.82	1.95	1.86	2.07	1.41	2.43	1.86	2.53	2.97	2.07
湖 北	1.09	1.30	1.70	1.86	1.38	0.94	1.62	1.86	2.03	3.96	1.88
上 海	1.37	1.82	0.73	2.10	1.15	2.35	1.42	2.23	2.03	1.65	1.71
广 东	0.55	1.56	0.73	1.40	2.07	2.11	1.83	1.86	1.52	2.48	1.67
山 东	0.00	0.26	0.49	0.47	0.23	1.64	0.81	1.30	1.52	1.98	0.96
河 南	0.00	0.26	0.24	0.23	0.23	0.47	1.42	1.12	1.18	2.31	0.86

续表

省　份	2013 年	2014 年	2015 年	2016 年	2017 年	2018 年	2019 年	2020 年	2021 年	2022 年	合计
四　川	0.27	0.26	0.73	0.47	0.23	0.70	0.61	1.12	1.18	2.15	0.86
福　建	0.00	0.26	0.00	0.23	1.15	0.23	0.61	1.68	0.51	1.98	0.75
云　南	0.27	0.52	0.00	0.70	0.69	0.70	0.20	1.68	0.34	1.16	0.66
陕　西	0.27	0.26	0.73	0.23	0.69	0.23	0.41	0.56	0.68	0.99	0.53
安　徽	0.27	0.00	0.00	0.23	0.23	0.70	0.81	0.56	0.17	0.83	0.41
重　庆	0.55	0.26	0.00	0.00	0.46	0.70	0.20	0.19	0.84	0.50	0.38
湖　南	0.00	0.26	0.00	0.00	0.23	0.47	0.81	0.19	0.51	0.83	0.36
广　西	0.00	0.26	0.00	0.93	0.00	0.23	0.00	0.37	0.68	0.66	0.34
黑龙江	0.00	0.00	0.24	0.23	0.00	0.00	0.20	0.74	0.68	0.83	0.34
天　津	0.55	0.00	0.49	0.00	0.23	0.47	0.00	0.00	0.51	0.99	0.34
甘　肃	0.00	0.52	0.49	0.23	0.00	0.00	0.00	0.00	0.68	0.99	0.32
海　南	0.00	0.00	0.00	0.23	0.00	0.00	0.41	0.00	0.17	1.82	0.32
江　西	0.00	0.00	0.24	0.00	0.00	0.23	0.20	0.19	0.17	0.83	0.21
辽　宁	0.55	0.26	0.49	0.00	0.23	0.00	0.20	0.19	0.34	0.00	0.21
贵　州	0.00	0.26	0.00	0.00	0.00	0.00	0.20	0.19	0.00	0.66	0.15
河　北	0.27	0.00	0.00	0.00	0.00	0.47	0.20	0.00	0.00	0.50	0.15
新　疆	0.00	0.00	0.00	0.23	0.00	0.00	0.61	0.19	0.00	0.33	0.15
吉　林	0.00	0.00	0.00	0.00	0.00	0.00	0.00	0.37	0.34	0.33	0.13
山　西	0.00	0.00	0.24	0.00	0.46	0.00	0.20	0.00	0.00	0.00	0.09
内蒙古	0.00	0.26	0.00	0.00	0.00	0.23	0.00	0.00	0.00	0.00	0.06
宁　夏	0.00	0.00	0.00	0.00	0.00	0.00	0.00	0.19	0.17	0.00	0.04
青　海	0.00	0.00	0.24	0.23	0.00	0.00	0.00	0.00	0.00	0.00	0.04

表 4-12　植物学 C 层人才的世界占比

单位：%

省　份	2013 年	2014 年	2015 年	2016 年	2017 年	2018 年	2019 年	2020 年	2021 年	2022 年	合计
北　京	5.03	5.16	5.65	5.42	5.25	6.18	7.26	7.23	7.71	7.93	6.45
江　苏	1.17	1.97	2.28	2.26	2.45	2.81	2.98	3.73	3.96	4.22	2.92
湖　北	1.61	1.48	2.08	2.35	2.68	2.38	3.00	3.12	3.08	3.09	2.57
广　东	1.08	0.94	0.89	1.25	1.80	1.88	2.61	2.95	3.03	3.43	2.13
浙　江	1.25	1.46	1.41	1.59	2.24	1.99	2.55	2.54	2.80	2.59	2.12
上　海	0.94	1.43	1.46	1.61	1.71	1.90	2.06	2.04	2.39	1.90	1.80
山　东	0.47	1.00	0.67	0.92	0.86	1.35	1.50	1.57	1.83	2.05	1.30

续表

省　份	2013 年	2014 年	2015 年	2016 年	2017 年	2018 年	2019 年	2020 年	2021 年	2022 年	合计
河　南	0.42	0.36	0.47	0.60	0.81	1.14	1.48	1.63	1.70	1.71	1.11
四　川	0.28	0.31	0.45	0.74	0.72	0.94	1.09	1.31	1.43	1.66	0.96
陕　西	0.64	0.74	0.92	0.88	0.74	0.87	0.97	1.00	0.95	1.21	0.91
福　建	0.33	0.38	0.32	0.51	0.76	0.69	0.76	1.10	0.95	1.38	0.77
云　南	0.53	0.46	0.52	0.58	0.65	0.82	0.70	0.74	1.06	1.09	0.74
安　徽	0.19	0.31	0.32	0.42	0.44	0.55	0.56	0.91	0.74	1.02	0.58
黑龙江	0.28	0.36	0.42	0.44	0.46	0.39	0.62	0.78	0.79	0.84	0.57
湖　南	0.28	0.41	0.37	0.48	0.51	0.50	0.66	0.68	0.52	0.71	0.53
辽　宁	0.28	0.33	0.35	0.32	0.51	0.46	0.45	0.47	0.68	0.79	0.49
河　北	0.25	0.31	0.35	0.25	0.21	0.46	0.64	0.62	0.56	0.77	0.47
海　南	0.03	0.08	0.17	0.37	0.30	0.21	0.23	0.57	0.75	1.31	0.45
甘　肃	0.25	0.15	0.27	0.32	0.23	0.39	0.47	0.55	0.66	0.74	0.43
吉　林	0.22	0.18	0.22	0.30	0.21	0.34	0.37	0.64	0.63	0.72	0.41
重　庆	0.19	0.13	0.32	0.25	0.44	0.25	0.31	0.61	0.43	0.74	0.39
广　西	0.03	0.08	0.22	0.16	0.14	0.32	0.25	0.51	0.43	0.60	0.30
新　疆	0.00	0.05	0.10	0.30	0.23	0.21	0.27	0.34	0.43	0.54	0.27
天　津	0.17	0.13	0.12	0.14	0.16	0.21	0.21	0.28	0.50	0.39	0.25
江　西	0.03	0.08	0.07	0.14	0.12	0.14	0.27	0.23	0.39	0.67	0.24
贵　州	0.03	0.10	0.05	0.07	0.12	0.07	0.16	0.21	0.29	0.32	0.15
山　西	0.19	0.05	0.05	0.12	0.19	0.21	0.14	0.13	0.16	0.18	0.14
内蒙古	0.06	0.03	0.05	0.07	0.07	0.18	0.08	0.19	0.18	0.18	0.12
宁　夏	0.00	0.08	0.02	0.00	0.07	0.05	0.18	0.08	0.09	0.12	0.07
青　海	0.08	0.03	0.07	0.02	0.12	0.07	0.06	0.06	0.05	0.05	0.06
西　藏	0.00	0.00	0.05	0.00	0.02	0.02	0.04	0.02	0.02	0.07	0.03

五　生态学

生态学 A 层人才最多的是北京，世界占比为 2.25%；福建、上海 A 层人才的世界占比均为 0.50%，并列排名第二；河南、湖北、陕西、云南、浙江也有一定数量的 A 层人才，世界占比均为 0.25%。

B 层人才最多的是北京，世界占比为 2.09%；江苏、广东、浙江、上海、辽宁、福建、云南、山东、四川、甘肃、湖北、吉林、陕西、湖南、江西、青海、安徽、广西、海南也有一定数量的 B 层人才，世界占比大于或等于 0.1%；河南、内蒙古、新疆、重庆、贵州、黑龙江、河北、宁夏、天津 B 层人才的世界占比均低于 0.1%。

C 层人才最多的是北京，世界占比为 2.62%；江苏、广东、上海、浙江、湖北、云南、四川、福建、辽宁、陕西、甘肃、山东、湖南、吉林、河南、海南也有一定数量的 C 层人才，世界占比均超过 0.1%；安徽、重庆、黑龙江、内蒙古、天津、青海、贵州、河北、江西、新疆、广西、山西、西藏、宁夏 C 层人才的世界占比均低于 0.1%。

表 4-13　生态学 A 层人才的世界占比

单位：%

省　份	2013 年	2014 年	2015 年	2016 年	2017 年	2018 年	2019 年	2020 年	2021 年	2022 年	合计
北　京	0.00	2.94	0.00	0.00	0.00	0.00	7.41	4.08	0.00	8.16	2.25
福　建	0.00	0.00	0.00	0.00	0.00	0.00	3.70	2.04	0.00	0.00	0.50
上　海	0.00	0.00	0.00	0.00	0.00	0.00	0.00	0.00	0.00	4.08	0.50
河　南	0.00	0.00	0.00	0.00	0.00	0.00	0.00	2.04	0.00	0.00	0.25
湖　北	0.00	0.00	0.00	0.00	0.00	0.00	3.70	0.00	0.00	0.00	0.25
陕　西	0.00	0.00	0.00	0.00	0.00	0.00	0.00	0.00	1.96	0.00	0.25
云　南	0.00	0.00	0.00	0.00	0.00	0.00	0.00	0.00	0.00	2.04	0.25
浙　江	0.00	2.94	0.00	0.00	0.00	0.00	0.00	0.00	0.00	0.00	0.25

表 4-14　生态学 B 层人才的世界占比

单位：%

省　份	2013 年	2014 年	2015 年	2016 年	2017 年	2018 年	2019 年	2020 年	2021 年	2022 年	合计
北　京	1.02	0.96	1.76	1.66	1.59	2.51	2.28	1.54	3.02	3.70	2.09
江　苏	0.34	0.32	0.00	0.55	1.59	1.51	1.04	0.44	1.51	1.15	0.89
广　东	0.00	0.00	0.59	0.28	0.53	1.01	0.62	0.44	0.43	1.62	0.59
浙　江	0.68	0.00	0.00	0.28	0.27	1.01	0.21	0.66	1.08	0.23	0.46
上　海	0.34	0.32	0.59	0.00	0.53	1.01	0.62	0.00	0.65	0.23	0.43
辽　宁	0.00	0.32	0.29	0.00	0.27	0.50	0.41	0.22	1.08	0.23	0.36
福　建	0.00	0.00	0.29	0.28	0.00	0.50	0.41	0.22	0.86	0.46	0.33

续表

省　份	2013 年	2014 年	2015 年	2016 年	2017 年	2018 年	2019 年	2020 年	2021 年	2022 年	合计
云　南	0.00	0.32	0.29	0.28	0.27	0.50	0.41	0.44	0.43	0.23	0.33
山　东	0.00	0.00	0.00	0.00	0.00	0.25	0.62	0.00	1.08	0.46	0.28
四　川	0.68	0.00	0.29	0.00	0.27	0.50	0.41	0.22	0.00	0.46	0.28
甘　肃	0.00	0.32	0.00	0.00	0.00	0.25	0.21	0.22	0.65	0.69	0.26
湖　北	0.00	0.00	0.29	0.00	0.00	0.75	0.00	0.00	0.43	0.69	0.23
吉　林	0.00	0.00	0.29	0.28	0.00	0.25	0.21	0.00	0.22	0.46	0.18
陕　西	0.34	0.32	0.00	0.00	0.27	0.00	0.00	0.00	0.43	0.23	0.18
湖　南	0.34	0.00	0.00	0.00	0.00	0.25	0.00	0.44	0.22	0.23	0.15
江　西	0.00	0.00	0.00	0.00	0.27	0.75	0.00	0.00	0.00	0.46	0.15
青　海	0.34	0.00	0.00	0.00	0.27	0.50	0.00	0.00	0.00	0.00	0.13
安　徽	0.00	0.00	0.00	0.00	0.00	0.00	0.21	0.22	0.22	0.23	0.10
广　西	0.00	0.00	0.29	0.00	0.00	0.00	0.41	0.00	0.22	0.00	0.10
海　南	0.34	0.00	0.00	0.00	0.00	0.00	0.21	0.00	0.00	0.46	0.10
河　南	0.00	0.00	0.00	0.00	0.27	0.00	0.21	0.00	0.00	0.00	0.08
内蒙古	0.34	0.00	0.00	0.00	0.27	0.00	0.00	0.00	0.00	0.23	0.08
新　疆	0.00	0.00	0.00	0.00	0.00	0.25	0.21	0.00	0.23	0.08
重　庆	0.00	0.00	0.00	0.00	0.00	0.25	0.00	0.00	0.23	0.05
贵　州	0.00	0.00	0.00	0.00	0.00	0.00	0.21	0.00	0.23	0.05
黑龙江	0.00	0.00	0.00	0.00	0.00	0.00	0.00	0.22	0.22	0.00	0.05
河　北	0.00	0.00	0.00	0.00	0.00	0.00	0.21	0.00	0.00	0.03
宁　夏	0.00	0.00	0.00	0.00	0.00	0.25	0.00	0.00	0.00	0.03
天　津	0.00	0.00	0.00	0.00	0.00	0.00	0.00	0.22	0.00	0.03

表 4-15　生态学 C 层人才的世界占比

单位：%

省　份	2013 年	2014 年	2015 年	2016 年	2017 年	2018 年	2019 年	2020 年	2021 年	2022 年	合计
北　京	1.91	1.81	2.57	1.96	2.44	2.43	2.38	3.24	3.19	3.65	2.62
江　苏	0.27	0.35	0.77	0.48	0.56	0.59	0.62	0.96	1.02	1.36	0.73
广　东	0.34	0.22	0.38	0.36	0.56	0.62	0.82	0.90	1.08	1.31	0.70
上　海	0.34	0.29	0.27	0.31	0.34	0.30	0.42	0.48	0.45	0.68	0.40
浙　江	0.27	0.29	0.21	0.31	0.37	0.37	0.38	0.61	0.45	0.58	0.40
湖　北	0.03	0.03	0.21	0.06	0.29	0.10	0.44	0.53	0.67	0.78	0.35

省　份	2013 年	2014 年	2015 年	2016 年	2017 年	2018 年	2019 年	2020 年	2021 年	2022 年	合计
云　南	0.37	0.32	0.18	0.20	0.29	0.30	0.26	0.28	0.53	0.51	0.33
四　川	0.14	0.13	0.09	0.11	0.27	0.45	0.24	0.37	0.39	0.56	0.29
福　建	0.07	0.25	0.24	0.17	0.13	0.22	0.26	0.37	0.53	0.17	0.26
辽　宁	0.17	0.22	0.09	0.11	0.29	0.30	0.22	0.31	0.33	0.36	0.25
陕　西	0.17	0.06	0.15	0.31	0.21	0.15	0.20	0.39	0.37	0.29	0.24
甘　肃	0.14	0.16	0.18	0.08	0.11	0.15	0.24	0.28	0.33	0.49	0.23
山　东	0.17	0.16	0.12	0.08	0.13	0.07	0.15	0.26	0.27	0.49	0.20
湖　南	0.07	0.06	0.18	0.03	0.11	0.15	0.22	0.22	0.33	0.22	0.17
吉　林	0.07	0.10	0.06	0.03	0.11	0.22	0.15	0.31	0.25	0.27	0.17
河　南	0.03	0.00	0.03	0.08	0.13	0.07	0.07	0.24	0.25	0.17	0.12
海　南	0.03	0.00	0.06	0.00	0.05	0.07	0.09	0.00	0.29	0.39	0.11
安　徽	0.03	0.03	0.00	0.08	0.05	0.15	0.04	0.09	0.18	0.19	0.09
重　庆	0.03	0.00	0.03	0.03	0.08	0.07	0.04	0.11	0.10	0.19	0.07
黑龙江	0.03	0.00	0.00	0.00	0.08	0.00	0.07	0.09	0.12	0.19	0.07
内蒙古	0.03	0.00	0.06	0.06	0.03	0.05	0.07	0.13	0.14	0.12	0.07
天　津	0.00	0.03	0.03	0.06	0.05	0.02	0.04	0.20	0.08	0.15	0.07
青　海	0.07	0.06	0.00	0.03	0.00	0.02	0.07	0.09	0.08	0.07	0.07
贵　州	0.03	0.03	0.00	0.03	0.03	0.10	0.04	0.15	0.06	0.15	0.07
河　北	0.03	0.06	0.03	0.03	0.03	0.00	0.09	0.07	0.08	0.17	0.06
江　西	0.03	0.00	0.00	0.00	0.05	0.07	0.13	0.09	0.10	0.07	0.06
新　疆	0.00	0.00	0.00	0.00	0.05	0.00	0.02	0.09	0.14	0.15	0.06
广　西	0.00	0.06	0.03	0.00	0.00	0.02	0.09	0.04	0.08	0.12	0.05
山　西	0.03	0.00	0.03	0.00	0.00	0.00	0.02	0.00	0.04	0.10	0.02
西　藏	0.03	0.00	0.00	0.00	0.00	0.00	0.02	0.00	0.06	0.02	0.02
宁　夏	0.00	0.00	0.00	0.00	0.00	0.00	0.00	0.02	0.02	0.07	0.01

六　湖沼学

湖沼学 A 层人才仅分布在贵州、上海、四川、浙江，世界占比均为 5.00%。

B 层人才最多的是北京，世界占比为 5.17%；江苏、广东 B 层人才的世界占比分别为 2.07%、1.38%，分列第二、第三位；湖北、天津、安徽、重庆、甘肃、黑龙江、吉林、山东、四川也有一定数量的 B 层人才，世界占比均超过 0.3%。

C 层人才最多的是北京，世界占比为 3.47%；江苏、湖北 C 层人才的世界占比分别为 2.04%、1.12%，分列第二、第三位；广东、山东、浙江、上海、甘肃、福建、天津、重庆、四川、辽宁、青海、河南、江西、吉林、新疆、云南也有一定数量的 C 层人才，世界占比大于或等于 0.1%；安徽、广西、河北、内蒙古、湖南、陕西 C 层人才的世界占比均低于 0.1%。

表 4-16 湖沼学 A 层人才的世界占比

单位：%

省 份	2013 年	2014 年	2015 年	2016 年	2017 年	2018 年	2019 年	2020 年	2021 年	2022 年	合 计
贵 州	0.00	0.00	0.00	0.00	0.00	0.00	0.00	0.00	0.00	50.00	5.00
上 海	0.00	0.00	0.00	0.00	0.00	0.00	0.00	50.00	0.00	0.00	5.00
四 川	0.00	0.00	0.00	0.00	0.00	0.00	0.00	0.00	0.00	50.00	5.00
浙 江	0.00	0.00	0.00	0.00	0.00	0.00	0.00	0.00	50.00	0.00	5.00

表 4-17 湖沼学 B 层人才的世界占比

单位：%

省 份	2013 年	2014 年	2015 年	2016 年	2017 年	2018 年	2019 年	2020 年	2021 年	2022 年	合 计
北 京	11.11	0.00	3.70	3.23	3.23	0.00	6.06	9.38	5.71	8.33	5.17
江 苏	0.00	0.00	0.00	0.00	0.00	3.33	0.00	0.00	8.57	8.33	2.07
广 东	0.00	0.00	0.00	0.00	0.00	0.00	0.00	0.00	5.71	8.33	1.38
湖 北	3.70	0.00	0.00	0.00	0.00	0.00	0.00	0.00	2.86	0.00	0.69
天 津	0.00	0.00	0.00	0.00	0.00	0.00	0.00	3.13	0.00	4.17	0.69
安 徽	0.00	0.00	0.00	0.00	0.00	0.00	0.00	0.00	2.86	0.00	0.34
重 庆	0.00	0.00	0.00	0.00	0.00	0.00	0.00	3.13	0.00	0.00	0.34
甘 肃	0.00	0.00	0.00	0.00	0.00	0.00	0.00	0.00	0.00	4.17	0.34
黑龙江	0.00	0.00	0.00	0.00	0.00	0.00	0.00	0.00	2.86	0.00	0.34
吉 林	0.00	0.00	0.00	0.00	0.00	0.00	0.00	0.00	0.00	4.17	0.34
山 东	0.00	0.00	0.00	0.00	0.00	0.00	0.00	3.13	0.00	0.00	0.34
四 川	0.00	0.00	0.00	0.00	0.00	0.00	0.00	0.00	2.86	0.00	0.34

表 4-18　湖沼学 C 层人才的世界占比

单位：%

省　份	2013 年	2014 年	2015 年	2016 年	2017 年	2018 年	2019 年	2020 年	2021 年	2022 年	合计
北　京	2.29	2.26	3.80	1.74	2.01	4.58	4.59	4.20	3.02	6.22	3.47
江　苏	2.29	1.89	1.14	1.39	1.34	1.06	2.45	2.62	3.02	2.90	2.04
湖　北	0.38	0.38	0.38	0.35	1.00	1.06	0.92	1.31	1.81	3.73	1.12
广　东	0.00	0.00	0.00	0.69	0.33	1.41	0.61	2.10	1.21	3.32	0.99
山　东	0.38	0.00	0.00	0.00	0.00	1.06	0.61	1.57	1.81	0.83	0.71
浙　江	0.00	0.38	0.38	0.35	0.67	0.35	0.31	1.31	0.60	1.24	0.58
上　海	0.38	0.00	0.00	0.35	0.00	0.70	0.61	0.79	1.81	0.41	0.54
甘　肃	0.00	1.13	0.38	0.69	0.00	0.70	0.61	0.52	0.30	0.41	0.48
福　建	0.00	0.38	0.38	0.00	0.00	1.06	0.00	1.31	0.30	0.83	0.44
天　津	0.00	0.00	0.00	0.00	0.67	0.70	0.61	0.26	0.00	0.83	0.31
重　庆	0.38	0.38	0.00	0.35	0.00	0.00	0.31	0.00	0.30	0.41	0.20
四　川	0.00	0.00	0.00	0.35	0.00	0.00	0.00	0.52	0.60	0.00	0.17
辽　宁	0.00	0.38	0.00	0.00	0.00	0.00	0.31	0.00	0.60	0.00	0.14
青　海	0.00	0.38	0.00	0.35	0.00	0.00	0.31	0.26	0.00	0.00	0.14
河　南	0.00	0.00	0.00	0.00	0.00	0.00	0.31	0.26	0.30	0.00	0.10
江　西	0.00	0.00	0.00	0.00	0.00	0.00	0.31	0.00	0.00	0.41	0.10
吉　林	0.00	0.00	0.00	0.00	0.00	0.00	0.31	0.00	0.30	0.41	0.10
新　疆	0.38	0.00	0.38	0.00	0.00	0.00	0.00	0.00	0.30	0.00	0.10
云　南	0.00	0.00	0.00	0.00	0.33	0.00	0.61	0.00	0.00	0.00	0.10
安　徽	0.00	0.38	0.00	0.00	0.00	0.00	0.00	0.00	0.00	0.41	0.07
广　西	0.00	0.00	0.00	0.00	0.00	0.00	0.31	0.00	0.00	0.41	0.07
河　北	0.38	0.00	0.00	0.00	0.00	0.35	0.00	0.00	0.00	0.00	0.07
内蒙古	0.00	0.00	0.00	0.00	0.00	0.00	0.00	0.00	0.30	0.41	0.07
湖　南	0.00	0.00	0.00	0.00	0.33	0.00	0.00	0.00	0.00	0.00	0.03
陕　西	0.00	0.00	0.00	0.00	0.00	0.00	0.00	0.26	0.00	0.00	0.03

七　进化生物学

进化生物学 A 层人才最多的是北京、广东，世界占比均为 1.63%，并列排名第一；福建、河北、湖北、江苏、四川、浙江也有一定数量的 A 层人才，世界占比均为 0.81%。

北京、广东 B 层人才的世界占比分别为 1.69%、1.25%，排名前二；云南、山东、上海、江苏、辽宁、四川、浙江、福建也有一定数量的 B 层人才，世界占比均超过 0.1%；安徽、甘肃、广西、海南、河北、河南、湖北、江西、陕西、天津、新疆 B 层人才的世界占比均为 0.07%。

C 层人才最多的是北京，世界占比为 1.86%；广东、云南、江苏、湖北、浙江、上海、山东、四川、福建、湖南、重庆、甘肃、海南也有一定数量的 C 层人才，世界占比大于或等于 0.1%；江西、陕西、河南、辽宁、新疆、安徽、青海、天津、吉林、广西、内蒙古、宁夏、黑龙江、西藏、贵州、河北 C 层人才的世界占比均低于 0.1%。

表 4-19 进化生物学 A 层人才的世界占比

单位：%

省　份	2013 年	2014 年	2015 年	2016 年	2017 年	2018 年	2019 年	2020 年	2021 年	2022 年	合计
北　京	0.00	0.00	0.00	0.00	0.00	0.00	12.50	0.00	0.00	0.00	1.63
广　东	0.00	7.14	0.00	0.00	0.00	0.00	6.25	0.00	0.00	0.00	1.63
福　建	0.00	0.00	0.00	0.00	0.00	0.00	6.25	0.00	0.00	0.00	0.81
河　北	0.00	0.00	0.00	0.00	0.00	0.00	0.00	0.00	9.09	0.00	0.81
湖　北	0.00	0.00	0.00	0.00	0.00	0.00	6.25	0.00	0.00	0.00	0.81
江　苏	0.00	0.00	0.00	0.00	0.00	0.00	0.00	0.00	9.09	0.00	0.81
四　川	0.00	0.00	11.11	0.00	0.00	0.00	0.00	0.00	0.00	0.00	0.81
浙　江	0.00	0.00	0.00	0.00	0.00	0.00	0.00	0.00	7.14	0.00	0.81

表 4-20 进化生物学 B 层人才的世界占比

单位：%

省　份	2013 年	2014 年	2015 年	2016 年	2017 年	2018 年	2019 年	2020 年	2021 年	2022 年	合计
北　京	0.00	2.38	0.00	0.75	2.01	2.11	3.21	0.63	3.64	2.21	1.69
广　东	0.00	0.79	0.00	0.00	0.67	2.11	2.56	1.26	0.91	3.68	1.25
云　南	0.81	0.79	0.00	0.75	0.67	0.00	0.00	0.00	0.91	0.00	0.37
山　东	0.00	0.00	0.00	0.00	0.67	1.41	0.64	0.00	0.00	0.00	0.29
上　海	0.81	0.00	0.00	0.75	0.00	0.70	0.64	0.00	0.00	0.00	0.29
江　苏	0.00	0.00	0.00	0.00	0.00	0.00	0.00	0.00	0.91	0.74	0.22
辽　宁	0.00	0.00	0.00	0.00	0.00	0.67	0.00	0.00	0.91	0.74	0.22
四　川	0.00	0.00	0.00	0.75	0.67	0.00	0.00	0.63	0.00	0.00	0.22

续表

省 份	2013 年	2014 年	2015 年	2016 年	2017 年	2018 年	2019 年	2020 年	2021 年	2022 年	合计
浙 江	0.00	0.00	0.00	0.00	0.67	0.00	0.00	0.63	0.00	0.74	0.22
福 建	0.00	0.00	0.00	0.00	0.00	0.00	0.64	0.63	0.00	0.00	0.15
安 徽	0.00	0.00	0.00	0.00	0.00	0.00	0.00	0.00	0.00	0.74	0.07
甘 肃	0.00	0.00	0.00	0.00	0.00	0.00	0.00	0.00	0.00	0.74	0.07
广 西	0.00	0.00	0.00	0.75	0.00	0.00	0.00	0.00	0.00	0.00	0.07
海 南	0.00	0.00	0.00	0.00	0.00	0.70	0.00	0.00	0.00	0.00	0.07
河 北	0.00	0.00	0.00	0.00	0.00	0.00	0.64	0.00	0.00	0.00	0.07
河 南	0.00	0.00	0.00	0.00	0.00	0.00	0.64	0.00	0.00	0.00	0.07
湖 北	0.00	0.00	0.00	0.00	0.00	0.00	0.00	0.00	0.00	0.74	0.07
江 西	0.00	0.00	0.00	0.00	0.67	0.00	0.00	0.00	0.00	0.00	0.07
陕 西	0.00	0.79	0.00	0.00	0.00	0.00	0.00	0.00	0.00	0.00	0.07
天 津	0.00	0.00	0.00	0.75	0.00	0.00	0.00	0.00	0.00	0.00	0.07
新 疆	0.00	0.00	0.00	0.75	0.00	0.00	0.00	0.00	0.00	0.00	0.07

表 4-21　进化生物学 C 层人才的世界占比

单位：%

省 份	2013 年	2014 年	2015 年	2016 年	2017 年	2018 年	2019 年	2020 年	2021 年	2022 年	合计
北 京	1.19	1.03	1.92	1.36	2.05	2.26	2.42	2.02	1.92	2.17	1.86
广 东	0.59	0.32	0.40	0.23	0.96	1.20	0.74	1.11	1.59	0.97	0.84
云 南	1.02	0.87	0.40	0.68	0.82	0.92	0.88	0.72	0.93	0.30	0.76
江 苏	0.25	0.08	0.32	0.30	0.61	0.50	0.27	0.65	0.73	1.27	0.51
湖 北	0.08	0.16	0.32	0.30	0.41	0.14	0.27	0.26	0.93	0.45	0.34
浙 江	0.08	0.16	0.08	0.15	0.20	0.42	0.34	0.65	0.46	0.37	0.31
上 海	0.68	0.00	0.00	0.23	0.48	0.42	0.40	0.26	0.20	0.22	0.30
山 东	0.00	0.16	0.16	0.15	0.34	0.28	0.20	0.26	0.53	0.67	0.28
四 川	0.17	0.08	0.24	0.30	0.07	0.21	0.07	0.39	0.59	0.22	0.24
福 建	0.08	0.08	0.24	0.08	0.07	0.00	0.13	0.20	0.53	0.30	0.18
湖 南	0.00	0.08	0.16	0.08	0.20	0.00	0.20	0.26	0.07	0.22	0.13
重 庆	0.00	0.00	0.08	0.08	0.14	0.07	0.07	0.20	0.26	0.15	0.11
甘 肃	0.08	0.08	0.16	0.08	0.00	0.00	0.20	0.26	0.13	0.07	0.11
海 南	0.00	0.00	0.00	0.00	0.00	0.00	0.07	0.07	0.13	0.60	0.10
江 西	0.17	0.00	0.00	0.08	0.14	0.21	0.00	0.07	0.13	0.07	0.09
陕 西	0.08	0.00	0.08	0.08	0.20	0.07	0.07	0.13	0.00	0.15	0.09
河 南	0.00	0.00	0.00	0.00	0.00	0.00	0.13	0.13	0.26	0.07	0.08

省 份	2013 年	2014 年	2015 年	2016 年	2017 年	2018 年	2019 年	2020 年	2021 年	2022 年	合计
辽 宁	0.00	0.08	0.00	0.00	0.14	0.14	0.07	0.13	0.07	0.07	0.07
新 疆	0.00	0.00	0.08	0.15	0.14	0.00	0.07	0.07	0.07	0.07	0.07
安 徽	0.17	0.08	0.00	0.08	0.07	0.00	0.00	0.00	0.07	0.00	0.06
青 海	0.17	0.16	0.00	0.00	0.07	0.00	0.13	0.07	0.00	0.00	0.06
天 津	0.00	0.00	0.08	0.00	0.14	0.07	0.07	0.00	0.00	0.22	0.06
吉 林	0.00	0.08	0.00	0.00	0.00	0.00	0.00	0.13	0.07	0.15	0.05
广 西	0.00	0.00	0.00	0.00	0.07	0.07	0.00	0.00	0.07	0.15	0.04
内蒙古	0.00	0.00	0.00	0.08	0.07	0.00	0.07	0.00	0.00	0.00	0.04
宁 夏	0.00	0.00	0.00	0.00	0.07	0.00	0.07	0.00	0.13	0.07	0.04
黑龙江	0.00	0.08	0.00	0.08	0.00	0.00	0.00	0.00	0.07	0.00	0.04
西 藏	0.17	0.00	0.00	0.00	0.00	0.07	0.00	0.00	0.00	0.00	0.04
贵 州	0.08	0.00	0.00	0.08	0.00	0.00	0.00	0.00	0.07	0.00	0.03
河 北	0.00	0.00	0.00	0.08	0.00	0.07	0.00	0.00	0.07	0.00	0.02

八 动物学

动物学 A 层人才最多的是北京，世界占比为 2.44%；江苏 A 层人才的世界占比为 1.46%，排名第二；湖北、辽宁、广东、上海、四川、云南、浙江也有一定数量的 A 层人才，世界占比均超过 0.4%。

B 层人才最多的是北京，世界占比为 1.60%；广东、山东、江苏、上海、浙江、辽宁、云南、湖北、福建、重庆、黑龙江、青海、四川、天津、安徽、广西、海南也有一定数量的 B 层人才，世界占比均超过 0.1%；甘肃、河南、湖南、内蒙古、吉林、贵州、河北、江西、陕西、山西 B 层人才的世界占比均低于 0.1%。

北京、广东 C 层人才世界占比分别为 1.67%、1.12%，排名前二；山东、江苏、浙江、湖北、上海、四川、陕西、云南、湖南、重庆、福建、安徽、辽宁、黑龙江、河南、贵州、海南、吉林、甘肃、广西、江西也有一定数量的 C 层人才，世界占比均超过 0.1%；天津、内蒙古、河北、新疆、山西、宁夏、青海、西藏 C 层人才的世界占比均低于 0.1%。

表 4-22　动物学 A 层人才的世界占比

单位：%

省　份	2013 年	2014 年	2015 年	2016 年	2017 年	2018 年	2019 年	2020 年	2021 年	2022 年	合计
北　京	0.00	9.09	4.76	0.00	0.00	0.00	0.00	0.00	0.00	8.33	2.44
江　苏	0.00	0.00	0.00	4.17	0.00	0.00	0.00	3.85	0.00	4.17	1.46
湖　北	0.00	4.55	0.00	0.00	0.00	0.00	3.85	0.00	0.00	0.00	0.98
辽　宁	0.00	0.00	0.00	0.00	0.00	9.09	0.00	0.00	0.00	4.17	0.98
广　东	0.00	0.00	0.00	0.00	0.00	9.09	0.00	0.00	0.00	0.00	0.49
上　海	0.00	0.00	0.00	0.00	0.00	0.00	3.85	0.00	0.00	0.00	0.49
四　川	0.00	0.00	0.00	0.00	0.00	0.00	0.00	3.85	0.00	0.00	0.49
云　南	0.00	0.00	0.00	0.00	0.00	0.00	3.85	0.00	0.00	0.00	0.49
浙　江	0.00	0.00	0.00	0.00	0.00	0.00	3.85	0.00	0.00	0.00	0.49

表 4-23　动物学 B 层人才的世界占比

单位：%

省　份	2013 年	2014 年	2015 年	2016 年	2017 年	2018 年	2019 年	2020 年	2021 年	2022 年	合计
北　京	1.00	0.50	1.41	0.49	1.40	0.42	1.67	2.94	1.65	3.88	1.60
广　东	0.00	0.50	0.94	0.49	0.93	0.85	0.84	1.10	1.98	1.29	0.95
山　东	1.00	0.50	0.00	0.98	0.93	0.00	0.00	0.74	1.98	2.59	0.91
江　苏	0.00	0.00	0.94	0.00	0.47	0.00	0.84	1.10	0.33	0.86	0.48
上　海	0.00	0.00	0.00	0.98	0.00	0.42	0.42	0.74	0.99	0.86	0.48
浙　江	0.50	0.00	0.00	0.98	0.47	0.85	0.42	0.00	0.66	0.86	0.48
辽　宁	0.00	0.00	0.00	0.00	0.93	0.00	0.42	0.00	1.32	0.86	0.39
云　南	0.00	0.00	0.00	0.00	0.47	0.42	0.00	1.47	0.66	0.43	0.39
湖　北	0.00	0.00	0.00	0.00	0.00	0.00	0.37	1.32	0.43	0.26
福　建	0.00	0.00	0.47	0.00	0.00	0.42	0.00	0.74	0.33	0.00	0.22
重　庆	0.00	0.00	0.00	0.00	0.47	0.00	0.42	0.37	0.00	0.43	0.17
黑龙江	0.00	0.00	0.00	0.49	0.00	0.00	0.00	0.74	0.00	0.43	0.17
青　海	0.00	0.00	0.00	0.00	0.00	0.42	0.00	0.33	0.86	0.17
四　川	0.00	0.00	0.00	0.00	0.00	0.00	0.00	0.99	0.43	0.17
天　津	0.00	0.00	0.00	0.00	0.00	0.42	0.00	0.37	0.00	0.86	0.17
安　徽	0.00	0.00	0.00	0.49	0.00	0.42	0.00	0.37	0.00	0.00	0.13
广　西	0.00	0.50	0.00	0.00	0.00	0.00	0.00	0.00	0.33	0.00	0.13
海　南	0.00	0.00	0.00	0.49	0.00	0.42	0.00	0.00	0.43	0.13
甘　肃	0.00	0.00	0.00	0.00	0.00	0.42	0.00	0.00	0.43	0.09
河　南	0.00	0.00	0.00	0.00	0.00	0.42	0.00	0.00	0.43	0.09

续表

省　份	2013 年	2014 年	2015 年	2016 年	2017 年	2018 年	2019 年	2020 年	2021 年	2022 年	合计
湖　南	0.00	0.00	0.00	0.00	0.00	0.00	0.00	0.00	0.00	0.86	0.09
内蒙古	0.00	0.00	0.00	0.00	0.00	0.00	0.00	0.37	0.00	0.43	0.09
吉　林	0.00	0.00	0.00	0.00	0.00	0.00	0.00	0.37	0.33	0.00	0.09
贵　州	0.00	0.00	0.00	0.00	0.00	0.00	0.00	0.00	0.33	0.00	0.04
河　北	0.00	0.00	0.00	0.00	0.00	0.00	0.42	0.00	0.00	0.00	0.04
江　西	0.00	0.00	0.00	0.00	0.00	0.00	0.00	0.00	0.00	0.43	0.04
陕　西	0.00	0.00	0.00	0.00	0.00	0.00	0.00	0.37	0.00	0.00	0.04
山　西	0.00	0.00	0.00	0.00	0.47	0.00	0.00	0.00	0.00	0.00	0.04

表 4-24　动物学 C 层人才的世界占比

单位：%

省　份	2013 年	2014 年	2015 年	2016 年	2017 年	2018 年	2019 年	2020 年	2021 年	2022 年	合计
北　京	0.77	1.14	1.35	0.88	0.99	1.78	2.21	2.52	2.48	2.11	1.67
广　东	0.26	0.59	1.00	0.60	1.08	1.35	1.55	1.32	1.64	1.56	1.12
山　东	0.51	0.50	1.15	0.97	0.67	1.11	0.86	1.08	1.36	1.26	0.96
江　苏	0.36	0.59	0.75	0.28	0.27	0.63	1.02	0.84	1.12	1.20	0.72
浙　江	0.31	0.20	0.35	0.69	0.63	0.43	0.53	0.88	0.73	1.02	0.58
湖　北	0.46	0.59	0.75	0.46	0.54	0.53	0.49	0.60	0.45	0.72	0.55
上　海	0.41	0.20	0.35	0.46	0.45	0.77	0.61	0.40	0.56	0.48	0.47
四　川	0.20	0.30	0.15	0.14	0.31	0.39	0.53	0.68	0.63	0.84	0.42
陕　西	0.26	0.50	0.15	0.28	0.18	0.24	0.53	0.64	0.52	0.60	0.40
云　南	0.05	0.15	0.15	0.23	0.45	0.39	0.53	0.40	0.56	0.96	0.39
湖　南	0.00	0.10	0.10	0.09	0.04	0.34	0.29	0.36	0.52	0.48	0.24
重　庆	0.20	0.10	0.20	0.23	0.04	0.19	0.33	0.42	0.30	0.30	0.23
福　建	0.10	0.05	0.15	0.23	0.27	0.19	0.20	0.32	0.24	0.30	0.21
安　徽	0.05	0.05	0.15	0.14	0.22	0.34	0.25	0.16	0.35	0.24	0.20
辽　宁	0.15	0.05	0.15	0.42	0.18	0.19	0.20	0.24	0.06		0.19
黑龙江	0.00	0.05	0.15	0.05	0.09	0.05	0.08	0.28	0.45	0.54	0.18
河　南	0.10	0.05	0.00	0.14	0.09	0.19	0.08	0.44	0.14	0.36	0.16
贵　州	0.00	0.05	0.00	0.05	0.18	0.10	0.08	0.24	0.31	0.36	0.14
海　南	0.10	0.05	0.05	0.18	0.13	0.10	0.12	0.12	0.31	0.18	0.14
吉　林	0.05	0.05	0.05	0.09	0.04	0.05	0.20	0.16	0.28	0.42	0.14
甘　肃	0.00	0.10	0.00	0.00	0.00	0.05	0.16	0.44	0.21	0.36	0.14
广　西	0.05	0.05	0.00	0.00	0.13	0.10	0.12	0.04	0.35	0.18	0.11

省　份	2013 年	2014 年	2015 年	2016 年	2017 年	2018 年	2019 年	2020 年	2021 年	2022 年	合计
江　西	0.05	0.00	0.05	0.00	0.09	0.19	0.20	0.08	0.10	0.36	0.11
天　津	0.00	0.05	0.05	0.14	0.04	0.10	0.20	0.16	0.03	0.06	0.09
内蒙古	0.00	0.00	0.00	0.00	0.00	0.04	0.00	0.08	0.20	0.17	0.30	0.08
河　北	0.00	0.00	0.00	0.00	0.00	0.05	0.00	0.20	0.10	0.30	0.06
新　疆	0.05	0.00	0.05	0.00	0.00	0.05	0.08	0.12	0.14	0.06	0.06
山　西	0.00	0.10	0.00	0.00	0.00	0.00	0.00	0.00	0.07	0.12	0.04
宁　夏	0.05	0.05	0.00	0.00	0.00	0.00	0.04	0.08	0.03	0.06	0.03
青　海	0.05	0.00	0.05	0.00	0.00	0.00	0.04	0.08	0.00	0.12	0.03
西　藏	0.00	0.00	0.05	0.00	0.00	0.05	0.00	0.04	0.00	0.06	0.02

九　鸟类学

各省份均无鸟类学 A 层人才。

B 层人才最多的是安徽，世界占比为 1.28%；北京、广东、河北、湖北、江苏也有一定数量的 B 层人才，世界占比均为 0.64%。

C 层人才最多的是北京，世界占比为 1.34%；上海、安徽、广东、海南、江苏、江西、湖南、辽宁、山东、新疆、广西、河北、陕西、云南、浙江也有一定数量的 C 层人才，世界占比均超过 0.1%；福建、甘肃、贵州、吉林、四川、天津、西藏 C 层人才的世界占比均为 0.06%。

表 4-25　鸟类学 B 层人才的世界占比

单位：%

省　份	2013 年	2014 年	2015 年	2016 年	2017 年	2018 年	2019 年	2020 年	2021 年	2022 年	合计
安　徽	0.00	0.00	0.00	0.00	0.00	0.00	0.00	4.76	0.00	6.67	1.28
北　京	0.00	0.00	0.00	0.00	0.00	5.88	0.00	0.00	0.00	0.00	0.64
广　东	0.00	0.00	0.00	0.00	0.00	5.88	0.00	0.00	0.00	0.00	0.64
河　北	0.00	0.00	0.00	0.00	0.00	0.00	0.00	0.00	5.26	0.00	0.64
湖　北	0.00	0.00	0.00	0.00	9.09	0.00	0.00	0.00	0.00	0.00	0.64
江　苏	0.00	0.00	0.00	0.00	0.00	0.00	0.00	0.00	0.00	6.67	0.64

表 4-26 鸟类学 C 层人才的世界占比

单位：%

省 份	2013 年	2014 年	2015 年	2016 年	2017 年	2018 年	2019 年	2020 年	2021 年	2022 年	合计
北 京	0.62	0.00	1.89	1.09	1.97	1.53	1.60	1.74	0.58	2.17	1.34
上 海	1.86	0.00	1.26	0.55	1.48	1.02	0.00	0.58	0.00	0.00	0.70
安 徽	0.62	0.00	0.00	0.55	0.00	0.00	1.07	1.16	0.58	0.72	0.47
广 东	1.24	0.00	1.89	0.00	0.00	0.00	0.00	1.16	0.00	0.72	0.47
海 南	1.24	0.00	0.00	0.00	0.00	0.51	0.00	0.00	0.58	0.72	0.29
江 苏	0.00	0.00	0.63	0.00	0.49	0.00	0.53	1.16	0.00	0.00	0.29
江 西	0.62	0.00	0.00	0.55	0.99	0.00	0.00	0.58	0.00	0.00	0.29
湖 南	0.00	0.00	0.00	0.55	0.00	0.00	0.53	0.58	0.00	0.00	0.17
辽 宁	0.62	0.00	0.63	0.00	0.00	0.51	0.00	0.00	0.00	0.00	0.17
山 东	0.62	0.00	0.63	0.00	0.49	0.00	0.00	0.00	0.00	0.00	0.17
新 疆	0.62	0.00	0.00	0.00	0.49	0.00	0.53	0.00	0.00	0.00	0.17
广 西	0.00	0.00	1.26	0.00	0.00	0.00	0.00	0.00	0.00	0.00	0.12
河 北	0.00	0.00	0.63	0.00	0.49	0.00	0.00	0.00	0.00	0.00	0.12
陕 西	0.00	0.00	0.00	0.00	0.00	0.00	0.00	0.00	0.58	0.72	0.12
云 南	0.00	0.00	0.00	0.55	0.00	0.00	0.53	0.00	0.00	0.00	0.12
浙 江	0.00	0.00	0.63	0.00	0.00	0.00	0.00	0.00	0.00	0.72	0.12
福 建	0.00	0.00	0.63	0.00	0.00	0.00	0.00	0.00	0.00	0.00	0.06
甘 肃	0.00	0.00	0.00	0.00	0.00	0.00	0.00	0.00	0.00	0.72	0.06
贵 州	0.00	0.00	0.00	0.00	0.00	0.00	0.00	0.00	0.00	0.72	0.06
吉 林	0.00	0.00	0.00	0.00	0.00	0.00	0.00	0.00	0.58	0.00	0.06
四 川	0.00	0.00	0.63	0.00	0.00	0.00	0.00	0.00	0.00	0.00	0.06
天 津	0.00	0.00	0.63	0.00	0.00	0.00	0.00	0.00	0.00	0.00	0.06
西 藏	0.00	0.00	0.00	0.00	0.00	0.00	0.53	0.00	0.00	0.00	0.06

十 昆虫学

昆虫学 A 层人才最多的是北京、福建，世界占比均为 3.30%，并列排名第一；广东、湖南、江苏、吉林、山东、上海、山西、浙江有相当数量的 A 层人才，世界占比均为 1.10%。

北京、江苏 B 层人才的世界占比分别为 2.60%、1.25%，排名前二；广东、云南、湖北、浙江、重庆、福建、上海、山西、新疆、安徽、贵州、河北、黑龙江、湖南、辽宁、陕西、山东、四川也有一定数量的 B 层人才，世界占比大于或等于 0.1%。

C 层人才最多的是北京，世界占比为 4.19%；江苏、广东、浙江有相当数量的 C 层人才，世界占比在 3%~1%；湖北、重庆、福建、河南、山东、贵州、陕西、上海、安徽、吉林、云南、湖南、河北、黑龙江、辽宁、新疆、山西、天津、四川、江西、海南、甘肃、广西也有一定数量的 C 层人才，世界占比均超过 0.1%；内蒙古、宁夏、青海 C 层人才的世界占比均低于 0.1%。

表 4-27　昆虫学 A 层人才的世界占比

单位：%

省　份	2013 年	2014 年	2015 年	2016 年	2017 年	2018 年	2019 年	2020 年	2021 年	2022 年	合计
北　京	0.00	0.00	0.00	0.00	0.00	0.00	8.33	0.00	15.38	0.00	3.30
福　建	0.00	0.00	0.00	0.00	10.00	0.00	0.00	8.33	7.69	0.00	3.30
广　东	0.00	0.00	0.00	0.00	0.00	0.00	8.33	0.00	0.00	0.00	1.10
湖　南	0.00	0.00	0.00	0.00	0.00	0.00	8.33	0.00	0.00	0.00	1.10
江　苏	0.00	0.00	0.00	0.00	0.00	0.00	8.33	0.00	0.00	0.00	1.10
吉　林	0.00	0.00	0.00	0.00	0.00	0.00	0.00	0.00	7.69	0.00	1.10
山　东	0.00	0.00	0.00	0.00	0.00	0.00	0.00	8.33	0.00	0.00	1.10
上　海	0.00	0.00	0.00	0.00	10.00	0.00	0.00	0.00	0.00	0.00	1.10
山　西	0.00	0.00	0.00	0.00	0.00	0.00	8.33	0.00	0.00	0.00	1.10
浙　江	11.11	0.00	0.00	0.00	0.00	0.00	0.00	0.00	0.00	0.00	1.10

表 4-28　昆虫学 B 层人才的世界占比

单位：%

省　份	2013 年	2014 年	2015 年	2016 年	2017 年	2018 年	2019 年	2020 年	2021 年	2022 年	合计
北　京	0.00	0.00	1.03	2.06	1.12	5.50	3.36	3.73	3.03	3.85	2.60
江　苏	0.00	0.00	0.00	1.03	0.00	3.67	1.68	0.00	1.52	3.85	1.25
广　东	0.00	1.25	0.00	2.06	0.00	0.00	1.68	0.00	0.76	0.00	0.58
云　南	0.00	0.00	1.03	0.00	0.00	0.92	0.84	0.00	0.76	0.96	0.48
湖　北	0.00	0.00	0.00	0.00	1.12	0.00	0.00	0.00	1.52	0.96	0.38
浙　江	0.00	0.00	0.00	1.03	1.12	0.00	0.00	0.00	0.76	0.96	0.38
重　庆	0.00	1.25	0.00	1.03	0.00	0.00	0.00	0.00	0.76	0.00	0.29
福　建	0.00	0.00	1.03	1.03	0.00	0.00	0.00	0.00	0.76	0.00	0.29

续表

省 份	2013 年	2014 年	2015 年	2016 年	2017 年	2018 年	2019 年	2020 年	2021 年	2022 年	合计
上 海	0.00	1.25	0.00	1.03	0.00	0.92	0.00	0.00	0.00	0.00	0.29
山 西	0.00	0.00	0.00	1.03	1.12	0.00	0.00	0.75	0.00	0.00	0.29
新 疆	0.00	0.00	0.00	0.00	0.00	0.92	0.84	0.00	0.76	0.00	0.29
安 徽	0.00	0.00	0.00	1.03	0.00	0.92	0.00	0.00	0.00	0.00	0.19
贵 州	0.00	0.00	0.00	0.00	0.00	0.00	0.00	0.00	0.00	0.96	0.10
河 北	0.00	0.00	0.00	0.00	0.00	0.00	0.00	0.00	0.00	0.96	0.10
黑龙江	0.00	0.00	0.00	0.00	0.00	0.00	0.00	0.00	0.76	0.00	0.10
湖 南	0.00	0.00	0.00	0.00	0.00	0.00	0.00	0.00	0.00	0.96	0.10
辽 宁	0.00	0.00	0.00	0.00	0.00	0.00	0.00	0.00	0.76	0.00	0.10
陕 西	0.00	0.00	0.00	1.03	0.00	0.00	0.00	0.00	0.00	0.00	0.10
山 东	0.00	0.00	1.03	0.00	0.00	0.00	0.00	0.00	0.00	0.00	0.10
四 川	0.00	0.00	0.00	0.00	0.00	0.00	0.00	0.75	0.00	0.00	0.10

表 4-29 昆虫学 C 层人才的世界占比

单位：%

省 份	2013 年	2014 年	2015 年	2016 年	2017 年	2018 年	2019 年	2020 年	2021 年	2022 年	合计
北 京	2.57	4.52	3.75	4.15	3.57	3.28	4.48	4.69	4.98	5.33	4.19
江 苏	1.84	1.58	1.36	3.09	2.35	2.29	3.36	2.83	2.61	3.67	2.54
广 东	0.61	0.45	0.91	0.64	0.71	0.89	1.29	1.86	1.88	2.89	1.26
浙 江	1.35	1.24	0.57	0.53	0.82	0.99	1.21	1.21	1.55	1.56	1.12
湖 北	0.73	0.79	0.80	0.75	0.92	0.70	1.55	1.21	0.82	1.33	0.98
重 庆	0.24	0.57	0.57	0.64	0.51	0.40	0.78	1.13	0.90	1.00	0.70
福 建	0.00	0.11	0.57	0.64	0.92	0.30	1.12	0.65	0.98	0.33	0.60
河 南	0.49	0.11	0.57	0.53	0.41	0.40	0.26	0.73	0.74	1.44	0.57
山 东	0.24	0.79	0.45	0.43	0.31	0.40	0.26	0.26	1.31	0.67	0.54
贵 州	0.00	0.11	0.11	0.21	0.20	0.70	0.34	0.73	1.39	1.44	0.56
陕 西	0.00	0.34	0.68	0.85	0.31	0.40	0.09	1.05	0.74	0.78	0.54
上 海	0.49	0.68	0.57	0.85	0.61	0.30	0.52	0.65	0.08	0.56	0.52
安 徽	0.00	0.45	0.80	0.21	0.61	0.40	0.43	0.40	0.33	1.11	0.47
吉 林	0.12	0.57	0.11	0.43	0.20	0.50	0.43	0.65	0.65	0.67	0.45
云 南	0.12	0.23	0.45	0.32	0.20	0.20	0.26	0.49	0.41	0.56	0.33
湖 南	0.37	0.11	0.23	0.00	0.20	0.20	0.52	0.32	0.33	0.22	0.28
河 北	0.12	0.23	0.34	0.11	0.10	0.20	0.34	0.32	0.49	0.33	0.27
黑龙江	0.12	0.11	0.11	0.21	0.00	0.20	0.34	0.57	0.57	0.44	0.27

续表

省　份	2013 年	2014 年	2015 年	2016 年	2017 年	2018 年	2019 年	2020 年	2021 年	2022 年	合计
辽　宁	0.00	0.11	0.23	0.11	0.31	0.20	0.26	0.49	0.49	0.33	0.27
新　疆	0.24	0.23	0.34	0.43	0.10	0.30	0.34	0.32	0.25	0.00	0.26
山　西	0.12	0.11	0.11	0.21	0.41	0.20	0.43	0.32	0.08	0.33	0.24
天　津	0.00	0.23	0.57	0.32	0.00	0.30	0.00	0.16	0.16	0.78	0.24
四　川	0.00	0.45	0.00	0.11	0.10	0.30	0.17	0.24	0.25	0.44	0.21
江　西	0.00	0.45	0.00	0.00	0.00	0.10	0.26	0.40	0.33	0.33	0.20
海　南	0.00	0.00	0.11	0.11	0.00	0.20	0.17	0.24	0.49	0.22	0.17
甘　肃	0.00	0.23	0.00	0.11	0.10	0.30	0.09	0.16	0.25	0.33	0.16
广　西	0.00	0.34	0.11	0.00	0.10	0.20	0.17	0.16	0.00	0.56	0.16
内蒙古	0.00	0.00	0.00	0.00	0.10	0.00	0.00	0.00	0.08	0.11	0.03
宁　夏	0.00	0.00	0.00	0.00	0.00	0.00	0.00	0.08	0.00	0.11	0.02
青　海	0.00	0.00	0.00	0.00	0.00	0.00	0.00	0.00	0.08	0.00	0.01

十一　制奶和动物科学

制奶和动物科学 A 层人才最多的是北京、江苏，世界占比均为 2.80%，并列排名第一；其后是湖北，A 层人才的世界占比为 2.10%；广东、湖南、四川有相当数量的 A 层人才，世界占比均为 1.40%；安徽、福建、广西、内蒙古、陕西、浙江也有一定数量的 A 层人才，世界占比均为 0.7%。

北京、广东 B 层人才的世界占比分别为 3.54%、1.32%，排名前二；湖北、江苏、浙江、湖南、四川、内蒙古、吉林、陕西、山东、黑龙江、上海、重庆、甘肃、江西、天津、云南、广西、河南也有一定数量的 B 层人才，世界占比均超过 0.1%；安徽、福建、贵州、河北、青海、西藏、新疆 B 层人才的世界占比均为 0.07%。

C 层人才最多的是北京，世界占比为 3.46%；其后是江苏、广东，C 层人才的世界占比分别为 2.03%、1.15%，分列第二、第三位；四川、浙江、湖南、陕西、黑龙江、山东、湖北、江西、河南、内蒙古、甘肃、上海、吉林、河北、安徽、辽宁、重庆、广西、新疆、贵州、云南、海南、福建、天津也有一定数量的 C 层人才，世界占比大于或等于 0.1%；青海、宁夏、西藏、山西 C 层人才的世界占比均低于 0.1%。

表 4-30 制奶和动物科学 A 层人才的世界占比

单位：%

省　份	2013 年	2014 年	2015 年	2016 年	2017 年	2018 年	2019 年	2020 年	2021 年	2022 年	合计
北　京	0.00	11.11	14.29	0.00	7.69	0.00	0.00	4.55	0.00	0.00	2.80
江　苏	0.00	0.00	0.00	7.14	0.00	6.67	0.00	0.00	10.53	0.00	2.80
湖　北	0.00	0.00	0.00	0.00	0.00	0.00	0.00	0.00	5.26	10.53	2.10
广　东	0.00	0.00	0.00	0.00	7.69	0.00	0.00	4.55	0.00	0.00	1.40
湖　南	0.00	0.00	0.00	0.00	0.00	0.00	0.00	9.09	0.00	0.00	1.40
四　川	0.00	0.00	0.00	0.00	0.00	0.00	0.00	0.00	5.26	5.26	1.40
安　徽	0.00	0.00	0.00	0.00	7.69	0.00	0.00	0.00	0.00	0.00	0.70
福　建	0.00	0.00	0.00	0.00	0.00	0.00	0.00	0.00	5.26	0.00	0.70
广　西	0.00	0.00	0.00	0.00	0.00	0.00	0.00	0.00	5.26	0.00	0.70
内蒙古	0.00	0.00	0.00	0.00	0.00	6.67	0.00	0.00	0.00	0.00	0.70
陕　西	0.00	0.00	0.00	0.00	0.00	6.67	0.00	0.00	0.00	0.00	0.70
浙　江	0.00	11.11	0.00	0.00	0.00	0.00	0.00	0.00	0.00	0.00	0.70

表 4-31 制奶和动物科学 B 层人才的世界占比

单位：%

省　份	2013 年	2014 年	2015 年	2016 年	2017 年	2018 年	2019 年	2020 年	2021 年	2022 年	合计
北　京	0.00	1.01	2.97	2.92	4.44	2.27	2.72	4.71	4.84	5.98	3.54
广　东	0.00	1.01	0.00	0.00	0.74	0.00	2.72	2.09	2.69	1.63	1.32
湖　北	0.00	0.00	0.99	0.73	0.74	0.00	1.09	0.00	1.61	2.17	0.83
江　苏	0.00	0.00	0.00	0.00	0.74	0.76	1.09	0.52	1.61	1.63	0.76
浙　江	1.09	0.00	0.00	0.73	1.48	0.00	0.54	0.52	1.61	0.54	0.69
湖　南	0.00	2.02	0.00	0.00	0.74	0.00	0.00	1.05	0.00	1.63	0.56
四　川	0.00	1.01	0.00	0.00	0.00	0.00	0.54	0.00	0.54	2.17	0.49
内蒙古	0.00	0.00	0.00	0.00	0.00	0.00	0.00	1.05	1.08	1.09	0.42
吉　林	0.00	0.00	0.00	1.46	0.00	0.76	0.54	0.52	0.54	0.00	0.42
陕　西	0.00	0.00	0.00	0.73	0.00	0.00	0.00	1.05	0.54	0.54	0.42
山　东	0.00	0.00	0.00	0.73	0.00	0.00	0.00	0.54	1.63	0.42	0.42
黑龙江	0.00	1.01	0.00	0.00	0.00	0.76	0.00	0.52	0.54	0.54	0.35
上　海	0.00	0.00	0.00	0.00	0.74	0.00	0.52	0.54	0.54	0.35	0.35
重　庆	0.00	0.00	0.00	0.00	0.74	0.00	1.05	0.00	0.54	0.28	0.28

省 份	2013 年	2014 年	2015 年	2016 年	2017 年	2018 年	2019 年	2020 年	2021 年	2022 年	合计
甘 肃	0.00	0.00	0.00	0.00	0.00	0.00	0.00	0.52	0.54	1.09	0.28
江 西	0.00	1.01	0.00	0.00	1.48	0.00	0.00	0.00	0.00	0.54	0.28
天 津	0.00	0.00	0.00	0.00	0.00	0.00	0.00	1.05	0.00	0.54	0.21
云 南	0.00	0.00	0.00	0.00	0.74	0.00	0.54	0.00	0.00	0.54	0.21
广 西	0.00	0.00	0.00	0.00	0.00	0.00	0.54	0.00	0.54	0.00	0.14
河 南	0.00	0.00	0.00	0.00	0.00	0.00	0.54	0.00	0.54	0.00	0.14
安 徽	0.00	0.00	0.00	0.00	0.74	0.00	0.00	0.00	0.00	0.00	0.07
福 建	0.00	0.00	0.00	0.00	0.00	0.00	0.00	0.00	0.54	0.00	0.07
贵 州	0.00	0.00	0.00	0.00	0.00	0.00	0.00	0.00	0.54	0.00	0.07
河 北	0.00	0.00	0.00	0.00	0.00	0.00	0.00	0.52	0.00	0.00	0.07
青 海	0.00	0.00	0.00	0.00	0.00	0.00	0.00	0.00	0.54	0.00	0.07
西 藏	0.00	0.00	0.00	0.00	0.00	0.00	0.00	0.52	0.00	0.00	0.07
新 疆	0.00	0.00	0.00	0.00	0.00	0.00	0.00	0.00	0.54	0.00	0.07

表 4-32　制奶和动物科学 C 层人才的世界占比

单位：%

省 份	2013 年	2014 年	2015 年	2016 年	2017 年	2018 年	2019 年	2020 年	2021 年	2022 年	合计
北 京	1.60	1.56	2.62	2.27	3.58	3.87	3.97	4.60	4.15	3.98	3.46
江 苏	1.82	1.25	1.41	1.54	2.13	1.68	2.10	2.14	2.61	2.69	2.03
广 东	0.64	0.21	0.50	0.37	0.76	1.17	1.02	1.52	2.04	1.99	1.15
四 川	0.11	0.00	0.40	0.51	0.68	0.58	1.19	1.41	1.36	1.61	0.92
浙 江	1.28	0.62	0.40	0.73	0.91	0.80	1.02	0.89	1.14	0.91	0.89
湖 南	0.43	0.42	0.60	0.29	0.30	1.02	0.96	1.15	1.25	1.08	0.82
陕 西	0.32	0.42	0.30	0.44	1.07	0.88	1.14	0.84	0.62	1.02	0.76
黑龙江	0.32	0.21	0.10	0.37	0.15	0.66	0.68	1.10	1.19	0.81	0.64
山 东	0.11	0.21	0.10	0.07	0.23	0.66	0.45	0.94	1.14	1.45	0.63
湖 北	0.00	0.42	0.50	0.44	0.61	0.66	0.57	0.68	0.85	0.97	0.62
江 西	0.21	0.21	0.40	0.66	0.61	0.15	0.62	0.47	0.62	0.70	0.50
河 南	0.11	0.00	0.40	0.15	0.46	0.44	0.62	0.47	0.45	1.13	0.48
内蒙古	0.00	0.42	0.10	0.37	0.38	0.44	0.34	0.63	0.57	0.86	0.46
甘 肃	0.21	0.10	0.30	0.15	0.30	0.36	0.40	0.68	0.68	0.54	0.41
上 海	0.21	0.10	0.40	0.44	0.08	0.15	0.40	0.58	0.17	0.86	0.37
吉 林	0.32	0.10	0.00	0.29	0.00	0.36	0.74	0.26	0.40	0.75	0.37
河 北	0.00	0.00	0.20	0.00	0.08	0.44	0.28	0.47	0.40	0.65	0.30

续表

省　份	2013 年	2014 年	2015 年	2016 年	2017 年	2018 年	2019 年	2020 年	2021 年	2022 年	合计
安　徽	0.00	0.00	0.60	0.29	0.38	0.29	0.40	0.21	0.11	0.32	0.27
辽　宁	0.00	0.00	0.10	0.15	0.00	0.29	0.23	0.52	0.11	0.43	0.22
重　庆	0.11	0.00	0.10	0.00	0.15	0.07	0.45	0.16	0.51	0.16	0.20
广　西	0.11	0.10	0.10	0.00	0.00	0.22	0.28	0.16	0.28	0.27	0.16
新　疆	0.11	0.00	0.10	0.00	0.08	0.15	0.23	0.21	0.23	0.22	0.15
贵　州	0.11	0.00	0.00	0.00	0.00	0.00	0.11	0.21	0.28	0.43	0.14
云　南	0.00	0.00	0.00	0.15	0.23	0.07	0.34	0.21	0.06	0.48	0.14
海　南	0.00	0.31	0.00	0.15	0.23	0.07	0.06	0.10	0.11	0.22	0.13
福　建	0.00	0.10	0.00	0.07	0.15	0.00	0.11	0.00	0.11	0.38	0.11
天　津	0.00	0.21	0.00	0.07	0.15	0.07	0.06	0.00	0.00	0.22	0.10
青　海	0.00	0.00	0.00	0.00	0.08	0.15	0.11	0.05	0.06	0.32	0.09
宁　夏	0.11	0.00	0.00	0.07	0.00	0.07	0.00	0.10	0.00	0.16	0.06
西　藏	0.00	0.00	0.00	0.00	0.00	0.08	0.00	0.11	0.05	0.11	0.05
山　西	0.11	0.10	0.00	0.00	0.00	0.00	0.00	0.00	0.00	0.11	0.03

十二　生物物理学

生物物理学 A 层人才最多的是北京，世界占比为 3.38%；江苏、上海 A 层人才的世界占比均为 2.95%，并列排名第二；其后是广东，A 层人才的世界占比为 2.53%；吉林、浙江有相当数量的 A 层人才，世界占比均为 1.69%；安徽、湖北、天津、海南、河北、陕西、山东、四川也有一定数量的 A 层人才，世界占比均超过 0.4%。

B 层人才最多的是北京，世界占比为 2.58%；广东、山东 B 层人才的世界占比分别为 2.32%、2.27%，分列第二、第三位；其后依次是江苏、上海、浙江，世界占比分别为 2.14%、2.00%、1.34%；湖北、福建、河南、湖南、天津、重庆、吉林、辽宁、陕西、安徽、四川、广西、山西、河北、黑龙江、江西、云南也有一定数量的 B 层人才，世界占比均超过 0.1%；甘肃、海南、青海、新疆、内蒙古 B 层人才的世界占比均低于 0.1%。

江苏、北京 C 层人才的世界占比分别为 3.35%、3.34%，排名前二；上

海、山东、广东、浙江、湖北、重庆、湖南有相当数量的 C 层人才，世界
占比在 3%~1%；四川、河南、福建、陕西、吉林、天津、辽宁、安徽、江
西、黑龙江、甘肃、云南、山西、广西、河北、新疆、海南也有一定数量的
C 层人才，世界占比均超过 0.1%；贵州、内蒙古、青海、宁夏 C 层人才的
世界占比均低于 0.1%。

表 4-33　生物物理学 A 层人才的世界占比

单位：%

省　份	2013 年	2014 年	2015 年	2016 年	2017 年	2018 年	2019 年	2020 年	2021 年	2022 年	合计
北　京	8.33	3.70	3.70	0.00	0.00	4.00	4.00	8.00	0.00	0.00	3.38
江　苏	0.00	0.00	7.41	4.00	3.70	0.00	0.00	0.00	12.50	6.25	2.95
上　海	0.00	0.00	0.00	4.00	0.00	0.00	8.00	12.00	6.25	0.00	2.95
广　东	0.00	0.00	0.00	4.00	0.00	0.00	4.00	12.00	0.00	6.25	2.53
吉　林	4.17	7.41	0.00	4.00	0.00	0.00	0.00	0.00	0.00	0.00	1.69
浙　江	0.00	0.00	0.00	4.00	3.70	0.00	0.00	0.00	12.50	0.00	1.69
安　徽	0.00	0.00	3.70	0.00	0.00	0.00	0.00	4.00	0.00	0.00	0.84
湖　北	0.00	0.00	3.70	0.00	0.00	0.00	0.00	4.00	0.00	0.00	0.84
天　津	0.00	0.00	0.00	0.00	0.00	0.00	0.00	4.00	0.00	6.25	0.84
海　南	0.00	0.00	0.00	0.00	0.00	0.00	0.00	4.00	0.00	0.00	0.42
河　北	0.00	0.00	0.00	0.00	0.00	4.00	0.00	0.00	0.00	0.00	0.42
陕　西	0.00	3.70	0.00	0.00	0.00	0.00	0.00	0.00	0.00	0.00	0.42
山　东	0.00	0.00	0.00	4.00	0.00	0.00	0.00	0.00	0.00	0.00	0.42
四　川	0.00	0.00	0.00	0.00	0.00	0.00	0.00	0.00	6.25	0.00	0.42

表 4-34　生物物理学 B 层人才的世界占比

单位：%

省　份	2013 年	2014 年	2015 年	2016 年	2017 年	2018 年	2019 年	2020 年	2021 年	2022 年	合计
北　京	0.88	0.84	2.52	2.23	3.38	1.74	4.46	2.63	4.76	2.66	2.58
广　东	0.88	2.09	0.00	0.45	1.69	1.74	4.02	3.51	3.81	5.85	2.32
山　东	1.32	1.26	0.42	2.68	2.11	2.17	2.68	2.19	5.71	2.66	2.27
江　苏	0.88	2.09	1.26	2.68	1.69	2.61	2.23	1.75	4.29	2.13	2.14
上　海	1.76	1.67	0.84	0.45	2.53	1.74	1.79	0.88	6.19	2.66	2.00
浙　江	0.88	0.00	0.84	0.45	1.69	1.30	2.23	1.75	2.38	2.13	1.34
湖　北	0.00	0.00	0.42	1.79	2.11	0.00	0.89	0.88	2.86	0.53	0.94

续表

省 份	2013 年	2014 年	2015 年	2016 年	2017 年	2018 年	2019 年	2020 年	2021 年	2022 年	合计
福 建	0.00	1.26	0.84	0.45	2.11	1.74	0.45	0.00	0.00	1.06	0.80
河 南	0.00	0.42	0.84	0.00	1.27	1.30	2.68	0.44	0.48	0.53	0.80
湖 南	0.88	0.42	0.42	0.45	0.00	0.87	2.23	0.88	0.95	0.53	0.76
天 津	0.00	0.00	0.84	1.34	0.00	0.87	0.89	1.32	0.95	1.60	0.76
重 庆	0.00	0.84	0.42	0.89	0.84	0.00	0.45	0.88	1.43	1.06	0.67
吉 林	0.44	0.00	1.26	0.89	0.42	0.43	1.79	0.88	0.48	0.00	0.67
辽 宁	0.44	0.00	0.84	1.34	1.27	0.43	0.45	0.44	0.48	0.53	0.62
陕 西	0.00	0.42	1.26	0.00	0.84	0.43	1.34	0.88	0.00	1.06	0.62
安 徽	0.44	0.00	0.00	0.45	0.42	0.43	0.89	1.32	0.48	1.06	0.53
四 川	0.00	0.00	0.00	0.45	0.00	0.43	0.89	0.44	0.95	1.60	0.45
广 西	0.00	0.42	0.00	0.00	0.00	0.00	0.00	0.44	0.95	1.06	0.27
山 西	0.00	0.00	0.42	0.45	0.42	0.00	0.00	0.00	0.00	0.53	0.27
河 北	0.00	0.00	0.42	0.00	0.00	0.00	0.00	0.44	0.48	0.53	0.18
黑龙江	0.00	0.00	0.42	0.00	0.00	0.87	0.00	0.00	0.00	0.53	0.18
江 西	0.00	0.00	0.00	0.89	0.00	0.43	0.00	0.44	0.00	0.00	0.18
云 南	0.00	0.00	0.00	0.89	0.00	0.00	0.00	0.00	0.00	0.53	0.18
甘 肃	0.00	0.00	0.42	0.00	0.00	0.00	0.00	0.44	0.00	0.00	0.09
海 南	0.00	0.00	0.00	0.00	0.00	0.00	0.00	0.00	0.95	0.00	0.09
青 海	0.00	0.00	0.00	0.00	0.00	0.00	0.89	0.00	0.00	0.00	0.09
新 疆	0.00	0.00	0.00	0.00	0.00	0.00	0.43	0.45	0.00	0.00	0.09
内蒙古	0.00	0.00	0.00	0.00	0.00	0.00	0.00	0.00	0.48	1.00	0.04

表 4-35 生物物理学 C 层人才的世界占比

单位：%

省 份	2013 年	2014 年	2015 年	2016 年	2017 年	2018 年	2019 年	2020 年	2021 年	2022 年	合计
江 苏	1.75	2.25	3.03	2.84	3.59	4.74	3.75	3.04	3.51	5.89	3.35
北 京	2.81	2.58	3.12	3.87	3.71	3.96	3.11	2.23	4.12	4.31	3.34
上 海	1.80	2.13	2.29	2.25	3.01	2.74	3.48	2.63	3.40	3.87	2.71
山 东	2.06	1.60	2.00	2.30	3.01	3.13	3.48	2.28	3.10	2.92	2.56
广 东	1.54	1.02	1.58	1.58	1.81	2.52	2.79	2.10	3.00	3.99	2.11
浙 江	1.10	0.74	1.50	0.90	1.73	2.44	1.78	1.79	2.74	2.92	1.71
湖 北	1.23	1.19	1.66	1.08	1.94	2.00	1.87	1.38	1.88	2.72	1.66
重 庆	0.75	0.98	1.12	1.04	1.36	1.74	1.60	1.07	1.12	1.71	1.23
湖 南	1.10	0.82	0.87	1.04	1.28	1.04	1.10	0.94	1.12	1.01	1.03
四 川	0.39	0.49	0.46	0.41	0.91	1.00	0.91	1.25	1.93	2.15	0.93

续表

省　份	2013 年	2014 年	2015 年	2016 年	2017 年	2018 年	2019 年	2020 年	2021 年	2022 年	合计
河　南	0.44	0.37	0.58	0.81	1.20	1.26	1.37	0.63	1.12	1.39	0.89
福　建	0.75	0.61	0.75	0.99	1.28	0.74	1.01	0.63	0.51	1.27	0.84
陕　西	0.48	0.57	0.79	0.63	0.74	1.04	0.78	0.89	0.97	1.14	0.79
吉　林	0.48	0.57	0.83	0.72	1.07	0.70	0.82	0.67	0.81	1.14	0.77
天　津	0.53	0.49	0.96	0.68	0.74	0.74	0.78	0.54	1.42	0.76	0.75
辽　宁	0.39	0.45	0.58	0.54	1.03	0.91	0.78	0.67	1.17	0.57	0.71
安　徽	0.57	0.41	0.37	0.45	0.62	1.09	0.87	0.80	1.02	1.01	0.70
江　西	0.44	0.29	0.62	0.45	0.45	0.39	0.55	0.45	0.51	0.57	0.47
黑龙江	0.31	0.37	0.46	0.32	0.29	0.83	0.82	0.36	0.36	0.25	0.44
甘　肃	0.26	0.33	0.42	0.45	0.45	0.09	0.27	0.18	0.05	0.25	0.28
云　南	0.09	0.41	0.21	0.23	0.33	0.35	0.50	0.15	0.32	0.28	0.28
山　西	0.13	0.20	0.04	0.09	0.37	0.22	0.41	0.18	0.61	0.51	0.26
广　西	0.22	0.20	0.21	0.18	0.21	0.22	0.32	0.09	0.51	0.51	0.25
河　北	0.09	0.08	0.08	0.09	0.21	0.22	0.46	0.27	0.41	0.38	0.22
新　疆	0.09	0.08		0.18	0.29	0.22	0.27		0.20	0.19	0.16
海　南	0.13	0.00		0.05	0.04	0.13	0.09	0.13	0.20	0.44	0.11
贵　州	0.04	0.00	0.12	0.09	0.08	0.04	0.09	0.18	0.20	0.06	0.09
内蒙古	0.09	0.00		0.05	0.16	0.17	0.05	0.00	0.00	0.06	0.07
青　海	0.00	0.00	0.00	0.09	0.00	0.09	0.14	0.04	0.05	0.19	0.05
宁　夏	0.04	0.12	0.04	0.00	0.00	0.00	0.05	0.00	0.05	0.06	0.04

十三　生物化学和分子生物学

生物化学和分子生物学 A 层人才最多的是北京，世界占比为 3.29%；上海、广东 A 层人才的世界占比分别为 2.30%、2.06%，分列第二、第三位；浙江、湖北、江苏、湖南、四川、天津、河南、重庆、安徽、甘肃、山东、云南也有一定数量的 A 层人才，世界占比均超过 0.1%；福建、广西、黑龙江、吉林、辽宁、山西 A 层人才的世界占比均为 0.08%。

B 层人才最多的是北京，世界占比为 3.04%；上海 B 层人才以 2.18% 的世界占比排名第二；广东、江苏、浙江有相当数量的 B 层人才，世界占比在 2%~1%；四川、湖北、湖南、山东、天津、河南、重庆、安徽、黑龙江、福建、辽宁、云南、陕西、吉林、河北也有一定数量的 B 层人才，世界占比均超过 0.1%；广西、贵州、海南、山西、新疆、江西、甘肃、内蒙古、西藏 B 层人才的世界占比均低于 0.1%。

C 层人才最多的是北京，世界占比为 2.93%；上海 C 层人才以 2.03% 的世界占比排名第二；广东、江苏、浙江、湖北有相当数量的 C 层人才，世界占比在 2%~1%；山东、四川、湖南、河南、陕西、天津、辽宁、黑龙江、安徽、重庆、福建、吉林、云南、江西、广西、河北、甘肃、海南、山西也有一定数量的 C 层人才，世界占比大于或等于 0.1%；贵州、新疆、内蒙古、宁夏、青海、西藏 C 层人才的世界占比均低于 0.1%。

表 4-36　生物化学和分子生物学 A 层人才的世界占比

单位：%

省　份	2013 年	2014 年	2015 年	2016 年	2017 年	2018 年	2019 年	2020 年	2021 年	2022 年	合计
北　京	1.87	1.87	1.89	4.50	5.31	2.70	3.05	5.71	1.40	4.08	3.29
上　海	0.93	0.93	1.89	1.80	0.88	4.50	1.53	5.71	0.70	3.40	2.30
广　东	0.93	0.93	0.00	3.60	0.88	2.70	1.53	4.29	1.40	3.40	2.06
浙　江	0.00	0.00	0.94	0.90	0.00	0.00	0.76	1.43	1.40	3.40	0.99
湖　北	0.00	0.00	0.94	0.90	0.00	0.00	0.76	3.57	0.00	2.04	0.90
江　苏	0.00	0.00	0.00	0.90	0.88	0.00	0.00	0.71	4.08	0.74
湖　南	0.00	0.00	0.00	0.90	0.00	0.00	0.71	1.40	2.04	0.58
四　川	0.93	0.00	0.00	0.90	0.00	0.90	0.76	2.14	0.00	0.58
天　津	0.00	0.00	0.94	0.00	0.00	0.00	2.86	0.00	0.41
河　南	0.00	0.00	0.00	0.00	0.00	0.76	0.00	0.70	1.36	0.33
重　庆	0.00	0.00	0.00	0.00	0.00	0.00	1.43	0.70	0.00	0.25
安　徽	0.00	0.00	0.94	0.00	0.00	0.00	0.71	0.00	0.16
甘　肃	0.00	0.00	0.00	0.00	0.00	0.00	0.00	1.36	0.16
山　东	0.00	0.00	0.00	0.00	0.00	0.00	0.71	0.68	0.16
云　南	0.00	0.00	0.00	0.00	0.00	0.00	0.70	0.68	0.16
福　建	0.00	0.00	0.00	0.00	0.00	0.76	0.00	0.08
广　西	0.00	0.00	0.00	0.00	0.00	0.00	0.00	0.08
黑龙江	0.00	0.00	0.00	0.00	0.00	0.00	0.68	0.08
吉　林	0.00	0.00	0.00	0.00	0.00	0.00	0.00	0.08
辽　宁	0.00	0.00	0.00	0.00	0.00	0.90	0.00	0.08
山　西	0.00	0.00	0.00	0.00	0.00	0.00	0.68	0.08

表 4-37　生物化学和分子生物学 B 层人才的世界占比

单位：%

省　份	2013 年	2014 年	2015 年	2016 年	2017 年	2018 年	2019 年	2020 年	2021 年	2022 年	合计
北　京	1.96	2.08	1.94	2.51	2.83	2.39	3.23	4.74	3.86	3.74	3.04
上　海	1.44	0.52	1.33	1.10	2.24	1.50	3.23	2.95	3.31	3.07	2.18
广　东	0.52	0.73	1.23	1.40	1.66	1.99	2.30	3.42	1.97	3.22	1.95
江　苏	0.41	0.73	0.61	0.60	0.29	1.00	1.36	1.87	1.26	2.47	1.14
浙　江	0.31	0.31	0.61	0.60	0.98	1.00	1.19	1.48	1.89	1.72	1.07
四　川	0.41	0.42	0.31	0.40	0.49	0.20	1.02	1.40	1.81	1.72	0.89
湖　北	0.31	0.21	0.41	0.50	0.68	0.80	1.11	1.48	1.02	1.27	0.83
湖　南	0.10	0.31	0.51	0.10	0.68	0.60	0.77	0.54	1.02	1.05	0.60
山　东	0.31	0.00	0.20	0.70	0.10	0.50	0.51	1.09	0.55	1.12	0.55
天　津	0.31	0.52	0.00	0.20	0.10	0.20	0.77	0.54	0.63	0.52	0.40
河　南	0.00	0.00	0.00	0.10	0.00	0.40	1.02	0.70	0.55	0.75	0.39
重　庆	0.00	0.21	0.00	0.00	0.39	0.30	0.34	0.86	0.32	0.60	0.37
安　徽	0.21	0.10	0.10	0.10	0.10	0.10	0.43	0.70	0.32	0.52	0.29
黑龙江	0.00	0.00	0.10	0.00	0.29	0.10	0.60	0.39	0.55	0.45	0.27
福　建	0.21	0.00	0.10	0.00	0.49	0.20	0.51	0.08	0.08	0.45	0.23
辽　宁	0.21	0.00	0.10	0.00	0.29	0.10	0.34	0.08	0.08	0.45	0.21
云　南	0.10	0.21	0.20	0.10	0.20	0.00	0.00	0.54	0.32	0.30	0.21
陕　西	0.10	0.21	0.10	0.00	0.20	0.20	0.09	0.39	0.08	0.45	0.19
吉　林	0.10	0.00	0.00	0.30	0.39	0.00	0.09	0.00	0.08	0.45	0.15
河　北	0.10	0.00	0.00	0.00	0.10	0.20	0.09	0.16	0.47	0.07	0.14
广　西	0.00	0.00	0.10	0.00	0.00	0.00	0.00	0.23	0.16	0.22	0.09
贵　州	0.00	0.00	0.00	0.00	0.00	0.00	0.17	0.16	0.08	0.15	0.06
海　南	0.00	0.00	0.00	0.00	0.00	0.10	0.09	0.08	0.08	0.22	0.06
山　西	0.10	0.00	0.00	0.00	0.00	0.00	0.00	0.31	0.00	0.15	0.06
新　疆	0.00	0.00	0.00	0.00	0.00	0.00	0.26	0.00	0.08	0.07	0.06
江　西	0.10	0.00	0.00	0.00	0.00	0.00	0.00	0.00	0.08	0.15	0.05
甘　肃	0.00	0.00	0.00	0.00	0.00	0.00	0.09	0.00	0.00	0.07	0.02
内蒙古	0.00	0.00	0.00	0.00	0.00	0.00	0.00	0.00	0.08	0.07	0.02
西　藏	0.00	0.00	0.00	0.00	0.00	0.00	0.00	0.08	0.00	0.00	0.01

表 4-38   生物化学和分子生物学 C 层人才的世界占比

单位：%

省　份	2013 年	2014 年	2015 年	2016 年	2017 年	2018 年	2019 年	2020 年	2021 年	2022 年	合计
北　京	2.29	2.05	2.30	2.50	3.10	2.96	3.39	3.16	3.35	3.64	2.93
上　海	1.44	1.41	1.65	1.67	2.13	2.42	2.47	2.05	2.31	2.42	2.03
广　东	0.91	0.90	0.91	1.12	1.68	1.83	2.41	2.52	2.72	2.95	1.89
江　苏	0.63	0.93	1.07	1.21	1.40	2.14	2.26	2.00	2.09	2.62	1.70
浙　江	0.67	0.62	0.76	0.83	1.02	1.29	1.53	1.74	1.77	1.90	1.27
湖　北	0.50	0.58	0.75	0.74	1.14	0.97	1.29	1.27	1.45	1.66	1.08
山　东	0.37	0.53	0.53	0.49	0.89	0.97	1.14	1.08	1.23	1.55	0.92
四　川	0.26	0.36	0.36	0.44	0.53	0.54	0.85	0.93	0.84	1.34	0.68
湖　南	0.30	0.32	0.25	0.37	0.52	0.61	0.69	0.63	0.63	0.82	0.53
河　南	0.06	0.14	0.22	0.24	0.40	0.62	0.74	0.85	0.66	0.79	0.50
陕　西	0.16	0.44	0.40	0.25	0.49	0.57	0.61	0.70	0.53	0.57	0.48
天　津	0.27	0.32	0.30	0.35	0.63	0.54	0.63	0.40	0.55	0.58	0.47
辽　宁	0.22	0.18	0.23	0.34	0.49	0.44	0.45	0.49	0.48	0.61	0.41
黑龙江	0.25	0.21	0.21	0.27	0.28	0.48	0.48	0.49	0.39	0.76	0.40
安　徽	0.18	0.21	0.32	0.28	0.36	0.51	0.44	0.37	0.50	0.57	0.38
重　庆	0.16	0.21	0.31	0.35	0.29	0.40	0.48	0.48	0.43	0.60	0.38
福　建	0.18	0.17	0.20	0.25	0.41	0.35	0.41	0.47	0.36	0.65	0.36
吉　林	0.19	0.26	0.30	0.28	0.30	0.38	0.47	0.41	0.42	0.44	0.35
云　南	0.12	0.14	0.18	0.13	0.31	0.29	0.33	0.31	0.39	0.45	0.28
江　西	0.06	0.11	0.18	0.13	0.26	0.31	0.27	0.22	0.25	0.42	0.23
广　西	0.07	0.06	0.07	0.08	0.07	0.14	0.14	0.31	0.28	0.39	0.18
河　北	0.04	0.09	0.07	0.11	0.12	0.12	0.19	0.22	0.27	0.30	0.16
甘　肃	0.04	0.06	0.14	0.09	0.04	0.14	0.16	0.15	0.18	0.23	0.13
海　南	0.02	0.03	0.05	0.02	0.08	0.05	0.11	0.13	0.20	0.32	0.11
山　西	0.05	0.03	0.04	0.06	0.09	0.08	0.16	0.10	0.15	0.17	0.10
贵　州	0.02	0.01	0.07	0.03	0.02	0.11	0.09	0.04	0.18	0.21	0.09
新　疆	0.02	0.02	0.04	0.12	0.09	0.04	0.12	0.10	0.05	0.16	0.08
内蒙古	0.02	0.04	0.07	0.04	0.04	0.08	0.09	0.09	0.07	0.13	0.07
宁　夏	0.02	0.04	0.03	0.01	0.06	0.03	0.08	0.03	0.12	0.09	0.05
青　海	0.04	0.00	0.00	0.00	0.01	0.03	0.01	0.02	0.01	0.02	0.01
西　藏	0.03	0.00	0.00	0.00	0.01	0.00	0.01	0.02	0.01	0.01	0.01

十四　生物化学研究方法

生物化学研究方法 A 层人才最多的是广东，世界占比为 2.10%；北京 A 层人才以 1.68% 的世界占比排名第二；湖北、上海 A 层人才的世界占比均为 0.84%；安徽、福建、黑龙江、四川、浙江也有一定数量的 A 层人才，世界占比均为 0.42%。

B 层人才最多的是北京，世界占比为 2.31%；广东、上海、江苏、四川、湖南、浙江有相当数量的 B 层人才，世界占比在 2%~1%；湖北、天津、山东、福建、辽宁、河南、黑龙江、新疆、安徽、江西、陕西、重庆、广西、海南、吉林、云南也有一定数量的 B 层人才，世界占比均超过 0.1%；甘肃、内蒙古、青海、山西 B 层人才的世界占比均低于 0.1%。

C 层人才最多的是北京，世界占比为 3.25%；上海、广东、江苏、浙江有相当数量的 C 层人才，世界占比在 2%~1%；湖北、四川、山东、天津、辽宁、湖南、福建、黑龙江、安徽、陕西、河南、吉林、重庆、广西、河北、江西、甘肃、新疆、云南也有一定数量的 C 层人才，世界占比均超过 0.1%；贵州、内蒙古、海南、山西、宁夏、西藏、青海 C 层人才的世界占比均低于 0.1%。

表 4-39　生物化学研究方法 A 层人才的世界占比

单位：%

省　份	2013 年	2014 年	2015 年	2016 年	2017 年	2018 年	2019 年	2020 年	2021 年	2022 年	合计
广　东	0.00	0.00	4.00	0.00	0.00	3.57	0.00	3.70	11.76	0.00	2.10
北　京	0.00	0.00	4.00	0.00	0.00	0.00	5.88	0.00	5.88	4.55	1.68
湖　北	0.00	0.00	4.00	0.00	0.00	0.00	0.00	0.00	5.88	0.00	0.84
上　海	0.00	0.00	0.00	0.00	3.57	3.57	0.00	0.00	0.00	0.00	0.84
安　徽	0.00	0.00	0.00	0.00	0.00	0.00	0.00	0.00	0.00	4.55	0.42
福　建	0.00	0.00	0.00	0.00	0.00	0.00	0.00	0.00	0.00	4.55	0.42
黑龙江	0.00	0.00	0.00	0.00	0.00	0.00	0.00	0.00	0.00	4.55	0.42
四　川	0.00	0.00	0.00	0.00	0.00	0.00	0.00	0.00	0.00	4.55	0.42
浙　江	0.00	0.00	0.00	0.00	0.00	0.00	0.00	0.00	0.00	4.55	0.42

表 4-40 生物化学研究方法 B 层人才的世界占比

单位：%

省　份	2013 年	2014 年	2015 年	2016 年	2017 年	2018 年	2019 年	2020 年	2021 年	2022 年	合计
北　京	1.44	1.23	0.86	1.65	2.75	2.78	2.50	3.28	2.25	4.59	2.31
广　东	0.48	1.23	1.29	0.82	1.96	2.38	0.71	1.23	5.62	3.06	1.90
上　海	0.96	0.41	0.86	0.82	0.78	3.17	1.43	1.23	2.62	3.57	1.57
江　苏	0.96	0.41	0.00	0.41	1.57	3.17	0.36	0.82	3.75	0.51	1.24
四　川	0.00	1.23	0.43	0.82	0.78	1.59	1.43	2.05	1.87	1.53	1.20
湖　南	0.48	0.41	0.43	0.41	1.18	0.79	0.71	2.05	1.50	4.08	1.16
浙　江	0.00	0.41	0.00	0.82	1.57	0.40	1.07	1.64	1.87	4.08	1.16
湖　北	0.48	0.00	0.43	0.82	0.39	0.79	0.00	2.46	3.00	1.53	0.99
天　津	0.00	0.00	0.00	0.00	0.39	1.59	1.07	1.23	1.87	2.04	0.83
山　东	0.00	0.00	0.00	0.41	0.00	0.79	0.71	1.23	1.50	1.53	0.66
福　建	0.48	0.00	0.00	0.82	0.39	0.40	0.36	1.64	0.75	1.02	0.58
辽　宁	0.48	0.00	0.00	0.00	0.00	1.19	0.36	0.00	0.75	2.55	0.50
河　南	0.00	0.00	0.00	0.41	0.00	0.40	0.71	0.82	0.00	1.02	0.33
黑龙江	0.00	0.00	0.00	0.00	0.00	0.79	0.00	0.41	0.75	0.51	0.25
新　疆	0.00	0.00	0.00	0.00	0.39	0.40	0.00	0.00	0.00	2.04	0.25
安　徽	0.00	0.41	0.00	0.00	0.00	0.00	0.00	0.82	0.00	0.51	0.17
江　西	0.48	0.00	0.00	1.23	0.00	0.00	0.00	0.00	0.00	0.00	0.17
陕　西	0.00	0.00	0.00	0.00	0.00	0.00	0.00	0.00	1.12	0.51	0.12
重　庆	0.00	0.00	0.00	0.00	0.00	0.00	0.00	0.82	0.00	0.51	0.12
广　西	0.00	0.00	0.00	0.00	0.00	0.00	0.00	0.00	0.37	1.02	0.12
海　南	0.00	0.00	0.00	0.00	0.00	0.39	0.00	0.00	0.75	0.00	0.12
吉　林	0.00	0.00	0.00	0.00	0.00	0.00	0.00	0.36	0.75	0.00	0.12
云　南	0.00	0.41	0.00	0.00	0.00	0.00	0.00	0.36	0.41	0.00	0.12
甘　肃	0.00	0.00	0.00	0.00	0.00	0.00	0.00	0.00	0.37	0.51	0.08
内蒙古	0.00	0.00	0.00	0.00	0.00	0.00	0.00	0.00	0.37	0.00	0.04
青　海	0.00	0.00	0.00	0.00	0.00	0.00	0.00	0.00	0.00	0.51	0.04
山　西	0.00	0.00	0.00	0.00	0.00	0.00	0.00	0.36	0.00	0.00	0.04

表 4-41 生物化学研究方法 C 层人才的世界占比

单位：%

省　份	2013 年	2014 年	2015 年	2016 年	2017 年	2018 年	2019 年	2020 年	2021 年	2022 年	合计
北　京	2.30	2.25	2.46	2.60	3.57	3.10	3.48	3.91	4.35	4.67	3.25
上　海	1.44	1.49	1.41	1.88	1.98	2.51	1.89	1.89	2.79	2.14	1.95
广　东	0.82	0.98	1.05	1.21	1.74	1.63	1.70	2.23	2.91	3.21	1.73

省　份	2013 年	2014 年	2015 年	2016 年	2017 年	2018 年	2019 年	2020 年	2021 年	2022 年	合计
江　苏	0.58	0.68	0.53	1.59	1.27	1.51	1.59	1.59	2.30	3.10	1.45
浙　江	0.34	0.89	0.62	0.84	0.83	1.19	0.95	1.85	1.68	2.36	1.13
湖　北	0.62	0.59	0.75	0.96	1.15	0.84	0.95	1.20	1.19	1.13	0.94
四　川	0.14	0.25	0.13	0.17	0.71	0.84	0.91	1.12	1.56	2.03	0.77
山　东	0.38	0.21	0.26	0.84	0.59	0.88	0.61	1.07	1.48	1.41	0.76
天　津	0.29	0.25	0.48	0.42	0.75	0.60	0.87	1.25	1.23	1.24	0.73
辽　宁	0.53	0.85	0.62	0.50	0.59	0.80	0.68	0.77	0.78	1.24	0.72
湖　南	0.14	0.30	0.31	0.21	0.44	0.56	0.87	0.90	1.72	1.80	0.71
福　建	0.29	0.42	0.44	0.67	0.28	0.84	0.61	0.34	0.45	0.96	0.52
黑龙江	0.38	0.34	0.44	0.25	0.28	0.32	0.49	0.43	1.03	0.84	0.47
安　徽	0.29	0.25	0.13	0.29	0.48	0.52	0.45	0.52	0.82	0.79	0.45
陕　西	0.38	0.21	0.18	0.29	0.32	0.28	0.57	0.82	0.57	0.90	0.44
河　南	0.10	0.21	0.09	0.08	0.08	0.48	0.42	0.69	0.57	0.96	0.36
吉　林	0.24	0.13	0.18	0.33	0.36	0.36	0.38	0.43	0.57	0.39	0.34
重　庆	0.24	0.17	0.26	0.17	0.08	0.16	0.42	0.43	0.29	0.34	0.25
广　西	0.10	0.13	0.13	0.21	0.08	0.28	0.19	0.26	0.41	0.73	0.24
河　北	0.10	0.21	0.00	0.17	0.20	0.16	0.23	0.34	0.49	0.17	0.21
江　西	0.14	0.08	0.04	0.29	0.24	0.20	0.30	0.13	0.29	0.23	0.20
甘　肃	0.10	0.08	0.09	0.13	0.08	0.24	0.15	0.30	0.33	0.51	0.19
新　疆	0.00	0.00	0.00	0.13	0.12	0.12	0.15	0.30	0.45	0.56	0.18
云　南	0.05	0.04	0.09	0.04	0.16	0.36	0.15	0.17	0.12	0.23	0.14
贵　州	0.05	0.00	0.00	0.00	0.00	0.16	0.11	0.13	0.16	0.28	0.09
内蒙古	0.00	0.04	0.09	0.08	0.04	0.00	0.19	0.04	0.25	0.11	0.09
海　南	0.05	0.04	0.00	0.00	0.12	0.00	0.08	0.09	0.25	0.17	0.08
山　西	0.00	0.08	0.09	0.00	0.00	0.16	0.04	0.13	0.08	0.06	0.07
宁　夏	0.05	0.00	0.00	0.00	0.00	0.00	0.04	0.13	0.16	0.11	0.05
西　藏	0.00	0.00	0.00	0.00	0.00	0.08	0.04	0.04	0.09	0.06	0.03
青　海	0.00	0.00	0.09	0.00	0.04	0.00	0.00	0.09	0.04	0.00	0.03

十五　遗传学和遗传性

遗传学和遗传性 A 层人才最多的是北京、广东、云南，世界占比均为 0.77%；其后是上海、浙江，世界占比均为 0.52%；河北、江苏、山东、四川也有一定数量的 A 层人才，世界占比均为 0.26%。

B层人才最多的是北京,世界占比为1.97%;广东、上海B层人才的世界占比分别为1.26%、1.17%,分列第二、第三位;浙江、湖北、江苏、山东、福建、四川、云南、河南、湖南、重庆、辽宁、陕西、黑龙江、安徽也有一定数量的B层人才,世界占比均超过0.1%;天津、广西、海南、河北、吉林、新疆、甘肃、内蒙古、江西、西藏B层人才的世界占比均低于0.1%。

C层人才最多的是北京,世界占比为2.38%;广东、上海、江苏有相当数量的C层人才,世界占比在2%~1%;湖北、浙江、山东、四川、河南、湖南、云南、福建、陕西、重庆、安徽、辽宁、天津、吉林、黑龙江、江西、广西、河北、甘肃、新疆、海南也有一定数量的C层人才,世界占比大于或等于0.1%;贵州、内蒙古、山西、宁夏、青海、西藏C层人才的世界占比均低于0.1%。

表4-42 遗传学和遗传性A层人才的世界占比

单位:%

省　份	2013 年	2014 年	2015 年	2016 年	2017 年	2018 年	2019 年	2020 年	2021 年	2022 年	合 计
北　京	0.00	2.38	0.00	0.00	0.00	0.00	0.00	0.00	5.00	2.56	0.77
广　东	0.00	0.00	2.56	0.00	0.00	2.44	0.00	0.00	2.56	0.77
云　南	0.00	0.00	2.56	0.00	0.00	0.00	0.00	2.94	0.00	2.56	0.77
上　海	0.00	0.00	0.00	0.00	0.00	0.00	0.00	0.00	5.00	2.56	0.52
浙　江	0.00	0.00	2.56	0.00	0.00	0.00	0.00	0.00	0.00	2.56	0.52
河　北	0.00	0.00	0.00	0.00	0.00	0.00	0.00	0.00	5.00	0.00	0.26
江　苏	0.00	0.00	0.00	0.00	2.27	0.00	0.00	0.00	0.00	0.00	0.26
山　东	0.00	0.00	0.00	0.00	0.00	0.00	0.00	0.00	0.00	2.56	0.26
四　川	0.00	2.38	0.00	0.00	0.00	0.00	0.00	0.00	0.00	0.00	0.26

表4-43 遗传学和遗传性B层人才的世界占比

单位:%

省　份	2013 年	2014 年	2015 年	2016 年	2017 年	2018 年	2019 年	2020 年	2021 年	2022 年	合 计
北　京	0.27	2.53	3.26	1.61	1.25	0.69	1.66	2.36	2.69	2.88	1.97
广　东	0.27	2.03	0.93	0.46	0.75	1.15	1.29	1.77	1.34	2.26	1.26
上　海	0.81	0.51	1.16	1.38	1.00	0.92	1.66	0.98	1.54	1.44	1.17
浙　江	0.27	0.25	0.47	0.46	0.00	0.92	0.37	0.39	1.15	1.44	0.60

续表

省　份	2013年	2014年	2015年	2016年	2017年	2018年	2019年	2020年	2021年	2022年	合计
湖　北	0.27	1.01	0.00	0.46	0.25	0.46	0.74	0.98	0.77	0.62	0.57
江　苏	0.27	0.00	0.00	0.23	0.25	0.23	0.37	0.79	0.58	1.23	0.42
山　东	0.00	0.25	0.23	0.23	0.25	0.00	1.10	0.59	0.58	0.62	0.42
福　建	0.00	0.25	0.23	0.00	0.25	0.69	0.55	0.39	0.58	0.62	0.38
四　川	0.27	0.00	0.23	0.69	0.25	0.23	0.37	0.20	0.38	0.21	0.29
云　南	0.00	1.01	0.00	0.00	0.00	0.23	0.55	0.39	0.19	0.41	0.29
河　南	0.00	0.25	0.47	0.23	0.00	0.46	0.37	0.20	0.38	0.00	0.24
湖　南	0.00	0.51	0.23	0.00	0.50	0.46	0.18	0.20	0.19	0.21	0.24
重　庆	0.00	0.25	0.23	0.00	0.25	0.46	0.00	0.00	0.41		0.18
辽　宁	0.00	0.25	0.47	0.00	0.00	0.46	0.00	0.00	0.38		0.15
陕　西	0.00	0.25	0.00	0.00	0.00	0.00	0.37	0.20	0.38	0.21	0.15
黑龙江	0.54	0.25	0.00	0.23	0.00		0.18	0.20	0.00		0.13
安　徽	0.00	0.00	0.23	0.00			0.18	0.39	0.19		0.11
天　津	0.00	0.25	0.00	0.00		0.23	0.37	0.00	0.00		0.09
广　西	0.00	0.00					0.18		0.19	0.21	0.07
海　南	0.00	0.00				0.00	0.00	0.00		0.41	0.07
河　北	0.00	0.25	0.00				0.18				0.04
吉　林	0.00	0.00	0.00				0.18	0.20	0.00		0.04
新　疆	0.00	0.25	0.00				0.18	0.00			0.04
甘　肃	0.00	0.00	0.00				0.00	0.19			0.02
内蒙古	0.00	0.00	0.00					0.20	0.00		0.02
江　西	0.00	0.00	0.00	0.00	0.00	0.23	0.00		0.00	0.00	0.02
西　藏	0.00	0.25	0.00	0.00			0.00		0.00	0.00	0.02

表 4-44　遗传学和遗传性 C 层人才的世界占比

单位：%

省　份	2013年	2014年	2015年	2016年	2017年	2018年	2019年	2020年	2021年	2022年	合计
北　京	1.64	1.96	1.96	2.03	1.84	2.41	2.43	2.65	3.32	3.27	2.38
广　东	1.37	0.98	1.01	1.09	1.14	1.36	1.76	2.09	2.70	2.55	1.64
上　海	1.01	1.21	1.28	1.59	1.42	1.98	1.72	1.81	2.08	2.00	1.63
江　苏	0.41	0.33	0.82	0.75	1.02	1.01	1.33	1.68	2.10	1.93	1.18
湖　北	0.52	0.46	0.46	0.68	0.87	0.99	1.14	1.31	1.58	1.53	0.98
浙　江	0.22	0.28	0.41	0.50	0.60	0.78	0.97	1.01	1.70	1.44	0.82
山　东	0.22	0.28	0.39	0.27	0.45	0.67	0.62	0.96	0.91	1.39	0.63

续表

省 份	2013 年	2014 年	2015 年	2016 年	2017 年	2018 年	2019 年	2020 年	2021 年	2022 年	合计
四 川	0.16	0.31	0.34	0.34	0.42	0.57	0.64	0.64	1.00	0.92	0.55
河 南	0.19	0.21	0.17	0.18	0.30	0.53	0.64	0.68	0.77	0.72	0.45
湖 南	0.19	0.13	0.14	0.46	0.25	0.28	0.56	0.51	0.73	0.84	0.42
云 南	0.30	0.33	0.22	0.27	0.32	0.28	0.56	0.74	0.52	0.42	0.41
福 建	0.14	0.05	0.29	0.30	0.17	0.28	0.35	0.43	0.71	0.47	0.33
陕 西	0.14	0.13	0.17	0.16	0.27	0.23	0.37	0.53	0.44	0.74	0.33
重 庆	0.11	0.13	0.31	0.32	0.30	0.23	0.30	0.45	0.39	0.62	0.32
安 徽	0.19	0.13	0.27	0.30	0.20	0.18	0.34	0.37	0.33	0.47	0.28
辽 宁	0.11	0.10	0.24	0.27	0.27	0.30	0.26	0.33	0.35	0.50	0.28
天 津	0.16	0.23	0.17	0.18	0.17	0.34	0.22	0.23	0.33	0.32	0.24
吉 林	0.11	0.10	0.12	0.07	0.22	0.16	0.24	0.31	0.29	0.42	0.21
黑龙江	0.16	0.23	0.14	0.11	0.12	0.16	0.22	0.25	0.27	0.35	0.20
江 西	0.05	0.03	0.10	0.00	0.20	0.21	0.24	0.29	0.19	0.45	0.18
广 西	0.11	0.03	0.19	0.14	0.10	0.09	0.19	0.23	0.25	0.40	0.17
河 北	0.05	0.15	0.02	0.11	0.15	0.14	0.21	0.16	0.31	0.20	0.16
甘 肃	0.08	0.00	0.07	0.14	0.02	0.16	0.19	0.25	0.25	0.14	0.14
新 疆	0.14	0.08	0.07	0.16	0.17	0.09	0.15	0.06	0.15	0.22	0.13
海 南	0.03	0.00	0.02	0.02	0.05	0.00	0.09	0.08	0.33	0.30	0.10
贵 州	0.00	0.03	0.02	0.02	0.00	0.09	0.07	0.10	0.23	0.22	0.08
内蒙古	0.05	0.08	0.07	0.05	0.02	0.00	0.07	0.06	0.02	0.10	0.05
山 西	0.08	0.03	0.05	0.05	0.00	0.05	0.06	0.06	0.04	0.05	0.05
宁 夏	0.00	0.03	0.07	0.00	0.02	0.05	0.02	0.06	0.06	0.10	0.04
青 海	0.08	0.03	0.00	0.00	0.02	0.00	0.04	0.00	0.04	0.07	0.03
西 藏	0.05	0.03	0.02	0.00	0.02	0.07	0.04	0.00	0.02	0.00	0.03

十六 数学生物学和计算生物学

数学生物学和计算生物学 A 层人才最多的是浙江，世界占比为 2.80%；广东 A 层人才以 2.10% 的世界占比排名第二；其后是北京、吉林，世界占比均为 1.40%；福建、黑龙江、湖北、四川也有一定数量的 A 层人才，世界占比均为 0.70%。

B 层人才最多的是北京，世界占比为 3.72%；广东 B 层人才以 2.53%

的世界占比排名第二；四川、上海、浙江、江苏、湖北、湖南、山东、天津有相当数量的 B 层人才，世界占比在 2%～1%；辽宁、福建、安徽、黑龙江、陕西、重庆、河南、江西、吉林、新疆、云南、广西、内蒙古也有一定数量的 B 层人才，世界占比均超过 0.1%；甘肃、河北、青海、山西 B 层人才的世界占比均低于 0.1%。

C 层人才最多的是北京，世界占比为 2.76%；广东、上海 C 层人才的世界占比分别为 2.24%、2.23%，分列第二、第三位；江苏、浙江、湖南、四川、山东有相当数量的 C 层人才，世界占比在 2%～1%；湖北、黑龙江、辽宁、天津、陕西、安徽、福建、吉林、河南、重庆、江西、广西、河北、新疆、云南、甘肃、海南、山西、内蒙古也有一定数量的 C 层人才，世界占比均超过 0.1%；贵州、宁夏、西藏 C 层人才的世界占比均低于 0.1%。

表 4-45 数学生物学和计算生物学 A 层人才的世界占比

单位：%

省　份	2013 年	2014 年	2015 年	2016 年	2017 年	2018 年	2019 年	2020 年	2021 年	2022 年	合计
浙　江	0.00	0.00	0.00	0.00	0.00	0.00	0.00	0.00	0.00	25.00	2.80
广　东	0.00	0.00	7.69	0.00	0.00	7.14	0.00	0.00	0.00	6.25	2.10
北　京	0.00	0.00	7.69	0.00	0.00	0.00	5.88	0.00	0.00	0.00	1.40
吉　林	0.00	0.00	0.00	0.00	0.00	0.00	0.00	0.00	0.00	12.50	1.40
福　建	0.00	0.00	0.00	0.00	0.00	0.00	0.00	0.00	0.00	6.25	0.70
黑龙江	0.00	0.00	0.00	0.00	0.00	0.00	0.00	0.00	0.00	6.25	0.70
湖　北	0.00	0.00	7.69	0.00	0.00	0.00	0.00	0.00	0.00	0.00	0.70
四　川	0.00	0.00	0.00	0.00	0.00	0.00	0.00	0.00	0.00	6.25	0.70

表 4-46 数学生物学和计算生物学 B 层人才的世界占比

单位：%

省　份	2013 年	2014 年	2015 年	2016 年	2017 年	2018 年	2019 年	2020 年	2021 年	2022 年	合计
北　京	0.83	0.84	0.85	3.33	5.51	3.91	6.29	4.91	1.83	6.28	3.72
广　东	0.00	0.84	1.69	0.83	3.94	3.13	1.89	2.45	5.49	3.38	2.53
四　川	0.00	1.68	0.00	0.83	1.57	3.13	5.03	1.84	1.83	2.42	1.96
上　海	0.00	0.84	0.85	0.00	3.94	3.91	1.89	0.61	2.44	2.42	1.75
浙　江	0.00	0.00	0.00	0.00	3.15	0.78	1.26	1.84	1.22	5.80	1.68

续表

省 份	2013 年	2014 年	2015 年	2016 年	2017 年	2018 年	2019 年	2020 年	2021 年	2022 年	合计
江 苏	0.00	0.00	0.00	0.83	2.36	3.91	1.89	1.23	3.66	0.97	1.54
湖 北	0.00	0.00	0.85	0.00	0.79	0.78	2.52	2.45	1.83	1.93	1.26
湖 南	0.83	0.84	1.69	0.83	0.00	0.00	0.63	1.23	1.22	3.86	1.26
山 东	0.00	0.00	0.85	0.83	0.79	1.56	0.00	3.07	0.61	2.90	1.19
天 津	0.00	0.00	0.85	0.00	0.79	2.34	2.52	1.23	1.22	0.97	1.05
辽 宁	0.00	0.00	0.85	0.00	0.00	1.56	1.26	0.00	1.22	2.42	0.84
福 建	0.00	0.00	0.85	0.83	0.79	0.78	0.63	1.23	0.61	1.45	0.77
安 徽	0.00	0.84	0.00	0.00	0.79	0.00	1.26	0.00	0.61	1.93	0.63
黑龙江	0.00	0.84	0.00	0.00	0.00	2.34	0.00	0.61	1.22	0.48	0.56
陕 西	0.00	0.00	0.00	0.00	0.00	0.00	0.63	1.84	1.22	0.48	0.49
重 庆	0.00	0.00	0.00	0.00	0.00	0.00	1.26	1.23	0.00	0.97	0.42
河 南	0.00	0.00	0.00	0.83	0.00	0.78	0.63	0.00	0.00	0.97	0.35
江 西	0.00	0.00	0.85	1.67	0.79	0.00	0.00	0.00	0.00	0.48	0.35
吉 林	0.00	0.00	0.00	0.00	0.00	0.00	0.63	0.61	1.22	0.48	0.35
新 疆	0.00	0.00	0.00	0.00	0.79	0.78	0.00	0.00	0.00	0.97	0.28
云 南	0.00	0.84	0.00	0.00	0.00	0.00	0.00	1.23	0.00	0.00	0.21
广 西	0.00	0.00	0.00	0.00	0.00	0.00	0.00	0.00	0.61	0.48	0.14
内蒙古	0.00	0.00	0.00	0.00	0.00	0.00	0.63	0.00	0.61	0.00	0.14
甘 肃	0.00	0.00	0.00	0.00	0.00	0.00	0.00	0.00	0.61	0.00	0.07
河 北	0.00	0.00	0.00	0.00	0.00	0.00	0.00	0.00	0.00	0.48	0.07
青 海	0.00	0.00	0.00	0.00	0.00	0.00	0.00	0.00	0.00	0.48	0.07
山 西	0.00	0.00	0.00	0.00	0.00	0.78	0.00	0.00	0.00	0.00	0.07

表 4-47 数学生物学和计算生物学 C 层人才的世界占比

单位：%

省 份	2013 年	2014 年	2015 年	2016 年	2017 年	2018 年	2019 年	2020 年	2021 年	2022 年	合计
北 京	1.42	1.94	1.90	1.36	2.79	2.70	2.32	3.54	3.11	4.88	2.76
广 东	0.67	0.84	1.30	1.36	2.05	1.99	1.94	3.41	3.17	3.90	2.24
上 海	1.25	1.35	1.73	2.03	2.30	2.38	2.00	2.78	2.93	2.77	2.23
江 苏	0.42	0.42	0.78	1.44	1.15	0.95	1.55	1.64	1.89	3.03	1.45
浙 江	0.17	0.51	0.52	0.59	0.33	1.11	0.90	1.96	2.50	2.82	1.29
湖 南	0.08	0.34	0.43	0.34	0.49	1.03	1.48	1.45	2.32	2.46	1.19
四 川	0.42	0.17	0.26	0.42	0.82	1.27	1.03	1.52	2.08	2.00	1.11

续表

省　份	2013年	2014年	2015年	2016年	2017年	2018年	2019年	2020年	2021年	2022年	合计
山　东	0.50	0.51	0.17	0.34	0.66	1.03	1.23	1.20	1.40	2.21	1.03
湖　北	0.25	0.34	0.61	0.42	0.90	0.64	0.90	1.26	1.22	1.13	0.82
黑龙江	0.67	0.00	0.78	0.51	0.57	0.40	0.71	0.70	1.34	0.98	0.70
辽　宁	0.17	0.17	0.26	0.42	0.49	0.79	0.32	0.88	0.73	1.75	0.67
天　津	0.17	0.17	0.43	0.68	0.33	0.87	0.65	1.26	1.04	0.62	0.65
陕　西	0.17	0.08	0.09	0.42	0.08	0.79	0.65	0.82	0.49	1.33	0.55
安　徽	0.33	0.08	0.09	0.25	0.90	0.48	0.52	1.20	0.98	0.31	0.54
福　建	0.08	0.42	0.17	0.51	0.16	0.64	0.32	0.63	0.67	1.23	0.53
吉　林	0.25	0.00	0.17	0.25	0.33	0.32	0.52	0.57	0.73	0.46	0.39
河　南	0.17	0.00	0.09	0.08	0.33	0.48	0.52	0.63	0.49	0.51	0.36
重　庆	0.17	0.00	0.00	0.00	0.25	0.32	0.32	0.70	0.31	0.67	0.31
江　西	0.17	0.08	0.17	0.25	0.66	0.32	0.39	0.06	0.37	0.51	0.31
广　西	0.08	0.17	0.09	0.25	0.16	0.24	0.19	0.13	0.73	0.56	0.29
河　北	0.00	0.34	0.17	0.08	0.08	0.32	0.13	0.13	0.37	0.31	0.20
新　疆	0.00	0.00	0.00	0.00	0.08	0.32	0.06	0.44	0.31	0.41	0.19
云　南	0.00	0.08	0.09	0.08	0.16	0.32	0.32	0.32	0.12	0.26	0.19
甘　肃	0.08	0.00	0.09	0.00	0.00	0.40	0.06	0.19	0.49	0.26	0.17
海　南	0.00	0.08	0.00	0.00	0.00	0.00	0.13	0.06	0.37	0.46	0.14
山　西	0.08	0.00	0.00	0.00	0.00	0.40	0.13	0.25	0.06	0.36	0.14
内蒙古	0.00	0.00	0.00	0.08	0.08	0.08	0.19	0.06	0.37	0.10	0.11
贵　州	0.00	0.08	0.00	0.00	0.00	0.16	0.13	0.06	0.12	0.21	0.09
宁　夏	0.00	0.00	0.09	0.00	0.00	0.00	0.00	0.13	0.12	0.15	0.06
西　藏	0.00	0.00	0.00	0.00	0.00	0.00	0.00	0.06	0.00	0.00	0.01

十七　细胞生物学

细胞生物学 A 层人才最多的是北京、广东，世界占比均为 2.10%，并列排名第一；其后依次是上海、浙江，A 层人才的世界占比分别为 1.40%、1.05%；湖北、江苏、安徽、重庆、四川、天津、福建、甘肃、黑龙江、湖南、辽宁、山东、广西、海南、河南、江西、吉林、陕西也有一定数量的 A 层人才，世界占比均超过 0.1%。

B层人才最多的是北京，世界占比为2.78%；上海、广东B层人才的世界占比分别为2.35%、2.03%，分列第二、第三位；其后是浙江，世界占比为1.22%；江苏、湖北、四川、湖南、山东、重庆、安徽、福建、辽宁、黑龙江、天津、河南、云南、广西、吉林、陕西也有一定数量的B层人才，世界占比均超过0.1%；河北、江西、山西、海南、甘肃、贵州、新疆B层人才的世界占比均低于0.1%。

C层人才最多的是北京，世界占比为3.25%；上海、广东C层人才的世界占比分别为2.80%、2.29%，分列第二、第三位；江苏、浙江、湖北有相当数量的C层人才，世界占比在2%~1%；山东、四川、湖南、天津、重庆、河南、安徽、辽宁、陕西、吉林、黑龙江、福建、云南、江西、广西、河北也有一定数量的C层人才，世界占比均超过0.1%；山西、贵州、甘肃、海南、新疆、内蒙古、宁夏、青海、西藏C层人才的世界占比均低于0.1%。

表4-48 细胞生物学A层人才的世界占比

单位：%

省　份	2013 年	2014 年	2015 年	2016 年	2017 年	2018 年	2019 年	2020 年	2021 年	2022 年	合计
北　京	3.51	0.00	1.56	1.43	1.35	2.22	0.00	5.48	0.00	4.08	2.10
广　东	1.75	0.00	0.00	1.43	1.35	2.22	1.59	8.22	0.00	2.04	2.10
上　海	1.75	0.00	0.00	2.86	2.70	0.00	0.00	4.11	0.00	0.00	1.40
浙　江	0.00	0.00	0.00	1.43	2.70	2.22	0.00	1.37	0.00	2.04	1.05
湖　北	0.00	0.00	1.56	1.43	0.00	0.00	0.00	2.74	0.00	0.00	0.70
江　苏	0.00	0.00	0.00	1.43	2.70	0.00	0.00	0.00	0.00	2.04	0.70
安　徽	0.00	0.00	1.56	1.43	0.00	0.00	0.00	1.37	0.00	0.00	0.52
重　庆	0.00	0.00	0.00	1.43	0.00	0.00	0.00	2.74	0.00	0.00	0.52
四　川	1.75	0.00	0.00	1.43	0.00	0.00	0.00	1.37	0.00	0.00	0.52
天　津	0.00	0.00	0.00	0.00	0.00	0.00	0.00	1.37	0.00	2.04	0.52
福　建	0.00	0.00	0.00	1.43	0.00	2.22	0.00	0.00	0.00	0.00	0.35
甘　肃	0.00	0.00	0.00	1.43	0.00	0.00	0.00	0.00	0.00	2.04	0.35
黑龙江	0.00	0.00	0.00	1.43	0.00	0.00	0.00	1.37	0.00	0.00	0.35
湖　南	0.00	0.00	0.00	1.43	0.00	0.00	0.00	0.00	0.00	2.04	0.35
辽　宁	0.00	0.00	0.00	1.43	1.35	0.00	0.00	0.00	0.00	0.00	0.35
山　东	0.00	0.00	0.00	1.43	0.00	0.00	0.00	0.00	0.00	2.04	0.35
广　西	0.00	0.00	0.00	1.43	0.00	0.00	0.00	0.00	0.00	0.00	0.17

续表

省　份	2013年	2014年	2015年	2016年	2017年	2018年	2019年	2020年	2021年	2022年	合计
海　南	0.00	0.00	0.00	1.43	0.00	0.00	0.00	0.00	0.00	0.00	0.17
河　南	0.00	0.00	0.00	1.43	0.00	0.00	0.00	0.00	0.00	0.00	0.17
江　西	0.00	0.00	0.00	1.43	0.00	0.00	0.00	0.00	0.00	0.00	0.17
吉　林	0.00	0.00	0.00	1.43	0.00	0.00	0.00	0.00	0.00	0.00	0.17
陕　西	0.00	0.00	0.00	1.43	0.00	0.00	0.00	0.00	0.00	0.00	0.17

表 4-49　细胞生物学 B 层人才的世界占比

单位：%

省　份	2013年	2014年	2015年	2016年	2017年	2018年	2019年	2020年	2021年	2022年	合计
北　京	2.35	0.95	1.50	2.48	1.87	2.54	2.29	5.08	4.08	4.27	2.78
上　海	0.98	1.71	2.17	1.71	0.86	2.36	3.35	4.15	2.98	3.07	2.35
广　东	0.78	0.57	1.00	0.93	1.15	2.18	1.59	5.23	3.29	3.07	2.03
浙　江	0.78	0.19	0.50	0.62	0.43	1.63	1.23	1.85	1.88	3.07	1.22
江　苏	0.00	0.19	0.50	0.93	0.43	0.91	0.53	1.23	0.78	1.71	0.74
湖　北	0.00	0.00	0.67	0.31	0.43	0.73	0.35	2.00	1.10	1.37	0.72
四　川	0.39	0.19	0.17	0.16	0.43	0.54	0.18	1.85	1.41	1.54	0.70
湖　南	0.20	0.19	0.17	0.31	0.43	0.36	0.35	1.08	0.78	1.02	0.50
山　东	0.39	0.00	0.33	0.00	0.14	0.36	0.53	0.62	0.78	0.68	0.39
重　庆	0.00	0.19	0.17	0.16	0.00	0.18	0.18	0.92	0.94	0.51	0.32
安　徽	0.00	0.38	0.17	0.47	0.00	0.00	0.18	0.77	0.47	0.51	0.30
福　建	0.20	0.19	0.17	0.47	0.29	0.36	0.35	0.31	0.16	0.51	0.30
辽　宁	0.20	0.00	0.00	0.16	0.29	0.91	0.18	0.15	0.31	0.51	0.27
黑龙江	0.00	0.00	0.00	0.00	0.14	0.36	0.53	0.31	0.47	0.68	0.25
天　津	0.00	0.57	0.33	0.16	0.14	0.00	0.00	0.46	0.47	0.34	0.25
河　南	0.00	0.00	0.00	0.16	0.14	0.00	0.88	0.15	0.31	0.68	0.23
云　南	0.20	0.19	0.17	0.00	0.00	0.00	0.00	0.62	0.63	0.34	0.22
广　西	0.00	0.00	0.17	0.16	0.00	0.00	0.35	0.46	0.31	0.17	0.17
吉　林	0.00	0.00	0.00	0.00	0.29	0.00	0.53	0.31	0.16	0.34	0.17
陕　西	0.20	0.19	0.00	0.16	0.00	0.00	0.00	0.46	0.16	0.17	0.13
河　北	0.20	0.00	0.00	0.00	0.00	0.00	0.00	0.16	0.51	0.08	
江　西	0.00	0.00	0.00	0.16	0.00	0.00	0.00	0.16	0.34	0.07	
山　西	0.00	0.00	0.00	0.00	0.00	0.00	0.00	0.15	0.00	0.51	0.07

续表

省　份	2013 年	2014 年	2015 年	2016 年	2017 年	2018 年	2019 年	2020 年	2021 年	2022 年	合计
海　南	0.00	0.00	0.00	0.00	0.00	0.18	0.00	0.15	0.00	0.17	0.05
甘　肃	0.00	0.00	0.00	0.00	0.00	0.00	0.00	0.00	0.16	0.00	0.02
贵　州	0.00	0.00	0.00	0.00	0.00	0.00	0.18	0.00	0.00	0.00	0.02
新　疆	0.00	0.00	0.00	0.00	0.00	0.00	0.18	0.00	0.00	0.00	0.02

表 4-50　细胞生物学 C 层人才的世界占比

单位：%

省　份	2013 年	2014 年	2015 年	2016 年	2017 年	2018 年	2019 年	2020 年	2021 年	2022 年	合计
北　京	2.00	2.13	2.07	2.42	3.22	3.24	3.50	4.46	4.35	4.98	3.25
上　海	1.73	1.75	1.99	2.11	2.75	3.02	2.91	3.64	3.99	3.97	2.80
广　东	0.90	1.19	1.14	1.38	1.88	2.09	2.49	3.68	3.90	4.11	2.29
江　苏	0.41	0.79	1.08	1.31	1.73	1.83	1.79	2.15	2.22	2.58	1.61
浙　江	0.57	0.41	0.76	0.81	1.25	1.01	1.56	2.19	1.79	2.38	1.29
湖　北	0.33	0.30	0.54	0.61	1.24	0.97	1.34	1.83	2.01	1.55	1.09
山　东	0.31	0.41	0.44	0.39	0.63	0.54	0.72	1.23	1.50	1.50	0.73
四　川	0.10	0.36	0.30	0.64	0.83	0.50	0.52	0.90	1.24	1.50	0.70
湖　南	0.12	0.28	0.30	0.25	0.58	0.60	0.93	1.21	1.10	1.37	0.68
天　津	0.35	0.26	0.37	0.50	0.51	0.43	0.70	0.82	0.79	0.81	0.56
重　庆	0.29	0.30	0.27	0.47	0.48	0.50	0.45	0.53	0.67	0.96	0.49
河　南	0.04	0.11	0.27	0.16	0.51	0.54	0.79	0.87	0.79	0.47	0.46
安　徽	0.16	0.36	0.29	0.22	0.44	0.22	0.52	0.56	0.64	0.79	0.42
辽　宁	0.12	0.21	0.25	0.17	0.52	0.47	0.45	0.65	0.60	0.67	0.42
陕　西	0.26	0.24	0.32	0.16	0.57	0.47	0.48	0.53	0.38	0.43	0.39
吉　林	0.10	0.19	0.25	0.17	0.41	0.37	0.41	0.37	0.41	0.47	0.32
黑龙江	0.12	0.15	0.17	0.28	0.36	0.20	0.46	0.40	0.40	0.49	0.31
福　建	0.22	0.11	0.10	0.22	0.26	0.19	0.27	0.39	0.52	0.63	0.29
云　南	0.04	0.13	0.08	0.11	0.16	0.24	0.23	0.37	0.55	0.47	0.24
江　西	0.06	0.02	0.12	0.14	0.17	0.17	0.18	0.25	0.26	0.18	0.16
广　西	0.04	0.11	0.07	0.06	0.16	0.09	0.20	0.30	0.24	0.20	0.15
河　北	0.04	0.11	0.05	0.09	0.15	0.07	0.20	0.20	0.26	0.25	0.14
山　西	0.04	0.00	0.12	0.00	0.07	0.09	0.04	0.14	0.22	0.16	0.09
贵　州	0.04	0.02	0.03	0.05	0.07	0.02	0.14	0.11	0.19	0.18	0.09
甘　肃	0.02	0.02	0.00	0.09	0.04	0.06	0.07	0.19	0.14	0.14	0.08
海　南	0.00	0.00	0.00	0.03	0.03	0.00	0.04	0.14	0.15	0.22	0.06
新　疆	0.04	0.00	0.00	0.02	0.09	0.02	0.11	0.09	0.03	0.13	0.05
内蒙古	0.02	0.02	0.03	0.05	0.06	0.00	0.05	0.05	0.09	0.05	0.04

续表

省　份	2013 年	2014 年	2015 年	2016 年	2017 年	2018 年	2019 年	2020 年	2021 年	2022 年	合计
宁　夏	0.02	0.02	0.02	0.00	0.01	0.04	0.00	0.03	0.07	0.04	0.02
青　海	0.00	0.00	0.00	0.00	0.01	0.02	0.00	0.00	0.02	0.04	0.01
西　藏	0.00	0.00	0.00	0.00	0.00	0.02	0.02	0.03	0.00	0.00	0.01

十八　免疫学

免疫学 A 层人才最多的是北京，世界占比为 1.16%；广东、安徽、湖北、江苏、上海、重庆、福建、河北、湖南、吉林、浙江也有一定数量的 A 层人才，世界占比均超过 0.1%。

B 层人才最多的是北京，世界占比为 1.90%；上海、广东 B 层人才的世界占比分别为 1.48%、1.22%，分列第二、第三位；湖北、浙江、江苏、安徽、湖南、山东、天津、四川、重庆、河南、福建、黑龙江、辽宁、云南也有一定数量的 B 层人才，世界占比大于或等于 0.1%；江西、广西、海南、吉林、陕西、山西、新疆、甘肃、贵州、内蒙古 B 层人才的世界占比均低于 0.1%。

C 层人才最多的是北京，世界占比为 1.84%；上海、广东 C 层人才的世界占比分别为 1.56%、1.53%，分列第二、第三位；江苏、湖北、浙江、山东、四川、湖南、安徽、重庆、河南、天津、吉林、福建、辽宁、黑龙江、陕西、江西、云南、广西也有一定数量的 C 层人才，世界占比均超过 0.1%；甘肃、河北、海南、贵州、山西、新疆、内蒙古、宁夏、青海 C 层人才的世界占比均低于 0.1%。

表 4-51　免疫学 A 层人才的世界占比

单位：%

省　份	2013 年	2014 年	2015 年	2016 年	2017 年	2018 年	2019 年	2020 年	2021 年	2022 年	合计
北　京	0.00	0.00	2.27	0.00	1.69	1.54	0.00	1.45	1.61	2.99	1.16
广　东	0.00	0.00	0.00	0.00	0.00	0.00	1.47	4.35	1.61	1.49	0.99
安　徽	0.00	0.00	0.00	0.00	0.00	0.00	0.00	4.35	1.61	1.49	0.83

续表

省 份	2013 年	2014 年	2015 年	2016 年	2017 年	2018 年	2019 年	2020 年	2021 年	2022 年	合 计
湖 北	0.00	0.00	0.00	0.00	0.00	0.00	0.00	5.80	1.61	0.00	0.83
江 苏	0.00	1.69	0.00	1.59	0.00	0.00	0.00	0.00	1.61	1.49	0.66
上 海	0.00	0.00	0.00	1.59	0.00	0.00	1.47	0.00	1.61	1.49	0.66
重 庆	0.00	0.00	0.00	0.00	0.00	0.00	0.00	1.45	0.00	1.49	0.33
福 建	0.00	0.00	0.00	1.59	0.00	0.00	0.00	1.45	0.00	0.00	0.33
河 北	0.00	0.00	2.27	0.00	0.00	0.00	0.00	1.45	0.00	0.00	0.33
湖 南	0.00	0.00	0.00	0.00	0.00	0.00	0.00	0.00	0.00	1.49	0.17
吉 林	0.00	0.00	0.00	0.00	0.00	0.00	0.00	0.00	1.61	0.00	0.17
浙 江	0.00	0.00	2.27	0.00	0.00	0.00	0.00	0.00	0.00	0.00	0.17

表 4-52 免疫学 B 层人才的世界占比

单位：%

省 份	2013 年	2014 年	2015 年	2016 年	2017 年	2018 年	2019 年	2020 年	2021 年	2022 年	合 计
北 京	0.83	0.55	0.98	1.75	1.13	2.23	1.54	5.35	2.23	1.52	1.90
上 海	0.21	0.18	0.39	1.40	0.57	1.71	3.24	2.91	0.98	2.28	1.48
广 东	0.00	0.00	0.20	0.88	0.57	0.86	1.08	4.13	1.54	1.98	1.22
湖 北	0.21	0.00	0.00	0.70	0.57	0.34	0.62	5.35	0.70	0.46	0.97
浙 江	0.21	0.37	0.20	0.35	0.19	0.34	0.62	2.14	0.70	0.61	0.61
江 苏	0.00	0.18	0.00	0.53	0.38	1.37	0.46	1.53	0.14	0.91	0.58
安 徽	0.62	0.00	0.00	0.00	0.57	0.17	0.31	1.07	0.28	0.30	0.34
湖 南	0.00	0.00	0.00	0.18	0.38	0.86	0.46	0.61	0.14	0.61	0.34
山 东	0.21	0.00	0.20	0.00	0.17	0.46	0.61	0.84	0.00	0.29
天 津	0.21	0.00	0.00	0.35	0.38	0.17	0.46	0.61	0.28	0.00	0.25
四 川	0.00	0.00	0.20	0.18	0.19	0.00	0.31	0.15	0.42	0.76	0.24
重 庆	0.00	0.00	0.00	0.35	0.00	0.17	0.31	0.31	0.14	0.76	0.22
河 南	0.00	0.18	0.00	0.00	0.00	0.17	0.15	0.61	0.28	0.30	0.19
福 建	0.00	0.00	0.00	0.00	0.38	0.51	0.15	0.31	0.00	0.15	0.15
黑龙江	0.00	0.00	0.00	0.00	0.19	0.00	0.15	0.31	0.14	0.30	0.12
辽 宁	0.00	0.00	0.00	0.00	0.19	0.00	0.15	0.15	0.21	0.30	0.12
云 南	0.00	0.00	0.00	0.18	0.00	0.00	0.00	0.31	0.28	0.15	0.10
江 西	0.00	0.00	0.00	0.00	0.19	0.17	0.00	0.15	0.00	0.15	0.07
广 西	0.00	0.00	0.00	0.00	0.00	0.19	0.34	0.00	0.00	0.00	0.05
海 南	0.00	0.00	0.00	0.00	0.00	0.00	0.00	0.46	0.00	0.00	0.05

续表

省　份	2013 年	2014 年	2015 年	2016 年	2017 年	2018 年	2019 年	2020 年	2021 年	2022 年	合计
吉　林	0.00	0.00	0.00	0.00	0.00	0.17	0.15	0.15	0.00	0.00	0.05
陕　西	0.21	0.18	0.00	0.00	0.00	0.00	0.15	0.00	0.00	0.00	0.05
山　西	0.00	0.00	0.00	0.00	0.00	0.00	0.00	0.46	0.00	0.00	0.05
新　疆	0.00	0.00	0.00	0.00	0.00	0.00	0.00	0.15	0.00	0.15	0.03
甘　肃	0.00	0.00	0.00	0.00	0.00	0.00	0.00	0.00	0.00	0.15	0.02
贵　州	0.00	0.00	0.00	0.00	0.00	0.00	0.00	0.15	0.00	0.00	0.02
内蒙古	0.00	0.00	0.00	0.00	0.00	0.17	0.00	0.00	0.00	0.00	0.02

表 4-53　免疫学 C 层人才的世界占比

单位：%

省　份	2013 年	2014 年	2015 年	2016 年	2017 年	2018 年	2019 年	2020 年	2021 年	2022 年	合计
北　京	1.01	1.26	1.27	1.39	1.45	1.61	1.62	2.59	2.60	2.93	1.84
上　海	0.87	1.16	1.04	1.34	1.34	1.65	1.47	1.96	1.83	2.50	1.56
广　东	0.49	0.59	0.63	0.78	1.15	1.63	1.72	2.41	2.47	2.60	1.53
江　苏	0.53	0.72	0.98	0.68	0.65	1.08	1.04	1.27	1.09	1.56	0.99
湖　北	0.30	0.33	0.51	0.52	0.71	0.82	0.69	1.79	1.27	1.21	0.86
浙　江	0.23	0.46	0.35	0.73	0.77	0.69	0.79	1.20	1.15	1.59	0.83
山　东	0.40	0.39	0.45	0.38	0.42	0.61	0.63	0.71	0.71	0.89	0.58
四　川	0.13	0.18	0.35	0.35	0.34	0.42	0.28	0.55	0.65	1.26	0.47
湖　南	0.13	0.22	0.12	0.35	0.31	0.47	0.32	0.58	0.63	0.99	0.43
安　徽	0.30	0.22	0.27	0.24	0.42	0.26	0.35	0.64	0.60	0.57	0.40
重　庆	0.17	0.20	0.25	0.30	0.44	0.59	0.35	0.35	0.47	0.59	0.38
河　南	0.11	0.11	0.06	0.10	0.17	0.35	0.32	0.47	0.58	0.67	0.31
天　津	0.15	0.15	0.16	0.26	0.27	0.30	0.35	0.32	0.47	0.56	0.31
吉　林	0.17	0.26	0.20	0.19	0.15	0.31	0.25	0.24	0.41	0.37	0.26
福　建	0.04	0.20	0.20	0.09	0.29	0.36	0.30	0.26	0.29	0.48	0.26
辽　宁	0.11	0.11	0.12	0.17	0.23	0.28	0.28	0.33	0.22	0.40	0.23
黑龙江	0.11	0.20	0.12	0.10	0.13	0.12	0.21	0.26	0.28	0.46	0.21
陕　西	0.06	0.13	0.08	0.16	0.15	0.17	0.14	0.29	0.19	0.19	0.16
江　西	0.00	0.02	0.04	0.10	0.08	0.17	0.11	0.18	0.23	0.32	0.13
云　南	0.06	0.11	0.14	0.07	0.04	0.10	0.08	0.17	0.20	0.26	0.13
广　西	0.04	0.11	0.06	0.03	0.08	0.09	0.08	0.12	0.12	0.29	0.11

续表

省 份	2013 年	2014 年	2015 年	2016 年	2017 年	2018 年	2019 年	2020 年	2021 年	2022 年	合计
甘 肃	0.02	0.02	0.02	0.02	0.06	0.12	0.06	0.09	0.23	0.16	0.09
河 北	0.02	0.11	0.06	0.09	0.04	0.05	0.06	0.11	0.19	0.08	0.08
海 南	0.02	0.02	0.02	0.03	0.04	0.03	0.06	0.14	0.09	0.21	0.07
贵 州	0.00	0.02	0.00	0.05	0.02	0.00	0.08	0.08	0.19	0.19	0.07
山 西	0.04	0.00	0.06	0.02	0.04	0.07	0.09	0.03	0.09	0.21	0.07
新 疆	0.00	0.04	0.06	0.00	0.02	0.12	0.03	0.03	0.06	0.13	0.05
内蒙古	0.04	0.00	0.02	0.02	0.02	0.00	0.02	0.02	0.10	0.03	0.03
宁 夏	0.00	0.04	0.00	0.03	0.04	0.00	0.00	0.03	0.03	0.06	0.03
青 海	0.00	0.02	0.00	0.02	0.02	0.05	0.00	0.00	0.03	0.00	0.01

十九 神经科学

神经科学 A 层人才最多的是北京，世界占比为 1.38%；上海 A 层人才的世界占比为 1.17%，排名第二；浙江、重庆、广东、湖北、四川、天津、安徽、江苏、广西、河北、河南、辽宁、陕西、山西也有一定数量的 A 层人才，世界占比均超过 0.1%。

北京、上海 B 层人才的世界占比分别为 1.44%、1.12%，排名前二；广东、江苏、浙江、湖北、四川、重庆、山东、安徽、湖南、辽宁、河南、福建、陕西、天津、吉林也有一定数量的 B 层人才，世界占比大于或等于 0.1%；黑龙江、贵州、云南、海南、广西、山西、新疆、甘肃、河北、江西、宁夏 B 层人才的世界占比均低于 0.1%。

北京、上海 C 层人才世界占比分别为 1.57%、1.20%，排名前二；江苏、广东、浙江、湖北、山东、四川、重庆、湖南、辽宁、河南、天津、陕西、安徽、福建、吉林、河北、黑龙江、山西、云南也有一定数量的 C 层人才，世界占比大于或等于 0.1%；江西、广西、贵州、甘肃、海南、新疆、宁夏、内蒙古 C 层人才的世界占比均低于 0.1%。

表4-54 神经科学 A 层人才的世界占比

单位：%

省份	2013年	2014年	2015年	2016年	2017年	2018年	2019年	2020年	2021年	2022年	合计
北京	2.67	0.00	3.70	3.23	0.00	1.10	0.90	1.00	0.91	0.94	1.38
上海	0.00	0.00	1.23	2.15	1.05	1.10	0.90	1.00	0.00	3.77	1.17
浙江	0.00	0.00	2.47	1.08	1.05	1.10	0.00	1.00	0.00	0.00	0.64
重庆	0.00	0.00	0.00	1.08	0.00	0.00	0.00	1.00	0.91	1.89	0.53
广东	0.00	0.00	0.00	0.00	0.00	0.00	0.00	1.00	0.91	1.89	0.43
湖北	0.00	0.00	0.00	0.00	0.00	0.00	0.00	3.00	0.00	0.94	0.43
四川	0.00	0.00	0.00	0.00	0.00	0.00	0.00	0.00	0.00	2.83	0.43
天津	2.67	0.00	0.00	1.08	0.00	2.20	0.00	0.00	0.00	0.00	0.32
安徽	0.00	0.00	0.00	0.00	0.00	0.00	0.00	2.00	0.00	0.00	0.21
江苏	0.00	0.00	0.00	0.00	0.00	0.00	0.00	2.00	0.00	0.00	0.21
广西	0.00	0.00	0.00	0.00	0.00	0.00	0.00	0.00	0.00	0.94	0.11
河北	0.00	0.00	1.23	0.00	0.00	0.00	0.00	0.00	0.00	0.00	0.11
河南	0.00	0.00	0.00	0.00	0.00	0.00	0.00	1.00	0.00	0.00	0.11
辽宁	0.00	0.00	0.00	1.08	0.00	0.00	0.00	0.00	0.00	0.00	0.11
陕西	0.00	0.00	0.00	0.00	0.00	0.00	0.90	0.00	0.00	0.00	0.11
山西	0.00	0.00	0.00	0.00	0.00	0.00	0.00	1.00	0.00	0.00	0.11

表4-55 神经科学 B 层人才的世界占比

单位：%

省份	2013年	2014年	2015年	2016年	2017年	2018年	2019年	2020年	2021年	2022年	合计
北京	1.56	0.92	0.88	0.95	0.98	1.05	1.99	2.35	1.47	1.92	1.44
上海	0.71	0.66	0.76	1.07	0.44	1.40	1.19	1.60	1.28	1.81	1.12
广东	0.28	0.40	0.13	0.36	0.65	0.81	0.89	2.13	1.28	1.01	0.84
江苏	0.14	0.40	0.51	0.12	0.33	0.93	0.60	1.28	0.98	1.11	0.67
浙江	0.42	0.26	0.13	0.12	0.22	0.47	0.50	0.96	1.18	1.21	0.58
湖北	0.28	0.26	0.13	0.24	0.33	0.12	0.60	1.07	0.59	0.40	0.42
四川	0.28	0.00	0.38	0.00	0.33	0.23	0.30	0.75	0.49	0.91	0.39
重庆	0.00	0.26	0.13	0.24	0.11	0.70	0.20	0.32	0.39	0.60	0.31
山东	0.00	0.40	0.00	0.00	0.11	0.00	0.10	0.53	0.59	0.91	0.28
安徽	0.00	0.13	0.13	0.00	0.00	0.00	0.40	0.43	0.39	0.50	0.22
湖南	0.00	0.00	0.00	0.00	0.11	0.23	0.30	0.43	0.39	0.50	0.22
辽宁	0.00	0.26	0.13	0.12	0.11	0.35	0.40	0.21	0.20	0.30	0.22

续表

省 份	2013 年	2014 年	2015 年	2016 年	2017 年	2018 年	2019 年	2020 年	2021 年	2022 年	合计
河 南	0.00	0.00	0.00	0.00	0.00	0.12	0.10	0.32	0.29	0.60	0.16
福 建	0.00	0.26	0.13	0.00	0.11	0.47	0.20	0.21	0.10	0.00	0.15
陕 西	0.14	0.26	0.00	0.00	0.11	0.12	0.20	0.11	0.29	0.10	0.14
天 津	0.00	0.00	0.13	0.00	0.22	0.00	0.10	0.11	0.39	0.30	0.14
吉 林	0.00	0.00	0.13	0.12	0.22	0.12	0.00	0.21	0.00	0.20	0.10
黑龙江	0.00	0.00	0.00	0.00	0.11	0.23	0.00	0.43	0.00	0.10	0.09
贵 州	0.00	0.00	0.00	0.00	0.00	0.00	0.00	0.00	0.21	0.29	0.08
云 南	0.00	0.00	0.00	0.00	0.11	0.12	0.20	0.00	0.10	0.20	0.08
海 南	0.00	0.00	0.00	0.00	0.00	0.00	0.00	0.11	0.29	0.10	0.06
广 西	0.00	0.00	0.13	0.00	0.11	0.12	0.10	0.00	0.00	0.00	0.05
山 西	0.00	0.00	0.00	0.00	0.00	0.00	0.10	0.11	0.10	0.00	0.05
新 疆	0.00	0.00	0.00	0.00	0.00	0.11	0.00	0.11	0.00	0.10	0.03
甘 肃	0.00	0.00	0.00	0.00	0.00	0.12	0.00	0.00	0.00	0.10	0.02
河 北	0.14	0.00	0.00	0.00	0.00	0.00	0.00	0.00	0.00	0.00	0.02
江 西	0.00	0.00	0.00	0.00	0.00	0.00	0.00	0.11	0.10	0.00	0.02
宁 夏	0.00	0.00	0.00	0.00	0.00	0.00	0.00	0.00	0.10	0.00	0.01

表 4-56 神经科学 C 层人才的世界占比

单位：%

省 份	2013 年	2014 年	2015 年	2016 年	2017 年	2018 年	2019 年	2020 年	2021 年	2022 年	合计
北 京	1.11	1.06	1.36	1.05	1.32	1.67	1.80	1.80	1.90	2.22	1.57
上 海	0.61	0.81	0.83	0.93	0.96	1.08	1.44	1.37	1.77	1.79	1.20
江 苏	0.36	0.73	0.85	0.93	0.94	0.85	0.99	1.02	1.10	1.09	0.91
广 东	0.20	0.34	0.46	0.44	0.87	0.83	1.08	1.23	1.45	1.31	0.87
浙 江	0.27	0.38	0.33	0.50	0.54	0.64	0.73	0.85	0.92	1.20	0.67
湖 北	0.16	0.26	0.28	0.32	0.49	0.51	0.66	0.52	0.71	0.80	0.49
山 东	0.23	0.35	0.40	0.32	0.36	0.47	0.53	0.55	0.70	0.79	0.49
四 川	0.20	0.26	0.26	0.32	0.40	0.31	0.59	0.46	0.78	0.77	0.46
重 庆	0.13	0.26	0.40	0.39	0.51	0.56	0.34	0.39	0.35	0.57	0.40
湖 南	0.20	0.13	0.14	0.19	0.31	0.37	0.44	0.45	0.42	0.61	0.34
辽 宁	0.16	0.13	0.28	0.32	0.28	0.21	0.34	0.24	0.35	0.46	0.29
河 南	0.03	0.11	0.06	0.07	0.17	0.31	0.32	0.35	0.49	0.50	0.26
天 津	0.20	0.32	0.17	0.12	0.22	0.26	0.18	0.40	0.37	0.29	0.26
陕 西	0.19	0.22	0.23	0.27	0.20	0.13	0.15	0.30	0.19	0.24	0.21

省　　份	2013 年	2014 年	2015 年	2016 年	2017 年	2018 年	2019 年	2020 年	2021 年	2022 年	合计
安　　徽	0.10	0.04	0.17	0.10	0.17	0.17	0.18	0.30	0.35	0.35	0.20
福　　建	0.04	0.15	0.14	0.17	0.20	0.17	0.15	0.20	0.17	0.32	0.18
吉　　林	0.03	0.07	0.08	0.10	0.08	0.15	0.16	0.18	0.20	0.19	0.13
河　　北	0.19	0.09	0.12	0.07	0.10	0.12	0.08	0.11	0.08	0.20	0.11
黑龙江	0.04	0.04	0.04	0.07	0.08	0.13	0.15	0.09	0.16	0.20	0.11
山　　西	0.06	0.03	0.12	0.04	0.08	0.17	0.06	0.10	0.16	0.16	0.10
云　　南	0.01	0.05	0.09	0.05	0.09	0.02	0.10	0.10	0.19	0.21	0.10
江　　西	0.00	0.03	0.06	0.06	0.09	0.08	0.08	0.11	0.22	0.16	0.09
广　　西	0.06	0.05	0.05	0.04	0.04	0.09	0.07	0.09	0.14	0.13	0.08
贵　　州	0.01	0.03	0.00	0.04	0.06	0.04	0.08	0.13	0.09	0.16	0.07
甘　　肃	0.04	0.00	0.01	0.04	0.03	0.06	0.09	0.04	0.07	0.09	0.05
海　　南	0.00	0.00	0.06	0.01	0.01	0.04	0.02	0.10	0.05	0.13	0.04
新　　疆	0.00	0.03	0.05	0.01	0.02	0.05	0.07	0.02	0.02	0.06	0.03
宁　　夏	0.00	0.01	0.03	0.01	0.02	0.00	0.02	0.02	0.01	0.04	0.02
内蒙古	0.01	0.00	0.00	0.05	0.00	0.00	0.02	0.03	0.02	0.02	0.02

二十　心理学

心理学 A 层人才仅分布在北京、广东、湖北、四川、浙江；其中，北京、广东的世界占比分别为 2.40%、1.60%，排名前二；湖北、四川、浙江的世界占比均为 0.80%。

B 层人才最多的是北京，世界占比为 1.33%；上海、广东、四川、浙江、湖北、江苏也有一定数量的 B 层人才，世界占比均超过 0.1%；重庆、福建、湖南、陕西、山东、天津 B 层人才的世界占比均为 0.07%。

C 层人才最多的是北京，世界占比为 0.86%；广东、上海、四川、浙江、江苏、山东、天津、重庆、湖北、河南也有一定数量的 C 层人才，世界占比大于或等于 0.1%；湖南、辽宁、福建、安徽、吉林、海南、河北、黑龙江、江西、陕西、云南、广西、山西、甘肃、内蒙古、宁夏 C 层人才的世界占比均低于 0.1%。

表 4-57 心理学 A 层人才的世界占比

单位：%

省　份	2013 年	2014 年	2015 年	2016 年	2017 年	2018 年	2019 年	2020 年	2021 年	2022 年	合计
北　京	0.00	0.00	6.25	0.00	0.00	0.00	0.00	7.14	5.88	0.00	2.40
广　东	6.67	0.00	0.00	0.00	0.00	0.00	0.00	0.00	5.88	0.00	1.60
湖　北	0.00	0.00	0.00	0.00	0.00	0.00	0.00	7.14	0.00	0.00	0.80
四　川	0.00	0.00	0.00	0.00	0.00	0.00	0.00	7.14	0.00	0.00	0.80
浙　江	0.00	0.00	6.25	0.00	0.00	0.00	0.00	0.00	0.00	0.00	0.80

表 4-58 心理学 B 层人才的世界占比

单位：%

省　份	2013 年	2014 年	2015 年	2016 年	2017 年	2018 年	2019 年	2020 年	2021 年	2022 年	合计
北　京	0.69	1.94	0.71	0.61	0.68	1.92	0.58	0.80	2.55	2.74	1.33
上　海	0.00	0.65	0.00	0.00	0.68	1.92	0.00	0.00	0.64	1.37	0.53
广　东	0.00	0.65	0.00	0.00	0.00	0.64	0.00	0.00	0.00	3.42	0.46
四　川	0.00	0.00	0.00	0.00	0.00	0.00	0.58	0.00	1.27	1.37	0.33
浙　江	0.00	0.00	0.00	0.00	0.00	0.64	0.58	0.00	0.00	0.68	0.20
湖　北	0.00	0.00	0.00	0.00	0.00	0.00	0.00	0.00	0.00	1.37	0.13
江　苏	0.00	0.00	0.00	0.00	0.00	0.00	0.00	0.00	1.27	0.00	0.13
重　庆	0.00	0.00	0.00	0.00	0.00	0.00	0.00	0.00	0.00	0.68	0.07
福　建	0.00	0.00	0.00	0.00	0.00	0.64	0.00	0.00	0.00	0.00	0.07
湖　南	0.00	0.00	0.00	0.00	0.00	0.00	0.00	0.00	0.64	0.00	0.07
陕　西	0.00	0.00	0.00	0.00	0.00	0.00	0.00	0.00	0.00	0.68	0.07
山　东	0.00	0.00	0.71	0.00	0.00	0.00	0.00	0.00	0.00	0.00	0.07
天　津	0.00	0.00	0.00	0.00	0.00	0.00	0.00	0.00	0.00	0.68	0.07

表 4-59 心理学 C 层人才的世界占比

单位：%

省　份	2013 年	2014 年	2015 年	2016 年	2017 年	2018 年	2019 年	2020 年	2021 年	2022 年	合计
北　京	0.68	0.40	0.77	1.07	0.79	0.56	0.62	1.31	1.27	1.21	0.86
广　东	0.00	0.20	0.28	0.13	0.46	0.35	0.50	0.80	0.78	0.53	0.40
上　海	0.27	0.13	0.14	0.27	0.13	0.21	0.44	0.44	0.50	0.83	0.33
四　川	0.20	0.13	0.14	0.00	0.33	0.07	0.37	0.51	0.28	0.68	0.27

省　份	2013 年	2014 年	2015 年	2016 年	2017 年	2018 年	2019 年	2020 年	2021 年	2022 年	合计
浙　江	0.14	0.34	0.07	0.13	0.20	0.28	0.25	0.07	0.21	0.61	0.23
江　苏	0.07	0.20	0.00	0.07	0.07	0.00	0.25	0.07	0.42	0.30	0.14
山　东	0.00	0.00	0.00	0.13	0.07	0.21	0.19	0.22	0.14	0.23	0.12
天　津	0.07	0.07	0.00	0.13	0.07	0.07	0.25	0.29	0.07	0.15	0.12
重　庆	0.00	0.07	0.14	0.07	0.07	0.21	0.06	0.07	0.07	0.38	0.11
湖　北	0.00	0.00	0.00	0.13	0.20	0.00	0.06	0.15	0.35	0.23	0.11
河　南	0.00	0.07	0.00	0.07	0.07	0.14	0.12	0.15	0.28	0.08	0.10
湖　南	0.00	0.13	0.07	0.00	0.00	0.07	0.12	0.07	0.21	0.15	0.08
辽　宁	0.07	0.07	0.00	0.00	0.13	0.07	0.12	0.07	0.07	0.15	0.08
福　建	0.00	0.00	0.14	0.00	0.07	0.00	0.19	0.07	0.07	0.15	0.07
安　徽	0.07	0.00	0.00	0.00	0.07	0.00	0.06	0.15	0.00	0.08	0.04
吉　林	0.00	0.07	0.00	0.07	0.00	0.07	0.00	0.07	0.00	0.08	0.03
海　南	0.00	0.00	0.00	0.00	0.07	0.00	0.00	0.07	0.07	0.08	0.03
河　北	0.00	0.00	0.00	0.00	0.00	0.07	0.06	0.07	0.07	0.00	0.03
黑龙江	0.00	0.00	0.00	0.00	0.00	0.00	0.00	0.00	0.07	0.08	0.02
江　西	0.00	0.00	0.00	0.00	0.00	0.00	0.00	0.07	0.00	0.15	0.02
陕　西	0.00	0.00	0.07	0.00	0.00	0.00	0.00	0.00	0.00	0.08	0.02
云　南	0.00	0.00	0.00	0.00	0.00	0.07	0.00	0.07	0.07	0.00	0.02
广　西	0.00	0.00	0.00	0.00	0.07	0.00	0.06	0.00	0.00	0.00	0.01
山　西	0.00	0.00	0.00	0.07	0.00	0.00	0.00	0.00	0.00	0.08	0.01
甘　肃	0.00	0.00	0.00	0.00	0.07	0.00	0.00	0.00	0.00	0.00	0.01
内蒙古	0.00	0.00	0.00	0.00	0.00	0.00	0.00	0.00	0.07	0.00	0.01
宁　夏	0.00	0.00	0.00	0.00	0.00	0.00	0.06	0.00	0.00	0.00	0.01

二十一　应用心理学

应用心理学 A 层人才仅分布在北京、江西、山东、上海；其中，A 层人才最多的是北京，世界占比为 2.53%；江西、山东、上海 A 层人才的世界占比均为 1.27%。

B 层人才最多的是北京，世界占比为 1.20%；上海、广东、浙江、湖北、湖南、江苏、四川也有一定数量的 B 层人才，世界占比均超过 0.1%。

　　C层人才最多的是北京，世界占比为1.97%；上海、广东、浙江、湖北、江苏、四川、天津、重庆、湖南也有一定数量的C层人才，世界占比大于或等于0.1%；福建、山东、安徽、辽宁、广西、黑龙江、河北、江西、吉林、甘肃、河南、陕西、山西、云南C层人才的世界占比均低于0.1%。

表4-60　应用心理学A层人才的世界占比

单位：%

省　份	2013 年	2014 年	2015 年	2016 年	2017 年	2018 年	2019 年	2020 年	2021 年	2022 年	合计
北　京	0.00	0.00	0.00	0.00	0.00	0.00	0.00	12.50	9.09	0.00	2.53
江　西	0.00	0.00	0.00	0.00	0.00	0.00	0.00	0.00	9.09	0.00	1.27
山　东	0.00	0.00	0.00	0.00	0.00	0.00	0.00	0.00	9.09	0.00	1.27
上　海	0.00	0.00	0.00	0.00	0.00	0.00	0.00	12.50	0.00	0.00	1.27

表4-61　应用心理学B层人才的世界占比

单位：%

省　份	2013 年	2014 年	2015 年	2016 年	2017 年	2018 年	2019 年	2020 年	2021 年	2022 年	合计
北　京	0.00	0.00	0.00	0.00	1.28	1.30	1.10	3.00	1.83	2.41	1.20
上　海	0.00	0.00	0.00	3.75	0.00	1.30	1.10	0.00	0.00	0.00	0.60
广　东	1.61	0.00	0.00	0.00	1.28	0.00	0.00	1.00	0.92	0.00	0.48
浙　江	0.00	1.27	0.00	0.00	0.00	0.00	0.00	1.00	0.92	0.00	0.36
湖　北	0.00	0.00	0.00	0.00	0.00	0.00	0.00	1.00	0.92	0.00	0.24
湖　南	0.00	0.00	0.00	0.00	0.00	0.00	0.00	0.00	0.00	1.20	0.12
江　苏	0.00	0.00	0.00	0.00	0.00	0.00	0.00	1.00	0.00	0.00	0.12
四　川	0.00	0.00	0.00	0.00	0.00	0.00	0.00	0.00	0.92	0.00	0.12

表4-62　应用心理学C层人才的世界占比

单位：%

省　份	2013 年	2014 年	2015 年	2016 年	2017 年	2018 年	2019 年	2020 年	2021 年	2022 年	合计
北　京	2.38	1.56	2.82	1.23	1.86	1.57	2.89	1.89	1.66	2.06	1.97
上　海	1.11	0.39	1.13	0.49	0.37	1.17	1.11	0.95	0.55	0.92	0.81
广　东	0.16	0.26	0.42	1.10	0.37	0.26	1.00	0.84	1.02	1.26	0.71

179

续表

省　份	2013 年	2014 年	2015 年	2016 年	2017 年	2018 年	2019 年	2020 年	2021 年	2022 年	合计
浙　江	0.16	0.39	0.14	0.25	0.37	0.13	0.89	0.32	0.74	0.69	0.43
湖　北	0.00	0.13	0.42	0.49	0.50	0.26	0.55	0.63	0.46	0.46	0.41
江　苏	0.63	0.39	0.00	0.12	0.37	0.39	0.22	0.21	0.55	0.57	0.35
四　川	0.00	0.00	0.14	0.12	0.37	0.26	0.55	0.53	0.09	0.00	0.22
天　津	0.00	0.13	0.14	0.37	0.00	0.39	0.00	0.21	0.28	0.11	0.17
重　庆	0.00	0.00	0.14	0.00	0.25	0.00	0.22	0.00	0.18	0.23	0.11
湖　南	0.00	0.00	0.00	0.00	0.12	0.13	0.11	0.11	0.18	0.23	0.10
福　建	0.00	0.00	0.14	0.00	0.12	0.00	0.11	0.32	0.09	0.00	0.08
山　东	0.00	0.26	0.00	0.00	0.12	0.00	0.11	0.21	0.09	0.00	0.08
安　徽	0.00	0.13	0.00	0.00	0.00	0.13	0.11	0.21	0.00	0.00	0.06
辽　宁	0.00	0.00	0.00	0.00	0.12	0.00	0.00	0.00	0.09	0.34	0.06
广　西	0.00	0.00	0.00	0.00	0.00	0.00	0.11	0.11	0.00	0.23	0.05
黑龙江	0.00	0.00	0.00	0.00	0.00	0.13	0.11	0.00	0.09	0.00	0.04
河　北	0.00	0.00	0.14	0.00	0.00	0.13	0.00	0.00	0.00	0.00	0.02
江　西	0.00	0.13	0.00	0.00	0.00	0.13	0.00	0.00	0.00	0.00	0.02
吉　林	0.00	0.00	0.00	0.00	0.00	0.00	0.00	0.00	0.09	0.11	0.02
甘　肃	0.00	0.00	0.00	0.00	0.00	0.00	0.00	0.00	0.00	0.11	0.01
河　南	0.00	0.00	0.00	0.00	0.00	0.00	0.00	0.00	0.09	0.00	0.01
陕　西	0.00	0.00	0.00	0.00	0.12	0.00	0.00	0.00	0.00	0.00	0.01
山　西	0.00	0.00	0.00	0.00	0.00	0.00	0.00	0.11	0.00	0.00	0.01
云　南	0.00	0.00	0.00	0.00	0.00	0.00	0.00	0.11	0.00	0.00	0.01

二十二　生理心理学

各省份均无生理心理学 A 层人才。

B 层人才最多的是北京，世界占比为 1.37%；上海、广东、广西、黑龙江、山东也有一定数量的 B 层人才，世界占比均超过 0.2%。

C 层人才最多的是北京，世界占比为 0.96%；上海、江苏、辽宁、浙江、广东、重庆、河南、四川、天津也有一定数量的 C 层人才，世界占比均超过 0.1%；山东、安徽、湖北、湖南、陕西、福建、甘肃、河北、吉林、云南 C 层人才的世界占比均低于 0.1%。

表 4-63 生理心理学 B 层人才的世界占比

单位：%

省 份	2013 年	2014 年	2015 年	2016 年	2017 年	2018 年	2019 年	2020 年	2021 年	2022 年	合计
北 京	0.00	0.00	0.00	0.00	0.00	0.00	4.88	5.88	0.00	2.38	1.37
上 海	0.00	0.00	0.00	0.00	0.00	0.00	2.44	2.94	0.00	2.38	0.82
广 东	0.00	3.23	0.00	0.00	0.00	0.00	2.44	0.00	0.00	0.00	0.55
广 西	0.00	0.00	0.00	0.00	0.00	0.00	2.44	0.00	0.00	0.00	0.27
黑龙江	0.00	0.00	0.00	0.00	0.00	2.17	0.00	0.00	0.00	0.00	0.27
山 东	0.00	0.00	0.00	0.00	0.00	0.00	0.00	2.94	0.00	0.00	0.27

表 4-64 生理心理学 C 层人才的世界占比

单位：%

省 份	2013 年	2014 年	2015 年	2016 年	2017 年	2018 年	2019 年	2020 年	2021 年	2022 年	合计
北 京	0.32	0.32	1.61	1.15	0.78	0.74	0.81	0.80	2.02	0.78	0.96
上 海	0.00	0.00	0.64	0.00	1.04	0.50	0.54	0.53	0.67	0.00	0.41
江 苏	0.00	0.00	0.96	0.86	1.04	0.25	0.00	0.00	0.22	0.52	0.38
辽 宁	0.00	0.32	0.32	0.00	1.04	0.25	0.27	0.53	0.45	0.00	0.33
浙 江	0.32	0.00	0.96	0.00	0.00	0.25	0.27	0.00	0.45	0.26	0.25
广 东	0.00	0.32	0.32	0.29	0.26	0.00	0.00	0.00	0.67	0.26	0.22
重 庆	0.32	0.00	0.00	0.00	0.26	0.50	0.27	0.00	0.00	0.00	0.14
河 南	0.00	0.00	0.32	0.29	0.26	0.25	0.00	0.00	0.22	0.00	0.14
四 川	0.32	0.00	0.00	0.00	0.00	0.25	0.00	0.00	0.45	0.26	0.14
天 津	0.00	0.32	0.00	0.29	0.26	0.00	0.00	0.27	0.22	0.00	0.14
山 东	0.00	0.00	0.32	0.00	0.00	0.00	0.00	0.00	0.45	0.00	0.08
安 徽	0.32	0.00	0.00	0.00	0.00	0.00	0.27	0.00	0.00	0.00	0.05
湖 北	0.00	0.00	0.00	0.00	0.00	0.25	0.00	0.00	0.22	0.00	0.05
湖 南	0.00	0.00	0.32	0.00	0.00	0.00	0.27	0.00	0.00	0.00	0.05
陕 西	0.00	0.32	0.00	0.29	0.00	0.00	0.00	0.00	0.00	0.00	0.05
福 建	0.00	0.00	0.00	0.00	0.26	0.00	0.00	0.00	0.00	0.00	0.03
甘 肃	0.00	0.00	0.00	0.00	0.00	0.00	0.27	0.00	0.00	0.00	0.03
河 北	0.00	0.00	0.32	0.00	0.00	0.00	0.00	0.00	0.00	0.00	0.03
吉 林	0.00	0.00	0.00	0.00	0.00	0.25	0.00	0.00	0.00	0.00	0.03
云 南	0.00	0.00	0.00	0.00	0.00	0.00	0.27	0.00	0.00	0.00	0.03

二十三　临床心理学

临床心理学 A 层人才仅分布在北京和广东，世界占比均为 0.81%。

B 层人才最多的是北京，世界占比为 1.23%；广东、上海、四川、天津、江苏、山东也有一定数量的 B 层人才，世界占比均超过 0.1%；安徽、重庆、河北、湖北、湖南、浙江 B 层人才的世界占比均为 0.07%。

C 层人才最多的是北京，世界占比为 0.51%；广东、上海、四川、浙江、湖北、重庆、江苏、湖南、山东也有一定数量的 C 层人才，世界占比均超过 0.1%；天津、河南、安徽、江西、辽宁、河北、福建、广西、甘肃、吉林、陕西、贵州、海南、山西、黑龙江、内蒙古、宁夏、青海 C 层人才的世界占比均低于 0.1%。

表 4-65　临床心理学 A 层人才的世界占比

单位：%

省　份	2013 年	2014 年	2015 年	2016 年	2017 年	2018 年	2019 年	2020 年	2021 年	2022 年	合计
北　京	0.00	0.00	0.00	0.00	0.00	0.00	0.00	0.00	5.00	0.00	0.81
广　东	0.00	0.00	0.00	0.00	0.00	0.00	0.00	0.00	5.00	0.00	0.81

表 4-66　临床心理学 B 层人才的世界占比

单位：%

省　份	2013 年	2014 年	2015 年	2016 年	2017 年	2018 年	2019 年	2020 年	2021 年	2022 年	合计
北　京	0.00	1.59	0.83	1.41	1.40	0.75	0.61	0.00	1.63	3.82	1.23
广　东	0.00	0.79	0.00	0.00	0.00	0.75	0.00	0.00	2.72	3.18	0.82
上　海	0.00	0.00	0.79	0.00	0.00	1.49	0.00	0.00	1.63	1.91	0.62
四　川	0.00	0.00	0.00	0.00	0.00	0.00	0.61	0.00	1.63	0.64	0.34
天　津	0.00	0.00	0.00	0.00	0.00	0.00	0.61	0.60	0.00	0.64	0.21
江　苏	0.00	0.00	0.00	0.00	0.00	0.00	0.00	0.00	0.00	1.27	0.14
山　东	0.00	0.00	0.83	0.00	0.00	0.00	0.00	0.00	0.54	0.00	0.14
安　徽	0.00	0.00	0.00	0.00	0.00	0.00	0.00	0.00	0.54	0.00	0.07
重　庆	0.00	0.00	0.00	0.00	0.00	0.00	0.00	0.00	0.54	0.00	0.07
河　北	0.00	0.00	0.00	0.00	0.00	0.00	0.00	0.00	0.00	0.64	0.07

续表

省 份	2013 年	2014 年	2015 年	2016 年	2017 年	2018 年	2019 年	2020 年	2021 年	2022 年	合计
湖 北	0.00	0.00	0.00	0.00	0.00	0.00	0.00	0.00	0.54	0.00	0.07
湖 南	0.00	0.00	0.00	0.00	0.00	0.00	0.00	0.00	0.00	0.64	0.07
浙 江	0.00	0.00	0.00	0.00	0.00	0.00	0.00	0.00	0.00	0.64	0.07

表 4-67 临床心理学 C 层人才的世界占比

单位：%

省 份	2013 年	2014 年	2015 年	2016 年	2017 年	2018 年	2019 年	2020 年	2021 年	2022 年	合计
北 京	0.17	0.32	0.34	0.30	0.45	0.30	0.72	0.31	0.77	1.14	0.51
广 东	0.17	0.08	0.08	0.15	0.38	0.15	0.54	0.94	0.72	1.20	0.48
上 海	0.08	0.00	0.34	0.08	0.08	0.00	0.30	0.50	0.55	0.63	0.28
四 川	0.25	0.32	0.34	0.00	0.30	0.15	0.24	0.25	0.28	0.57	0.27
浙 江	0.08	0.16	0.08	0.00	0.00	0.08	0.12	0.25	0.44	0.89	0.23
湖 北	0.08	0.00	0.00	0.00	0.23	0.15	0.06	0.19	0.33	0.38	0.17
重 庆	0.00	0.00	0.34	0.15	0.08	0.08	0.06	0.13	0.33	0.38	0.16
江 苏	0.00	0.08	0.00	0.00	0.08	0.15	0.12	0.00	0.44	0.44	0.15
湖 南	0.08	0.08	0.08	0.08	0.00	0.00	0.12	0.13	0.28	0.38	0.14
山 东	0.00	0.08	0.00	0.00	0.00	0.00	0.12	0.00	0.33	0.32	0.11
天 津	0.00	0.00	0.00	0.00	0.00	0.08	0.06	0.31	0.00	0.19	0.08
河 南	0.00	0.00	0.00	0.00	0.00	0.08	0.06	0.00	0.17	0.25	0.06
安 徽	0.00	0.08	0.00	0.08	0.00	0.00	0.06	0.13	0.00	0.06	0.06
江 西	0.00	0.00	0.00	0.00	0.00	0.00	0.06	0.00	0.06	0.32	0.05
辽 宁	0.08	0.08	0.00	0.00	0.00	0.00	0.12	0.00	0.17	0.00	0.05
河 北	0.00	0.00	0.08	0.00	0.00	0.08	0.06	0.06	0.11	0.00	0.04
福 建	0.00	0.00	0.00	0.00	0.00	0.00	0.00	0.00	0.28	0.00	0.04
广 西	0.00	0.00	0.00	0.08	0.00	0.00	0.00	0.00	0.00	0.13	0.04
甘 肃	0.00	0.00	0.08	0.00	0.00	0.00	0.00	0.00	0.13	0.00	0.03
吉 林	0.00	0.00	0.00	0.08	0.00	0.00	0.00	0.06	0.13	0.00	0.03
陕 西	0.00	0.00	0.00	0.08	0.00	0.00	0.00	0.06	0.06	0.06	0.03
贵 州	0.00	0.00	0.00	0.00	0.00	0.00	0.00	0.00	0.11	0.06	0.02
海 南	0.00	0.00	0.00	0.00	0.00	0.08	0.00	0.06	0.06	0.00	0.02
山 西	0.00	0.00	0.00	0.00	0.00	0.00	0.06	0.06	0.06	0.00	0.02
黑龙江	0.00	0.00	0.00	0.00	0.00	0.00	0.00	0.00	0.00	0.13	0.01
内蒙古	0.00	0.00	0.00	0.00	0.00	0.00	0.00	0.00	0.11	0.00	0.01
宁 夏	0.00	0.00	0.00	0.00	0.00	0.00	0.00	0.06	0.06	0.00	0.01
青 海	0.00	0.00	0.00	0.00	0.00	0.00	0.00	0.00	0.06	0.00	0.01

二十四　发展心理学

发展心理学 A 层人才仅分布在北京、河北、山东、天津，世界占比均为 0.98%。

B 层人才最多的是北京，世界占比为 0.72%；其后是湖北、江苏，B 层人才的世界占比均为 0.21%；安徽、重庆、福建、广东、河北、湖南、山东、四川、浙江也有一定数量的 B 层人才，世界占比均为 0.10%。

C 层人才最多的是北京，世界占比为 0.64%；上海、广东、四川、浙江、山东也有一定数量的 C 层人才，世界占比均超过 0.1%；湖北、重庆、安徽、江苏、福建、湖南、吉林、山西、河南、陕西、甘肃、贵州、河北、黑龙江、辽宁、天津、海南、云南 C 层人才的世界占比均低于 0.1%。

表 4-68　发展心理学 A 层人才的世界占比

单位：%

省　份	2013 年	2014 年	2015 年	2016 年	2017 年	2018 年	2019 年	2020 年	2021 年	2022 年	合计
北　京	0.00	0.00	0.00	0.00	0.00	0.00	0.00	7.69	0.00	0.00	0.98
河　北	0.00	0.00	0.00	0.00	0.00	0.00	0.00	7.69	0.00	0.00	0.98
山　东	0.00	0.00	0.00	0.00	0.00	0.00	0.00	7.69	0.00	0.00	0.98
天　津	0.00	0.00	0.00	0.00	0.00	0.00	0.00	7.69	0.00	0.00	0.98

表 4-69　发展心理学 B 层人才的世界占比

单位：%

省　份	2013 年	2014 年	2015 年	2016 年	2017 年	2018 年	2019 年	2020 年	2021 年	2022 年	合计
北　京	0.00	2.86	0.00	0.00	0.00	0.00	1.77	0.81	0.93	0.93	0.72
湖　北	0.00	0.00	0.00	0.00	0.00	0.00	0.00	0.81	0.00	0.93	0.21
江　苏	0.00	0.00	0.00	0.00	1.01	0.00	0.00	0.00	0.93	0.00	0.21
安　徽	0.00	0.00	0.00	0.00	0.00	0.00	0.88	0.00	0.00	0.00	0.10
重　庆	0.00	0.00	0.00	0.00	0.00	0.00	0.00	0.00	0.93	0.00	0.10
福　建	0.00	0.00	0.00	0.00	0.00	0.00	0.00	0.81	0.00	0.00	0.10
广　东	0.00	0.00	0.00	0.00	0.00	0.00	0.00	0.81	0.00	0.00	0.10
河　北	0.00	0.00	0.00	0.00	0.00	0.00	0.00	0.81	0.00	0.00	0.10

续表

省　份	2013 年	2014 年	2015 年	2016 年	2017 年	2018 年	2019 年	2020 年	2021 年	2022 年	合计
湖　南	0.00	0.00	0.00	0.00	0.00	0.00	0.00	0.00	0.93	0.00	0.10
山　东	0.00	0.00	0.00	0.00	0.00	0.00	0.00	0.81	0.00	0.00	0.10
四　川	0.00	0.00	0.00	0.00	0.00	0.00	0.00	0.00	0.93	0.00	0.10
浙　江	0.00	1.43	0.00	0.00	0.00	0.00	0.00	0.00	0.00	0.00	0.10

表 4-70　发展心理学 C 层人才的世界占比

单位：%

省　份	2013 年	2014 年	2015 年	2016 年	2017 年	2018 年	2019 年	2020 年	2021 年	2022 年	合计
北　京	0.41	0.27	0.48	0.65	0.40	0.39	0.78	0.74	0.93	1.15	0.64
上　海	0.00	0.55	0.24	0.32	0.20	0.58	0.43	0.82	0.68	0.81	0.49
广　东	0.14	0.14	0.00	0.43	0.20	0.39	0.26	0.49	0.51	0.35	0.31
四　川	0.14	0.00	0.12	0.11	0.30	0.00	0.09	0.16	0.34	0.23	0.17
浙　江	0.00	0.00	0.12	0.22	0.10	0.19	0.17	0.08	0.34	0.23	0.16
山　东	0.00	0.14	0.00	0.22	0.00	0.29	0.26	0.16	0.00	0.00	0.14
湖　北	0.14	0.00	0.00	0.11	0.00	0.19	0.17	0.16	0.00	0.12	0.09
重　庆	0.00	0.00	0.00	0.00	0.00	0.00	0.26	0.08	0.08	0.35	0.08
安　徽	0.00	0.00	0.36	0.11	0.20	0.00	0.09	0.00	0.00	0.00	0.07
江　苏	0.00	0.14	0.00	0.00	0.20	0.10	0.00	0.08	0.08	0.12	0.07
福　建	0.00	0.00	0.00	0.00	0.00	0.00	0.09	0.16	0.00	0.23	0.05
湖　南	0.00	0.00	0.00	0.22	0.10	0.00	0.00	0.08	0.00	0.00	0.05
吉　林	0.00	0.00	0.00	0.11	0.00	0.19	0.00	0.08	0.00	0.12	0.05
山　西	0.00	0.00	0.00	0.00	0.10	0.00	0.09	0.08	0.00	0.23	0.05
河　南	0.00	0.00	0.00	0.00	0.10	0.00	0.09	0.08	0.00	0.00	0.04
陕　西	0.00	0.00	0.00	0.00	0.00	0.00	0.26	0.00	0.00	0.12	0.04
甘　肃	0.00	0.00	0.00	0.00	0.00	0.10	0.00	0.00	0.00	0.23	0.03
贵　州	0.00	0.00	0.00	0.00	0.11	0.00	0.00	0.16	0.00	0.00	0.03
河　北	0.00	0.00	0.00	0.00	0.00	0.00	0.00	0.08	0.08	0.12	0.03
黑龙江	0.00	0.00	0.00	0.00	0.00	0.10	0.00	0.00	0.17	0.00	0.03
辽　宁	0.00	0.00	0.00	0.00	0.00	0.10	0.00	0.00	0.00	0.23	0.03
天　津	0.00	0.00	0.00	0.00	0.00	0.10	0.00	0.08	0.08	0.00	0.03
海　南	0.00	0.00	0.00	0.00	0.00	0.00	0.00	0.00	0.00	0.00	0.01
云　南	0.00	0.00	0.00	0.00	0.00	0.00	0.00	0.08	0.00	0.00	0.01

二十五 教育心理学

教育心理学 A 层人才仅分布在湖北，世界占比为 2.44%。

B 层人才仅分布在北京、上海、广东、重庆、浙江；其中，B 层人才最多的是北京，世界占比为 1.14%；上海、广东、重庆、浙江 B 层人才的世界占比均超过 0.2%。

C 层人才最多的是北京，世界占比为 1.03%；上海、广东、湖北、浙江、山东、江苏也有一定数量的 C 层人才，世界占比均超过 0.1%；吉林、安徽、海南、湖南、四川、云南、重庆、福建、黑龙江、河南、辽宁、山西、天津、新疆 C 层人才的世界占比均低于 0.1%。

表 4-71　教育心理学 A 层人才的世界占比

单位：%

省　份	2013 年	2014 年	2015 年	2016 年	2017 年	2018 年	2019 年	2020 年	2021 年	2022 年	合计
湖　北	0.00	0.00	0.00	0.00	0.00	0.00	0.00	0.00	0.00	33.33	2.44

表 4-72　教育心理学 B 层人才的世界占比

单位：%

省　份	2013 年	2014 年	2015 年	2016 年	2017 年	2018 年	2019 年	2020 年	2021 年	2022 年	合计
北　京	0.00	0.00	0.00	0.00	2.70	2.22	1.56	2.00	1.64	0.00	1.14
上　海	0.00	0.00	0.00	0.00	0.00	4.44	0.00	0.00	0.00	2.56	0.68
广　东	0.00	0.00	0.00	0.00	0.00	0.00	1.56	0.00	1.64	0.00	0.45
重　庆	0.00	0.00	0.00	0.00	0.00	0.00	0.00	0.00	1.64	0.00	0.23
浙　江	0.00	0.00	0.00	0.00	0.00	0.00	0.00	2.00	0.00	0.00	0.23

表 4-73　教育心理学 C 层人才的世界占比

单位：%

省　份	2013 年	2014 年	2015 年	2016 年	2017 年	2018 年	2019 年	2020 年	2021 年	2022 年	合计
北　京	0.31	0.26	0.62	0.78	0.52	0.87	1.15	1.42	1.56	2.40	1.03
上　海	0.00	0.26	0.00	0.26	0.26	1.08	0.33	0.40	0.59	1.33	0.47
广　东	0.62	0.26	0.00	0.26	0.00	0.22	0.66	0.20	0.78	1.33	0.45
湖　北	0.31	0.00	0.31	0.26	0.26	0.65	0.66	0.40	0.00	0.53	0.35

续表

省　份	2013年	2014年	2015年	2016年	2017年	2018年	2019年	2020年	2021年	2022年	合计
浙　江	0.00	0.26	0.00	0.52	0.00	0.22	0.49	0.20	0.59	0.00	0.26
山　东	0.00	0.00	0.31	0.26	0.26	0.22	0.49	0.20	0.20	0.27	0.23
江　苏	0.00	0.26	0.00	0.00	0.00	0.00	0.00	0.40	0.39	0.53	0.16
吉　林	0.00	0.00	0.00	0.00	0.26	0.00	0.16	0.20	0.20	0.00	0.09
安　徽	0.00	0.00	0.00	0.00	0.00	0.22	0.00	0.00	0.00	0.53	0.07
海　南	0.00	0.00	0.00	0.00	0.00	0.26	0.00	0.00	0.20	0.27	0.07
湖　南	0.00	0.00	0.00	0.00	0.00	0.22	0.00	0.20	0.00	0.00	0.07
四　川	0.00	0.00	0.00	0.00	0.00	0.22	0.16	0.20	0.00	0.00	0.07
云　南	0.00	0.26	0.00	0.00	0.26	0.00	0.00	0.00	0.00	0.00	0.07
重　庆	0.00	0.00	0.00	0.00	0.00	0.00	0.16	0.20	0.00	0.00	0.05
福　建	0.00	0.00	0.00	0.00	0.00	0.00	0.16	0.20	0.00	0.00	0.05
黑龙江	0.00	0.00	0.00	0.00	0.00	0.26	0.22	0.00	0.00	0.00	0.05
河　南	0.00	0.00	0.00	0.00	0.00	0.00	0.16	0.00	0.00	0.27	0.05
辽　宁	0.00	0.00	0.00	0.00	0.00	0.00	0.16	0.00	0.00	0.00	0.02
山　西	0.00	0.00	0.00	0.00	0.00	0.00	0.16	0.00	0.00	0.00	0.02
天　津	0.00	0.00	0.00	0.00	0.00	0.00	0.22	0.00	0.00	0.00	0.02
新　疆	0.00	0.00	0.00	0.00	0.00	0.00	0.00	0.00	0.20	0.00	0.02

二十六　实验心理学

实验心理学A层人才仅分布在北京，世界占比为0.83%。

B层人才最多的是北京，世界占比为0.83%；上海、广东、安徽、湖北、山东、四川、天津、浙江也有一定数量的B层人才，世界占比均超过0.1%；福建、广西、黑龙江、湖南、辽宁B层人才的世界占比均为0.08%。

C层人才最多的是北京，世界占比为1.19%；广东、上海、湖北、重庆、浙江、天津、辽宁、江苏、安徽、四川、山东、福建也有一定数量的C层人才，世界占比大于或等于0.1%；黑龙江、河南、湖南、吉林、陕西、云南、河北、江西、山西、广西、贵州、甘肃、海南C层人才的世界占比均低于0.1%。

表 4-74　实验心理学 A 层人才的世界占比

单位：%

省　份	2013 年	2014 年	2015 年	2016 年	2017 年	2018 年	2019 年	2020 年	2021 年	2022 年	合计
北　京	0.00	0.00	0.00	0.00	0.00	0.00	0.00	7.69	0.00	0.00	0.83

表 4-75　实验心理学 B 层人才的世界占比

单位：%

省　份	2013 年	2014 年	2015 年	2016 年	2017 年	2018 年	2019 年	2020 年	2021 年	2022 年	合计
北　京	0.00	2.40	0.00	0.75	0.78	0.00	1.33	0.75	0.00	2.10	0.83
上　海	0.00	0.80	0.00	0.75	1.56	0.00	0.67	0.75	0.76	0.70	0.60
广　东	0.00	0.00	0.79	0.00	0.00	0.73	0.67	0.00	0.76	0.00	0.30
安　徽	0.00	0.00	0.00	0.75	0.78	0.73	0.00	0.00	0.00	0.00	0.23
湖　北	0.00	0.00	0.00	0.00	1.56	0.00	0.00	0.75	0.00	0.00	0.23
山　东	0.00	0.00	0.00	0.75	0.00	0.00	0.00	0.75	0.00	0.00	0.15
四　川	0.00	0.00	0.00	0.00	0.00	0.00	0.00	0.00	0.00	1.40	0.15
天　津	0.00	0.00	0.00	0.00	0.78	0.00	0.00	0.00	0.00	0.70	0.15
浙　江	0.00	0.00	0.00	0.00	0.00	0.00	0.67	0.00	0.00	0.70	0.15
福　建	0.00	0.00	0.00	0.00	0.00	0.00	0.00	0.75	0.00	0.00	0.08
广　西	0.00	0.00	0.00	0.00	0.00	0.00	0.67	0.00	0.00	0.00	0.08
黑龙江	0.00	0.00	0.00	0.00	0.00	0.73	0.00	0.00	0.00	0.00	0.08
湖　南	0.00	0.00	0.00	0.00	0.00	0.00	0.00	0.75	0.00	0.00	0.08
辽　宁	0.00	0.00	0.00	0.00	0.00	0.00	0.00	0.00	0.76	0.00	0.08

表 4-76　实验心理学 C 层人才的世界占比

单位：%

省　份	2013 年	2014 年	2015 年	2016 年	2017 年	2018 年	2019 年	2020 年	2021 年	2022 年	合计
北　京	0.84	0.80	1.43	1.50	1.04	0.86	1.42	1.09	1.71	0.97	1.19
广　东	0.00	0.48	0.40	0.30	0.64	0.55	0.68	0.70	0.89	0.60	0.54
上　海	0.08	0.00	0.16	0.23	0.56	0.47	0.74	0.70	0.76	0.75	0.46
湖　北	0.00	0.16	0.24	0.38	0.40	0.47	0.61	0.39	0.38	0.22	0.33
重　庆	0.08	0.32	0.32	0.08	0.08	0.31	0.34	0.39	0.06	0.52	0.25

续表

省 份	2013 年	2014 年	2015 年	2016 年	2017 年	2018 年	2019 年	2020 年	2021 年	2022 年	合计
浙 江	0.17	0.16	0.00	0.38	0.00	0.24	0.20	0.00	0.63	0.60	0.25
天 津	0.00	0.16	0.16	0.30	0.16	0.16	0.27	0.39	0.32	0.00	0.20
辽 宁	0.08	0.08	0.00	0.08	0.24	0.31	0.41	0.16	0.19	0.15	0.17
江 苏	0.00	0.00	0.00	0.23	0.32	0.16	0.27	0.08	0.13	0.45	0.17
安 徽	0.08	0.00	0.00	0.08	0.40	0.24	0.07	0.31	0.06	0.15	0.14
四 川	0.00	0.00	0.08	0.23	0.08	0.08	0.20	0.08	0.44	0.07	0.14
山 东	0.00	0.00	0.00	0.08	0.16	0.24	0.07	0.16	0.38	0.07	0.12
福 建	0.00	0.00	0.00	0.08	0.24	0.08	0.20	0.00	0.19	0.00	0.10
黑龙江	0.00	0.00	0.16	0.00	0.00	0.16	0.00	0.00	0.19	0.00	0.06
河 南	0.00	0.16	0.00	0.08	0.00	0.00	0.07	0.00	0.13	0.07	0.05
湖 南	0.00	0.00	0.00	0.00	0.00	0.08	0.16	0.00	0.06	0.22	0.05
吉 林	0.00	0.08	0.00	0.15	0.00	0.00	0.00	0.00	0.25	0.00	0.05
陕 西	0.00	0.00	0.08	0.00	0.08	0.08	0.00	0.07	0.00	0.07	0.04
云 南	0.00	0.00	0.00	0.00	0.08	0.00	0.00	0.16	0.06	0.00	0.03
河 北	0.00	0.00	0.00	0.00	0.00	0.00	0.00	0.00	0.06	0.07	0.02
江 西	0.00	0.00	0.00	0.00	0.00	0.08	0.00	0.00	0.06	0.07	0.02
山 西	0.00	0.00	0.00	0.00	0.00	0.00	0.07	0.00	0.00	0.00	0.02
广 西	0.00	0.00	0.00	0.00	0.08	0.00	0.00	0.00	0.06	0.00	0.02
贵 州	0.00	0.00	0.00	0.08	0.00	0.00	0.00	0.00	0.06	0.00	0.02
甘 肃	0.00	0.00	0.00	0.00	0.00	0.08	0.00	0.00	0.00	0.00	0.01
海 南	0.00	0.00	0.00	0.00	0.00	0.00	0.07	0.00	0.00	0.00	0.01

二十七 数学心理学

各省份均无数学心理学 A 层人才和 B 层人才。

C 层人才最多的是北京，世界占比为 0.54%；广东、浙江 C 层人才的世界占比均为 0.32%，并列排名第二；江苏、山东、上海也有一定数量的 C 层人才，世界占比均为 0.11%。

表 4-77　数学心理学 C 层人才的世界占比

单位：%

省　份	2013 年	2014 年	2015 年	2016 年	2017 年	2018 年	2019 年	2020 年	2021 年	2022 年	合计
北　京	0.00	0.00	0.00	0.00	0.99	0.97	0.00	0.00	1.03	1.94	0.54
广　东	1.54	0.00	1.23	0.00	0.00	0.97	0.00	0.00	0.00	0.00	0.32
浙　江	0.00	0.00	0.00	0.00	0.00	0.00	0.94	0.00	0.00	1.94	0.32
江　苏	0.00	0.00	0.00	0.00	0.00	0.00	0.00	0.00	0.00	0.97	0.11
山　东	0.00	0.00	0.00	0.00	0.00	0.00	0.00	0.91	0.00	0.00	0.11
上　海	0.00	0.00	0.00	0.00	0.00	0.00	0.00	0.00	1.03	0.00	0.11

二十八　多学科心理学

多学科心理学 A 层人才最多的是北京，世界占比为 0.82%；河南、湖北、江苏、上海、浙江也有一定数量的 A 层人才，世界占比均为 0.41%。

B 层人才最多的是北京，世界占比为 1.04%；上海、浙江、河南、江苏、广东、湖南、安徽、黑龙江、湖北、辽宁、山东、天津、重庆、四川也有一定数量的 B 层人才，世界占比均超过 0.1%；福建、新疆、广西、河北、内蒙古、江西、青海、山西、云南 B 层人才的世界占比均低于 0.1%。

C 层人才最多的是北京，世界占比为 1.36%；广东、上海、湖北、江苏、浙江、四川、山东、重庆、河南、福建、安徽、湖南、天津、辽宁、黑龙江也有一定数量的 C 层人才，世界占比均超过 0.1%；江西、吉林、河北、广西、陕西、贵州、山西、甘肃、云南、海南、内蒙古、新疆 C 层人才的世界占比均低于 0.1%。

表 4-78　多学科心理学 A 层人才的世界占比

单位：%

省　份	2013 年	2014 年	2015 年	2016 年	2017 年	2018 年	2019 年	2020 年	2021 年	2022 年	合计
北　京	0.00	0.00	0.00	0.00	0.00	0.00	3.85	3.85	0.00	0.00	0.82
河　南	0.00	0.00	0.00	0.00	0.00	0.00	0.00	0.00	3.23	0.00	0.41
湖　北	0.00	0.00	0.00	0.00	0.00	0.00	0.00	3.85	0.00	0.00	0.41

续表

省　份	2013 年	2014 年	2015 年	2016 年	2017 年	2018 年	2019 年	2020 年	2021 年	2022 年	合计
江　苏	0.00	0.00	0.00	0.00	0.00	0.00	0.00	0.00	0.00	2.94	0.41
上　海	0.00	0.00	0.00	0.00	0.00	0.00	0.00	0.00	0.00	2.94	0.41
浙　江	0.00	0.00	0.00	0.00	0.00	0.00	3.85	0.00	0.00	0.00	0.41

表 4-79　多学科心理学 B 层人才的世界占比

单位：%

省　份	2013 年	2014 年	2015 年	2016 年	2017 年	2018 年	2019 年	2020 年	2021 年	2022 年	合计
北　京	0.00	0.57	0.00	0.00	0.49	0.97	1.37	1.29	0.67	3.97	1.04
上　海	0.00	0.57	0.00	0.39	0.49	0.48	0.46	0.43	0.34	2.53	0.63
浙　江	0.00	0.00	0.00	0.39	0.00	0.48	1.37	0.43	0.67	1.81	0.59
河　南	0.00	0.00	0.00	0.00	0.00	0.00	0.00	0.43	1.01	1.81	0.41
江　苏	0.00	0.00	0.00	0.00	0.00	0.00	0.00	0.43	0.67	2.17	0.41
广　东	0.60	0.00	0.59	0.00	0.00	0.48	0.00	0.43	0.67	0.72	0.36
湖　南	0.00	0.00	0.00	0.00	0.00	0.00	0.00	0.86	0.00	1.44	0.27
安　徽	0.00	0.00	0.00	0.39	0.49	0.48	0.00	0.43	0.00	0.36	0.23
黑龙江	0.00	0.00	0.00	0.00	0.00	0.00	0.00	0.00	0.67	1.08	0.23
湖　北	0.00	0.00	0.00	0.00	0.00	0.97	0.00	0.43	0.00	0.72	0.23
辽　宁	0.60	0.00	0.00	0.00	0.00	0.00	0.00	0.00	0.34	1.08	0.23
山　东	0.00	0.00	0.00	0.39	0.00	0.00	0.00	0.00	0.67	0.72	0.23
天　津	0.00	0.00	0.00	0.00	0.00	0.00	0.46	0.43	0.34	0.36	0.18
重　庆	0.00	0.57	0.00	0.00	0.00	0.00	0.46	0.43	0.00	0.00	0.14
四　川	0.00	0.00	0.00	0.00	0.00	0.00	0.00	0.43	0.00	0.72	0.14
福　建	0.00	0.00	0.00	0.00	0.00	0.48	0.00	0.43	0.00	0.00	0.09
新　疆	0.00	0.00	0.00	0.00	0.00	0.00	0.00	0.00	0.34	0.36	0.09
广　西	0.00	0.00	0.00	0.00	0.00	0.00	0.00	0.00	0.00	0.36	0.05
河　北	0.00	0.00	0.00	0.00	0.00	0.00	0.00	0.00	0.00	0.36	0.05
内蒙古	0.00	0.00	0.00	0.00	0.00	0.00	0.00	0.43	0.00	0.00	0.05
江　西	0.00	0.00	0.00	0.00	0.00	0.00	0.00	0.00	0.00	0.36	0.05
青　海	0.00	0.00	0.00	0.00	0.00	0.00	0.00	0.43	0.00	0.00	0.05
山　西	0.00	0.00	0.00	0.00	0.00	0.00	0.00	0.43	0.00	0.00	0.05
云　南	0.00	0.00	0.00	0.00	0.00	0.00	0.00	0.00	0.00	0.36	0.05

表4-80　多学科心理学 C 层人才的世界占比

单位：%

省　份	2013 年	2014 年	2015 年	2016 年	2017 年	2018 年	2019 年	2020 年	2021 年	2022 年	合　计
北　京	0.24	0.62	0.64	1.17	1.28	1.12	1.33	1.57	2.17	2.45	1.36
广　东	0.06	0.17	0.17	0.44	0.54	0.73	0.86	1.57	1.52	2.04	0.90
上　海	0.12	0.11	0.12	0.44	0.39	0.63	0.69	0.72	1.01	1.22	0.60
湖　北	0.06	0.17	0.17	0.28	0.39	0.68	0.64	0.55	1.01	1.04	0.55
江　苏	0.12	0.17	0.12	0.20	0.25	0.34	0.69	0.85	0.80	1.37	0.54
浙　江	0.06	0.17	0.12	0.12	0.15	0.24	0.34	0.47	0.90	1.89	0.51
四　川	0.18	0.00	0.00	0.16	0.10	0.24	0.17	0.42	0.65	1.07	0.34
山　东	0.00	0.06	0.06	0.04	0.00	0.20	0.44	0.25	0.65	0.78	0.31
重　庆	0.06	0.23	0.06	0.20	0.30	0.10	0.39	0.30	0.40	0.37	0.26
河　南	0.00	0.06	0.00	0.04	0.00	0.10	0.13	0.25	0.43	0.96	0.23
福　建	0.00	0.00	0.00	0.04	0.15	0.05	0.26	0.42	0.51	0.56	0.23
安　徽	0.06	0.00	0.00	0.20	0.30	0.34	0.17	0.17	0.14	0.56	0.21
湖　南	0.00	0.11	0.00	0.04	0.05	0.10	0.13	0.13	0.51	0.70	0.21
天　津	0.00	0.06	0.12	0.20	0.10	0.29	0.17	0.21	0.22	0.22	0.17
辽　宁	0.06	0.06	0.00	0.04	0.10	0.24	0.21	0.04	0.22	0.41	0.15
黑龙江	0.00	0.00	0.17	0.08	0.00	0.15	0.00	0.13	0.25	0.41	0.13
江　西	0.00	0.00	0.00	0.04	0.00	0.05	0.09	0.17	0.14	0.26	0.09
吉　林	0.00	0.06	0.00	0.04	0.00	0.05	0.04	0.04	0.29	0.19	0.08
河　北	0.00	0.00	0.00	0.00	0.00	0.00	0.00	0.13	0.22	0.30	0.08
广　西	0.00	0.00	0.00	0.04	0.05	0.00	0.09	0.08	0.07	0.26	0.07
陕　西	0.00	0.06	0.06	0.00	0.20	0.00	0.04	0.00	0.04	0.11	0.05
贵　州	0.00	0.00	0.00	0.00	0.00	0.10	0.00	0.00	0.11	0.15	0.04
山　西	0.00	0.00	0.00	0.00	0.08	0.05	0.00	0.09	0.00	0.07	0.04
甘　肃	0.00	0.00	0.00	0.00	0.00	0.00	0.00	0.17	0.04	0.11	0.04
云　南	0.00	0.06	0.00	0.00	0.00	0.05	0.00	0.00	0.11	0.11	0.04
海　南	0.00	0.00	0.00	0.00	0.00	0.00	0.04	0.00	0.04	0.11	0.03
内蒙古	0.00	0.00	0.00	0.00	0.00	0.00	0.00	0.00	0.00	0.19	0.02
新　疆	0.00	0.00	0.00	0.00	0.00	0.00	0.04	0.00	0.00	0.07	0.01

二十九　心理分析

各省份均无心理分析 A 层人才和 B 层人才。

C 层人才仅分布在北京、天津，世界占比均为 0.16%。

表 4-81　心理分析 C 层人才的世界占比

单位：%

省　份	2013 年	2014 年	2015 年	2016 年	2017 年	2018 年	2019 年	2020 年	2021 年	2022 年	合计
北　京	0.00	0.00	0.00	0.00	0.62	0.00	0.00	0.00	0.85	0.00	0.16
天　津	0.00	0.00	0.00	0.00	0.00	0.00	0.00	0.78	0.00	1.61	0.16

三十　社会心理学

各省份均无社会心理学 A 层人才。

B 层人才最多的是广东，世界占比为 0.57%；其后是北京、四川、天津，世界占比均为 0.28%；重庆、湖南、上海、浙江也有一定数量的 B 层人才，世界占比均为 0.14%。

C 层人才最多的是北京，世界占比为 1.31%；广东、上海、湖北、浙江、重庆、江苏、四川也有一定数量的 C 层人才，世界占比均超过 0.1%；安徽、山东、山西、福建、河南、湖南、甘肃、天津、贵州、江西、吉林、内蒙古、辽宁、广西、河北、黑龙江、宁夏、陕西、新疆 C 层人才的世界占比均低于 0.1%。

表 4-82　社会心理学 B 层人才的世界占比

单位：%

省　份	2013 年	2014 年	2015 年	2016 年	2017 年	2018 年	2019 年	2020 年	2021 年	2022 年	合计
广　东	0.00	0.00	1.64	0.00	0.00	0.00	0.00	0.00	1.15	2.50	0.57
北　京	0.00	0.00	0.00	0.00	1.28	0.00	0.00	0.00	0.00	1.25	0.28
四　川	0.00	0.00	0.00	0.00	0.00	0.00	0.00	0.00	1.15	1.25	0.28

续表

省　份	2013 年	2014 年	2015 年	2016 年	2017 年	2018 年	2019 年	2020 年	2021 年	2022 年	合计
天　津	0.00	0.00	0.00	0.00	0.00	0.00	0.00	0.00	0.00	2.50	0.28
重　庆	0.00	0.00	1.64	0.00	0.00	0.00	0.00	0.00	0.00	0.00	0.14
湖　南	0.00	0.00	0.00	0.00	0.00	0.00	1.23	0.00	0.00	0.00	0.14
上　海	0.00	0.00	0.00	0.00	0.00	1.89	0.00	0.00	0.00	0.00	0.14
浙　江	0.00	0.00	0.00	0.00	0.00	0.00	0.00	0.00	1.15	0.00	0.14

表 4-83　社会心理学 C 层人才的世界占比

单位：%

省　份	2013 年	2014 年	2015 年	2016 年	2017 年	2018 年	2019 年	2020 年	2021 年	2022 年	合计
北　京	1.30	1.34	1.94	0.74	1.29	1.66	1.24	1.14	1.23	1.32	1.31
广　东	0.00	0.17	0.16	0.74	0.52	0.28	0.37	0.38	0.61	0.58	0.40
上　海	0.00	0.17	0.65	0.15	0.26	0.28	0.37	0.25	0.25	1.17	0.36
湖　北	0.19	0.00	0.00	0.60	0.52	0.28	0.25	0.25	0.12	0.44	0.27
浙　江	0.00	0.00	0.00	0.15	0.00	0.00	0.37	0.51	0.49	1.02	0.27
重　庆	0.00	0.00	0.16	0.00	0.26	0.28	0.50	0.25	0.12	0.15	0.19
江　苏	0.00	0.17	0.16	0.15	0.26	0.00	0.00	0.38	0.00	0.44	0.16
四　川	0.00	0.00	0.00	0.00	0.00	0.28	0.12	0.25	0.25	0.15	0.11
安　徽	0.00	0.00	0.00	0.00	0.13	0.00	0.12	0.13	0.00	0.44	0.09
山　东	0.00	0.33	0.32	0.15	0.00	0.00	0.00	0.00	0.00	0.15	0.09
山　西	0.00	0.17	0.00	0.00	0.13	0.14	0.12	0.25	0.00	0.00	0.09
福　建	0.00	0.00	0.00	0.15	0.00	0.00	0.00	0.13	0.37	0.00	0.07
河　南	0.00	0.00	0.00	0.00	0.26	0.00	0.12	0.25	0.00	0.00	0.07
湖　南	0.37	0.00	0.00	0.00	0.00	0.00	0.00	0.25	0.15	0.00	0.07
甘　肃	0.00	0.00	0.00	0.00	0.00	0.00	0.00	0.00	0.00	0.58	0.06
天　津	0.00	0.00	0.00	0.00	0.00	0.00	0.00	0.13	0.12	0.29	0.06
贵　州	0.00	0.00	0.00	0.00	0.00	0.14	0.00	0.00	0.25	0.00	0.04
江　西	0.00	0.00	0.16	0.00	0.00	0.00	0.12	0.00	0.15	0.00	0.04
吉　林	0.00	0.00	0.00	0.00	0.00	0.41	0.00	0.00	0.00	0.00	0.04
内蒙古	0.00	0.00	0.00	0.00	0.00	0.00	0.00	0.00	0.12	0.15	0.03
辽　宁	0.00	0.00	0.00	0.00	0.00	0.14	0.00	0.13	0.00	0.00	0.03
广　西	0.00	0.00	0.00	0.00	0.00	0.00	0.12	0.00	0.00	0.00	0.01
河　北	0.00	0.00	0.00	0.00	0.00	0.00	0.00	0.13	0.00	0.00	0.01
黑龙江	0.00	0.00	0.00	0.00	0.13	0.00	0.00	0.00	0.00	0.00	0.01

续表

省 份	2013 年	2014 年	2015 年	2016 年	2017 年	2018 年	2019 年	2020 年	2021 年	2022 年	合计
宁 夏	0.00	0.00	0.00	0.00	0.00	0.00	0.00	0.00	0.00	0.15	0.01
陕 西	0.00	0.00	0.16	0.00	0.00	0.00	0.00	0.00	0.00	0.00	0.01
新 疆	0.00	0.17	0.00	0.00	0.00	0.00	0.00	0.00	0.00	0.00	0.01

三十一 行为科学

行为科学 A 层人才仅分布在广东，世界占比为 1.04%。

B 层人才最多的是北京，世界占比为 0.69%；浙江、重庆、上海、四川、辽宁也有一定数量的 B 层人才，世界占比均超过 0.1%；广东、贵州、江苏、山东、天津 B 层人才的世界占比均低于 0.1%。

C 层人才最多的是北京，世界占比为 0.94%；上海、江苏、广东、重庆、浙江、四川、辽宁、天津、河南、湖北、山东、安徽也有一定数量的 C 层人才，世界占比均超过 0.1%；河北、吉林、湖南、陕西、福建、广西、贵州、黑龙江、山西、云南、甘肃、江西、内蒙古、宁夏、新疆、西藏 C 层人才的世界占比均低于 0.1%。

表 4-84 行为科学 A 层人才的世界占比

单位：%

省 份	2013 年	2014 年	2015 年	2016 年	2017 年	2018 年	2019 年	2020 年	2021 年	2022 年	合计
广 东	0.00	0.00	0.00	0.00	0.00	9.09	0.00	0.00	0.00	0.00	1.04

表 4-85 行为科学 B 层人才的世界占比

单位：%

省 份	2013 年	2014 年	2015 年	2016 年	2017 年	2018 年	2019 年	2020 年	2021 年	2022 年	合计
北 京	0.00	2.04	0.00	0.00	0.83	0.83	1.53	0.00	1.48	0.00	0.69
浙 江	0.00	0.00	0.00	0.00	0.83	0.00	0.00	0.00	0.74	1.89	0.35
重 庆	0.00	0.00	0.00	0.00	0.00	1.67	0.00	0.00	0.74	0.00	0.26

续表

省　份	2013 年	2014 年	2015 年	2016 年	2017 年	2018 年	2019 年	2020 年	2021 年	2022 年	合计
上　海	0.00	0.00	0.00	0.00	0.83	0.00	0.76	0.00	0.74	0.00	0.26
四　川	0.00	0.00	0.00	0.00	0.83	0.00	0.00	0.83	0.74	0.00	0.26
辽　宁	0.00	0.00	0.00	0.00	0.00	0.00	1.53	0.00	0.00	0.00	0.17
广　东	0.00	0.00	0.00	0.00	0.00	0.00	0.00	0.83	0.00	0.00	0.09
贵　州	0.00	0.00	0.00	0.00	0.00	0.83	0.00	0.00	0.00	0.00	0.09
江　苏	0.00	0.00	0.00	0.00	0.83	0.00	0.00	0.00	0.00	0.00	0.09
山　东	0.00	0.00	0.00	0.00	0.00	0.00	0.00	0.00	0.74	0.00	0.09
天　津	0.00	0.00	0.00	0.00	0.00	0.00	0.00	0.00	0.74	0.00	0.09

表 4-86　行为科学 C 层人才的世界占比

单位：%

省　份	2013 年	2014 年	2015 年	2016 年	2017 年	2018 年	2019 年	2020 年	2021 年	2022 年	合计
北　京	0.65	0.71	0.95	0.80	0.87	0.89	1.32	1.27	0.91	0.91	0.94
上　海	0.22	0.10	0.52	0.53	0.69	0.62	0.62	0.54	0.72	0.61	0.53
江　苏	0.22	0.41	0.60	0.35	0.69	0.09	0.78	0.36	0.36	0.91	0.48
广　东	0.00	0.30	0.09	0.18	0.87	0.53	0.62	0.45	0.45	0.40	0.40
重　庆	0.00	0.10	0.43	0.09	0.43	0.35	0.39	0.54	0.27	0.51	0.32
浙　江	0.22	0.30	0.17	0.27	0.17	0.18	0.54	0.64	0.36	0.20	0.31
四　川	0.00	0.30	0.00	0.27	0.43	0.18	0.23	0.27	0.54	0.51	0.27
辽　宁	0.54	0.20	0.00	0.09	0.26	0.09	0.23	0.45	0.18	0.61	0.26
天　津	0.00	0.20	0.17	0.27	0.26	0.27	0.16	0.27	0.09	0.10	0.18
河　南	0.00	0.20	0.00	0.09	0.35	0.27	0.08	0.09	0.27	0.20	0.15
湖　北	0.11	0.00	0.00	0.09	0.09	0.18	0.31	0.18	0.27	0.20	0.15
山　东	0.00	0.41	0.00	0.09	0.00	0.09	0.31	0.18	0.27	0.10	0.15
安　徽	0.11	0.10	0.00	0.18	0.00	0.00	0.23	0.09	0.00	0.40	0.11
河　北	0.11	0.00	0.00	0.09	0.00	0.00	0.08	0.00	0.09	0.30	0.09
吉　林	0.00	0.00	0.09	0.00	0.26	0.00	0.00	0.09	0.18	0.20	0.09
湖　南	0.11	0.10	0.09	0.00	0.09	0.00	0.08	0.00	0.09	0.20	0.08
陕　西	0.00	0.10	0.09	0.18	0.00	0.00	0.31	0.09	0.00	0.00	0.08
福　建	0.00	0.00	0.00	0.00	0.00	0.00	0.08	0.00	0.00	0.40	0.06
广　西	0.00	0.00	0.00	0.09	0.09	0.00	0.08	0.09	0.00	0.10	0.05

续表

省　份	2013 年	2014 年	2015 年	2016 年	2017 年	2018 年	2019 年	2020 年	2021 年	2022 年	合计
贵　州	0.00	0.00	0.00	0.09	0.00	0.00	0.08	0.09	0.18	0.00	0.05
黑龙江	0.00	0.00	0.09	0.00	0.00	0.09	0.00	0.09	0.00	0.20	0.05
山　西	0.00	0.00	0.09	0.00	0.09	0.00	0.00	0.09	0.18	0.00	0.05
云　南	0.00	0.00	0.00	0.09	0.00	0.00	0.08	0.00	0.09	0.20	0.05
甘　肃	0.00	0.00	0.09	0.09	0.00	0.00	0.08	0.00	0.09	0.00	0.04
江　西	0.00	0.00	0.00	0.09	0.00	0.00	0.00	0.00	0.09	0.00	0.03
内蒙古	0.00	0.00	0.00	0.00	0.00	0.00	0.00	0.00	0.09	0.00	0.02
宁　夏	0.00	0.10	0.00	0.09	0.00	0.00	0.00	0.00	0.00	0.00	0.02
新　疆	0.00	0.00	0.00	0.00	0.00	0.00	0.00	0.09	0.00	0.00	0.02
西　藏	0.11	0.00	0.00	0.00	0.00	0.00	0.00	0.00	0.00	0.00	0.01

三十二 生物材料学

生物材料学 A 层人才最多的是广东，世界占比为 6.67%；江苏、北京 A 层人才的世界占比分别为 5.19%、4.44%，分列第二、第三位；湖南、上海、浙江的 A 层人才比较多，世界占比在 4%~3%；陕西、吉林、辽宁、湖北、四川有相当数量的 A 层人才，世界占比在 3%~1%；安徽、福建、广西、河南、江西、宁夏、山东、山西也有一定数量的 A 层人才，世界占比均为 0.74%。

北京、广东 B 层人才的世界占比分别为 6.42%、6.12%，排名前二；上海、江苏的 B 层人才比较多，世界占比分别为 5.28%、3.98%；浙江、四川、湖北、山东、重庆、吉林、天津、湖南有相当数量的 B 层人才，世界占比在 3%~1%；陕西、辽宁、福建、河南、安徽、黑龙江、江西、山西、广西、河北、宁夏、云南也有一定数量的 B 层人才，世界占比均超过 0.1%；海南、西藏 B 层人才的世界占比均为 0.08%。

C 层人才最多的是上海，世界占比为 6.09%；北京、广东、江苏的 C 层人才比较多，世界占比在 6%~5%；浙江、四川、湖北、天津、山东、吉林、辽宁、重庆、陕西、湖南有相当数量的 C 层人才，世界占比在 3%~1%；河南、安徽、福建、黑龙江、江西、河北、广西、山西、甘肃、海南、贵州、云南也有一定数量的 C 层人才，世界占比均超过 0.1%；新疆、内蒙古、宁夏、青海、西藏 C 层人才的世界占比均低于 0.1%。

表 4-87　生物材料学 A 层人才的世界占比

单位：%

省　份	2013 年	2014 年	2015 年	2016 年	2017 年	2018 年	2019 年	2020 年	2021 年	2022 年	合计
广　东	0.00	0.00	0.00	0.00	15.38	7.69	0.00	30.77	12.50	0.00	6.67
江　苏	10.00	7.69	0.00	0.00	0.00	7.69	7.14	7.69	12.50	0.00	5.19
北　京	0.00	7.69	0.00	0.00	0.00	0.00	7.14	15.38	6.25	5.88	4.44
湖　南	0.00	0.00	0.00	0.00	0.00	0.00	7.14	7.69	12.50	5.88	3.70
上　海	0.00	0.00	0.00	7.69	0.00	0.00	0.00	0.00	12.50	11.76	3.70
浙　江	0.00	0.00	0.00	0.00	0.00	0.00	7.14	7.69	12.50	5.88	3.70
陕　西	0.00	0.00	0.00	0.00	7.69	0.00	0.00	0.00	0.00	17.65	2.96
吉　林	0.00	7.69	0.00	0.00	0.00	0.00	0.00	0.00	6.25	5.88	2.22
辽　宁	0.00	0.00	0.00	0.00	7.69	0.00	0.00	0.00	12.50	0.00	2.22
湖　北	0.00	0.00	7.69	0.00	0.00	0.00	0.00	7.69	0.00	0.00	1.48
四　川	0.00	0.00	0.00	0.00	0.00	0.00	0.00	7.69	0.00	5.88	1.48
安　徽	0.00	0.00	0.00	0.00	0.00	0.00	0.00	0.00	6.25	0.00	0.74
福　建	0.00	0.00	0.00	7.69	0.00	0.00	0.00	0.00	0.00	0.00	0.74
广　西	0.00	0.00	0.00	0.00	0.00	0.00	0.00	0.00	0.00	5.88	0.74
河　南	0.00	0.00	7.69	0.00	0.00	0.00	0.00	0.00	0.00	0.00	0.74
江　西	0.00	0.00	0.00	0.00	0.00	0.00	0.00	0.00	6.25	0.00	0.74
宁　夏	0.00	0.00	0.00	0.00	0.00	0.00	0.00	0.00	0.00	5.88	0.74
山　东	10.00	0.00	0.00	0.00	0.00	0.00	0.00	0.00	0.00	0.00	0.74
山　西	0.00	0.00	0.00	0.00	0.00	0.00	0.00	0.00	0.00	5.88	0.74

表 4-88　生物材料学 B 层人才的世界占比

单位：%

省　份	2013 年	2014 年	2015 年	2016 年	2017 年	2018 年	2019 年	2020 年	2021 年	2022 年	合计
北　京	3.06	6.84	5.79	8.13	5.22	4.35	4.86	4.93	11.89	7.60	6.42
广　东	5.10	3.42	3.31	1.63	1.49	3.48	2.78	2.82	18.18	14.62	6.12
上　海	7.14	1.71	3.31	3.25	3.73	3.48	4.17	4.93	10.49	8.77	5.28
江　苏	1.02	3.42	1.65	4.07	2.24	2.61	2.78	4.93	5.59	8.77	3.98
浙　江	0.00	0.85	1.65	1.63	0.00	1.74	2.08	2.11	7.69	7.02	2.75
四　川	3.06	0.85	4.13	0.81	0.75	1.74	0.69	2.82	4.20	6.43	2.68

续表

省　份	2013 年	2014 年	2015 年	2016 年	2017 年	2018 年	2019 年	2020 年	2021 年	2022 年	合计
湖　北	1.02	0.85	0.83	2.44	0.75	1.74	0.69	2.82	3.50	4.68	2.06
山　东	3.06	0.00	0.00	0.81	0.75	0.87	0.00	2.11	5.59	2.92	1.68
重　庆	1.02	0.00	0.83	0.81	1.49	1.74	2.78	0.70	2.80	1.75	1.45
吉　林	1.02	0.85	1.65	0.81	1.49	0.87	1.39	1.41	2.80	1.17	1.38
天　津	0.00	3.42	0.00	0.81	0.75	0.00	0.00	0.70	2.10	3.51	1.22
湖　南	0.00	0.00	0.83	0.00	0.00	0.87	0.69	2.11	2.80	2.92	1.15
陕　西	1.02	1.71	0.00	0.00	0.00	0.00	1.39	0.70	2.10	2.34	0.99
辽　宁	0.00	0.00	1.65	0.00	0.75	0.87	0.69	0.00	1.40	2.92	0.92
福　建	0.00	0.85	0.00	0.00	1.49	0.87	0.00	0.70	0.70	2.92	0.84
河　南	1.02	0.00	0.00	0.00	0.00	0.00	0.69	3.52	2.10	0.58	0.84
安　徽	0.00	0.00	0.00	0.00	0.00	0.00	0.00	0.00	2.10	2.34	0.61
黑龙江	0.00	0.85	0.83	0.00	0.00	0.87	2.08	0.00	0.70	0.00	0.54
江　西	0.00	0.00	0.83	0.00	0.00	0.87	0.00	0.00	0.70	1.17	0.38
山　西	0.00	0.85	0.00	0.00	0.00	0.87	0.00	0.70	1.40	0.00	0.38
广　西	0.00	0.00	0.00	0.00	0.00	0.87	0.00	0.00	0.58	0.00	0.31
河　北	0.00	0.00	0.00	0.00	0.00	0.00	0.69	0.70	0.70	0.00	0.23
宁　夏	0.00	0.00	0.00	0.00	0.00	0.00	0.00	0.70	0.00	0.00	0.15
云　南	0.00	0.00	0.00	0.00	0.00	0.00	0.00	0.00	0.00	1.17	0.15
海　南	0.00	0.00	0.00	0.00	0.00	0.00	0.00	0.00	0.00	0.58	0.08
西　藏	0.00	0.00	0.00	0.00	0.00	0.00	0.00	0.70	0.00	0.00	0.08

表 4-89　生物材料学 C 层人才的世界占比

单位：%

省　份	2013 年	2014 年	2015 年	2016 年	2017 年	2018 年	2019 年	2020 年	2021 年	2022 年	合计
上　海	6.79	6.30	5.24	5.15	4.44	4.80	4.92	5.50	8.15	8.70	6.09
北　京	5.59	5.69	5.41	4.56	5.42	6.57	4.23	5.92	6.99	7.65	5.87
广　东	2.60	2.33	2.28	3.57	4.59	4.55	5.83	7.00	8.08	8.58	5.24
江　苏	5.59	3.54	5.16	3.40	4.67	4.47	5.83	5.00	5.43	7.30	5.14
浙　江	1.70	1.47	1.18	1.16	2.33	2.86	2.91	3.85	4.62	5.60	2.96
四　川	2.10	1.98	1.61	1.00	1.81	1.26	2.70	3.28	4.34	4.20	2.56
湖　北	1.90	1.47	1.44	1.58	1.66	2.02	2.43	2.86	2.51	3.27	2.18
天　津	0.80	0.60	0.42	1.74	1.96	2.27	2.22	2.57	1.90	2.34	1.76
山　东	1.30	0.60	1.10	0.66	1.05	1.43	1.66	2.86	2.38	2.45	1.63
吉　林	1.40	1.55	1.69	1.41	1.50	0.93	1.53	2.07	1.22	1.87	1.54

续表

省　份	2013 年	2014 年	2015 年	2016 年	2017 年	2018 年	2019 年	2020 年	2021 年	2022 年	合计
辽　宁	1.00	0.86	1.01	1.66	1.35	1.10	1.18	1.78	1.63	1.52	1.34
重　庆	0.70	0.69	1.01	0.75	0.83	1.43	1.32	1.78	1.15	2.34	1.26
陕　西	0.70	0.95	0.76	0.66	0.68	1.35	1.53	1.50	1.77	2.04	1.25
湖　南	1.90	1.04	0.59	0.25	1.05	1.60	1.04	1.78	0.95	1.46	1.17
河　南	0.80	0.43	0.25	0.50	0.45	0.51	1.04	1.71	1.56	1.69	0.95
安　徽	0.30	0.60	0.59	0.83	0.53	0.93	1.11	1.78	0.88	1.46	0.95
福　建	0.30	0.78	0.51	0.75	0.98	0.93	1.18	1.21	0.61	1.11	0.86
黑龙江	0.30	0.69	1.27	0.50	0.45	0.34	0.55	0.64	0.54	0.47	0.57
江　西	0.00	0.26	0.34	0.17	0.68	0.51	0.55	0.43	0.48	0.64	0.43
河　北	0.40	0.17	0.17	0.25	0.38	0.42	0.49	0.21	0.41	0.70	0.37
广　西	0.00	0.17	0.25	0.08	0.23	0.25	0.35	0.29	0.41	0.99	0.34
山　西	0.00	0.17	0.17	0.08	0.53	0.42	0.21	0.29	0.34	0.47	0.28
甘　肃	0.40	0.26	0.00	0.17	0.23	0.00	0.07	0.14	0.41	0.18	0.18
海　南	0.00	0.00	0.00	0.17	0.08	0.17	0.07	0.29	0.14	0.47	0.15
贵　州	0.00	0.00	0.17	0.17	0.00	0.08	0.14	0.29	0.27	0.12	0.13
云　南	0.00	0.00	0.08	0.00	0.00	0.08	0.35	0.14	0.27	0.18	0.12
新　疆	0.00	0.00	0.00	0.08	0.08	0.00	0.28	0.21	0.14	0.06	0.09
内蒙古	0.10	0.09	0.00	0.00	0.00	0.08	0.07	0.00	0.20	0.06	0.06
宁　夏	0.00	0.00	0.00	0.00	0.00	0.00	0.00	0.07	0.07	0.18	0.04
青　海	0.00	0.00	0.00	0.00	0.00	0.00	0.07	0.00	0.00	0.00	0.01
西　藏	0.00	0.00	0.00	0.00	0.00	0.08	0.00	0.00	0.00	0.00	0.01

三十三　细胞和组织工程学

细胞和组织工程学 A 层人才最多的是上海，世界占比为 7.41%；湖南、江苏 A 层人才的世界占比均为 3.70%，并列排名第二；安徽、广东、四川有相当数量的 A 层人才，世界占比均为 1.85%。

上海、北京 B 层人才的世界占比分别为 4.35%、3.55%，排名前二；广东、江苏、四川、吉林、山东有相当数量的 B 层人才，世界占比在 3% ~ 1%；湖北、天津、浙江、重庆、湖南、辽宁、福建、安徽、广西、江西、陕西、海南、河北、黑龙江、内蒙古、云南也有一定数量的 B 层人才，世界占比均超过 0.1%。

　　C 层人才最多的是北京，世界占比为 3.91%；上海、广东 C 层人才的世界占比分别为 3.14%、3.04%，分列第二、第三位；江苏、浙江、四川有相当数量的 C 层人才，世界占比在 3%~1%；天津、重庆、湖南、山东、湖北、陕西、吉林、辽宁、河南、江西、黑龙江、福建、云南、安徽、贵州、山西、河北、甘肃、新疆也有一定数量的 C 层人才，世界占比大于或等于 0.1%；广西、海南、宁夏、青海、西藏、内蒙古 C 层人才的世界占比均低于 0.1%。

表 4-90　细胞和组织工程学 A 层人才的世界占比

单位：%

省　份	2013 年	2014 年	2015 年	2016 年	2017 年	2018 年	2019 年	2020 年	2021 年	2022 年	合计
上　海	0.00	0.00	0.00	0.00	16.67	0.00	0.00	20.00	0.00	22.22	7.41
湖　南	0.00	0.00	0.00	0.00	16.67	16.67	0.00	0.00	0.00	0.00	3.70
江　苏	0.00	0.00	14.29	0.00	16.67	0.00	0.00	0.00	0.00	0.00	3.70
安　徽	0.00	16.67	0.00	0.00	0.00	0.00	0.00	0.00	0.00	0.00	1.85
广　东	0.00	0.00	0.00	0.00	0.00	16.67	0.00	0.00	0.00	0.00	1.85
四　川	0.00	0.00	0.00	0.00	0.00	0.00	0.00	0.00	0.00	11.11	1.85

表 4-91　细胞和组织工程学 B 层人才的世界占比

单位：%

省　份	2013 年	2014 年	2015 年	2016 年	2017 年	2018 年	2019 年	2020 年	2021 年	2022 年	合计
上　海	2.17	6.15	5.56	5.56	4.76	1.69	1.56	6.90	3.77	4.65	4.35
北　京	2.17	1.54	12.50	1.85	3.17	3.39	1.56	1.72	1.89	3.49	3.55
广　东	0.00	0.00	2.78	0.00	1.59	5.08	0.00	5.17	5.66	4.65	2.58
江　苏	4.35	0.00	5.56	1.85	1.59	0.00	1.56	5.17	0.00	2.33	2.26
四　川	0.00	0.00	2.78	0.00	1.59	3.39	0.00	0.00	1.89	4.65	1.61
吉　林	0.00	0.00	4.17	0.00	1.59	0.00	1.56	1.72	0.00	1.16	1.13
山　东	0.00	0.00	1.39	0.00	0.00	0.00	0.00	1.72	0.00	5.81	1.13
湖　北	0.00	0.00	0.00	0.00	0.00	0.00	1.56	3.45	0.00	3.49	0.97
天　津	0.00	0.00	0.00	1.85	0.00	1.69	0.00	0.00	0.00	3.49	0.81
浙　江	0.00	0.00	0.00	0.00	3.17	0.00	1.56	1.72	0.00	0.00	0.81
重　庆	0.00	0.00	0.00	0.00	0.00	0.00	0.00	1.72	0.00	3.49	0.65
湖　南	0.00	0.00	2.78	1.85	1.59	0.00	0.00	0.00	0.00	0.00	0.65

续表

省份	2013年	2014年	2015年	2016年	2017年	2018年	2019年	2020年	2021年	2022年	合计
辽宁	0.00	1.54	1.39	0.00	0.00	1.69	0.00	0.00	0.00	1.16	0.65
福建	0.00	1.54	0.00	1.85	0.00	0.00	0.00	1.72	0.00	0.00	0.48
安徽	0.00	0.00	0.00	0.00	0.00	1.69	0.00	1.72	0.00	0.00	0.32
广西	0.00	0.00	1.39	1.85	0.00	0.00	0.00	0.00	0.00	0.00	0.32
江西	0.00	0.00	1.39	0.00	1.59	0.00	0.00	0.00	0.00	0.00	0.32
陕西	0.00	0.00	1.39	0.00	0.00	0.00	1.56	0.00	0.00	0.00	0.32
海南	0.00	0.00	0.00	0.00	0.00	0.00	0.00	0.00	1.89	0.00	0.16
河北	0.00	0.00	1.39	0.00	0.00	0.00	0.00	0.00	0.00	0.00	0.16
黑龙江	0.00	0.00	1.39	0.00	0.00	0.00	0.00	0.00	0.00	0.00	0.16
内蒙古	0.00	1.54	0.00	0.00	0.00	0.00	0.00	0.00	0.00	0.00	0.16
云南	0.00	0.00	0.00	0.00	0.00	0.00	0.00	0.00	1.89	0.00	0.16

表 4-92　细胞和组织工程学 C 层人才的世界占比

单位：%

省份	2013年	2014年	2015年	2016年	2017年	2018年	2019年	2020年	2021年	2022年	合计
北京	3.33	2.92	2.25	3.55	4.17	4.50	4.60	5.05	3.24	5.48	3.91
上海	3.09	2.61	1.69	2.48	1.61	3.60	4.09	4.14	3.24	4.93	3.14
广东	0.71	1.84	2.11	1.42	2.09	2.70	4.09	5.05	4.43	5.21	3.04
江苏	0.95	0.77	1.83	1.42	1.44	1.98	3.07	3.78	2.90	3.56	2.21
浙江	0.00	0.61	0.42	1.06	1.12	1.44	2.39	2.88	1.36	2.47	1.40
四川	0.00	0.46	0.42	0.89	1.12	0.72	0.85	1.80	2.04	1.51	1.00
天津	0.95	0.15	0.42	1.06	0.80	0.90	1.02	1.98	1.19	1.23	0.95
重庆	0.24	0.46	0.14	1.06	1.12	0.54	0.85	1.08	1.36	1.51	0.85
湖南	0.00	0.31	0.14	0.35	0.32	0.54	1.53	1.44	1.19	1.78	0.79
山东	0.48	0.46	0.42	0.18	0.48	0.90	1.19	1.80	0.34	1.37	0.77
湖北	0.00	0.46	0.28	0.18	0.32	0.54	0.17	1.62	0.68	2.19	0.69
陕西	0.48	0.15	0.14	0.89	0.48	0.54	0.68	0.90	0.68	1.23	0.62
吉林	0.48	0.46	0.28	0.18	0.32	0.54	0.85	1.80	0.51	0.68	0.60
辽宁	0.00	0.15	0.14	0.00	0.32	0.00	0.68	1.44	1.70	1.10	0.57
河南	0.00	0.46	0.28	0.00	0.16	0.18	0.34	1.26	0.85	0.27	0.38
江西	0.24	0.31	0.42	0.53	0.16	0.36	0.34	0.36	0.51	0.55	0.38
黑龙江	0.24	0.31	0.14	0.53	0.00	0.36	0.51	0.72	0.51	0.41	0.37
福建	0.24	0.00	0.14	0.00	0.16	0.00	0.34	0.54	0.34	0.82	0.27
云南	0.00	0.15	0.28	0.35	0.16	0.00	0.17	0.00	0.34	0.96	0.27

省　份	2013年	2014年	2015年	2016年	2017年	2018年	2019年	2020年	2021年	2022年	合计
安　徽	0.00	0.00	0.28	0.18	0.32	0.36	0.34	0.36	0.17	0.14	0.22
贵　州	0.00	0.00	0.00	0.18	0.48	0.18	0.17	0.36	0.34	0.27	0.20
山　西	0.00	0.00	0.00	0.00	0.00	0.00	0.17	0.54	0.00	0.68	0.15
河　北	0.00	0.00	0.00	0.00	0.32	0.00	0.00	0.36	0.17	0.41	0.13
甘　肃	0.00	0.00	0.00	0.00	0.00	0.00	0.00	0.54	0.17	0.41	0.12
新　疆	0.00	0.00	0.00	0.00	0.00	0.16	0.00	0.34	0.00	0.27	0.10
广　西	0.00	0.00	0.00	0.00	0.00	0.16	0.00	0.34	0.18	0.00	0.08
海　南	0.00	0.00	0.00	0.14	0.00	0.00	0.00	0.00	0.36	0.27	0.08
宁　夏	0.00	0.00	0.00	0.14	0.00	0.00	0.18	0.00	0.17	0.00	0.05
青　海	0.00	0.00	0.00	0.14	0.00	0.00	0.00	0.18	0.00	0.14	0.05
西　藏	0.00	0.00	0.00	0.00	0.00	0.18	0.00	0.36	0.00	0.00	0.05
内蒙古	0.24	0.00	0.00	0.00	0.00	0.00	0.17	0.00	0.00	0.00	0.03

三十四　生理学

生理学 A 层人才仅分布在北京、广东、陕西、上海，世界占比均为 0.52%。

北京、上海 B 层人才的世界占比分别为 1.48%、1.20%，排名前二；江苏、广东、湖北、辽宁、浙江、湖南、陕西、安徽、黑龙江、山东、天津、云南、重庆、甘肃、贵州、河南、吉林、山西、四川也有一定数量的 B 层人才，世界占比均超过 0.1%；广西、海南、河北、江西、新疆 B 层人才的世界占比均为 0.05%。

C 层人才最多的是江苏，世界占比为 1.87%；北京、上海 C 层人才的世界占比分别为 1.79%、1.73%，分列第二、第三位；广东、湖北 C 层人才的世界占比分别为 1.51%、1.09%；山东、浙江、湖南、河南、四川、辽宁、陕西、黑龙江、重庆、吉林、安徽、天津、福建、广西、江西、河北、贵州、海南、甘肃也有一定数量的 C 层人才，世界占比均超过 0.1%；云南、山西、内蒙古、新疆、宁夏、青海、西藏 C 层人才的世界占比均低于 0.1%。

表 4-93 生理学 A 层人才的世界占比

单位：%

省　份	2013 年	2014 年	2015 年	2016 年	2017 年	2018 年	2019 年	2020 年	2021 年	2022 年	合计
北　京	0.00	0.00	0.00	0.00	5.26	0.00	0.00	0.00	0.00	0.00	0.52
广　东	0.00	0.00	0.00	0.00	0.00	0.00	0.00	0.00	4.76	0.00	0.52
陕　西	0.00	5.56	0.00	0.00	0.00	0.00	0.00	0.00	0.00	0.00	0.52
上　海	0.00	0.00	0.00	0.00	0.00	0.00	0.00	0.00	4.76	0.00	0.52

表 4-94 生理学 B 层人才的世界占比

单位：%

省　份	2013 年	2014 年	2015 年	2016 年	2017 年	2018 年	2019 年	2020 年	2021 年	2022 年	合计
北　京	0.63	2.41	0.58	1.68	2.79	2.94	2.26	0.00	0.53	0.57	1.48
上　海	0.00	0.60	0.58	0.56	2.79	3.92	1.36	0.00	1.07	0.57	1.20
江　苏	0.63	0.60	2.91	0.00	0.56	1.96	0.45	1.08	1.07	0.57	0.99
广　东	0.63	0.00	0.58	0.00	0.56	1.96	1.36	1.08	1.07	1.14	0.88
湖　北	0.00	0.00	0.58	1.12	0.00	0.49	0.45	1.08	1.07	0.00	0.49
辽　宁	0.00	0.00	0.58	0.56	1.12	0.49	0.45	0.00	0.53	0.57	0.44
浙　江	0.00	0.00	0.58	1.68	0.00	0.00	0.45	0.00	1.07	0.00	0.38
湖　南	0.00	0.00	0.00	0.00	0.00	0.98	1.36	0.00	0.00	0.57	0.33
陕　西	1.26	0.60	1.16	0.00	0.00	0.49	0.00	0.00	0.00	0.00	0.33
安　徽	0.00	0.00	0.58	0.56	0.00	0.98	0.45	0.00	0.00	0.00	0.27
黑龙江	0.00	0.00	0.00	0.00	0.00	0.49	0.90	0.00	0.53	0.00	0.22
山　东	0.00	0.00	0.00	0.00	0.00	0.00	0.45	0.54	0.00	1.14	0.22
天　津	0.00	0.00	0.00	0.00	0.56	0.49	0.00	0.00	0.53	0.57	0.22
云　南	0.00	0.00	0.00	0.00	0.00	0.49	0.00	0.00	0.53	0.57	0.16
重　庆	0.00	0.00	0.00	0.00	0.00	0.49	0.00	0.00	0.00	0.57	0.11
甘　肃	0.00	0.00	0.00	0.00	0.00	0.49	0.45	0.00	0.00	0.00	0.11
贵　州	0.00	0.00	0.00	1.12	0.00	0.00	0.00	0.00	0.00	0.00	0.11
河　南	0.00	0.00	0.00	0.00	0.00	0.00	0.45	0.00	0.00	0.57	0.11
吉　林	0.00	0.00	0.00	0.00	0.00	0.00	0.45	0.00	0.00	0.57	0.11
山　西	0.00	0.00	0.00	0.00	0.00	0.49	0.00	0.00	0.53	0.00	0.11
四　川	0.00	0.00	0.00	0.00	0.00	0.00	0.45	0.54	0.00	0.00	0.11
广　西	0.00	0.00	0.00	0.00	0.00	0.00	0.45	0.00	0.00	0.00	0.05
海　南	0.00	0.00	0.58	0.00	0.00	0.00	0.00	0.00	0.00	0.00	0.05

续表

省　份	2013 年	2014 年	2015 年	2016 年	2017 年	2018 年	2019 年	2020 年	2021 年	2022 年	合计
河　北	0.00	0.00	0.00	0.00	0.00	0.00	0.45	0.00	0.00	0.00	0.05
江　西	0.00	0.00	0.00	0.56	0.00	0.00	0.00	0.00	0.00	0.00	0.05
新　疆	0.00	0.00	0.00	0.00	0.00	0.00	0.00	0.00	0.00	0.57	0.05

表 4-95　生理学 C 层人才的世界占比

单位：%

省　份	2013 年	2014 年	2015 年	2016 年	2017 年	2018 年	2019 年	2020 年	2021 年	2022 年	合计
江　苏	0.71	0.91	1.55	1.79	2.17	3.28	2.75	1.84	1.84	1.25	1.87
北　京	0.77	1.28	1.38	1.56	2.40	2.64	2.57	1.68	1.56	1.65	1.79
上　海	0.96	0.91	1.72	1.45	2.29	3.13	2.52	1.89	1.00	0.85	1.73
广　东	0.32	0.43	1.15	0.89	1.60	2.49	2.15	2.00	1.89	1.59	1.51
湖　北	0.06	0.61	1.09	0.73	1.31	1.42	2.38	1.03	0.78	1.02	1.09
山　东	0.19	0.24	0.46	0.84	0.74	1.03	1.97	1.08	0.95	0.91	0.88
浙　江	0.13	0.55	0.63	0.61	1.20	1.32	1.05	0.92	0.72	1.36	0.87
湖　南	0.19	0.00	0.29	0.28	1.20	1.52	1.88	1.03	0.78	0.51	0.82
河　南	0.06	0.30	0.17	0.56	1.37	0.98	1.28	0.97	0.22	0.28	0.65
四　川	0.13	0.30	0.40	0.45	0.63	0.98	0.78	0.32	0.56	0.85	0.56
辽　宁	0.13	0.30	0.46	0.50	0.69	0.73	1.15	0.27	0.50	0.34	0.53
陕　西	0.32	0.24	0.92	0.67	0.63	0.64	0.55	0.49	0.39	0.34	0.52
黑龙江	0.32	0.49	0.34	0.34	0.63	0.59	0.92	0.38	0.44	0.51	0.51
重　庆	0.19	0.24	0.57	0.50	0.63	0.73	0.50	0.43	0.28	0.40	0.46
吉　林	0.26	0.12	0.17	0.17	0.51	0.68	0.83	0.38	0.22	0.40	0.39
安　徽	0.13	0.24	0.11	0.06	0.23	0.29	0.64	0.49	0.33	0.17	0.28
天　津	0.13	0.12	0.17	0.39	0.23	0.39	0.46	0.05	0.17	0.34	0.25
福　建	0.06	0.00	0.17	0.17	0.46	0.20	0.41	0.27	0.28	0.23	0.23
广　西	0.06	0.06	0.11	0.06	0.34	0.64	0.32	0.22	0.00	0.11	0.20
江　西	0.06	0.00	0.06	0.06	0.29	0.34	0.46	0.22	0.33	0.11	0.20
河　北	0.00	0.18	0.17	0.39	0.06	0.10	0.28	0.27	0.28	0.17	0.19
贵　州	0.00	0.00	0.06	0.00	0.11	0.10	0.41	0.27	0.44	0.28	0.18
海　南	0.00	0.00	0.29	0.17	0.17	0.15	0.14	0.22	0.06	0.17	0.14
甘　肃	0.06	0.00	0.06	0.22	0.06	0.20	0.23	0.11	0.11	0.17	0.13
云　南	0.00	0.12	0.06	0.06	0.11	0.15	0.14	0.11	0.11	0.06	0.09

续表

省　份	2013 年	2014 年	2015 年	2016 年	2017 年	2018 年	2019 年	2020 年	2021 年	2022 年	合计
山　西	0.06	0.00	0.11	0.00	0.17	0.05	0.09	0.11	0.28	0.00	0.09
内蒙古	0.00	0.00	0.00	0.06	0.11	0.05	0.23	0.00	0.06	0.06	0.06
新　疆	0.00	0.06	0.06	0.00	0.06	0.05	0.00	0.11	0.00	0.11	0.04
宁　夏	0.00	0.00	0.11	0.00	0.00	0.00	0.00	0.05	0.00	0.06	0.02
青　海	0.00	0.06	0.00	0.00	0.00	0.00	0.05	0.00	0.06	0.00	0.02
西　藏	0.00	0.00	0.00	0.00	0.06	0.00	0.05	0.00	0.00	0.00	0.01

三十五　解剖学和形态学

各省份均无解剖学和形态学 A 层人才。

B 层人才最多的是四川，世界占比为 1.68%；北京、广东 B 层人才的世界占比分别为 1.40%、1.12%，分列第二、第三位；上海、河南、湖北、浙江、广西、湖南、江苏、辽宁、陕西也有一定数量的 B 层人才，世界占比均超过 0.2%。

C 层人才最多的是北京，世界占比为 2.28%；四川、广东、浙江、江苏、湖北、上海、山东、辽宁、海南、湖南、云南、吉林、陕西、安徽、重庆、福建、河北、新疆、河南、江西也有一定数量的 C 层人才，世界占比均超过 0.1%；黑龙江、山西、天津、甘肃、广西、贵州、内蒙古、宁夏 C 层人才的世界占比均低于 0.1%。

表 4-96　解剖学和形态学 B 层人才的世界占比

单位：%

省　份	2013 年	2014 年	2015 年	2016 年	2017 年	2018 年	2019 年	2020 年	2021 年	2022 年	合计
四　川	0.00	0.00	3.33	0.00	0.00	2.94	2.08	0.00	6.52	0.00	1.68
北　京	0.00	0.00	6.67	0.00	0.00	2.94	2.08	2.00	0.00	0.00	1.40
广　东	0.00	0.00	0.00	0.00	6.45	0.00	0.00	0.00	4.35	0.00	1.12
上　海	0.00	0.00	0.00	3.23	0.00	0.00	0.00	0.00	2.17	2.63	0.84
河　南	0.00	0.00	0.00	0.00	0.00	0.00	0.00	2.00	2.17	0.00	0.56

续表

省 份	2013 年	2014 年	2015 年	2016 年	2017 年	2018 年	2019 年	2020 年	2021 年	2022 年	合计
湖 北	0.00	0.00	3.33	0.00	3.23	0.00	0.00	0.00	0.00	0.00	0.56
浙 江	0.00	0.00	0.00	0.00	3.23	0.00	0.00	0.00	0.00	2.63	0.56
广 西	0.00	0.00	3.33	0.00	3.23	0.00	0.00	0.00	0.00	0.00	0.28
湖 南	0.00	0.00	0.00	0.00	0.00	0.00	0.00	0.00	2.17	0.00	0.28
江 苏	0.00	4.17	0.00	0.00	0.00	0.00	0.00	0.00	0.00	0.00	0.28
辽 宁	0.00	0.00	0.00	3.23	0.00	0.00	0.00	0.00	0.00	0.00	0.28
陕 西	0.00	0.00	0.00	0.00	0.00	0.00	0.00	2.00	0.00	0.00	0.28

表 4-97 解剖学和形态学 C 层人才的世界占比

单位：%

省 份	2013 年	2014 年	2015 年	2016 年	2017 年	2018 年	2019 年	2020 年	2021 年	2022 年	合计
北 京	1.62	1.39	1.97	2.49	2.84	2.23	3.11	1.83	2.68	2.11	2.28
四 川	0.40	0.00	0.33	1.78	0.00	0.96	2.22	0.91	0.97	0.90	0.92
广 东	0.40	0.35	0.66	1.07	0.32	0.32	0.67	1.37	1.70	0.90	0.83
浙 江	0.40	1.04	0.98	0.36	0.32	0.32	0.22	0.23	1.46	3.01	0.83
江 苏	1.21	0.35	0.00	0.00	0.32	0.00	0.89	0.00	1.70	1.20	0.59
湖 北	0.40	0.00	0.00	0.00	0.32	1.27	0.44	1.14	0.73	0.90	0.56
上 海	1.62	0.00	0.33	0.00	0.63	0.64	1.11	0.23	0.24	0.60	0.53
山 东	0.81	0.69	0.33	0.00	0.00	0.64	0.00	0.68	0.97	0.90	0.50
辽 宁	0.00	0.35	0.00	0.71	0.00	0.00	0.44	0.68	1.22	0.90	0.47
海 南	0.00	0.00	0.00	0.00	0.00	0.00	0.22	0.91	1.70	0.30	0.38
湖 南	0.00	0.35	0.33	0.00	0.63	0.32	0.44	0.68	0.24	0.00	0.33
云 南	0.00	0.35	0.00	0.00	0.00	0.32	0.44	0.23	0.97	0.30	0.30
吉 林	0.40	0.00	0.00	0.00	0.00	0.00	0.00	0.91	0.49	0.00	0.21
陕 西	0.40	0.35	0.33	0.36	0.00	0.32	0.00	0.00	0.00	0.00	0.21
安 徽	0.00	0.00	0.00	0.00	0.00	0.00	0.22	0.23	0.49	0.30	0.15
重 庆	0.40	0.00	0.33	0.36	0.00	0.32	0.00	0.00	0.00	0.00	0.15
福 建	0.00	0.00	0.00	0.00	0.00	0.00	0.00	0.46	0.73	0.00	0.15
河 北	0.00	0.00	0.00	0.00	0.00	0.00	0.00	0.46	0.24	0.60	0.15
新 疆	0.00	0.00	0.00	0.00	0.36	0.00	0.00	0.23	0.24	0.60	0.15
河 南	0.00	0.00	0.00	0.00	0.00	0.00	0.44	0.23	0.00	0.00	0.12
江 西	0.00	0.00	0.00	0.00	0.00	0.32	0.00	0.46	0.24	0.00	0.12

续表

省　份	2013 年	2014 年	2015 年	2016 年	2017 年	2018 年	2019 年	2020 年	2021 年	2022 年	合计
黑龙江	0.00	0.00	0.33	0.00	0.00	0.32	0.00	0.00	0.00	0.30	0.09
山　西	0.00	0.00	0.00	0.00	0.32	0.00	0.00	0.00	0.00	0.60	0.09
天　津	0.00	0.35	0.00	0.36	0.32	0.00	0.00	0.00	0.00	0.00	0.09
甘　肃	0.00	0.00	0.00	0.00	0.00	0.00	0.00	0.00	0.24	0.30	0.06
广　西	0.00	0.00	0.00	0.00	0.00	0.00	0.00	0.00	0.24	0.00	0.03
贵　州	0.00	0.00	0.00	0.00	0.00	0.00	0.00	0.00	0.24	0.00	0.03
内蒙古	0.00	0.00	0.00	0.36	0.00	0.00	0.00	0.00	0.00	0.00	0.03
宁　夏	0.00	0.00	0.00	0.00	0.00	0.00	0.22	0.00	0.00	0.00	0.03

三十六　发育生物学

发育生物学 A 层人才最多的是北京，世界占比为 5.41%；广东 A 层人才的世界占比为 4.05%，排名第二；其后是湖北，A 层人才的世界占比为 2.70%；重庆、海南、山东、上海、天津、浙江有相当数量的 A 层人才，世界占比均为 1.35%。

B 层人才最多的是北京，世界占比为 2.95%；上海 B 层人才以 2.53% 的世界占比排名第二；广东、湖南有相当数量的 B 层人才，世界占比在 2%~1%；江苏、山东、浙江、河南、湖北、四川、江西、吉林、云南、安徽、海南、黑龙江、福建、甘肃、广西、贵州、辽宁、宁夏、青海、陕西、天津也有一定数量的 B 层人才，世界占比均超过 0.1%。

C 层人才最多的是北京，世界占比为 2.46%；上海 C 层人才以 2.11% 的世界占比排名第二；广东、浙江有相当数量的 C 层人才，世界占比在 2%~1%；江苏、湖北、湖南、四川、山东、河南、重庆、天津、黑龙江、辽宁、安徽、吉林、福建、云南、广西、陕西、海南、江西也有一定数量的 C 层人才，世界占比大于或等于 0.1%；河北、山西、内蒙古、贵州、新疆、甘肃、宁夏、青海 C 层人才的世界占比均低于 0.1%。

表 4-98　发育生物学 A 层人才的世界占比

单位：%

省　份	2013 年	2014 年	2015 年	2016 年	2017 年	2018 年	2019 年	2020 年	2021 年	2022 年	合计
北　京	0.00	0.00	0.00	0.00	0.00	0.00	0.00	14.29	11.11	25.00	5.41
广　东	0.00	0.00	0.00	0.00	0.00	0.00	0.00	14.29	11.11	12.50	4.05
湖　北	0.00	0.00	0.00	0.00	0.00	0.00	0.00	0.00	11.11	12.50	2.70
重　庆	0.00	0.00	0.00	0.00	0.00	0.00	0.00	0.00	11.11	0.00	1.35
海　南	0.00	0.00	0.00	0.00	0.00	0.00	0.00	0.00	0.00	12.50	1.35
山　东	0.00	0.00	0.00	0.00	0.00	0.00	0.00	0.00	11.11	0.00	1.35
上　海	0.00	0.00	0.00	0.00	0.00	0.00	0.00	0.00	11.11	0.00	1.35
天　津	0.00	0.00	0.00	0.00	0.00	0.00	0.00	14.29	0.00	0.00	1.35
浙　江	0.00	0.00	0.00	0.00	0.00	0.00	0.00	0.00	0.00	12.50	1.35

表 4-99　发育生物学 B 层人才的世界占比

单位：%

省　份	2013 年	2014 年	2015 年	2016 年	2017 年	2018 年	2019 年	2020 年	2021 年	2022 年	合计
北　京	0.00	1.49	1.54	1.61	4.05	0.00	0.00	2.82	7.07	7.69	2.95
上　海	1.49	0.00	3.08	0.00	1.35	1.61	0.00	4.23	4.04	7.69	2.53
广　东	0.00	0.00	0.00	1.61	0.00	1.61	1.52	7.04	1.01	3.85	1.69
湖　南	0.00	0.00	0.00	1.61	0.00	0.00	0.00	0.00	5.05	2.56	1.13
江　苏	0.00	0.00	0.00	0.00	1.35	0.00	0.00	0.00	4.04	2.56	0.98
山　东	0.00	0.00	0.00	0.00	0.00	0.00	0.00	1.41	3.03	3.85	0.98
浙　江	1.49	0.00	0.00	0.00	1.35	0.00	0.00	1.41	1.01	3.85	0.98
河　南	0.00	0.00	0.00	0.00	0.00	0.00	0.00	4.23	2.02	1.28	0.84
湖　北	0.00	0.00	0.00	1.61	1.35	0.00	0.00	0.00	0.00	2.56	0.56
四　川	0.00	0.00	0.00	0.00	0.00	0.00	0.00	0.00	2.02	2.56	0.56
江　西	0.00	0.00	0.00	1.61	0.00	0.00	0.00	1.41	1.01	0.00	0.42
吉　林	0.00	0.00	0.00	0.00	0.00	0.00	0.00	0.00	2.02	1.28	0.42
云　南	0.00	0.00	0.00	0.00	0.00	0.00	0.00	1.41	1.01	1.28	0.42
安　徽	0.00	0.00	0.00	0.00	0.00	0.00	0.00	1.41	1.01	0.00	0.28
海　南	0.00	0.00	0.00	0.00	0.00	0.00	0.00	0.00	1.01	1.28	0.28
黑龙江	0.00	0.00	0.00	0.00	0.00	0.00	0.00	0.00	2.02	0.00	0.28
福　建	0.00	0.00	0.00	0.00	0.00	0.00	0.00	0.00	1.01	0.00	0.14
甘　肃	0.00	0.00	0.00	0.00	0.00	0.00	0.00	1.41	0.00	0.00	0.14

续表

省 份	2013 年	2014 年	2015 年	2016 年	2017 年	2018 年	2019 年	2020 年	2021 年	2022 年	合计
广　西	0.00	0.00	0.00	0.00	0.00	0.00	1.52	0.00	0.00	0.00	0.14
贵　州	0.00	0.00	0.00	0.00	0.00	0.00	0.00	0.00	1.01	0.00	0.14
辽　宁	0.00	0.00	0.00	0.00	0.00	0.00	0.00	0.00	0.00	1.28	0.14
宁　夏	0.00	0.00	0.00	0.00	0.00	0.00	0.00	0.00	1.01	0.00	0.14
青　海	0.00	0.00	0.00	0.00	0.00	0.00	0.00	0.00	1.01	0.00	0.14
陕　西	0.00	1.49	0.00	0.00	0.00	0.00	0.00	0.00	0.00	0.00	0.14
天　津	0.00	0.00	0.00	0.00	0.00	0.00	0.00	1.41	0.00	0.00	0.14

表 4-100　发育生物学 C 层人才的世界占比

单位：%

省 份	2013 年	2014 年	2015 年	2016 年	2017 年	2018 年	2019 年	2020 年	2021 年	2022 年	合计
北　京	1.05	1.62	1.63	1.68	1.76	2.56	1.73	3.30	4.07	4.35	2.46
上　海	0.90	1.17	1.04	1.68	1.49	1.60	0.94	2.73	5.14	3.03	2.11
广　东	0.15	0.15	0.15	0.15	0.54	1.60	0.94	3.30	4.72	4.22	1.74
浙　江	0.15	0.15	0.00	0.31	0.81	0.48	0.16	2.87	2.79	1.84	1.05
江　苏	0.15	0.29	0.74	0.46	0.41	0.32	0.79	1.29	2.25	1.71	0.91
湖　北	0.15	0.00	0.30	0.00	0.68	0.32	0.79	0.72	2.25	2.50	0.85
湖　南	0.15	0.00	0.15	0.00	0.14	0.48	0.16	2.16	1.61	3.03	0.85
四　川	0.00	0.00	0.15	0.31	0.41	0.16	0.31	1.58	1.93	1.32	0.68
山　东	0.15	0.00	0.00	0.15	0.27	0.32	0.47	1.44	1.71	1.05	0.61
河　南	0.15	0.15	0.15	0.00	0.14	0.32	0.16	0.86	1.07	0.92	0.42
重　庆	0.30	0.00	0.15	0.15	0.00	0.16	0.16	0.29	1.18	0.66	0.34
天　津	0.30	0.15	0.00	0.15	0.00	0.16	0.16	0.43	0.75	0.92	0.31
黑龙江	0.00	0.00	0.00	0.00	0.14	0.00	0.00	0.29	1.39	0.66	0.30
辽　宁	0.00	0.00	0.00	0.00	0.00	0.16	0.16	0.72	1.29	0.26	0.30
安　徽	0.00	0.00	0.00	0.00	0.00	0.00	0.00	0.29	1.18	0.79	0.28
吉　林	0.00	0.15	0.15	0.00	0.14	0.00	0.00	0.43	0.75	0.66	0.27
福　建	0.00	0.00	0.00	0.15	0.00	0.32	0.47	0.14	0.64	0.26	0.23
云　南	0.15	0.00	0.00	0.00	0.27	0.00	0.31	0.29	0.43	0.40	0.20
广　西	0.15	0.15	0.00	0.31	0.14	0.00	0.00	0.14	0.43	0.40	0.18
陕　西	0.00	0.29	0.00	0.00	0.14	0.48	0.16	0.43	0.21	0.00	0.17
海　南	0.00	0.00	0.00	0.00	0.00	0.00	0.00	0.29	0.43	0.26	0.11
江　西	0.00	0.00	0.00	0.00	0.00	0.00	0.00	0.29	0.32	0.26	0.10

省　份	2013 年	2014 年	2015 年	2016 年	2017 年	2018 年	2019 年	2020 年	2021 年	2022 年	合计
河　北	0.15	0.00	0.00	0.00	0.00	0.16	0.00	0.00	0.32	0.13	0.08
山　西	0.00	0.00	0.00	0.00	0.00	0.00	0.00	0.14	0.54	0.00	0.08
内蒙古	0.00	0.00	0.00	0.00	0.14	0.00	0.00	0.00	0.32	0.13	0.07
贵　州	0.00	0.00	0.00	0.00	0.00	0.00	0.00	0.00	0.32	0.13	0.06
新　疆	0.00	0.00	0.00	0.00	0.00	0.00	0.00	0.14	0.00	0.26	0.04
甘　肃	0.00	0.00	0.00	0.00	0.00	0.00	0.00	0.00	0.11	0.00	0.01
宁　夏	0.00	0.00	0.15	0.00	0.00	0.00	0.00	0.00	0.00	0.00	0.01
青　海	0.00	0.00	0.00	0.00	0.14	0.00	0.00	0.00	0.00	0.00	0.01

三十七　生殖生物学

生殖生物学 A 层人才仅分布在湖北，世界占比为 3.00%。

B 层人才最多的是北京，世界占比为 1.28%；湖北、上海、湖南、江苏、浙江、广东、山东、四川、黑龙江、辽宁、天津也有一定数量的 B 层人才，世界占比均超过 0.1%；安徽、重庆、福建、甘肃、广西、河南、吉林、陕西、山西、新疆、云南 B 层人才的世界占比均为 0.09%。

C 层人才最多的是上海，世界占比为 2.00%；广东、北京、江苏、湖北有相当数量的 C 层人才，世界占比在 2%~1%；山东、浙江、湖南、安徽、四川、陕西、河南、辽宁、重庆、广西、福建、黑龙江、云南、河北、江西、吉林、甘肃、天津也有一定数量的 C 层人才，世界占比均超过 0.1%；贵州、宁夏、内蒙古、山西、新疆、海南、青海、西藏 C 层人才的世界占比均低于 0.1%。

表 4-101　生殖生物学 A 层人才的世界占比

单位：%

省　份	2013 年	2014 年	2015 年	2016 年	2017 年	2018 年	2019 年	2020 年	2021 年	2022 年	合计
湖　北	0.00	0.00	0.00	0.00	0.00	0.00	0.00	16.67	9.09	0.00	3.00

表 4-102　生殖生物学 B 层人才的世界占比

单位：%

省　份	2013 年	2014 年	2015 年	2016 年	2017 年	2018 年	2019 年	2020 年	2021 年	2022 年	合计
北　京	1.79	0.92	1.90	0.00	0.88	1.82	0.00	0.00	1.75	4.00	1.28
湖　北	0.89	0.00	0.95	0.00	0.00	0.00	1.79	2.75	0.88	1.00	0.82
上　海	0.89	1.83	1.90	0.00	0.88	0.00	0.89	1.83	0.00	0.00	0.82
湖　南	0.89	0.92	0.00	0.93	0.00	0.00	0.89	0.92	0.00	2.00	0.64
江　苏	0.89	0.00	0.00	0.00	0.00	0.00	1.79	0.92	0.00	1.00	0.46
浙　江	0.89	0.00	0.00	0.00	0.00	0.00	0.89	0.92	1.75	0.00	0.46
广　东	0.89	0.92	0.00	0.93	0.88	0.00	0.00	0.00	0.00	0.00	0.37
山　东	0.00	0.00	0.95	0.00	0.00	0.00	0.00	0.92	1.75	0.00	0.37
四　川	0.89	0.00	0.00	0.00	0.00	0.00	0.00	0.00	0.88	1.00	0.27
黑龙江	0.89	0.00	0.00	0.00	0.00	0.00	0.00	0.00	0.88	0.00	0.18
辽　宁	0.89	0.00	0.00	0.00	0.00	0.00	0.00	0.00	0.00	1.00	0.18
天　津	1.79	0.00	0.00	0.00	0.00	0.00	0.00	0.00	0.00	0.00	0.18
安　徽	0.89	0.00	0.00	0.00	0.00	0.00	0.00	0.00	0.00	0.00	0.09
重　庆	0.89	0.00	0.00	0.00	0.00	0.00	0.00	0.00	0.00	0.00	0.09
福　建	0.00	0.00	0.00	0.00	0.00	0.00	0.89	0.00	0.00	0.00	0.09
甘　肃	0.00	0.00	0.00	0.00	0.00	0.00	0.00	0.00	0.00	1.00	0.09
广　西	0.00	0.00	0.00	0.00	0.00	0.00	0.00	0.00	0.00	0.00	0.09
河　南	0.00	0.00	0.00	0.00	0.00	0.91	0.00	0.00	0.00	0.00	0.09
吉　林	0.00	0.00	0.00	0.00	0.00	0.00	0.89	0.00	0.00	0.00	0.09
陕　西	0.00	0.00	0.00	0.00	0.00	0.00	0.89	0.00	0.00	0.00	0.09
山　西	0.00	0.00	0.00	0.00	0.00	0.00	0.00	0.00	0.00	1.00	0.09
新　疆	0.00	0.00	0.00	0.00	0.00	0.00	0.00	0.00	0.00	1.00	0.09
云　南	0.00	0.00	0.00	0.00	0.00	0.00	0.89	0.00	0.00	0.00	0.09

表 4-103　生殖生物学 C 层人才的世界占比

单位：%

省　份	2013 年	2014 年	2015 年	2016 年	2017 年	2018 年	2019 年	2020 年	2021 年	2022 年	合计
上　海	1.66	1.13	1.55	1.97	1.89	1.86	2.53	2.19	2.41	2.78	2.00
广　东	0.65	0.85	1.46	1.38	1.08	2.04	1.75	1.66	1.81	2.41	1.51
北　京	1.11	1.69	1.55	1.18	1.44	1.58	1.85	1.31	1.64	1.39	1.47
江　苏	0.83	0.75	0.78	0.89	0.90	1.21	1.27	1.22	1.29	1.85	1.10
湖　北	0.18	0.47	0.68	0.99	0.81	1.30	1.56	1.22	1.89	1.39	1.06

续表

省 份	2013 年	2014 年	2015 年	2016 年	2017 年	2018 年	2019 年	2020 年	2021 年	2022 年	合计
山 东	0.28	0.56	0.58	0.30	0.90	1.12	1.95	1.40	1.03	1.30	0.95
浙 江	0.37	0.28	0.49	0.39	0.81	0.37	0.29	0.26	1.12	1.20	0.57
湖 南	0.28	0.47	0.39	0.59	0.27	0.46	0.78	0.52	0.69	0.83	0.53
安 徽	0.37	0.28	0.19	0.39	0.54	0.19	0.39	0.44	1.03	0.46	0.44
四 川	0.09	0.19	0.10	0.39	0.54	0.09	0.39	0.35	0.77	1.30	0.43
陕 西	0.00	0.28	0.49	0.30	0.18	0.09	0.97	0.52	0.43	0.74	0.40
河 南	0.18	0.09	0.39	0.20	0.18	0.37	0.29	0.35	0.60	0.56	0.32
辽 宁	0.00	0.09	0.10	0.20	0.27	0.46	0.68	0.17	0.52	0.37	0.29
重 庆	0.09	0.09	0.19	0.39	0.27	0.09	0.19	0.52	0.69	0.09	0.26
广 西	0.09	0.09	0.10	0.00	0.27	0.19	0.29	0.35	0.26	0.74	0.24
福 建	0.09	0.19	0.10	0.00	0.18	0.00	0.29	0.26	0.52	0.56	0.22
黑龙江	0.09	0.38	0.00	0.10	0.00	0.19	0.29	0.09	0.43	0.19	0.19
云 南	0.00	0.00	0.00	0.10	0.18	0.28	0.19	0.26	0.43	0.19	0.18
河 北	0.00	0.09	0.10	0.20	0.00	0.19	0.39	0.26	0.00	0.37	0.17
江 西	0.09	0.00	0.19	0.10	0.00	0.27	0.09	0.58	0.17	0.09	0.17
吉 林	0.00	0.19	0.10	0.00	0.18	0.00	0.10	0.17	0.34	0.37	0.15
甘 肃	0.00	0.00	0.00	0.00	0.00	0.19	0.19	0.09	0.52	0.37	0.14
天 津	0.18	0.00	0.39	0.00	0.00	0.00	0.10	0.17	0.00	0.28	0.13
贵 州	0.00	0.00	0.00	0.00	0.18	0.00	0.10	0.26	0.17	0.09	0.08
宁 夏	0.09	0.09	0.00	0.10	0.00	0.09	0.19	0.00	0.00	0.09	0.06
内蒙古	0.00	0.00	0.00	0.20	0.00	0.00	0.00	0.26	0.00	0.00	0.06
山 西	0.09	0.00	0.10	0.00	0.00	0.00	0.10	0.09	0.09	0.09	0.06
新 疆	0.00	0.00	0.00	0.00	0.00	0.00	0.00	0.09	0.00	0.28	0.05
海 南	0.00	0.00	0.00	0.00	0.00	0.09	0.00	0.00	0.09	0.19	0.04
青 海	0.00	0.00	0.00	0.00	0.00	0.00	0.10	0.09	0.00	0.00	0.02
西 藏	0.00	0.00	0.00	0.00	0.00	0.00	0.10	0.00	0.00	0.00	0.01

三十八 农学

农学 A 层人才最多的是北京，世界占比为 6.95%；江苏、江西 A 层人才的世界占比均为 2.14%，并列排名第二；浙江、广东、河南、湖南、陕西、四川有相当数量的 A 层人才，世界占比在 2%~1%；广西、黑龙江、湖北、吉林、上海、山西、天津也有一定数量的 A 层人才，世界占比均为 0.53%。

B 层人才最多的是北京，世界占比为 5.19%；江苏、陕西 B 层人才分别以 2.92%、2.60% 的世界占比分列第二、第三位；湖北、广东、浙江有相当数量的 B 层人才，世界占比在 2%~1%；甘肃、四川、山东、河南、福建、黑龙江、天津、安徽、海南、江西、广西、湖南、重庆、河北、上海、云南、吉林、辽宁、山西、贵州、内蒙古也有一定数量的 B 层人才，世界占比均超过 0.1%；西藏、新疆 B 层人才的世界占比均为 0.05%。

C 层人才最多的是北京，世界占比为 7.56%；江苏、陕西 C 层人才分别以 3.96%、2.43% 的世界占比分列第二、第三位；湖北、广东、浙江、山东、甘肃、河南有相当数量的 C 层人才，世界占比在 2%~1%；四川、辽宁、黑龙江、河北、湖南、天津、新疆、重庆、广西、江西、云南、上海、福建、海南、安徽、吉林、贵州、内蒙古、山西、宁夏、青海也有一定数量的 C 层人才，世界占比均超过 0.1%；西藏 C 层人才的世界占比为 0.06%。

表 4-104　农学 A 层人才的世界占比

单位：%

省　份	2013 年	2014 年	2015 年	2016 年	2017 年	2018 年	2019 年	2020 年	2021 年	2022 年	合计
北　京	0.00	0.00	7.69	0.00	6.67	5.88	13.64	0.00	4.00	23.08	6.95
江　苏	0.00	0.00	0.00	6.25	0.00	0.00	4.55	4.17	4.00	0.00	2.14
江　西	0.00	0.00	0.00	0.00	0.00	5.88	0.00	8.33	0.00	3.85	2.14
浙　江	0.00	0.00	7.69	0.00	0.00	5.88	0.00	0.00	4.00	0.00	1.60
广　东	0.00	0.00	0.00	0.00	0.00	0.00	0.00	4.17	0.00	3.85	1.07
河　南	0.00	0.00	0.00	6.25	0.00	0.00	4.55	0.00	0.00	0.00	1.07
湖　南	0.00	0.00	0.00	6.25	0.00	0.00	0.00	0.00	0.00	3.85	1.07
陕　西	0.00	0.00	0.00	0.00	6.67	5.88	0.00	0.00	0.00	0.00	1.07
四　川	0.00	0.00	0.00	0.00	0.00	0.00	4.55	0.00	4.00	0.00	1.07
广　西	0.00	0.00	0.00	0.00	0.00	0.00	0.00	4.17	0.00	0.00	0.53
黑龙江	0.00	0.00	0.00	0.00	0.00	0.00	0.00	0.00	0.00	3.85	0.53
湖　北	0.00	0.00	0.00	0.00	0.00	0.00	4.55	0.00	0.00	0.00	0.53
吉　林	0.00	0.00	0.00	0.00	0.00	0.00	0.00	0.00	0.00	3.85	0.53

续表

省 份	2013 年	2014 年	2015 年	2016 年	2017 年	2018 年	2019 年	2020 年	2021 年	2022 年	合计
上 海	0.00	0.00	0.00	0.00	0.00	0.00	0.00	0.00	0.00	3.85	0.53
山 西	0.00	0.00	0.00	0.00	0.00	0.00	4.55	0.00	0.00	0.00	0.53
天 津	0.00	0.00	0.00	0.00	0.00	0.00	0.00	0.00	4.00	0.00	0.53

表 4-105 农学 B 层人才的世界占比

单位：%

省 份	2013 年	2014 年	2015 年	2016 年	2017 年	2018 年	2019 年	2020 年	2021 年	2022 年	合计
北 京	4.46	4.23	1.22	4.79	5.66	2.94	4.33	6.03	8.98	6.64	5.19
江 苏	1.91	2.11	1.22	2.74	1.26	1.18	3.37	3.45	2.86	7.08	2.92
陕 西	3.18	1.41	0.61	1.37	2.52	2.94	1.92	3.45	4.08	3.10	2.60
湖 北	0.64	0.00	0.61	1.37	2.52	1.76	3.37	1.72	2.04	3.10	1.84
广 东	1.91	0.00	0.00	0.00	1.26	2.35	2.40	1.72	2.86	3.54	1.78
浙 江	0.64	0.70	0.61	0.68	0.00	0.59	2.40	1.72	2.86	1.33	1.30
甘 肃	1.27	1.41	0.61	1.37	1.26	0.59	0.96	1.29	0.82	0.44	0.97
四 川	0.00	0.70	0.00	0.00	1.89	0.59	0.48	0.86	1.22	1.77	0.81
山 东	0.00	0.70	0.00	0.68	1.26	0.59	0.96	0.00	1.22	1.77	0.76
河 南	0.00	0.00	0.00	0.00	0.00	0.00	0.96	0.86	2.86	0.88	0.70
福 建	0.64	0.00	0.61	0.68	0.00	0.00	0.48	0.43	1.63	1.33	0.65
黑龙江	0.64	0.00	0.00	0.68	0.63	0.00	0.48	1.29	0.82	0.88	0.59
天 津	0.00	0.00	0.00	0.00	0.00	0.00	1.92	0.43	1.63	0.88	0.59
安 徽	0.00	0.00	0.00	0.68	0.00	2.35	0.00	0.43	0.41	0.88	0.49
海 南	0.00	0.00	0.00	0.68	0.00	0.00	0.00	2.16	0.82	0.44	0.49
江 西	0.00	0.00	0.61	0.00	0.63	0.59	0.96	0.43	0.82	0.44	0.49
广 西	0.64	0.00	0.61	0.00	0.00	0.00	0.48	0.43	0.82	0.44	0.43
湖 南	0.00	0.70	0.00	0.00	0.00	0.00	1.44	0.43	0.82	0.44	0.43
重 庆	0.64	0.00	0.00	0.00	0.00	0.00	0.00	0.86	0.82	0.88	0.38
河 北	0.00	0.00	0.61	0.00	0.00	1.18	0.00	0.86	0.41	0.44	0.38
上 海	0.64	0.00	0.00	0.00	0.63	0.00	0.48	0.00	0.41	0.44	0.27
云 南	0.00	0.00	0.00	0.00	0.00	0.00	0.48	0.86	0.00	0.88	0.27
吉 林	0.64	0.00	0.00	0.00	0.00	0.00	0.00	0.00	0.00	1.33	0.22
辽 宁	0.64	0.00	0.00	0.00	0.00	0.00	0.00	0.86	0.41	0.00	0.22
山 西	0.64	0.00	0.00	0.00	0.00	0.00	0.00	1.29	0.00	0.00	0.22

续表

省　份	2013 年	2014 年	2015 年	2016 年	2017 年	2018 年	2019 年	2020 年	2021 年	2022 年	合计
贵　州	0.00	0.00	0.61	0.00	0.63	0.00	0.00	0.00	0.00	0.44	0.16
内蒙古	0.00	0.00	0.00	0.00	0.00	0.00	0.00	0.86	0.00	0.00	0.11
西　藏	0.00	0.00	0.00	0.68	0.00	0.00	0.00	0.00	0.00	0.00	0.05
新　疆	0.00	0.00	0.00	0.00	0.00	0.59	0.00	0.00	0.00	0.00	0.05

表 4-106　农学 C 层人才的世界占比

单位：%

省　　份	2013 年	2014 年	2015 年	2016 年	2017 年	2018 年	2019 年	2020 年	2021 年	2022 年	合计
北　京	6.41	6.56	6.22	6.26	7.01	6.85	7.84	7.76	9.32	9.25	7.56
江　苏	2.58	3.00	3.37	2.96	3.50	4.01	3.57	4.14	4.90	6.03	3.96
陕　西	0.86	1.47	1.21	1.41	1.62	2.28	2.51	2.28	4.46	4.17	2.43
湖　北	0.99	1.26	1.40	1.34	1.69	1.91	2.41	2.16	2.35	2.36	1.87
广　东	1.25	0.84	0.89	1.27	1.30	1.79	2.41	1.55	2.35	2.36	1.69
浙　江	0.66	1.40	1.14	1.13	1.17	1.05	1.51	1.55	1.58	2.40	1.42
山　东	0.40	0.70	0.57	0.99	0.71	1.11	1.21	1.55	1.54	2.72	1.25
甘　肃	0.59	0.84	0.63	1.20	0.84	1.48	1.76	1.03	1.50	1.63	1.20
河　南	0.53	0.84	0.51	1.13	1.43	0.86	0.75	1.25	1.34	1.86	1.09
四　川	0.33	0.35	0.44	0.56	0.52	1.23	1.26	0.99	1.70	1.54	0.98
辽　宁	0.59	0.42	0.63	0.70	0.52	0.68	0.95	0.78	1.17	0.77	0.76
黑龙江	0.53	0.35	0.76	0.70	0.52	0.80	1.05	0.91	0.89	0.59	0.74
河　北	0.53	0.98	0.57	0.28	0.39	0.49	0.95	0.86	0.81	0.95	0.71
湖　南	0.20	0.49	0.44	0.49	0.39	0.37	1.10	0.56	0.77	1.13	0.64
天　津	0.13	0.42	0.38	0.49	0.26	0.80	0.85	0.56	0.81	1.00	0.61
新　疆	0.26	0.56	0.38	0.42	0.39	0.56	0.50	0.52	0.73	1.18	0.58
重　庆	0.13	0.35	0.19	0.42	0.13	0.62	0.85	0.65	0.89	0.77	0.55
广　西	0.26	0.14	0.51	0.42	0.19	0.37	0.80	0.65	0.69	0.86	0.53
江　西	0.07	0.35	0.13	0.42	0.19	0.25	0.90	0.43	1.05	0.77	0.51
云　南	0.46	0.35	0.44	0.21	0.26	0.37	0.50	0.69	0.89	0.50	0.50
上　海	0.26	0.14	0.44	0.56	0.52	0.31	0.60	0.69	0.69	0.45	0.49
福　建	0.26	0.21	0.44	0.35	0.26	0.25	0.65	0.43	0.65	0.77	0.46

续表

省　份	2013 年	2014 年	2015 年	2016 年	2017 年	2018 年	2019 年	2020 年	2021 年	2022 年	合计
海　南	0.07	0.14	0.19	0.14	0.26	0.56	0.35	0.69	0.41	1.13	0.44
安　徽	0.00	0.42	0.13	0.28	0.13	0.74	0.40	0.43	0.65	0.73	0.42
吉　林	0.07	0.14	0.25	0.21	0.26	0.49	0.35	0.43	0.61	0.91	0.41
贵　州	0.07	0.21	0.25	0.14	0.13	0.37	0.35	0.30	0.57	0.86	0.36
内蒙古	0.00	0.21	0.06	0.21	0.26	0.49	0.30	0.30	0.36	0.41	0.28
山　西	0.13	0.00	0.25	0.07	0.19	0.31	0.20	0.09	0.36	0.32	0.20
宁　夏	0.07	0.00	0.06	0.07	0.13	0.19	0.30	0.22	0.36	0.18	0.18
青　海	0.26	0.07	0.13	0.28	0.13	0.31	0.10	0.13	0.20	0.09	0.17
西　藏	0.00	0.00	0.00	0.00	0.00	0.06	0.05	0.17	0.12	0.05	0.06

三十九　多学科农业

多学科农业 A 层人才最多的是北京，世界占比为 7.14%，显著高于其他省份；广东、江苏、浙江 A 层人才的世界占比均为 2.68%，并列排名第二；湖北 A 层人才的世界占比为 1.79%；重庆、福建、甘肃、广西、贵州、河北、河南、吉林、陕西、山东、上海、新疆也有一定数量的 A 层人才，世界占比均为 0.89%。

B 层人才最多的是北京，世界占比为 6.04%；广东、江苏 B 层人才的世界占比均为 3.82%，并列排名第二；陕西、浙江、安徽、山东、黑龙江、湖北、湖南、天津有相当数量的 B 层人才，世界占比在 3%~1%；江西、上海、四川、河南、贵州、河北、吉林、重庆、广西、海南、辽宁、福建、山西、甘肃、宁夏、新疆也有一定数量的 B 层人才，世界占比均超过 0.1%；青海、云南 B 层人才的世界占比均为 0.09%。

C 层人才最多的是北京，世界占比为 7.57%；江苏、广东 C 层人才的世界占比分别为 5.88%、3.63%，分列第二、第三位；浙江、陕西、湖北、山东、天津、上海、江西、安徽、辽宁有相当数量的 C 层人才，世界占比在 3%~1%；黑龙江、河南、湖南、四川、贵州、福建、重庆、吉林、河北、云南、甘肃、新疆、广西、海南、内蒙古、山西、青海、宁夏也有一定数量的 C 层人才，世界占比均超过 0.1%；西藏 C 层人才的世界占比为 0.05%。

表 4-107 多学科农业 A 层人才的世界占比

单位：%

省　份	2013 年	2014 年	2015 年	2016 年	2017 年	2018 年	2019 年	2020 年	2021 年	2022 年	合计
北　京	0.00	0.00	0.00	0.00	0.00	14.29	27.27	11.76	7.14	0.00	7.14
广　东	0.00	0.00	0.00	14.29	0.00	0.00	0.00	5.88	7.14	0.00	2.68
江　苏	0.00	0.00	0.00	0.00	0.00	0.00	9.09	11.76	0.00	0.00	2.68
浙　江	0.00	0.00	0.00	0.00	0.00	0.00	0.00	5.88	7.14	11.11	2.68
湖　北	0.00	0.00	0.00	0.00	0.00	7.14	0.00	5.88	0.00	0.00	1.79
重　庆	0.00	0.00	0.00	0.00	0.00	0.00	0.00	0.00	7.14	0.00	0.89
福　建	0.00	0.00	0.00	0.00	0.00	0.00	0.00	5.88	0.00	0.00	0.89
甘　肃	0.00	0.00	0.00	0.00	0.00	0.00	0.00	5.88	0.00	0.00	0.89
广　西	0.00	0.00	0.00	0.00	0.00	0.00	0.00	5.88	0.00	0.00	0.89
贵　州	0.00	0.00	0.00	0.00	0.00	0.00	0.00	0.00	7.14	0.00	0.89
河　北	0.00	0.00	0.00	0.00	0.00	0.00	0.00	0.00	7.14	0.00	0.89
河　南	0.00	0.00	0.00	0.00	0.00	0.00	0.00	0.00	7.14	0.00	0.89
吉　林	0.00	0.00	0.00	0.00	0.00	0.00	0.00	0.00	0.00	11.11	0.89
陕　西	0.00	0.00	0.00	0.00	0.00	0.00	0.00	5.88	0.00	0.00	0.89
山　东	0.00	0.00	0.00	0.00	0.00	0.00	0.00	0.00	0.00	11.11	0.89
上　海	0.00	0.00	0.00	0.00	0.00	0.00	0.00	5.88	0.00	0.00	0.89
新　疆	0.00	0.00	0.00	0.00	0.00	0.00	0.00	5.88	0.00	0.00	0.89

表 4-108 多学科农业 B 层人才的世界占比

单位：%

省　份	2013 年	2014 年	2015 年	2016 年	2017 年	2018 年	2019 年	2020 年	2021 年	2022 年	合计
北　京	2.33	0.00	5.43	2.75	7.48	5.51	5.38	6.49	10.34	12.07	6.04
广　东	3.49	1.12	6.52	4.59	2.80	2.36	3.08	3.90	4.31	6.03	3.82
江　苏	6.98	3.37	4.35	1.83	2.80	3.94	3.85	1.95	6.90	3.45	3.82
陕　西	1.16	0.00	0.00	0.92	0.93	1.57	2.31	3.90	3.45	4.31	2.04
浙　江	1.16	2.25	1.09	0.92	0.93	1.57	1.54	1.30	2.59	2.59	1.60
安　徽	0.00	0.00	0.00	0.00	1.87	0.79	3.08	1.95	0.86	3.45	1.33
山　东	0.00	0.00	1.09	0.00	0.93	0.00	0.77	1.30	6.03	2.59	1.33
黑龙江	0.00	0.00	0.00	0.00	0.93	0.00	1.54	1.95	5.17	1.72	1.24
湖　北	0.00	0.00	0.00	0.00	1.87	2.36	1.54	1.95	0.86	0.86	1.15
湖　南	0.00	1.12	1.09	0.00	1.87	1.57	0.77	0.65	3.45	0.00	1.07

续表

省　份	2013 年	2014 年	2015 年	2016 年	2017 年	2018 年	2019 年	2020 年	2021 年	2022 年	合计
天　津	0.00	0.00	0.00	0.00	1.87	1.57	0.77	2.60	1.72	0.86	1.07
江　西	0.00	0.00	1.09	1.83	0.00	2.36	0.77	1.95	0.86	0.00	0.98
上　海	0.00	0.00	1.09	0.92	0.00	0.00	1.54	1.30	2.59	1.72	0.98
四　川	0.00	0.00	1.09	0.00	0.93	1.57	0.77	1.30	1.72	0.86	0.89
河　南	0.00	0.00	0.00	0.00	0.93	0.00	0.77	1.30	1.72	2.59	0.80
贵　州	0.00	1.12	0.00	0.00	0.00	0.79	0.77	0.65	2.59	0.00	0.62
河　北	0.00	0.00	0.00	0.92	0.93	0.00	0.77	0.00	1.72	1.72	0.62
吉　林	0.00	2.25	0.00	0.00	0.93	0.00	0.00	0.00	0.86	1.72	0.53
重　庆	0.00	0.00	0.00	0.00	0.00	0.79	0.00	1.30	1.72	0.00	0.44
广　西	0.00	0.00	0.00	0.00	0.00	0.00	0.00	0.65	1.72	0.86	0.36
海　南	0.00	0.00	0.00	0.00	0.00	1.57	0.00	0.00	0.86	0.86	0.36
辽　宁	0.00	0.00	1.09	0.00	0.93	0.00	0.00	0.00	0.86	0.86	0.36
福　建	0.00	0.00	0.00	0.00	0.00	0.00	0.00	1.30	0.00	0.86	0.27
山　西	0.00	1.12	0.00	0.00	0.00	0.00	0.00	1.30	0.00	0.86	0.27
甘　肃	0.00	0.00	1.09	0.92	0.00	0.00	0.00	0.00	0.00	0.00	0.18
宁　夏	0.00	0.00	0.00	0.00	0.00	0.79	0.77	0.00	0.00	0.00	0.18
新　疆	0.00	0.00	0.00	0.00	0.00	0.00	0.77	0.00	0.00	0.86	0.18
青　海	0.00	0.00	0.00	0.00	0.00	0.79	0.00	0.00	0.00	0.00	0.09
云　南	0.00	0.00	0.00	0.00	0.00	0.00	0.00	0.00	0.00	0.86	0.09

表 4-109　多学科农业 C 层人才的世界占比

单位：%

省　份	2013 年	2014 年	2015 年	2016 年	2017 年	2018 年	2019 年	2020 年	2021 年	2022 年	合计
北　京	3.33	4.16	4.71	5.21	7.03	7.99	8.11	9.39	11.44	11.30	7.57
江　苏	3.68	4.04	4.17	3.57	5.42	5.76	6.91	7.67	8.07	7.56	5.88
广　东	1.61	2.25	1.82	2.90	3.52	4.40	5.54	4.56	3.81	4.27	3.63
浙　江	1.61	1.57	0.64	1.74	2.19	3.28	4.02	2.62	3.72	4.18	2.67
陕　西	1.38	1.01	1.39	1.83	1.05	2.48	2.97	3.18	3.90	3.65	2.40
湖　北	0.80	1.46	0.75	1.83	2.38	2.40	2.81	2.42	3.19	3.38	2.23
山　东	0.34	0.67	0.53	0.58	0.86	2.64	2.57	2.56	2.39	2.22	1.67
天　津	0.80	0.90	0.43	1.25	2.19	1.52	1.69	1.66	1.24	1.78	1.39
上　海	1.03	0.90	1.07	0.77	0.95	0.96	2.09	1.38	1.24	2.22	1.29

续表

省 份	2013 年	2014 年	2015 年	2016 年	2017 年	2018 年	2019 年	2020 年	2021 年	2022 年	合计
江 西	0.69	0.90	1.07	0.58	0.57	1.12	1.69	1.38	1.95	1.51	1.18
安 徽	0.69	0.22	0.53	0.48	0.76	1.44	2.01	1.10	1.68	1.87	1.14
辽 宁	0.23	0.22	0.43	0.48	1.52	1.44	1.20	1.45	2.04	1.51	1.12
黑龙江	0.23	0.00	0.53	0.39	0.57	1.04	1.20	1.38	2.04	1.69	0.97
河 南	0.57	0.45	0.32	0.29	0.95	0.64	1.29	1.04	1.33	1.69	0.89
湖 南	0.34	0.45	0.32	0.39	0.95	0.88	1.29	1.24	1.51	1.07	0.89
四 川	0.11	0.11	0.32	0.39	0.76	0.96	0.96	0.97	1.77	1.87	0.87
贵 州	0.23	0.11	0.00	0.19	0.57	0.40	0.96	1.80	1.33	1.69	0.80
福 建	0.46	0.67	0.43	0.58	0.86	0.64	0.24	0.83	1.68	0.98	0.75
重 庆	0.23	0.34	0.21	0.29	0.57	0.56	0.56	1.10	1.06	1.25	0.66
吉 林	0.11	0.56	0.43	0.29	0.76	0.48	0.72	0.62	0.80	1.33	0.63
河 北	0.46	0.34	0.32	0.48	0.29	0.64	0.72	0.48	0.53	1.16	0.56
云 南	0.11	0.56	0.21	0.48	0.29	0.48	1.04	0.62	0.62	0.80	0.55
甘 肃	0.57	0.34	0.32	0.48	0.48	0.48	0.56	0.83	0.62	0.36	0.52
新 疆	0.46	0.00	0.21	0.00	0.38	0.40	0.48	0.41	0.80	1.16	0.46
广 西	0.11	0.22	0.00	0.00	0.29	0.24	0.64	0.97	0.89	0.80	0.46
海 南	0.23	0.00	0.00	0.19	0.19	0.08	0.56	0.41	0.71	0.36	0.29
内蒙古	0.00	0.00	0.21	0.00	0.10	0.32	0.32	0.41	0.44	0.62	0.26
山 西	0.11	0.22	0.21	0.48	0.19	0.24	0.24	0.14	0.35	0.44	0.26
青 海	0.00	0.00	0.00	0.00	0.19	0.32	0.56	0.35	0.09	0.09	0.18
宁 夏	0.11	0.00	0.00	0.00	0.10	0.08	0.08	0.14	0.27	0.36	0.12
西 藏	0.00	0.00	0.00	0.00	0.00	0.08	0.08	0.07	0.18	0.00	0.05

四十　生物多样性保护

生物多样性保护 A 层人才仅分布在北京，世界占比为 4.21%。

B 层人才最多的是北京，世界占比为 4.65%；江苏、广东、湖北、湖南有相当数量的 B 层人才，世界占比在 2%~1%；四川、云南、陕西、浙江、辽宁、福建、山东、上海、甘肃、广西、河南、新疆、吉林、贵州、安徽、海南、黑龙江、天津、重庆、河北、内蒙古、青海也有一定数量的 B 层人才，世界占比均超过 0.1%；宁夏 B 层人才的世界占比为 0.08%。

C 层人才最多的是北京，世界占比为 4.70%；江苏排名第二，世界占比为 1.73%；广东、湖北、上海、陕西、甘肃、浙江、四川、山东、云南、福建、重庆、河南、吉林、辽宁、天津、湖南、江西、新疆、青海、广西、安徽、河北、贵州、山西、海南、黑龙江也有一定数量的 C 层人才，世界占比均超过 0.1%；内蒙古、西藏、宁夏 C 层人才的世界占比均低于 0.1%。

表 4-110　生物多样性保护 A 层人才的世界占比

单位：%

省　份	2013 年	2014 年	2015 年	2016 年	2017 年	2018 年	2019 年	2020 年	2021 年	2022 年	合计
北　京	0.00	0.00	0.00	10.00	0.00	0.00	33.33	0.00	7.69	6.67	4.21

表 4-111　生物多样性保护 B 层人才的世界占比

单位：%

省　份	2013 年	2014 年	2015 年	2016 年	2017 年	2018 年	2019 年	2020 年	2021 年	2022 年	合计
北　京	1.30	3.33	4.55	3.13	2.80	0.84	3.87	4.05	7.43	10.96	4.65
江　苏	1.30	1.11	0.00	1.04	4.67	1.68	1.94	0.00	1.71	2.74	1.63
广　东	0.00	1.11	1.14	1.04	0.93	0.00	0.65	0.58	2.86	3.42	1.31
湖　北	0.00	0.00	1.14	0.00	0.00	0.00	0.00	1.16	1.14	6.85	1.22
湖　南	1.30	0.00	0.00	0.00	1.87	0.00	0.00	1.73	0.57	4.11	1.06
四　川	2.60	0.00	0.00	0.00	0.93	0.84	0.65	1.16	0.57	2.74	0.98
云　南	0.00	0.00	1.14	0.00	0.00	0.00	1.29	1.73	1.71	1.37	0.90
陕　西	1.30	1.11	0.00	0.00	0.00	0.00	1.29	0.58	0.57	2.74	0.82
浙　江	1.30	0.00	0.00	0.00	0.00	0.84	0.65	1.73	2.29	0.00	0.82
辽　宁	0.00	0.00	1.14	0.00	0.00	0.00	0.00	0.58	2.29	1.37	0.73
福　建	0.00	0.00	0.00	0.00	0.00	1.68	0.65	0.58	1.14	1.37	0.65
山　东	0.00	0.00	0.00	0.00	1.04	0.00	0.00	1.16	0.57	2.74	0.65
上　海	0.00	0.00	1.11	0.00	0.00	0.93	0.00	0.65	1.14	1.37	0.65
甘　肃	0.00	0.00	0.00	0.00	0.00	0.00	0.65	0.00	0.57	2.74	0.57
广　西	0.00	0.00	1.14	0.00	0.00	0.00	0.65	0.58	1.14	0.68	0.49
河　南	0.00	0.00	0.00	0.00	0.00	0.00	0.00	0.58	1.71	1.37	0.49
新　疆	0.00	0.00	0.00	0.00	0.00	0.00	0.65	1.16	0.57	1.37	0.49
吉　林	0.00	0.00	0.00	0.00	0.00	0.00	0.00	0.58	1.14	1.37	0.41
贵　州	0.00	0.00	0.00	0.00	0.00	0.00	0.65	0.58	0.00	1.37	0.33

续表

省　份	2013 年	2014 年	2015 年	2016 年	2017 年	2018 年	2019 年	2020 年	2021 年	2022 年	合计
安　徽	0.00	0.00	0.00	0.00	0.00	0.00	0.00	0.58	1.14	0.00	0.24
海　南	1.30	0.00	0.00	0.00	0.00	0.00	0.00	0.00	0.00	1.37	0.24
黑龙江	0.00	0.00	0.00	0.00	0.00	0.00	0.00	0.58	0.57	0.68	0.24
天　津	0.00	0.00	0.00	1.04	0.00	0.00	0.00	0.58	0.00	0.68	0.24
重　庆	0.00	0.00	0.00	0.00	0.00	0.00	0.00	0.58	0.00	0.68	0.16
河　北	0.00	0.00	0.00	0.00	0.00	0.00	0.65	0.58	0.00	0.00	0.16
内蒙古	0.00	0.00	0.00	0.00	0.00	0.00	0.00	0.58	0.00	0.68	0.16
青　海	1.30	0.00	0.00	0.00	0.00	0.00	0.00	0.00	0.00	0.68	0.16
宁　夏	0.00	0.00	0.00	0.00	0.00	0.00	0.00	0.58	0.00	0.00	0.08

表 4-112　生物多样性保护 C 层人才的世界占比

单位：%

省　份	2013 年	2014 年	2015 年	2016 年	2017 年	2018 年	2019 年	2020 年	2021 年	2022 年	合计
北　京	3.08	3.11	2.82	3.32	2.70	4.40	4.46	4.67	7.42	7.75	4.70
江　苏	0.27	0.36	0.84	1.31	0.93	0.82	1.77	1.80	3.00	4.06	1.73
广　东	0.40	0.00	0.10	0.70	0.46	0.82	0.99	1.02	1.59	1.96	0.92
湖　北	0.00	0.24	0.31	0.10	0.09	0.49	0.71	0.96	1.72	2.10	0.80
上　海	0.27	0.24	0.10	0.90	0.56	0.57	0.99	0.84	0.74	0.94	0.67
陕　西	0.40	0.00	0.21	0.20	0.37	0.33	0.85	0.72	1.10	1.59	0.66
甘　肃	0.27	0.00	0.31	0.20	0.09	0.41	0.71	0.72	1.10	1.23	0.59
浙　江	0.13	0.24	0.10	0.20	0.19	0.41	0.78	0.66	1.10	1.16	0.58
四　川	0.40	0.24	0.10	0.10	0.37	0.65	0.35	0.48	0.92	1.16	0.53
山　东	0.13	0.12	0.00	0.50	0.09	0.08	0.50	0.60	0.80	1.30	0.48
云　南	0.40	0.48	0.10	0.10	0.09	0.24	0.28	0.36	1.16	1.01	0.47
福　建	0.00	0.00	0.31	0.40	0.09	0.65	0.57	0.36	0.74	0.80	0.44
重　庆	0.00	0.12	0.10	0.10	0.37	0.16	0.14	0.48	0.74	0.87	0.36
河　南	0.00	0.12	0.00	0.20	0.28	0.33	0.07	0.24	0.55	1.23	0.34
吉　林	0.13	0.00	0.21	0.10	0.09	0.00	0.21	0.24	0.80	0.80	0.31
辽　宁	0.54	0.12	0.21	0.10	0.09	0.49	0.21	0.30	0.37	0.43	0.29
天　津	0.00	0.12	0.10	0.20	0.09	0.16	0.28	0.12	0.43	0.80	0.26
湖　南	0.27	0.12	0.10	0.10	0.00	0.24	0.21	0.00	0.55	0.51	0.23

续表

省　份	2013 年	2014 年	2015 年	2016 年	2017 年	2018 年	2019 年	2020 年	2021 年	2022 年	合计
江　西	0.00	0.00	0.10	0.10	0.19	0.16	0.07	0.36	0.31	0.65	0.23
新　疆	0.00	0.00	0.21	0.00	0.00	0.00	0.14	0.30	0.49	0.65	0.22
青　海	0.27	0.12	0.00	0.00	0.09	0.16	0.14	0.06	0.37	0.72	0.21
广　西	0.00	0.00	0.10	0.00	0.00	0.08	0.21	0.24	0.37	0.65	0.20
安　徽	0.00	0.12	0.21	0.20	0.19	0.00	0.14	0.06	0.43	0.36	0.18
河　北	0.13	0.12	0.00	0.00	0.00	0.00	0.14	0.12	0.49	0.51	0.18
贵　州	0.00	0.00	0.00	0.10	0.09	0.16	0.14	0.30	0.00	0.36	0.13
山　西	0.13	0.00	0.10	0.00	0.09	0.00	0.00	0.18	0.25	0.36	0.13
海　南	0.00	0.00	0.00	0.00	0.00	0.00	0.07	0.06	0.25	0.51	0.12
黑龙江	0.13	0.12	0.00	0.00	0.00	0.00	0.07	0.30	0.25	0.14	0.12
内蒙古	0.00	0.00	0.00	0.10	0.00	0.08	0.07	0.12	0.12	0.29	0.09
西　藏	0.13	0.00	0.00	0.00	0.00	0.08	0.00	0.00	0.18	0.14	0.06
宁　夏	0.00	0.00	0.00	0.00	0.00	0.00	0.00	0.00	0.12	0.14	0.03

四十一　园艺学

园艺学 A 层人才最多的是江苏，世界占比为 3.95%；其后是北京、海南、黑龙江、湖北、辽宁，世界占比均为 2.63%；安徽、甘肃、广东、河南、江西、陕西、山东、上海有相当数量的 A 层人才，世界占比均为 1.32%。

B 层人才最多的是北京，世界占比为 6.59%；江苏、浙江 B 层人才的世界占比分别为 5.08%、4.95%，分列第二、第三位；广东、山东、湖北、陕西、海南、重庆、福建、河南、四川有相当数量的 B 层人才，世界占比在 3%~1%；辽宁、安徽、黑龙江、天津、新疆、甘肃、河北、云南、湖南、上海、吉林、广西、贵州、江西、西藏也有一定数量的 B 层人才，世界占比均超过 0.1%。

北京、江苏 C 层人才的世界占比分别为 5.85%、4.65%，排名前二；浙江、湖北、陕西、广东、河南、山东、辽宁、重庆、四川有相当数量的 C 层人才，世界占比在 3%~1%；河北、上海、新疆、安徽、甘肃、福建、黑龙江、海南、天津、江西、云南、湖南、广西、贵州、山西、吉林、宁夏、内蒙古也有一定数量的 C 层人才，世界占比大于或等于 0.1%；青海、西藏 C 层人才的世界占比均低于 0.1%。

表 4-113　园艺学 A 层人才的世界占比

单位：%

省　份	2013 年	2014 年	2015 年	2016 年	2017 年	2018 年	2019 年	2020 年	2021 年	2022 年	合计
江　苏	14.29	0.00	0.00	0.00	12.50	0.00	0.00	0.00	0.00	12.50	3.95
北　京	0.00	0.00	0.00	25.00	0.00	0.00	0.00	0.00	0.00	0.00	2.63
海　南	0.00	0.00	0.00	12.50	0.00	0.00	0.00	12.50	0.00	0.00	2.63
黑龙江	0.00	0.00	0.00	0.00	0.00	0.00	0.00	0.00	25.00	0.00	2.63
湖　北	14.29	0.00	0.00	0.00	0.00	0.00	14.29	0.00	0.00	0.00	2.63
辽　宁	14.29	0.00	11.11	0.00	0.00	0.00	0.00	0.00	0.00	0.00	2.63
安　徽	0.00	0.00	0.00	0.00	0.00	16.67	0.00	0.00	0.00	0.00	1.32
甘　肃	0.00	0.00	0.00	12.50	0.00	0.00	0.00	0.00	0.00	0.00	1.32
广　东	0.00	0.00	0.00	0.00	0.00	0.00	0.00	12.50	0.00	0.00	1.32
河　南	0.00	0.00	0.00	0.00	0.00	0.00	0.00	12.50	0.00	0.00	1.32
江　西	0.00	0.00	0.00	0.00	0.00	0.00	0.00	12.50	0.00	0.00	1.32
陕　西	0.00	0.00	0.00	12.50	0.00	0.00	0.00	0.00	0.00	0.00	1.32
山　东	0.00	0.00	0.00	0.00	0.00	0.00	0.00	0.00	12.50	0.00	1.32
上　海	0.00	0.00	0.00	0.00	0.00	0.00	14.29	0.00	0.00	0.00	1.32

表 4-114　园艺学 B 层人才的世界占比

单位：%

省　份	2013 年	2014 年	2015 年	2016 年	2017 年	2018 年	2019 年	2020 年	2021 年	2022 年	合计
北　京	2.70	6.33	2.33	2.70	10.14	6.85	8.33	11.11	10.29	6.12	6.59
江　苏	4.05	2.53	1.16	2.70	5.80	6.85	10.71	5.56	5.88	6.12	5.08
浙　江	5.41	2.53	4.65	2.70	2.90	5.48	7.14	2.78	10.29	6.12	4.95
广　东	2.70	2.53	0.00	0.00	2.90	1.37	3.57	2.78	8.82	2.04	2.61
山　东	0.00	1.27	0.00	1.35	0.00	2.74	3.57	2.78	5.88	4.08	2.06
湖　北	1.35	1.27	0.00	4.05	0.00	0.00	2.38	4.17	4.41	0.00	1.79
陕　西	0.00	0.00	1.16	1.35	4.35	1.37	0.00	2.78	2.94	4.08	1.65
海　南	0.00	1.27	0.00	1.35	2.90	0.00	0.00	1.39	5.88	2.04	1.37
重　庆	0.00	0.00	0.00	1.35	0.00	1.37	2.38	1.39	2.94	2.04	1.10

续表

省　份	2013 年	2014 年	2015 年	2016 年	2017 年	2018 年	2019 年	2020 年	2021 年	2022 年	合计
福　建	0.00	1.27	0.00	1.35	0.00	0.00	1.19	0.00	5.88	2.04	1.10
河　南	2.70	0.00	0.00	0.00	2.90	1.37	0.00	2.78	1.47	0.00	1.10
四　川	1.35	0.00	0.00	0.00	1.45	0.00	3.57	2.78	1.47	0.00	1.10
辽　宁	1.35	1.27	0.00	0.00	0.00	1.37	1.19	4.17	0.00	0.00	0.96
安　徽	0.00	0.00	0.00	2.70	0.00	1.37	0.00	2.78	0.00	2.04	0.82
黑龙江	0.00	0.00	1.16	0.00	1.45	1.37	0.00	2.78	1.47	0.00	0.82
天　津	0.00	0.00	0.00	0.00	1.45	0.00	2.38	0.00	2.94	0.00	0.69
新　疆	0.00	0.00	0.00	0.00	1.45	1.37	3.57	0.00	0.00	0.00	0.69
甘　肃	0.00	0.00	0.00	0.00	0.00	0.00	2.38	1.39	0.00	2.04	0.55
河　北	0.00	2.53	0.00	0.00	0.00	0.00	0.00	1.39	0.00	2.04	0.55
云　南	1.35	0.00	0.00	0.00	0.00	0.00	1.19	0.00	1.47	2.04	0.55
湖　南	0.00	1.27	0.00	0.00	0.00	0.00	1.37	0.00	1.47	0.00	0.41
上　海	0.00	1.27	0.00	0.00	0.00	0.00	0.00	0.00	1.47	2.04	0.41
吉　林	0.00	0.00	0.00	0.00	0.00	0.00	0.00	0.00	0.00	4.08	0.27
广　西	0.00	0.00	0.00	0.00	0.00	0.00	0.00	0.00	1.47	0.00	0.14
贵　州	0.00	0.00	0.00	0.00	0.00	0.00	0.00	0.00	0.00	2.04	0.14
江　西	0.00	0.00	0.00	0.00	0.00	0.00	1.19	0.00	0.00	0.00	0.14
西　藏	0.00	0.00	0.00	0.00	0.00	1.37	0.00	0.00	0.00	0.00	0.14

表 4-115　园艺学 C 层人才的世界占比

单位：%

省　份	2013 年	2014 年	2015 年	2016 年	2017 年	2018 年	2019 年	2020 年	2021 年	2022 年	合计
北　京	5.02	4.40	4.67	5.29	3.03	6.16	6.44	7.05	10.01	7.02	5.85
江　苏	2.45	2.89	5.04	3.12	4.05	5.18	4.67	5.25	8.52	6.02	4.65
浙　江	1.03	2.26	1.60	1.63	1.59	2.38	2.15	3.90	5.53	4.73	2.61
湖　北	1.42	1.64	2.71	1.22	2.31	2.38	1.52	3.30	3.74	2.87	2.27
陕　西	1.42	2.14	0.86	1.90	1.88	2.10	3.28	2.85	2.69	3.87	2.27
广　东	1.42	1.64	1.11	1.49	1.88	2.24	2.40	2.70	3.89	3.87	2.22
河　南	0.77	0.75	1.11	1.22	2.17	0.98	2.53	2.55	2.24	2.29	1.63
山　东	0.51	0.88	0.74	0.81	0.87	1.54	1.64	2.10	4.04	3.58	1.62
辽　宁	0.13	0.63	1.11	0.81	0.58	1.26	1.77	2.25	1.94	1.15	1.14
重　庆	0.13	0.75	1.23	0.27	1.16	1.12	1.52	1.80	1.94	1.43	1.12
四　川	0.64	0.50	1.11	0.95	0.58	1.26	1.14	1.35	1.64	2.01	1.10
河　北	0.77	0.38	0.86	0.54	0.58	0.70	1.01	1.35	1.64	0.72	0.84

省　份	2013 年	2014 年	2015 年	2016 年	2017 年	2018 年	2019 年	2020 年	2021 年	2022 年	合计
上　海	0.26	0.63	0.49	0.68	0.14	1.12	0.88	1.35	2.39	0.57	0.83
新　疆	0.13	0.75	0.12	0.54	0.58	0.42	1.39	1.05	1.20	1.00	0.71
安　徽	0.39	0.38	0.37	0.81	0.29	0.84	0.51	1.80	0.75	0.86	0.68
甘　肃	0.51	0.13	0.98	0.14	0.14	0.42	1.14	1.35	1.64	0.43	0.68
福　建	0.26	0.25	0.37	0.14	0.58	0.28	0.88	1.65	1.35	1.00	0.65
黑龙江	0.26	0.25	0.74	0.54	0.72	0.84	1.01	0.60	0.60	0.86	0.64
海　南	0.39	0.25	0.25	0.00	0.43	0.56	0.76	0.45	1.49	1.72	0.61
天　津	0.39	0.00	0.12	0.27	0.43	0.56	0.51	1.20	1.20	1.00	0.54
江　西	0.13	0.13	0.25	0.41	0.29	0.28	0.63	1.20	1.05	0.86	0.50
云　南	0.13	0.25	0.86	0.00	0.29	0.84	0.38	0.00	1.05	1.29	0.50
湖　南	0.13	0.25	0.25	0.27	0.43	0.56	0.76	1.05	0.45	0.72	0.48
广　西	0.51	0.25	0.00	0.27	0.00	0.42	0.76	0.45	0.75	0.43	0.38
贵　州	0.00	0.13	0.25	0.27	0.29	0.28	0.00	0.15	0.75	0.72	0.27
山　西	0.13	0.13	0.12	0.00	0.00	0.28	0.13	0.60	0.30	0.29	0.19
吉　林	0.13	0.13	0.12	0.14	0.14	0.00	0.25	0.00	0.00	0.57	0.15
宁　夏	0.13	0.00	0.12	0.14	0.14	0.00	0.25	0.15	0.45	0.14	0.15
内蒙古	0.00	0.13	0.00	0.14	0.14	0.14	0.25	0.00	0.00	0.14	0.10
青　海	0.13	0.00	0.00	0.00	0.00	0.00	0.13	0.00	0.00	0.00	0.03
西　藏	0.00	0.00	0.12	0.00	0.00	0.00	0.00	0.00	0.00	0.00	0.01

四十二　真菌学

各省份均无真菌学 A 层人才。

北京、云南 B 层人才世界占比均为 4.40%，并列排名第一；贵州、广东、四川有相当数量的 B 层人才，世界占比在 3%～2%；吉林、江苏、江西、山东、上海、福建、海南也有一定数量的 B 层人才，世界占比均超过 0.3%。

C 层人才最多的是北京，世界占比为 4.06%；云南 C 层人才的世界占比为 2.87%，排名第二；贵州、广东有相当数量的 C 层人才，世界占比分别为 1.49%、1.40%。四川、上海、江苏、辽宁、浙江、湖北、吉林、山东、陕西、广西、江西、河北、河南、天津也有一定数量的 C 层人才，世界占比均超过 0.1%；安徽、福建、海南、重庆、甘肃、湖南、新疆、黑龙江、内蒙古、宁夏 C 层人才的世界占比均低于 0.1%。

表 4-116　真菌学 B 层人才的世界占比

单位：%

省　份	2013 年	2014 年	2015 年	2016 年	2017 年	2018 年	2019 年	2020 年	2021 年	2022 年	合计
北　京	2.63	3.23	7.14	3.57	11.11	2.56	10.00	2.33	2.63	7.41	4.40
云　南	2.63	6.45	3.57	3.57	0.00	7.69	10.00	2.33	2.63	5.56	4.40
贵　州	2.63	0.00	3.57	3.57	0.00	5.13	0.00	2.33	2.63	3.70	2.83
广　东	0.00	0.00	0.00	0.00	0.00	2.56	10.00	2.33	0.00	7.41	2.20
四　川	0.00	0.00	0.00	0.00	0.00	0.00	10.00	2.33	2.63	7.41	2.20
吉　林	0.00	0.00	0.00	0.00	0.00	0.00	0.00	2.33	0.00	3.70	0.94
江　苏	0.00	0.00	0.00	0.00	0.00	0.00	0.00	2.33	2.63	0.00	0.63
江　西	0.00	0.00	0.00	0.00	0.00	0.00	0.00	2.33	0.00	1.85	0.63
山　东	0.00	3.23	0.00	0.00	0.00	0.00	0.00	0.00	0.00	0.00	0.63
上　海	0.00	0.00	3.57	0.00	11.11	0.00	0.00	0.00	0.00	0.00	0.63
福　建	0.00	0.00	0.00	0.00	0.00	0.00	0.00	0.00	2.63	0.00	0.31
海　南	0.00	0.00	0.00	0.00	0.00	0.00	0.00	0.00	0.00	1.85	0.31

表 4-117　真菌学 C 层人才的世界占比

单位：%

省　份	2013 年	2014 年	2015 年	2016 年	2017 年	2018 年	2019 年	2020 年	2021 年	2022 年	合计
北　京	5.85	4.76	5.19	3.73	4.84	2.43	4.91	4.05	1.02	4.57	4.06
云　南	1.02	3.36	2.20	2.13	3.39	2.84	2.84	4.30	2.65	3.95	2.87
贵　州	0.76	1.12	2.20	1.07	2.42	1.83	2.07	2.28	0.61	0.62	1.49
广　东	1.02	0.84	0.40	0.27	0.48	0.81	1.55	3.04	2.86	2.49	1.40
四　川	0.00	0.00	0.20	0.27	0.00	0.20	1.03	2.53	1.22	0.83	0.63
上　海	0.51	0.84	1.80	0.27	0.24	0.20	0.00	0.25	0.20	0.42	0.49
江　苏	0.00	0.28	0.60	0.53	0.24	0.20	0.00	0.51	0.61	1.04	0.42
辽　宁	0.76	0.28	0.40	0.53	0.00	0.20	0.52	0.76	0.20	0.21	0.42
浙　江	1.02	0.00	0.20	0.27	0.97	0.00	0.52	0.00	0.61	0.42	0.40
湖　北	0.25	0.28	0.20	0.27	0.24	0.20	0.52	0.25	0.00	1.25	0.35

续表

省　份	2013 年	2014 年	2015 年	2016 年	2017 年	2018 年	2019 年	2020 年	2021 年	2022 年	合计
吉　林	0.25	0.00	0.40	0.00	0.24	0.20	0.26	0.76	0.61	0.21	0.30
山　东	0.25	0.00	0.20	0.27	0.48	0.00	0.26	0.51	0.00	0.62	0.26
陕　西	0.51	0.28	0.00	0.53	0.00	0.00	0.00	0.00	0.00	0.62	0.19
广　西	0.25	0.00	0.20	0.00	0.00	0.20	0.26	0.00	0.20	0.42	0.16
江　西	0.00	0.00	0.00	0.00	0.24	0.61	0.00	0.25	0.00	0.21	0.16
河　北	0.00	0.00	0.00	0.00	0.00	0.00	0.26	0.51	0.20	0.42	0.14
河　南	0.00	0.00	0.40	0.00	0.00	0.00	0.00	0.25	0.00	0.62	0.14
天　津	0.25	0.00	0.00	0.00	0.00	0.41	0.26	0.00	0.00	0.21	0.14
安　徽	0.25	0.28	0.00	0.00	0.24	0.00	0.00	0.00	0.00	0.21	0.09
福　建	0.00	0.00	0.00	0.27	0.00	0.20	0.00	0.25	0.00	0.21	0.09
海　南	0.25	0.00	0.00	0.00	0.00	0.20	0.00	0.00	0.00	0.42	0.09
重　庆	0.25	0.28	0.20	0.00	0.00	0.00	0.00	0.00	0.00	0.00	0.07
甘　肃	0.00	0.00	0.00	0.27	0.00	0.00	0.00	0.00	0.20	0.21	0.07
湖　南	0.00	0.28	0.00	0.00	0.00	0.00	0.00	0.00	0.00	0.21	0.07
新　疆	0.00	0.28	0.00	0.00	0.00	0.00	0.00	0.00	0.00	0.42	0.07
黑龙江	0.00	0.00	0.00	0.00	0.00	0.00	0.00	0.00	0.00	0.42	0.05
内蒙古	0.00	0.00	0.00	0.00	0.00	0.00	0.00	0.25	0.00	0.21	0.05
宁　夏	0.00	0.00	0.00	0.00	0.00	0.00	0.00	0.25	0.00	0.00	0.02

四十三　林学

林学 A 层人才最多的是北京，世界占比为 10.14%，显著高于其他省份；江苏 A 层人才的世界占比为 4.35%，排名第二；福建、广东、黑龙江、江西、吉林、陕西、上海、浙江也有相当数量的 A 层人才，世界占比均为 1.45%。

B 层人才最多的是北京，世界占比为 4.57%；江苏 B 层人才的世界占比为 2.34%，排名第二；湖北、甘肃、陕西有相当数量的 B 层人才，世界占比在 2%~1%；广东、上海、重庆、福建、四川、浙江、湖南、广西、江西、山东、黑龙江、辽宁、山西、安徽、海南、河北、河南、吉林、青海、天津、新疆、云南也有一定数量的 B 层人才，世界占比大于或等于 0.1%。

C层人才最多的是北京，世界占比为6.21%；江苏C层人才的世界占比为2.38%，排名第二；广东、陕西有相当数量的C层人才，世界占比分别为1.17%、1.15%；浙江、甘肃、上海、辽宁、湖北、黑龙江、福建、四川、吉林、云南、湖南、河南、广西、江西、山东、重庆、海南、新疆、河北、安徽、青海、贵州、内蒙古、天津、山西也有一定数量的C层人才，世界占比均超过0.1%；宁夏、西藏C层人才的世界占比均为0.04%。

表4-118　林学A层人才的世界占比

单位：%

省　份	2013年	2014年	2015年	2016年	2017年	2018年	2019年	2020年	2021年	2022年	合计
北　京	0.00	16.67	12.50	0.00	0.00	0.00	9.09	0.00	7.69	33.33	10.14
江　苏	0.00	0.00	0.00	0.00	0.00	0.00	9.09	0.00	7.69	11.11	4.35
福　建	0.00	0.00	0.00	0.00	0.00	0.00	0.00	11.11	0.00	0.00	1.45
广　东	0.00	0.00	0.00	0.00	0.00	0.00	0.00	0.00	0.00	11.11	1.45
黑龙江	0.00	0.00	0.00	0.00	0.00	0.00	0.00	0.00	0.00	11.11	1.45
江　西	0.00	0.00	0.00	0.00	0.00	20.00	0.00	0.00	0.00	0.00	1.45
吉　林	0.00	0.00	0.00	0.00	0.00	0.00	0.00	0.00	0.00	11.11	1.45
陕　西	0.00	0.00	0.00	0.00	0.00	20.00	0.00	0.00	0.00	0.00	1.45
上　海	0.00	0.00	0.00	0.00	0.00	0.00	0.00	11.11	0.00	0.00	1.45
浙　江	0.00	0.00	0.00	0.00	0.00	20.00	0.00	0.00	0.00	0.00	1.45

表4-119　林学B层人才的世界占比

单位：%

省　份	2013年	2014年	2015年	2016年	2017年	2018年	2019年	2020年	2021年	2022年	合计
北　京	0.00	2.56	4.62	1.02	3.26	5.88	5.26	3.17	6.20	10.53	4.57
江　苏	0.00	1.28	0.00	0.00	1.09	3.92	1.75	1.59	3.88	7.02	2.34
湖　北	0.00	0.00	0.00	0.00	0.00	1.96	1.75	2.38	1.55	3.51	1.32
甘　肃	0.00	1.28	1.54	0.00	2.17	2.94	0.00	1.59	0.78	0.00	1.02
陕　西	0.00	0.00	1.54	0.00	2.17	0.98	0.88	2.38	0.78	0.88	1.02
广　东	0.00	0.00	0.00	0.00	1.09	3.92	0.88	1.59	0.00	0.00	0.81
上　海	0.00	0.00	0.00	0.00	2.17	0.00	0.79	0.78	1.75	0.61	
重　庆	0.00	0.00	0.00	0.00	0.00	0.00	0.00	1.55	2.63	0.51	

省　份	2013 年	2014 年	2015 年	2016 年	2017 年	2018 年	2019 年	2020 年	2021 年	2022 年	合计
福　建	0.00	0.00	1.54	0.00	0.00	0.00	0.88	0.79	1.55	0.00	0.51
四　川	0.00	0.00	0.00	0.00	0.00	0.98	0.88	1.59	0.00	0.88	0.51
浙　江	0.00	0.00	0.00	1.02	0.00	0.00	0.00	0.79	2.33	0.00	0.51
湖　南	0.00	1.28	0.00	0.00	0.00	0.98	0.00	0.00	0.78	0.88	0.41
广　西	0.00	0.00	0.00	0.00	0.00	0.98	0.00	0.00	0.00	1.75	0.30
江　西	0.00	0.00	0.00	0.00	0.00	0.00	0.00	0.78	1.75	0.30
山　东	0.00	0.00	0.00	0.00	0.00	0.00	0.00	0.79	0.78	0.88	0.30
黑龙江	0.00	0.00	0.00	0.00	0.00	0.00	0.00	0.00	0.00	1.75	0.20
辽　宁	0.00	0.00	0.00	0.00	1.09	0.00	0.00	0.00	0.78	0.00	0.20
山　西	0.00	0.00	0.00	0.00	0.00	0.00	0.00	1.59	0.00	0.00	0.20
安　徽	0.00	0.00	0.00	0.00	0.00	0.98	0.00	0.00	0.00	0.00	0.10
海　南	0.00	0.00	0.00	0.00	0.00	0.00	0.00	0.00	0.78	0.00	0.10
河　北	0.00	0.00	0.00	0.00	0.00	0.00	0.00	0.79	0.00	0.00	0.10
河　南	0.00	0.00	0.00	0.00	0.00	0.00	0.88	0.00	0.00	0.00	0.10
吉　林	0.00	0.00	0.00	0.00	0.00	0.00	0.00	0.00	0.00	0.88	0.10
青　海	0.00	0.00	0.00	0.00	0.00	0.98	0.00	0.00	0.00	0.00	0.10
天　津	0.00	0.00	0.00	0.00	0.00	0.00	0.00	0.00	0.00	0.88	0.10
新　疆	0.00	0.00	0.00	0.00	0.00	0.00	0.00	0.00	0.00	0.88	0.10
云　南	0.00	0.00	0.00	0.00	0.00	0.98	0.00	0.00	0.00	0.00	0.10

表 4-120　林学 C 层人才的世界占比

单位：%

省　份	2013 年	2014 年	2015 年	2016 年	2017 年	2018 年	2019 年	2020 年	2021 年	2022 年	合计
北　京	6.30	2.88	5.18	3.88	5.62	6.43	6.66	6.23	8.08	9.18	6.21
江　苏	0.59	0.55	0.51	0.78	1.12	1.77	3.42	2.90	3.93	6.24	2.38
广　东	1.46	0.41	0.51	0.55	0.56	1.22	1.67	1.45	1.62	1.70	1.17
陕　西	0.15	0.41	0.51	1.11	1.01	1.22	1.57	1.88	1.39	1.36	1.15
浙　江	0.44	0.14	0.51	0.55	0.67	1.22	0.93	1.02	1.62	1.13	0.89
甘　肃	0.29	0.14	0.38	1.11	0.67	1.66	1.67	0.26	0.77	0.68	0.79
上　海	0.73	0.00	0.38	0.89	1.01	0.67	1.20	0.51	1.00	1.02	0.77

续表

省　份	2013 年	2014 年	2015 年	2016 年	2017 年	2018 年	2019 年	2020 年	2021 年	2022 年	合计
辽　宁	1.46	0.27	0.51	0.22	0.45	1.33	0.83	0.77	0.77	1.02	0.76
湖　北	0.15	0.41	0.51	0.22	0.45	0.78	0.74	0.68	1.23	1.93	0.75
黑龙江	0.59	0.27	0.63	0.44	0.34	0.55	0.46	1.20	0.92	1.25	0.70
福　建	0.29	0.27	0.13	0.44	0.56	0.89	0.74	0.94	0.85	1.36	0.69
四　川	0.15	0.27	0.25	0.55	0.22	0.89	0.74	0.60	0.92	0.79	0.58
吉　林	0.44	0.00	0.00	0.11	0.45	0.55	0.37	0.77	0.46	1.25	0.46
云　南	0.88	0.14	0.25	0.11	0.45	0.89	0.46	0.34	0.38	0.79	0.46
湖　南	0.44	0.41	0.25	0.22	0.22	0.00	0.56	0.51	0.69	0.68	0.42
河　南	0.29	0.14	0.13	0.78	0.11	0.22	0.56	0.09	0.54	0.91	0.39
广　西	0.59	0.55	0.13	0.22	0.22	0.22	0.09	0.68	0.23	0.68	0.35
江　西	0.44	0.00	0.38	0.33	0.56	0.11	0.37	0.09	0.38	0.68	0.33
山　东	0.00	0.00	0.00	0.11	0.00	0.22	0.83	0.43	0.46	0.45	0.29
重　庆	0.00	0.14	0.00	0.00	0.11	0.33	0.19	0.26	0.46	0.79	0.25
海　南	0.00	0.00	0.00	0.00	0.11	0.44	0.46	0.17	0.00	1.25	0.25
新　疆	0.15	0.00	0.00	0.33	0.22	0.00	0.28	0.34	0.31	0.68	0.25
河　北	0.15	0.00	0.13	0.00	0.11	0.33	0.19	0.34	0.31	0.45	0.21
安　徽	0.00	0.41	0.00	0.00	0.11	0.00	0.46	0.17	0.23	0.45	0.19
青　海	0.29	0.00	0.25	0.33	0.00	0.44	0.00	0.00	0.00	0.00	0.18
贵　州	0.00	0.00	0.13	0.00	0.00	0.00	0.22	0.19	0.17	0.23	0.79	0.18
内蒙古	0.00	0.00	0.00	0.00	0.00	0.33	0.28	0.00	0.38	0.45	0.16
天　津	0.00	0.14	0.00	0.11	0.00	0.22	0.46	0.09	0.15	0.34	0.16
山　西	0.15	0.00	0.13	0.00	0.11	0.00	0.00	0.09	0.17	0.31	0.00	0.11
宁　夏	0.00	0.00	0.00	0.00	0.00	0.00	0.00	0.09	0.15	0.11	0.04
西　藏	0.00	0.00	0.13	0.11	0.00	0.00	0.00	0.09	0.00	0.11	0.04

四十四　兽医学

兽医学 A 层人才最多的是黑龙江，世界占比为 2.39%；湖南 A 层人才的世界占比为 1.20%，排名第二；北京、广东、江苏、吉林、浙江、河南、湖北、内蒙古、陕西、山东也有一定数量的 A 层人才，世界占比均超过 0.4%。

B 层人才最多的是广东，世界占比为 2.08%；北京、山东、黑龙江有相当数量的 B 层人才，世界占比在 2%～1%；浙江、湖北、上海、江苏、四川、辽宁、陕西、福建、湖南、吉林、广西、河南、安徽、重庆、甘肃也有一定数量的 B 层人才，世界占比均超过 0.1%；内蒙古、天津、云南、贵州、海南、河北、江西、宁夏、新疆 B 层人才的世界占比均低于 0.1%。

C 层人才最多的是广东，世界占比为 2.33%；北京、山东、江苏、湖北有相当数量的 C 层人才，世界占比在 2%~1%；浙江、上海、四川、黑龙江、河南、陕西、湖南、福建、吉林、辽宁、广西、甘肃、海南、重庆、安徽、内蒙古、河北、江西、天津、云南、贵州也有一定数量的 C 层人才，世界占比大于或等于 0.1%；新疆、青海、山西、西藏、宁夏 C 层人才的世界占比均低于 0.1%。

表 4-121　兽医学 A 层人才的世界占比

单位：%

省　份	2013 年	2014 年	2015 年	2016 年	2017 年	2018 年	2019 年	2020 年	2021 年	2022 年	合计
黑龙江	0.00	0.00	0.00	0.00	0.00	3.85	0.00	0.00	2.94	13.79	2.39
湖　南	0.00	0.00	0.00	0.00	0.00	0.00	6.45	0.00	3.45	1.20
北　京	0.00	4.76	0.00	0.00	0.00	0.00	0.00	0.00	3.45	0.80
广　东	0.00	0.00	0.00	0.00	0.00	0.00	3.85	3.23	0.80
江　苏	0.00	0.00	0.00	4.55	0.00	3.85	0.80
吉　林	0.00	0.00	6.25	0.00	0.00	3.85	0.80
浙　江	4.35	0.00	6.25	0.00	0.00	0.00	0.80
河　南	0.00	0.00	0.00	0.00	0.00	3.85	0.40
湖　北	0.00	0.00	0.00	0.00	0.00	0.00	3.45	0.40
内蒙古	0.00	0.00	0.00	0.00	0.00	3.85	0.40
陕　西	0.00	0.00	0.00	0.00	0.00	3.85	0.40
山　东	0.00	0.00	6.25	0.00	0.00	0.00	0.40

表 4-122　兽医学 B 层人才的世界占比

单位：%

省　份	2013 年	2014 年	2015 年	2016 年	2017 年	2018 年	2019 年	2020 年	2021 年	2022 年	合计
广　东	0.48	0.00	0.50	0.50	3.85	4.22	2.41	3.62	2.52	1.57	2.08
北　京	0.48	0.00	0.50	1.49	0.96	1.27	1.20	1.09	2.52	4.33	1.47
山　东	2.42	1.00	0.99	1.99	1.44	0.00	0.80	0.72	0.72	1.57	1.12

续表

省　份	2013 年	2014 年	2015 年	2016 年	2017 年	2018 年	2019 年	2020 年	2021 年	2022 年	合计
黑龙江	0.00	1.50	0.00	1.99	0.48	0.00	1.61	1.45	0.36	3.15	1.08
浙　江	0.00	0.00	0.99	1.00	2.40	1.27	0.80	1.09	0.72	0.39	0.87
湖　北	0.48	1.50	0.00	1.00	1.92	0.42	0.40	0.36	1.08	1.18	0.82
上　海	0.00	0.00	0.99	1.49	1.44	1.27	0.00	0.00	1.44	0.39	0.69
江　苏	0.97	0.00	0.50	1.00	0.48	0.00	0.40	1.81	0.36	0.79	0.65
四　川	0.48	1.00	0.00	1.00	0.48	0.00	0.40	0.36	1.08	1.18	0.61
辽　宁	0.00	0.00	0.50	0.50	0.48	0.42	0.80	0.00	0.00	0.39	0.30
陕　西	0.00	0.00	0.00	0.00	0.48	0.00	0.40	0.72	0.36	0.39	0.30
福　建	0.00	0.00	0.00	0.00	0.48	0.42	0.00	0.00	0.36	1.18	0.26
湖　南	0.00	0.00	0.00	0.00	0.00	0.00	0.80	0.00	0.00	1.57	0.26
吉　林	0.00	0.00	0.00	0.00	0.00	0.00	0.00	0.00	1.08	1.18	0.26
广　西	0.00	0.50	0.00	0.50	0.00	0.00	0.00	0.36	0.36	0.39	0.22
河　南	0.00	0.50	0.00	0.00	0.00	0.00	0.40	0.36	0.00	0.79	0.22
安　徽	0.00	0.00	0.00	0.50	0.00	0.42	0.00	0.36	0.36	0.00	0.17
重　庆	0.00	0.00	0.00	0.00	0.00	0.00	0.00	0.72	0.00	0.39	0.17
甘　肃	0.00	0.00	0.00	0.00	0.48	0.00	0.00	0.00	0.36	0.39	0.13
内蒙古	0.00	0.00	0.00	0.00	0.00	0.00	0.00	0.72	0.00	0.00	0.09
天　津	0.00	0.00	0.00	0.00	0.00	0.42	0.40	0.00	0.00	0.00	0.09
云　南	0.00	0.00	0.00	0.00	0.00	0.00	0.00	0.00	0.36	0.39	0.09
贵　州	0.00	0.00	0.00	0.00	0.00	0.00	0.00	0.00	0.00	0.39	0.04
海　南	0.00	0.00	0.00	0.00	0.48	0.00	0.00	0.00	0.00	0.00	0.04
河　北	0.00	0.00	0.00	0.00	0.00	0.00	0.00	0.36	0.00	0.00	0.04
江　西	0.00	0.00	0.50	0.00	0.00	0.00	0.00	0.00	0.00	0.00	0.04
宁　夏	0.00	0.00	0.00	0.00	0.00	0.00	0.00	0.36	0.00	0.00	0.04
新　疆	0.00	0.00	0.00	0.00	0.00	0.00	0.00	0.36	0.00	0.00	0.04

表 4-123　兽医学 C 层人才的世界占比

单位：%

省　份	2013 年	2014 年	2015 年	2016 年	2017 年	2018 年	2019 年	2020 年	2021 年	2022 年	合计
广　东	1.27	1.75	1.85	1.43	2.60	2.40	3.38	2.66	2.22	3.07	2.33
北　京	1.17	1.10	1.34	1.79	1.85	1.97	2.34	2.00	2.73	2.71	1.98
山　东	1.32	1.15	2.06	1.84	1.90	2.83	2.27	2.14	1.35	1.99	1.89
江　苏	1.02	1.05	1.13	1.38	1.55	1.88	2.23	2.07	1.99	2.27	1.72
湖　北	0.56	0.45	1.24	1.49	1.70	1.50	1.38	0.88	0.84	1.00	1.09

省　份	2013 年	2014 年	2015 年	2016 年	2017 年	2018 年	2019 年	2020 年	2021 年	2022 年	合计
浙　江	0.36	0.80	0.93	0.87	1.10	0.73	1.11	0.84	0.68	1.23	0.87
上　海	0.81	0.75	0.62	0.72	1.00	0.60	1.11	1.02	0.84	1.00	0.86
四　川	0.10	0.20	0.88	0.72	0.95	0.56	0.69	0.84	0.87	1.11	0.71
黑龙江	0.25	0.10	0.26	0.51	0.65	0.47	0.77	1.37	0.87	1.04	0.68
河　南	0.31	0.25	0.21	0.31	0.60	0.81	0.88	1.30	0.64	0.92	0.67
陕　西	0.31	0.50	0.31	0.41	0.40	0.39	0.96	0.81	0.58	0.64	0.55
湖　南	0.00	0.25	0.36	0.20	0.20	0.39	0.50	0.77	1.06	0.84	0.51
福　建	0.20	0.30	0.36	0.92	0.40	0.39	0.88	0.46	0.26	0.60	0.48
吉　林	0.15	0.10	0.36	0.36	0.20	0.43	0.58	0.67	0.64	0.76	0.46
辽　宁	0.31	0.10	0.57	0.56	0.40	0.43	0.61	0.25	0.23	0.20	0.36
广　西	0.20	0.15	0.21	0.05	0.30	0.17	0.58	0.42	0.35	0.60	0.32
甘　肃	0.10	0.15	0.21	0.15	0.50	0.21	0.27	0.32	0.55	0.44	0.31
海　南	0.05	0.05	0.05	0.31	0.15	0.21	0.50	0.28	0.26	0.44	0.24
重　庆	0.10	0.15	0.00	0.00	0.20	0.26	0.19	0.25	0.51	0.24	0.21
安　徽	0.00	0.10	0.15	0.20	0.05	0.26	0.19	0.25	0.29	0.32	0.19
内蒙古	0.05	0.05	0.00	0.15	0.10	0.17	0.08	0.28	0.29	0.40	0.17
河　北	0.00	0.00	0.00	0.00	0.25	0.13	0.23	0.18	0.19	0.52	0.16
江　西	0.15	0.05	0.15	0.05	0.00	0.17	0.27	0.14	0.23	0.32	0.16
天　津	0.00	0.05	0.15	0.05	0.20	0.09	0.19	0.21	0.10	0.24	0.13
云　南	0.15	0.15	0.05	0.10	0.10	0.00	0.15	0.04	0.19	0.28	0.12
贵　州	0.00	0.00	0.00	0.05	0.05	0.00	0.04	0.11	0.35	0.24	0.10
新　疆	0.00	0.00	0.00	0.05	0.10	0.04	0.12	0.14	0.16	0.20	0.09
青　海	0.00	0.05	0.00	0.05	0.05	0.04	0.08	0.11	0.10	0.16	0.08
山　西	0.00	0.05	0.10	0.10	0.00	0.04	0.04	0.07	0.10	0.12	0.06
西　藏	0.00	0.10	0.05	0.00	0.10	0.04	0.04	0.07	0.00	0.04	0.04
宁　夏	0.00	0.05	0.05	0.00	0.00	0.04	0.04	0.07	0.00	0.04	0.03

四十五　海洋生物学和淡水生物学

海洋生物学和淡水生物学 A 层人才最多的是广东、上海、浙江，世界占比均为 1.06%；北京、贵州、黑龙江、山东、四川也有一定数量的 A 层人才，世界占比均为 0.53%。

　　B 层人才最多的是山东，世界占比为 1.52%；北京、上海 B 层人才的世界占比分别为 1.31%、1.05%，分列第二、第三位；广东、浙江、江苏、黑龙江、福建、海南、湖北、河南、湖南、四川、辽宁、陕西、河北、吉林也有一定数量的 B 层人才，世界占比大于或等于 0.1%；安徽、重庆、广西、天津 B 层人才的世界占比均为 0.05%。

　　山东、广东 C 层人才的世界占比分别为 2.74%、2.57%，排名前二；北京、浙江、江苏、上海、湖北有相当数量的 C 层人才，世界占比在 2%~1%；福建、四川、辽宁、海南、天津、陕西、黑龙江、广西、湖南、河南、重庆、吉林、江西也有一定数量的 C 层人才，世界占比均超过 0.1%；安徽、云南、甘肃、河北、内蒙古、山西、贵州、青海、新疆、宁夏、西藏 C 层人才的世界占比均低于 0.1%。

表 4-124　海洋生物学和淡水生物学 A 层人才的世界占比

单位：%

省　份	2013 年	2014 年	2015 年	2016 年	2017 年	2018 年	2019 年	2020 年	2021 年	2022 年	合计
广　东	0.00	0.00	0.00	5.26	0.00	0.00	5.56	0.00	0.00	0.00	1.06
上　海	0.00	9.09	0.00	0.00	0.00	5.26	0.00	0.00	0.00	0.00	1.06
浙　江	0.00	0.00	0.00	0.00	0.00	0.00	0.00	4.55	0.00	4.55	1.06
北　京	0.00	0.00	0.00	0.00	0.00	0.00	5.56	0.00	0.00	0.00	0.53
贵　州	0.00	0.00	0.00	0.00	0.00	0.00	0.00	0.00	0.00	4.55	0.53
黑龙江	0.00	0.00	0.00	0.00	0.00	0.00	0.00	0.00	0.00	4.55	0.53
山　东	0.00	0.00	0.00	0.00	5.26	0.00	0.00	0.00	0.00	0.00	0.53
四　川	0.00	0.00	0.00	0.00	0.00	0.00	0.00	0.00	0.00	4.55	0.53

表 4-125　海洋生物学和淡水生物学 B 层人才的世界占比

单位：%

省　份	2013 年	2014 年	2015 年	2016 年	2017 年	2018 年	2019 年	2020 年	2021 年	2022 年	合计
山　东	2.63	1.26	1.19	0.55	0.52	1.61	2.27	0.95	0.41	3.94	1.52
北　京	3.29	1.26	2.38	0.00	1.05	1.08	1.82	0.00	1.24	1.48	1.31
上　海	2.63	0.63	0.60	0.55	0.00	1.08	0.45	0.95	0.83	2.96	1.05
广　东	1.32	0.00	1.79	1.10	0.00	1.61	0.45	0.00	0.83	2.96	0.99

续表

省 份	2013 年	2014 年	2015 年	2016 年	2017 年	2018 年	2019 年	2020 年	2021 年	2022 年	合计
浙 江	0.66	0.00	1.19	0.00	0.52	1.08	1.36	1.43	0.83	1.97	0.94
江 苏	1.32	0.63	0.60	1.10	0.00	1.08	0.45	0.95	0.00	2.46	0.84
黑龙江	0.66	0.00	0.00	0.00	0.00	0.00	0.00	0.00	0.83	4.93	0.68
福 建	0.66	0.00	0.00	0.00	0.52	0.54	1.36	0.00	1.24	0.99	0.58
海 南	0.00	0.00	0.60	0.00	0.52	0.54	0.45	0.00	0.41	0.49	0.31
湖 北	0.66	0.63	0.60	0.00	0.00	1.08	0.00	0.00	0.00	0.49	0.31
河 南	0.00	0.63	0.00	0.00	0.00	0.00	0.00	0.48	0.00	0.99	0.21
湖 南	0.00	0.00	0.00	0.00	0.00	0.54	0.45	0.48	0.00	0.49	0.21
四 川	0.00	0.63	0.00	0.00	0.00	0.00	0.00	0.95	0.41	0.00	0.21
辽 宁	0.00	0.00	0.00	0.55	0.00	0.00	0.00	0.00	0.41	0.49	0.16
陕 西	0.00	0.00	0.00	0.00	0.52	0.54	0.00	0.00	0.00	0.49	0.16
河 北	0.00	0.00	0.00	0.00	0.00	0.00	0.00	0.00	0.00	0.99	0.10
吉 林	0.00	0.00	0.00	0.55	0.00	0.00	0.00	0.00	0.00	0.49	0.10
安 徽	0.66	0.00	0.00	0.00	0.00	0.00	0.00	0.00	0.00	0.00	0.05
重 庆	0.00	0.00	0.00	0.00	0.00	0.00	0.00	0.00	0.41	0.00	0.05
广 西	0.00	0.00	0.00	0.00	0.00	0.00	0.00	0.00	0.00	0.49	0.05
天 津	0.00	0.00	0.00	0.00	0.00	0.00	0.00	0.48	0.00	0.00	0.05

表 4-126　海洋生物学和淡水生物学 C 层人才的世界占比

单位：%

省 份	2013 年	2014 年	2015 年	2016 年	2017 年	2018 年	2019 年	2020 年	2021 年	2022 年	合计
山 东	1.87	1.90	2.90	2.34	2.79	2.51	2.75	2.63	3.20	4.26	2.74
广 东	1.67	1.38	2.59	1.69	2.20	2.24	2.34	3.02	3.74	4.26	2.57
北 京	1.93	1.84	1.91	1.85	1.98	1.64	1.65	2.05	1.60	2.44	1.87
浙 江	0.80	0.85	1.17	1.64	1.34	1.42	1.28	1.37	1.43	2.38	1.38
江 苏	1.53	2.03	1.42	1.09	0.80	1.20	1.10	1.46	1.26	2.01	1.36
上 海	0.93	0.79	1.05	1.42	1.29	1.26	1.06	1.61	1.89	1.46	1.31
湖 北	0.87	1.11	1.67	1.25	1.39	1.69	1.01	0.78	0.84	1.58	1.20
福 建	0.33	0.85	0.93	0.65	0.96	0.60	1.06	1.07	1.30	1.40	0.94
四 川	0.20	0.33	0.80	0.60	0.43	0.49	0.55	0.15	0.21	0.55	0.42
辽 宁	0.27	0.20	0.86	0.27	0.70	0.22	0.37	0.54	0.21	0.55	0.41
海 南	0.07	0.07	0.12	0.11	0.21	0.22	0.50	0.59	0.38	0.61	0.30

续表

省　份	2013 年	2014 年	2015 年	2016 年	2017 年	2018 年	2019 年	2020 年	2021 年	2022 年	合计
天　津	0.07	0.20	0.25	0.22	0.21	0.16	0.50	0.20	0.25	0.73	0.28
陕　西	0.00	0.46	0.25	0.11	0.32	0.22	0.18	0.20	0.38	0.61	0.27
黑龙江	0.13	0.07	0.12	0.05	0.21	0.05	0.32	0.44	0.29	0.67	0.24
广　西	0.07	0.07	0.31	0.16	0.16	0.00	0.18	0.34	0.38	0.61	0.23
湖　南	0.07	0.07	0.31	0.11	0.21	0.11	0.14	0.29	0.29	0.49	0.21
河　南	0.00	0.07	0.12	0.11	0.16	0.05	0.23	0.15	0.21	0.43	0.16
重　庆	0.07	0.07	0.19	0.16	0.05	0.22	0.28	0.20	0.08	0.18	0.15
吉　林	0.00	0.00	0.19	0.00	0.05	0.22	0.14	0.15	0.29	0.37	0.15
江　西	0.00	0.07	0.12	0.05	0.00	0.00	0.37	0.24	0.13	0.24	0.13
安　徽	0.07	0.00	0.00	0.16	0.00	0.00	0.09	0.10	0.08	0.24	0.08
云　南	0.07	0.00	0.12	0.05	0.16	0.16	0.05	0.05	0.00	0.00	0.08
甘　肃	0.07	0.07	0.00	0.00	0.05	0.05	0.00	0.05	0.13	0.12	0.05
河　北	0.00	0.00	0.06	0.00	0.05	0.00	0.00	0.00	0.17	0.24	0.05
内蒙古	0.07	0.00	0.00	0.00	0.05	0.05	0.00	0.20	0.00	0.00	0.04
山　西	0.00	0.00	0.12	0.00	0.05	0.00	0.00	0.05	0.00	0.12	0.04
贵　州	0.00	0.00	0.00	0.00	0.05	0.00	0.00	0.10	0.00	0.12	0.03
青　海	0.00	0.13	0.06	0.00	0.00	0.00	0.09	0.00	0.00	0.06	0.03
新　疆	0.00	0.00	0.00	0.00	0.00	0.05	0.00	0.00	0.00	0.12	0.02
宁　夏	0.00	0.00	0.00	0.00	0.05	0.05	0.00	0.00	0.00	0.00	0.01
西　藏	0.00	0.07	0.00	0.00	0.00	0.00	0.00	0.00	0.00	0.00	0.01

四十六　渔业学

渔业学 A 层人才分布在北京、广东、贵州、黑龙江、上海、四川、浙江，世界占比均为 1.33%。

B 层人才最多的是山东，世界占比为 1.41%；广东、上海 B 层人才的世界占比均为 1.30%，并列排名第二；其后是浙江，B 层人才的世界占比为 1.19%；北京、黑龙江、湖北、福建、江苏、辽宁、重庆、海南、河南、吉林、陕西、四川、天津、云南也有一定数量的 B 层人才，世界占比均超过 0.1%。

广东、山东 C 层人才的世界占比分别为 4.11%、3.67%，排名前二；湖北、浙江、北京、上海、江苏、福建、四川有相当数量的 C 层人才，世界占比在 3%～1%；辽宁、海南、陕西、黑龙江、湖南、河南、广西、吉林、重庆、江西、天津、云南也有一定数量的 C 层人才，世界占比均超过0.1%；安徽、贵州、内蒙古、青海、河北、甘肃、山西、西藏、新疆 C 层人才的世界占比均低于 0.1%。

表 4-127 渔业学 A 层人才的世界占比

单位：%

省 份	2013 年	2014 年	2015 年	2016 年	2017 年	2018 年	2019 年	2020 年	2021 年	2022 年	合 计
北 京	0.00	0.00	0.00	0.00	0.00	20.00	0.00	0.00	0.00	0.00	1.33
广 东	0.00	0.00	0.00	0.00	0.00	0.00	9.09	0.00	0.00	0.00	1.33
贵 州	0.00	0.00	0.00	0.00	0.00	0.00	0.00	0.00	0.00	9.09	1.33
黑龙江	0.00	0.00	0.00	0.00	0.00	0.00	0.00	0.00	0.00	9.09	1.33
上 海	0.00	0.00	0.00	0.00	0.00	0.00	0.00	0.00	16.67	0.00	1.33
四 川	0.00	0.00	0.00	0.00	0.00	0.00	0.00	0.00	0.00	9.09	1.33
浙 江	0.00	0.00	0.00	0.00	0.00	0.00	0.00	0.00	0.00	9.09	1.33

表 4-128 渔业学 B 层人才的世界占比

单位：%

省 份	2013 年	2014 年	2015 年	2016 年	2017 年	2018 年	2019 年	2020 年	2021 年	2022 年	合 计
山 东	4.29	1.39	1.32	2.20	1.09	1.03	0.91	1.83	0.88	0.00	1.41
广 东	0.00	0.00	0.00	2.20	0.00	1.03	3.64	1.83	1.75	1.11	1.30
上 海	1.43	1.39	3.95	1.10	1.09	1.03	0.00	1.83	0.00	2.22	1.30
浙 江	1.43	0.00	2.63	2.20	0.00	1.03	1.82	0.92	0.88	1.11	1.19
北 京	0.00	0.00	0.00	1.10	0.00	0.00	1.82	1.83	2.63	1.11	0.98
黑龙江	0.00	0.00	0.00	0.00	0.00	0.00	0.91	0.00	0.88	6.67	0.87
湖 北	0.00	0.00	0.00	0.00	0.00	2.06	1.82	0.92	2.22	0.00	0.87
福 建	1.43	0.00	0.00	1.10	0.00	1.03	0.91	0.92	0.88	0.00	0.76
江 苏	0.00	1.39	0.00	0.00	0.00	1.03	0.91	0.00	0.88	1.11	0.54
辽 宁	0.00	0.00	0.00	1.10	0.00	0.00	0.00	0.00	0.00	1.11	0.43
重 庆	0.00	0.00	0.00	0.00	0.00	0.00	0.00	0.00	0.88	1.11	0.22
海 南	0.00	0.00	0.00	0.00	1.09	1.03	0.00	0.00	0.00	0.00	0.22

续表

省 份	2013 年	2014 年	2015 年	2016 年	2017 年	2018 年	2019 年	2020 年	2021 年	2022 年	合计
河 南	0.00	1.39	0.00	0.00	0.00	0.00	0.00	0.92	0.00	0.00	0.22
吉 林	0.00	0.00	0.00	0.00	0.00	0.00	0.91	0.00	0.00	1.11	0.22
陕 西	0.00	0.00	0.00	0.00	1.09	1.03	0.00	0.00	0.00	0.00	0.22
四 川	1.43	0.00	0.00	0.00	1.09	0.00	0.00	0.00	0.00	0.00	0.22
天 津	0.00	0.00	0.00	0.00	0.00	0.00	0.00	0.92	0.00	0.00	0.11
云 南	0.00	0.00	0.00	0.00	0.00	0.00	0.00	0.92	0.00	0.00	0.11

表 4-129 渔业学 C 层人才的世界占比

单位：%

省 份	2013 年	2014 年	2015 年	2016 年	2017 年	2018 年	2019 年	2020 年	2021 年	2022 年	合计
广 东	3.15	3.24	3.53	2.59	2.31	4.50	4.15	5.45	5.10	5.94	4.11
山 东	3.30	4.28	4.32	3.72	3.24	3.37	2.99	3.11	4.02	4.69	3.67
湖 北	1.05	2.06	3.01	2.59	2.31	3.26	2.03	1.30	2.35	2.74	2.26
浙 江	1.35	1.92	1.96	2.14	2.20	1.91	1.93	2.16	2.55	2.86	2.13
北 京	1.80	2.51	1.83	2.03	1.74	1.69	1.93	2.16	2.16	3.09	2.09
上 海	1.05	1.92	1.57	1.91	2.08	1.69	1.93	2.08	2.35	2.97	1.99
江 苏	2.10	1.77	2.88	1.58	1.04	2.02	1.54	2.16	1.96	2.40	1.94
福 建	0.45	1.03	1.05	1.01	0.81	0.79	1.74	1.21	0.78	1.60	1.08
四 川	0.60	1.03	1.83	1.69	0.81	0.90	0.97	0.43	0.78	1.26	1.01
辽 宁	0.60	0.44	1.44	0.90	1.16	0.56	0.39	0.43	0.20	1.37	0.72
海 南	0.00	0.15	0.13	0.45	0.12	0.56	1.25	0.69	0.59	0.91	0.53
陕 西	0.15	1.03	0.79	0.23	0.46	0.45	0.58	0.35	0.39	0.57	0.49
黑龙江	0.00	0.15	0.26	0.23	0.23	0.11	0.48	0.61	0.88	1.26	0.45
湖 南	0.00	0.15	0.26	0.00	0.35	0.22	0.48	0.69	0.59	0.57	0.36
河 南	0.00	0.00	0.26	0.11	0.35	0.11	0.48	0.43	0.69	0.80	0.35
广 西	0.30	0.29	0.39	0.23	0.23	0.00	0.10	0.69	0.29	0.69	0.33
吉 林	0.00	0.00	0.26	0.00	0.00	0.22	0.39	0.43	0.69	0.57	0.28
重 庆	0.15	0.15	0.26	0.11	0.12	0.56	0.48	0.43	0.10	0.11	0.26
江 西	0.15	0.00	0.13	0.00	0.00	0.11	0.58	0.43	0.39	0.46	0.25
天 津	0.00	0.00	0.26	0.11	0.23	0.00	0.39	0.00	0.29	0.46	0.18
云 南	0.15	0.15	0.13	0.00	0.23	0.11	0.10	0.09	0.20	0.11	0.14
安 徽	0.15	0.00	0.13	0.34	0.00	0.11	0.00	0.09	0.00	0.11	0.09

续表

省　份	2013 年	2014 年	2015 年	2016 年	2017 年	2018 年	2019 年	2020 年	2021 年	2022 年	合计
贵　州	0.00	0.00	0.00	0.00	0.00	0.00	0.00	0.17	0.20	0.34	0.08
内蒙古	0.00	0.00	0.00	0.00	0.12	0.00	0.00	0.26	0.00	0.11	0.06
青　海	0.00	0.00	0.13	0.00	0.00	0.00	0.19	0.09	0.00	0.11	0.06
河　北	0.00	0.00	0.00	0.00	0.00	0.00	0.10	0.00	0.00	0.34	0.05
甘　肃	0.00	0.00	0.00	0.11	0.00	0.11	0.00	0.00	0.00	0.11	0.03
山　西	0.00	0.00	0.13	0.00	0.00	0.00	0.00	0.09	0.00	0.11	0.03
西　藏	0.00	0.15	0.13	0.00	0.00	0.00	0.00	0.00	0.00	0.00	0.02
新　疆	0.00	0.00	0.00	0.00	0.00	0.00	0.00	0.00	0.00	0.11	0.01

四十七　食品科学和技术

食品科学和技术 A 层人才最多的是江苏，世界占比为 1.82%；北京 A 层人才的世界占比为 1.14%，排名第二；广东、湖北、四川、上海、吉林、海南、河北、河南、江西、辽宁、山东、天津、浙江也有一定数量的 A 层人才，世界占比均超过 0.2%。

B 层人才最多的是江苏，世界占比为 3.83%；北京、广东 B 层人才的世界占比分别为 3.18%、3.15%，分列第二、第三位；浙江、江西、湖北、黑龙江有相当数量的 B 层人才，世界占比在 3%~1%；安徽、陕西、上海、山东、福建、辽宁、四川、河南、湖南、重庆、河北、海南、吉林、天津、宁夏、广西、云南、甘肃、新疆、贵州、山西也有一定数量的 B 层人才，世界占比大于或等于 0.1%；内蒙古、青海 B 层人才的世界占比均为 0.05%。

C 层人才最多的是江苏，世界占比为 5.43%；北京、广东 C 层人才的世界占比分别为 3.94%、3.42%，分列第二、第三位；浙江、湖北、山东、陕西、上海、江西、辽宁有相当数量的 C 层人才，世界占比在 3%~1%；黑龙江、河南、四川、安徽、福建、天津、湖南、重庆、吉林、海南、河北、云南、贵州、新疆、广西、甘肃、宁夏、山西、内蒙古也有一定数量的 C 层人才，世界占比均超过 0.1%；青海、西藏 C 层人才的世界占比均低于 0.1%。

表 4-130 食品科学和技术 A 层人才的世界占比

单位：%

省 份	2013 年	2014 年	2015 年	2016 年	2017 年	2018 年	2019 年	2020 年	2021 年	2022 年	合计
江 苏	0.00	0.00	0.00	2.94	0.00	2.50	10.20	0.00	0.00	1.67	1.82
北 京	0.00	3.13	0.00	2.94	0.00	5.00	0.00	0.00	1.56	0.00	1.14
广 东	0.00	0.00	0.00	2.94	0.00	0.00	4.08	1.85	0.00	0.00	0.91
湖 北	0.00	3.13	0.00	2.94	0.00	2.50	0.00	1.85	0.00	0.00	0.91
四 川	0.00	0.00	0.00	0.00	0.00	0.00	2.04	0.00	0.00	5.00	0.91
上 海	0.00	0.00	0.00	2.94	0.00	0.00	4.08	0.00	0.00	0.00	0.68
吉 林	0.00	0.00	0.00	2.94	0.00	0.00	0.00	0.00	1.56	0.00	0.46
海 南	0.00	0.00	0.00	0.00	0.00	0.00	0.00	0.00	0.00	1.67	0.23
河 北	0.00	0.00	0.00	0.00	0.00	0.00	0.00	0.00	0.00	1.67	0.23
河 南	0.00	0.00	0.00	0.00	0.00	0.00	0.00	0.00	0.00	1.67	0.23
江 西	0.00	0.00	0.00	0.00	0.00	0.00	0.00	0.00	1.56	0.00	0.23
辽 宁	0.00	0.00	0.00	0.00	0.00	0.00	2.04	0.00	0.00	0.00	0.23
山 东	0.00	0.00	0.00	0.00	0.00	0.00	0.00	0.00	1.56	0.00	0.23
天 津	0.00	0.00	2.86	0.00	0.00	0.00	0.00	0.00	0.00	0.00	0.23
浙 江	0.00	0.00	0.00	0.00	0.00	0.00	0.00	0.00	0.00	1.67	0.23

表 4-131 食品科学和技术 B 层人才的世界占比

单位：%

省 份	2013 年	2014 年	2015 年	2016 年	2017 年	2018 年	2019 年	2020 年	2021 年	2022 年	合计
江 苏	2.22	2.09	1.90	2.15	3.15	3.54	4.74	4.89	6.15	4.16	3.83
北 京	1.48	1.39	0.63	2.15	2.58	2.18	2.93	3.46	3.69	7.28	3.18
广 东	2.59	1.39	1.58	2.46	2.58	4.09	4.97	2.85	4.57	2.77	3.15
浙 江	0.74	0.70	0.63	1.23	0.86	1.63	3.39	3.67	2.99	3.99	2.30
江 西	0.74	0.70	0.95	3.08	0.29	1.36	2.26	0.41	1.23	1.21	1.23
湖 北	0.74	0.35	0.32	1.85	1.15	1.36	0.90	0.81	1.23	2.25	1.18
黑龙江	0.00	0.70	0.00	0.62	1.15	1.09	1.35	0.41	1.76	2.25	1.08
安 徽	0.37	0.35	0.32	1.54	0.86	1.09	1.81	0.20	1.58	1.04	0.98
陕 西	0.37	1.05	0.00	0.31	0.29	1.09	0.23	1.43	1.93	1.39	0.93
上 海	1.11	1.39	0.32	0.00	1.15	0.27	1.13	0.61	1.41	0.87	0.85
山 东	0.00	0.70	0.32	0.62	1.15	0.00	0.90	0.41	1.41	1.39	0.78
福 建	0.37	0.70	0.32	1.23	0.29	1.09	0.90	1.02	0.88	0.17	0.70

续表

省　份	2013 年	2014 年	2015 年	2016 年	2017 年	2018 年	2019 年	2020 年	2021 年	2022 年	合计
辽　宁	0.00	0.35	0.32	0.00	0.00	0.27	0.68	1.22	1.76	1.04	0.70
四　川	0.37	0.00	0.32	0.00	0.29	0.27	0.45	0.41	1.05	2.43	0.70
河　南	0.00	0.00	0.00	0.00	0.29	0.00	0.45	0.81	0.88	1.04	0.45
湖　南	0.74	0.00	0.00	0.62	0.00	0.82	0.23	0.41	1.05	0.35	0.45
重　庆	0.00	0.00	0.00	0.31	0.00	0.00	0.23	0.20	1.41	1.04	0.43
河　北	0.00	0.35	0.00	0.31	0.29	0.54	0.23	0.41	0.70	0.35	0.35
海　南	0.00	0.35	0.00	0.31	0.00	0.27	0.45	0.81	0.18	0.52	0.33
吉　林	0.37	0.00	0.32	0.31	0.29	0.00	0.45	0.00	0.18	0.87	0.30
天　津	0.74	0.00	0.95	0.31	0.00	0.54	0.00	0.20	0.00	0.35	0.30
宁　夏	0.00	0.00	0.00	0.00	0.00	0.00	0.68	0.20	0.53	0.52	0.25
广　西	0.00	0.00	0.00	0.00	0.00	0.00	0.45	0.41	0.18	0.35	0.18
云　南	0.00	0.35	0.00	0.00	0.29	0.00	0.00	0.18	0.52		0.15
甘　肃	0.00	0.00	0.00	0.62	0.00	0.00	0.00	0.00	0.35	0.17	0.13
新　疆	0.00	0.00	0.00	0.00	0.00	0.00	0.45	0.20	0.00	0.17	0.13
贵　州	0.00	0.00	0.00	0.00	0.00	0.00	0.00	0.00	0.53	0.17	0.10
山　西	0.00	0.35	0.00	0.00	0.00	0.00	0.23	0.20	0.00	0.17	0.10
内蒙古	0.00	0.00	0.00	0.00	0.00	0.00	0.23	0.00	0.18	0.00	0.05
青　海	0.00	0.00	0.00	0.00	0.00	0.00	0.00	0.20	0.00	0.17	0.05

表 4-132　食品科学和技术 C 层人才的世界占比

单位：%

省　份	2013 年	2014 年	2015 年	2016 年	2017 年	2018 年	2019 年	2020 年	2021 年	2022 年	合计
江　苏	3.08	3.67	3.26	3.62	4.33	5.31	6.19	5.89	7.34	7.79	5.43
北　京	2.34	3.01	2.24	2.89	3.44	3.64	4.60	4.39	5.11	5.32	3.94
广　东	1.52	2.20	2.56	2.71	2.95	3.59	4.53	3.86	4.10	4.20	3.42
浙　江	1.89	1.85	1.53	1.93	2.22	2.23	3.16	2.73	3.33	3.97	2.65
湖　北	0.82	0.98	0.77	1.24	1.46	1.36	1.80	2.06	2.17	2.24	1.62
山　东	0.33	0.66	0.61	0.90	0.92	1.17	1.75	2.12	2.01	2.41	1.45
陕　西	0.82	0.80	0.64	0.96	1.05	1.31	1.34	1.44	1.96	1.74	1.30
上　海	0.56	0.77	0.99	0.84	1.14	1.22	1.41	1.64	1.48	1.76	1.27
江　西	0.71	0.77	0.89	0.75	0.68	0.81	1.32	1.66	1.73	1.54	1.18
辽　宁	0.63	0.45	0.64	0.54	0.70	0.72	1.34	1.62	1.64	1.74	1.12
黑龙江	0.41	0.21	0.38	0.48	0.49	0.95	0.84	1.19	1.76	1.77	0.97

续表

省份	2013 年	2014 年	2015 年	2016 年	2017 年	2018 年	2019 年	2020 年	2021 年	2022 年	合计
河　南	0.48	0.42	0.48	0.42	0.54	0.81	1.30	1.09	1.39	1.23	0.90
四　川	0.33	0.42	0.42	0.36	0.41	0.50	0.86	1.13	1.48	1.81	0.89
安　徽	0.33	0.35	0.29	0.42	0.41	0.95	1.32	1.05	1.39	1.16	0.86
福　建	0.15	0.42	0.45	0.39	0.70	0.64	1.34	0.95	1.03	1.31	0.82
天　津	0.48	0.59	0.80	0.48	0.87	0.81	0.80	0.63	0.77	1.04	0.75
湖　南	0.30	0.56	0.26	0.42	0.54	0.67	0.91	0.89	0.78	1.06	0.69
重　庆	0.26	0.31	0.29	0.21	0.27	0.47	0.50	0.81	0.84	0.83	0.54
吉　林	0.26	0.35	0.32	0.24	0.43	0.31	0.50	0.34	0.78	0.91	0.49
海　南	0.11	0.17	0.10	0.21	0.38	0.11	0.34	0.30	0.62	0.68	0.34
河　北	0.07	0.00	0.29	0.21	0.19	0.31	0.32	0.45	0.36	0.71	0.33
云　南	0.11	0.21	0.29	0.18	0.19	0.25	0.34	0.22	0.46	0.54	0.30
贵　州	0.07	0.03	0.00	0.00	0.08	0.17	0.23	0.30	0.66	0.68	0.28
新　疆	0.11	0.10	0.26	0.12	0.27	0.19	0.32	0.24	0.30	0.54	0.27
广　西	0.15	0.21	0.13	0.09	0.11	0.14	0.23	0.42	0.43	0.31	0.25
甘　肃	0.26	0.14	0.26	0.12	0.24	0.17	0.11	0.22	0.28	0.23	0.21
宁　夏	0.04	0.00	0.13	0.06	0.11	0.14	0.11	0.20	0.28	0.33	0.16
山　西	0.00	0.21	0.10	0.18	0.11	0.17	0.14	0.16	0.27	0.19	0.16
内蒙古	0.04	0.03	0.00	0.00	0.16	0.11	0.11	0.16	0.18	0.31	0.14
青　海	0.00	0.03	0.10	0.00	0.08	0.11	0.11	0.10	0.07	0.14	0.08
西　藏	0.00	0.00	0.00	0.00	0.03	0.03	0.05	0.00	0.14	0.06	0.04

四十八　生物医药工程

生物医药工程 A 层人才最多的是上海，世界占比为 4.15%；北京、广东 A 层人才的世界占比分别为 3.81%、3.46%，分列第二、第三位；四川、吉林、湖南、江苏、陕西、浙江、辽宁有相当数量的 A 层人才，世界占比在 3%~1%；湖北、福建、广西、内蒙古、江西、宁夏、山东、山西也有一定数量的 A 层人才，世界占比均超过 0.3%。

B 层人才最多的是北京，世界占比为 5.27%；上海、广东 B 层人才的世界占比分别为 4.75%、4.22%，分列第二、第三位；其后是江苏，B 层人才的世界占比为 3.11%；浙江、四川、湖北、天津有相当数量的 B 层人才，世界占比在 3%~1%；陕西、重庆、吉林、辽宁、湖南、山东、福建、黑龙江、河南、安徽、江西、山西、广西也有一定数量的 B 层人才，世界占比大于或等于 0.1%；河北、宁夏、海南、内蒙古、青海、西藏、云南 B 层人才的世界占比均低于 0.1%。

C 层人才最多的是北京，世界占比为 4.33%；上海、广东 C 层人才的世界占比分别为 4.07%、3.78%，分列第二、第三位；江苏、浙江、四川、湖北、天津有相当数量的 C 层人才，世界占比在 3%~1%；山东、辽宁、吉林、陕西、安徽、重庆、湖南、河南、福建、黑龙江、江西、河北、广西、山西也有一定数量的 C 层人才，世界占比均超过 0.1%；甘肃、云南、贵州、内蒙古、新疆、海南、宁夏 C 层人才的世界占比均低于 0.1%。

表 4-133　生物医药工程 A 层人才的世界占比

单位：%

省 份	2013 年	2014 年	2015 年	2016 年	2017 年	2018 年	2019 年	2020 年	2021 年	2022 年	合计
上 海	4.17	0.00	0.00	0.00	3.23	0.00	2.94	3.13	13.79	12.12	4.15
北 京	0.00	3.57	3.33	0.00	0.00	0.00	8.82	6.25	6.90	6.06	3.81
广 东	4.17	0.00	0.00	0.00	6.45	4.76	2.94	9.38	6.90	0.00	3.46
四 川	0.00	0.00	0.00	0.00	3.23	4.76	2.94	3.13	3.45	3.03	2.08
吉 林	0.00	3.57	0.00	0.00	0.00	0.00	0.00	3.13	3.45	6.06	1.73
湖 南	0.00	0.00	0.00	0.00	0.00	0.00	2.94	3.13	3.45	3.03	1.38
江 苏	4.17	3.57	0.00	0.00	3.23	0.00	0.00	0.00	3.45	0.00	1.38
陕 西	0.00	0.00	0.00	0.00	3.23	0.00	0.00	0.00	0.00	9.09	1.38
浙 江	0.00	0.00	0.00	0.00	0.00	0.00	5.88	0.00	0.00	6.06	1.38
辽 宁	0.00	0.00	0.00	0.00	3.23	0.00	0.00	0.00	6.90	0.00	1.04
湖 北	0.00	0.00	0.00	0.00	0.00	0.00	0.00	6.25	0.00	0.00	0.69
福 建	0.00	0.00	0.00	3.70	0.00	0.00	0.00	0.00	0.00	0.00	0.35
广 西	0.00	0.00	0.00	0.00	0.00	0.00	0.00	0.00	0.00	3.03	0.35
内蒙古	0.00	0.00	0.00	0.00	0.00	0.00	2.94	0.00	0.00	0.00	0.35
江 西	0.00	0.00	0.00	0.00	0.00	0.00	0.00	0.00	3.45	0.00	0.35
宁 夏	0.00	0.00	0.00	0.00	0.00	0.00	0.00	0.00	0.00	3.03	0.35
山 东	4.17	0.00	0.00	0.00	0.00	0.00	0.00	0.00	0.00	0.00	0.35
山 西	0.00	0.00	0.00	0.00	0.00	0.00	0.00	0.00	0.00	3.03	0.35

表4-134 生物医药工程 B 层人才的世界占比

单位：%

省份	2013 年	2014 年	2015 年	2016 年	2017 年	2018 年	2019 年	2020 年	2021 年	2022 年	合计
北 京	3.42	6.04	4.69	4.63	4.56	3.58	5.35	5.99	7.89	5.57	5.27
上 海	8.55	3.77	2.53	3.86	3.86	3.94	4.72	3.87	7.31	4.95	4.75
广 东	2.56	3.02	1.81	3.09	1.40	4.66	2.83	2.46	9.06	9.29	4.22
江 苏	2.56	3.40	2.17	3.86	1.05	2.15	2.52	3.52	4.09	5.26	3.11
浙 江	0.43	0.38	1.08	1.93	0.35	1.79	2.20	2.46	4.97	7.43	2.48
四 川	2.56	0.38	1.81	0.39	0.35	1.43	1.26	2.11	2.34	5.26	1.85
湖 北	1.71	1.13	0.36	1.16	1.40	1.43	1.57	3.52	2.34	3.10	1.81
天 津	0.43	1.89	0.36	1.93	1.40	1.08	0.94	0.70	0.88	2.17	1.19
陕 西	1.28	1.13	0.00	0.77	0.00	0.00	1.57	1.06	1.75	1.86	0.98
重 庆	0.00	0.38	0.36	0.77	0.35	1.79	1.89	0.70	0.88	1.24	0.87
吉 林	0.85	0.75	1.08	0.00	1.05	0.00	0.63	1.41	1.46	1.24	0.87
辽 宁	0.00	0.38	1.08	1.93	0.70	0.72	0.63	0.70	0.58	1.86	0.87
湖 南	0.43	0.00	0.72	0.00	0.00	0.36	0.94	1.41	1.75	1.86	0.80
山 东	0.43	0.38	0.00	0.39	0.00	0.72	0.00	1.41	2.63	1.55	0.80
福 建	0.00	1.13	0.00	0.00	1.05	0.36	0.63	1.41	0.29	1.55	0.66
黑龙江	0.00	0.38	1.44	0.00	0.35	0.72	0.63	0.35	0.29	1.24	0.56
河 南	0.43	0.00	0.00	0.00	0.00	0.72	0.31	1.41	0.58	1.24	0.49
安 徽	0.00	0.00	0.00	0.39	0.00	0.36	0.31	0.35	1.46	1.24	0.45
江 西	0.00	0.00	0.00	0.39	0.00	0.36	0.00	0.35	0.29	0.62	0.21
山 西	0.00	0.38	0.00	0.00	0.00	0.36	0.00	0.00	0.58	0.00	0.14
广 西	0.00	0.00	0.00	0.00	0.00	0.00	0.00	0.35	0.29	0.31	0.10
河 北	0.00	0.00	0.00	0.00	0.00	0.00	0.31	0.35	0.00	0.00	0.07
宁 夏	0.00	0.00	0.00	0.00	0.00	0.00	0.00	0.00	0.29	0.00	0.07
海 南	0.00	0.00	0.00	0.00	0.00	0.00	0.00	0.00	0.31	0.00	0.03
内蒙古	0.00	0.00	0.00	0.00	0.00	0.00	0.00	0.00	0.31	0.00	0.03
青 海	0.00	0.00	0.00	0.00	0.00	0.00	0.31	0.00	0.00	0.00	0.03
西 藏	0.00	0.00	0.00	0.00	0.00	0.00	0.00	0.00	0.29	0.00	0.03
云 南	0.00	0.00	0.00	0.00	0.00	0.00	0.00	0.00	0.00	0.31	0.03

表 4-135　生物医药工程 C 层人才的世界占比

单位：%

省　份	2013 年	2014 年	2015 年	2016 年	2017 年	2018 年	2019 年	2020 年	2021 年	2022 年	合计
北　京	3.64	3.62	2.99	3.04	3.27	4.66	3.82	5.23	5.91	6.47	4.33
上　海	3.68	3.77	3.39	2.77	3.27	3.07	3.62	4.32	5.63	6.54	4.07
广　东	1.40	1.56	2.01	1.62	2.81	3.07	4.04	5.86	6.62	7.27	3.78
江　苏	1.99	1.75	2.59	1.98	2.11	2.07	2.78	2.81	3.50	5.04	2.72
浙　江	1.10	1.14	0.91	1.23	1.51	2.18	2.62	2.56	3.59	4.11	2.17
四　川	1.18	1.37	1.13	0.99	1.34	0.85	1.49	1.90	2.72	2.62	1.60
湖　北	0.80	0.49	0.77	0.95	0.81	1.18	1.81	1.68	1.89	2.29	1.31
天　津	0.72	0.46	0.44	0.75	0.81	1.04	1.49	1.72	1.55	1.66	1.09
山　东	0.72	0.46	0.22	0.32	0.53	0.52	1.42	1.33	1.39	1.92	0.92
辽　宁	0.68	0.61	0.62	0.51	0.53	0.63	0.74	0.91	1.39	1.69	0.85
吉　林	0.63	0.57	0.80	0.63	0.95	0.70	1.04	0.81	0.96	1.06	0.83
陕　西	0.72	0.69	0.55	0.51	0.35	0.67	0.81	0.98	1.14	1.43	0.80
安　徽	0.17	0.42	0.36	0.51	0.49	0.78	1.00	1.19	0.90	1.33	0.74
重　庆	0.38	0.42	0.55	0.43	0.56	0.67	0.81	0.77	1.02	1.49	0.73
湖　南	0.30	0.30	0.36	0.16	0.35	0.44	0.78	1.12	1.14	1.29	0.65
河　南	0.30	0.19	0.15	0.16	0.21	0.22	0.78	1.02	1.30	1.06	0.57
福　建	0.13	0.34	0.15	0.40	0.46	0.41	0.32	0.67	0.80	0.76	0.46
黑龙江	0.30	0.38	0.40	0.40	0.32	0.26	0.23	0.53	0.62	0.43	0.39
江　西	0.08	0.15	0.11	0.04	0.11	0.22	0.29	0.18	0.31	0.43	0.20
河　北	0.13	0.04	0.11	0.08	0.14	0.15	0.29	0.11	0.25	0.43	0.18
广　西	0.00	0.08	0.04	0.04	0.04	0.18	0.19	0.21	0.34	0.36	0.16
山　西	0.00	0.08	0.04	0.16	0.14	0.07	0.13	0.21	0.28	0.36	0.15
甘　肃	0.04	0.00	0.04	0.08	0.00	0.04	0.10	0.07	0.25	0.17	0.08
云　南	0.04	0.00	0.07	0.00	0.11	0.07	0.13	0.11	0.09	0.13	0.08
贵　州	0.00	0.00	0.00	0.04	0.07	0.00	0.13	0.11	0.09	0.27	0.08
内蒙古	0.04	0.11	0.00	0.00	0.22	0.06	0.00	0.15	0.03	0.07
新　疆	0.00	0.00	0.00	0.04	0.04	0.00	0.03	0.11	0.25	0.13	0.06
海　南	0.00	0.00	0.00	0.12	0.00	0.00	0.03	0.04	0.09	0.20	0.05
宁　夏	0.00	0.00	0.00	0.00	0.04	0.00	0.00	0.04	0.00	0.13	0.02

四十九 生物技术和应用微生物学

生物技术和应用微生物学 A 层人才最多的是北京，世界占比为 2.09%；广东、江苏 A 层人才的世界占比分别为 1.46%、1.25%，分列第二、第三位；上海、四川、浙江、云南、安徽、黑龙江、湖北、吉林、山东也有一定数量的 A 层人才，世界占比均超过 0.2%。

B 层人才最多的是北京，世界占比为 3.19%；上海、广东、江苏、浙江、山东有相当数量的 B 层人才，世界占比在 2%～1%；湖北、湖南、天津、四川、河南、黑龙江、辽宁、陕西、福建、重庆、吉林、云南、安徽、江西、广西、河北也有一定数量的 B 层人才，世界占比均超过 0.1%；甘肃、海南、贵州、内蒙古、青海、山西、新疆 B 层人才的世界占比均低于 0.1%。

北京、江苏 C 层人才的世界占比分别为 4.76%、3.45%，排名前二；广东、上海、山东、浙江、湖北、湖南有相当数量的 C 层人才，世界占比在 3%～1%；天津、黑龙江、四川、辽宁、河南、陕西、重庆、福建、安徽、吉林、江西、广西、云南、甘肃、河北、新疆、海南、山西、贵州也有一定数量的 C 层人才，世界占比均超过 0.1%；内蒙古、青海、宁夏、西藏 C 层人才的世界占比均低于 0.1%。

表 4-136 生物技术和应用微生物学 A 层人才的世界占比

单位：%

省 份	2013 年	2014 年	2015 年	2016 年	2017 年	2018 年	2019 年	2020 年	2021 年	2022 年	合计
北 京	0.00	0.00	6.52	4.44	0.00	4.26	1.92	1.96	0.00	1.92	2.09
广 东	0.00	0.00	4.35	0.00	0.00	6.38	1.92	0.00	1.85	0.00	1.46
江 苏	0.00	0.00	2.17	0.00	0.00	0.00	0.00	1.96	3.70	3.85	1.25
上 海	0.00	0.00	2.17	0.00	0.00	4.26	0.00	0.00	0.00	1.92	0.84
四 川	0.00	2.13	0.00	2.22	0.00	0.00	0.00	0.00	1.85	1.92	0.84
浙 江	0.00	0.00	0.00	0.00	0.00	0.00	0.00	0.00	1.85	5.77	0.84
云 南	0.00	0.00	0.00	0.00	0.00	0.00	0.00	1.96	1.85	0.00	0.42
安 徽	0.00	0.00	0.00	0.00	0.00	2.13	0.00	0.00	0.00	0.00	0.21

省　份	2013 年	2014 年	2015 年	2016 年	2017 年	2018 年	2019 年	2020 年	2021 年	2022 年	合计
黑龙江	0.00	0.00	0.00	0.00	0.00	0.00	0.00	0.00	1.85	0.00	0.21
湖　北	0.00	0.00	2.17	0.00	0.00	0.00	0.00	0.00	0.00	0.00	0.21
吉　林	0.00	0.00	0.00	0.00	0.00	2.13	0.00	0.00	0.00	0.00	0.21
山　东	0.00	0.00	0.00	0.00	0.00	0.00	0.00	0.00	0.00	1.92	0.21

表 4-137　生物技术和应用微生物学 B 层人才的世界占比

单位：%

省　份	2013 年	2014 年	2015 年	2016 年	2017 年	2018 年	2019 年	2020 年	2021 年	2022 年	合计
北　京	2.56	2.57	2.55	2.65	2.79	4.91	3.60	3.64	1.84	4.68	3.19
上　海	0.51	1.64	1.39	1.45	1.63	2.80	4.45	1.01	2.25	2.23	1.97
广　东	1.28	1.87	1.39	0.72	1.40	2.34	2.54	1.62	2.04	3.79	1.92
江　苏	0.26	0.47	0.69	1.45	1.40	0.93	1.48	2.43	2.66	3.34	1.56
浙　江	0.77	0.93	0.93	1.45	1.86	0.70	1.06	1.42	3.07	2.90	1.54
山　东	0.26	0.23	0.69	0.48	0.23	1.17	1.91	0.81	1.64	2.45	1.02
湖　北	0.26	0.23	1.39	0.48	0.93	1.17	0.85	0.81	1.64	2.00	0.99
湖　南	0.26	0.47	0.69	1.20	1.63	1.40	0.85	0.61	1.43	0.67	0.93
天　津	0.26	0.00	0.23	0.48	0.70	0.70	0.85	1.21	1.02	1.11	0.68
四　川	0.00	0.23	0.46	0.48	0.47	0.93	1.06	0.81	0.20	1.56	0.63
河　南	0.00	0.23	0.69	0.24	0.47	0.47	1.27	0.40	1.02	0.00	0.50
黑龙江	0.26	0.23	0.00	0.48	0.23	0.70	0.64	0.81	0.41	0.89	0.47
辽　宁	0.26	0.00	0.93	0.48	0.47	0.47	0.64	0.61	0.20	0.22	0.43
陕　西	0.26	0.00	0.46	0.72	0.00	0.00	0.21	0.61	0.41	1.34	0.41
福　建	0.00	0.00	0.00	0.00	0.00	0.70	0.64	0.20	0.41	1.78	0.38
重　庆	0.00	0.23	0.23	0.48	0.70	0.23	0.00	0.20	0.20	1.11	0.34
吉　林	0.51	0.70	0.23	0.00	0.47	0.23	0.00	0.61	0.41	0.00	0.32
云　南	0.26	0.23	0.23	0.24	0.00	0.00	0.00	0.61	0.41	0.45	0.25
安　徽	0.00	0.47	0.00	0.48	0.00	0.00	0.21	0.00	0.20	0.89	0.23
江　西	0.00	0.00	0.23	0.48	0.00	0.70	0.21	0.40	0.00	0.00	0.20
广　西	0.26	0.00	0.00	0.00	0.23	0.00	0.21	0.00	0.41	0.67	0.18
河　北	0.00	0.00	0.23	0.00	0.23	0.23	0.21	0.20	0.00	0.22	0.14
甘　肃	0.00	0.00	0.23	0.00	0.00	0.00	0.00	0.20	0.00	0.45	0.09
海　南	0.00	0.00	0.00	0.00	0.00	0.00	0.00	0.20	0.00	0.67	0.09

续表

省份	2013年	2014年	2015年	2016年	2017年	2018年	2019年	2020年	2021年	2022年	合计
贵　州	0.00	0.00	0.00	0.00	0.00	0.23	0.00	0.20	0.20	0.00	0.07
内蒙古	0.26	0.00	0.00	0.00	0.00	0.00	0.00	0.00	0.00	0.22	0.05
青　海	0.00	0.00	0.23	0.00	0.00	0.00	0.21	0.00	0.00	0.00	0.05
山　西	0.00	0.00	0.00	0.00	0.00	0.00	0.00	0.00	0.00	0.45	0.05
新　疆	0.00	0.00	0.00	0.00	0.00	0.23	0.21	0.00	0.00	0.00	0.05

表4-138　生物技术和应用微生物学C层人才的世界占比

单位：%

省份	2013年	2014年	2015年	2016年	2017年	2018年	2019年	2020年	2021年	2022年	合计
北　京	4.13	3.99	4.27	4.50	4.56	5.04	4.83	4.71	5.51	5.84	4.76
江　苏	1.94	2.17	2.58	2.57	2.92	3.39	3.83	3.94	5.13	5.54	3.45
广　东	1.94	1.68	1.50	1.74	2.52	2.92	3.07	3.07	3.83	4.27	2.69
上　海	1.91	2.34	1.90	2.64	2.34	2.13	2.60	2.73	2.88	3.94	2.55
山　东	1.39	1.49	1.48	1.47	1.71	2.34	2.23	2.19	2.46	2.53	1.95
浙　江	1.36	1.16	1.60	1.37	1.59	1.89	2.14	2.02	2.80	2.92	1.91
湖　北	0.94	0.85	1.27	1.37	1.89	1.86	2.06	2.26	2.27	2.30	1.73
湖　南	0.60	0.52	0.61	0.78	0.98	1.34	1.49	1.28	1.35	1.41	1.05
天　津	0.58	0.57	0.96	0.88	0.75	0.98	1.19	1.19	1.14	1.37	0.97
黑龙江	0.81	0.54	0.94	1.00	0.77	1.03	0.89	1.11	1.26	1.00	0.94
四　川	0.29	0.64	0.47	0.46	0.82	1.12	1.06	1.11	1.51	1.48	0.92
辽　宁	0.76	0.57	0.63	0.71	0.98	0.55	0.93	1.02	0.88	0.74	0.78
河　南	0.24	0.35	0.33	0.49	0.79	0.91	1.32	0.89	1.09	1.23	0.78
陕　西	0.31	0.38	0.47	0.56	0.58	0.55	1.10	0.94	1.22	1.39	0.77
重　庆	0.26	0.42	0.70	0.91	0.65	1.00	0.82	0.66	0.86	1.18	0.75
福　建	0.76	0.61	0.73	0.73	0.86	0.72	0.50	0.75	0.82	0.72	0.72
安　徽	0.39	0.45	0.35	0.32	0.51	0.53	0.69	0.85	0.57	1.04	0.58
吉　林	0.44	0.40	0.42	0.37	0.44	0.26	0.56	0.64	0.36	0.90	0.48
江　西	0.31	0.35	0.23	0.42	0.37	0.69	0.65	0.40	0.59	0.53	0.46
广　西	0.10	0.21	0.19	0.17	0.21	0.36	0.50	0.57	0.55	1.00	0.40
云　南	0.21	0.19	0.21	0.20	0.30	0.29	0.50	0.43	0.46	0.44	0.33
甘　肃	0.18	0.09	0.21	0.27	0.19	0.26	0.32	0.47	0.27	0.27	0.26

续表

省 份	2013 年	2014 年	2015 年	2016 年	2017 年	2018 年	2019 年	2020 年	2021 年	2022 年	合计
河 北	0.10	0.19	0.14	0.10	0.12	0.22	0.41	0.34	0.29	0.56	0.25
新 疆	0.13	0.19	0.09	0.24	0.16	0.22	0.24	0.26	0.19	0.28	0.20
海 南	0.21	0.02	0.05	0.10	0.07	0.10	0.17	0.34	0.34	0.37	0.18
山 西	0.21	0.09	0.05	0.20	0.16	0.14	0.32	0.09	0.23	0.26	0.18
贵 州	0.10	0.02	0.07	0.07	0.09	0.10	0.13	0.26	0.32	0.39	0.16
内蒙古	0.08	0.07	0.02	0.07	0.05	0.19	0.13	0.06	0.06	0.21	0.09
青 海	0.00	0.00	0.02	0.05	0.02	0.05	0.11	0.02	0.04	0.14	0.05
宁 夏	0.00	0.00	0.00	0.00	0.02	0.00	0.06	0.02	0.00	0.09	0.03
西 藏	0.00	0.00	0.00	0.00	0.00	0.02	0.02	0.06	0.00	0.05	0.02

第二节　学科组

在生命科学各学科人才分析的基础上，按照 A、B、C 三个人才层次，对各学科人才进行汇总分析，可以从学科组层面揭示人才的分布特点和发展趋势。

一　A 层人才

生命科学 A 层人才最多的是北京，世界占比为 2.38%；广东、上海 A 层人才分别以 1.45%、1.22%的世界占比排名第二、第三位；江苏、浙江、湖北、四川、湖南、吉林、福建、山东、安徽、陕西、黑龙江、河南、辽宁、重庆、天津、云南、江西、河北也有一定数量的 A 层人才，世界占比大于或等于 0.1%；广西、甘肃、山西、贵州、海南、内蒙古、宁夏、新疆 A 层人才的世界占比均低于 0.1%。

在发展趋势上，多数省份 A 层人才的世界占比呈现相对上升的趋势；其中，北京、浙江、上海、江苏、广东、四川、黑龙江的增幅相对较大。

表 4-139　生命科学 A 层人才的世界占比

单位：%

省份	2013 年	2014 年	2015 年	2016 年	2017 年	2018 年	2019 年	2020 年	2021 年	2022 年	合计
北　京	1.22	1.50	2.39	1.66	1.50	1.68	3.01	3.66	2.42	4.00	2.38
广　东	0.45	0.32	0.94	1.27	0.94	1.68	1.20	3.74	1.64	1.70	1.45
上　海	0.56	0.21	0.52	0.98	0.94	1.28	0.86	2.24	1.55	2.47	1.22
江　苏	0.45	0.43	0.52	1.08	0.94	0.49	0.86	1.00	1.38	1.87	0.93
浙　江	0.22	0.21	0.94	0.49	0.75	0.49	0.60	0.83	1.04	2.81	0.88
湖　北	0.33	0.21	0.94	0.29	0.28	0.20	0.86	2.91	0.69	0.94	0.81
四　川	0.22	0.21	0.10	0.39	0.09	0.20	0.34	0.67	0.52	1.36	0.43
湖　南	0.00	0.00	0.00	0.29	0.19	0.10	0.26	0.75	0.52	0.94	0.33
吉　林	0.11	0.43	0.10	0.29	0.00	0.30	0.00	0.17	0.52	0.85	0.28
福　建	0.11	0.11	0.00	0.39	0.19	0.10	0.26	0.50	0.35	0.34	0.24
山　东	0.22	0.00	0.10	0.20	0.19	0.00	0.17	0.42	0.52	0.43	0.24
安　徽	0.11	0.11	0.31	0.10	0.09	0.30	0.00	0.75	0.26	0.17	0.23
陕　西	0.00	0.21	0.00	0.20	0.28	0.40	0.17	0.08	0.09	0.60	0.21
黑龙江	0.00	0.00	0.00	0.10	0.09	0.10	0.00	0.08	0.35	1.02	0.19
河　南	0.00	0.00	0.10	0.20	0.00	0.10	0.17	0.50	0.43	0.26	0.19
辽　宁	0.11	0.00	0.10	0.20	0.47	0.20	0.09	0.00	0.43	0.09	0.17
重　庆	0.00	0.00	0.00	0.39	0.00	0.00	0.09	0.50	0.35	0.26	0.17
天　津	0.00	0.00	0.21	0.20	0.00	0.20	0.00	0.67	0.17	0.17	0.17
云　南	0.00	0.00	0.10	0.00	0.00	0.10	0.34	0.25	0.26	0.26	0.14
江　西	0.00	0.00	0.00	0.10	0.00	0.20	0.00	0.25	0.43	0.09	0.11
河　北	0.00	0.00	0.21	0.00	0.00	0.00	0.00	0.17	0.35	0.17	0.10
广　西	0.00	0.00	0.00	0.10	0.00	0.00	0.00	0.25	0.17	0.26	0.08
甘　肃	0.00	0.00	0.00	0.20	0.00	0.00	0.00	0.08	0.00	0.34	0.07
山　西	0.00	0.00	0.00	0.00	0.00	0.00	0.17	0.08	0.00	0.26	0.06
贵　州	0.00	0.00	0.00	0.00	0.00	0.09	0.00	0.00	0.09	0.34	0.06
海　南	0.00	0.00	0.00	0.20	0.00	0.00	0.00	0.17	0.00	0.17	0.06
内蒙古	0.00	0.00	0.00	0.00	0.00	0.20	0.09	0.00	0.00	0.00	0.03
宁　夏	0.00	0.00	0.00	0.00	0.00	0.00	0.00	0.00	0.00	0.17	0.02
新　疆	0.00	0.00	0.00	0.00	0.00	0.00	0.00	0.08	0.00	0.00	0.01

二　B 层人才

生命科学 B 层人才最多的是北京，世界占比为 2.63%；广东、上海、江苏、浙江有相当数量的 B 层人才，世界占比在 2%~1%；湖北、四川、山东、湖南、福建、陕西、天津、河南、黑龙江、重庆、辽宁、安徽、云南、吉林、江西、广西、海南、甘肃、河北也有一定数量的 B 层人才，世界占比大于或等于 0.1%；新疆、贵州、山西、内蒙古、青海、宁夏、西藏 B 层人才的世界占比均低于 0.1%。

在发展趋势上，多数省份 B 层人才的世界占比呈现相对上升的趋势；其中，北京、广东、江苏、浙江、四川、湖北、上海、山东增幅相对较大。

表 4-140　生命科学 B 层人才的世界占比

单位：%

省　份	2013 年	2014 年	2015 年	2016 年	2017 年	2018 年	2019 年	2020 年	2021 年	2022 年	合计
北　京	1.59	1.72	1.90	1.99	2.40	2.37	2.64	3.52	3.35	3.98	2.63
广　东	0.71	0.83	0.78	0.85	1.17	1.73	1.64	2.44	2.38	2.67	1.60
上　海	1.00	0.86	0.94	1.04	1.15	1.49	1.70	1.62	1.82	1.97	1.40
江　苏	0.59	0.62	0.64	0.83	0.87	1.28	1.23	1.51	1.77	2.17	1.20
浙　江	0.51	0.37	0.53	0.68	0.72	0.83	1.04	1.31	1.62	1.97	1.01
湖　北	0.30	0.29	0.42	0.57	0.66	0.59	0.71	1.72	1.08	1.41	0.82
四　川	0.33	0.21	0.34	0.24	0.35	0.44	0.60	0.81	0.91	1.46	0.60
山　东	0.34	0.26	0.28	0.43	0.31	0.44	0.56	0.81	1.07	1.17	0.60
湖　南	0.15	0.21	0.22	0.18	0.32	0.45	0.47	0.57	0.63	0.85	0.43
福　建	0.11	0.19	0.16	0.21	0.35	0.45	0.38	0.46	0.42	0.59	0.35
陕　西	0.24	0.26	0.17	0.14	0.23	0.25	0.30	0.51	0.49	0.61	0.33
天　津	0.15	0.21	0.16	0.22	0.22	0.30	0.35	0.43	0.43	0.57	0.32
河　南	0.05	0.09	0.08	0.07	0.12	0.22	0.51	0.53	0.51	0.63	0.30
黑龙江	0.08	0.12	0.11	0.12	0.17	0.22	0.35	0.41	0.48	0.69	0.30
重　庆	0.07	0.14	0.09	0.20	0.20	0.32	0.27	0.44	0.45	0.58	0.29
辽　宁	0.14	0.10	0.27	0.19	0.26	0.30	0.30	0.47	0.54	0.54	0.28
安　徽	0.14	0.11	0.06	0.24	0.17	0.27	0.34	0.47	0.37	0.52	0.28
云　南	0.08	0.09	0.08	0.14	0.13	0.15	0.15	0.41	0.32	0.38	0.21
吉　林	0.11	0.10	0.17	0.12	0.19	0.09	0.22	0.23	0.26	0.45	0.20
江　西	0.05	0.04	0.13	0.27	0.09	0.24	0.14	0.14	0.16	0.27	0.16
广　西	0.02	0.04	0.08	0.09	0.03	0.08	0.14	0.18	0.25	0.27	0.13

续表

省 份	2013 年	2014 年	2015 年	2016 年	2017 年	2018 年	2019 年	2020 年	2021 年	2022 年	合计
海 南	0.02	0.02	0.03	0.05	0.06	0.09	0.07	0.18	0.18	0.32	0.11
甘 肃	0.03	0.07	0.08	0.07	0.05	0.07	0.09	0.12	0.15	0.25	0.10
河 北	0.05	0.04	0.05	0.02	0.05	0.10	0.12	0.14	0.15	0.19	0.10
新 疆	0.00	0.01	0.00	0.03	0.04	0.09	0.20	0.06	0.04	0.19	0.07
贵 州	0.01	0.02	0.02	0.03	0.01	0.05	0.06	0.09	0.14	0.15	0.06
山 西	0.02	0.04	0.02	0.03	0.05	0.06	0.03	0.19	0.05	0.08	0.06
内蒙古	0.02	0.02	0.01	0.00	0.02	0.03	0.03	0.10	0.06	0.07	0.04
青 海	0.02	0.00	0.02	0.01	0.01	0.04	0.04	0.02	0.02	0.06	0.03
宁 夏	0.00	0.00	0.00	0.00	0.00	0.02	0.03	0.04	0.07	0.03	0.02
西 藏	0.00	0.01	0.00	0.01	0.00	0.01	0.00	0.02	0.02	0.00	0.01

三 C 层人才

生命科学 C 层人才最多的是北京，世界占比为 2.95%；江苏、广东、上海、浙江、湖北有相当数量的 C 层人才，世界占比在 2%~1%；山东、四川、陕西、湖南、河南、辽宁、天津、福建、重庆、安徽、黑龙江、吉林、云南、江西、甘肃、河北、广西、海南、贵州、新疆也有一定数量的 C 层人才，世界占比均超过 0.1%；山西、内蒙古、宁夏、青海、西藏 C 层人才的世界占比均低于 0.1%。

在发展趋势上，多数省份 C 层人才的世界占比呈现相对上升的趋势；其中，北京、广东、江苏、浙江、上海、湖北、山东、四川增幅较大。

表 4-141 生命科学 C 层人才的世界占比

单位：%

省 份	2013 年	2014 年	2015 年	2016 年	2017 年	2018 年	2019 年	2020 年	2021 年	2022 年	合计
北 京	2.13	2.17	2.36	2.36	2.68	2.95	3.15	3.41	3.65	4.03	2.95
江 苏	0.90	1.08	1.34	1.29	1.52	1.76	1.97	2.09	2.34	2.82	1.76
广 东	0.83	0.86	0.98	1.05	1.47	1.73	2.07	2.37	2.56	2.87	1.75
上 海	1.06	1.14	1.20	1.30	1.45	1.56	1.67	1.74	1.91	2.14	1.55

续表

省份	2013 年	2014 年	2015 年	2016 年	2017 年	2018 年	2019 年	2020 年	2021 年	2022 年	合计
浙 江	0.58	0.67	0.68	0.78	0.98	1.08	1.27	1.44	1.62	1.95	1.14
湖 北	0.51	0.54	0.73	0.75	1.00	1.01	1.19	1.35	1.37	1.51	1.03
山 东	0.46	0.54	0.59	0.58	0.71	0.92	1.01	1.13	1.20	1.43	0.89
四 川	0.24	0.33	0.36	0.41	0.53	0.57	0.68	0.81	1.01	1.21	0.64
陕 西	0.26	0.34	0.34	0.36	0.41	0.47	0.58	0.65	0.66	0.77	0.50
湖 南	0.23	0.26	0.26	0.28	0.39	0.49	0.60	0.66	0.69	0.83	0.49
河 南	0.15	0.17	0.20	0.23	0.38	0.46	0.60	0.67	0.68	0.78	0.46
辽 宁	0.25	0.24	0.32	0.31	0.42	0.41	0.48	0.52	0.55	0.64	0.43
天 津	0.23	0.24	0.28	0.32	0.38	0.41	0.47	0.49	0.51	0.59	0.40
福 建	0.18	0.24	0.27	0.31	0.38	0.36	0.45	0.48	0.51	0.64	0.39
重 庆	0.19	0.22	0.31	0.30	0.35	0.42	0.41	0.48	0.48	0.64	0.39
安 徽	0.17	0.20	0.22	0.23	0.30	0.36	0.42	0.48	0.48	0.59	0.36
黑龙江	0.20	0.19	0.26	0.24	0.25	0.34	0.39	0.46	0.52	0.58	0.36
吉 林	0.17	0.20	0.23	0.20	0.27	0.29	0.35	0.38	0.42	0.51	0.31
云 南	0.15	0.18	0.17	0.15	0.22	0.25	0.29	0.30	0.38	0.41	0.26
江 西	0.10	0.11	0.14	0.15	0.19	0.23	0.30	0.28	0.35	0.41	0.24
甘 肃	0.10	0.09	0.11	0.13	0.11	0.18	0.21	0.24	0.29	0.30	0.18
河 北	0.09	0.11	0.11	0.10	0.11	0.15	0.21	0.24	0.25	0.34	0.18
广 西	0.07	0.09	0.10	0.09	0.11	0.15	0.19	0.25	0.27	0.36	0.18
海 南	0.04	0.03	0.05	0.07	0.09	0.08	0.14	0.18	0.24	0.38	0.14
贵 州	0.03	0.03	0.04	0.05	0.07	0.09	0.11	0.17	0.22	0.27	0.12
新 疆	0.04	0.05	0.06	0.09	0.10	0.09	0.13	0.14	0.15	0.23	0.11
山 西	0.05	0.04	0.07	0.05	0.08	0.09	0.10	0.10	0.15	0.17	0.09
内蒙古	0.03	0.03	0.04	0.05	0.05	0.08	0.08	0.09	0.12	0.14	0.07
宁 夏	0.02	0.02	0.03	0.01	0.03	0.02	0.05	0.05	0.07	0.09	0.04
青 海	0.03	0.02	0.02	0.02	0.03	0.04	0.05	0.03	0.04	0.06	0.03
西 藏	0.01	0.01	0.01	0.00	0.01	0.02	0.02	0.02	0.02	0.02	0.02

第5章　地球科学

地球科学是人类认识地球的一门基础科学。它以地球系统及其组成部分为研究对象，探究发生在其中的各种现象、过程及过程之间的相互作用，以提高对地球的认识水平，并利用获取的知识为解决人类生存与可持续发展中的资源供给、环境保护、减轻灾害等重大问题提供科学依据与技术支撑。

第一节　学科

地球科学学科组包括以下学科：地理学、自然地理学、遥感、地质学、古生物学、矿物学、地质工程、地球化学和地球物理学、气象学和大气科学、海洋学、环境科学、土壤学、水资源、环境研究、多学科地球科学，共计 15 个。

一　地理学

地理学 A、B、C 层人才最多的是北京，世界占比分别为 9.71%、5.13%、2.96%，其中，A 层人才显著多于其他省份。

上海、四川 A 层人才分别以 2.91%、1.94% 的世界占比排名第二、第三位；广东、广西、湖北、江苏、新疆也有一定数量的 A 层人才，世界占比均为 0.97%。

广东、湖北、江苏、上海有相当数量的 B 层人才，世界占比在 3%~1%；浙江、河南、四川、福建、江西、云南、陕西、山东也有一定数量的 B 层人才，世界占比均超过 0.1%；安徽、甘肃、河北、湖南、内蒙古、西藏 B 层人才的世界占比均为 0.09%。

广东、湖北、上海的 C 层人才处于第二梯队，世界占比分别为 1.59%、1.40%、1.20%；江苏、浙江、山东、四川、福建、湖南、辽宁、陕西、河南、云南也有一定数量的 C 层人才，世界占比大于或等于 0.1%；甘肃、黑龙江、重庆、安徽、江西、吉林、天津、广西、内蒙古、河北、贵州、海南、宁夏、山西、新疆 C 层人才的世界占比均低于 0.1%。

表 5-1　地理学 A 层人才的世界占比

单位：%

省　份	2013 年	2014 年	2015 年	2016 年	2017 年	2018 年	2019 年	2020 年	2021 年	2022 年	合计
北　京	0.00	0.00	10.00	18.18	0.00	0.00	7.69	0.00	0.00	46.15	9.71
上　海	0.00	0.00	0.00	9.09	11.11	0.00	0.00	0.00	7.69	0.00	2.91
四　川	0.00	0.00	0.00	0.00	0.00	0.00	0.00	0.00	7.69	7.69	1.94
广　东	0.00	0.00	0.00	0.00	0.00	0.00	0.00	0.00	0.00	7.69	0.97
广　西	0.00	0.00	0.00	0.00	0.00	0.00	0.00	0.00	0.00	7.69	0.97
湖　北	0.00	0.00	0.00	0.00	0.00	0.00	0.00	0.00	7.69	0.00	0.97
江　苏	0.00	0.00	0.00	0.00	0.00	0.00	0.00	0.00	0.00	7.69	0.97
新　疆	0.00	0.00	0.00	9.09	0.00	0.00	0.00	0.00	0.00	0.00	0.97

表 5-2　地理学 B 层人才的世界占比

单位：%

省　份	2013 年	2014 年	2015 年	2016 年	2017 年	2018 年	2019 年	2020 年	2021 年	2022 年	合计
北　京	4.76	2.22	3.23	5.94	2.65	4.84	5.84	4.90	1.52	14.91	5.13
广　东	0.00	0.00	1.08	1.98	4.42	2.42	3.65	2.80	3.79	5.26	2.74
湖　北	0.00	2.22	0.00	0.00	1.77	2.42	2.19	1.40	3.03	3.51	1.77
江　苏	0.00	2.22	1.08	0.99	1.77	0.81	2.92	0.70	1.52	5.26	1.77
上　海	1.19	1.11	0.00	0.00	3.54	2.42	4.38	0.00	0.00	2.63	1.59
浙　江	1.19	0.00	0.00	0.99	0.00	1.61	0.73	0.70	0.00	1.75	0.71
河　南	0.00	0.00	0.00	0.00	0.00	1.61	0.00	0.00	0.00	2.63	0.44
四　川	0.00	0.00	0.00	0.00	0.00	0.00	0.00	1.40	0.76	0.88	0.35
福　建	1.19	0.00	0.00	0.00	0.00	0.00	0.00	0.00	0.00	1.75	0.27
江　西	0.00	0.00	0.00	0.00	0.00	0.81	0.00	0.70	0.00	0.88	0.27
云　南	0.00	0.00	1.08	0.00	0.00	0.00	1.46	0.00	0.00	0.00	0.27
陕　西	0.00	0.00	0.00	0.00	0.00	0.00	0.00	0.00	0.76	0.88	0.18

续表

省　份	2013 年	2014 年	2015 年	2016 年	2017 年	2018 年	2019 年	2020 年	2021 年	2022 年	合计
山　东	0.00	0.00	0.00	0.00	0.00	0.00	0.00	0.00	0.76	0.88	0.18
安　徽	0.00	0.00	0.00	0.00	0.00	0.00	0.00	0.00	0.76	0.00	0.09
甘　肃	0.00	0.00	0.00	0.00	0.00	0.00	0.00	0.00	0.76	0.00	0.09
河　北	0.00	0.00	0.00	0.00	0.00	0.00	0.00	0.00	0.00	0.88	0.09
湖　南	0.00	0.00	0.00	0.00	0.00	0.00	0.73	0.00	0.00	0.00	0.09
内蒙古	0.00	0.00	0.00	0.00	0.00	0.00	0.00	0.00	0.76	0.00	0.09
西　藏	0.00	0.00	0.00	0.00	0.00	0.00	0.00	0.00	0.76	0.00	0.09

表 5-3　地理学 C 层人才的世界占比

单位：%

省　份	2013 年	2014 年	2015 年	2016 年	2017 年	2018 年	2019 年	2020 年	2021 年	2022 年	合计
北　京	1.73	2.42	1.78	3.16	2.65	3.54	3.30	2.75	3.20	4.26	2.96
广　东	0.99	0.92	0.44	1.12	1.68	1.81	1.08	1.53	2.25	3.50	1.59
湖　北	0.37	0.46	0.67	1.53	1.33	1.32	1.58	1.68	1.56	2.73	1.40
上　海	0.62	0.69	0.67	0.61	1.24	1.32	1.00	1.76	1.82	1.71	1.20
江　苏	0.37	0.12	0.33	0.71	0.35	1.15	0.72	1.22	1.21	2.13	0.89
浙　江	0.25	0.12	0.33	0.61	0.53	0.25	0.36	0.54	0.52	0.68	0.43
山　东	0.00	0.12	0.22	0.00	0.18	0.25	0.36	0.31	0.78	0.68	0.31
四　川	0.00	0.12	0.00	0.31	0.18	0.33	0.36	0.31	0.17	0.68	0.27
福　建	0.25	0.35	0.11	0.10	0.00	0.16	0.22	0.23	0.52	0.00	0.20
湖　南	0.00	0.12	0.00	0.31	0.18	0.08	0.14	0.31	0.35	0.34	0.19
辽　宁	0.00	0.12	0.33	0.20	0.18	0.16	0.07	0.08	0.26	0.09	0.15
陕　西	0.12	0.00	0.00	0.00	0.27	0.00	0.00	0.08	0.17	0.43	0.11
河　南	0.00	0.00	0.00	0.00	0.18	0.00	0.14	0.31	0.09	0.17	0.10
云　南	0.00	0.23	0.00	0.00	0.00	0.00	0.14	0.00	0.09	0.26	0.10
甘　肃	0.00	0.00	0.00	0.00	0.09	0.00	0.29	0.23	0.09	0.09	0.09
黑龙江	0.12	0.00	0.00	0.31	0.00	0.00	0.22	0.00	0.00	0.00	0.09
重　庆	0.00	0.00	0.00	0.10	0.09	0.00	0.00	0.08	0.00	0.43	0.08
安　徽	0.00	0.00	0.00	0.20	0.00	0.08	0.00	0.08	0.09	0.26	0.07
江　西	0.00	0.00	0.00	0.20	0.00	0.08	0.07	0.08	0.09	0.26	0.07
吉　林	0.00	0.12	0.00	0.10	0.00	0.16	0.14	0.00	0.17	0.00	0.07
天　津	0.00	0.00	0.00	0.10	0.18	0.00	0.07	0.00	0.00	0.34	0.07

续表

省　份	2013 年	2014 年	2015 年	2016 年	2017 年	2018 年	2019 年	2020 年	2021 年	2022 年	合计
广　西	0.00	0.00	0.00	0.00	0.00	0.00	0.00	0.00	0.17	0.17	0.04
内蒙古	0.00	0.12	0.11	0.00	0.18	0.00	0.00	0.00	0.00	0.00	0.04
河　北	0.00	0.12	0.11	0.00	0.00	0.00	0.00	0.00	0.00	0.09	0.03
贵　州	0.00	0.00	0.00	0.00	0.00	0.08	0.00	0.00	0.00	0.09	0.02
海　南	0.00	0.00	0.00	0.00	0.00	0.00	0.00	0.00	0.00	0.09	0.01
宁　夏	0.00	0.00	0.00	0.00	0.00	0.00	0.00	0.00	0.00	0.09	0.01
山　西	0.00	0.00	0.00	0.00	0.00	0.00	0.00	0.00	0.09	0.00	0.01
新　疆	0.00	0.00	0.00	0.00	0.00	0.00	0.00	0.08	0.00	0.00	0.01

二　自然地理学

北京、湖北自然地理学 A 层人才分别以 8.18%、7.27% 的世界占比排名前二；广东、江苏、陕西的 A 层人才比较多，世界占比均为 3.64%；上海、福建、甘肃、黑龙江、四川有相当数量的 A 层人才，世界占比在 3%~1%；安徽、河南、湖南、吉林、新疆、浙江也有一定数量的 A 层人才，世界占比均为 0.91%。

B 层人才最多的是北京，世界占比为 7.22%；湖北以 4.20% 的世界占比排名第二；江苏、广东、上海、四川有相当数量的 B 层人才，世界占比在 3%~1%；甘肃、浙江、湖南、陕西、广西、吉林、福建、江西、辽宁、山东、新疆、重庆、海南、河南、云南、安徽也有一定数量的 B 层人才，世界占比均超过 0.1%；黑龙江、内蒙古、天津 B 层人才的世界占比均为 0.08%。

C 层人才最多的是北京，世界占比为 7.00%；湖北以 3.06% 的世界占比排名第二；江苏、广东、上海、甘肃有相当数量的 C 层人才，世界占比在 3%~1%；陕西、四川、浙江、山东、湖南、福建、吉林、云南、新疆、辽宁、河南、黑龙江、重庆、天津、安徽、河北、江西、内蒙古、青海、广西也有一定数量的 C 层人才，世界占比均超过 0.1%；海南、山西、贵州、宁夏、西藏 C 层人才的世界占比均低于 0.1%。

表 5-4　自然地理学 A 层人才的世界占比

单位：%

省　份	2013 年	2014 年	2015 年	2016 年	2017 年	2018 年	2019 年	2020 年	2021 年	2022 年	合计
北　京	0.00	8.33	11.11	0.00	7.69	0.00	0.00	6.67	14.29	23.08	8.18
湖　北	0.00	8.33	0.00	0.00	0.00	0.00	7.14	13.33	14.29	15.38	7.27
广　东	0.00	0.00	0.00	0.00	7.69	0.00	0.00	13.33	0.00	7.69	3.64
江　苏	0.00	8.33	0.00	0.00	15.38	0.00	7.14	0.00	0.00	0.00	3.64
陕　西	0.00	0.00	0.00	8.33	0.00	0.00	0.00	13.33	7.14	0.00	3.64
上　海	0.00	0.00	11.11	0.00	7.69	0.00	0.00	0.00	0.00	7.69	2.73
福　建	0.00	0.00	0.00	0.00	0.00	0.00	0.00	0.00	7.14	7.69	1.82
甘　肃	0.00	8.33	0.00	0.00	7.69	0.00	0.00	0.00	0.00	0.00	1.82
黑龙江	0.00	8.33	11.11	0.00	0.00	0.00	0.00	0.00	0.00	0.00	1.82
四　川	0.00	8.33	0.00	0.00	0.00	0.00	7.14	0.00	0.00	0.00	1.82
安　徽	0.00	0.00	0.00	0.00	0.00	0.00	7.14	0.00	0.00	0.00	0.91
河　南	0.00	0.00	0.00	0.00	0.00	0.00	0.00	6.67	0.00	0.00	0.91
湖　南	0.00	0.00	0.00	0.00	0.00	0.00	0.00	0.00	7.14	0.00	0.91
吉　林	0.00	8.33	0.00	0.00	0.00	0.00	0.00	0.00	0.00	0.00	0.91
新　疆	0.00	8.33	0.00	0.00	0.00	0.00	0.00	0.00	0.00	0.00	0.91
浙　江	0.00	0.00	0.00	0.00	0.00	0.00	0.00	0.00	7.14	0.00	0.91

表 5-5　自然地理学 B 层人才的世界占比

单位：%

省　份	2013 年	2014 年	2015 年	2016 年	2017 年	2018 年	2019 年	2020 年	2021 年	2022 年	合计
北　京	3.67	5.66	2.06	4.03	2.61	6.15	6.87	12.68	16.67	9.40	7.22
湖　北	0.92	1.89	0.00	0.00	2.61	4.62	4.58	6.34	11.67	7.69	4.20
江　苏	0.00	1.89	1.03	0.00	2.61	2.31	1.53	5.63	5.83	3.42	2.52
广　东	0.00	0.00	0.00	0.81	3.48	1.54	3.82	0.70	6.67	4.27	2.18
上　海	0.92	0.94	0.00	1.61	1.74	3.08	1.53	1.41	2.50	0.85	1.51
四　川	0.00	0.00	1.03	0.00	0.87	0.77	0.76	0.00	5.83	3.42	1.26
甘　肃	0.00	0.94	2.06	0.81	0.00	1.54	0.00	2.11	0.83	0.85	0.92
浙　江	0.00	0.00	0.00	0.81	1.74	0.77	0.00	1.41	0.83	3.42	0.92
湖　南	0.00	0.00	1.03	0.00	0.00	0.77	2.29	1.41	2.50	0.00	0.84
陕　西	0.00	0.94	1.03	0.00	1.74	0.00	0.00	0.00	2.50	0.85	0.67
广　西	0.00	0.00	0.00	0.00	0.87	0.00	1.53	0.00	2.50	0.85	0.59

续表

省 份	2013 年	2014 年	2015 年	2016 年	2017 年	2018 年	2019 年	2020 年	2021 年	2022 年	合计
吉 林	0.00	0.00	0.00	0.00	0.00	1.54	0.00	1.41	0.83	0.85	0.50
福 建	0.00	0.00	1.03	0.00	0.00	0.00	0.76	0.70	1.67	0.00	0.42
江 西	0.00	0.00	0.00	0.81	0.00	0.77	0.00	0.70	0.83	0.85	0.42
辽 宁	0.00	0.00	0.00	0.81	0.00	1.54	0.00	0.70	0.83	0.00	0.42
山 东	0.00	0.00	0.00	0.00	1.74	0.00	0.00	0.70	0.83	0.85	0.42
新 疆	0.00	0.94	0.00	0.81	0.00	0.77	0.00	0.00	0.83	0.00	0.34
重 庆	0.00	0.00	0.00	0.00	0.87	0.00	0.00	0.70	0.83	0.00	0.25
海 南	0.00	0.00	0.00	0.00	0.87	0.00	0.00	0.70	0.00	0.85	0.25
河 南	0.00	0.00	0.00	0.00	0.00	0.00	0.76	0.00	0.83	0.85	0.25
云 南	0.92	0.00	0.00	0.81	0.00	0.00	0.76	0.00	0.00	0.00	0.25
安 徽	0.00	0.00	0.00	0.00	0.00	0.00	0.76	0.00	0.83	0.00	0.17
黑龙江	0.00	0.00	0.00	0.00	0.00	0.77	0.00	0.00	0.00	0.00	0.08
内蒙古	0.92	0.00	0.00	0.00	0.00	0.00	0.00	0.00	0.00	0.00	0.08
天 津	0.00	0.00	0.00	0.00	0.00	0.00	0.00	0.00	0.83	0.00	0.08

表 5-6　自然地理学 C 层人才的世界占比

单位：%

省 份	2013 年	2014 年	2015 年	2016 年	2017 年	2018 年	2019 年	2020 年	2021 年	2022 年	合计
北 京	4.86	5.88	6.28	4.94	6.81	6.58	6.86	8.09	8.99	9.94	7.00
湖 北	1.22	1.99	2.24	2.06	2.59	2.71	3.62	3.79	4.19	5.59	3.06
江 苏	1.22	1.90	0.99	1.32	1.98	2.38	3.01	2.33	2.77	3.64	2.19
广 东	0.61	1.04	1.44	1.07	1.29	1.81	1.46	2.11	2.40	3.99	1.75
上 海	0.91	0.57	0.90	0.91	0.78	1.40	1.39	1.31	1.57	1.95	1.19
甘 肃	1.22	1.23	1.08	1.73	1.38	0.99	1.00	1.09	0.90	1.06	1.16
陕 西	0.81	0.47	1.08	0.58	0.95	0.82	0.62	1.17	1.42	1.15	0.92
四 川	0.41	0.76	0.36	0.41	0.69	1.15	1.31	0.95	1.12	1.51	0.88
浙 江	0.30	0.28	0.45	0.58	0.34	0.66	0.85	1.17	1.20	1.42	0.75
山 东	0.51	0.19	0.36	0.25	0.43	1.07	0.62	0.58	0.67	1.95	0.67
湖 南	0.20	0.09	0.18	0.33	0.69	0.41	0.93	0.66	0.52	0.98	0.51
福 建	0.10	0.76	0.27	0.08	0.43	0.49	0.62	0.44	1.20	0.09	0.46
吉 林	0.30	0.47	0.09	0.08	0.17	0.41	0.54	0.66	0.45	0.44	0.37
云 南	0.20	0.28	0.36	0.33	0.26	0.33	0.39	0.07	0.30	0.98	0.35

续表

省　份	2013 年	2014 年	2015 年	2016 年	2017 年	2018 年	2019 年	2020 年	2021 年	2022 年	合计
新　疆	0.41	0.09	0.09	0.33	0.43	0.41	0.39	0.29	0.15	0.62	0.32
辽　宁	0.10	0.09	0.09	0.16	0.09	0.49	0.39	0.51	0.45	0.53	0.30
河　南	0.20	0.09	0.00	0.16	0.09	0.16	0.31	0.58	0.37	0.80	0.29
黑龙江	0.30	0.19	0.18	0.16	0.09	0.49	0.39	0.22	0.22	0.27	0.25
重　庆	0.00	0.00	0.00	0.00	0.16	0.31	0.58	0.45	0.62	0.24
天　津	0.00	0.09	0.09	0.08	0.00	0.08	0.08	0.29	0.45	0.80	0.20
安　徽	0.20	0.09	0.09	0.00	0.17	0.33	0.23	0.15	0.37	0.35	0.19
河　北	0.10	0.28	0.09	0.16	0.34	0.00	0.15	0.00	0.37	0.35	0.19
江　西	0.10	0.09	0.18	0.00	0.00	0.16	0.23	0.29	0.30	0.44	0.19
内蒙古	0.30	0.00	0.27	0.08	0.09	0.16	0.23	0.07	0.22	0.09	0.15
青　海	0.00	0.28	0.27	0.16	0.00	0.08	0.08	0.15	0.22	0.09	0.13
广　西	0.00	0.09	0.09	0.08	0.09	0.16	0.15	0.15	0.15	0.18	0.12
海　南	0.00	0.00	0.00	0.00	0.17	0.08	0.00	0.15	0.22	0.09	0.08
山　西	0.00	0.00	0.19	0.00	0.00	0.00	0.15	0.15	0.07	0.09	0.07
贵　州	0.00	0.00	0.09	0.00	0.08	0.00	0.00	0.00	0.22	0.09	0.05
宁　夏	0.00	0.00	0.00	0.00	0.00	0.00	0.08	0.00	0.00	0.18	0.03
西　藏	0.00	0.00	0.00	0.00	0.00	0.00	0.00	0.00	0.00	0.27	0.03

三　遥感

遥感 A、B、C 层人才最多的是北京，世界占比分别为 11.73%、9.64%、10.99%，其中，C 层人才显著多于其他省份。

湖北、陕西 A 层人才分别以 7.82%、4.47% 的世界占比排名第二、第三位；黑龙江、上海、江苏、福建、广东、湖南、山东、安徽、重庆、河南有相当数量的 A 层人才，世界占比在 3%~1%；内蒙古、吉林、四川、浙江也有一定数量的 A 层人才，世界占比均为 0.56%。

湖北、江苏 B 层人才分别以 7.43%、3.58% 的世界占比排名第二、第三位；广东、陕西、湖南、四川、上海有相当数量的 B 层人才，世界占比在 3%~1%；河南、浙江、黑龙江、辽宁、山东、吉林、福建、重庆、新疆、安徽、海南、天津、广西、河北、江西、甘肃、宁夏也有一定数量的 B 层人才，世界占比均超过 0.1%；贵州、青海、云南 B 层人才的世界占比均为 0.06%。

湖北、江苏 C 层人才分别以 5.87%、4.00% 的世界占比排名第二、第三位；广东、陕西、上海、四川、湖南、浙江、山东有相当数量的 C 层人才，世界占比在 3%~1%；河南、福建、黑龙江、吉林、安徽、甘肃、辽宁、重庆、新疆、天津、江西、海南、河北、广西、云南、内蒙古、山西也有一定数量的 C 层人才，世界占比均超过 0.1%；青海、贵州、西藏、宁夏 C 层人才的世界占比均低于 0.1%。

表 5-7　遥感 A 层人才的世界占比

单位：%

省　份	2013 年	2014 年	2015 年	2016 年	2017 年	2018 年	2019 年	2020 年	2021 年	2022 年	合计
北　京	15.38	0.00	12.50	15.79	0.00	7.14	5.88	15.79	21.74	14.29	11.73
湖　北	7.69	0.00	6.25	5.26	14.29	0.00	5.88	15.79	4.35	14.29	7.82
陕　西	0.00	0.00	6.25	10.53	7.14	7.14	0.00	10.53	4.35	0.00	4.47
黑龙江	0.00	6.25	6.25	5.26	0.00	7.14	5.88	0.00	0.00	0.00	2.79
上　海	0.00	0.00	6.25	5.26	7.14	0.00	0.00	0.00	0.00	7.14	2.79
江　苏	0.00	0.00	0.00	0.00	0.00	0.00	5.88	0.00	0.00	10.71	2.23
福　建	0.00	0.00	0.00	0.00	0.00	7.14	0.00	0.00	4.35	3.57	1.68
广　东	0.00	0.00	0.00	0.00	0.00	0.00	0.00	10.53	0.00	3.57	1.68
湖　南	0.00	0.00	0.00	0.00	0.00	0.00	5.88	0.00	4.35	3.57	1.68
山　东	0.00	0.00	0.00	0.00	0.00	0.00	0.00	0.00	8.70	3.57	1.68
安　徽	0.00	0.00	0.00	0.00	7.14	0.00	5.88	0.00	0.00	0.00	1.12
重　庆	0.00	0.00	0.00	0.00	0.00	0.00	0.00	0.00	4.35	3.57	1.12
河　南	0.00	0.00	0.00	5.26	0.00	0.00	0.00	5.26	0.00	0.00	1.12
内蒙古	0.00	0.00	0.00	0.00	0.00	0.00	0.00	5.26	0.00	0.00	0.56
吉　林	0.00	0.00	0.00	0.00	0.00	0.00	0.00	0.00	0.00	3.57	0.56
四　川	0.00	0.00	0.00	0.00	0.00	0.00	5.88	0.00	0.00	0.00	0.56
浙　江	0.00	0.00	0.00	0.00	0.00	0.00	0.00	0.00	0.00	3.57	0.56

表 5-8　遥感 B 层人才的世界占比

单位：%

省　份	2013 年	2014 年	2015 年	2016 年	2017 年	2018 年	2019 年	2020 年	2021 年	2022 年	合计
北　京	7.14	9.59	9.03	8.93	5.03	8.51	9.48	8.42	11.63	14.79	9.64
湖　北	6.35	6.16	4.86	6.55	1.26	6.91	6.64	9.90	8.37	12.84	7.43
江　苏	1.59	1.37	3.47	0.60	5.03	2.13	1.90	5.94	6.98	4.67	3.58
广　东	0.00	0.68	1.39	1.79	2.52	2.66	2.84	0.99	5.12	3.89	2.42
陕　西	1.59	0.68	1.39	0.60	2.52	2.66	2.37	1.98	1.86	5.06	2.26
湖　南	1.59	3.42	1.39	0.00	2.52	2.66	0.95	1.49	3.26	3.50	2.15
四　川	0.79	0.00	0.00	0.60	0.63	1.06	2.84	0.00	4.65	3.89	1.71
上　海	0.00	2.05	0.00	1.19	2.52	3.72	1.42	0.99	2.79	0.78	1.60
河　南	0.00	0.68	0.00	0.00	1.26	1.60	0.95	0.50	0.93	2.72	0.99
浙　江	0.79	0.00	0.69	0.00	0.00	0.53	0.47	0.99	1.40	3.11	0.94
黑龙江	0.00	0.68	0.00	0.60	1.26	1.60	0.47	0.00	1.40	1.17	0.77
辽　宁	0.79	0.00	0.00	0.60	0.00	0.53	0.00	0.00	2.33	1.56	0.66
山　东	0.00	0.00	0.00	0.00	0.00	0.53	0.95	1.49	0.93	1.17	0.61
吉　林	0.00	0.00	0.00	0.00	0.00	1.06	0.95	0.50	0.93	0.78	0.50
福　建	0.00	0.68	0.00	0.00	0.00	0.00	0.47	0.50	0.93	1.17	0.44
重　庆	0.00	0.00	0.00	0.00	0.00	0.00	0.47	0.00	0.47	1.56	0.33
新　疆	0.00	0.68	0.00	0.00	0.63	0.00	0.47	0.00	0.47	0.78	0.33
安　徽	0.79	0.00	0.00	1.19	0.63	0.00	0.00	0.00	0.00	0.39	0.28
海　南	0.00	0.00	0.00	0.00	0.63	0.53	0.00	0.50	0.47	0.00	0.22
天　津	0.00	0.00	0.00	0.00	0.00	0.53	0.95	0.50	0.00	0.00	0.22
广　西	0.00	0.00	0.00	0.00	0.00	0.63	0.00	0.00	0.50	0.00	0.39	0.17
河　北	0.00	0.68	0.00	0.00	0.00	0.00	0.47	0.00	0.47	0.00	0.17
江　西	0.00	0.00	0.00	0.00	0.00	0.53	0.47	0.50	0.00	0.00	0.17
甘　肃	0.00	0.68	0.00	0.00	0.00	0.53	0.00	0.00	0.00	0.00	0.11
宁　夏	0.79	0.00	0.00	0.00	0.00	0.00	0.00	0.00	0.00	0.39	0.11
贵　州	0.00	0.00	0.00	0.00	0.00	0.00	0.00	0.00	0.47	0.00	0.06
青　海	0.00	0.68	0.00	0.00	0.00	0.00	0.00	0.00	0.00	0.00	0.06
云　南	0.00	0.00	0.00	0.00	0.00	0.00	0.00	0.47	0.00	0.06

表 5-9 遥感 C 层人才的世界占比

单位：%

省　份	2013 年	2014 年	2015 年	2016 年	2017 年	2018 年	2019 年	2020 年	2021 年	2022 年	合计
北　京	7.33	10.16	8.33	8.67	10.66	9.73	10.99	10.48	12.95	16.14	10.99
湖　北	3.87	5.39	4.83	3.92	6.39	4.70	5.93	5.01	8.19	8.19	5.87
江　苏	1.65	2.86	2.59	3.04	2.81	4.59	3.83	4.50	5.00	6.43	4.00
广　东	0.74	0.75	1.40	1.64	1.72	1.80	2.55	2.35	3.24	5.13	2.38
陕　西	0.16	0.61	1.05	0.76	1.09	1.09	2.31	2.15	3.00	3.53	1.78
上　海	0.49	1.02	1.61	1.41	1.02	1.42	2.11	1.94	2.29	2.31	1.67
四　川	0.91	0.55	0.70	0.70	1.21	1.37	1.47	1.94	2.05	3.80	1.64
湖　南	1.23	0.89	0.84	1.52	2.11	1.31	1.37	0.87	1.81	2.70	1.54
浙　江	0.41	0.34	0.35	0.88	1.09	0.98	1.72	1.07	2.33	2.90	1.37
山　东	0.49	0.61	0.35	0.64	0.83	0.87	1.52	0.77	0.95	3.06	1.14
河　南	0.25	0.14	0.00	0.35	0.38	0.22	0.59	0.82	1.52	2.27	0.78
福　建	0.41	0.27	0.77	0.47	0.77	0.44	0.78	0.41	0.76	1.18	0.66
黑龙江	0.33	0.34	0.42	0.41	0.64	0.22	0.49	0.41	0.95	1.41	0.62
吉　林	0.16	0.27	0.35	0.29	0.38	0.87	0.69	0.51	0.71	1.29	0.62
安　徽	0.16	0.55	0.49	0.23	0.26	0.55	0.69	0.46	1.00	1.02	0.59
甘　肃	0.41	0.34	0.21	0.35	0.57	0.71	0.44	0.77	0.81	0.86	0.58
辽　宁	0.00	0.20	0.14	0.18	0.51	0.33	0.25	0.56	0.86	1.61	0.54
重　庆	0.16	0.14	0.28	0.12	0.32	0.27	0.29	0.51	0.76	1.57	0.52
新　疆	0.16	0.07	0.35	0.29	0.19	0.38	0.34	0.56	0.38	0.86	0.40
天　津	0.00	0.27	0.14	0.23	0.51	0.22	0.29	0.31	0.62	0.74	0.37
江　西	0.25	0.20	0.21	0.18	0.19	0.55	0.44	0.41	0.33	0.63	0.36
海　南	0.08	0.00	0.07	0.18	0.32	0.27	0.15	0.51	0.57	0.43	0.29
河　北	0.00	0.14	0.00	0.06	0.13	0.22	0.34	0.10	0.52	0.63	0.25
广　西	0.08	0.14	0.28	0.06	0.13	0.05	0.25	0.15	0.48	0.51	0.24
云　南	0.00	0.07	0.49	0.18	0.32	0.05	0.10	0.05	0.29	0.47	0.21
内蒙古	0.16	0.27	0.00	0.18	0.06	0.00	0.15	0.10	0.29	0.20	0.15
山　西	0.00	0.00	0.00	0.18	0.13	0.16	0.10	0.10	0.10	0.24	0.11
青　海	0.00	0.00	0.00	0.12	0.06	0.05	0.00	0.10	0.14	0.20	0.08
贵　州	0.00	0.00	0.07	0.00	0.00	0.11	0.05	0.05	0.14	0.08	0.06
西　藏	0.00	0.00	0.00	0.12	0.06	0.00	0.00	0.00	0.05	0.12	0.04
宁　夏	0.08	0.00	0.00	0.00	0.06	0.00	0.00	0.10	0.00	0.08	0.03

四 地质学

地质学 A、B、C 层人才最多的是北京，世界占比分别为 13.56%、11.37%、10.40%，均显著高于其他省份。

江苏、甘肃、山东 A 层人才处于第二梯队，世界占比分别为 5.08%、3.39%、3.39%；广东、河南、湖南、江西、陕西、天津、浙江有相当数量的 A 层人才，世界占比均为 1.69%。

湖北、江苏 B 层人才分别以 4.01%、3.34%的世界占比排名第二、第三位；广东、山东、安徽、贵州、甘肃、吉林、陕西、四川、云南有相当数量的 B 层人才，世界占比为 3%~1%；江西、浙江、河北、上海、天津、新疆、黑龙江、湖南、辽宁、山西、重庆、广西、海南、内蒙古也有一定数量的 B 层人才，世界占比均超过 0.1%。

江苏、湖北、广东、贵州、山东、湖南、四川、陕西有相当数量的 C 层人才，世界占比在 3%~1%；安徽、江西、吉林、新疆、云南、甘肃、河北、广西、辽宁、天津、浙江、河南、上海、内蒙古、黑龙江、青海、福建、西藏也有一定数量的 C 层人才，世界占比大于或等于 0.1%；重庆、山西、海南 C 层人才的世界占比均低于 0.1%。

表 5-10 地质学 A 层人才的世界占比

单位：%

省 份	2013 年	2014 年	2015 年	2016 年	2017 年	2018 年	2019 年	2020 年	2021 年	2022 年	合计
北 京	0.00	0.00	0.00	0.00	28.57	0.00	11.11	14.29	40.00	33.33	13.56
江 苏	0.00	0.00	0.00	0.00	0.00	14.29	11.11	14.29	0.00	0.00	5.08
甘 肃	0.00	0.00	0.00	0.00	0.00	0.00	0.00	28.57	0.00	0.00	3.39
山 东	0.00	0.00	0.00	0.00	0.00	0.00	0.00	0.00	0.00	33.33	3.39
广 东	0.00	0.00	0.00	0.00	0.00	0.00	0.00	0.00	20.00	0.00	1.69
河 南	0.00	0.00	0.00	0.00	0.00	0.00	0.00	0.00	0.00	16.67	1.69
湖 南	0.00	0.00	0.00	0.00	0.00	0.00	0.00	0.00	0.00	16.67	1.69
江 西	0.00	0.00	0.00	0.00	0.00	0.00	0.00	0.00	0.00	16.67	1.69

省　份	2013 年	2014 年	2015 年	2016 年	2017 年	2018 年	2019 年	2020 年	2021 年	2022 年	合计
陕　西	0.00	0.00	0.00	0.00	0.00	0.00	0.00	0.00	0.00	16.67	1.69
天　津	0.00	0.00	0.00	0.00	0.00	0.00	0.00	0.00	0.00	16.67	1.69
浙　江	0.00	0.00	0.00	0.00	0.00	0.00	0.00	0.00	0.00	16.67	1.69

表 5-11　地质学 B 层人才的世界占比

单位：%

省　份	2013 年	2014 年	2015 年	2016 年	2017 年	2018 年	2019 年	2020 年	2021 年	2022 年	合计
北　京	7.69	8.89	17.86	8.20	14.75	4.76	15.00	5.17	16.90	11.76	11.37
湖　北	3.85	2.22	0.00	0.00	1.64	6.35	3.75	3.45	5.63	13.73	4.01
江　苏	1.92	0.00	3.57	0.00	4.92	4.76	5.00	0.00	5.63	5.88	3.34
广　东	1.92	0.00	1.79	0.00	8.20	1.59	0.00	3.45	4.23	0.00	2.17
山　东	0.00	2.22	0.00	0.00	3.28	1.59	1.25	1.72	1.41	7.84	1.84
安　徽	0.00	0.00	1.79	0.00	1.64	3.17	0.00	0.00	1.41	3.92	1.17
贵　州	1.92	2.22	0.00	0.00	1.64	1.59	0.00	0.00	2.82	1.96	1.17
甘　肃	1.92	0.00	0.00	0.00	1.64	1.59	2.50	0.00	1.41	0.00	1.00
吉　林	1.92	0.00	0.00	0.00	0.00	0.00	2.50	0.00	2.82	1.96	1.00
陕　西	0.00	0.00	1.79	0.00	0.00	0.00	2.50	3.45	1.41	0.00	1.00
四　川	0.00	0.00	0.00	0.00	1.64	0.00	1.25	0.00	0.00	7.84	1.00
云　南	0.00	0.00	0.00	0.00	0.00	0.00	1.25	0.00	2.82	5.88	1.00
江　西	0.00	0.00	0.00	0.00	1.64	0.00	1.25	0.00	1.41	3.92	0.84
浙　江	0.00	0.00	0.00	0.00	0.00	0.00	0.00	0.00	2.82	3.92	0.67
河　北	0.00	0.00	0.00	0.00	0.00	1.59	0.00	0.00	1.41	1.96	0.50
上　海	0.00	0.00	0.00	0.00	0.00	0.00	1.25	0.00	1.41	1.96	0.50
天　津	0.00	0.00	0.00	0.00	0.00	0.00	2.50	0.00	1.41	0.00	0.50
新　疆	0.00	0.00	0.00	0.00	3.28	0.00	0.00	0.00	0.00	1.96	0.50
黑龙江	0.00	0.00	0.00	0.00	0.00	0.00	0.00	0.00	0.00	3.92	0.33
湖　南	0.00	0.00	0.00	0.00	0.00	1.59	0.00	0.00	0.00	1.96	0.33
辽　宁	0.00	2.22	0.00	0.00	0.00	0.00	0.00	0.00	0.00	1.96	0.33
山　西	0.00	0.00	0.00	0.00	0.00	0.00	1.25	0.00	1.41	0.00	0.33
重　庆	0.00	0.00	0.00	0.00	0.00	0.00	0.00	0.00	0.00	1.96	0.17
广　西	0.00	0.00	0.00	0.00	0.00	0.00	0.00	0.00	0.00	1.96	0.17
海　南	0.00	0.00	0.00	0.00	0.00	0.00	0.00	0.00	1.41	0.00	0.17
内蒙古	0.00	0.00	0.00	0.00	0.00	0.00	1.25	0.00	0.00	0.00	0.17

表 5-12　地质学 C 层人才的世界占比

单位：%

省　份	2013 年	2014 年	2015 年	2016 年	2017 年	2018 年	2019 年	2020 年	2021 年	2022 年	合计
北　京	8.88	8.02	9.65	9.41	10.36	11.43	10.63	8.64	13.71	12.23	10.40
江　苏	1.65	0.84	3.28	1.68	2.10	4.35	1.75	1.83	4.19	4.36	2.63
湖　北	1.65	1.69	1.64	2.35	3.00	2.25	3.00	1.83	4.19	3.18	2.55
广　东	1.65	1.27	1.46	1.68	2.25	3.06	1.75	2.16	3.06	3.35	2.20
贵　州	0.41	1.27	1.28	1.51	0.60	2.42	0.88	1.33	2.26	2.18	1.41
山　东	0.00	0.42	0.91	1.51	1.65	1.61	1.00	1.66	2.58	2.18	1.40
湖　南	0.00	0.42	0.36	0.34	1.35	1.29	1.63	1.50	1.94	2.18	1.17
四　川	0.41	0.21	0.73	1.01	0.90	1.13	1.13	0.83	1.13	2.68	1.05
陕　西	0.83	0.42	0.36	0.50	0.75	1.45	0.88	1.33	1.77	1.84	1.03
安　徽	1.45	0.63	1.09	0.67	0.30	0.81	1.38	1.33	1.13	0.84	0.97
江　西	0.21	0.42	0.91	0.17	0.30	0.64	0.38	1.33	1.77	1.51	0.77
吉　林	0.62	0.63	0.73	1.34	0.45	0.32	0.50	0.66	0.97	0.84	0.70
新　疆	0.21	0.42	0.55	0.67	0.75	0.97	0.38	0.33	0.65	0.50	0.55
云　南	0.41	0.63	0.18	0.00	0.60	0.32	0.13	1.00	0.81	1.34	0.53
甘　肃	0.41	0.00	0.18	0.50	0.15	0.81	0.63	1.00	0.48	0.34	0.47
河　北	0.41	0.21	0.18	0.67	0.15	0.48	0.38	0.50	0.65	1.01	0.47
广　西	0.00	0.00	0.00	0.50	0.15	0.48	0.50	0.17	0.97	1.01	0.40
辽　宁	0.21	0.42	0.00	0.17	0.00	0.64	0.63	0.83	0.48	0.00	0.35
天　津	0.00	0.21	0.18	0.00	0.15	0.48	1.00	0.50	0.00	0.50	0.33
浙　江	0.00	0.00	0.36	0.00	0.30	0.64	0.13	0.50	0.81	0.50	0.33
河　南	0.41	0.42	0.18	0.17	0.15	0.00	0.13	0.33	0.32	1.01	0.30
上　海	0.00	0.00	0.36	0.67	0.00	0.32	0.00	0.66	0.48	0.50	0.30
内蒙古	0.41	0.42	0.18	0.17	0.30	0.48	0.13	0.00	0.32	0.00	0.23
黑龙江	0.00	0.00	0.00	0.34	0.00	0.32	0.13	0.17	0.65	0.34	0.20
青　海	0.21	0.42	0.00	0.34	0.00	0.16	0.13	0.17	0.16	0.17	0.17
福　建	0.21	0.42	0.18	0.17	0.00	0.00	0.00	0.00	0.16	0.17	0.12
西　藏	0.00	0.21	0.00	0.17	0.30	0.00	0.00	0.00	0.00	0.34	0.10
重　庆	0.00	0.00	0.00	0.00	0.00	0.16	0.25	0.17	0.00	0.17	0.08
山　西	0.00	0.00	0.00	0.00	0.00	0.16	0.00	0.17	0.00	0.50	0.08
海　南	0.00	0.00	0.00	0.00	0.00	0.00	0.00	0.16	0.00	0.02

五 古生物学

古生物学 A 层人才仅分布在江苏、安徽、北京、上海；其中，A 层人才最多的是江苏，世界占比为 5.13%；安徽、北京、上海 A 层人才的世界占比均为 2.56%。

北京、江苏、湖北 B 层人才的世界占比分别为 4.13%、2.81%、1.31%，排名前三；陕西、广东、吉林、山东、云南、安徽、福建、甘肃、贵州、河北、黑龙江、内蒙古、上海、四川、广西、湖南、宁夏也有一定数量的 B 层人才，世界占比均超过 0.1%。

北京、江苏、湖北 C 层人才的世界占比分别为 4.60%、3.15%、1.68%，排名前三；陕西、山东、云南、广东、四川、甘肃、安徽、上海、浙江、福建、贵州、河北、河南、吉林、新疆、广西、天津、江西、辽宁、重庆、黑龙江、青海也有一定数量的 C 层人才，世界占比大于或等于 0.1%；内蒙古、湖南、海南 C 层人才的世界占比均低于 0.1%。

表 5-13　古生物学 A 层人才的世界占比

单位：%

省　份	2013 年	2014 年	2015 年	2016 年	2017 年	2018 年	2019 年	2020 年	2021 年	2022 年	合计
江　苏	0.00	0.00	25.00	0.00	0.00	0.00	14.29	0.00	0.00	0.00	5.13
安　徽	0.00	0.00	0.00	0.00	0.00	0.00	14.29	0.00	0.00	0.00	2.56
北　京	0.00	0.00	0.00	0.00	0.00	0.00	14.29	0.00	0.00	0.00	2.56
上　海	0.00	0.00	0.00	0.00	0.00	0.00	14.29	0.00	0.00	0.00	2.56

表 5-14　古生物学 B 层人才的世界占比

单位：%

省　份	2013 年	2014 年	2015 年	2016 年	2017 年	2018 年	2019 年	2020 年	2021 年	2022 年	合计
北　京	8.33	4.35	0.00	3.64	0.00	5.56	4.69	0.00	9.26	5.36	4.13
江　苏	2.08	2.17	0.00	5.45	3.77	3.70	3.13	1.85	5.56	0.00	2.81
湖　北	0.00	0.00	2.04	1.82	1.89	0.00	3.13	0.00	3.70	0.00	1.31
陕　西	0.00	2.17	0.00	1.82	0.00	0.00	3.13	1.85	0.00	0.00	0.94
广　东	2.08	0.00	0.00	1.82	0.00	0.00	0.00	0.00	1.85	1.79	0.75

续表

省份	2013 年	2014 年	2015 年	2016 年	2017 年	2018 年	2019 年	2020 年	2021 年	2022 年	合计
吉林	4.17	2.17	0.00	0.00	0.00	0.00	0.00	0.00	0.00	0.00	0.56
山东	2.08	0.00	0.00	0.00	0.00	0.00	0.00	0.00	1.85	1.79	0.56
云南	0.00	2.17	0.00	0.00	0.00	1.85	0.00	0.00	1.85	0.00	0.56
安徽	0.00	0.00	0.00	0.00	0.00	1.85	0.00	0.00	0.00	1.79	0.38
福建	0.00	2.17	0.00	0.00	0.00	0.00	0.00	0.00	0.00	1.79	0.38
甘肃	0.00	0.00	2.04	0.00	1.89	0.00	0.00	0.00	0.00	0.00	0.38
贵州	0.00	0.00	0.00	0.00	0.00	1.85	1.56	0.00	0.00	0.00	0.38
河北	0.00	2.17	0.00	0.00	0.00	0.00	0.00	0.00	1.85	0.00	0.38
黑龙江	4.17	0.00	0.00	0.00	0.00	0.00	0.00	0.00	0.00	0.00	0.38
内蒙古	2.08	0.00	0.00	0.00	0.00	0.00	1.56	0.00	0.00	0.00	0.38
上海	0.00	0.00	0.00	0.00	0.00	1.85	1.56	0.00	0.00	0.00	0.38
四川	0.00	2.17	0.00	0.00	1.89	0.00	0.00	0.00	0.00	0.00	0.38
广西	0.00	0.00	0.00	0.00	0.00	1.85	0.00	0.00	0.00	0.00	0.19
湖南	0.00	0.00	0.00	0.00	0.00	0.00	0.00	0.00	0.00	1.79	0.19
宁夏	0.00	0.00	0.00	0.00	0.00	1.85	0.00	0.00	0.00	0.00	0.19

表 5-15　古生物学 C 层人才的世界占比

单位：%

省份	2013 年	2014 年	2015 年	2016 年	2017 年	2018 年	2019 年	2020 年	2021 年	2022 年	合计
北京	4.11	2.69	3.08	3.45	3.37	5.78	4.52	5.98	6.35	5.76	4.60
江苏	1.60	3.59	2.26	3.45	2.58	2.89	4.67	2.91	3.58	3.33	3.15
湖北	0.23	1.35	1.44	2.30	1.98	2.71	3.27	0.85	0.81	1.33	1.68
陕西	0.23	0.45	0.82	0.58	0.99	0.72	1.09	1.37	1.47	0.67	0.88
山东	0.23	0.67	0.41	0.58	0.99	1.62	1.25	0.51	0.98	1.33	0.88
云南	0.68	0.67	0.62	0.58	0.20	0.18	1.40	0.85	1.47	1.55	0.84
广东	0.23	0.22	0.00	0.77	0.60	0.90	0.78	0.51	1.30	0.67	0.63
四川	0.46	0.90	0.21	0.19	0.79	0.18	0.31	0.00	0.98	1.11	0.50
甘肃	0.00	0.67	0.62	0.00	0.00	0.72	0.31	0.85	0.65	0.89	0.48
安徽	0.00	0.45	0.00	0.19	0.00	0.54	0.93	0.85	0.65	0.22	0.42
上海	0.68	0.22	0.00	0.19	0.40	0.54	0.00	0.68	0.33	0.44	0.34
浙江	0.00	0.00	0.00	0.19	0.20	0.54	0.78	0.00	0.49	0.22	0.27
福建	0.00	0.22	0.41	0.19	0.40	0.00	0.51	0.33	0.22	0.23	0.23
贵州	0.23	0.45	0.21	0.38	0.00	0.18	0.00	0.34	0.16	0.22	0.21

续表

省　份	2013年	2014年	2015年	2016年	2017年	2018年	2019年	2020年	2021年	2022年	合计
河　北	0.46	0.22	0.00	0.00	0.00	0.54	0.16	0.34	0.33	0.00	0.21
河　南	0.00	0.00	0.21	0.00	0.20	0.18	0.16	0.17	0.65	0.44	0.21
吉　林	0.23	0.00	0.21	0.19	0.20	0.00	0.16	0.51	0.33	0.22	0.21
新　疆	0.00	0.22	0.00	0.19	0.00	0.36	0.00	0.34	0.00	0.44	0.17
广　西	0.00	0.00	0.21	0.00	0.20	0.18	0.31	0.00	0.33	0.22	0.15
天　津	0.00	0.22	0.00	0.00	0.00	0.36	0.00	0.34	0.49	0.00	0.15
江　西	0.00	0.22	0.00	0.00	0.00	0.18	0.16	0.34	0.33	0.00	0.13
辽　宁	0.00	0.00	0.00	0.00	0.20	0.18	0.16	0.17	0.49	0.00	0.13
重　庆	0.00	0.00	0.00	0.00	0.00	0.47	0.17	0.00	0.44	0.00	0.11
黑龙江	0.68	0.00	0.00	0.19	0.00	0.00	0.00	0.00	0.16	0.00	0.10
青　海	0.00	0.45	0.21	0.00	0.00	0.18	0.16	0.00	0.00	0.00	0.10
内蒙古	0.23	0.22	0.00	0.00	0.00	0.18	0.16	0.00	0.00	0.00	0.08
湖　南	0.00	0.00	0.21	0.00	0.00	0.18	0.00	0.17	0.00	0.00	0.06
海　南	0.00	0.00	0.00	0.00	0.00	0.00	0.16	0.00	0.00	0.00	0.02

六　矿物学

　　矿物学A、B、C层人才最多的是北京，世界占比分别为7.55%、11.50%、12.06%，其中，B、C层人才的世界占比显著高于其他省份。

　　四川、广东A层人才的世界占比分别为5.66%、3.77%，排名第二、第三位；安徽、广西、河南、湖北、湖南、辽宁、浙江有相当数量的A层人才，世界占比均为1.89%。

　　湖南、湖北、江苏的B层人才比较多，世界占比在4%~3%；广东、云南、辽宁、陕西、江西、山东、四川、浙江有相当数量的B层人才，世界占比在3%~1%；安徽、广西、天津、河南、重庆、福建、甘肃、贵州、河北、黑龙江、内蒙古、吉林、上海、山西、新疆也有一定数量的B层人才，世界占比均超过0.1%。

　　湖南、湖北、广东的C层人才比较多，世界占比在4%~3%；江苏、贵州、四川、山东、陕西、安徽、辽宁、江西、云南有相当数量的C层人才，世界占比在 3% ~ 1%；吉林、浙江、广西、甘肃、河南、河北、上海、福建、内蒙古、新疆、重庆、天津、山西、黑龙江、青海、西藏也有一定数量的 C 层人才，世界占比均超过 0.1%。

表 5-16　矿物学 A 层人才的世界占比

单位：%

省　份	2013 年	2014 年	2015 年	2016 年	2017 年	2018 年	2019 年	2020 年	2021 年	2022 年	合计
北　京	25.00	0.00	0.00	25.00	0.00	0.00	0.00	14.29	0.00	14.29	7.55
四　川	0.00	0.00	25.00	25.00	0.00	0.00	0.00	0.00	0.00	14.29	5.66
广　东	0.00	0.00	25.00	0.00	0.00	0.00	0.00	0.00	0.00	14.29	3.77
安　徽	0.00	0.00	0.00	0.00	0.00	0.00	14.29	0.00	0.00	0.00	1.89
广　西	0.00	0.00	0.00	0.00	0.00	0.00	0.00	0.00	20.00	0.00	1.89
河　南	0.00	0.00	0.00	0.00	0.00	0.00	0.00	0.00	0.00	14.29	1.89
湖　北	0.00	0.00	0.00	0.00	0.00	0.00	0.00	0.00	0.00	14.29	1.89
湖　南	0.00	0.00	0.00	0.00	0.00	0.00	14.29	0.00	0.00	0.00	1.89
辽　宁	0.00	25.00	0.00	0.00	0.00	0.00	0.00	0.00	0.00	0.00	1.89
浙　江	0.00	0.00	0.00	0.00	0.00	0.00	14.29	0.00	0.00	0.00	1.89

表 5-17　矿物学 B 层人才的世界占比

单位：%

省　份	2013 年	2014 年	2015 年	2016 年	2017 年	2018 年	2019 年	2020 年	2021 年	2022 年	合计
北　京	4.76	9.52	10.20	7.84	9.84	5.17	12.90	19.40	15.49	14.52	11.50
湖　南	0.00	0.00	0.00	1.96	3.28	6.90	9.68	2.99	4.23	3.23	3.54
湖　北	2.38	2.38	0.00	0.00	1.64	1.72	6.45	5.97	4.23	6.45	3.36
江　苏	0.00	2.38	0.00	3.92	3.28	1.72	4.84	5.97	4.23	1.61	3.01
广　东	0.00	7.14	2.04	3.92	3.28	1.72	0.00	2.99	0.00	3.23	2.30
云　南	0.00	0.00	2.04	0.00	0.00	0.00	3.23	1.49	5.63	4.84	1.95
辽　宁	0.00	2.38	2.04	0.00	0.00	0.00	0.00	5.97	4.23	0.00	1.59
陕　西	0.00	0.00	6.12	1.96	0.00	1.72	0.00	1.49	2.82	0.00	1.42
江　西	0.00	0.00	0.00	1.96	1.64	0.00	1.61	1.49	1.41	3.23	1.24
山　东	0.00	0.00	0.00	0.00	1.64	0.00	1.61	2.99	0.00	3.23	1.24
四　川	0.00	2.38	2.04	1.96	0.00	0.00	0.00	1.49	1.41	1.61	1.06
浙　江	2.38	0.00	0.00	1.96	0.00	1.72	0.00	1.49	1.41	1.61	1.06
安　徽	0.00	0.00	0.00	1.96	0.00	0.00	0.00	1.49	1.41	1.61	0.71
广　西	0.00	4.76	0.00	0.00	0.00	0.00	0.00	1.49	0.00	1.61	0.71

续表

省 份	2013 年	2014 年	2015 年	2016 年	2017 年	2018 年	2019 年	2020 年	2021 年	2022 年	合计
天 津	0.00	0.00	0.00	0.00	0.00	0.00	1.61	2.99	0.00	1.61	0.71
河 南	0.00	0.00	0.00	0.00	0.00	0.00	1.61	0.00	1.41	1.61	0.53
重 庆	0.00	0.00	0.00	0.00	0.00	0.00	0.00	1.49	0.00	1.61	0.35
福 建	0.00	0.00	0.00	0.00	0.00	0.00	0.00	0.00	0.00	3.23	0.35
甘 肃	0.00	0.00	0.00	0.00	0.00	0.00	0.00	1.49	0.00	1.61	0.35
贵 州	0.00	2.38	0.00	0.00	0.00	0.00	0.00	0.00	0.00	1.61	0.35
河 北	0.00	0.00	0.00	0.00	0.00	0.00	0.00	0.00	1.41	0.00	0.18
黑龙江	0.00	0.00	0.00	0.00	0.00	0.00	0.00	0.00	0.00	1.61	0.18
内蒙古	0.00	0.00	0.00	0.00	0.00	0.00	1.61	0.00	0.00	0.00	0.18
吉 林	2.38	0.00	0.00	0.00	0.00	0.00	0.00	0.00	0.00	0.00	0.18
上 海	0.00	0.00	0.00	0.00	0.00	0.00	0.00	0.00	1.41	0.00	0.18
山 西	0.00	0.00	0.00	1.96	0.00	0.00	0.00	0.00	0.00	0.00	0.18
新 疆	0.00	0.00	0.00	0.00	1.64	0.00	0.00	0.00	0.00	0.00	0.18

表 5-18　矿物学 C 层人才的世界占比

单位：%

省 份	2013 年	2014 年	2015 年	2016 年	2017 年	2018 年	2019 年	2020 年	2021 年	2022 年	合计
北 京	12.24	14.81	11.81	10.65	10.76	11.62	13.16	10.61	14.33	10.74	12.06
湖 南	1.65	0.93	1.71	2.71	2.52	5.81	5.78	3.44	7.02	5.29	3.95
湖 北	2.12	4.17	3.24	3.76	3.03	4.05	4.98	3.74	4.68	4.63	3.91
广 东	4.00	3.24	1.90	2.51	2.52	5.46	4.01	4.04	3.99	3.64	3.58
江 苏	2.82	1.62	4.95	2.51	1.68	3.35	2.73	2.84	2.75	3.47	2.89
贵 州	1.41	1.85	1.52	0.84	0.84	2.64	1.44	2.39	1.65	1.65	1.65
四 川	0.71	1.62	1.33	1.04	1.34	2.11	2.25	1.49	1.38	2.48	1.61
山 东	0.71	1.39	0.76	1.67	1.18	1.94	2.25	0.60	2.07	2.48	1.54
陕 西	1.18	1.62	1.71	0.63	1.01	1.58	0.96	1.64	1.79	1.82	1.42
安 徽	1.88	1.16	1.71	1.46	0.84	1.06	1.61	1.64	1.93	0.33	1.36
辽 宁	0.47	0.23	0.38	0.63	0.67	1.41	1.28	1.64	2.48	2.15	1.24
江 西	0.71	0.23	0.57	0.21	0.34	1.06	0.64	2.84	2.07	1.16	1.08
云 南	0.24	0.69	0.76	0.42	0.67	0.53	1.28	1.94	1.24	2.31	1.08
吉 林	0.24	1.39	1.71	1.25	1.01	0.53	0.48	0.45	0.14	0.00	0.67
浙 江	0.71	0.69	0.38	0.63	0.50	0.88	0.96	0.60	0.83	0.33	0.66

省 份	2013 年	2014 年	2015 年	2016 年	2017 年	2018 年	2019 年	2020 年	2021 年	2022 年	合计
广 西	0.00	0.23	0.19	1.25	0.17	0.53	0.48	0.60	0.96	0.99	0.57
甘 肃	0.47	0.23	0.19	1.46	0.17	0.70	0.32	0.90	0.41	0.66	0.55
河 南	0.47	0.00	0.38	0.00	0.00	0.18	0.80	0.60	1.24	0.99	0.51
河 北	0.00	0.23	0.38	0.21	0.17	0.35	0.32	0.30	0.83	1.49	0.46
上 海	0.47	0.69	0.57	0.63	0.00	0.53	0.32	0.15	0.41	0.83	0.44
福 建	0.47	0.23	0.19	0.21	0.17	0.35	0.32	0.30	0.69	0.99	0.41
内蒙古	0.24	0.23	0.19	0.63	0.34	0.53	0.48	0.30	0.69	0.33	0.41
新 疆	0.00	0.69	0.57	0.21	0.84	0.18	0.32	0.30	0.41	0.17	0.37
重 庆	0.00	0.23	0.00	0.00	0.34	0.35	0.16	0.30	0.96	0.17	0.28
天 津	0.24	0.46	0.38	0.21	0.00	0.53	0.48	0.15	0.41	0.00	0.28
山 西	0.00	0.23	0.00	0.38	0.00	0.17	0.18	0.48	0.15	0.28	0.66	0.27
黑龙江	0.00	0.23	0.00	0.00	0.34	0.35	0.16	0.15	0.14	0.33	0.18
青 海	0.24	0.00	0.19	0.42	0.00	0.35	0.00	0.30	0.00	0.33	0.18
西 藏	0.24	0.23	0.00	0.00	0.34	0.00	0.16	0.00	0.00	0.17	0.11

七 地质工程

地质工程 A 层人才最多的是江苏，世界占比为 9.09%；北京、湖南 A 层人才的世界占比分别为 7.07%、6.06%，排名第二、第三位；湖北、四川、安徽、重庆、江西的 A 层人才比较多，世界占比在 6%~3%；辽宁、陕西、山东、广东、贵州、河南、吉林、上海有相当数量的 A 层人才，世界占比在 3%~1%。

B 层人才最多的是北京，世界占比为 9.41%；江苏、湖北 B 层人才的世界占比分别为 6.89%、6.11%，排名第二、第三位；湖南、上海、四川、重庆、山东的 B 层人才比较多，世界占比在 6%~3%；辽宁、广东、陕西、浙江、安徽有相当数量的 B 层人才，世界占比在 3%~1%；天津、福建、甘肃、贵州、河南、江西、山西、广西、吉林、云南、河北、黑龙江、内蒙古也有一定数量的 B 层人才，世界占比大于或等于 0.1%。

北京、湖北、江苏 C 层人才的世界占比分别为 6.97%、6.59%、6.08%，排名前三；四川、上海的 C 层人才比较多，世界占比分别为

3.86%、3.75%；湖南、山东、浙江、重庆、广东、辽宁、陕西有相当数量的 C 层人才，世界占比在 3%～1%；天津、安徽、河南、甘肃、山西、江西、广西、福建、云南、黑龙江、河北、吉林、贵州、新疆也有一定数量的 C 层人才，世界占比均超过 0.1%；青海、内蒙古、海南、宁夏、西藏 C 层人才的世界占比均低于 0.1%。

表 5-19　地质工程 A 层人才的世界占比

单位：%

省　份	2013 年	2014 年	2015 年	2016 年	2017 年	2018 年	2019 年	2020 年	2021 年	2022 年	合计
江　苏	0.00	0.00	0.00	0.00	20.00	0.00	0.00	14.29	8.33	30.77	9.09
北　京	0.00	0.00	0.00	0.00	0.00	0.00	15.38	7.14	25.00	7.69	7.07
湖　南	0.00	0.00	0.00	0.00	20.00	0.00	7.69	7.14	16.67	0.00	6.06
湖　北	0.00	0.00	10.00	0.00	0.00	0.00	7.69	7.14	8.33	7.69	5.05
四　川	0.00	0.00	0.00	0.00	0.00	0.00	7.69	0.00	8.33	15.38	4.04
安　徽	0.00	0.00	0.00	0.00	0.00	0.00	0.00	0.00	16.67	0.00	3.03
重　庆	0.00	0.00	0.00	0.00	0.00	0.00	0.00	7.14	8.33	7.69	3.03
江　西	0.00	0.00	10.00	0.00	0.00	0.00	0.00	14.29	0.00	0.00	3.03
辽　宁	0.00	0.00	0.00	0.00	0.00	0.00	0.00	0.00	8.33	7.69	2.02
陕　西	0.00	0.00	0.00	0.00	0.00	0.00	0.00	0.00	0.00	15.38	2.02
山　东	0.00	0.00	0.00	0.00	11.11	0.00	0.00	0.00	0.00	0.00	2.02
广　东	0.00	0.00	0.00	0.00	0.00	0.00	0.00	0.00	8.33	0.00	1.01
贵　州	0.00	0.00	0.00	0.00	0.00	0.00	0.00	0.00	0.00	7.69	1.01
河　南	0.00	0.00	0.00	0.00	0.00	0.00	0.00	0.00	0.00	7.69	1.01
吉　林	0.00	0.00	0.00	0.00	0.00	0.00	0.00	7.14	0.00	0.00	1.01
上　海	0.00	0.00	0.00	0.00	0.00	10.00	0.00	0.00	0.00	0.00	1.01

表 5-20　地质工程 B 层人才的世界占比

单位：%

省　份	2013 年	2014 年	2015 年	2016 年	2017 年	2018 年	2019 年	2020 年	2021 年	2022 年	合计
北　京	5.81	7.14	8.33	8.65	6.52	11.50	5.98	14.40	13.79	8.93	9.41
江　苏	3.49	5.71	4.17	6.73	7.61	7.08	7.69	7.20	10.34	7.14	6.89
湖　北	1.16	2.86	8.33	7.69	6.52	7.08	6.84	11.20	3.45	3.57	6.11
湖　南	1.16	0.00	4.17	4.81	6.52	3.54	11.11	10.40	4.31	2.68	5.24
上　海	2.33	2.86	2.08	1.92	5.43	4.42	3.42	4.80	10.34	5.36	4.46
四　川	0.00	1.43	3.13	2.88	4.35	9.73	4.27	5.60	8.62	1.79	4.46

续表

省 份	2013 年	2014 年	2015 年	2016 年	2017 年	2018 年	2019 年	2020 年	2021 年	2022 年	合计
重 庆	0.00	2.86	1.04	4.81	3.26	3.54	8.55	4.80	6.03	5.36	4.27
山 东	0.00	1.43	2.08	1.92	1.09	6.19	5.13	6.40	6.03	2.68	3.59
辽 宁	0.00	0.00	4.17	0.96	1.09	2.65	0.85	4.00	5.17	6.25	2.72
广 东	0.00	0.00	0.00	0.00	2.17	1.77	4.27	6.40	3.45	5.36	2.62
陕 西	0.00	1.43	2.08	1.92	3.26	2.65	3.42	0.00	3.45	4.46	2.33
浙 江	1.16	0.00	0.00	0.96	3.26	3.54	0.85	0.00	3.45	0.89	1.45
安 徽	0.00	0.00	1.04	1.92	1.09	0.88	0.85	2.40	1.72	2.68	1.36
天 津	0.00	0.00	0.00	0.00	1.09	0.88	0.00	2.40	0.86	0.89	0.68
福 建	0.00	0.00	0.00	0.00	0.00	0.00	1.71	2.40	0.00	0.89	0.58
甘 肃	0.00	0.00	1.04	0.00	0.00	1.77	0.85	1.60	0.00	0.00	0.58
贵 州	0.00	0.00	0.00	0.00	0.00	0.00	0.85	1.60	2.59	0.00	0.58
河 南	0.00	0.00	0.00	0.00	0.00	0.00	1.71	2.40	0.00	0.00	0.58
江 西	0.00	0.00	1.04	0.96	2.17	0.00	0.00	0.00	0.86	0.89	0.58
山 西	0.00	1.43	1.04	0.96	1.09	0.00	0.00	0.80	0.86	0.00	0.58
广 西	0.00	0.00	0.00	0.00	1.09	0.00	0.85	2.40	0.00	0.00	0.48
吉 林	0.00	0.00	0.00	0.00	0.00	0.00	0.00	0.80	0.00	0.89	0.19
云 南	0.00	0.00	0.00	0.00	0.00	0.00	0.00	0.00	0.86	0.89	0.19
河 北	0.00	0.00	0.00	0.00	0.00	0.00	0.00	0.00	0.00	0.89	0.10
黑龙江	0.00	0.00	0.00	0.00	0.00	0.00	0.00	0.00	0.86	0.00	0.10
内蒙古	0.00	0.00	0.00	0.00	0.00	0.00	0.00	0.00	0.86	0.00	0.10

表 5-21 地质工程 C 层人才的世界占比

单位：%

省 份	2013 年	2014 年	2015 年	2016 年	2017 年	2018 年	2019 年	2020 年	2021 年	2022 年	合计
北 京	2.87	4.47	4.51	6.32	6.26	7.38	8.61	9.85	8.28	7.96	6.97
湖 北	3.13	4.05	4.51	5.64	6.15	6.74	7.83	8.89	7.14	8.89	6.59
江 苏	3.52	4.05	4.82	6.22	3.74	5.74	7.66	7.35	6.78	8.38	6.08
四 川	1.31	2.65	2.94	2.33	3.30	4.64	4.99	5.25	4.14	5.17	3.86
上 海	3.13	3.21	4.30	3.40	3.96	3.73	3.61	3.39	4.14	4.32	3.75
湖 南	0.91	0.70	1.47	1.75	1.76	2.91	3.18	4.77	3.79	4.23	2.76
山 东	0.78	0.42	1.15	1.26	2.53	2.64	2.93	2.75	2.56	3.73	2.22
浙 江	1.70	0.56	1.78	1.26	1.87	2.82	2.58	2.75	1.85	3.81	2.21

续表

省　份	2013 年	2014 年	2015 年	2016 年	2017 年	2018 年	2019 年	2020 年	2021 年	2022 年	合计
重　庆	0.52	0.98	1.36	1.75	1.10	1.73	2.67	3.15	3.08	3.39	2.12
广　东	0.26	0.70	0.42	0.78	0.44	1.46	2.24	3.31	3.08	4.91	1.95
辽　宁	1.57	0.42	1.26	0.87	2.09	2.91	2.50	2.50	2.47	2.03	1.95
陕　西	0.39	0.56	0.00	0.49	0.44	1.64	1.55	1.86	2.38	2.12	1.25
天　津	0.39	0.14	0.63	0.78	0.44	1.18	1.46	1.05	1.06	0.93	0.86
安　徽	0.26	0.42	0.21	0.39	0.44	0.64	1.03	0.81	1.41	0.93	0.70
河　南	0.00	0.42	0.10	0.29	0.33	0.55	0.77	1.21	1.06	1.19	0.65
甘　肃	0.39	0.28	0.00	0.39	0.88	0.55	0.77	0.81	0.62	0.51	0.54
山　西	0.26	0.28	0.21	0.49	0.77	0.36	0.69	0.40	0.88	0.76	0.53
江　西	0.00	0.00	0.84	0.97	0.22	0.55	0.43	0.48	0.44	0.76	0.50
广　西	0.00	0.00	0.10	0.10	0.77	0.55	0.69	0.89	0.35	0.93	0.48
福　建	0.26	0.00	0.42	0.19	0.22	0.36	0.52	0.57	0.44	0.93	0.42
云　南	0.00	0.14	0.10	0.29	0.33	0.18	0.34	0.65	1.32	0.25	0.39
黑龙江	0.13	0.14	0.52	0.39	0.44	0.27	0.26	0.40	0.18	0.76	0.36
河　北	0.00	0.28	0.10	0.10	0.22	0.36	0.34	0.57	0.26	0.51	0.30
吉　林	0.13	0.00	0.10	0.19	0.00	0.18	0.43	0.40	0.26	0.42	0.24
贵　州	0.00	0.00	0.00	0.00	0.11	0.18	0.26	0.24	0.70	0.42	0.22
新　疆	0.00	0.00	0.10	0.10	0.00	0.00	0.26	0.08	0.53	0.08	0.13
青　海	0.00	0.00	0.00	0.10	0.11	0.00	0.17	0.16	0.09	0.17	0.09
内蒙古	0.00	0.00	0.10	0.00	0.11	0.00	0.17	0.08	0.00	0.17	0.07
海　南	0.00	0.00	0.00	0.00	0.00	0.18	0.09	0.00	0.26	0.00	0.06
宁　夏	0.00	0.00	0.00	0.00	0.00	0.00	0.09	0.00	0.09	0.08	0.03
西　藏	0.00	0.00	0.10	0.00	0.00	0.00	0.09	0.08	0.00	0.00	0.03

八　地球化学和地球物理学

地球化学和地球物理学 A、B、C 层人才最多的是北京，世界占比分别为 7.98%、8.33%、8.45%，其中，C 层人才显著多于其他省份。

湖北 A 层人才的世界占比为 4.23%，排名第二；陕西、湖南、江苏、上海、广东、黑龙江有相当数量的 A 层人才，世界占比在 3%～1%；安徽、福建、重庆、甘肃、贵州、吉林、山东、四川、新疆、云南也有一定数量的 A 层人才，世界占比超过 0.4%。

湖北 B 层人才的世界占比为 5.46%，排名第二；陕西、广东、江苏、湖南、四川、上海有相当数量的 B 层人才，世界占比在 3%～1%；山东、浙江、黑龙江、安徽、河南、辽宁、天津、重庆、福建、贵州、甘肃、江西、河北、广西、海南、吉林、新疆、云南也有一定数量的 B 层人才，世界占比大于或等于 0.1%；宁夏、西藏 B 层人才的世界占比均为 0.05%。

湖北 C 层人才的世界占比为 3.74%，排名第二；广东、江苏、陕西、山东、湖南、安徽、四川有相当数量的 C 层人才，世界占比在 3%～1%；上海、浙江、贵州、吉林、黑龙江、天津、辽宁、河南、福建、河北、重庆、江西、甘肃、广西、云南、新疆、海南也有一定数量的 C 层人才，世界占比均超过 0.1%；内蒙古、青海、山西、宁夏、西藏 C 层人才的世界占比均低于 0.1%。

表 5-22 地球化学和地球物理学 A 层人才的世界占比

单位：%

省　份	2013 年	2014 年	2015 年	2016 年	2017 年	2018 年	2019 年	2020 年	2021 年	2022 年	合计
北　京	0.00	0.00	5.26	15.79	0.00	14.29	7.69	0.00	21.43	7.69	7.98
湖　北	0.00	10.53	0.00	5.26	10.53	0.00	3.85	0.00	7.14	3.85	4.23
陕　西	0.00	0.00	5.26	5.26	5.26	4.76	7.69	0.00	0.00	0.00	2.82
湖　南	0.00	5.26	0.00	0.00	0.00	9.52	3.85	0.00	0.00	3.85	2.35
江　苏	0.00	0.00	0.00	5.26	0.00	0.00	0.00	5.00	7.14	3.85	2.35
上　海	0.00	0.00	0.00	5.26	0.00	4.76	0.00	0.00	0.00	3.85	1.88
广　东	0.00	0.00	0.00	0.00	0.00	4.76	0.00	0.00	7.14	0.00	1.41
黑龙江	0.00	0.00	0.00	5.26	0.00	4.76	3.85	0.00	0.00	0.00	1.41
安　徽	0.00	0.00	0.00	0.00	5.26	0.00	3.85	0.00	0.00	0.00	0.94
福　建	0.00	0.00	0.00	0.00	0.00	4.76	0.00	0.00	3.57	0.00	0.94
重　庆	0.00	0.00	0.00	0.00	0.00	0.00	0.00	0.00	3.57	0.00	0.47
甘　肃	0.00	0.00	0.00	5.26	0.00	0.00	0.00	0.00	0.00	0.00	0.47
贵　州	0.00	0.00	0.00	0.00	0.00	0.00	0.00	0.00	3.57	0.00	0.47
吉　林	0.00	0.00	0.00	0.00	0.00	0.00	0.00	0.00	0.00	3.85	0.47
山　东	0.00	0.00	0.00	0.00	0.00	0.00	0.00	0.00	3.57	0.00	0.47
四　川	0.00	0.00	0.00	0.00	0.00	0.00	3.85	0.00	0.00	0.00	0.47
新　疆	0.00	0.00	0.00	0.00	0.00	0.00	0.00	0.00	3.57	0.00	0.47
云　南	0.00	0.00	0.00	0.00	0.00	0.00	0.00	0.00	3.57	0.00	0.47

表 5-23　地球化学和地球物理学 B 层人才的世界占比

单位：%

省　份	2013 年	2014 年	2015 年	2016 年	2017 年	2018 年	2019 年	2020 年	2021 年	2022 年	合计
北　京	5.81	5.71	7.02	6.84	5.50	5.94	7.63	10.00	11.95	14.41	8.33
湖　北	3.49	1.71	4.68	8.42	2.00	4.57	2.97	7.14	9.16	8.73	5.46
陕　西	0.58	0.00	1.75	1.05	2.00	1.83	3.39	2.38	4.38	6.55	2.58
广　东	1.74	1.14	1.17	1.58	4.00	1.37	2.97	1.43	3.59	3.06	2.29
江　苏	1.16	1.71	2.92	0.53	1.50	0.46	0.42	2.86	5.58	3.06	2.09
湖　南	0.58	0.57	1.17	0.00	1.50	2.28	2.54	1.43	3.98	4.37	2.00
四　川	0.00	1.14	0.58	1.05	1.00	0.91	1.69	0.95	4.78	4.37	1.80
上　海	0.58	1.14	0.00	1.05	1.00	1.37	2.54	0.48	1.59	1.31	1.17
山　东	0.00	0.57	0.00	0.53	2.00	1.37	1.27	0.95	0.80	1.31	0.93
浙　江	0.00	0.57	0.00	0.00	0.50	0.46	0.85	0.95	1.59	3.06	0.88
黑龙江	0.00	0.00	0.00	0.53	1.50	1.37	1.27	0.48	0.80	1.75	0.83
安　徽	1.16	0.57	0.00	0.53	1.00	0.00	0.00	0.48	3.19	0.44	0.78
河　南	0.00	0.00	0.00	0.00	0.00	1.37	0.42	0.48	0.40	3.49	0.68
辽　宁	0.58	0.00	0.00	0.00	0.50	0.00	0.00	0.95	1.20	1.31	0.49
天　津	0.00	0.00	0.00	0.00	0.50	0.46	0.85	2.38	0.00	0.44	0.49
重　庆	0.00	0.00	0.00	0.00	0.50	0.00	0.42	0.95	0.00	2.18	0.44
福　建	0.00	0.00	0.00	0.00	0.00	0.91	0.00	1.43	0.00	0.44	0.34
贵　州	0.00	0.00	0.00	1.05	0.00	0.00	1.27	0.00	0.40	0.44	0.34
甘　肃	1.16	0.00	0.00	0.00	1.00	0.00	0.00	0.48	0.40	0.00	0.29
江　西	0.00	0.00	0.00	0.53	0.00	0.91	0.00	0.00	0.00	0.44	0.19
河　北	0.00	0.00	0.00	0.00	0.50	0.00	0.00	0.80	0.00	0.00	0.15
广　西	0.00	0.00	0.00	0.00	0.00	0.00	0.00	0.48	0.00	0.44	0.10
海　南	0.00	0.00	0.00	0.00	0.00	0.46	0.00	0.00	0.40	0.00	0.10
吉　林	0.00	0.00	0.00	0.00	0.00	0.46	0.00	0.00	0.44	0.00	0.10
新　疆	0.00	0.00	0.00	0.00	0.50	0.00	0.00	0.00	0.44	0.00	0.10
云　南	0.00	0.00	0.00	0.00	0.50	0.00	0.00	0.40	0.00	0.00	0.10
宁　夏	0.00	0.00	0.00	0.00	0.00	0.00	0.00	0.00	0.44	0.00	0.05
西　藏	0.00	0.00	0.00	0.00	0.00	0.00	0.00	0.00	0.40	0.00	0.05

表 5-24 地球化学和地球物理学 C 层人才的世界占比

单位：%

省份	2013 年	2014 年	2015 年	2016 年	2017 年	2018 年	2019 年	2020 年	2021 年	2022 年	合计
北京	6.74	6.71	6.60	7.34	7.86	7.50	8.74	7.92	10.61	12.83	8.45
湖北	1.58	2.33	3.09	2.48	3.14	3.33	3.93	4.74	4.93	6.48	3.74
广东	1.23	1.16	1.58	2.01	1.93	2.59	2.38	2.55	3.34	5.19	2.49
江苏	1.58	1.00	1.63	1.53	1.42	1.39	1.76	2.33	2.92	3.84	2.00
陕西	0.53	0.55	0.82	0.84	0.56	0.93	1.38	1.25	2.76	3.08	1.35
山东	0.47	0.72	0.88	1.11	1.22	1.30	1.34	1.61	1.63	2.32	1.31
湖南	0.47	0.33	0.53	0.69	0.76	1.11	1.21	1.03	1.54	2.59	1.08
安徽	0.70	0.50	0.93	0.84	0.91	0.97	1.30	1.43	1.46	1.39	1.08
四川	0.47	0.61	0.58	0.47	0.71	0.83	0.84	1.12	1.71	2.73	1.06
上海	0.29	0.33	0.93	0.63	0.71	0.46	0.88	1.43	1.46	1.97	0.95
浙江	0.23	0.06	0.29	0.21	0.61	0.79	0.79	1.48	1.71	1.92	0.87
贵州	0.41	0.33	0.64	0.53	0.41	0.51	0.54	0.31	0.46	0.63	0.48
吉林	0.29	0.44	0.70	0.26	0.30	0.42	0.54	0.27	0.58	0.72	0.46
黑龙江	0.12	0.17	0.23	0.32	0.35	0.09	0.29	0.40	0.88	1.39	0.45
天津	0.12	0.22	0.29	0.11	0.25	0.14	0.42	0.45	0.75	0.58	0.35
辽宁	0.06	0.06	0.23	0.11	0.20	0.23	0.25	0.49	0.58	1.03	0.35
河南	0.12	0.00	0.00	0.05	0.10	0.09	0.33	0.40	0.63	1.03	0.30
福建	0.06	0.17	0.47	0.32	0.20	0.14	0.13	0.27	0.25	0.80	0.28
河北	0.18	0.33	0.12	0.11	0.05	0.23	0.33	0.36	0.29	0.58	0.27
重庆	0.06	0.06	0.12	0.16	0.10	0.05	0.08	0.36	0.42	1.03	0.26
江西	0.06	0.00	0.06	0.11	0.05	0.14	0.21	0.45	0.46	0.72	0.24
甘肃	0.35	0.17	0.23	0.47	0.30	0.19	0.13	0.13	0.17	0.27	0.23
广西	0.00	0.11	0.06	0.21	0.15	0.23	0.21	0.13	0.38	0.63	0.22
云南	0.12	0.06	0.23	0.05	0.10	0.05	0.21	0.31	0.46	0.49	0.22
新疆	0.00	0.11	0.29	0.11	0.05	0.09	0.13	0.31	0.17	0.45	0.18
海南	0.06	0.00	0.12	0.21	0.10	0.09	0.04	0.18	0.25	0.13	0.12
内蒙古	0.06	0.00	0.12	0.00	0.05	0.05	0.08	0.04	0.00	0.18	0.06
青海	0.06	0.00	0.00	0.05	0.05	0.14	0.04	0.04	0.04		0.04
山西	0.00	0.00	0.00	0.00	0.15	0.00	0.04	0.00	0.04	0.18	0.04
宁夏	0.00	0.00	0.00	0.00	0.00	0.00	0.00	0.04	0.00	0.04	0.01
西藏	0.06	0.00	0.00	0.05	0.00	0.05	0.00	0.00	0.00	0.00	0.01

九 气象学和大气科学

气象学和大气科学 A、B、C 层人才最多的是北京，世界占比分别为 6.48%、5.11%、7.07%。

江苏、广东 A 层人才的世界占比分别为 1.85%、0.93%，排名第二、第三位；甘肃、河南、湖北、湖南、陕西、山东、上海、山西也有一定数量的 A 层人才，世界占比均为 0.46%。

江苏、广东 B 层人才的世界占比分别为 1.82%、1.31%，排名第二、第三位；山东、上海、甘肃、湖北、四川、陕西、浙江、福建、安徽、黑龙江、湖南、吉林、辽宁、云南、江西、新疆也有一定数量的 B 层人才，世界占比超过 0.1%；重庆、河南、青海、天津、贵州、内蒙古、山西 B 层人才的世界占比均低于 0.1%。

江苏、广东 C 层人才的世界占比分别为 3.06%、1.59%，排名第二、第三位；上海、甘肃、山东、湖北、四川、浙江、陕西、福建、天津、安徽、新疆、辽宁、湖南、河北、重庆、河南、云南、吉林也有一定数量的 C 层人才，世界占比均超过 0.1%；黑龙江、山西、江西、贵州、青海、广西、海南、内蒙古、西藏、宁夏 C 层人才的世界占比均低于 0.1%。

表 5-25　气象学和大气科学 A 层人才的世界占比

单位：%

省　　份	2013 年	2014 年	2015 年	2016 年	2017 年	2018 年	2019 年	2020 年	2021 年	2022 年	合计
北　京	4.76	0.00	5.88	12.50	4.00	6.67	7.14	3.57	16.00	5.00	6.48
江　苏	0.00	0.00	0.00	0.00	0.00	0.00	3.57	3.57	4.00	5.00	1.85
广　东	0.00	0.00	0.00	0.00	0.00	0.00	0.00	3.57	0.00	5.00	0.93
甘　肃	0.00	0.00	0.00	6.25	0.00	0.00	0.00	0.00	0.00	0.00	0.46
河　南	0.00	0.00	0.00	6.25	0.00	0.00	0.00	0.00	0.00	0.00	0.46
湖　北	0.00	0.00	0.00	0.00	0.00	0.00	0.00	0.00	4.00	0.00	0.46
湖　南	0.00	0.00	0.00	0.00	0.00	0.00	0.00	0.00	4.00	0.00	0.46
陕　西	0.00	0.00	0.00	0.00	0.00	0.00	0.00	0.00	4.00	0.00	0.46

续表

省 份	2013 年	2014 年	2015 年	2016 年	2017 年	2018 年	2019 年	2020 年	2021 年	2022 年	合计
山 东	0.00	4.76	0.00	0.00	0.00	0.00	0.00	0.00	0.00	0.00	0.46
上 海	0.00	0.00	0.00	0.00	0.00	0.00	0.00	0.00	4.00	0.00	0.46
山 西	0.00	0.00	5.88	0.00	0.00	0.00	0.00	0.00	0.00	0.00	0.46

表 5-26　气象学和大气科学 B 层人才的世界占比

单位：%

省 份	2013 年	2014 年	2015 年	2016 年	2017 年	2018 年	2019 年	2020 年	2021 年	2022 年	合计
北 京	4.02	5.10	3.60	4.44	5.15	3.88	4.98	5.35	5.28	8.33	5.11
江 苏	0.00	1.53	0.90	0.40	1.29	1.55	2.68	2.01	2.48	4.17	1.82
广 东	1.01	1.02	0.00	1.61	1.29	0.00	1.92	0.67	1.86	3.13	1.31
山 东	0.50	1.53	0.90	1.21	0.86	0.78	0.77	1.00	0.93	1.39	0.99
上 海	0.00	0.51	0.00	0.40	0.00	0.39	0.38	0.67	3.11	1.39	0.79
甘 肃	1.01	1.53	0.00	1.21	0.43	0.00	1.15	0.33	0.62	0.35	0.63
湖 北	0.00	0.51	0.00	0.00	0.43	0.39	0.00	0.33	0.31	1.39	0.40
四 川	0.00	0.00	0.00	0.00	0.00	0.00	0.77	0.67	0.62	1.39	0.40
陕 西	0.00	0.00	0.00	0.81	0.00	0.39	0.77	0.00	0.31	1.04	0.36
浙 江	0.00	0.00	0.00	0.40	0.00	0.39	0.00	0.33	0.31	1.74	0.36
福 建	0.00	0.00	0.00	0.81	0.43	0.00	0.00	0.67	0.31	0.35	0.28
安 徽	0.00	0.00	0.00	0.00	0.00	0.00	0.00	0.67	0.93	0.35	0.24
黑龙江	0.00	0.00	0.00	0.00	0.00	0.00	0.00	0.00	0.31	1.74	0.24
湖 南	0.00	0.00	0.00	0.00	0.00	0.00	0.38	0.00	0.00	1.39	0.20
吉 林	0.00	0.00	0.00	0.00	0.00	0.00	0.00	0.33	0.31	1.04	0.20
辽 宁	0.00	0.00	0.00	0.00	0.00	0.00	0.00	0.67	0.00	0.69	0.16
云 南	0.00	0.51	0.45	0.00	0.00	0.00	0.00	0.33	0.00	0.35	0.16
江 西	0.00	0.00	0.00	0.00	0.00	0.39	0.00	0.00	0.00	0.69	0.12
新 疆	0.00	0.00	0.00	0.00	0.00	0.39	0.00	0.00	0.62	0.00	0.12
重 庆	0.00	0.00	0.00	0.00	0.00	0.00	0.00	0.00	0.31	0.35	0.08
河 南	0.00	0.51	0.00	0.00	0.00	0.00	0.00	0.33	0.00	0.00	0.08
青 海	0.00	0.00	0.00	0.00	0.00	0.39	0.00	0.33	0.00	0.00	0.08
天 津	0.00	0.00	0.00	0.00	0.00	0.00	0.00	0.67	0.00	0.00	0.08
贵 州	0.00	0.00	0.00	0.00	0.00	0.00	0.00	0.00	0.00	0.35	0.04
内蒙古	0.00	0.00	0.00	0.00	0.00	0.00	0.00	0.00	0.00	0.35	0.04
山 西	0.00	0.00	0.00	0.00	0.00	0.00	0.00	0.33	0.00	0.00	0.04

表 5-27　气象学和大气科学 C 层人才的世界占比

单位：%

省　份	2013 年	2014 年	2015 年	2016 年	2017 年	2018 年	2019 年	2020 年	2021 年	2022 年	合计
北　京	5.05	5.36	7.60	6.46	7.39	6.79	7.41	7.76	7.16	8.65	7.07
江　苏	1.43	1.67	2.31	3.46	2.98	2.65	3.76	3.35	3.46	4.41	3.06
广　东	0.46	0.51	0.66	0.68	1.34	1.62	2.06	1.83	1.98	3.71	1.59
上　海	0.36	0.35	0.71	0.55	0.69	0.99	0.85	1.14	1.45	1.98	0.97
甘　肃	0.61	0.56	1.09	0.55	1.21	0.99	1.09	0.72	0.84	0.95	0.87
山　东	0.46	0.40	0.33	0.84	0.86	0.66	0.58	0.97	0.98	1.87	0.84
湖　北	0.05	0.10	0.24	0.17	0.82	0.91	1.13	1.04	1.11	1.48	0.77
四　川	0.10	0.25	0.33	0.00	0.30	0.66	0.78	0.72	0.81	0.92	0.52
浙　江	0.05	0.10	0.33	0.25	0.39	0.46	0.66	0.69	0.61	1.20	0.51
陕　西	0.00	0.15	0.52	0.38	0.61	0.41	0.70	0.48	0.54	0.67	0.47
福　建	0.10	0.15	0.05	0.55	0.48	0.41	0.78	0.38	0.61	0.74	0.45
天　津	0.10	0.15	0.19	0.17	0.04	0.17	0.66	0.45	0.27	0.60	0.30
安　徽	0.05	0.10	0.05	0.21	0.35	0.29	0.58	0.52	0.37	0.14	0.28
新　疆	0.05	0.15	0.09	0.21	0.26	0.21	0.31	0.31	0.27	0.28	0.23
辽　宁	0.15	0.15	0.14	0.04	0.13	0.12	0.31	0.21	0.30	0.39	0.20
湖　南	0.05	0.15	0.24	0.08	0.04	0.29	0.19	0.28	0.17	0.42	0.20
河　北	0.20	0.10	0.14	0.08	0.26	0.17	0.39	0.17	0.13	0.18	0.18
重　庆	0.00	0.05	0.09	0.17	0.22	0.17	0.27	0.17	0.24	0.25	0.17
河　南	0.05	0.00	0.19	0.04	0.09	0.08	0.23	0.14	0.20	0.28	0.14
云　南	0.00	0.00	0.19	0.04	0.09	0.08	0.12	0.21	0.07	0.32	0.12
吉　林	0.05	0.15	0.09	0.08	0.04	0.17	0.04	0.10	0.10	0.21	0.11
黑龙江	0.00	0.05	0.00	0.04	0.00	0.17	0.00	0.10	0.17	0.28	0.09
山　西	0.05	0.10	0.19	0.04	0.13	0.04	0.04	0.07	0.00	0.07	0.07
江　西	0.00	0.00	0.00	0.00	0.00	0.04	0.08	0.14	0.17	0.07	0.07
贵　州	0.00	0.05	0.09	0.13	0.00	0.04	0.04	0.07	0.10	0.07	0.06
青　海	0.05	0.00	0.14	0.04	0.00	0.12	0.04	0.03	0.10	0.04	0.06
广　西	0.05	0.00	0.00	0.13	0.00	0.00	0.00	0.07	0.07	0.14	0.06
海　南	0.00	0.00	0.00	0.00	0.00	0.12	0.04	0.03	0.07	0.25	0.06
内蒙古	0.05	0.00	0.05	0.04	0.00	0.08	0.04	0.07	0.03	0.04	0.05
西　藏	0.00	0.00	0.00	0.08	0.04	0.08	0.00	0.03	0.00	0.00	0.02
宁　夏	0.00	0.00	0.00	0.00	0.00	0.00	0.04	0.00	0.07	0.07	0.02

十 海洋学

广东、山东海洋学 A 层人才的世界占比均为 3.36%，并列排名第一；湖北、上海、四川、天津、浙江有相当数量的 A 层人才，世界占比在 3%~1%；北京、福建、广西、贵州、河北、河南、江苏、辽宁也有一定数量的 A 层人才，世界占比均为 0.84%。

上海、湖北、山东 B 层人才的世界占比分别为 2.27%、2.20%、2.20%，排名前三；辽宁、广东、北京、黑龙江、江苏有相当数量的 B 层人才，世界占比在 2%~1%；浙江、福建、陕西、四川、天津、河南、湖南、重庆、广西、海南也有一定数量的 B 层人才，世界占比均超过 0.1%；安徽、内蒙古、江西、吉林 B 层人才的世界占比均为 0.08%。

C 层人才最多的是山东，世界占比为 3.11%；上海、北京、广东、辽宁、江苏、浙江、湖北、黑龙江有相当数量的 C 层人才，世界占比在 3%~1%；福建、天津、四川、陕西、海南、湖南、重庆、广西、河南、吉林、河北也有一定数量的 C 层人才，世界占比大于或等于 0.1%；安徽、甘肃、内蒙古、江西、云南、山西、新疆、青海、贵州 C 层人才的世界占比均低于 0.1%。

表5-28 海洋学 A 层人才的世界占比

单位：%

省份	2013 年	2014 年	2015 年	2016 年	2017 年	2018 年	2019 年	2020 年	2021 年	2022 年	合计
广东	0.00	0.00	0.00	0.00	0.00	0.00	0.00	7.69	11.76	11.11	3.36
山东	0.00	0.00	9.09	0.00	7.69	0.00	7.14	0.00	5.88	0.00	3.36
湖北	0.00	0.00	0.00	0.00	0.00	0.00	0.00	0.00	5.88	22.22	2.52
上海	0.00	0.00	0.00	0.00	0.00	0.00	0.00	17.65	0.00	2.52
四川	0.00	0.00	0.00	0.00	0.00	0.00	0.00	0.00	5.88	22.22	2.52
天津	0.00	0.00	0.00	0.00	0.00	0.00	0.00	0.00	5.88	11.11	1.68
浙江	0.00	0.00	0.00	0.00	0.00	0.00	0.00	0.00	5.88	11.11	1.68
北京	0.00	0.00	0.00	0.00	0.00	0.00	0.00	0.00	0.00	11.11	0.84
福建	10.00	0.00	0.00	0.00	0.00	0.00	0.00	0.00	0.00	0.00	0.84
广西	0.00	0.00	0.00	0.00	0.00	0.00	0.00	0.00	0.00	11.11	0.84

续表

省　份	2013 年	2014 年	2015 年	2016 年	2017 年	2018 年	2019 年	2020 年	2021 年	2022 年	合计
贵　州	0.00	0.00	0.00	0.00	0.00	0.00	0.00	0.00	0.00	11.11	0.84
河　北	0.00	0.00	0.00	0.00	0.00	0.00	0.00	0.00	0.00	11.11	0.84
河　南	0.00	0.00	0.00	0.00	0.00	0.00	0.00	0.00	0.00	11.11	0.84
江　苏	0.00	0.00	0.00	0.00	0.00	0.00	0.00	7.69	0.00	0.00	0.84
辽　宁	0.00	0.00	0.00	0.00	0.00	0.00	0.00	0.00	0.00	11.11	0.84

表 5-29　海洋学 B 层人才的世界占比

单位：%

省　份	2013 年	2014 年	2015 年	2016 年	2017 年	2018 年	2019 年	2020 年	2021 年	2022 年	合计
上　海	1.11	0.88	0.00	0.90	0.90	0.76	2.11	2.70	2.67	8.18	2.27
湖　北	0.00	0.00	0.00	0.90	0.00	0.00	1.41	2.03	5.33	8.81	2.20
山　东	2.22	1.77	0.84	0.90	0.90	0.76	1.41	2.03	4.00	5.66	2.20
辽　宁	0.00	0.00	0.00	0.00	0.00	0.00	3.52	2.03	3.33	5.66	1.80
广　东	0.00	0.00	0.84	0.90	0.00	0.00	2.11	0.00	2.67	5.66	1.49
北　京	0.00	0.88	1.68	0.00	0.00	0.00	0.70	2.03	3.33	1.89	1.18
黑龙江	0.00	0.00	0.84	0.00	0.00	0.76	2.82	0.00	3.33	1.89	1.10
江　苏	0.00	0.88	0.00	0.00	0.00	0.76	0.00	0.68	2.67	3.77	1.10
浙　江	0.00	1.77	0.00	0.90	0.00	0.76	0.00	0.00	2.00	1.89	0.78
福　建	0.00	0.00	0.00	0.00	0.00	0.76	0.00	0.00	1.33	1.26	0.47
陕　西	0.00	0.00	0.00	0.90	0.00	0.00	0.70	0.00	0.00	1.89	0.39
四　川	0.00	0.00	0.00	0.00	0.90	0.00	0.00	1.35	0.67	0.63	0.39
天　津	0.00	0.00	0.00	0.00	0.00	0.00	0.70	0.00	0.67	1.89	0.39
河　南	0.00	0.00	0.00	0.00	0.00	0.00	0.00	0.68	0.67	0.63	0.24
湖　南	0.00	0.00	0.00	0.00	0.00	0.00	0.00	0.00	0.67	0.63	0.24
重　庆	0.00	0.00	0.00	0.00	0.00	0.00	0.00	0.00	0.00	1.26	0.16
广　西	0.00	0.00	0.00	0.00	0.00	0.00	0.00	0.67	0.63	0.16
海　南	0.00	0.00	0.00	0.00	0.00	0.00	0.00	0.68	0.63	0.16
安　徽	0.00	0.00	0.00	0.00	0.00	0.00	0.00	0.00	0.00	0.63	0.08
内蒙古	0.00	0.00	0.00	0.00	0.00	0.00	0.70	0.00	0.00	0.00	0.08
江　西	0.00	0.00	0.00	0.00	0.00	0.00	0.00	0.00	0.00	0.63	0.08
吉　林	0.00	0.00	0.00	0.00	0.00	0.76	0.00	0.00	0.00	0.00	0.08

表 5-30 海洋学 C 层人才的世界占比

单位：%

省份	2013年	2014年	2015年	2016年	2017年	2018年	2019年	2020年	2021年	2022年	合计
山 东	1.98	2.00	1.40	2.31	1.94	2.68	3.04	3.17	6.12	4.97	3.11
上 海	0.77	1.09	1.58	1.57	2.90	3.29	2.28	3.10	4.82	5.79	2.90
北 京	1.10	1.18	1.40	0.83	1.58	2.22	1.75	1.80	3.74	4.90	2.18
广 东	0.77	1.09	1.40	0.74	1.50	1.30	1.37	2.02	4.24	5.17	2.11
辽 宁	0.66	0.18	0.53	0.74	0.88	1.61	2.51	3.24	3.81	4.49	2.04
江 苏	0.66	0.82	0.70	0.56	2.46	1.83	2.13	2.09	2.95	4.08	1.95
浙 江	0.88	0.91	0.96	0.56	1.67	1.45	1.37	1.59	2.95	3.88	1.72
湖 北	0.22	0.18	0.70	0.28	1.41	1.22	1.45	2.09	2.66	4.08	1.57
黑龙江	0.00	0.09	0.61	0.28	0.53	1.15	1.37	2.38	2.81	2.59	1.31
福 建	0.44	0.82	0.79	0.56	0.88	1.22	0.68	0.94	1.51	1.43	0.96
天 津	0.11	0.64	0.26	0.09	0.53	0.61	0.91	0.79	1.58	1.57	0.77
四 川	0.11	0.00	0.35	0.19	0.18	0.23	0.38	0.58	0.50	2.11	0.51
陕 西	0.00	0.00	0.09	0.00	0.18	0.08	0.30	0.43	1.29	1.36	0.42
海 南	0.22	0.09	0.00	0.09	0.09	0.08	0.15	0.29	0.43	1.16	0.29
湖 南	0.11	0.18	0.00	0.00	0.09	0.31	0.15	0.36	0.72	0.41	0.25
重 庆	0.11	0.00	0.00	0.00	0.00	0.00	0.38	0.29	0.36	0.48	0.19
广 西	0.00	0.00	0.00	0.09	0.26	0.23	0.15	0.14	0.43	0.41	0.19
河 南	0.00	0.00	0.00	0.00	0.09	0.00	0.08	0.29	0.22	0.34	0.11
吉 林	0.00	0.00	0.00	0.00	0.09	0.00	0.15	0.14	0.29	0.27	0.11
河 北	0.00	0.00	0.00	0.00	0.00	0.08	0.00	0.00	0.50	0.27	0.10
安 徽	0.00	0.09	0.00	0.00	0.00	0.08	0.08	0.14	0.22	0.20	0.09
甘 肃	0.00	0.00	0.00		0.00	0.00	0.08	0.07	0.14	0.07	0.05
内蒙古	0.00	0.00	0.00	0.00	0.00	0.00	0.00	0.22	0.00	0.20	0.05
江 西	0.00	0.00	0.00	0.00	0.00	0.00	0.00	0.00	0.00	0.34	0.05
云 南	0.00	0.00	0.00	0.00	0.00	0.09	0.00	0.00	0.00	0.14	0.04
山 西	0.00	0.00	0.00	0.00	0.00	0.00	0.00	0.00	0.07	0.14	0.02
新 疆	0.00	0.00	0.00	0.00	0.00	0.00	0.00	0.00	0.00	0.20	0.02
青 海	0.00	0.00	0.00	0.00	0.00	0.00	0.00	0.14	0.00	0.00	0.02
贵 州	0.00	0.00	0.00	0.00	0.00	0.08	0.00	0.00	0.00	0.00	0.01

十一 环境科学

环境科学 A、B、C 层人才最多的是北京，世界占比分别为 6.16%、5.90%、7.32%。

江苏、上海、浙江、广东、山东、湖北、四川有相当数量的 A 层人才，世界占比在 3%~1%；安徽、湖南、天津、河北、黑龙江、江西、辽宁、重庆、甘肃、陕西、福建、新疆、内蒙古、山西也有一定数量的 A 层人才，世界占比均超过 0.1%；贵州、河南、青海、云南 A 层人才的世界占比均为 0.08%。

江苏、广东、上海、湖北、浙江、山东、湖南有相当数量的 B 层人才，世界占比在 3%~1%；天津、辽宁、四川、陕西、安徽、福建、黑龙江、河南、重庆、甘肃、广西、吉林、河北、江西、云南、新疆也有一定数量的 B 层人才，世界占比均超过 0.1%；贵州、海南、青海、山西、内蒙古、西藏、宁夏 B 层人才的世界占比均低于 0.1%。

江苏、广东 C 层人才的世界占比分别为 3.62%、3.07%，排名第二、第三位；上海、湖北、浙江、山东、湖南有相当数量的 C 层人才，世界占比在 3%~1%；福建、陕西、天津、四川、黑龙江、辽宁、安徽、河南、重庆、甘肃、江西、吉林、河北、广西、云南、贵州、新疆、山西、海南也有一定数量的 C 层人才，世界占比均超过 0.1%；内蒙古、青海、宁夏、西藏 C 层人才的世界占比均低于 0.1%。

表 5-31 环境科学 A 层人才的世界占比

单位：%

省　份	2013 年	2014 年	2015 年	2016 年	2017 年	2018 年	2019 年	2020 年	2021 年	2022 年	合计
北　京	4.55	0.00	6.67	7.69	0.00	4.72	5.94	7.37	12.33	4.15	6.16
江　苏	0.00	1.56	0.00	1.10	1.03	1.57	0.99	2.63	2.74	3.69	2.05
上　海	1.52	1.56	0.00	2.20	3.09	1.57	1.98	1.58	1.83	2.30	1.89
浙　江	0.00	1.56	0.00	0.00	0.00	1.57	0.99	1.58	3.20	3.23	1.73
广　东	0.00	0.00	2.22	1.10	0.00	1.57	0.99	3.16	1.83	1.84	1.56

续表

省 份	2013 年	2014 年	2015 年	2016 年	2017 年	2018 年	2019 年	2020 年	2021 年	2022 年	合计
山 东	0.00	1.56	0.00	0.00	0.00	0.79	0.99	1.58	3.65	1.84	1.48
湖 北	0.00	1.56	0.00	1.10	0.00	0.79	0.99	0.53	2.74	1.84	1.23
四 川	0.00	0.00	0.00	0.00	0.00	0.79	0.99	0.00	2.28	2.76	1.07
安 徽	0.00	1.56	0.00	0.00	0.00	0.79	1.98	1.58	0.91	0.00	0.74
湖 南	0.00	0.00	0.00	0.00	0.00	0.79	1.98	0.53	2.28	0.00	0.74
天 津	0.00	1.56	0.00	1.10	0.00	1.57	0.99	0.53	0.00	0.46	0.58
河 北	0.00	0.00	0.00	0.00	0.00	0.00	0.00	0.00	1.83	0.92	0.49
黑龙江	0.00	1.56	0.00	1.10	0.00	0.79	0.00	0.00	0.46	0.46	0.41
江 西	0.00	0.00	0.00	1.10	0.00	0.00	0.00	0.53	0.91	0.46	0.41
辽 宁	0.00	0.00	0.00	0.00	0.00	0.00	0.00	0.53	1.83	0.00	0.41
重 庆	0.00	0.00	0.00	0.00	0.00	0.79	0.00	0.00	0.91	0.46	0.33
甘 肃	0.00	0.00	0.00	0.00	0.00	0.00	0.00	0.53	0.91	0.00	0.33
陕 西	0.00	0.00	0.00	0.00	0.00	0.79	0.99	0.00	0.46	0.46	0.33
福 建	0.00	0.00	0.00	0.00	0.00	0.79	0.00	0.00	0.91	0.00	0.25
新 疆	0.00	0.00	0.00	0.00	0.00	0.00	0.00	0.00	0.00	1.38	0.25
内蒙古	0.00	0.00	0.00	0.00	0.00	0.79	0.00	0.00	0.46	0.00	0.16
山 西	0.00	0.00	2.22	0.00	0.00	0.00	0.00	0.00	0.46	0.00	0.16
贵 州	0.00	0.00	0.00	0.00	0.00	0.00	0.00	0.00	0.46	0.00	0.08
河 南	0.00	0.00	0.00	1.10	0.00	0.00	0.00	0.00	0.00	0.00	0.08
青 海	0.00	0.00	0.00	0.00	0.00	0.00	0.00	0.00	0.46	0.00	0.08
云 南	0.00	0.00	0.00	0.00	0.00	0.00	0.00	0.00	0.46	0.00	0.08

表 5-32 环境科学 B 层人才的世界占比

单位：%

省 份	2013 年	2014 年	2015 年	2016 年	2017 年	2018 年	2019 年	2020 年	2021 年	2022 年	合计
北 京	3.97	5.43	4.38	5.04	4.66	5.27	6.82	5.79	6.32	7.57	5.90
江 苏	1.49	1.40	0.93	1.68	1.89	2.02	3.06	3.51	2.71	4.29	2.68
广 东	0.99	1.55	0.80	1.56	2.22	2.81	2.72	2.51	3.08	4.14	2.60
上 海	0.99	1.24	1.20	1.68	2.44	2.64	2.30	2.45	3.08	2.91	2.35
湖 北	0.83	0.78	1.33	0.96	1.33	1.41	2.23	1.99	2.14	2.51	1.78
浙 江	0.66	0.47	1.06	1.32	0.78	1.76	1.95	1.46	2.56	2.04	1.64
山 东	0.66	1.09	0.53	0.24	0.67	0.97	0.91	1.64	1.88	2.61	1.36

省　份	2013 年	2014 年	2015 年	2016 年	2017 年	2018 年	2019 年	2020 年	2021 年	2022 年	合计
湖　南	0.33	1.09	0.80	0.48	1.11	1.32	1.11	0.88	1.46	1.79	1.16
天　津	0.33	0.00	0.53	0.60	0.78	0.53	0.77	1.17	1.30	1.18	0.87
辽　宁	0.83	0.62	0.40	1.32	1.00	0.62	0.70	0.41	1.04	1.18	0.83
四　川	0.50	0.00	0.00	0.00	0.44	0.35	1.18	0.88	0.94	1.64	0.78
陕　西	0.33	0.31	0.13	0.48	0.44	0.79	0.70	0.64	0.84	1.58	0.76
安　徽	0.50	0.93	0.66	0.72	0.55	0.62	0.56	0.53	0.89	0.87	0.70
福　建	0.33	0.31	0.53	0.24	0.22	0.53	0.97	0.58	0.99	1.12	0.70
黑龙江	0.33	0.31	0.53	0.36	0.22	0.26	0.63	0.23	0.57	1.38	0.56
河　南	0.00	0.62	0.00	0.12	0.11	0.26	0.28	0.58	0.84	1.07	0.50
重　庆	0.00	0.31	0.13	0.12	0.22	0.53	0.14	0.41	0.57	0.72	0.39
甘　肃	0.17	0.16	0.00	0.00	0.22	0.44	0.42	0.23	0.52	0.72	0.36
广　西	0.00	0.00	0.13	0.12	0.00	0.18	0.28	0.29	0.21	0.77	0.27
吉　林	0.00	0.31	0.00	0.00	0.22	0.18	0.28	0.12	0.26	0.77	0.27
河　北	0.00	0.16	0.00	0.00	0.00	0.00	0.42	0.23	0.21	0.77	0.25
江　西	0.00	0.16	0.00	0.00	0.00	0.00	0.21	0.41	0.16	0.46	0.19
云　南	0.00	0.16	0.27	0.12	0.00	0.26	0.14	0.35	0.10	0.31	0.19
新　疆	0.00	0.00	0.00	0.00	0.11	0.09	0.28	0.06	0.26	0.31	0.15
贵　州	0.17	0.00	0.00	0.12	0.00	0.00	0.00	0.00	0.16	0.26	0.08
海　南	0.17	0.00	0.00	0.12	0.00	0.00	0.00	0.12	0.05	0.26	0.08
青　海	0.17	0.00	0.00	0.00	0.11	0.18	0.00	0.00	0.00	0.20	0.07
山　西	0.00	0.16	0.00	0.12	0.00	0.00	0.07	0.12	0.05	0.10	0.07
内蒙古	0.00	0.00	0.00	0.00	0.11	0.09	0.00	0.12	0.00	0.10	0.05
西　藏	0.00	0.00	0.00	0.00	0.00	0.00	0.00	0.00	0.05	0.05	0.02
宁　夏	0.00	0.00	0.00	0.00	0.00	0.00	0.00	0.06	0.00	0.00	0.01

表 5-33　环境科学 C 层人才的世界占比

单位：%

省　份	2013 年	2014 年	2015 年	2016 年	2017 年	2018 年	2019 年	2020 年	2021 年	2022 年	合计
北　京	5.52	6.05	6.21	6.66	7.07	7.76	8.20	7.55	7.37	7.97	7.32
江　苏	1.81	1.48	2.29	2.70	3.02	3.20	3.91	4.00	4.34	5.09	3.62
广　东	1.36	1.18	1.26	1.99	2.40	2.78	3.40	3.59	4.15	4.13	3.07
上　海	1.41	1.40	1.57	1.66	2.43	2.26	2.46	2.92	2.41	2.80	2.33

续表

省　份	2013 年	2014 年	2015 年	2016 年	2017 年	2018 年	2019 年	2020 年	2021 年	2022 年	合计
湖　北	0.91	0.71	0.94	1.17	1.56	1.63	2.08	2.42	2.21	2.60	1.88
浙　江	0.85	0.68	0.99	1.25	1.31	1.65	1.95	2.15	2.24	2.45	1.79
山　东	0.65	0.63	0.56	0.75	0.90	1.00	1.44	1.81	1.93	2.40	1.46
湖　南	0.33	0.39	0.51	0.74	0.98	1.44	1.27	1.14	1.42	1.62	1.15
福　建	0.50	0.60	0.49	0.71	0.85	0.95	1.18	1.04	1.14	1.18	0.96
陕　西	0.40	0.33	0.47	0.40	0.69	0.86	0.97	1.13	1.33	1.44	0.96
天　津	0.40	0.50	0.57	0.48	0.60	0.87	1.08	1.26	1.13	1.13	0.92
四　川	0.23	0.20	0.33	0.41	0.51	0.78	0.91	1.10	1.07	1.50	0.87
黑龙江	0.46	0.35	0.31	0.29	0.52	0.76	0.73	0.98	1.03	1.10	0.77
辽　宁	0.78	0.33	0.54	0.42	0.50	0.60	0.67	0.84	0.88	0.99	0.72
安　徽	0.41	0.43	0.40	0.61	0.64	0.65	0.79	0.76	0.73	0.80	0.68
河　南	0.13	0.14	0.35	0.17	0.27	0.27	0.57	0.92	1.05	1.21	0.66
重　庆	0.08	0.20	0.24	0.35	0.51	0.48	0.74	0.74	0.65	0.82	0.57
甘　肃	0.28	0.17	0.32	0.33	0.34	0.31	0.50	0.43	0.56	0.66	0.44
江　西	0.12	0.14	0.13	0.24	0.25	0.32	0.35	0.41	0.52	0.56	0.36
吉　林	0.20	0.20	0.24	0.15	0.14	0.33	0.33	0.39	0.43	0.62	0.35
河　北	0.15	0.19	0.11	0.19	0.21	0.32	0.43	0.44	0.38	0.48	0.34
广　西	0.02	0.03	0.15	0.06	0.14	0.19	0.31	0.33	0.44	0.59	0.30
云　南	0.15	0.19	0.14	0.08	0.21	0.20	0.23	0.29	0.31	0.40	0.25
贵　州	0.12	0.11	0.11	0.22	0.15	0.23	0.19	0.33	0.33	0.37	0.25
新　疆	0.03	0.11	0.14	0.12	0.11	0.24	0.22	0.24	0.32	0.44	0.24
山　西	0.15	0.05	0.11	0.13	0.16	0.12	0.15	0.24	0.19	0.30	0.18
海　南	0.03	0.03	0.01	0.02	0.03	0.07	0.08	0.15	0.29	0.47	0.17
内蒙古	0.03	0.05	0.06	0.04	0.05	0.10	0.11	0.13	0.07	0.14	0.09
青　海	0.08	0.03	0.01	0.07	0.08	0.10	0.07	0.09	0.08	0.12	0.08
宁　夏	0.02	0.00	0.00	0.00	0.01	0.02	0.01	0.04	0.05	0.09	0.03
西　藏	0.02	0.00	0.00	0.00	0.01	0.04	0.05	0.07	0.04	0.04	0.03

十二　土壤学

土壤学 A、B、C 层人才最多的是北京，世界占比分别为 9.33%、8.16%、10.58%，其中，C 层人才显著多于其他省份。

浙江、江苏、广东的 A 层人才比较多，世界占比分别为 8.00%、

5.33%、4.00%；河北、辽宁、山东、云南有相当数量的 A 层人才，世界占比均为 1.33%。

江苏、陕西 B 层人才的世界占比分别为 4.85%、4.08%，排名第二、第三位；广东、浙江、辽宁、黑龙江、湖北、四川有相当数量的 B 层人才，世界占比在 3%～1%；甘肃、吉林、福建、湖南、江西、山东、新疆、上海、安徽、重庆、海南、河南、河北、内蒙古、天津、云南、广西、贵州、青海、山西、西藏也有一定数量的 B 层人才，世界占比均超过 0.1%。

江苏、陕西 C 层人才的世界占比分别为 5.42%、3.94%，排名第二、第三位；浙江、湖北、广东、湖南、辽宁、甘肃、山东、福建、四川有相当数量的 C 层人才，世界占比在 3%～1%；吉林、江西、黑龙江、河南、新疆、云南、重庆、贵州、河北、上海、安徽、广西、海南、天津、青海、内蒙古、山西、宁夏、西藏也有一定数量的 C 层人才，世界占比均超过 0.1%。

表 5-34　土壤学 A 层人才的世界占比

单位：%

省　份	2013 年	2014 年	2015 年	2016 年	2017 年	2018 年	2019 年	2020 年	2021 年	2022 年	合计
北　京	0.00	0.00	0.00	12.50	0.00	12.50	0.00	12.50	10.00	33.33	9.33
浙　江	0.00	0.00	0.00	0.00	0.00	12.50	0.00	12.50	10.00	33.33	8.00
江　苏	0.00	0.00	0.00	0.00	0.00	0.00	0.00	37.50	0.00	11.11	5.33
广　东	0.00	0.00	0.00	12.50	14.29	0.00	0.00	0.00	0.00	11.11	4.00
河　北	0.00	0.00	0.00	0.00	0.00	0.00	0.00	0.00	0.00	11.11	1.33
辽　宁	0.00	0.00	0.00	0.00	0.00	0.00	0.00	0.00	0.00	11.11	1.33
山　东	0.00	0.00	0.00	0.00	0.00	12.50	0.00	0.00	0.00	0.00	1.33
云　南	0.00	0.00	0.00	0.00	0.00	0.00	0.00	0.00	10.00	0.00	1.33

表 5-35　土壤学 B 层人才的世界占比

单位：%

省　份	2013 年	2014 年	2015 年	2016 年	2017 年	2018 年	2019 年	2020 年	2021 年	2022 年	合计
北　京	4.48	3.17	8.06	5.56	5.13	10.00	9.21	13.98	9.62	8.99	8.16
江　苏	4.48	4.76	3.23	5.56	5.13	10.00	2.63	4.30	5.77	2.25	4.85
陕　西	2.99	1.59	0.00	4.17	6.41	5.00	1.32	4.30	5.77	6.74	4.08

续表

省份	2013 年	2014 年	2015 年	2016 年	2017 年	2018 年	2019 年	2020 年	2021 年	2022 年	合计
广　东	1.49	0.00	0.00	0.00	1.28	2.50	3.95	3.23	3.85	5.62	2.42
浙　江	0.00	1.59	0.00	0.00	1.28	2.50	3.95	4.30	3.85	2.25	2.17
辽　宁	1.49	0.00	0.00	0.00	1.28	1.25	1.32	0.00	1.92	5.62	1.40
黑龙江	1.49	1.59	1.61	1.39	2.56	0.00	1.32	0.00	0.96	1.12	1.15
湖　北	0.00	0.00	0.00	0.00	1.28	2.50	1.32	1.08	1.92	2.25	1.15
四　川	2.99	1.59	0.00	0.00	0.00	1.25	0.00	1.08	2.88	1.12	1.15
甘　肃	0.00	0.00	0.00	0.00	1.28	1.25	0.00	3.23	0.00	2.25	0.89
吉　林	0.00	0.00	0.00	1.39	1.28	2.50	0.00	0.00	0.00	3.37	0.89
福　建	0.00	0.00	0.00	0.00	0.00	2.50	0.00	1.08	0.96	2.25	0.77
湖　南	0.00	0.00	0.00	0.00	1.28	0.00	1.32	4.30	0.00	0.00	0.77
江　西	0.00	0.00	1.61	0.00	0.00	0.00	0.00	2.15	0.96	1.12	0.77
山　东	1.49	0.00	0.00	0.00	0.00	0.00	0.00	1.08	2.88	1.12	0.77
新　疆	0.00	0.00	0.00	0.00	0.00	0.00	2.63	1.08	0.96	2.25	0.77
上　海	0.00	0.00	0.00	0.00	1.28	3.75	0.00	0.00	0.96	0.00	0.64
安　徽	0.00	0.00	1.61	1.39	0.00	0.00	0.00	0.00	0.00	2.25	0.51
重　庆	1.49	0.00	0.00	0.00	0.00	1.25	0.00	1.08	0.00	0.00	0.38
海　南	0.00	0.00	0.00	0.00	2.56	0.00	0.00	0.00	0.00	1.12	0.38
河　南	0.00	0.00	0.00	0.00	0.00	0.00	2.63	1.08	0.00	0.00	0.38
河　北	0.00	0.00	0.00	0.00	0.00	0.00	0.00	1.08	0.00	1.12	0.26
内蒙古	0.00	0.00	0.00	0.00	1.28	0.00	0.00	0.00	0.00	1.12	0.26
天　津	0.00	0.00	0.00	0.00	1.28	0.00	0.00	0.00	0.96	0.00	0.26
云　南	0.00	0.00	0.00	1.39	0.00	0.00	0.00	1.08	0.00	0.00	0.26
广　西	0.00	0.00	0.00	0.00	0.00	0.00	0.00	0.00	0.00	1.12	0.13
贵　州	0.00	0.00	0.00	0.00	0.00	0.00	0.00	0.00	0.00	1.12	0.13
青　海	1.49	0.00	0.00	0.00	0.00	0.00	0.00	0.00	0.00	0.00	0.13
山　西	0.00	0.00	0.00	0.00	0.00	0.00	0.00	0.00	0.96	0.00	0.13
西　藏	0.00	0.00	0.00	0.00	0.00	0.00	0.00	0.00	0.00	1.12	0.13

表 5-36　土壤学 C 层人才的世界占比

单位：%

省份	2013 年	2014 年	2015 年	2016 年	2017 年	2018 年	2019 年	2020 年	2021 年	2022 年	合计
北　京	7.02	8.68	8.08	8.16	10.26	10.66	11.39	13.29	12.41	12.85	10.58
江　苏	3.66	4.78	6.62	4.29	6.10	4.89	5.07	5.80	6.62	5.81	5.42
陕　西	2.29	1.74	2.75	2.77	4.03	4.64	5.07	4.43	5.48	4.58	3.94
浙　江	1.07	1.45	2.58	1.11	1.30	1.63	3.04	2.43	3.31	3.58	2.24

省　份	2013 年	2014 年	2015 年	2016 年	2017 年	2018 年	2019 年	2020 年	2021 年	2022 年	合计
湖　北	1.07	1.01	0.65	1.38	1.56	2.01	3.04	3.27	3.21	2.01	2.05
广　东	1.07	1.45	0.65	1.11	1.56	1.76	2.14	2.64	2.79	2.79	1.90
湖　南	0.61	1.16	1.62	0.83	1.82	2.01	2.59	1.48	2.48	1.45	1.66
辽　宁	0.76	1.45	1.62	0.55	1.82	1.00	1.69	1.79	1.76	1.90	1.47
甘　肃	0.46	0.58	0.65	0.83	1.69	1.00	1.35	1.69	2.28	2.01	1.33
山　东	0.46	0.87	0.65	0.69	1.04	0.75	1.13	2.00	1.24	1.68	1.11
福　建	0.76	0.72	0.81	0.00	0.78	1.51	1.13	2.00	1.55	0.89	1.07
四　川	0.61	0.87	0.48	0.97	0.91	0.75	0.90	1.05	1.45	2.01	1.04
吉　林	0.61	0.58	0.81	0.55	0.52	1.00	0.68	1.16	1.65	1.34	0.93
江　西	0.76	0.87	0.65	0.41	0.26	0.63	0.68	0.74	1.14	1.68	0.80
黑龙江	0.00	0.29	0.16	0.69	1.17	1.00	0.79	0.84	1.24	1.12	0.78
河　南	0.31	0.43	0.32	0.55	0.26	1.38	0.45	1.16	1.24	0.67	0.72
新　疆	0.15	0.43	0.48	0.14	0.65	0.50	0.79	0.95	0.72	1.45	0.67
云　南	0.15	0.14	0.16	0.28	0.39	0.63	0.79	0.84	0.72	1.68	0.63
重　庆	0.46	0.14	0.81	0.14	0.26	1.00	0.90	0.42	0.72	1.12	0.62
贵　州	0.31	0.14	0.00	0.28	0.26	0.63	0.90	0.63	1.14	0.89	0.57
河　北	0.15	0.14	0.00	0.14	0.65	0.75	0.68	0.84	0.62	0.78	0.52
上　海	0.31	0.43	0.16	0.00	0.65	0.50	0.34	0.74	0.93	0.56	0.49
安　徽	0.15	0.14	0.32	0.00	0.52	0.63	0.45	0.95	0.83	0.45	0.48
广　西	0.31	0.29	0.16	0.00	0.65	0.63	0.45	0.63	0.72	0.56	0.47
海　南	0.31	0.43	0.97	0.00	0.13	0.13	0.11	0.42	0.62	0.67	0.38
天　津	0.15	0.58	0.32	0.00	0.26	0.13	0.23	0.32	0.52	0.78	0.34
青　海	0.15	0.14	0.16	0.28	0.26	0.00	0.11	0.63	0.62	0.56	0.31
内蒙古	0.00	0.00	0.32	0.14	0.00	0.38	0.00	0.42	0.62	0.56	0.26
山　西	0.00	0.29	0.16	0.00	0.26	0.50	0.11	0.32	0.10	0.78	0.26
宁　夏	0.00	0.14	0.00	0.00	0.00	0.25	0.11	0.21	0.31	0.00	0.11
西　藏	0.00	0.14	0.00	0.00	0.13	0.00	0.23	0.21	0.21	0.11	0.11

十三　水资源

水资源 A 层人才最多的是北京，世界占比为 4.01%；广东 A 层人才的世界占比为 3.28%，排名第二；湖南、江苏、上海、陕西、四川有相当数量的 A 层人才，世界占比在 3%～1%；安徽、福建、湖北、江西、天津、重庆、广西、河北、河南、青海、山西、浙江也有一定数量的 A 层人才，世界占比均超过 0.3%。

B 层人才最多的是北京，世界占比为 5.49%；广东、江苏 B 层人才的世界占比均为 3.14%，并列排名第二；陕西、上海、湖北、黑龙江、山东、湖南、浙江有相当数量的 B 层人才，世界占比在 3%～1%；四川、天津、福建、重庆、辽宁、安徽、河北、河南、甘肃、吉林、江西、云南、新疆、广西、贵州也有一定数量的 B 层人才，世界占比均超过 0.1%；海南、山西、青海 B 层人才的世界占比均低于 0.1%。

北京、江苏 C 层人才的世界占比分别为 6.54%、3.35%，排名前二；广东、湖北、陕西、上海有相当数量的 C 层人才，世界占比在 3%～1%；浙江、山东、天津、黑龙江、四川、湖南、辽宁、甘肃、安徽、福建、河南、重庆、河北、吉林、江西、新疆、云南、广西、贵州、青海、内蒙古、山西也有一定数量的 C 层人才，世界占比均超过 0.1%；宁夏、海南、西藏 C 层人才的世界占比均低于 0.1%。

表 5-37　水资源 A 层人才的世界占比

单位：%

省　份	2013 年	2014 年	2015 年	2016 年	2017 年	2018 年	2019 年	2020 年	2021 年	2022 年	合计
北　京	4.55	0.00	3.70	0.00	0.00	3.57	0.00	2.63	10.26	8.82	4.01
广　东	0.00	0.00	0.00	0.00	4.55	10.71	0.00	7.89	2.56	2.94	3.28
湖　南	0.00	0.00	3.70	0.00	0.00	7.14	0.00	5.26	2.56	5.88	2.92
江　苏	0.00	0.00	0.00	3.23	0.00	0.00	9.09	2.63	2.56	5.88	2.19
上　海	0.00	0.00	0.00	0.00	0.00	3.57	9.09	7.89	0.00	2.94	2.19
陕　西	0.00	0.00	0.00	0.00	4.55	0.00	0.00	2.63	0.00	2.94	1.09
四　川	0.00	0.00	0.00	0.00	4.55	0.00	0.00	0.00	0.00	5.88	1.09
安　徽	0.00	0.00	0.00	0.00	0.00	0.00	0.00	2.63	2.56	0.00	0.73
福　建	0.00	0.00	0.00	0.00	0.00	0.00	0.00	5.26	0.00	0.00	0.73
湖　北	0.00	0.00	0.00	0.00	0.00	0.00	0.00	2.63	2.56	0.00	0.73
江　西	0.00	0.00	0.00	0.00	4.55	0.00	0.00	0.00	0.00	2.94	0.73
天　津	0.00	0.00	0.00	0.00	0.00	0.00	0.00	2.63	2.56	0.00	0.73

续表

省　份	2013 年	2014 年	2015 年	2016 年	2017 年	2018 年	2019 年	2020 年	2021 年	2022 年	合计
重　庆	0.00	0.00	0.00	0.00	0.00	0.00	0.00	0.00	2.56	0.00	0.36
广　西	0.00	0.00	0.00	0.00	0.00	0.00	0.00	2.63	0.00	0.00	0.36
河　北	0.00	0.00	0.00	0.00	0.00	0.00	0.00	0.00	2.56	0.00	0.36
河　南	0.00	0.00	0.00	0.00	0.00	0.00	0.00	0.00	0.00	2.94	0.36
青　海	0.00	0.00	0.00	0.00	0.00	0.00	0.00	2.63	0.00	0.00	0.36
山　西	0.00	0.00	0.00	3.23	0.00	0.00	0.00	0.00	0.00	0.00	0.36
浙　江	0.00	0.00	0.00	0.00	0.00	0.00	0.00	0.00	2.56	0.00	0.36

表 5-38　水资源 B 层人才的世界占比

单位：%

省　份	2013 年	2014 年	2015 年	2016 年	2017 年	2018 年	2019 年	2020 年	2021 年	2022 年	合计
北　京	3.52	4.83	7.05	3.91	5.43	3.68	5.63	6.87	6.44	6.27	5.49
广　东	0.50	2.90	2.07	2.14	1.55	1.84	2.65	2.99	6.72	5.41	3.14
江　苏	2.01	1.45	2.07	1.07	1.16	4.04	1.66	5.07	4.48	5.98	3.14
陕　西	1.01	1.45	1.24	1.42	2.33	2.21	2.65	4.48	2.24	3.42	2.39
上　海	1.01	0.00	1.66	1.42	1.94	3.31	1.99	2.69	3.08	3.70	2.25
湖　北	1.51	0.00	0.41	1.42	0.00	2.57	1.99	2.69	1.96	2.28	1.61
黑龙江	0.50	0.48	0.83	1.42	1.16	1.47	1.32	1.19	1.68	1.99	1.28
山　东	1.01	0.48	0.83	0.36	0.39	1.47	0.99	0.90	1.40	3.99	1.28
湖　南	0.00	0.97	0.41	1.42	0.00	1.84	1.32	1.79	1.96	1.71	1.25
浙　江	0.50	0.48	0.83	0.71	0.00	1.10	0.66	1.49	1.96	1.71	1.03
四　川	0.00	0.00	0.00	0.36	0.78	0.74	0.99	0.60	1.40	3.13	0.93
天　津	0.00	0.00	0.83	0.71	0.00	1.10	0.66	1.49	0.84	1.71	0.82
福　建	0.00	0.00	0.00	0.00	0.39	0.74	0.66	0.60	1.12	0.57	0.46
重　庆	0.50	0.48	0.00	0.00	0.39	0.37	0.99	0.30	0.28	0.85	0.43
辽　宁	0.50	0.48	0.00	0.36	0.39	0.37	0.00	0.30	0.28	1.42	0.43
安　徽	0.50	0.48	0.00	0.36	0.78	0.37	0.33	0.00	0.28	0.85	0.39
河　北	0.00	0.00	0.00	0.00	0.00	0.37	0.33	1.19	0.28	1.14	0.39
河　南	0.00	0.00	0.41	0.00	0.00	0.37	0.33	0.20	1.12	1.14	0.39
甘　肃	0.00	0.97	0.00	0.00	0.00	0.37	0.00	0.30	0.56	0.85	0.32
吉　林	0.00	0.00	0.00	0.00	0.00	0.00	0.00	0.90	0.28	1.42	0.32
江　西	0.00	0.00	0.41	0.36	0.00	0.00	0.33	0.60	0.56	0.28	0.29

续表

省　份	2013 年	2014 年	2015 年	2016 年	2017 年	2018 年	2019 年	2020 年	2021 年	2022 年	合计
云　南	0.00	0.00	0.00	0.00	0.00	0.00	0.00	0.90	0.28	0.85	0.25
新　疆	0.00	0.00	0.00	0.00	0.39	0.00	0.00	0.30	0.00	0.85	0.18
广　西	0.00	0.00	0.00	0.00	0.39	0.00	0.00	0.30	0.00	0.28	0.11
贵　州	0.00	0.00	0.00	0.00	0.00	0.00	0.33	0.00	0.00	0.57	0.11
海　南	0.00	0.00	0.00	0.00	0.00	0.37	0.00	0.00	0.28	0.00	0.07
山　西	0.00	0.00	0.00	0.00	0.00	0.37	0.00	0.30	0.00	0.00	0.07
青　海	0.00	0.00	0.00	0.00	0.39	0.00	0.00	0.00	0.00	0.00	0.04

表 5-39　水资源 C 层人才的世界占比

单位：%

省　份	2013 年	2014 年	2015 年	2016 年	2017 年	2018 年	2019 年	2020 年	2021 年	2022 年	合计
北　京	5.16	4.50	5.04	6.03	6.12	5.89	7.35	6.62	7.99	8.61	6.54
江　苏	2.12	1.89	2.19	2.72	2.54	3.24	3.63	3.58	5.05	4.77	3.35
广　东	0.56	0.92	0.95	1.34	1.73	2.04	2.77	2.92	3.66	4.01	2.29
湖　北	0.76	1.31	1.20	1.53	1.49	1.81	1.92	2.32	3.32	3.19	2.02
陕　西	1.01	0.87	1.12	1.63	1.37	2.00	1.95	2.14	3.24	3.38	2.01
上　海	0.76	1.50	1.24	1.20	1.77	1.27	1.88	2.08	2.51	2.95	1.81
浙　江	0.66	0.63	0.45	0.91	0.52	0.73	0.75	1.48	1.20	1.73	0.97
山　东	0.30	0.34	0.37	0.58	0.52	1.04	1.09	0.90	1.45	2.04	0.94
天　津	0.51	0.48	0.62	0.47	0.64	0.65	0.99	1.08	0.92	1.89	0.88
黑龙江	0.25	0.58	0.45	0.40	0.73	0.89	0.92	1.08	1.17	1.28	0.83
四　川	0.30	0.39	0.41	0.36	0.44	0.58	0.75	0.93	1.42	1.34	0.76
湖　南	0.25	0.19	0.37	0.36	0.48	0.65	0.92	0.93	0.64	1.13	0.64
辽　宁	0.46	0.48	0.37	0.29	0.24	0.85	0.75	0.54	1.01	0.91	0.62
甘　肃	0.61	0.39	0.50	0.51	0.36	0.23	0.44	0.39	0.78	1.37	0.58
安　徽	0.46	0.24	0.45	0.65	0.44	0.35	0.68	0.57	0.36	0.76	0.51
福　建	0.20	0.44	0.21	0.29	0.24	0.50	0.44	0.51	0.84	1.00	0.50
河　南	0.15	0.19	0.25	0.29	0.24	0.31	0.48	0.90	0.87	0.79	0.50
重　庆	0.15	0.24	0.08	0.22	0.32	0.39	0.58	0.51	0.64	1.00	0.45
河　北	0.30	0.19	0.33	0.29	0.24	0.46	0.58	0.69	0.47	0.52	0.43
吉　林	0.20	0.29	0.17	0.11	0.16	0.35	0.55	0.36	0.73	0.61	0.38
江　西	0.10	0.19	0.29	0.25	0.20	0.27	0.41	0.21	0.70	0.73	0.36
新　疆	0.35	0.10	0.29	0.07	0.24	0.31	0.24	0.33	0.50	0.52	0.31

续表

省 份	2013 年	2014 年	2015 年	2016 年	2017 年	2018 年	2019 年	2020 年	2021 年	2022 年	合计
云 南	0.20	0.00	0.12	0.11	0.08	0.12	0.38	0.24	0.17	0.46	0.20
广 西	0.15	0.05	0.08	0.18	0.08	0.19	0.21	0.24	0.14	0.40	0.18
贵 州	0.00	0.05	0.17	0.04	0.04	0.19	0.21	0.15	0.36	0.33	0.17
青 海	0.10	0.00	0.00	0.11	0.12	0.15	0.17	0.21	0.17	0.24	0.14
内蒙古	0.05	0.05	0.08	0.11	0.08	0.12	0.10	0.18	0.20	0.21	0.13
山 西	0.00	0.10	0.04	0.15	0.12	0.23	0.07	0.06	0.11	0.24	0.12
宁 夏	0.00	0.00	0.00	0.07	0.00	0.04	0.07	0.09	0.06	0.09	0.05
海 南	0.00	0.00	0.00	0.04	0.00	0.00	0.00	0.00	0.06	0.24	0.04
西 藏	0.00	0.00	0.00	0.00	0.04	0.00	0.03	0.00	0.03	0.03	0.01

十四 环境研究

环境研究 A 层人才最多的是北京，世界占比为 4.60%；广东、湖北、浙江、湖南、山东、上海、安徽、江苏有相当数量的 A 层人才，世界占比在 3%~1%；海南、河南、辽宁、四川、天津、福建、甘肃、广西、山西、新疆、云南也有一定数量的 A 层人才，世界占比均超过 0.3%。

B 层人才最多的是北京，世界占比为 4.71%；江苏、山东、广东、上海有相当数量的 B 层人才，世界占比在 2%~1%；四川、浙江、福建、湖北、安徽、辽宁、江西、天津、湖南、陕西、重庆、河南、新疆、甘肃、广西、吉林、海南、云南、黑龙江也有一定数量的 B 层人才，世界占比大于或等于 0.1%；贵州、河北、宁夏、青海、山西 B 层人才的世界占比均低于 0.1%。

C 层人才最多的是北京，世界占比为 3.94%；江苏、广东、湖北、上海有相当数量的 C 层人才，世界占比在 2%~1%；浙江、山东、四川、福建、湖南、辽宁、重庆、陕西、天津、河南、安徽、江西、吉林、甘肃、云南、黑龙江、广西、河北也有一定数量的 C 层人才，世界占比均超过 0.1%；新疆、贵州、山西、内蒙古、海南、青海、宁夏 C 层人才的世界占比均低于 0.1%。

表 5-40 环境研究 A 层人才的世界占比

单位：%

省　份	2013 年	2014 年	2015 年	2016 年	2017 年	2018 年	2019 年	2020 年	2021 年	2022 年	合计
北　京	0.00	0.00	8.33	13.33	0.00	0.00	2.63	2.86	7.41	9.26	4.60
广　东	0.00	0.00	0.00	0.00	0.00	0.00	2.63	2.86	3.70	7.41	2.68
湖　北	0.00	0.00	0.00	0.00	0.00	0.00	2.63	0.00	3.70	7.41	2.30
浙　江	0.00	0.00	0.00	0.00	0.00	0.00	0.00	0.00	0.00	9.26	1.92
湖　南	0.00	0.00	0.00	0.00	0.00	0.00	0.00	0.00	7.41	3.70	1.53
山　东	0.00	0.00	0.00	0.00	0.00	0.00	0.00	2.86	3.70	3.70	1.53
上　海	0.00	0.00	0.00	0.00	4.35	0.00	0.00	0.00	3.70	3.70	1.53
安　徽	0.00	0.00	0.00	0.00	0.00	0.00	0.00	0.00	0.00	5.56	1.15
江　苏	0.00	0.00	0.00	0.00	0.00	0.00	0.00	2.86	3.70	1.85	1.15
海　南	0.00	0.00	0.00	0.00	0.00	0.00	0.00	0.00	0.00	3.70	0.77
河　南	0.00	0.00	0.00	6.67	0.00	0.00	0.00	0.00	3.70	0.00	0.77
辽　宁	0.00	0.00	0.00	0.00	0.00	0.00	0.00	0.00	3.70	0.00	0.77
四　川	0.00	0.00	0.00	0.00	0.00	0.00	0.00	0.00	3.70	1.85	0.77
天　津	0.00	0.00	0.00	0.00	0.00	0.00	0.00	0.00	3.70	0.00	0.77
福　建	0.00	0.00	0.00	0.00	0.00	0.00	0.00	0.00	0.00	1.85	0.38
甘　肃	0.00	0.00	0.00	6.67	0.00	0.00	0.00	0.00	0.00	0.00	0.38
广　西	0.00	0.00	0.00	0.00	0.00	0.00	0.00	0.00	0.00	1.85	0.38
山　西	0.00	0.00	8.33	0.00	0.00	0.00	0.00	0.00	0.00	0.00	0.38
新　疆	0.00	0.00	0.00	0.00	0.00	0.00	0.00	0.00	0.00	1.85	0.38
云　南	0.00	0.00	0.00	0.00	0.00	0.00	0.00	2.86	0.00	0.00	0.38

表 5-41 环境研究 B 层人才的世界占比

单位：%

省　份	2013 年	2014 年	2015 年	2016 年	2017 年	2018 年	2019 年	2020 年	2021 年	2022 年	合计
北　京	2.76	4.19	3.47	2.55	2.95	4.53	4.13	4.13	6.03	7.32	4.71
江　苏	0.00	0.00	1.16	0.51	1.27	0.00	1.77	0.52	1.87	4.60	1.56
山　东	0.00	0.60	1.16	0.00	0.84	0.70	0.88	1.03	2.08	2.30	1.21
广　东	0.69	0.00	0.00	0.00	1.27	1.05	2.06	0.78	1.46	2.09	1.18
上　海	0.00	0.00	0.00	0.51	0.84	2.09	0.88	1.03	2.49	1.05	1.14
四　川	0.69	0.00	0.58	0.00	0.00	0.70	0.88	1.03	0.42	2.30	0.83
浙　江	0.00	0.00	0.00	0.51	0.42	0.70	0.59	0.00	0.62	2.93	0.80

续表

省 份	2013 年	2014 年	2015 年	2016 年	2017 年	2018 年	2019 年	2020 年	2021 年	2022 年	合计
福 建	0.00	0.00	0.00	0.00	0.00	0.00	1.18	0.52	1.25	2.09	0.76
湖 北	0.00	0.00	0.00	0.00	0.00	1.05	1.18	0.26	1.25	1.67	0.76
安 徽	0.00	0.60	0.00	0.51	0.00	0.00	0.59	0.00	0.83	1.26	0.48
辽 宁	0.00	0.00	0.00	0.00	0.42	0.00	0.59	0.00	1.25	1.05	0.48
江 西	0.00	0.00	0.00	0.00	0.00	0.35	0.00	0.26	0.00	2.09	0.42
天 津	0.00	0.00	0.00	0.00	0.00	0.00	0.00	0.52	1.46	0.42	0.38
湖 南	0.00	0.00	0.00	0.00	0.42	0.35	0.88	0.00	0.21	0.84	0.35
陕 西	0.00	0.00	0.00	0.00	0.00	0.35	0.00	0.52	0.00	1.46	0.35
重 庆	0.00	0.00	0.00	0.00	0.00	0.00	0.29	0.00	0.42	0.63	0.21
河 南	0.00	0.00	0.00	0.00	0.00	0.00	0.00	0.26	0.21	0.84	0.21
新 疆	0.00	0.00	0.00	0.00	0.00	0.00	0.59	0.52	0.42	0.00	0.21
甘 肃	0.00	0.00	0.00	0.00	0.42	0.35	0.29	0.00	0.21	0.21	0.17
广 西	0.00	0.00	0.00	0.00	0.00	0.00	0.29	0.00	0.21	0.63	0.17
吉 林	0.00	0.00	0.00	0.00	0.00	0.00	0.00	0.26	0.00	0.84	0.17
海 南	0.00	0.00	0.00	0.00	0.00	0.00	0.00	0.00	0.42	0.42	0.14
云 南	0.00	0.00	0.58	0.00	0.00	0.00	0.29	0.00	0.00	0.42	0.14
黑龙江	0.00	0.00	0.00	0.51	0.00	0.00	0.00	0.00	0.21	0.21	0.10
贵 州	0.00	0.00	0.00	0.00	0.00	0.00	0.00	0.00	0.00	0.42	0.07
河 北	0.00	0.00	0.00	0.00	0.00	0.00	0.00	0.26	0.00	0.21	0.07
宁 夏	0.00	0.00	0.00	0.00	0.00	0.00	0.00	0.00	0.21	0.00	0.03
青 海	0.00	0.00	0.00	0.00	0.00	0.00	0.00	0.00	0.00	0.21	0.03
山 西	0.00	0.00	0.00	0.00	0.00	0.00	0.00	0.00	0.00	0.21	0.03

表 5-42　环境研究 C 层人才的世界占比

单位：%

省 份	2013 年	2014 年	2015 年	2016 年	2017 年	2018 年	2019 年	2020 年	2021 年	2022 年	合计
北 京	3.13	3.45	3.34	2.98	3.65	4.33	3.51	3.99	4.39	4.69	3.94
江 苏	0.69	0.59	1.04	1.06	1.31	1.28	2.02	1.56	2.46	3.06	1.80
广 东	0.21	0.42	0.98	1.06	0.98	1.45	1.61	1.82	1.85	2.13	1.48
湖 北	0.07	0.30	0.40	0.58	0.68	0.92	1.22	1.69	1.80	2.34	1.29
上 海	0.42	0.65	0.69	1.06	1.36	0.99	1.61	1.27	1.46	1.57	1.24
浙 江	0.42	0.48	0.75	0.48	0.98	0.60	0.92	0.93	1.09	1.49	0.93

续表

省　份	2013 年	2014 年	2015 年	2016 年	2017 年	2018 年	2019 年	2020 年	2021 年	2022 年	合计
山　东	0.07	0.30	0.23	0.05	0.64	0.67	0.51	0.83	1.11	1.51	0.76
四　川	0.00	0.06	0.12	0.27	0.38	0.43	1.13	0.83	0.67	1.16	0.65
福　建	0.49	0.59	0.17	0.58	0.34	0.53	0.65	0.67	0.78	0.81	0.62
湖　南	0.00	0.12	0.12	0.32	0.30	0.35	0.42	0.36	0.59	0.83	0.43
辽　宁	0.49	0.12	0.35	0.16	0.21	0.28	0.36	0.42	0.52	0.68	0.41
重　庆	0.07	0.18	0.06	0.32	0.30	0.14	0.30	0.31	0.52	0.70	0.36
陕　西	0.21	0.24	0.12	0.21	0.25	0.14	0.27	0.34	0.59	0.62	0.36
天　津	0.00	0.12	0.29	0.05	0.17	0.39	0.21	0.34	0.41	0.64	0.33
河　南	0.00	0.00	0.00	0.11	0.08	0.18	0.15	0.31	0.46	0.72	0.29
安　徽	0.14	0.12	0.17	0.27	0.13	0.18	0.27	0.42	0.37	0.39	0.28
江　西	0.07	0.18	0.00	0.11	0.21	0.21	0.27	0.18	0.28	0.25	0.20
吉　林	0.00	0.06	0.12	0.11	0.00	0.07	0.24	0.13	0.30	0.35	0.18
甘　肃	0.14	0.12	0.06	0.11	0.04	0.11	0.15	0.13	0.33	0.23	0.17
云　南	0.00	0.06	0.17	0.11	0.08	0.11	0.27	0.13	0.20	0.27	0.16
黑龙江	0.07	0.06	0.06	0.05	0.08	0.21	0.06	0.29	0.22	0.21	0.16
广　西	0.00	0.00	0.00	0.11	0.04	0.04	0.09	0.18	0.20	0.41	0.15
河　北	0.00	0.00	0.06	0.05	0.04	0.11	0.09	0.21	0.24	0.29	0.15
新　疆	0.00	0.06	0.00	0.05	0.08	0.00	0.03	0.05	0.11	0.23	0.08
贵　州	0.00	0.00	0.00	0.05	0.04	0.04	0.03	0.03	0.13	0.25	0.08
山　西	0.00	0.00	0.00	0.11	0.04	0.04	0.03	0.18	0.04	0.17	0.08
内蒙古	0.07	0.06	0.00	0.05	0.00	0.11	0.12	0.03	0.07	0.10	0.07
海　南	0.00	0.00	0.00	0.00	0.04	0.04	0.06	0.16	0.04	0.12	0.06
青　海	0.00	0.06	0.00	0.00	0.00	0.00	0.03	0.00	0.00	0.02	0.01
宁　夏	0.00	0.00	0.00	0.00	0.00	0.00	0.00	0.00	0.00	0.04	0.01

十五　多学科地球科学

多学科地球科学 A、B、C 层人才最多的是北京，世界占比分别为
6.47%、5.97%、8.19%，其中，C 层人才显著多于其他省份。

江苏、广东、陕西、上海有相当数量的 A 层人才，世界占比在 2% ~
1%；湖北、山东、河北、四川、浙江、安徽、重庆、甘肃、贵州、河南、

内蒙古、江西、吉林、辽宁、青海、山西、天津有一定数量的 A 层人才，世界占比大于或等于 0.2%。

湖北、江苏、陕西、广东有相当数量的 B 层人才，世界占比在 3%~1%；上海、四川、甘肃、山东、湖南、重庆、浙江、吉林、辽宁、安徽、福建、江西、河北、河南、新疆、云南、广西、贵州、黑龙江、天津也有一定数量的 B 层人才，世界占比均超过 0.1%；青海、海南、山西、内蒙古、西藏 B 层人才的世界占比均低于 0.1%。

湖北、江苏 C 层人才的世界占比分别为 3.07%、3.06%，排名第二、第三位；广东、陕西、四川、山东、上海有相当数量的 C 层人才，世界占比在 2%~1%；甘肃、浙江、湖南、安徽、重庆、辽宁、新疆、吉林、河南、天津、福建、云南、河北、江西、黑龙江、贵州、广西、山西、青海、内蒙古、海南也有一定数量的 C 层人才，世界占比大于或等于 0.1%；宁夏、西藏 C 层人才的世界占比均为 0.03%。

表 5-43　多学科地球科学 A 层人才的世界占比

单位：%

省　份	2013 年	2014 年	2015 年	2016 年	2017 年	2018 年	2019 年	2020 年	2021 年	2022 年	合计
北　京	0.00	2.70	8.82	4.08	4.55	8.89	3.28	9.68	9.86	8.57	6.47
江　苏	2.70	0.00	0.00	2.04	2.27	0.00	4.92	3.23	0.00	2.86	1.96
广　东	0.00	0.00	2.94	0.00	0.00	4.44	0.00	3.23	1.41	2.86	1.57
陕　西	0.00	0.00	0.00	4.08	4.55	2.22	0.00	1.61	1.41	1.43	1.57
上　海	2.70	0.00	5.88	2.04	0.00	0.00	0.00	1.61	0.00	1.43	1.18
湖　北	0.00	0.00	2.94	0.00	2.27	0.00	1.64	0.00	1.41	0.00	0.78
山　东	0.00	0.00	0.00	0.00	0.00	4.44	0.00	0.00	1.43		0.59
河　北	0.00	0.00	0.00	0.00	0.00	2.22	1.64	0.00	0.00	0.00	0.39
四　川	0.00	0.00	0.00	0.00	0.00	0.00	1.64	0.00	1.41	0.00	0.39
浙　江	0.00	0.00	5.88	0.00	0.00	0.00	0.00	0.00	0.00	0.00	0.39
安　徽	0.00	0.00	0.00	0.00	0.00	0.00	1.64	0.00	0.00	0.00	0.20
重　庆	0.00	0.00	0.00	0.00	0.00	0.00	0.00	0.00	1.41	0.00	0.20
甘　肃	0.00	0.00	0.00	0.00	0.00	0.00	0.00	1.61	0.00	0.00	0.20
贵　州	0.00	0.00	0.00	0.00	0.00	0.00	1.64	0.00	0.00	0.00	0.20

续表

省份	2013 年	2014 年	2015 年	2016 年	2017 年	2018 年	2019 年	2020 年	2021 年	2022 年	合计
河　南	0.00	0.00	0.00	0.00	0.00	0.00	0.00	1.61	0.00	0.00	0.20
内蒙古	0.00	0.00	0.00	0.00	0.00	0.00	0.00	0.00	1.41	0.00	0.20
江　西	0.00	0.00	0.00	0.00	2.27	0.00	0.00	0.00	0.00	0.00	0.20
吉　林	0.00	0.00	0.00	0.00	2.27	0.00	0.00	0.00	0.00	0.00	0.20
辽　宁	0.00	0.00	0.00	0.00	0.00	0.00	0.00	0.00	0.00	1.43	0.20
青　海	0.00	0.00	0.00	0.00	0.00	0.00	0.00	0.00	1.41	0.00	0.20
山　西	0.00	0.00	0.00	0.00	2.27	0.00	0.00	0.00	0.00	0.00	0.20
天　津	0.00	0.00	0.00	0.00	0.00	0.00	1.64	0.00	0.00	0.00	0.20

表 5-44　多学科地球科学 B 层人才的世界占比

单位：%

省份	2013 年	2014 年	2015 年	2016 年	2017 年	2018 年	2019 年	2020 年	2021 年	2022 年	合计
北　京	4.28	7.29	4.13	4.21	5.10	4.86	5.64	5.84	6.37	10.31	5.97
湖　北	1.07	0.75	0.87	0.89	1.86	1.95	2.73	3.79	2.95	4.99	2.40
江　苏	0.53	0.75	1.30	1.33	2.78	1.95	2.18	3.47	2.33	4.19	2.25
陕　西	1.07	0.75	0.65	0.89	1.16	1.95	1.82	0.63	1.40	2.58	1.34
广　东	0.80	0.50	0.43	0.22	0.46	1.36	1.09	0.79	2.02	2.58	1.12
上　海	0.00	0.50	0.22	0.89	0.46	1.75	0.91	0.63	1.71	1.77	0.97
四　川	0.00	0.25	0.22	0.00	0.93	0.97	1.45	0.32	1.40	2.74	0.93
甘　肃	0.80	0.25	1.30	0.22	0.46	0.58	0.73	0.47	1.09	0.97	0.71
山　东	0.53	0.50	0.00	0.00	0.46	0.58	1.09	0.63	0.93	1.61	0.69
湖　南	0.27	0.25	0.43	0.44	0.23	0.19	1.09	0.47	0.31	1.13	0.51
重　庆	0.27	0.25	0.22	0.00	0.00	0.39	0.55	0.47	0.78	1.29	0.47
浙　江	0.00	0.00	0.65	0.44	0.00	0.19	0.00	0.16	1.09	1.29	0.43
吉　林	0.53	0.00	0.00	0.00	0.00	0.58	0.18	0.47	0.47	1.13	0.37
辽　宁	0.00	0.00	0.22	0.22	0.00	0.00	0.00	0.00	0.78	1.93	0.37
安　徽	0.80	0.25	0.00	0.00	0.23	0.00	0.00	0.00	0.31	1.13	0.33
福　建	0.00	0.25	0.43	0.22	0.23	0.00	0.18	0.47	0.62	0.64	0.33
江　西	0.00	0.00	0.65	0.22	0.00	0.00	0.18	0.63	0.16	0.81	0.30
河　北	0.00	0.00	0.43	0.22	0.00	0.00	0.36	0.16	0.31	0.81	0.26
河　南	0.00	0.25	0.00	0.22	0.46	0.19	0.36	0.00	0.16	0.81	0.26

续表

省　份	2013年	2014年	2015年	2016年	2017年	2018年	2019年	2020年	2021年	2022年	合计
新　疆	0.53	0.50	0.00	0.00	0.23	0.39	0.18	0.00	0.00	0.81	0.26
云　南	0.27	0.25	0.00	0.22	0.00	0.00	0.55	0.16	0.47	0.32	0.24
广　西	0.00	0.25	0.00	0.00	0.46	0.00	0.18	0.32	0.16	0.32	0.18
贵　州	0.00	0.00	0.00	0.00	0.23	0.00	0.18	0.00	0.16	0.81	0.16
黑龙江	0.00	0.00	0.00	0.00	0.00	0.00	0.36	0.00	0.31	0.64	0.16
天　津	0.00	0.00	0.00	0.00	0.00	0.19	0.00	0.00	0.62	0.32	0.14
青　海	0.00	0.00	0.00	0.22	0.00	0.00	0.00	0.16	0.16	0.16	0.08
海　南	0.00	0.00	0.00	0.00	0.23	0.00	0.00	0.00	0.16	0.16	0.06
山　西	0.00	0.00	0.00	0.00	0.00	0.19	0.00	0.00	0.16	0.00	0.06
内蒙古	0.27	0.00	0.00	0.00	0.00	0.00	0.00	0.00	0.00	0.16	0.04
西　藏	0.00	0.00	0.00	0.00	0.23	0.00	0.00	0.00	0.00	0.00	0.02

表5-45　多学科地球科学C层人才的世界占比

单位：%

省　份	2013年	2014年	2015年	2016年	2017年	2018年	2019年	2020年	2021年	2022年	合计
北　京	5.98	6.60	7.07	6.70	7.60	7.38	8.97	8.32	9.45	11.37	8.19
湖　北	1.43	1.83	2.13	2.38	2.67	3.12	3.78	3.50	3.74	4.53	3.07
江　苏	1.49	2.24	2.01	2.33	2.42	2.77	3.73	3.46	4.06	4.45	3.06
广　东	0.43	0.83	1.08	0.93	1.02	1.45	1.98	1.77	2.36	3.50	1.68
陕　西	1.14	1.01	1.21	1.31	1.21	1.55	1.85	1.84	2.03	2.27	1.61
四　川	0.57	1.01	0.98	0.71	1.19	1.31	1.57	1.69	1.82	2.57	1.43
山　东	0.70	0.57	1.05	0.73	1.07	1.51	1.91	1.36	1.76	2.49	1.41
上　海	0.92	0.83	0.87	1.11	1.02	0.98	1.29	1.34	1.78	1.55	1.22
甘　肃	0.57	0.52	0.64	0.64	0.77	0.76	0.79	0.83	1.36	1.38	0.87
浙　江	0.38	0.39	0.16	0.55	0.56	0.68	1.03	0.99	1.00	1.39	0.77
湖　南	0.08	0.21	0.27	0.53	0.58	0.68	0.84	1.13	0.89	1.33	0.72
安　徽	0.19	0.28	0.25	0.24	0.33	0.42	0.64	0.55	0.67	0.97	0.49
重　庆	0.05	0.31	0.14	0.40	0.21	0.34	0.58	0.76	0.79	0.86	0.49
辽　宁	0.22	0.31	0.30	0.29	0.35	0.52	0.52	0.38	0.70	0.89	0.48
新　疆	0.32	0.15	0.30	0.24	0.52	0.52	0.52	0.30	0.63	0.97	0.47
吉　林	0.35	0.36	0.43	0.30	0.52	0.52	0.47	0.41	0.57	0.89	0.46
河　南	0.05	0.18	0.23	0.16	0.19	0.20	0.49	0.58	0.71	1.18	0.45

续表

省　份	2013 年	2014 年	2015 年	2016 年	2017 年	2018 年	2019 年	2020 年	2021 年	2022 年	合计
天　津	0.35	0.08	0.18	0.24	0.09	0.28	0.60	0.38	0.60	0.65	0.38
福　建	0.14	0.34	0.18	0.22	0.35	0.32	0.41	0.25	0.46	0.70	0.35
云　南	0.14	0.31	0.27	0.00	0.19	0.16	0.28	0.25	0.54	0.71	0.31
河　北	0.08	0.28	0.30	0.22	0.21	0.28	0.32	0.38	0.32	0.50	0.30
江　西	0.08	0.10	0.25	0.31	0.23	0.22	0.30	0.30	0.35	0.60	0.29
黑龙江	0.14	0.05	0.14	0.16	0.19	0.26	0.36	0.18	0.32	0.71	0.27
贵　州	0.19	0.18	0.16	0.11	0.12	0.22	0.28	0.25	0.35	0.37	0.24
广　西	0.05	0.10	0.16	0.16	0.21	0.20	0.24	0.28	0.50		0.23
山　西	0.05	0.15	0.07	0.13	0.14	0.12	0.17	0.07	0.21	0.34	0.15
青　海	0.08	0.13	0.09	0.07	0.14	0.04	0.09	0.10	0.19	0.23	0.12
内蒙古	0.19	0.05	0.07	0.07	0.07	0.06	0.11	0.08	0.13	0.19	0.10
海　南	0.00	0.00	0.05	0.04	0.07	0.08	0.06	0.13	0.24	0.19	0.10
宁　夏	0.03	0.00	0.00	0.00	0.02	0.02	0.02	0.05	0.02	0.10	0.03
西　藏	0.00	0.00	0.00	0.02	0.02	0.02	0.04	0.00	0.03	0.10	0.03

第二节　学科组

在地球科学各学科人才分析的基础上，按照 A、B、C 三个人才层次，对各学科人才进行汇总分析，可以从学科组层面揭示人才的分布特点和发展趋势。

一　A 层人才

地球科学 A 层人才最多的是北京，占该学科组全球 A 层人才的 6.52%；江苏 A 层人才的世界占比为 2.30%，排名第二；湖北、广东、上海、浙江、湖南、山东、陕西、四川有相当数量的 A 层人才，世界占比在 2%~1%；安徽、天津、黑龙江、福建、辽宁、河南、重庆、江西、甘肃、河北、新疆、山西、贵州、吉林、广西、内蒙古、云南有一定数量的 A 层人才，世界占比均超过 0.1%；青海、海南 A 层人才的世界占比均低于 0.1%。

在发展趋势上，各省份 A 层人才的世界占比总体上呈现相对上升的趋势；其中，北京、江苏、湖北、广东、上海、浙江、四川的增幅相对较大。

表 5-46　地球科学 A 层人才的世界占比

单位：%

省份	2013 年	2014 年	2015 年	2016 年	2017 年	2018 年	2019 年	2020 年	2021 年	2022 年	合计
北 京	3.67	0.83	6.09	7.59	1.91	4.84	5.15	6.64	12.26	9.04	6.52
江 苏	0.46	0.83	0.43	1.32	1.91	0.85	2.71	3.85	2.33	4.62	2.30
湖 北	0.46	1.66	1.30	0.99	1.59	0.28	1.90	1.71	3.50	3.65	1.96
广 东	0.00	0.00	1.30	0.66	0.96	2.28	0.54	3.85	2.53	3.46	1.90
上 海	0.92	0.41	1.74	1.98	2.55	1.42	1.08	1.50	1.95	2.50	1.70
浙 江	0.00	0.41	0.87	0.00	0.00	0.85	0.54	0.86	2.14	3.46	1.16
湖 南	0.00	0.41	0.43	0.00	0.64	1.42	1.63	0.86	2.53	1.35	1.11
山 东	0.00	0.83	0.43	0.33	0.64	1.14	0.54	0.86	2.53	1.92	1.11
陕 西	0.00	0.00	0.87	1.98	1.59	1.14	0.81	1.28	0.97	1.15	1.05
四 川	0.00	0.41	0.43	0.33	0.32	0.28	1.63	0.00	1.95	2.88	1.02
安 徽	0.00	0.41	0.00	0.00	0.96	0.28	2.17	0.86	0.97	0.58	0.71
天 津	0.00	0.41	0.00	0.33	0.00	0.57	0.54	0.43	0.39	0.96	0.43
黑龙江	0.00	1.24	0.87	0.99	0.00	0.85	0.54	0.00	0.19	0.19	0.43
福 建	0.46	0.00	0.00	0.00	0.00	0.85	0.00	0.43	0.97	0.58	0.40
辽 宁	0.00	0.41	0.00	0.00	0.00	0.00	0.00	0.21	0.97	1.15	0.37
河 南	0.00	0.00	0.00	1.32	0.00	0.00	0.00	0.64	0.19	0.96	0.37
重 庆	0.00	0.00	0.00	0.00	0.00	0.28	0.00	0.21	1.36	0.58	0.34
江 西	0.00	0.00	0.43	0.33	0.64	0.00	0.00	0.64	0.39	0.58	0.34
甘 肃	0.00	0.41	0.00	1.32	0.32	0.00	0.00	0.86	0.39	0.00	0.34
河 北	0.00	0.00	0.00	0.00	0.00	0.28	0.27	0.00	0.97	0.77	0.31
新 疆	0.00	0.41	0.00	0.33	0.00	0.00	0.00	0.00	0.19	0.77	0.20
山 西	0.00	0.00	1.30	0.33	0.32	0.00	0.00	0.00	0.19	0.00	0.17
贵 州	0.00	0.00	0.00	0.00	0.00	0.00	0.27	0.00	0.39	0.38	0.14
吉 林	0.00	0.41	0.00	0.00	0.32	0.00	0.00	0.21	0.00	0.38	0.14
广 西	0.00	0.00	0.00	0.00	0.00	0.00	0.00	0.21	0.00	0.58	0.14
内蒙古	0.00	0.00	0.00	0.00	0.00	0.28	0.00	0.39	0.00	0.00	0.11
云 南	0.00	0.00	0.00	0.00	0.00	0.00	0.00	0.21	0.58	0.00	0.11
青 海	0.00	0.00	0.00	0.00	0.00	0.00	0.00	0.21	0.39	0.00	0.09
海 南	0.00	0.00	0.00	0.00	0.00	0.00	0.00	0.00	0.00	0.38	0.06

二 B层人才

地球科学 B 层人才最多的是北京，占该学科组全球 B 层人才的 6.21%；其后依次是江苏、湖北、广东，世界占比分别为 2.61%、2.43%、2.11%；上海、陕西、山东、湖南、浙江、四川有相当数量的 B 层人才，世界占比在 2%~1%；辽宁、安徽、福建、天津、黑龙江、重庆、甘肃、河南、吉林、江西、云南、广西、河北、新疆、贵州有一定数量的 B 层人才，世界占比均超过 0.1%；海南、山西、内蒙古、青海、宁夏、西藏 B 层人才的世界占比均低于 0.1%。

在发展趋势上，多数省份 B 层人才的世界占比总体上呈现相对上升的趋势；其中，北京、江苏、湖北、广东、上海、陕西、山东、湖南、浙江、四川、辽宁、福建的增幅相对较大。

表 5-47 地球科学 B 层人才的世界占比

单位：%

省　份	2013 年	2014 年	2015 年	2016 年	2017 年	2018 年	2019 年	2020 年	2021 年	2022 年	合计
北　京	4.34	5.62	5.13	4.96	4.74	5.26	6.42	6.60	7.33	8.72	6.21
江　苏	1.13	1.47	1.51	1.44	2.35	2.20	2.53	3.32	3.40	4.33	2.61
湖　北	1.29	1.16	1.40	1.74	1.39	2.31	2.58	3.02	3.12	3.99	2.43
广　东	0.79	1.04	0.75	1.21	2.06	1.82	2.39	1.91	3.16	3.77	2.11
上　海	0.58	0.84	0.57	1.08	1.61	2.26	1.79	1.65	2.70	2.41	1.71
陕　西	0.54	0.52	0.68	0.82	1.06	1.21	1.28	1.06	1.32	2.29	1.18
山　东	0.54	0.76	0.47	0.36	0.77	0.96	1.01	1.37	1.68	2.39	1.17
湖　南	0.29	0.64	0.65	0.53	0.93	1.16	1.50	1.11	1.34	1.68	1.08
浙　江	0.38	0.32	0.50	0.69	0.52	1.10	0.97	0.95	1.78	2.09	1.06
四　川	0.29	0.28	0.29	0.26	0.68	0.83	1.21	0.87	1.62	2.21	1.00
辽　宁	0.38	0.28	0.32	0.53	0.48	0.41	0.46	0.54	1.14	1.54	0.69
安　徽	0.42	0.40	0.29	0.53	0.42	0.36	0.34	0.35	0.82	0.93	0.52
福　建	0.13	0.42	0.25	0.16	0.23	0.36	0.60	0.61	0.82	1.07	0.52
天　津	0.08	0.00	0.22	0.23	0.32	0.36	0.51	0.87	0.88	0.79	0.50
黑龙江	0.25	0.20	0.29	0.36	0.39	0.41	0.58	0.20	0.66	1.17	0.50
重　庆	0.13	0.24	0.11	0.20	0.26	0.39	0.51	0.48	0.58	0.97	0.44

续表

省　份	2013 年	2014 年	2015 年	2016 年	2017 年	2018 年	2019 年	2020 年	2021 年	2022 年	合计
甘　肃	0.38	0.36	0.36	0.16	0.35	0.47	0.41	0.41	0.52	0.59	0.42
河　南	0.00	0.28	0.04	0.07	0.16	0.36	0.39	0.41	0.56	1.13	0.41
吉　林	0.25	0.12	0.00	0.03	0.10	0.36	0.22	0.30	0.30	0.87	0.30
江　西	0.00	0.04	0.22	0.20	0.16	0.19	0.19	0.43	0.22	0.75	0.28
云　南	0.08	0.16	0.22	0.13	0.03	0.11	0.29	0.28	0.32	0.43	0.23
广　西	0.00	0.12	0.04	0.00	0.19	0.08	0.22	0.30	0.57	0.21	
河　北	0.00	0.12	0.07	0.03	0.03	0.06	0.24	0.24	0.26	0.59	0.20
新　疆	0.08	0.16	0.00	0.03	0.26	0.14	0.24	0.11	0.24	0.40	0.19
贵　州	0.08	0.08	0.00	0.10	0.06	0.06	0.17	0.04	0.22	0.38	0.14
海　南	0.04	0.00	0.00	0.00	0.16	0.08	0.00	0.11	0.16	0.22	0.09
山　西	0.00	0.08	0.04	0.10	0.03	0.06	0.05	0.13	0.10	0.06	0.07
内蒙古	0.13	0.00	0.00	0.00	0.00	0.03	0.00	0.04	0.04	0.10	0.05
青　海	0.08	0.04	0.00	0.00	0.00	0.06	0.08	0.00	0.04	0.02	0.12	0.05
宁　夏	0.04	0.00	0.00	0.00	0.00	0.00	0.03	0.00	0.02	0.04	0.02
西　藏	0.00	0.00	0.00	0.00	0.03	0.00	0.00	0.00	0.06	0.04	0.02

三　C 层人才

地球科学 C 层人才最多的是北京，占该学科组全球 C 层人才的 7.17%；其后依次是江苏、湖北、广东，世界占比分别为 3.15%、2.44%、2.29%；上海、山东、浙江、陕西、四川有相当数量的 C 层人才，世界占比在 2%～1%；湖南、辽宁、福建、天津、安徽、甘肃、黑龙江、河南、重庆、吉林、江西、河北、新疆、云南、贵州、广西、山西、海南、内蒙古有一定数量的 C 层人才，世界占比大于或等于 0.1%；青海、西藏、宁夏 C 层人才的世界占比均低于 0.1%。

在发展趋势上，各省份 C 层人才的世界占比总体上呈现相对上升的趋势，其中，北京、江苏、湖北、广东、上海、山东、浙江、陕西、四川、湖南、河南的增幅相对较大。

表 5–48　地球科学 C 层人才的世界占比

单位：%

省　份	2013 年	2014 年	2015 年	2016 年	2017 年	2018 年	2019 年	2020 年	2021 年	2022 年	合计
北　京	5.35	5.87	6.06	6.21	6.83	7.08	7.70	7.36	7.92	8.83	7.17
江　苏	1.66	1.77	2.21	2.50	2.54	2.90	3.45	3.47	4.00	4.67	3.15
湖　北	1.13	1.46	1.62	1.77	2.16	2.25	2.75	2.83	3.00	3.55	2.44
广　东	0.88	0.97	1.10	1.40	1.69	2.13	2.49	2.70	3.26	3.88	2.29
上　海	0.89	0.98	1.20	1.22	1.56	1.56	1.75	2.07	2.10	2.38	1.69
山　东	0.56	0.60	0.64	0.77	0.96	1.15	1.37	1.44	1.74	2.33	1.29
浙　江	0.55	0.47	0.64	0.77	0.90	1.10	1.35	1.52	1.68	2.06	1.23
陕　西	0.58	0.54	0.74	0.73	0.85	1.04	1.21	1.29	1.68	1.78	1.15
四　川	0.37	0.52	0.58	0.52	0.73	0.95	1.13	1.21	1.26	1.86	1.02
湖　南	0.31	0.34	0.45	0.63	0.80	1.07	1.10	1.05	1.24	1.52	0.95
辽　宁	0.43	0.29	0.40	0.31	0.44	0.62	0.67	0.76	0.91	1.05	0.65
福　建	0.30	0.44	0.36	0.43	0.51	0.61	0.73	0.69	0.87	0.94	0.64
天　津	0.24	0.30	0.35	0.29	0.35	0.51	0.72	0.78	0.81	0.94	0.59
安　徽	0.33	0.32	0.36	0.42	0.43	0.50	0.69	0.66	0.69	0.72	0.55
甘　肃	0.41	0.33	0.42	0.47	0.52	0.46	0.54	0.53	0.69	0.76	0.54
黑龙江	0.23	0.21	0.24	0.26	0.37	0.49	0.50	0.65	0.77	0.92	0.52
河　南	0.11	0.12	0.19	0.16	0.20	0.23	0.43	0.68	0.81	1.04	0.48
重　庆	0.09	0.18	0.19	0.30	0.31	0.36	0.57	0.62	0.64	0.86	0.47
吉　林	0.21	0.27	0.30	0.21	0.19	0.33	0.38	0.36	0.47	0.61	0.36
江　西	0.11	0.14	0.19	0.22	0.18	0.28	0.31	0.38	0.47	0.55	0.32
河　北	0.13	0.19	0.15	0.17	0.19	0.28	0.34	0.37	0.36	0.46	0.29
新　疆	0.13	0.13	0.19	0.16	0.22	0.26	0.26	0.26	0.34	0.50	0.27
云　南	0.12	0.17	0.21	0.10	0.20	0.17	0.28	0.29	0.37	0.50	0.27
贵　州	0.14	0.16	0.12	0.19	0.13	0.27	0.22	0.27	0.35	0.36	0.24
广　西	0.04	0.06	0.11	0.13	0.16	0.19	0.25	0.27	0.35	0.51	0.24
山　西	0.06	0.08	0.08	0.11	0.14	0.12	0.12	0.15	0.15	0.27	0.14
海　南	0.03	0.02		0.05	0.06	0.08	0.07	0.14	0.23	0.33	0.13
内蒙古	0.09	0.06	0.07	0.07	0.07	0.10	0.11	0.09	0.15	0.10	0.10
青　海	0.06	0.06	0.05	0.08	0.07	0.08	0.07	0.10	0.10	0.13	0.09
西　藏	0.01	0.01	0.00	0.02	0.03	0.03	0.03	0.04	0.03	0.05	0.03
宁　夏	0.01	0.00	0.00	0.01	0.01	0.02	0.02	0.04	0.04	0.08	0.03

第6章　工程与材料科学

工程与材料科学包括工程和材料两个学科领域，是保障国家安全、促进社会进步与经济可持续发展、提高人民生活质量的重要科学基础和技术支撑。

第一节　学科

工程与材料科学学科组包括以下学科：冶金和冶金工程、陶瓷材料、造纸和木材、涂料和薄膜、纺织材料、复合材料、材料检测和鉴定、多学科材料、石油工程、采矿和矿物处理、机械工程、制造工程、能源和燃料、电气和电子工程、建筑和建筑技术、土木工程、农业工程、环境工程、海洋工程、船舶工程、交通、交通科学和技术、航空和航天工程、工业工程、设备和仪器、显微镜学、绿色和可持续科学与技术、人体工程学、多学科工程，共计29个。

一　冶金和冶金工程

冶金和冶金工程 A 层人才最多的是北京，世界占比为 6.60%；广东 A 层人才的世界占比为 5.03%，排名第二；重庆、上海、江苏、陕西的 A 层人才比较多，世界占比在 4%~3%；山东、辽宁、浙江、河南、湖北、黑龙江、湖南、四川有相当数量的 A 层人才，世界占比在 3%~1%；天津、贵州、吉林、山西、安徽、河北、内蒙古、江西也有一定数量的 A 层人才，世界占比均超过 0.3%。

B 层人才最多的是北京，世界占比为 6.93%；江苏、辽宁、广东、上海的 B 层人才比较多，世界占比在 4%~3%；陕西、山东、湖北、浙江、湖南、河南、四川、重庆、黑龙江、山西有相当数量的 B 层人才,世界占比在 3%~1%;安徽、天津、吉林、福建、江西、甘肃、广西、河北、云南、贵州也有一定数量的 B 层人才,世界占比均超过 0.2%;宁夏、青海、新疆、海南、内蒙古 B 层人才的世界占比均低于 0.1%。

C 层人才最多的是北京,世界占比为 6.98%;辽宁 C 层人才以 4.57% 的世界占比排名第二;江苏、上海、湖南的 C 层人才比较多,世界占比在 4%~3%;广东、陕西、山东、湖北、浙江、黑龙江、四川、重庆、天津、河南、安徽有相当数量的 C 层人才,世界占比在 3%~1%;山西、吉林、河北、江西、福建、甘肃、云南、广西、内蒙古、贵州、新疆、青海也有一定数量的 C 层人才,世界占比大于或等于 0.1%;海南、宁夏、西藏 C 层人才的世界占比均低于 0.1%。

表 6-1　冶金和冶金工程 A 层人才的世界占比

单位:%

省　份	2013 年	2014 年	2015 年	2016 年	2017 年	2018 年	2019 年	2020 年	2021 年	2022 年	合计
北　京	0.00	4.17	4.17	8.00	6.90	3.33	9.09	5.00	11.11	8.89	6.60
广　东	0.00	4.17	0.00	0.00	3.45	6.67	6.06	5.00	6.67	11.11	5.03
重　庆	0.00	0.00	0.00	0.00	3.45	10.00	3.03	2.50	8.89	4.44	3.77
上　海	0.00	0.00	0.00	0.00	3.45	6.67	3.03	2.50	6.67	8.89	3.77
江　苏	4.35	4.17	0.00	0.00	6.90	0.00	0.00	0.00	8.89	4.44	3.14
陕　西	0.00	0.00	0.00	4.00	0.00	3.33	0.00	5.00	6.67	6.67	3.14
山　东	0.00	0.00	0.00	0.00	0.00	3.33	0.00	0.00	6.67	6.67	2.83
辽　宁	0.00	0.00	0.00	0.00	10.34	6.67	0.00	5.00	2.22	0.00	2.52
浙　江	0.00	0.00	0.00	0.00	0.00	0.00	3.03	2.50	4.44	8.89	2.52
河　南	0.00	0.00	0.00	0.00	0.00	0.00	0.00	5.00	2.22	6.67	1.89
湖　北	0.00	0.00	0.00	4.00	3.45	0.00	3.03	2.50	0.00	4.44	1.89
黑龙江	0.00	0.00	0.00	0.00	0.00	10.00	0.00	0.00	2.22	2.22	1.57
湖　南	0.00	0.00	4.17	4.00	0.00	6.67	0.00	2.50	0.00	0.00	1.57
四　川	0.00	0.00	0.00	0.00	3.45	0.00	0.00	2.50	2.22	2.22	1.26
天　津	0.00	0.00	0.00	0.00	0.00	3.33	0.00	0.00	0.00	4.44	0.94
贵　州	0.00	0.00	0.00	0.00	3.45	0.00	0.00	0.00	0.00	2.22	0.63
吉　林	0.00	0.00	4.17	0.00	0.00	3.33	0.00	0.00	0.00	0.00	0.63
山　西	0.00	0.00	0.00	0.00	0.00	3.33	0.00	0.00	0.00	2.22	0.63
安　徽	0.00	0.00	0.00	0.00	0.00	0.00	0.00	0.00	0.00	2.22	0.31

续表

省 份	2013 年	2014 年	2015 年	2016 年	2017 年	2018 年	2019 年	2020 年	2021 年	2022 年	合计
河 北	0.00	0.00	0.00	0.00	0.00	3.33	0.00	0.00	0.00	0.00	0.31
内蒙古	0.00	0.00	0.00	0.00	0.00	0.00	0.00	0.00	0.00	2.22	0.31
江 西	0.00	0.00	0.00	0.00	0.00	3.33	0.00	0.00	0.00	0.00	0.31

表 6-2 冶金和冶金工程 B 层人才的世界占比

单位：%

省 份	2013 年	2014 年	2015 年	2016 年	2017 年	2018 年	2019 年	2020 年	2021 年	2022 年	合计
北 京	6.94	5.05	5.50	6.14	5.77	8.42	6.75	5.77	7.42	9.56	6.93
江 苏	1.39	1.83	3.21	2.19	2.69	1.47	3.68	4.95	5.26	8.09	3.93
辽 宁	3.70	2.75	1.83	2.19	3.46	4.40	3.68	4.40	3.59	5.15	3.69
广 东	0.46	0.46	0.46	1.32	1.92	3.66	3.07	4.67	3.83	6.37	3.07
上 海	1.85	1.83	1.38	2.19	1.92	2.56	3.37	4.67	3.59	4.41	3.04
陕 西	1.85	0.92	2.29	0.44	2.31	1.10	4.91	2.20	5.02	4.41	2.87
山 东	0.93	1.83	0.00	1.75	1.54	0.73	3.07	2.47	4.78	4.41	2.49
湖 北	0.46	1.38	1.83	0.44	0.77	0.73	3.07	3.30	2.39	2.94	1.95
浙 江	0.93	0.92	0.00	1.32	0.38	2.20	1.23	2.47	3.35	3.92	1.95
湖 南	0.46	0.46	0.46	0.44	1.15	1.83	2.15	3.02	1.67	2.94	1.67
河 南	0.00	1.38	0.00	0.00	0.77	1.47	0.61	2.47	3.11	3.43	1.60
四 川	1.39	0.92	2.29	1.32	0.77	1.83	1.23	2.47	1.44	1.96	1.60
重 庆	0.00	2.29	1.83	0.44	1.15	1.83	0.92	1.65	1.91	1.72	1.43
黑龙江	0.46	1.38	0.46	0.88	1.54	1.83	0.61	0.82	2.39	2.45	1.40
山 西	0.00	0.00	0.00	0.88	1.15	1.10	1.53	1.37	1.44	2.21	1.13
安 徽	0.46	2.29	0.46	0.44	0.00	1.10	0.31	0.82	1.67	1.72	0.99
天 津	0.00	0.00	0.46	0.00	0.00	0.73	1.23	1.37	2.39	1.23	0.92
吉 林	0.93	0.00	0.46	0.00	0.77	0.00	0.31	0.27	1.67	2.21	0.79
福 建	0.00	0.46	0.00	0.88	0.00	1.47	0.61	0.27	1.44	0.74	0.65
江 西	0.00	0.46	0.00	0.00	0.38	0.00	1.23	1.10	0.72	0.98	0.58
甘 肃	0.93	0.00	0.00	0.00	0.00	0.00	0.92	0.27	0.48	0.74	0.38
广 西	0.00	0.00	0.00	0.00	0.00	0.37	0.00	0.55	0.48	1.23	0.34
河 北	0.00	0.46	0.00	0.44	0.38	0.37	0.31	1.10	0.00	0.00	0.31
云 南	0.46	0.00	0.00	0.00	0.00	0.37	0.00	0.27	0.48	0.98	0.31
贵 州	0.00	0.00	0.00	0.00	0.00	0.00	0.31	0.27	0.00	1.23	0.24
宁 夏	0.00	0.00	0.00	0.00	0.00	0.00	0.00	0.27	0.00	0.25	0.07
青 海	0.00	0.00	0.00	0.00	0.00	0.00	0.00	0.27	0.00	0.25	0.07
新 疆	0.00	0.00	0.00	0.00	0.00	0.00	0.31	0.00	0.00	0.25	0.07
海 南	0.00	0.00	0.00	0.00	0.00	0.00	0.00	0.00	0.00	0.25	0.03
内蒙古	0.00	0.00	0.00	0.00	0.00	0.00	0.31	0.00	0.00	0.00	0.03

表6-3 冶金和冶金工程 C 层人才的世界占比

单位：%

省　份	2013 年	2014 年	2015 年	2016 年	2017 年	2018 年	2019 年	2020 年	2021 年	2022 年	合计
北　京	5.80	5.75	6.63	7.25	5.95	6.53	7.50	7.38	7.04	8.51	6.98
辽　宁	4.62	4.43	4.74	4.08	3.99	3.89	5.18	4.33	5.22	4.70	4.57
江　苏	1.74	2.15	2.07	2.90	3.15	3.38	4.49	4.16	4.58	5.79	3.72
上　海	3.02	2.56	2.90	3.25	3.57	3.41	3.39	3.37	3.43	4.02	3.36
湖　南	2.54	2.24	2.90	2.99	3.18	2.83	3.17	3.89	3.02	3.79	3.14
广　东	1.08	1.19	1.29	1.58	2.19	2.72	3.39	3.46	4.36	5.29	2.98
陕　西	1.79	1.73	2.26	2.28	3.15	3.60	2.82	2.55	3.38	4.14	2.91
山　东	1.23	0.96	1.29	1.54	1.42	2.09	3.11	3.07	3.41	4.17	2.48
湖　北	1.60	1.37	1.06	1.98	1.88	2.39	2.29	2.14	2.26	2.41	2.02
浙　江	1.18	0.96	1.70	2.15	1.80	1.95	2.04	1.79	2.55	2.72	1.98
黑龙江	1.70	1.73	1.34	1.58	1.88	2.06	2.17	1.64	1.89	2.06	1.84
四　川	0.94	0.87	0.92	1.49	1.30	1.32	1.95	1.70	2.57	2.44	1.69
重　庆	1.37	1.37	1.43	1.54	1.19	1.51	1.41	1.70	1.52	2.74	1.64
天　津	0.61	0.73	0.78	1.41	1.23	0.92	1.32	1.67	1.67	1.70	1.29
河　南	0.42	0.23	0.41	0.70	0.54	0.92	1.57	1.93	1.94	2.16	1.25
安　徽	0.66	0.41	0.55	1.19	0.88	1.17	1.29	1.02	1.18	1.30	1.02
山　西	0.52	0.41	0.69	0.75	0.81	0.77	1.35	1.08	1.18	1.42	0.97
吉　林	0.38	0.64	0.74	0.48	1.27	0.70	0.91	0.91	1.42	1.12	0.92
河　北	0.61	0.46	0.28	0.48	0.88	0.66	0.63	0.73	0.93	0.99	0.71
江　西	0.24	0.18	0.37	0.40	0.77	0.44	1.00	0.91	1.01	0.99	0.70
福　建	0.28	0.27	0.51	0.44	0.58	0.99	0.66	0.61	0.86	1.12	0.68
甘　肃	0.42	0.46	0.32	0.35	0.38	0.40	0.75	0.44	0.81	0.76	0.55
云　南	0.24	0.64	0.69	0.22	0.69	0.55	0.35	0.47	0.49	0.91	0.54
广　西	0.24	0.23	0.18	0.13	0.27	0.33	0.31	0.47	1.15	0.86	0.49
内蒙古	0.05	0.05	0.28	0.18	0.00	0.18	0.09	0.26	0.29	0.30	0.18
贵　州	0.09	0.00	0.05	0.13	0.19	0.26	0.16	0.21	0.15	0.25	0.15
新　疆	0.05	0.00	0.05	0.09	0.08	0.04	0.22	0.20	0.15	0.25	0.13
青　海	0.00	0.00	0.00	0.09	0.19	0.11	0.06	0.03	0.17	0.20	0.10
海　南	0.00	0.00	0.00	0.04	0.08	0.07	0.03	0.15	0.07	0.18	0.07
宁　夏	0.00	0.00	0.00	0.00	0.04	0.00	0.04	0.00	0.02	0.20	0.05
西　藏	0.00	0.00	0.00	0.00	0.00	0.00	0.00	0.00	0.07	0.03	0.01

二　陶瓷材料

陶瓷材料 A 层人才最多的是北京，世界占比为 8.75%；陕西、山东、广东、上海的 A 层人才处于第二梯队，世界占比在 7%~5%；黑龙江、江苏、辽宁的 A 层人才比较多，世界占比均为 3.75%；重庆、福建、甘肃、河南、湖北、湖南、四川、安徽、广西、内蒙古、江西、天津、云南、浙江有相当数量的 A 层人才，世界占比在 3%~1%。

B 层人才最多的是北京，世界占比为 6.97%；江苏、陕西、上海、广东、湖北的 B 层人才比较多，世界占比在 4%~3%；河南、四川、湖南、浙江、安徽、黑龙江、辽宁、山东、江西有相当数量的 B 层人才，世界占比在 2%~1%；重庆、广西、吉林、福建、河北、天津、甘肃、山西、云南、贵州、青海也有一定数量的 B 层人才，世界占比均超过 0.1%。

C 层人才最多的是北京，世界占比为 5.77%；陕西、湖北、江苏、上海的 C 层人才比较多，世界占比在 4%~3%；广东、山东、浙江、四川、湖南、辽宁、黑龙江、河南、广西、重庆、安徽、天津有相当数量的 C 层人才，世界占比在 3%~1%；江西、福建、云南、河北、吉林、山西、甘肃、内蒙古、贵州、新疆也有一定数量的 C 层人才，世界占比大于或等于 0.1%；海南、宁夏、青海 C 层人才的世界占比均低于 0.1%。

表 6-4　陶瓷材料 A 层人才的世界占比

单位：%

省　份	2013 年	2014 年	2015 年	2016 年	2017 年	2018 年	2019 年	2020 年	2021 年	2022 年	合计
北　京	16.67	0.00	0.00	12.50	0.00	12.50	0.00	0.00	9.09	33.33	8.75
陕　西	0.00	0.00	0.00	12.50	12.50	0.00	0.00	11.11	0.00	22.22	6.25
山　东	0.00	0.00	0.00	0.00	0.00	0.00	11.11	0.00	9.09	33.33	6.25
广　东	0.00	0.00	0.00	0.00	0.00	0.00	11.11	11.11	9.09	11.11	5.00
上　海	0.00	0.00	0.00	0.00	0.00	0.00	11.11	0.00	9.09	22.22	5.00
黑龙江	0.00	0.00	0.00	12.50	0.00	0.00	0.00	0.00	0.00	22.22	3.75
江　苏	0.00	0.00	0.00	0.00	0.00	12.50	0.00	11.11	9.09	0.00	3.75
辽　宁	0.00	0.00	0.00	0.00	0.00	0.00	0.00	11.11	0.00	22.22	3.75
重　庆	0.00	0.00	0.00	0.00	0.00	0.00	11.11	11.11	0.00	0.00	2.50
福　建	0.00	0.00	0.00	12.50	0.00	0.00	0.00	11.11	0.00	0.00	2.50
甘　肃	0.00	0.00	0.00	12.50	0.00	0.00	0.00	0.00	0.00	11.11	2.50
河　南	0.00	0.00	0.00	0.00	0.00	0.00	0.00	0.00	9.09	11.11	2.50
湖　北	0.00	0.00	0.00	0.00	0.00	0.00	0.00	0.00	9.09	11.11	2.50
湖　南	0.00	0.00	0.00	0.00	0.00	0.00	0.00	11.11	0.00	11.11	2.50

续表

省 份	2013 年	2014 年	2015 年	2016 年	2017 年	2018 年	2019 年	2020 年	2021 年	2022 年	合计
四 川	0.00	0.00	0.00	0.00	0.00	0.00	0.00	0.00	9.09	11.11	2.50
安 徽	0.00	0.00	0.00	0.00	12.50	0.00	0.00	0.00	0.00	0.00	1.25
广 西	0.00	0.00	0.00	0.00	0.00	0.00	0.00	0.00	9.09	0.00	1.25
内蒙古	0.00	0.00	0.00	0.00	0.00	0.00	11.11	0.00	0.00	0.00	1.25
江 西	0.00	0.00	0.00	0.00	0.00	0.00	0.00	0.00	9.09	0.00	1.25
天 津	0.00	0.00	0.00	0.00	0.00	0.00	0.00	0.00	0.00	11.11	1.25
云 南	0.00	0.00	0.00	0.00	0.00	0.00	0.00	0.00	0.00	11.11	1.25
浙 江	0.00	0.00	0.00	0.00	0.00	0.00	0.00	0.00	0.00	11.11	1.25

表 6-5 陶瓷材料 B 层人才的世界占比

单位：%

省 份	2013 年	2014 年	2015 年	2016 年	2017 年	2018 年	2019 年	2020 年	2021 年	2022 年	合计
北 京	2.99	4.00	4.23	6.58	7.04	7.59	6.59	6.59	10.48	10.87	6.97
江 苏	1.49	1.33	2.82	2.63	1.41	1.27	7.69	1.10	5.71	7.61	3.55
陕 西	1.49	4.00	1.41	3.95	0.00	3.80	5.49	4.40	3.81	3.26	3.30
上 海	0.00	1.33	0.00	1.32	4.23	1.27	6.59	4.40	5.71	5.43	3.30
广 东	1.49	1.33	1.41	3.95	1.41	6.33	4.40	2.20	2.86	5.43	3.18
湖 北	1.49	4.00	5.63	5.26	2.82	2.53	5.49	1.10	0.00	3.26	3.06
河 南	0.00	0.00	0.00	0.00	0.00	1.27	2.20	2.20	4.76	4.35	1.71
四 川	0.00	1.33	0.00	1.32	0.00	0.00	0.00	2.20	5.71	4.35	1.71
湖 南	2.99	1.33	0.00	1.32	1.41	1.27	1.10	1.10	0.95	3.26	1.47
浙 江	0.00	0.00	2.82	1.32	0.00	0.00	1.10	2.20	2.86	3.26	1.47
安 徽	0.00	0.00	1.41	3.95	0.00	0.00	3.30	1.10	1.90	1.09	1.34
黑龙江	0.00	1.33	0.00	2.63	2.82	0.00	1.10	2.20	0.95	2.17	1.34
辽 宁	0.00	0.00	0.00	1.32	1.41	0.00	1.10	1.10	2.86	4.35	1.22
山 东	0.00	0.00	0.00	1.32	1.41	0.00	1.10	1.10	1.90	4.35	1.22
江 西	0.00	0.00	0.00	0.00	0.00	2.53	3.30	1.90	2.17	1.10	
重 庆	0.00	0.00	0.00	0.00	1.41	1.27	2.20	2.20	0.00	0.00	0.73
广 西	1.49	0.00	0.00	0.00	0.00	1.27	0.00	1.90	2.17	0.73	
吉 林	0.00	0.00	1.41	0.00	1.41	1.27	0.00	0.00	1.09	0.49	
福 建	0.00	0.00	0.00	0.00	0.00	0.00	0.00	1.10	0.00	2.17	0.37
河 北	0.00	0.00	1.41	0.00	0.00	0.00	1.10	0.95	0.00	0.37	
天 津	0.00	0.00	0.00	1.32	0.00	0.00	0.00	0.95	1.09	0.37	
甘 肃	0.00	0.00	0.00	0.00	0.00	0.00	0.00	0.00	1.09	0.24	

续表

省 份	2013 年	2014 年	2015 年	2016 年	2017 年	2018 年	2019 年	2020 年	2021 年	2022 年	合计
山 西	0.00	0.00	0.00	1.32	0.00	0.00	0.00	0.00	0.00	1.09	0.24
云 南	0.00	0.00	0.00	0.00	0.00	0.00	0.00	0.00	0.95	1.09	0.24
贵 州	0.00	0.00	0.00	0.00	0.00	0.00	0.00	0.00	0.00	1.09	0.12
青 海	1.49	0.00	0.00	0.00	0.00	0.00	0.00	0.00	0.00	0.00	0.12

表 6-6 陶瓷材料 C 层人才的世界占比

单位：%

省 份	2013 年	2014 年	2015 年	2016 年	2017 年	2018 年	2019 年	2020 年	2021 年	2022 年	合计
北 京	6.02	4.76	6.15	3.56	4.80	5.91	7.89	5.11	5.84	7.21	5.77
陕 西	2.62	4.08	2.15	3.56	3.16	4.43	3.29	3.89	4.25	4.21	3.62
湖 北	1.54	3.13	3.86	3.03	3.43	4.93	4.28	2.56	3.36	1.92	3.24
江 苏	0.77	2.17	3.15	4.09	2.19	3.33	3.73	3.22	4.55	3.73	3.20
上 海	2.62	3.26	2.15	2.64	4.39	3.57	3.95	2.67	2.87	3.37	3.16
广 东	1.23	0.82	0.86	1.32	2.19	2.59	4.28	3.11	4.85	5.41	2.84
山 东	1.54	1.36	1.43	1.58	1.78	2.46	2.96	2.78	3.07	4.33	2.41
浙 江	1.08	1.90	2.00	1.72	1.78	1.97	1.97	2.33	3.96	3.49	2.30
四 川	1.23	0.95	0.86	1.85	2.47	2.71	3.40	2.67	2.37	3.25	2.25
湖 南	1.23	0.82	2.43	1.45	1.51	2.46	2.63	1.44	2.57	2.64	1.97
辽 宁	0.62	0.82	1.00	1.06	1.10	2.59	1.97	2.00	2.57	2.40	1.69
黑龙江	2.16	0.54	1.43	1.72	1.92	1.85	1.64	1.11	1.29	2.04	1.56
河 南	0.62	0.68	1.00	0.66	0.82	1.85	1.86	2.22	2.08	2.16	1.47
广 西	1.08	0.27	1.14	1.06	0.82	0.99	1.43	1.56	1.78	1.20	1.17
重 庆	0.46	0.54	0.57	1.72	0.96	1.11	1.32	0.78	1.29	1.56	1.06
安 徽	0.46	0.68	1.43	1.32	1.23	0.99	0.55	0.78	1.09	1.92	1.05
天 津	0.77	0.82	0.72	0.92	1.51	0.86	1.21	1.11	1.09	0.96	1.01
江 西	1.08	0.27	0.86	0.79	0.41	0.74	1.43	1.44	1.88	0.48	0.98
福 建	0.15	0.27	0.43	0.26	0.96	0.62	1.54	0.67	1.29	0.96	0.76
云 南	0.46	0.68	0.57	0.40	1.10	1.23	0.88	0.78	0.00	0.48	0.72
河 北	0.15	0.95	0.14	0.53	0.41	0.86	0.88	0.56	0.59	0.36	0.56
吉 林	0.15	0.54	0.57	0.53	0.14	0.37	0.77	0.67	0.40	0.96	0.52
山 西	0.00	0.14	0.43	0.53	0.69	0.62	1.43	0.11	0.59	0.24	0.50
甘 肃	0.31	0.41	0.14	0.13	0.82	0.49	0.44	0.67	0.49	0.84	0.49
内蒙古	0.31	0.41	0.00	0.13	0.41	0.62	0.22	0.00	0.69	0.48	0.34
贵 州	0.15	0.00	0.00	0.26	0.00	0.00	0.22	0.11	0.00	0.48	0.15
新 疆	0.15	0.00	0.29	0.13	0.14	0.00	0.00	0.22	0.10	0.00	0.10
海 南	0.00	0.27	0.00	0.00	0.00	0.12	0.00	0.00	0.10	0.00	0.05
宁 夏	0.00	0.00	0.00	0.00	0.00	0.00	0.00	0.11	0.10	0.12	0.04
青 海	0.00	0.00	0.00	0.00	0.00	0.12	0.11	0.00	0.00	0.00	0.02

三 造纸和木材

造纸和木材 A 层人才仅分布在江苏、北京、江西，其中，A 层人才最多的是江苏，世界占比为 14.29%，显著高于其他省份；北京、江西 A 层人才的世界占比均为 7.14%，并列排名第二。

B 层人才最多的是江苏，世界占比为 6.21%；北京、山东、广东、湖北、浙江、上海、陕西、天津、安徽、广西有相当数量的 B 层人才，世界占比在 3%~1%；重庆、福建、黑龙江、河南、四川、湖南、内蒙古、吉林也有一定数量的 B 层人才，世界占比均超过 0.3%。

C 层人才最多的是江苏，世界占比为 6.09%；北京、广东 C 层人才分别以 4.39%、3.12% 的世界占比排名第二、第三位；湖北、山东、上海、浙江、福建、天津、广西、四川、重庆、陕西有相当数量的 C 层人才，世界占比在 3%~1%；黑龙江、湖南、安徽、河南、云南、辽宁、河北、江西、山西、吉林、海南、新疆也有一定数量的 C 层人才，世界占比均超过 0.1%；内蒙古、甘肃、贵州、宁夏、青海 C 层人才的世界占比均低于 0.1%。

表 6-7 造纸和木材 A 层人才的世界占比

单位：%

省　份	2013 年	2014 年	2015 年	2016 年	2017 年	2018 年	2019 年	2020 年	2021 年	2022 年	合计
江　苏	0.00	50.00	0.00	0.00	0.00	0.00	0.00	0.00	0.00	50.00	14.29
北　京	0.00	0.00	0.00	0.00	0.00	0.00	0.00	50.00	0.00	0.00	7.14
江　西	0.00	0.00	0.00	0.00	0.00	0.00	0.00	0.00	0.00	50.00	7.14

表 6-8 造纸和木材 B 层人才的世界占比

单位：%

省　份	2013 年	2014 年	2015 年	2016 年	2017 年	2018 年	2019 年	2020 年	2021 年	2022 年	合计
江　苏	0.00	0.00	6.67	0.00	10.71	8.82	10.34	9.09	9.09	3.57	6.21
北　京	0.00	0.00	6.67	0.00	3.57	2.94	10.34	0.00	3.03	0.00	2.76
山　东	0.00	0.00	3.33	3.70	0.00	2.94	6.90	6.06	0.00	3.57	2.76
广　东	0.00	3.70	3.33	0.00	3.57	8.82	0.00	0.00	0.00	3.57	2.41
湖　北	0.00	3.70	0.00	0.00	0.00	2.94	0.00	3.03	9.09	3.57	2.41

续表

省　份	2013 年	2014 年	2015 年	2016 年	2017 年	2018 年	2019 年	2020 年	2021 年	2022 年	合计
浙　江	0.00	3.70	3.33	3.70	10.71	2.94	0.00	0.00	0.00	0.00	2.41
上　海	0.00	7.41	0.00	3.70	0.00	5.88	0.00	0.00	0.00	0.00	1.72
陕　西	0.00	0.00	0.00	0.00	0.00	5.88	0.00	3.03	3.03	0.00	1.38
天　津	0.00	0.00	3.33	3.70	0.00	2.94	3.45	0.00	0.00	0.00	1.38
安　徽	0.00	0.00	0.00	3.70	0.00	0.00	3.45	0.00	0.00	3.57	1.03
广　西	0.00	0.00	3.33	0.00	0.00	2.94	0.00	3.03	0.00	0.00	1.03
重　庆	0.00	0.00	0.00	0.00	0.00	2.94	3.45	0.00	0.00	0.00	0.69
福　建	0.00	0.00	3.33	0.00	0.00	0.00	0.00	3.03	0.00	0.00	0.69
黑龙江	0.00	0.00	0.00	0.00	0.00	2.94	0.00	0.00	3.03	0.00	0.69
河　南	0.00	0.00	0.00	0.00	0.00	2.94	0.00	3.03	0.00	0.00	0.69
四　川	0.00	0.00	0.00	0.00	0.00	0.00	0.00	3.03	3.03	0.00	0.69
湖　南	0.00	0.00	0.00	0.00	0.00	0.00	3.45	0.00	0.00	0.00	0.34
内蒙古	0.00	0.00	0.00	0.00	0.00	0.00	0.00	0.00	0.00	3.57	0.34
吉　林	0.00	0.00	0.00	0.00	0.00	0.00	3.45	0.00	0.00	0.00	0.34

表 6-9　造纸和木材 C 层人才的世界占比

单位：%

省　份	2013 年	2014 年	2015 年	2016 年	2017 年	2018 年	2019 年	2020 年	2021 年	2022 年	合计
江　苏	4.17	3.91	3.68	1.84	4.92	6.65	4.64	6.69	8.90	15.09	6.09
北　京	6.94	5.47	5.51	5.51	2.65	2.22	4.64	3.18	3.91	4.91	4.39
广　东	0.93	3.13	1.10	2.94	4.55	3.48	4.64	3.50	2.14	4.15	3.12
湖　北	2.31	0.78	1.47	2.21	3.03	2.85	4.97	3.82	2.85	2.64	2.76
山　东	0.46	0.78	0.74	0.37	0.76	2.22	4.30	5.73	4.27	4.53	2.54
上　海	1.39	0.78	1.10	1.84	2.27	3.48	1.32	3.82	2.49	2.26	2.14
浙　江	0.00	0.78	1.10	1.84	3.79	2.22	1.66	2.87	3.20	3.40	2.14
福　建	1.39	1.56	1.84	0.74	1.14	1.27	1.66	1.59	2.14	2.26	1.56
天　津	0.00	0.78	1.84	1.84	0.76	2.22	0.99	3.50	1.07	1.51	1.52
广　西	0.46	0.39	0.00	0.00	1.14	2.22	2.32	2.87	2.14	2.26	1.45
四　川	0.00	1.17	0.37	0.37	0.76	1.27	2.98	1.27	1.78	2.26	1.27
重　庆	0.00	0.00	0.74	0.37	0.76	1.27	3.31	0.96	2.85	1.51	1.23
陕　西	0.00	0.00	0.37	0.74	1.14	0.95	0.99	2.87	3.56	1.13	1.23
黑龙江	1.39	1.95	0.74	0.74	1.14	0.00	0.33	1.59	0.36	0.75	0.87
湖　南	0.00	0.78	0.74	0.37	0.38	0.32	1.66	0.96	0.71	1.89	0.80
安　徽	0.00	1.17	0.74	0.00	0.00	0.63	1.32	1.91	1.07	0.38	0.76
河　南	0.46	0.39	0.74	0.00	0.76	0.00	0.33	0.96	0.00	0.38	0.40
云　南	0.00	0.00	0.00	0.37	0.00	0.63	0.99	0.32	0.36	1.13	0.40
辽　宁	0.00	0.00	0.00	0.37	0.38	0.00	1.32	0.32	0.36	0.38	0.33
河　北	0.00	0.00	0.00	0.74	0.00	0.32	0.00	0.64	0.00	1.13	0.29

续表

省　份	2013 年	2014 年	2015 年	2016 年	2017 年	2018 年	2019 年	2020 年	2021 年	2022 年	合计
江　西	0.00	0.00	0.37	0.00	0.00	0.00	0.00	0.96	0.71	0.75	0.29
山　西	0.46	0.00	0.00	0.00	0.38	0.63	0.66	0.00	0.36	0.00	0.25
吉　林	0.00	0.00	0.00	0.00	0.00	0.00	0.00	0.00	0.71	0.75	0.15
海　南	0.00	0.00	0.00	0.37	0.37	0.00	0.00	0.00	0.00	0.38	0.11
新　疆	0.00	0.00	0.00	0.00	0.00	0.32	0.00	0.00	0.00	0.75	0.11
内蒙古	0.00	0.00	0.00	0.00	0.00	0.32	0.33	0.00	0.00	0.00	0.07
甘　肃	0.00	0.00	0.00	0.00	0.00	0.00	0.00	0.00	0.36	0.00	0.04
贵　州	0.00	0.00	0.00	0.00	0.00	0.00	0.33	0.00	0.00	0.00	0.04
宁　夏	0.00	0.00	0.00	0.00	0.00	0.00	0.00	0.00	0.36	0.00	0.04
青　海	0.00	0.00	0.00	0.00	0.00	0.00	0.00	0.00	0.36	0.00	0.04

四　涂料和薄膜

涂料和薄膜 A 层人才最多的是湖北，世界占比为 5.36%；江苏、广东 A 层人才分别以 4.46%、3.57%的世界占比排名第二、第三位；其后是河南，A 层人才的世界占比为 2.68%；安徽、重庆、湖南、四川、浙江有相当数量的 A 层人才，世界占比均为 1.79%；辽宁、山东、上海也有一定数量的 A 层人才，世界占比均为 0.89%。

B 层人才最多的是湖北，世界占比为 4.68%；北京、江苏 B 层人才的世界占比均为 4.50%，并列排名第二；浙江的 B 层人才比较多，世界占比为 3.31%；山东、上海、四川、广东、重庆、河南、辽宁、黑龙江、湖南、陕西、安徽、甘肃、江西、福建、天津有相当数量的 B 层人才，世界占比在 3%~1%；吉林、山西、河北、广西、云南、宁夏、贵州也有一定数量的 B 层人才，世界占比均超过 0.1%；新疆 B 层人才的世界占比为 0.09%。

C 层人才最多的是北京，世界占比为 5.80%；江苏 C 层人才的世界占比为 5.58%，排名第二；广东、山东、湖北的 C 层人才比较多，世界占比在 4%~3%；上海、浙江、四川、湖南、陕西、辽宁、河南、天津、重庆、安徽、黑龙江、福建、吉林、江西有相当数量的 C 层人才，世界占比在 3%~

1%；山西、甘肃、河北、广西、云南、新疆、宁夏、贵州、内蒙古、海南也有一定数量的 C 层人才，世界占比大于或等于 0.1%；青海、西藏 C 层人才的世界占比均低于 0.1%。

表 6-10　涂料和薄膜 A 层人才的世界占比

单位：%

省　份	2013 年	2014 年	2015 年	2016 年	2017 年	2018 年	2019 年	2020 年	2021 年	2022 年	合计
湖　北	0.00	0.00	11.11	0.00	18.18	8.33	8.33	0.00	0.00	6.67	5.36
江　苏	0.00	0.00	0.00	0.00	0.00	0.00	8.33	0.00	20.00	6.67	4.46
广　东	22.22	0.00	0.00	0.00	9.09	8.33	0.00	0.00	0.00	0.00	3.57
河　南	0.00	0.00	0.00	0.00	0.00	0.00	8.33	7.69	0.00	6.67	2.68
安　徽	0.00	0.00	11.11	0.00	0.00	0.00	0.00	0.00	6.67	0.00	1.79
重　庆	0.00	0.00	0.00	0.00	0.00	0.00	0.00	15.38	0.00	0.00	1.79
湖　南	22.22	0.00	0.00	0.00	0.00	0.00	0.00	0.00	0.00	0.00	1.79
四　川	0.00	0.00	0.00	0.00	0.00	0.00	8.33	7.69	0.00	0.00	1.79
浙　江	0.00	0.00	0.00	0.00	0.00	0.00	0.00	0.00	6.67	6.67	1.79
辽　宁	0.00	0.00	0.00	0.00	0.00	0.00	8.33	0.00	0.00	0.00	0.89
山　东	0.00	0.00	0.00	0.00	0.00	0.00	0.00	0.00	6.67	0.00	0.89
上　海	0.00	0.00	0.00	0.00	0.00	0.00	0.00	0.00	0.00	6.67	0.89

表 6-11　涂料和薄膜 B 层人才的世界占比

单位：%

省　份	2013 年	2014 年	2015 年	2016 年	2017 年	2018 年	2019 年	2020 年	2021 年	2022 年	合计
湖　北	0.00	1.16	3.41	5.68	5.10	10.91	6.50	7.14	2.14	3.50	4.68
北　京	3.45	5.81	2.27	2.27	6.12	6.36	6.50	3.17	3.57	4.90	4.50
江　苏	2.30	5.81	1.14	1.14	5.10	3.64	9.76	3.17	5.71	4.90	4.50
浙　江	1.15	2.33	1.14	3.41	6.12	4.55	4.88	0.79	5.00	2.80	3.31
山　东	1.15	2.33	0.00	2.27	2.04	2.73	3.25	3.17	4.29	5.59	2.94
上　海	2.30	2.33	0.00	0.00	8.16	0.91	2.44	2.38	2.14	4.20	2.57
四　川	0.00	3.49	2.27	0.00	1.02	3.64	3.25	0.79	4.29	4.20	2.48
广　东	0.00	1.16	2.27	1.14	6.12	1.82	2.44	3.17	2.14	2.80	2.39
重　庆	0.00	1.16	1.14	1.14	0.00	2.73	3.25	2.38	1.43	4.90	2.02
河　南	0.00	0.00	1.14	3.41	3.06	0.91	2.44	2.38	2.86	2.10	1.93
辽　宁	1.15	3.49	0.00	0.00	1.02	4.55	1.63	2.38	2.14	0.70	1.74
黑龙江	2.30	1.16	0.00	0.00	0.00	3.64	0.00	2.38	2.14	0.00	1.47
湖　南	2.30	0.00	0.00	1.14	1.02	0.91	2.44	0.79	2.86	2.10	1.47
陕　西	0.00	1.16	1.14	2.27	0.00	0.91	2.44	1.59	1.43	2.10	1.38
安　徽	1.15	1.16	3.41	1.14	2.04	2.73	1.63	0.79	0.00	0.00	1.29

续表

省 份	2013 年	2014 年	2015 年	2016 年	2017 年	2018 年	2019 年	2020 年	2021 年	2022 年	合计
甘 肃	0.00	0.00	0.00	0.00	2.04	0.91	0.81	0.79	0.71	4.20	1.10
江 西	1.15	1.16	1.14	1.14	2.04	1.82	0.00	0.79	1.43	0.70	1.10
福 建	1.15	1.16	1.14	1.14	0.00	0.00	0.81	0.00	1.43	2.80	1.01
天 津	2.30	0.00	0.00	0.00	0.00	1.82	2.44	0.00	2.14	0.70	1.01
吉 林	0.00	0.00	0.00	0.00	0.00	0.91	0.81	0.79	2.14	1.40	0.73
山 西	0.00	0.00	0.00	0.00	0.00	0.00	0.00	2.38	1.43	2.10	0.73
河 北	0.00	2.33	0.00	0.00	1.02	0.00	0.81	0.00	1.43	0.70	0.64
广 西	0.00	0.00	0.00	0.00	0.00	0.00	0.00	0.79	2.86	0.00	0.46
云 南	0.00	0.00	0.00	1.14	1.02	1.82	0.00	0.00	0.00	0.70	0.46
宁 夏	0.00	0.00	1.14	0.00	0.00	0.00	0.00	1.59	0.00	0.70	0.37
贵 州	0.00	0.00	0.00	0.00	1.02	0.00	0.00	0.79	0.00	0.00	0.18
新 疆	0.00	0.00	0.00	0.00	0.00	0.00	0.00	0.00	0.71	0.00	0.09

表 6-12 涂料和薄膜 C 层人才的世界占比

单位：%

省 份	2013 年	2014 年	2015 年	2016 年	2017 年	2018 年	2019 年	2020 年	2021 年	2022 年	合计
北 京	4.09	5.93	5.84	5.19	6.13	7.68	7.25	5.69	5.17	4.74	5.80
江 苏	2.72	4.84	4.92	3.77	4.49	7.22	6.45	6.50	6.08	6.84	5.58
广 东	1.93	3.87	2.63	2.12	2.55	2.38	4.86	3.50	4.18	5.05	3.45
山 东	1.02	1.21	1.72	1.89	3.17	3.47	3.59	3.66	5.24	4.51	3.17
湖 北	1.59	1.33	2.63	1.77	3.58	5.03	4.06	3.17	2.74	3.34	3.04
上 海	2.38	3.14	2.06	4.48	2.45	2.93	3.35	1.87	3.50	3.11	2.93
浙 江	1.82	1.57	2.29	2.36	1.84	3.47	2.71	2.85	3.34	4.12	2.75
四 川	1.93	1.09	1.72	1.89	2.15	3.66	3.19	3.17	3.19	3.89	2.73
湖 南	1.48	1.93	2.86	1.77	1.84	1.83	3.11	2.36	2.51	3.50	2.39
陕 西	0.91	1.69	1.60	2.24	1.74	1.65	2.87	2.60	2.66	2.95	2.18
辽 宁	1.25	1.57	1.60	1.65	2.25	2.19	2.23	2.20	1.98	2.95	2.05
河 南	0.45	1.45	1.14	0.71	2.45	2.10	1.91	2.11	2.66	2.10	1.80
天 津	0.68	1.81	1.14	1.89	1.94	2.01	1.67	2.28	2.51	1.48	1.78
重 庆	0.57	0.73	0.92	1.30	1.12	2.10	2.47	1.87	2.05	2.26	1.64
安 徽	1.82	1.21	1.26	1.53	1.84	1.19	1.67	1.14	1.67	1.79	1.52
黑龙江	1.70	0.97	1.37	0.94	2.04	1.74	1.35	1.06	1.67	1.87	1.49
福 建	0.91	0.97	1.03	1.18	1.33	1.55	1.27	1.38	1.60	1.56	1.31
吉 林	1.14	0.97	1.26	0.59	1.23	1.10	1.59	0.89	1.22	1.56	1.18
江 西	0.91	0.60	1.60	0.24	0.92	0.82	1.27	0.98	1.52	1.56	1.09
山 西	0.34	0.97	0.92	0.94	0.82	1.01	1.51	1.06	0.91	1.17	0.99

续表

省　份	2013 年	2014 年	2015 年	2016 年	2017 年	2018 年	2019 年	2020 年	2021 年	2022 年	合计
甘　肃	1.48	0.97	0.57	0.71	1.74	0.82	0.48	0.49	0.61	1.32	0.90
河　北	0.23	0.73	0.69	0.47	0.41	0.64	0.56	1.14	0.68	0.86	0.66
广　西	0.11	0.00	0.34	0.83	0.41	0.46	0.72	0.41	0.84	1.56	0.61
云　南	0.34	0.36	0.57	0.59	0.41	0.37	0.48	0.41	0.53	0.93	0.51
新　疆	0.11	0.24	0.34	0.12	0.20	0.27	0.24	0.33	0.68	0.39	0.31
宁　夏	0.00	0.24	0.00	0.00	0.41	0.18	0.16	0.24	0.46	0.39	0.23
贵　州	0.00	0.12	0.23	0.00	0.00	0.37	0.08	0.00	0.30	0.39	0.16
内蒙古	0.23	0.24	0.23	0.00	0.10	0.18	0.08	0.33	0.08	0.00	0.14
海　南	0.00	0.00	0.00	0.12	0.10	0.09	0.00	0.16	0.08	0.39	0.10
青　海	0.00	0.00	0.00	0.00	0.00	0.09	0.00	0.08	0.15	0.23	0.07
西　藏	0.00	0.00	0.00	0.12	0.00	0.00	0.00	0.08	0.00	0.08	0.03

五　纺织材料

纺织材料 A 层人才最多的是上海，世界占比为 9.68%；北京、江苏、山东、山西 A 层人才的世界占比均为 6.45%，并列排名第二；其后是广东、黑龙江、内蒙古、辽宁、浙江，A 层人才的世界占比均为 3.23%。

B 层人才最多的是上海，世界占比为 6.27%；江苏、北京 B 层人才分别以 5.78%、4.10%的世界占比排名第二、第三位；广东、浙江的 B 层人才比较多，世界占比均为 3.13%；湖北、天津、陕西、山东、江西、山西、福建、辽宁、四川有相当数量的 B 层人才，世界占比在 3%~1%；安徽、广西、重庆、黑龙江、河南、吉林、湖南、内蒙古、青海、云南也有一定数量的 B 层人才，世界占比均超过 0.2%。

C 层人才最多的是江苏，世界占比为 5.25%；上海、北京 C 层人才分别以 4.74%、4.05%的世界占比排名第二、第三位；广东、湖北、山东的 C 层人才比较多，世界占比在 4%~3%；浙江、天津、吉林、陕西、福建、河南、广西、湖南、辽宁、四川、重庆、黑龙江有相当数量的 C 层人才，世界占比在 3%~1%；江西、安徽、山西、甘肃、河北、云南、新疆、青海、贵州、海南也有一定数量的 C 层人才，世界占比大于或等于 0.1%；内蒙古、宁夏 C 层人才的世界占比均低于 0.1%。

表 6-13　纺织材料 A 层人才的世界占比

单位：%

省　份	2013 年	2014 年	2015 年	2016 年	2017 年	2018 年	2019 年	2020 年	2021 年	2022 年	合计
上　海	0.00	0.00	0.00	0.00	0.00	0.00	0.00	0.00	0.00	60.00	9.68
北　京	0.00	0.00	0.00	0.00	0.00	0.00	33.33	0.00	0.00	20.00	6.45
江　苏	0.00	33.33	0.00	0.00	0.00	0.00	0.00	0.00	0.00	20.00	6.45
山　东	0.00	0.00	0.00	0.00	0.00	0.00	0.00	0.00	0.00	40.00	6.45
山　西	0.00	0.00	0.00	0.00	25.00	0.00	0.00	25.00	0.00	0.00	6.45
广　东	0.00	0.00	0.00	0.00	0.00	0.00	0.00	0.00	0.00	20.00	3.23
黑龙江	0.00	0.00	0.00	0.00	0.00	0.00	0.00	0.00	0.00	20.00	3.23
内蒙古	0.00	0.00	0.00	0.00	0.00	0.00	0.00	0.00	0.00	20.00	3.23
辽　宁	0.00	0.00	0.00	0.00	0.00	0.00	0.00	25.00	0.00	0.00	3.23
浙　江	0.00	0.00	0.00	0.00	25.00	0.00	0.00	0.00	0.00	0.00	3.23

表 6-14　纺织材料 B 层人才的世界占比

单位：%

省　份	2013 年	2014 年	2015 年	2016 年	2017 年	2018 年	2019 年	2020 年	2021 年	2022 年	合计
上　海	0.00	6.90	0.00	2.94	0.00	4.76	1.92	14.29	7.27	18.75	6.27
江　苏	3.57	0.00	6.06	0.00	4.44	4.76	5.77	6.12	9.09	12.50	5.78
北　京	3.57	0.00	3.03	0.00	4.44	2.38	5.77	6.12	5.45	6.25	4.10
广　东	0.00	3.45	3.03	2.94	4.44	7.14	1.92	0.00	3.64	4.17	3.13
浙　江	0.00	3.45	3.03	2.94	8.89	0.00	0.00	2.04	5.45	4.17	3.13
湖　北	0.00	3.45	3.03	0.00	2.22	4.76	1.92	6.12	0.00	6.25	2.89
天　津	0.00	0.00	3.03	2.94	2.22	4.76	3.85	0.00	3.64	2.08	2.41
陕　西	0.00	0.00	0.00	2.94	0.00	7.14	0.00	2.04	3.64	4.17	2.17
山　东	0.00	0.00	3.03	2.94	0.00	0.00	1.92	0.00	5.45	6.25	2.17
江　西	0.00	0.00	0.00	0.00	4.44	2.38	3.85	0.00	0.00	2.08	1.45
山　西	0.00	0.00	0.00	2.94	0.00	9.52	0.00	0.00	1.82	0.00	1.45
福　建	0.00	0.00	6.06	0.00	0.00	0.00	0.00	2.04	3.64	0.00	1.20
辽　宁	0.00	0.00	0.00	0.00	4.44	0.00	0.00	2.04	1.82	2.08	1.20
四　川	0.00	0.00	0.00	0.00	0.00	0.00	0.00	4.08	3.64	2.08	1.20
安　徽	0.00	0.00	0.00	2.94	0.00	0.00	1.92	2.04	0.00	2.08	0.96
广　西	0.00	0.00	3.03	0.00	0.00	2.38	0.00	0.00	1.82	2.08	0.96
重　庆	0.00	0.00	0.00	0.00	0.00	2.38	3.85	0.00	0.00	0.00	0.72

省　份	2013 年	2014 年	2015 年	2016 年	2017 年	2018 年	2019 年	2020 年	2021 年	2022 年	合计
黑龙江	0.00	0.00	0.00	0.00	0.00	2.38	0.00	0.00	3.64	0.00	0.72
河　南	0.00	0.00	0.00	2.94	0.00	0.00	0.00	2.04	0.00	0.00	0.48
吉　林	0.00	0.00	0.00	0.00	0.00	0.00	1.92	0.00	1.82	0.00	0.48
湖　南	0.00	0.00	0.00	0.00	0.00	0.00	1.92	0.00	0.00	0.00	0.24
内蒙古	0.00	0.00	0.00	0.00	0.00	0.00	0.00	0.00	0.00	2.08	0.24
青　海	0.00	0.00	0.00	0.00	2.22	0.00	0.00	0.00	0.00	0.00	0.24
云　南	0.00	0.00	0.00	0.00	0.00	0.00	1.92	0.00	0.00	0.00	0.24

表 6-15　纺织材料 C 层人才的世界占比

单位：%

省　份	2013 年	2014 年	2015 年	2016 年	2017 年	2018 年	2019 年	2020 年	2021 年	2022 年	合计
江　苏	3.67	3.55	5.07	3.38	5.39	6.43	4.95	4.55	6.92	7.12	5.25
上　海	3.33	1.77	4.39	3.08	6.29	5.14	4.12	3.93	5.14	8.65	4.74
北　京	3.67	3.19	3.04	2.77	4.27	2.83	4.33	2.69	4.35	8.65	4.05
广　东	1.00	3.55	2.03	3.69	5.17	4.88	4.95	3.52	4.15	4.33	3.89
湖　北	3.00	2.13	3.38	2.46	3.37	3.60	5.98	3.52	2.96	3.82	3.53
山　东	2.33	1.06	0.68	1.23	1.12	2.83	3.92	7.04	4.94	6.36	3.46
浙　江	1.00	1.06	2.70	3.69	2.70	1.54	1.65	3.73	3.16	5.85	2.79
天　津	1.67	0.71	2.36	2.15	3.37	2.83	1.86	2.28	1.38	2.54	2.15
吉　林	2.00	2.13	1.35	2.15	2.47	1.54	0.82	0.83	1.78	2.29	1.69
陕　西	1.67	0.00	0.68	0.92	1.35	0.77	1.44	2.48	3.36	2.29	1.64
福　建	1.00	1.42	1.35	0.31	1.57	1.29	1.44	2.07	1.78	1.27	1.41
河　南	1.33	0.71	0.34	1.54	0.90	1.29	1.24	2.69	1.58	1.78	1.41
广　西	0.33	0.35	0.00	0.00	0.90	2.57	2.06	2.07	1.78	1.78	1.33
湖　南	1.00	0.71	1.01	1.54	1.12	1.29	1.65	1.66	0.59	1.53	1.23
辽　宁	1.33	1.06	0.34	0.92	0.90	0.51	1.44	1.66	1.19	2.04	1.18
四　川	0.00	1.42	0.34	0.00	0.67	1.03	2.06	1.04	2.17	1.27	1.10
重　庆	0.00	0.35	0.68	0.31	0.90	1.29	2.06	0.62	1.98	1.02	1.02
黑龙江	0.67	1.06	2.03	0.00	1.80	0.77	1.24	0.62	0.79	1.27	1.02
江　西	0.00	0.71	0.34	0.92	0.67	2.31	0.82	2.07	0.40	1.02	0.97
安　徽	0.67	0.35	1.69	1.23	0.45	0.77	0.82	1.04	1.19	1.27	0.95
山　西	0.33	0.00	0.34	1.23	2.02	2.83	0.62	0.21	0.79	0.76	0.95
甘　肃	3.33	0.35	0.00	0.62	0.45	0.00	0.41	0.41	1.19	0.00	0.64
河　北	0.00	0.00	0.34	0.00	0.67	0.26	0.82	0.83	0.20	0.51	0.41

省　份	2013 年	2014 年	2015 年	2016 年	2017 年	2018 年	2019 年	2020 年	2021 年	2022 年	合计
云　南	0.33	0.00	0.00	0.31	0.22	0.26	0.41	0.62	0.79	0.51	0.38
新　疆	0.00	0.00	0.34	0.00	0.00	1.03	0.00	0.00	0.40	1.53	0.33
青　海	0.00	0.00	0.00	0.00	0.22	1.03	0.21	0.21	0.40	0.25	0.26
贵　州	0.00	0.00	0.00	0.31	0.67	0.00	0.21	0.21	0.20	0.51	0.23
海　南	0.33	0.00	0.34	0.00	0.00	0.00	0.00	0.21	0.00	0.25	0.10
内蒙古	0.00	0.00	0.00	0.00	0.00	0.26	0.21	0.00	0.20	0.00	0.08
宁　夏	0.00	0.00	0.00	0.00	0.00	0.00	0.00	0.00	0.20	0.00	0.03

六　复合材料

复合材料 A 层人才最多的是河南，世界占比为 7.69%；江苏、陕西、山东、上海 A 层人才的世界占比均为 6.41%，并列排名第二；四川的 A 层人才比较多，世界占比为 3.85%；北京、广东、浙江、重庆、甘肃、辽宁、山西有相当数量的 A 层人才，世界占比在 3%~1%。

B 层人才最多的是陕西，世界占比为 5.43%；河南、江苏、山东分别以 4.92%、4.92%、4.42% 的世界占比排名第二至第四位；上海、北京、浙江的 B 层人才比较多，世界占比在 4%~3%；山西、广东、黑龙江、湖北、湖南、辽宁、四川、天津有相当数量的 B 层人才，世界占比在 3%~1%；安徽、福建、重庆、江西、吉林、贵州、云南、甘肃、河北、广西、海南、新疆也有一定数量的 B 层人才，世界占比均超过 0.1%。

C 层人才最多的是北京，世界占比为 5.73%；上海、江苏、广东 C 层人才分别以 4.41%、4.16%、3.77% 的世界占比排名第二至第四位；黑龙江、湖南、四川、陕西、湖北、浙江、山东、河南、安徽、辽宁、重庆有相当数量的 C 层人才，世界占比在 3%~1%；天津、山西、福建、江西、吉林、河北、广西、甘肃、云南、海南、贵州也有一定数量的 C 层人才，世界占比均超过 0.1%；内蒙古、新疆、青海、宁夏 C 层人才的世界占比均低于 0.1%。

表6-16 复合材料A层人才的世界占比

单位：%

省　份	2013年	2014年	2015年	2016年	2017年	2018年	2019年	2020年	2021年	2022年	合计
河　南	0.00	0.00	0.00	0.00	0.00	0.00	0.00	22.22	36.36	0.00	7.69
江　苏	0.00	0.00	12.50	0.00	0.00	0.00	9.09	11.11	9.09	14.29	6.41
陕　西	0.00	0.00	0.00	0.00	0.00	0.00	18.18	22.22	9.09	0.00	6.41
山　东	0.00	0.00	0.00	0.00	0.00	0.00	0.00	0.00	27.27	28.57	6.41
上　海	0.00	0.00	12.50	0.00	0.00	0.00	0.00	0.00	18.18	28.57	6.41
四　川	0.00	0.00	0.00	0.00	16.67	12.50	0.00	0.00	0.00	14.29	3.85
北　京	16.67	0.00	0.00	0.00	0.00	0.00	0.00	0.00	9.09	0.00	2.56
广　东	0.00	0.00	12.50	0.00	0.00	0.00	0.00	9.09	0.00	0.00	2.56
浙　江	0.00	0.00	0.00	0.00	0.00	0.00	0.00	9.09	0.00	14.29	2.56
重　庆	0.00	0.00	0.00	0.00	0.00	0.00	0.00	0.00	0.00	14.29	1.28
甘　肃	0.00	0.00	0.00	0.00	0.00	0.00	9.09	0.00	0.00	0.00	1.28
辽　宁	0.00	0.00	0.00	0.00	0.00	0.00	0.00	0.00	0.00	14.29	1.28
山　西	0.00	0.00	0.00	0.00	0.00	0.00	0.00	0.00	0.00	14.29	1.28

表6-17 复合材料B层人才的世界占比

单位：%

省　份	2013年	2014年	2015年	2016年	2017年	2018年	2019年	2020年	2021年	2022年	合计
陕　西	0.00	0.00	0.00	0.00	6.85	5.56	10.00	16.28	3.92	5.26	5.43
河　南	0.00	0.00	0.00	0.00	1.37	5.56	5.00	8.14	10.78	10.53	4.92
江　苏	0.00	0.00	4.11	1.49	4.11	7.78	3.00	10.47	4.90	8.42	4.92
山　东	1.96	0.00	0.00	1.49	1.37	3.33	5.00	5.81	5.88	13.68	4.42
上　海	5.88	3.64	4.11	2.99	4.11	2.22	1.00	4.65	4.90	5.26	3.79
北　京	3.92	0.00	1.37	2.99	2.74	1.11	4.00	5.81	4.90	5.26	3.41
浙　江	3.92	1.82	0.00	0.00	0.00	3.33	0.00	9.30	6.86	5.26	3.28
山　西	0.00	0.00	0.00	1.49	0.00	0.00	2.00	1.16	0.00	20.00	2.90
广　东	1.96	5.45	2.74	1.49	1.37	4.44	1.00	4.65	0.98	2.11	2.53
黑龙江	1.96	0.00	1.37	0.00	1.37	4.44	4.00	0.00	0.98	4.21	2.02
湖　北	0.00	0.00	1.37	2.99	5.48	2.22	1.00	1.16	2.94	1.05	1.89
湖　南	0.00	0.00	0.00	4.48	2.74	1.11	3.00	4.65	1.96	0.00	1.89
辽　宁	0.00	0.00	2.74	1.49	2.74	1.11	0.00	1.16	1.96	1.05	1.39
四　川	0.00	0.00	0.00	0.00	0.00	4.44	0.00	2.33	3.92	1.05	1.39
天　津	0.00	0.00	0.00	1.49	1.37	0.00	0.00	1.16	2.94	3.16	1.26
安　徽	3.92	3.64	0.00	0.00	1.37	0.00	0.00	0.00	0.00	1.05	0.88
福　建	0.00	0.00	0.00	1.49	1.37	2.22	0.00	1.16	0.98	0.00	0.76
重　庆	5.88	0.00	0.00	0.00	0.00	0.00	1.00	1.16	0.00	0.00	0.63
江　西	1.96	0.00	0.00	1.49	0.00	0.00	0.00	1.16	0.98	0.00	0.51

续表

省　份	2013 年	2014 年	2015 年	2016 年	2017 年	2018 年	2019 年	2020 年	2021 年	2022 年	合计
吉　林	0.00	0.00	0.00	0.00	0.00	1.11	0.00	1.16	1.96	0.00	0.51
贵　州	0.00	0.00	0.00	0.00	0.00	0.00	0.00	1.16	1.96	0.00	0.38
云　南	0.00	0.00	0.00	0.00	0.00	0.00	0.00	1.16	0.98	1.05	0.38
甘　肃	0.00	0.00	0.00	0.00	0.00	2.22	0.00	0.00	0.00	0.00	0.25
河　北	0.00	0.00	0.00	0.00	0.00	1.11	0.00	1.16	0.00	0.00	0.25
广　西	0.00	0.00	0.00	0.00	0.00	0.00	0.00	0.00	0.98	0.00	0.13
海　南	0.00	0.00	0.00	0.00	0.00	1.11	0.00	0.00	0.00	0.00	0.13
新　疆	0.00	0.00	0.00	0.00	0.00	0.00	0.00	0.00	0.98	0.00	0.13

表 6-18　复合材料 C 层人才的世界占比

单位：%

省　份	2013 年	2014 年	2015 年	2016 年	2017 年	2018 年	2019 年	2020 年	2021 年	2022 年	合计
北　京	3.35	3.09	2.60	5.92	4.52	6.29	5.22	8.75	6.92	7.96	5.73
上　海	2.23	3.64	3.28	4.04	4.10	5.17	2.66	5.04	5.27	7.22	4.41
江　苏	2.04	2.18	2.46	3.03	2.97	2.58	4.14	3.96	6.71	8.60	4.16
广　东	0.93	1.09	2.05	3.75	2.97	4.16	4.73	3.84	4.86	6.37	3.77
黑龙江	1.12	2.73	3.56	2.16	2.68	2.47	2.46	2.04	3.41	4.46	2.80
湖　南	0.93	1.09	1.09	2.02	1.98	3.48	4.04	3.12	3.10	3.40	2.63
四　川	1.30	1.27	0.96	2.02	1.55	3.03	2.66	3.96	3.72	3.40	2.55
陕　西	0.00	0.55	1.78	1.73	1.98	1.69	3.05	3.96	3.51	3.82	2.43
湖　北	0.19	0.73	1.78	1.73	1.98	2.70	1.87	3.00	3.10	4.56	2.35
浙　江	0.93	1.09	1.23	1.15	1.55	1.57	2.76	3.12	3.20	4.35	2.27
山　东	0.19	0.18	0.82	0.87	0.85	1.69	1.67	4.92	4.55	4.35	2.26
河　南	0.56	0.00	0.27	0.14	0.85	1.01	1.97	2.52	4.34	4.14	1.82
安　徽	0.19	0.73	0.41	1.30	1.13	1.57	1.67	1.92	1.96	3.18	1.54
辽　宁	0.74	0.73	0.96	0.87	1.55	1.12	1.38	1.92	1.65	2.02	1.36
重　庆	0.37	0.73	0.96	0.43	0.28	0.34	1.28	1.92	1.34	2.76	1.13
天　津	0.37	0.18	0.27	0.58	0.56	1.01	0.89	1.56	1.24	2.23	0.98
山　西	0.19	0.36	0.14	0.43	0.56	0.22	0.79	0.36	0.83	4.35	0.93
福　建	0.19	0.00	0.27	0.29	0.14	0.34	0.39	1.44	1.65	1.91	0.75
江　西	0.00	0.00	0.14	0.29	0.14	0.11	0.99	1.08	0.72	1.06	0.52
吉　林	0.00	0.00	0.41	0.14	0.14	0.56	0.20	0.72	0.52	1.17	0.43
河　北	0.00	0.55	0.41	0.00	0.42	0.45	0.39	0.36	0.21	0.85	0.38
广　西	0.00	0.00	0.27	0.00	0.14	0.11	0.20	0.48	0.41	0.96	0.29

省　份	2013 年	2014 年	2015 年	2016 年	2017 年	2018 年	2019 年	2020 年	2021 年	2022 年	合计
甘　肃	0.19	0.18	0.14	0.14	0.00	0.67	0.20	0.00	0.31	0.32	0.23
云　南	0.00	0.00	0.00	0.14	0.00	0.11	0.00	0.12	0.31	0.85	0.18
海　南	0.00	0.00	0.00	0.00	0.28	0.34	0.30	0.00	0.00	0.42	0.15
贵　州	0.00	0.00	0.00	0.00	0.00	0.11	0.30	0.12	0.21	0.32	0.13
内蒙古	0.00	0.00	0.00	0.00	0.00	0.11	0.00	0.00	0.00	0.32	0.06
新　疆	0.00	0.00	0.00	0.14	0.00	0.11	0.20	0.00	0.00	0.11	0.06
青　海	0.00	0.00	0.00	0.00	0.00	0.22	0.00	0.12	0.00	0.00	0.04
宁　夏	0.00	0.00	0.00	0.00	0.00	0.00	0.00	0.00	0.00	0.11	0.01

七　材料检测和鉴定

材料检测和鉴定 A 层人才最多的是北京，世界占比为 5.77%；山东、天津 A 层人才的世界占比均为 3.85%，并列排名第二；重庆、贵州、河南、湖南、江苏、辽宁、上海、四川有相当数量的 A 层人才，世界占比均为 1.92%。

B 层人才最多的是北京，世界占比为 4.45%；江苏 B 层人才以 2.13% 的世界占比排名第二；上海、黑龙江、辽宁、陕西、四川、河南有相当数量的 B 层人才，世界占比在 2%~1%；湖南、山东、重庆、广西、湖北、广东、江西、浙江、贵州、河北也有一定数量的 B 层人才，世界占比均超过 0.1%。

C 层人才最多的是北京，世界占比为 5.76%；江苏、湖南、辽宁、上海、四川、广东、黑龙江、陕西、山东、重庆、湖北、浙江有相当数量的 C 层人才，世界占比在 3%~1%；天津、河北、河南、江西、山西、吉林、福建、安徽、云南、甘肃、广西、贵州、新疆也有一定数量的 C 层人才，世界占比均超过 0.1%；内蒙古、宁夏、青海、海南 C 层人才的世界占比均低于 0.1%。

表 6-19 材料检测和鉴定 A 层人才的世界占比

单位：%

省　份	2013 年	2014 年	2015 年	2016 年	2017 年	2018 年	2019 年	2020 年	2021 年	2022 年	合计
北　京	50.00	0.00	0.00	0.00	16.67	0.00	0.00	0.00	0.00	0.00	5.77
山　东	0.00	0.00	0.00	0.00	0.00	0.00	0.00	0.00	14.29	20.00	3.85
天　津	0.00	0.00	0.00	0.00	0.00	0.00	0.00	0.00	14.29	20.00	3.85
重　庆	0.00	0.00	0.00	0.00	0.00	0.00	0.00	0.00	14.29	0.00	1.92
贵　州	0.00	0.00	0.00	0.00	0.00	0.00	0.00	0.00	0.00	20.00	1.92
河　南	0.00	0.00	0.00	0.00	0.00	0.00	0.00	0.00	0.00	20.00	1.92
湖　南	0.00	0.00	0.00	0.00	0.00	0.00	0.00	0.00	0.00	20.00	1.92
江　苏	0.00	0.00	0.00	0.00	0.00	0.00	0.00	0.00	14.29	0.00	1.92
辽　宁	0.00	20.00	0.00	0.00	0.00	0.00	0.00	0.00	0.00	0.00	1.92
上　海	25.00	0.00	0.00	0.00	0.00	0.00	0.00	0.00	0.00	0.00	1.92
四　川	25.00	0.00	0.00	0.00	0.00	0.00	0.00	0.00	0.00	0.00	1.92

表 6-20 材料检测和鉴定 B 层人才的世界占比

单位：%

省　份	2013 年	2014 年	2015 年	2016 年	2017 年	2018 年	2019 年	2020 年	2021 年	2022 年	合计
北　京	12.20	2.27	5.13	6.25	3.64	4.26	1.61	1.52	4.76	5.77	4.45
江　苏	0.00	0.00	2.56	0.00	1.82	6.38	0.00	1.52	3.17	5.77	2.13
上　海	0.00	0.00	0.00	0.00	3.64	6.38	0.00	1.52	3.17	1.92	1.74
黑龙江	2.44	0.00	0.00	2.08	0.00	0.00	0.00	0.00	6.35	1.92	1.35
辽　宁	0.00	2.27	7.69	2.08	0.00	2.13	0.00	0.00	1.59	0.00	1.35
陕　西	0.00	2.27	0.00	0.00	0.00	2.13	0.00	1.52	3.17	3.85	1.35
四　川	0.00	0.00	0.00	2.08	1.82	2.13	0.00	1.52	0.00	5.77	1.35
河　南	4.88	0.00	0.00	0.00	1.82	0.00	0.00	0.00	1.59	3.85	1.16
湖　南	2.44	0.00	0.00	0.00	1.82	2.13	0.00	1.52	1.59	0.00	0.97
山　东	0.00	0.00	0.00	2.08	3.64	2.13	1.61	0.00	0.00	0.00	0.97
重　庆	0.00	0.00	0.00	0.00	0.00	0.00	0.00	0.00	4.76	1.92	0.77
广　西	0.00	0.00	0.00	0.00	0.00	2.13	0.00	0.00	1.59	1.92	0.58
湖　北	0.00	0.00	2.56	0.00	1.82	0.00	0.00	0.00	0.00	1.92	0.58
广　东	0.00	0.00	0.00	0.00	0.00	2.13	0.00	0.00	0.00	1.92	0.39
江　西	0.00	0.00	0.00	0.00	0.00	0.00	0.00	1.52	0.00	1.92	0.39
浙　江	0.00	0.00	0.00	0.00	0.00	0.00	0.00	1.52	0.00	1.92	0.39
贵　州	0.00	0.00	0.00	0.00	0.00	0.00	0.00	0.00	0.00	1.92	0.19
河　北	0.00	0.00	0.00	0.00	0.00	0.00	0.00	0.00	0.00	1.92	0.19

表 6-21　材料检测和鉴定 C 层人才的世界占比

单位：%

省　份	2013 年	2014 年	2015 年	2016 年	2017 年	2018 年	2019 年	2020 年	2021 年	2022 年	合计
北　京	2.46	5.59	5.06	4.05	6.47	4.95	6.42	2.88	9.46	8.47	5.76
江　苏	1.23	1.51	1.77	1.49	2.52	2.06	3.72	3.69	4.10	5.82	2.96
湖　南	1.72	1.08	2.28	2.77	1.62	2.89	3.72	3.69	4.10	3.70	2.87
辽　宁	0.98	1.08	3.80	0.85	3.42	3.71	2.36	1.76	3.79	4.59	2.70
上　海	1.47	2.37	1.77	2.77	4.50	2.27	2.53	2.40	3.79	1.59	2.62
四　川	1.47	1.72	0.76	1.49	2.52	2.06	2.53	1.92	3.63	5.47	2.48
广　东	0.98	1.29	1.52	1.49	2.52	2.06	2.03	2.56	2.52	2.29	2.00
黑龙江	1.72	1.29	1.77	1.28	1.80	1.65	2.36	2.24	1.10	2.47	1.79
陕　西	1.47	0.86	1.52	0.43	2.16	2.89	1.18	1.28	2.37	2.65	1.71
山　东	1.23	0.43	1.01	0.85	0.72	1.03	1.86	1.92	2.05	3.53	1.54
重　庆	0.49	0.65	1.52	1.07	1.08	2.47	1.01	0.80	1.89	3.00	1.42
湖　北	0.00	0.22	0.76	0.21	0.54	1.03	2.53	1.12	1.58	2.65	1.16
浙　江	0.25	0.65	1.52	0.43	0.36	0.62	1.01	0.80	1.58	2.82	1.04
天　津	0.25	1.29	0.51	0.43	0.54	0.41	0.68	0.48	1.42	1.59	0.79
河　北	0.00	0.86	0.51	0.64	0.54	1.03	0.68	0.48	1.42	0.88	0.73
河　南	0.25	0.65	0.25	0.64	0.72	0.82	0.51	0.48	1.10	1.59	0.73
江　西	0.74	0.22	0.76	0.21	0.18	0.41	0.17	0.96	1.58	1.06	0.65
山　西	0.25	0.22	1.01	0.00	0.36	0.21	1.01	0.80	0.63	0.71	0.54
吉　林	0.00	0.43	0.76	0.21	0.72	0.41	0.00	0.48	0.63	0.53	0.42
福　建	0.25	0.43	0.00	0.21	0.36	0.21	0.17	0.32	0.32	0.71	0.31
安　徽	0.00	0.43	0.51	0.00	0.72	0.41	0.17	0.48	0.00	0.18	0.29
云　南	0.00	0.22	0.00	0.21	0.54	0.41	0.17	0.64	0.16	0.18	0.27
甘　肃	0.25	0.00	0.25	0.43	0.00	0.00	0.34	0.32	0.32	0.18	0.21
广　西	0.00	0.43	0.00	0.00	0.18	0.21	0.00	0.16	0.47	0.53	0.21
贵　州	0.00	0.00	0.00	0.00	0.36	0.21	0.17	0.00	0.32	0.35	0.15
新　疆	0.00	0.00	0.00	0.00	0.00	0.00	0.00	0.16	0.47	0.35	0.15
内蒙古	0.00	0.00	0.00	0.00	0.18	0.00	0.00	0.16	0.00	0.18	0.06
宁　夏	0.00	0.00	0.00	0.00	0.00	0.00	0.00	0.16	0.18	0.04
青　海	0.00	0.00	0.00	0.00	0.00	0.21	0.00	0.16	0.00	0.00	0.04
海　南	0.00	0.22	0.00	0.00	0.00	0.00	0.00	0.00	0.00	0.00	0.02

八　多学科材料

多学科材料 A、B、C 层人才最多的均为北京，世界占比分别为 8.12%、10.75%、8.90%，显著高于其他省份。

上海 A 层人才以 3.51% 的世界占比排名第二；广东、湖北 A 层人才的世界占比均为 3.06%，并列排名第三；江苏、浙江、湖南、辽宁、陕西、山东、河南、天津、四川有相当数量的 A 层人才，世界占比在 3%~1%；安徽、吉林、福建、黑龙江、重庆、山西、江西、甘肃、广西、河北也有一定数量的 A 层人才，世界占比均超过 0.1%；贵州、海南、内蒙古、云南 A 层人才的世界占比均为 0.05%。

江苏、广东 B 层人才分别以 5.55%、5.39% 的世界占比排名第二、第三位；上海、湖北的 B 层人才比较多，世界占比分别为 4.80%、3.18%；浙江、天津、山东、河南、湖南、安徽、陕西、辽宁、四川、吉林、福建、黑龙江有相当数量的 B 层人才，世界占比在 3%~1%；重庆、广西、江西、山西、甘肃、河北、云南、内蒙古、海南也有一定数量的 B 层人才，世界占比大于或等于 0.1%；贵州、新疆、宁夏、青海、西藏 B 层人才的世界占比均低于 0.1%。

江苏、广东、上海 C 层人才分别以 5.12%、4.92%、4.50% 的世界占比排名第二至第四位；湖北、浙江、山东、天津、四川、湖南、辽宁、安徽、吉林、河南、陕西、福建、黑龙江有相当数量的 C 层人才，世界占比均超过 1%；重庆、甘肃、山西、江西、广西、河北、云南、新疆、海南、内蒙古、贵州也有一定数量的 C 层人才，世界占比大于或等于 0.1%；宁夏、青海、西藏 C 层人才的世界占比均低于 0.1%。

表 6-22　多学科材料 A 层人才的世界占比

单位：%

省　份	2013 年	2014 年	2015 年	2016 年	2017 年	2018 年	2019 年	2020 年	2021 年	2022 年	合计
北　京	4.61	6.88	5.44	6.83	9.39	9.09	10.31	7.79	10.04	8.08	8.12
上　海	1.32	2.50	1.36	1.86	2.21	6.06	3.14	2.46	5.58	5.77	3.51

续表

省　份	2013年	2014年	2015年	2016年	2017年	2018年	2019年	2020年	2021年	2022年	合计
广　东	0.00	1.88	1.36	2.48	1.10	0.00	4.93	3.28	4.46	7.31	3.06
湖　北	0.66	1.88	3.40	0.62	4.42	4.04	3.59	3.28	4.09	3.08	3.06
江　苏	0.66	3.13	2.72	0.62	0.55	3.03	3.59	2.46	3.72	6.15	2.91
浙　江	1.97	0.00	0.00	1.86	1.66	1.01	1.79	1.64	1.86	8.08	2.26
湖　南	0.00	0.00	0.68	0.62	2.76	1.52	2.24	1.64	2.23	1.92	1.50
辽　宁	1.32	0.63	0.68	0.62	1.10	2.53	0.90	1.64	0.74	2.31	1.30
陕　西	0.66	0.00	0.00	0.00	0.00	0.51	1.35	0.82	1.86	5.38	1.30
山　东	0.66	0.00	0.00	1.24	0.00	1.01	0.00	2.05	2.60	3.08	1.25
河　南	0.00	0.00	0.00	0.00	0.55	0.00	0.00	2.46	3.35	2.69	1.15
天　津	0.00	0.00	1.36	0.62	1.10	2.02	0.90	1.23	0.37	2.31	1.05
四　川	0.00	0.63	0.00	0.62	0.00	0.51	0.45	1.64	1.86	2.69	1.00
安　徽	0.66	0.63	0.68	0.62	0.00	1.52	2.24	0.82	0.37	0.77	0.85
吉　林	0.66	0.00	0.68	1.24	1.10	1.01	1.35	0.82	0.37	0.77	0.80
福　建	1.32	0.00	0.00	1.24	0.00	0.00	0.00	0.82	1.49	0.77	0.60
黑龙江	0.00	0.63	0.00	0.62	0.55	0.00	0.45	1.23	0.74	0.38	0.50
重　庆	0.00	0.00	0.68	0.00	0.55	1.52	0.00	0.41	0.37	0.38	0.40
山　西	0.00	0.00	0.00	0.62	0.00	1.01	0.45	0.41	0.37	0.38	0.35
江　西	0.00	0.00	0.00	0.00	0.00	0.00	0.45	0.82	0.74	0.38	0.30
甘　肃	1.32	0.00	0.00	0.00	0.00	0.00	0.00	0.00	0.74	0.00	0.20
广　西	0.00	0.00	0.00	0.00	0.00	0.00	0.00	0.00	0.74	0.38	0.15
河　北	0.00	0.00	0.00	0.00	0.00	0.00	0.45	0.00	0.74	0.00	0.15
贵　州	0.00	0.00	0.00	0.00	0.00	0.00	0.00	0.00	0.00	0.38	0.05
海　南	0.00	0.00	0.00	0.00	0.00	0.00	0.00	0.00	0.00	0.38	0.05
内蒙古	0.00	0.00	0.00	0.00	0.00	0.00	0.00	0.41	0.00	0.00	0.05
云　南	0.00	0.00	0.00	0.00	0.00	0.00	0.00	0.00	0.00	0.38	0.05

表6-23　多学科材料 B 层人才的世界占比

单位：%

省　份	2013年	2014年	2015年	2016年	2017年	2018年	2019年	2020年	2021年	2022年	合计
北　京	9.62	9.54	8.52	9.36	10.34	12.03	13.02	9.57	12.48	10.97	10.75
江　苏	2.57	2.63	4.19	4.68	6.73	6.07	5.96	5.58	6.89	7.43	5.55
广　东	1.47	2.00	1.72	2.86	4.16	5.62	6.36	7.14	7.86	9.01	5.39
上　海	3.60	2.63	2.77	3.00	4.22	5.40	5.66	5.86	6.18	5.88	4.80
湖　北	1.40	1.87	1.94	2.86	3.73	3.99	2.95	3.39	3.70	4.34	3.18
浙　江	1.47	1.80	1.94	1.82	2.39	2.59	2.25	3.11	4.20	5.30	2.91
天　津	1.47	1.04	2.09	1.61	2.69	2.25	2.80	2.88	2.69	2.63	2.32
山　东	0.44	0.55	0.82	0.84	1.77	2.42	2.60	2.20	3.49	5.05	2.30

省　份	2013 年	2014 年	2015 年	2016 年	2017 年	2018 年	2019 年	2020 年	2021 年	2022 年	合计
河　南	0.07	0.28	0.52	0.35	0.49	1.69	2.20	3.11	4.08	3.17	1.89
湖　南	0.29	0.41	1.12	0.42	1.59	2.02	1.95	2.88	2.86	2.80	1.84
安　徽	1.25	1.45	0.67	1.82	1.47	2.14	2.75	1.97	1.93	2.04	1.83
陕　西	0.59	0.69	0.75	0.63	0.86	1.63	2.15	1.65	2.86	3.34	1.71
辽　宁	0.73	0.62	1.05	1.47	1.53	2.08	1.95	2.33	1.85	2.04	1.67
四　川	0.66	0.69	0.45	0.91	0.92	1.74	1.15	2.15	2.48	3.38	1.64
吉　林	1.47	1.45	0.97	1.05	1.84	1.57	1.65	1.74	1.68	2.00	1.59
福　建	0.88	1.17	0.45	0.91	0.86	1.12	1.65	1.88	2.10	2.50	1.48
黑龙江	0.51	0.76	0.82	0.63	0.73	0.84	0.75	1.33	1.13	2.04	1.03
重　庆	0.51	0.35	0.60	0.49	0.80	0.84	0.85	0.96	1.01	1.29	0.82
广　西	0.00	0.00	0.07	0.07	0.18	0.11	0.35	0.64	0.97	1.08	0.43
江　西	0.15	0.21	0.22	0.21	0.12	0.34	0.45	0.64	0.63	0.75	0.42
山　西	0.15	0.07	0.07	0.49	0.18	0.45	0.35	0.37	0.59	0.96	0.41
甘　肃	0.37	0.28	0.45	0.21	0.31	0.22	0.35	0.37	0.42	0.71	0.38
河　北	0.07	0.21	0.07	0.14	0.24	0.51	0.40	0.59	0.46	0.71	0.38
云　南	0.07	0.14	0.07	0.07	0.12	0.22	0.05	0.09	0.07	0.29	0.17
内蒙古	0.00	0.07	0.07	0.14	0.00	0.00	0.25	0.05	0.04	0.33	0.11
海　南	0.00	0.00	0.00	0.00	0.12	0.34	0.00	0.05	0.25	0.13	0.10
贵　州	0.00	0.07	0.07	0.14	0.00	0.06	0.11	0.00	0.05	0.13	0.21	0.09
新　疆	0.00	0.00	0.07	0.07	0.06	0.00	0.20	0.00	0.08	0.21	0.08
宁　夏	0.00	0.00	0.00	0.00	0.00	0.06	0.00	0.00	0.00	0.17	0.03
青　海	0.00	0.00	0.00	0.00	0.00	0.00	0.00	0.00	0.00	0.04	0.01
西　藏	0.00	0.00	0.00	0.00	0.00	0.00	0.00	0.00	0.00	0.04	0.01

表 6-24　多学科材料 C 层人才的世界占比

单位：%

省　份	2013 年	2014 年	2015 年	2016 年	2017 年	2018 年	2019 年	2020 年	2021 年	2022 年	合计
北　京	6.67	7.23	8.40	8.63	9.23	9.81	9.82	9.20	8.98	9.63	8.90
江　苏	2.47	3.16	3.87	4.42	5.34	5.27	6.11	5.60	6.04	6.60	5.12
广　东	1.37	2.08	2.38	2.92	3.75	4.89	6.18	6.67	7.13	7.37	4.92
上　海	3.20	3.41	3.89	3.94	4.26	4.19	5.05	4.87	5.33	5.36	4.50
湖　北	1.39	1.62	2.18	2.44	2.84	3.24	3.42	3.43	3.38	3.52	2.88
浙　江	1.45	1.53	1.52	1.85	2.22	2.56	2.86	2.79	3.85	3.94	2.64
山　东	0.96	1.05	1.25	1.10	1.67	2.09	2.81	2.81	3.24	3.59	2.25
天　津	0.94	1.14	1.34	1.37	1.60	2.08	2.46	2.38	2.55	2.24	1.92
四　川	0.63	1.00	1.10	1.36	1.48	2.06	2.34	2.20	2.31	2.41	1.81

续表

省 份	2013 年	2014 年	2015 年	2016 年	2017 年	2018 年	2019 年	2020 年	2021 年	2022 年	合计
湖 南	0.98	1.14	1.11	1.29	1.49	1.73	2.13	2.36	2.22	2.47	1.80
辽 宁	1.43	1.31	1.26	1.24	1.50	1.75	2.08	1.96	2.29	2.20	1.78
安 徽	0.88	1.39	1.35	1.46	1.59	1.74	2.07	1.84	1.92	2.27	1.72
吉 林	1.27	1.41	1.54	1.22	1.47	1.65	1.75	1.77	1.37	1.39	1.50
河 南	0.26	0.43	0.54	0.70	0.72	1.09	1.76	2.24	2.77	2.51	1.49
陕 西	0.47	0.43	0.72	0.84	0.99	1.49	2.00	1.81	1.98	2.48	1.46
福 建	0.90	1.02	0.94	0.97	1.06	1.31	1.53	1.59	1.81	1.95	1.39
黑龙江	0.72	1.14	1.13	0.99	1.15	1.38	1.13	1.41	1.39	1.35	1.21
重 庆	0.38	0.53	0.85	0.73	0.71	0.92	0.89	0.97	1.22	1.44	0.92
甘 肃	0.59	0.64	0.56	0.53	0.45	0.51	0.64	0.67	0.67	0.76	0.61
山 西	0.23	0.36	0.31	0.36	0.47	0.64	0.63	0.67	0.60	0.67	0.52
江 西	0.21	0.22	0.32	0.25	0.30	0.45	0.62	0.63	0.69	0.82	0.49
广 西	0.07	0.14	0.11	0.21	0.28	0.31	0.45	0.59	0.86	1.10	0.48
河 北	0.14	0.22	0.30	0.36	0.36	0.36	0.50	0.54	0.51	0.64	0.42
云 南	0.07	0.17	0.13	0.08	0.18	0.21	0.17	0.31	0.33	0.47	0.23
新 疆	0.03	0.08	0.08	0.11	0.15	0.11	0.16	0.17	0.17	0.23	0.14
海 南	0.02	0.03	0.06	0.06	0.10	0.14	0.14	0.12	0.12	0.26	0.12
内蒙古	0.03	0.08	0.05	0.06	0.10	0.11	0.09	0.09	0.13	0.25	0.11
贵 州	0.00	0.03	0.05	0.04	0.09	0.13	0.10	0.10	0.15	0.23	0.10
宁 夏	0.01	0.01	0.02	0.03	0.03	0.05	0.05	0.06	0.07	0.12	0.05
青 海	0.01	0.01	0.02	0.01	0.03	0.07	0.06	0.05	0.07	0.06	0.04
西 藏	0.00	0.00	0.00	0.00	0.01	0.00	0.01	0.02	0.02	0.02	0.01

九 石油工程

石油工程 A、B、C 层人才最多的均为北京，世界占比分别为 22.58%、20.11%、19.16%，远高于其他省份。

黑龙江、山东 A 层人才的世界占比均为 6.45%，并列排名第二；河北、吉林、陕西、四川、云南有相当数量的 A 层人才，世界占比均为 3.23%。

山东、四川 B 层人才分别以 9.22%、6.15% 的世界占比排名第二、第三位；湖北、黑龙江、陕西的 B 层人才比较多，世界占比在 4%~3%；江苏、广东、河北、天津有相当数量的 B 层人才，世界占比在 2%~1%；重庆、海南、河南、上海、新疆、湖南、辽宁、甘肃、吉林也有一定数量的 B 层人才，世界占比均超过 0.2%。

山东、四川 C 层人才分别 6.36%、5.64% 的世界占比排名第二、第三位；湖北、陕西、新疆、黑龙江、江苏、河北、辽宁、广东、天津有相当数量的 C 层人才，世界占比在 3%~1%；河南、吉林、安徽、上海、重庆、甘肃、山西、浙江、湖南、贵州、江西、云南也有一定数量的 C 层人才，世界占比均超过 0.1%；内蒙古、福建、海南、青海、广西、宁夏 C 层人才的世界占比均低于 0.1%。

表 6-25　石油工程 A 层人才的世界占比

单位：%

省　份	2013 年	2014 年	2015 年	2016 年	2017 年	2018 年	2019 年	2020 年	2021 年	2022 年	合 计
北　京	33.33	0.00	0.00	33.33	33.33	0.00	0.00	50.00	25.00	50.00	22.58
黑龙江	0.00	0.00	0.00	0.00	0.00	0.00	0.00	0.00	25.00	50.00	6.45
山　东	0.00	0.00	0.00	0.00	33.33	0.00	0.00	25.00	0.00	0.00	6.45
河　北	0.00	0.00	0.00	33.33	0.00	0.00	0.00	0.00	0.00	0.00	3.23
吉　林	0.00	0.00	0.00	0.00	0.00	0.00	0.00	0.00	25.00	0.00	3.23
陕　西	33.33	0.00	0.00	0.00	0.00	0.00	0.00	0.00	0.00	0.00	3.23
四　川	0.00	50.00	0.00	0.00	0.00	0.00	0.00	0.00	0.00	0.00	3.23
云　南	0.00	0.00	0.00	0.00	0.00	0.00	0.00	0.00	0.00	50.00	3.23

表 6-26　石油工程 B 层人才的世界占比

单位：%

省　份	2013 年	2014 年	2015 年	2016 年	2017 年	2018 年	2019 年	2020 年	2021 年	2022 年	合 计
北　京	20.00	11.54	7.14	17.24	17.14	19.44	19.15	24.39	22.45	35.14	20.11
山　东	3.33	0.00	7.14	0.00	11.43	5.56	12.77	17.07	10.20	16.22	9.22
四　川	6.67	3.85	0.00	3.45	8.57	13.89	4.26	9.76	2.04	8.11	6.15
湖　北	0.00	0.00	0.00	0.00	8.57	5.56	4.26	4.88	4.08	8.11	3.91
黑龙江	0.00	0.00	0.00	0.00	2.86	0.00	6.38	9.76	8.16	2.70	3.63
陕　西	6.67	0.00	3.57	3.45	0.00	0.00	6.38	2.44	6.12	0.00	3.07
江　苏	0.00	0.00	0.00	3.45	2.86	0.00	2.13	2.44	4.08	2.70	1.96
广　东	0.00	0.00	0.00	0.00	2.86	2.78	0.00	0.00	0.00	8.11	1.40
河　北	3.33	3.85	3.57	0.00	0.00	0.00	0.00	0.00	2.04	2.70	1.40
天　津	3.33	0.00	0.00	0.00	0.00	0.00	2.13	0.00	4.08	0.00	1.12
重　庆	0.00	0.00	0.00	0.00	0.00	2.78	2.13	0.00	0.00	2.70	0.84

续表

省　份	2013 年	2014 年	2015 年	2016 年	2017 年	2018 年	2019 年	2020 年	2021 年	2022 年	合计
海　南	0.00	0.00	0.00	3.45	0.00	0.00	0.00	0.00	0.00	5.41	0.84
河　南	0.00	0.00	0.00	0.00	0.00	0.00	2.13	0.00	2.04	2.70	0.84
上　海	0.00	0.00	0.00	0.00	2.86	0.00	0.00	0.00	4.08	0.00	0.84
新　疆	0.00	0.00	0.00	0.00	2.86	0.00	2.13	0.00	0.00	2.70	0.84
湖　南	0.00	0.00	0.00	0.00	2.86	2.78	0.00	0.00	0.00	0.00	0.56
辽　宁	0.00	0.00	0.00	0.00	0.00	0.00	2.13	0.00	2.04	0.00	0.56
甘　肃	0.00	0.00	3.57	0.00	0.00	0.00	0.00	0.00	0.00	0.00	0.28
吉　林	0.00	0.00	0.00	0.00	0.00	0.00	0.00	2.44	0.00	0.00	0.28

表 6-27　石油工程 C 层人才的世界占比

单位：%

省　份	2013 年	2014 年	2015 年	2016 年	2017 年	2018 年	2019 年	2020 年	2021 年	2022 年	合计
北　京	12.94	10.89	19.79	14.23	18.13	22.49	23.93	22.69	18.95	22.33	19.16
山　东	3.15	2.72	4.95	3.91	5.44	6.21	7.90	9.76	7.19	9.39	6.36
四　川	2.10	3.11	4.24	3.91	5.44	7.40	5.64	8.44	6.32	7.77	5.64
湖　北	1.05	0.78	1.77	2.14	1.81	2.37	4.06	4.75	3.70	5.50	2.97
陕　西	1.40	1.56	2.47	0.71	1.51	3.25	2.71	3.96	4.36	4.21	2.76
新　疆	1.40	1.56	1.06	1.07	0.91	1.48	2.93	2.37	3.05	4.85	2.17
黑龙江	2.10	1.56	0.71	1.07	1.81	2.96	2.26	1.06	2.61	4.53	2.11
江　苏	0.35	0.39	1.41	1.42	1.51	2.07	4.06	2.37	3.05	2.27	2.08
河　北	1.40	0.78	1.41	1.07	1.81	1.78	0.90	1.06	1.74	1.29	1.34
辽　宁	1.75	0.78	1.06	2.49	0.91	1.78	1.13	0.53	1.09	0.97	1.22
广　东	0.70	0.39	1.41	0.36	0.60	0.89	1.81	1.06	1.31	1.94	1.10
天　津	0.35	0.39	1.41	0.71	1.51	0.30	1.13	1.32	1.31	2.27	1.10
河　南	0.00	0.78	1.06	0.71	1.21	0.00	0.68	1.06	1.53	1.94	0.92
吉　林	0.35	0.78	0.71	0.36	0.30	0.59	0.68	1.32	0.65	1.29	0.71
安　徽	0.00	1.17	1.06	1.07	0.30	0.00	0.45	0.79	1.09	0.97	0.68
上　海	1.40	0.39	0.00	0.36	0.30	0.30	0.68	1.58	0.22	1.29	0.65
重　庆	0.35	0.00	0.00	0.36	0.00	0.30	1.13	0.79	1.96	0.32	0.62
甘　肃	0.00	0.00	0.35	1.07	0.91	0.30	0.45	0.79	0.00	1.94	0.56
山　西	0.00	1.17	0.00	0.36	0.30	0.59	0.23	1.06	0.87	0.65	0.53
浙　江	0.00	1.17	0.71	0.00	0.30	0.89	0.45	0.79	0.44	0.32	0.51
湖　南	0.00	0.00	1.06	0.00	0.00	0.00	0.23	1.32	0.22	0.97	0.39
贵　州	0.00	0.00	0.00	0.71	0.00	0.59	0.45	0.53	0.44	0.65	0.36
江　西	0.35	0.00	0.00	0.00	0.00	0.00	0.23	0.00	0.22	0.65	0.15
云　南	0.00	0.00	0.00	0.00	0.00	0.00	0.00	0.26	0.65	0.00	0.12
内蒙古	0.00	0.00	0.00	0.71	0.00	0.00	0.23	0.00	0.00	0.00	0.09

续表

省　份	2013 年	2014 年	2015 年	2016 年	2017 年	2018 年	2019 年	2020 年	2021 年	2022 年	合计
福　建	0.35	0.00	0.00	0.00	0.00	0.00	0.00	0.00	0.22	0.00	0.06
海　南	0.00	0.00	0.00	0.00	0.00	0.00	0.00	0.26	0.00	0.32	0.06
青　海	0.00	0.00	0.00	0.00	0.30	0.00	0.00	0.00	0.22	0.00	0.06
广　西	0.00	0.00	0.35	0.00	0.00	0.00	0.00	0.00	0.00	0.00	0.03
宁　夏	0.00	0.00	0.00	0.00	0.00	0.00	0.00	0.26	0.00	0.00	0.03

十　采矿和矿物处理

湖南、江苏采矿和矿物处理 A 层人才的世界占比均为 12.00%，并列排名第一，显著高于其他省份；安徽、广东、四川 A 层人才的世界占比均为 6.00%，并列排名第二；其后是北京、辽宁、上海，世界占比均为 4.00%；重庆、河南、陕西、山东、山西 A 层人才的世界占比均为 2.00%。

B 层人才最多的是北京，世界占比为 13.88%；湖南、江苏、山东分别以 9.96%、7.30%、6.05% 的世界占比排第二至第四位；湖北、辽宁、四川的 B 层人才比较多，世界占比在 4%~3%；陕西、重庆、广东、江西、云南、浙江、安徽、河南有相当数量的 B 层人才，世界占比在 2%~1%；上海、山西、贵州、福建、新疆、广西、河北、黑龙江、内蒙古、吉林、青海、天津、甘肃也有一定数量的 B 层人才，世界占比均超过 0.1%。

C 层人才最多的是北京，世界占比为 13.57%；其后依次是江苏、湖南、湖北、辽宁，世界占比分别为 6.45%、5.32%、4.36%、3.21%；山东、广东、四川、河南、云南、重庆、贵州、陕西、山西、江西、安徽有相当数量的 C 层人才，世界占比在 3%~1%；上海、天津、新疆、河北、浙江、广西、福建、内蒙古、吉林、甘肃、黑龙江、青海、西藏、海南、宁夏 C 层人才的世界占比均低于 1%。

表 6-28　采矿和矿物处理 A 层人才的世界占比

单位：%

省　份	2013 年	2014 年	2015 年	2016 年	2017 年	2018 年	2019 年	2020 年	2021 年	2022 年	合计
湖　南	0.00	0.00	0.00	0.00	20.00	0.00	25.00	12.50	33.33	0.00	12.00
江　苏	0.00	0.00	0.00	0.00	20.00	20.00	0.00	0.00	16.67	42.86	12.00
安　徽	0.00	0.00	0.00	0.00	0.00	0.00	0.00	0.00	33.33	0.00	6.00
广　东	0.00	0.00	25.00	0.00	0.00	0.00	0.00	0.00	16.67	14.29	6.00
四　川	0.00	0.00	0.00	0.00	0.00	0.00	0.00	0.00	16.67	28.57	6.00
北　京	0.00	0.00	25.00	0.00	0.00	0.00	12.50	0.00	0.00	0.00	4.00
辽　宁	0.00	33.33	0.00	0.00	0.00	0.00	0.00	12.50	0.00	0.00	4.00
上　海	0.00	0.00	0.00	0.00	0.00	0.00	12.50	0.00	0.00	14.29	4.00
重　庆	0.00	0.00	0.00	0.00	0.00	0.00	0.00	0.00	0.00	14.29	2.00
河　南	0.00	0.00	0.00	0.00	0.00	0.00	0.00	0.00	0.00	0.00	2.00
陕　西	0.00	0.00	0.00	0.00	0.00	0.00	0.00	0.00	0.00	14.29	2.00
山　东	0.00	0.00	0.00	0.00	0.00	20.00	0.00	0.00	0.00	0.00	2.00
山　西	0.00	0.00	0.00	0.00	0.00	0.00	12.50	0.00	0.00	0.00	2.00

表 6-29　采矿和矿物处理 B 层人才的世界占比

单位：%

省　份	2013 年	2014 年	2015 年	2016 年	2017 年	2018 年	2019 年	2020 年	2021 年	2022 年	合计
北　京	10.00	10.00	16.28	2.08	17.65	7.41	9.46	16.18	25.00	19.70	13.88
湖　南	2.00	0.00	2.33	2.08	9.80	9.26	20.27	16.18	14.71	10.61	9.96
江　苏	10.00	0.00	4.65	6.25	11.76	1.85	8.11	8.82	8.82	9.09	7.30
山　东	0.00	0.00	2.33	2.08	7.84	3.70	6.76	10.29	8.82	12.12	6.05
湖　北	2.00	2.50	4.65	0.00	1.96	3.70	4.05	4.41	4.41	9.09	3.91
辽　宁	4.00	2.50	2.33	0.00	5.88	1.85	2.70	8.82	4.41	3.03	3.74
四　川	2.00	0.00	0.00	0.00	3.92	3.70	1.35	4.41	8.82	3.03	3.02
陕　西	0.00	0.00	4.65	0.00	1.96	0.00	2.70	1.47	2.94	3.03	1.78
重　庆	0.00	2.50	0.00	2.08	1.96	0.00	2.70	0.00	2.94	3.03	1.60
广　东	0.00	0.00	0.00	0.00	3.92	0.00	0.00	1.47	2.94	6.06	1.60
江　西	2.00	0.00	4.65	0.00	1.96	0.00	1.35	2.94	2.94	0.00	1.60
云　南	0.00	0.00	2.33	0.00	0.00	0.00	2.70	1.47	1.47	4.55	1.42
浙　江	0.00	0.00	0.00	0.00	0.00	1.85	1.35	4.41	1.47	1.52	1.25
安　徽	0.00	0.00	4.65	0.00	0.00	0.00	0.00	1.47	2.94	1.52	1.07
河　南	0.00	0.00	0.00	0.00	0.00	0.00	1.35	2.94	0.00	4.55	1.07
上　海	0.00	0.00	0.00	0.00	0.00	0.00	0.00	0.00	1.47	6.06	0.89
山　西	0.00	2.50	0.00	0.00	0.00	0.00	1.35	0.00	4.41	0.00	0.89
贵　州	2.00	2.50	0.00	0.00	0.00	0.00	1.35	0.00	0.00	1.52	0.71
福　建	0.00	0.00	0.00	0.00	0.00	0.00	0.00	1.47	0.00	3.03	0.53

省　份	2013 年	2014 年	2015 年	2016 年	2017 年	2018 年	2019 年	2020 年	2021 年	2022 年	合计
新　疆	0.00	0.00	0.00	0.00	3.92	0.00	0.00	1.47	0.00	0.00	0.53
广　西	0.00	0.00	0.00	0.00	0.00	0.00	0.00	0.00	1.47	1.52	0.36
河　北	0.00	0.00	0.00	0.00	0.00	0.00	0.00	0.00	1.47	1.52	0.36
黑龙江	0.00	0.00	0.00	0.00	0.00	0.00	0.00	1.47	0.00	1.52	0.36
内蒙古	0.00	0.00	0.00	2.08	0.00	0.00	1.35	0.00	0.00	0.00	0.36
吉　林	0.00	0.00	0.00	0.00	1.96	0.00	0.00	0.00	0.00	1.52	0.36
青　海	0.00	0.00	2.33	0.00	1.96	0.00	0.00	0.00	0.00	0.00	0.36
天　津	0.00	0.00	0.00	0.00	0.00	1.85	1.35	0.00	0.00	0.00	0.36
甘　肃	0.00	0.00	0.00	0.00	0.00	0.00	0.00	0.00	0.00	1.52	0.18

表 6-30　采矿和矿物处理 C 层人才的世界占比

单位：%

省　份	2013 年	2014 年	2015 年	2016 年	2017 年	2018 年	2019 年	2020 年	2021 年	2022 年	合计
北　京	8.56	13.00	12.74	13.44	13.47	15.21	13.29	13.46	16.47	14.41	13.57
江　苏	5.22	3.45	8.49	6.83	4.95	7.16	6.00	6.17	8.98	6.25	6.45
湖　南	2.92	2.12	3.30	4.63	4.75	6.26	6.57	5.61	7.63	6.42	5.32
湖　北	2.71	5.04	3.77	3.96	5.35	5.01	5.86	3.93	3.44	4.34	4.36
辽　宁	0.63	0.53	2.12	1.98	2.57	4.11	3.86	3.93	5.69	3.99	3.21
山　东	1.04	0.80	1.42	2.20	2.97	3.40	2.14	2.66	4.04	3.82	2.58
广　东	1.46	1.59	1.89	1.32	2.57	2.86	2.00	2.95	3.29	3.13	2.40
四　川	0.84	2.39	2.59	2.42	2.57	3.22	1.71	2.24	2.40	3.13	2.35
河　南	0.63	0.53	1.42	0.88	0.79	1.97	1.00	2.52	2.40	2.26	1.54
云　南	0.21	0.80	0.71	0.66	1.19	0.54	1.29	2.24	2.10	3.13	1.39
重　庆	0.84	0.53	0.94	0.22	0.79	1.79	1.71	1.54	2.10	1.91	1.34
贵　州	0.00	1.86	2.12	1.54	0.59	2.68	0.71	0.98	1.05	1.04	1.21
陕　西	0.42	1.06	0.47	0.22	0.79	1.43	1.43	1.68	1.95	1.74	1.21
山　西	0.84	1.06	1.42	0.00	1.07	1.07	1.29	1.26	2.40	1.39	1.21
江　西	0.63	0.00	0.71	0.44	0.79	0.89	0.86	2.24	2.40	1.56	1.17
安　徽	0.63	1.06	1.18	0.00	0.59	0.89	0.57	1.68	1.95	1.22	1.03
上　海	1.25	0.53	1.18	0.66	0.79	0.36	0.43	0.70	1.80	0.52	0.82
天　津	0.21	0.27	0.71	0.44	0.99	0.54	1.71	0.84	0.90	0.87	0.81
新　疆	0.21	1.59	0.47	0.66	0.99	1.07	0.43	0.42	0.75	0.52	0.68
河　北	0.00	0.80	0.71	0.44	0.40	0.54	0.43	0.70	0.45	1.91	0.64
浙　江	0.42	0.00	0.00	0.22	0.20	0.54	0.86	1.26	0.90	1.04	0.62
广　西	0.21	0.00	0.00	0.44	0.40	0.18	0.57	0.28	0.90	1.74	0.51
福　建	0.84	0.27	0.47	0.44	0.59	0.72	0.29	0.56	0.60	0.17	0.49

续表

省　份	2013 年	2014 年	2015 年	2016 年	2017 年	2018 年	2019 年	2020 年	2021 年	2022 年	合计
内蒙古	0.00	0.53	0.24	0.00	0.40	0.54	0.86	0.28	0.45	0.17	0.37
吉　林	0.21	0.27	0.24	1.32	1.19	0.00	0.14	0.14	0.15	0.00	0.33
甘　肃	0.00	0.00	0.00	0.00	0.40	0.54	0.29	0.42	0.30	0.17	0.24
黑龙江	0.00	0.00	0.00	0.00	0.20	0.36	0.00	0.14	0.30	0.35	0.15
青　海	0.42	0.00	0.00	0.44	0.00	0.00	0.00	0.28	0.00	0.35	0.15
西　藏	0.00	0.27	0.24	0.22	0.20	0.00	0.14	0.00	0.00	0.00	0.09
海　南	0.00	0.00	0.00	0.00	0.00	0.00	0.29	0.00	0.00	0.00	0.04
宁　夏	0.00	0.00	0.00	0.00	0.00	0.00	0.14	0.00	0.00	0.00	0.02

十一　机械工程

机械工程 A 层人才最多的是北京，世界占比为 4.58%；山东、江苏、广东、辽宁、上海、浙江、湖南、四川有相当数量的 A 层人才，世界占比在 3%~1%；重庆、湖北、黑龙江、陕西、安徽、甘肃、河南、福建、广西、贵州、吉林、云南、河北、内蒙古、天津也有一定数量的 A 层人才，世界占比均超过 0.1%。

B 层人才最多的是北京，世界占比为 5.78%；江苏、上海 B 层人才分别以 3.58%、3.35% 的世界占比排名第二、第三位；广东、湖北、湖南、浙江、辽宁、重庆、四川、陕西、山东、黑龙江有相当数量的 B 层人才，世界占比在 3%~1%；天津、安徽、河南、福建、山西、甘肃、吉林、江西、河北、广西、云南、贵州也有一定数量的 B 层人才，世界占比均超过 0.1%；内蒙古、青海、新疆、西藏 B 层人才的世界占比均低于 0.1%。

C 层人才最多的是北京，世界占比为 6.43%；上海、江苏 C 层人才分别以 3.42%、3.39% 的世界占比排名第二、第三位；广东、湖北、湖南、辽宁、四川、浙江、黑龙江、陕西、山东、天津、重庆、安徽有相当数量的 C 层人才，世界占比在 3%~1%；甘肃、河南、吉林、河北、福建、山西、江西、广西、云南也有一定数量的 C 层人才，世界占比均超过 0.1%；内蒙古、贵州、新疆、青海、海南、宁夏 C 层人才的世界占比均低于 0.1%。

表 6-31　机械工程 A 层人才的世界占比

单位：%

省　份	2013 年	2014 年	2015 年	2016 年	2017 年	2018 年	2019 年	2020 年	2021 年	2022 年	合计
北　京	2.13	3.23	4.35	5.45	5.45	5.36	3.39	9.80	4.17	2.22	4.58
山　东	0.00	0.00	2.17	0.00	1.82	0.00	5.08	1.96	4.17	15.56	2.86
江　苏	0.00	1.61	2.17	1.82	1.82	0.00	3.39	1.96	4.17	6.67	2.29
广　东	0.00	0.00	2.17	1.82	0.00	0.00	1.69	5.88	2.08	8.89	2.10
辽　宁	0.00	0.00	0.00	0.00	5.45	0.00	1.69	1.96	0.00	13.33	2.10
上　海	2.13	4.84	0.00	3.64	0.00	0.00	0.00	0.00	2.08	6.67	1.91
浙　江	0.00	0.00	2.17	1.82	1.82	0.00	0.00	5.88	2.08	4.44	1.72
湖　南	0.00	0.00	0.00	1.82	0.00	0.00	1.69	1.96	2.08	8.89	1.53
四　川	0.00	1.61	0.00	0.00	0.00	1.79	0.00	3.92	2.08	4.44	1.34
重　庆	0.00	0.00	0.00	0.00	1.82	1.79	0.00	0.00	2.08	4.44	0.95
湖　北	2.13	0.00	0.00	3.64	3.64	0.00	0.00	0.00	0.00	0.00	0.95
黑龙江	0.00	1.61	0.00	0.00	0.00	1.79	0.00	0.00	2.08	2.22	0.76
陕　西	0.00	1.61	2.17	0.00	1.82	1.79	0.00	0.00	0.00	0.00	0.76
安　徽	0.00	1.61	0.00	1.82	0.00	0.00	1.69	0.00	0.00	0.00	0.57
甘　肃	0.00	0.00	0.00	1.82	1.82	0.00	0.00	0.00	0.00	2.22	0.57
河　南	0.00	0.00	0.00	0.00	0.00	0.00	0.00	0.00	4.17	2.22	0.57
福　建	0.00	0.00	0.00	1.82	0.00	0.00	0.00	0.00	0.00	2.22	0.38
广　西	0.00	0.00	2.17	1.82	0.00	0.00	0.00	0.00	0.00	0.00	0.38
贵　州	0.00	0.00	0.00	1.82	0.00	0.00	0.00	0.00	0.00	2.22	0.38
吉　林	0.00	0.00	0.00	0.00	0.00	0.00	0.00	1.96	2.08	0.00	0.38
云　南	0.00	3.23	0.00	0.00	0.00	0.00	0.00	0.00	0.00	0.00	0.38
河　北	0.00	0.00	0.00	0.00	0.00	0.00	0.00	0.00	0.00	2.22	0.19
内蒙古	0.00	0.00	0.00	0.00	0.00	0.00	1.69	0.00	0.00	0.00	0.19
天　津	0.00	0.00	0.00	0.00	0.00	0.00	0.00	1.96	0.00	0.00	0.19

表 6-32　机械工程 B 层人才的世界占比

单位：%

省　份	2013 年	2014 年	2015 年	2016 年	2017 年	2018 年	2019 年	2020 年	2021 年	2022 年	合计
北　京	4.26	5.12	6.55	5.18	5.10	4.55	6.99	4.49	6.14	9.88	5.78
江　苏	2.13	2.12	3.64	4.78	3.67	2.18	3.68	2.78	4.09	7.29	3.58
上　海	2.36	3.18	2.43	3.19	3.27	2.18	3.86	2.99	4.09	6.12	3.35
广　东	1.65	1.41	1.70	1.39	0.82	3.17	2.94	2.78	3.86	4.71	2.41
湖　北	1.89	1.59	1.94	2.19	1.84	1.98	3.13	2.35	2.05	3.76	2.26
湖　南	1.89	1.06	2.18	1.00	1.22	2.18	2.76	3.42	2.73	3.29	2.14

续表

省 份	2013 年	2014 年	2015 年	2016 年	2017 年	2018 年	2019 年	2020 年	2021 年	2022 年	合计
浙 江	1.18	1.06	0.97	1.00	1.02	0.79	1.47	3.63	3.64	3.76	1.80
辽 宁	2.13	0.88	1.70	1.79	0.61	0.59	1.65	1.07	2.27	2.59	1.49
重 庆	0.95	0.35	0.97	0.60	1.02	0.99	1.10	2.99	3.18	2.82	1.45
四 川	0.00	0.53	0.97	0.60	0.82	1.58	2.57	2.35	1.59	2.82	1.38
陕 西	0.71	0.53	0.97	1.39	0.82	0.99	0.74	1.50	3.18	3.29	1.36
山 东	0.24	0.18	0.00	0.80	1.63	1.58	0.92	1.07	3.86	2.59	1.26
黑龙江	1.18	0.71	1.21	0.60	1.02	0.59	1.10	1.07	1.36	2.82	1.13
天 津	0.71	1.24	1.21	0.40	0.41	1.39	0.55	0.85	0.45	1.41	0.86
安 徽	1.18	0.53	0.97	0.20	0.00	0.99	1.10	0.64	0.91	1.18	0.75
河 南	0.71	0.00	0.49	0.20	0.20	0.20	0.55	0.85	1.59	1.18	0.54
福 建	0.00	0.18	0.49	0.20	0.20	0.40	0.74	1.28	0.23	1.41	0.50
山 西	0.24	0.00	0.24	0.60	0.00	0.40	0.18	1.07	0.91	0.00	0.36
甘 肃	0.00	0.53	0.49	0.20	0.00	0.00	0.18	0.21	0.91	0.47	0.29
吉 林	0.00	0.18	0.73	0.60	0.61	0.00	0.18	0.00	0.00	0.71	0.29
江 西	0.00	0.18	0.73	0.40	0.00	0.00	0.37	0.21	0.23	0.71	0.27
河 北	0.00	0.00	0.00	0.00	0.00	0.40	0.37	0.43	0.23	1.18	0.25
广 西	0.00	0.00	0.00	0.40	0.00	0.20	0.18	0.43	0.91	0.00	0.21
云 南	0.00	0.00	0.00	0.40	0.00	0.20	0.18	0.21	0.00	0.71	0.17
贵 州	0.00	0.18	0.00	0.20	0.00	0.00	0.00	0.21	0.45	0.47	0.15
内蒙古	0.00	0.00	0.00	0.00	0.00	0.00	0.18	0.00	0.45	0.00	0.06
青 海	0.00	0.00	0.00	0.00	0.00	0.00	0.18	0.00	0.23	0.00	0.04
新 疆	0.00	0.00	0.00	0.00	0.00	0.00	0.20	0.00	0.23	0.00	0.04
西 藏	0.00	0.00	0.00	0.00	0.00	0.00	0.00	0.21	0.00	0.00	0.02

表6-33 机械工程C层人才的世界占比

单位：%

省 份	2013 年	2014 年	2015 年	2016 年	2017 年	2018 年	2019 年	2020 年	2021 年	2022 年	合计
北 京	4.47	4.95	5.43	6.53	6.73	7.12	7.18	6.84	7.11	7.97	6.43
上 海	2.26	2.81	2.95	3.23	3.06	3.77	3.98	3.83	4.18	4.15	3.42
江 苏	1.76	2.18	2.80	2.95	3.10	3.53	3.96	4.55	3.90	5.37	3.39
广 东	0.92	1.05	1.02	1.60	1.68	2.14	2.68	3.03	3.33	3.77	2.10
湖 北	1.41	1.31	1.92	1.86	2.01	2.16	2.28	2.23	2.66	2.84	2.05
湖 南	0.92	1.05	1.24	1.49	2.01	2.16	2.11	2.79	3.07	3.41	2.01
辽 宁	1.22	1.47	1.27	1.51	1.70	1.98	2.04	2.01	2.43	3.03	1.86
四 川	0.73	0.91	1.31	1.58	1.76	2.12	2.00	2.51	2.50	3.10	1.84
浙 江	0.85	1.05	1.14	1.15	1.27	2.00	1.79	2.04	2.43	2.60	1.62

续表

省　份	2013 年	2014 年	2015 年	2016 年	2017 年	2018 年	2019 年	2020 年	2021 年	2022 年	合计
黑龙江	0.87	0.87	1.22	1.23	1.46	1.84	1.79	1.28	1.77	1.79	1.41
陕　西	0.56	0.60	1.00	0.80	1.07	1.49	1.64	1.86	2.29	2.50	1.36
山　东	0.66	0.65	0.85	1.00	1.00	1.08	1.43	1.95	1.86	2.48	1.28
天　津	0.73	0.76	0.95	1.15	0.86	1.47	1.66	1.26	1.72	1.96	1.24
重　庆	0.52	0.65	0.71	0.80	0.72	1.39	1.49	1.56	1.77	2.41	1.19
安　徽	0.94	0.62	1.00	1.19	1.09	1.04	1.15	1.36	1.38	1.43	1.11
甘　肃	0.45	0.53	0.56	0.55	0.68	0.59	0.45	0.50	0.78	0.88	0.59
河　南	0.31	0.31	0.37	0.43	0.55	0.65	0.70	0.74	1.01	0.91	0.59
吉　林	0.31	0.20	0.27	0.41	0.39	0.41	0.30	0.52	0.60	0.76	0.41
河　北	0.19	0.25	0.39	0.43	0.25	0.27	0.41	0.45	0.44	0.83	0.38
福　建	0.09	0.25	0.27	0.45	0.29	0.37	0.47	0.54	0.48	0.50	0.37
山　西	0.12	0.15	0.22	0.20	0.43	0.41	0.43	0.37	0.39	0.31	0.30
江　西	0.12	0.09	0.15	0.20	0.21	0.27	0.19	0.45	0.39	0.31	0.23
广　西	0.05	0.09	0.10	0.16	0.14	0.18	0.32	0.19	0.37	0.48	0.21
云　南	0.02	0.05	0.02	0.12	0.04	0.16	0.19	0.17	0.23	0.21	0.12
内蒙古	0.02	0.00	0.07	0.04	0.06	0.16	0.13	0.13	0.11	0.14	0.09
贵　州	0.02	0.13	0.02	0.04	0.04	0.04	0.06	0.04	0.11	0.21	0.07
新　疆	0.00	0.02	0.07	0.02	0.04	0.00	0.09	0.17	0.05	0.10	0.06
青　海	0.00	0.00	0.00	0.06	0.14	0.02	0.00	0.11	0.02	0.05	0.04
海　南	0.00	0.00	0.00	0.00	0.02	0.02	0.04	0.04	0.07	0.10	0.03
宁　夏	0.02	0.00	0.00	0.00	0.04	0.00	0.00	0.04	0.07	0.10	0.03

十二　制造工程

制造工程 A 层人才最多的是北京，世界占比为 4.76%；山东、上海、广东、江苏、四川、浙江有相当数量的 A 层人才，世界占比在 3%~1%；重庆、福建、河南、湖北、吉林、陕西、天津也有一定数量的 A 层人才，世界占比均为 0.60%。

B 层人才最多的是广东，世界占比为 2.78%；其后依次是北京、上海、江苏、山东，B 层人才的世界占比分别为 2.59%、2.47%、2.41%、2.04%；浙江、辽宁、湖北、陕西、天津、重庆、湖南有相当数量的 B 层人才，世界占比在 2%~1%；四川、黑龙江、安徽、河南、福建、江西、甘肃、内蒙古也有一定数量的 B 层人才，世界占比均超过 0.1%；贵州、河北、吉林、山西、新疆、云南 B 层人才的世界占比均为 0.06%。

C 层人才最多的是北京，世界占比为 4.17%；上海 C 层人才以 3.32% 的世界占比排名第二；广东、江苏、湖北、山东、辽宁、浙江、黑龙江、四川、天津、陕西有相当数量的 C 层人才，世界占比在 3%～1%；安徽、湖南、重庆、河南、福建、吉林、江西、河北、甘肃、山西、广西、云南也有一定数量的 C 层人才，世界占比均超过 0.1%；内蒙古、贵州、海南、新疆、青海、宁夏 C 层人才的世界占比均低于 0.1%。

表 6-34 制造工程 A 层人才的世界占比

单位：%

省　份	2013 年	2014 年	2015 年	2016 年	2017 年	2018 年	2019 年	2020 年	2021 年	2022 年	合计
北　京	0.00	6.25	0.00	0.00	0.00	21.05	5.00	0.00	11.11	0.00	4.76
山　东	0.00	0.00	0.00	0.00	0.00	0.00	0.00	0.00	11.11	13.33	2.38
上　海	0.00	0.00	0.00	0.00	0.00	0.00	0.00	0.00	11.11	6.67	1.79
广　东	0.00	0.00	7.14	0.00	0.00	5.26	0.00	0.00	0.00	0.00	1.19
江　苏	0.00	6.25	0.00	0.00	0.00	0.00	0.00	0.00	0.00	6.67	1.19
四　川	0.00	0.00	0.00	0.00	0.00	0.00	0.00	4.76	0.00	6.67	1.19
浙　江	0.00	6.25	0.00	0.00	0.00	0.00	0.00	0.00	5.56	0.00	1.19
重　庆	0.00	0.00	0.00	0.00	0.00	0.00	0.00	0.00	0.00	6.67	0.60
福　建	5.26	0.00	0.00	0.00	0.00	0.00	0.00	0.00	0.00	0.00	0.60
河　南	0.00	0.00	0.00	0.00	0.00	0.00	0.00	4.76	0.00	0.00	0.60
湖　北	5.26	0.00	0.00	0.00	0.00	0.00	0.00	0.00	0.00	0.00	0.60
吉　林	5.26	0.00	0.00	0.00	0.00	0.00	0.00	0.00	0.00	0.00	0.60
陕　西	0.00	0.00	0.00	0.00	0.00	0.00	0.00	4.76	0.00	0.00	0.60
天　津	5.26	0.00	0.00	0.00	0.00	0.00	0.00	0.00	0.00	0.00	0.60

表 6-35 制造工程 B 层人才的世界占比

单位：%

省　份	2013 年	2014 年	2015 年	2016 年	2017 年	2018 年	2019 年	2020 年	2021 年	2022 年	合计
广　东	4.02	0.00	2.34	1.47	2.88	4.02	0.96	3.16	2.42	6.33	2.78
北　京	1.72	1.35	2.34	1.47	6.47	3.45	0.96	1.58	3.64	3.80	2.59
上　海	2.30	0.68	0.00	1.47	4.32	2.87	1.44	3.68	4.85	2.53	2.47
江　苏	2.30	0.00	0.00	0.74	2.16	2.30	2.39	3.16	4.24	5.70	2.41
山　东	0.00	0.00	0.78	1.47	2.88	0.57	1.44	2.63	6.67	3.80	2.04

续表

省 份	2013 年	2014 年	2015 年	2016 年	2017 年	2018 年	2019 年	2020 年	2021 年	2022 年	合计
浙 江	1.72	0.68	0.78	0.74	0.72	1.72	1.44	2.11	4.24	3.80	1.85
辽 宁	1.72	0.00	3.13	0.74	0.72	0.57	1.44	2.63	2.42	3.16	1.67
湖 北	1.72	1.35	0.78	1.47	1.44	2.87	0.00	1.05	2.42	2.53	1.54
陕 西	0.00	0.00	1.56	0.00	2.88	0.57	1.91	3.16	1.21	3.16	1.48
天 津	1.72	0.00	0.78	0.74	0.72	0.00	0.48	3.16	2.42	1.90	1.23
重 庆	1.72	0.68	0.78	0.00	1.44	0.57	0.00	1.05	3.03	1.90	1.11
湖 南	0.57	0.00	0.00	0.74	0.00	0.57	1.44	1.05	3.64	2.53	1.11
四 川	0.00	0.68	0.78	0.00	0.72	0.00	1.44	1.58	1.82	1.90	0.93
黑龙江	0.57	1.35	2.34	0.00	0.72	1.15	0.48	0.53	1.21	0.63	0.86
安 徽	1.15	0.00	0.00	0.74	1.44	0.57	0.48	0.00	0.00	0.63	0.49
河 南	0.57	0.00	0.00	0.00	1.15	0.48	0.53	0.00	1.90	0.49
福 建	0.00	0.00	0.78	0.00	0.72	0.57	0.96	0.53	0.61	0.00	0.43
江 西	0.57	0.00	0.78	0.00	0.00	0.00	0.48	0.53	1.21	0.63	0.43
甘 肃	0.57	0.00	0.00	0.00	0.00	1.15	0.00	0.00	0.00	0.00	0.19
内蒙古	0.00	0.00	0.00	0.00	0.00	0.00	0.00	0.00	1.21	0.00	0.12
贵 州	0.00	0.00	0.00	0.00	0.00	0.00	0.00	0.00	0.61	0.00	0.06
河 北	0.00	0.00	0.00	0.00	0.00	0.00	0.57	0.00	0.00	0.00	0.06
吉 林	0.00	0.00	0.00	0.00	0.00	0.00	0.48	0.00	0.00	0.00	0.06
山 西	0.00	0.00	0.00	0.00	0.00	0.00	0.00	0.53	0.00	0.00	0.06
新 疆	0.00	0.00	0.00	0.00	0.00	0.00	0.00	0.00	0.00	0.63	0.06
云 南	0.00	0.00	0.00	0.00	0.00	0.00	0.00	0.00	0.00	0.63	0.06

表 6-36 制造工程 C 层人才的世界占比

单位：%

省 份	2013 年	2014 年	2015 年	2016 年	2017 年	2018 年	2019 年	2020 年	2021 年	2022 年	合计
北 京	3.11	2.23	3.11	4.51	4.12	3.24	4.56	5.18	5.88	5.41	4.17
上 海	2.48	2.57	2.80	2.72	2.49	3.29	3.63	3.87	4.09	4.88	3.32
广 东	1.27	1.60	1.94	1.71	2.06	2.31	2.74	2.88	4.66	4.36	2.58
江 苏	1.67	1.95	1.94	2.25	1.99	2.66	2.25	3.03	3.07	4.88	2.58
湖 北	1.38	1.46	1.86	1.94	1.99	2.54	2.84	2.61	3.71	3.83	2.45
山 东	1.38	1.25	1.40	1.86	1.63	1.45	1.57	2.88	2.30	2.90	1.88
辽 宁	1.33	1.11	0.85	1.71	1.78	1.50	1.81	2.14	1.92	2.38	1.68
浙 江	0.81	0.90	1.94	1.79	1.14	1.27	1.57	2.14	2.30	2.57	1.64
黑龙江	1.15	0.63	1.24	1.79	2.13	2.14	1.81	1.15	1.66	2.38	1.61
四 川	0.46	0.70	1.01	1.01	0.99	1.50	1.52	1.67	1.66	1.78	1.26

续表

省　份	2013 年	2014 年	2015 年	2016 年	2017 年	2018 年	2019 年	2020 年	2021 年	2022 年	合计
天　津	0.75	1.39	1.01	1.94	0.71	0.98	0.98	1.73	1.28	1.58	1.22
陕　西	0.63	0.90	1.01	0.85	1.21	1.04	1.08	1.62	1.09	2.38	1.19
安　徽	0.17	0.35	0.93	1.63	0.71	1.16	1.08	1.15	1.09	1.25	0.95
湖　南	0.75	0.49	0.31	1.01	0.21	1.04	0.78	1.10	0.96	1.65	0.85
重　庆	0.23	0.90	0.54	0.62	0.99	0.40	0.93	0.89	1.15	0.99	0.77
河　南	0.12	0.35	0.16	0.16	0.14	0.29	0.24	0.73	0.58	1.25	0.41
福　建	0.29	0.42	0.16	0.31	0.14	0.29	0.15	0.58	0.64	0.86	0.38
吉　林	0.23	0.35	0.00	0.16	0.21	0.29	0.54	0.26	0.32	0.79	0.33
江　西	0.12	0.35	0.23	0.23	0.21	0.29	0.24	0.26	0.64	0.59	0.31
河　北	0.17	0.14	0.16	0.08	0.43	0.12	0.05	0.21	0.32	0.18	0.18
甘　肃	0.12	0.21	0.00	0.16	0.28	0.40	0.24	0.05	0.06	0.20	0.18
山　西	0.00	0.14	0.08	0.23	0.07	0.23	0.10	0.26	0.19	0.33	0.16
广　西	0.12	0.14	0.08	0.00	0.00	0.00	0.10	0.26	0.19	0.40	0.13
云　南	0.00	0.07	0.23	0.08	0.00	0.00	0.05	0.37	0.19	0.13	0.11
内蒙古	0.00	0.00	0.00	0.08	0.14	0.17	0.15	0.16	0.06	0.06	0.08
贵　州	0.00	0.00	0.00	0.00	0.00	0.06	0.10	0.05	0.06	0.13	0.04
海　南	0.00	0.00	0.00	0.00	0.00	0.00	0.05	0.00	0.06	0.13	0.03
新　疆	0.06	0.00	0.00	0.00	0.00	0.06	0.10	0.00	0.00	0.00	0.03
青　海	0.00	0.00	0.00	0.00	0.00	0.12	0.00	0.00	0.00	0.07	0.02
宁　夏	0.00	0.00	0.00	0.00	0.00	0.00	0.00	0.00	0.00	0.07	0.01

十三　能源和燃料

能源和燃料 A、B、C 层人才最多的均为北京，世界占比分别为 6.44%、8.22%、8.12%。

广东、湖北 A 层人才分别以 3.16%、3.04% 的世界占比排名第二、第三位；上海、湖南、天津、山东、浙江、安徽、江苏有相当数量的 A 层人才，世界占比在 3%~1%；辽宁、黑龙江、福建、四川、重庆、河南、吉林、山西、江西、海南、陕西、新疆也有一定数量的 A 层人才，世界占比均超过 0.1%。

江苏、广东、上海 B 层人才分别以 3.98%、3.60%、3.39% 的世界占比排名第二至第四位；湖北、浙江、山东、湖南、天津、辽宁、安徽、四川、河南、福建有相当数量的 B 层人才，世界占比在 3%~1%；陕西、重庆、吉林、黑龙江、甘肃、广西、山西、河北、江西、云南、贵州、新疆也有一定数量的 B 层人才，世界占比均超过 0.1%；海南、内蒙古、宁夏 B 层人才的世界占比均低于 0.1%。

江苏、广东、上海 C 层人才分别以 4.09%、3.58%、3.09% 的世界占比排名第二至第四位；湖北、山东、浙江、天津、湖南、四川、辽宁、安徽、福建、黑龙江、河南、陕西有相当数量的 C 层人才，世界占比在 3%~1%；重庆、吉林、甘肃、江西、山西、河北、广西、云南、新疆、海南、贵州、内蒙古也有一定数量的 C 层人才，世界占比大于或等于 0.1%；宁夏、青海、西藏 C 层人才的世界占比均低于 0.1%。

表 6-37　能源和燃料 A 层人才的世界占比

单位：%

省　份	2013 年	2014 年	2015 年	2016 年	2017 年	2018 年	2019 年	2020 年	2021 年	2022 年	合计
北　京	10.20	1.64	7.81	1.39	3.61	4.76	10.75	5.15	8.93	8.33	6.44
广　东	2.04	1.64	3.13	8.33	2.41	0.00	4.30	5.15	2.68	1.85	3.16
湖　北	2.04	1.64	4.69	1.39	4.82	2.38	0.00	3.09	1.79	7.41	3.04
上　海	4.08	1.64	0.00	2.78	1.20	2.38	4.30	0.00	3.57	1.85	2.19
湖　南	0.00	1.64	0.00	0.00	2.41	2.38	5.38	1.03	2.68	0.00	1.70
天　津	2.04	1.64	1.56	1.39	1.20	2.38	2.15	1.03	2.68	0.93	1.70
山　东	4.08	0.00	0.00	0.00	0.00	1.19	1.08	1.03	1.79	5.56	1.58
浙　江	0.00	0.00	1.56	0.00	2.41	1.19	1.08	2.06	0.89	4.63	1.58
安　徽	2.04	1.64	0.00	0.00	0.00	1.19	6.45	1.03	0.00	0.93	1.34
江　苏	4.08	0.00	3.13	1.39	1.20	2.38	1.08	0.00	0.89	0.93	1.34
辽　宁	0.00	1.64	1.56	0.00	1.20	1.19	0.00	1.03	1.79	0.93	0.97
黑龙江	0.00	3.28	0.00	2.78	0.00	0.00	0.00	1.03	0.89	0.93	0.85
福　建	0.00	0.00	1.56	0.00	1.20	0.00	1.08	1.03	0.00	0.00	0.61
四　川	0.00	0.00	0.00	0.00	0.00	1.19	0.00	1.03	1.79	0.93	0.61
重　庆	0.00	0.00	0.00	0.00	0.00	1.19	0.00	1.03	0.00	0.93	0.36
河　南	0.00	0.00	0.00	0.00	0.00	0.00	0.00	1.03	0.89	0.93	0.36
吉　林	0.00	0.00	0.00	0.00	1.20	0.00	0.00	0.00	0.89	0.93	0.36

续表

省 份	2013 年	2014 年	2015 年	2016 年	2017 年	2018 年	2019 年	2020 年	2021 年	2022 年	合计
山 西	0.00	0.00	0.00	0.00	0.00	1.19	2.15	0.00	0.00	0.00	0.36
江 西	0.00	0.00	0.00	0.00	0.00	0.00	1.08	1.03	0.00	0.00	0.24
海 南	0.00	0.00	0.00	0.00	0.00	0.00	0.00	0.00	0.00	0.93	0.12
陕 西	0.00	0.00	1.56	0.00	0.00	0.00	0.00	0.00	0.00	0.00	0.12
新 疆	0.00	0.00	0.00	0.00	0.00	0.00	0.00	0.00	0.89	0.00	0.12

表 6-38　能源和燃料 B 层人才的世界占比

单位：%

省 份	2013 年	2014 年	2015 年	2016 年	2017 年	2018 年	2019 年	2020 年	2021 年	2022 年	合计
北 京	6.69	10.24	7.84	7.72	5.09	10.19	9.96	6.89	7.88	9.35	8.22
江 苏	1.46	3.29	2.26	2.47	5.35	4.77	5.63	3.16	3.54	5.67	3.98
广 东	1.46	1.28	2.09	2.78	3.52	4.13	5.04	4.41	3.13	5.57	3.60
上 海	2.93	3.66	1.92	2.78	3.13	4.52	3.75	4.29	3.33	2.94	3.39
湖 北	1.05	1.83	2.09	1.54	2.48	2.32	2.93	3.50	2.73	3.99	2.61
浙 江	1.67	0.55	1.92	1.54	2.48	1.68	1.76	2.03	1.82	3.47	1.98
山 东	0.84	0.55	1.05	0.46	1.57	1.81	2.34	1.24	1.82	4.73	1.82
湖 南	0.42	0.73	1.05	1.08	1.44	2.06	1.64	3.05	1.82	1.89	1.65
天 津	1.05	0.73	1.57	1.39	1.96	2.19	1.88	1.69	1.21	1.89	1.61
辽 宁	1.46	0.55	1.92	1.39	0.65	1.42	1.52	1.58	1.92	2.31	1.53
安 徽	1.05	1.46	1.22	1.08	0.65	1.94	1.52	0.90	1.72	1.68	1.35
四 川	0.00	0.37	0.70	0.46	1.04	1.29	1.17	2.15	1.11	3.15	1.30
河 南	0.63	0.73	0.52	0.31	0.39	0.90	1.06	3.28	2.02	1.05	1.21
福 建	0.84	1.10	0.35	1.08	0.65	1.42	1.41	1.47	1.41	1.47	1.18
陕 西	0.84	0.37	1.05	0.31	0.52	0.90	1.29	0.56	1.11	1.89	0.94
重 庆	0.42	0.37	0.87	0.46	0.78	0.65	0.82	1.69	1.41	0.84	0.90
吉 林	0.42	0.55	0.70	0.15	0.52	0.65	0.59	0.34	0.91	1.79	0.71
黑龙江	0.63	0.00	1.22	0.31	0.39	0.13	0.59	0.68	0.40	0.74	0.51
甘 肃	0.42	0.37	0.70	0.31	0.39	0.26	0.35	0.56	0.30	0.32	0.39
广 西	0.00	0.00	0.17	0.15	0.00	0.26	0.23	0.56	0.61	1.16	0.37
山 西	0.42	0.00	0.00	0.77	0.00	0.26	0.70	0.45	0.30	0.42	0.35
河 北	0.00	0.00	0.00	0.15	0.00	0.26	0.47	0.34	0.61	0.84	0.32
江 西	0.21	0.18	0.35	0.15	0.13	0.26	0.47	0.34	0.10	0.32	0.25
云 南	0.21	0.00	0.00	0.00	0.26	0.26	0.12	0.00	0.00	0.53	0.17
贵 州	0.00	0.00	0.00	0.00	0.00	0.13	0.00	0.23	0.20	0.32	0.11
新 疆	0.00	0.18	0.17	0.00	0.00	0.26	0.12	0.00	0.10	0.21	0.11
海 南	0.00	0.00	0.00	0.00	0.00	0.13	0.00	0.00	0.20	0.21	0.07
内蒙古	0.00	0.00	0.17	0.00	0.00	0.00	0.35	0.00	0.00	0.11	0.07
宁 夏	0.00	0.00	0.00	0.00	0.00	0.00	0.00	0.00	0.20	0.00	0.03

表 6-39 能源和燃料 C 层人才的世界占比

单位：%

省 份	2013 年	2014 年	2015 年	2016 年	2017 年	2018 年	2019 年	2020 年	2021 年	2022 年	合计
北 京	7.06	8.31	8.28	8.03	7.95	9.26	8.85	7.37	8.03	7.85	8.12
江 苏	2.54	2.89	3.19	3.05	4.00	4.03	4.77	4.60	4.56	5.32	4.09
广 东	1.90	2.57	2.57	2.13	3.37	4.20	4.42	4.29	4.57	3.81	3.58
上 海	2.41	2.96	2.86	3.05	2.93	2.96	3.54	3.31	3.19	3.19	3.09
湖 北	1.56	1.78	2.24	2.11	2.65	2.96	3.25	3.12	2.70	2.96	2.64
山 东	1.02	1.30	1.87	1.54	1.88	2.16	3.21	2.73	2.94	3.09	2.33
浙 江	1.54	1.52	1.45	1.33	1.51	2.04	2.24	1.98	2.48	2.48	1.94
天 津	1.36	1.48	1.64	1.25	1.52	1.90	2.03	1.89	2.20	1.72	1.75
湖 南	1.02	1.24	1.32	1.20	1.23	1.81	2.09	1.95	1.74	1.91	1.62
四 川	0.58	1.13	1.09	1.05	1.27	1.50	1.89	1.77	1.93	1.88	1.50
辽 宁	1.32	1.15	1.16	0.96	1.07	1.42	1.81	1.67	1.59	1.76	1.44
安 徽	1.04	1.13	1.16	1.20	1.00	1.20	1.49	1.25	1.28	1.52	1.25
福 建	0.73	1.07	0.79	0.89	0.89	1.10	1.27	1.26	1.46	1.50	1.15
黑龙江	0.79	1.07	1.34	1.00	1.20	1.22	1.03	1.15	1.21	1.31	1.15
河 南	0.30	0.50	0.62	0.49	0.64	0.89	1.46	1.76	2.02	1.52	1.15
陕 西	0.47	0.35	0.48	0.63	0.65	1.20	1.43	1.11	1.63	1.54	1.05
重 庆	0.32	0.56	0.69	0.59	0.64	0.79	1.15	1.32	1.25	1.40	0.95
吉 林	0.41	0.85	1.09	0.68	0.80	1.02	0.83	1.11	0.76	0.90	0.86
甘 肃	0.55	0.48	0.65	0.56	0.43	0.43	0.44	0.52	0.48	0.42	0.49
江 西	0.32	0.37	0.46	0.31	0.29	0.61	0.57	0.36	0.57	0.63	0.47
山 西	0.28	0.33	0.39	0.37	0.40	0.50	0.44	0.54	0.53	0.50	0.45
河 北	0.13	0.20	0.35	0.25	0.29	0.37	0.54	0.51	0.68	0.63	0.43
广 西	0.09	0.15	0.25	0.22	0.29	0.34	0.48	0.39	0.52	0.71	0.38
云 南	0.15	0.15	0.18	0.11	0.16	0.25	0.24	0.33	0.42	0.51	0.28
新 疆	0.11	0.13	0.12	0.12	0.16	0.12	0.20	0.24	0.27	0.28	0.19
海 南	0.11	0.04		0.05	0.08	0.10	0.15	0.12	0.08	0.28	0.12
贵 州	0.02	0.04	0.04	0.05	0.13	0.05	0.10	0.10	0.20	0.35	0.12
内蒙古	0.04	0.06	0.09	0.09	0.11	0.17	0.08	0.07	0.12	0.15	0.10
宁 夏	0.04	0.04		0.02		0.03	0.12	0.12	0.16	0.25	0.09
青 海	0.00	0.04	0.00	0.00	0.05	0.12	0.07	0.06	0.10	0.06	0.06
西 藏	0.00	0.00	0.02	0.03	0.04	0.00	0.02	0.06	0.03	0.02	0.02

十四　电气和电子工程

电气和电子工程 A、B、C 层人才最多的均为北京，世界占比分别为 7.60%、8.08%、6.47%。

江苏 A 层人才以 3.26% 的世界占比排名第二；广东、湖北、四川、上海、浙江、黑龙江有相当数量的 A 层人才，世界占比在 3%~1%；安徽、辽宁、天津、陕西、山东、湖南、重庆、福建、河北、河南、江西、云南也有一定数量的 A 层人才，世界占比均超过 0.1%；贵州、吉林、甘肃、广西、山西 A 层人才的世界占比均低于 0.1%。

江苏、广东 B 层人才分别以 4.06%、3.67% 的世界占比排名第二、第三位；上海、湖北、四川、浙江、辽宁、山东、湖南、黑龙江、陕西、重庆有相当数量的 B 层人才，世界占比在 3%~1%；安徽、天津、福建、河南、广西、江西、吉林、河北、山西、云南、甘肃也有一定数量的 B 层人才，世界占比大于或等于 0.1%；贵州、新疆、内蒙古、海南、宁夏、青海 B 层人才的世界占比均低于 0.1%。

江苏 C 层人才以 3.79% 的世界占比排名第二；广东、上海、湖北、浙江、四川、湖南、山东、辽宁有相当数量的 C 层人才，世界占比在 3%~1%；陕西、黑龙江、安徽、重庆、天津、福建、河南、河北、吉林、广西、江西、山西、云南、甘肃也有一定数量的 C 层人才，世界占比均超过 0.1%；新疆、贵州、内蒙古、海南、青海、宁夏 C 层人才的世界占比均低于 0.1%。

表 6-40　电气和电子工程 A 层人才的世界占比

单位：%

省　份	2013 年	2014 年	2015 年	2016 年	2017 年	2018 年	2019 年	2020 年	2021 年	2022 年	合计
北　京	4.50	4.78	7.87	6.84	10.11	7.09	10.07	6.83	7.48	9.36	7.60
江　苏	2.00	3.48	4.72	3.04	2.89	2.84	3.36	1.20	3.94	5.11	3.26
广　东	0.50	1.30	2.36	1.90	0.72	2.84	6.72	5.22	3.54	3.83	2.95
湖　北	1.50	1.74	1.18	1.52	1.44	1.06	2.99	1.61	1.18	3.40	1.75
四　川	0.50	0.43	0.39	1.90	1.44	1.42	1.87	3.21	2.36	2.98	1.67
上　海	0.50	1.30	1.18	1.14	2.17	2.13	2.99	0.80	1.57	1.70	1.59

续表

省　份	2013 年	2014 年	2015 年	2016 年	2017 年	2018 年	2019 年	2020 年	2021 年	2022 年	合计
浙　江	1.00	0.43	0.39	0.76	0.72	1.06	1.87	1.61	3.15	1.70	1.27
黑龙江	0.50	1.74	1.97	1.14	1.81	0.71	0.75	0.40	1.18	0.85	1.11
安　徽	0.50	0.87	1.18	0.38	1.08	0.71	1.12	0.00	1.57	1.70	0.92
辽　宁	0.50	0.87	0.00	0.76	0.36	1.06	0.75	1.61	1.97	1.28	0.92
天　津	0.00	0.00	0.39	0.38	0.36	0.35	2.24	1.20	1.57	2.55	0.92
陕　西	0.50	0.43	1.57	1.14	1.08	1.06	0.75	0.80	0.00	0.43	0.80
山　东	0.00	0.43	0.00	0.00	0.72	0.71	0.75	0.40	2.36	1.70	0.72
湖　南	0.50	0.43	0.79	0.76	0.00	0.35	0.37	0.40	1.18	1.70	0.64
重　庆	0.50	0.00	0.00	0.00	1.08	0.71	0.00	1.20	0.00	1.70	0.52
福　建	0.00	0.00	0.39	0.38	0.72	0.35	0.37	0.00	0.79	0.85	0.40
河　北	0.00	0.00	0.00	0.00	0.00	0.00	0.00	0.40	0.00	0.85	0.12
河　南	0.00	0.00	0.00	0.00	0.36	0.00	0.00	0.00	0.39	0.43	0.12
江　西	0.00	0.00	0.00	0.00	0.00	0.71	0.37	0.00	0.00	0.00	0.12
云　南	0.00	0.00	0.00	0.79	0.00	0.00	0.00	0.00	0.39	0.00	0.12
贵　州	0.00	0.00	0.00	0.00	0.38	0.00	0.35	0.00	0.00	0.00	0.08
吉　林	0.00	0.00	0.00	0.00	0.00	0.00	0.00	0.40	0.43	0.00	0.08
甘　肃	0.00	0.00	0.00	0.00	0.00	0.00	0.00	0.00	0.43	0.00	0.04
广　西	0.00	0.00	0.00	0.00	0.00	0.00	0.35	0.00	0.00	0.00	0.04
山　西	0.00	0.00	0.00	0.00	0.00	0.00	0.00	0.00	0.39	0.00	0.04

表 6-41　电气和电子工程 B 层人才的世界占比

单位：%

省　份	2013 年	2014 年	2015 年	2016 年	2017 年	2018 年	2019 年	2020 年	2021 年	2022 年	合计
北　京	5.61	6.43	6.06	7.49	9.00	8.88	10.58	7.58	7.95	10.51	8.08
江　苏	2.67	3.00	3.12	3.34	3.14	3.63	3.71	6.12	5.40	6.61	4.06
广　东	1.56	1.88	2.06	2.71	3.14	3.43	5.50	4.30	5.58	6.27	3.67
上　海	1.28	1.93	1.89	2.20	2.81	2.88	2.71	2.31	2.85	3.36	2.45
湖　北	1.11	1.64	2.11	1.91	1.61	2.37	2.21	3.33	2.99	4.15	2.34
四　川	0.50	1.26	1.01	1.19	1.25	2.25	2.17	2.48	3.73	4.00	1.99
浙　江	1.83	1.35	1.58	0.89	1.33	2.37	2.17	2.71	2.33	3.36	1.98
辽　宁	0.72	1.06	1.54	1.40	1.69	1.93	2.29	1.77	3.03	2.91	1.85
山　东	0.67	0.87	0.83	1.02	0.92	1.38	2.04	2.31	3.16	3.46	1.66
湖　南	0.39	0.77	0.83	1.02	1.21	1.81	1.79	1.91	2.06	2.17	1.42
黑龙江	1.22	0.92	1.62	2.07	1.41	1.22	1.21	0.98	0.83	1.68	1.32
陕　西	0.22	1.01	0.79	1.10	0.96	1.30	1.25	1.37	1.27	2.42	1.18
重　庆	0.33	0.19	0.61	0.93	0.80	1.14	1.21	0.75	1.58	2.32	1.00

续表

省　份	2013年	2014年	2015年	2016年	2017年	2018年	2019年	2020年	2021年	2022年	合计
安　徽	0.67	0.97	1.01	0.59	1.00	0.91	0.92	1.20	1.19	1.33	0.98
天　津	0.44	0.39	0.57	0.59	0.84	0.75	0.96	1.06	1.45	2.12	0.92
福　建	0.17	0.48	0.48	0.25	0.60	0.71	1.04	0.93	0.79	0.84	0.64
河　南	0.17	0.05	0.13	0.13	0.16	0.51	0.46	0.75	0.61	0.84	0.38
广　西	0.06	0.05	0.18	0.30	0.16	0.28	0.25	0.18	0.35	0.94	0.27
江　西	0.00	0.05	0.13	0.30	0.16	0.32	0.29	0.44	0.53	0.35	0.26
吉　林	0.06	0.05	0.04	0.04	0.16	0.12	0.33	0.31	0.53	0.84	0.24
河　北	0.11	0.10	0.18	0.17	0.12	0.47	0.13	0.18	0.26	0.30	0.20
山　西	0.06	0.00	0.00	0.17	0.12	0.32	0.21	0.09	0.26	0.35	0.16
云　南	0.06	0.10	0.13	0.17	0.00	0.16	0.17	0.18	0.18	0.35	0.15
甘　肃	0.00	0.00	0.04	0.00	0.12	0.16	0.08	0.09	0.26	0.20	0.10
贵　州	0.00	0.00	0.00	0.00	0.00	0.12	0.25	0.09	0.04	0.25	0.08
新　疆	0.00	0.05	0.09	0.00	0.04	0.00	0.00	0.09	0.18	0.05	0.05
内蒙古	0.00	0.00	0.13	0.04		0.04	0.13		0.00	0.00	0.04
海　南	0.00	0.00	0.00	0.00	0.00	0.00	0.04	0.04	0.04	0.15	0.03
宁　夏	0.00	0.00	0.00	0.00	0.00	0.04	0.04	0.09	0.00	0.05	0.02
青　海	0.00	0.00	0.00	0.00	0.00	0.00	0.00	0.04	0.04	0.10	0.02

表6-42　电气和电子工程 C 层人才的世界占比

单位：%

省　份	2013年	2014年	2015年	2016年	2017年	2018年	2019年	2020年	2021年	2022年	合计
北　京	4.22	5.11	5.55	5.74	6.79	7.09	7.96	6.82	6.98	7.82	6.47
江　苏	2.02	2.82	2.86	3.30	3.70	4.17	4.39	4.54	4.64	5.15	3.79
广　东	1.09	1.41	1.61	2.04	2.74	3.49	3.74	3.94	4.49	4.99	2.99
上　海	1.61	1.55	1.59	1.83	2.10	2.28	2.68	2.54	2.62	3.24	2.21
湖　北	1.15	1.43	1.56	1.71	1.77	2.05	2.23	2.16	2.18	2.46	1.89
浙　江	1.07	1.39	1.33	1.53	1.49	1.88	1.99	2.09	2.29	2.85	1.80
四　川	1.08	1.25	1.18	1.62	1.67	1.93	2.17	1.95	2.05	2.56	1.76
湖　南	0.72	0.75	0.79	0.90	1.02	1.44	1.61	1.47	1.52	1.81	1.21
山　东	0.44	0.49	0.50	0.70	1.07	1.18	1.65	1.79	1.88	2.12	1.19
辽　宁	0.55	0.59	0.73	0.77	1.05	1.23	1.30	1.44	1.51	1.62	1.09
陕　西	0.45	0.47	0.61	0.82	0.88	0.98	1.39	1.30	1.37	1.49	0.99
黑龙江	0.63	0.73	0.78	0.91	0.94	1.02	1.08	1.00	1.05	1.11	0.93
安　徽	0.49	0.58	0.53	0.70	0.81	0.93	1.18	1.15	1.16	1.25	0.89
重　庆	0.48	0.47	0.44	0.69	0.66	0.70	0.99	0.91	1.11	1.32	0.78

续表

省　份	2013 年	2014 年	2015 年	2016 年	2017 年	2018 年	2019 年	2020 年	2021 年	2022 年	合计
天　津	0.37	0.47	0.61	0.72	0.70	0.76	1.01	0.93	0.99	1.05	0.77
福　建	0.16	0.23	0.38	0.44	0.47	0.74	0.79	0.82	0.71	0.81	0.57
河　南	0.13	0.21	0.22	0.25	0.26	0.53	0.58	0.64	0.78	0.88	0.45
河　北	0.11	0.15	0.21	0.26	0.28	0.31	0.39	0.29	0.41	0.59	0.30
吉　林	0.12	0.17	0.18	0.22	0.23	0.28	0.41	0.43	0.35	0.46	0.29
广　西	0.12	0.09	0.10	0.18	0.18	0.23	0.25	0.32	0.40	0.46	0.23
江　西	0.14	0.17	0.14	0.14	0.19	0.25	0.30	0.26	0.31	0.34	0.22
山　西	0.07	0.08	0.12	0.12	0.15	0.16	0.23	0.17	0.21	0.23	0.15
云　南	0.05	0.02	0.07	0.08	0.06	0.17	0.16	0.18	0.14	0.23	0.12
甘　肃	0.02	0.06	0.08	0.04	0.07	0.13	0.16	0.14	0.18	0.25	0.11
新　疆	0.01	0.03	0.03	0.04	0.04	0.05	0.07	0.10	0.11	0.18	0.06
贵　州	0.02	0.01	0.05	0.02	0.03	0.06	0.12	0.07	0.09	0.16	0.06
内蒙古	0.02	0.03	0.06	0.04	0.04	0.06	0.10	0.08	0.08	0.07	0.06
海　南	0.00	0.01	0.01	0.02	0.05	0.04	0.07	0.06	0.10	0.13	0.05
青　海	0.01	0.00	0.00	0.01	0.01	0.01	0.01	0.02	0.04	0.03	0.02
宁　夏	0.01	0.01	0.00	0.00	0.02	0.01	0.02	0.01	0.03	0.03	0.01

十五　建筑和建筑技术

建筑和建筑技术 A 层人才最多的是北京，世界占比为 6.67%；江苏 A 层人才以 4.44%的世界占比排名第二；广东、上海、湖南、湖北有相当数量的 A 层人才，世界占比在 3%~1%；重庆、陕西、山东、四川、浙江、安徽、福建、广西、黑龙江、青海、天津、云南也有一定数量的 A 层人才，世界占比均高于 0.4%。

B 层人才最多的是上海，世界占比为 3.16%；北京 B 层人才以 3.02%的世界占比排名第二；江苏、湖南、广东、湖北、辽宁、浙江、重庆、山东有相当数量的 B 层人才，世界占比在 3%~1%；天津、黑龙江、河南、四川、陕西、福建、吉林、江西、山西、安徽、甘肃、广西、贵州也有一定数量的 B 层人才，世界占比大于或等于 0.1%；河北、内蒙古、新疆、云南 B 层人才的世界占比均为 0.05%。

C 层人才最多的是北京，世界占比为 4.28%；江苏、上海 C 层人才的世界占比分别为 4.10%、3.38%，排名第二、第三位；广东、湖北、湖南、山东、重庆、浙江、辽宁、天津有相当数量的 C 层人才，世界占比在 3%~1%；黑龙江、四川、陕西、河南、福建、安徽、广西、河北、江西、甘肃、山西、内蒙古、云南、吉林也有一定数量的 C 层人才，世界占比大于或等于 0.1%；青海、新疆、贵州、宁夏、海南、西藏 C 层人才的世界占比均低于 0.1%。

表 6-43　建筑和建筑技术 A 层人才的世界占比

单位：%

省　份	2013 年	2014 年	2015 年	2016 年	2017 年	2018 年	2019 年	2020 年	2021 年	2022 年	合计
北　京	13.33	6.25	6.67	9.52	4.76	0.00	4.00	7.41	12.90	3.13	6.67
江　苏	6.67	0.00	0.00	0.00	4.76	0.00	4.00	7.41	6.45	12.50	4.44
广　东	0.00	0.00	0.00	0.00	4.76	4.55	4.00	7.41	3.23	0.00	2.67
上　海	0.00	0.00	0.00	0.00	4.76	0.00	4.00	3.70	0.00	9.38	2.67
湖　南	0.00	0.00	13.33	4.76	0.00	0.00	4.00	0.00	0.00	0.00	1.78
湖　北	0.00	0.00	0.00	0.00	0.00	0.00	4.00	0.00	0.00	6.25	1.33
重　庆	0.00	0.00	0.00	0.00	0.00	0.00	0.00	3.70	0.00	3.13	0.89
陕　西	0.00	0.00	0.00	0.00	0.00	0.00	4.00	0.00	0.00	3.13	0.89
山　东	0.00	0.00	0.00	0.00	0.00	0.00	0.00	0.00	3.23	3.13	0.89
四　川	0.00	0.00	0.00	0.00	4.76	0.00	0.00	0.00	0.00	3.13	0.89
浙　江	0.00	0.00	0.00	0.00	0.00	0.00	0.00	0.00	3.23	3.13	0.89
安　徽	0.00	0.00	0.00	0.00	0.00	0.00	0.00	0.00	3.23	0.00	0.44
福　建	6.67	0.00	0.00	0.00	0.00	0.00	0.00	0.00	0.00	0.00	0.44
广　西	0.00	0.00	0.00	0.00	0.00	0.00	0.00	0.00	3.23	0.00	0.44
黑龙江	0.00	0.00	0.00	0.00	4.76	0.00	0.00	0.00	0.00	0.00	0.44
青　海	0.00	0.00	0.00	0.00	4.76	0.00	0.00	0.00	0.00	0.00	0.44
天　津	0.00	0.00	0.00	4.76	0.00	0.00	0.00	0.00	0.00	0.00	0.44
云　南	0.00	0.00	0.00	0.00	0.00	0.00	0.00	0.00	0.00	3.13	0.44

表 6-44　建筑和建筑技术 B 层人才的世界占比

单位：%

省　份	2013 年	2014 年	2015 年	2016 年	2017 年	2018 年	2019 年	2020 年	2021 年	2022 年	合计
上　海	2.84	1.32	1.44	1.57	2.72	3.50	3.11	6.50	4.08	2.46	3.16
北　京	1.42	0.66	4.32	2.09	3.80	4.00	3.56	2.85	2.72	3.87	3.02
江　苏	0.71	2.63	2.88	1.05	2.17	1.00	3.56	2.44	4.08	4.58	2.72
湖　南	0.71	0.66	1.44	3.14	3.80	4.00	2.67	3.25	2.72	1.06	2.43
广　东	1.42	1.32	0.00	0.52	2.72	2.50	3.11	2.85	1.36	2.82	1.99

续表

省　份	2013 年	2014 年	2015 年	2016 年	2017 年	2018 年	2019 年	2020 年	2021 年	2022 年	合计
湖　北	0.71	1.97	0.72	1.05	0.54	3.00	1.33	1.22	3.06	1.76	1.65
辽　宁	0.00	0.00	0.72	0.00	0.00	0.00	3.11	1.22	1.70	3.17	1.22
浙　江	0.71	0.00	1.44	0.52	2.17	0.50	1.33	1.22	1.70	1.41	1.17
重　庆	3.55	0.00	0.72	0.00	0.00	0.50	1.33	1.22	1.02	2.46	1.12
山　东	0.71	0.66	0.72	0.00	1.09	0.50	3.11	0.41	1.36	1.41	1.07
天　津	0.71	1.32	0.00	0.00	0.00	0.50	1.78	0.81	1.36	1.06	0.83
黑龙江	0.00	0.00	0.72	0.52	0.54	1.00	0.44	0.81	1.70	1.06	0.78
河　南	0.00	0.66	0.00	0.00	0.00	1.00	1.33	0.00	1.36	2.11	0.78
四　川	0.00	0.00	0.00	0.52	0.00	0.89	2.03	0.00	1.06	0.54	
陕　西	1.42	0.00	0.00	0.00	0.00	0.00	0.44	0.41	1.02	0.70	0.44
福　建	0.00	0.00	0.00	0.00	0.00	0.50	0.00	1.63	0.00	0.00	0.24
吉　林	0.00	0.00	0.00	0.00	0.00	0.00	0.89	0.41	0.00	0.35	0.19
江　西	0.00	0.00	0.00	0.00	0.00	0.50	0.44	0.00	0.00	0.35	0.15
山　西	0.00	0.00	0.00	0.00	1.09	0.00	0.00	0.00	0.00	0.35	0.15
安　徽	0.00	0.00	0.00	0.00	0.00	0.00	0.00	0.00	0.34	0.35	0.10
甘　肃	0.00	0.00	0.00	0.00	0.00	0.00	0.00	0.41	0.00	0.35	0.10
广　西	0.00	0.00	0.00	0.00	0.00	0.00	0.00	0.00	0.34	0.35	0.10
贵　州	0.00	0.00	0.00	0.00	0.00	0.00	0.00	0.00	0.68	0.00	0.10
河　北	0.00	0.00	0.00	0.00	0.00	0.00	0.44	0.00	0.00	0.00	0.05
内蒙古	0.00	0.66	0.00	0.00	0.00	0.00	0.00	0.00	0.00	0.00	0.05
新　疆	0.00	0.00	0.00	0.00	0.00	0.00	0.44	0.00	0.00	0.00	0.05
云　南	0.00	0.00	0.72	0.00	0.00	0.00	0.00	0.00	0.00	0.00	0.05

表 6-45　建筑和建筑技术 C 层人才的世界占比

单位：%

省　份	2013 年	2014 年	2015 年	2016 年	2017 年	2018 年	2019 年	2020 年	2021 年	2022 年	合计
北　京	3.02	3.03	2.93	3.92	3.67	4.25	4.75	4.79	4.68	5.87	4.28
江　苏	1.96	2.76	2.57	3.41	3.56	3.94	5.29	4.13	4.89	5.99	4.10
上　海	2.03	2.42	2.43	2.63	3.35	3.49	3.62	3.84	4.02	4.35	3.38
广　东	0.84	1.35	1.79	1.55	2.23	3.08	3.08	3.15	4.68	4.20	2.86
湖　北	1.19	1.41	0.93	2.12	2.13	2.83	3.44	2.70	2.74	2.72	2.37
湖　南	0.42	0.74	1.14	1.29	2.39	2.48	3.21	2.82	2.91	2.49	2.18
山　东	0.28	0.47	1.29	0.93	1.06	1.47	1.85	2.25	2.63	2.41	1.63
重　庆	0.28	0.81	0.57	0.77	0.90	1.72	1.36	1.31	1.59	2.76	1.33
浙　江	0.98	0.47	0.64	1.14	0.80	1.21	1.76	1.27	1.53	1.94	1.26
辽　宁	0.84	1.08	0.57	0.62	0.85	1.11	1.40	1.51	1.35	1.36	1.13
天　津	0.49	0.67	0.64	0.98	0.96	1.11	0.95	1.19	1.04	1.56	1.01

省 份	2013 年	2014 年	2015 年	2016 年	2017 年	2018 年	2019 年	2020 年	2021 年	2022 年	合计
黑龙江	0.42	0.94	0.21	0.98	1.01	0.86	0.90	1.02	0.94	1.13	0.89
四 川	0.28	0.54	0.50	0.67	0.64	0.86	0.63	1.02	1.14	1.52	0.85
陕 西	0.07	0.13	0.43	0.57	0.32	0.56	1.13	1.10	0.94	1.83	0.81
河 南	0.07	0.47	0.29	0.31	0.64	0.46	0.81	0.65	1.56	1.32	0.75
福 建	0.14	0.20	0.36	0.15	0.27	0.35	0.36	0.49	0.52	0.58	0.37
安 徽	0.07	0.34	0.21	0.21	0.27	0.40	0.54	0.29	0.55	0.35	0.35
广 西	0.07	0.00	0.14	0.21	0.37	0.25	0.23	0.33	0.52	0.66	0.33
河 北	0.00	0.00	0.07	0.36	0.11	0.30	0.36	0.25	0.49	0.62	0.30
江 西	0.21	0.07	0.07	0.15	0.37	0.00	0.32	0.41	0.38	0.39	0.28
甘 肃	0.14	0.00	0.00	0.05	0.00	0.30	0.14	0.16	0.38	0.35	0.18
山 西	0.07	0.00	0.00	0.05	0.16	0.30	0.18	0.20	0.28	0.31	0.18
内蒙古	0.00	0.00	0.00	0.15	0.16	0.00	0.05	0.08	0.14	0.35	0.13
云 南	0.00	0.00	0.14	0.15	0.11	0.20	0.14	0.16	0.00	0.16	0.11
吉 林	0.00	0.00	0.00	0.15	0.05	0.10	0.09	0.12	0.24	0.12	0.10
青 海	0.07	0.07	0.14	0.10	0.05	0.00	0.14	0.12	0.03	0.08	0.09
新 疆	0.00	0.00	0.00	0.00	0.11	0.00	0.14	0.08	0.21	0.19	0.09
贵 州	0.00	0.00	0.00	0.00	0.00	0.10	0.00	0.08	0.10	0.27	0.07
宁 夏	0.00	0.00	0.00	0.05	0.05	0.05	0.00	0.08	0.03	0.12	0.04
海 南	0.00	0.00	0.00	0.05	0.00	0.00	0.00	0.08	0.03	0.08	0.03
西 藏	0.00	0.00	0.00	0.00	0.05	0.00	0.05	0.04	0.00	0.00	0.01

十六　土木工程

土木工程 A 层人才最多的是北京，世界占比为 6.24%；上海、广东、江苏、湖南、浙江、辽宁、重庆、湖北有相当数量的 A 层人才，世界占比在 3%~1%；福建、四川、天津、陕西、甘肃、广西、黑龙江、吉林、青海、山东、云南、安徽、河北、河南、江西也有一定数量的 A 层人才，世界占比均高于 0.2%。

B 层人才最多的是北京，世界占比为 4.73%；江苏、上海 B 层人才分别以 3.32%、3.16% 的世界占比排名第二、第三位；广东、湖南、湖北、重庆、浙江、辽宁、山东、四川有相当数量的 B 层人才，世界占比在 3%~1%；陕西、黑龙江、河南、天津、福建、安徽、广西、甘肃、江西、吉林、山西、新疆也有一定数量的 B 层人才，世界占比大于或等于 0.1%；河北、贵州、内蒙古、青海、海南、宁夏、西藏 B 层人才的世界占比均低于 0.1%。

　　C 层人才最多的是北京，世界占比为 5.30%；江苏、上海 C 层人才分别以 4.21%、3.73% 的世界占比排名第二、第三位；广东、湖北、湖南、山东、辽宁、浙江、四川、重庆、黑龙江、天津、陕西有相当数量的 C 层人才，世界占比在 3%~1%；河南、福建、安徽、广西、甘肃、河北、江西、山西、吉林、内蒙古、新疆、云南也有一定数量的 C 层人才，世界占比均超过 0.1%；青海、贵州、海南、宁夏、西藏 C 层人才的世界占比均低于 0.1%。

表 6-46　土木工程 A 层人才的世界占比

单位：%

省　份	2013 年	2014 年	2015 年	2016 年	2017 年	2018 年	2019 年	2020 年	2021 年	2022 年	合计
北　京	3.23	6.45	6.67	13.89	5.41	11.63	2.22	6.12	5.36	3.39	6.24
上　海	0.00	0.00	0.00	0.00	5.41	2.33	2.22	8.16	3.57	3.39	2.88
广　东	0.00	0.00	0.00	0.00	2.70	6.98	0.00	2.04	5.36	5.08	2.64
江　苏	3.23	0.00	0.00	0.00	2.70	0.00	2.22	2.04	5.36	5.08	2.40
湖　南	0.00	0.00	6.67	2.78	0.00	2.33	0.00	4.08	0.00	1.69	1.68
浙　江	0.00	0.00	0.00	0.00	2.70	0.00	0.00	4.08	7.14	0.00	1.68
辽　宁	0.00	0.00	0.00	0.00	0.00	0.00	2.22	2.04	3.57	3.39	1.44
重　庆	0.00	0.00	0.00	0.00	0.00	0.00	0.00	2.04	3.57	3.39	1.20
湖　北	0.00	0.00	0.00	0.00	0.00	2.33	2.22	2.04	1.79	1.69	1.20
福　建	3.23	0.00	0.00	0.00	0.00	0.00	0.00	4.08	1.79	0.00	0.96
四　川	0.00	0.00	0.00	0.00	2.70	0.00	0.00	2.04	0.00	3.39	0.96
天　津	0.00	0.00	0.00	2.78	0.00	2.33	0.00	2.04	0.00	1.69	0.96
陕　西	3.23	0.00	0.00	0.00	2.70	0.00	0.00	0.00	0.00	1.69	0.72
甘　肃	0.00	0.00	0.00	0.00	0.00	0.00	0.00	0.00	3.57	0.00	0.48
广　西	0.00	0.00	0.00	0.00	0.00	0.00	0.00	0.00	0.00	3.39	0.48
黑龙江	0.00	0.00	0.00	0.00	2.70	2.33	0.00	0.00	0.00	0.00	0.48
吉　林	0.00	0.00	0.00	0.00	0.00	0.00	2.22	0.00	1.79	0.00	0.48
青　海	0.00	0.00	0.00	0.00	2.70	0.00	0.00	2.04	0.00	0.00	0.48
山　东	0.00	0.00	0.00	0.00	0.00	0.00	2.22	0.00	0.00	1.69	0.48
云　南	0.00	0.00	3.33	0.00	0.00	0.00	0.00	0.00	1.79	0.00	0.48
安　徽	0.00	0.00	0.00	2.78	0.00	0.00	0.00	0.00	0.00	0.00	0.24
河　北	0.00	0.00	0.00	0.00	0.00	0.00	0.00	0.00	1.79	0.00	0.24
河　南	0.00	0.00	0.00	0.00	0.00	0.00	0.00	0.00	0.00	1.69	0.24
江　西	0.00	0.00	0.00	0.00	0.00	0.00	0.00	0.00	0.00	1.69	0.24

355

表 6-47　土木工程 B 层人才的世界占比

单位：%

省 份	2013 年	2014 年	2015 年	2016 年	2017 年	2018 年	2019 年	2020 年	2021 年	2022 年	合计
北 京	6.38	3.90	6.32	4.73	5.73	4.10	4.80	3.12	5.46	3.90	4.73
江 苏	2.84	2.13	1.49	1.78	1.72	2.56	3.84	3.56	5.85	4.65	3.32
上 海	2.48	1.42	1.86	2.37	2.29	3.59	2.64	4.45	3.90	4.46	3.16
广 东	1.06	0.35	1.49	0.59	2.29	2.05	3.36	2.90	4.09	4.28	2.53
湖 南	1.06	0.71	1.86	1.48	2.87	3.33	3.12	3.34	3.31	2.42	2.51
湖 北	2.13	2.13	0.74	1.48	1.15	2.56	1.44	1.56	4.09	2.60	2.12
重 庆	1.77	0.35	0.74	0.30	0.86	1.79	0.72	0.00	1.75	4.09	1.38
浙 江	0.71	0.00	1.49	0.30	1.43	0.77	1.92	1.11	2.92	1.67	1.36
辽 宁	0.71	0.00	0.37	1.18	0.86	0.77	1.92	0.89	2.53	2.23	1.31
山 东	1.06	0.71	0.74	0.00	1.15	1.54	1.20	1.11	2.73	1.49	1.28
四 川	0.00	0.00	0.00	0.59	1.15	1.28	0.96	1.56	2.34	1.30	1.07
陕 西	1.06	1.06	0.00	0.30	0.57	0.51	1.68	1.11	1.75	1.12	0.99
黑龙江	0.71	0.00	0.74	0.59	0.57	0.77	0.96	0.45	1.95	0.56	0.78
河 南	0.35	0.35	0.74	0.00	0.29	0.26	0.96	0.45	1.36	1.86	0.76
天 津	0.35	0.71	0.00	0.00	0.57	0.26	1.20	0.45	1.95	0.56	0.68
福 建	0.35	0.00	0.00	0.30	0.29	0.51	0.24	1.34	0.97	1.49	0.65
安 徽	0.00	0.00	0.00	0.30	0.57	0.51	0.48	0.22	0.58	0.37	0.34
广 西	0.00	0.00	0.00	0.30	0.00	0.00	0.24	0.00	0.58	0.93	0.26
甘 肃	0.35	0.35	0.37	0.30	0.00	0.26	0.00	0.00	0.58	0.19	0.24
江 西	0.00	0.00	0.37	0.00	0.00	0.26	0.48	0.00	0.58	0.19	0.24
吉 林	0.00	0.00	0.00	0.00	0.29	0.00	0.00	0.22	0.39	0.56	0.18
山 西	0.35	0.00	0.00	0.00	0.57	0.00	0.00	0.00	0.00	0.37	0.13
新 疆	0.00	0.00	0.00	0.00	0.29	0.00	0.00	0.00	0.39	0.19	0.10
河 北	0.00	0.00	0.00	0.00	0.00	0.00	0.24	0.00	0.00	0.37	0.08
贵 州	0.00	0.00	0.00	0.00	0.00	0.00	0.00	0.00	0.39	0.00	0.05
内蒙古	0.00	0.35	0.00	0.00	0.29	0.00	0.00	0.00	0.00	0.00	0.05
青 海	0.35	0.00	0.00	0.00	0.00	0.00	0.24	0.00	0.00	0.00	0.05
海 南	0.00	0.00	0.00	0.00	0.00	0.00	0.00	0.22	0.00	0.00	0.03
宁 夏	0.00	0.00	0.00	0.00	0.00	0.00	0.00	0.00	0.19	0.00	0.03
西 藏	0.00	0.00	0.00	0.00	0.29	0.00	0.00	0.00	0.00	0.00	0.03

表 6-48　土木工程 C 层人才的世界占比

单位：%

省　份	2013 年	2014 年	2015 年	2016 年	2017 年	2018 年	2019 年	2020 年	2021 年	2022 年	合计
北　京	3.54	4.21	3.64	4.82	5.03	4.76	5.92	5.94	6.27	6.55	5.30
江　苏	2.25	2.25	2.85	3.03	3.93	3.91	5.13	4.49	5.46	6.03	4.21
上　海	2.11	2.07	2.50	2.85	4.07	4.12	3.69	4.58	4.58	4.67	3.73
广　东	0.82	1.16	1.44	1.58	2.18	2.68	2.86	2.98	4.68	4.50	2.77
湖　北	1.25	1.58	1.59	1.84	2.01	3.03	3.59	2.78	2.85	3.37	2.54
湖　南	0.50	1.12	1.25	1.40	2.18	2.28	3.01	2.89	2.95	2.71	2.20
山　东	0.21	0.39	0.83	0.71	0.96	1.51	2.03	2.28	2.56	2.27	1.55
辽　宁	1.25	1.09	0.76	0.95	1.07	1.62	1.76	2.19	1.59	1.90	1.50
浙　江	1.00	0.70	0.76	1.19	0.88	1.09	1.71	1.49	1.71	2.09	1.36
四　川	0.54	0.53	0.76	0.92	1.07	1.62	1.44	1.60	1.47	2.11	1.31
重　庆	0.36	0.49	0.46	0.62	0.82	1.38	1.12	1.27	1.51	2.60	1.20
黑龙江	0.43	0.98	0.87	1.10	1.16	1.20	1.22	1.49	1.26	1.49	1.18
天　津	0.39	0.84	0.61	0.98	1.19	1.35	1.10	1.18	1.14	1.51	1.09
陕　西	0.36	0.42	0.80	0.65	0.79	0.61	1.44	1.45	1.34	1.67	1.04
河　南	0.14	0.28	0.38	0.27	0.40	0.45	0.78	0.88	1.32	1.43	0.73
福　建	0.14	0.25	0.46	0.27	0.28	0.45	0.64	0.55	0.86	0.74	0.51
安　徽	0.14	0.28	0.27	0.39	0.51	0.48	0.73	0.55	0.73	0.58	0.50
广　西	0.14	0.14	0.08	0.24	0.31	0.29	0.37	0.44	0.59	0.64	0.36
甘　肃	0.21	0.21	0.27	0.09	0.17	0.45	0.51	0.33	0.43	0.52	0.34
河　北	0.07	0.07	0.15	0.33	0.14	0.35	0.22	0.46	0.39	0.58	0.31
江　西	0.14	0.07	0.15	0.18	0.28	0.43	0.24	0.37	0.43	0.33	0.29
山　西	0.00	0.04	0.08	0.12	0.11	0.29	0.32	0.24	0.29	0.27	0.20
吉　林	0.04	0.04	0.04	0.24	0.06	0.19	0.29	0.20	0.31	0.33	0.20
内蒙古	0.07	0.00	0.04	0.15	0.17	0.16	0.12	0.20	0.16	0.25	0.15
新　疆	0.18	0.00	0.08	0.03	0.14	0.05	0.15	0.15	0.29	0.17	0.14
云　南	0.07	0.00	0.08	0.12	0.08	0.08	0.20	0.20	0.10	0.17	0.12
青　海	0.07	0.04	0.11	0.06	0.08	0.08	0.17	0.11	0.06	0.12	0.09
贵　州	0.00	0.04	0.04	0.03	0.00	0.08	0.07	0.09	0.12	0.27	0.09
海　南	0.00	0.00	0.00	0.03	0.00	0.00	0.00	0.07	0.06	0.21	0.05
宁　夏	0.00	0.00	0.00	0.03	0.03	0.03	0.02	0.00	0.02	0.12	0.03
西　藏	0.00	0.00	0.00	0.00	0.03	0.00	0.07	0.02	0.02	0.00	0.02

十七　农业工程

农业工程 A 层人才最多的是北京，世界占比为 6.78%；江苏、陕西、山东、浙江 A 层人才的世界占比均为 3.39%，并列排名第二；湖南、江西有相当数量的 A 层人才，世界占比均为 1.69%。

B 层人才最多的是北京，世界占比为 5.66%；江苏 B 层人才以 3.83% 的世界占比排名第二；湖南、广东、黑龙江、山东、上海、浙江、陕西、安徽、湖北、广西、河南、江西、辽宁有相当数量的 B 层人才，世界占比在 3%~1%；天津、四川、福建、重庆、甘肃、贵州、海南、河北、吉林、山西、云南也有一定数量的 B 层人才，世界占比均超过 0.1%。

C 层人才最多的是北京，世界占比为 8.22%；江苏、广东 C 层人才分别以 4.82%、3.89% 的世界占比排名第二、第三位；黑龙江、浙江、山东、上海、湖南、陕西、湖北、天津、辽宁、四川、重庆有相当数量的 C 层人才，世界占比在 3%~1%；河南、江西、福建、安徽、广西、海南、云南、甘肃、吉林、山西、河北、内蒙古、贵州、新疆也有一定数量的 C 层人才，世界占比大于或等于 0.2%；西藏、宁夏、青海 C 层人才的世界占比均低于 0.1%。

表6-49 农业工程 A 层人才的世界占比

单位：%

省　份	2013 年	2014 年	2015 年	2016 年	2017 年	2018 年	2019 年	2020 年	2021 年	2022 年	合计
北　京	0.00	0.00	0.00	0.00	0.00	33.33	16.67	0.00	0.00	14.29	6.78
江　苏	0.00	0.00	0.00	0.00	0.00	0.00	16.67	0.00	0.00	14.29	3.39
陕　西	0.00	0.00	20.00	0.00	0.00	0.00	0.00	0.00	0.00	14.29	3.39
山　东	0.00	0.00	20.00	0.00	0.00	16.67	0.00	0.00	0.00	0.00	3.39
浙　江	0.00	0.00	0.00	0.00	0.00	0.00	16.67	12.50	0.00	0.00	3.39
湖　南	0.00	0.00	0.00	0.00	25.00	0.00	0.00	0.00	0.00	0.00	1.69
江　西	0.00	0.00	0.00	0.00	0.00	0.00	16.67	0.00	0.00	0.00	1.69

表6-50 农业工程 B 层人才的世界占比

单位：%

省　份	2013 年	2014 年	2015 年	2016 年	2017 年	2018 年	2019 年	2020 年	2021 年	2022 年	合计
北　京	6.90	9.62	5.88	8.77	1.82	5.36	7.04	5.41	2.78	3.64	5.66
江　苏	0.00	1.92	3.92	3.51	1.82	1.79	9.86	5.41	1.39	7.27	3.83
湖　南	0.00	1.92	0.00	5.26	5.45	3.57	4.23	0.00	1.39	1.82	2.33
广　东	1.72	0.00	0.00	3.51	3.64	0.00	2.82	1.35	1.39	5.45	2.00
黑龙江	0.00	0.00	0.00	3.51	0.00	3.57	2.82	2.70	1.39	1.82	1.66
山　东	5.17	1.92	1.96	0.00	0.00	0.00	2.82	1.35	0.00	3.64	1.66

续表

省　份	2013 年	2014 年	2015 年	2016 年	2017 年	2018 年	2019 年	2020 年	2021 年	2022 年	合计
上　海	0.00	3.85	0.00	1.75	1.82	3.57	4.23	1.35	0.00	0.00	1.66
浙　江	3.45	3.85	1.96	1.75	3.64	0.00	0.00	1.35	1.39	0.00	1.66
陕　西	0.00	0.00	1.96	3.51	0.00	1.79	0.00	1.35	4.17	1.82	1.50
安　徽	0.00	3.85	1.96	0.00	0.00	1.79	0.00	0.00	1.39	3.64	1.16
湖　北	0.00	0.00	3.92	0.00	0.00	0.00	1.41	1.35	1.39	3.64	1.16
广　西	3.45	0.00	0.00	0.00	1.82	0.00	2.82	0.00	1.39	0.00	1.00
河　南	0.00	1.92	0.00	0.00	1.82	0.00	0.00	0.00	5.56	0.00	1.00
江　西	0.00	0.00	1.96	1.75	0.00	3.57	1.41	1.35	0.00	0.00	1.00
辽　宁	0.00	0.00	5.88	1.75	0.00	0.00	1.41	1.35	0.00	0.00	1.00
天　津	0.00	0.00	0.00	1.75	0.00	0.00	1.41	1.35	2.78	0.00	0.83
四　川	1.72	0.00	0.00	0.00	1.82	1.79	1.41	0.00	0.00	0.00	0.67
福　建	1.72	0.00	0.00	0.00	0.00	0.00	0.00	0.00	1.39	1.82	0.50
重　庆	0.00	0.00	0.00	0.00	0.00	0.00	0.00	0.00	0.00	3.64	0.33
甘　肃	0.00	0.00	1.96	0.00	0.00	0.00	1.41	0.00	0.00	0.00	0.33
贵　州	0.00	0.00	0.00	0.00	0.00	0.00	0.00	1.35	1.39	0.00	0.33
海　南	0.00	0.00	1.96	0.00	0.00	0.00	0.00	0.00	0.00	0.00	0.17
河　北	0.00	0.00	0.00	0.00	0.00	1.82	0.00	0.00	0.00	0.00	0.17
吉　林	0.00	0.00	0.00	0.00	0.00	0.00	0.00	0.00	0.00	1.82	0.17
山　西	0.00	0.00	0.00	0.00	0.00	0.00	0.00	0.00	0.00	1.82	0.17
云　南	0.00	0.00	0.00	0.00	0.00	0.00	1.41	0.00	0.00	0.00	0.17

表 6-51　农业工程 C 层人才的世界占比

单位：%

省　份	2013 年	2014 年	2015 年	2016 年	2017 年	2018 年	2019 年	2020 年	2021 年	2022 年	合计
北　京	7.04	6.94	8.98	9.38	7.01	11.94	9.10	7.02	7.55	7.45	8.22
江　苏	2.58	2.65	3.59	2.65	3.60	5.02	5.20	6.34	7.14	7.45	4.82
广　东	3.78	2.04	2.99	2.83	5.87	7.27	4.77	4.18	2.75	2.38	3.89
黑龙江	2.06	1.63	3.99	3.01	2.65	3.63	3.03	3.24	3.43	2.22	2.92
浙　江	2.41	2.24	1.80	3.01	3.60	2.60	2.89	2.56	3.71	3.33	2.85
山　东	1.55	3.06	3.19	2.65	2.46	2.25	3.90	3.37	1.92	2.85	2.73
上　海	1.89	3.27	2.79	3.54	3.22	2.08	2.17	3.10	1.51	2.38	2.55
湖　南	0.69	1.02	0.60	1.42	1.52	3.63	3.03	1.89	2.47	2.38	1.94
陕　西	0.69	0.20	0.80	1.59	2.08	1.56	3.18	2.29	2.88	3.01	1.94
湖　北	1.20	1.22	1.20	1.42	1.70	2.08	1.88	2.97	1.65	2.85	1.87
天　津	0.86	1.22	1.60	1.06	1.33	1.56	2.17	2.83	0.69	1.58	1.52
辽　宁	1.55	1.02	1.40	1.59	1.33	0.52	1.73	0.94	1.10	0.79	1.19

省　份	2013 年	2014 年	2015 年	2016 年	2017 年	2018 年	2019 年	2020 年	2021 年	2022 年	合计
四　川	0.34	1.02	0.60	0.53	1.14	1.56	1.16	0.94	1.65	1.27	1.04
重　庆	0.00	0.41	0.40	0.53	0.76	1.90	2.02	1.75	0.82	1.11	1.03
河　南	0.17	0.20	0.40	0.71	0.57	1.04	1.30	1.48	0.96	2.38	0.98
江　西	0.17	1.02	0.20	1.24	0.95	2.08	1.16	0.81	0.41	0.63	0.86
福　建	1.20	0.82	0.80	0.35	0.76	0.52	1.01	0.40	1.24	0.79	0.80
安　徽	0.69	1.02	0.80	0.71	0.76	0.35	0.87	1.08	0.27	0.79	0.73
广　西	0.00	0.41	0.60	0.18	0.19	0.69	0.58	0.94	0.82	1.74	0.65
海　南	0.34	0.00	0.00	0.00	0.00	0.69	0.72	1.08	0.14	0.79	0.41
云　南	0.00	0.00	0.40	0.00	0.00	0.35	0.72	0.81	0.41	0.95	0.41
甘　肃	0.34	0.00	0.00	0.18	0.00	0.69	0.58	1.08	0.00	0.16	0.38
吉　林	0.52	0.00	0.40	0.00	0.19	0.69	0.00	0.40	0.41	0.95	0.36
山　西	0.52	0.20	0.20	0.18	0.19	0.35	0.43	0.00	0.41	0.16	0.27
河　北	0.00	0.41	0.20	0.00	0.19	0.00	0.14	1.08	0.00	0.16	0.23
内蒙古	0.17	0.00	0.00	0.18	0.00	1.21	0.14	0.13	0.14	0.16	0.22
贵　州	0.17	0.00	0.00	0.18	0.00	0.00	0.29	0.40	0.27	0.16	0.20
新　疆	0.17	0.00	0.20	0.00	0.00	0.17	0.29	0.27	0.27	0.48	0.20
西　藏	0.00	0.00	0.00	0.00	0.19	0.00	0.00	0.27	0.27	0.00	0.08
宁　夏	0.00	0.00	0.00	0.00	0.00	0.00	0.29	0.13	0.14	0.00	0.07
青　海	0.00	0.00	0.00	0.00	0.00	0.17	0.00	0.00	0.14	0.32	0.07

十八　环境工程

环境工程 A 层人才最多的是北京，世界占比为 4.71%；广东、江苏 A 层人才的世界占比均为 4.41%，并列排名第二；其后是湖北、上海，A 层人才的世界占比均为 3.24%；浙江、河南、四川、湖南、山东、黑龙江、江西有相当数量的 A 层人才，世界占比在 3%～1%；天津、安徽、福建、重庆、广西、吉林也有一定数量的 A 层人才，世界占比均超过 0.2%。

B 层人才最多的是北京，世界占比为 7.61%；江苏、广东 B 层人才分别以 5.86%、4.29% 的世界占比排名第二、第三位；上海、湖北、湖南的 B 层人才比较多，世界占比在 4%～3%；山东、浙江、黑龙江、安徽、天津、河南、四川、福建、辽宁有相当数量的 B 层人才，世界占比在 3%～1%；陕西、重庆、吉林、江西、河北、甘肃、广西、山西、云南、海南、新疆也有一定数量的 B 层人才, 世界占比均超过 0.1%; 贵州、内蒙古、宁夏、青海 B 层人才的世界占比均低于 0.1%。

C 层人才最多的是北京, 世界占比为 8.96%; 江苏、广东 C 层人才的世界占比分别为 5.90%、5.41%, 排名第二、第三位; 上海、湖北的 C 层人才比较多, 世界占比分别为 4.53%、3.00%; 浙江、山东、湖南、黑龙江、天津、四川、福建、辽宁、陕西、安徽、河南、重庆有相当数量的 C 层人才, 世界占比在 3%~1%; 吉林、江西、甘肃、河北、广西、山西、云南、贵州、新疆、海南、内蒙古、宁夏也有一定数量的 C 层人才, 世界占比大于或等于 0.1%; 青海、西藏 C 层人才的世界占比均低于 0.1%。

表 6-52 环境工程 A 层人才的世界占比

单位: %

省 份	2013 年	2014 年	2015 年	2016 年	2017 年	2018 年	2019 年	2020 年	2021 年	2022 年	合计
北 京	0.00	0.00	8.70	7.69	0.00	2.78	7.89	4.44	9.80	2.04	4.71
广 东	0.00	5.00	4.35	3.85	0.00	5.56	7.89	6.67	5.88	2.04	4.41
江 苏	0.00	0.00	4.35	3.85	3.23	5.56	2.63	4.44	3.92	10.20	4.41
湖 北	0.00	0.00	4.35	0.00	0.00	0.00	5.26	6.67	3.92	6.12	3.24
上 海	0.00	0.00	0.00	3.85	3.23	2.78	2.63	4.44	5.88	4.08	3.24
浙 江	0.00	0.00	4.35	0.00	0.00	0.00	2.63	0.00	5.88	8.16	2.65
河 南	0.00	0.00	4.35	0.00	0.00	0.00	0.00	6.67	3.92	4.08	2.35
四 川	0.00	0.00	0.00	0.00	0.00	0.00	0.00	6.67	3.92	4.08	2.06
湖 南	0.00	0.00	4.35	0.00	3.23	0.00	0.00	4.44	0.00	4.08	1.76
山 东	0.00	0.00	0.00	0.00	0.00	0.00	0.00	0.00	3.92	8.16	1.76
黑龙江	0.00	0.00	8.70	0.00	0.00	2.78	2.63	0.00	1.96	0.00	1.47
江 西	0.00	0.00	0.00	3.85	0.00	0.00	0.00	2.22	1.96	2.04	1.18
天 津	0.00	0.00	0.00	0.00	0.00	2.78	2.63	0.00	1.96	0.00	0.88
安 徽	0.00	0.00	0.00	0.00	0.00	0.00	0.00	0.00	3.92	0.00	0.59
福 建	0.00	0.00	4.35	0.00	0.00	0.00	0.00	0.00	1.96	0.00	0.59
重 庆	0.00	5.00	0.00	0.00	0.00	0.00	0.00	0.00	0.00	0.00	0.29
广 西	0.00	0.00	0.00	0.00	0.00	0.00	2.63	0.00	0.00	0.00	0.29
吉 林	0.00	0.00	0.00	0.00	0.00	0.00	2.63	0.00	0.00	0.00	0.29

表6-53 环境工程B层人才的世界占比

单位：%

省份	2013年	2014年	2015年	2016年	2017年	2018年	2019年	2020年	2021年	2022年	合计
北京	6.03	8.04	7.25	5.14	7.22	7.67	9.36	7.21	7.52	9.09	7.61
江苏	3.52	4.52	5.31	3.56	2.75	6.13	8.19	7.67	5.54	7.73	5.86
广东	0.50	2.01	2.90	3.16	3.09	4.60	4.97	3.95	7.52	5.00	4.29
上海	0.50	2.51	2.90	3.16	2.75	2.45	3.80	4.42	4.36	4.55	3.45
湖北	3.02	1.51	3.38	4.74	4.12	2.15	3.22	3.26	3.17	4.32	3.35
湖南	1.01	0.50	4.35	1.98	3.09	7.06	4.39	2.56	3.17	2.27	3.16
山东	0.00	2.01	1.45	1.58	0.34	1.53	2.92	1.86	4.36	4.09	2.35
浙江	0.50	1.51	2.42	0.79	0.34	2.15	2.34	3.02	3.37	3.41	2.26
黑龙江	1.01	0.50	1.93	0.79	1.72	2.15	1.17	1.40	2.57	3.41	1.85
安徽	0.50	3.52	2.90	0.79	1.03	1.23	2.92	1.86	0.59	1.59	1.60
天津	1.01	0.00	1.45	0.79	1.72	0.31	2.34	2.09	2.18	2.27	1.60
河南	0.50	0.50	0.48	0.00	1.37	0.61	0.88	1.86	3.76	2.50	1.57
四川	0.50	0.50	0.00	0.00	1.03	0.31	2.63	2.09	1.39	3.86	1.50
福建	1.51	0.50	2.42	0.40	0.69	1.53	0.58	2.09	1.39	1.59	1.32
辽宁	1.51	1.01	0.97	0.79	1.03	0.92	0.58	0.47	0.79	2.27	1.03
陕西	0.00	0.00	0.00	0.40	0.69	0.61	0.88	2.56	1.19	0.91	0.91
重庆	0.00	0.50	0.48	0.40	1.03	0.61	0.58	1.16	0.79	0.45	0.66
吉林	0.50	0.00	0.48	0.00	0.34	0.31	0.29	0.70	0.59	2.27	0.66
江西	0.00	0.00	0.48	0.00	0.00	0.00	0.58	1.86	0.59	0.91	0.56
河北	0.00	0.00	0.00	0.00	0.34	0.31	0.88	0.70	0.79	0.91	0.50
甘肃	0.00	0.50	0.48	0.79	0.00	0.31	0.29	0.23	0.40	1.14	0.44
广西	0.00	0.00	0.00	0.00	0.00	0.31	0.29	0.70	1.19	0.68	0.44
山西	0.00	0.00	0.48	0.40	0.00	0.31	0.00	0.47	0.40	0.45	0.28
云南	0.50	0.00	0.00	0.00	0.34	0.00	0.88	0.23	0.20	0.45	0.28
海南	0.00	0.00	0.00	0.40	0.00	0.00	0.00	0.00	0.20	0.45	0.13
新疆	0.00	0.00	0.00	0.00	0.00	0.00	0.29	0.00	0.20	0.23	0.13
贵州	0.00	0.00	0.00	0.00	0.00	0.00	0.00	0.00	0.40	0.23	0.09
内蒙古	0.00	0.00	0.00	0.00	0.34	0.61	0.00	0.00	0.00	0.00	0.09
宁夏	0.00	0.50	0.00	0.00	0.00	0.00	0.00	0.00	0.00	0.45	0.09
青海	0.00	0.00	0.00	0.00	0.34	0.00	0.00	0.00	0.00	0.00	0.03

表 6-54 环境工程 C 层人才的世界占比

单位：%

省　份	2013 年	2014 年	2015 年	2016 年	2017 年	2018 年	2019 年	2020 年	2021 年	2022 年	合计
北　京	7.32	7.21	6.65	8.51	9.32	10.37	9.72	9.14	9.00	9.75	8.96
江　苏	2.78	2.34	3.59	4.26	5.39	5.35	6.00	7.58	7.54	8.30	5.90
广　东	1.87	2.18	2.28	3.13	4.06	5.07	5.74	7.04	7.69	8.11	5.41
上　海	2.73	3.30	3.44	3.37	4.85	4.33	4.93	5.24	4.88	5.69	4.53
湖　北	1.77	2.03	1.89	3.01	2.56	2.82	3.35	3.93	3.57	3.14	3.00
浙　江	1.97	1.27	1.84	1.69	2.08	2.72	3.00	3.20	4.02	4.73	2.95
山　东	1.51	1.47	0.92	1.65	1.81	2.72	3.38	3.55	3.81	5.04	2.94
湖　南	0.56	0.56	0.82	1.08	2.01	3.13	3.58	3.34	3.42	3.09	2.51
黑龙江	0.91	1.02	1.07	1.28	1.98	2.13	2.14	2.95	2.46	2.82	2.09
天　津	1.26	1.68	1.50	1.08	1.74	1.95	2.45	2.41	2.01	2.99	2.04
四　川	0.50	0.36	0.49	0.96	1.30	1.98	1.67	2.43	2.83	2.56	1.78
福　建	0.66	1.27	1.50	1.12	1.74	1.89	2.14	2.15	2.01	1.79	1.74
辽　宁	1.41	0.91	1.12	1.12	1.37	1.39	1.56	1.50	1.74	2.20	1.51
陕　西	0.30	0.36	0.39	0.72	0.85	1.52	1.44	2.17	2.40	2.20	1.48
安　徽	1.01	1.32	0.78	1.49	1.54	1.21	1.50	1.54	1.44	1.88	1.43
河　南	0.25	0.66	0.39	0.60	0.75	0.65	1.30	2.06	2.13	2.48	1.35
重　庆	0.45	0.36	0.34	0.68	1.02	1.49	1.56	1.71	1.05	1.62	1.15
吉　林	0.50	0.36	0.53	0.20	0.34	0.77	0.98	1.03	0.96	1.57	0.82
江　西	0.15	0.30	0.29	0.72	0.51	1.05	0.98	0.79	0.86	1.25	0.78
甘　肃	0.61	0.30	0.24	0.52	0.68	0.31	0.75	0.87	0.64	0.82	0.62
河　北	0.25	0.30	0.19	0.32	0.31	0.68	0.75	0.77	0.62	0.82	0.56
广　西	0.00	0.10	0.34	0.08	0.20	0.19	0.49	0.72	1.03	1.16	0.54
山　西	0.45	0.30	0.29	0.40	0.48	0.46	0.49	0.56	0.57	0.70	0.50
云　南	0.15	0.10	0.10	0.16	0.48	0.25	0.17	0.37	0.43	0.51	0.31
贵　州	0.10	0.25	0.05	0.24	0.22	0.22	0.23	0.35	0.35	0.53	0.29
新　疆	0.05	0.20	0.10	0.20	0.20	0.22	0.23	0.09	0.35	0.36	0.22
海　南	0.10	0.05	0.00	0.12	0.07	0.09	0.14	0.21	0.21	0.39	0.16
内蒙古	0.05	0.00	0.10	0.12	0.14	0.09	0.09	0.16	0.16	0.22	0.13
宁　夏	0.00	0.00	0.00	0.00	0.10	0.15	0.06	0.19	0.08	0.19	0.10
青　海	0.05	0.00	0.05	0.04	0.00	0.06	0.12	0.05	0.04	0.10	0.05
西　藏	0.00	0.00	0.00	0.00	0.00	0.03	0.06	0.07	0.04	0.12	0.04

十九　海洋工程

辽宁、上海海洋工程 A 层人才的世界占比均为 9.52%，并列排名第一；湖北、江苏 A 层人才的世界占比均为 7.14%，并列排名第三；其后是广东、四川、天津，A 层人才的世界占比均为 4.76%；北京、广西、河北、河南、吉林、陕西、山东、浙江有相当数量的 A 层人才，世界占比均为 2.38%。

B 层人才最多的是辽宁，世界占比为 6.14%；湖北、黑龙江 B 层人才分别以 5.92%、4.39% 的世界占比排名第二、第三位；北京、上海、山东的 B 层人才比较多，世界占比在 4%~3%；江苏、浙江、广东、四川、天津有相当数量的 B 层人才，世界占比在 3%~1%；河南、湖南、陕西、福建、广西、河北、安徽、重庆、海南、内蒙古、吉林、云南也有一定数量的 B 层人才，世界占比均超过 0.2%。

C 层人才最多的是上海，世界占比为 5.56%；辽宁、江苏 C 层人才分别以 5.06%、4.25% 的世界占比排名第二、第三位；黑龙江、山东、湖北、北京、浙江的 C 层人才比较多，世界占比在 4%~3%；广东、天津、四川有相当数量的 C 层人才，世界占比在 3%~1%；陕西、福建、湖南、海南、重庆、广西、河南、安徽、河北、吉林、内蒙古也有一定数量的 C 层人才，世界占比均超过 0.1%；江西、甘肃、青海、云南、山西 C 层人才的世界占比均低于 0.1%。

表 6-55　海洋工程 A 层人才的世界占比

单位：%

省　份	2013 年	2014 年	2015 年	2016 年	2017 年	2018 年	2019 年	2020 年	2021 年	2022 年	合计
辽　宁	0.00	0.00	0.00	0.00	33.33	0.00	0.00	20.00	16.67	14.29	9.52
上　海	0.00	50.00	0.00	0.00	0.00	0.00	33.33	0.00	16.67	0.00	9.52
湖　北	0.00	0.00	0.00	0.00	0.00	0.00	0.00	0.00	16.67	28.57	7.14
江　苏	0.00	0.00	0.00	0.00	0.00	0.00	0.00	40.00	16.67	0.00	7.14
广　东	0.00	0.00	0.00	0.00	16.67	0.00	0.00	0.00	16.67	14.29	4.76
四　川	0.00	0.00	0.00	0.00	0.00	0.00	0.00	0.00	16.67	14.29	4.76
天　津	0.00	0.00	0.00	0.00	0.00	0.00	0.00	0.00	16.67	14.29	4.76

续表

省　份	2013 年	2014 年	2015 年	2016 年	2017 年	2018 年	2019 年	2020 年	2021 年	2022 年	合计
北　京	0.00	0.00	0.00	0.00	0.00	0.00	0.00	0.00	0.00	14.29	2.38
广　西	0.00	0.00	0.00	0.00	0.00	0.00	0.00	0.00	0.00	14.29	2.38
河　北	0.00	0.00	0.00	0.00	0.00	0.00	0.00	0.00	0.00	14.29	2.38
河　南	0.00	0.00	0.00	0.00	0.00	0.00	0.00	0.00	0.00	14.29	2.38
吉　林	0.00	0.00	0.00	0.00	0.00	0.00	0.00	0.00	16.67	0.00	2.38
陕　西	0.00	0.00	0.00	33.33	0.00	0.00	0.00	0.00	0.00	0.00	2.38
山　东	0.00	0.00	0.00	0.00	0.00	0.00	0.00	0.00	16.67	0.00	2.38
浙　江	0.00	0.00	0.00	0.00	0.00	0.00	0.00	0.00	16.67	0.00	2.38

表 6-56　海洋工程 B 层人才的世界占比

单位：%

省　份	2013 年	2014 年	2015 年	2016 年	2017 年	2018 年	2019 年	2020 年	2021 年	2022 年	合计
辽　宁	4.00	0.00	2.86	3.45	3.23	2.17	9.26	10.20	7.04	9.64	6.14
湖　北	0.00	0.00	5.71	0.00	6.45	8.70	5.56	6.12	8.45	8.43	5.92
黑龙江	0.00	0.00	8.57	3.45	0.00	6.52	7.41	0.00	9.86	2.41	4.39
北　京	8.00	3.03	5.71	0.00	0.00	0.00	3.70	2.04	8.45	3.61	3.73
上　海	0.00	3.03	5.71	0.00	3.23	0.00	5.56	6.12	1.41	6.02	3.51
山　东	0.00	0.00	0.00	0.00	0.00	4.35	0.00	4.08	5.63	8.43	3.29
江　苏	8.00	0.00	2.86	0.00	6.45	0.00	0.00	2.04	1.41	4.82	2.41
浙　江	4.00	0.00	2.86	0.00	0.00	2.17	1.85	2.04	2.82	2.41	1.97
广　东	0.00	0.00	0.00	0.00	0.00	2.17	3.70	0.00	4.23	2.41	1.75
四　川	0.00	0.00	0.00	0.00	3.23	0.00	0.00	4.08	1.41	1.20	1.10
天　津	0.00	0.00	0.00	0.00	0.00	2.17	1.85	0.00	1.41	2.41	1.10
河　南	0.00	0.00	0.00	0.00	0.00	0.00	0.00	2.04	1.41	1.20	0.66
湖　南	0.00	0.00	0.00	0.00	3.23	0.00	0.00	0.00	1.41	1.20	0.66
陕　西	0.00	0.00	2.86	0.00	0.00	0.00	1.85	0.00	0.00	1.20	0.66
福　建	0.00	0.00	0.00	0.00	0.00	0.00	0.00	0.00	1.41	1.20	0.44
广　西	0.00	0.00	0.00	0.00	0.00	0.00	0.00	0.00	1.41	1.20	0.44
河　北	0.00	0.00	0.00	0.00	0.00	0.00	0.00	0.00	1.41	1.20	0.44
安　徽	0.00	0.00	0.00	0.00	0.00	0.00	0.00	0.00	0.00	1.20	0.22
重　庆	0.00	0.00	0.00	0.00	0.00	0.00	0.00	0.00	0.00	1.20	0.22
海　南	0.00	0.00	0.00	0.00	0.00	0.00	0.00	2.04	0.00	0.00	0.22
内蒙古	0.00	0.00	0.00	0.00	0.00	0.00	1.85	0.00	0.00	0.00	0.22
吉　林	0.00	0.00	0.00	0.00	0.00	2.17	0.00	0.00	0.00	0.00	0.22
云　南	0.00	0.00	0.00	0.00	0.00	0.00	0.00	0.00	0.00	1.20	0.22

表 6-57　海洋工程 C 层人才的世界占比

单位：%

省　　份	2013 年	2014 年	2015 年	2016 年	2017 年	2018 年	2019 年	2020 年	2021 年	2022 年	合计
上　海	4.17	2.88	4.49	3.50	7.38	6.17	5.22	6.02	5.45	7.34	5.56
辽　宁	3.75	1.92	2.69	2.55	4.03	5.51	6.72	7.68	6.31	5.02	5.06
江　苏	1.25	2.56	1.20	2.23	6.71	3.74	5.41	4.36	4.59	6.18	4.25
黑龙江	0.83	0.64	2.10	1.91	2.68	4.41	3.92	6.43	5.60	4.38	3.82
山　东	0.83	0.96	0.30	2.87	2.01	1.98	5.04	3.94	6.74	5.41	3.71
湖　北	1.25	1.28	1.50	1.59	3.69	3.52	3.73	5.19	4.16	5.41	3.60
北　京	1.25	2.56	2.10	2.55	3.02	4.41	2.80	2.28	4.45	5.53	3.49
浙　江	2.08	1.60	0.60	0.96	2.68	2.20	2.43	3.32	4.45	5.28	3.01
广　东	0.00	0.00	0.00	0.32	0.34	0.88	1.49	1.87	4.73	5.28	2.18
天　津	0.00	2.56	1.20	1.59	1.34	1.32	2.05	2.07	2.87	2.06	1.89
四　川	1.67	0.32	1.50	0.64	0.67	1.32	1.12	1.24	1.00	3.22	1.44
陕　西	0.00	0.00	0.30	0.00	0.67	0.22	1.31	0.83	1.43	1.80	0.88
福　建	0.00	0.00	0.60	0.96	0.67	0.00	0.93	0.41	1.29	1.42	0.76
湖　南	0.42	0.32	0.00	0.00	0.00	1.10	0.75	1.04	1.43	0.26	0.63
海　南	0.00	0.00	0.00	0.00	0.34	0.00	0.19	0.62	0.43	1.80	0.49
重　庆	0.42	0.00	0.00	0.00	0.00	0.00	0.93	0.62	0.72	0.64	0.43
广　西	0.00	0.00	0.00	0.00	0.67	0.22	0.37	0.41	0.72	0.51	0.36
河　南	0.00	0.00	0.00	0.00	0.34	0.00	0.56	0.62	0.29	0.64	0.31
安　徽	0.00	0.32	0.00	0.00	0.00	0.44	0.37	0.41	0.14	0.26	0.22
河　北	0.00	0.00	0.00	0.32	0.00	0.00	0.19	0.00	0.57	0.39	0.20
吉　林	0.00	0.00	0.00	0.00	0.00	0.00	0.19	0.41	0.43	0.00	0.13
内蒙古	0.00	0.00	0.00	0.00	0.00	0.22	0.00	0.41	0.00	0.26	0.11
江　西	0.00	0.00	0.00	0.00	0.00	0.00	0.19	0.00	0.00	0.39	0.09
甘　肃	0.00	0.00	0.00	0.00	0.34	0.00	0.19	0.00	0.13	0.07
青　海	0.00	0.00	0.30	0.00	0.67	0.00	0.00	0.00	0.00	0.00	0.07
云　南	0.00	0.00	0.00	0.00	0.00	0.22	0.19	0.00	0.00	0.13	0.07
山　西	0.00	0.00	0.00	0.00	0.00	0.00	0.00	0.00	0.14	0.13	0.04

二十　船舶工程

船舶工程 A 层人才最多的是北京，世界占比为 10.53%；广东、湖北、四川 A 层人才以 7.89% 的世界占比并列排名第二；其后是辽宁、上海，A 层人才的世界占比均为 5.26%；广西、海南、河北、黑龙江、江苏、陕西、山东、天津也有相当数量的 A 层人才，世界占比均为 2.63%。

B层人才最多的是辽宁，世界占比为6.83%；湖北、上海B层人才分别以6.15%、5.69%的世界占比排名第二、第三位；黑龙江、北京、山东的B层人才比较多，世界占比在5%~3%；江苏、广东、浙江有相当数量的B层人才，世界占比分别为2.05%、1.59%、1.37%；湖南、天津、河南、重庆、福建、广西、陕西、四川、安徽、河北、内蒙古、吉林也有一定数量的B层人才，世界占比均超过0.2%。

C层人才最多的是上海，世界占比为6.76%；辽宁C层人才的世界占比为5.03%，排名第二；江苏、湖北、黑龙江、北京、山东、浙江的C层人才比较多，世界占比在5%~3%；广东、天津、四川、陕西有相当数量的C层人才，世界占比在3%~1%；福建、湖南、海南、重庆、河南、安徽、广西、吉林、河北、山西也有一定数量的C层人才，世界占比均超过0.1%；内蒙古、江西、甘肃、云南、青海、新疆C层人才的世界占比均低于0.1%。

表6-58 船舶工程A层人才的世界占比

单位：%

省　份	2013年	2014年	2015年	2016年	2017年	2018年	2019年	2020年	2021年	2022年	合计
北　京	50.00	50.00	25.00	0.00	0.00	0.00	0.00	0.00	0.00	20.00	10.53
广　东	0.00	0.00	0.00	0.00	0.00	0.00	25.00	0.00	14.29	20.00	7.89
湖　北	0.00	0.00	0.00	0.00	0.00	0.00	0.00	0.00	14.29	40.00	7.89
四　川	0.00	0.00	0.00	0.00	0.00	0.00	0.00	20.00	14.29	20.00	7.89
辽　宁	0.00	0.00	0.00	0.00	0.00	0.00	25.00	0.00	14.29	0.00	5.26
上　海	0.00	0.00	0.00	0.00	0.00	0.00	0.00	20.00	14.29	0.00	5.26
广　西	0.00	0.00	0.00	0.00	0.00	0.00	0.00	0.00	0.00	20.00	2.63
海　南	0.00	0.00	0.00	0.00	0.00	0.00	0.00	0.00	0.00	20.00	2.63
河　北	0.00	0.00	0.00	0.00	0.00	0.00	0.00	0.00	0.00	20.00	2.63
黑龙江	0.00	0.00	0.00	0.00	0.00	0.00	0.00	0.00	14.29	0.00	2.63
江　苏	50.00	0.00	0.00	0.00	0.00	0.00	0.00	0.00	0.00	0.00	2.63
陕　西	0.00	0.00	0.00	0.00	100.00	0.00	0.00	0.00	0.00	0.00	2.63
山　东	0.00	0.00	0.00	0.00	0.00	0.00	0.00	0.00	14.29	0.00	2.63
天　津	0.00	0.00	0.00	0.00	0.00	0.00	0.00	0.00	14.29	0.00	2.63

表 6-59　船舶工程 B 层人才的世界占比

单位：%

省　份	2013 年	2014 年	2015 年	2016 年	2017 年	2018 年	2019 年	2020 年	2021 年	2022 年	合计
辽　宁	3.85	0.00	3.03	3.57	5.56	5.77	10.64	10.20	6.15	10.53	6.83
湖　北	0.00	0.00	6.06	0.00	8.33	5.77	6.38	8.16	9.23	7.89	6.15
上　海	0.00	7.41	9.09	0.00	8.33	5.77	6.38	4.08	3.08	9.21	5.69
黑龙江	0.00	0.00	12.12	7.14	2.78	3.85	8.51	0.00	9.23	2.63	4.78
北　京	3.85	0.00	3.03	7.14	5.56	0.00	4.26	2.04	10.77	5.26	4.56
山　东	0.00	0.00	0.00	0.00	0.00	3.85	0.00	6.12	6.15	7.89	3.42
江　苏	0.00	3.70	0.00	0.00	5.56	3.85	0.00	2.04	1.54	2.63	2.05
广　东	0.00	0.00	0.00	0.00	2.78	1.92	2.13	0.00	3.08	2.63	1.59
浙　江	3.85	0.00	3.03	0.00	0.00	0.00	0.00	0.00	3.08	2.63	1.37
湖　南	0.00	3.70	0.00	0.00	2.78	0.00	0.00	0.00	1.54	1.32	0.91
天　津	0.00	0.00	0.00	0.00	0.00	1.92	2.13	0.00	1.54	1.32	0.91
河　南	0.00	0.00	0.00	0.00	0.00	0.00	2.13	0.00	1.54	1.32	0.68
重　庆	3.85	0.00	0.00	0.00	0.00	0.00	2.13	0.00	0.00	0.00	0.46
福　建	0.00	0.00	0.00	0.00	2.78	0.00	0.00	0.00	0.00	1.32	0.46
广　西	0.00	0.00	0.00	0.00	0.00	0.00	0.00	0.00	1.54	1.32	0.46
陕　西	0.00	0.00	0.00	0.00	0.00	0.00	2.13	0.00	0.00	1.32	0.46
四　川	0.00	0.00	0.00	0.00	2.78	0.00	0.00	0.00	0.00	1.32	0.46
安　徽	0.00	0.00	0.00	0.00	0.00	0.00	0.00	0.00	0.00	1.32	0.23
河　北	0.00	0.00	0.00	0.00	0.00	0.00	0.00	0.00	1.54	0.00	0.23
内蒙古	0.00	0.00	0.00	0.00	0.00	0.00	2.13	0.00	0.00	0.00	0.23
吉　林	0.00	0.00	0.00	0.00	0.00	1.92	0.00	0.00	0.00	0.00	0.23

表 6-60　船舶工程 C 层人才的世界占比

单位：%

省　份	2013 年	2014 年	2015 年	2016 年	2017 年	2018 年	2019 年	2020 年	2021 年	2022 年	合计
上　海	7.06	5.64	5.81	4.21	8.91	8.59	6.37	6.99	5.68	7.11	6.76
辽　宁	5.88	1.13	3.63	3.45	4.02	4.77	7.01	7.39	6.20	4.39	5.03
江　苏	2.75	2.63	2.18	3.45	4.89	3.63	5.52	3.59	4.82	6.46	4.32
湖　北	1.18	2.63	2.18	3.83	5.75	4.39	4.67	5.39	4.30	5.43	4.28
黑龙江	1.18	1.13	2.91	2.30	4.02	4.58	5.10	5.39	5.85	4.39	4.12
北　京	2.35	2.63	2.91	2.30	2.59	4.01	2.76	2.40	4.48	5.68	3.55
山　东	1.57	1.50	0.73	1.92	2.87	1.91	5.52	3.79	4.65	4.26	3.21
浙　江	1.57	3.38	1.94	0.77	2.59	3.44	1.49	2.99	3.61	5.56	3.10
广　东	0.00	0.00	0.48	0.38	0.57	0.76	1.70	1.80	4.30	4.91	2.03
天　津	1.18	2.63	1.94	1.15	1.15	1.53	1.91	1.80	2.24	1.81	1.78
四　川	1.18	0.75	0.97	0.38	0.86	1.72	1.49	1.80	1.03	3.10	1.55

续表

省 份	2013 年	2014 年	2015 年	2016 年	2017 年	2018 年	2019 年	2020 年	2021 年	2022 年	合计
陕 西	0.00	0.00	0.48	1.15	1.15	0.57	1.27	1.00	1.72	1.55	1.02
福 建	0.00	0.00	0.48	0.77	0.29	0.38	1.27	0.20	0.69	1.68	0.71
湖 南	0.78	0.38	0.24	0.38	0.57	1.34	0.00	0.80	1.72	0.26	0.68
海 南	0.39	0.00	0.00	0.00	0.29	0.00	0.00	0.40	0.34	1.68	0.43
重 庆	0.00	0.00	0.00	0.00	0.00	0.19	0.42	1.00	0.69	0.65	0.39
河 南	0.00	0.00	0.00	0.00	0.29	0.19	0.42	1.00	0.34	0.39	0.32
安 徽	0.00	0.38	0.00	0.00	0.29	0.38	0.42	0.40	0.17	0.26	0.25
广 西	0.00	0.00	0.00	0.00	0.29	0.19	0.21	0.20	0.52	0.52	0.25
吉 林	0.39	0.00	0.00	0.00	0.00	0.19	0.21	0.60	0.34	0.00	0.18
河 北	0.00	0.00	0.00	0.00	0.00	0.00	0.21	0.00	0.52	0.26	0.14
山 西	0.00	0.00	0.00	0.00	0.57	0.19	0.00	0.00	0.17	0.13	0.11
内蒙古	0.00	0.00	0.00	0.00	0.00	0.19	0.00	0.20	0.00	0.26	0.09
江 西	0.00	0.00	0.00	0.00	0.00	0.00	0.21	0.00	0.00	0.39	0.09
甘 肃	0.00	0.38	0.00	0.00	0.29	0.00	0.00	0.00	0.00	0.13	0.07
云 南	0.00	0.00	0.00	0.00	0.00	0.19	0.21	0.00	0.00	0.13	0.07
青 海	0.00	0.00	0.00	0.00	0.29	0.00	0.00	0.00	0.00	0.00	0.02
新 疆	0.00	0.00	0.00	0.00	0.00	0.00	0.00	0.20	0.00	0.00	0.02

二十一 交通

交通 A 层人才仅分布在上海、北京、广东和四川，其中，A 层人才最多的是上海，世界占比为 4.48%；北京、广东、四川 A 层人才的世界占比均为 1.49%。

B 层人才最多的是北京，世界占比为 4.82%；上海 B 层人才以 3.26% 的世界占比排名第二；江苏、广东、湖北、湖南有相当数量的 B 层人才，世界占比在 3%~1%；安徽、四川、天津、浙江、重庆、黑龙江、辽宁、福建、河南、甘肃、江西、吉林、山东也有一定数量的 B 层人才，世界占比均超过 0.1%。

C 层人才最多的是北京，世界占比为 4.89%；上海、江苏、广东 C 层人才分别以 3.09%、2.77%、2.08% 的世界占比排名第二至第四位；辽宁、湖北有相当数量的 C 层人才，世界占比分别为 1.19%、1.02%；四川、湖南、浙江、天津、安徽、黑龙江、山东、福建、重庆、陕西、甘肃、江西、河南、吉林也有一定数量的 C 层人才，世界占比大于或等于 0.1%；河北、内蒙古、云南、广西、贵州、山西、海南 C 层人才的世界占比均低于 0.1%。

表 6-61　交通 A 层人才的世界占比

单位：%

省　份	2013 年	2014 年	2015 年	2016 年	2017 年	2018 年	2019 年	2020 年	2021 年	2022 年	合计
上　海	0.00	0.00	0.00	0.00	0.00	0.00	11.11	11.11	12.50	0.00	4.48
北　京	0.00	0.00	0.00	0.00	0.00	0.00	0.00	0.00	0.00	12.50	1.49
广　东	0.00	0.00	0.00	0.00	0.00	0.00	0.00	0.00	0.00	12.50	1.49
四　川	0.00	0.00	0.00	0.00	0.00	0.00	0.00	0.00	12.50	0.00	1.49

表 6-62　交通 B 层人才的世界占比

单位：%

省　份	2013 年	2014 年	2015 年	2016 年	2017 年	2018 年	2019 年	2020 年	2021 年	2022 年	合计
北　京	0.00	3.57	5.88	9.86	4.23	1.16	6.33	5.00	3.57	8.00	4.82
上　海	0.00	3.57	0.00	1.41	4.23	5.81	3.80	2.50	2.38	6.67	3.26
江　苏	0.00	0.00	0.00	1.41	1.41	0.00	7.59	2.50	3.57	2.67	2.12
广　东	1.89	0.00	1.96	1.41	1.41	2.33	2.53	0.00	1.19	5.33	1.84
湖　北	0.00	1.79	1.96	0.00	0.00	2.33	2.53	1.25	0.00	2.67	1.27
湖　南	0.00	0.00	1.96	0.00	0.00	0.00	1.27	0.00	3.57	4.00	1.13
安　徽	0.00	0.00	0.00	2.82	2.82	1.16	0.00	1.25	1.19	0.00	0.99
四　川	0.00	0.00	0.00	1.41	2.82	0.00	0.00	1.25	1.19	2.67	0.99
天　津	0.00	0.00	0.00	0.00	1.41	0.00	0.00	0.00	2.38	1.33	0.57
浙　江	0.00	0.00	0.00	0.00	1.41	1.16	0.00	1.25	1.19	0.00	0.57
重　庆	0.00	0.00	0.00	0.00	0.00	1.16	1.27	1.25	0.00	0.00	0.42
黑龙江	0.00	0.00	0.00	0.00	0.00	0.00	0.00	1.25	1.19	1.33	0.42
辽　宁	0.00	0.00	0.00	1.41	0.00	0.00	1.27	0.00	0.00	1.33	0.42
福　建	0.00	0.00	0.00	0.00	0.00	0.00	0.00	0.00	1.19	1.33	0.28
河　南	0.00	0.00	0.00	0.00	0.00	0.00	0.00	0.00	1.19	1.33	0.28
甘　肃	0.00	0.00	1.96	0.00	0.00	0.00	0.00	0.00	0.00	0.00	0.14
江　西	0.00	0.00	0.00	0.00	1.41	0.00	0.00	0.00	0.00	0.00	0.14
吉　林	0.00	0.00	0.00	0.00	0.00	0.00	0.00	0.00	0.00	1.33	0.14
山　东	0.00	1.79	0.00	0.00	0.00	0.00	0.00	0.00	0.00	0.00	0.14

表 6-63　交通 C 层人才的世界占比

单位：%

省　份	2013 年	2014 年	2015 年	2016 年	2017 年	2018 年	2019 年	2020 年	2021 年	2022 年	合计
北　京	2.56	3.31	4.64	3.44	4.54	5.34	4.83	6.23	6.01	6.48	4.89
上　海	2.56	1.47	0.89	2.61	3.12	4.43	2.67	3.31	4.13	4.32	3.09
江　苏	1.77	0.74	1.43	1.24	1.84	3.26	3.94	3.82	4.01	4.07	2.77
广　东	0.00	1.29	0.36	1.51	2.41	2.08	2.42	2.93	3.25	3.05	2.08
辽　宁	0.20	0.55	0.89	0.55	0.71	0.52	1.27	2.16	1.50	2.80	1.19
湖　北	0.98	0.74	0.89	1.10	0.99	1.43	1.15	0.76	0.75	1.27	1.02
四　川	0.39	0.00	0.54	1.10	0.71	0.65	1.02	1.27	1.63	1.65	0.96
湖　南	0.20	0.55	0.54	0.96	0.85	0.26	1.02	1.15	1.50	1.27	0.88
浙　江	0.00	0.18	0.71	0.14	0.43	0.65	1.53	1.65	0.50	1.52	0.79
天　津	0.00	0.00	0.36	0.41	0.85	0.65	0.64	1.27	0.75	1.27	0.67
安　徽	0.00	0.37	0.18	0.41	0.57	0.91	0.64	1.02	1.13	0.76	0.65
黑龙江	0.39	0.74	0.36	0.55	0.14	0.91	0.76	0.51	0.63	0.76	0.59
山　东	0.00	0.18	0.36	0.14	0.28	0.78	0.25	0.64	0.50	0.76	0.42
福　建	0.20	0.18	0.00	0.14	0.00	0.65	0.76	0.13	0.50	0.38	0.32
重　庆	0.00	0.18	0.18	0.14	0.28	0.13	0.25	0.64	0.38	0.64	0.30
陕　西	0.00	0.00	0.00	0.14	0.43	0.26	0.38	0.00	0.13	0.38	0.19
甘　肃	0.00	0.18	0.00	0.00	0.14	0.39	0.51	0.25	0.13	0.00	0.17
江　西	0.00	0.00	0.00	0.00	0.28	0.00	0.52	0.13	0.00	0.25	0.13
河　南	0.00	0.00	0.00	0.00	0.00	0.13	0.51	0.00	0.00	0.25	0.11
吉　林	0.00	0.00	0.18	0.14	0.00	0.00	0.00	0.25	0.25	0.13	0.10
河　北	0.00	0.00	0.00	0.00	0.00	0.00	0.25	0.13	0.13	0.13	0.07
内蒙古	0.00	0.00	0.36	0.28	0.14	0.00	0.00	0.00	0.00	0.00	0.07
云　南	0.00	0.18	0.00	0.14	0.00	0.00	0.13	0.00	0.13	0.13	0.07
广　西	0.00	0.00	0.00	0.00	0.00	0.13	0.13	0.00	0.00	0.13	0.04
贵　州	0.00	0.00	0.00	0.00	0.00	0.13	0.13	0.00	0.00	0.00	0.03
山　西	0.00	0.00	0.00	0.00	0.00	0.00	0.00	0.00	0.00	0.25	0.03
海　南	0.00	0.00	0.00	0.00	0.00	0.00	0.00	0.00	0.13	0.00	0.01

二十二　交通科学和技术

交通科学和技术 A、B、C 层人才最多的均为北京，世界占比分别为 12.08%、10.08%、8.33%，显著高于其他省份。

广东 A 层人才以 5.37% 的世界占比排名第二；其后是四川、上海、江苏，A 层人才的世界占比分别为 4.70%、4.03%、3.36%；重庆、湖北、浙江有相当数量的 A 层人才，世界占比在 3%~1%；安徽、福建、甘肃、湖南、江西、辽宁、陕西、山东、天津、云南也有一定数量的 A 层人才，世界占比均为 0.67%。

江苏、广东 B 层人才分别以 4.06%、3.85% 的世界占比排名第二、第三位；上海、四川、辽宁、山东、浙江、湖南、重庆、湖北、陕西有相当数量的 B 层人才，世界占比在 3%~1%；安徽、天津、福建、黑龙江、河南、甘肃、江西、广西、河北、吉林也有一定数量的 B 层人才，世界占比均超过 0.1%；内蒙古、青海、山西、新疆、云南 B 层人才的世界占比均为 0.07%。

江苏、上海、广东 C 层人才分别以 4.20%、3.66%、3.19% 的世界占比排名第二至第四位；四川、浙江、湖北、辽宁、湖南有相当数量的 C 层人才，世界占比在 2%~1%；山东、重庆、安徽、天津、陕西、福建、黑龙江、河南、吉林、河北、江西、广西、甘肃、云南也有一定数量的 C 层人才，世界占比大于或等于 0.1%；内蒙古、海南、山西、贵州、新疆、宁夏、青海 C 层人才的世界占比均低于 0.1%。

表 6-64　交通科学和技术 A 层人才的世界占比

单位：%

省　份	2013 年	2014 年	2015 年	2016 年	2017 年	2018 年	2019 年	2020 年	2021 年	2022 年	合计
北　京	12.50	9.09	18.18	12.50	6.25	11.11	22.22	11.76	6.25	11.11	12.08
广　东	0.00	0.00	0.00	6.25	6.25	5.56	5.56	0.00	6.25	16.67	5.37
四　川	0.00	0.00	0.00	6.25	12.50	0.00	11.11	5.88	0.00	5.56	4.70
上　海	0.00	0.00	0.00	0.00	0.00	0.00	11.11	5.88	12.50	5.56	4.03
江　苏	0.00	0.00	9.09	0.00	0.00	5.56	5.56	0.00	6.25	5.56	3.36
重　庆	0.00	0.00	0.00	0.00	6.25	0.00	0.00	0.00	6.25	5.56	2.01
湖　北	0.00	0.00	0.00	6.25	0.00	0.00	0.00	0.00	6.25	0.00	1.34
浙　江	0.00	0.00	0.00	0.00	0.00	0.00	0.00	5.88	6.25	0.00	1.34
安　徽	0.00	0.00	9.09	0.00	0.00	0.00	0.00	0.00	0.00	0.00	0.67
福　建	0.00	0.00	0.00	0.00	0.00	0.00	0.00	0.00	6.25	0.00	0.67
甘　肃	0.00	0.00	0.00	0.00	0.00	0.00	0.00	0.00	6.25	0.00	0.67
湖　南	0.00	0.00	0.00	0.00	0.00	0.00	0.00	5.88	0.00	0.00	0.67

省　份	2013 年	2014 年	2015 年	2016 年	2017 年	2018 年	2019 年	2020 年	2021 年	2022 年	合计
江　西	0.00	0.00	0.00	0.00	0.00	0.00	5.56	0.00	0.00	0.00	0.67
辽　宁	0.00	0.00	0.00	0.00	0.00	0.00	0.00	0.00	6.25	0.00	0.67
陕　西	0.00	0.00	9.09	0.00	0.00	0.00	0.00	0.00	0.00	0.00	0.67
山　东	0.00	0.00	0.00	0.00	0.00	0.00	0.00	0.00	0.00	5.56	0.67
天　津	0.00	0.00	0.00	0.00	0.00	0.00	0.00	0.00	0.00	5.56	0.67
云　南	0.00	0.00	9.09	0.00	0.00	0.00	0.00	0.00	0.00	0.00	0.67

表 6-65　交通科学和技术 B 层人才的世界占比

单位：%

省　份	2013 年	2014 年	2015 年	2016 年	2017 年	2018 年	2019 年	2020 年	2021 年	2022 年	合计
北　京	10.99	7.21	12.07	10.81	8.28	8.28	12.88	10.13	8.88	11.32	10.08
江　苏	1.10	1.80	1.72	1.35	2.07	2.37	6.13	8.86	7.69	4.40	4.06
广　东	0.00	1.80	0.86	1.35	2.07	2.96	7.36	4.43	6.51	7.55	3.85
上　海	1.10	2.70	0.86	1.35	2.76	3.55	1.84	3.16	2.37	6.92	2.80
四　川	2.20	0.00	0.86	0.68	2.07	1.18	1.84	5.06	4.14	1.89	2.10
辽　宁	0.00	0.00	0.00	2.03	1.38	1.78	1.84	0.63	4.14	2.52	1.61
山　东	0.00	1.80	0.86	1.35	1.38	1.18	0.00	1.27	4.14	3.14	1.61
浙　江	1.10	0.00	1.72	0.68	1.38	2.37	1.23	0.63	3.55	2.52	1.61
湖　南	1.10	1.80	0.00	0.68	0.69	0.00	1.84	3.80	3.55	1.26	1.54
重　庆	0.00	0.00	0.00	0.68	3.45	1.18	0.61	0.63	3.55	3.14	1.47
湖　北	0.00	0.90	0.86	0.68	0.00	0.00	1.23	0.63	4.73	3.14	1.33
陕　西	0.00	1.80	0.00	0.68	1.38	0.59	2.45	1.27	2.37	1.26	1.26
安　徽	0.00	0.00	0.00	1.35	2.07	1.18	0.61	1.27	1.18	0.63	0.91
天　津	0.00	0.00	0.00	0.00	0.00	0.59	1.23	0.63	2.96	0.00	0.63
福　建	0.00	0.00	0.00	0.00	0.00	0.59	1.23	0.00	2.37	0.00	0.49
黑龙江	0.00	0.00	0.00	0.68	0.69	0.59	0.00	0.00	0.59	1.89	0.49
河　南	1.10	0.00	0.86	0.00	0.00	0.00	0.00	1.90	0.59	0.63	0.49
甘　肃	1.10	0.00	0.86	0.00	0.00	0.00	0.00	1.18	0.00	0.00	0.28
江　西	0.00	0.00	0.00	0.00	0.00	0.59	0.00	0.00	0.59	0.63	0.21
广　西	0.00	0.00	0.00	0.00	0.00	0.00	0.00	0.00	0.00	1.26	0.14
河　北	0.00	0.00	0.86	0.00	0.00	0.00	0.00	0.00	0.00	0.63	0.14
吉　林	0.00	0.00	0.00	0.00	0.00	0.00	0.61	0.00	0.00	0.63	0.14
内蒙古	0.00	0.00	0.00	0.00	0.69	0.00	0.00	0.00	0.00	0.00	0.07
青　海	0.00	0.00	0.00	0.00	0.69	0.00	0.00	0.00	0.00	0.00	0.07
山　西	0.00	0.00	0.00	0.00	0.00	0.00	0.00	0.00	0.63	0.00	0.07
新　疆	0.00	0.00	0.00	0.00	0.00	0.00	0.00	0.00	0.59	0.00	0.07
云　南	0.00	0.00	0.00	0.68	0.00	0.00	0.00	0.00	0.00	0.00	0.07

表 6-66　交通科学和技术 C 层人才的世界占比

单位：%

省　份	2013 年	2014 年	2015 年	2016 年	2017 年	2018 年	2019 年	2020 年	2021 年	2022 年	合计
北　京	3.72	5.59	7.16	7.77	8.30	8.28	8.70	10.69	8.76	11.08	8.33
江　苏	2.25	2.01	2.88	3.65	3.74	4.41	5.06	5.61	4.78	5.60	4.20
上　海	2.59	2.01	2.45	2.68	3.25	4.05	3.27	4.50	4.59	5.73	3.66
广　东	0.56	1.10	1.05	2.13	2.35	2.26	4.19	4.82	4.90	5.91	3.19
四　川	0.56	0.55	1.14	1.38	1.31	2.56	2.22	3.06	1.53	2.34	1.79
浙　江	0.34	1.01	1.05	1.65	1.11	0.95	1.48	2.74	1.90	3.02	1.62
湖　北	0.68	1.19	0.61	1.10	1.38	1.07	1.67	1.30	1.90	2.22	1.37
辽　宁	0.45	0.73	0.96	0.96	1.11	1.31	1.54	2.22	1.59	1.91	1.35
湖　南	0.68	0.37	0.44	1.17	1.11	1.25	1.60	1.69	1.78	1.97	1.29
山　东	0.23	0.37	0.44	0.83	0.42	0.95	0.99	1.11	1.71	1.97	0.98
重　庆	0.11	0.37	0.35	0.83	0.62	0.95	0.93	1.30	1.59	1.66	0.95
安　徽	0.23	0.18	0.35	0.76	0.69	0.89	0.99	1.17	1.29	1.23	0.84
天　津	0.23	0.09	0.35	0.55	0.55	0.83	0.93	0.98	0.80	1.11	0.69
陕　西	0.56	0.27	0.52	0.21	0.48	0.54	0.62	0.78	1.35	1.05	0.67
福　建	0.11	0.00	0.61	0.62	0.55	1.01	1.05	0.46	1.10	0.49	0.65
黑龙江	0.34	0.37	0.87	0.41	0.21	0.66	0.43	0.78	0.55	0.92	0.57
河　南	0.23	0.09	0.17	0.28	0.28	0.18	0.56	0.46	0.55	1.05	0.41
吉　林	0.00	0.18	0.35	0.41	0.14	0.42	0.43	0.85	0.31	0.68	0.40
河　北	0.00	0.09	0.00	0.14	0.00	0.12	0.43	0.13	0.37	0.74	0.23
江　西	0.00	0.00	0.09	0.14	0.07	0.42	0.25	0.13	0.31	0.43	0.21
广　西	0.11	0.00	0.09	0.28	0.00	0.00	0.00	0.20	0.43	0.31	0.15
甘　肃	0.00	0.00	0.09	0.00	0.07	0.24	0.43	0.00	0.18	0.12	0.13
云　南	0.00	0.09	0.00	0.00	0.00	0.18	0.25	0.00	0.18	0.18	0.10
内蒙古	0.11	0.18	0.35	0.28	0.00	0.00	0.00	0.00	0.00	0.00	0.08
海　南	0.00	0.00	0.00	0.00	0.00	0.00	0.06	0.20	0.06	0.18	0.06
山　西	0.00	0.00	0.00	0.00	0.00	0.00	0.00	0.07	0.18	0.25	0.06
贵　州	0.00	0.00	0.00	0.07	0.00	0.00	0.12	0.00	0.00	0.06	0.03
新　疆	0.00	0.00	0.00	0.00	0.00	0.00	0.12	0.00	0.00	0.00	0.01
宁　夏	0.00	0.00	0.00	0.00	0.00	0.00	0.00	0.00	0.00	0.06	0.01
青　海	0.00	0.00	0.00	0.00	0.00	0.00	0.00	0.00	0.06	0.00	0.01

二十三 航空和航天工程

北京、山东航空和航天工程 A 层人才的世界占比均为 5.56%，并列排名第一；上海 A 层人才以 4.44% 的世界占比排名第二；江苏、辽宁、陕西、四川、浙江的 A 层人才比较多，世界占比均为 3.33%；安徽、湖北、湖南、重庆、甘肃、河南、内蒙古、吉林有相当数量的 A 层人才，世界占比在 3%~1%。

B 层人才最多的是北京，世界占比为 9.13%；江苏、陕西 B 层人才以 4.45%、4.00% 的世界占比排名第二、第三位；湖南、黑龙江的 B 层人才比较多，世界占比分别为 3.42%、3.20%；上海、广东、湖北、辽宁、四川有相当数量的 B 层人才，世界占比在 2%~1%；浙江、福建、山东、河北、安徽、河南、山西、重庆、广西、江西、吉林、天津、云南也有一定数量的 B 层人才，世界占比均超过 0.1%。

C 层人才最多的是北京，世界占比为 12.76%；陕西、江苏 C 层人才分别以 4.55%、4.12% 的世界占比排名第二、第三位；湖南、黑龙江的 C 层人才比较多，世界占比分别为 3.50%、3.35%；上海、湖北、广东、四川、辽宁、浙江有相当数量的 C 层人才，世界占比在 3%~1%；山东、天津、安徽、福建、河南、重庆、河北、江西、山西也有一定数量的 C 层人才，世界占比均超过 0.1%；甘肃、广西、贵州、吉林、内蒙古、云南、西藏、新疆 C 层人才的世界占比均低于 0.1%。

表 6-67　航空和航天工程 A 层人才的世界占比

单位：%

省　份	2013 年	2014 年	2015 年	2016 年	2017 年	2018 年	2019 年	2020 年	2021 年	2022 年	合计
北　京	0.00	0.00	0.00	11.11	0.00	9.09	11.11	10.00	9.09	0.00	5.56
山　东	0.00	0.00	0.00	11.11	0.00	0.00	0.00	0.00	27.27	12.50	5.56
上　海	0.00	0.00	0.00	0.00	0.00	0.00	0.00	0.00	27.27	12.50	4.44
江　苏	0.00	0.00	0.00	0.00	0.00	0.00	0.00	0.00	9.09	25.00	3.33
辽　宁	0.00	0.00	0.00	0.00	0.00	9.09	11.11	0.00	9.09	0.00	3.33
陕　西	0.00	0.00	0.00	0.00	0.00	0.00	0.00	10.00	18.18	0.00	3.33
四　川	0.00	0.00	0.00	0.00	0.00	0.00	0.00	10.00	9.09	12.50	3.33

续表

省　份	2013年	2014年	2015年	2016年	2017年	2018年	2019年	2020年	2021年	2022年	合计
浙　江	0.00	0.00	0.00	0.00	0.00	0.00	0.00	0.00	18.18	12.50	3.33
安　徽	0.00	0.00	0.00	0.00	0.00	0.00	0.00	0.00	9.09	12.50	2.22
湖　北	0.00	0.00	0.00	0.00	10.00	9.09	0.00	0.00	0.00	0.00	2.22
湖　南	0.00	0.00	0.00	11.11	0.00	0.00	0.00	0.00	0.00	12.50	2.22
重　庆	0.00	0.00	0.00	0.00	0.00	0.00	0.00	0.00	9.09	0.00	1.11
甘　肃	0.00	0.00	0.00	0.00	0.00	0.00	0.00	0.00	9.09	0.00	1.11
河　南	0.00	0.00	0.00	0.00	0.00	0.00	11.11	0.00	0.00	0.00	1.11
内蒙古	0.00	0.00	0.00	0.00	0.00	0.00	0.00	0.00	9.09	0.00	1.11
吉　林	0.00	0.00	0.00	0.00	0.00	0.00	0.00	0.00	9.09	0.00	1.11

表6-68　航空和航天工程B层人才的世界占比

单位：%

省　份	2013年	2014年	2015年	2016年	2017年	2018年	2019年	2020年	2021年	2022年	合计
北　京	4.76	4.84	5.00	12.05	9.68	7.84	14.15	5.49	9.80	13.83	9.13
江　苏	1.59	0.00	0.00	3.61	2.15	2.94	4.72	8.79	6.86	10.64	4.45
陕　西	1.59	1.61	2.50	6.02	3.23	0.98	2.83	4.40	5.88	9.57	4.00
湖　南	3.17	4.84	2.50	4.82	3.23	0.98	6.60	3.30	1.96	3.19	3.42
黑龙江	4.76	4.84	1.25	3.61	4.30	4.90	1.89	2.20	0.98	4.26	3.20
上　海	0.00	0.00	0.00	0.00	2.15	0.00	4.72	3.30	1.96	5.32	1.94
广　东	0.00	0.00	0.00	1.20	0.00	0.00	0.00	2.20	2.94	7.45	1.48
湖　北	0.00	0.00	0.00	1.20	0.00	0.98	2.83	1.10	1.96	4.26	1.37
辽　宁	0.00	3.23	0.00	0.00	2.15	0.00	0.00	1.10	1.96	5.32	1.37
四　川	0.00	1.61	0.00	0.00	0.00	1.96	0.94	2.20	0.98	2.13	1.03
浙　江	0.00	0.00	0.00	0.00	0.00	1.96	0.00	1.10	0.98	4.26	0.91
福　建	0.00	0.00	0.00	0.00	0.00	0.00	0.94	4.40	0.00	1.06	0.68
山　东	1.59	1.61	0.00	0.00	1.08	0.00	0.94	0.00	1.96	0.00	0.68
河　北	0.00	0.00	0.00	0.00	0.00	0.00	0.00	2.20	0.00	3.19	0.57
安　徽	0.00	0.00	0.00	0.00	1.08	0.00	0.94	0.00	1.96	0.00	0.46
河　南	0.00	0.00	0.00	0.00	0.00	0.98	0.00	0.00	1.96	1.06	0.46
山　西	0.00	0.00	0.00	1.20	0.00	0.00	0.94	0.00	0.98	1.06	0.46
重　庆	0.00	0.00	0.00	0.00	0.00	0.00	1.10	0.00	1.06	0.23
广　西	0.00	0.00	0.00	0.00	0.00	0.00	0.94	0.00	0.00	0.00	0.11
江　西	0.00	0.00	0.00	0.00	0.00	0.00	0.00	0.00	0.98	0.00	0.11
吉　林	0.00	0.00	0.00	1.20	0.00	0.00	0.00	0.00	0.00	0.00	0.11
天　津	0.00	0.00	0.00	0.00	0.00	0.98	0.00	0.00	0.00	0.00	0.11
云　南	0.00	0.00	0.00	0.00	0.00	0.00	0.00	0.00	0.00	1.06	0.11

表 6-69　航空和航天工程 C 层人才的世界占比

单位：%

省　份	2013 年	2014 年	2015 年	2016 年	2017 年	2018 年	2019 年	2020 年	2021 年	2022 年	合计
北　京	7.24	11.51	9.73	8.59	12.61	13.33	14.66	13.40	16.33	16.29	12.76
陕　西	2.47	2.02	2.53	3.99	3.42	4.34	6.99	5.63	5.48	6.43	4.55
江　苏	3.95	2.95	2.15	3.74	3.21	3.31	5.56	4.95	4.77	5.71	4.12
湖　南	2.96	3.58	2.53	2.86	4.49	3.62	3.64	3.72	4.06	3.11	3.50
黑龙江	1.97	2.49	2.15	2.37	4.91	3.31	5.46	2.93	3.35	3.22	3.35
上　海	1.64	0.78	1.26	1.25	1.28	2.89	2.68	2.70	3.04	4.05	2.27
湖　北	1.48	0.78	1.52	0.50	0.96	1.65	1.92	1.80	2.13	1.87	1.51
广　东	0.66	0.31	0.38	0.75	1.39	1.24	1.34	1.80	2.43	2.49	1.37
四　川	1.15	0.62	1.01	0.50	1.39	1.24	1.25	1.69	2.13	2.18	1.37
辽　宁	0.66	0.62	0.76	1.12	1.07	0.93	1.92	1.01	1.52	1.97	1.22
浙　江	0.82	1.24	0.88	0.37	0.85	0.52	0.77	1.24	1.52	1.66	1.00
山　东	0.00	0.47	1.14	0.37	0.43	0.62	0.86	0.68	1.12	1.04	0.71
天　津	0.49	0.31	0.25	0.12	0.53	0.10	0.96	0.68	1.01	1.14	0.59
安　徽	0.82	0.16	0.25	0.12	0.21	0.21	0.48	1.01	0.51	0.73	0.45
福　建	0.33	0.16	0.13	0.00	0.21	0.10	0.48	0.23	0.51	0.31	0.25
河　南	0.16	0.31	0.13	0.12	0.32	0.21	0.29	0.34	0.30	0.31	0.25
重　庆	0.49	0.00	0.13	0.00	0.32	0.10	0.29	0.11	0.41	0.31	0.23
河　北	0.00	0.16	0.13	0.12	0.00	0.10	0.19	0.23	0.51	0.10	0.15
江　西	0.00	0.00	0.25	0.12	0.21	0.10	0.19	0.23	0.20	0.00	0.14
山　西	0.00	0.00	0.13	0.00	0.00	0.10	0.00	0.23	0.30	0.41	0.13
甘　肃	0.00	0.00	0.00	0.12	0.21	0.00	0.10	0.11	0.10	0.10	0.09
广　西	0.00	0.00	0.13	0.00	0.00	0.00	0.00	0.11	0.00	0.31	0.07
贵　州	0.00	0.16	0.00	0.00	0.11	0.10	0.00	0.00	0.10	0.21	0.07
吉　林	0.00	0.16	0.00	0.00	0.00	0.10	0.10	0.00	0.10	0.21	0.07
内蒙古	0.00	0.16	0.13	0.00	0.11	0.00	0.10	0.11	0.00	0.00	0.06
云　南	0.00	0.16	0.00	0.00	0.00	0.00	0.00	0.00	0.10	0.21	0.05
西　藏	0.00	0.00	0.00	0.00	0.00	0.00	0.00	0.00	0.10	0.00	0.01
新　疆	0.00	0.00	0.00	0.00	0.11	0.00	0.00	0.00	0.00	0.00	0.01

二十四　工业工程

工业工程 A 层人才最多的是北京，世界占比为 4.85%；浙江 A 层人才以 3.03% 的世界占比排名第二；广东、江苏、山东、安徽、湖北、上海、四川有相当数量的 A 层人才，世界占比在 3%~1%；重庆、黑龙江、辽宁、宁夏、天津也有一定数量的 A 层人才，世界占比均为 0.61%。

B 层人才最多的是北京，世界占比为 5.13%；上海、广东、江苏、辽宁、湖北、湖南、山东、浙江、四川、安徽、天津有相当数量的 B 层人才，世界占比在 3%~1%；重庆、福建、黑龙江、陕西、江西、甘肃、河北、河南、新疆也有一定数量的 B 层人才，世界占比均超过 0.1%；广西、内蒙古、吉林、山西、西藏、云南 B 层人才的世界占比均为 0.06%。

C 层人才最多的是北京，世界占比为 4.46%；上海、江苏、广东、湖北、浙江、辽宁、四川、山东、湖南、重庆有相当数量的 C 层人才，世界占比在 3%~1%；天津、陕西、安徽、黑龙江、福建、河南、河北、江西、甘肃、吉林、广西、山西、云南也有一定数量的 C 层人才，世界占比均超过 0.1%；内蒙古、贵州、新疆、海南、青海、宁夏、西藏 C 层人才的世界占比均低于 0.1%。

表 6-70　工业工程 A 层人才的世界占比

单位：%

省　份	2013 年	2014 年	2015 年	2016 年	2017 年	2018 年	2019 年	2020 年	2021 年	2022 年	合计
北　京	0.00	7.69	0.00	0.00	0.00	18.75	11.11	5.56	5.00	0.00	4.85
浙　江	0.00	0.00	6.25	0.00	11.11	0.00	0.00	0.00	5.00	6.67	3.03
广　东	0.00	0.00	6.25	0.00	5.56	0.00	0.00	0.00	0.00	13.33	2.42
江　苏	7.14	0.00	0.00	0.00	0.00	0.00	5.56	0.00	0.00	13.33	2.42
山　东	0.00	0.00	0.00	0.00	0.00	0.00	0.00	5.56	5.00	6.67	1.82
安　徽	0.00	7.69	0.00	0.00	0.00	6.25	0.00	0.00	0.00	0.00	1.21
湖　北	0.00	7.69	0.00	0.00	0.00	0.00	0.00	0.00	5.00	0.00	1.21
上　海	0.00	7.69	0.00	0.00	0.00	6.25	0.00	0.00	0.00	0.00	1.21
四　川	0.00	0.00	0.00	0.00	0.00	0.00	0.00	11.11	0.00	0.00	1.21
重　庆	0.00	0.00	0.00	0.00	0.00	0.00	0.00	5.56	0.00	0.00	0.61
黑龙江	7.14	0.00	0.00	0.00	0.00	0.00	0.00	0.00	0.00	0.00	0.61
辽　宁	0.00	0.00	0.00	0.00	0.00	6.25	0.00	0.00	0.00	0.00	0.61
宁　夏	0.00	0.00	0.00	0.00	0.00	0.00	0.00	0.00	0.00	6.67	0.61
天　津	0.00	0.00	0.00	0.00	0.00	6.25	0.00	0.00	0.00	0.00	0.61

表 6-71 工业工程 B 层人才的世界占比

单位：%

省　份	2013 年	2014 年	2015 年	2016 年	2017 年	2018 年	2019 年	2020 年	2021 年	2022 年	合计
北　京	4.08	8.15	1.94	3.16	5.14	8.78	2.84	4.22	6.63	6.96	5.13
上　海	0.68	7.41	0.65	1.27	2.86	1.35	1.14	3.61	2.76	6.96	2.81
广　东	0.68	0.00	1.29	0.00	4.57	4.05	3.98	2.41	2.76	6.33	2.69
江　苏	1.36	0.74	1.94	1.27	1.71	1.35	0.57	1.81	6.08	4.43	2.19
辽　宁	2.04	0.74	1.29	0.63	1.71	1.35	2.27	3.61	3.31	3.16	2.06
湖　北	0.68	2.22	2.58	1.27	1.14	1.35	1.14	0.60	2.76	4.43	1.81
湖　南	0.00	0.00	0.65	0.00	0.57	4.05	1.70	1.81	3.87	4.43	1.75
山　东	0.00	0.00	0.65	0.63	2.29	1.35	1.70	1.81	3.87	4.43	1.75
浙　江	0.68	0.00	1.29	1.27	1.14	0.00	1.70	1.81	2.76	3.80	1.50
四　川	0.00	0.00	0.65	0.63	0.57	1.35	1.14	3.01	2.76	2.53	1.31
安　徽	0.68	7.41	0.00	1.27	0.57	0.00	0.57	0.00	0.55	1.27	1.13
天　津	1.36	1.48	0.65	0.63	0.57	0.00	1.14	1.81	1.66	1.27	1.06
重　庆	0.68	1.48	1.29	0.00	0.57	0.00	0.00	1.20	1.66	1.90	0.88
福　建	0.00	0.00	1.29	0.00	0.00	1.35	1.14	0.00	0.55	0.63	0.50
黑龙江	1.36	0.74	0.00	0.00	0.57	0.00	1.14	0.00	0.55	0.63	0.50
陕　西	0.00	0.00	1.29	0.00	1.14	0.00	0.00	0.60	0.00	1.27	0.44
江　西	0.00	0.00	0.00	0.00	0.00	0.00	0.00	0.60	0.00	1.90	0.25
甘　肃	0.00	0.00	0.00	0.00	0.00	1.35	0.00	0.00	0.00	0.63	0.19
河　北	0.00	0.74	0.00	0.63	0.00	0.00	0.00	0.00	0.00	0.00	0.13
河　南	0.00	0.00	0.00	0.00	0.00	0.68	0.00	0.00	0.55	0.00	0.13
新　疆	0.00	0.74	0.00	0.00	0.00	0.00	0.00	0.00	0.00	0.00	0.13
广　西	0.00	0.00	0.00	0.00	0.63	0.00	0.00	0.00	0.00	0.00	0.06
内蒙古	0.00	0.00	0.00	0.00	0.00	0.00	0.00	0.00	0.55	0.00	0.06
吉　林	0.00	0.00	0.00	0.00	0.00	0.00	0.00	0.00	0.00	0.63	0.06
山　西	0.00	0.00	0.00	0.00	0.00	0.68	0.00	0.00	0.00	0.00	0.06
西　藏	0.00	0.00	0.00	0.00	0.57	0.00	0.00	0.00	0.00	0.00	0.06
云　南	0.00	0.00	0.00	0.00	0.00	0.00	0.00	0.00	0.00	0.63	0.06

表 6-72 工业工程 C 层人才的世界占比

单位：%

省　份	2013 年	2014 年	2015 年	2016 年	2017 年	2018 年	2019 年	2020 年	2021 年	2022 年	合计
北　京	2.68	3.22	2.48	2.69	3.42	5.22	5.58	6.00	7.21	5.55	4.46
上　海	1.72	2.92	2.16	2.57	2.36	3.60	3.29	3.66	3.37	4.15	2.98
江　苏	1.24	1.87	1.15	2.13	1.63	2.71	2.84	3.24	4.18	4.01	2.52
广　东	0.76	0.82	1.46	2.01	2.13	2.51	2.57	3.66	3.89	3.30	2.36
湖　北	0.96	1.35	1.21	1.19	1.91	3.05	2.84	2.70	2.50	2.60	2.05

续表

省 份	2013 年	2014 年	2015 年	2016 年	2017 年	2018 年	2019 年	2020 年	2021 年	2022 年	合计
浙 江	1.24	1.35	1.53	1.32	1.23	1.36	2.06	2.28	2.61	2.53	1.76
辽 宁	0.89	0.97	0.64	1.19	1.46	1.36	2.01	2.04	2.15	2.04	1.50
四 川	0.55	0.82	0.64	1.07	1.18	1.76	1.73	2.22	2.61	2.18	1.50
山 东	0.55	0.45	0.70	0.56	0.79	1.09	1.56	2.40	2.27	2.18	1.28
湖 南	0.76	0.45	0.51	1.07	0.67	1.70	1.23	1.56	1.34	2.11	1.14
重 庆	0.34	0.30	0.76	0.38	1.46	1.09	1.28	1.56	1.63	2.18	1.12
天 津	0.76	0.60	0.51	1.57	0.56	0.81	0.84	1.38	1.28	1.19	0.95
陕 西	0.28	0.52	0.19	0.56	0.62	0.81	1.23	1.02	1.45	1.41	0.82
安 徽	0.21	0.90	0.57	0.94	0.56	0.81	1.17	1.02	0.87	0.84	0.80
黑龙江	0.41	0.30	0.64	0.69	0.84	0.88	0.73	1.02	0.52	1.05	0.71
福 建	0.28	0.45	0.13	0.25	0.28	0.68	0.67	1.26	0.52	1.05	0.56
河 南	0.14	0.15	0.06	0.06	0.22	0.20	0.50	0.48	0.23	1.12	0.32
河 北	0.07	0.37	0.06	0.25	0.22	0.07	0.22	0.48	0.46	0.35	0.26
江 西	0.21	0.45	0.06	0.06	0.34	0.27	0.11	0.18	0.41	0.35	0.24
甘 肃	0.14	0.15	0.00	0.13	0.17	0.20	0.33	0.24	0.17	0.28	0.18
吉 林	0.21	0.15	0.00	0.06	0.17	0.07	0.22	0.12	0.23	0.35	0.16
广 西	0.00	0.07	0.00	0.06	0.06	0.00	0.28	0.24	0.29	0.49	0.15
山 西	0.07	0.00	0.06	0.06	0.00	0.27	0.06	0.12	0.29	0.35	0.13
云 南	0.00	0.00	0.13	0.13	0.00	0.00	0.00	0.24	0.23	0.35	0.11
内蒙古	0.00	0.15	0.00	0.06	0.06	0.07	0.06	0.00	0.00	0.07	0.04
贵 州	0.00	0.00	0.00	0.00	0.00	0.00	0.06	0.12	0.06	0.14	0.04
新 疆	0.00	0.07	0.00	0.06	0.00	0.00	0.06	0.00	0.06	0.07	0.03
海 南	0.00	0.00	0.00	0.00	0.00	0.00	0.06	0.00	0.12	0.00	0.02
青 海	0.00	0.00	0.00	0.00	0.00	0.00	0.06	0.06	0.00	0.07	0.02
宁 夏	0.00	0.00	0.00	0.00	0.00	0.00	0.00	0.00	0.00	0.00	0.01
西 藏	0.00	0.00	0.00	0.00	0.00	0.00	0.00	0.00	0.06	0.00	0.01

二十五 设备和仪器

设备和仪器 A 层人才最多的是北京，世界占比为 5.49%；江苏、黑龙江 A 层人才分别以 3.76%、3.18% 的世界占比排名第二、第三位；安徽、重庆、湖北、辽宁、四川、湖南、陕西、上海、福建、广东、天津有相当数量的 A 层人才，世界占比在 3%～1%；山东、贵州、吉林、云南、浙江、甘肃、广西、河北、河南、江西、山西也有一定数量的 A 层人才，世界占比均超过 0.2%。

B 层人才最多的是北京，世界占比为 4.89%；江苏 B 层人才以 3.88% 的世界占比排名第二；山东、广东、上海、浙江、辽宁、四川、湖北、黑龙江、重庆、湖南、天津、吉林有一定数量的 B 层人才，世界占比在 3% ~ 1%；陕西、安徽、福建、山西、河北、广西、河南、江西、云南、甘肃也有一定数量的 B 层人才，世界占比均超过 0.1%；贵州、新疆、海南、宁夏、青海 B 层人才的世界占比均低于 0.1%。

C 层人才最多的是北京，世界占比为 5.31%；江苏 C 层人才以 4.16% 的世界占比排名第二；广东、上海、山东、浙江、湖北、辽宁、黑龙江、吉林、四川、湖南、天津、陕西、安徽、重庆、河南有相当数量的 C 层人才，世界占比在 3% ~ 1%；福建、山西、河北、江西、广西、甘肃、云南、新疆、海南、贵州也有一定数量的 C 层人才，世界占比均超过 0.1%；内蒙古、青海、宁夏、西藏 C 层人才的世界占比均低于 0.1%。

表 6-73　设备和仪器 A 层人才的世界占比

单位：%

省　份	2013 年	2014 年	2015 年	2016 年	2017 年	2018 年	2019 年	2020 年	2021 年	2022 年	合计
北　京	0.00	0.00	3.45	3.03	12.50	12.12	5.26	2.27	14.00	1.89	5.49
江　苏	4.17	0.00	0.00	3.03	0.00	6.06	2.63	6.82	6.00	3.77	3.76
黑龙江	4.17	7.69	10.34	0.00	12.50	0.00	2.63	2.27	2.00	0.00	3.18
安　徽	0.00	0.00	0.00	0.00	6.25	6.06	2.63	2.27	4.00	0.00	2.02
重　庆	0.00	0.00	0.00	0.00	12.50	3.03	0.00	4.55	2.00	1.89	2.02
湖　北	0.00	0.00	0.00	0.00	0.00	6.06	0.00	2.27	4.00	1.89	1.73
辽　宁	4.17	0.00	0.00	0.00	0.00	0.00	2.63	9.09	0.00	0.00	1.73
四　川	0.00	0.00	3.45	0.00	0.00	0.00	0.00	4.55	2.00	3.77	1.73
湖　南	0.00	0.00	0.00	0.00	0.00	0.00	0.00	4.55	2.00	3.77	1.45
陕　西	0.00	0.00	0.00	0.00	6.25	6.06	0.00	0.00	2.00	1.89	1.45
上　海	0.00	0.00	0.00	0.00	0.00	3.03	2.63	2.27	2.00	1.89	1.45
福　建	0.00	0.00	0.00	0.00	0.00	0.00	2.63	0.00	0.00	3.77	1.16
广　东	0.00	0.00	0.00	0.00	6.25	6.06	0.00	0.00	0.00	1.89	1.16
天　津	0.00	0.00	0.00	0.00	0.00	0.00	5.26	2.27	0.00	1.89	1.16
山　东	0.00	0.00	0.00	0.00	0.00	0.00	0.00	2.27	2.00	1.89	0.87

省 份	2013 年	2014 年	2015 年	2016 年	2017 年	2018 年	2019 年	2020 年	2021 年	2022 年	合计
贵 州	0.00	0.00	0.00	0.00	0.00	0.00	2.63	0.00	2.00	0.00	0.58
吉 林	0.00	0.00	0.00	0.00	0.00	0.00	0.00	2.27	2.00	0.00	0.58
云 南	0.00	0.00	0.00	0.00	0.00	3.03	0.00	0.00	2.00	0.00	0.58
浙 江	0.00	0.00	0.00	0.00	6.25	0.00	0.00	0.00	2.00	0.00	0.58
甘 肃	0.00	0.00	0.00	0.00	0.00	0.00	0.00	0.00	0.00	1.89	0.29
广 西	0.00	0.00	0.00	0.00	0.00	0.00	0.00	2.00	0.00	0.29
河 北	0.00	0.00	0.00	0.00	0.00	0.00	0.00	2.00	0.00	0.29
河 南	0.00	0.00	0.00	0.00	0.00	0.00	0.00	2.27	0.00	0.00	0.29
江 西	0.00	0.00	0.00	0.00	0.00	3.03	0.00	0.00	0.00	0.00	0.29
山 西	0.00	0.00	0.00	0.00	0.00	0.00	0.00	0.00	0.00	1.89	0.29

表 6-74 设备和仪器 B 层人才的世界占比

单位：%

省 份	2013 年	2014 年	2015 年	2016 年	2017 年	2018 年	2019 年	2020 年	2021 年	2022 年	合计
北 京	1.73	3.85	2.59	3.64	5.13	4.27	6.84	5.09	5.97	6.69	4.89
江 苏	2.16	2.99	2.22	2.32	2.88	2.28	3.70	4.33	4.65	7.95	3.88
山 东	0.00	1.71	0.74	1.32	2.56	1.42	3.42	4.07	4.20	4.81	2.76
广 东	0.00	0.85	1.48	1.99	2.56	2.28	3.70	2.54	3.54	5.02	2.70
上 海	1.30	2.14	0.37	1.99	2.88	1.99	2.85	1.27	4.20	3.97	2.49
浙 江	1.30	1.28	1.85	1.32	1.92	1.42	1.71	3.05	2.43	3.14	2.07
辽 宁	0.43	1.28	1.48	1.32	0.96	1.14	3.70	2.54	3.10	1.88	1.93
四 川	1.30	0.85	0.74	0.33	0.64	1.42	1.42	1.78	3.76	3.77	1.84
湖 北	0.00	0.43	0.74	1.66	0.32	1.42	2.28	1.78	1.77	3.35	1.57
黑龙江	1.73	0.85	2.22	2.65	1.28	0.00	2.28	0.76	0.66	2.51	1.48
重 庆	0.00	0.43	0.74	0.33	1.60	1.14	2.28	1.27	2.43	1.46	1.30
湖 南	0.00	0.00	0.00	1.32	0.64	1.42	2.56	0.76	1.55	2.30	1.22
天 津	1.30	0.43	1.48	0.33	0.64	0.57	0.85	1.02	2.21	1.88	1.16
吉 林	0.00	1.28	0.37	0.33	0.64	1.14	1.42	0.25	2.65	1.88	1.13
陕 西	0.43	0.00	1.11	0.99	1.92	0.57	0.00	1.02	0.66	1.46	0.86
安 徽	0.43	0.00	0.74	0.99	0.96	1.14	0.85	1.02	0.44	1.05	0.80
福 建	0.43	0.43	1.11	0.33	0.32	0.57	1.14	0.76	1.77	0.63	0.80
山 西	0.00	0.00	0.00	0.00	0.32	0.28	1.42	0.25	1.11	0.84	0.50
河 北	0.43	0.00	0.37	0.00	0.00	0.85	0.00	1.02	0.88	0.63	0.47
广 西	0.43	0.00	0.37	0.33	0.00	0.00	0.28	0.25	0.44	1.05	0.36
河 南	0.00	0.00	0.37	0.00	0.00	0.28	0.85	1.02	0.44	0.21	0.36

省 份	2013 年	2014 年	2015 年	2016 年	2017 年	2018 年	2019 年	2020 年	2021 年	2022 年	合计
江 西	0.00	0.00	0.00	0.00	0.32	0.00	0.28	0.76	0.88	0.42	0.33
云 南	0.00	0.43	0.37	0.00	0.32	0.00	0.00	0.51	0.44	0.63	0.30
甘 肃	0.43	0.00	0.00	0.33	0.32	0.00	0.00	0.25	0.00	0.00	0.12
贵 州	0.00	0.00	0.00	0.00	0.00	0.00	0.00	0.00	0.44	0.00	0.06
新 疆	0.00	0.00	0.00	0.00	0.00	0.00	0.28	0.00	0.22	0.00	0.06
海 南	0.00	0.00	0.00	0.00	0.00	0.00	0.00	0.25	0.00	0.00	0.03
宁 夏	0.00	0.00	0.00	0.00	0.00	0.00	0.00	0.00	0.00	0.21	0.03
青 海	0.00	0.00	0.00	0.00	0.00	0.00	0.00	0.00	0.22	0.00	0.03

表 6-75 设备和仪器 C 层人才的世界占比

单位：%

省 份	2013 年	2014 年	2015 年	2016 年	2017 年	2018 年	2019 年	2020 年	2021 年	2022 年	合计
北 京	2.62	4.80	4.21	5.16	5.86	5.86	5.86	5.46	5.39	6.21	5.31
江 苏	1.81	2.96	2.65	3.54	3.81	4.23	4.59	4.88	4.83	5.76	4.16
广 东	1.08	1.24	1.34	2.05	1.77	2.77	2.54	3.43	3.98	3.64	2.62
上 海	1.22	1.76	1.49	2.32	2.11	2.77	2.31	3.20	3.35	3.04	2.51
山 东	1.17	0.81	1.08	1.49	2.52	2.74	2.97	3.40	2.97	2.98	2.40
浙 江	1.58	1.88	1.72	1.65	1.60	2.14	2.42	2.13	2.84	3.64	2.29
湖 北	1.40	1.24	1.86	1.99	2.62	2.49	2.22	2.23	1.94	2.91	2.17
辽 宁	1.17	1.16	1.53	1.56	2.18	1.89	1.90	1.87	2.10	2.20	1.83
黑龙江	0.99	1.28	1.60	1.42	1.74	1.29	1.44	1.45	1.47	1.92	1.49
吉 林	1.04	1.11	1.01	1.32	1.70	1.86	1.67	1.30	1.52	1.66	1.46
四 川	1.08	1.20	0.97	1.26	1.70	1.20	1.38	1.48	1.34	2.31	1.45
湖 南	0.63	0.73	0.52	1.03	1.19	1.66	1.93	1.35	1.77	1.55	1.33
天 津	0.72	0.99	1.16	0.99	0.89	1.31	1.62	0.99	1.30	1.66	1.21
陕 西	0.23	0.64	0.86	0.96	1.12	1.66	1.53	1.35	1.43	1.42	1.20
安 徽	0.32	0.81	0.82	1.19	0.95	1.14	1.24	1.40	1.41	1.47	1.15
重 庆	0.50	0.94	0.56	0.86	1.40	1.03	1.18	1.09	1.47	1.60	1.13
河 南	0.41	0.73	0.86	0.76	0.89	1.20	1.07	0.99	1.18	1.47	1.01
福 建	0.45	0.34	0.45	0.76	0.41	0.54	0.87	0.75	0.85	0.91	0.67
山 西	0.23	0.26	0.48	0.46	0.68	0.63	0.87	0.36	0.80	0.54	0.56
河 北	0.09	0.17	0.22	0.40	0.44	0.51	0.46	0.62	0.80	0.75	0.50
江 西	0.23	0.21	0.41	0.17	0.65	0.57	0.58	0.62	0.42	0.52	0.46
广 西	0.09	0.09	0.19	0.43	0.31	0.37	0.35	0.34	0.72	0.80	0.42

续表

省　份	2013 年	2014 年	2015 年	2016 年	2017 年	2018 年	2019 年	2020 年	2021 年	2022 年	合计
甘　肃	0.27	0.43	0.48	0.20	0.20	0.37	0.32	0.29	0.49	0.54	0.37
云　南	0.05	0.26	0.30	0.36	0.14	0.29	0.17	0.26	0.18	0.28	0.23
新　疆	0.05	0.04	0.07	0.13	0.07	0.17	0.17	0.13	0.22	0.35	0.16
海　南	0.09	0.00	0.19	0.00	0.03	0.11	0.20	0.08	0.16	0.30	0.13
贵　州	0.05	0.04	0.04	0.03	0.14	0.11	0.23	0.05	0.20	0.19	0.12
内蒙古	0.00	0.17	0.11	0.03	0.07	0.09	0.12	0.05	0.13	0.04	0.08
青　海	0.00	0.00	0.00	0.03	0.03	0.11	0.17	0.13	0.07	0.09	0.07
宁　夏	0.00	0.04	0.00	0.03	0.03	0.00	0.00	0.03	0.07	0.02	0.02
西　藏	0.00	0.00	0.00	0.00	0.03	0.00	0.00	0.03	0.00	0.00	0.01

二十六　显微镜学

各省份均无显微镜学 A 层人才。

B 层人才最多的是北京，世界占比为 3.28%；广东、四川 B 层人才的世界占比分别为 2.73%、2.19%，分列第二、第三位；浙江、河南有相当数量的 B 层人才，世界占比分别为 1.64%、1.09%；河北、湖北、江苏、陕西、上海、天津也有一定数量的 B 层人才，世界占比均为 0.55%。

C 层人才最多的是北京，世界占比为 2.65%；广东、四川 C 层人才分别以 1.55%、1.11% 的世界占比排名第二、第三位；海南、上海、江苏、湖北、浙江、安徽、湖南、山东、云南、河南、陕西、吉林、辽宁、福建、甘肃、重庆、黑龙江也有一定数量的 C 层人才，世界占比均超过 0.1%；广西、贵州、江西、宁夏、山西 C 层人才的世界占比均低于 0.1%。

表 6-76　显微镜学 B 层人才的世界占比

单位：%

省　份	2013 年	2014 年	2015 年	2016 年	2017 年	2018 年	2019 年	2020 年	2021 年	2022 年	合计
北　京	0.00	0.00	0.00	0.00	0.00	0.00	16.67	5.88	5.26	7.14	3.28
广　东	0.00	0.00	0.00	0.00	0.00	5.88	11.11	0.00	10.53	0.00	2.73
四　川	0.00	0.00	0.00	0.00	0.00	0.00	5.56	0.00	15.79	0.00	2.19
浙　江	0.00	0.00	0.00	0.00	0.00	5.88	11.11	0.00	0.00	0.00	1.64

续表

省　份	2013 年	2014 年	2015 年	2016 年	2017 年	2018 年	2019 年	2020 年	2021 年	2022 年	合　计
河　南	0.00	0.00	0.00	0.00	0.00	0.00	0.00	5.88	5.26	0.00	1.09
河　北	0.00	0.00	5.26	0.00	0.00	0.00	0.00	0.00	0.00	0.00	0.55
湖　北	0.00	0.00	0.00	0.00	0.00	0.00	5.56	0.00	0.00	0.00	0.55
江　苏	0.00	0.00	0.00	0.00	0.00	0.00	0.00	5.88	0.00	0.00	0.55
陕　西	0.00	0.00	0.00	0.00	0.00	0.00	5.56	0.00	0.00	0.00	0.55
上　海	0.00	0.00	0.00	0.00	0.00	0.00	0.00	0.00	0.00	7.14	0.55
天　津	0.00	0.00	0.00	0.00	0.00	0.00	5.56	0.00	0.00	0.00	0.55

表 6-77　显微镜学 C 层人才的世界占比

单位：%

省　份	2013 年	2014 年	2015 年	2016 年	2017 年	2018 年	2019 年	2020 年	2021 年	2022 年	合　计
北　京	0.94	2.20	0.52	0.53	0.90	4.52	7.65	3.85	4.12	1.77	2.65
广　东	0.00	1.65	0.52	1.06	2.71	0.56	4.08	1.28	2.94	0.00	1.55
四　川	0.47	0.00	0.52	0.00	0.45	2.26	5.10	1.28	0.00	0.88	1.11
海　南	0.00	0.00	0.00	0.00	0.00	0.00	0.51	1.92	4.12	0.88	0.66
上　海	0.47	1.10	0.52	0.53	0.45	0.00	2.04	0.64	0.88	0.88	0.66
江　苏	0.94	0.00	0.00	0.53	0.90	0.00	1.53	0.64	0.59	0.88	0.61
湖　北	0.94	0.00	0.52	0.53	0.45	0.56	0.51	1.28	0.00	0.88	0.55
浙　江	0.00	0.00	1.04	0.00	0.90	0.56	2.04	0.00	0.00	0.00	0.50
安　徽	0.47	0.55	0.00	0.00	0.00	0.56	1.02	0.64	1.18	0.00	0.44
湖　南	0.47	0.00	0.00	0.00	0.45	0.56	0.51	0.00	1.76	0.88	0.44
山　东	0.00	0.55	0.00	0.53	0.00	1.69	0.51	0.00	1.18	0.00	0.44
云　南	0.00	0.00	0.00	0.00	0.00	0.56	1.02	0.64	2.35	0.00	0.44
河　南	0.00	0.00	0.00	0.00	0.00	0.00	1.02	0.64	1.18	1.77	0.39
陕　西	0.00	0.00	0.52	0.00	0.00	0.00	0.51	0.64	1.76	0.00	0.33
吉　林	0.00	0.00	0.00	0.53	0.45	0.00	0.00	0.64	1.18	0.00	0.28
辽　宁	0.00	0.00	0.00	1.06	0.00	0.00	0.00	1.28	0.59	0.00	0.28
福　建	0.00	0.00	0.00	0.53	0.00	0.00	0.51	0.00	1.18	0.00	0.22
甘　肃	0.00	0.00	0.00	0.00	0.00	0.00	0.00	0.00	1.18	0.88	0.17
重　庆	0.00	0.00	0.00	0.53	0.45	0.00	0.00	0.00	0.00	0.00	0.11
黑龙江	0.00	0.00	0.00	0.53	0.00	0.00	0.00	0.00	0.59	0.00	0.11
广　西	0.00	0.00	0.00	0.00	0.00	0.00	0.00	0.00	0.59	0.00	0.06
贵　州	0.00	0.00	0.00	0.00	0.00	0.00	0.00	0.00	0.59	0.00	0.06
江　西	0.00	0.00	0.00	0.00	0.45	0.00	0.00	0.00	0.00	0.00	0.06
宁　夏	0.00	0.00	0.00	0.00	0.00	0.00	0.00	0.64	0.00	0.00	0.06
山　西	0.00	0.00	0.00	0.00	0.00	0.56	0.00	0.00	0.00	0.00	0.06

二十七　绿色和可持续科学与技术

绿色和可持续科学与技术 A 层人才最多的是北京，世界占比为 3.23%；山东、广东 A 层人才的世界占比分别为 2.90%、2.58%，分列第二、第三位；江苏、浙江、安徽、湖北有相当数量的 A 层人才，世界占比在 2%~1%；湖南、上海、黑龙江、重庆、福建、广西、海南、河南、江西、吉林、辽宁、四川、天津、云南也有一定数量的 A 层人才，世界占比均超过 0.3%。

B 层人才最多的是北京，世界占比为 4.74%；江苏 B 层人才以 2.52% 的世界占比排名第二；上海、广东、湖北、山东、浙江、湖南、天津有相当数量的 B 层人才，世界占比在 2%~1%；辽宁、重庆、福建、四川、河南、陕西、安徽、黑龙江、吉林、河北、广西、江西、新疆、甘肃、海南也有一定数量的 B 层人才，世界占比均超过 0.1%；贵州、内蒙古、山西、云南 B 层人才的世界占比均为 0.09%。

C 层人才最多的是北京，世界占比为 5.73%；江苏 B 层人才以 3.30% 的世界占比排名第二；广东、上海、湖北、山东、浙江、湖南、四川、辽宁、天津有相当数量的 C 层人才，世界占比在 3%~1%；福建、河南、陕西、安徽、重庆、黑龙江、河北、江西、吉林、甘肃、广西、山西、云南、贵州、新疆、海南也有一定数量的 C 层人才，世界占比均超过 0.1%；内蒙古、宁夏、青海、西藏 C 层人才的世界占比均低于 0.1%。

表 6-78　绿色和可持续科学与技术 A 层人才的世界占比

单位：%

省　份	2013 年	2014 年	2015 年	2016 年	2017 年	2018 年	2019 年	2020 年	2021 年	2022 年	合计
北　京	0.00	0.00	0.00	4.00	0.00	2.33	9.30	0.00	1.61	5.26	3.23
山　东	0.00	0.00	0.00	0.00	0.00	0.00	0.00	1.72	4.84	8.77	2.90
广　东	0.00	0.00	0.00	0.00	0.00	0.00	2.33	5.17	3.23	3.51	2.58
江　苏	0.00	0.00	0.00	0.00	0.00	0.00	0.00	3.45	4.84	1.75	1.94
浙　江	0.00	0.00	0.00	4.00	0.00	0.00	2.33	0.00	4.84	1.75	1.94
安　徽	0.00	0.00	0.00	0.00	0.00	0.00	0.00	1.72	3.23	3.51	1.61
湖　北	0.00	0.00	0.00	0.00	0.00	0.00	2.33	0.00	0.00	5.26	1.29
湖　南	0.00	0.00	0.00	0.00	0.00	2.33	0.00	0.00	1.61	1.75	0.97

省　份	2013 年	2014 年	2015 年	2016 年	2017 年	2018 年	2019 年	2020 年	2021 年	2022 年	合计
上　海	0.00	0.00	0.00	0.00	0.00	0.00	2.33	0.00	0.00	3.51	0.97
黑龙江	0.00	0.00	0.00	0.00	0.00	0.00	0.00	0.00	1.61	1.75	0.65
重　庆	0.00	0.00	0.00	0.00	0.00	0.00	2.33	0.00	0.00	0.00	0.32
福　建	0.00	0.00	0.00	0.00	0.00	0.00	0.00	0.00	0.00	1.75	0.32
广　西	0.00	0.00	0.00	0.00	0.00	0.00	0.00	0.00	1.61	0.00	0.32
海　南	0.00	0.00	0.00	0.00	0.00	0.00	0.00	0.00	0.00	1.75	0.32
河　南	0.00	0.00	0.00	0.00	0.00	0.00	0.00	0.00	1.61	0.00	0.32
江　西	0.00	0.00	0.00	0.00	0.00	0.00	0.00	1.72	0.00	0.00	0.32
吉　林	0.00	0.00	0.00	0.00	0.00	0.00	0.00	0.00	1.61	0.00	0.32
辽　宁	0.00	0.00	0.00	0.00	0.00	0.00	0.00	0.00	0.00	1.75	0.32
四　川	0.00	0.00	0.00	0.00	0.00	0.00	0.00	0.00	1.61	0.00	0.32
天　津	0.00	0.00	0.00	0.00	0.00	0.00	0.00	0.00	1.61	0.00	0.32
云　南	0.00	0.00	0.00	0.00	0.00	0.00	0.00	1.72	0.00	0.00	0.32

表 6-79　绿色和可持续科学与技术 B 层人才的世界占比

单位：%

省　份	2013 年	2014 年	2015 年	2016 年	2017 年	2018 年	2019 年	2020 年	2021 年	2022 年	合计
北　京	2.82	3.77	1.20	2.17	2.03	5.43	4.84	4.94	6.68	6.25	4.74
江　苏	0.00	0.94	0.60	1.30	1.45	1.03	3.23	2.17	2.99	5.18	2.52
上　海	0.00	0.00	1.20	0.87	1.45	1.81	2.76	2.77	2.81	1.25	1.93
广　东	0.00	0.94	0.60	1.74	0.87	1.29	1.84	1.98	1.76	2.32	1.63
湖　北	0.00	0.94	0.00	0.87	2.03	1.81	1.15	1.19	1.41	3.04	1.57
山　东	0.00	0.00	0.60	0.87	0.58	1.55	0.69	1.78	2.28	2.68	1.51
浙　江	0.00	0.00	1.20	1.30	1.16	0.26	2.07	1.19	1.58	1.79	1.30
湖　南	0.00	0.00	1.20	1.30	1.45	1.55	0.92	0.59	0.88	1.79	1.13
天　津	1.41	0.00	0.00	1.30	0.29	0.26	0.23	1.78	1.58	2.14	1.10
辽　宁	1.41	0.00	0.00	0.00	0.58	0.52	0.92	0.99	1.05	1.96	0.92
重　庆	0.00	0.00	0.00	0.00	0.00	1.55	0.69	0.00	0.70	0.89	0.68
福　建	0.00	0.00	0.60	0.43	0.29	0.52	0.46	0.59	1.05	1.25	0.68
四　川	0.00	0.94	0.00	0.00	0.58	1.29	0.46	0.59	0.18	1.61	0.68
河　南	0.00	0.00	0.00	0.00	0.29	0.00	0.23	1.38	1.41	0.89	0.65
陕　西	0.00	0.94	0.60	0.00	0.58	0.26	0.92	0.59	0.53	1.07	0.62
安　徽	1.41	0.94	0.00	0.43	0.00	0.26	0.23	0.79	0.70	1.07	0.56
黑龙江	0.00	0.00	0.00	0.43	0.58	0.78	0.00	0.20	0.18	1.25	0.44
吉　林	1.41	0.94	0.00	0.43	0.00	0.00	0.40	0.53	0.89	0.41
河　北	0.00	0.00	0.00	0.00	0.00	0.52	0.92	0.20	0.35	0.54	0.36
广　西	0.00	0.00	0.00	0.00	0.00	0.52	0.00	0.00	0.35	0.89	0.27

省　份	2013 年	2014 年	2015 年	2016 年	2017 年	2018 年	2019 年	2020 年	2021 年	2022 年	合计
江　西	0.00	0.00	0.00	0.00	0.29	0.00	0.23	0.40	0.00	0.71	0.24
新　疆	0.00	0.94	0.00	0.00	0.00	0.00	0.23	0.00	0.18	0.54	0.18
甘　肃	0.00	0.00	0.00	0.87	0.00	0.00	0.00	0.40	0.00	0.00	0.12
海　南	0.00	0.00	0.00	0.00	0.00	0.26	0.00	0.00	0.35	0.18	0.12
贵　州	0.00	0.00	0.00	0.00	0.00	0.00	0.00	0.35	0.18	0.09
内蒙古	0.00	0.00	0.00	0.00	0.00	0.00	0.23	0.20	0.18	0.00	0.09
山　西	0.00	0.00	0.00	0.43	0.29	0.00	0.00	0.20	0.00	0.00	0.09
云　南	0.00	0.00	0.00	0.00	0.00	0.00	0.23	0.20	0.00	0.18	0.09

表 6-80　绿色和可持续科学与技术 C 层人才的世界占比

单位：%

省　份	2013 年	2014 年	2015 年	2016 年	2017 年	2018 年	2019 年	2020 年	2021 年	2022 年	合计
北　京	3.32	4.18	3.97	5.72	5.69	6.73	6.99	5.72	5.71	5.21	5.73
江　苏	0.41	0.86	2.02	1.75	2.99	3.09	3.46	4.25	3.63	4.17	3.30
广　东	1.11	1.81	1.11	1.57	2.25	2.80	3.32	3.01	2.93	2.78	2.63
上　海	0.55	1.90	1.95	1.57	2.38	1.96	2.81	2.35	2.29	2.27	2.22
湖　北	0.41	0.76	0.98	1.40	1.48	1.78	2.04	2.26	2.40	2.12	1.89
山　东	0.41	0.57	0.78	1.05	0.84	1.86	2.43	1.70	2.22	2.14	1.74
浙　江	1.11	0.67	1.04	1.27	1.16	1.07	1.89	1.68	1.41	2.09	1.51
湖　南	0.14	0.57	0.65	0.74	1.25	1.75	1.71	1.44	1.32	1.43	1.33
四　川	0.14	0.29	0.20	0.48	0.84	1.07	1.29	1.01	1.47	1.87	1.14
辽　宁	1.11	0.76	0.78	1.09	1.16	0.89	1.22	1.35	1.14	1.02	1.10
天　津	0.97	0.86	0.72	0.96	0.74	1.13	1.45	1.27	1.14	1.05	1.10
福　建	0.41	0.86	0.85	1.09	0.96	0.86	1.03	1.05	0.95	1.09	0.98
河　南	0.00	0.38	0.13	0.17	0.42	0.55	1.08	1.13	1.59	1.12	0.90
陕　西	0.14	0.19	0.13	0.26	0.48	0.73	0.91	0.97	1.06	0.91	0.76
安　徽	0.28	0.86	0.65	0.83	0.96	0.89	0.51	0.77	0.66	0.69	0.73
重　庆	0.00	0.10	0.46	0.48	0.61	0.86	0.98	0.81	0.73	0.74	0.72
黑龙江	0.41	0.29	0.26	0.52	0.51	0.89	0.77	0.67	0.66	0.93	0.69
河　北	0.14	0.00	0.33	0.31	0.45	0.47	0.49	0.59	0.49	0.60	0.48
江　西	0.00	0.29	0.20	0.22	0.26	0.50	0.56	0.45	0.44	0.63	0.44
吉　林	0.14	0.38	0.33	0.35	0.23	0.39	0.68	0.38	0.35	0.65	0.44
甘　肃	0.41	0.29	0.26	0.31	0.13	0.24	0.63	0.40	0.33	0.40	0.36
广　西	0.00	0.00	0.26	0.04	0.10	0.37	0.37	0.42	0.37	0.58	0.34
山　西	0.28	0.38	0.26	0.31	0.29	0.31	0.42	0.30	0.31	0.27	0.31
云　南	0.00	0.00	0.00	0.13	0.19	0.18	0.28	0.22	0.35	0.24	0.22
贵　州	0.00	0.00	0.13	0.13	0.10	0.05	0.16	0.28	0.26	0.36	0.20

省份	2013年	2014年	2015年	2016年	2017年	2018年	2019年	2020年	2021年	2022年	合计
新 疆	0.14	0.00	0.20	0.09	0.16	0.10	0.21	0.12	0.26	0.18	0.16
海 南	0.00	0.00	0.07	0.09	0.00	0.10	0.07	0.08	0.13	0.29	0.11
内蒙古	0.14	0.00	0.07	0.00	0.03	0.16	0.05	0.14	0.07	0.13	0.09
宁 夏	0.00	0.00	0.07	0.04	0.00	0.00	0.05	0.06	0.11	0.09	0.05
青 海	0.00	0.00	0.00	0.00	0.10	0.10	0.09	0.02	0.02	0.09	0.05
西 藏	0.00	0.00	0.07	0.00	0.06	0.00	0.05	0.08	0.02	0.00	0.03

二十八 人体工程学

人体工程学 A 层人才仅分布在湖南、江苏、浙江，其中，A 层人才最多的是湖南，世界占比为 7.14%；江苏、浙江 A 层人才的世界占比均为 3.57%，并列排名第二。

B 层人才最多的是北京，世界占比为 3.18%；广东、江苏、湖南、上海有相当数量的 B 层人才，世界占比在 2%~1%；重庆、福建、陕西、山东、四川、天津、浙江也有一定数量的 B 层人才，世界占比均超过 0.3%。

C 层人才最多的是北京，世界占比为 3.21%；江苏、上海、湖南 C 层人才分别以 2.16%、2.03%、1.54% 的世界占比排名第二至第四位；广东、黑龙江、湖北、四川、天津、浙江、辽宁、安徽、重庆、山东、福建、河南、陕西、江西、云南也有一定数量的 C 层人才，世界占比大于或等于 0.1%；甘肃、广西、吉林、西藏 C 层人才的世界占比均低于 0.1%。

表 6-81 人体工程学 A 层人才的世界占比

单位：%

省份	2013年	2014年	2015年	2016年	2017年	2018年	2019年	2020年	2021年	2022年	合计
湖 南	0.00	0.00	0.00	0.00	0.00	0.00	0.00	0.00	25.00	50.00	7.14
江 苏	0.00	0.00	0.00	0.00	0.00	0.00	0.00	0.00	25.00	0.00	3.57
浙 江	33.33	0.00	0.00	0.00	0.00	0.00	0.00	0.00	0.00	0.00	3.57

表6-82　人体工程学 B 层人才的世界占比

单位：%

省份	2013年	2014年	2015年	2016年	2017年	2018年	2019年	2020年	2021年	2022年	合计
北京	0.00	0.00	3.85	3.03	0.00	0.00	3.03	2.56	5.00	11.43	3.18
广东	3.70	0.00	0.00	3.03	0.00	0.00	6.06	2.56	2.50	0.00	1.91
江苏	0.00	0.00	0.00	0.00	8.00	0.00	9.09	2.56	0.00	0.00	1.91
湖南	0.00	0.00	3.85	0.00	0.00	0.00	6.06	0.00	0.00	2.86	1.27
上海	0.00	0.00	0.00	0.00	0.00	3.45	3.03	0.00	2.50	2.86	1.27
重庆	0.00	0.00	0.00	0.00	0.00	0.00	3.03	0.00	2.50	2.86	0.96
福建	0.00	0.00	0.00	0.00	0.00	0.00	0.00	0.00	0.00	2.86	0.32
陕西	0.00	0.00	0.00	0.00	0.00	0.00	0.00	0.00	0.00	2.86	0.32
山东	0.00	0.00	0.00	0.00	0.00	0.00	0.00	2.56	0.00	0.00	0.32
四川	0.00	0.00	0.00	0.00	0.00	0.00	0.00	0.00	2.50	0.00	0.32
天津	0.00	0.00	0.00	0.00	0.00	0.00	0.00	0.00	0.00	2.86	0.32
浙江	0.00	0.00	0.00	0.00	0.00	0.00	0.00	0.00	0.00	2.86	0.32

表6-83　人体工程学 C 层人才的世界占比

单位：%

省份	2013年	2014年	2015年	2016年	2017年	2018年	2019年	2020年	2021年	2022年	合计
北京	3.02	2.70	2.87	4.62	2.51	3.66	3.16	1.35	4.83	3.15	3.21
江苏	1.89	1.16	0.41	2.64	0.42	2.56	2.63	4.04	2.68	1.72	2.16
上海	1.89	2.32	2.05	2.97	0.84	2.20	2.11	1.35	2.41	2.01	2.03
湖南	0.38	1.16	0.82	1.98	2.51	0.73	1.32	2.16	1.88	2.01	1.54
广东	0.00	0.77	0.00	1.32	1.67	1.10	0.79	1.35	1.07	1.15	0.95
黑龙江	0.00	1.16	0.41	0.99	0.00	1.83	1.05	0.81	0.80	1.15	0.85
湖北	0.00	0.39	0.41	0.66	1.26	0.73	1.32	0.54	0.80	0.86	0.72
四川	0.00	0.00	0.00	0.66	0.42	0.73	0.00	1.08	1.07	0.57	0.49
天津	0.00	0.00	0.00	0.00	0.84	0.73	0.53	1.35	0.54	0.57	0.49
浙江	0.38	0.00	0.00	0.99	0.42	0.37	0.00	0.27	0.80	1.15	0.46
辽宁	0.00	0.00	0.00	0.99	0.00	0.00	0.26	0.54	1.07	0.86	0.43
安徽	0.00	0.00	0.00	0.33	0.00	1.10	0.00	0.81	0.80	0.57	0.39
重庆	0.00	0.39	0.82	0.00	0.42	0.37	0.00	0.54	0.27	0.29	0.29
山东	0.00	0.00	0.00	0.33	0.84	0.37	0.00	0.54	0.54	0.00	0.26
福建	0.00	0.00	0.00	0.00	0.00	0.00	0.26	0.27	0.54	0.29	0.16
河南	0.00	0.00	0.00	0.00	0.00	0.37	0.26	0.00	0.27	0.29	0.13
陕西	0.00	0.00	0.00	0.00	0.00	0.84	0.00	0.53	0.00	0.00	0.13
江西	0.00	0.00	0.00	0.00	0.00	0.00	0.26	0.00	0.27	0.29	0.10
云南	0.00	0.00	0.00	0.00	0.00	0.42	0.00	0.00	0.00	0.57	0.10
甘肃	0.00	0.00	0.00	0.00	0.00	0.37	0.00	0.27	0.00	0.00	0.07
广西	0.00	0.00	0.00	0.00	0.00	0.37	0.00	0.00	0.27	0.00	0.07
吉林	0.00	0.00	0.00	0.00	0.00	0.00	0.00	0.00	0.00	0.29	0.03
西藏	0.00	0.00	0.00	0.00	0.00	0.00	0.00	0.00	0.00	0.29	0.03

二十九　多学科工程

多学科工程 A 层人才最多的是北京，世界占比为 4.01%；江苏、浙江 A 层人才世界占比分别为 2.83%、2.36%，分列第二、第三位；湖北、上海、四川、湖南、陕西、广东有相当数量的 A 层人才，世界占比在 2%～1%；辽宁、河北、黑龙江、河南、山东、天津、重庆、福建、甘肃、广西、贵州、吉林、云南也有一定数量的 A 层人才，世界占比均超过 0.2%。

B 层人才最多的是北京，世界占比为 4.40%；江苏 B 层人才以 3.54% 的世界占比排名第二；湖北、上海、浙江、四川、山东、广东、湖南、辽宁、陕西、重庆有相当数量的 B 层人才，世界占比在 3%～1%；河南、黑龙江、安徽、天津、河北、山西、福建、江西、吉林、广西、云南、甘肃、贵州也有一定数量的 B 层人才，世界占比均超过 0.1%；新疆、海南、西藏 B 层人才的世界占比均低于 0.1%。

C 层人才最多的是北京，世界占比为 4.43%；江苏 C 层人才以 3.40% 的世界占比排名第二；上海、湖北、广东、辽宁、湖南、浙江、山东、四川、陕西、黑龙江有相当数量的 C 层人才，世界占比在 3%～1%；安徽、天津、重庆、河南、福建、河北、吉林、江西、山西、甘肃、广西、贵州、云南、新疆也有一定数量的 C 层人才，世界占比均超过 0.1%；内蒙古、海南、宁夏、青海 C 层人才的世界占比均低于 0.1%。

表 6-84　多学科工程 A 层人才的世界占比

单位：%

省　份	2013 年	2014 年	2015 年	2016 年	2017 年	2018 年	2019 年	2020 年	2021 年	2022 年	合计
北　京	0.00	3.33	2.50	0.00	0.00	7.69	6.82	6.00	3.45	6.90	4.01
江　苏	4.00	0.00	5.00	4.76	0.00	2.56	2.27	2.00	1.72	5.17	2.83
浙　江	0.00	0.00	0.00	0.00	5.26	0.00	4.55	2.00	5.17	3.45	2.36
湖　北	0.00	0.00	0.00	5.00	2.38	0.00	5.13	0.00	5.17	0.00	1.89
上　海	0.00	0.00	2.50	4.76	5.26	2.56	0.00	2.00	1.72	0.00	1.89
四　川	0.00	3.33	0.00	0.00	2.63	2.56	0.00	2.00	1.72	5.17	1.89
湖　南	0.00	0.00	0.00	2.38	0.00	2.56	2.27	2.00	1.72	1.72	1.42
陕　西	0.00	0.00	2.50	2.38	0.00	0.00	6.82	0.00	0.00	1.72	1.42

续表

省　份	2013 年	2014 年	2015 年	2016 年	2017 年	2018 年	2019 年	2020 年	2021 年	2022 年	合计
广　东	0.00	0.00	0.00	0.00	0.00	2.56	4.55	4.00	0.00	0.00	1.18
辽　宁	0.00	0.00	2.50	2.38	0.00	2.56	0.00	0.00	1.72	0.00	0.94
河　北	0.00	0.00	0.00	0.00	0.00	0.00	0.00	2.00	1.72	1.72	0.71
黑龙江	0.00	0.00	0.00	0.00	0.00	0.00	4.55	0.00	0.00	1.72	0.71
河　南	0.00	0.00	2.50	0.00	0.00	0.00	0.00	0.00	3.45	0.00	0.71
山　东	0.00	0.00	0.00	0.00	0.00	0.00	0.00	0.00	1.72	3.45	0.71
天　津	0.00	0.00	0.00	0.00	2.63	0.00	0.00	0.00	0.00	1.72	0.47
重　庆	0.00	0.00	0.00	0.00	0.00	0.00	0.00	0.00	0.00	1.72	0.24
福　建	0.00	0.00	0.00	0.00	0.00	2.56	0.00	0.00	0.00	0.00	0.24
甘　肃	0.00	0.00	0.00	0.00	0.00	0.00	2.27	0.00	0.00	0.00	0.24
广　西	0.00	0.00	0.00	0.00	0.00	0.00	0.00	0.00	1.72	0.00	0.24
贵　州	0.00	0.00	0.00	0.00	0.00	0.00	0.00	0.00	1.72	0.00	0.24
吉　林	0.00	0.00	0.00	0.00	0.00	2.56	0.00	0.00	0.00	0.00	0.24
云　南	0.00	0.00	0.00	0.00	0.00	0.00	0.00	0.00	1.72	0.00	0.24

表 6-85　多学科工程 B 层人才的世界占比

单位：%

省　份	2013 年	2014 年	2015 年	2016 年	2017 年	2018 年	2019 年	2020 年	2021 年	2022 年	合计
北　京	1.79	4.43	4.66	5.74	3.20	3.13	3.93	5.43	5.38	4.47	4.40
江　苏	3.14	2.95	1.92	1.91	1.74	3.69	3.93	3.91	4.45	5.84	3.54
湖　北	1.35	0.74	1.92	2.46	3.20	3.41	2.77	3.04	2.41	3.89	2.66
上　海	0.45	3.32	2.19	1.91	2.91	1.70	1.39	1.74	4.45	3.50	2.51
浙　江	0.45	1.85	0.55	0.55	0.87	1.14	1.85	4.57	4.08	4.28	2.33
四　川	0.90	0.74	0.55	0.55	0.58	1.42	1.39	3.04	4.08	5.06	2.15
山　东	0.00	0.74	0.00	0.55	1.16	1.99	3.70	3.48	3.15	2.14	1.94
广　东	0.45	0.37	0.55	2.19	1.45	2.27	1.85	1.30	2.78	3.89	1.91
湖　南	1.35	0.37	0.27	0.27	0.87	1.99	3.70	1.74	3.34	2.14	1.78
辽　宁	0.90	1.11	1.10	1.64	2.03	1.42	1.85	2.39	1.11	1.95	1.60
陕　西	0.45	0.74	1.10	0.82	1.16	1.99	3.23	2.83	1.11	1.17	1.55
重　庆	2.24	0.37	0.55	0.55	0.29	0.85	0.92	1.74	0.93	1.95	1.06
河　南	0.45	0.00	0.27	0.00	0.00	0.57	2.08	2.17	1.30	1.36	0.96
黑龙江	0.45	0.74	1.64	0.55	0.87	0.28	2.08	0.65	0.19	1.36	0.91
安　徽	0.90	0.74	0.55	0.55	0.58	0.28	1.15	1.52	0.93	0.97	0.85
天　津	0.45	0.00	0.27	0.82	0.87	0.57	0.69	0.65	0.93	0.97	0.67
河　北	0.45	0.37	0.27	0.27	0.00	1.99	0.23	1.30	0.93	0.39	0.65

续表

省　份	2013 年	2014 年	2015 年	2016 年	2017 年	2018 年	2019 年	2020 年	2021 年	2022 年	合计
山　西	0.00	0.00	0.27	0.55	0.29	0.28	1.15	0.00	0.56	0.78	0.44
福　建	0.00	0.74	0.00	0.27	0.00	0.57	0.00	0.87	0.93	0.19	0.39
江　西	0.00	0.00	0.27	0.00	0.29	0.28	0.92	0.65	0.37	0.58	0.39
吉　林	0.00	0.37	0.27	0.00	0.87	0.00	0.23	0.22	0.37	1.17	0.39
广　西	0.00	0.00	0.00	0.27	0.00	0.57	0.00	0.00	0.37	1.36	0.31
云　南	0.45	0.00	0.55	0.00	0.00	0.00	0.00	1.09	0.19	0.19	0.26
甘　肃	0.00	0.37	1.10	0.00	0.00	0.28	0.23	0.22	0.00	0.19	0.23
贵　州	0.00	0.00	0.00	0.00	0.00	0.57	0.00	0.22	0.19	0.19	0.13
新　疆	0.00	0.00	0.00	0.00	0.00	0.00	0.46	0.00	0.19	0.00	0.08
海　南	0.00	0.00	0.00	0.00	0.00	0.00	0.23	0.00	0.00	0.19	0.05
西　藏	0.00	0.00	0.00	0.00	0.00	0.00	0.23	0.00	0.00	0.00	0.03

表 6-86　多学科工程 C 层人才的世界占比

单位：%

省　份	2013 年	2014 年	2015 年	2016 年	2017 年	2018 年	2019 年	2020 年	2021 年	2022 年	合计
北　京	3.21	3.73	3.65	4.07	5.10	4.37	5.32	4.74	4.91	4.26	4.43
江　苏	2.76	2.33	2.75	2.21	3.19	3.17	3.96	3.55	4.27	4.49	3.40
上　海	1.43	1.77	2.06	2.51	2.68	2.17	2.66	2.86	3.05	3.12	2.54
湖　北	1.29	1.51	1.87	2.21	2.44	1.86	2.75	2.75	2.49	2.34	2.24
广　东	0.76	0.85	1.07	1.18	1.43	1.86	2.61	2.47	2.64	2.58	1.89
辽　宁	1.65	1.18	1.29	1.04	1.61	2.03	2.14	1.88	1.84	1.83	1.68
湖　南	1.16	1.33	0.85	1.42	1.43	1.89	1.73	1.88	1.79	1.83	1.58
浙　江	0.80	0.96	1.40	0.98	1.13	1.06	1.57	1.62	2.10	2.62	1.53
山　东	0.71	0.44	0.74	0.93	1.46	1.54	1.78	2.21	1.98	1.78	1.46
四　川	0.62	0.70	0.91	0.87	1.31	1.46	1.80	1.84	1.79	2.30	1.46
陕　西	0.40	0.63	0.66	0.87	0.89	1.49	1.52	1.80	1.73	1.89	1.29
黑龙江	0.80	1.26	1.24	1.26	0.92	1.17	1.21	1.30	1.44	1.03	1.19
安　徽	0.71	0.59	0.77	0.74	0.92	0.91	1.02	0.95	1.13	1.27	0.94
天　津	0.58	0.81	0.74	0.68	0.81	0.69	0.97	0.91	1.20	1.01	0.87
重　庆	0.49	0.37	0.60	0.68	0.51	0.91	0.90	1.08	0.80	1.08	0.79
河　南	0.31	0.33	0.30	0.27	0.51	0.31	0.90	0.82	0.89	0.97	0.61
福　建	0.31	0.18	0.25	0.44	0.48	0.66	0.52	0.52	0.72	0.52	0.48
河　北	0.09	0.44	0.33	0.41	0.39	0.43	0.47	0.52	0.64	0.58	0.46
吉　林	0.49	0.18	0.55	0.19	0.24	0.34	0.36	0.26	0.52	0.77	0.40
江　西	0.13	0.15	0.16	0.14	0.30	0.17	0.45	0.37	0.39	0.37	0.28

续表

省　份	2013 年	2014 年	2015 年	2016 年	2017 年	2018 年	2019 年	2020 年	2021 年	2022 年	合计
山　西	0.18	0.22	0.14	0.27	0.18	0.20	0.43	0.30	0.39	0.37	0.28
甘　肃	0.36	0.15	0.22	0.22	0.21	0.20	0.19	0.17	0.47	0.37	0.26
广　西	0.09	0.07	0.14	0.16	0.27	0.11	0.21	0.35	0.49	0.41	0.26
贵　州	0.00	0.04	0.03	0.00	0.03	0.31	0.31	0.22	0.08	0.24	0.14
云　南	0.13	0.11	0.05	0.08	0.09	0.11	0.07	0.15	0.25	0.17	0.12
新　疆	0.00	0.07	0.00	0.19	0.15	0.11	0.14	0.09	0.25	0.04	0.11
内蒙古	0.00	0.04	0.00	0.11	0.09	0.00	0.07	0.06	0.12	0.13	0.07
海　南	0.00	0.00	0.00	0.00	0.03	0.03	0.14	0.00	0.02	0.04	0.03
宁　夏	0.00	0.00	0.03	0.05	0.00	0.00	0.00	0.00	0.04	0.04	0.02
青　海	0.00	0.00	0.00	0.00	0.00	0.03	0.00	0.02	0.00	0.02	0.01

第二节　学科组

在工程与材料科学各学科人才分析的基础上，按照 A、B、C 三个人才层次，对各学科人才进行汇总分析，可以从学科组层面揭示人才的分布特点和发展趋势。

一　A 层人才

工程与材料科学 A 层人才最多的是北京，占该学科组全球 A 层人才的 6.60%；其后依次是江苏、广东、上海、湖北，世界占比分别为 2.99%、2.85%、2.47%、2.09%；浙江、山东、四川、湖南、辽宁、陕西有相当数量的 A 层人才，世界占比在 2%~1%；黑龙江、天津、安徽、重庆、河南、福建、吉林、江西、山西、甘肃、广西、云南、河北、贵州也有一定数量的 A 层人才，世界占比均超过 0.1%；内蒙古、海南、青海、新疆、宁夏 A 层人才的世界占比均低于 0.1%。

在发展趋势上，大多数省份 A 层人才的世界占比呈现相对上升的趋势，其中，北京、江苏、广东、上海、湖北、浙江、山东、四川、湖南、辽宁、陕西、黑龙江、天津、重庆、河南的增幅相对较大。

表 6-87 工程与材料科学 A 层人才的世界占比

单位：%

省　份	2013 年	2014 年	2015 年	2016 年	2017 年	2018 年	2019 年	2020 年	2021 年	2022 年	合计
北　京	4.60	4.42	6.04	5.86	6.80	7.36	8.48	5.97	7.79	7.03	6.60
江　苏	2.01	2.34	3.08	1.72	1.90	2.42	2.73	2.26	4.36	5.80	2.99
广　东	0.57	1.17	2.06	2.07	1.45	2.22	4.52	3.89	3.43	5.01	2.85
上　海	1.01	1.69	0.90	1.49	2.01	2.72	3.02	1.90	3.94	4.39	2.47
湖　北	1.01	1.17	1.93	1.26	2.45	2.02	2.17	1.90	2.43	3.69	2.09
浙　江	0.86	0.26	0.64	0.80	1.67	0.60	1.60	1.72	3.27	4.31	1.74
山　东	0.43	0.13	0.26	0.34	0.45	0.81	0.75	1.27	3.52	4.83	1.47
四　川	0.29	0.65	0.26	0.80	1.23	0.91	0.85	2.71	2.18	3.25	1.45
湖　南	0.43	0.26	1.16	1.03	1.11	1.11	1.51	1.63	1.59	2.11	1.27
辽　宁	0.57	0.78	0.39	0.46	1.23	1.41	0.94	1.90	1.42	2.02	1.19
陕　西	0.57	0.26	1.16	0.92	0.78	0.81	1.04	0.99	1.01	2.28	1.03
黑龙江	0.43	1.30	1.29	0.80	1.11	0.81	0.66	0.54	1.09	1.05	0.91
天　津	0.29	0.13	0.51	0.57	0.56	1.11	1.23	0.90	1.09	1.93	0.91
安　徽	0.43	0.78	0.77	0.46	0.67	0.91	1.51	0.45	1.34	0.97	0.86
重　庆	0.14	0.13	0.13	0.00	1.00	1.11	0.28	1.27	1.01	1.67	0.75
河　南	0.00	0.00	0.26	0.00	0.33	0.00	0.19	1.54	2.01	1.76	0.72
福　建	0.72	0.00	0.39	0.57	0.33	0.20	0.28	0.63	0.84	0.70	0.48
吉　林	0.29	0.00	0.26	0.23	0.33	0.40	0.47	0.45	0.75	0.35	0.38
江　西	0.00	0.00	0.00	0.11	0.00	0.40	0.47	0.45	0.34	0.35	0.24
山　西	0.00	0.00	0.00	0.11	0.11	0.40	0.38	0.18	0.17	0.35	0.19
甘　肃	0.29	0.00	0.00	0.23	0.11	0.00	0.19	0.00	0.50	0.35	0.18
广　西	0.00	0.00	0.13	0.11	0.00	0.10	0.09	0.00	0.59	0.44	0.17
云　南	0.00	0.26	0.51	0.00	0.00	0.00	0.00	0.09	0.25	0.44	0.17
河　北	0.00	0.00	0.00	0.11	0.00	0.10	0.09	0.18	0.42	0.53	0.17
贵　州	0.00	0.00	0.00	0.23	0.11	0.10	0.09	0.00	0.17	0.35	0.12
内蒙古	0.00	0.00	0.00	0.00	0.00	0.00	0.00	0.00	0.08	0.18	0.06
海　南	0.00	0.00	0.00	0.00	0.00	0.00	0.00	0.09	0.00	0.26	0.04
青　海	0.00	0.00	0.00	0.00	0.22	0.00	0.00	0.09	0.00	0.00	0.03
新　疆	0.00	0.00	0.00	0.00	0.00	0.00	0.00	0.00	0.08	0.00	0.01
宁　夏	0.00	0.00	0.00	0.00	0.00	0.00	0.00	0.00	0.00	0.09	0.01

二　B层人才

工程与材料科学B层人才最多的是北京，占该学科组全球B层人才的7.49%；江苏、广东、上海、湖北、浙江的B层人才比较多，世界占比为5%~2%；山东、湖南、辽宁、四川、陕西、天津、黑龙江、安徽、河南有相当数量的B层人才，世界占比在2%~1%；重庆、福建、吉林、江西、山西、广西、河北、甘肃、云南、贵州也有一定数量的B层人才，世界占比大于或等于0.1%；新疆、内蒙古、海南、宁夏、青海、西藏B层人才的世界占比均低于0.1%。

在发展趋势上，多数省份B层人才的世界占比呈现相对上升的趋势，其中，北京、江苏、广东、上海、湖北、浙江、山东、湖南、辽宁、四川、陕西、天津、黑龙江、安徽、河南、重庆、福建、吉林的增幅相对较大。

表6-88　工程与材料科学B层人才的世界占比

单位：%

省　份	2013年	2014年	2015年	2016年	2017年	2018年	2019年	2020年	2021年	2022年	合计
北　京	6.04	6.55	6.19	6.69	7.26	7.94	8.96	6.80	8.23	8.87	7.49
江　苏	2.30	2.52	2.94	3.04	3.82	3.74	4.63	4.83	5.25	6.51	4.15
广　东	1.28	1.46	1.65	2.20	2.90	3.63	4.42	4.12	4.80	5.95	3.48
上　海	1.96	2.45	1.88	2.25	3.11	3.31	3.43	3.75	4.01	4.35	3.18
湖　北	1.16	1.58	1.94	1.99	2.22	2.68	2.50	2.85	2.95	3.86	2.48
浙　江	1.36	1.18	1.50	1.11	1.62	1.86	1.88	2.58	2.97	3.58	2.07
山　东	0.56	0.76	0.74	0.90	1.40	1.66	2.26	2.20	3.30	4.00	1.95
湖　南	0.63	0.64	1.02	1.02	1.53	2.12	2.30	2.37	2.45	2.37	1.76
辽　宁	1.03	0.85	1.36	1.31	1.40	1.59	2.01	1.95	2.25	2.55	1.71
四　川	0.51	0.78	0.70	0.77	1.03	1.68	1.51	2.21	2.51	3.13	1.61
陕　西	0.52	0.73	0.87	0.85	0.98	1.19	1.72	1.61	1.90	2.37	1.36
天　津	0.82	0.57	0.93	0.80	1.15	1.11	1.46	1.50	1.82	1.84	1.26
黑龙江	0.88	0.70	1.25	1.16	1.01	1.04	1.08	0.97	1.23	1.77	1.13
安　徽	0.79	1.15	0.83	0.88	0.87	1.13	1.31	1.15	1.19	1.36	1.09
河　南	0.26	0.22	0.30	0.17	0.34	0.81	1.08	1.78	2.12	1.84	1.00
重　庆	0.65	0.38	0.64	0.55	0.79	1.01	1.03	1.11	1.40	1.76	0.99
福　建	0.40	0.56	0.50	0.45	0.49	0.81	0.94	1.20	1.22	1.34	0.84

续表

省 份	2013 年	2014 年	2015 年	2016 年	2017 年	2018 年	2019 年	2020 年	2021 年	2022 年	合计
吉 林	0.42	0.43	0.35	0.29	0.60	0.50	0.64	0.60	0.88	1.30	0.63
江 西	0.11	0.11	0.26	0.20	0.21	0.29	0.46	0.55	0.50	0.57	0.35
山 西	0.11	0.04	0.05	0.36	0.18	0.34	0.39	0.33	0.46	0.78	0.33
广 西	0.08	0.01	0.12	0.19	0.09	0.24	0.22	0.33	0.66	0.92	0.32
河 北	0.09	0.15	0.15	0.12	0.13	0.44	0.29	0.44	0.42	0.56	0.30
甘 肃	0.20	0.17	0.31	0.15	0.16	0.22	0.20	0.24	0.31	0.44	0.25
云 南	0.09	0.07	0.12	0.11	0.08	0.15	0.15	0.21	0.21	0.41	0.17
贵 州	0.02	0.04	0.01	0.04	0.02	0.09	0.08	0.11	0.21	0.25	0.10
新 疆	0.00	0.06	0.05	0.02	0.07	0.04	0.13	0.03	0.16	0.16	0.08
内蒙古	0.00	0.04	0.07	0.05	0.05	0.03	0.17	0.02	0.06	0.10	0.06
海 南	0.00	0.00	0.01	0.02	0.00	0.10	0.02	0.05	0.11	0.14	0.05
宁 夏	0.00	0.01	0.01	0.00	0.00	0.02	0.01	0.05	0.03	0.10	0.03
青 海	0.03	0.00	0.00	0.00	0.00	0.05	0.00	0.02	0.03	0.04	0.02
西 藏	0.00	0.00	0.00	0.00	0.02	0.00	0.01	0.01	0.01	0.01	0.01

三 C 层人才

工程与材料科学 C 层人才最多的是北京，占该学科组全球 C 层人才的 6.96%；江苏、广东、上海、湖北的 C 层人才比较多，世界占比在 5%~2%；浙江、山东、湖南、四川、辽宁、陕西、天津、黑龙江、安徽有相当数量的 C 层人才，世界占比在 2%~1%；重庆、河南、福建、吉林、江西、河北、甘肃、山西、广西、云南、新疆、贵州、内蒙古也有一定数量的 C 层人才，世界占比大于或等于 0.1%；海南、青海、宁夏、西藏 C 层人才的世界占比均低于 0.1%。

在发展趋势上，多数省份 C 层人才的世界占比呈现相对上升的趋势，其中，北京、江苏、广东、上海、湖北、浙江、山东、湖南、四川、辽宁、陕西、天津、黑龙江、安徽、重庆、河南、福建的增幅相对较大。

表 6-89　工程与材料科学 C 层人才的世界占比

单位：%

省　份	2013 年	2014 年	2015 年	2016 年	2017 年	2018 年	2019 年	2020 年	2021 年	2022 年	合计
北　京	4.96	5.68	6.03	6.41	7.04	7.58	7.94	7.25	7.42	7.89	6.96
江　苏	2.18	2.67	2.99	3.33	3.91	4.21	4.78	4.81	5.07	5.74	4.14
广　东	1.19	1.59	1.72	2.09	2.77	3.48	4.04	4.32	4.90	5.06	3.33
上　海	2.24	2.40	2.46	2.71	3.05	3.19	3.52	3.60	3.77	4.08	3.20
湖　北	1.30	1.49	1.77	1.96	2.22	2.56	2.82	2.75	2.71	2.93	2.34
浙　江	1.18	1.29	1.38	1.49	1.57	1.91	2.15	2.20	2.69	3.08	1.98
山　东	0.77	0.78	0.96	1.05	1.39	1.73	2.32	2.49	2.71	2.95	1.84
湖　南	0.90	0.99	1.05	1.23	1.45	1.84	2.10	2.12	2.12	2.26	1.69
四　川	0.80	1.00	1.05	1.31	1.46	1.83	1.99	1.97	2.08	2.39	1.67
辽　宁	1.19	1.09	1.14	1.15	1.41	1.61	1.88	1.89	2.01	2.10	1.61
陕　西	0.53	0.56	0.75	0.88	1.01	1.31	1.66	1.62	1.81	2.02	1.29
天　津	0.68	0.86	0.93	1.02	1.08	1.30	1.55	1.55	1.63	1.64	1.28
黑龙江	0.79	0.97	1.07	1.06	1.23	1.36	1.32	1.35	1.40	1.50	1.24
安　徽	0.63	0.80	0.79	0.96	0.99	1.09	1.29	1.25	1.29	1.45	1.09
重　庆	0.43	0.54	0.61	0.70	0.74	0.95	1.09	1.12	1.23	1.55	0.95
河　南	0.23	0.35	0.38	0.42	0.52	0.72	1.06	1.32	1.61	1.58	0.90
福　建	0.43	0.52	0.56	0.60	0.66	0.86	0.98	1.02	1.13	1.19	0.84
吉　林	0.48	0.54	0.59	0.51	0.62	0.72	0.79	0.84	0.76	0.89	0.69
江　西	0.19	0.20	0.25	0.23	0.30	0.41	0.49	0.49	0.55	0.60	0.39
河　北	0.14	0.22	0.26	0.31	0.32	0.36	0.44	0.48	0.53	0.64	0.39
甘　肃	0.32	0.31	0.28	0.27	0.29	0.33	0.40	0.39	0.45	0.50	0.37
山　西	0.17	0.21	0.23	0.25	0.32	0.39	0.46	0.41	0.47	0.51	0.36
广　西	0.10	0.11	0.14	0.19	0.23	0.27	0.36	0.44	0.62	0.75	0.35
云　南	0.07	0.11	0.13	0.12	0.15	0.21	0.20	0.28	0.29	0.38	0.21
新　疆	0.05	0.06	0.07	0.08	0.10	0.10	0.15	0.14	0.20	0.22	0.12
贵　州	0.02	0.05	0.05	0.05	0.07	0.12	0.13	0.12	0.16	0.25	0.11
内蒙古	0.03	0.06	0.07	0.07	0.08	0.12	0.10	0.10	0.12	0.16	0.10
海　南	0.02	0.02	0.04	0.03	0.05	0.07	0.10	0.10	0.11	0.23	0.09
青　海	0.01	0.01	0.02	0.02	0.04	0.06	0.05	0.05	0.06	0.07	0.04
宁　夏	0.01	0.01	0.01	0.02	0.03	0.03	0.04	0.06	0.07	0.10	0.04
西　藏	0.00	0.00	0.00	0.01	0.01	0.00	0.01	0.03	0.02	0.02	0.01

第7章　信息科学

信息科学是研究信息的获取、存储、传输和处理的科学。随着学科发展和经济社会进步，信息科学的研究拓展到高速网络及信息安全、高性能计算（网络计算与并行计算）、软件技术与高性能算法、虚拟现实与网络多媒体技术、控制技术、电子与光子学器件技术等领域。

第一节　学科

信息科学学科组包括以下学科：电信、影像科学和照相技术、计算机理论和方法、软件工程、计算机硬件和体系架构、信息系统、控制论、计算机跨学科应用、自动化和控制系统、机器人学、量子科学和技术、人工智能，共计12个。

一　电信

电信 A 层人才最多的是北京，世界占比为 6.10%；广东、江苏 A 层人才分别以 4.55%、3.64% 的世界占比排名第二、第三位；四川、上海、湖北有相当数量的 A 层人才，世界占比在 2%～1%；重庆、浙江、安徽、江西、陕西、辽宁、天津、河南、山东、云南、黑龙江、湖南、山西也有一定数量的 A 层人才，世界占比均超过 0.1%。

B 层人才最多的是北京，世界占比为 7.62%；广东、江苏 B 层人才分别以 4.05%、3.84% 的世界占比排名第二、第三位；四川、上海、浙江、湖北、湖南、山东有相当数量的 B 层人才，世界占比在 3%～1%；辽宁、陕西、安徽、黑龙江、福建、重庆、河南、天津、广西、江西、河北、吉林也有一定数量的 B 层人才，世界占比均超过 0.1%；甘肃、山西、贵州、云南、海南、内蒙古、新疆、宁夏 B 层人才的世界占比均低于 0.1%。

C 层人才最多的是北京，世界占比为 6.80%；江苏、广东 C 层人才分别以 4.36%、3.53% 的世界占比排名第二、第三位；上海、四川、浙江、湖北、湖南有相当数量的 C 层人才，世界占比在 3%～1%；陕西、辽宁、山东、安徽、重庆、福建、黑龙江、天津、河南、河北、江西、广西、吉林、甘肃、山西、云南也有一定数量的 C 层人才，世界占比大于或等于 0.1%；内蒙古、海南、贵州、新疆、宁夏、青海 C 层人才的世界占比均低于 0.1%。

表 7-1　电信 A 层人才的世界占比

单位：%

省　份	2013 年	2014 年	2015 年	2016 年	2017 年	2018 年	2019 年	2020 年	2021 年	2022 年	合计
北　京	3.57	5.26	9.52	2.90	8.75	7.32	6.25	3.13	4.60	9.52	6.10
广　东	0.00	1.75	3.17	4.35	1.25	3.66	9.38	6.25	4.60	7.14	4.55
江　苏	0.00	1.75	4.76	1.45	3.75	6.10	4.17	2.08	6.90	3.57	3.64
四　川	3.57	0.00	0.00	2.90	2.50	0.00	5.21	4.17	0.00	0.00	1.95
上　海	0.00	3.51	0.00	1.45	2.50	4.88	1.04	2.08	0.00	1.19	1.69
湖　北	1.79	3.51	0.00	2.90	0.00	2.44	1.04	1.04	0.00	1.19	1.30
重　庆	0.00	0.00	0.00	0.00	2.50	1.22	0.00	0.00	1.15	3.57	0.91
浙　江	0.00	0.00	0.00	0.00	0.00	1.22	1.04	2.30	2.38	0.78
安　徽	0.00	0.00	3.17	0.00	0.00	0.00	0.00	0.00	1.15	1.19	0.52
江　西	0.00	0.00	0.00	0.00	0.00	2.44	1.04	0.00	0.00	1.19	0.52
陕　西	0.00	0.00	3.17	1.45	0.00	0.00	0.00	0.00	1.15	0.00	0.52
辽　宁	0.00	0.00	0.00	0.00	0.00	0.00	1.22	0.00	1.04	1.19	0.39
天　津	0.00	0.00	0.00	0.00	0.00	0.00	1.04	1.04	0.00	1.19	0.39
河　南	0.00	0.00	0.00	0.00	1.25	1.22	0.00	0.00	0.00	0.00	0.26
山　东	0.00	1.75	0.00	0.00	1.25	0.00	0.00	0.00	0.00	0.00	0.26
云　南	0.00	0.00	1.59	0.00	0.00	0.00	0.00	0.00	1.15	0.00	0.26
黑龙江	0.00	0.00	0.00	0.00	1.25	0.00	0.00	0.00	0.00	0.00	0.13
湖　南	0.00	0.00	0.00	0.00	0.00	1.22	0.00	0.00	0.00	0.00	0.13
山　西	0.00	0.00	0.00	0.00	0.00	0.00	0.00	0.00	1.15	0.00	0.13

表7-2 电信B层人才的世界占比

单位：%

省 份	2013年	2014年	2015年	2016年	2017年	2018年	2019年	2020年	2021年	2022年	合计
北 京	5.58	6.04	8.39	7.94	7.46	9.92	9.23	7.17	5.86	7.56	7.62
广 东	1.59	2.14	2.68	2.43	3.12	3.75	4.90	4.44	5.73	7.29	4.05
江 苏	2.39	2.53	3.75	3.73	3.26	4.56	3.76	4.89	4.20	4.24	3.84
四 川	0.40	1.75	1.07	1.94	2.17	2.28	2.73	2.84	3.31	2.52	2.24
上 海	1.79	1.56	1.43	2.92	2.31	2.68	1.94	1.71	2.29	3.05	2.19
浙 江	0.60	1.56	1.61	1.13	0.81	2.28	2.51	1.82	1.27	3.71	1.81
湖 北	0.60	1.56	1.43	0.97	1.76	1.88	1.14	1.59	1.91	2.12	1.53
湖 南	0.40	0.00	0.18	0.81	1.09	1.74	1.25	1.82	1.78	1.59	1.18
山 东	0.20	0.58	0.54	0.65	0.95	1.21	1.37	1.59	2.17	1.59	1.18
辽 宁	0.00	0.00	0.18	0.16	0.95	1.21	1.71	0.68	1.27	1.46	0.86
陕 西	0.20	0.78	0.71	0.81	0.54	0.67	0.80	1.25	0.38	1.59	0.80
安 徽	1.00	0.39	0.71	0.49	0.41	0.67	0.57	0.80	1.40	1.06	0.76
黑龙江	0.00	0.19	0.00	0.97	0.68	1.21	0.91	0.57	1.02	1.19	0.73
福 建	0.00	0.78	0.00	0.32	0.81	0.94	1.03	1.02	0.51	0.93	0.69
重 庆	0.00	0.19	0.00	0.32	0.81	0.67	1.37	0.46	0.64	1.59	0.67
河 南	0.20	0.00	0.18	0.16	0.00	0.27	0.34	0.80	1.15	1.46	0.50
天 津	0.00	0.00	0.18	0.49	0.14	0.40	0.57	0.68	1.27	0.80	0.50
广 西	0.00	0.00	0.18	0.16	0.54	0.27	0.46	0.00	0.25	0.53	0.26
江 西	0.00	0.00	0.00	0.32	0.27	0.40	0.34	0.23	0.38	0.27	0.24
河 北	0.00	0.00	0.18	0.16	0.00	0.40	0.23	0.23	0.13	0.53	0.20
吉 林	0.00	0.00	0.00	0.00	0.00	0.00	0.00	0.46	0.25	0.27	0.11
甘 肃	0.00	0.00	0.00	0.16	0.00	0.27	0.00	0.00	0.13	0.27	0.09
山 西	0.00	0.00	0.00	0.00	0.00	0.13	0.11	0.11	0.38	0.00	0.09
贵 州	0.00	0.00	0.18	0.00	0.00	0.13	0.23	0.00	0.00	0.13	0.07
云 南	0.00	0.00	0.00	0.16	0.00	0.00	0.23	0.00	0.13	0.00	0.06
海 南	0.00	0.00	0.00	0.00	0.00	0.00	0.11	0.00	0.00	0.27	0.04
内蒙古	0.00	0.00	0.36	0.00	0.00	0.00	0.11	0.00	0.00	0.00	0.04
新 疆	0.00	0.00	0.00	0.16	0.00	0.00	0.00	0.11	0.13	0.00	0.04
宁 夏	0.00	0.00	0.00	0.00	0.00	0.00	0.00	0.23	0.00	0.00	0.03

表 7-3　电信 C 层人才的世界占比

单位：%

省　份	2013 年	2014 年	2015 年	2016 年	2017 年	2018 年	2019 年	2020 年	2021 年	2022 年	合计
北　京	5.39	6.41	6.15	6.66	6.09	7.98	7.92	7.16	6.38	6.84	6.80
江　苏	2.26	3.37	3.30	3.75	4.61	5.44	5.30	4.72	4.34	4.85	4.36
广　东	1.25	1.66	1.73	2.78	3.27	3.85	4.45	4.28	4.45	5.22	3.53
上　海	1.98	1.70	1.83	2.08	2.26	2.43	2.56	2.34	1.97	2.44	2.20
四　川	1.35	1.56	1.28	2.19	2.11	2.47	3.07	2.00	1.67	1.83	2.02
浙　江	0.93	1.02	1.26	1.34	1.34	1.83	1.83	1.80	1.72	2.15	1.58
湖　北	1.03	1.10	1.15	1.52	1.41	1.84	2.15	1.84	1.30	1.64	1.56
湖　南	0.59	0.58	0.78	1.05	1.05	1.60	1.89	1.45	1.10	1.37	1.22
陕　西	0.34	0.44	0.46	0.75	0.83	1.07	1.54	1.14	1.17	1.24	0.97
辽　宁	0.32	0.44	0.42	0.72	0.99	1.52	1.27	1.19	1.12	0.90	0.96
山　东	0.26	0.14	0.31	0.57	0.88	1.15	1.51	1.31	1.08	1.35	0.95
安　徽	0.67	0.56	0.68	1.08	0.80	0.81	1.05	0.98	0.89	1.16	0.89
重　庆	0.38	0.30	0.33	0.75	0.61	0.76	1.09	1.08	0.94	0.71	0.75
福　建	0.10	0.20	0.33	0.44	0.61	1.07	1.09	1.06	0.69	0.63	0.68
黑龙江	0.30	0.36	0.33	0.47	0.70	0.97	1.06	0.77	0.51	0.67	0.66
天　津	0.28	0.36	0.40	0.31	0.50	0.71	1.02	0.74	0.51	0.46	0.57
河　南	0.18	0.24	0.13	0.25	0.37	0.63	0.83	0.72	0.89	0.88	0.56
河　北	0.10	0.08	0.07	0.15	0.15	0.37	0.53	0.26	0.35	0.47	0.28
江　西	0.12	0.12	0.18	0.20	0.30	0.36	0.40	0.28	0.29	0.23	0.26
广　西	0.14	0.02	0.05	0.31	0.18	0.33	0.30	0.37	0.31	0.24	0.24
吉　林	0.04	0.08	0.15	0.11	0.11	0.29	0.48	0.38	0.26	0.27	0.24
甘　肃	0.06	0.00	0.04	0.05	0.04	0.12	0.24	0.12	0.13	0.15	0.10
山　西	0.06	0.02	0.04	0.07	0.11	0.08	0.22	0.15	0.14	0.07	0.10
云　南	0.04	0.00	0.02	0.03	0.03	0.11	0.20	0.19	0.14	0.09	0.10
内蒙古	0.00	0.00	0.04	0.05	0.01	0.07	0.18	0.12	0.10	0.03	0.07
海　南	0.02	0.00	0.00	0.02	0.00	0.01	0.01	0.11	0.13	0.16	0.07
贵　州	0.00	0.04	0.04	0.02	0.03	0.05	0.15	0.11	0.05	0.08	0.06
新　疆	0.02	0.04	0.02	0.02	0.01	0.04	0.08	0.07	0.05	0.19	0.06
宁　夏	0.00	0.00	0.00	0.00	0.01	0.00	0.00	0.04	0.04	0.01	0.01
青　海	0.00	0.00	0.00	0.00	0.00	0.01	0.01	0.00	0.01	0.03	0.01

二　影像科学和照相技术

影像科学和照相技术 A、B、C 层人才最多的均为北京，世界占比分别为 13.21%、10.46%、11.26%，显著高于其他省份。

湖北、广东 A 层人才分别以 6.13%、4.72% 的世界占比排名第二、第三位；上海、安徽、江苏、陕西、黑龙江有相当数量的 A 层人才，世界占比在 3%~1%；福建、湖南、山东、四川、重庆、河南、内蒙古、吉林、辽宁、浙江也有一定数量的 A 层人才，世界占比均超过 0.4%。

湖北 B 层人才以 5.18% 的世界占比排名第二；广东、江苏的 B 层人才比较多，世界占比分别为 3.47%、3.37%；陕西、上海、湖南、四川、浙江有相当数量的 B 层人才，世界占比在 3%~1%；安徽、辽宁、黑龙江、河南、福建、重庆、山东、吉林、天津、江西、新疆、海南、甘肃、广西、河北也有一定数量的 B 层人才，世界占比大于或等于 0.1%；贵州、宁夏、云南 B 层人才的世界占比均低于 0.1%。

湖北、江苏、广东 C 层人才分别以 4.86%、3.55%、3.52% 的世界占比排名第二至第四位；上海、浙江、陕西、四川、湖南、山东有相当数量的 C 层人才，世界占比在 3%~1%；安徽、黑龙江、辽宁、河南、福建、甘肃、天津、吉林、重庆、江西、新疆、河北、海南、广西、云南、内蒙古、山西也有一定数量的 C 层人才，世界占比大于或等于 0.1%；青海、贵州、宁夏、西藏 C 层人才的世界占比均低于 0.1%。

表 7-4　影像科学和照相技术 A 层人才的世界占比

单位：%

省份	2013年	2014年	2015年	2016年	2017年	2018年	2019年	2020年	2021年	2022年	合计
北京	15.38	20.00	0.00	6.67	0.00	23.81	8.00	13.04	21.62	13.89	13.21
湖北	7.69	0.00	0.00	0.00	11.11	4.76	4.00	17.39	0.00	11.11	6.13
广东	0.00	0.00	0.00	6.67	0.00	4.76	8.00	8.70	5.41	5.56	4.72
上海	0.00	0.00	0.00	0.00	5.56	0.00	4.00	0.00	5.41	5.56	2.83
安徽	0.00	10.00	0.00	0.00	5.56	0.00	4.00	0.00	0.00	2.78	1.89
江苏	0.00	0.00	0.00	0.00	0.00	0.00	4.00	0.00	0.00	8.33	1.89
陕西	0.00	0.00	0.00	0.00	5.56	4.76	0.00	8.70	0.00	0.00	1.89

续表

省 份	2013 年	2014 年	2015 年	2016 年	2017 年	2018 年	2019 年	2020 年	2021 年	2022 年	合计
黑龙江	0.00	10.00	0.00	6.67	0.00	0.00	4.00	0.00	0.00	0.00	1.42
福 建	0.00	0.00	0.00	0.00	0.00	4.76	0.00	0.00	0.00	2.78	0.94
湖 南	0.00	0.00	0.00	0.00	0.00	0.00	4.00	0.00	0.00	2.78	0.94
山 东	0.00	0.00	0.00	0.00	0.00	0.00	0.00	0.00	2.70	2.78	0.94
四 川	0.00	0.00	0.00	0.00	0.00	4.76	4.00	0.00	0.00	0.00	0.94
重 庆	0.00	0.00	0.00	0.00	0.00	0.00	0.00	0.00	0.00	2.78	0.47
河 南	0.00	0.00	0.00	0.00	0.00	0.00	0.00	4.35	0.00	0.00	0.47
内蒙古	0.00	0.00	0.00	0.00	0.00	0.00	0.00	4.35	0.00	0.00	0.47
吉 林	0.00	0.00	0.00	0.00	0.00	0.00	0.00	0.00	0.00	2.78	0.47
辽 宁	0.00	0.00	0.00	0.00	0.00	0.00	0.00	0.00	2.70	0.00	0.47
浙 江	0.00	0.00	0.00	0.00	0.00	0.00	4.00	0.00	0.00	0.00	0.47

表 7-5　影像科学和照相技术 B 层人才的世界占比

单位：%

省 份	2013 年	2014 年	2015 年	2016 年	2017 年	2018 年	2019 年	2020 年	2021 年	2022 年	合计
北 京	6.56	9.52	12.14	8.05	4.05	15.26	7.62	8.41	12.80	14.47	10.46
湖 北	6.56	3.97	5.00	2.01	1.16	1.58	4.93	8.41	4.76	9.54	5.18
广 东	0.00	1.59	1.43	3.36	2.31	6.32	2.24	1.77	5.95	4.93	3.47
江 苏	0.82	0.79	3.57	0.67	2.89	1.05	2.69	6.19	5.65	4.28	3.37
陕 西	1.64	0.79	2.14	1.34	2.31	0.53	3.14	1.77	1.79	4.61	2.21
上 海	0.82	0.79	0.71	1.34	2.31	4.21	1.79	2.21	3.87	0.99	2.11
湖 南	0.82	1.59	1.43	0.00	1.73	1.58	0.45	1.77	2.68	4.28	1.91
四 川	0.82	0.00	0.00	0.00	1.16	0.53	2.69	1.33	3.27	3.62	1.76
浙 江	1.64	0.00	0.71	0.00	0.00	1.05	1.35	1.77	2.98	2.96	1.56
安 徽	0.82	0.00	1.43	0.67	0.58	0.00	0.45	0.44	1.79	1.32	0.85
辽 宁	0.00	0.00	0.00	0.67	0.00	0.00	0.45	0.00	2.38	1.64	0.75
黑龙江	0.00	0.00	0.71	0.00	1.16	1.05	0.90	0.00	0.60	1.32	0.65
河 南	0.82	0.00	0.00	0.67	0.58	0.53	0.45	0.00	0.30	2.30	0.65
福 建	0.82	1.59	0.00	0.00	0.00	0.53	0.45	0.88	0.89	0.66	0.60
重 庆	0.00	0.00	0.00	0.00	0.00	0.53	0.45	0.44	0.60	1.32	0.45
山 东	0.00	0.00	0.00	0.00	0.00	0.53	0.90	1.33	0.60	0.33	0.45
吉 林	0.00	0.00	0.00	0.00	0.00	0.53	0.90	0.88	0.30	0.66	0.40
天 津	0.00	10.00	0.00	0.67	0.00	0.00	0.00	0.44	0.60	0.00	0.30
江 西	0.00	0.00	0.00	0.00	0.00	0.53	0.45	0.88	0.30	0.00	0.25
新 疆	0.00	0.79	0.00	0.00	0.00	0.00	0.45	0.00	0.30	0.66	0.25
海 南	0.00	0.00	0.00	0.00	0.58	0.00	0.00	0.44	0.30	0.00	0.15

续表

省　份	2013 年	2014 年	2015 年	2016 年	2017 年	2018 年	2019 年	2020 年	2021 年	2022 年	合计
甘　肃	0.00	0.00	0.00	0.00	0.00	0.53	0.00	0.00	0.00	0.33	0.10
广　西	0.00	0.00	0.00	0.00	0.58	0.00	0.00	0.00	0.00	0.33	0.10
河　北	0.00	0.79	0.00	0.00	0.00	0.00	0.45	0.00	0.00	0.00	0.10
贵　州	0.00	0.00	0.00	0.00	0.00	0.00	0.00	0.00	0.00	0.33	0.05
宁　夏	0.00	0.00	0.00	0.00	0.00	0.00	0.00	0.00	0.00	0.33	0.05
云　南	0.00	0.00	0.00	0.00	0.00	0.00	0.00	0.00	0.30	0.00	0.05

表 7-6　影像科学和照相技术 C 层人才的世界占比

单位：%

省　份	2013 年	2014 年	2015 年	2016 年	2017 年	2018 年	2019 年	2020 年	2021 年	2022 年	合计
北　京	6.59	9.30	8.25	8.54	10.49	9.62	10.61	10.95	13.70	15.81	11.26
湖　北	2.92	4.89	4.42	3.35	5.07	4.11	4.68	4.65	5.47	6.41	4.86
江　苏	1.50	2.53	2.90	2.60	2.91	2.55	3.91	3.98	4.06	5.30	3.55
广　东	0.75	0.82	1.67	2.60	1.98	2.75	3.60	3.49	5.38	6.13	3.52
上　海	0.83	1.14	1.67	1.09	1.17	2.55	2.34	1.97	3.20	3.13	2.18
浙　江	0.50	0.33	0.29	0.82	1.17	1.20	1.93	1.48	2.92	3.52	1.78
陕　西	0.25	0.65	0.94	0.82	0.93	1.14	2.16	1.92	2.03	3.03	1.66
四　川	0.92	0.82	0.72	0.68	1.05	1.35	1.44	1.83	1.90	3.34	1.65
湖　南	1.25	1.14	0.87	1.37	2.04	1.40	1.39	1.07	1.41	2.51	1.54
山　东	0.42	0.57	0.29	0.75	0.93	0.42	1.39	0.76	0.86	2.42	1.04
安　徽	0.08	0.65	0.51	0.34	0.47	0.94	0.94	0.67	1.38	1.23	0.84
黑龙江	0.42	0.57	0.29	0.41	0.52	0.52	0.58	0.54	0.92	1.56	0.74
辽　宁	0.00	0.24	0.22	0.41	0.58	0.52	0.27	0.63	1.04	1.69	0.71
河　南	0.17	0.16	0.00	0.27	0.35	0.31	0.72	0.80	0.98	1.65	0.70
福　建	0.33	0.57	0.80	0.48	0.76	0.42	0.72	0.45	0.83	0.98	0.68
甘　肃	0.42	0.49	0.22	0.34	0.70	0.57	0.40	0.45	0.52	0.70	0.51
天　津	0.00	0.24	0.14	0.20	0.52	0.36	0.49	0.58	0.74	0.89	0.51
吉　林	0.17	0.24	0.36	0.20	0.29	0.31	0.40	0.40	0.61	1.07	0.49
重　庆	0.08	0.08	0.22	0.14	0.23	0.16	0.40	0.45	0.58	1.32	0.48
江　西	0.25	0.16	0.29	0.27	0.17	0.42	0.54	0.40	0.25	0.55	0.36
新　疆	0.08	0.00	0.22	0.27	0.29	0.21	0.36	0.36	0.22	0.92	0.35
河　北	0.00	0.08	0.00	0.07	0.12	0.10	0.31	0.13	0.34	0.55	0.23
海　南	0.08	0.00	0.07	0.07	0.29	0.26	0.13	0.31	0.31	0.25	0.21
广　西	0.08	0.16	0.29	0.07	0.06	0.05	0.13	0.13	0.25	0.49	0.20
云　南	0.00	0.08	0.51	0.07	0.29	0.05	0.09	0.09	0.12	0.34	0.17
内蒙古	0.17	0.16	0.00	0.00	0.12	0.00	0.04	0.04	0.15	0.31	0.12

省　份	2013 年	2014 年	2015 年	2016 年	2017 年	2018 年	2019 年	2020 年	2021 年	2022 年	合计
山　西	0.00	0.00	0.00	0.00	0.12	0.10	0.09	0.09	0.09	0.28	0.10
青　海	0.00	0.08	0.00	0.07	0.06	0.05	0.00	0.09	0.09	0.18	0.08
贵　州	0.00	0.00	0.07	0.00	0.00	0.05	0.09	0.04	0.06	0.06	0.05
宁　夏	0.08	0.00	0.00	0.07	0.06	0.00	0.00	0.04	0.00	0.09	0.05
西　藏	0.00	0.00	0.00	0.07	0.06	0.00	0.00	0.00	0.03	0.09	0.03

三　计算机理论和方法

计算机理论和方法 A 层人才最多的是北京，世界占比为 9.61%，显著高于其他省份；江苏、广东、安徽、浙江、上海、四川、湖北有相当数量的 A 层人才，世界占比在 3%～1%；黑龙江、辽宁、陕西、山东、天津、湖南、福建、重庆、江西、广西、贵州、河南也有一定数量的 A 层人才，世界占比均超过 0.1%。

B 层人才最多的是北京，世界占比为 7.99%；广东 B 层人才以 4.16% 的世界占比排名第二；江苏、上海、湖北、浙江、四川、辽宁、湖南、安徽、山东有相当数量的 B 层人才，世界占比在 3%～1%；福建、黑龙江、天津、陕西、重庆、河南、山西、广西、江西、吉林也有一定数量的 B 层人才，世界占比均超过 0.1%；河北、云南、甘肃、贵州、内蒙古、新疆、海南、宁夏、青海 B 层人才的世界占比均低于 0.1%。

C 层人才最多的是北京，世界占比为 5.84%；广东、江苏 C 层人才分别以 2.65%、2.17% 的世界占比排名第二、第三位；上海、浙江、湖北、湖南有相当数量的 C 层人才，世界占比在 2%～1%；四川、山东、安徽、辽宁、福建、天津、黑龙江、陕西、重庆、河南、广西、江西、河北、吉林、云南、山西也有一定数量的 C 层人才，世界占比大于或等于 0.1%；甘肃、贵州、海南、内蒙古、新疆、宁夏、青海 C 层人才的世界占比均低于 0.1%。

表 7-7　计算机理论和方法 A 层人才的世界占比

单位：%

省　份	2013 年	2014 年	2015 年	2016 年	2017 年	2018 年	2019 年	2020 年	2021 年	2022 年	合计
北　京	7.41	8.97	8.79	8.60	9.18	9.09	16.67	7.50	6.17	10.67	9.61
江　苏	0.00	0.00	6.59	3.23	2.04	0.91	1.75	1.25	3.70	6.67	2.63
广　东	0.00	3.85	1.10	3.23	2.04	0.91	4.39	3.75	1.23	2.67	2.40
安　徽	0.00	1.28	3.30	0.00	2.04	2.73	4.39	1.25	1.23	2.67	2.06
浙　江	0.00	1.28	2.20	0.00	1.02	1.82	3.51	3.75	1.23	2.67	1.83
上　海	1.85	0.00	2.20	1.08	1.02	2.73	2.63	0.00	1.23	4.00	1.72
四　川	0.00	0.00	0.00	1.08	0.00	3.64	0.88	6.25	0.00	2.67	1.49
湖　北	0.00	0.00	1.10	2.15	0.00	0.00	3.51	1.25	0.00	4.00	1.26
黑龙江	0.00	1.28	1.10	0.00	1.02	0.00	1.75	1.25	0.00	1.33	0.80
辽　宁	0.00	0.00	0.00	0.00	0.00	2.73	0.00	1.25	2.47	1.33	0.80
陕　西	1.85	0.00	2.20	0.00	0.00	0.91	0.00	0.00	0.00	1.33	0.69
山　东	0.00	0.00	0.00	0.00	2.04	0.00	0.88	1.25	0.00	2.67	0.69
天　津	0.00	0.00	0.00	1.08	0.00	0.00	1.75	1.25	1.23	1.33	0.69
湖　南	1.85	0.00	0.00	0.00	2.04	0.00	0.00	0.00	0.00	1.33	0.46
福　建	0.00	0.00	1.10	0.00	0.00	0.00	0.00	0.00	0.00	2.67	0.34
重　庆	0.00	0.00	0.00	0.00	0.00	0.00	0.00	0.00	0.00	2.67	0.23
江　西	0.00	0.00	1.10	0.00	0.00	0.00	0.00	0.00	0.00	1.33	0.23
广　西	0.00	0.00	0.00	0.00	0.00	0.91	0.00	0.00	0.00	0.00	0.11
贵　州	0.00	0.00	0.00	0.00	0.00	0.00	0.00	1.25	0.00	0.00	0.11
河　南	0.00	0.00	0.00	0.00	0.00	0.00	0.00	0.00	1.23	0.00	0.11

表 7-8　计算机理论和方法 B 层人才的世界占比

单位：%

省　份	2013 年	2014 年	2015 年	2016 年	2017 年	2018 年	2019 年	2020 年	2021 年	2022 年	合计
北　京	4.67	6.74	4.34	8.45	8.72	9.75	11.20	6.49	7.61	9.20	7.99
广　东	1.42	2.61	2.29	2.82	2.64	3.86	5.69	5.39	6.90	7.59	4.16
江　苏	2.03	2.34	1.93	2.58	2.52	2.44	2.47	4.01	4.65	4.53	2.90
上　海	1.83	1.93	2.29	1.29	2.52	2.44	2.94	2.62	2.68	3.36	2.41
湖　北	1.02	0.83	1.45	1.41	1.38	1.02	1.33	3.18	3.80	2.77	1.77
浙　江	1.22	0.55	0.72	0.59	1.49	2.34	2.66	1.66	2.82	3.07	1.74
四　川	0.41	0.83	1.21	0.59	1.15	1.42	1.61	1.66	3.52	3.36	1.56
辽　宁	0.81	1.24	1.57	1.41	1.15	1.22	1.14	1.38	3.10	2.04	1.49
湖　南	0.61	1.38	1.33	1.29	0.92	1.12	0.95	1.66	1.83	2.04	1.30
安　徽	0.81	0.55	0.72	0.94	1.03	1.02	1.90	1.80	1.97	1.46	1.24
山　东	0.41	0.41	0.48	0.35	0.46	1.12	0.66	1.80	2.25	3.80	1.12
福　建	0.00	0.55	0.84	0.59	0.80	0.81	1.23	1.24	1.13	2.04	0.95
黑龙江	0.41	0.83	0.36	0.70	0.80	0.61	0.76	1.52	1.13	1.61	0.86

续表

省　份	2013 年	2014 年	2015 年	2016 年	2017 年	2018 年	2019 年	2020 年	2021 年	2022 年	合计
天　津	0.00	0.69	0.36	0.35	1.03	0.61	1.04	1.38	1.41	1.02	0.81
陕　西	0.41	0.96	0.60	0.82	0.46	0.61	0.28	0.83	1.13	1.46	0.73
重　庆	0.20	0.00	0.60	0.82	0.11	0.51	0.38	0.83	1.55	1.75	0.66
河　南	0.20	0.00	0.00	0.23	0.00	0.61	0.38	0.97	0.85	1.02	0.42
山　西	0.00	0.00	0.48	0.12	0.23	0.10	0.47	0.00	0.00	0.29	0.19
广　西	0.20	0.00	0.12	0.23	0.23	0.20	0.00	0.14	0.14	0.58	0.18
江　西	0.00	0.14	0.00	0.23	0.11	0.00	0.00	0.00	0.42	0.44	0.13
吉　林	0.00	0.00	0.00	0.12	0.00	0.00	0.20	0.14	0.00	0.58	0.11
河　北	0.00	0.14	0.00	0.00	0.00	0.00	0.20	0.09	0.00	0.44	0.09
云　南	0.20	0.00	0.00	0.00	0.11	0.00	0.00	0.14	0.14	0.29	0.08
甘　肃	0.00	0.00	0.00	0.00	0.00	0.00	0.00	0.14	0.28	0.15	0.05
贵　州	0.00	0.00	0.00	0.00	0.00	0.00	0.28	0.00	0.15	0.00	0.05
内蒙古	0.00	0.14	0.00	0.12	0.00	0.00	0.09	0.14	0.00	0.00	0.05
新　疆	0.00	0.00	0.00	0.12	0.00	0.00	0.00	0.00	0.14	0.15	0.04
海　南	0.00	0.00	0.00	0.00	0.00	0.00	0.00	0.00	0.00	0.29	0.03
宁　夏	0.00	0.00	0.00	0.12	0.00	0.00	0.00	0.00	0.00	0.15	0.03
青　海	0.00	0.00	0.00	0.00	0.00	0.00	0.00	0.00	0.00	0.29	0.03

表 7-9　计算机理论和方法 C 层人才的世界占比

单位：%

省　份	2013 年	2014 年	2015 年	2016 年	2017 年	2018 年	2019 年	2020 年	2021 年	2022 年	合计
北　京	3.69	4.34	4.11	4.19	6.40	6.81	8.17	5.60	7.13	6.38	5.84
广　东	0.87	1.07	0.99	1.36	2.12	3.24	3.67	3.30	5.15	4.28	2.65
江　苏	1.13	1.30	1.25	1.71	2.54	2.47	2.05	2.53	3.61	2.98	2.17
上　海	0.98	1.30	1.37	1.32	1.82	1.87	2.45	1.94	2.47	2.60	1.84
浙　江	0.96	0.70	0.51	0.80	0.81	1.60	2.23	1.84	2.64	2.28	1.44
湖　北	0.68	0.77	1.02	0.91	1.15	1.34	1.78	1.80	1.99	1.83	1.35
湖　南	0.62	0.73	0.59	0.82	0.85	1.17	1.13	1.36	1.65	1.77	1.07
四　川	0.64	0.55	0.44	0.55	1.04	1.04	1.12	1.13	1.52	1.31	0.94
山　东	0.32	0.51	0.41	0.49	0.87	0.83	1.09	1.11	2.06	1.65	0.93
安　徽	0.38	0.58	0.34	0.62	0.83	1.10	1.42	0.99	1.38	1.25	0.92
辽　宁	0.51	0.45	0.55	0.64	0.83	0.66	0.84	1.07	1.35	1.37	0.82
福　建	0.17	0.18	0.23	0.43	0.41	0.58	0.56	0.83	0.85	0.77	0.51
天　津	0.28	0.30	0.17	0.31	0.39	0.52	0.66	0.56	0.77	0.97	0.49

续表

省　份	2013 年	2014 年	2015 年	2016 年	2017 年	2018 年	2019 年	2020 年	2021 年	2022 年	合计
黑龙江	0.41	0.45	0.28	0.48	0.50	0.54	0.47	0.56	0.70	0.37	0.48
陕　西	0.15	0.15	0.18	0.31	0.43	0.51	0.43	0.51	0.63	0.89	0.42
重　庆	0.15	0.20	0.10	0.20	0.34	0.32	0.35	0.49	0.97	1.11	0.41
河　南	0.15	0.17	0.16	0.26	0.18	0.51	0.35	0.51	0.70	0.55	0.36
广　西	0.06	0.14	0.07	0.09	0.14	0.21	0.17	0.23	0.37	0.49	0.19
江　西	0.06	0.10	0.16	0.11	0.11	0.19	0.18	0.10	0.27	0.18	0.15
河　北	0.09	0.10	0.11	0.10	0.13	0.04	0.08	0.19	0.20	0.38	0.13
吉　林	0.04	0.07	0.11	0.10	0.12	0.12	0.14	0.14	0.17	0.29	0.13
云　南	0.09	0.01	0.05	0.04	0.06	0.08	0.07	0.19	0.17	0.37	0.11
山　西	0.09	0.01	0.06	0.12	0.05	0.05	0.13	0.11	0.30	0.14	0.10
甘　肃	0.06	0.04	0.04	0.02	0.01	0.08	0.08	0.10	0.14	0.28	0.08
贵　州	0.00	0.00	0.04	0.02	0.00	0.07	0.04	0.07	0.11	0.18	0.05
海　南	0.00	0.01	0.04	0.04	0.06	0.03	0.03	0.07	0.06	0.00	0.04
内蒙古	0.00	0.00	0.05	0.06	0.06	0.05	0.00	0.04	0.07	0.09	0.04
新　疆	0.04	0.00	0.01	0.00	0.02	0.02	0.03	0.03	0.09	0.12	0.03
宁　夏	0.00	0.03	0.01	0.00	0.00	0.01	0.01	0.01	0.00	0.02	0.01
青　海	0.00	0.03	0.01	0.00	0.00	0.00	0.00	0.00	0.00	0.02	0.01

四　软件工程

软件工程 A、B、C 层人才最多的均为北京，世界占比分别为 7.14%、6.74%、5.58%，显著高于其他省份。

广东、上海、江苏、湖北、浙江、湖南有相当数量的 A 层人才，世界占比在 3%～1%；安徽、四川、天津、福建、江西、山西、重庆、河北、黑龙江、河南、辽宁、陕西、山东、云南也有一定数量的 A 层人才，世界占比均超过 0.2%。

广东、江苏、湖北、湖南、浙江、上海、四川、福建、山东有相当数量的 B 层人才，世界占比在 3%～1%；安徽、天津、陕西、辽宁、河南、重庆、黑龙江、广西、江西、海南、吉林、山西也有一定数量的 B 层人才，世界占比均超过 0.1%；甘肃、河北、贵州、西藏、新疆、云南、内蒙古 B 层人才的世界占比均低于 0.1%。

广东、江苏、浙江、上海、湖北、湖南有相当数量的 C 层人才，世界占比在 3%~1%；山东、安徽、四川、辽宁、天津、福建、陕西、重庆、河南、黑龙江、广西、江西、吉林、甘肃也有一定数量的 C 层人才，世界占比均超过 0.1%；云南、河北、贵州、山西、新疆、海南、内蒙古、宁夏、青海 C 层人才的世界占比均低于 0.1%。

表 7-10　软件工程 A 层人才的世界占比

单位：%

省　份	2013 年	2014 年	2015 年	2016 年	2017 年	2018 年	2019 年	2020 年	2021 年	2022 年	合计
北　京	0.00	3.70	0.00	0.00	2.94	10.53	7.50	12.50	8.51	17.07	7.14
广　东	0.00	0.00	0.00	0.00	2.94	2.63	0.00	10.00	4.26	4.88	2.86
上　海	4.76	0.00	3.13	3.33	0.00	5.26	0.00	0.00	2.13	7.32	2.57
江　苏	0.00	0.00	0.00	0.00	0.00	0.00	2.50	2.50	4.26	9.76	2.29
湖　北	0.00	0.00	3.13	3.33	0.00	0.00	5.00	2.50	0.00	4.88	2.00
浙　江	0.00	3.70	0.00	0.00	0.00	2.63	0.00	7.50	0.00	2.44	1.71
湖　南	0.00	0.00	0.00	0.00	2.94	2.63	0.00	0.00	0.00	7.32	1.43
安　徽	0.00	0.00	0.00	0.00	0.00	0.00	2.50	2.50	0.00	2.44	0.86
四　川	0.00	0.00	0.00	0.00	2.94	0.00	2.50	0.00	0.00	2.44	0.86
天　津	0.00	0.00	0.00	0.00	0.00	0.00	0.00	0.00	0.00	7.32	0.86
福　建	0.00	0.00	0.00	0.00	0.00	0.00	0.00	0.00	0.00	4.88	0.57
江　西	0.00	0.00	0.00	0.00	0.00	0.00	0.00	0.00	0.00	4.88	0.57
山　西	0.00	0.00	0.00	0.00	0.00	0.00	5.00	0.00	0.00	0.00	0.57
重　庆	0.00	0.00	0.00	0.00	0.00	0.00	0.00	0.00	0.00	2.44	0.29
河　北	0.00	0.00	0.00	0.00	0.00	0.00	0.00	0.00	0.00	2.44	0.29
黑龙江	0.00	0.00	0.00	0.00	0.00	2.63	0.00	0.00	0.00	0.00	0.29
河　南	0.00	0.00	0.00	0.00	0.00	0.00	0.00	0.00	2.13	0.00	0.29
辽　宁	0.00	0.00	0.00	0.00	0.00	0.00	2.50	0.00	0.00	0.00	0.29
陕　西	0.00	3.70	0.00	0.00	0.00	0.00	0.00	0.00	0.00	0.00	0.29
山　东	0.00	0.00	0.00	0.00	0.00	0.00	0.00	0.00	0.00	2.44	0.29
云　南	0.00	0.00	0.00	0.00	0.00	0.00	0.00	0.00	0.00	2.44	0.29

表 7-11 软件工程 B 层人才的世界占比

单位：%

省　份	2013 年	2014 年	2015 年	2016 年	2017 年	2018 年	2019 年	2020 年	2021 年	2022 年	合计
北　京	4.41	4.47	4.53	4.83	5.77	8.60	6.80	6.94	9.05	8.82	6.74
广　东	0.49	0.81	0.70	1.72	2.88	3.15	3.68	2.22	4.52	4.68	2.74
江　苏	0.49	1.63	1.74	2.07	1.60	1.43	2.27	2.22	2.71	3.86	2.12
湖　北	0.49	1.22	1.39	1.03	1.92	2.29	2.83	3.89	1.13	3.03	2.03
湖　南	1.47	2.03	0.70	1.38	1.28	0.86	1.13	1.94	3.62	3.86	1.93
浙　江	0.49	1.22	0.70	0.34	0.64	2.29	2.83	2.22	2.04	4.68	1.90
上　海	0.98	0.81	1.39	1.38	1.92	1.15	1.70	1.94	2.49	1.93	1.65
四　川	0.00	0.41	0.00	0.69	1.92	0.86	1.98	0.56	1.58	3.31	1.25
福　建	0.49	0.81	0.70	0.00	0.96	0.00	0.28	0.28	1.81	3.31	1.03
山　东	0.49	0.41	0.00	0.34	0.96	0.29	0.28	1.67	1.58	3.31	1.03
安　徽	1.47	0.00	0.35	0.34	0.00	0.86	0.57	2.22	2.04	0.83	0.94
天　津	0.00	0.41	0.00	0.00	0.32	0.86	1.13	1.67	0.68	1.93	0.78
陕　西	0.00	0.41	0.00	0.34	0.64	0.29	0.00	1.39	1.58	1.38	0.69
辽　宁	0.49	0.00	0.70	0.00	0.32	0.57	0.85	0.56	0.90	1.10	0.59
河　南	0.00	0.00	0.00	0.34	0.00	0.00	0.28	1.11	0.90	1.65	0.53
重　庆	0.00	0.00	0.00	0.00	0.32	0.00	0.00	0.28	0.45	2.20	0.37
黑龙江	0.00	0.00	0.00	0.00	0.32	0.86	0.00	0.28	0.90	0.28	0.31
广　西	0.00	0.00	0.00	0.34	0.32	0.29	0.00	0.56	0.23	0.28	0.22
江　西	0.00	0.00	0.00	0.34	0.32	0.00	0.28	0.00	0.00	0.55	0.19
海　南	0.00	0.00	0.00	0.00	0.00	0.00	0.00	0.00	0.45	0.55	0.12
吉　林	0.00	0.00	0.00	0.00	0.00	0.00	0.28	0.00	0.23	0.55	0.12
山　西	0.49	0.00	0.00	0.00	0.00	0.00	0.57	0.00	0.23	0.00	0.12
甘　肃	0.00	0.00	0.00	0.00	0.00	0.00	0.00	0.28	0.00	0.55	0.09
河　北	0.00	0.41	0.00	0.00	0.00	0.00	0.00	0.00	0.00	0.55	0.09
贵　州	0.00	0.00	0.00	0.34	0.00	0.00	0.00	0.00	0.23	0.00	0.06
西　藏	0.00	0.00	0.00	0.00	0.00	0.00	0.28	0.00	0.23	0.00	0.06
新　疆	0.00	0.00	0.00	0.00	0.00	0.00	0.00	0.00	0.23	0.28	0.06
云　南	0.00	0.00	0.00	0.00	0.00	0.00	0.28	0.28	0.00	0.00	0.06
内蒙古	0.00	0.00	0.00	0.00	0.00	0.00	0.00	0.00	0.23	0.00	0.03

表 7-12　软件工程 C 层人才的世界占比

单位：%

省　份	2013 年	2014 年	2015 年	2016 年	2017 年	2018 年	2019 年	2020 年	2021 年	2022 年	合计
北　京	4.65	3.73	4.33	3.98	5.15	5.41	6.69	7.25	6.28	6.66	5.58
广　东	1.24	0.55	1.13	1.47	1.53	1.77	2.89	3.55	3.65	4.56	2.41
江　苏	0.84	1.31	1.30	1.72	2.35	2.66	2.52	2.63	2.79	3.41	2.27
浙　江	0.99	1.53	0.88	1.79	1.40	1.65	2.12	2.40	2.15	2.68	1.83
上　海	0.79	1.02	1.16	1.54	1.40	1.74	2.43	2.02	2.24	2.23	1.75
湖　北	0.74	0.47	0.70	0.97	1.07	1.39	1.52	1.41	1.77	1.78	1.26
湖　南	0.54	0.68	0.46	0.54	0.94	1.18	1.40	1.36	1.52	1.72	1.10
山　东	0.40	0.21	0.49	0.61	0.72	0.95	1.09	1.27	1.68	1.43	0.97
安　徽	0.69	0.64	0.84	0.82	0.65	0.92	1.20	1.16	0.93	1.37	0.95
四　川	0.30	0.38	0.56	0.39	1.01	0.80	0.94	1.18	1.27	1.50	0.89
辽　宁	0.64	0.51	0.42	0.75	0.52	0.56	0.86	0.95	0.84	0.76	0.70
天　津	0.20	0.42	0.39	0.39	0.39	0.77	0.77	0.84	0.77	0.99	0.63
福　建	0.00	0.30	0.21	0.29	0.49	0.68	0.66	0.75	0.75	0.92	0.55
陕　西	0.30	0.17	0.18	0.29	0.10	0.62	0.66	0.29	0.70	0.73	0.43
重　庆	0.15	0.25	0.25	0.29	0.36	0.32	0.43	0.58	0.54	0.73	0.41
河　南	0.00	0.04	0.21	0.14	0.29	0.62	0.43	0.43	0.61	0.48	0.36
黑龙江	0.05	0.25	0.28	0.25	0.26	0.30	0.54	0.38	0.52	0.51	0.36
广　西	0.05	0.00	0.07	0.04	0.16	0.24	0.00	0.35	0.36	0.70	0.24
江　西	0.10	0.13	0.18	0.18	0.13	0.21	0.26	0.17	0.39	0.29	0.22
吉　林	0.25	0.00	0.00	0.11	0.07	0.15	0.20	0.14	0.18	0.19	0.13
甘　肃	0.10	0.04	0.07	0.04	0.07	0.09	0.09	0.06	0.16	0.32	0.11
云　南	0.00	0.00	0.04	0.07	0.07	0.06	0.06	0.20	0.14	0.22	0.09
河　北	0.20	0.04	0.04	0.00	0.03	0.06	0.06	0.17	0.09	0.16	0.08
贵　州	0.05	0.00	0.00	0.04	0.00	0.12	0.14	0.12	0.11	0.13	0.08
山　西	0.00	0.00	0.04	0.07	0.03	0.03	0.14	0.09	0.07	0.16	0.07
新　疆	0.00	0.04	0.00	0.00	0.03	0.03	0.09	0.03	0.07	0.16	0.05
海　南	0.05	0.00	0.04	0.07	0.07	0.00	0.03	0.03	0.05	0.06	0.04
内蒙古	0.00	0.00	0.00	0.04	0.07	0.00	0.03	0.03	0.05	0.06	0.04
宁　夏	0.00	0.00	0.00	0.00	0.00	0.00	0.00	0.03	0.00	0.06	0.01
青　海	0.00	0.00	0.04	0.00	0.00	0.00	0.00	0.00	0.00	0.06	0.01

五　计算机硬件和体系架构

计算机硬件和体系架构 A、B、C 层人才最多的均为北京，世界占比分别为 8.27%、8.37%、6.35%，显著高于其他省份。

江苏 A 层人才以 4.72% 的世界占比排名第二；湖北、辽宁 A 层人才以 3.15% 的世界占比并列排名第三；广东、上海、天津、四川、陕西有相当数量的 A 层人才，世界占比在 3%~1%；安徽、江西、浙江、福建、广西、河北、黑龙江、湖南、内蒙古、山东也有一定数量的 A 层人才，世界占比均超过 0.3%。

广东、江苏 B 层人才分别以 4.38%、4.12% 的世界占比排名第二、第三位；辽宁、湖北、上海、四川、浙江、湖南、山东、重庆、安徽、陕西、天津有相当数量的 B 层人才，世界占比在 3%~1%；黑龙江、福建、河南、广西、江西、甘肃、山西、云南也有一定数量的 B 层人才，世界占比均超过 0.1%；吉林、河北、青海、西藏 B 层人才的世界占比均低于 0.1%。

广东 C 层人才的世界占比为 3.15%，排名第二；江苏、上海、湖北、浙江、辽宁、四川、湖南、山东有相当数量的 C 层人才，世界占比在 3%~1%；安徽、陕西、福建、重庆、黑龙江、天津、河南、广西、吉林、河北也有一定数量的 C 层人才，世界占比均超过 0.1%；云南、江西、山西、甘肃、贵州、内蒙古、海南、新疆、青海、西藏 C 层人才的世界占比均低于 0.1%。

表 7-13　计算机硬件和体系架构 A 层人才的世界占比

单位：%

省 份	2013 年	2014 年	2015 年	2016 年	2017 年	2018 年	2019 年	2020 年	2021 年	2022 年	合计
北 京	8.70	15.38	7.14	12.00	7.14	12.00	3.85	0.00	4.00	12.50	8.27
江 苏	0.00	0.00	17.86	4.00	3.57	4.00	3.85	4.17	4.00	4.17	4.72
湖 北	4.35	3.85	0.00	4.00	0.00	4.00	7.69	0.00	8.33	0.00	3.15
辽 宁	0.00	3.85	3.57	0.00	3.57	8.00	3.85	0.00	8.00	0.00	3.15
广 东	0.00	0.00	0.00	4.00	0.00	0.00	11.54	4.17	0.00	4.17	2.76
上 海	4.35	0.00	3.57	4.00	0.00	4.00	3.85	0.00	0.00	8.33	2.76
天 津	0.00	0.00	0.00	0.00	0.00	0.00	3.85	0.00	4.00	12.50	1.97
四 川	0.00	0.00	0.00	0.00	0.00	0.00	7.69	0.00	0.00	4.17	1.57
陕 西	0.00	3.85	3.57	0.00	0.00	4.00	0.00	0.00	0.00	0.00	1.18
安 徽	0.00	0.00	0.00	0.00	0.00	0.00	3.85	0.00	0.00	4.17	0.79
江 西	0.00	0.00	0.00	0.00	0.00	0.00	0.00	0.00	0.00	8.33	0.79
浙 江	0.00	0.00	0.00	0.00	0.00	0.00	3.85	0.00	4.00	0.00	0.79
福 建	0.00	0.00	0.00	0.00	0.00	0.00	3.85	0.00	0.00	0.00	0.39
广 西	0.00	0.00	0.00	0.00	0.00	0.00	0.00	0.00	0.00	0.00	0.39

续表

省　份	2013 年	2014 年	2015 年	2016 年	2017 年	2018 年	2019 年	2020 年	2021 年	2022 年	合计
河　北	0.00	0.00	0.00	0.00	0.00	0.00	0.00	0.00	0.00	4.17	0.39
黑龙江	0.00	0.00	0.00	0.00	0.00	4.00	0.00	0.00	0.00	0.00	0.39
湖　南	0.00	0.00	0.00	0.00	0.00	0.00	0.00	0.00	0.00	4.17	0.39
内蒙古	0.00	3.85	0.00	0.00	0.00	0.00	0.00	0.00	0.00	0.00	0.39
山　东	0.00	0.00	0.00	0.00	0.00	0.00	3.85	0.00	0.00	0.00	0.39

表 7-14　计算机硬件和体系架构 B 层人才的世界占比

单位：%

省　份	2013 年	2014 年	2015 年	2016 年	2017 年	2018 年	2019 年	2020 年	2021 年	2022 年	合计
北　京	5.71	7.98	4.12	9.17	7.51	12.24	9.43	5.56	9.68	12.90	8.37
广　东	2.38	3.36	2.25	2.62	3.16	3.80	3.28	5.98	6.85	10.60	4.38
江　苏	2.38	2.94	1.87	2.18	3.56	2.95	5.74	8.97	5.24	5.53	4.12
辽　宁	1.43	1.26	3.00	2.18	1.58	2.53	2.87	2.56	4.44	4.61	2.65
湖　北	2.86	1.26	3.00	2.18	1.98	3.38	2.87	3.42	1.61	1.38	2.40
上　海	1.90	1.68	1.87	1.31	1.58	2.53	1.64	3.42	1.61	3.23	2.06
四　川	0.48	0.42	0.75	0.44	0.40	2.11	3.28	2.56	4.84	5.53	2.06
浙　江	1.43	2.10	0.37	0.44	1.98	1.69	1.23	2.99	2.42	2.76	1.72
湖　南	0.48	1.26	1.50	0.00	1.98	1.27	1.23	1.28	3.23	4.61	1.68
山　东	0.48	0.42	0.37	1.31	0.40	2.11	3.28	1.71	2.42	4.15	1.64
重　庆	0.48	0.00	0.37	1.75	0.40	0.84	2.46	0.00	2.42	5.07	1.35
安　徽	2.38	0.84	1.12	0.00	1.19	0.42	0.82	2.14	2.02	0.46	1.14
陕　西	0.00	2.10	1.50	1.31	0.40	0.84	1.23	1.71	0.81	1.38	1.14
天　津	0.00	0.00	0.75	0.44	1.19	0.84	0.82	1.28	2.82	2.30	1.05
黑龙江	0.00	0.00	0.37	1.31	1.19	0.84	1.23	1.28	1.21	2.30	0.97
福　建	0.00	0.00	0.75	0.44	0.40	1.27	1.64	1.28	1.21	1.84	0.88
河　南	0.00	0.00	0.00	1.31	0.00	0.84	0.41	0.43	1.21	1.38	0.55
广　西	0.00	0.00	0.37	0.44	0.40	0.00	0.82	0.43	0.00	1.38	0.38
江　西	0.00	0.00	0.00	0.44	0.00	0.42	0.00	0.43	0.00	0.92	0.21
甘　肃	0.00	0.00	0.00	0.00	0.00	0.00	0.00	0.00	0.40	0.92	0.17
山　西	0.00	0.00	0.00	0.00	0.00	0.42	0.00	0.00	0.40	0.92	0.17
云　南	0.48	0.00	0.00	0.00	0.00	0.00	0.00	0.00	0.40	0.46	0.13
吉　林	0.00	0.00	0.00	0.00	0.00	0.00	0.00	0.43	0.00	0.46	0.08
河　北	0.00	0.00	0.00	0.00	0.00	0.42	0.00	0.00	0.00	0.00	0.04
青　海	0.00	0.00	0.00	0.00	0.00	0.00	0.00	0.00	0.00	0.46	0.04
西　藏	0.00	0.00	0.00	0.00	0.00	0.00	0.00	0.40	0.00	0.00	0.04

表 7-15　计算机硬件和体系架构 C 层人才的世界占比

单位：%

省　份	2013 年	2014 年	2015 年	2016 年	2017 年	2018 年	2019 年	2020 年	2021 年	2022 年	合计
北　京	4.43	5.31	5.33	5.61	6.25	6.37	7.22	7.22	7.98	7.76	6.35
广　东	1.27	1.18	1.62	2.21	2.04	4.10	2.92	4.26	6.63	5.39	3.15
江　苏	1.17	1.90	2.05	1.95	3.06	3.81	3.42	3.44	4.59	3.88	2.94
上　海	1.51	1.85	1.62	2.08	2.47	2.31	2.34	2.31	3.15	3.07	2.27
湖　北	1.36	0.88	1.24	1.77	1.81	2.31	2.71	1.96	2.44	2.32	1.88
浙　江	0.68	1.01	0.69	0.97	0.59	1.58	1.50	1.83	2.59	2.82	1.41
辽　宁	0.73	0.76	0.89	1.19	1.14	1.71	1.29	1.48	2.63	2.17	1.40
四　川	0.83	0.59	0.73	0.88	1.06	1.20	1.21	1.61	2.79	2.27	1.31
湖　南	0.73	0.76	0.97	1.15	1.45	1.58	1.34	1.13	2.08	1.86	1.31
山　东	0.19	0.25	0.31	0.53	0.90	1.24	1.13	1.65	2.75	2.12	1.11
安　徽	0.49	0.51	0.35	0.75	0.82	1.28	1.29	1.39	1.36	1.56	0.97
陕　西	0.49	0.55	0.42	0.44	0.31	0.81	0.96	0.87	1.36	1.51	0.76
福　建	0.05	0.13	0.58	0.62	0.59	0.64	0.96	1.17	1.28	1.16	0.72
重　庆	0.58	0.21	0.27	0.44	0.63	0.73	0.92	0.83	1.44	1.06	0.71
黑龙江	0.24	0.25	0.46	0.80	0.63	1.15	0.42	0.61	0.60	0.45	0.57
天　津	0.10	0.17	0.00	0.66	0.35	0.73	0.46	0.96	0.96	0.96	0.53
河　南	0.15	0.04	0.15	0.27	0.24	0.47	0.50	0.57	0.88	0.40	0.37
广　西	0.05	0.00	0.00	0.00	0.12	0.17	0.13	0.22	0.64	0.40	0.17
吉　林	0.10	0.08	0.12	0.09	0.08	0.17	0.21	0.17	0.20	0.35	0.15
河　北	0.10	0.13	0.15	0.27	0.08	0.09	0.21	0.04	0.24	0.15	0.15
云　南	0.00	0.04	0.08	0.09	0.08	0.04	0.08	0.13	0.16	0.15	0.09
江　西	0.05	0.13	0.00	0.00	0.04	0.13	0.13	0.00	0.12	0.20	0.08
山　西	0.05	0.04	0.00	0.04	0.08	0.04	0.08	0.13	0.20	0.15	0.08
甘　肃	0.05	0.04	0.04	0.04	0.04	0.04	0.08	0.09	0.12	0.20	0.07
贵　州	0.00	0.00	0.04	0.00	0.00	0.00	0.13	0.04	0.16	0.15	0.06
内蒙古	0.00	0.00	0.08	0.00	0.00	0.08	0.04	0.13	0.00	0.05	0.05
海　南	0.00	0.00	0.00	0.00	0.00	0.04	0.00	0.00	0.04	0.10	0.03
新　疆	0.05	0.00	0.00	0.00	0.00	0.00	0.00	0.00	0.00	0.00	0.01
青　海	0.00	0.00	0.00	0.00	0.00	0.00	0.00	0.00	0.10	0.00	0.01
西　藏	0.00	0.00	0.00	0.00	0.00	0.00	0.00	0.00	0.08	0.00	0.01

六　信息系统

信息系统 A、B、C 层人才最多的均为北京，世界占比分别为 6.48%、7.05%、5.80%。

广东 A 层人才以 4.66% 的世界占比排名第二；江苏、四川、浙江、湖北、上海、安徽有相当数量的 A 层人才，世界占比在 3%～1%；重庆、湖南、山东、辽宁、天津、陕西、河南、江西、福建、黑龙江、云南、广西、河北、山西也有一定数量的 A 层人才，世界占比均超过 0.1%。

广东、江苏 B 层人才的世界占比分别为 3.48%、3.14%，排名第二、第三位；四川、上海、湖北、浙江、山东、湖南、安徽、辽宁有相当数量的 B 层人才，世界占比在 3%～1%；重庆、天津、福建、陕西、黑龙江、河南、广西、江西、山西、河北、吉林、甘肃也有一定数量的 B 层人才，世界占比均超过 0.1%；云南、海南、贵州、新疆、内蒙古、宁夏 B 层人才的世界占比均低于 0.1%。

江苏、广东、上海、湖北、四川、浙江、湖南、山东、辽宁有相当数量的 C 层人才，世界占比在 3%～1%；安徽、福建、陕西、重庆、天津、黑龙江、河南、江西、广西、河北、吉林、山西、云南、甘肃也有一定数量的 C 层人才，世界占比均超过 0.1%；贵州、新疆、内蒙古、海南、宁夏、青海 C 层人才的世界占比均低于 0.1%。

表 7-16　信息系统 A 层人才的世界占比

单位：%

省　份	2013 年	2014 年	2015 年	2016 年	2017 年	2018 年	2019 年	2020 年	2021 年	2022 年	合计
北　京	5.88	4.48	3.90	2.78	9.59	9.09	8.18	2.70	6.84	9.73	6.48
广　东	0.00	1.49	1.30	2.78	2.74	2.27	8.18	7.21	7.69	6.19	4.66
江　苏	0.00	1.49	1.30	1.39	0.00	3.41	1.82	1.80	5.13	3.54	2.28
四　川	1.96	1.49	0.00	4.17	0.00	0.00	3.64	5.41	1.71	2.65	2.28
浙　江	0.00	0.00	1.30	0.00	1.37	3.41	0.00	1.80	2.56	3.54	1.59
湖　北	0.00	1.49	0.00	1.39	0.00	1.14	1.82	0.90	0.85	4.42	1.37
上　海	0.00	1.49	0.00	1.39	0.00	2.27	0.91	0.90	1.71	2.65	1.25
安　徽	0.00	1.49	0.00	0.00	0.00	0.00	1.82	0.90	2.56	1.77	1.02
重　庆	0.00	0.00	0.00	0.00	1.37	1.14	0.00	0.00	1.71	3.54	0.91
湖　南	0.00	0.00	0.00	1.39	1.37	2.27	0.00	0.00	0.85	1.77	0.80
山　东	0.00	0.00	0.00	0.00	4.11	0.00	1.82	0.00	0.85	0.88	0.80
辽　宁	0.00	1.49	0.00	0.00	0.00	0.00	0.00	1.80	0.85	0.88	0.57
天　津	0.00	0.00	0.00	0.00	0.00	0.00	0.91	0.90	0.00	2.65	0.57
陕　西	0.00	2.99	1.30	0.00	0.00	0.00	0.00	0.00	0.85	0.00	0.46
河　南	0.00	0.00	0.00	0.00	1.37	1.14	0.00	0.00	0.85	0.00	0.34
江　西	0.00	0.00	0.00	0.00	0.00	1.14	0.00	0.00	0.00	1.77	0.34

续表

省份	2013年	2014年	2015年	2016年	2017年	2018年	2019年	2020年	2021年	2022年	合计
福建	0.00	0.00	0.00	0.00	0.00	0.00	0.00	0.90	0.00	0.88	0.23
黑龙江	0.00	0.00	0.00	0.00	1.37	0.00	0.00	0.00	0.85	0.00	0.23
云南	0.00	0.00	0.00	0.00	0.00	0.00	0.91	0.00	0.85	0.00	0.23
广西	0.00	0.00	0.00	0.00	0.00	0.00	0.00	0.00	0.88	0.00	0.11
河北	0.00	0.00	0.00	0.00	0.00	0.00	0.00	0.00	0.88	0.00	0.11
山西	0.00	0.00	0.00	0.00	0.00	0.00	0.00	0.00	0.85	0.00	0.11

表7-17 信息系统B层人才的世界占比

单位：%

省份	2013年	2014年	2015年	2016年	2017年	2018年	2019年	2020年	2021年	2022年	合计
北京	3.82	6.17	7.34	6.26	4.65	8.66	7.74	6.91	7.10	9.29	7.05
广东	0.64	1.67	1.87	1.49	3.49	3.26	3.56	4.21	5.51	5.57	3.48
江苏	1.27	1.83	1.73	2.68	2.33	3.14	3.05	3.71	4.58	4.64	3.14
四川	0.21	1.00	1.01	2.53	2.47	2.63	2.44	2.40	3.08	4.33	2.42
上海	0.64	2.17	2.30	1.94	2.18	2.51	2.04	1.90	2.15	2.06	2.04
湖北	1.27	2.00	1.58	1.64	1.31	1.76	2.24	2.20	1.96	2.79	1.95
浙江	0.64	0.83	0.58	0.30	1.74	1.38	2.44	2.20	1.59	2.99	1.62
山东	0.00	0.50	0.00	0.89	1.02	1.00	1.93	2.10	2.61	3.20	1.55
湖南	0.00	0.83	0.43	0.60	0.87	1.88	1.53	1.80	1.96	3.10	1.47
安徽	1.27	0.83	0.58	0.89	0.58	0.88	0.71	1.10	1.96	1.55	1.08
辽宁	0.00	0.17	0.43	0.30	0.15	1.25	1.83	1.20	1.87	1.65	1.05
重庆	0.00	0.33	0.14	0.45	0.15	0.63	1.12	0.60	0.56	2.58	0.76
天津	0.00	0.33	0.29	0.30	0.44	0.63	0.92	0.70	1.31	1.65	0.76
福建	0.00	0.33	0.29	0.15	0.29	0.50	1.02	1.00	1.21	1.55	0.74
陕西	0.00	0.17	0.43	0.45	0.44	1.00	0.51	0.70	0.75	1.65	0.68
黑龙江	0.00	0.50	0.29	0.75	0.44	1.00	0.81	0.80	0.84	0.52	0.64
河南	0.00	0.00	0.00	0.15	0.00	0.25	0.41	0.50	1.21	1.03	0.44
广西	0.21	0.17	0.00	0.00	0.58	0.50	0.51	0.00	0.47	0.52	0.33
江西	0.21	0.17	0.00	0.45	0.29	0.00	0.31	0.40	0.37	0.21	0.26
山西	0.00	0.17	0.29	0.15	0.29	0.13	0.41	0.50	0.37	0.10	0.26
河北	0.21	0.00	0.00	0.00	0.00	0.50	0.10	0.30	0.28	0.62	0.23
吉林	0.00	0.17	0.14	0.00	0.00	0.00	0.10	0.50	0.28	0.52	0.20
甘肃	0.00	0.00	0.00	0.15	0.00	0.25	0.00	0.00	0.09	0.72	0.14
云南	0.00	0.00	0.14	0.00	0.15	0.13	0.20	0.00	0.00	0.10	0.08
海南	0.00	0.00	0.00	0.00	0.00	0.00	0.10	0.00	0.09	0.31	0.06
贵州	0.00	0.00	0.14	0.00	0.00	0.00	0.13	0.20	0.00	0.00	0.05
新疆	0.00	0.00	0.00	0.00	0.15	0.00	0.00	0.10	0.19	0.00	0.05
内蒙古	0.00	0.00	0.00	0.15	0.00	0.00	0.10	0.00	0.00	0.00	0.03
宁夏	0.00	0.00	0.00	0.00	0.00	0.00	0.00	0.20	0.00	0.00	0.03

表 7-18　信息系统 C 层人才的世界占比

单位：%

省　份	2013 年	2014 年	2015 年	2016 年	2017 年	2018 年	2019 年	2020 年	2021 年	2022 年	合计
北　京	4.26	5.07	4.80	5.36	5.93	6.93	7.39	6.16	5.54	5.29	5.80
江　苏	1.13	1.19	1.45	2.42	3.10	3.98	4.20	3.31	2.93	3.31	2.88
广　东	1.16	1.14	1.48	2.03	2.61	3.17	3.72	3.63	3.73	3.94	2.88
上　海	1.35	1.60	1.52	2.05	2.34	2.19	2.45	2.08	2.02	2.16	2.03
湖　北	1.05	1.06	1.10	1.55	1.50	2.17	2.21	2.24	1.60	1.88	1.71
四　川	0.81	0.78	0.74	0.89	1.41	1.71	2.43	1.69	1.82	1.93	1.53
浙　江	0.94	0.95	0.90	1.30	1.28	1.94	1.85	1.92	1.65	1.78	1.52
湖　南	0.45	0.61	0.54	1.20	1.13	1.75	1.97	1.67	1.35	1.48	1.31
山　东	0.30	0.32	0.46	0.65	0.91	1.48	1.77	1.46	1.65	1.64	1.18
辽　宁	0.51	0.51	0.57	1.07	0.98	1.50	1.19	1.16	1.24	0.93	1.02
安　徽	0.62	0.66	0.81	0.81	0.92	1.03	1.03	1.17	1.06	0.82	0.93
福　建	0.28	0.37	0.39	0.65	0.67	0.86	1.15	1.16	0.90	0.90	0.79
陕　西	0.21	0.22	0.32	0.45	0.57	0.90	1.11	0.96	0.72	1.23	0.73
重　庆	0.26	0.26	0.23	0.57	0.49	0.68	0.97	0.89	0.74	0.79	0.64
天　津	0.26	0.37	0.26	0.45	0.63	0.67	0.89	0.81	0.67	0.62	0.60
黑龙江	0.21	0.31	0.36	0.56	0.57	0.76	0.93	0.73	0.50	0.63	0.59
河　南	0.11	0.12	0.17	0.27	0.34	0.67	0.69	0.65	0.62	0.63	0.47
江　西	0.15	0.26	0.19	0.29	0.33	0.38	0.29	0.32	0.40	0.23	0.29
广　西	0.06	0.09	0.09	0.14	0.16	0.33	0.26	0.39	0.37	0.54	0.27
河　北	0.21	0.12	0.07	0.23	0.15	0.30	0.44	0.29	0.33	0.34	0.26
吉　林	0.11	0.05	0.06	0.20	0.16	0.26	0.41	0.36	0.28	0.32	0.24
山　西	0.13	0.10	0.04	0.11	0.15	0.12	0.15	0.23	0.24	0.21	0.16
云　南	0.02	0.00	0.03	0.08	0.10	0.13	0.18	0.20	0.20	0.19	0.13
甘　肃	0.09	0.07	0.09	0.05	0.09	0.17	0.21	0.11	0.14	0.18	0.13
贵　州	0.02	0.02	0.01	0.06	0.01	0.09	0.17	0.11	0.15	0.12	0.09
新　疆	0.02	0.02	0.03	0.00	0.03	0.05	0.09	0.11	0.10	0.20	0.07
内蒙古	0.00	0.00	0.01	0.06	0.07	0.09	0.18	0.12	0.07	0.05	0.07
海　南	0.02	0.00	0.00	0.05	0.00	0.04	0.08	0.08	0.10	0.16	0.07
宁　夏	0.00	0.00	0.00	0.00	0.01	0.01	0.01	0.02	0.02	0.06	0.02
青　海	0.00	0.02	0.00	0.00	0.00	0.03	0.02	0.00	0.01	0.01	0.01

七　控制论

控制论 A 层人才最多的是辽宁，世界占比为 9.78%；北京 A 层人才的世界占比为 6.52%，排名第二；广东、山东 A 层人才以 5.43% 的世界占比

并列排名第三；江苏、湖南、上海、四川的 A 层人才比较多，世界占比在
5%～3%；天津、重庆、福建、黑龙江、河南、湖北、陕西有相当数量的 A
层人才，世界占比在 3%～1%。

北京、辽宁的 B 层人才分别以 9.69%、9.36% 的世界占比排名前二；其
后依次是江苏、广东、山东，世界占比分别为 8.29%、7.00%、5.92%；上
海、湖北的 B 层人才比较多，世界占比分别为 3.98%、3.23%；安徽、黑龙
江、四川、浙江、重庆、陕西、湖南、天津有相当数量的 B 层人才，世界
占比在 3%～1%；福建、河南、广西、甘肃、江西、海南、河北、新疆、云
南也有一定数量的 B 层人才，世界占比均超过 0.1%。

北京、广东的 C 层人才分别以 6.62%、5.11% 世界占比排名前二；江
苏、辽宁、上海、山东的 C 层人才比较多，世界占比在 5%～3%；湖北、浙
江、黑龙江、陕西、湖南、安徽、四川、重庆、天津有相当数量的 C 层人
才，世界占比在 3%～1%；福建、河北、河南、广西、江西、甘肃、吉林、
云南、山西、新疆也有一定数量的 C 层人才，世界占比均超过 0.1%；海
南、贵州、内蒙古、宁夏、青海的 C 层人才的世界占比均低于 0.1%。

表 7-19　控制论 A 层人才的世界占比

单位：%

省　份	2013 年	2014 年	2015 年	2016 年	2017 年	2018 年	2019 年	2020 年	2021 年	2022 年	合计
辽　宁	0.00	20.00	0.00	0.00	20.00	0.00	7.14	25.00	14.29	0.00	9.78
北　京	0.00	20.00	0.00	100.00	0.00	0.00	7.14	8.33	7.14	7.69	6.52
广　东	0.00	0.00	0.00	0.00	0.00	7.69	0.00	8.33	14.29	7.69	5.43
山　东	0.00	0.00	0.00	0.00	0.00	7.69	7.14	8.33	7.14	7.69	5.43
江　苏	20.00	0.00	0.00	0.00	0.00	0.00	0.00	8.33	7.14	7.69	4.35
湖　南	0.00	0.00	0.00	0.00	0.00	0.00	7.14	0.00	7.14	7.69	3.26
上　海	0.00	0.00	0.00	0.00	0.00	7.69	14.29	0.00	0.00	0.00	3.26
四　川	0.00	0.00	0.00	100.00	0.00	0.00	0.00	8.33	0.00	7.69	3.26
天　津	0.00	0.00	0.00	0.00	0.00	0.00	0.00	0.00	7.14	7.69	2.17
重　庆	0.00	0.00	0.00	0.00	0.00	0.00	0.00	0.00	0.00	7.69	1.09
福　建	0.00	0.00	0.00	0.00	0.00	0.00	0.00	0.00	0.00	7.69	1.09
黑龙江	0.00	0.00	0.00	0.00	0.00	0.00	0.00	0.00	7.14	0.00	1.09
河　南	0.00	0.00	0.00	0.00	0.00	0.00	0.00	0.00	7.14	0.00	1.09
湖　北	0.00	0.00	0.00	0.00	0.00	0.00	7.14	0.00	0.00	0.00	1.09
陕　西	0.00	0.00	0.00	0.00	10.00	0.00	0.00	0.00	0.00	0.00	1.09

表 7-20 控制论 B 层人才的世界占比

单位：%

省　份	2013 年	2014 年	2015 年	2016 年	2017 年	2018 年	2019 年	2020 年	2021 年	2022 年	合计
北　京	7.41	8.77	5.56	5.95	10.87	8.33	11.20	12.93	8.40	12.96	9.69
辽　宁	3.70	3.51	14.81	8.33	10.87	9.17	8.00	14.66	10.08	7.41	9.36
江　苏	5.56	5.26	3.70	13.10	8.70	1.67	12.00	6.03	12.61	10.19	8.29
广　东	1.85	0.00	1.85	4.76	8.70	7.50	7.20	11.21	10.92	6.48	7.00
山　东	3.70	0.00	1.85	2.38	2.17	5.83	10.40	7.76	8.40	8.33	5.92
上　海	1.85	1.75	0.00	3.57	6.52	3.33	8.00	5.17	0.84	4.63	3.98
湖　北	5.56	0.00	0.00	1.19	5.43	3.33	4.00	2.59	2.52	5.56	3.23
安　徽	0.00	1.75	5.56	0.00	4.35	0.83	2.40	0.86	8.40	3.70	2.91
黑龙江	1.85	1.75	11.11	3.57	4.35	1.67	0.80	4.31	1.68	1.85	2.91
四　川	1.85	1.75	1.85	4.76	2.17	1.67	1.60	2.59	5.04	1.85	2.58
浙　江	3.70	1.75	1.85	3.57	1.09	4.17	0.80	0.86	2.52	3.70	2.37
重　庆	0.00	1.75	0.00	2.38	1.09	2.50	2.40	1.72	2.52	1.85	1.83
陕　西	0.00	7.02	0.00	2.38	2.17	1.67	2.40	0.00	0.84	1.85	1.72
湖　南	0.00	1.75	0.00	1.19	0.00	1.67	0.00	2.59	0.84	4.63	1.40
天　津	0.00	0.00	0.00	2.38	0.00	0.83	1.60	2.59	1.68	0.93	1.18
福　建	0.00	0.00	1.85	0.00	2.17	0.83	0.00	0.86	1.68	0.93	0.86
河　南	1.85	0.00	0.00	1.19	0.00	0.00	1.60	0.86	0.84	1.85	0.86
广　西	0.00	0.00	0.00	1.19	0.00	0.00	0.80	1.72	0.84	0.93	0.65
甘　肃	0.00	0.00	0.00	0.00	0.00	1.67	0.00	0.00	0.84	1.85	0.54
江　西	1.85	0.00	0.00	0.00	0.00	0.00	0.80	0.00	0.00	0.00	0.22
海　南	0.00	0.00	0.00	0.00	0.00	0.00	0.00	0.86	0.00	0.00	0.11
河　北	0.00	0.00	0.00	0.00	0.00	0.00	0.00	0.00	0.00	0.93	0.11
新　疆	0.00	0.00	0.00	0.00	0.00	0.00	0.00	0.00	0.84	0.00	0.11
云　南	0.00	0.00	0.00	0.00	0.00	0.00	0.00	0.00	0.00	0.93	0.11

表 7-21 控制论 C 层人才的世界占比

单位：%

省　份	2013 年	2014 年	2015 年	2016 年	2017 年	2018 年	2019 年	2020 年	2021 年	2022 年	合计
北　京	3.54	4.53	2.96	5.91	5.30	6.15	6.88	6.71	8.92	10.03	6.62
广　东	1.87	1.99	4.25	2.76	3.25	3.32	3.97	5.93	10.40	8.29	5.11
江　苏	2.05	2.54	2.22	2.49	4.00	2.33	4.53	5.93	9.50	7.85	4.86
辽　宁	0.56	0.54	1.48	3.41	4.98	2.08	3.48	5.14	6.94	5.67	3.91
上　海	3.17	1.81	2.22	2.10	2.81	2.16	3.48	4.53	4.46	5.76	3.48
山　东	0.37	0.54	2.03	0.66	2.06	1.50	2.83	4.01	7.10	5.06	3.06
湖　北	0.37	1.09	2.03	1.71	2.06	1.33	2.43	3.84	3.72	4.80	2.60
浙　江	1.87	1.09	1.48	1.57	3.14	1.50	1.94	2.96	3.39	3.66	2.42
黑龙江	0.75	0.36	1.11	2.36	3.03	1.41	0.89	1.48	2.39	2.53	1.74

续表

省　份	2013 年	2014 年	2015 年	2016 年	2017 年	2018 年	2019 年	2020 年	2021 年	2022 年	合计
陕　西	1.49	2.17	1.85	2.36	0.76	1.00	1.13	1.57	2.31	2.01	1.62
湖　南	0.75	0.36	1.29	0.52	0.32	0.91	2.02	1.83	3.30	2.27	1.54
安　徽	0.19	0.91	1.48	1.05	0.87	0.42	0.97	1.48	2.81	2.36	1.35
四　川	0.37	0.72	0.55	0.39	1.30	0.75	1.13	1.13	2.64	2.27	1.27
重　庆	0.37	0.91	0.37	1.05	0.97	0.91	0.97	0.96	2.23	2.62	1.26
天　津	0.37	0.36	0.92	0.66	1.08	0.66	1.86	1.31	1.82	1.83	1.22
福　建	0.19	0.91	0.55	0.13	0.43	0.58	0.97	1.05	1.16	1.05	0.77
河　北	0.00	0.00	0.18	0.26	0.76	0.17	0.73	0.17	0.99	1.31	0.54
河　南	0.00	0.18	0.18	0.26	0.22	0.17	0.24	0.35	0.91	0.96	0.40
广　西	0.00	0.00	0.00	0.00	0.43	0.42	0.16	0.61	0.91	0.35	0.36
江　西	0.37	0.00	0.18	0.26	0.32	0.08	0.24	0.61	0.33	0.44	0.30
甘　肃	0.00	0.00	0.00	0.00	0.11	0.08	0.16	0.17	0.74	0.52	0.23
吉　林	0.19	0.00	0.00	0.26	0.00	0.25	0.57	0.00	0.33	0.26	0.22
云　南	0.19	0.00	0.00	0.13	0.11	0.08	0.16	0.26	0.66	0.09	0.19
山　西	0.00	0.00	0.18	0.13	0.00	0.08	0.16	0.17	0.08	0.44	0.14
新　疆	0.00	0.00	0.00	0.00	0.22	0.00	0.00	0.26	0.41	0.00	0.13
海　南	0.00	0.00	0.18	0.13	0.00	0.00	0.00	0.00	0.17	0.09	0.06
贵　州	0.00	0.00	0.00	0.13	0.11	0.00	0.00	0.00	0.00	0.09	0.04
内蒙古	0.00	0.00	0.00	0.00	0.00	0.00	0.00	0.00	0.08	0.09	0.03
宁　夏	0.00	0.00	0.00	0.00	0.00	0.00	0.08	0.00	0.00	0.00	0.01
青　海	0.00	0.18	0.00	0.00	0.00	0.00	0.00	0.00	0.00	0.00	0.01

八　计算机跨学科应用

计算机跨学科应用 A 层人才最多的是北京，世界占比为 4.54%；广东 A 层人才以 3.40% 的世界占比排名第二；江苏、上海、浙江、湖北、湖南有相当数量的 A 层人才，世界占比在 2%~1%；四川、山东、安徽、陕西、重庆、福建、黑龙江、吉林、辽宁、天津、甘肃、河南、宁夏也有一定数量的 A 层人才，世界占比均超过 0.1%。

B 层人才最多的是北京，世界占比为 5.23%；广东 B 层人才的世界占比为 3.10%，排名第二；上海、江苏、浙江、湖南、四川、湖北、辽宁、山东有相当数量的 B 层人才，世界占比在 3%~1%；天津、安徽、福建、陕西、黑龙江、重庆、河南、广西、吉林、江西、河北、贵州也有一定数量的B层人才，世界占比大于或等于0.1%；甘肃、山西、新疆、云南、宁夏、青海、内蒙古、西藏B层人才的世界占比均低于0.1%。

C层人才最多的是北京，世界占比为4.94%；广东、江苏、上海、湖北、浙江、湖南、四川、辽宁、山东有相当数量的C层人才，世界占比在3%~1%；安徽、天津、陕西、重庆、福建、黑龙江、河南、江西、吉林、河北、广西、甘肃、云南、山西、贵州也有一定数量的C层人才，世界占比大于或等于0.1%；新疆、内蒙古、海南、宁夏、青海、西藏C层人才的世界占比均低于0.1%。

表7-22 计算机跨学科应用A层人才的世界占比

单位：%

省 份	2013年	2014年	2015年	2016年	2017年	2018年	2019年	2020年	2021年	2022年	合计
北 京	0.00	2.44	3.85	3.77	0.00	8.51	5.45	6.15	10.45	1.52	4.54
广 东	0.00	0.00	1.92	0.00	5.56	6.38	3.64	0.00	4.48	9.09	3.40
江 苏	3.45	0.00	0.00	0.00	1.85	0.00	1.82	0.00	2.99	6.06	1.70
上 海	0.00	2.44	0.00	0.00	0.00	2.13	5.45	0.00	4.48	1.52	1.70
浙 江	0.00	0.00	0.00	1.89	1.85	0.00	1.82	0.00	2.99	6.06	1.70
湖 北	0.00	0.00	1.92	0.00	0.00	0.00	0.00	3.08	4.48	3.03	1.51
湖 南	0.00	0.00	0.00	0.00	1.85	2.13	1.82	1.54	2.99	1.52	1.32
四 川	0.00	0.00	0.00	0.00	1.85	2.13	0.00	1.54	2.99	0.00	0.95
山 东	0.00	0.00	0.00	0.00	0.00	0.00	0.00	1.54	1.49	3.03	0.76
安 徽	0.00	2.44	0.00	0.00	0.00	2.13	0.00	0.00	1.49	0.00	0.57
陕 西	0.00	2.44	0.00	0.00	0.00	0.00	1.82	0.00	1.49	0.00	0.57
重 庆	0.00	0.00	0.00	0.00	0.00	0.00	0.00	1.54	1.49	0.00	0.38
福 建	0.00	0.00	0.00	0.00	0.00	0.00	0.00	3.08	0.00	0.00	0.38
黑龙江	0.00	0.00	0.00	0.00	1.85	0.00	0.00	0.00	1.49	0.00	0.38
吉 林	0.00	0.00	0.00	0.00	0.00	0.00	0.00	0.00	0.00	3.03	0.38
辽 宁	0.00	2.44	0.00	0.00	0.00	0.00	0.00	0.00	1.49	0.00	0.38
天 津	0.00	0.00	0.00	0.00	0.00	0.00	0.00	1.54	1.49	0.00	0.38
甘 肃	0.00	0.00	0.00	0.00	0.00	0.00	0.00	0.00	0.00	1.52	0.19
河 南	0.00	0.00	0.00	0.00	0.00	2.13	0.00	0.00	0.00	0.00	0.19
宁 夏	0.00	0.00	0.00	0.00	0.00	0.00	0.00	0.00	0.00	1.52	0.19

表 7-23 计算机跨学科应用 B 层人才的世界占比

单位：%

省 份	2013 年	2014 年	2015 年	2016 年	2017 年	2018 年	2019 年	2020 年	2021 年	2022 年	合计
北 京	2.77	4.89	2.51	2.31	6.68	6.41	6.43	5.95	6.40	6.03	5.23
广 东	0.31	1.63	1.05	1.26	2.02	4.41	3.65	4.42	4.16	5.53	3.10
上 海	0.62	4.08	0.84	1.05	2.23	2.61	1.74	3.06	1.92	4.19	2.29
江 苏	0.92	2.17	0.63	1.68	3.04	1.60	2.43	2.89	2.72	2.85	2.19
浙 江	0.31	0.27	0.63	0.42	1.01	1.00	1.57	3.23	3.04	3.02	1.63
湖 南	0.62	1.09	0.84	1.05	0.81	2.61	0.87	1.70	1.60	3.02	1.49
四 川	0.00	0.82	0.63	0.84	1.82	1.40	1.91	1.87	2.08	2.01	1.45
湖 北	0.31	0.54	0.84	0.42	0.81	1.20	2.26	3.06	1.44	2.01	1.41
辽 宁	0.62	0.82	0.42	0.63	1.82	1.40	1.39	0.85	1.28	3.18	1.31
山 东	0.62	0.27	0.63	0.00	0.40	1.00	0.87	1.53	2.56	3.18	1.23
天 津	0.00	0.82	0.00	0.00	1.01	1.20	1.22	1.02	2.08	1.01	0.92
安 徽	0.31	2.99	0.00	0.00	0.61	0.00	0.70	1.02	0.96	0.67	0.70
福 建	0.00	0.54	0.21	0.00	0.40	1.60	0.87	1.02	0.48	1.34	0.70
陕 西	0.00	0.27	0.21	0.42	0.81	0.00	0.70	1.53	0.96	1.17	0.68
黑龙江	0.62	0.82	0.42	0.21	0.20	0.80	0.87	0.51	0.80	0.67	0.60
重 庆	0.31	0.27	0.00	0.00	0.20	0.00	0.35	1.36	0.96	1.01	0.50
河 南	0.31	0.00	0.21	0.42	0.00	0.60	0.35	0.17	0.16	1.01	0.34
广 西	0.00	0.27	0.00	0.42	0.40	0.00	0.17	0.00	0.48	0.84	0.28
吉 林	0.00	0.27	0.00	0.21	0.20	0.00	0.00	0.51	0.16	0.84	0.24
江 西	0.00	0.00	0.00	0.42	0.40	0.00	0.00	0.51	0.00	0.67	0.22
河 北	0.00	0.27	0.00	0.21	0.00	0.00	0.17	0.00	0.16	0.50	0.18
贵 州	0.00	0.00	0.00	0.00	0.00	0.00	0.00	0.17	0.32	0.34	0.10
甘 肃	0.00	0.27	0.00	0.00	0.20	0.20	0.00	0.00	0.16	0.00	0.08
山 西	0.00	0.00	0.00	0.00	0.00	0.20	0.17	0.00	0.16	0.17	0.08
新 疆	0.00	0.27	0.00	0.00	0.00	0.00	0.00	0.00	0.00	0.17	0.08
云 南	0.00	0.00	0.00	0.21	0.00	0.00	0.00	0.17	0.00	0.17	0.06
宁 夏	0.00	0.00	0.00	0.00	0.00	0.00	0.17	0.00	0.16	0.00	0.04
青 海	0.00	0.00	0.00	0.00	0.20	0.00	0.00	0.00	0.16	0.00	0.04
内蒙古	0.00	0.00	0.00	0.21	0.00	0.00	0.00	0.00	0.00	0.00	0.02
西 藏	0.00	0.00	0.00	0.00	0.20	0.00	0.00	0.00	0.00	0.00	0.02

表 7-24　计算机跨学科应用 C 层人才的世界占比

单位：%

省　份	2013 年	2014 年	2015 年	2016 年	2017 年	2018 年	2019 年	2020 年	2021 年	2022 年	合计
北　京	3.17	3.49	3.03	3.07	4.78	5.52	6.54	6.57	5.52	5.72	4.94
广　东	0.95	0.70	1.39	1.34	2.20	2.89	3.06	4.02	3.79	4.11	2.65
江　苏	1.52	1.24	1.47	1.79	2.32	2.41	2.69	2.60	3.09	3.52	2.38
上　海	1.46	1.73	1.92	1.62	2.00	1.91	2.66	2.93	3.03	3.23	2.35
湖　北	0.92	1.00	1.15	1.43	2.02	2.14	2.05	2.36	1.88	2.01	1.77
浙　江	0.86	0.95	0.96	0.78	0.85	1.43	2.08	2.51	2.32	3.04	1.69
湖　南	0.73	0.76	1.03	0.97	1.31	1.33	1.56	1.56	1.71	1.94	1.35
四　川	0.48	0.46	0.68	0.63	0.93	1.18	1.40	1.59	1.59	1.44	1.11
辽　宁	0.79	0.57	0.68	0.71	1.23	1.33	1.14	1.23	1.31	1.53	1.10
山　东	0.51	0.32	0.60	0.50	0.67	0.83	1.05	1.42	1.50	2.10	1.03
安　徽	0.38	0.51	0.58	0.45	0.65	0.75	1.10	1.30	0.87	0.82	0.78
天　津	0.29	0.38	0.43	0.69	0.46	0.60	0.91	1.00	0.85	0.94	0.70
陕　西	0.16	0.51	0.38	0.45	0.46	0.71	0.75	0.92	0.80	1.00	0.65
重　庆	0.38	0.22	0.24	0.09	0.56	0.66	0.63	0.88	0.87	0.94	0.59
福　建	0.32	0.22	0.26	0.37	0.42	0.46	0.49	0.83	0.94	0.79	0.54
黑龙江	0.41	0.24	0.53	0.28	0.42	0.50	0.40	0.50	0.63	0.55	0.46
河　南	0.06	0.05	0.09	0.04	0.26	0.48	0.33	0.42	0.61	0.69	0.34
江　西	0.10	0.16	0.21	0.32	0.34	0.31	0.33	0.19	0.32	0.34	0.27
吉　林	0.10	0.05	0.15	0.24	0.14	0.21	0.21	0.29	0.46	0.40	0.24
河　北	0.10	0.14	0.19	0.15	0.18	0.10	0.21	0.28	0.38	0.36	0.22
广　西	0.00	0.14	0.09	0.06	0.20	0.17	0.19	0.16	0.46	0.48	0.21
甘　肃	0.25	0.11	0.06	0.19	0.16	0.17	0.17	0.19	0.22	0.17	0.17
云　南	0.00	0.03	0.13	0.13	0.14	0.12	0.10	0.23	0.14	0.22	0.13
山　西	0.06	0.03	0.11	0.06	0.10	0.04	0.03	0.16	0.14	0.26	0.11
贵　州	0.03	0.03	0.02	0.02	0.02	0.02	0.12	0.07	0.15	0.27	0.10
新　疆	0.03	0.11	0.02	0.04	0.08	0.10	0.05	0.10	0.09	0.22	0.09
内蒙古	0.00	0.05	0.02	0.02	0.04	0.02	0.07	0.02	0.10	0.10	0.05
海　南	0.00	0.03	0.00	0.00	0.02	0.00	0.02	0.09	0.15	0.10	0.05
宁　夏	0.00	0.00	0.00	0.00	0.02	0.00	0.02	0.02	0.02	0.05	0.01
青　海	0.00	0.03	0.02	0.00	0.00	0.00	0.02	0.02	0.02	0.03	0.01
西　藏	0.00	0.00	0.00	0.00	0.02	0.00	0.02	0.02	0.02	0.00	0.01

九 自动化和控制系统

自动化和控制系统 A 层人才最多的是北京，世界占比为 8.43%；江苏、辽宁 A 层人才以 6.21%、5.10% 的世界占比排名第二、第三位；广东、黑龙江、湖南的 A 层人才比较多，世界占比在 4%~3%；山东、上海、四川、重庆、浙江、湖北、安徽有相当数量的 A 层人才，世界占比在 3%~1%；天津、福建、河北、河南、吉林、陕西、山西也有一定数量的 A 层人才，世界占比均超过 0.2%。

B 层人才最多的是北京，世界占比为 8.98%；江苏、辽宁 B 层人才分别以 6.77%、5.35% 的世界占比排名第二、第三位；广东、山东、上海、黑龙江的 B 层人才比较多，世界占比在 5%~3%；浙江、湖北、四川、湖南、重庆、安徽、陕西、天津有相当数量的 B 层人才，世界占比在 3%~1%；福建、广西、江西、河南、云南、河北、甘肃、山西、吉林、贵州也有一定数量的 B 层人才，世界占比大于或等于 0.1%；新疆、内蒙古、海南、西藏 B 层人才的世界占比均低于 0.1%。

C 层人才最多的是北京，世界占比为 7.24%；江苏 C 层人才的世界占比为 5.17%，排名第二；上海、广东、山东的 C 层人才比较多，世界占比在 4%~3%；辽宁、浙江、湖北、黑龙江、湖南、四川、陕西、重庆、天津、安徽有相当数量的 C 层人才，世界占比在 3%~1%；福建、河北、河南、吉林、广西、江西、云南、山西、甘肃也有一定数量的 C 层人才，世界占比均超过 0.1%；新疆、贵州、海南、内蒙古、青海、宁夏 C 层人才的世界占比均低于 0.1%。

表 7-25 自动化和控制系统 A 层人才的世界占比

单位：%

省 份	2013 年	2014 年	2015 年	2016 年	2017 年	2018 年	2019 年	2020 年	2021 年	2022 年	合计
北 京	0.00	10.26	6.82	10.64	10.00	12.00	12.77	8.51	8.89	2.22	8.43
江 苏	10.81	2.56	2.27	6.38	4.00	4.00	2.13	10.64	8.89	11.11	6.21
辽 宁	0.00	5.13	0.00	8.51	10.00		6.38	8.51	8.89	0.00	5.10
广 东	0.00	0.00	0.00	2.13	6.00	2.00	2.13	6.38	8.89	4.44	3.33

续表

省 份	2013 年	2014 年	2015 年	2016 年	2017 年	2018 年	2019 年	2020 年	2021 年	2022 年	合计
黑龙江	2.70	5.13	6.82	4.26	8.00	2.00	0.00	0.00	4.44	0.00	3.33
湖 南	0.00	0.00	2.27	0.00	2.00	2.00	4.26	4.26	11.11	4.44	3.10
山 东	0.00	0.00	0.00	2.13	2.00	4.00	2.13	2.13	4.44	11.11	2.88
上 海	0.00	2.56	0.00	2.13	0.00	0.00	4.26	10.64	4.44	2.22	2.66
四 川	0.00	0.00	0.00	6.38	2.00	0.00	0.00	6.38	0.00	4.44	2.00
重 庆	0.00	0.00	0.00	2.13	2.00	0.00	0.00	2.13	0.00	8.89	1.55
浙 江	0.00	2.56	2.27	0.00	8.00	0.00	2.13	0.00	0.00	0.00	1.55
湖 北	2.70	0.00	2.27	0.00	0.00	2.00	4.26	0.00	0.00	2.22	1.33
安 徽	0.00	2.56	0.00	0.00	2.00	2.00	0.00	0.00	4.44	0.00	1.11
天 津	0.00	0.00	0.00	0.00	0.00	0.00	2.13	0.00	2.22	2.22	0.89
福 建	2.70	0.00	0.00	0.00	0.00	0.00	0.00	0.00	0.00	2.22	0.44
河 北	0.00	0.00	0.00	0.00	0.00	0.00	0.00	2.13	0.00	2.22	0.44
河 南	0.00	0.00	0.00	0.00	0.00	0.00	0.00	0.00	2.22	0.00	0.22
吉 林	2.70	0.00	0.00	0.00	0.00	0.00	0.00	0.00	0.00	0.00	0.22
陕 西	0.00	0.00	0.00	0.00	0.00	2.00	0.00	0.00	0.00	0.00	0.22
山 西	0.00	0.00	0.00	0.00	0.00	2.00	0.00	0.00	0.00	0.00	0.22

表 7-26　自动化和控制系统 B 层人才的世界占比

单位：%

省 份	2013 年	2014 年	2015 年	2016 年	2017 年	2018 年	2019 年	2020 年	2021 年	2022 年	合计
北 京	8.48	8.91	6.11	9.13	9.09	9.01	10.78	10.23	9.37	8.33	8.98
江 苏	5.56	3.45	4.65	6.09	6.77	3.65	9.40	5.91	12.41	9.38	6.77
辽 宁	1.75	3.74	5.38	5.62	5.29	4.29	6.19	7.50	6.56	6.25	5.35
广 东	0.58	0.29	1.47	1.87	4.44	5.36	6.65	7.73	9.84	6.77	4.67
山 东	0.58	1.44	1.47	2.11	3.17	2.15	8.72	8.41	7.73	6.51	4.34
上 海	2.05	4.60	1.47	2.34	4.44	3.65	5.05	4.32	4.22	4.69	3.71
黑龙江	3.80	3.45	6.11	6.09	3.59	1.72	2.29	2.73	2.58	1.56	3.37
浙 江	1.75	2.59	2.44	2.34	2.11	2.79	2.29	3.18	4.22	3.91	2.77
湖 北	1.17	0.86	1.96	2.11	2.96	3.00	4.59	3.18	2.58	4.43	2.75
四 川	0.88	1.72	1.22	0.94	2.11	1.72	1.83	2.95	3.75	5.21	2.24
湖 南	0.00	0.29	1.47	1.41	1.27	3.22	2.06	2.05	2.34	4.95	1.95
重 庆	0.58	1.44	1.47	1.87	1.27	2.58	2.06	1.59	3.51	2.08	1.85
安 徽	0.58	2.87	1.22	0.70	0.85	2.15	1.61	2.05	3.98	1.30	1.73
陕 西	0.29	1.72	0.24	1.17	2.54	1.29	1.15	1.14	0.70	1.30	1.18
天 津	0.29	0.86	1.47	0.70	0.42	0.86	1.38	2.73	1.41	1.56	1.18

续表

省　份	2013 年	2014 年	2015 年	2016 年	2017 年	2018 年	2019 年	2020 年	2021 年	2022 年	合计
福　建	0.29	0.29	0.73	0.00	1.06	1.29	1.15	2.50	1.17	0.78	0.96
广　西	0.00	0.00	0.00	0.47	0.00	0.00	0.46	0.68	0.70	1.56	0.39
江　西	0.29	0.00	0.00	0.00	0.63	0.00	0.69	0.91	0.23	0.78	0.36
河　南	0.29	0.29	0.00	0.23	0.00	0.00	0.46	0.45	0.23	1.04	0.29
云　南	0.00	0.29	0.49	0.23	0.00	0.21	0.00	0.68	0.23	0.52	0.26
河　北	0.29	0.29	0.00	0.23	0.42	0.43	0.00	0.45	0.00	0.26	0.24
甘　肃	0.00	0.00	0.00	0.00	0.00	1.07	0.00	0.00	0.23	0.52	0.19
山　西	0.00	0.00	0.00	0.23	0.21	0.21	0.23	0.23	0.00	0.52	0.19
吉　林	0.00	0.00	0.00	0.00	0.21	0.43	0.23	0.23	0.00	0.52	0.17
贵　州	0.00	0.00	0.00	0.00	0.00	0.21	0.00	0.23	0.23	0.26	0.10
新　疆	0.00	0.29	0.00	0.00	0.00	0.00	0.00	0.00	0.23	0.26	0.07
内蒙古	0.00	0.00	0.00	0.00	0.00	0.00	0.46	0.00	0.00	0.00	0.05
海　南	0.00	0.00	0.00	0.00	0.00	0.00	0.00	0.23	0.00	0.00	0.02
西　藏	0.00	0.00	0.00	0.00	0.00	0.21	0.00	0.00	0.00	0.00	0.02

表 7-27　自动化和控制系统 C 层人才的世界占比

单位：%

省　份	2013 年	2014 年	2015 年	2016 年	2017 年	2018 年	2019 年	2020 年	2021 年	2022 年	合计
北　京	4.79	6.17	6.59	7.44	7.69	6.97	7.72	7.86	7.90	8.54	7.24
江　苏	2.88	3.54	3.59	3.78	4.98	4.67	5.93	6.37	7.22	8.03	5.17
上　海	2.55	2.57	2.75	2.40	2.78	2.79	4.02	4.65	4.05	4.87	3.37
广　东	0.96	1.32	1.52	2.42	2.67	3.38	3.19	4.65	6.40	6.09	3.34
山　东	1.92	1.40	1.77	1.77	3.09	3.29	3.95	4.25	4.99	4.65	3.17
辽　宁	1.89	1.75	1.80	2.18	3.68	2.64	3.26	3.65	4.26	4.22	2.98
浙　江	1.89	2.25	2.24	2.16	2.56	2.55	3.06	3.65	3.20	4.27	2.81
湖　北	1.56	1.40	1.33	2.01	2.19	2.19	2.11	2.77	2.89	3.81	2.25
黑龙江	1.65	1.87	2.04	2.33	2.67	1.90	2.14	2.05	2.47	2.88	2.21
湖　南	0.69	0.79	0.69	1.19	1.27	2.01	1.77	2.02	2.19	2.73	1.57
四　川	0.72	0.76	1.03	0.90	1.25	1.36	1.33	1.81	2.85	2.68	1.49
陕　西	0.54	1.08	1.16	1.36	0.92	1.45	1.75	1.70	1.72	1.57	1.34
重　庆	0.45	0.56	0.57	0.90	1.25	1.34	1.47	1.40	1.91	2.35	1.25
天　津	0.72	0.64	1.01	0.90	1.14	1.28	1.49	1.46	1.62	1.77	1.22
安　徽	0.63	1.14	0.52	0.90	0.90	1.00	1.20	1.60	1.69	1.89	1.16
福　建	0.21	0.38	0.42	0.39	0.33	0.65	0.64	0.72	0.80	0.96	0.56
河　北	0.15	0.23	0.39	0.53	0.64	0.39	0.57	0.53	0.87	0.91	0.53
河　南	0.24	0.44	0.30	0.39	0.39	0.45	0.46	0.60	0.64	1.01	0.50

续表

省　份	2013 年	2014 年	2015 年	2016 年	2017 年	2018 年	2019 年	2020 年	2021 年	2022 年	合计
吉　林	0.18	0.20	0.27	0.31	0.46	0.45	0.46	0.26	0.52	0.53	0.37
广　西	0.06	0.06	0.22	0.07	0.22	0.30	0.41	0.42	0.78	0.61	0.32
江　西	0.09	0.15	0.34	0.27	0.22	0.15	0.18	0.19	0.31	0.43	0.23
云　南	0.12	0.12	0.22	0.12	0.20	0.22	0.21	0.28	0.26	0.23	0.20
山　西	0.06	0.06	0.22	0.24	0.15	0.24	0.28	0.19	0.24	0.25	0.20
甘　肃	0.03	0.09	0.00	0.10	0.09	0.11	0.21	0.19	0.40	0.33	0.16
新　疆	0.00	0.06	0.02	0.05	0.13	0.06	0.02	0.14	0.21	0.08	0.08
贵　州	0.00	0.03	0.02	0.07	0.09	0.09	0.09	0.09	0.07	0.18	0.08
海　南	0.00	0.00	0.02	0.02	0.04	0.02	0.02	0.02	0.09	0.13	0.04
内蒙古	0.00	0.00	0.00	0.02	0.04	0.00	0.00	0.09	0.05	0.08	0.04
青　海	0.00	0.00	0.00	0.00	0.00	0.00	0.02	0.05	0.07	0.08	0.02
宁　夏	0.00	0.03	0.00	0.00	0.00	0.02	0.07	0.02	0.05	0.00	0.02

十　机器人学

机器人学 A 层人才最多的是上海、浙江，世界占比均为 2.67%；北京、黑龙江、四川 A 层人才以 1.33% 的世界占比并列排名第三；重庆、广东、海南、湖北、湖南、江苏、辽宁也有一定数量的 A 层人才，世界占比均为 0.67%。

B 层人才最多的是北京，世界占比为 3.65%；广东 B 层人才的世界占比为 2.27%，排名第二；上海、浙江有相当数量的 B 层人才，世界占比在 2%~1%；江苏、湖北、黑龙江、安徽、陕西、四川、福建、河南、湖南、山东、天津、重庆、吉林、辽宁也有一定数量的 B 层人才，世界占比均超过 0.2%；甘肃、河北、江西 B 层人才的世界占比均为 0.07%。

C 层人才最多的是北京，世界占比为 3.27%；广东、上海、浙江、江苏有相当数量的 C 层人才，世界占比在 2%~1%；湖北、黑龙江、天津、辽宁、湖南、山东、陕西、安徽、吉林、四川、重庆、河北、河南、福建也有一定数量的 C 层人才，世界占比均超过 0.1%；江西、甘肃、广西、内蒙古、山西、云南、贵州、新疆 C 层人才的世界占比均低于 0.1%。

表 7-28 机器人学 A 层人才的世界占比

单位：%

省份	2013 年	2014 年	2015 年	2016 年	2017 年	2018 年	2019 年	2020 年	2021 年	2022 年	合计
上海	0.00	0.00	5.26	0.00	0.00	0.00	6.67	0.00	6.25	6.25	2.67
浙江	0.00	0.00	5.26	0.00	5.88	0.00	0.00	0.00	12.50	0.00	2.67
北京	0.00	0.00	0.00	0.00	0.00	6.25	6.67	0.00	0.00	0.00	1.33
黑龙江	0.00	0.00	0.00	0.00	0.00	0.00	6.67	0.00	6.25	0.00	1.33
四川	0.00	0.00	0.00	0.00	0.00	0.00	0.00	0.00	0.00	12.50	1.33
重庆	0.00	0.00	0.00	0.00	0.00	6.25	0.00	0.00	0.00	0.00	0.67
广东	0.00	0.00	0.00	0.00	0.00	0.00	0.00	0.00	6.25	0.00	0.67
海南	0.00	0.00	0.00	0.00	0.00	0.00	0.00	0.00	6.25	0.00	0.67
湖北	0.00	0.00	0.00	0.00	0.00	0.00	0.00	0.00	0.00	6.25	0.67
湖南	0.00	0.00	0.00	0.00	0.00	0.00	0.00	0.00	6.25	0.00	0.67
江苏	0.00	0.00	0.00	0.00	0.00	0.00	0.00	0.00	6.25	0.00	0.67
辽宁	0.00	0.00	0.00	0.00	0.00	0.00	0.00	0.00	6.25	0.00	0.67

表 7-29 机器人学 B 层人才的世界占比

单位：%

省份	2013 年	2014 年	2015 年	2016 年	2017 年	2018 年	2019 年	2020 年	2021 年	2022 年	合计
北京	0.00	0.00	3.26	0.68	4.03	1.41	3.90	4.76	2.76	12.58	3.65
广东	1.04	0.00	1.09	0.00	0.67	2.82	3.90	2.38	3.45	6.29	2.27
上海	1.04	0.00	1.09	0.00	1.34	0.70	1.30	1.79	3.45	5.03	1.65
浙江	1.04	0.00	1.09	0.00	0.00	0.70	0.65	0.60	4.83	3.77	1.31
江苏	1.04	0.00	0.00	0.00	0.67	1.41	0.65	1.19	0.69	3.77	0.96
湖北	0.00	0.00	1.09	0.00	0.00	0.70	0.65	1.79	0.00	2.52	0.76
黑龙江	0.00	1.85	1.09	0.00	0.00	0.00	0.00	0.00	1.38	0.63	0.48
安徽	0.00	0.00	0.00	0.00	0.00	0.70	0.00	0.60	0.69	1.26	0.34
陕西	0.00	0.00	0.00	0.68	0.00	0.00	0.00	0.60	0.69	1.26	0.34
四川	0.00	0.00	0.54	0.00	0.00	0.00	0.00	0.00	0.00	1.89	0.34
福建	0.00	0.00	0.00	0.00	0.00	0.70	0.00	0.00	0.69	0.63	0.28
河南	0.00	0.00	0.00	0.00	0.00	0.00	0.00	0.60	0.00	1.89	0.28
湖南	0.00	0.00	0.00	0.00	0.00	0.70	0.00	0.00	0.00	1.26	0.28
山东	0.00	0.00	0.00	0.00	0.00	0.00	0.65	0.60	0.69	0.63	0.28
天津	0.00	0.00	0.00	0.00	0.00	0.00	0.00	0.00	0.69	1.89	0.28

续表

省份	2013年	2014年	2015年	2016年	2017年	2018年	2019年	2020年	2021年	2022年	合计
重庆	0.00	0.00	0.00	0.00	0.00	0.00	0.65	0.00	0.69	0.63	0.21
吉林	0.00	0.00	0.00	0.68	0.00	0.70	0.65	0.00	0.00	0.00	0.21
辽宁	0.00	0.00	0.00	0.00	0.67	0.00	0.00	0.00	0.00	1.26	0.21
甘肃	0.00	0.00	0.00	0.00	0.00	0.00	0.00	0.65	0.00	0.00	0.07
河北	0.00	0.00	0.00	0.00	0.00	0.00	0.00	0.00	0.69	0.00	0.07
江西	0.00	0.00	0.00	0.00	0.00	0.70	0.00	0.00	0.00	0.00	0.07

表7-30　机器人学 C 层人才的世界占比

单位：%

省份	2013年	2014年	2015年	2016年	2017年	2018年	2019年	2020年	2021年	2022年	合计
北京	1.53	2.00	2.78	1.54	2.51	2.40	3.05	4.73	4.95	6.59	3.27
广东	0.76	0.54	0.57	0.49	1.22	1.06	2.37	2.30	4.88	3.61	1.81
上海	0.33	0.73	1.08	0.56	0.81	1.06	2.17	2.17	3.25	3.14	1.58
浙江	0.33	0.54	0.51	0.21	0.61	1.27	0.95	1.40	3.19	3.29	1.25
江苏	0.76	0.45	0.68	0.77	0.75	0.70	1.35	0.96	1.42	2.35	1.02
湖北	0.33	0.27	0.51	0.42	0.47	0.70	0.81	1.09	2.10	2.27	0.91
黑龙江	0.44	0.73	0.45	0.56	0.07	0.42	0.41	0.83	1.42	1.41	0.67
天津	0.33	0.82	0.40	0.35	0.68	0.28	0.68	0.64	0.88	1.10	0.61
辽宁	0.00	0.27	0.11	0.35	0.27	0.42	0.34	0.32	1.02	1.25	0.44
湖南	0.33	0.27	0.45	0.21	0.34	0.56	0.00	0.32	0.68	1.18	0.43
山东	0.11	0.18	0.17	0.07	0.14	0.49	0.41	0.51	0.54	0.78	0.35
陕西	0.11	0.18	0.11	0.35	0.34	0.14	0.34	0.38	0.54	0.86	0.34
安徽	0.11	0.27	0.28	0.14	0.34	0.07	0.14	0.38	0.88	0.55	0.32
吉林	0.22	0.00	0.40	0.14	0.20	0.35	0.20	0.26	0.47	0.86	0.32
四川	0.11	0.18	0.17	0.35	0.27	0.21	0.34	0.32	0.41	0.71	0.31
重庆	0.00	0.09	0.06	0.14	0.14	0.21	0.27	0.26	0.41	0.31	0.19
河北	0.11	0.09	0.11	0.28	0.07		0.07	0.20	0.14	0.39	0.17
河南	0.11	0.09	0.06	0.14	0.00	0.07	0.14	0.06	0.27	0.55	0.14
福建	0.00	0.00	0.06	0.00	0.07	0.07	0.07	0.13	0.34	0.31	0.11
江西	0.00	0.00	0.17	0.14	0.00	0.07	0.14	0.13	0.00	0.00	0.07
甘肃	0.00	0.09	0.11	0.07	0.07		0.14	0.00	0.14	0.00	0.06
广西	0.00	0.00	0.00	0.00	0.00	0.07	0.07	0.19	0.14	0.16	0.06
内蒙古	0.00	0.00	0.00	0.00	0.00	0.00	0.07	0.00	0.00	0.16	0.02
山西	0.00	0.00	0.00	0.00	0.00	0.00	0.00	0.00	0.14	0.08	0.02
云南	0.00	0.09	0.00	0.00	0.07	0.00	0.00	0.06	0.00	0.00	0.02
贵州	0.00	0.00	0.00	0.00	0.00	0.07	0.00	0.00	0.00	0.00	0.01
新疆	0.00	0.00	0.00	0.00	0.00	0.07	0.00	0.00	0.00	0.00	0.01

十一 量子科学和技术

量子科学和技术 A 层人才仅分布在江苏、北京、广东、湖北和上海，其中，A 层人才最多的是江苏，世界占比为 15.38%；北京、广东、湖北、上海 A 层人才的世界占比均为 7.69%。

B 层人才最多的是北京，世界占比为 2.87%；江苏、湖南、陕西、四川、广东、湖北、吉林、辽宁、上海、天津、浙江也有一定数量的 B 层人才，世界占比均超过 0.2%。

C 层人才最多的是北京，世界占比为 3.49%；江苏、上海、广东、安徽有相当数量的 C 层人才，世界占比为 2%~1%；浙江、四川、湖北、江西、湖南、陕西、福建、黑龙江、河南、山东、重庆、山西、天津、吉林、广西、甘肃、河北、云南、贵州、辽宁也有一定数量的 C 层人才，世界占比大于或等于 0.1%。

表 7-31　量子科学和技术 A 层人才的世界占比

单位：%

省　份	2013 年	2014 年	2015 年	2016 年	2017 年	2018 年	2019 年	2020 年	2021 年	2022 年	合计
江　苏	0.00	0.00	0.00	50.00	0.00	0.00	0.00	0.00	0.00	33.33	15.38
北　京	0.00	0.00	0.00	0.00	0.00	0.00	0.00	0.00	0.00	33.33	7.69
广　东	0.00	0.00	0.00	50.00	0.00	0.00	0.00	0.00	0.00	0.00	7.69
湖　北	0.00	0.00	0.00	50.00	0.00	0.00	0.00	0.00	0.00	0.00	7.69
上　海	0.00	0.00	0.00	50.00	0.00	0.00	0.00	0.00	0.00	0.00	7.69

表 7-32　量子科学和技术 B 层人才的世界占比

单位：%

省　份	2013 年	2014 年	2015 年	2016 年	2017 年	2018 年	2019 年	2020 年	2021 年	2022 年	合计
北　京	0.00	0.00	4.55	0.00	6.06	5.13	5.19	1.82	0.00	3.77	2.87
江　苏	0.00	0.00	0.00	0.00	3.03	0.00	2.60	0.00	0.00	1.89	0.96
湖　南	4.55	0.00	0.00	0.00	0.00	0.00	0.00	0.00	1.33	0.00	0.48
陕　西	0.00	0.00	0.00	0.00	0.00	5.13	0.00	0.00	0.00	0.00	0.48
四　川	0.00	0.00	0.00	0.00	0.00	2.56	0.00	1.82	0.00	0.00	0.48
广　东	0.00	0.00	0.00	0.00	0.00	0.00	0.00	0.00	0.00	1.89	0.24
湖　北	0.00	0.00	0.00	0.00	0.00	0.00	0.00	1.82	0.00	0.00	0.24
吉　林	0.00	3.85	0.00	0.00	0.00	0.00	0.00	0.00	0.00	0.00	0.24

续表

省　份	2013 年	2014 年	2015 年	2016 年	2017 年	2018 年	2019 年	2020 年	2021 年	2022 年	合计
辽　宁	0.00	0.00	0.00	0.00	0.00	0.00	0.00	0.00	1.33	0.00	0.24
上　海	0.00	0.00	0.00	0.00	0.00	0.00	0.00	1.82	0.00	0.00	0.24
天　津	0.00	0.00	0.00	0.00	0.00	0.00	0.00	0.00	1.33	0.00	0.24
浙　江	0.00	0.00	0.00	0.00	0.00	2.56	0.00	0.00	0.00	0.00	0.24

表 7-33　量子科学和技术 C 层人才的世界占比

单位：%

省　份	2013 年	2014 年	2015 年	2016 年	2017 年	2018 年	2019 年	2020 年	2021 年	2022 年	合计
北　京	5.37	4.70	2.80	3.65	3.38	4.39	3.25	3.04	2.60	3.62	3.49
江　苏	1.24	0.85	1.05	1.33	4.39	2.44	1.33	0.57	2.29	1.70	1.71
上　海	1.65	0.43	0.70	1.66	2.03	1.71	1.92	1.33	1.22	1.91	1.51
广　东	0.83	0.43	0.35	1.00	2.70	1.71	2.07	1.52	1.53	1.28	1.46
安　徽	0.83	0.43	0.70	0.66	1.69	1.71	1.63	0.95	1.53	0.85	1.20
浙　江	0.00	0.00	0.00	0.33	1.01	0.49	0.74	0.95	1.07	0.85	0.66
四　川	2.48	0.85	1.05	0.33	1.01	0.24	0.44	0.00	0.92	0.21	0.63
湖　北	0.83	0.43	0.00	0.33	0.34	1.22	1.18	0.38	0.31	0.64	0.61
江　西	0.83	0.43	0.70	0.33	1.01	0.73	0.74	0.19	0.61	0.21	0.56
湖　南	0.83	0.43	0.70	0.00	0.34	0.98	0.15	0.57	0.46	0.00	0.41
陕　西	0.83	0.00	0.70	0.66	1.01	0.00	0.30	0.00	0.15	0.00	0.29
福　建	0.41	0.43	0.70	0.33	0.68	0.49	0.30	0.00	0.00	0.00	0.27
黑龙江	0.41	0.43	0.00	0.66	0.68	0.73	0.15	0.00	0.00	0.21	0.27
河　南	0.41	0.85	0.00	0.00	0.34	0.49	0.15	0.00	0.31	0.43	0.27
山　东	0.00	0.43	0.00	0.33	0.68	0.73	0.15	0.19	0.31	0.00	0.27
重　庆	0.00	0.00	0.35	0.66	0.68	0.00	0.00	0.00	0.31	0.21	0.20
山　西	0.00	0.43	0.70	0.00	0.00	0.24	0.00	0.00	0.31	0.43	0.20
天　津	0.41	0.00	0.00	0.33	0.34	0.00	0.15	0.00	0.15	0.43	0.20
吉　林	0.00	0.00	0.00	0.33	0.68	0.24	0.00	0.19	0.00	0.21	0.17
广　西	0.00	0.00	0.00	0.33	0.00	0.00	0.30	0.00	0.31	0.21	0.15
甘　肃	0.00	0.43	0.00	0.00	0.34	0.24	0.15	0.19	0.00	0.00	0.12
河　北	0.41	0.00	0.00	0.66	0.00	0.00	0.15	0.00	0.00	0.00	0.12
云　南	0.41	0.00	0.00	0.00	0.00	0.24	0.00	0.38	0.15	0.00	0.12
贵　州	0.00	0.00	0.00	0.00	0.34	0.00	0.15	0.19	0.15	0.00	0.10
辽　宁	0.00	0.00	0.00	0.33	0.00	0.24	0.00	0.19	0.15	0.00	0.10

十二　人工智能

人工智能 A、B、C 层人才最多的均为北京，世界占比分别为 9.55%、9.43%、7.58%，显著高于其他省份。

广东 A 层人才的世界占比为 2.51%，排名第二；湖北、江苏、安徽、浙江有相当数量的 A 层人才，世界占比在 2%~1%；黑龙江、辽宁、天津、福建、山东、上海、湖南、陕西、四川、河北、河南、云南也有一定数量的 A 层人才，世界占比均超过 0.1%。

广东、江苏 B 层人才分别以 4.32%、3.25% 的世界占比排名第二、第三位；上海、辽宁、四川、浙江、湖北、安徽、山东、天津、黑龙江有相当数量的 B 层人才，世界占比在 3%~1%；湖南、陕西、重庆、福建、吉林、河南、广西、江西、甘肃、山西、河北也有一定数量的 B 层人才，世界占比均超过 0.1%；云南、贵州、新疆、内蒙古、宁夏、青海 B 层人才的世界占比均低于 0.1%。

广东、江苏 C 层人才分别以 4.27%、3.43% 的世界占比排名第二、第三位；上海、浙江、湖北、四川、辽宁、山东、湖南、安徽、陕西、重庆有相当数量的 C 层人才，世界占比在 3%~1%；黑龙江、天津、福建、河南、江西、广西、河北、吉林、山西、云南、甘肃、贵州、新疆也有一定数量的 C 层人才，世界占比大于或等于 0.1%；海南、内蒙古、宁夏、青海、西藏 C 层人才的世界占比均低于 0.1%。

表 7-34　人工智能 A 层人才的世界占比

单位：%

省　份	2013 年	2014 年	2015 年	2016 年	2017 年	2018 年	2019 年	2020 年	2021 年	2022 年	合计
北　京	10.20	6.78	10.45	6.85	7.87	13.95	13.40	11.58	6.96	7.41	9.55
广　东	0.00	1.69	0.00	4.11	0.00	1.16	3.09	4.21	5.22	2.78	2.51
湖　北	0.00	0.00	0.00	0.00	1.12	2.33	6.19	1.05	1.74	2.78	1.79
江　苏	0.00	1.69	2.99	1.37	3.37	0.00	1.03	2.11	2.61	1.85	1.79
安　徽	0.00	3.39	1.49	0.00	1.12	0.00	5.15	1.05	1.74	1.85	1.67
浙　江	0.00	0.00	1.49	0.00	0.00	0.00	3.09	1.05	2.61	2.78	1.19

续表

省 份	2013 年	2014 年	2015 年	2016 年	2017 年	2018 年	2019 年	2020 年	2021 年	2022 年	合计
黑龙江	0.00	1.69	0.00	0.00	1.12	1.16	1.03	1.05	0.00	1.85	0.84
辽 宁	2.04	0.00	0.00	0.00	0.00	0.00	0.00	1.05	1.74	1.85	0.72
天 津	0.00	0.00	0.00	0.00	0.00	0.00	0.00	3.16	0.87	1.85	0.72
福 建	0.00	0.00	0.00	0.00	1.12	0.00	0.00	3.16	0.00	0.00	0.48
山 东	0.00	0.00	0.00	0.00	0.00	0.00	1.03	1.05	0.87	0.93	0.48
上 海	2.04	0.00	1.49	0.00	0.00	0.00	0.00	0.00	1.74	0.00	0.48
湖 南	2.04	0.00	0.00	0.00	0.00	0.00	0.00	1.05	0.87	0.00	0.36
陕 西	0.00	0.00	0.00	0.00	0.00	0.00	1.03	1.05	0.00	0.93	0.36
四 川	0.00	0.00	0.00	0.00	0.00	0.00	0.00	1.05	0.00	0.93	0.24
河 北	0.00	0.00	0.00	0.00	0.00	0.00	0.00	1.05	0.00	0.00	0.12
河 南	0.00	0.00	0.00	0.00	0.00	0.00	0.00	0.00	0.87	0.00	0.12
云 南	0.00	0.00	0.00	0.00	0.00	0.00	1.03	0.00	0.00	0.00	0.12

表 7-35　人工智能 B 层人才的世界占比

单位：%

省 份	2013 年	2014 年	2015 年	2016 年	2017 年	2018 年	2019 年	2020 年	2021 年	2022 年	合计
北 京	5.91	8.62	8.44	9.59	8.62	11.31	10.87	8.78	10.00	9.78	9.43
广 东	1.36	1.83	1.75	2.28	2.59	2.67	5.78	7.03	6.99	6.39	4.32
江 苏	3.41	3.30	2.23	1.83	2.46	1.78	2.38	3.04	4.56	6.18	3.25
上 海	1.14	2.75	2.55	1.67	2.46	3.05	4.30	2.46	3.59	3.71	2.93
辽 宁	2.05	2.39	2.07	1.37	1.72	1.14	2.15	3.75	3.40	3.40	2.45
四 川	0.45	1.10	0.96	1.07	1.23	2.16	1.02	2.58	3.50	4.94	2.14
浙 江	1.14	1.47	0.96	0.61	1.35	1.91	1.70	2.34	3.50	3.50	2.02
湖 北	0.91	0.55	0.80	0.61	1.23	0.89	2.04	3.28	2.91	4.33	1.99
安 徽	0.91	1.65	1.43	0.30	1.72	0.89	1.59	1.29	2.14	2.06	1.47
山 东	0.91	0.92	0.32	0.30	0.49	1.02	0.57	1.87	2.72	3.40	1.41
天 津	0.45	0.37	0.64	0.76	0.86	0.25	1.47	2.58	2.43	2.57	1.41
黑龙江	1.14	0.55	0.96	1.22	1.11	0.64	1.47	1.64	0.68	1.03	1.05
湖 南	1.14	0.92	0.32	0.61	0.99	0.51	0.34	0.94	1.46	1.96	0.96
陕 西	0.45	1.10	0.80	0.76	0.62	0.38	0.34	0.82	0.97	2.68	0.95
重 庆	0.91	0.37	0.16	0.15	0.12	0.13	0.11	0.70	0.97	2.16	0.63
福 建	0.00	0.55	0.16	0.30	0.99	0.51	1.02	0.59	0.78	0.72	0.62
吉 林	0.00	0.18	0.00	0.15	0.37	0.25	0.11	0.23	0.49	0.72	0.29
河 南	0.23	0.00	0.00	0.15	0.12	0.13	0.23	0.59	0.19	0.82	0.28
广 西	0.45	0.00	0.00	0.30	0.49	0.13	0.00	0.12	0.39	0.51	0.25
江 西	0.00	0.00	0.00	0.15	0.00	0.13	0.11	0.23	0.78	0.62	0.25

续表

省 份	2013 年	2014 年	2015 年	2016 年	2017 年	2018 年	2019 年	2020 年	2021 年	2022 年	合计
甘 肃	0.00	0.18	0.16	0.46	0.12	0.13	0.11	0.12	0.19	0.31	0.18
山 西	0.00	0.37	0.00	0.00	0.00	0.00	0.45	0.00	0.29	0.31	0.16
河 北	0.00	0.00	0.16	0.00	0.12	0.00	0.23	0.12	0.19	0.31	0.13
云 南	0.00	0.00	0.00	0.30	0.12	0.13	0.00	0.00	0.10	0.21	0.09
贵 州	0.00	0.00	0.00	0.00	0.00	0.00	0.11	0.00	0.10	0.41	0.08
新 疆	0.00	0.00	0.00	0.00	0.12	0.00	0.00	0.00	0.10	0.00	0.03
内蒙古	0.00	0.00	0.00	0.15	0.00	0.00	0.00	0.00	0.00	0.00	0.01
宁 夏	0.00	0.00	0.00	0.00	0.00	0.00	0.00	0.00	0.10	0.00	0.01
青 海	0.00	0.00	0.00	0.00	0.00	0.00	0.00	0.00	0.00	0.10	0.01

表 7-36 人工智能 C 层人才的世界占比

单位：%

省 份	2013 年	2014 年	2015 年	2016 年	2017 年	2018 年	2019 年	2020 年	2021 年	2022 年	合计
北 京	5.46	6.02	6.15	6.65	6.64	8.61	9.55	8.24	8.10	8.05	7.58
广 东	1.55	1.81	2.08	2.80	3.21	4.04	5.52	5.24	6.52	6.05	4.27
江 苏	2.17	3.06	3.00	3.31	3.34	3.28	3.16	3.47	4.00	4.42	3.43
上 海	1.55	1.74	2.19	1.82	2.12	2.59	3.20	3.10	3.45	3.98	2.74
浙 江	1.53	1.53	1.36	1.13	1.66	1.83	2.16	2.79	2.79	3.06	2.10
湖 北	0.97	1.21	1.44	1.59	1.62	1.97	2.18	2.57	2.44	2.84	2.01
四 川	0.81	1.02	1.23	1.18	1.68	1.96	2.10	2.43	2.92	2.60	1.95
辽 宁	0.93	1.17	1.43	1.61	1.65	1.70	1.48	1.73	2.21	2.14	1.68
山 东	0.74	0.89	0.83	0.92	1.12	1.41	1.55	1.98	2.36	2.48	1.56
湖 南	0.69	0.93	0.99	0.95	0.99	1.59	1.48	1.67	1.54	1.93	1.35
安 徽	0.69	1.00	1.18	1.24	1.05	1.16	1.35	1.55	1.58	1.58	1.30
陕 西	0.79	0.96	0.75	1.12	0.94	0.94	1.10	1.23	1.02	1.55	1.07
重 庆	0.44	0.85	0.63	1.22	0.99	0.92	0.68	1.07	1.38	1.64	1.04
黑龙江	0.65	0.77	0.96	1.18	0.94	0.95	0.76	0.85	0.98	0.97	0.91
天 津	0.25	0.36	0.67	0.58	0.66	0.88	1.09	1.25	1.44	1.14	0.91
福 建	0.28	0.62	0.60	0.52	0.77	0.70	0.75	0.97	1.11	0.89	0.77
河 南	0.21	0.26	0.29	0.49	0.30	0.45	0.55	0.50	0.73	0.86	0.50
江 西	0.23	0.32	0.44	0.37	0.29	0.27	0.25	0.36	0.36	0.33	0.32
广 西	0.14	0.17	0.16	0.18	0.26	0.26	0.29	0.37	0.40	0.49	0.30
河 北	0.25	0.26	0.26	0.35	0.31	0.23	0.18	0.23	0.24	0.47	0.28
吉 林	0.21	0.21	0.15	0.26	0.11	0.25	0.20	0.15	0.26	0.39	0.22

续表

省　份	2013 年	2014 年	2015 年	2016 年	2017 年	2018 年	2019 年	2020 年	2021 年	2022 年	合 计
山　西	0.09	0.13	0.29	0.21	0.17	0.15	0.26	0.26	0.18	0.36	0.22
云　南	0.09	0.06	0.11	0.18	0.21	0.27	0.19	0.25	0.12	0.26	0.18
甘　肃	0.05	0.09	0.13	0.17	0.16	0.12	0.18	0.18	0.20	0.30	0.17
贵　州	0.00	0.08	0.10	0.11	0.07	0.12	0.14	0.14	0.21	0.23	0.13
新　疆	0.02	0.11	0.11	0.08	0.07	0.08	0.04	0.13	0.12	0.17	0.10
海　南	0.00	0.00	0.03	0.02	0.01	0.00	0.01	0.06	0.10	0.08	0.04
内蒙古	0.05	0.04	0.03	0.02	0.02	0.05	0.01	0.04	0.03	0.04	0.03
宁　夏	0.00	0.02	0.00	0.03	0.00	0.00	0.02	0.00	0.04	0.02	0.02
青　海	0.00	0.00	0.00	0.00	0.00	0.00	0.00	0.02	0.01	0.03	0.01
西　藏	0.00	0.00	0.00	0.00	0.01	0.00	0.00	0.00	0.01	0.02	0.01

第二节　学科组

在信息科学各学科人才分析的基础上，按照 A、B、C 三个人才层次，对各学科人才进行汇总分析，可以从学科组层面揭示人才的分布特点和发展趋势。

一　A 层人才

信息科学 A 层人才最多的是北京，占该学科组全球 A 层人才的 7.63%；其后依次是广东、江苏，世界占比分别为 3.42%、2.85%；上海、湖北、四川、浙江、辽宁、安徽有相当数量的 A 层人才，世界占比在 2%～1%；湖南、山东、黑龙江、天津、重庆、陕西、福建、江西、河南、河北、云南也有一定数量的 A 层人才，世界占比均超过 0.1%；山西、吉林、广西、内蒙古、甘肃、贵州、宁夏、海南 A 层人才的世界占比均低于 0.1%。

在发展趋势上，多数省份呈现相对上升的趋势，其中，北京、广东、江苏、上海、湖北、四川、浙江、安徽、湖南、山东、天津、重庆、福建、江西的增幅相对较大。

表 7-37 信息科学 A 层人才的世界占比

单位：%

省　份	2013 年	2014 年	2015 年	2016 年	2017 年	2018 年	2019 年	2020 年	2021 年	2022 年	合计
北　京	5.17	7.13	6.30	5.85	6.90	10.17	10.02	6.56	7.68	8.65	7.63
广　东	0.00	1.43	1.02	3.02	2.18	2.41	5.32	5.25	5.38	5.13	3.42
江　苏	1.72	0.95	3.66	2.22	2.18	2.07	2.19	2.46	4.30	5.45	2.85
上　海	1.15	1.19	1.22	1.41	0.73	2.41	2.35	1.31	2.15	2.72	1.74
湖　北	1.15	0.95	0.81	1.61	0.54	1.38	3.29	1.80	0.92	3.85	1.72
四　川	0.86	0.24	0.00	2.02	0.91	1.21	2.19	3.44	0.61	2.08	1.44
浙　江	0.00	0.71	1.02	0.20	1.45	1.21	1.72	1.64	2.15	2.56	1.39
辽　宁	0.29	1.43	0.20	0.81	1.45	1.21	0.94	1.97	2.46	0.80	1.22
安　徽	0.00	1.66	1.22	0.00	0.91	0.86	2.35	0.66	1.54	1.60	1.15
湖　南	0.57	0.00	0.20	0.20	1.09	1.03	0.78	0.66	1.69	1.92	0.89
山　东	0.00	0.24	0.00	0.20	1.27	0.52	1.10	0.82	1.08	2.24	0.83
黑龙江	0.29	1.19	0.81	0.60	1.63	0.69	0.78	0.33	0.92	0.48	0.78
天　津	0.00	0.00	0.00	0.20	0.00	0.17	0.94	1.15	0.92	2.40	0.67
重　庆	0.00	0.00	0.00	0.20	0.73	0.52	0.00	0.33	0.61	2.56	0.55
陕　西	0.29	1.19	1.22	0.20	0.54	0.52	0.31	0.66	0.46	0.32	0.55
福　建	0.29	0.00	0.20	0.00	0.18	0.17	0.16	0.98	0.00	1.28	0.35
江　西	0.00	0.00	0.00	0.00	0.00	0.00	0.00	0.00	0.00	1.28	0.24
河　南	0.00	0.00	0.00	0.00	0.36	0.52	0.00	0.00	0.92	0.00	0.22
河　北	0.00	0.00	0.00	0.00	0.00	0.00	0.00	0.33	0.00	0.64	0.11
云　南	0.00	0.00	0.00	0.20	0.00	0.00	0.31	0.00	0.31	0.16	0.11
山　西	0.00	0.00	0.00	0.00	0.00	0.17	0.00	0.33	0.31	0.00	0.09
吉　林	0.29	0.00	0.00	0.00	0.00	0.00	0.00	0.00	0.00	0.48	0.07
广　西	0.00	0.00	0.00	0.00	0.00	0.00	0.34	0.00	0.00	0.16	0.06
内蒙古	0.00	0.24	0.00	0.00	0.00	0.00	0.00	0.16	0.00	0.00	0.04
甘　肃	0.00	0.00	0.00	0.00	0.00	0.00	0.00	0.00	0.00	0.16	0.02
贵　州	0.00	0.00	0.00	0.00	0.00	0.00	0.00	0.16	0.00	0.00	0.02
宁　夏	0.00	0.00	0.00	0.00	0.00	0.00	0.00	0.00	0.16	0.00	0.02
海　南	0.00	0.00	0.00	0.00	0.00	0.00	0.00	0.00	0.15	0.00	0.02

二　B 层人才

信息科学 B 层人才最多的是北京，占该学科组全球 B 层人才的 7.71%；其后依次是广东、江苏、上海、湖北，世界占比分别为 3.85%、3.43%、2.41%、2.01%；四川、辽宁、浙江、山东、湖南、安徽、黑龙江有相当数量的 B 层人才，世界占比在 2% ~ 1%；陕西、天津、重庆、福建、河南、广西、江西、吉林、河北、山西、甘肃也有一定数量的 B 层人才，世界占比均超过 0.1%；云南、贵州、新疆、海南、内蒙古、宁夏、青海、西藏 B 层人才的世界占比均低于 0.1%。

在发展趋势上，多数省份呈现相对上升的趋势，其中，广东、江苏、上海、湖北、四川、辽宁、山东、湖南、安徽、黑龙江、陕西、天津、重庆、福建、河南的增幅相对较大。

表 7-38　信息科学 B 层人才的世界占比

单位：%

省　份	2013 年	2014 年	2015 年	2016 年	2017 年	2018 年	2019 年	2020 年	2021 年	2022 年	合计
北　京	5.06	6.66	6.04	7.13	7.29	9.41	9.07	7.36	7.98	9.22	7.71
广　东	1.07	1.77	1.80	2.12	2.99	3.83	4.68	5.02	6.12	6.38	3.85
江　苏	2.32	2.41	2.24	2.86	3.11	2.61	3.53	4.08	4.86	5.00	3.43
上　海	1.34	2.28	1.78	1.73	2.52	2.63	2.74	2.50	2.68	3.15	2.41
湖　北	1.25	1.15	1.52	1.21	1.57	1.66	2.19	2.96	2.34	3.34	2.01
四　川	0.40	1.00	0.90	1.21	1.63	1.79	1.94	2.18	3.08	3.67	1.91
辽　宁	0.82	1.13	1.58	1.39	1.61	1.61	2.01	2.18	2.64	2.62	1.85
浙　江	1.01	1.13	0.99	0.76	1.28	1.96	2.11	2.20	2.58	3.36	1.84
山　东	0.46	0.56	0.44	0.65	0.88	1.21	1.85	2.36	2.73	3.20	1.57
湖　南	0.55	0.92	0.77	0.87	1.02	1.55	1.02	1.61	1.96	2.80	1.38
安　徽	0.95	1.13	0.81	0.52	0.88	0.84	1.09	1.29	2.03	1.37	1.12
黑龙江	0.70	0.79	1.05	1.26	1.02	0.91	0.97	1.10	1.01	1.04	1.00
陕　西	0.24	0.92	0.57	0.78	0.81	0.67	0.67	1.05	0.91	1.83	0.88
天　津	0.09	0.41	0.40	0.43	0.61	0.60	1.02	1.35	1.56	1.47	0.87
重　庆	0.27	0.31	0.31	0.58	0.35	0.63	0.84	0.73	1.11	1.98	0.76
福　建	0.09	0.51	0.42	0.24	0.71	0.86	0.95	1.03	0.96	1.33	0.76
河　南	0.21	0.03	0.04	0.30	0.04	0.34	0.37	0.60	0.68	1.20	0.42
广　西	0.12	0.05	0.07	0.26	0.37	0.19	0.25	0.19	0.33	0.63	0.26
江　西	0.09	0.05	0.05	0.26	0.22	0.15	0.15	0.34	0.33	0.43	0.23
吉　林	0.00	0.10	0.02	0.09	0.10	0.15	0.13	0.34	0.22	0.54	0.18
河　北	0.06	0.13	0.04	0.06	0.10	0.22	0.13	0.14	0.13	0.41	0.15
山　西	0.03	0.08	0.13	0.06	0.10	0.11	0.30	0.12	0.23	0.20	0.15
甘　肃	0.00	0.05	0.02	0.13	0.04	0.26	0.03	0.05	0.17	0.40	0.12
云　南	0.06	0.03	0.07	0.11	0.06	0.06	0.08	0.11	0.10	0.18	0.09
贵　州	0.00	0.00	0.04	0.02	0.00	0.06	0.13	0.04	0.08	0.18	0.06
新　疆	0.00	0.08	0.00	0.06	0.04	0.02	0.02	0.04	0.15	0.11	0.05

省　份	2013 年	2014 年	2015 年	2016 年	2017 年	2018 年	2019 年	2020 年	2021 年	2022 年	合计
海　南	0.00	0.00	0.00	0.00	0.02	0.00	0.03	0.05	0.07	0.16	0.04
内蒙古	0.00	0.03	0.04	0.09	0.00	0.00	0.08	0.02	0.02	0.00	0.03
宁　夏	0.00	0.00	0.00	0.02	0.00	0.00	0.02	0.07	0.03	0.04	0.02
青　海	0.00	0.00	0.00	0.00	0.02	0.00	0.00	0.00	0.02	0.07	0.01
西　藏	0.00	0.00	0.00	0.00	0.00	0.04	0.00	0.02	0.00	0.03	0.00	0.01

三　C 层人才

信息科学 C 层人才最多的是北京，占该学科组全球 C 层人才的 6.41%；其后依次是广东、江苏、上海，C 层人才的世界占比分别为 3.17%、3.17%、2.29%；湖北、浙江、四川、山东、辽宁、湖南有相当数量的 C 层人才，世界占比在 2%~1%；安徽、陕西、黑龙江、重庆、天津、福建、河南、河北、江西、广西、吉林、甘肃、山西、云南也有一定数量的 C 层人才，世界占比均超过 0.1%；贵州、新疆、海南、内蒙古、宁夏、青海、西藏 C 层人才的世界占比均低于 0.1%。

在发展趋势上，多数省份呈现相对上升的趋势，其中，北京、上海、湖北、浙江、四川、山东、辽宁、湖南、安徽、陕西、重庆的增幅相对较大。

表 7-39　信息科学 C 层人才的世界占比

单位：%

省　份	2013 年	2014 年	2015 年	2016 年	2017 年	2018 年	2019 年	2020 年	2021 年	2022 年	合计
北　京	4.50	5.16	4.99	5.37	6.19	7.00	7.77	6.99	7.09	7.35	6.41
广　东	1.14	1.21	1.48	2.04	2.54	3.27	3.84	4.07	5.03	4.99	3.17
江　苏	1.67	2.06	2.09	2.54	3.26	3.44	3.58	3.57	3.93	4.26	3.17
上　海	1.51	1.61	1.75	1.77	2.08	2.21	2.71	2.60	2.77	3.09	2.29
湖　北	1.06	1.11	1.23	1.46	1.65	1.90	2.13	2.24	2.18	2.52	1.82
浙　江	1.07	1.11	1.02	1.18	1.32	1.75	2.04	2.23	2.37	2.71	1.76
四　川	0.79	0.79	0.80	0.95	1.34	1.49	1.79	1.68	1.98	2.00	1.43
山　东	0.54	0.50	0.61	0.71	1.09	1.28	1.56	1.67	2.05	2.11	1.30
辽　宁	0.69	0.70	0.77	1.06	1.35	1.35	1.30	1.47	1.75	1.69	1.27

续表

省　份	2013 年	2014 年	2015 年	2016 年	2017 年	2018 年	2019 年	2020 年	2021 年	2022 年	合计
湖　南	0.64	0.72	0.74	0.96	1.07	1.47	1.53	1.50	1.54	1.81	1.26
安　徽	0.54	0.69	0.66	0.81	0.83	0.97	1.17	1.20	1.25	1.25	0.97
陕　西	0.38	0.50	0.48	0.68	0.63	0.85	1.04	1.01	1.02	1.33	0.83
黑龙江	0.50	0.55	0.60	0.77	0.83	0.84	0.80	0.79	0.85	0.92	0.77
重　庆	0.32	0.35	0.30	0.56	0.63	0.66	0.76	0.87	1.03	1.16	0.70
天　津	0.30	0.38	0.40	0.49	0.58	0.71	0.91	0.91	0.93	0.94	0.69
福　建	0.19	0.32	0.37	0.45	0.54	0.69	0.78	0.91	0.88	0.83	0.64
河　南	0.15	0.18	0.17	0.27	0.29	0.51	0.53	0.55	0.71	0.78	0.44
河　北	0.14	0.13	0.15	0.22	0.22	0.20	0.30	0.25	0.33	0.44	0.25
江　西	0.13	0.17	0.23	0.23	0.23	0.27	0.28	0.25	0.32	0.29	0.25
广　西	0.07	0.09	0.10	0.12	0.18	0.25	0.24	0.32	0.41	0.47	0.24
吉　林	0.12	0.10	0.14	0.18	0.16	0.24	0.30	0.26	0.31	0.40	0.23
甘　肃	0.09	0.08	0.07	0.09	0.11	0.13	0.17	0.14	0.21	0.26	0.14
山　西	0.07	0.05	0.10	0.12	0.11	0.10	0.16	0.17	0.18	0.22	0.13
云　南	0.05	0.03	0.09	0.09	0.12	0.13	0.14	0.20	0.17	0.22	0.13
贵　州	0.01	0.02	0.04	0.05	0.03	0.09	0.11	0.09	0.12	0.16	0.08
新　疆	0.02	0.04	0.04	0.03	0.06	0.06	0.06	0.10	0.10	0.20	0.08
海　南	0.01	0.01	0.03	0.03	0.04	0.03	0.05	0.08	0.10	0.12	0.05
内蒙古	0.01	0.02	0.03	0.04	0.05	0.05	0.08	0.06	0.07	0.08	0.05
宁　夏	0.00	0.01	0.01	0.01	0.01	0.01	0.02	0.02	0.02	0.04	0.01
青　海	0.00	0.02	0.01	0.00	0.00	0.01	0.01	0.01	0.02	0.04	0.01
西　藏	0.00	0.00	0.00	0.00	0.01	0.00	0.00	0.01	0.02	0.01	0.01

第8章　管理科学

管理科学是研究人类管理活动规律及其应用的综合性交叉科学。管理科学的基础是数学、经济学和行为科学。

第一节　学科

管理科学学科组包括以下学科：运筹学和管理科学、管理学、商学、经济学、金融学、人口统计学、农业经济和政策、公共行政、卫生保健科学和服务、医学伦理学、区域和城市规划、信息学和图书馆学，共计12个。

一　运筹学和管理科学

运筹学和管理科学 A 层人才最多的是北京，世界占比为 2.70%；湖北、浙江 A 层人才以 1.80%的世界占比并列排名第二；其后是江苏，A 层人才的世界占比为 1.35%；广东、山东、上海、四川、安徽、甘肃、湖南、吉林、辽宁、天津也有一定数量的 A 层人才，世界占比均超过 0.4%。

B 层人才最多的是北京，世界占比为 3.36%；上海、湖北、四川 B 层人才的世界占比分别为 2.92%、2.49%、2.24%，分列第二至第四位；广东、江苏、浙江、辽宁、安徽、天津有相当数量的 B 层人才，世界占比在 2%~1%；山东、重庆、湖南、福建、黑龙江、河南、陕西、甘肃、云南、广西、贵州、河北、江西、吉林、海南、山西也有一定数量的 B 层人才，世界占比大于或等于 0.1%；宁夏、新疆 B 层人才的世界占比均为 0.05%。

C 层人才最多的是北京，世界占比为 4.06%；上海、江苏 C 层人才分别以 2.73%、2.46%的世界占比排名第二、第三位；广东、湖北、四川、浙江、辽宁、安徽、天津有相当数量的 C 层人才，世界占比在 2%~1%；湖南、山东、重庆、福建、陕西、黑龙江、河南、江西、吉林、广西、甘肃、河北、山西、云南、贵州也有一定数量的 C 层人才，世界占比大于或等于 0.1%；海南、宁夏、内蒙古、新疆 C 层人才的世界占比均低于 0.1%。

表 8-1　运筹学和管理科学 A 层人才的世界占比

单位：%

省　份	2013 年	2014 年	2015 年	2016 年	2017 年	2018 年	2019 年	2020 年	2021 年	2022 年	合计
北　京	0.00	0.00	0.00	0.00	0.00	9.52	4.00	0.00	3.70	7.69	2.70
湖　北	0.00	5.88	0.00	0.00	9.52	0.00	0.00	0.00	0.00	3.85	1.80
浙　江	0.00	0.00	0.00	0.00	0.00	0.00	0.00	0.00	11.11	3.85	1.80
江　苏	0.00	0.00	0.00	0.00	9.52	4.76	0.00	0.00	0.00	0.00	1.35
广　东	0.00	0.00	4.76	0.00	4.76	0.00	0.00	0.00	0.00	0.00	0.90
山　东	0.00	0.00	0.00	0.00	0.00	0.00	0.00	0.00	3.70	3.85	0.90
上　海	0.00	0.00	0.00	0.00	4.76	0.00	0.00	0.00	0.00	3.85	0.90
四　川	0.00	0.00	0.00	0.00	0.00	0.00	0.00	3.85	0.00	3.85	0.90
安　徽	0.00	0.00	0.00	0.00	0.00	0.00	4.00	0.00	0.00	0.00	0.45
甘　肃	0.00	0.00	0.00	0.00	0.00	0.00	4.00	0.00	0.00	0.00	0.45
湖　南	0.00	0.00	0.00	0.00	0.00	0.00	0.00	0.00	0.00	3.85	0.45
吉　林	0.00	0.00	0.00	0.00	0.00	4.76	0.00	0.00	0.00	0.00	0.45
辽　宁	0.00	0.00	0.00	0.00	0.00	4.76	0.00	0.00	0.00	0.00	0.45
天　津	0.00	0.00	0.00	0.00	0.00	4.76	0.00	0.00	0.00	0.00	0.45

表 8-2　运筹学和管理科学 B 层人才的世界占比

单位：%

省　份	2013 年	2014 年	2015 年	2016 年	2017 年	2018 年	2019 年	2020 年	2021 年	2022 年	合计
北　京	1.32	2.53	3.17	4.93	2.13	2.66	2.97	1.20	6.15	5.24	3.36
上　海	4.64	1.27	1.59	1.48	1.60	5.32	1.69	4.00	3.46	3.93	2.92
湖　北	0.66	0.00	3.70	1.97	3.19	3.72	2.12	1.20	3.08	4.37	2.49
四　川	0.00	1.90	0.53	1.97	0.53	2.13	3.81	1.60	3.46	4.80	2.24
广　东	1.32	0.63	1.59	0.99	3.19	2.66	2.54	1.20	1.54	3.06	1.90
江　苏	1.32	0.63	0.53	0.49	0.53	1.60	2.12	1.60	4.23	4.37	1.90
浙　江	1.99	0.00	1.06	1.48	0.53	2.12	1.60	1.54	3.49	1.46
辽　宁	1.99	0.00	0.53	0.99	0.53	0.53	2.12	1.20	2.31	3.06	1.41
安　徽	1.99	1.90	0.53	1.97	1.06	0.00	0.85	0.00	3.08	0.87	1.22
天　津	0.66	0.00	0.53	0.00	1.60	1.06	0.85	1.20	1.92	1.75	1.02
山　东	0.00	0.00	0.53	0.00	0.53	1.06	0.85	1.20	1.92	1.75	0.88
重　庆	0.66	1.90	0.00	0.00	0.53	0.00	0.85	1.20	0.38	2.18	0.78

续表

省　份	2013 年	2014 年	2015 年	2016 年	2017 年	2018 年	2019 年	2020 年	2021 年	2022 年	合计
湖　南	0.00	0.00	0.53	0.99	0.53	1.06	1.69	0.00	0.77	1.31	0.73
福　建	0.00	0.00	1.06	0.49	0.53	1.06	0.42	0.00	0.77	1.31	0.58
黑龙江	0.00	0.63	0.00	0.00	0.00	0.00	0.00	0.80	2.31	1.31	0.58
河　南	0.00	0.00	0.00	0.00	0.53	0.53	1.27	0.40	0.38	0.44	0.39
陕　西	0.00	0.00	0.53	0.00	0.00	0.53	0.42	0.00	0.38	0.87	0.29
甘　肃	0.00	0.00	0.53	0.00	0.00	0.53	0.00	0.40	0.00	0.44	0.19
云　南	0.00	0.00	0.00	0.49	0.53	0.00	0.00	0.00	0.00	0.87	0.19
广　西	0.00	0.00	0.00	0.00	0.53	0.00	0.00	0.00	0.38	0.44	0.15
贵　州	0.00	0.00	0.00	0.00	0.00	0.00	0.42	0.00	0.00	0.87	0.15
河　北	0.00	0.00	0.53	0.00	0.00	0.00	0.42	0.00	0.38	0.00	0.15
江　西	0.00	0.00	0.00	0.00	0.00	0.53	0.00	0.00	0.00	0.87	0.15
吉　林	0.00	0.00	0.00	0.00	0.00	0.00	0.00	0.40	0.77	0.00	0.15
海　南	0.00	0.00	0.00	0.00	0.00	0.00	0.00	0.00	0.00	0.87	0.10
山　西	0.00	0.00	0.00	0.00	0.00	0.00	0.53	0.00	0.38	0.00	0.10
宁　夏	0.00	0.00	0.00	0.00	0.00	0.00	0.42	0.00	0.00	0.00	0.05
新　疆	0.00	0.00	0.00	0.00	0.00	0.00	0.00	0.00	0.00	0.44	0.05

表 8-3　运筹学和管理科学 C 层人才的世界占比

单位：%

省　份	2013 年	2014 年	2015 年	2016 年	2017 年	2018 年	2019 年	2020 年	2021 年	2022 年	合计
北　京	2.73	3.09	3.54	3.31	3.18	3.69	4.59	4.82	5.33	5.02	4.06
上　海	1.67	2.65	2.25	2.32	2.07	2.62	3.03	3.19	3.06	3.81	2.73
江　苏	0.87	1.39	1.93	1.68	1.54	2.41	2.64	3.19	3.73	3.86	2.46
广　东	0.73	0.88	1.18	1.48	2.49	1.61	2.16	2.74	2.75	2.56	1.96
湖　北	1.07	0.82	1.18	1.58	2.01	1.98	1.95	1.72	2.12	2.19	1.71
四　川	0.33	0.88	0.70	1.14	1.59	1.87	2.08	2.33	2.47	2.33	1.67
浙　江	0.80	1.01	1.29	0.89	0.90	0.91	1.77	1.84	2.12	1.81	1.40
辽　宁	0.67	1.33	0.70	1.09	0.85	1.02	1.26	1.31	1.10	1.72	1.12
安　徽	0.20	0.76	0.86	1.29	1.01	1.23	1.30	1.23	1.22	1.53	1.10
天　津	0.80	0.51	1.18	1.19	0.64	0.59	1.04	1.55	1.18	1.16	1.02
湖　南	0.80	0.44	0.54	0.99	0.64	1.34	1.08	1.19	0.78	1.21	0.92
山　东	0.40	0.38	0.38	0.25	0.37	1.12	0.87	1.14	1.41	1.53	0.84
重　庆	0.47	0.25	0.43	0.30	0.90	0.48	0.69	0.69	1.14	1.26	0.69
福　建	0.40	0.44	0.43	0.20	0.48	0.32	0.52	0.65	0.71	0.60	0.49
陕　西	0.13	0.19	0.11	0.15	0.21	0.54	0.48	0.41	0.78	1.44	0.48
黑龙江	0.27	0.38	0.27	0.45	0.21	0.43	0.39	0.45	0.59	0.65	0.42
河　南	0.00	0.06	0.16	0.10	0.05	0.11	0.26	0.61	0.51	1.02	0.32

续表

省　份	2013 年	2014 年	2015 年	2016 年	2017 年	2018 年	2019 年	2020 年	2021 年	2022 年	合计
江　西	0.33	0.32	0.11	0.15	0.16	0.43	0.17	0.25	0.27	0.37	0.25
吉　林	0.40	0.06	0.05	0.05	0.11	0.27	0.13	0.12	0.20	0.60	0.20
广　西	0.07	0.13	0.05	0.05	0.00	0.21	0.04	0.25	0.27	0.42	0.16
甘　肃	0.13	0.06	0.05	0.10	0.16	0.37	0.26	0.16	0.04	0.19	0.15
河　北	0.07	0.06	0.05	0.10	0.16	0.16	0.22	0.08	0.04	0.33	0.13
山　西	0.07	0.06	0.11	0.10	0.11	0.11	0.04	0.08	0.20	0.28	0.12
云　南	0.00	0.06	0.05	0.25	0.05	0.05	0.09	0.08	0.16	0.23	0.11
贵　州	0.13	0.06	0.05	0.00	0.05	0.16	0.26	0.04	0.08	0.19	0.10
海　南	0.00	0.00	0.00	0.00	0.00	0.00	0.04	0.04	0.24	0.05	0.04
宁　夏	0.00	0.00	0.00	0.00	0.00	0.00	0.04	0.20	0.00	0.05	0.03
内蒙古	0.00	0.00	0.00	0.11	0.10	0.00	0.05	0.00	0.04	0.00	0.03
新　疆	0.00	0.00	0.05	0.00	0.00	0.00	0.00	0.00	0.08	0.09	0.02

二　管理学

管理学 A 层人才最多的是北京，世界占比为 0.87%；江苏 A 层人才以 0.58% 的世界占比排名第二；安徽、甘肃、广东、广西、辽宁、山东、上海、天津、浙江也有一定数量的 A 层人才，世界占比均为 0.29%。

B 层人才最多的是北京，世界占比为 1.76%；上海、江苏 B 层人才分别以 1.25%、1.04% 的世界占比排名第二、第三位；广东、四川、浙江、湖北、辽宁、天津、山东、陕西、安徽、湖南、福建、江西、重庆、黑龙江也有一定数量的 B 层人才，世界占比均超过 0.1%；甘肃、广西、海南、河北、河南、吉林 B 层人才的世界占比均低于 0.1%。

C 层人才最多的是北京，世界占比为 1.75%；上海、广东 C 层人才分别以 1.42%、1.01% 的世界占比排名第二、第三位；江苏、浙江、四川、湖北、安徽、福建、天津、湖南、辽宁、山东、重庆、陕西、黑龙江也有一定数量的 C 层人才，世界占比均超过 0.1%；江西、河南、吉林、河北、甘肃、山西、云南、广西、海南、新疆、贵州、内蒙古 C 层人才的世界占比均低于 0.1%。

表 8-4　管理学 A 层人才的世界占比

单位：%

省　份	2013 年	2014 年	2015 年	2016 年	2017 年	2018 年	2019 年	2020 年	2021 年	2022 年	合计
北　京	0.00	0.00	0.00	0.00	0.00	3.03	0.00	0.00	4.76	0.00	0.87
江　苏	0.00	0.00	0.00	0.00	2.56	0.00	0.00	0.00	2.38	0.00	0.58
安　徽	0.00	0.00	0.00	0.00	0.00	0.00	2.50	0.00	0.00	0.00	0.29
甘　肃	0.00	0.00	0.00	0.00	0.00	0.00	2.50	0.00	0.00	0.00	0.29
广　东	0.00	0.00	0.00	0.00	0.00	0.00	0.00	0.00	2.38	0.00	0.29
广　西	0.00	0.00	0.00	0.00	0.00	0.00	2.56	0.00	0.00	0.00	0.29
辽　宁	0.00	0.00	0.00	0.00	0.00	0.00	0.00	0.00	2.38	0.00	0.29
山　东	0.00	0.00	0.00	0.00	0.00	0.00	0.00	0.00	0.00	3.57	0.29
上　海	0.00	0.00	0.00	0.00	0.00	0.00	0.00	0.00	2.38	0.00	0.29
天　津	0.00	0.00	0.00	0.00	0.00	0.00	0.00	0.00	2.38	0.00	0.29
浙　江	0.00	0.00	0.00	0.00	0.00	0.00	0.00	2.56	0.00	0.00	0.29

表 8-5　管理学 B 层人才的世界占比

单位：%

省　份	2013 年	2014 年	2015 年	2016 年	2017 年	2018 年	2019 年	2020 年	2021 年	2022 年	合计
北　京	0.00	0.69	1.71	1.54	2.03	1.45	1.88	1.55	3.44	2.50	1.76
上　海	1.17	0.00	1.71	1.54	0.58	2.31	0.27	2.07	0.79	1.94	1.25
江　苏	1.17	0.00	0.00	0.00	0.87	0.87	0.81	1.04	1.32	3.89	1.04
广　东	0.00	0.69	1.02	0.62	0.29	0.87	1.08	1.30	0.79	0.83	0.78
四　川	0.00	1.03	0.00	0.31	0.00	1.16	1.34	1.04	1.32	1.11	0.78
浙　江	0.00	0.34	0.68	0.31	0.87	0.29	0.81	1.04	0.26	2.50	0.75
湖　北	0.00	0.34	0.00	0.31	0.29	0.87	1.61	0.78	1.06	0.56	0.63
辽　宁	0.39	0.00	0.00	0.00	0.00	0.58	0.54	0.52	1.06	1.39	0.48
天　津	0.00	0.00	0.00	0.00	0.58	0.29	0.54	0.78	0.26	1.39	0.42
山　东	0.00	0.00	0.34	0.00	0.00	0.87	0.00	0.52	0.53	0.56	0.30
陕　西	0.00	0.00	0.00	0.00	0.00	0.58	0.27	0.52	0.00	0.83	0.24
安　徽	0.00	0.34	0.00	0.62	0.29	0.29	0.54	0.00	0.00	0.00	0.21
湖　南	0.00	0.00	0.00	0.00	0.29	0.00	0.81	0.26	0.00	0.56	0.21
福　建	0.00	0.34	0.00	0.31	0.00	0.29	0.00	0.00	0.00	0.83	0.18
江　西	0.00	0.00	0.00	0.00	0.00	0.58	0.29	0.00	0.26	0.56	0.18
重　庆	0.00	0.34	0.00	0.00	0.00	0.00	0.81	0.00	0.26	0.00	0.15
黑龙江	0.00	0.00	0.34	0.31	0.29	0.29	0.00	0.26	0.00	0.00	0.15
甘　肃	0.00	0.00	0.00	0.00	0.00	0.29	0.00	0.00	0.28	0.00	0.06
广　西	0.00	0.00	0.00	0.00	0.00	0.00	0.00	0.00	0.26	0.00	0.03
海　南	0.00	0.00	0.00	0.00	0.00	0.00	0.00	0.00	0.28	0.00	0.03
河　北	0.00	0.00	0.00	0.00	0.00	0.29	0.00	0.00	0.00	0.00	0.03
河　南	0.00	0.00	0.00	0.00	0.00	0.00	0.00	0.26	0.00	0.00	0.03
吉　林	0.00	0.00	0.00	0.00	0.00	0.00	0.00	0.00	0.28	0.00	0.03

中国基础研究人才指数报告（2023）

表 8-6　管理学 C 层人才的世界占比

单位：%

省　份	2013 年	2014 年	2015 年	2016 年	2017 年	2018 年	2019 年	2020 年	2021 年	2022 年	合计
北　京	1.73	1.06	1.61	1.31	1.47	1.31	2.27	1.74	2.28	2.37	1.75
上　海	1.26	0.85	1.81	1.03	1.07	1.37	1.99	1.53	1.31	1.79	1.42
广　东	0.39	0.60	0.89	1.06	0.84	0.84	1.17	0.93	1.20	1.81	1.01
江　苏	0.51	0.39	0.34	0.72	0.66	0.84	0.74	1.14	1.39	1.90	0.90
浙　江	0.31	0.64	0.51	0.69	0.35	0.90	0.93	0.86	1.15	1.53	0.82
四　川	0.04	0.25	0.34	0.31	0.38	0.45	0.87	0.91	1.15	1.00	0.61
湖　北	0.12	0.32	0.34	0.34	0.58	0.48	0.66	0.91	0.92	0.84	0.58
安　徽	0.12	0.21	0.31	0.28	0.29	0.60	0.76	0.62	0.37	0.53	0.43
福　建	0.08	0.00	0.14	0.28	0.40	0.27	0.44	0.60	0.60	0.56	0.36
天　津	0.20	0.18	0.41	0.13	0.32	0.24	0.44	0.49	0.47	0.59	0.36
湖　南	0.04	0.11	0.21	0.09	0.32	0.54	0.46	0.41	0.50	0.53	0.34
辽　宁	0.00	0.42	0.10	0.22	0.20	0.21	0.36	0.52	0.39	0.61	0.32
山　东	0.00	0.21	0.07	0.06	0.20	0.30	0.25	0.44	0.47	0.47	0.26
重　庆	0.04	0.14	0.14	0.13	0.14	0.12	0.27	0.16	0.24	0.39	0.18
陕　西	0.04	0.04	0.03	0.00	0.06	0.18	0.27	0.13	0.18	0.33	0.14
黑龙江	0.08	0.00	0.14	0.06	0.12	0.09	0.14	0.21	0.13	0.25	0.13
江　西	0.12	0.04	0.00	0.00	0.06	0.12	0.08	0.05	0.05	0.20	0.09
河　南	0.00	0.00	0.00	0.00	0.00	0.03	0.03	0.05	0.24	0.36	0.08
吉　林	0.08	0.00	0.03	0.00	0.14	0.06	0.08	0.00	0.21	0.14	0.08
河　北	0.00	0.00	0.00	0.06	0.03	0.03	0.00	0.08	0.08	0.17	0.05
甘　肃	0.00	0.04	0.03	0.00	0.09	0.00	0.09	0.05	0.08	0.06	0.05
山　西	0.00	0.00	0.03	0.03	0.00	0.06	0.05	0.10	0.00	0.06	0.05
云　南	0.00	0.00	0.03	0.06	0.06	0.03	0.05	0.05	0.08	0.03	0.04
广　西	0.00	0.04	0.00	0.00	0.00	0.00	0.03	0.08	0.05	0.11	0.03
海　南	0.00	0.00	0.00	0.00	0.00	0.03	0.00	0.03	0.03	0.11	0.02
新　疆	0.00	0.00	0.00	0.00	0.00	0.00	0.00	0.03	0.05	0.08	0.02
贵　州	0.00	0.00	0.00	0.00	0.00	0.00	0.00	0.03	0.05	0.06	0.02
内蒙古	0.00	0.00	0.00	0.00	0.03	0.06	0.00	0.00	0.00	0.00	0.01

三　商学

商学 A 层人才最多的是北京，世界占比为 1.39%；上海、浙江 A 层人才的世界占比均为 0.69%；福建、江苏、吉林、辽宁、四川、新疆 A 层人才的世界占比均为 0.35%。

446

　　B 层人才最多的是北京，世界占比为 1.54%；上海 B 层人才以 1.01%
的世界占比排名第二；广东、浙江、江苏、山东、四川、安徽、湖北、辽
宁、江西、湖南、陕西、天津、重庆、福建、广西也有一定数量的 B 层人
才，世界占比均超过 0.1%；海南、黑龙江、河南、甘肃、吉林 B 层人才的
世界占比均低于 0.1%。

　　C 层人才最多的是北京，世界占比为 1.44%；上海 C 层人才以 1.29%
的世界占比排名第二；广东、浙江、江苏、湖北、四川、湖南、安徽、山
东、福建、天津、辽宁、黑龙江、陕西、重庆、河南、江西也有一定数量的
C 层人才，世界占比大于或等于 0.1%；吉林、山西、海南、甘肃、贵州、
广西、云南、河北、内蒙古 C 层人才的世界占比均低于 0.1%。

表 8-7　商学 A 层人才的世界占比

单位：%

省　份	2013 年	2014 年	2015 年	2016 年	2017 年	2018 年	2019 年	2020 年	2021 年	2022 年	合计
北　京	0.00	0.00	0.00	0.00	0.00	0.00	0.00	0.00	0.00	12.90	1.39
上　海	0.00	0.00	0.00	0.00	0.00	3.33	0.00	0.00	0.00	3.23	0.69
浙　江	0.00	0.00	0.00	0.00	0.00	0.00	0.00	0.00	0.00	6.45	0.69
福　建	0.00	0.00	0.00	0.00	0.00	0.00	0.00	0.00	0.00	3.23	0.35
江　苏	0.00	0.00	0.00	0.00	0.00	0.00	0.00	0.00	0.00	3.23	0.35
吉　林	0.00	0.00	0.00	0.00	0.00	0.00	0.00	0.00	0.00	3.23	0.35
辽　宁	0.00	0.00	0.00	0.00	0.00	0.00	0.00	0.00	0.00	3.23	0.35
四　川	0.00	0.00	0.00	0.00	0.00	0.00	0.00	0.00	0.00	3.23	0.35
新　疆	0.00	0.00	0.00	0.00	0.00	0.00	0.00	0.00	0.00	3.23	0.35

表 8-8　商学 B 层人才的世界占比

单位：%

省　份	2013 年	2014 年	2015 年	2016 年	2017 年	2018 年	2019 年	2020 年	2021 年	2022 年	合计
北　京	0.56	0.97	0.86	1.12	1.40	1.05	0.34	2.66	1.67	3.97	1.54
上　海	0.00	0.00	2.16	1.12	0.35	0.70	0.68	1.48	0.67	2.53	1.01
广　东	0.00	0.00	0.86	0.37	0.00	1.05	2.36	0.30	1.00	1.44	0.79
浙　江	0.00	0.48	0.43	0.37	0.00	0.00	1.01	0.30	0.00	3.61	0.64
江　苏	0.00	0.00	0.00	0.00	0.00	0.35	0.34	0.59	1.33	2.89	0.60
山　东	0.00	0.00	0.00	0.00	0.00	0.35	0.34	0.59	1.00	2.53	0.52
四　川	0.00	0.48	0.00	0.37	0.00	1.05	0.34	0.59	1.00	1.08	0.52

续表

省　份	2013 年	2014 年	2015 年	2016 年	2017 年	2018 年	2019 年	2020 年	2021 年	2022 年	合计
安　徽	0.00	0.00	0.00	0.00	0.00	0.35	0.34	0.00	1.33	1.44	0.37
湖　北	0.00	0.00	0.00	0.75	0.00	0.35	0.68	0.30	0.67	0.72	0.37
辽　宁	0.00	0.00	0.00	0.00	0.00	0.35	0.68	0.30	0.33	1.81	0.37
江　西	0.00	0.00	0.00	0.00	0.35	0.00	0.00	0.00	0.33	2.17	0.30
湖　南	0.00	0.00	0.48	0.00	0.00	0.35	0.68	0.00	0.00	0.72	0.22
陕　西	0.00	0.00	0.00	0.43	0.00	0.00	0.00	0.34	0.89	0.36	0.22
天　津	0.00	0.48	0.00	0.00	0.00	0.35	0.00	0.00	0.00	1.08	0.19
重　庆	0.00	0.00	0.00	0.00	0.00	0.00	0.34	0.30	0.67	0.00	0.15
福　建	0.00	0.00	0.00	0.00	0.00	0.00	0.34	0.00	0.33	0.36	0.11
广　西	0.00	0.00	0.00	0.00	0.00	0.00	0.00	0.30	0.33	0.36	0.11
海　南	0.00	0.00	0.00	0.00	0.00	0.00	0.00	0.00	0.00	0.72	0.07
黑龙江	0.00	0.00	0.00	0.00	0.00	0.00	0.34	0.00	0.00	0.36	0.07
河　南	0.00	0.00	0.00	0.00	0.00	0.00	0.00	0.30	0.00	0.36	0.07
甘　肃	0.00	0.00	0.00	0.00	0.00	0.00	0.35	0.00	0.00	0.00	0.04
吉　林	0.00	0.00	0.00	0.00	0.00	0.00	0.34	0.00	0.00	0.00	0.04

表8-9　商学 C 层人才的世界占比

单位：%

省　份	2013 年	2014 年	2015 年	2016 年	2017 年	2018 年	2019 年	2020 年	2021 年	2022 年	合计
北　京	1.17	1.32	0.95	1.24	0.99	1.51	2.06	1.51	1.14	2.28	1.44
上　海	1.06	0.98	1.47	1.05	1.17	1.26	1.72	1.15	1.18	1.70	1.29
广　东	0.50	0.34	0.61	0.45	0.92	0.84	0.98	0.95	1.56	1.56	0.91
浙　江	0.33	0.68	0.35	0.68	0.35	1.02	0.71	0.95	1.04	1.70	0.81
江　苏	0.33	0.24	0.22	0.38	0.32	0.56	0.64	1.06	1.11	2.17	0.75
湖　北	0.22	0.05	0.65	0.45	0.50	0.53	0.71	0.77	0.76	0.76	0.57
四　川	0.06	0.34	0.22	0.30	0.35	0.39	0.34	0.56	0.97	0.87	0.46
湖　南	0.06	0.05	0.22	0.15	0.21	0.35	0.34	0.50	0.28	0.62	0.30
安　徽	0.00	0.00	0.13	0.15	0.07	0.53	0.41	0.35	0.24	0.72	0.28
山　东	0.00	0.15	0.04	0.15	0.07	0.21	0.24	0.35	0.55	0.76	0.27
福　建	0.11	0.15	0.35	0.19	0.11	0.18	0.37	0.35	0.28	0.29	0.25
天　津	0.06	0.10	0.13	0.19	0.18	0.25	0.30	0.30	0.28	0.54	0.25
辽　宁	0.00	0.15	0.13	0.08	0.14	0.14	0.34	0.33	0.45	0.40	0.23
黑龙江	0.17	0.00	0.13	0.23	0.00	0.11	0.03	0.15	0.17	0.18	0.11
陕　西	0.06	0.00	0.09	0.08	0.14	0.11	0.24	0.03	0.14	0.14	0.11
重　庆	0.00	0.10	0.00	0.04	0.04	0.07	0.10	0.12	0.21	0.25	0.10
河　南	0.00	0.00	0.00	0.04	0.07	0.07	0.07	0.09	0.21	0.36	0.10

续表

省 份	2013 年	2014 年	2015 年	2016 年	2017 年	2018 年	2019 年	2020 年	2021 年	2022 年	合计
江 西	0.00	0.00	0.09	0.04	0.04	0.14	0.03	0.15	0.14	0.29	0.10
吉 林	0.00	0.00	0.00	0.00	0.04	0.14	0.03	0.00	0.21	0.25	0.07
山 西	0.00	0.00	0.00	0.00	0.04	0.04	0.03	0.12	0.03	0.11	0.04
海 南	0.00	0.00	0.00	0.00	0.00	0.00	0.00	0.09	0.03	0.22	0.04
甘 肃	0.00	0.00	0.00	0.00	0.04	0.00	0.03	0.12	0.07	0.04	0.03
贵 州	0.00	0.00	0.00	0.00	0.00	0.00	0.03	0.00	0.03	0.22	0.03
广 西	0.00	0.00	0.00	0.00	0.00	0.00	0.00	0.00	0.03	0.07	0.18	0.03
云 南	0.00	0.00	0.00	0.00	0.00	0.00	0.00	0.09	0.07	0.11	0.03
河 北	0.00	0.00	0.00	0.00	0.00	0.00	0.00	0.09	0.03	0.11	0.03
内蒙古	0.00	0.00	0.00	0.04	0.00	0.07	0.00	0.00	0.00	0.04	0.02

四 经济学

经济学 A 层人才最多的是北京，世界占比为 3.86%；上海、福建、江苏有相当数量的 A 层人才，世界占比在 2%～1%；山东、天津、广东、江西、四川、湖北、浙江、湖南、辽宁、安徽、重庆、广西、河南、新疆也有一定数量的 A 层人才，世界占比均超过 0.1%。

B 层人才最多的是北京，世界占比为 4.71%；上海、江苏、福建、四川有相当数量的 B 层人才，世界占比在 2%～1%；广东、湖南、湖北、江西、山东、浙江、安徽、天津、重庆、辽宁、陕西、云南、河南、新疆也有一定数量的 B 层人才，世界占比均超过 0.1%；甘肃、贵州、吉林、广西、山西、海南、河北、内蒙古 B 层人才的世界占比均低于 0.1%。

C 层人才最多的是北京，世界占比为 3.42%；上海、江苏、广东有相当数量的 C 层人才，世界占比在 2%～1%；四川、湖北、浙江、湖南、福建、山东、天津、辽宁、安徽、江西、重庆、陕西、河南也有一定数量的 C 层人才，世界占比均超过 0.1%；黑龙江、吉林、云南、甘肃、山西、贵州、河北、广西、内蒙古、海南、新疆 C 层人才的世界占比均低于 0.1%。

表 8-10　经济学 A 层人才的世界占比

单位：%

省　份	2013 年	2014 年	2015 年	2016 年	2017 年	2018 年	2019 年	2020 年	2021 年	2022 年	合计
北　京	2.04	2.22	1.92	1.75	1.61	4.84	1.56	9.38	7.41	4.92	3.86
上　海	0.00	0.00	1.92	0.00	0.00	1.61	1.56	3.13	1.85	3.28	1.40
福　建	0.00	0.00	0.00	1.75	0.00	0.00	3.13	1.56	3.70	0.00	1.05
江　苏	0.00	0.00	1.92	0.00	0.00	0.00	1.56	3.13	1.85	1.64	1.05
山　东	0.00	0.00	1.92	0.00	0.00	0.00	1.56	0.00	3.70	1.64	0.88
天　津	0.00	0.00	0.00	0.00	0.00	0.00	0.00	3.13	5.56	0.00	0.88
广　东	0.00	0.00	0.00	1.75	0.00	0.00	0.00	3.13	1.85	0.00	0.70
江　西	0.00	0.00	0.00	0.00	0.00	0.00	0.00	1.56	3.70	1.64	0.70
四　川	0.00	0.00	0.00	0.00	0.00	0.00	1.56	1.56	1.85	1.64	0.70
湖　北	0.00	0.00	0.00	0.00	0.00	0.00	0.00	0.00	0.00	4.92	0.53
浙　江	0.00	0.00	0.00	1.75	0.00	0.00	0.00	1.56	0.00	1.64	0.53
湖　南	0.00	0.00	0.00	1.75	1.61	0.00	0.00	0.00	0.00	0.00	0.35
辽　宁	0.00	0.00	0.00	0.00	1.61	0.00	1.56	0.00	0.00	0.00	0.35
安　徽	0.00	0.00	0.00	0.00	0.00	0.00	0.00	1.56	0.00	0.00	0.18
重　庆	0.00	0.00	0.00	0.00	0.00	0.00	0.00	1.56	0.00	0.00	0.18
广　西	0.00	0.00	0.00	0.00	0.00	0.00	0.00	1.56	0.00	0.00	0.18
河　南	0.00	0.00	0.00	0.00	0.00	0.00	0.00	0.00	1.64	0.00	0.18
新　疆	0.00	0.00	0.00	0.00	0.00	0.00	0.00	0.00	1.85	0.00	0.18

表 8-11　经济学 B 层人才的世界占比

单位：%

省　份	2013 年	2014 年	2015 年	2016 年	2017 年	2018 年	2019 年	2020 年	2021 年	2022 年	合计
北　京	1.14	2.51	3.57	3.27	4.18	4.41	6.20	4.72	7.37	8.35	4.71
上　海	0.46	0.84	0.79	1.15	1.64	1.23	2.45	2.36	2.52	2.00	1.60
江　苏	0.46	0.21	0.00	0.96	0.91	1.06	3.59	1.85	1.62	3.81	1.53
福　建	0.00	0.42	0.79	0.38	1.09	1.41	1.31	1.69	2.16	2.18	1.19
四　川	0.00	0.00	0.20	1.15	0.73	0.53	2.61	1.01	1.44	3.27	1.15
广　东	0.00	0.21	0.20	0.00	0.55	1.23	1.14	1.01	2.52	2.54	0.99
湖　南	0.00	0.21	0.20	0.58	0.36	1.06	0.98	0.84	1.62	3.45	0.97
湖　北	0.00	0.21	0.00	0.00	0.18	1.23	1.14	1.35	1.44	2.54	0.86
江　西	0.23	0.00	0.20	0.19	0.36	0.35	0.49	0.34	1.08	3.45	0.69
山　东	0.00	0.00	0.20	0.19	0.18	0.18	0.82	0.51	1.80	2.18	0.63
浙　江	0.00	0.00	0.20	0.19	0.18	0.53	0.49	0.34	1.08	3.09	0.63
安　徽	0.00	0.21	0.00	0.19	0.36	0.35	1.31	0.17	1.08	1.27	0.52
天　津	0.23	0.00	0.00	0.00	0.36	0.35	0.16	0.51	2.52	0.36	0.47
重　庆	0.00	0.00	0.00	0.00	0.00	0.18	0.33	0.67	1.08	1.09	0.35

续表

省　份	2013年	2014年	2015年	2016年	2017年	2018年	2019年	2020年	2021年	2022年	合计
辽　宁	0.00	0.00	0.00	0.19	0.00	0.00	0.33	0.34	0.54	0.73	0.22
陕　西	0.00	0.00	0.00	0.00	0.00	0.00	0.16	0.00	0.18	0.91	0.13
云　南	0.00	0.00	0.00	0.00	0.18	0.18	0.33	0.17	0.36	0.00	0.13
河　南	0.00	0.00	0.00	0.00	0.00	0.18	0.16	0.00	0.18	0.54	0.11
新　疆	0.00	0.00	0.00	0.00	0.00	0.00	0.33	0.34	0.36	0.00	0.11
甘　肃	0.00	0.00	0.20	0.00	0.00	0.00	0.33	0.17	0.00	0.18	0.09
贵　州	0.00	0.21	0.00	0.19	0.00	0.00	0.00	0.17	0.00	0.18	0.07
吉　林	0.00	0.00	0.00	0.00	0.00	0.00	0.00	0.17	0.18	0.36	0.07
广　西	0.00	0.00	0.00	0.00	0.00	0.00	0.33	0.00	0.00	0.00	0.04
山　西	0.00	0.00	0.00	0.00	0.00	0.00	0.00	0.00	0.18	0.18	0.04
海　南	0.00	0.00	0.00	0.00	0.00	0.00	0.00	0.00	0.00	0.18	0.02
河　北	0.00	0.00	0.00	0.00	0.00	0.00	0.00	0.17	0.00	0.00	0.02
内蒙古	0.00	0.21	0.00	0.00	0.00	0.00	0.00	0.00	0.00	0.00	0.02

表8-12　经济学C层人才的世界占比

单位：%

省　份	2013年	2014年	2015年	2016年	2017年	2018年	2019年	2020年	2021年	2022年	合计
北　京	2.20	2.29	2.16	2.67	2.91	3.42	3.64	4.65	5.00	4.85	3.42
上　海	0.66	0.72	0.71	1.18	1.25	1.20	1.35	1.79	2.00	2.09	1.31
江　苏	0.32	0.34	0.61	0.66	0.81	0.97	1.23	1.91	1.90	2.13	1.11
广　东	0.25	0.23	0.46	0.66	0.83	0.95	1.06	1.46	1.83	2.26	1.02
四　川	0.20	0.15	0.28	0.52	0.53	0.70	1.11	1.39	1.40	1.33	0.79
湖　北	0.16	0.15	0.16	0.29	0.55	0.54	0.74	0.95	1.71	1.79	0.72
浙　江	0.14	0.25	0.40	0.27	0.39	0.52	0.79	0.99	1.14	1.73	0.67
湖　南	0.02	0.13	0.14	0.25	0.35	0.54	0.48	0.73	1.33	1.39	0.55
福　建	0.39	0.34	0.30	0.27	0.40	0.61	0.60	0.45	0.88	1.05	0.53
山　东	0.11	0.13	0.06	0.04	0.22	0.38	0.58	0.55	0.92	1.13	0.42
天　津	0.16	0.06	0.16	0.25	0.20	0.29	0.43	0.43	0.67	0.75	0.35
辽　宁	0.20	0.11	0.14	0.17	0.13	0.22	0.33	0.61	0.46	0.95	0.33
安　徽	0.14	0.08	0.06	0.12	0.17	0.25	0.27	0.33	0.54	0.64	0.26
江　西	0.07	0.04	0.06	0.08	0.11	0.20	0.12	0.40	0.31	0.73	0.22
重　庆	0.00	0.06	0.02	0.06	0.13	0.14	0.17	0.33	0.35	0.46	0.14
陕　西	0.05	0.04	0.04	0.06	0.09	0.16	0.21	0.10	0.21	0.42	0.14
河　南	0.00	0.00	0.04	0.12	0.07	0.09	0.12	0.19	0.29	0.44	0.14
黑龙江	0.11	0.06	0.06	0.10	0.04	0.05	0.07	0.09	0.13	0.16	0.09

省　份	2013 年	2014 年	2015 年	2016 年	2017 年	2018 年	2019 年	2020 年	2021 年	2022 年	合计
吉　林	0.00	0.00	0.04	0.10	0.02	0.04	0.09	0.19	0.19	0.18	0.09
云　南	0.02	0.02	0.00	0.02	0.04	0.05	0.10	0.16	0.13	0.10	0.07
甘　肃	0.09	0.00	0.02	0.02	0.02	0.09	0.09	0.07	0.02	0.10	0.05
山　西	0.00	0.02	0.02	0.08	0.06	0.04	0.09	0.10	0.06	0.02	0.05
贵　州	0.00	0.00	0.02	0.00	0.00	0.05	0.03	0.09	0.10	0.16	0.05
河　北	0.00	0.00	0.00	0.00	0.00	0.00	0.03	0.02	0.04	0.22	0.03
广　西	0.00	0.00	0.00	0.00	0.00	0.04	0.07	0.03	0.06	0.08	0.03
内蒙古	0.02	0.00	0.00	0.02	0.06	0.00	0.10	0.00	0.04	0.02	0.03
海　南	0.02	0.00	0.00	0.00	0.00	0.00	0.03	0.00	0.08	0.06	0.02
新　疆	0.00	0.02	0.00	0.00	0.02	0.00	0.02	0.02	0.04	0.08	0.02

五　金融学

金融学 A 层人才最多的是北京，世界占比为 1.82%；江西、四川 A 层人才的世界占比均为 1.21%，并列排名第二；湖北、江苏、山东、上海也有一定数量的 A 层人才，世界占比均为 0.61%。

B 层人才最多的是北京，世界占比为 3.76%；上海、四川、江苏、广东有相当数量的 B 层人才，世界占比在 2%~1%；湖南、江西、福建、湖北、天津、浙江、安徽、山东、云南、重庆也有一定数量的 B 层人才，世界占比均超过 0.1%；海南、河南、吉林、辽宁、陕西 B 层人才的世界占比均低于 0.1%。

C 层人才最多的是北京，世界占比为 2.76%；上海、广东 C 层人才分别以 1.47%、1.07% 的世界占比排名第二、第三位；四川、江苏、湖南、湖北、浙江、福建、天津、江西、山东、辽宁、重庆、河南、安徽也有一定数量的 C 层人才，世界占比大于或等于 0.1%；云南、陕西、吉林、广西、河北、贵州、海南、黑龙江、内蒙古、山西 C 层人才的世界占比均低于 0.1%。

表 8-13　金融学 A 层人才的世界占比

单位：%

省　份	2013 年	2014 年	2015 年	2016 年	2017 年	2018 年	2019 年	2020 年	2021 年	2022 年	合计
北　京	0.00	7.14	6.25	0.00	0.00	0.00	0.00	5.26	0.00	0.00	1.82
江　西	0.00	0.00	0.00	0.00	0.00	0.00	0.00	5.26	0.00	5.56	1.21
四　川	0.00	0.00	6.25	0.00	0.00	0.00	0.00	5.26	0.00	0.00	1.21
湖　北	0.00	0.00	0.00	0.00	0.00	0.00	0.00	0.00	0.00	5.56	0.61
江　苏	0.00	0.00	6.25	0.00	0.00	0.00	0.00	0.00	0.00	0.00	0.61
山　东	0.00	0.00	6.25	0.00	0.00	0.00	0.00	0.00	0.00	0.00	0.61
上　海	7.69	0.00	0.00	0.00	0.00	0.00	0.00	0.00	0.00	0.00	0.61

表 8-14　金融学 B 层人才的世界占比

单位：%

省　份	2013 年	2014 年	2015 年	2016 年	2017 年	2018 年	2019 年	2020 年	2021 年	2022 年	合计
北　京	2.52	2.14	5.84	1.56	3.50	4.64	4.24	5.06	5.29	1.69	3.76
上　海	0.00	0.71	1.30	2.34	2.10	1.32	1.21	2.81	1.59	0.56	1.42
四　川	0.00	0.00	0.00	0.78	0.70	0.66	5.45	1.12	3.70	0.56	1.42
江　苏	0.00	0.00	0.65	2.34	1.40	0.66	2.42	1.12	2.12	1.69	1.30
广　东	0.00	0.00	0.65	0.78	0.70	1.32	0.00	1.12	2.12	2.82	1.04
湖　南	0.00	0.00	0.00	0.00	0.70	1.32	1.21	0.56	1.06	1.69	0.71
江　西	0.00	0.00	0.00	0.00	0.00	0.00	0.61	0.56	1.59	3.39	0.71
福　建	0.00	0.00	0.00	0.78	0.70	1.32	0.61	0.00	1.59	0.00	0.52
湖　北	0.00	0.00	0.00	0.00	0.00	0.66	0.00	0.56	2.12	1.13	0.52
天　津	0.00	0.00	0.00	0.00	0.00	0.00	0.00	0.56	0.53	3.39	0.52
浙　江	0.00	0.71	0.00	0.00	0.00	0.00	0.00	0.56	0.00	3.39	0.52
安　徽	0.00	0.00	0.00	0.00	0.78	0.00	0.00	0.56	0.53	1.69	0.39
山　东	0.00	0.00	0.65	0.00	0.00	0.00	0.00	0.56	1.59	0.00	0.32
云　南	0.00	0.00	0.00	0.00	0.00	0.66	0.61	0.53	0.56	0.00	0.26
重　庆	0.00	0.00	0.00	0.00	0.00	0.00	0.61	0.53	0.00	0.00	0.13
海　南	0.00	0.00	0.00	0.00	0.00	0.00	0.00	0.53	0.00	0.00	0.06
河　南	0.00	0.00	0.00	0.00	0.00	0.00	0.00	0.56	0.00	0.00	0.06
吉　林	0.00	0.00	0.00	0.00	0.00	0.00	0.00	0.56	0.00	0.00	0.06
辽　宁	0.00	0.00	0.00	0.00	0.00	0.00	0.00	0.00	0.53	0.00	0.06
陕　西	0.00	0.00	0.00	0.00	0.00	0.00	0.61	0.00	0.00	0.00	0.06

表 8-15　金融学 C 层人才的世界占比

单位：%

省　份	2013 年	2014 年	2015 年	2016 年	2017 年	2018 年	2019 年	2020 年	2021 年	2022 年	合计
北　京	1.44	1.00	1.89	2.05	2.05	2.28	2.69	4.06	4.66	4.22	2.76
上　海	1.01	0.86	1.24	1.65	1.48	1.63	1.53	1.43	1.68	1.98	1.47
广　东	0.34	0.14	0.46	0.39	0.71	0.98	1.28	1.83	1.63	2.23	1.07
四　川	0.25	0.21	0.39	0.55	0.42	0.72	1.10	1.20	1.46	1.67	0.85
江　苏	0.08	0.14	0.20	0.08	0.56	0.59	0.73	0.86	1.68	2.17	0.77
湖　南	0.08	0.07	0.13	0.24	0.71	0.46	0.61	1.14	2.06	1.24	0.74
湖　北	0.00	0.14	0.13	0.16	0.78	0.72	0.43	1.37	0.87	1.36	0.64
浙　江	0.08	0.07	0.07	0.39	0.56	0.39	0.55	0.57	1.36	1.55	0.60
福　建	0.17	0.29	0.33	0.00	0.78	0.39	0.24	0.80	0.92	1.36	0.56
天　津	0.17	0.14	0.13	0.00	0.21	0.13	0.49	1.03	1.36	0.81	0.49
江　西	0.00	0.00	0.07	0.31	0.21	0.39	0.18	0.57	0.60	0.99	0.36
山　东	0.17	0.14	0.13	0.00	0.14	0.20	0.49	0.34	0.70	0.68	0.32
辽　宁	0.00	0.07	0.00	0.08	0.07	0.07	0.18	0.57	0.49	0.56	0.23
重　庆	0.08	0.00	0.07	0.00	0.14	0.20	0.18	0.29	0.43	0.56	0.21
河　南	0.00	0.00	0.00	0.08	0.00	0.07	0.12	0.11	0.22	0.62	0.13
安　徽	0.00	0.00	0.00	0.00	0.07	0.13	0.00	0.17	0.16	0.37	0.10
云　南	0.00	0.00	0.00	0.00	0.00	0.00	0.24	0.29	0.16	0.12	0.09
陕　西	0.08	0..14	0.07	0.00	0.00	0.07	0.00	0.00	0.11	0.37	0.09
吉　林	0.00	0.00	0.00	0.00	0.00	0.00	0.00	0.06	0.33	0.12	0.06
广　西	0.00	0.00	0.00	0.08	0.00	0.00	0.06	0.11	0.05	0.19	0.05
河　北	0.00	0.00	0.00	0.00	0.00	0.00	0.17	0.11	0.12	0.05
贵　州	0.00	0.00	0.00	0.07	0.00	0.00	0.06	0.11	0.05	0.00	0.03
海　南	0.00	0.00	0.00	0.00	0.00	0.00	0.06	0.11	0.12	0.03
黑龙江	0.00	0.00	0.07	0.00	0.00	0.00	0.00	0.05	0.06	0.02
内蒙古	0.00	0.00	0.00	0.00	0.07	0.00	0.06	0.00	0.06	0.02
山　西	0.00	0.00	0.00	0.00	0.00	0.00	0.06	0.00	0.00	0.01

六　人口统计学

人口统计学 A 层人才仅分布在广东，世界占比为 9.52%。

B 层人才仅分布在北京、广东、上海，其中，B 层人才最多的是北京，世界占比为 0.68%；广东、上海 B 层人才的世界占比均为 0.34%。

C 层人才最多的是北京，世界占比为 1.38%；上海、广东、江苏、湖北、四川、天津也有一定数量的 C 层人才，世界占比大于或等于 0.1%；安徽、湖南、浙江、福建、河南、陕西、山东 C 层人才的世界占比均低于 0.1%。

表 8-16　人口统计学 A 层人才的世界占比

单位：%

省　份	2013 年	2014 年	2015 年	2016 年	2017 年	2018 年	2019 年	2020 年	2021 年	2022 年	合计
广　东	0.00	0.00	0.00	0.00	0.00	0.00	0.00	25.00	0.00	50.00	9.52

表 8-17　人口统计学 B 层人才的世界占比

单位：%

省　份	2013 年	2014 年	2015 年	2016 年	2017 年	2018 年	2019 年	2020 年	2021 年	2022 年	合计
北　京	0.00	3.70	0.00	2.94	0.00	0.00	0.00	0.00	0.00	0.00	0.68
广　东	0.00	0.00	0.00	0.00	0.00	0.00	2.17	0.00	0.00	0.00	0.34
上　海	0.00	0.00	0.00	0.00	0.00	0.00	2.17	0.00	0.00	0.00	0.34

表 8-18　人口统计学 C 层人才的世界占比

单位：%

省　份	2013 年	2014 年	2015 年	2016 年	2017 年	2018 年	2019 年	2020 年	2021 年	2022 年	合计
北　京	0.43	2.06	0.76	0.97	1.60	1.05	1.62	2.59	0.89	1.51	1.38
上　海	0.00	0.00	0.00	0.32	0.32	1.05	0.23	1.44	0.89	0.38	0.51
广　东	0.00	0.00	0.00	0.00	0.32	0.52	0.92	1.44	0.60	0.38	0.48
江　苏	0.00	0.00	0.00	0.32	0.00	0.79	0.46	0.29	0.00	0.00	0.22
湖　北	0.00	0.00	0.00	0.32	0.00	0.26	0.23	0.29	0.30	0.00	0.16
四　川	0.00	0.00	0.00	0.00	0.00	0.26	0.00	0.58	0.00	0.00	0.10
天　津	0.00	0.00	0.00	0.00	0.32	0.26	0.00	0.00	0.00	0.38	0.10
安　徽	0.00	0.00	0.00	0.00	0.00	0.00	0.00	0.00	0.00	0.38	0.06
湖　南	0.00	0.00	0.00	0.00	0.00	0.00	0.26	0.00	0.00	0.38	0.06
浙　江	0.00	0.00	0.00	0.00	0.00	0.00	0.23	0.29	0.00	0.00	0.06
福　建	0.00	0.00	0.00	0.38	0.00	0.00	0.00	0.00	0.00	0.00	0.03
河　南	0.00	0.00	0.00	0.00	0.00	0.00	0.23	0.00	0.00	0.00	0.03
陕　西	0.00	0.00	0.00	0.00	0.00	0.00	0.00	0.29	0.00	0.00	0.03
山　东	0.00	0.00	0.38	0.00	0.00	0.00	0.00	0.00	0.00	0.00	0.03

七 农业经济和政策

各省份均无农业经济和政策 A 层人才。

B 层人才最多的是北京，世界占比为 2.66%；湖北、浙江 B 层人才的世界占比均为 0.66%；安徽、广东、河南、湖南、江苏、辽宁、陕西、四川 B 层人才的世界占比均为 0.33%。

C 层人才最多的是北京，世界占比为 2.50%；江苏、浙江、湖北、广东、四川、山东、上海、湖南、安徽、辽宁也有一定数量的 C 层人才，世界占比大于或等于 0.1%；甘肃、黑龙江、河南、内蒙古、吉林、陕西、天津、重庆、福建、贵州、海南、河北 C 层人才的世界占比均低于 0.1%。

表 8-19　农业经济和政策 B 层人才的世界占比

单位：%

省　份	2013 年	2014 年	2015 年	2016 年	2017 年	2018 年	2019 年	2020 年	2021 年	2022 年	合计
北　京	4.76	0.00	3.13	0.00	0.00	6.67	5.26	2.94	2.78	0.00	2.66
湖　北	0.00	0.00	3.13	0.00	0.00	3.33	0.00	0.00	0.00	0.00	0.66
浙　江	4.76	0.00	0.00	0.00	0.00	0.00	2.63	0.00	0.00	0.00	0.66
安　徽	0.00	0.00	0.00	0.00	0.00	0.00	2.63	0.00	0.00	0.00	0.33
广　东	0.00	0.00	0.00	0.00	0.00	0.00	0.00	0.00	0.00	3.33	0.33
河　南	0.00	0.00	0.00	0.00	0.00	0.00	2.63	0.00	0.00	0.00	0.33
湖　南	0.00	0.00	3.13	0.00	0.00	0.00	0.00	0.00	0.00	0.00	0.33
江　苏	0.00	0.00	3.13	0.00	0.00	0.00	0.00	0.00	0.00	0.00	0.33
辽　宁	0.00	0.00	0.00	0.00	0.00	0.00	0.00	0.00	0.00	3.33	0.33
陕　西	0.00	0.00	0.00	0.00	0.00	0.00	2.63	0.00	0.00	0.00	0.33
四　川	0.00	0.00	0.00	0.00	0.00	0.00	2.63	0.00	0.00	0.00	0.33

表 8-20　农业经济和政策 C 层人才的世界占比

单位：%

省　份	2013 年	2014 年	2015 年	2016 年	2017 年	2018 年	2019 年	2020 年	2021 年	2022 年	合计
北　京	2.39	1.32	1.94	1.72	0.96	1.90	3.66	4.65	2.83	2.89	2.50
江　苏	0.48	0.44	0.97	1.03	0.32	0.95	0.85	1.45	1.26	2.07	0.99
浙　江	0.48	0.44	0.97	0.00	1.28	0.32	0.28	1.74	1.57	1.24	0.86
湖　北	0.00	0.00	0.00	0.69	0.32	0.32	1.41	1.45	2.52	0.00	0.75
广　东	0.00	0.00	0.32	0.34	0.32	1.59	0.28	0.00	0.94	1.24	0.51

续表

省　份	2013 年	2014 年	2015 年	2016 年	2017 年	2018 年	2019 年	2020 年	2021 年	2022 年	合计
四　川	0.00	0.00	0.65	0.00	0.00	0.63	0.28	0.87	0.63	0.00	0.34
山　东	0.00	0.44	0.00	0.34	0.32	0.32	0.56	0.00	0.31	0.83	0.31
上　海	0.00	0.00	0.00	0.69	0.32	0.00	0.56	0.00	1.26	0.00	0.31
湖　南	0.00	0.00	0.00	0.00	0.00	0.63	0.00	0.00	0.94	0.00	0.17
安　徽	0.00	0.00	0.00	0.00	0.00	0.32	0.28	0.00	0.00	0.83	0.14
辽　宁	0.48	0.00	0.00	0.00	0.00	0.00	0.28	0.29	0.00	0.00	0.10
甘　肃	0.48	0.00	0.00	0.00	0.00	0.00	0.28	0.00	0.00	0.00	0.07
黑龙江	0.00	0.00	0.00	0.00	0.00	0.00	0.00	0.29	0.31	0.00	0.07
河　南	0.00	0.00	0.00	0.00	0.00	0.00	0.28	0.29	0.00	0.00	0.07
内蒙古	0.00	0.00	0.00	0.00	0.00	0.00	0.56	0.00	0.00	0.00	0.07
吉　林	0.00	0.00	0.00	0.34	0.00	0.00	0.00	0.29	0.00	0.00	0.07
陕　西	0.00	0.00	0.32	0.34	0.00	0.00	0.00	0.00	0.00	0.00	0.07
天　津	0.00	0.00	0.00	0.00	0.00	0.00	0.28	0.00	0.31	0.00	0.07
重　庆	0.00	0.00	0.00	0.00	0.00	0.00	0.00	0.00	0.41	0.00	0.03
福　建	0.00	0.00	0.00	0.00	0.00	0.32	0.00	0.00	0.00	0.00	0.03
贵　州	0.00	0.00	0.00	0.00	0.00	0.00	0.00	0.29	0.00	0.00	0.03
海　南	0.00	0.00	0.00	0.00	0.00	0.00	0.00	0.00	0.31	0.00	0.03
河　北	0.00	0.00	0.00	0.00	0.00	0.00	0.28	0.00	0.00	0.00	0.03

八　公共行政

公共行政 A 层人才仅分布在江西、辽宁、上海，世界占比均为 1.92%。

B 层人才最多的是北京，世界占比为 0.97%；湖北、浙江、上海、重庆、海南、江苏、天津也有一定数量的 B 层人才，世界占比均超过 0.1%。

C 层人才最多的是北京，世界占比为 1.31%；上海、广东、浙江、四川、安徽、湖北、辽宁、江苏也有一定数量的 C 层人才，世界占比大于或等于 0.1%；福建、湖南、江西、甘肃、河南、陕西、山东、天津、重庆、吉林、山西、云南 C 层人才的世界占比均低于 0.1%。

表8-21 公共行政 A 层人才的世界占比

单位：%

省　份	2013 年	2014 年	2015 年	2016 年	2017 年	2018 年	2019 年	2020 年	2021 年	2022 年	合计
江　西	0.00	0.00	0.00	0.00	0.00	16.67	0.00	0.00	0.00	0.00	1.92
辽　宁	0.00	0.00	0.00	0.00	0.00	16.67	0.00	0.00	0.00	0.00	1.92
上　海	0.00	0.00	0.00	0.00	0.00	16.67	0.00	0.00	0.00	0.00	1.92

表8-22 公共行政 B 层人才的世界占比

单位：%

省　份	2013 年	2014 年	2015 年	2016 年	2017 年	2018 年	2019 年	2020 年	2021 年	2022 年	合计
北　京	0.00	0.00	0.00	0.00	0.00	1.54	0.00	3.57	2.82	0.00	0.97
湖　北	0.00	0.00	0.00	0.00	0.00	0.00	0.00	0.00	2.82	1.92	0.49
浙　江	0.00	0.00	0.00	0.00	0.00	1.54	0.00	1.19	0.00	1.92	0.49
上　海	2.22	0.00	0.00	0.00	0.00	0.00	1.35	0.00	0.00	0.00	0.32
重　庆	0.00	0.00	0.00	0.00	0.00	0.00	0.00	1.19	0.00	0.00	0.16
海　南	0.00	0.00	0.00	0.00	0.00	0.00	0.00	0.00	1.41	0.00	0.16
江　苏	0.00	0.00	0.00	0.00	0.00	0.00	1.35	0.00	0.00	0.00	0.16
天　津	0.00	0.00	0.00	0.00	0.00	0.00	0.00	1.19	0.00	0.00	0.16

表8-23 公共行政 C 层人才的世界占比

单位：%

省　份	2013 年	2014 年	2015 年	2016 年	2017 年	2018 年	2019 年	2020 年	2021 年	2022 年	合计
北　京	1.13	0.81	1.23	1.22	0.60	2.13	1.30	1.37	1.25	2.12	1.31
上　海	0.68	0.61	0.62	0.17	0.30	0.99	0.58	0.62	1.41	1.06	0.70
广　东	0.45	0.20	0.41	0.00	0.30	0.49	0.29	0.25	0.63	0.42	0.34
浙　江	0.00	0.41	0.21	0.17	0.00	0.16	0.58	0.62	0.31	0.21	0.29
四　川	0.23	0.20	0.00	0.00	0.15	0.33	0.00	0.12	0.31	0.42	0.17
安　徽	0.00	0.00	0.00	0.00	0.00	0.00	0.43	0.75	0.00	0.00	0.15
湖　北	0.00	0.00	0.21	0.00	0.00	0.16	0.14	0.37	0.31	0.21	0.15
辽　宁	0.23	0.00	0.00	0.00	0.00	0.16	0.43	0.12	0.31	0.00	0.14
江　苏	0.00	0.00	0.00	0.00	0.15	0.00	0.00	0.37	0.16	0.21	0.10
福　建	0.23	0.00	0.00	0.00	0.00	0.16	0.00	0.25	0.00	0.00	0.07
湖　南	0.00	0.00	0.00	0.00	0.15	0.00	0.00	0.00	0.16	0.21	0.07
江　西	0.00	0.00	0.00	0.00	0.00	0.16	0.00	0.25	0.00	0.00	0.05
甘　肃	0.23	0.00	0.00	0.00	0.00	0.00	0.00	0.12	0.00	0.00	0.03
河　南	0.00	0.00	0.00	0.00	0.00	0.00	0.00	0.00	0.31	0.00	0.03
陕　西	0.00	0.20	0.00	0.00	0.00	0.00	0.00	0.00	0.00	0.00	0.03
山　东	0.00	0.00	0.00	0.00	0.15	0.00	0.14	0.00	0.00	0.00	0.03
天　津	0.00	0.00	0.41	0.00	0.00	0.00	0.00	0.00	0.00	0.00	0.03
重　庆	0.23	0.00	0.00	0.00	0.00	0.00	0.00	0.00	0.00	0.00	0.02

省　份	2013 年	2014 年	2015 年	2016 年	2017 年	2018 年	2019 年	2020 年	2021 年	2022 年	合计
吉　林	0.00	0.00	0.00	0.00	0.00	0.00	0.00	0.00	0.16	0.00	0.02
山　西	0.00	0.00	0.00	0.00	0.00	0.00	0.00	0.00	0.16	0.00	0.02
云　南	0.00	0.00	0.00	0.00	0.00	0.00	0.00	0.12	0.00	0.00	0.02

九　卫生保健科学和服务

卫生保健科学和服务 A 层人才最多的是北京，世界占比为 1.15%；广东 A 层人才的世界占比为 0.86%，排名第二；福建、湖北、山东、上海、四川、天津也有一定数量的 A 层人才，世界占比均为 0.29%。

B 层人才最多的是北京，世界占比为 0.78%；广东、上海、浙江、四川、湖北、江苏、天津也有一定数量的 B 层人才，世界占比均超过 0.1%；安徽、甘肃、吉林、辽宁、福建、贵州、黑龙江、湖南、山东、重庆、广西、河南、内蒙古 B 层人才的世界占比均低于 0.1%。

C 层人才最多的是北京，世界占比为 0.90%；广东、上海、江苏、湖北、浙江、四川、山东、湖南、辽宁、河南、福建、黑龙江、天津、重庆、甘肃、安徽也有一定数量的 C 层人才，世界占比大于或等于 0.1%；吉林、贵州、河北、陕西、江西、广西、云南、山西、内蒙古、新疆、海南、宁夏 C 层人才的世界占比均低于 0.1%。

表 8-24　卫生保健科学和服务 A 层人才的世界占比

单位：%

省　份	2013 年	2014 年	2015 年	2016 年	2017 年	2018 年	2019 年	2020 年	2021 年	2022 年	合计
北　京	0.00	0.00	0.00	0.00	5.88	0.00	3.03	0.00	0.00	2.04	1.15
广　东	0.00	0.00	0.00	0.00	2.94	0.00	3.03	2.33	0.00	0.00	0.86
福　建	0.00	0.00	0.00	3.13	0.00	0.00	0.00	0.00	0.00	0.00	0.29
湖　北	0.00	0.00	0.00	3.13	0.00	0.00	0.00	0.00	0.00	0.00	0.29
山　东	0.00	0.00	0.00	0.00	0.00	0.00	3.03	0.00	0.00	0.00	0.29
上　海	0.00	0.00	0.00	0.00	0.00	0.00	3.03	0.00	0.00	0.00	0.29
四　川	0.00	0.00	0.00	0.00	0.00	0.00	3.03	0.00	0.00	0.00	0.29
天　津	0.00	0.00	0.00	0.00	0.00	0.00	0.00	2.33	0.00	0.00	0.29

表 8-25　卫生保健科学和服务 B 层人才的世界占比

单位：%

省　份	2013 年	2014 年	2015 年	2016 年	2017 年	2018 年	2019 年	2020 年	2021 年	2022 年	合计
北　京	0.00	0.41	0.00	0.68	0.95	1.52	0.29	0.97	0.68	1.49	0.78
广　东	0.00	0.00	0.00	0.00	0.32	0.61	0.00	0.97	0.91	0.85	0.45
上　海	0.00	0.00	0.00	0.00	0.32	0.00	0.29	0.49	0.91	0.85	0.36
浙　江	0.00	0.00	0.00	0.00	0.00	0.30	0.29	0.73	0.68	0.64	0.33
四　川	0.00	0.00	0.00	0.34	0.63	0.61	0.00	0.49	0.23	0.43	0.30
湖　北	0.00	0.41	0.00	0.34	0.32	0.00	0.00	0.49	0.23	0.43	0.24
江　苏	0.00	0.00	0.00	0.00	0.00	0.30	0.00	0.73	0.46	0.43	0.24
天　津	0.00	0.00	0.00	0.00	0.32	0.61	0.00	0.00	0.00	0.21	0.12
安　徽	0.00	0.00	0.00	0.00	0.00	0.30	0.29	0.24	0.00	0.00	0.09
甘　肃	0.00	0.00	0.00	0.00	0.00	0.30	0.00	0.00	0.23	0.00	0.09
吉　林	0.00	0.00	0.00	0.00	0.00	0.30	0.00	0.24	0.00	0.21	0.09
辽　宁	0.00	0.00	0.00	0.00	0.00	0.00	0.29	0.24	0.00	0.21	0.09
福　建	0.00	0.00	0.00	0.00	0.00	0.00	0.00	0.24	0.00	0.21	0.06
贵　州	0.00	0.41	0.00	0.00	0.00	0.00	0.00	0.00	0.00	0.21	0.06
黑龙江	0.00	0.00	0.00	0.00	0.00	0.00	0.58	0.00	0.00	0.00	0.06
湖　南	0.00	0.00	0.00	0.34	0.00	0.00	0.00	0.24	0.00	0.00	0.06
山　东	0.00	0.00	0.00	0.00	0.32	0.30	0.00	0.00	0.00	0.00	0.06
重　庆	0.00	0.00	0.00	0.00	0.00	0.00	0.00	0.24	0.00	0.00	0.03
广　西	0.00	0.00	0.00	0.00	0.00	0.30	0.00	0.00	0.00	0.00	0.03
河　南	0.00	0.00	0.00	0.00	0.00	0.00	0.00	0.00	0.00	0.21	0.03
内蒙古	0.00	0.00	0.00	0.00	0.00	0.30	0.00	0.00	0.00	0.00	0.03

表 8-26　卫生保健科学和服务 C 层人才的世界占比

单位：%

省　份	2013 年	2014 年	2015 年	2016 年	2017 年	2018 年	2019 年	2020 年	2021 年	2022 年	合计
北　京	0.26	0.58	0.66	0.66	0.60	0.77	0.74	1.04	1.42	1.49	0.90
广　东	0.13	0.16	0.07	0.28	0.32	0.50	0.71	0.89	1.01	0.88	0.56
上　海	0.13	0.21	0.26	0.21	0.38	0.40	0.34	0.47	0.92	0.69	0.45
江　苏	0.09	0.04	0.07	0.35	0.22	0.34	0.43	0.39	0.83	0.66	0.39
湖　北	0.09	0.08	0.11	0.14	0.32	0.37	0.31	0.60	0.85	0.40	0.37
浙　江	0.09	0.21	0.18	0.21	0.10	0.25	0.34	0.60	0.61	0.50	0.34
四　川	0.09	0.08	0.04	0.35	0.13	0.19	0.18	0.44	0.55	0.50	0.29
山　东	0.09	0.16	0.15	0.10	0.10	0.19	0.31	0.24	0.35	0.33	0.22
湖　南	0.04	0.00	0.07	0.07	0.03	0.15	0.22	0.26	0.31	0.40	0.18

省份	2013年	2014年	2015年	2016年	2017年	2018年	2019年	2020年	2021年	2022年	合计
辽宁	0.04	0.00	0.04	0.21	0.13	0.06	0.25	0.29	0.24	0.19	0.16
河南	0.04	0.04	0.00	0.00	0.10	0.06	0.22	0.18	0.28	0.38	0.15
福建	0.09	0.04	0.04	0.03	0.16	0.09	0.06	0.29	0.26	0.19	0.14
黑龙江	0.04	0.08	0.11	0.10	0.13	0.12	0.18	0.05	0.20	0.24	0.14
天津	0.00	0.04	0.00	0.00	0.00	0.06	0.28	0.18	0.24	0.26	0.13
重庆	0.00	0.00	0.04	0.00	0.06	0.12	0.06	0.18	0.18	0.21	0.10
甘肃	0.00	0.08	0.07	0.14	0.00	0.06	0.09	0.13	0.15	0.19	0.10
安徽	0.04	0.00	0.00	0.07	0.06	0.03	0.09	0.10	0.24	0.17	0.10
吉林	0.04	0.00	0.00	0.00	0.00	0.00	0.15	0.10	0.15	0.12	0.08
贵州	0.04	0.00	0.00	0.03	0.03	0.03	0.00	0.05	0.13	0.17	0.06
河北	0.00	0.00	0.00	0.00	0.00	0.09	0.00	0.05	0.07	0.19	0.06
陕西	0.04	0.04	0.04	0.00	0.03	0.03	0.03	0.08	0.09	0.12	0.06
江西	0.00	0.00	0.00	0.00	0.00	0.03	0.00	0.05	0.11	0.09	0.05
广西	0.04	0.00	0.00	0.03	0.03	0.00	0.06	0.05	0.07	0.05	0.04
云南	0.00	0.00	0.00	0.00	0.00	0.00	0.03	0.03	0.07	0.17	0.04
山西	0.00	0.00	0.00	0.00	0.00	0.00	0.06	0.03	0.07	0.09	0.03
内蒙古	0.00	0.00	0.00	0.00	0.00	0.00	0.00	0.00	0.04	0.07	0.03
新疆	0.00	0.00	0.00	0.00	0.00	0.00	0.03	0.05	0.02	0.07	0.02
海南	0.00	0.00	0.00	0.00	0.00	0.03	0.00	0.03	0.00	0.05	0.01
宁夏	0.00	0.04	0.00	0.00	0.03	0.00	0.00	0.03	0.02	0.00	0.01

十　医学伦理学

各省份均无医学伦理学 A 层人才。

B 层人才仅分布在安徽、广东，世界占比均为 0.55%。

C 层人才最多的是北京、广东，世界占比均为 0.16%；其后是湖南，C 层人才的世界占比为 0.11%；福建、江苏、山东、上海 C 层人才的世界占比均低于 0.1%。

中国基础研究人才指数报告（2023）

表 8-27　医学伦理学 B 层人才的世界占比

单位：%

省　份	2013 年	2014 年	2015 年	2016 年	2017 年	2018 年	2019 年	2020 年	2021 年	2022 年	合计
安　徽	0.00	0.00	0.00	0.00	0.00	0.00	0.00	0.00	4.35	0.00	0.55
广　东	0.00	0.00	0.00	0.00	0.00	0.00	0.00	0.00	4.35	0.00	0.55

表 8-28　医学伦理学 C 层人才的世界占比

单位：%

省　份	2013 年	2014 年	2015 年	2016 年	2017 年	2018 年	2019 年	2020 年	2021 年	2022 年	合计
北　京	0.00	0.00	0.00	0.00	0.00	1.14	0.46	0.00	0.00	0.00	0.16
广　东	0.00	0.00	0.50	0.00	0.00	1.14	0.00	0.00	0.00	0.00	0.16
湖　南	0.00	0.00	0.00	0.00	0.00	0.57	0.00	0.00	0.00	0.56	0.11
福　建	0.00	0.00	0.00	0.00	0.54	0.00	0.00	0.00	0.00	0.00	0.05
江　苏	0.00	0.00	0.00	0.00	0.54	0.00	0.00	0.00	0.00	0.00	0.05
山　东	0.00	0.00	0.00	0.00	0.00	0.00	0.00	0.00	0.00	0.56	0.05
上　海	0.00	0.57	0.00	0.00	0.00	0.00	0.00	0.00	0.00	0.00	0.05

十一　区域和城市规划

区域和城市规划 A 层人才最多的是北京，世界占比为 7.79%；福建 A 层人才以 2.60% 的世界占比排名第二；广东、湖北、江苏、吉林、辽宁、陕西、山东、上海、新疆有相当数量的 A 层人才，世界占比均为 1.30%。

B 层人才最多的是北京，世界占比为 6.87%；广东、上海 B 层人才的世界占比分别为 2.46%、2.07%，分列第二位、第三位；江苏、浙江、山东、安徽有相当数量的 B 层人才，世界占比在 2%～1%；湖北、辽宁、四川、重庆、广西、天津、湖南、江西、福建、黑龙江、甘肃、河南、陕西、新疆也有一定数量的 B 层人才，世界占比均超过 0.1%。

C 层人才最多的是北京，世界占比为 4.51%；广东、江苏、上海、湖北、浙江有相当数量的 C 层人才，世界占比在 2%～1%；山东、四川、湖南、辽宁、安徽、重庆、福建、江西、河南、吉林、天津、陕西、广西、山西、黑龙江也有一定数量的 C 层人才，世界占比均超过 0.1%；甘肃、河北、新疆、海南、内蒙古、贵州、云南 C 层人才的世界占比均低于 0.1%。

表 8-29 区域和城市规划 A 层人才的世界占比

单位：%

省 份	2013 年	2014 年	2015 年	2016 年	2017 年	2018 年	2019 年	2020 年	2021 年	2022 年	合计
北 京	0.00	16.67	0.00	0.00	9.09	12.50	10.00	0.00	0.00	28.57	7.79
福 建	0.00	0.00	0.00	0.00	0.00	0.00	10.00	0.00	0.00	14.29	2.60
广 东	0.00	0.00	0.00	0.00	9.09	0.00	0.00	0.00	0.00	0.00	1.30
湖 北	0.00	0.00	0.00	0.00	0.00	0.00	0.00	0.00	16.67	0.00	1.30
江 苏	0.00	0.00	0.00	0.00	9.09	0.00	0.00	0.00	0.00	0.00	1.30
吉 林	0.00	0.00	0.00	0.00	0.00	0.00	0.00	0.00	0.00	14.29	1.30
辽 宁	0.00	0.00	0.00	0.00	0.00	0.00	0.00	0.00	0.00	14.29	1.30
陕 西	0.00	0.00	0.00	0.00	0.00	0.00	10.00	0.00	0.00	0.00	1.30
山 东	0.00	0.00	0.00	0.00	0.00	0.00	0.00	10.00	0.00	0.00	1.30
上 海	0.00	0.00	0.00	0.00	9.09	0.00	0.00	0.00	0.00	0.00	1.30
新 疆	0.00	0.00	0.00	0.00	0.00	0.00	0.00	0.00	0.00	14.29	1.30

表 8-30 区域和城市规划 B 层人才的世界占比

单位：%

省 份	2013 年	2014 年	2015 年	2016 年	2017 年	2018 年	2019 年	2020 年	2021 年	2022 年	合计
北 京	6.56	5.63	5.56	9.59	3.03	7.59	3.23	10.26	6.25	13.64	6.87
广 东	0.00	0.00	2.78	2.74	1.01	2.53	5.38	3.85	2.50	3.03	2.46
上 海	1.64	1.41	1.39	1.37	2.02	2.53	2.15	2.56	1.25	4.55	2.07
江 苏	0.00	1.41	1.39	1.37	3.03	0.00	1.08	1.28	2.50	4.55	1.68
浙 江	0.00	1.41	1.39	1.37	6.06	0.00	0.00	0.00	0.00	6.06	1.68
山 东	0.00	0.00	0.00	0.00	1.01	1.27	0.00	5.13	3.75	4.55	1.55
安 徽	0.00	0.00	1.39	0.00	0.00	1.27	1.08	2.56	2.50	4.55	1.30
湖 北	0.00	0.00	1.39	0.00	1.01	1.27	2.15	1.28	1.25	0.00	0.91
辽 宁	0.00	0.00	0.00	0.00	0.00	0.00	1.08	2.56	1.25	4.55	0.91
四 川	0.00	0.00	0.00	0.00	0.00	0.00	0.00	2.56	1.25	4.55	0.78
重 庆	0.00	0.00	0.00	0.00	0.00	0.00	1.28	2.50	1.52	0.52
广 西	0.00	0.00	0.00	0.00	0.00	1.27	0.00	0.00	1.25	3.03	0.52
天 津	0.00	1.41	0.00	0.00	0.00	0.00	0.00	1.28	0.00	3.03	0.52
湖 南	0.00	0.00	0.00	0.00	0.00	0.00	2.15	0.00	0.00	1.52	0.39
江 西	0.00	0.00	0.00	0.00	0.00	1.27	0.00	0.00	0.00	3.03	0.39
福 建	0.00	1.41	0.00	0.00	0.00	0.00	0.00	0.00	1.25	0.00	0.26
黑龙江	0.00	1.41	0.00	0.00	0.00	0.00	0.00	0.00	0.00	1.52	0.26
甘 肃	1.64	0.00	0.00	0.00	0.00	0.00	0.00	0.00	0.00	0.00	0.13
河 南	0.00	0.00	0.00	0.00	0.00	0.00	0.00	0.00	0.00	1.52	0.13
陕 西	1.64	0.00	0.00	0.00	0.00	0.00	0.00	0.00	0.00	0.00	0.13
新 疆	0.00	0.00	0.00	1.37	0.00	0.00	0.00	0.00	0.00	0.00	0.13

表 8-31　区域和城市规划 C 层人才的世界占比

单位：%

省　份	2013 年	2014 年	2015 年	2016 年	2017 年	2018 年	2019 年	2020 年	2021 年	2022 年	合计
北　京	2.52	3.41	3.73	4.32	3.67	5.10	5.04	5.80	4.12	7.32	4.51
广　东	0.84	0.71	1.00	1.48	1.19	2.04	1.79	2.90	2.93	2.59	1.75
江　苏	0.84	1.42	0.86	2.29	1.09	1.15	1.46	2.37	2.26	3.66	1.71
上　海	1.01	0.85	1.58	1.75	0.99	0.89	1.79	2.37	1.99	2.74	1.58
湖　北	0.50	0.71	0.86	1.75	0.99	1.53	1.34	2.11	2.66	1.98	1.45
浙　江	0.50	1.14	1.43	1.35	0.99	0.64	0.90	1.32	1.60	3.51	1.30
山　东	0.00	0.71	0.43	0.27	0.20	0.26	0.67	1.32	1.46	2.44	0.75
四　川	0.17	0.00	0.00	0.94	0.30	0.38	1.01	0.79	1.06	1.37	0.61
湖　南	0.00	0.28	0.14	0.27	0.20	0.51	0.56	0.53	0.66	1.22	0.43
辽　宁	0.00	0.00	0.43	0.00	0.10	0.26	0.78	0.40	1.46	0.91	0.43
安　徽	0.00	0.00	0.43	0.40	0.10	0.00	0.34	0.53	0.53	1.83	0.40
重　庆	0.00	0.71	0.43	0.94	0.20	0.13	0.22	0.53	0.53	0.30	0.40
福　建	0.34	0.28	0.00	0.27	0.20	0.51	0.45	0.92	0.66	0.30	0.40
江　西	0.00	0.00	0.14	0.00	0.00	0.13	0.34	0.40	0.40	1.37	0.33
河　南	0.00	0.00	0.14	0.13	0.20	0.26	0.11	0.40	0.66	0.91	0.28
吉　林	0.00	0.14	0.14	0.27	0.10	0.51	0.34	0.13	0.66	0.46	0.28
天　津	0.00	0.14	0.00	0.00	0.00	0.38	0.22	0.40	0.40	1.22	0.26
陕　西	0.00	0.14	0.29	0.00	0.00	0.30	0.13	0.00	0.26	0.46	0.18
广　西	0.00	0.00	0.00	0.27	0.00	0.00	0.00	0.00	0.53	0.61	0.13
山　西	0.00	0.14	0.00	0.00	0.00	0.13	0.11	0.26	0.13	0.46	0.12
黑龙江	0.17	0.00	0.14	0.27	0.00	0.00	0.22	0.00	0.13	0.00	0.11
甘　肃	0.00	0.00	0.00	0.13	0.10	0.00	0.22	0.13	0.13	0.15	0.09
河　北	0.00	0.00	0.14	0.00	0.00	0.00	0.00	0.13	0.27	0.30	0.08
新　疆	0.00	0.00	0.00	0.00	0.00	0.00	0.00	0.13	0.46	0.05
海　南	0.00	0.00	0.00	0.00	0.00	0.00	0.00	0.00	0.46	0.04
内蒙古	0.00	0.00	0.00	0.00	0.00	0.00	0.13	0.13	0.15	0.04
贵　州	0.00	0.00	0.00	0.00	0.00	0.13	0.00	0.00	0.15	0.03
云　南	0.00	0.00	0.00	0.00	0.00	0.00	0.11	0.00	0.13	0.00	0.03

十二　信息学和图书馆学

信息学和图书馆学 A 层人才仅分布在安徽、湖北、江苏，世界占比均为 0.82%。

B 层人才最多的是北京，世界占比为 1.67%；广东 B 层人才的世界占比为 1.45%，排名第二；其后是湖北、上海，B 层人才的世界占比分别为 1.22%、1.07%；四川、安徽、辽宁、浙江、江苏、天津、黑龙江、福建、河北、江西、河南、湖南、陕西、山东、山西也有一定数量的 B 层人才，世界占比均超过 0.1%；甘肃 B 层人才的世界占比为 0.08%。

C 层人才最多的是北京，世界占比为 2.48%；湖北、上海、广东、江苏、浙江有相当数量的 C 层人才，世界占比在 2%~1%；安徽、四川、天津、黑龙江、辽宁、山东、湖南、福建、河南、重庆、吉林也有一定数量的 C 层人才，世界占比均超过 0.1%；陕西、广西、江西、贵州、河北、新疆、甘肃、海南、山西、云南、内蒙古、西藏 C 层人才的世界占比均低于 0.1%。

表 8-32 信息学和图书馆学 A 层人才的世界占比

单位：%

省　份	2013 年	2014 年	2015 年	2016 年	2017 年	2018 年	2019 年	2020 年	2021 年	2022 年	合计
安　徽	0.00	0.00	0.00	0.00	0.00	0.00	6.67	0.00	0.00	0.00	0.82
湖　北	0.00	8.33	0.00	0.00	0.00	0.00	0.00	0.00	0.00	0.00	0.82
江　苏	7.14	0.00	0.00	0.00	0.00	0.00	0.00	0.00	0.00	0.00	0.82

表 8-33 信息学和图书馆学 B 层人才的世界占比

单位：%

省　份	2013 年	2014 年	2015 年	2016 年	2017 年	2018 年	2019 年	2020 年	2021 年	2022 年	合计
北　京	0.00	0.77	0.80	1.54	1.35	4.44	2.92	1.48	2.27	0.85	1.67
广　东	0.00	2.31	0.80	0.77	3.38	2.22	0.00	2.22	1.52	0.85	1.45
湖　北	0.00	1.54	0.00	2.31	2.70	1.48	0.73	1.48	1.52		1.22
上　海	3.23	1.54	0.00	2.31	0.00	0.00	0.00	1.48	0.76	1.69	1.07
四　川	0.00	1.54	1.60	0.00	0.68	0.00	0.00	1.48	3.03		0.84
安　徽	0.00	0.00	0.80	0.77	0.00	2.22	1.46	0.74	0.00	0.85	0.68
辽　宁	0.00	0.00	0.00	0.77	0.00	0.74	0.73	4.44	0.00		0.68
浙　江	0.00	0.00	0.00	0.00	2.70	0.00	0.00	0.74	1.52	1.69	0.68
江　苏	0.81	0.00	0.00	0.00	0.68	0.00	0.73	0.74	2.27		0.61
天　津	0.00	0.00	0.00	0.00	0.68	0.00	0.00	0.74	3.79	0.85	0.61
黑龙江	0.00	0.00	0.80	0.00	0.68	0.74	0.00	0.00	0.76		0.30

465

省　份	2013 年	2014 年	2015 年	2016 年	2017 年	2018 年	2019 年	2020 年	2021 年	2022 年	合计
福　建	0.00	0.00	0.80	0.00	0.00	0.00	0.00	0.00	1.52	0.00	0.23
河　北	0.00	0.00	0.00	0.00	0.00	0.00	0.00	0.74	0.76	0.85	0.23
江　西	0.00	0.00	0.00	0.77	0.00	0.00	0.00	0.00	0.00	1.69	0.23
河　南	0.00	0.00	0.00	0.00	0.00	0.74	0.00	0.00	0.76	0.00	0.15
湖　南	0.00	0.00	0.00	0.00	0.00	0.00	0.73	0.00	0.76	0.00	0.15
陕　西	0.00	0.00	0.00	0.00	0.00	0.74	0.00	0.74	0.00	0.00	0.15
山　东	0.00	0.00	0.00	0.00	0.00	0.00	1.46	0.00	0.00	0.00	0.15
山　西	0.00	0.00	0.00	0.00	0.77	0.00	0.00	0.00	0.76	0.00	0.15
甘　肃	0.00	0.00	0.00	0.00	0.00	0.00	0.00	0.74	0.00	0.00	0.08

表 8-34　信息学和图书馆学 C 层人才的世界占比

单位：%

省　份	2013 年	2014 年	2015 年	2016 年	2017 年	2018 年	2019 年	2020 年	2021 年	2022 年	合计
北　京	2.18	2.34	2.20	1.79	1.80	2.79	3.31	2.36	2.73	3.55	2.48
湖　北	0.97	0.78	0.98	1.09	1.66	1.74	2.28	2.28	1.84	3.14	1.65
上　海	0.97	0.78	1.47	0.78	1.45	1.06	2.06	1.98	1.62	2.03	1.41
广　东	0.48	0.62	0.81	0.70	1.38	1.28	1.47	1.37	1.69	2.53	1.22
江　苏	0.56	0.62	0.49	0.39	0.83	1.06	1.47	1.45	2.14	1.62	1.06
浙　江	0.48	0.78	0.49	0.39	0.55	0.91	1.47	1.98	1.40	2.33	1.05
安　徽	0.00	0.08	0.73	0.23	0.76	1.13	1.54	0.91	0.66	0.51	0.67
四　川	0.32	0.47	0.41	0.47	0.14	0.30	0.37	0.23	1.03	1.01	0.46
天　津	0.16	0.08	0.41	0.31	0.28	0.68	0.37	0.68	0.81	0.41	0.42
黑龙江	0.16	0.16	0.49	0.16	0.21	0.60	0.59	0.53	0.44	0.71	0.40
辽　宁	0.40	0.31	0.49	0.47	0.41	0.15	0.22	0.46	0.22	0.51	0.36
山　东	0.00	0.08	0.08	0.08	0.07	0.08	0.51	0.61	0.59	0.81	0.28
湖　南	0.00	0.08	0.00	0.16	0.14	0.30	0.22	0.30	0.44	0.91	0.25
福　建	0.08	0.16	0.00	0.08	0.07	0.00	0.22	0.46	0.37	0.61	0.21
河　南	0.16	0.00	0.00	0.00	0.00	0.00	0.00	0.38	0.44	0.71	0.18
重　庆	0.00	0.00	0.00	0.16	0.07	0.30	0.15	0.30	0.44	0.30	0.17
吉　林	0.16	0.00	0.00	0.08	0.21	0.00	0.22	0.15	0.44	0.30	0.16
陕　西	0.00	0.00	0.00	0.08	0.00	0.00	0.07	0.30	0.07	0.41	0.09
广　西	0.00	0.00	0.00	0.00	0.00	0.00	0.23	0.07	0.41	0.00	0.06
江　西	0.00	0.00	0.00	0.00	0.00	0.08	0.00	0.15	0.20	0.00	0.05
贵　州	0.00	0.00	0.00	0.00	0.00	0.00	0.07	0.08	0.07	0.00	0.03
河　北	0.00	0.00	0.00	0.00	0.07	0.00	0.00	0.00	0.30	0.00	0.03
新　疆	0.00	0.00	0.08	0.00	0.00	0.00	0.15	0.00	0.07	0.00	0.03

续表

省 份	2013 年	2014 年	2015 年	2016 年	2017 年	2018 年	2019 年	2020 年	2021 年	2022 年	合计
甘 肃	0.00	0.00	0.08	0.00	0.00	0.00	0.07	0.00	0.00	0.10	0.02
海 南	0.00	0.00	0.00	0.08	0.07	0.00	0.00	0.00	0.00	0.10	0.02
山 西	0.08	0.00	0.00	0.08	0.00	0.00	0.00	0.00	0.00	0.10	0.02
云 南	0.00	0.08	0.00	0.00	0.00	0.08	0.00	0.08	0.00	0.00	0.02
内蒙古	0.00	0.08	0.00	0.00	0.07	0.00	0.00	0.00	0.00	0.00	0.02
西 藏	0.00	0.00	0.08	0.00	0.00	0.00	0.00	0.00	0.00	0.00	0.01

第二节 学科组

在管理科学各学科人才分析的基础上，按照 A、B、C 三个人才层次，对各学科人才进行汇总分析，可以从学科组层面揭示人才的分布特点和发展趋势。

一 A 层人才

管理科学 A 层人才最多的是北京，占该学科组全球 A 层人才的 2.14%；上海、江苏、广东、湖北、山东、福建、四川、浙江、天津、辽宁、江西、安徽、湖南、吉林、新疆也有一定数量的 A 层人才，世界占比均超过 0.1%；甘肃、广西、陕西、重庆、河南 A 层人才的世界占比均低于 0.1%。

在发展趋势上，部分省份呈现相对上升的趋势，其中，北京、上海、湖北、山东、四川、浙江的增幅相对较大。

表 8-35 管理科学 A 层人才的世界占比

单位：%

省 份	2013 年	2014 年	2015 年	2016 年	2017 年	2018 年	2019 年	2020 年	2021 年	2022 年	合计
北 京	0.56	1.68	0.99	0.45	1.67	3.06	1.59	2.63	2.73	5.33	2.14
上 海	0.56	0.00	0.49	0.00	0.84	1.31	0.79	0.75	0.78	1.78	0.76
江 苏	0.56	0.00	0.99	0.00	1.67	0.44	0.40	0.75	0.78	0.89	0.67
广 东	0.00	0.00	0.49	0.45	1.26	0.00	0.40	1.50	0.78	0.44	0.58

续表

省　份	2013年	2014年	2015年	2016年	2017年	2018年	2019年	2020年	2021年	2022年	合计
湖　北	0.00	1.12	0.00	0.45	0.84	0.00	0.00	0.00	0.39	2.22	0.49
山　东	0.00	0.00	0.99	0.00	0.00	0.00	1.19	0.00	1.17	1.33	0.49
福　建	0.00	0.00	0.00	0.90	0.00	0.00	1.19	0.38	0.78	0.89	0.45
四　川	0.00	0.00	0.49	0.00	0.00	0.00	0.79	1.13	0.39	1.33	0.45
浙　江	0.00	0.00	0.00	0.45	0.00	0.00	0.00	0.75	1.17	1.78	0.45
天　津	0.00	0.00	0.00	0.00	0.00	0.44	0.00	1.13	1.56	0.00	0.36
辽　宁	0.00	0.00	0.00	0.00	0.42	0.87	0.40	0.00	0.39	0.89	0.31
江　西	0.00	0.00	0.00	0.00	0.00	0.44	0.00	0.75	0.78	0.89	0.31
安　徽	0.00	0.00	0.00	0.00	0.00	0.00	1.19	0.38	0.00	0.00	0.18
湖　南	0.00	0.00	0.00	0.45	0.42	0.00	0.00	0.00	0.00	0.44	0.13
吉　林	0.00	0.00	0.00	0.00	0.00	0.44	0.00	0.00	0.00	0.89	0.13
新　疆	0.00	0.00	0.00	0.00	0.00	0.00	0.00	0.00	0.39	0.89	0.13
甘　肃	0.00	0.00	0.00	0.00	0.00	0.00	0.79	0.00	0.00	0.00	0.09
广　西	0.00	0.00	0.00	0.00	0.00	0.00	0.00	0.75	0.00	0.00	0.09
陕　西	0.00	0.00	0.00	0.00	0.00	0.00	0.00	0.40	0.00	0.00	0.04
重　庆	0.00	0.00	0.00	0.00	0.00	0.00	0.00	0.38	0.00	0.00	0.04
河　南	0.00	0.00	0.00	0.00	0.00	0.00	0.00	0.00	0.00	0.44	0.04

二　B层人才

管理科学B层人才最多的是北京，占该学科组全球B层人才的2.74%；其后依次是上海、江苏，B层人才的世界占比分别为1.29%、1.02%；广东、四川、湖北、浙江、安徽、福建、湖南、山东、天津、辽宁、江西、重庆、陕西、黑龙江、河南也有一定数量的B层人才，世界占比均超过0.1%；甘肃、云南、广西、吉林、贵州、河北、海南、新疆、山西、内蒙古B层人才的世界占比均低于0.1%。

在发展趋势上，多数省份呈现相对上升的趋势，其中，北京、上海、江苏、广东、四川、湖北、浙江、湖南、山东、天津、辽宁、江西的增幅相对较大。

表 8-36 管理科学 B 层人才的世界占比

单位：%

省　份	2013 年	2014 年	2015 年	2016 年	2017 年	2018 年	2019 年	2020 年	2021 年	2022 年	合计
北　京	0.96	1.63	2.33	2.36	2.30	2.97	2.88	2.87	3.96	4.12	2.74
上　海	1.08	0.54	1.01	1.16	0.95	1.42	1.19	1.89	1.48	1.85	1.29
江　苏	0.48	0.16	0.20	0.48	0.68	0.73	1.56	1.10	1.60	2.56	1.02
广　东	0.12	0.38	0.66	0.43	0.81	1.23	1.24	1.06	1.48	1.72	0.97
四　川	0.00	0.49	0.20	0.67	0.41	0.78	1.69	0.94	1.52	1.76	0.91
湖　北	0.06	0.27	0.46	0.53	0.63	1.05	0.95	0.83	1.28	1.39	0.79
浙　江	0.24	0.22	0.35	0.34	0.68	0.27	0.66	0.67	0.64	2.52	0.70
安　徽	0.18	0.27	0.15	0.43	0.23	0.41	0.74	0.24	0.88	0.84	0.46
福　建	0.00	0.22	0.35	0.24	0.36	0.59	0.45	0.43	0.84	0.84	0.46
湖　南	0.00	0.11	0.15	0.29	0.23	0.50	0.82	0.31	0.56	1.26	0.45
山　东	0.00	0.00	0.20	0.05	0.18	0.41	0.41	0.59	1.04	1.18	0.44
天　津	0.12	0.11	0.05	0.00	0.41	0.37	0.21	0.51	1.04	1.01	0.41
辽　宁	0.24	0.00	0.05	0.19	0.05	0.23	0.58	0.67	0.64	1.09	0.40
江　西	0.06	0.00	0.05	0.10	0.23	0.23	0.16	0.12	0.44	1.64	0.33
重　庆	0.06	0.22	0.00	0.00	0.05	0.05	0.37	0.43	0.52	0.50	0.24
陕　西	0.06	0.00	0.10	0.00	0.00	0.18	0.25	0.24	0.08	0.46	0.15
黑龙江	0.00	0.11	0.10	0.05	0.09	0.09	0.12	0.12	0.28	0.21	0.12
河　南	0.00	0.00	0.00	0.00	0.05	0.14	0.21	0.16	0.12	0.29	0.11
甘　肃	0.06	0.00	0.00	0.00	0.05	0.18	0.08	0.12	0.04	0.13	0.08
云　南	0.00	0.00	0.00	0.00	0.00	0.00	0.12	0.04	0.12	0.13	0.07
广　西	0.00	0.00	0.00	0.00	0.00	0.09	0.08	0.04	0.16	0.17	0.06
吉　林	0.00	0.00	0.00	0.00	0.00	0.05	0.04	0.16	0.12	0.17	0.06
贵　州	0.00	0.11	0.00	0.00	0.05	0.00	0.04	0.04	0.00	0.17	0.04
河　北	0.00	0.00	0.00	0.00	0.00	0.05	0.04	0.08	0.08	0.04	0.04
海　南	0.00	0.00	0.00	0.00	0.00	0.00	0.00	0.00	0.08	0.25	0.04
新　疆	0.00	0.00	0.00	0.05	0.00	0.00	0.08	0.00	0.08	0.04	0.04
山　西	0.00	0.00	0.00	0.05	0.00	0.00	0.00	0.00	0.12	0.04	0.03
内蒙古	0.00	0.05	0.00	0.00	0.00	0.05	0.00	0.00	0.00	0.00	0.01

三　C 层人才

　　管理科学 C 层人才最多的是北京，占该学科组全球 C 层人才的 2.40%；其后依次是上海、广东，世界占比分别为 1.30%、1.02%；江苏、湖北、浙江、四川、湖南、山东、天津、福建、安徽、辽宁、重庆、江西、河南、黑龙江、陕西、吉林也有一定数量的 C 层人才，世界占比大于或等于 0.1%；甘肃、云南、广西、河北、山西、贵州、海南、内蒙古、新疆、宁夏 C 层人才的世界占比均低于0.1%。

在发展趋势上，多数省份呈现相对上升的趋势，其中，北京、上海、广东、江苏、湖北、浙江、四川的增幅相对较大。

表 8-37　管理科学 C 层人才的世界占比

单位：%

省份	2013 年	2014 年	2015 年	2016 年	2017 年	2018 年	2019 年	2020 年	2021 年	2022 年	合计
北　京	1.68	1.70	1.83	1.92	1.90	2.31	2.76	2.93	3.08	3.31	2.40
上　海	0.85	0.87	1.14	1.08	1.11	1.21	1.52	1.52	1.60	1.82	1.30
广　东	0.37	0.38	0.59	0.70	0.92	0.96	1.15	1.34	1.58	1.79	1.02
江　苏	0.37	0.42	0.52	0.67	0.66	0.87	1.03	1.39	1.63	1.93	0.99
湖　北	0.28	0.27	0.41	0.52	0.72	0.72	0.85	1.05	1.27	1.23	0.77
浙　江	0.27	0.48	0.48	0.48	0.42	0.63	0.83	1.00	1.14	1.46	0.75
四　川	0.16	0.26	0.29	0.48	0.44	0.59	0.82	0.98	1.17	1.11	0.67
湖　南	0.10	0.12	0.17	0.24	0.29	0.49	0.44	0.58	0.75	0.85	0.43
山　东	0.09	0.19	0.12	0.10	0.17	0.32	0.44	0.49	0.68	0.81	0.36
天　津	0.17	0.13	0.28	0.24	0.21	0.27	0.42	0.52	0.58	0.61	0.36
福　建	0.21	0.19	0.22	0.17	0.31	0.31	0.37	0.47	0.55	0.59	0.35
安　徽	0.08	0.13	0.22	0.26	0.25	0.42	0.50	0.46	0.44	0.62	0.35
辽　宁	0.16	0.25	0.18	0.26	0.21	0.23	0.41	0.52	0.47	0.66	0.35
重　庆	0.07	0.10	0.09	0.11	0.17	0.16	0.20	0.27	0.36	0.43	0.21
江　西	0.07	0.05	0.08	0.09	0.09	0.16	0.09	0.21	0.20	0.41	0.15
河　南	0.02	0.01	0.03	0.06	0.06	0.07	0.12	0.20	0.30	0.48	0.14
黑龙江	0.11	0.07	0.13	0.14	0.08	0.12	0.15	0.16	0.19	0.24	0.14
陕　西	0.05	0.06	0.06	0.05	0.09	0.14	0.18	0.13	0.21	0.39	0.14
吉　林	0.07	0.01	0.03	0.05	0.07	0.08	0.10	0.09	0.22	0.21	0.10
甘　肃	0.05	0.02	0.03	0.05	0.03	0.08	0.08	0.08	0.06	0.10	0.06
云　南	0.01	0.02	0.01	0.04	0.02	0.03	0.07	0.10	0.09	0.10	0.05
广　西	0.01	0.02	0.01	0.01	0.00	0.04	0.08	0.09	0.16	0.05
河　北	0.01	0.01	0.01	0.02	0.03	0.03	0.04	0.06	0.07	0.19	0.05
山　西	0.01	0.02	0.03	0.04	0.04	0.04	0.05	0.08	0.06	0.09	0.05
贵　州	0.02	0.01	0.02	0.00	0.01	0.05	0.05	0.05	0.07	0.13	0.04
海　南	0.01	0.00	0.01	0.01	0.04	0.06	0.10	0.02
内蒙古	0.01	0.01	0.02	0.02	0.03	0.04	0.01	0.02	0.03	0.01
新　疆	0.00	0.01	0.01	0.00	0.00	0.00	0.02	0.02	0.04	0.07	0.02
宁　夏	0.00	0.01	0.00	0.00	0.00	0.00	0.02	0.01	0.00	0.01

第9章 医学

医学是研究机体细胞、组织、器官和系统的形态、结构、功能及发育异常，以及疾病发生、发展、转归、诊断、治疗和预防的科学。

第一节 学科

医学学科组包括以下学科：呼吸系统，心脏和心血管系统，周围血管疾病学，胃肠病学和肝脏病学，产科医学和妇科医学，男科学，儿科学，泌尿学和肾脏学，运动科学，内分泌学和新陈代谢，营养学和饮食学，血液学，临床神经学，药物滥用医学，精神病学，敏感症学，风湿病学，皮肤医学，眼科学，耳鼻喉学，听觉学和言语病理学，牙科医学、口腔外科和口腔医学，急救医学，危机护理医学，整形外科学，麻醉学，肿瘤学，康复医学，医学信息学，神经影像学，传染病学，寄生物学，医学化验技术，放射医学、核医学和影像医学，法医学，老年病学和老年医学，初级卫生保健，公共卫生、环境卫生和职业卫生，热带医学，药理学和药剂学，医用化学，毒理学，病理学，外科学，移植医学，护理学，全科医学和内科医学，综合医学和补充医学，研究和实验医学，共计49个。

一 呼吸系统

呼吸系统 A 层人才最多的是北京和湖北，世界占比均为 2.60%，并列排名第一；其后是广东，A 层人才的世界占比为 1.30%；江苏、上海、四川、黑龙江、浙江、贵州、海南、湖南、辽宁、山西、云南也有一定数量的 A 层人才，世界占比均超过 0.2%。

B 层人才最多的是北京，世界占比为 1.34%；上海 B 层人才以 1.04%

的世界占比排名第二；广东、湖北、四川、江苏、浙江、湖南、吉林、辽宁、山东、安徽、河南、重庆、福建、天津、黑龙江也有一定数量的 B 层人才，世界占比均超过 0.1%；贵州、海南、广西、河北、江西、山西、云南、宁夏、陕西 B 层人才的世界占比均低于 0.1%。

C 层人才最多的是北京，世界占比为 1.23%；上海、广东 C 层人才分别以 1.22%、1.02% 的世界占比排名第二、第三位；江苏、浙江、湖北、四川、山东、湖南、河南、天津、辽宁、重庆、福建、吉林、安徽、黑龙江也有一定数量的 C 层人才，世界占比均超过 0.1%；陕西、广西、河北、云南、山西、江西、贵州、内蒙古、甘肃、新疆、海南、宁夏 C 层人才的世界占比均低于 0.1%。

表 9-1　呼吸系统 A 层人才的世界占比

单位：%

省　份	2013 年	2014 年	2015 年	2016 年	2017 年	2018 年	2019 年	2020 年	2021 年	2022 年	合计
北　京	0.00	0.00	0.00	2.56	2.86	2.04	0.00	9.68	7.32	2.33	2.60
湖　北	0.00	0.00	0.00	0.00	2.86	2.04	0.00	12.90	7.32	2.33	2.60
广　东	0.00	0.00	0.00	2.56	0.00	2.04	0.00	9.68	0.00	0.00	1.30
江　苏	0.00	0.00	0.00	5.13	0.00	0.00	0.00	3.23	0.00	0.00	0.78
上　海	0.00	0.00	0.00	2.56	0.00	2.04	0.00	3.23	0.00	0.00	0.78
四　川	0.00	0.00	0.00	0.00	0.00	0.00	0.00	3.23	2.44	0.00	0.78
黑龙江	0.00	0.00	0.00	0.00	0.00	0.00	0.00	0.00	2.44	2.33	0.52
浙　江	0.00	0.00	0.00	0.00	0.00	2.04	0.00	0.00	0.00	2.33	0.52
贵　州	0.00	0.00	0.00	0.00	0.00	2.04	0.00	0.00	0.00	0.00	0.26
海　南	0.00	0.00	0.00	0.00	0.00	0.00	0.00	3.23	0.00	0.00	0.26
湖　南	0.00	0.00	0.00	0.00	0.00	0.00	0.00	3.23	0.00	0.00	0.26
辽　宁	0.00	0.00	0.00	0.00	0.00	2.04	0.00	0.00	0.00	0.00	0.26
山　西	0.00	0.00	0.00	0.00	0.00	2.04	0.00	0.00	0.00	0.00	0.26
云　南	0.00	0.00	0.00	0.00	0.00	0.00	0.00	3.23	0.00	0.00	0.26

表 9-2　呼吸系统 B 层人才的世界占比

单位：%

省　份	2013 年	2014 年	2015 年	2016 年	2017 年	2018 年	2019 年	2020 年	2021 年	2022 年	合计
北　京	0.57	0.67	0.00	1.17	0.74	1.60	1.98	2.39	1.39	2.31	1.34
上　海	0.57	0.67	0.27	0.59	0.49	0.91	1.32	1.95	1.39	1.80	1.04
广　东	0.00	0.00	0.80	0.59	0.74	1.37	1.32	2.17	0.93	1.03	0.96

续表

省 份	2013 年	2014 年	2015 年	2016 年	2017 年	2018 年	2019 年	2020 年	2021 年	2022 年	合计
湖 北	0.00	0.00	0.27	0.00	0.00	0.23	0.44	3.25	0.69	0.77	0.63
四 川	0.29	0.00	0.00	0.59	0.25	0.46	0.66	1.08	0.46	0.51	0.46
江 苏	0.29	0.00	0.00	0.29	0.00	0.68	0.22	0.65	0.46	1.03	0.38
浙 江	0.00	0.33	0.00	0.00	0.00	0.23	0.66	0.65	0.69	0.77	0.35
湖 南	0.00	0.00	0.00	0.00	0.00	0.00	0.22	0.87	0.46	0.77	0.25
吉 林	0.00	0.00	0.00	0.00	0.00	0.23	0.44	0.43	0.69	0.51	0.25
辽 宁	0.00	0.33	0.00	0.00	0.00	0.46	0.22	0.43	0.46	0.51	0.25
山 东	0.29	0.00	0.00	0.00	0.00	0.23	0.00	0.65	0.69	0.51	0.25
安 徽	0.00	0.00	0.00	0.29	0.00	0.23	0.00	0.65	0.46	0.51	0.23
河 南	0.00	0.00	0.00	0.00	0.00	0.00	0.22	0.43	0.69	0.77	0.23
重 庆	0.29	0.00	0.00	0.00	0.00	0.00	0.00	0.22	0.46	0.77	0.18
福 建	0.00	0.00	0.00	0.00	0.00	0.23	0.00	0.87	0.46	0.00	0.18
天 津	0.00	0.00	0.00	0.00	0.00	0.00	0.22	0.22	0.46	0.51	0.18
黑龙江	0.00	0.00	0.00	0.00	0.00	0.23	0.00	0.22	0.69	0.26	0.15
贵 州	0.29	0.00	0.00	0.00	0.00	0.23	0.22	0.00	0.00	0.00	0.08
海 南	0.00	0.00	0.00	0.00	0.00	0.23	0.00	0.43	0.00	0.00	0.08
广 西	0.00	0.00	0.00	0.00	0.00	0.00	0.00	0.22	0.00	0.26	0.05
河 北	0.00	0.00	0.00	0.00	0.00	0.23	0.00	0.00	0.00	0.00	0.05
江 西	0.00	0.00	0.00	0.00	0.00	0.00	0.00	0.00	0.23	0.26	0.05
山 西	0.00	0.00	0.00	0.00	0.00	0.00	0.22	0.00	0.00	0.26	0.05
云 南	0.00	0.00	0.00	0.00	0.00	0.00	0.00	0.00	0.23	0.26	0.05
宁 夏	0.00	0.00	0.00	0.00	0.00	0.00	0.00	0.22	0.00	0.00	0.03
陕 西	0.00	0.00	0.00	0.00	0.00	0.00	0.00	0.00	0.00	0.26	0.03

表 9-3　呼吸系统 C 层人才的世界占比

单位：%

省 份	2013 年	2014 年	2015 年	2016 年	2017 年	2018 年	2019 年	2020 年	2021 年	2022 年	合计
北 京	0.78	0.69	1.14	0.80	0.93	1.40	1.67	1.72	1.50	1.25	1.23
上 海	0.78	0.87	0.89	1.23	0.90	1.33	1.78	1.54	1.47	1.14	1.22
广 东	0.40	0.55	0.76	0.83	0.85	1.24	1.40	1.58	1.09	1.11	1.02
江 苏	0.17	0.07	0.51	0.34	0.40	0.51	1.17	0.57	0.63	0.68	0.53
浙 江	0.29	0.10	0.27	0.37	0.38	0.55	0.65	0.72	0.56	0.52	0.46
湖 北	0.12	0.21	0.05	0.14	0.28	0.28	0.43	1.02	0.70	0.60	0.40
四 川	0.17	0.21	0.24	0.17	0.38	0.55	0.61	0.36	0.39	0.41	0.36

续表

省　份	2013 年	2014 年	2015 年	2016 年	2017 年	2018 年	2019 年	2020 年	2021 年	2022 年	合计
山　东	0.14	0.14	0.22	0.17	0.15	0.41	0.56	0.43	0.51	0.30	0.32
湖　南	0.12	0.00	0.05	0.11	0.25	0.25	0.45	0.57	0.43	0.41	0.28
河　南	0.03	0.07	0.16	0.26	0.03	0.23	0.34	0.29	0.39	0.38	0.23
天　津	0.06	0.00	0.11	0.14	0.10	0.25	0.54	0.27	0.19	0.19	0.20
辽　宁	0.06	0.10	0.05	0.09	0.08	0.21	0.32	0.23	0.17	0.41	0.18
重　庆	0.06	0.17	0.08	0.11	0.18	0.23	0.29	0.18	0.17	0.14	0.17
福　建	0.00	0.00	0.11	0.11	0.13	0.11	0.16	0.41	0.22	0.22	0.16
吉　林	0.12	0.03	0.16	0.00	0.03	0.11	0.29	0.23	0.22	0.24	0.15
安　徽	0.03	0.07	0.08	0.00	0.08	0.09	0.18	0.16	0.27	0.33	0.13
黑龙江	0.03	0.03	0.05	0.03	0.05	0.07	0.25	0.05	0.17	0.30	0.11
陕　西	0.03	0.03	0.05	0.09	0.08	0.14	0.20	0.09	0.05	0.14	0.09
广　西	0.06	0.07	0.11	0.00	0.03	0.02	0.14	0.07	0.12	0.16	0.08
河　北	0.03	0.00	0.00	0.06	0.03	0.11	0.16	0.11	0.05	0.22	0.08
云　南	0.00	0.00	0.00	0.05	0.03	0.05	0.16	0.09	0.12	0.11	0.08
山　西	0.00	0.00	0.00	0.00	0.03	0.05	0.16	0.11	0.10	0.16	0.06
江　西	0.06	0.00	0.03	0.00	0.00	0.05	0.11	0.02	0.07	0.22	0.06
贵　州	0.03	0.03	0.00	0.00	0.00	0.05	0.11	0.09	0.05	0.08	0.05
内蒙古	0.03	0.00	0.00	0.03	0.08	0.02	0.18	0.00	0.07	0.05	0.05
甘　肃	0.00	0.00	0.03	0.03	0.00	0.09	0.14	0.02	0.02	0.08	0.04
新　疆	0.00	0.03	0.00	0.00	0.00	0.02	0.05	0.05	0.07	0.08	0.03
海　南	0.00	0.00	0.00	0.00	0.00	0.00	0.07	0.00	0.00	0.03	0.01
宁　夏	0.03	0.00	0.00	0.00	0.00	0.00	0.02	0.00	0.00	0.00	0.01

二　心脏和心血管系统

心脏和心血管系统 A 层人才最多的是北京和湖北，世界占比均为 0.75%；上海、江苏、辽宁、浙江、重庆、福建、甘肃、广东、贵州、河南、湖南、内蒙古、江西、吉林、山东、天津、新疆也有一定数量的 A 层人才，世界占比均超过 0.1%。

B 层人才最多的是北京，世界占比为 0.73%；上海、湖北、江苏、浙江、广东、辽宁、湖南、山东也有一定数量的 B 层人才，世界占比均超过 0.1%；重庆、黑龙江、四川、天津、甘肃、福建、河北、河南、吉林、贵州、江西、陕西、山西、云南、广西、内蒙古、宁夏、新疆 B 层人才的世界占比均低于 0.1%。

C 层人才最多的是北京，世界占比为 1.19%；上海、广东、江苏、湖北、浙江、山东、四川、湖南、天津、辽宁、河南、重庆、黑龙江、江西、陕西也有一定数量的 C 层人才，世界占比大于或等于 0.1%；福建、吉林、河北、广西、安徽、甘肃、新疆、海南、山西、贵州、云南、内蒙古、宁夏、青海 C 层人才的世界占比均低于 0.1%。

表 9-4　心脏和心血管系统 A 层人才的世界占比

单位：%

省　份	2013 年	2014 年	2015 年	2016 年	2017 年	2018 年	2019 年	2020 年	2021 年	2022 年	合计
北　京	0.00	0.00	0.00	0.00	1.43	1.32	0.00	2.60	1.10	0.00	0.75
湖　北	0.00	0.00	0.00	0.00	1.43	1.32	0.00	3.90	0.00	0.00	0.75
上　海	0.00	0.00	0.00	0.00	0.00	1.32	3.03	1.30	0.00	0.00	0.45
江　苏	0.00	0.00	0.00	0.00	1.43	1.32	0.00	0.00	0.00	0.00	0.30
辽　宁	0.00	0.00	0.00	0.00	0.00	0.00	0.00	0.00	0.00	1.28	0.30
浙　江	0.00	0.00	2.38	0.00	0.00	1.32	0.00	0.00	0.00	0.00	0.30
重　庆	0.00	0.00	0.00	0.00	0.00	1.32	0.00	0.00	0.00	0.00	0.15
福　建	0.00	0.00	0.00	0.00	0.00	1.32	0.00	0.00	0.00	0.00	0.15
甘　肃	0.00	0.00	0.00	0.00	0.00	1.32	0.00	0.00	0.00	0.00	0.15
广　东	0.00	0.00	0.00	0.00	0.00	1.32	0.00	0.00	0.00	0.00	0.15
贵　州	0.00	0.00	0.00	0.00	0.00	1.32	0.00	0.00	0.00	0.00	0.15
河　南	0.00	0.00	0.00	0.00	0.00	0.00	0.00	1.30	0.00	0.00	0.15
湖　南	0.00	0.00	0.00	0.00	0.00	1.32	0.00	0.00	0.00	0.00	0.15
内蒙古	0.00	0.00	0.00	0.00	0.00	1.32	0.00	0.00	0.00	0.00	0.15
江　西	0.00	0.00	0.00	0.00	0.00	1.32	0.00	0.00	0.00	0.00	0.15
吉　林	0.00	0.00	0.00	0.00	0.00	1.32	0.00	0.00	0.00	0.00	0.15
山　东	0.00	0.00	0.00	0.00	0.00	1.32	0.00	0.00	0.00	0.00	0.15
天　津	0.00	0.00	0.00	0.00	0.00	1.32	0.00	0.00	0.00	0.00	0.15
新　疆	0.00	0.00	0.00	0.00	0.00	0.00	0.00	1.30	0.00	0.00	0.15

表 9-5　心脏和心血管系统 B 层人才的世界占比

单位：%

省　份	2013 年	2014 年	2015 年	2016 年	2017 年	2018 年	2019 年	2020 年	2021 年	2022 年	合计
北　京	0.65	1.03	0.49	0.79	0.30	0.68	1.02	0.98	0.60	0.74	0.73
上　海	0.16	0.17	0.66	0.47	0.76	0.00	0.51	1.23	0.72	0.37	0.52
湖　北	0.00	0.00	0.16	0.00	0.15	0.27	0.13	1.96	0.00	0.37	0.34
江　苏	0.00	0.34	0.49	0.16	0.30	0.27	0.25	0.25	0.24	0.25	0.25
浙　江	0.00	0.00	0.33	0.00	0.15	0.27	0.38	0.49	0.48	0.25	0.25
广　东	0.00	0.00	0.33	0.47	0.46	0.00	0.38	0.12	0.24	0.12	0.21
辽　宁	0.00	0.34	0.33	0.00	0.00	0.00	0.38	0.25	0.12	0.12	0.16
湖　南	0.00	0.00	0.16	0.00	0.00	0.14	0.00	0.25	0.36	0.25	0.13
山　东	0.00	0.17	0.00	0.47	0.15	0.14	0.00	0.25	0.00	0.00	0.11
重　庆	0.00	0.17	0.16	0.00	0.15	0.00	0.13	0.25	0.00	0.00	0.08
黑龙江	0.32	0.00	0.00	0.00	0.00	0.00	0.13	0.00	0.12	0.00	0.08
四　川	0.00	0.00	0.00	0.16	0.00	0.00	0.00	0.12	0.36	0.00	0.07
天　津	0.00	0.00	0.00	0.00	0.00	0.00	0.25	0.25	0.12	0.00	0.07
甘　肃	0.00	0.00	0.16	0.00	0.00	0.00	0.00	0.25	0.00	0.12	0.06
福　建	0.00	0.00	0.00	0.16	0.00	0.00	0.00	0.12	0.12	0.00	0.04
河　北	0.00	0.00	0.00	0.00	0.00	0.14	0.13	0.12	0.00	0.00	0.04
河　南	0.00	0.00	0.00	0.00	0.00	0.14	0.13	0.12	0.00	0.00	0.04
吉　林	0.00	0.00	0.00	0.00	0.00	0.00	0.13	0.25	0.00	0.00	0.04
贵　州	0.00	0.00	0.00	0.00	0.00	0.00	0.13	0.00	0.12	0.00	0.03
江　西	0.00	0.00	0.00	0.00	0.00	0.00	0.00	0.00	0.12	0.00	0.03
陕　西	0.00	0.00	0.00	0.00	0.00	0.00	0.00	0.12	0.00	0.00	0.03
山　西	0.00	0.00	0.00	0.00	0.00	0.00	0.13	0.00	0.00	0.00	0.03
云　南	0.00	0.00	0.00	0.00	0.00	0.00	0.13	0.00	0.00	0.00	0.03
广　西	0.00	0.00	0.00	0.16	0.00	0.00	0.00	0.00	0.00	0.00	0.01
内蒙古	0.00	0.00	0.00	0.00	0.00	0.00	0.00	0.00	0.00	0.00	0.01
宁　夏	0.00	0.00	0.00	0.00	0.00	0.00	0.00	0.12	0.00	0.00	0.01
新　疆	0.00	0.00	0.00	0.00	0.00	0.00	0.00	0.00	0.12	0.00	0.01

表 9-6　心脏和心血管系统 C 层人才的世界占比

单位：%

省　份	2013 年	2014 年	2015 年	2016 年	2017 年	2018 年	2019 年	2020 年	2021 年	2022 年	合计
北　京	1.04	0.88	0.99	1.08	1.15	0.95	1.19	1.35	1.45	1.67	1.19
上　海	0.63	0.67	0.44	0.49	0.64	0.65	0.71	0.87	0.89	0.90	0.70
广　东	0.39	0.34	0.29	0.30	0.37	0.32	0.38	0.66	0.75	0.76	0.47

续表

省 份	2013 年	2014 年	2015 年	2016 年	2017 年	2018 年	2019 年	2020 年	2021 年	2022 年	合计
江 苏	0.34	0.29	0.44	0.39	0.34	0.33	0.40	0.58	0.48	0.49	0.42
湖 北	0.16	0.28	0.26	0.27	0.34	0.29	0.45	0.70	0.42	0.58	0.39
浙 江	0.15	0.14	0.21	0.22	0.26	0.26	0.38	0.27	0.39	0.45	0.28
山 东	0.18	0.26	0.21	0.17	0.14	0.17	0.23	0.20	0.27	0.40	0.22
四 川	0.11	0.12	0.15	0.14	0.20	0.25	0.25	0.18	0.22	0.42	0.21
湖 南	0.05	0.14	0.10	0.11	0.12	0.18	0.22	0.34	0.33	0.20	0.19
天 津	0.06	0.14	0.12	0.08	0.23	0.19	0.19	0.21	0.18	0.41	0.19
辽 宁	0.08	0.15	0.12	0.14	0.18	0.22	0.22	0.21	0.19	0.28	0.18
河 南	0.03	0.10	0.05	0.09	0.17	0.12	0.11	0.25	0.24	0.20	0.14
重 庆	0.19	0.10	0.10	0.13	0.14	0.10	0.15	0.12	0.13	0.14	0.13
黑龙江	0.11	0.14	0.10	0.13	0.18	0.12	0.10	0.11	0.09	0.23	0.13
江 西	0.03	0.12	0.14	0.08	0.06	0.03	0.14	0.10	0.09	0.23	0.10
陕 西	0.24	0.12	0.05	0.13	0.08	0.10	0.05	0.07	0.04	0.16	0.10
福 建	0.02	0.03	0.03	0.08	0.06	0.07	0.14	0.14	0.08	0.21	0.09
吉 林	0.08	0.09	0.05	0.08	0.12	0.04	0.12	0.07	0.07	0.10	0.08
河 北	0.00	0.03	0.03	0.06	0.09	0.06	0.01	0.07	0.06	0.18	0.06
广 西	0.00	0.03	0.03	0.03	0.09	0.03	0.07	0.07	0.04	0.10	0.05
安 徽	0.02	0.07	0.03	0.02	0.06	0.04	0.03	0.09	0.03	0.13	0.05
甘 肃	0.00	0.05	0.02	0.03	0.06	0.04	0.10	0.05	0.04	0.01	0.04
新 疆	0.02	0.03	0.03	0.00	0.05	0.01	0.01	0.05	0.04	0.10	0.04
海 南	0.02	0.02	0.02	0.03	0.05	0.00	0.00	0.02	0.04	0.08	0.03
山 西	0.03	0.02	0.03	0.06	0.03	0.00	0.04	0.01	0.01	0.04	0.03
贵 州	0.02	0.03	0.00	0.00	0.00	0.03	0.11	0.01	0.00	0.03	0.02
云 南	0.00	0.00	0.00	0.00	0.00	0.00	0.04	0.10	0.03	0.04	0.02
内蒙古	0.00	0.00	0.00	0.02	0.06	0.00	0.08	0.00	0.00	0.03	0.02
宁 夏	0.02	0.02	0.00	0.00	0.02	0.00	0.03	0.01	0.00	0.03	0.01
青 海	0.02	0.00	0.00	0.00	0.00	0.03	0.01	0.01	0.01	0.01	0.01

三 周围血管疾病学

周围血管疾病学 A 层人才仅分布在北京和湖北，世界占比均为 1.90%。
B 层人才最多的是北京和上海，世界占比均为 0.95%；湖北、广东、河南、江苏、浙江、重庆、黑龙江、山东、四川、天津也有一定数量的 B 层人才，世界占比均超过 0.1%；河北、湖南、内蒙古、新疆、福建、甘肃、广西、贵州、吉林、辽宁、陕西、山西、云南 B 层人才的世界占比均低于 0.1%。

C 层人才最多的是北京，世界占比为 1.68%；上海 C 层人才以 1.06% 的世界占比排名第二；广东、湖北、江苏、浙江、湖南、山东、四川、天津、重庆、辽宁、河南、安徽、福建、河北、黑龙江、陕西、吉林也有一定数量的 C 层人才，世界占比大于或等于 0.1%；江西、广西、云南、内蒙古、山西、新疆、贵州、海南、甘肃、宁夏、青海、西藏 C 层人才的世界占比均低于 0.1%。

表 9-7　周围血管疾病学 A 层人才的世界占比

单位：%

省　份	2013 年	2014 年	2015 年	2016 年	2017 年	2018 年	2019 年	2020 年	2021 年	2022 年	合计
北　京	0.00	0.00	0.00	0.00	11.11	3.85	0.00	6.45	0.00	0.00	1.90
湖　北	0.00	0.00	0.00	0.00	0.00	0.00	0.00	12.90	0.00	0.00	1.90

表 9-8　周围血管疾病学 B 层人才的世界占比

单位：%

省　份	2013 年	2014 年	2015 年	2016 年	2017 年	2018 年	2019 年	2020 年	2021 年	2022 年	合计
北　京	0.91	1.23	0.00	1.41	0.77	0.00	0.67	2.04	1.47	1.18	0.95
上　海	0.61	0.82	0.37	1.41	1.54	0.31	0.67	1.02	1.47	1.57	0.95
湖　北	0.00	0.00	0.00	0.00	0.00	0.31	0.00	3.06	0.37	0.39	0.42
广　东	0.00	0.41	0.00	1.06	0.38	0.00	0.67	0.00	0.73	0.00	0.32
河　南	0.00	0.00	0.00	0.00	0.00	0.00	0.00	0.68	1.10	0.00	0.18
江　苏	0.00	0.00	0.73	0.35	0.38	0.00	0.00	0.00	0.37	0.00	0.18
浙　江	0.00	0.41	0.00	0.00	0.00	0.31	0.00	0.34	0.00	0.39	0.14
重　庆	0.30	0.41	0.37	0.00	0.00	0.00	0.00	0.00	0.00	0.00	0.11
黑龙江	0.00	0.00	0.00	0.00	0.00	0.00	0.33	0.00	0.37	0.39	0.11
山　东	0.00	0.00	0.00	0.35	0.00	0.00	0.00	0.73	0.00	0.00	0.11
四　川	0.00	0.00	0.00	0.35	0.00	0.00	0.00	0.73	0.00	0.00	0.11
天　津	0.00	0.00	0.00	0.00	0.00	0.00	0.34	0.73	0.00	0.00	0.11
河　北	0.00	0.00	0.00	0.00	0.00	0.31	0.00	0.37	0.00	0.00	0.07
湖　南	0.00	0.00	0.00	0.00	0.00	0.00	0.34	0.37	0.00	0.00	0.07

续表

省　份	2013 年	2014 年	2015 年	2016 年	2017 年	2018 年	2019 年	2020 年	2021 年	2022 年	合计
内蒙古	0.00	0.00	0.00	0.00	0.38	0.00	0.00	0.00	0.37	0.00	0.07
新　疆	0.00	0.00	0.00	0.00	0.38	0.00	0.00	0.00	0.37	0.00	0.07
福　建	0.00	0.00	0.00	0.35	0.00	0.00	0.00	0.00	0.00	0.00	0.04
甘　肃	0.00	0.00	0.00	0.00	0.00	0.00	0.00	0.34	0.00	0.00	0.04
广　西	0.00	0.00	0.00	0.35	0.00	0.00	0.00	0.00	0.00	0.00	0.04
贵　州	0.00	0.00	0.00	0.00	0.00	0.00	0.33	0.00	0.00	0.00	0.04
吉　林	0.30	0.00	0.00	0.00	0.00	0.00	0.00	0.00	0.00	0.00	0.04
辽　宁	0.00	0.00	0.00	0.00	0.00	0.00	0.00	0.00	0.37	0.00	0.04
陕　西	0.00	0.00	0.00	0.00	0.00	0.00	0.00	0.00	0.37	0.00	0.04
山　西	0.00	0.00	0.00	0.00	0.00	0.00	0.00	0.00	0.37	0.00	0.04
云　南	0.00	0.00	0.00	0.00	0.00	0.00	0.00	0.00	0.37	0.00	0.04

表 9-9　周围血管疾病学 C 层人才的世界占比

单位：%

省　份	2013 年	2014 年	2015 年	2016 年	2017 年	2018 年	2019 年	2020 年	2021 年	2022 年	合计
北　京	1.22	1.58	1.10	1.53	2.02	2.25	1.94	1.26	1.60	2.47	1.68
上　海	0.85	0.87	0.96	0.97	1.01	1.33	1.14	1.02	0.95	1.48	1.06
广　东	0.31	0.33	0.57	0.71	1.05	0.51	1.25	1.09	1.14	1.32	0.81
湖　北	0.16	0.37	0.28	0.41	0.51	0.35	0.66	1.43	0.76	0.53	0.54
江　苏	0.41	0.25	0.39	0.56	0.38	0.48	0.44	0.44	0.42	0.78	0.45
浙　江	0.19	0.08	0.32	0.30	0.55	0.44	0.51	0.27	0.57	0.66	0.38
湖　南	0.13	0.25	0.21	0.37	0.42	0.32	0.33	0.38	0.46	0.49	0.33
山　东	0.13	0.25	0.25	0.30	0.34	0.29	0.40	0.34	0.34	0.45	0.30
四　川	0.13	0.12	0.35	0.15	0.29	0.41	0.26	0.24	0.23	0.70	0.29
天　津	0.13	0.25	0.42	0.26	0.34	0.29	0.11	0.17	0.30	0.41	0.26
重　庆	0.28	0.17	0.46	0.37	0.38	0.19	0.18	0.07	0.23	0.21	0.25
辽　宁	0.19	0.25	0.32	0.30	0.17	0.13	0.18	0.03	0.15	0.16	0.19
河　南	0.00	0.00	0.04	0.19	0.34	0.19	0.18	0.20	0.19	0.21	0.15
安　徽	0.03	0.08	0.11	0.11	0.25	0.16	0.04	0.20	0.19	0.29	0.14
福　建	0.06	0.00	0.04	0.07	0.17	0.10	0.22	0.14	0.23	0.25	0.12
河　北	0.00	0.00	0.04	0.11	0.17	0.25	0.11	0.07	0.15	0.33	0.12
黑龙江	0.06	0.08	0.11	0.15	0.13	0.10	0.04	0.17	0.11	0.21	0.11
陕　西	0.22	0.12	0.07	0.15	0.08	0.13	0.04	0.17	0.00	0.08	0.11
吉　林	0.03	0.12	0.04	0.19	0.21	0.10	0.11	0.14	0.11	0.00	0.10
江　西	0.03	0.04	0.04	0.07	0.21	0.00	0.11	0.14	0.11	0.16	0.09

续表

省　份	2013 年	2014 年	2015 年	2016 年	2017 年	2018 年	2019 年	2020 年	2021 年	2022 年	合计
广　西	0.00	0.00	0.00	0.07	0.13	0.10	0.07	0.07	0.15	0.25	0.08
云　南	0.03	0.00	0.00	0.00	0.04	0.10	0.00	0.10	0.08	0.08	0.04
内蒙古	0.03	0.00	0.11	0.04	0.04	0.03	0.04	0.00	0.04	0.04	0.04
山　西	0.03	0.00	0.00	0.04	0.04	0.03	0.00	0.03	0.04	0.16	0.04
新　疆	0.00	0.04	0.04	0.00	0.00	0.00	0.07	0.07	0.04	0.00	0.03
贵　州	0.00	0.00	0.00	0.00	0.00	0.00	0.04	0.10	0.08	0.04	0.03
海　南	0.00	0.00	0.00	0.04	0.08	0.00	0.00	0.03	0.04	0.12	0.03
甘　肃	0.00	0.04	0.00	0.00	0.08	0.00	0.00	0.00	0.04	0.00	0.03
宁　夏	0.00	0.00	0.00	0.00	0.00	0.00	0.07	0.00	0.00	0.00	0.01
青　海	0.00	0.00	0.00	0.00	0.00	0.00	0.00	0.03	0.00	0.04	0.01
西　藏	0.00	0.00	0.00	0.00	0.00	0.00	0.00	0.00	0.04	0.00	0.01

四　胃肠病学和肝脏病学

胃肠病学和肝脏病学 A 层人才集中在北京、广东、上海、浙江、江苏，其中，北京、广东以 1.25% 的世界占比并列第一；上海、浙江、江苏也有一定数量的 A 层人才，世界占比均超过 0.2%。

B 层人才最多的是上海，世界占比为 1.33%；北京、广东 B 层人才分别以 1.14%、1.02% 的世界占比排名第二、第三位；湖北、浙江、福建、江苏、四川、安徽、重庆、河南、山东、天津、湖南、辽宁、吉林、黑龙江、甘肃也有一定数量的 B 层人才，世界占比均超过 0.1%；河北、江西、新疆、云南、广西、陕西、贵州、内蒙古、山西、西藏 B 层人才的世界占比均低于 0.1%。

C 层人才最多的是上海，世界占比为 1.85%；北京、广东 C 层人才分别以 1.39%、1.36% 的世界占比排名第二、第三位；浙江、江苏、湖北、四川、山东、湖南、辽宁、重庆、福建、河南、陕西、天津、安徽、吉林、黑龙江、江西、云南、广西、河北、甘肃也有一定数量的 C 层人才，世界占比大于或等于 0.1%；贵州、山西、新疆、内蒙古、海南、青海、宁夏、西藏 C 层人才的世界占比均低于 0.1%。

表 9-10 胃肠病学和肝脏病学 A 层人才的世界占比

单位：%

省　份	2013 年	2014 年	2015 年	2016 年	2017 年	2018 年	2019 年	2020 年	2021 年	2022 年	合计
北　京	0.00	0.00	0.00	2.44	2.70	4.35	0.00	2.50	1.82	0.00	1.25
广　东	0.00	0.00	0.00	4.88	0.00	0.00	0.00	7.50	0.00	0.00	1.25
上　海	0.00	0.00	0.00	0.00	0.00	0.00	1.96	2.50	0.00	2.63	0.75
浙　江	0.00	0.00	0.00	2.44	0.00	0.00	0.00	2.50	0.00	0.00	0.50
江　苏	0.00	0.00	0.00	0.00	0.00	0.00	0.00	0.00	0.00	2.63	0.25

表 9-11 胃肠病学和肝脏病学 B 层人才的世界占比

单位：%

省　份	2013 年	2014 年	2015 年	2016 年	2017 年	2018 年	2019 年	2020 年	2021 年	2022 年	合计
上　海	0.00	1.63	0.00	1.02	1.89	1.84	1.74	2.03	1.01	1.56	1.33
北　京	0.31	0.82	0.51	1.02	0.95	0.69	1.74	2.03	1.61	1.12	1.14
广　东	0.31	0.00	0.26	0.77	0.95	0.92	1.74	1.83	1.61	1.12	1.02
湖　北	0.00	0.00	0.26	0.51	0.24	0.46	0.87	3.05	0.60	0.45	0.71
浙　江	0.00	0.27	0.00	0.00	0.47	0.46	0.87	1.22	0.40	0.22	0.43
福　建	0.00	0.00	0.00	0.26	0.24	0.23	0.44	0.41	0.40	0.45	0.26
江　苏	0.00	0.00	0.00	0.26	0.00	0.00	0.87	0.61	0.20	0.22	0.26
四　川	0.31	0.00	0.26	0.00	0.24	0.23	0.65	0.20	0.20	0.45	0.26
安　徽	0.00	0.00	0.00	0.26	0.00	0.23	0.65	0.61	0.20	0.22	0.24
重　庆	0.00	0.00	0.00	0.51	0.24	0.00	0.00	0.20	0.40	0.45	0.21
河　南	0.00	0.00	0.00	0.26	0.24	0.23	0.44	0.00	0.40	0.22	0.21
山　东	0.00	0.27	0.00	0.00	0.00	0.00	0.65	0.61	0.00	0.45	0.21
天　津	0.00	0.00	0.00	0.51	0.24	0.23	0.00	0.41	0.00	0.67	0.21
湖　南	0.00	0.27	0.00	0.26	0.00	0.23	0.44	0.61	0.00	0.00	0.19
辽　宁	0.00	0.00	0.00	0.51	0.00	0.23	0.44	0.41	0.00	0.22	0.19
吉　林	0.00	0.00	0.00	0.26	0.00	0.46	0.22	0.20	0.00	0.22	0.17
黑龙江	0.00	0.00	0.00	0.00	0.00	0.23	0.87	0.00	0.00	0.00	0.14
甘　肃	0.00	0.27	0.00	0.00	0.00	0.00	0.44	0.00	0.20	0.00	0.12
河　北	0.00	0.27	0.00	0.26	0.00	0.00	0.00	0.00	0.00	0.00	0.07
江　西	0.00	0.00	0.00	0.00	0.00	0.23	0.22	0.00	0.22	0.00	0.07
新　疆	0.00	0.00	0.00	0.00	0.00	0.23	0.22	0.00	0.00	0.00	0.07
云　南	0.00	0.00	0.00	0.00	0.00	0.00	0.44	0.00	0.22	0.00	0.07
广　西	0.00	0.00	0.00	0.00	0.00	0.23	0.00	0.20	0.00	0.00	0.05
陕　西	0.00	0.00	0.00	0.26	0.00	0.00	0.00	0.00	0.00	0.22	0.05

续表

省　份	2013年	2014年	2015年	2016年	2017年	2018年	2019年	2020年	2021年	2022年	合计
贵　州	0.00	0.00	0.00	0.00	0.00	0.00	0.00	0.00	0.00	0.22	0.02
内蒙古	0.00	0.00	0.00	0.00	0.00	0.23	0.00	0.00	0.00	0.00	0.02
山　西	0.00	0.00	0.00	0.00	0.00	0.00	0.22	0.00	0.00	0.00	0.02
西　藏	0.00	0.00	0.00	0.00	0.00	0.00	0.00	0.00	0.00	0.22	0.02

表9-12　胃肠病学和肝脏病学 C 层人才的世界占比

单位：%

省　份	2013年	2014年	2015年	2016年	2017年	2018年	2019年	2020年	2021年	2022年	合计
上　海	1.86	1.70	1.68	1.95	1.60	1.70	1.99	2.20	1.87	1.88	1.85
北　京	1.18	0.99	1.16	1.37	1.18	1.08	1.51	1.64	1.87	1.74	1.39
广　东	0.77	1.20	0.88	0.91	0.86	1.29	1.44	1.77	2.29	1.81	1.36
浙　江	0.62	0.74	0.67	0.81	0.74	1.15	0.79	1.10	0.87	1.52	0.91
江　苏	0.68	0.82	0.36	0.53	0.47	0.62	0.94	0.95	1.02	1.24	0.78
湖　北	0.56	0.44	0.39	0.68	0.64	0.50	0.85	1.08	1.17	0.62	0.71
四　川	0.25	0.41	0.18	0.43	0.44	0.26	0.52	0.76	0.57	0.64	0.46
山　东	0.19	0.44	0.28	0.35	0.27	0.33	0.50	0.58	0.68	0.69	0.45
湖　南	0.15	0.47	0.19	0.30	0.12	0.33	0.50	0.37	0.40	0.50	0.34
辽　宁	0.06	0.14	0.39	0.28	0.22	0.45	0.39	0.35	0.51	0.41	0.33
重　庆	0.37	0.27	0.34	0.20	0.22	0.24	0.28	0.35	0.32	0.43	0.30
福　建	0.28	0.14	0.10	0.23	0.12	0.22	0.33	0.35	0.28	0.43	0.25
河　南	0.22	0.19	0.18	0.20	0.07	0.22	0.37	0.28	0.36	0.33	0.25
陕　西	0.15	0.44	0.44	0.33	0.22	0.24	0.20	0.13	0.11	0.24	0.24
天　津	0.09	0.25	0.13	0.30	0.20	0.14	0.20	0.22	0.28	0.45	0.23
安　徽	0.15	0.11	0.15	0.10	0.22	0.14	0.39	0.32	0.30	0.19	0.22
吉　林	0.09	0.14	0.13	0.10	0.07	0.17	0.26	0.19	0.21	0.29	0.17
黑龙江	0.15	0.25	0.06	0.10	0.12	0.19	0.17	0.19	0.21	0.19	0.16
江　西	0.06	0.11	0.05	0.05	0.12	0.05	0.24	0.30	0.30	0.24	0.16
云　南	0.09	0.05	0.00	0.03	0.07	0.10	0.17	0.19	0.32	0.21	0.13
广　西	0.06	0.14	0.23	0.03	0.05	0.07	0.22	0.13	0.08	0.14	0.12
河　北	0.09	0.08	0.03	0.15	0.07	0.10	0.09	0.02	0.23	0.19	0.11
甘　肃	0.03	0.08	0.03	0.13	0.00	0.10	0.17	0.17	0.17	0.17	0.10
贵　州	0.06	0.00	0.00	0.05	0.10	0.00	0.13	0.09	0.06	0.14	0.07
山　西	0.00	0.05	0.00	0.05	0.10	0.00	0.09	0.06	0.08	0.14	0.06

续表

省　份	2013 年	2014 年	2015 年	2016 年	2017 年	2018 年	2019 年	2020 年	2021 年	2022 年	合计
新　疆	0.00	0.05	0.00	0.03	0.02	0.10	0.13	0.06	0.06	0.05	0.05
内蒙古	0.03	0.03	0.00	0.00	0.00	0.00	0.04	0.06	0.08	0.12	0.04
海　南	0.00	0.05	0.05	0.00	0.02	0.00	0.04	0.04	0.06	0.02	0.03
青　海	0.03	0.00	0.00	0.00	0.02	0.00	0.00	0.00	0.04	0.10	0.02
宁　夏	0.00	0.03	0.00	0.03	0.00	0.02	0.00	0.02	0.02	0.05	0.02
西　藏	0.00	0.00	0.00	0.00	0.00	0.00	0.00	0.00	0.02	0.05	0.01

五　产科医学和妇科医学

产科医学和妇科医学 A 层人才最多的是北京和湖北，世界占比均为1.27%；广东、江苏、安徽、福建、海南、河南、湖南、辽宁、上海、四川、天津、浙江也有一定数量的 A 层人才，世界占比均超过 0.3%。

B 层人才最多的是上海，世界占比为 0.88%；北京、湖北、山东、广东、浙江、四川、天津、安徽、重庆、江苏、辽宁、黑龙江、湖南也有一定数量的 B 层人才，世界占比均超过 0.1%；福建、河北、河南、江西、内蒙古、陕西 B 层人才的世界占比均低于 0.1%。

C 层人才最多的是北京和上海，世界占比均为 0.97%；广东、湖北、山东、浙江、四川、江苏、湖南、安徽、河南、辽宁、重庆、天津、福建也有一定数量的 C 层人才，世界占比均超过 0.1%；广西、陕西、黑龙江、甘肃、河北、江西、云南、山西、吉林、贵州、宁夏、新疆、海南、内蒙古、青海 C 层人才的世界占比均低于 0.1%。

表 9-13　产科医学和妇科医学 A 层人才的世界占比

单位：%

省　份	2013 年	2014 年	2015 年	2016 年	2017 年	2018 年	2019 年	2020 年	2021 年	2022 年	合计
北　京	0.00	4.17	0.00	0.00	0.00	0.00	0.00	7.69	0.00	0.00	1.27
湖　北	0.00	0.00	0.00	0.00	0.00	0.00	0.00	7.69	2.70	0.00	1.27
广　东	0.00	0.00	0.00	0.00	0.00	0.00	0.00	5.13	0.00	0.00	0.63

续表

省　份	2013 年	2014 年	2015 年	2016 年	2017 年	2018 年	2019 年	2020 年	2021 年	2022 年	合计
江　苏	4.55	0.00	0.00	0.00	0.00	3.03	0.00	0.00	0.00	0.00	0.63
安　徽	0.00	0.00	0.00	0.00	0.00	0.00	0.00	2.56	0.00	0.00	0.32
福　建	0.00	0.00	0.00	0.00	0.00	0.00	0.00	2.56	0.00	0.00	0.32
海　南	0.00	0.00	0.00	0.00	0.00	0.00	0.00	2.56	0.00	0.00	0.32
河　南	0.00	0.00	0.00	0.00	0.00	0.00	0.00	2.56	0.00	0.00	0.32
湖　南	0.00	0.00	0.00	0.00	0.00	0.00	0.00	2.56	0.00	0.00	0.32
辽　宁	0.00	0.00	0.00	0.00	0.00	0.00	0.00	2.56	0.00	0.00	0.32
上　海	0.00	0.00	0.00	0.00	0.00	0.00	0.00	2.56	0.00	0.00	0.32
四　川	0.00	0.00	0.00	0.00	0.00	3.03	0.00	0.00	0.00	0.00	0.32
天　津	0.00	0.00	0.00	0.00	2.78	0.00	0.00	0.00	0.00	0.00	0.32
浙　江	0.00	0.00	0.00	0.00	0.00	0.00	0.00	2.56	0.00	0.00	0.32

表 9-14　产科医学和妇科医学 B 层人才的世界占比

单位：%

省　份	2013 年	2014 年	2015 年	2016 年	2017 年	2018 年	2019 年	2020 年	2021 年	2022 年	合计
上　海	0.70	1.81	0.66	1.64	0.62	0.65	0.26	1.57	1.07	0.00	0.88
北　京	0.70	1.08	0.33	0.00	1.23	1.29	0.53	1.31	0.80	0.29	0.76
湖　北	0.00	0.00	0.33	0.33	0.00	0.32	0.00	1.57	0.80	0.00	0.37
山　东	0.00	0.00	0.33	0.33	0.00	0.97	0.26	0.52	0.80	0.00	0.34
广　东	0.35	0.36	0.33	0.66	0.00	0.32	0.26	0.52	0.27	0.00	0.30
浙　江	0.35	0.00	0.00	0.33	0.00	0.97	0.26	0.52	0.53	0.00	0.30
四　川	0.35	0.36	0.00	0.00	0.62	0.00	0.53	0.52	0.27	0.00	0.27
天　津	1.05	0.00	0.33	0.00	0.00	0.65	0.26	0.26	0.00	0.00	0.24
安　徽	0.35	0.00	0.33	0.00	0.00	0.32	0.26	0.00	0.53	0.00	0.18
重　庆	0.35	0.00	0.00	0.00	0.00	0.00	0.26	1.05	0.00	0.00	0.18
江　苏	0.00	0.00	0.00	0.33	0.00	0.32	0.26	0.52	0.27	0.00	0.18
辽　宁	0.35	0.00	0.00	0.33	0.00	0.32	0.26	0.26	0.27	0.00	0.18
黑龙江	0.70	0.00	0.00	0.00	0.00	0.32	0.00	0.26	0.27	0.00	0.15
湖　南	0.35	0.36	0.00	0.33	0.00	0.00	0.00	0.00	0.27	0.00	0.12
福　建	0.00	0.00	0.00	0.00	0.00	0.32	0.26	0.26	0.00	0.00	0.09
河　北	0.00	0.00	0.00	0.00	0.00	0.32	0.26	0.26	0.00	0.00	0.09
河　南	0.00	0.00	0.00	0.00	0.00	0.32	0.00	0.00	0.53	0.00	0.09
江　西	0.00	0.00	0.00	0.33	0.00	0.00	0.00	0.00	0.00	0.00	0.09
内蒙古	0.00	0.00	0.00	0.00	0.00	0.32	0.00	0.00	0.00	0.00	0.03
陕　西	0.00	0.00	0.00	0.00	0.00	0.00	0.00	0.00	0.27	0.00	0.03

表 9-15 产科医学和妇科医学 C 层人才的世界占比

单位：%

省份	2013年	2014年	2015年	2016年	2017年	2018年	2019年	2020年	2021年	2022年	合计
北京	0.71	1.03	0.97	0.63	0.96	0.99	0.82	1.07	1.53	0.95	0.97
上海	0.92	0.55	0.84	0.86	0.93	0.86	1.22	0.99	1.35	1.07	0.97
广东	0.39	0.52	0.57	0.96	0.77	0.58	0.77	0.99	1.17	0.86	0.77
湖北	0.14	0.18	0.23	0.30	0.34	0.29	0.54	0.82	0.69	0.42	0.41
山东	0.21	0.26	0.30	0.26	0.31	0.45	0.65	0.52	0.48	0.39	0.39
浙江	0.49	0.29	0.23	0.36	0.46	0.42	0.37	0.49	0.42	0.36	0.39
四川	0.21	0.22	0.10	0.36	0.46	0.42	0.34	0.38	0.51	0.59	0.37
江苏	0.25	0.15	0.23	0.20	0.46	0.32	0.34	0.55	0.45	0.33	0.34
湖南	0.14	0.22	0.27	0.30	0.34	0.32	0.51	0.36	0.33	0.42	0.33
安徽	0.14	0.11	0.17	0.23	0.34	0.19	0.11	0.16	0.24	0.18	0.19
河南	0.07	0.04	0.10	0.26	0.19	0.13	0.17	0.25	0.27	0.27	0.18
辽宁	0.00	0.15	0.03	0.26	0.12	0.19	0.23	0.08	0.27	0.30	0.17
重庆	0.07	0.15	0.13	0.10	0.15	0.10	0.17	0.25	0.24	0.09	0.15
天津	0.21	0.07	0.23	0.17	0.19	0.03	0.06	0.11	0.03	0.15	0.12
福建	0.11	0.15	0.07	0.00	0.12	0.06	0.09	0.11	0.18	0.27	0.12
广西	0.11	0.11	0.07	0.07	0.09	0.06	0.11	0.08	0.12	0.09	0.09
陕西	0.04	0.07	0.13	0.03	0.15	0.06	0.03	0.11	0.12	0.15	0.09
黑龙江	0.11	0.18	0.03	0.03	0.06	0.06	0.06	0.05	0.12	0.09	0.08
甘肃	0.00	0.00	0.03	0.07	0.06	0.03	0.11	0.08	0.21	0.09	0.07
河北	0.00	0.00	0.03	0.00	0.12	0.03	0.03	0.08	0.06	0.18	0.06
江西	0.04	0.11	0.00	0.03	0.00	0.06	0.09	0.05	0.03	0.06	0.06
云南	0.00	0.00	0.07	0.07	0.03	0.00	0.09	0.08	0.12	0.06	0.05
山西	0.04	0.00	0.03	0.00	0.06	0.00	0.00	0.08	0.15	0.00	0.05
吉林	0.00	0.00	0.00	0.00	0.00	0.10	0.06	0.05	0.09	0.00	0.03
贵州	0.00	0.00	0.00	0.03	0.00	0.00	0.00	0.05	0.12	0.00	0.02
宁夏	0.04	0.04	0.00	0.03	0.00	0.03	0.06	0.00	0.00	0.03	0.02
新疆	0.04	0.00	0.00	0.00	0.00	0.00	0.03	0.03	0.00	0.06	0.02
海南	0.00	0.00	0.03	0.00	0.00	0.03	0.00	0.00	0.00	0.06	0.01
内蒙古	0.00	0.04	0.03	0.07	0.00	0.00	0.00	0.00	0.00	0.00	0.01
青海	0.00	0.00	0.00	0.00	0.00	0.00	0.00	0.00	0.00	0.06	0.01

六　男科学

男科学 A 层人才集中在江苏、浙江，世界占比均为 25.00%。

B 层人才仅分布在安徽、广东、山东、上海、浙江，世界占比均为 1.15%。

C 层人才最多的是上海，世界占比为 1.82%；广东 C 层人才以 1.05% 的世界占比排名第二；湖北、北京、江苏、浙江、湖南、山东、四川、安徽、重庆、河北、河南、福建、广西、吉林、天津也有一定数量的 C 层人才，世界占比大于或等于 0.1%。

表 9-16　男科学 A 层人才的世界占比

单位：%

省　份	2013 年	2014 年	2015 年	2016 年	2017 年	2018 年	2019 年	2020 年	2021 年	2022 年	合计
江　苏	0.00	0.00	0.00	0.00	0.00	0.00	0.00	0.00	0.00	100.00	25.00
浙　江	0.00	0.00	0.00	0.00	0.00	0.00	0.00	0.00	0.00	100.00	25.00

表 9-17　男科学 B 层人才的世界占比

单位：%

省　份	2013 年	2014 年	2015 年	2016 年	2017 年	2018 年	2019 年	2020 年	2021 年	2022 年	合计
安　徽	0.00	0.00	0.00	0.00	0.00	0.00	0.00	0.00	5.56	0.00	1.15
广　东	0.00	0.00	0.00	0.00	7.69	0.00	0.00	0.00	0.00	0.00	1.15
山　东	0.00	0.00	0.00	0.00	0.00	0.00	9.09	0.00	0.00	0.00	1.15
上　海	0.00	0.00	20.00	0.00	0.00	0.00	0.00	0.00	0.00	0.00	1.15
浙　江	0.00	0.00	20.00	0.00	0.00	0.00	0.00	0.00	0.00	0.00	1.15

表 9-18　男科学 C 层人才的世界占比

单位：%

省　份	2013 年	2014 年	2015 年	2016 年	2017 年	2018 年	2019 年	2020 年	2021 年	2022 年	合计
上　海	4.11	2.67	5.06	1.08	2.78	0.00	1.50	0.71	0.65	2.35	1.82
广　东	0.00	1.33	0.00	0.00	0.93	1.89	2.26	0.71	1.30	1.18	1.05
湖　北	1.37	0.00	1.27	1.08	0.00	2.83	0.75	1.43	0.00	1.18	0.96
北　京	1.37	0.00	0.00	1.08	0.93	1.89	0.75	0.71	0.65	1.18	0.86

省　份	2013 年	2014 年	2015 年	2016 年	2017 年	2018 年	2019 年	2020 年	2021 年	2022 年	合计
江　苏	2.74	1.33	0.00	0.00	0.00	2.83	0.75	0.00	0.65	0.00	0.76
浙　江	0.00	0.00	0.00	0.00	0.93	0.00	1.50	0.00	1.30	1.18	0.57
湖　南	0.00	0.00	1.27	0.00	0.00	0.00	0.00	0.71	1.30	1.18	0.48
山　东	0.00	0.00	0.00	0.00	0.93	0.00	0.00	1.43	1.30	0.00	0.48
四　川	1.37	1.33	0.00	0.00	0.00	0.00	0.00	0.00	0.65	1.18	0.38
安　徽	1.37	1.33	0.00	0.00	0.00	0.00	0.00	0.00	0.00	0.00	0.19
重　庆	0.00	1.33	0.00	0.00	0.00	0.00	0.00	0.00	0.65	0.00	0.19
河　北	0.00	0.00	0.00	0.00	0.00	0.94	0.75	0.00	0.00	0.00	0.19
河　南	0.00	0.00	0.00	1.08	0.00	0.00	0.75	0.00	0.00	0.00	0.19
福　建	0.00	0.00	0.00	0.00	0.00	0.00	0.00	0.00	0.65	0.00	0.10
广　西	0.00	0.00	0.00	0.00	0.00	0.00	0.00	0.00	0.65	0.00	0.10
吉　林	0.00	0.00	0.00	0.00	0.00	0.00	0.00	0.00	0.65	0.00	0.10
天　津	0.00	0.00	0.00	0.00	0.00	0.00	0.75	0.00	0.00	0.00	0.10

七　儿科学

儿科学 A 层人才最多的是北京，世界占比为 1.23%；江苏、上海 A 层人才的世界占比均为 0.49%，并列排名第二；安徽、河北、河南、湖北、山东、天津、浙江也有一定数量的 A 层人才，世界占比均为 0.25%。

B 层人才最多的是北京，世界占比为 0.45%；上海、湖北、广东、浙江、安徽、山东也有一定数量的 B 层人才，世界占比均超过 0.1%；福建、四川、贵州、河北、河南、湖南、吉林、辽宁、重庆、甘肃、江苏、天津、云南 B 层人才的世界占比均低于 0.1%。

C 层人才最多的是北京，世界占比为 0.52%；上海、广东、重庆、四川、浙江、湖北、江苏、湖南、山东也有一定数量的 C 层人才，世界占比均超过 0.1%；天津、安徽、福建、河南、辽宁、甘肃、吉林、陕西、云南、贵州、江西、河北、山西、广西、海南、新疆、黑龙江、内蒙古、宁夏 C 层人才的世界占比均低于 0.1%。

表 9-19 儿科学 A 层人才的世界占比

单位：%

省　份	2013 年	2014 年	2015 年	2016 年	2017 年	2018 年	2019 年	2020 年	2021 年	2022 年	合计
北　京	0.00	0.00	0.00	0.00	0.00	2.33	2.78	4.17	0.00	1.92	1.23
江　苏	0.00	0.00	0.00	0.00	0.00	0.00	2.78	2.08	0.00	0.00	0.49
上　海	0.00	0.00	0.00	0.00	0.00	0.00	2.78	2.08	0.00	0.00	0.49
安　徽	0.00	0.00	0.00	0.00	0.00	0.00	0.00	2.08	0.00	0.00	0.25
河　北	0.00	0.00	0.00	0.00	0.00	0.00	0.00	2.08	0.00	0.00	0.25
河　南	0.00	0.00	0.00	0.00	0.00	0.00	0.00	2.08	0.00	0.00	0.25
湖　北	0.00	0.00	0.00	0.00	0.00	0.00	0.00	2.08	0.00	0.00	0.25
山　东	0.00	0.00	0.00	0.00	0.00	0.00	0.00	2.08	0.00	0.00	0.25
天　津	0.00	0.00	0.00	0.00	0.00	0.00	0.00	2.08	0.00	0.00	0.25
浙　江	0.00	0.00	0.00	2.63	0.00	0.00	0.00	0.00	0.00	0.00	0.25

表 9-20 儿科学 B 层人才的世界占比

单位：%

省　份	2013 年	2014 年	2015 年	2016 年	2017 年	2018 年	2019 年	2020 年	2021 年	2022 年	合计
北　京	0.68	0.00	0.00	0.00	0.28	0.00	0.73	1.40	0.63	0.46	0.45
上　海	0.00	0.69	0.32	0.00	0.28	0.00	0.49	1.16	0.21	0.69	0.40
湖　北	0.00	0.00	0.00	0.28	0.28	0.00	0.24	2.09	0.00	0.00	0.32
广　东	0.00	0.00	0.00	0.00	0.00	0.00	0.00	1.16	0.42	0.69	0.27
浙　江	0.68	0.00	0.00	0.00	0.00	0.26	0.47	0.21	0.69	0.24
安　徽	0.00	0.00	0.00	0.00	0.00	0.26	0.24	0.23	0.00	0.23	0.11
山　东	0.00	0.00	0.00	0.00	0.00	0.00	0.00	0.47	0.42	0.00	0.11
福　建	0.00	0.00	0.00	0.00	0.00	0.00	0.00	0.47	0.00	0.23	0.08
四　川	0.00	0.00	0.00	0.00	0.28	0.00	0.24	0.00	0.00	0.23	0.08
贵　州	0.00	0.00	0.00	0.00	0.00	0.00	0.00	0.23	0.21	0.00	0.05
河　北	0.34	0.00	0.00	0.00	0.00	0.00	0.00	0.23	0.00	0.00	0.05
河　南	0.00	0.00	0.00	0.00	0.00	0.00	0.00	0.00	0.42	0.00	0.05
湖　南	0.00	0.00	0.00	0.28	0.28	0.00	0.00	0.00	0.00	0.00	0.05
吉　林	0.00	0.00	0.00	0.00	0.00	0.00	0.00	0.23	0.21	0.00	0.05
辽　宁	0.00	0.00	0.00	0.00	0.00	0.00	0.00	0.47	0.00	0.00	0.05
重　庆	0.00	0.00	0.00	0.00	0.00	0.00	0.00	0.00	0.21	0.00	0.03
甘　肃	0.00	0.00	0.00	0.00	0.00	0.00	0.00	0.00	0.21	0.00	0.03
江　苏	0.00	0.00	0.00	0.00	0.00	0.00	0.24	0.00	0.00	0.00	0.03
天　津	0.00	0.00	0.00	0.00	0.28	0.00	0.00	0.00	0.00	0.00	0.03
云　南	0.00	0.00	0.00	0.00	0.00	0.00	0.00	0.00	0.21	0.00	0.03

表 9-21 儿科学 C 层人才的世界占比

单位：%

省　份	2013 年	2014 年	2015 年	2016 年	2017 年	2018 年	2019 年	2020 年	2021 年	2022 年	合计
北　京	0.42	0.34	0.26	0.31	0.39	0.29	0.73	0.70	0.69	0.88	0.52
上　海	0.18	0.37	0.33	0.56	0.45	0.24	0.56	0.41	0.58	0.55	0.43
广　东	0.07	0.07	0.10	0.23	0.31	0.26	0.36	0.46	0.47	0.67	0.32
重　庆	0.07	0.10	0.03	0.08	0.14	0.18	0.24	0.34	0.27	0.35	0.19
四　川	0.07	0.00	0.20	0.06	0.11	0.24	0.29	0.27	0.33	0.18	0.19
浙　江	0.07	0.10	0.16	0.06	0.14	0.16	0.27	0.19	0.33	0.26	0.18
湖　北	0.04	0.03	0.00	0.08	0.17	0.08	0.24	0.61	0.18	0.18	0.18
江　苏	0.04	0.00	0.03	0.11	0.06	0.10	0.24	0.19	0.29	0.29	0.15
湖　南	0.00	0.03	0.03	0.11	0.03	0.13	0.29	0.29	0.16	0.09	0.13
山　东	0.00	0.14	0.03	0.08	0.17	0.10	0.17	0.12	0.09	0.15	0.11
天　津	0.07	0.00	0.00	0.00	0.14	0.16	0.12	0.15	0.02	0.12	0.08
安　徽	0.00	0.10	0.16	0.00	0.14	0.08	0.12	0.05	0.04	0.09	0.08
福　建	0.00	0.00	0.03	0.00	0.08	0.03	0.15	0.02	0.11	0.23	0.07
河　南	0.04	0.03	0.00	0.00	0.03	0.05	0.15	0.10	0.11	0.15	0.07
辽　宁	0.07	0.00	0.00	0.03	0.00	0.05	0.02	0.07	0.09	0.12	0.05
甘　肃	0.00	0.00	0.00	0.00	0.03	0.05	0.05	0.02	0.13	0.12	0.04
吉　林	0.04	0.07	0.07	0.06	0.00	0.00	0.02	0.02	0.11	0.03	0.04
陕　西	0.04	0.03	0.07	0.06	0.00	0.00	0.05	0.05	0.02	0.06	0.04
云　南	0.00	0.00	0.00	0.00	0.00	0.05	0.12	0.07	0.04	0.06	0.04
贵　州	0.00	0.00	0.00	0.08	0.03	0.03	0.07	0.02	0.00	0.03	0.03
江　西	0.00	0.00	0.00	0.00	0.00	0.03	0.12	0.05	0.02	0.03	0.03
河　北	0.00	0.00	0.00	0.03	0.00	0.03	0.02	0.05	0.07	0.06	0.03
山　西	0.00	0.03	0.00	0.00	0.06	0.00	0.07	0.00	0.04	0.00	0.03
广　西	0.00	0.03	0.00	0.00	0.03	0.00	0.07	0.07	0.00	0.00	0.02
海　南	0.00	0.00	0.00	0.00	0.00	0.00	0.02	0.10	0.00	0.03	0.02
新　疆	0.04	0.00	0.00	0.00	0.00	0.00	0.02	0.02	0.06	0.00	0.02
黑龙江	0.04	0.03	0.00	0.00	0.00	0.00	0.05	0.00	0.00	0.03	0.01
内蒙古	0.00	0.00	0.00	0.00	0.00	0.00	0.02	0.02	0.00	0.00	0.01
宁　夏	0.00	0.00	0.00	0.00	0.03	0.00	0.00	0.02	0.00	0.00	0.01

八　泌尿学和肾脏学

泌尿学和肾脏学 A 层人才仅分布在北京、江苏、安徽、广东、上海，其中，A 层人才最多的是北京，世界占比为 1.06%；江苏 A 层人才以

0.70%的世界占比排名第二；安徽、广东、上海也有一定数量的A层人才，世界占比均为0.35%。

B层人才最多的是广东，世界占比为0.85%；北京、江苏、湖北、上海、浙江、湖南、四川、安徽、河南、重庆、甘肃、广西、江西、辽宁、山东、山西也有一定数量的B层人才，世界占比大于或等于0.1%；福建、河北、黑龙江、内蒙古、贵州、吉林、宁夏、陕西、天津、新疆、云南B层人才的世界占比均低于0.1%。

C层人才最多的是北京，世界占比为0.89%；广东、上海、江苏、湖北、湖南、四川、浙江、山东、河南、重庆、安徽、天津也有一定数量的C层人才，世界占比均超过0.1%；广西、福建、江西、吉林、辽宁、贵州、黑龙江、陕西、河北、山西、甘肃、海南、内蒙古、宁夏、云南、新疆C层人才的世界占比均低于0.1%。

表9-22　泌尿学和肾脏学A层人才的世界占比

单位：%

省　份	2013年	2014年	2015年	2016年	2017年	2018年	2019年	2020年	2021年	2022年	合计
北　京	5.00	0.00	3.45	0.00	0.00	0.00	0.00	0.00	0.00	2.78	1.06
江　苏	0.00	0.00	0.00	0.00	0.00	0.00	0.00	0.00	2.56	2.78	0.70
安　徽	0.00	0.00	0.00	3.57	0.00	0.00	0.00	0.00	0.00	0.00	0.35
广　东	0.00	0.00	0.00	0.00	0.00	0.00	0.00	11.11	0.00	0.00	0.35
上　海	0.00	0.00	0.00	0.00	0.00	3.23	0.00	0.00	0.00	0.00	0.35

表9-23　泌尿学和肾脏学B层人才的世界占比

单位：%

省　份	2013年	2014年	2015年	2016年	2017年	2018年	2019年	2020年	2021年	2022年	合计
广　东	0.41	0.00	1.15	0.78	0.69	0.71	1.33	0.00	1.42	1.73	0.85
北　京	0.00	0.00	0.77	0.39	1.04	0.35	1.67	1.38	0.28	0.87	0.71
江　苏	0.00	0.38	0.77	0.00	1.04	0.71	1.00	0.83	0.28	1.16	0.64
湖　北	0.00	0.00	1.15	0.39	0.69	0.00	0.00	2.48	0.28	0.00	0.54
上　海	0.00	0.00	1.15	0.39	1.74	0.00	1.00	0.28	0.28	0.58	0.54
浙　江	0.00	0.00	0.77	0.00	0.69	0.00	1.00	0.55	0.00	0.58	0.37

续表

省 份	2013 年	2014 年	2015 年	2016 年	2017 年	2018 年	2019 年	2020 年	2021 年	2022 年	合计
湖 南	0.00	0.38	0.38	0.00	1.39	0.00	0.00	0.55	0.00	0.29	0.30
四 川	0.00	0.38	0.77	0.39	0.35	0.35	0.33	0.00	0.00	0.29	0.27
安 徽	0.00	0.38	0.38	0.00	0.00	0.00	0.67	0.00	0.00	0.00	0.14
河 南	0.00	0.00	1.15	0.00	0.00	0.00	0.00	0.00	0.28	0.00	0.14
重 庆	0.00	0.00	0.38	0.00	0.35	0.00	0.00	0.00	0.28	0.00	0.10
甘 肃	0.00	0.00	0.00	0.00	0.35	0.00	0.33	0.00	0.00	0.00	0.10
广 西	0.00	0.00	0.38	0.00	0.00	0.00	0.33	0.28	0.00	0.00	0.10
江 西	0.00	0.00	0.38	0.00	0.00	0.00	0.67	0.00	0.00	0.00	0.10
辽 宁	0.00	0.00	0.38	0.00	0.00	0.00	0.67	0.00	0.00	0.00	0.10
山 东	0.00	0.00	0.38	0.00	0.00	0.00	0.00	0.28	0.00	0.29	0.10
山 西	0.00	0.00	0.38	0.00	0.69	0.00	0.00	0.00	0.00	0.00	0.10
福 建	0.00	0.00	0.77	0.00	0.00	0.00	0.00	0.00	0.00	0.00	0.07
河 北	0.00	0.00	0.77	0.00	0.00	0.00	0.00	0.00	0.00	0.00	0.07
黑龙江	0.00	0.00	0.77	0.00	0.00	0.00	0.00	0.00	0.00	0.00	0.07
内蒙古	0.00	0.00	0.38	0.00	0.00	0.00	0.33	0.00	0.00	0.00	0.07
贵 州	0.00	0.00	0.38	0.00	0.00	0.00	0.00	0.00	0.00	0.00	0.03
吉 林	0.00	0.00	0.38	0.00	0.00	0.00	0.00	0.00	0.00	0.00	0.03
宁 夏	0.00	0.00	0.38	0.00	0.00	0.00	0.00	0.00	0.00	0.00	0.03
陕 西	0.00	0.00	0.00	0.00	0.00	0.00	0.33	0.00	0.00	0.00	0.03
天 津	0.00	0.00	0.00	0.00	0.35	0.00	0.00	0.00	0.00	0.00	0.03
新 疆	0.00	0.00	0.38	0.00	0.00	0.00	0.00	0.00	0.00	0.00	0.03
云 南	0.00	0.00	0.38	0.00	0.00	0.00	0.00	0.00	0.00	0.00	0.03

表 9-24　泌尿学和肾脏学 C 层人才的世界占比

单位：%

省 份	2013 年	2014 年	2015 年	2016 年	2017 年	2018 年	2019 年	2020 年	2021 年	2022 年	合计
北 京	1.14	0.58	0.63	0.82	0.99	1.15	1.01	1.05	0.80	0.78	0.89
广 东	0.80	0.50	0.98	0.86	1.06	0.90	0.61	0.96	0.74	0.75	0.82
上 海	0.97	0.69	1.14	0.93	0.85	1.01	0.47	0.73	0.56	0.87	0.81
江 苏	0.59	0.35	0.67	0.58	0.81	0.83	0.64	0.47	0.50	0.51	0.59
湖 北	0.17	0.39	0.39	0.19	0.39	0.36	0.27	0.55	0.24	0.48	0.35
湖 南	0.13	0.19	0.24	0.27	0.42	0.25	0.47	0.32	0.41	0.33	0.31
四 川	0.08	0.35	0.27	0.16	0.21	0.43	0.17	0.15	0.35	0.30	0.25

省　份	2013 年	2014 年	2015 年	2016 年	2017 年	2018 年	2019 年	2020 年	2021 年	2022 年	合计
浙　江	0.21	0.23	0.08	0.12	0.42	0.40	0.17	0.32	0.27	0.12	0.24
山　东	0.13	0.23	0.20	0.12	0.04	0.40	0.13	0.12	0.29	0.36	0.20
河　南	0.04	0.12	0.16	0.08	0.21	0.29	0.20	0.29	0.18	0.18	0.18
重　庆	0.13	0.23	0.20	0.04	0.11	0.36	0.10	0.20	0.09	0.06	0.15
安　徽	0.17	0.12	0.16	0.00	0.04	0.18	0.20	0.15	0.15	0.24	0.14
天　津	0.17	0.08	0.04	0.08	0.21	0.07	0.20	0.06	0.03	0.24	0.12
广　西	0.13	0.08	0.00	0.04	0.07	0.14	0.07	0.17	0.15	0.06	0.09
福　建	0.04	0.08	0.00	0.08	0.04	0.14	0.13	0.12	0.12	0.09	0.09
江　西	0.04	0.04	0.08	0.04	0.04	0.04	0.03	0.17	0.18	0.09	0.08
吉　林	0.13	0.12	0.08	0.04	0.11	0.07	0.10	0.03	0.09	0.03	0.08
辽　宁	0.13	0.04	0.12	0.00	0.11	0.11	0.07	0.15	0.06	0.00	0.08
贵　州	0.00	0.00	0.16	0.16	0.07	0.14	0.03	0.06	0.06	0.06	0.07
黑龙江	0.00	0.12	0.00	0.16	0.00	0.04	0.03	0.06	0.09	0.09	0.06
陕　西	0.04	0.04	0.04	0.04	0.04	0.14	0.03	0.03	0.12	0.06	0.06
河　北	0.04	0.00	0.04	0.04	0.04	0.25	0.03	0.00	0.03	0.03	0.05
山　西	0.04	0.04	0.04	0.04	0.07	0.11	0.00	0.06	0.03	0.00	0.04
甘　肃	0.04	0.04	0.00	0.04	0.04	0.11	0.03	0.03	0.03	0.00	0.03
海　南	0.00	0.00	0.00	0.00	0.00	0.04	0.00	0.00	0.03	0.00	0.02
内蒙古	0.08	0.04	0.00	0.00	0.00	0.00	0.00	0.00	0.00	0.09	0.02
宁　夏	0.04	0.00	0.00	0.00	0.00	0.00	0.00	0.06	0.00	0.06	0.02
云　南	0.00	0.00	0.00	0.00	0.00	0.04	0.00	0.00	0.06	0.00	0.01
新　疆	0.00	0.00	0.00	0.00	0.00	0.00	0.03	0.03	0.00	0.03	0.01

九　运动科学

运动科学 A 层人才仅分布在北京和上海，世界占比均为 0.49%。

B 层人才最多的是上海，世界占比为 0.34%；四川 B 层人才以 0.14% 的世界占比排名第二；北京、广东、河南、湖南、浙江也有一定数量的 B 层人才，世界占比均为 0.10%；安徽、重庆、福建、贵州、山东 B 层人才的世界占比均为 0.05%。

C 层人才最多的是上海，世界占比为 0.52%；北京、广东、江苏、四川、浙江也有一定数量的 C 层人才，世界占比大于或等于 0.1%；湖北、山东、湖南、天津、重庆、福建、吉林、辽宁、陕西、河南、甘肃、河北、贵州、黑龙江、江西、安徽、青海、西藏、新疆、云南 C 层人才的世界占比均低于 0.1%。

表 9-25　运动科学 A 层人才的世界占比

单位：%

省　份	2013 年	2014 年	2015 年	2016 年	2017 年	2018 年	2019 年	2020 年	2021 年	2022 年	合计
北　京	0.00	0.00	0.00	0.00	0.00	0.00	0.00	0.00	0.00	4.17	0.49
上　海	0.00	0.00	0.00	0.00	0.00	0.00	0.00	3.70	0.00	0.00	0.49

表 9-26　运动科学 B 层人才的世界占比

单位：%

省　份	2013 年	2014 年	2015 年	2016 年	2017 年	2018 年	2019 年	2020 年	2021 年	2022 年	合计
上　海	0.00	0.58	0.00	0.52	0.00	0.00	1.21	0.00	0.00	1.01	0.34
四　川	0.00	0.00	0.00	0.00	0.00	0.00	0.00	0.40	0.40	0.51	0.14
北　京	0.65	0.00	0.00	0.00	0.00	0.46	0.00	0.00	0.00	0.00	0.10
广　东	0.00	0.00	0.00	0.54	0.00	0.00	0.00	0.00	0.00	0.51	0.10
河　南	0.00	0.00	0.00	0.00	0.00	0.00	0.40	0.00	0.00	0.51	0.10
湖　南	0.00	0.00	0.54	0.52	0.00	0.00	0.00	0.00	0.00	0.00	0.10
浙　江	0.00	0.00	0.00	0.00	0.00	0.00	0.40	0.00	0.00	0.51	0.10
安　徽	0.00	0.00	0.00	0.00	0.00	0.00	0.40	0.00	0.00	0.00	0.05
重　庆	0.00	0.00	0.00	0.00	0.48	0.00	0.00	0.00	0.00	0.00	0.05
福　建	0.65	0.00	0.00	0.00	0.00	0.00	0.00	0.00	0.00	0.00	0.05
贵　州	0.65	0.00	0.00	0.00	0.00	0.00	0.00	0.00	0.00	0.00	0.05
山　东	0.00	0.00	0.54	0.00	0.00	0.00	0.00	0.00	0.00	0.00	0.05

表 9-27　运动科学 C 层人才的世界占比

单位：%

省　份	2013 年	2014 年	2015 年	2016 年	2017 年	2018 年	2019 年	2020 年	2021 年	2022 年	合计
上　海	0.20	0.18	0.29	0.21	0.53	0.38	0.64	0.77	0.93	0.74	0.52
北　京	0.46	0.24	0.12	0.26	0.38	0.00	0.43	0.33	0.58	0.80	0.36
广　东	0.07	0.12	0.12	0.16	0.10	0.33	0.26	0.28	0.58	0.32	0.25
江　苏	0.13	0.06	0.12	0.05	0.10	0.00	0.04	0.16	0.22	0.42	0.13

续表

省　份	2013 年	2014 年	2015 年	2016 年	2017 年	2018 年	2019 年	2020 年	2021 年	2022 年	合计
四　川	0.00	0.12	0.06	0.05	0.10	0.19	0.04	0.16	0.09	0.16	0.10
浙　江	0.00	0.06	0.12	0.11	0.10	0.05	0.13	0.16	0.13	0.05	0.10
湖　北	0.07	0.06	0.06	0.21	0.10	0.10	0.13	0.00	0.04	0.05	0.08
山　东	0.07	0.06	0.00	0.11	0.00	0.10	0.17	0.04	0.09	0.11	0.08
湖　南	0.13	0.00	0.12	0.11	0.10	0.05	0.09	0.08	0.04	0.00	0.07
天　津	0.00	0.00	0.17	0.05	0.00	0.00	0.00	0.12	0.00	0.21	0.06
重　庆	0.00	0.00	0.00	0.00	0.00	0.00	0.17	0.08	0.18	0.00	0.05
福　建	0.07	0.00	0.00	0.05	0.05	0.00	0.00	0.09	0.09	0.16	0.05
吉　林	0.00	0.00	0.00	0.00	0.00	0.10	0.04	0.04	0.04	0.00	0.04
辽　宁	0.00	0.00	0.00	0.11	0.05	0.00	0.00	0.08	0.00	0.11	0.04
陕　西	0.00	0.00	0.00	0.00	0.05	0.05	0.00	0.00	0.00	0.11	0.03
河　南	0.00	0.00	0.00	0.00	0.00	0.00	0.05	0.00	0.08	0.04	0.02
甘　肃	0.00	0.00	0.00	0.00	0.00	0.00	0.00	0.00	0.04	0.11	0.02
河　北	0.07	0.00	0.00	0.00	0.00	0.00	0.00	0.04	0.00	0.00	0.02
贵　州	0.00	0.00	0.00	0.00	0.00	0.00	0.05	0.00	0.04	0.00	0.01
黑龙江	0.00	0.00	0.00	0.00	0.00	0.05	0.00	0.00	0.00	0.00	0.01
江　西	0.00	0.00	0.00	0.06	0.00	0.00	0.04	0.00	0.00	0.00	0.01
安　徽	0.00	0.00	0.00	0.00	0.00	0.00	0.05	0.00	0.00	0.00	0.01
青　海	0.00	0.06	0.00	0.00	0.00	0.00	0.00	0.00	0.00	0.00	0.01
西　藏	0.00	0.00	0.00	0.00	0.00	0.00	0.00	0.00	0.00	0.05	0.01
新　疆	0.07	0.00	0.00	0.00	0.00	0.00	0.00	0.00	0.00	0.00	0.01
云　南	0.00	0.00	0.00	0.00	0.00	0.00	0.00	0.04	0.00	0.00	0.01

十　内分泌学和新陈代谢

内分泌学和新陈代谢 A 层人才最多的是上海，世界占比为 1.70%；北京、湖北 A 层人才分别以 1.42%、1.13% 的世界占比排名第二、第三位；广东、湖南、福建、江苏、江西、山东、四川、天津、浙江、安徽、重庆、甘肃、广西、贵州、海南、河北、黑龙江、河南、内蒙古、吉林、辽宁、宁夏、青海、山西、西藏、新疆、云南也有一定数量的 A 层人才，世界占比均超过 0.2%。

B 层人才最多的是北京，世界占比为 1.24%；上海、广东、湖北、浙江、江苏、山东、湖南、天津、安徽、陕西、四川、福建、河南、辽宁也有一定数量的 B 层人才，世界占比均超过 0.1%；重庆、吉林、甘肃、河北、广西、黑龙江、江西、宁夏、山西、新疆、云南、贵州、内蒙古、青海 B 层人才的世界占比均低于 0.1%。

C 层人才最多的是北京，世界占比为 1.57%；上海、广东 C 层人才分别以 1.29%、1.04% 的世界占比排名第二、第三位；江苏、浙江、湖北、四川、山东、湖南、辽宁、天津、重庆、陕西、河南、吉林、福建、黑龙江、安徽、江西、甘肃、广西、河北也有一定数量的 C 层人才，世界占比大于或等于 0.1%；贵州、云南、海南、山西、新疆、内蒙古、宁夏、青海 C 层人才的世界占比均低于 0.1%。

表 9-28 内分泌学和新陈代谢 A 层人才的世界占比

单位：%

省　份	2013 年	2014 年	2015 年	2016 年	2017 年	2018 年	2019 年	2020 年	2021 年	2022 年	合计
上　海	4.55	0.00	0.00	0.00	0.00	2.17	1.89	1.92	0.00	2.00	1.70
北　京	4.55	0.00	0.00	0.00	0.00	0.00	0.00	1.92	2.04	2.00	1.42
湖　北	0.00	0.00	0.00	0.00	0.00	0.00	0.00	5.77	2.04	0.00	1.13
广　东	2.27	0.00	0.00	0.00	0.00	0.00	0.00	3.85	0.00	0.00	0.85
湖　南	2.27	0.00	0.00	0.00	0.00	0.00	0.00	3.85	0.00	0.00	0.85
福　建	0.00	0.00	0.00	0.00	0.00	2.17	0.00	1.92	0.00	0.00	0.57
江　苏	2.27	0.00	0.00	0.00	0.00	0.00	0.00	1.92	0.00	0.00	0.57
江　西	0.00	0.00	0.00	0.00	0.00	0.00	0.00	1.92	2.04	0.00	0.57
山　东	2.27	0.00	0.00	0.00	0.00	0.00	0.00	1.92	0.00	0.00	0.57
四　川	0.00	0.00	0.00	0.00	0.00	0.00	0.00	1.92	2.04	0.00	0.57
天　津	2.27	0.00	0.00	0.00	0.00	0.00	0.00	1.92	0.00	0.00	0.57
浙　江	0.00	0.00	0.00	0.00	0.00	0.00	0.00	3.85	0.00	0.00	0.57
安　徽	0.00	0.00	0.00	0.00	0.00	0.00	0.00	1.92	0.00	0.00	0.28
重　庆	0.00	0.00	0.00	0.00	0.00	0.00	0.00	1.92	0.00	0.00	0.28
甘　肃	0.00	0.00	0.00	0.00	0.00	0.00	0.00	1.92	0.00	0.00	0.28
广　西	0.00	0.00	0.00	0.00	0.00	0.00	0.00	1.92	0.00	0.00	0.28
贵　州	0.00	0.00	0.00	0.00	0.00	0.00	0.00	1.92	0.00	0.00	0.28
海　南	0.00	0.00	0.00	0.00	0.00	0.00	0.00	1.92	0.00	0.00	0.28
河　北	0.00	0.00	0.00	0.00	0.00	0.00	0.00	1.92	0.00	0.00	0.28

续表

省　份	2013 年	2014 年	2015 年	2016 年	2017 年	2018 年	2019 年	2020 年	2021 年	2022 年	合计
黑龙江	0.00	0.00	0.00	0.00	0.00	0.00	0.00	1.92	0.00	0.00	0.28
河　南	0.00	0.00	0.00	0.00	0.00	0.00	0.00	1.92	0.00	0.00	0.28
内蒙古	0.00	0.00	0.00	0.00	0.00	0.00	0.00	1.92	0.00	0.00	0.28
吉　林	0.00	0.00	0.00	0.00	0.00	0.00	0.00	1.92	0.00	0.00	0.28
辽　宁	0.00	0.00	0.00	0.00	0.00	0.00	0.00	1.92	0.00	0.00	0.28
宁　夏	0.00	0.00	0.00	0.00	0.00	0.00	0.00	1.92	0.00	0.00	0.28
青　海	0.00	0.00	0.00	0.00	0.00	0.00	0.00	1.92	0.00	0.00	0.28
山　西	0.00	0.00	0.00	0.00	0.00	0.00	0.00	1.92	0.00	0.00	0.28
西　藏	0.00	0.00	0.00	0.00	0.00	0.00	0.00	1.92	0.00	0.00	0.28
新　疆	0.00	0.00	0.00	0.00	0.00	0.00	0.00	1.92	0.00	0.00	0.28
云　南	0.00	0.00	0.00	0.00	0.00	0.00	0.00	1.92	0.00	0.00	0.28

表 9-29　内分泌学和新陈代谢 B 层人才的世界占比

单位：%

省　份	2013 年	2014 年	2015 年	2016 年	2017 年	2018 年	2019 年	2020 年	2021 年	2022 年	合计
北　京	0.49	1.66	0.49	0.67	0.61	1.16	1.45	1.06	2.49	2.21	1.24
上　海	0.24	0.71	0.24	0.45	0.81	1.39	0.83	1.28	2.08	1.33	0.96
广　东	0.24	0.24	0.24	0.67	0.20	0.23	0.62	1.91	1.87	0.66	0.71
湖　北	0.24	0.47	0.49	0.00	0.00	0.23	0.62	2.55	0.83	0.44	0.60
浙　江	0.24	0.24	0.24	0.45	0.00	0.00	0.62	1.28	1.25	0.66	0.49
江　苏	0.24	0.00	0.00	0.22	0.20	0.46	0.41	0.64	1.46	0.66	0.44
山　东	0.24	0.47	0.00	0.22	0.41	0.23	0.62	0.64	0.42	0.44	0.38
湖　南	0.00	0.00	0.00	0.00	0.00	0.46	0.21	0.85	0.62	0.44	0.29
天　津	0.00	0.00	0.00	0.22	0.00	0.00	0.41	0.00	0.21	0.66	0.18
安　徽	0.00	0.24	0.00	0.00	0.00	0.00	0.21	0.43	0.42	0.22	0.16
陕　西	0.24	0.47	0.00	0.00	0.00	0.00	0.00	0.62	0.00	0.22	0.16
四　川	0.00	0.24	0.00	0.00	0.00	0.00	0.21	0.00	0.62	0.22	0.13
福　建	0.00	0.24	0.00	0.00	0.00	0.00	0.21	0.43	0.00	0.22	0.11
河　南	0.00	0.00	0.00	0.00	0.00	0.20	0.41	0.21	0.00	0.22	0.11
辽　宁	0.00	0.00	0.00	0.00	0.00	0.23	0.41	0.43	0.00	0.00	0.11
重　庆	0.00	0.00	0.24	0.00	0.00	0.00	0.21	0.00	0.21	0.22	0.09
吉　林	0.24	0.00	0.00	0.00	0.00	0.00	0.00	0.62	0.00	0.00	0.09
甘　肃	0.00	0.00	0.00	0.00	0.00	0.00	0.21	0.00	0.00	0.44	0.07

续表

省　份	2013 年	2014 年	2015 年	2016 年	2017 年	2018 年	2019 年	2020 年	2021 年	2022 年	合计
河　北	0.00	0.00	0.00	0.00	0.20	0.00	0.21	0.00	0.21	0.00	0.07
广　西	0.00	0.00	0.00	0.00	0.00	0.00	0.21	0.21	0.00	0.00	0.04
黑龙江	0.00	0.00	0.00	0.00	0.00	0.23	0.21	0.00	0.00	0.00	0.04
江　西	0.00	0.00	0.00	0.00	0.00	0.00	0.00	0.00	0.21	0.22	0.04
宁　夏	0.00	0.00	0.00	0.00	0.00	0.00	0.41	0.00	0.00	0.00	0.04
山　西	0.24	0.00	0.00	0.00	0.00	0.00	0.00	0.00	0.21	0.00	0.04
新　疆	0.00	0.00	0.00	0.22	0.20	0.00	0.00	0.00	0.00	0.00	0.04
云　南	0.00	0.00	0.00	0.00	0.00	0.23	0.21	0.00	0.00	0.00	0.04
贵　州	0.00	0.00	0.00	0.00	0.00	0.00	0.21	0.00	0.00	0.00	0.02
内蒙古	0.00	0.00	0.00	0.00	0.20	0.00	0.00	0.00	0.00	0.00	0.02
青　海	0.00	0.00	0.00	0.00	0.00	0.00	0.00	0.00	0.21	0.00	0.02

表 9-30　内分泌学和新陈代谢 C 层人才的世界占比

单位：%

省　份	2013 年	2014 年	2015 年	2016 年	2017 年	2018 年	2019 年	2020 年	2021 年	2022 年	合计
北　京	1.03	1.04	1.17	1.30	1.37	1.76	1.75	1.65	1.72	2.75	1.57
上　海	0.91	0.93	0.90	1.47	1.01	1.41	1.58	1.08	1.72	1.82	1.29
广　东	0.66	0.52	0.74	0.49	0.94	1.07	0.98	1.41	1.61	1.84	1.04
江　苏	0.34	0.57	0.57	0.78	0.69	0.95	1.00	0.74	0.76	1.46	0.79
浙　江	0.12	0.38	0.41	0.42	0.46	0.53	0.51	0.65	1.00	1.53	0.61
湖　北	0.27	0.24	0.44	0.42	0.32	0.44	0.66	1.02	0.94	1.08	0.59
四　川	0.20	0.26	0.14	0.39	0.41	0.32	0.47	0.80	0.74	0.91	0.47
山　东	0.20	0.21	0.19	0.44	0.27	0.37	0.58	0.61	0.52	1.10	0.46
湖　南	0.22	0.24	0.25	0.22	0.14	0.37	0.43	0.52	0.59	1.08	0.41
辽　宁	0.22	0.21	0.25	0.42	0.39	0.25	0.34	0.33	0.54	0.55	0.35
天　津	0.12	0.17	0.25	0.15	0.21	0.14	0.34	0.41	0.39	0.41	0.26
重　庆	0.25	0.14	0.16	0.34	0.21	0.28	0.26	0.30	0.22	0.43	0.26
陕　西	0.32	0.21	0.44	0.29	0.30	0.19	0.19	0.17	0.17	0.34	0.26
河　南	0.02	0.07	0.14	0.17	0.18	0.19	0.32	0.48	0.31	0.48	0.24
吉　林	0.10	0.12	0.16	0.17	0.16	0.19	0.19	0.37	0.24	0.36	0.21
福　建	0.12	0.17	0.05	0.27	0.09	0.09	0.17	0.22	0.24	0.41	0.18
黑龙江	0.17	0.14	0.11	0.12	0.11	0.12	0.19	0.24	0.20	0.43	0.18
安　徽	0.07	0.09	0.14	0.15	0.05	0.16	0.19	0.15	0.17	0.48	0.17
江　西	0.00	0.05	0.03	0.02	0.09	0.09	0.13	0.24	0.24	0.41	0.13

497

续表

省　份	2013 年	2014 年	2015 年	2016 年	2017 年	2018 年	2019 年	2020 年	2021 年	2022 年	合计
甘　肃	0.02	0.12	0.08	0.10	0.07	0.09	0.21	0.17	0.07	0.26	0.12
广　西	0.00	0.05	0.05	0.10	0.02	0.05	0.17	0.13	0.13	0.31	0.10
河　北	0.05	0.05	0.00	0.10	0.07	0.09	0.06	0.04	0.26	0.24	0.10
贵　州	0.00	0.05	0.00	0.12	0.00	0.02	0.13	0.20	0.15	0.19	0.09
云　南	0.02	0.05	0.00	0.05	0.00	0.07	0.11	0.13	0.22	0.05	0.07
海　南	0.07	0.00	0.14	0.02	0.05	0.00	0.02	0.04	0.00	0.19	0.06
山　西	0.05	0.02	0.05	0.00	0.00	0.02	0.06	0.11	0.04	0.17	0.06
新　疆	0.00	0.00	0.00	0.00	0.00	0.02	0.04	0.07	0.04	0.12	0.04
内蒙古	0.00	0.00	0.03	0.00	0.00	0.00	0.11	0.04	0.13	0.07	0.04
宁　夏	0.00	0.02	0.08	0.02	0.05	0.00	0.02	0.11	0.00	0.12	0.04
青　海	0.00	0.00	0.00	0.00	0.00	0.02	0.02	0.02	0.04	0.05	0.02

十一　营养学和饮食学

营养学和饮食学 A 层人才最多的是北京，世界占比为 1.35%；湖北、江苏 A 层人才的世界占比均为 0.90%，并列排名第二；重庆、福建、广东、黑龙江、湖南、山东、上海也有一定数量的 A 层人才，世界占比均为 0.45%。

B 层人才最多的是北京，世界占比为 1.69%；广东、江苏 B 层人才分别以 1.30%、1.18% 的世界占比排名第二、第三位；浙江、湖北、四川、安徽、山东、上海、重庆、黑龙江、湖南、陕西、江西、福建、贵州、河北、辽宁、宁夏、广西、吉林、天津、云南也有一定数量的 B 层人才，世界占比均超过 0.1%；甘肃、河南、山西、海南、内蒙古、新疆 B 层人才的世界占比均低于 0.1%。

C 层人才最多的是江苏，世界占比为 3.14%；北京、广东、浙江、上海有相当数量的 C 层人才，世界占比在 3%~1%；山东、湖北、陕西、四川、辽宁、河南、江西、安徽、福建、湖南、天津、重庆、黑龙江、吉林、河北、海南、云南、广西、新疆、甘肃、贵州、山西、宁夏也有一定数量的 C 层人才，世界占比大于或等于 0.1%；内蒙古、青海、西藏 C 层人才的世界占比均低于 0.1%。

表 9-31　营养学和饮食学 A 层人才的世界占比

单位：%

省　份	2013 年	2014 年	2015 年	2016 年	2017 年	2018 年	2019 年	2020 年	2021 年	2022 年	合计
北　京	0.00	10.00	0.00	0.00	0.00	4.17	0.00	0.00	0.00	3.23	1.35
湖　北	0.00	20.00	0.00	0.00	0.00	0.00	0.00	0.00	0.00	0.00	0.90
江　苏	0.00	0.00	0.00	0.00	0.00	4.17	0.00	0.00	0.00	3.23	0.90
重　庆	0.00	0.00	0.00	0.00	0.00	4.17	0.00	0.00	0.00	0.00	0.45
福　建	0.00	10.00	0.00	0.00	0.00	0.00	0.00	0.00	0.00	0.00	0.45
广　东	0.00	0.00	0.00	0.00	0.00	0.00	0.00	0.00	0.00	3.23	0.45
黑龙江	0.00	0.00	0.00	9.09	0.00	0.00	0.00	0.00	0.00	0.00	0.45
湖　南	0.00	0.00	0.00	9.09	0.00	0.00	0.00	0.00	0.00	0.00	0.45
山　东	0.00	10.00	0.00	0.00	0.00	0.00	0.00	0.00	0.00	0.00	0.45
上　海	0.00	0.00	0.00	0.00	0.00	4.17	0.00	0.00	0.00	0.00	0.45

表 9-32　营养学和饮食学 B 层人才的世界占比

单位：%

省　份	2013 年	2014 年	2015 年	2016 年	2017 年	2018 年	2019 年	2020 年	2021 年	2022 年	合计
北　京	0.46	0.00	0.49	1.90	1.61	0.89	1.00	1.77	2.94	3.88	1.69
广　东	0.92	0.56	0.97	0.95	0.00	1.33	0.33	0.71	3.24	2.69	1.30
江　苏	0.00	0.00	0.49	0.00	0.40	1.33	0.66	0.71	2.94	3.28	1.18
浙　江	0.00	0.00	0.00	0.00	0.40	0.00	0.00	1.06	2.35	2.39	0.79
湖　北	0.46	0.00	0.00	1.42	0.40	0.00	0.33	0.71	0.88	1.19	0.59
四　川	0.00	0.00	0.00	0.00	0.40	0.44	0.33	0.35	1.18	2.09	0.59
安　徽	0.00	0.00	0.00	0.47	0.00	0.00	0.00	0.35	1.47	0.90	0.39
山　东	0.00	0.00	0.00	0.47	0.00	0.00	0.33	0.00	0.88	1.19	0.35
上　海	0.00	0.00	0.00	0.00	0.00	0.44	0.66	0.71	1.18	0.00	0.35
重　庆	0.00	0.00	0.49	0.47	0.00	0.00	0.00	0.00	0.88	0.90	0.31
黑龙江	0.00	0.00	0.00	0.47	0.00	0.44	0.00	0.00	0.59	1.19	0.31
湖　南	0.00	0.00	0.00	0.47	0.00	0.44	0.00	0.35	1.18	0.30	0.31
陕　西	0.00	0.00	0.00	0.00	0.00	0.00	0.00	0.00	1.18	0.90	0.28
江　西	0.00	0.00	0.49	0.47	0.00	0.00	0.00	0.00	0.29	0.90	0.24
福　建	0.00	0.00	0.00	0.95	0.00	0.44	0.00	0.00	0.29	0.30	0.20
贵　州	0.00	0.00	0.00	0.00	0.00	0.00	0.00	0.00	0.88	0.30	0.16
河　北	0.00	0.00	0.00	0.00	0.00	0.44	0.00	0.00	0.88	0.00	0.16
辽　宁	0.00	0.00	0.00	0.00	0.00	0.00	0.00	0.00	0.88	0.30	0.16

续表

省 份	2013 年	2014 年	2015 年	2016 年	2017 年	2018 年	2019 年	2020 年	2021 年	2022 年	合计
宁 夏	0.00	0.00	0.00	0.00	0.00	0.00	0.00	0.35	0.29	0.60	0.16
广 西	0.00	0.00	0.00	0.00	0.00	0.00	0.00	0.35	0.29	0.30	0.12
吉 林	0.00	0.00	0.00	0.00	0.00	0.00	0.00	0.00	0.59	0.30	0.12
天 津	0.00	0.00	0.97	0.00	0.00	0.00	0.00	0.00	0.00	0.30	0.12
云 南	0.00	0.00	0.00	0.00	0.00	0.00	0.00	0.59	0.30	0.00	0.12
甘 肃	0.00	0.00	0.00	0.00	0.00	0.00	0.00	0.35	0.29	0.00	0.08
河 南	0.00	0.00	0.00	0.00	0.00	0.00	0.00	0.00	0.29	0.30	0.08
山 西	0.00	0.00	0.00	0.00	0.00	0.00	0.00	0.35	0.29	0.00	0.08
海 南	0.00	0.00	0.00	0.00	0.00	0.00	0.00	0.00	0.29	0.00	0.04
内蒙古	0.00	0.00	0.00	0.00	0.00	0.00	0.33	0.00	0.00	0.00	0.04
新 疆	0.00	0.00	0.00	0.00	0.00	0.00	0.33	0.00	0.00	0.00	0.04

表 9-33   营养学和饮食学 C 层人才的世界占比

单位：%

省 份	2013 年	2014 年	2015 年	2016 年	2017 年	2018 年	2019 年	2020 年	2021 年	2022 年	合计
江 苏	1.19	1.47	1.65	1.67	1.91	2.77	3.41	3.23	4.90	6.03	3.14
北 京	1.15	2.05	1.56	1.31	1.79	2.01	3.34	3.33	4.90	4.97	2.92
广 东	0.60	1.12	1.46	1.67	1.95	1.92	2.43	2.46	3.52	3.60	2.26
浙 江	0.83	1.29	1.02	1.47	0.83	1.16	1.71	1.76	3.14	3.45	1.83
上 海	0.51	0.41	0.63	0.71	0.71	1.12	0.87	0.93	1.55	1.87	1.02
山 东	0.28	0.59	0.54	0.45	0.75	0.49	0.76	1.33	1.50	1.90	0.96
湖 北	0.32	0.47	0.34	0.51	0.66	0.45	0.91	0.90	2.02	1.58	0.93
陕 西	0.28	0.18	0.39	0.40	0.58	0.67	0.69	0.70	1.55	1.05	0.73
四 川	0.18	0.41	0.34	0.40	0.37	0.22	0.33	0.96	1.52	1.55	0.73
辽 宁	0.23	0.12	0.15	0.25	0.37	0.36	0.80	0.96	1.20	1.43	0.69
河 南	0.18	0.12	0.15	0.30	0.33	0.40	0.73	0.83	1.32	1.14	0.64
江 西	0.37	0.35	0.44	0.35	0.37	0.27	0.44	0.67	1.44	0.97	0.63
安 徽	0.05	0.29	0.24	0.30	0.29	0.58	0.62	0.73	1.29	0.97	0.61
福 建	0.00	0.29	0.19	0.15	0.37	0.49	0.80	0.57	0.82	0.99	0.53
湖 南	0.14	0.59	0.29	0.25	0.37	0.36	0.62	0.33	0.65	0.94	0.49
天 津	0.14	0.12	0.68	0.20	0.46	0.13	0.36	0.40	0.76	0.97	0.47
重 庆	0.28	0.41	0.05	0.35	0.21	0.18	0.18	0.57	0.67	0.79	0.41

续表

省　份	2013 年	2014 年	2015 年	2016 年	2017 年	2018 年	2019 年	2020 年	2021 年	2022 年	合计
黑龙江	0.32	0.06	0.15	0.15	0.37	0.40	0.15	0.40	0.50	1.05	0.40
吉　林	0.23	0.12	0.10	0.15	0.29	0.27	0.22	0.30	0.41	0.61	0.30
河　北	0.00	0.06	0.10	0.05	0.17	0.22	0.25	0.37	0.29	0.59	0.24
海　南	0.05	0.12	0.10	0.05	0.17	0.00	0.11	0.07	0.47	0.73	0.22
云　南	0.09	0.06	0.05	0.15	0.04	0.09	0.18	0.20	0.38	0.47	0.20
广　西	0.00	0.18	0.05	0.00	0.00	0.04	0.29	0.20	0.56	0.32	0.19
新　疆	0.05	0.00	0.10	0.05	0.17	0.22	0.15	0.23	0.15	0.35	0.16
甘　肃	0.05	0.00	0.10	0.10	0.17	0.18	0.11	0.07	0.26	0.32	0.15
贵　州	0.00	0.00	0.00	0.10	0.04	0.04	0.00	0.07	0.56	0.32	0.14
山　西	0.05	0.06	0.05	0.00	0.04	0.00	0.15	0.07	0.18	0.18	0.10
宁　夏	0.00	0.00	0.05	0.05	0.08	0.09	0.11	0.10	0.18	0.15	0.10
内蒙古	0.00	0.06	0.00	0.00	0.12	0.04	0.11	0.03	0.15	0.26	0.09
青　海	0.00	0.00	0.00	0.00	0.04	0.13	0.04	0.10	0.12	0.18	0.07
西　藏	0.00	0.00	0.00	0.00	0.00	0.00	0.00	0.12	0.09	0.03	

十二　血液学

血液学 A 层人才最多的是湖北，世界占比为 1.27%；湖南、北京、江苏、上海、四川、浙江也有一定数量的 A 层人才，世界占比均超过 0.2%。

B 层人才最多的是北京和上海，世界占比均为 0.91%；江苏、湖北、河南、广东、浙江、四川、山东、天津、安徽、湖南、重庆、陕西、辽宁也有一定数量的 B 层人才，世界占比大于或等于 0.1%；河北、黑龙江、吉林、福建、甘肃、广西、江西、青海、新疆 B 层人才的世界占比均低于 0.1%。

C 层人才最多的是北京，世界占比为 1.17%；上海、广东、湖北、浙江、江苏、天津、河南、山东、四川、湖南、重庆、福建、吉林、辽宁、安徽、黑龙江、陕西也有一定数量的 C 层人才，世界占比大于或等于 0.1%；江西、河北、广西、云南、甘肃、贵州、山西、海南、新疆、内蒙古、青海、宁夏 C 层人才的世界占比均低于 0.1%。

表 9-34　血液学 A 层人才的世界占比

单位：%

省　份	2013 年	2014 年	2015 年	2016 年	2017 年	2018 年	2019 年	2020 年	2021 年	2022 年	合计
湖　北	0.00	0.00	0.00	0.00	0.00	0.00	0.00	13.51	0.00	0.00	1.27
湖　南	0.00	0.00	0.00	0.00	0.00	0.00	2.38	2.70	2.22	0.00	0.76
北　京	0.00	0.00	0.00	0.00	0.00	0.00	0.00	5.41	0.00	0.00	0.51
江　苏	0.00	0.00	2.56	0.00	0.00	0.00	0.00	0.00	2.22	0.00	0.51
上　海	0.00	0.00	0.00	0.00	0.00	0.00	0.00	0.00	0.00	6.06	0.51
四　川	0.00	0.00	0.00	0.00	0.00	0.00	0.00	0.00	0.00	3.03	0.25
浙　江	0.00	0.00	0.00	0.00	0.00	0.00	2.38	0.00	0.00	0.00	0.25

表 9-35　血液学 B 层人才的世界占比

单位：%

省　份	2013 年	2014 年	2015 年	2016 年	2017 年	2018 年	2019 年	2020 年	2021 年	2022 年	合计
北　京	0.30	0.51	0.93	0.47	0.29	1.02	1.33	1.10	1.93	1.02	0.91
上　海	0.61	0.51	0.69	0.71	0.00	0.51	1.55	1.65	1.69	1.02	0.91
江　苏	0.61	0.51	1.16	0.24	0.29	1.02	2.00	0.27	0.48	0.51	0.74
湖　北	0.00	0.51	0.00	0.24	0.00	0.51	1.11	2.47	0.48	0.25	0.56
河　南	0.00	0.51	0.23	0.00	0.29	0.00	1.33	0.82	1.20	0.76	0.53
广　东	0.61	0.26	0.23	0.00	0.00	0.77	1.11	1.10	0.48	0.25	0.48
浙　江	0.30	0.00	0.23	0.00	0.57	0.00	0.89	0.82	0.48	0.51	0.38
四　川	0.00	0.00	0.23	0.00	0.00	0.00	0.44	0.00	0.72	1.53	0.30
山　东	0.00	0.26	0.46	0.00	0.00	0.51	0.67	0.82	0.00	0.00	0.28
天　津	0.00	0.26	0.00	0.00	0.29	0.26	0.44	0.27	0.72	0.51	0.28
安　徽	0.00	0.00	0.23	0.00	0.29	0.00	0.22	0.82	0.24	0.00	0.18
湖　南	0.00	0.26	0.00	0.00	0.00	0.26	0.44	0.00	0.24	0.51	0.18
重　庆	0.00	0.26	0.00	0.00	0.00	0.00	0.00	0.27	0.51	0.15	0.15
陕　西	0.30	0.00	0.00	0.00	0.00	0.26	0.44	0.27	0.24	0.00	0.15
辽　宁	0.00	0.00	0.00	0.24	0.00	0.00	0.44	0.00	0.00	0.25	0.10
河　北	0.00	0.00	0.00	0.00	0.00	0.00	0.22	0.00	0.00	0.25	0.05
黑龙江	0.00	0.00	0.00	0.00	0.00	0.00	0.22	0.00	0.00	0.25	0.05
吉　林	0.00	0.00	0.00	0.00	0.00	0.00	0.22	0.27	0.00	0.00	0.05
福　建	0.00	0.00	0.00	0.00	0.00	0.00	0.22	0.00	0.00	0.00	0.03
甘　肃	0.00	0.00	0.00	0.00	0.00	0.00	0.00	0.27	0.00	0.00	0.03

续表

省　份	2013 年	2014 年	2015 年	2016 年	2017 年	2018 年	2019 年	2020 年	2021 年	2022 年	合计
广　西	0.00	0.00	0.00	0.00	0.00	0.00	0.00	0.00	0.24	0.00	0.03
江　西	0.00	0.00	0.00	0.00	0.00	0.00	0.22	0.00	0.00	0.00	0.03
青　海	0.00	0.00	0.00	0.00	0.00	0.26	0.00	0.00	0.00	0.00	0.03
新　疆	0.00	0.00	0.00	0.00	0.00	0.00	0.00	0.00	0.24	0.00	0.03

表 9-36　血液学 C 层人才的世界占比

单位：%

省　份	2013 年	2014 年	2015 年	2016 年	2017 年	2018 年	2019 年	2020 年	2021 年	2022 年	合计
北　京	0.83	0.73	1.08	0.93	1.18	1.09	1.36	1.73	1.12	1.64	1.17
上　海	0.61	0.80	0.70	0.71	0.93	0.80	0.86	1.27	1.12	1.64	0.94
广　东	0.34	0.62	0.61	0.64	0.70	0.98	0.86	1.29	0.98	1.05	0.81
湖　北	0.03	0.26	0.21	0.21	0.53	0.44	0.55	1.38	0.95	0.75	0.53
浙　江	0.15	0.23	0.45	0.19	0.67	0.41	0.49	0.83	0.73	0.78	0.49
江　苏	0.21	0.23	0.30	0.36	0.31	0.65	0.46	0.81	0.81	0.56	0.47
天　津	0.25	0.29	0.52	0.36	0.53	0.67	0.21	0.40	0.46	0.89	0.46
河　南	0.15	0.13	0.12	0.19	0.45	0.31	0.46	0.60	0.51	0.46	0.34
山　东	0.09	0.21	0.35	0.26	0.39	0.28	0.42	0.40	0.44	0.43	0.33
四　川	0.06	0.10	0.16	0.10	0.22	0.31	0.35	0.46	0.42	0.89	0.31
湖　南	0.18	0.10	0.14	0.12	0.20	0.28	0.32	0.40	0.39	0.35	0.25
重　庆	0.28	0.08	0.07	0.17	0.17	0.13	0.16	0.26	0.32	0.24	0.18
福　建	0.12	0.03	0.07	0.07	0.08	0.16	0.21	0.35	0.22	0.19	0.15
吉　林	0.03	0.13	0.12	0.07	0.20	0.16	0.09	0.09	0.15	0.24	0.13
辽　宁	0.12	0.13	0.14	0.10	0.11	0.21	0.07	0.03	0.17	0.16	0.12
安　徽	0.00	0.03	0.07	0.07	0.17	0.18	0.05	0.29	0.12	0.21	0.12
黑龙江	0.03	0.05	0.02	0.14	0.17	0.10	0.21	0.14	0.05	0.11	0.10
陕　西	0.18	0.03	0.05	0.05	0.08	0.10	0.05	0.23	0.15	0.13	0.10
江　西	0.00	0.05	0.09	0.07	0.11	0.03	0.09	0.14	0.15	0.08	0.08
河　北	0.03	0.00	0.00	0.00	0.11	0.10	0.07	0.12	0.10	0.11	0.06
广　西	0.00	0.05	0.02	0.05	0.05	0.06	0.05	0.00	0.20	0.03	0.05
云　南	0.00	0.05	0.02	0.02	0.00	0.08	0.05	0.03	0.07	0.13	0.05
甘　肃	0.03	0.03	0.02	0.07	0.06	0.08	0.02	0.03	0.05	0.05	0.04
贵　州	0.00	0.00	0.07	0.05	0.06	0.03	0.02	0.12	0.05	0.05	0.04
山　西	0.00	0.00	0.07	0.00	0.00	0.00	0.05	0.00	0.07	0.05	0.04
海　南	0.00	0.05	0.02	0.00	0.03	0.03	0.00	0.00	0.07	0.05	0.03
新　疆	0.00	0.03	0.00	0.05	0.08	0.05	0.00	0.00	0.00	0.05	0.03

省　份	2013 年	2014 年	2015 年	2016 年	2017 年	2018 年	2019 年	2020 年	2021 年	2022 年	合计
内蒙古	0.00	0.00	0.02	0.00	0.00	0.00	0.02	0.00	0.05	0.00	0.01
青　海	0.00	0.00	0.00	0.00	0.03	0.03	0.00	0.00	0.00	0.03	0.01
宁　夏	0.00	0.00	0.00	0.00	0.00	0.03	0.00	0.00	0.00	0.03	0.01

十三　临床神经学

临床神经学 A 层人才最多的是北京，世界占比为 1.47%；湖北、上海、广东、重庆、福建、河南、江苏、山东、山西、广西、贵州、河北、内蒙古、辽宁、四川、天津也有一定数量的 A 层人才，世界占比均超过 0.1%。

B 层人才最多的是北京，世界占比为 0.96%；上海、广东、湖北、山东、江苏、重庆、河南、四川、浙江、湖南、辽宁、安徽、福建、吉林、天津也有一定数量的 B 层人才，世界占比均超过 0.1%；河北、黑龙江、广西、内蒙古、江西、山西、云南、贵州、海南、陕西、西藏、甘肃、新疆 B 层人才的世界占比均低于 0.1%。

C 层人才最多的是北京，世界占比为 1.19%；上海、广东、江苏、四川、浙江、山东、湖北、重庆、天津、湖南、河南、辽宁、安徽、福建也有一定数量的 C 层人才，世界占比大于或等于 0.1%；吉林、河北、陕西、山西、江西、黑龙江、甘肃、广西、云南、贵州、内蒙古、海南、新疆、宁夏、青海 C 层人才的世界占比均低于 0.1%。

表 9-37　临床神经学 A 层人才的世界占比

单位：%

省　份	2013 年	2014 年	2015 年	2016 年	2017 年	2018 年	2019 年	2020 年	2021 年	2022 年	合计
北　京	2.99	1.47	1.43	0.00	1.61	0.00	3.03	0.99	2.06	1.10	1.47
湖　北	0.00	0.00	0.00	0.00	0.00	0.00	1.01	2.97	1.03	0.00	0.61
上　海	2.99	0.00	0.00	0.00	1.61	0.00	0.00	0.99	0.00	1.10	0.61
广　东	1.49	0.00	0.00	0.00	0.00	0.00	0.00	0.99	1.03	1.10	0.49

省　份	2013 年	2014 年	2015 年	2016 年	2017 年	2018 年	2019 年	2020 年	2021 年	2022 年	合计
重　庆	0.00	0.00	0.00	0.00	0.00	0.00	0.00	0.99	0.00	1.10	0.24
福　建	1.49	0.00	0.00	0.00	0.00	0.00	0.00	0.00	0.00	1.10	0.24
河　南	0.00	0.00	0.00	0.00	0.00	0.00	0.00	0.00	1.03	1.10	0.24
江　苏	0.00	0.00	0.00	0.00	0.00	0.00	1.01	0.00	0.00	1.10	0.24
山　东	0.00	0.00	0.00	0.00	0.00	0.00	0.00	0.00	1.03	1.10	0.24
山　西	1.49	0.00	0.00	0.00	0.00	0.00	0.00	0.00	0.00	1.10	0.24
广　西	0.00	0.00	0.00	0.00	0.00	0.00	0.00	0.00	0.00	1.10	0.12
贵　州	0.00	0.00	0.00	0.00	0.00	0.00	0.00	0.00	0.00	1.10	0.12
河　北	0.00	0.00	0.00	0.00	0.00	0.00	0.00	0.99	0.00	0.00	0.12
内蒙古	0.00	0.00	0.00	0.00	0.00	0.00	0.00	0.00	1.10	0.00	0.12
辽　宁	0.00	0.00	0.00	0.00	0.00	0.00	0.00	0.99	0.00	0.00	0.12
四　川	0.00	0.00	0.00	0.00	0.00	0.00	0.00	0.99	0.00	0.00	0.12
天　津	0.00	0.00	0.00	0.00	0.00	0.00	0.00	0.00	0.00	1.10	0.12

表 9-38　临床神经学 B 层人才的世界占比

单位：%

省　份	2013 年	2014 年	2015 年	2016 年	2017 年	2018 年	2019 年	2020 年	2021 年	2022 年	合计
北　京	0.49	0.48	0.48	0.81	0.63	0.78	0.95	2.31	0.86	1.19	0.96
上　海	0.16	0.16	0.16	0.41	0.63	0.26	0.85	1.05	0.86	0.71	0.57
广　东	0.00	0.32	0.00	0.00	0.13	0.13	0.42	1.36	1.08	0.48	0.45
湖　北	0.00	0.00	0.16	0.14	0.25	0.13	0.32	1.47	0.54	0.48	0.40
山　东	0.00	0.16	0.32	0.27	0.13	0.13	0.42	0.94	0.32	0.48	0.34
江　苏	0.00	0.16	0.00	0.27	0.25	0.00	0.42	0.52	0.43	0.48	0.28
重　庆	0.00	0.00	0.00	0.14	0.25	0.26	0.21	0.63	0.43	0.36	0.26
河　南	0.00	0.16	0.00	0.00	0.00	0.13	0.32	0.84	0.22	0.48	0.24
四　川	0.00	0.00	0.16	0.27	0.00	0.13	0.21	0.63	0.22	0.59	0.24
浙　江	0.00	0.16	0.00	0.00	0.00	0.26	0.11	0.52	0.32	0.24	0.18
湖　南	0.00	0.00	0.00	0.00	0.13	0.13	0.42	0.31	0.22	0.24	0.17
辽　宁	0.00	0.32	0.00	0.00	0.00	0.13	0.11	0.21	0.11	0.48	0.14
安　徽	0.00	0.16	0.00	0.00	0.00	0.00	0.11	0.31	0.22	0.36	0.13
福　建	0.00	0.16	0.00	0.00	0.13	0.13	0.31	0.11	0.36	0.13
吉　林	0.00	0.32	0.00	0.00	0.00	0.13	0.21	0.31	0.00	0.24	0.13

续表

省　份	2013 年	2014 年	2015 年	2016 年	2017 年	2018 年	2019 年	2020 年	2021 年	2022 年	合计
天　津	0.00	0.00	0.16	0.00	0.00	0.13	0.21	0.42	0.11	0.12	0.13
河　北	0.00	0.16	0.00	0.00	0.00	0.26	0.11	0.31	0.00	0.00	0.09
黑龙江	0.00	0.00	0.00	0.00	0.00	0.13	0.00	0.21	0.22	0.24	0.09
广　西	0.00	0.00	0.00	0.00	0.00	0.00	0.11	0.31	0.00	0.24	0.08
内蒙古	0.00	0.16	0.00	0.00	0.00	0.13	0.21	0.21	0.00	0.00	0.08
江　西	0.00	0.00	0.00	0.00	0.00	0.13	0.00	0.21	0.11	0.24	0.08
山　西	0.00	0.00	0.00	0.00	0.00	0.00	0.11	0.21	0.00	0.24	0.06
云　南	0.00	0.00	0.00	0.00	0.00	0.13	0.11	0.10	0.11	0.12	0.06
贵　州	0.00	0.16	0.00	0.00	0.00	0.13	0.11	0.10	0.00	0.00	0.05
海　南	0.00	0.00	0.00	0.14	0.00	0.00	0.00	0.00	0.11	0.00	0.03
陕　西	0.00	0.00	0.00	0.00	0.00	0.00	0.00	0.00	0.11	0.12	0.03
西　藏	0.00	0.00	0.00	0.00	0.00	0.00	0.11	0.00	0.00	0.12	0.03
甘　肃	0.00	0.00	0.00	0.00	0.00	0.00	0.00	0.10	0.00	0.00	0.01
新　疆	0.00	0.00	0.00	0.00	0.00	0.00	0.00	0.10	0.00	0.00	0.01

表 9-39　临床神经学 C 层人才的世界占比

单位：%

省　份	2013 年	2014 年	2015 年	2016 年	2017 年	2018 年	2019 年	2020 年	2021 年	2022 年	合计
北　京	0.71	0.55	0.75	0.96	1.01	1.38	1.22	1.76	1.40	1.59	1.19
上　海	0.51	0.47	0.54	0.31	0.58	0.56	0.68	0.77	0.76	0.65	0.60
广　东	0.18	0.23	0.38	0.42	0.49	0.62	0.68	0.80	0.84	0.96	0.60
江　苏	0.25	0.28	0.38	0.34	0.29	0.25	0.49	0.49	0.43	0.55	0.39
四　川	0.23	0.18	0.24	0.22	0.36	0.27	0.33	0.51	0.52	0.66	0.37
浙　江	0.21	0.10	0.19	0.26	0.13	0.30	0.32	0.61	0.54	0.55	0.34
山　东	0.13	0.20	0.19	0.13	0.25	0.25	0.36	0.34	0.35	0.50	0.29
湖　北	0.07	0.08	0.10	0.16	0.21	0.14	0.28	0.56	0.42	0.44	0.27
重　庆	0.10	0.18	0.37	0.23	0.35	0.30	0.16	0.23	0.23	0.29	0.24
天　津	0.18	0.18	0.11	0.19	0.19	0.22	0.18	0.28	0.23	0.19	0.20
湖　南	0.07	0.07	0.05	0.15	0.23	0.22	0.18	0.26	0.21	0.34	0.19
河　南	0.05	0.08	0.03	0.13	0.05	0.14	0.23	0.23	0.30	0.31	0.17
辽　宁	0.05	0.13	0.11	0.13	0.07	0.16	0.11	0.19	0.30	0.29	0.16
安　徽	0.03	0.05	0.06	0.09	0.11	0.10	0.04	0.18	0.21	0.23	0.12

续表

省　份	2013 年	2014 年	2015 年	2016 年	2017 年	2018 年	2019 年	2020 年	2021 年	2022 年	合计
福　建	0.02	0.03	0.06	0.04	0.12	0.07	0.08	0.08	0.21	0.18	0.10
吉　林	0.00	0.03	0.00	0.09	0.13	0.07	0.14	0.11	0.13	0.09	0.09
河　北	0.05	0.05	0.05	0.08	0.09	0.13	0.04	0.06	0.09	0.11	0.08
陕　西	0.03	0.10	0.05	0.03	0.07	0.04	0.04	0.08	0.12	0.14	0.07
山　西	0.07	0.02	0.02	0.05	0.04	0.10	0.03	0.11	0.13	0.11	0.07
江　西	0.02	0.03	0.08	0.05	0.05	0.07	0.00	0.12	0.14	0.10	0.07
黑龙江	0.02	0.07	0.05	0.07	0.05	0.08	0.04	0.08	0.06	0.11	0.06
甘　肃	0.02	0.00	0.03	0.04	0.00	0.01	0.09	0.04	0.08	0.15	0.05
广　西	0.07	0.07	0.03	0.04	0.04	0.03	0.02	0.03	0.08	0.09	0.05
云　南	0.02	0.03	0.02	0.00	0.03	0.02	0.03	0.05	0.09	0.07	0.04
贵　州	0.00	0.07	0.03	0.01	0.01	0.03	0.02	0.10	0.04	0.05	0.04
内蒙古	0.03	0.00	0.05	0.03	0.01	0.01	0.01	0.03	0.08	0.01	0.03
海　南	0.00	0.00	0.00	0.03	0.01	0.01	0.00	0.03	0.04	0.07	0.02
新　疆	0.00	0.00	0.02	0.00	0.01	0.05	0.00	0.02	0.03	0.02	0.02
宁　夏	0.00	0.00	0.02	0.00	0.01	0.01	0.03	0.03	0.01	0.01	0.01
青　海	0.00	0.00	0.00	0.01	0.00	0.00	0.00	0.00	0.02	0.01	0.01

十四　药物滥用医学

各省份均没有药物滥用医学 A 层人才。

B 层人才最多的是北京，世界占比为 0.83%；上海、广东、湖南、江苏、四川、天津、安徽、重庆、福建、湖北也有一定数量的 B 层人才，世界占比均超过 0.1%。

C 层人才最多的是北京，世界占比为 0.47%；广东、上海、湖北、四川、浙江、湖南也有一定数量的 C 层人才，世界占比均超过 0.1%；重庆、河南、安徽、江苏、江西、吉林、天津、辽宁、陕西、山东、内蒙古、福建、甘肃、山西、云南、贵州、河北、宁夏、青海 C 层人才的世界占比均低于 0.1%。

表 9-40 药物滥用医学 B 层人才的世界占比

单位：%

省　份	2013 年	2014 年	2015 年	2016 年	2017 年	2018 年	2019 年	2020 年	2021 年	2022 年	合计
北　京	0.00	1.27	0.00	0.00	0.00	1.00	0.00	1.11	2.97	1.10	0.83
上　海	0.00	0.00	0.00	0.00	0.00	1.00	0.00	0.00	1.98	1.10	0.47
广　东	0.00	0.00	0.00	0.00	0.00	1.00	0.00	0.00	0.99	1.10	0.35
湖　南	0.00	0.00	0.00	0.00	0.00	1.00	0.00	0.00	0.00	1.10	0.24
江　苏	0.00	0.00	0.00	0.00	0.00	1.00	0.00	0.00	0.00	1.10	0.24
四　川	0.00	0.00	0.00	0.00	0.00	0.00	0.00	0.00	1.98	0.00	0.24
天　津	0.00	0.00	0.00	0.00	0.00	0.00	0.00	1.11	0.00	0.00	0.24
安　徽	0.00	0.00	0.00	0.00	0.00	0.00	0.00	0.00	0.00	1.10	0.12
重　庆	0.00	0.00	0.00	0.00	0.00	0.00	0.00	0.00	0.99	0.00	0.12
福　建	0.00	0.00	0.00	0.00	0.00	0.00	0.00	0.00	0.00	1.10	0.12
湖　北	0.00	0.00	0.00	0.00	0.00	0.00	0.00	0.00	0.00	1.10	0.12

表 9-41 药物滥用医学 C 层人才的世界占比

单位：%

省　份	2013 年	2014 年	2015 年	2016 年	2017 年	2018 年	2019 年	2020 年	2021 年	2022 年	合计
北　京	0.42	0.14	0.81	0.14	0.47	0.20	0.98	0.35	0.66	0.46	0.47
广　东	0.14	0.14	0.14	0.14	0.12	0.10	0.33	0.81	0.28	0.69	0.30
上　海	0.14	0.14	0.41	0.14	0.35	0.00	0.33	0.23	0.38	0.12	0.23
湖　北	0.14	0.28	0.27	0.00	0.47	0.10	0.22	0.35	0.09	0.23	0.21
四　川	0.14	0.00	0.27	0.00	0.47	0.10	0.54	0.12	0.28	0.12	0.21
浙　江	0.14	0.14	0.14	0.28	0.12	0.00	0.11	0.23	0.00	0.35	0.14
湖　南	0.00	0.14	0.14	0.14	0.12	0.10	0.00	0.35	0.00	0.23	0.12
重　庆	0.00	0.00	0.14	0.00	0.24	0.00	0.22	0.12	0.19	0.00	0.09
河　南	0.14	0.00	0.00	0.14	0.12	0.00	0.22	0.12	0.19	0.00	0.09
安　徽	0.00	0.28	0.00	0.00	0.00	0.10	0.22	0.12	0.00	0.00	0.07
江　苏	0.14	0.00	0.14	0.00	0.24	0.00	0.00	0.00	0.09	0.12	0.07
江　西	0.00	0.00	0.00	0.00	0.00	0.00	0.11	0.00	0.00	0.46	0.06
吉　林	0.00	0.00	0.00	0.14	0.12	0.00	0.00	0.00	0.09	0.23	0.06
天　津	0.00	0.00	0.14	0.14	0.00	0.00	0.11	0.23	0.00	0.00	0.06
辽　宁	0.14	0.14	0.00	0.00	0.00	0.00	0.00	0.12	0.09	0.00	0.05
陕　西	0.00	0.00	0.27	0.00	0.00	0.12	0.00	0.00	0.00	0.12	0.05

省　份	2013 年	2014 年	2015 年	2016 年	2017 年	2018 年	2019 年	2020 年	2021 年	2022 年	合计
山　东	0.00	0.00	0.00	0.00	0.00	0.00	0.11	0.12	0.00	0.23	0.05
内蒙古	0.00	0.00	0.27	0.00	0.12	0.00	0.00	0.00	0.00	0.00	0.04
福　建	0.00	0.00	0.00	0.00	0.00	0.00	0.00	0.00	0.19	0.00	0.02
甘　肃	0.00	0.00	0.00	0.00	0.00	0.00	0.00	0.00	0.09	0.12	0.02
山　西	0.00	0.00	0.00	0.00	0.00	0.00	0.11	0.12	0.00	0.00	0.02
云　南	0.00	0.00	0.14	0.00	0.00	0.00	0.00	0.00	0.09	0.00	0.02
贵　州	0.00	0.14	0.00	0.00	0.00	0.00	0.00	0.00	0.00	0.00	0.01
河　北	0.14	0.00	0.00	0.00	0.00	0.00	0.00	0.00	0.00	0.00	0.01
宁　夏	0.00	0.00	0.00	0.00	0.00	0.00	0.11	0.00	0.00	0.00	0.01
青　海	0.00	0.00	0.00	0.00	0.00	0.00	0.00	0.00	0.09	0.00	0.01

十五　精神病学

精神病学 A 层人才最多的是北京和上海，世界占比均为 1.56%；广东、湖北有相当数量的 A 层人才，世界占比分别为 1.33%、1.11%；浙江、重庆、湖南、江苏、吉林、青海、四川、安徽、内蒙古、辽宁、宁夏、山东、山西、天津、新疆、云南也有一定数量的 A 层人才，世界占比均超过 0.2%。

B 层人才最多的是北京，世界占比为 1.02%；上海、广东、湖北、四川、重庆、山东、浙江、江苏、湖南、安徽、福建、河南、云南、河北、天津也有一定数量的 B 层人才，世界占比大于或等于 0.1%；海南、黑龙江、江西、吉林、陕西、内蒙古、辽宁、山西、甘肃、贵州、宁夏、青海、新疆 B 层人才的世界占比均低于 0.1%。

C 层人才最多的是北京，世界占比为 1.06%；广东、上海、四川、浙江、湖北、湖南、江苏、山东、重庆、安徽、河南、天津、辽宁、福建也有一定数量的 C 层人才，世界占比大于或等于 0.1%；吉林、山西、江西、陕西、云南、广西、黑龙江、河北、甘肃、贵州、海南、新疆、内蒙古、宁夏、青海 C 层人才的世界占比均低于 0.1%。

表 9-42　精神病学 A 层人才的世界占比

单位：%

省　份	2013 年	2014 年	2015 年	2016 年	2017 年	2018 年	2019 年	2020 年	2021 年	2022 年	合计
北　京	0.00	0.00	0.00	0.00	0.00	3.57	1.61	4.76	2.90	0.00	1.56
上　海	0.00	0.00	0.00	0.00	0.00	0.00	1.61	6.35	1.45	1.61	1.56
广　东	0.00	0.00	0.00	0.00	0.00	0.00	1.61	4.76	1.45	1.61	1.33
湖　北	0.00	0.00	0.00	0.00	0.00	0.00	0.00	7.94	0.00	0.00	1.11
浙　江	0.00	0.00	0.00	0.00	0.00	0.00	1.61	4.76	0.00	0.00	0.89
重　庆	0.00	0.00	0.00	2.08	0.00	0.00	0.00	1.59	0.00	1.61	0.67
湖　南	0.00	0.00	0.00	0.00	0.00	0.00	1.61	1.59	0.00	1.61	0.67
江　苏	0.00	0.00	0.00	0.00	0.00	0.00	1.61	1.59	0.00	0.00	0.44
吉　林	0.00	0.00	0.00	0.00	0.00	0.00	1.61	1.59	0.00	0.00	0.44
青　海	0.00	0.00	0.00	0.00	0.00	0.00	1.61	1.59	0.00	0.00	0.44
四　川	0.00	0.00	0.00	0.00	0.00	0.00	1.61	1.59	0.00	0.00	0.44
安　徽	0.00	0.00	0.00	0.00	0.00	0.00	0.00	1.59	0.00	0.00	0.22
内蒙古	0.00	0.00	0.00	0.00	0.00	0.00	1.61	0.00	0.00	0.00	0.22
辽　宁	0.00	0.00	0.00	0.00	0.00	0.00	0.00	1.59	0.00	0.00	0.22
宁　夏	0.00	0.00	0.00	0.00	0.00	0.00	1.61	0.00	0.00	0.00	0.22
山　东	0.00	0.00	0.00	0.00	0.00	0.00	0.00	1.59	0.00	0.00	0.22
山　西	0.00	0.00	0.00	0.00	0.00	0.00	0.00	1.59	0.00	0.00	0.22
天　津	0.00	0.00	0.00	0.00	0.00	0.00	1.61	0.00	0.00	0.00	0.22
新　疆	0.00	0.00	0.00	0.00	0.00	0.00	1.61	0.00	0.00	0.00	0.22
云　南	0.00	0.00	0.00	0.00	0.00	0.00	1.61	0.00	0.00	0.00	0.22

表 9-43　精神病学 B 层人才的世界占比

单位：%

省　份	2013 年	2014 年	2015 年	2016 年	2017 年	2018 年	2019 年	2020 年	2021 年	2022 年	合计
北　京	0.50	0.93	0.85	0.22	0.99	0.78	0.33	2.09	1.12	2.01	1.02
上　海	0.00	0.47	0.42	0.00	0.99	0.78	0.50	1.40	0.96	1.17	0.71
广　东	0.00	0.47	0.42	0.43	0.60	0.39	0.50	1.22	1.12	1.34	0.70
湖　北	0.00	0.23	0.21	0.22	0.40	0.00	0.00	1.40	0.48	0.50	0.37
四　川	0.25	0.00	0.42	0.00	0.20	0.19	0.00	0.35	0.96	0.84	0.35
重　庆	0.00	0.00	0.21	0.43	0.00	0.19	0.17	0.70	0.64	0.67	0.33
山　东	0.00	0.23	0.64	0.43	0.20	0.00	0.17	0.52	0.48	0.34	0.31

续表

省 份	2013 年	2014 年	2015 年	2016 年	2017 年	2018 年	2019 年	2020 年	2021 年	2022 年	合计
浙 江	0.25	0.23	0.21	0.22	0.00	0.39	0.50	0.35	0.32	0.50	0.31
江 苏	0.00	0.47	0.42	0.00	0.00	0.19	0.00	0.70	0.32	0.50	0.27
湖 南	0.00	0.00	0.21	0.00	0.20	0.00	0.33	0.35	0.32	0.34	0.19
安 徽	0.00	0.23	0.00	0.00	0.20	0.00	0.17	0.52	0.32	0.00	0.15
福 建	0.00	0.00	0.00	0.00	0.20	0.19	0.00	0.35	0.16	0.17	0.12
河 南	0.00	0.00	0.00	0.00	0.00	0.19	0.00	0.17	0.16	0.50	0.12
云 南	0.00	0.00	0.00	0.00	0.40	0.19	0.00	0.00	0.32	0.17	0.12
河 北	0.00	0.00	0.21	0.00	0.00	0.00	0.00	0.35	0.16	0.17	0.10
天 津	0.00	0.00	0.21	0.00	0.00	0.00	0.00	0.17	0.17	0.16	0.17	0.10
海 南	0.00	0.00	0.00	0.00	0.00	0.00	0.00	0.35	0.16	0.00	0.06
黑龙江	0.00	0.00	0.00	0.00	0.00	0.00	0.00	0.00	0.16	0.17	0.06
江 西	0.00	0.23	0.00	0.22	0.00	0.00	0.00	0.00	0.16	0.00	0.06
吉 林	0.00	0.00	0.00	0.00	0.00	0.19	0.00	0.17	0.16	0.00	0.06
陕 西	0.00	0.00	0.00	0.00	0.00	0.00	0.00	0.35	0.16	0.00	0.06
内蒙古	0.00	0.00	0.00	0.00	0.00	0.00	0.00	0.17	0.16	0.00	0.04
辽 宁	0.00	0.00	0.00	0.00	0.00	0.00	0.00	0.17	0.00	0.17	0.04
山 西	0.00	0.00	0.00	0.00	0.00	0.00	0.00	0.35	0.00	0.00	0.04
甘 肃	0.00	0.00	0.00	0.00	0.00	0.00	0.00	0.17	0.00	0.00	0.02
贵 州	0.00	0.00	0.00	0.00	0.00	0.00	0.00	0.17	0.00	0.00	0.02
宁 夏	0.00	0.00	0.00	0.00	0.00	0.00	0.00	0.00	0.16	0.00	0.02
青 海	0.00	0.00	0.00	0.00	0.00	0.00	0.00	0.00	0.16	0.00	0.02
新 疆	0.00	0.00	0.00	0.00	0.00	0.00	0.00	0.00	0.16	0.00	0.02

表 9-44　精神病学 C 层人才的世界占比

单位：%

省 份	2013 年	2014 年	2015 年	2016 年	2017 年	2018 年	2019 年	2020 年	2021 年	2022 年	合计
北 京	0.41	0.59	0.87	0.57	0.71	1.05	1.32	1.35	1.48	1.69	1.06
广 东	0.10	0.14	0.36	0.25	0.67	0.70	0.87	1.12	1.38	1.46	0.77
上 海	0.05	0.26	0.55	0.44	0.55	0.64	0.55	0.91	1.09	1.17	0.66
四 川	0.25	0.26	0.34	0.17	0.48	0.45	0.52	0.40	0.55	0.84	0.44
浙 江	0.20	0.19	0.23	0.21	0.25	0.37	0.48	0.61	0.66	0.92	0.44
湖 北	0.03	0.10	0.07	0.13	0.25	0.41	0.45	0.88	0.63	0.76	0.41

省 份	2013 年	2014 年	2015 年	2016 年	2017 年	2018 年	2019 年	2020 年	2021 年	2022 年	合计
湖 南	0.23	0.24	0.30	0.27	0.34	0.27	0.42	0.37	0.56	0.52	0.36
江 苏	0.08	0.17	0.32	0.19	0.27	0.19	0.42	0.47	0.55	0.71	0.36
山 东	0.08	0.14	0.20	0.15	0.21	0.17	0.38	0.33	0.48	0.60	0.30
重 庆	0.05	0.10	0.16	0.19	0.29	0.43	0.28	0.23	0.48	0.50	0.29
安 徽	0.08	0.07	0.11	0.11	0.08	0.17	0.10	0.25	0.26	0.44	0.18
河 南	0.03	0.05	0.07	0.06	0.04	0.19	0.22	0.19	0.34	0.28	0.16
天 津	0.05	0.00	0.09	0.02	0.10	0.12	0.20	0.23	0.24	0.34	0.15
辽 宁	0.13	0.12	0.07	0.04	0.10	0.08	0.15	0.18	0.22	0.32	0.15
福 建	0.03	0.05	0.00	0.04	0.00	0.08	0.12	0.14	0.16	0.23	0.10
吉 林	0.00	0.00	0.00	0.04	0.10	0.10	0.17	0.11	0.11	0.21	0.09
山 西	0.00	0.00	0.07	0.06	0.02	0.02	0.17	0.09	0.16	0.18	0.09
江 西	0.03	0.05	0.11	0.00	0.06	0.02	0.03	0.16	0.14	0.16	0.08
陕 西	0.03	0.05	0.05	0.08	0.02	0.06	0.07	0.12	0.14	0.11	0.08
云 南	0.03	0.05	0.05	0.04	0.04	0.05	0.05	0.11	0.13	0.16	0.08
广 西	0.13	0.07	0.05	0.02	0.06	0.02	0.03	0.02	0.02	0.16	0.06
黑龙江	0.03	0.02	0.05	0.04	0.02	0.08	0.05	0.11	0.05	0.09	0.06
河 北	0.05	0.02	0.05	0.04	0.00	0.04	0.05	0.05	0.10	0.05	0.05
甘 肃	0.00	0.00	0.00	0.02	0.00	0.02	0.05	0.07	0.10	0.12	0.04
贵 州	0.08	0.10	0.00	0.00	0.00	0.00	0.00	0.07	0.11	0.05	0.04
海 南	0.00	0.00	0.00	0.00	0.02	0.02	0.02	0.07	0.10	0.04	0.03
新 疆	0.00	0.00	0.05	0.00	0.00	0.04	0.03	0.04	0.10	0.02	0.03
内蒙古	0.00	0.00	0.02	0.00	0.00	0.00	0.03	0.02	0.05	0.05	0.02
宁 夏	0.00	0.00	0.02	0.00	0.00	0.02	0.00	0.07	0.04	0.02	0.02
青 海	0.00	0.00	0.00	0.00	0.00	0.00	0.00	0.00	0.08	0.02	0.01

十六 敏感症学

敏感症学 A 层人才仅分布在湖北和河北，世界占比分别为 10.71%、3.57%。

B 层人才最多的是北京，世界占比为 1.39%；广东、湖北、湖南、四川、海南、江苏、吉林、上海、天津、新疆也有一定数量的 B 层人才，世界占比均超过 0.1%。

C 层人才最多的是北京，世界占比为 0.87%；广东、湖北、上海、湖南、江苏、四川、浙江也有一定数量的 C 层人才，世界占比均超过 0.1%；重庆、天津、安徽、河南、吉林、辽宁、陕西、山东、河北、江西、山西、福建、内蒙古 C 层人才的世界占比均低于 0.1%。

表 9-45　敏感症学 A 层人才的世界占比

单位：%

省　份	2013 年	2014 年	2015 年	2016 年	2017 年	2018 年	2019 年	2020 年	2021 年	2022 年	合计
湖　北	0.00	0.00	0.00	0.00	0.00	0.00	0.00	42.86	0.00	0.00	10.71
河　北	0.00	0.00	0.00	0.00	0.00	0.00	0.00	14.29	0.00	0.00	3.57

表 9-46　敏感症学 B 层人才的世界占比

单位：%

省　份	2013 年	2014 年	2015 年	2016 年	2017 年	2018 年	2019 年	2020 年	2021 年	2022 年	合计
北　京	0.00	1.23	2.25	2.78	1.06	3.03	0.00	1.82	0.88	1.15	1.39
广　东	0.00	0.00	1.12	1.39	0.00	0.00	0.00	4.55	0.88	0.00	0.85
湖　北	0.00	0.00	1.12	0.00	0.00	0.00	0.00	3.64	0.00	0.00	0.53
湖　南	0.00	0.00	0.00	1.39	0.00	0.00	0.00	1.82	0.00	0.00	0.32
四　川	0.00	0.00	1.12	0.00	0.00	0.00	0.00	0.91	0.00	0.00	0.21
海　南	0.00	0.00	0.00	0.00	0.00	0.00	0.00	0.91	0.00	0.00	0.11
江　苏	0.00	0.00	1.12	0.00	0.00	0.00	0.00	0.00	0.00	0.00	0.11
吉　林	0.00	0.00	1.12	0.00	0.00	0.00	0.00	0.00	0.00	0.00	0.11
上　海	0.00	0.00	0.00	0.00	0.00	0.00	0.00	0.00	0.88	0.00	0.11
天　津	0.00	0.00	0.00	1.39	0.00	0.00	0.00	0.00	0.00	0.00	0.11
新　疆	0.00	0.00	1.12	0.00	0.00	0.00	0.00	0.00	0.00	0.00	0.11

表 9-47　敏感症学 C 层人才的世界占比

单位：%

省　份	2013 年	2014 年	2015 年	2016 年	2017 年	2018 年	2019 年	2020 年	2021 年	2022 年	合计
北　京	0.26	0.62	0.63	0.96	0.46	1.09	1.13	1.22	1.29	0.64	0.87
广　东	0.00	0.12	0.63	0.24	0.12	0.65	0.57	1.13	0.79	0.90	0.54
湖　北	0.13	0.25	0.13	0.12	0.12	0.43	0.38	1.69	0.20	0.26	0.40

续表

省　份	2013 年	2014 年	2015 年	2016 年	2017 年	2018 年	2019 年	2020 年	2021 年	2022 年	合计
上　海	0.00	0.12	0.38	0.12	0.35	0.43	0.38	0.28	0.40	0.64	0.31
湖　南	0.00	0.25	0.13	0.36	0.23	0.11	0.00	0.19	0.10	0.26	0.16
江　苏	0.26	0.00	0.00	0.24	0.12	0.33	0.19	0.28	0.00	0.00	0.15
四　川	0.13	0.12	0.00	0.00	0.00	0.22	0.00	0.28	0.10	0.26	0.11
浙　江	0.13	0.00	0.13	0.12	0.00	0.11	0.00	0.19	0.20	0.26	0.11
重　庆	0.00	0.00	0.13	0.12	0.12	0.22	0.00	0.19	0.00	0.13	0.09
天　津	0.00	0.12	0.13	0.24	0.00	0.00	0.00	0.09	0.00	0.13	0.07
安　徽	0.13	0.00	0.00	0.00	0.00	0.00	0.00	0.19	0.20	0.00	0.06
河　南	0.00	0.00	0.00	0.00	0.00	0.22	0.00	0.00	0.10	0.00	0.03
吉　林	0.00	0.12	0.00	0.00	0.00	0.11	0.00	0.00	0.10	0.00	0.03
辽　宁	0.00	0.00	0.00	0.00	0.00	0.11	0.00	0.09	0.10	0.00	0.03
陕　西	0.00	0.00	0.00	0.00	0.12	0.00	0.00	0.09	0.09	0.00	0.03
山　东	0.00	0.25	0.00	0.00	0.00	0.00	0.00	0.00	0.00	0.13	0.03
河　北	0.00	0.00	0.00	0.12	0.00	0.00	0.00	0.09	0.00	0.00	0.02
江　西	0.00	0.00	0.00	0.00	0.00	0.00	0.00	0.00	0.00	0.13	0.02
山　西	0.13	0.00	0.00	0.12	0.00	0.00	0.00	0.00	0.00	0.00	0.01
福　建	0.00	0.00	0.00	0.00	0.00	0.00	0.00	0.00	0.10	0.00	0.01
内蒙古	0.00	0.00	0.00	0.00	0.00	0.11	0.00	0.00	0.00	0.00	0.01

十七　风湿病学

风湿病学 A 层人才仅分布在北京、湖南、江苏、上海，其中，A 层人才最多的是北京，世界占比为 2.34%；湖南、江苏、上海 A 层人才的世界占比均为 0.47%。

B 层人才最多的是北京，世界占比为 0.69%；上海、广东、江苏、四川、浙江也有一定数量的 B 层人才，世界占比均超过 0.1%；重庆、安徽、海南、湖北、湖南、辽宁、山东 B 层人才的世界占比均低于 0.1%。

C 层人才最多的是北京，世界占比为 1.16%；上海、广东、江苏、浙江、四川、安徽、山东、湖北、湖南、河北、重庆、陕西、天津、河南也有一定数量的 C 层人才，世界占比大于或等于 0.1%；福建、广西、辽宁、山西、吉林、黑龙江、内蒙古、新疆、云南、甘肃、江西、宁夏、贵州、海南 C 层人才的世界占比均低于 0.1%。

表 9-48 风湿病学 A 层人才的世界占比

单位：%

省 份	2013 年	2014 年	2015 年	2016 年	2017 年	2018 年	2019 年	2020 年	2021 年	2022 年	合计
北 京	0.00	0.00	0.00	0.00	4.35	0.00	0.00	7.41	0.00	7.14	2.34
湖 南	0.00	0.00	0.00	0.00	0.00	0.00	0.00	0.00	3.45	0.00	0.47
江 苏	0.00	0.00	0.00	0.00	0.00	0.00	0.00	0.00	3.45	0.00	0.47
上 海	0.00	0.00	0.00	0.00	0.00	0.00	0.00	0.00	0.00	3.57	0.47

表 9-49 风湿病学 B 层人才的世界占比

单位：%

省 份	2013 年	2014 年	2015 年	2016 年	2017 年	2018 年	2019 年	2020 年	2021 年	2022 年	合计
北 京	0.89	0.00	0.50	0.44	0.44	1.24	1.14	1.23	0.38	0.43	0.69
上 海	0.89	0.00	1.49	0.87	0.44	0.83	0.76	0.41	0.38	0.43	0.64
广 东	0.00	0.00	0.00	0.44	0.00	0.41	0.00	1.65	0.00	0.86	0.34
江 苏	0.00	0.00	0.00	0.44	0.00	0.41	0.00	0.00	0.38	0.00	0.13
四 川	0.00	0.00	0.00	0.00	0.00	0.00	0.00	0.41	0.76	0.00	0.13
浙 江	0.45	0.00	0.50	0.00	0.00	0.00	0.38	0.00	0.00	0.00	0.13
重 庆	0.45	0.00	0.00	0.00	0.00	0.00	0.00	0.00	0.38	0.00	0.09
安 徽	0.00	0.00	0.00	0.00	0.00	0.00	0.38	0.00	0.00	0.00	0.04
海 南	0.00	0.00	0.00	0.00	0.00	0.00	0.41	0.00	0.00	0.00	0.04
湖 北	0.00	0.00	0.00	0.00	0.00	0.00	0.00	0.41	0.00	0.00	0.04
湖 南	0.00	0.00	0.00	0.00	0.00	0.00	0.00	0.00	0.38	0.00	0.04
辽 宁	0.45	0.00	0.00	0.00	0.00	0.00	0.00	0.00	0.00	0.00	0.04
山 东	0.45	0.00	0.00	0.00	0.00	0.00	0.00	0.00	0.00	0.00	0.04

表 9-50 风湿病学 C 层人才的世界占比

单位：%

省 份	2013 年	2014 年	2015 年	2016 年	2017 年	2018 年	2019 年	2020 年	2021 年	2022 年	合计
北 京	0.51	1.23	0.90	0.93	0.93	1.29	1.42	1.69	1.17	1.43	1.16
上 海	0.47	0.71	0.62	0.67	0.44	0.75	0.85	0.85	0.64	1.08	0.71
广 东	0.33	0.57	0.19	0.58	0.57	0.96	0.77	0.97	0.68	1.26	0.70
江 苏	0.33	0.47	0.48	0.18	0.31	0.50	0.32	0.42	0.40	0.69	0.41
浙 江	0.14	0.09	0.19	0.13	0.31	0.25	0.53	0.59	0.32	0.87	0.35

省份	2013年	2014年	2015年	2016年	2017年	2018年	2019年	2020年	2021年	2022年	合计
四川	0.09	0.14	0.14	0.31	0.22	0.46	0.28	0.30	0.20	0.39	0.26
安徽	0.09	0.28	0.19	0.18	0.13	0.25	0.32	0.17	0.24	0.52	0.24
山东	0.33	0.19	0.19	0.18	0.13	0.42	0.24	0.21	0.28	0.22	0.24
湖北	0.14	0.09	0.05	0.09	0.09	0.17	0.24	0.80	0.32	0.13	0.22
湖南	0.09	0.19	0.14	0.18	0.04	0.29	0.37	0.25	0.24	0.35	0.22
河北	0.05	0.05	0.05	0.04	0.09	0.25	0.08	0.34	0.04	0.09	0.11
重庆	0.00	0.09	0.05	0.13	0.04	0.17	0.16	0.25	0.04	0.09	0.10
陕西	0.00	0.33	0.10	0.18	0.04	0.13	0.04	0.04	0.12	0.04	0.10
天津	0.09	0.00	0.10	0.13	0.09	0.08	0.00	0.25	0.12	0.13	0.10
河南	0.00	0.00	0.00	0.04	0.04	0.13	0.08	0.21	0.16	0.26	0.10
福建	0.05	0.00	0.05	0.00	0.00	0.13	0.00	0.25	0.00	0.17	0.09
广西	0.09	0.05	0.00	0.18	0.04	0.00	0.16	0.04	0.08	0.13	0.08
辽宁	0.09	0.09	0.10	0.09	0.13	0.04	0.04	0.13	0.04	0.04	0.08
山西	0.00	0.24	0.10	0.00	0.00	0.13	0.00	0.04	0.08	0.09	0.07
吉林	0.00	0.09	0.00	0.09	0.09	0.04	0.00	0.17	0.08	0.13	0.07
黑龙江	0.00	0.00	0.10	0.00	0.04	0.13	0.00	0.04	0.00	0.04	0.04
内蒙古	0.00	0.00	0.00	0.05	0.00	0.09	0.13	0.00	0.13	0.00	0.04
新疆	0.00	0.00	0.00	0.00	0.00	0.04	0.13	0.08	0.04	0.04	0.04
云南	0.05	0.00	0.00	0.00	0.00	0.09	0.13	0.00	0.00	0.04	0.04
甘肃	0.00	0.05	0.00	0.00	0.00	0.00	0.04	0.08	0.08	0.00	0.03
江西	0.00	0.00	0.00	0.04	0.04	0.08	0.04	0.04	0.00	0.00	0.03
宁夏	0.05	0.00	0.00	0.00	0.00	0.04	0.00	0.00	0.00	0.09	0.02
贵州	0.00	0.00	0.00	0.00	0.00	0.08	0.00	0.00	0.00	0.00	0.01
海南	0.00	0.00	0.00	0.00	0.04	0.00	0.00	0.00	0.00	0.04	0.01

十八 皮肤医学

皮肤医学A层人才仅分布在北京、重庆、海南、湖北、湖南，世界占比均为0.44%。

B层人才最多的是上海，世界占比为0.70%；北京、四川、广东、湖南、江苏、湖北、山东也有一定数量的B层人才，世界占比均超过0.1%；

福建、辽宁、云南、浙江、重庆、广西、贵州、海南、江西、陕西 B 层人才的世界占比均低于 0.1%。

C 层人才最多的是上海，世界占比为 0.98%；北京、广东、江苏、四川、浙江、陕西、湖南、重庆、辽宁、山东、湖北、福建、天津、安徽也有一定数量的 C 层人才，世界占比大于或等于 0.1%；河南、山西、贵州、海南、广西、黑龙江、吉林、云南、内蒙古、江西、甘肃、河北、新疆、青海、宁夏 C 层人才的世界占比均低于 0.1%。

表 9-51　皮肤医学 A 层人才的世界占比

单位：%

省　份	2013 年	2014 年	2015 年	2016 年	2017 年	2018 年	2019 年	2020 年	2021 年	2022 年	合计
北　京	0.00	0.00	0.00	0.00	0.00	0.00	0.00	3.45	0.00	0.00	0.44
重　庆	0.00	0.00	0.00	0.00	0.00	0.00	0.00	3.45	0.00	0.00	0.44
海　南	0.00	0.00	0.00	0.00	0.00	0.00	0.00	3.45	0.00	0.00	0.44
湖　北	0.00	0.00	0.00	0.00	0.00	0.00	0.00	3.45	0.00	0.00	0.44
湖　南	0.00	0.00	0.00	0.00	0.00	0.00	0.00	3.45	0.00	0.00	0.44

表 9-52　皮肤医学 B 层人才的世界占比

单位：%

省　份	2013 年	2014 年	2015 年	2016 年	2017 年	2018 年	2019 年	2020 年	2021 年	2022 年	合计
上　海	0.00	0.00	0.99	0.93	0.45	0.91	0.82	1.15	1.45	0.00	0.70
北　京	0.53	1.51	0.00	0.00	0.45	0.00	0.00	0.77	0.73	0.00	0.39
四　川	1.06	0.50	0.00	0.00	0.00	0.45	0.41	0.38	0.36	0.00	0.30
广　东	0.53	0.00	0.00	0.00	0.00	0.00	0.00	0.77	0.00	0.37	0.17
湖　南	0.53	0.00	0.00	0.00	0.00	0.45	0.45	0.00	0.38	0.00	0.17
江　苏	0.53	0.00	0.00	0.00	0.00	0.00	0.41	0.38	0.36	0.00	0.17
湖　北	0.53	0.00	0.00	0.00	0.00	0.00	0.00	0.77	0.00	0.00	0.13
山　东	0.53	0.00	0.00	0.00	0.00	0.00	0.00	0.38	0.36	0.00	0.13
福　建	0.53	0.00	0.00	0.00	0.00	0.00	0.00	0.38	0.00	0.00	0.09
辽　宁	0.00	0.00	0.00	0.00	0.00	0.00	0.00	0.38	0.00	0.37	0.09
云　南	0.53	0.00	0.00	0.00	0.00	0.00	0.00	0.38	0.00	0.00	0.09
浙　江	0.00	0.00	0.00	0.00	0.00	0.00	0.00	0.00	0.36	0.37	0.09

续表

省份	2013年	2014年	2015年	2016年	2017年	2018年	2019年	2020年	2021年	2022年	合计
重　庆	0.53	0.00	0.00	0.00	0.00	0.00	0.00	0.00	0.00	0.00	0.04
广　西	0.53	0.00	0.00	0.00	0.00	0.00	0.00	0.00	0.00	0.00	0.04
贵　州	0.00	0.00	0.00	0.00	0.00	0.00	0.41	0.00	0.00	0.00	0.04
海　南	0.00	0.00	0.00	0.00	0.00	0.00	0.00	0.38	0.00	0.00	0.04
江　西	0.53	0.00	0.00	0.00	0.00	0.00	0.00	0.00	0.00	0.00	0.04
陕　西	0.00	0.00	0.00	0.47	0.00	0.00	0.00	0.00	0.00	0.00	0.04

表 9-53　皮肤医学 C 层人才的世界占比

单位：%

省份	2013年	2014年	2015年	2016年	2017年	2018年	2019年	2020年	2021年	2022年	合计
上　海	0.90	0.55	0.90	1.38	0.70	0.88	0.77	0.96	1.08	1.68	0.98
北　京	0.37	0.80	0.65	0.62	0.70	0.84	0.89	0.92	1.00	1.13	0.81
广　东	0.74	0.45	0.40	0.52	0.35	0.42	0.50	0.65	0.87	1.22	0.62
江　苏	0.26	0.10	0.20	0.33	0.26	0.33	0.42	0.57	0.42	0.63	0.36
四　川	0.16	0.10	0.00	0.14	0.22	0.42	0.54	0.38	0.42	0.82	0.35
浙　江	0.11	0.15	0.20	0.14	0.17	0.19	0.27	0.38	0.58	0.82	0.31
陕　西	0.53	0.25	0.25	0.38	0.17	0.28	0.35	0.08	0.25	0.36	0.28
湖　南	0.05	0.25	0.05	0.24	0.22	0.09	0.35	0.46	0.29	0.68	0.28
重　庆	0.21	0.20	0.30	0.10	0.09	0.19	0.31	0.42	0.42	0.32	0.26
辽　宁	0.11	0.25	0.15	0.19	0.22	0.14	0.42	0.38	0.21	0.23	0.24
山　东	0.26	0.30	0.10	0.19	0.35	0.09	0.23	0.11	0.29	0.27	0.22
湖　北	0.05	0.15	0.15	0.14	0.13	0.28	0.27	0.15	0.25	0.14	0.18
福　建	0.05	0.05	0.05	0.05	0.13	0.09	0.19	0.23	0.12	0.23	0.13
天　津	0.05	0.05	0.10	0.19	0.13	0.09	0.08	0.08	0.29	0.00	0.11
安　徽	0.16	0.10	0.00	0.29	0.00	0.00	0.19	0.00	0.00	0.09	0.10
河　南	0.11	0.00	0.00	0.00	0.04	0.05	0.12	0.08	0.17	0.18	0.08
山　西	0.11	0.15	0.00	0.05	0.04	0.05	0.15	0.08	0.08	0.05	0.08
贵　州	0.00	0.00	0.00	0.00	0.13	0.00	0.12	0.11	0.12	0.18	0.07
海　南	0.00	0.05	0.10	0.10	0.04	0.00	0.08	0.00	0.04	0.18	0.06
广　西	0.11	0.00	0.00	0.05	0.00	0.00	0.15	0.00	0.12	0.09	0.05
黑龙江	0.00	0.05	0.20	0.05	0.04	0.00	0.04	0.08	0.08	0.00	0.05

省　份	2013 年	2014 年	2015 年	2016 年	2017 年	2018 年	2019 年	2020 年	2021 年	2022 年	合计
吉　林	0.05	0.00	0.00	0.10	0.09	0.05	0.04	0.08	0.04	0.09	0.05
云　南	0.00	0.05	0.00	0.05	0.09	0.00	0.04	0.04	0.04	0.23	0.05
内蒙古	0.11	0.10	0.10	0.05	0.00	0.00	0.04	0.00	0.04	0.05	0.04
江　西	0.00	0.10	0.00	0.00	0.00	0.09	0.08	0.04	0.00	0.05	0.04
甘　肃	0.11	0.00	0.00	0.00	0.00	0.00	0.08	0.00	0.08	0.09	0.04
河　北	0.05	0.00	0.05	0.00	0.09	0.00	0.04	0.00	0.04	0.09	0.04
新　疆	0.05	0.00	0.00	0.00	0.00	0.05	0.12	0.00	0.00	0.09	0.04
青　海	0.05	0.10	0.00	0.00	0.00	0.00	0.04	0.00	0.00	0.00	0.02
宁　夏	0.00	0.00	0.00	0.00	0.00	0.00	0.04	0.00	0.04	0.00	0.01

十九　眼科学

眼科学 A 层人才最多的是广东，世界占比为 1.92%；北京 A 层人才以 1.54%的世界占比排名第二；福建、上海 A 层人才的世界占比均为 0.77%，并列排名第三；安徽、湖北、天津也有一定数量的 A 层人才，世界占比均为 0.38%。

B 层人才最多的是广东，世界占比为 1.53%；北京、上海、浙江、福建、湖北、湖南、天津、山东、重庆、江苏、安徽、河南、四川有一定数量的 B 层人才，世界占比均超过 0.1%；河北、黑龙江、内蒙古、江西、辽宁、陕西、山西 B 层人才的世界占比均低于 0.1%。

C 层人才最多的是广东，世界占比为 1.53%；北京、上海 C 层人才的世界占比分别为 1.42%、1.40%，分列第二、第三位；浙江有相当数量的 C 层人才，世界占比为 1.08%；山东、江苏、天津、湖南、湖北、四川、河南、重庆、福建、辽宁、吉林、黑龙江、陕西、云南也有一定数量的 C 层人才，世界占比大于或等于 0.1%；安徽、山西、河北、江西、广西、贵州、海南、宁夏、甘肃、内蒙古、新疆、青海、西藏 C 层人才的世界占比均低于 0.1%。

表 9-54　眼科学 A 层人才的世界占比

单位：%

省　份	2013 年	2014 年	2015 年	2016 年	2017 年	2018 年	2019 年	2020 年	2021 年	2022 年	合计
广　东	0.00	0.00	4.17	0.00	3.85	9.52	0.00	0.00	3.70	0.00	1.92
北　京	4.17	0.00	0.00	0.00	0.00	0.00	0.00	3.23	7.41	0.00	1.54
福　建	0.00	0.00	0.00	0.00	3.85	0.00	0.00	0.00	0.00	3.70	0.77
上　海	0.00	0.00	0.00	0.00	0.00	0.00	0.00	3.23	3.70	0.00	0.77
安　徽	0.00	4.35	0.00	0.00	0.00	0.00	0.00	0.00	0.00	0.00	0.38
湖　北	0.00	0.00	0.00	0.00	0.00	0.00	0.00	3.23	0.00	0.00	0.38
天　津	0.00	0.00	0.00	0.00	0.00	0.00	0.00	0.00	3.70	0.00	0.38

表 9-55　眼科学 B 层人才的世界占比

单位：%

省　份	2013 年	2014 年	2015 年	2016 年	2017 年	2018 年	2019 年	2020 年	2021 年	2022 年	合计
广　东	0.87	1.69	0.00	0.40	0.82	0.38	2.02	2.88	2.30	3.17	1.53
北　京	1.30	0.84	1.30	0.40	0.41	0.77	1.35	1.80	0.66	1.06	0.99
上　海	0.43	1.27	0.87	0.00	1.65	1.15	1.35	0.00	2.30	0.70	0.99
浙　江	0.00	1.27	0.00	0.40	1.23	0.77	1.35	0.72	1.64	1.76	0.96
福　建	0.00	0.00	0.00	0.40	0.82	0.00	0.34	0.72	0.33	0.35	0.31
湖　北	0.00	0.00	0.00	0.00	0.00	0.00	0.67	1.44	0.33	0.00	0.27
湖　南	0.00	0.42	0.00	0.00	0.00	0.00	0.67	0.00	0.66	0.70	0.27
天　津	0.00	0.84	0.00	0.40	0.00	0.38	0.67	0.00	0.00	0.00	0.23
山　东	0.00	0.00	0.00	0.00	0.82	0.38	0.34	0.00	0.00	0.35	0.19
重　庆	0.00	0.00	0.00	0.40	0.00	0.38	0.34	0.00	0.33	0.00	0.15
江　苏	0.00	0.42	0.00	0.00	0.41	0.00	0.34	0.00	0.00	0.35	0.15
安　徽	0.00	0.00	0.43	0.40	0.00	0.00	0.00	0.00	0.00	0.35	0.11
河　南	0.00	0.00	0.00	0.00	0.00	0.00	0.34	0.36	0.00	0.35	0.11
四　川	0.00	0.42	0.43	0.00	0.00	0.00	0.34	0.00	0.00	0.00	0.11
河　北	0.00	0.00	0.00	0.00	0.00	0.00	0.00	0.00	0.00	0.35	0.04
黑龙江	0.00	0.00	0.00	0.00	0.00	0.00	0.34	0.00	0.00	0.00	0.04
内蒙古	0.00	0.00	0.00	0.00	0.00	0.00	0.34	0.00	0.00	0.00	0.04
江　西	0.00	0.00	0.00	0.00	0.00	0.00	0.00	0.00	0.00	0.35	0.04
辽　宁	0.00	0.00	0.43	0.00	0.00	0.00	0.00	0.00	0.00	0.00	0.04
陕　西	0.00	0.42	0.00	0.00	0.00	0.00	0.00	0.00	0.00	0.00	0.04
山　西	0.00	0.00	0.00	0.00	0.00	0.00	0.00	0.00	0.00	0.35	0.04

表 9-56 眼科学 C 层人才的世界占比

单位：%

省　份	2013 年	2014 年	2015 年	2016 年	2017 年	2018 年	2019 年	2020 年	2021 年	2022 年	合计
广　东	1.39	1.36	1.12	1.44	1.26	1.54	1.61	1.65	1.36	2.67	1.53
北　京	1.26	1.23	1.52	1.36	1.22	1.33	1.27	1.65	1.22	2.21	1.42
上　海	0.96	1.31	1.21	1.77	0.97	1.13	1.85	1.46	1.50	1.71	1.40
浙　江	0.52	1.01	1.21	0.82	1.10	0.85	1.06	1.31	1.12	1.84	1.08
山　东	0.48	0.22	0.54	0.33	0.38	0.53	0.27	0.52	0.56	0.60	0.44
江　苏	0.04	0.22	0.45	0.37	0.21	0.36	0.27	0.49	0.42	0.74	0.36
天　津	0.17	0.13	0.40	0.37	0.25	0.49	0.38	0.30	0.28	0.60	0.34
湖　南	0.09	0.22	0.18	0.08	0.25	0.28	0.58	0.37	0.42	0.51	0.31
湖　北	0.04	0.18	0.31	0.21	0.17	0.24	0.24	0.56	0.38	0.51	0.29
四　川	0.09	0.18	0.36	0.25	0.08	0.20	0.17	0.15	0.24	0.65	0.23
河　南	0.22	0.13	0.27	0.12	0.38	0.24	0.10	0.30	0.24	0.18	0.22
重　庆	0.17	0.04	0.27	0.04	0.17	0.36	0.21	0.19	0.28	0.37	0.21
福　建	0.09	0.26	0.13	0.16	0.08	0.12	0.31	0.26	0.21	0.28	0.19
辽　宁	0.13	0.09	0.13	0.16	0.04	0.24	0.14	0.19	0.17	0.46	0.17
吉　林	0.17	0.04	0.00	0.12	0.13	0.20	0.17	0.19	0.00	0.23	0.13
黑龙江	0.22	0.26	0.22	0.04	0.00	0.12	0.03	0.07	0.10	0.18	0.12
陕　西	0.09	0.00	0.09	0.04	0.04	0.20	0.14	0.04	0.17	0.18	0.10
云　南	0.04	0.13	0.00	0.08	0.13	0.08	0.07	0.11	0.17	0.18	0.10
安　徽	0.00	0.04	0.04	0.04	0.13	0.20	0.10	0.04	0.03	0.28	0.09
山　西	0.09	0.00	0.04	0.08	0.00	0.08	0.07	0.15	0.07	0.32	0.09
河　北	0.04	0.04	0.04	0.08	0.00	0.08	0.03	0.07	0.03	0.32	0.08
江　西	0.00	0.00	0.00	0.00	0.13	0.20	0.03	0.07	0.10	0.28	0.08
广　西	0.00	0.00	0.09	0.00	0.00	0.00	0.07	0.04	0.17	0.18	0.06
贵　州	0.00	0.00	0.00	0.00	0.00	0.04	0.00	0.15	0.00	0.23	0.04
海　南	0.00	0.04	0.04	0.04	0.08	0.00	0.03	0.07	0.00	0.05	0.04
宁　夏	0.00	0.04	0.00	0.00	0.00	0.08	0.07	0.00	0.00	0.09	0.04
甘　肃	0.00	0.00	0.00	0.00	0.00	0.04	0.00	0.07	0.03	0.09	0.03
内蒙古	0.00	0.00	0.04	0.00	0.00	0.04	0.00	0.00	0.07	0.09	0.03
新　疆	0.00	0.00	0.00	0.04	0.04	0.00	0.00	0.04	0.00	0.14	0.02
青　海	0.00	0.04	0.00	0.00	0.00	0.00	0.00	0.00	0.03	0.00	0.02
西　藏	0.00	0.00	0.00	0.00	0.00	0.04	0.03	0.04	0.00	0.05	0.02

二十　耳鼻喉学

各省份均没有耳鼻喉学 A 层人才。

B 层人才最多的是北京，世界占比为 0.62%；广东、浙江、湖北、江苏、上海、云南也有一定数量的 B 层人才，世界占比大于或等于 0.1%。

C 层人才最多的是北京，世界占比为 0.89%；上海、广东、江苏、湖北、山东、四川、浙江、辽宁、福建、重庆、湖南也有一定数量的 C 层人才，世界占比大于或等于 0.1%；江西、吉林、安徽、云南、广西、天津、黑龙江、河南、陕西、河北、新疆、甘肃、贵州、海南、青海 C 层人才的世界占比均低于 0.1%。

表 9-57　耳鼻喉学 B 层人才的世界占比

单位：%

省　份	2013 年	2014 年	2015 年	2016 年	2017 年	2018 年	2019 年	2020 年	2021 年	2022 年	合计
北　京	0.00	0.00	1.19	1.12	0.00	1.08	0.00	0.82	1.77	0.00	0.62
广　东	0.00	1.28	0.00	1.12	0.00	0.00	0.00	0.82	0.00	0.00	0.31
浙　江	0.00	0.00	1.19	0.00	1.03	0.00	0.00	0.00	0.00	0.00	0.21
湖　北	0.00	0.00	0.00	0.00	0.00	0.00	0.00	0.00	0.88	0.00	0.10
江　苏	0.00	0.00	0.00	0.00	0.00	0.00	0.00	0.82	0.00	0.00	0.10
上　海	0.00	0.00	0.00	0.00	0.00	0.00	0.00	0.82	0.00	0.00	0.10
云　南	0.00	0.00	0.00	0.00	0.00	0.00	0.00	0.82	0.00	0.00	0.10

表 9-58　耳鼻喉学 C 层人才的世界占比

单位：%

省　份	2013 年	2014 年	2015 年	2016 年	2017 年	2018 年	2019 年	2020 年	2021 年	2022 年	合计
北　京	1.04	0.41	0.74	0.77	0.72	0.58	1.05	0.72	0.92	1.81	0.89
上　海	0.65	0.41	0.49	0.22	0.36	0.58	1.44	0.99	0.59	0.74	0.67
广　东	0.26	0.41	0.62	0.44	0.36	0.58	0.77	0.63	0.50	0.43	0.51
江　苏	0.26	0.14	0.00	0.11	0.36	0.12	0.67	0.27	0.59	0.21	0.29
湖　北	0.00	0.14	0.12	0.33	0.12	0.12	0.38	0.63	0.34	0.32	0.27
山　东	0.00	0.27	0.00	0.11	0.12	0.23	0.00	0.09	0.42	0.64	0.20

省 份	2013 年	2014 年	2015 年	2016 年	2017 年	2018 年	2019 年	2020 年	2021 年	2022 年	合计
四 川	0.00	0.00	0.00	0.00	0.12	0.47	0.29	0.45	0.25	0.21	0.20
浙 江	0.00	0.14	0.25	0.11	0.12	0.12	0.10	0.27	0.34	0.43	0.20
辽 宁	0.13	0.00	0.25	0.00	0.24	0.00	0.29	0.18	0.08	0.21	0.14
福 建	0.00	0.00	0.00	0.00	0.00	0.12	0.29	0.18	0.17	0.43	0.13
重 庆	0.00	0.00	0.12	0.00	0.24	0.12	0.19	0.18	0.17	0.11	0.12
湖 南	0.00	0.00	0.12	0.11	0.12	0.23	0.19	0.09	0.00	0.11	0.10
江 西	0.00	0.00	0.00	0.11	0.00	0.00	0.10	0.18	0.00	0.21	0.08
吉 林	0.00	0.00	0.25	0.11	0.12	0.12	0.00	0.09	0.00	0.00	0.07
安 徽	0.00	0.00	0.00	0.00	0.00	0.00	0.29	0.00	0.08	0.11	0.05
云 南	0.00	0.14	0.00	0.11	0.00	0.00	0.00	0.18	0.00	0.00	0.05
广 西	0.13	0.00	0.00	0.00	0.00	0.12	0.00	0.00	0.00	0.21	0.04
天 津	0.13	0.00	0.00	0.00	0.00	0.00	0.10	0.00	0.08	0.00	0.04
黑龙江	0.00	0.00	0.00	0.00	0.00	0.00	0.00	0.00	0.00	0.21	0.03
河 南	0.00	0.00	0.00	0.00	0.11	0.00	0.00	0.19	0.00	0.00	0.03
陕 西	0.00	0.14	0.00	0.00	0.00	0.00	0.00	0.00	0.00	0.21	0.03
河 北	0.00	0.00	0.00	0.00	0.00	0.00	0.00	0.00	0.00	0.21	0.02
新 疆	0.00	0.00	0.00	0.00	0.00	0.00	0.00	0.18	0.00	0.00	0.02
甘 肃	0.00	0.00	0.00	0.00	0.00	0.00	0.00	0.00	0.11	0.00	0.01
贵 州	0.00	0.00	0.00	0.00	0.00	0.00	0.00	0.00	0.11	0.00	0.01
海 南	0.00	0.00	0.00	0.00	0.00	0.00	0.00	0.09	0.00	0.00	0.01
青 海	0.00	0.00	0.00	0.00	0.00	0.00	0.00	0.09	0.00	0.00	0.01

二十一 听觉学和言语病理学

听觉学和言语病理学 A 层人才仅分布在北京，世界占比为 3.03%。

B 层人才最多的是北京，世界占比为 1.66%；其后是重庆、江苏、陕西，B 层人才的世界占比均为 0.48%；黑龙江、上海也有一定数量的 B 层人才，世界占比均为 0.24%。

C 层人才最多的是北京，世界占比为 1.71%；上海、广东、江苏、陕西、浙江、湖南、黑龙江、山东、安徽、天津、湖北、重庆、福建也有一定数量的 C 层人才，世界占比大于或等于 0.1%；辽宁、四川、新疆、河北、河南、江西、吉林、青海、云南 C 层人才的世界占比均低于 0.1%。

表 9-59　听觉学和言语病理学 A 层人才的世界占比

单位：%

省　份	2013 年	2014 年	2015 年	2016 年	2017 年	2018 年	2019 年	2020 年	2021 年	2022 年	合计
北　京	0.00	0.00	0.00	0.00	0.00	0.00	0.00	16.67	0.00	0.00	3.03

表 9-60　听觉学和言语病理学 B 层人才的世界占比

单位：%

省　份	2013 年	2014 年	2015 年	2016 年	2017 年	2018 年	2019 年	2020 年	2021 年	2022 年	合计
北　京	0.00	0.00	0.00	0.00	4.88	0.00	1.85	3.70	3.85	0.00	1.66
重　庆	0.00	0.00	0.00	0.00	0.00	0.00	0.00	0.00	1.92	2.04	0.48
江　苏	0.00	0.00	0.00	0.00	0.00	2.86	0.00	1.85	0.00	0.00	0.48
陕　西	0.00	0.00	0.00	0.00	0.00	0.00	1.85	1.85	0.00	0.00	0.48
黑龙江	0.00	0.00	0.00	0.00	0.00	0.00	0.00	0.00	0.00	2.04	0.24
上　海	0.00	0.00	0.00	0.00	0.00	0.00	1.85	0.00	0.00	0.00	0.24

表 9-61　听觉学和言语病理学 C 层人才的世界占比

单位：%

省　份	2013 年	2014 年	2015 年	2016 年	2017 年	2018 年	2019 年	2020 年	2021 年	2022 年	合计
北　京	0.31	1.62	1.86	1.13	1.24	1.01	1.39	2.40	3.14	2.11	1.71
上　海	0.31	0.00	1.24	0.00	0.25	0.25	1.78	0.40	0.55	0.94	0.61
广　东	0.00	0.00	0.62	0.28	0.00	0.75	0.79	0.80	0.55	0.94	0.51
江　苏	0.00	0.65	0.00	0.28	0.50	0.00	0.59	0.20	0.37	0.94	0.37
陕　西	0.00	0.97	0.00	0.56	0.50	0.50	0.20	0.40	0.18	0.23	0.34
浙　江	0.00	0.00	0.31	0.28	0.00	0.00	0.20	0.60	0.74	0.70	0.32
湖　南	0.00	0.00	0.31	0.00	0.00	0.50	0.40	0.20	0.18	0.70	0.24
黑龙江	0.31	0.00	0.00	0.56	0.25	0.00	0.20	0.00	0.37	0.47	0.22
山　东	0.00	0.00	0.00	0.00	0.25	0.25	0.40	0.40	0.18	0.47	0.22
安　徽	0.00	0.00	0.00	0.00	0.25	0.00	0.79	0.00	0.37	0.23	0.20
天　津	0.00	0.00	0.00	0.00	0.25	0.00	0.00	0.00	0.37	0.23	0.20
湖　北	0.00	0.00	0.31	0.56	0.00	0.00	0.00	0.00	0.55	0.00	0.15

续表

省份	2013年	2014年	2015年	2016年	2017年	2018年	2019年	2020年	2021年	2022年	合计
重庆	0.00	0.00	0.31	0.00	0.25	0.00	0.00	0.40	0.00	0.00	0.10
福建	0.00	0.00	0.00	0.00	0.25	0.00	0.40	0.20	0.00	0.00	0.10
辽宁	0.00	0.00	0.00	0.00	0.25	0.00	0.00	0.20	0.00	0.00	0.05
四川	0.00	0.32	0.00	0.00	0.00	0.00	0.00	0.00	0.00	0.23	0.05
新疆	0.00	0.00	0.00	0.00	0.00	0.00	0.20	0.00	0.00	0.00	0.05
河北	0.00	0.00	0.00	0.00	0.00	0.00	0.00	0.00	0.00	0.23	0.02
河南	0.00	0.00	0.00	0.00	0.00	0.25	0.00	0.00	0.00	0.00	0.02
江西	0.00	0.00	0.00	0.00	0.00	0.00	0.00	0.20	0.00	0.00	0.02
吉林	0.00	0.00	0.00	0.00	0.00	0.00	0.00	0.00	0.18	0.00	0.02
青海	0.00	0.00	0.00	0.00	0.00	0.00	0.00	0.20	0.00	0.00	0.02
云南	0.00	0.00	0.00	0.28	0.00	0.00	0.00	0.00	0.00	0.00	0.02

二十二 牙科医学、口腔外科和口腔医学

牙科医学、口腔外科和口腔医学A层人才最多的是四川，世界占比为2.11%；上海、北京、湖北有相当数量的A层人才，世界占比在2%~1%；重庆、广东、贵州、黑龙江、新疆、云南也有一定数量的A层人才，世界占比均为0.53%。

B层人才最多的是四川，世界占比为1.19%；湖北、北京、上海、浙江、广东、陕西、山东、黑龙江、江苏也有一定数量的B层人才，世界占比均超过0.1%；安徽、广西、海南、河南、湖南、辽宁、山西B层人才的世界占比均低于0.1%。

C层人才最多的是北京，世界占比为1.43%；四川C层人才以1.35%的世界占比排名第二；上海、广东、湖北、陕西、山东、江苏、浙江、重庆、辽宁、湖南、福建、吉林、天津也有一定数量的C层人才，世界占比均超过0.1%；安徽、甘肃、河南、黑龙江、广西、云南、贵州、山西、新疆、河北、内蒙古、江西、海南C层人才的世界占比均低于0.1%。

表 9-62　牙科医学、口腔外科和口腔医学 A 层人才的世界占比

单位：%

省　份	2013 年	2014 年	2015 年	2016 年	2017 年	2018 年	2019 年	2020 年	2021 年	2022 年	合计
四　川	0.00	0.00	0.00	0.00	0.00	0.00	0.00	9.09	0.00	8.33	2.11
上　海	0.00	0.00	0.00	0.00	0.00	0.00	0.00	4.55	0.00	8.33	1.58
北　京	0.00	0.00	0.00	0.00	0.00	6.67	0.00	0.00	0.00	4.17	1.05
湖　北	0.00	0.00	0.00	0.00	0.00	0.00	0.00	4.55	0.00	4.17	1.05
重　庆	0.00	0.00	0.00	0.00	0.00	0.00	0.00	0.00	0.00	4.17	0.53
广　东	0.00	0.00	0.00	0.00	0.00	0.00	0.00	0.00	0.00	4.17	0.53
贵　州	0.00	0.00	0.00	0.00	0.00	0.00	0.00	0.00	0.00	4.17	0.53
黑龙江	0.00	0.00	0.00	0.00	0.00	0.00	0.00	0.00	0.00	4.17	0.53
新　疆	0.00	0.00	0.00	0.00	0.00	0.00	0.00	0.00	0.00	4.17	0.53
云　南	0.00	0.00	0.00	0.00	0.00	0.00	0.00	0.00	0.00	4.17	0.53

表 9-63　牙科医学、口腔外科和口腔医学 B 层人才的世界占比

单位：%

省　份	2013 年	2014 年	2015 年	2016 年	2017 年	2018 年	2019 年	2020 年	2021 年	2022 年	合计
四　川	0.00	1.30	1.89	1.23	0.00	0.00	0.50	2.69	2.09	1.45	1.19
湖　北	0.67	1.95	0.63	0.62	1.73	0.00	0.00	0.45	0.42	1.93	0.81
北　京	1.34	0.00	1.26	0.00	0.00	0.54	1.00	0.90	0.00	0.97	0.59
上　海	0.00	0.00	0.63	0.00	0.00	0.00	0.50	0.00	1.26	0.97	0.38
浙　江	0.00	0.00	0.63	0.62	0.00	0.00	0.50	0.00	0.84	0.48	0.32
广　东	0.00	0.00	0.00	0.62	0.00	0.00	0.00	0.00	0.84	0.00	0.16
陕　西	0.67	0.65	0.63	0.00	0.00	0.00	0.00	0.00	0.00	0.00	0.16
山　东	0.00	0.00	0.00	0.00	0.00	0.00	0.00	0.90	0.00	0.48	0.16
黑龙江	1.34	0.00	0.00	0.00	0.00	0.00	0.00	0.00	0.00	0.00	0.11
江　苏	0.00	0.00	0.63	0.00	0.00	0.00	0.00	0.00	0.00	0.48	0.11
安　徽	0.00	0.00	0.00	0.00	0.00	0.00	0.00	0.42	0.00	0.00	0.05
广　西	0.00	0.00	0.00	0.00	0.00	0.00	0.00	0.42	0.00	0.00	0.05
海　南	0.00	0.00	0.00	0.00	0.00	0.00	0.00	0.00	0.00	0.48	0.05
河　南	0.00	0.00	0.00	0.00	0.00	0.00	0.00	0.00	0.00	0.48	0.05
湖　南	0.00	0.00	0.00	0.00	0.62	0.00	0.00	0.00	0.00	0.00	0.05
辽　宁	0.00	0.00	0.00	0.00	0.00	0.00	0.00	0.45	0.00	0.00	0.05
山　西	0.00	0.00	0.00	0.00	0.00	0.00	0.00	0.00	0.42	0.00	0.05

表 9-64 牙科医学、口腔外科和口腔医学 C 层人才的世界占比

单位：%

省　份	2013 年	2014 年	2015 年	2016 年	2017 年	2018 年	2019 年	2020 年	2021 年	2022 年	合计
北　京	1.67	1.23	1.30	1.66	1.34	1.18	1.45	1.30	1.48	1.70	1.43
四　川	1.13	0.84	1.17	1.08	1.22	1.35	1.92	1.21	1.81	1.48	1.35
上　海	0.67	0.58	0.91	0.89	0.73	0.90	0.88	0.63	0.74	1.21	0.81
广　东	0.20	0.45	0.32	0.89	0.61	0.84	1.09	1.16	0.97	1.10	0.80
湖　北	0.93	0.65	0.52	0.57	0.24	0.56	0.73	0.77	0.74	0.77	0.65
陕　西	0.60	0.58	0.39	0.32	0.06	0.28	0.41	0.19	0.05	0.44	0.32
山　东	0.13	0.19	0.13	0.26	0.18	0.45	0.47	0.53	0.23	0.49	0.32
江　苏	0.13	0.26	0.26	0.32	0.18	0.45	0.10	0.24	0.37	0.44	0.28
浙　江	0.13	0.26	0.19	0.19	0.30	0.23	0.10	0.29	0.42	0.49	0.27
重　庆	0.20	0.13	0.06	0.06	0.24	0.17	0.31	0.29	0.19	0.27	0.20
辽　宁	0.07	0.13	0.26	0.06	0.06	0.06	0.10	0.19	0.37	0.38	0.18
湖　南	0.00	0.00	0.06	0.06	0.00	0.11	0.36	0.19	0.32	0.16	0.15
福　建	0.00	0.00	0.13	0.06	0.00	0.00	0.16	0.19	0.09	0.44	0.11
吉　林	0.00	0.06	0.06	0.38	0.12	0.06	0.10	0.05	0.09	0.16	0.11
天　津	0.07	0.13	0.13	0.00	0.18	0.00	0.16	0.19	0.19	0.00	0.11
安　徽	0.20	0.19	0.00	0.00	0.00	0.00	0.10	0.19	0.09	0.00	0.09
甘　肃	0.20	0.06	0.06	0.00	0.00	0.23	0.00	0.05	0.14	0.11	0.09
河　南	0.00	0.00	0.13	0.13	0.06	0.06	0.21	0.05	0.05	0.11	0.08
黑龙江	0.20	0.06	0.19	0.00	0.06	0.11	0.00	0.05	0.00	0.11	0.07
广　西	0.00	0.06	0.06	0.06	0.00	0.06	0.16	0.10	0.00	0.05	0.06
云　南	0.07	0.00	0.00	0.00	0.00	0.06	0.10	0.05	0.05	0.11	0.05
贵　州	0.00	0.00	0.00	0.00	0.12	0.00	0.00	0.00	0.00	0.00	0.03
山　西	0.00	0.00	0.00	0.06	0.00	0.00	0.00	0.05	0.05	0.00	0.03
新　疆	0.07	0.13	0.00	0.00	0.00	0.00	0.00	0.00	0.05	0.00	0.03
河　北	0.00	0.00	0.00	0.06	0.00	0.00	0.00	0.00	0.05	0.00	0.02
内蒙古	0.00	0.00	0.00	0.00	0.00	0.00	0.05	0.00	0.00	0.00	0.01
江　西	0.00	0.00	0.00	0.00	0.00	0.06	0.00	0.05	0.00	0.00	0.01
海　南	0.00	0.00	0.00	0.00	0.00	0.00	0.00	0.00	0.00	0.05	0.01

二十三　急救医学

急救医学 A 层人才仅分布在辽宁，世界占比为 1.89%。

B 层人才最多的是湖北、天津、浙江，世界占比均为 0.28%；安徽、北京、重庆、广西、贵州、江苏、四川也有一定数量的 B 层人才，世界占比均为 0.14%。

C 层人才最多的是北京，世界占比为 0.45%；广东、重庆、四川、天津、浙江、上海、湖北、江苏、山东、陕西也有一定数量的 C 层人才，世界占比大于或等于 0.1%；河北、江西、安徽、福建、贵州、湖南、新疆、山西、甘肃、河南、云南、广西、黑龙江、内蒙古、辽宁 C 层人才的世界占比均低于 0.1%。

表 9-65　急救医学 A 层人才的世界占比

单位：%

省　份	2013 年	2014 年	2015 年	2016 年	2017 年	2018 年	2019 年	2020 年	2021 年	2022 年	合计
辽　宁	0.00	0.00	0.00	0.00	0.00	0.00	0.00	0.00	0.00	11.11	1.89

表 9-66　急救医学 B 层人才的世界占比

单位：%

省　份	2013 年	2014 年	2015 年	2016 年	2017 年	2018 年	2019 年	2020 年	2021 年	2022 年	合计
湖　北	0.00	0.00	0.00	0.00	0.00	0.00	1.69	1.08	0.00	0.00	0.28
天　津	1.82	0.00	0.00	0.00	0.00	0.00	0.00	0.00	0.00	1.27	0.28
浙　江	0.00	0.00	0.00	0.00	0.00	0.00	0.00	0.00	0.00	2.53	0.28
安　徽	0.00	0.00	0.00	0.00	0.00	0.00	0.00	0.00	0.00	1.27	0.14
北　京	0.00	0.00	0.00	0.00	0.00	0.00	0.00	1.08	0.00	0.00	0.14
重　庆	0.00	0.00	0.00	0.00	0.00	1.79	0.00	0.00	0.00	0.00	0.14
广　西	0.00	0.00	0.00	0.00	0.00	0.00	0.00	1.08	0.00	0.00	0.14
贵　州	0.00	0.00	0.00	0.00	0.00	0.00	1.69	0.00	0.00	0.00	0.14
江　苏	0.00	0.00	0.00	0.00	0.00	0.00	0.00	0.00	0.00	1.27	0.14
四　川	0.00	0.00	0.00	0.00	0.00	0.00	1.69	0.00	0.00	0.00	0.14

表 9-67 急救医学 C 层人才的世界占比

单位：%

省　份	2013 年	2014 年	2015 年	2016 年	2017 年	2018 年	2019 年	2020 年	2021 年	2022 年	合计
北　京	0.15	1.13	0.14	0.29	0.27	0.13	0.64	0.64	0.64	0.48	0.45
广　东	0.00	0.00	0.00	0.43	0.40	0.26	0.13	0.21	0.96	0.84	0.35
重　庆	0.45	0.00	0.14	0.14	0.13	0.38	0.26	0.21	0.86	0.36	0.31
四　川	0.15	0.00	0.00	0.14	0.00	0.26	0.13	0.53	1.07	0.48	0.31
天　津	0.30	0.32	0.58	0.29	0.40	0.26	0.26	0.21	0.21	0.36	0.31
浙　江	0.00	0.48	0.00	0.29	0.40	0.38	0.13	0.32	0.32	0.72	0.31
上　海	0.15	0.16	0.00	0.29	0.40	0.38	0.38	0.32	0.53	0.12	0.29
湖　北	0.15	0.16	0.00	0.00	0.27	0.13	0.38	0.64	0.43	0.36	0.27
江　苏	0.00	0.00	0.00	0.14	0.40	0.26	0.00	0.32	0.53	0.12	0.19
山　东	0.15	0.32	0.00	0.14	0.00	0.13	0.13	0.11	0.21	0.00	0.12
陕　西	0.15	0.00	0.14	0.00	0.00	0.13	0.26	0.00	0.11	0.24	0.10
河　北	0.00	0.16	0.00	0.00	0.00	0.13	0.00	0.11	0.11	0.12	0.08
江　西	0.00	0.00	0.14	0.00	0.00	0.13	0.00	0.00	0.11	0.24	0.06
安　徽	0.15	0.00	0.00	0.00	0.00	0.26	0.13	0.00	0.00	0.00	0.05
福　建	0.00	0.00	0.14	0.00	0.00	0.13	0.00	0.11	0.00	0.00	0.05
贵　州	0.00	0.00	0.00	0.00	0.00	0.00	0.00	0.21	0.24	0.00	0.05
湖　南	0.00	0.00	0.00	0.00	0.00	0.13	0.00	0.11	0.24	0.00	0.05
新　疆	0.00	0.00	0.00	0.00	0.00	0.00	0.13	0.00	0.11	0.24	0.05
山　西	0.00	0.00	0.00	0.00	0.13	0.00	0.00	0.11	0.11	0.00	0.04
甘　肃	0.00	0.00	0.00	0.14	0.00	0.00	0.00	0.00	0.00	0.12	0.03
河　南	0.00	0.00	0.00	0.00	0.00	0.00	0.00	0.00	0.21	0.00	0.03
云　南	0.00	0.00	0.00	0.00	0.00	0.00	0.00	0.00	0.00	0.24	0.03
广　西	0.00	0.00	0.00	0.00	0.00	0.00	0.00	0.00	0.00	0.12	0.01
黑龙江	0.00	0.00	0.00	0.00	0.00	0.00	0.00	0.00	0.11	0.00	0.01
内蒙古	0.00	0.00	0.00	0.00	0.00	0.00	0.00	0.00	0.11	0.00	0.01
辽　宁	0.00	0.00	0.00	0.00	0.00	0.13	0.00	0.00	0.00	0.00	0.01

二十四　危机护理医学

危机护理医学 A 层人才仅分布在北京、湖北、广东、黑龙江、浙江，其中，A 层人才最多的是北京和湖北，世界占比均为 1.48%；广东、黑龙江、浙江 A 层人才的世界占比均为 0.49%。

B 层人才最多的是北京，世界占比为 1.39%；湖北、上海、广东、湖南、江苏、辽宁、四川、浙江、安徽、河南、山东也有一定数量的 B 层人才，世界占比均超过 0.1%；重庆、福建、黑龙江、吉林、天津、甘肃、广西、贵州、海南、河北、江西、宁夏、云南 B 层人才的世界占比均低于 0.1%。

C 层人才最多的是北京，世界占比为 0.93%；上海、广东、湖北、江苏、浙江、四川、湖南、山东、重庆、福建、天津、辽宁、安徽、河南、吉林也有一定数量的 C 层人才，世界占比大于或等于 0.1%；黑龙江、河北、新疆、广西、贵州、江西、陕西、云南、山西、海南、内蒙古、甘肃、宁夏 C 层人才的世界占比均低于 0.1%。

表 9-68　危机护理医学 A 层人才的世界占比

单位：%

省　份	2013 年	2014 年	2015 年	2016 年	2017 年	2018 年	2019 年	2020 年	2021 年	2022 年	合计
北　京	0.00	0.00	0.00	0.00	0.00	0.00	0.00	6.67	4.35	4.76	1.48
湖　北	0.00	0.00	0.00	0.00	0.00	0.00	0.00	13.33	0.00	4.76	1.48
广　东	0.00	0.00	0.00	0.00	0.00	0.00	0.00	6.67	0.00	0.00	0.49
黑龙江	0.00	0.00	0.00	0.00	0.00	0.00	0.00	0.00	0.00	4.76	0.49
浙　江	0.00	0.00	0.00	0.00	0.00	0.00	0.00	0.00	0.00	4.76	0.49

表 9-69　危机护理医学 B 层人才的世界占比

单位：%

省　份	2013 年	2014 年	2015 年	2016 年	2017 年	2018 年	2019 年	2020 年	2021 年	2022 年	合计
北　京	0.56	0.49	0.00	0.93	0.96	2.25	0.84	3.36	1.87	1.82	1.39
湖　北	0.00	0.00	0.54	0.00	0.48	0.00	0.42	2.24	0.93	0.00	0.51
上　海	0.00	0.49	0.00	0.00	0.48	0.45	0.42	1.12	0.47	0.91	0.46
广　东	0.00	0.00	0.00	0.46	0.96	0.45	0.00	1.12	0.47	0.00	0.37
湖　南	0.00	0.00	0.00	0.00	0.00	0.00	0.00	1.12	0.00	0.91	0.28
江　苏	0.56	0.00	0.00	0.00	0.00	0.00	0.00	0.75	0.47	0.91	0.28
辽　宁	0.00	0.49	0.00	0.00	0.00	0.00	0.37	0.47	0.91		0.28
四　川	0.00	0.00	0.00	0.00	0.00	0.45	0.42	0.75	0.47	0.00	0.23
浙　江	0.00	0.00	0.00	0.00	0.00	0.45	0.00	0.37	0.47	0.91	0.23
安　徽	0.00	0.00	0.00	0.00	0.00	0.00	0.00	0.37	0.47	0.45	0.14

续表

省份	2013 年	2014 年	2015 年	2016 年	2017 年	2018 年	2019 年	2020 年	2021 年	2022 年	合计
河 南	0.00	0.00	0.00	0.00	0.00	0.00	0.00	0.37	0.47	0.45	0.14
山 东	0.00	0.00	0.00	0.00	0.00	0.45	0.00	0.37	0.47	0.00	0.14
重 庆	0.00	0.00	0.00	0.00	0.00	0.45	0.00	0.00	0.00	0.45	0.09
福 建	0.00	0.00	0.00	0.00	0.00	0.45	0.00	0.00	0.47	0.00	0.09
黑龙江	0.00	0.00	0.00	0.00	0.00	0.45	0.00	0.00	0.47	0.00	0.09
吉 林	0.00	0.00	0.00	0.00	0.00	0.45	0.00	0.00	0.47	0.00	0.09
天 津	0.00	0.00	0.00	0.00	0.00	0.45	0.00	0.00	0.47	0.00	0.09
甘 肃	0.00	0.00	0.00	0.00	0.00	0.00	0.00	0.37	0.00	0.00	0.05
广 西	0.00	0.00	0.00	0.00	0.00	0.00	0.00	0.00	0.45	0.00	0.05
贵 州	0.00	0.00	0.00	0.00	0.00	0.00	0.00	0.00	0.45	0.00	0.05
海 南	0.00	0.00	0.00	0.00	0.00	0.00	0.00	0.37	0.00	0.00	0.05
河 北	0.00	0.00	0.00	0.00	0.00	0.45	0.00	0.00	0.00	0.00	0.05
江 西	0.00	0.00	0.00	0.00	0.00	0.00	0.00	0.00	0.47	0.00	0.05
宁 夏	0.00	0.00	0.00	0.00	0.00	0.00	0.00	0.37	0.00	0.00	0.05
云 南	0.00	0.00	0.00	0.00	0.00	0.00	0.00	0.00	0.47	0.00	0.05

表 9-70　危机护理医学 C 层人才的世界占比

单位：%

省份	2013 年	2014 年	2015 年	2016 年	2017 年	2018 年	2019 年	2020 年	2021 年	2022 年	合计
北 京	0.40	1.02	0.66	0.70	0.87	0.81	0.81	1.68	1.35	0.75	0.93
上 海	0.46	0.26	0.44	0.51	0.43	0.36	0.51	1.00	0.53	0.61	0.52
广 东	0.23	0.31	0.49	0.42	0.29	0.22	0.89	0.92	0.67	0.28	0.49
湖 北	0.11	0.36	0.11	0.09	0.14	0.13	0.38	1.76	0.53	0.33	0.43
江 苏	0.11	0.15	0.33	0.37	0.34	0.18	0.68	0.60	0.53	0.38	0.38
浙 江	0.40	0.20	0.22	0.14	0.29	0.31	0.47	0.68	0.34	0.38	0.35
四 川	0.11	0.15	0.22	0.33	0.34	0.22	0.72	0.36	0.19	0.14	0.32
湖 南	0.11	0.05	0.11	0.14	0.14	0.00	0.43	0.24	0.19	0.28	0.18
山 东	0.06	0.15	0.11	0.23	0.05	0.09	0.21	0.44	0.10	0.24	0.18
重 庆	0.17	0.10	0.05	0.37	0.10	0.04	0.30	0.24	0.19	0.19	0.17
福 建	0.06	0.15	0.16	0.05	0.19	0.13	0.17	0.24	0.29	0.24	0.17
天 津	0.06	0.05	0.11	0.00	0.05	0.18	0.38	0.20	0.05	0.19	0.13
辽 宁	0.06	0.20	0.05	0.09	0.00	0.04	0.30	0.12	0.05	0.24	0.12
安 徽	0.00	0.15	0.05	0.00	0.00	0.04	0.26	0.20	0.14	0.19	0.11

续表

省　份	2013 年	2014 年	2015 年	2016 年	2017 年	2018 年	2019 年	2020 年	2021 年	2022 年	合计
河　南	0.00	0.15	0.11	0.05	0.00	0.04	0.21	0.12	0.24	0.14	0.11
吉　林	0.00	0.10	0.05	0.00	0.05	0.13	0.17	0.20	0.19	0.05	0.10
黑龙江	0.00	0.10	0.05	0.09	0.05	0.04	0.13	0.24	0.10	0.09	0.09
河　北	0.00	0.05	0.00	0.09	0.00	0.13	0.13	0.08	0.05	0.14	0.07
新　疆	0.00	0.10	0.00	0.00	0.00	0.04	0.13	0.00	0.14	0.19	0.06
广　西	0.00	0.10	0.05	0.00	0.00	0.04	0.13	0.00	0.10	0.14	0.06
贵　州	0.00	0.00	0.00	0.05	0.05	0.04	0.17	0.08	0.00	0.14	0.06
江　西	0.06	0.00	0.00	0.00	0.05	0.04	0.09	0.00	0.10	0.19	0.05
陕　西	0.00	0.00	0.05	0.00	0.00	0.09	0.13	0.16	0.00	0.00	0.05
云　南	0.00	0.05	0.00	0.00	0.00	0.00	0.09	0.08	0.19	0.00	0.05
山　西	0.06	0.00	0.00	0.00	0.05	0.00	0.09	0.12	0.00	0.14	0.05
海　南	0.00	0.00	0.00	0.00	0.00	0.05	0.09	0.08	0.00	0.09	0.04
内蒙古	0.00	0.05	0.00	0.00	0.00	0.00	0.13	0.00	0.00	0.00	0.03
甘　肃	0.00	0.00	0.00	0.05	0.00	0.04	0.04	0.04	0.00	0.05	0.02
宁　夏	0.00	0.05	0.00	0.05	0.00	0.00	0.04	0.04	0.00	0.00	0.02

二十五　整形外科学

整形外科学 A 层人才最多的是湖北，世界占比为 1.28%；北京、广东、重庆、江苏、辽宁、山东、上海也有一定数量的 A 层人才，世界占比均超过 0.4%。

B 层人才最多的是北京，世界占比为 0.85%；广东、上海、浙江、四川、江苏、湖南、重庆、湖北、山东、天津、辽宁、安徽、河南、福建、河北、陕西也有一定数量的 B 层人才，世界占比均超过 0.1%；甘肃、广西、贵州、海南、黑龙江、内蒙古、江西、吉林、新疆、云南 B 层人才的世界占比均低于 0.1%。

C 层人才最多的是北京，世界占比为 1.34%；上海 C 层人才以 1.03%的世界占比排名第二；广东、江苏、四川、浙江、天津、河北、湖北、山东、湖南、重庆、辽宁、福建、河南、陕西、安徽、吉林也有一定数量的 C

层人才，世界占比均超过 0.1%；甘肃、山西、江西、广西、新疆、贵州、
云南、黑龙江、内蒙古、海南、宁夏、青海 C 层人才的世界占比均低
于 0.1%。

表 9-71　整形外科学 A 层人才的世界占比

单位：%

省　份	2013 年	2014 年	2015 年	2016 年	2017 年	2018 年	2019 年	2020 年	2021 年	2022 年	合计
湖　北	0.00	0.00	0.00	0.00	0.00	0.00	0.00	4.00	6.45	0.00	1.28
北　京	0.00	0.00	0.00	0.00	0.00	0.00	4.35	0.00	0.00	3.57	0.85
广　东	0.00	0.00	0.00	0.00	0.00	0.00	0.00	4.00	3.23	0.00	0.85
重　庆	0.00	0.00	0.00	0.00	0.00	4.17	0.00	0.00	0.00	0.00	0.43
江　苏	0.00	0.00	0.00	0.00	0.00	4.17	0.00	0.00	0.00	0.00	0.43
辽　宁	0.00	0.00	0.00	0.00	0.00	0.00	0.00	0.00	0.00	3.57	0.43
山　东	0.00	0.00	0.00	0.00	0.00	0.00	0.00	0.00	0.00	3.57	0.43
上　海	0.00	0.00	0.00	0.00	0.00	4.17	0.00	0.00	0.00	0.00	0.43

表 9-72　整形外科学 B 层人才的世界占比

单位：%

省　份	2013 年	2014 年	2015 年	2016 年	2017 年	2018 年	2019 年	2020 年	2021 年	2022 年	合计
北　京	1.17	0.55	0.00	0.48	0.94	0.92	1.65	0.36	1.41	0.78	0.85
广　东	0.00	0.00	1.05	0.00	0.00	0.00	0.00	1.07	1.41	3.49	0.80
上　海	0.00	0.55	0.53	0.00	0.94	0.46	1.23	0.36	1.41	1.94	0.80
浙　江	0.00	0.00	0.53	0.00	0.00	0.46	1.65	0.36	1.41	0.78	0.58
四　川	0.00	0.55	0.53	0.48	0.47	0.00	0.00	0.00	1.06	1.55	0.49
江　苏	0.00	0.00	0.00	0.48	0.47	0.46	0.82	0.00	0.35	1.55	0.45
湖　南	0.00	0.00	0.53	0.00	0.00	0.00	0.82	0.71	0.00	1.16	0.36
重　庆	0.00	0.00	0.53	0.00	0.94	0.00	0.41	0.36	0.70	0.00	0.31
湖　北	0.00	0.00	0.00	0.00	0.00	0.00	0.41	0.71	0.35	1.16	0.31
山　东	0.00	0.00	0.00	0.00	0.47	0.46	0.82	0.00	0.70	0.39	0.31
天　津	0.00	0.00	0.00	0.00	0.00	0.00	0.00	1.07	0.35	1.16	0.31
辽　宁	0.00	0.00	0.53	0.00	0.00	0.00	0.00	0.71	0.70	0.39	0.27
安　徽	0.00	0.00	0.53	0.00	0.00	0.00	0.00	0.36	0.35	0.78	0.22
河　南	0.00	0.00	0.00	0.00	0.00	0.00	0.00	0.36	0.35	1.16	0.22
福　建	0.58	0.00	0.00	0.00	0.00	0.00	0.00	0.00	0.00	0.78	0.13

续表

省　份	2013 年	2014 年	2015 年	2016 年	2017 年	2018 年	2019 年	2020 年	2021 年	2022 年	合计
河　北	0.00	0.00	0.00	0.00	0.00	0.00	0.00	0.36	0.35	0.39	0.13
陕　西	0.00	0.00	0.53	0.00	0.00	0.00	0.00	0.36	0.00	0.39	0.13
甘　肃	0.00	0.00	0.00	0.00	0.00	0.00	0.00	0.70	0.00	0.00	0.09
广　西	0.00	0.00	0.00	0.00	0.00	0.46	0.00	0.00	0.00	0.00	0.04
贵　州	0.00	0.00	0.00	0.00	0.00	0.00	0.00	0.00	0.35	0.00	0.04
海　南	0.00	0.00	0.53	0.00	0.00	0.00	0.00	0.00	0.00	0.00	0.04
黑龙江	0.00	0.00	0.53	0.00	0.00	0.00	0.00	0.00	0.00	0.00	0.04
内蒙古	0.00	0.00	0.53	0.00	0.00	0.00	0.00	0.00	0.00	0.00	0.04
江　西	0.00	0.00	0.00	0.00	0.00	0.00	0.41	0.00	0.00	0.00	0.04
吉　林	0.00	0.00	0.00	0.00	0.00	0.00	0.00	0.00	0.00	0.39	0.04
新　疆	0.00	0.00	0.53	0.00	0.00	0.00	0.00	0.00	0.00	0.00	0.04
云　南	0.00	0.00	0.53	0.00	0.00	0.00	0.00	0.00	0.00	0.00	0.04

表 9-73　整形外科学 C 层人才的世界占比

单位：%

省　份	2013 年	2014 年	2015 年	2016 年	2017 年	2018 年	2019 年	2020 年	2021 年	2022 年	合计
北　京	0.71	0.84	0.98	0.70	1.19	0.88	1.35	2.11	2.05	1.85	1.34
上　海	0.65	0.50	0.87	0.80	1.28	1.16	0.87	1.02	1.36	1.42	1.03
广　东	0.41	0.39	0.54	0.80	0.85	0.97	0.83	0.98	1.33	1.46	0.90
江　苏	0.53	0.45	0.54	0.70	0.43	0.42	0.52	0.87	1.09	0.65	0.65
四　川	0.18	0.45	0.33	0.55	0.43	0.55	0.35	0.64	1.19	1.29	0.64
浙　江	0.24	0.11	0.33	0.45	0.33	0.28	0.44	0.56	0.65	0.65	0.43
天　津	0.12	0.11	0.33	0.25	0.57	0.14	0.30	0.60	0.41	0.52	0.35
河　北	0.24	0.17	0.22	0.15	0.24	0.42	0.22	0.45	0.41	0.69	0.33
湖　北	0.12	0.11	0.22	0.20	0.19	0.32	0.52	0.45	0.44	0.56	0.33
山　东	0.18	0.22	0.11	0.00	0.05	0.30	0.68	0.55	0.43	0.30	0.30
湖　南	0.18	0.17	0.05	0.25	0.24	0.23	0.35	0.19	0.41	0.60	0.28
重　庆	0.18	0.22	0.11	0.30	0.28	0.05	0.22	0.34	0.38	0.34	0.25
辽　宁	0.12	0.06	0.27	0.25	0.47	0.14	0.13	0.19	0.41	0.30	0.24
福　建	0.00	0.06	0.05	0.10	0.05	0.05	0.17	0.26	0.44	0.22	0.16
河　南	0.00	0.06	0.11	0.05	0.09	0.18	0.22	0.11	0.24	0.22	0.14
陕　西	0.00	0.17	0.11	0.05	0.09	0.14	0.09	0.15	0.31	0.17	0.14

续表

省　份	2013 年	2014 年	2015 年	2016 年	2017 年	2018 年	2019 年	2020 年	2021 年	2022 年	合计
安　徽	0.06	0.00	0.00	0.05	0.05	0.18	0.09	0.19	0.27	0.26	0.13
吉　林	0.06	0.00	0.05	0.15	0.24	0.05	0.17	0.11	0.20	0.13	0.12
甘　肃	0.06	0.06	0.00	0.00	0.05	0.09	0.00	0.08	0.24	0.22	0.09
山　西	0.00	0.00	0.00	0.10	0.09	0.05	0.09	0.11	0.07	0.30	0.09
江　西	0.00	0.06	0.11	0.10	0.00	0.18	0.13	0.00	0.07	0.17	0.08
广　西	0.00	0.00	0.05	0.00	0.00	0.05	0.00	0.08	0.27	0.09	0.07
新　疆	0.00	0.00	0.00	0.10	0.09	0.00	0.00	0.11	0.10	0.17	0.07
贵　州	0.00	0.06	0.05	0.05	0.05	0.05	0.09	0.15	0.07	0.04	0.06
云　南	0.00	0.06	0.05	0.00	0.00	0.09	0.00	0.04	0.10	0.09	0.05
黑龙江	0.00	0.00	0.00	0.00	0.00	0.00	0.04	0.00	0.07	0.04	0.03
内蒙古	0.06	0.00	0.00	0.00	0.05	0.05	0.00	0.00	0.07	0.04	0.03
海　南	0.00	0.00	0.00	0.00	0.09	0.00	0.00	0.04	0.00	0.04	0.02
宁　夏	0.00	0.00	0.00	0.00	0.00	0.00	0.00	0.00	0.03	0.13	0.02
青　海	0.00	0.00	0.00	0.00	0.00	0.00	0.00	0.00	0.03	0.04	0.01

二十六　麻醉学

麻醉学 A 层人才仅分布在广东、湖北、湖南、江苏、上海，世界占比均为 0.92%。

B 层人才最多的是北京，世界占比为 0.58%；上海、浙江、河南、湖北、广东也有一定数量的 B 层人才，世界占比均超过 0.1%；广西、黑龙江、吉林、四川 B 层人才的世界占比均低于 0.1%。

C 层人才最多的是北京，世界占比为 0.99%；上海、广东、江苏、浙江、湖北、安徽、山东、四川、天津、湖南、重庆、河南、吉林、福建、陕西也有一定数量的 C 层人才，世界占比均超过 0.1%；辽宁、河北、江西、广西、贵州、黑龙江、云南、山西、海南、甘肃、内蒙古、青海、新疆 C 层人才的世界占比均低于 0.1%。

表 9-74 麻醉学 A 层人才的世界占比

单位：%

省　份	2013 年	2014 年	2015 年	2016 年	2017 年	2018 年	2019 年	2020 年	2021 年	2022 年	合计
广　东	0.00	0.00	0.00	0.00	0.00	0.00	0.00	7.14	0.00	0.00	0.92
湖　北	0.00	0.00	0.00	0.00	0.00	0.00	0.00	7.14	0.00	0.00	0.92
湖　南	0.00	0.00	0.00	0.00	0.00	0.00	0.00	7.14	0.00	0.00	0.92
江　苏	0.00	0.00	0.00	0.00	0.00	0.00	0.00	7.14	0.00	0.00	0.92
上　海	0.00	0.00	0.00	0.00	0.00	0.00	0.00	7.14	0.00	0.00	0.92

表 9-75 麻醉学 B 层人才的世界占比

单位：%

省　份	2013 年	2014 年	2015 年	2016 年	2017 年	2018 年	2019 年	2020 年	2021 年	2022 年	合计
北　京	0.00	0.00	0.00	0.00	0.00	0.00	0.76	2.13	0.67	1.61	0.58
上　海	0.00	0.00	0.00	1.72	0.00	0.00	0.00	0.71	0.00	0.81	0.33
浙　江	0.00	0.00	0.00	0.00	0.00	0.00	0.76	0.00	0.67	1.61	0.33
河　南	0.00	0.00	0.00	0.00	0.00	0.00	0.00	0.71	0.00	1.61	0.25
湖　北	0.00	0.00	0.00	0.00	0.00	0.00	0.00	2.13	0.00	0.00	0.25
广　东	0.00	0.00	0.92	0.00	0.00	0.00	0.00	0.71	0.00	0.00	0.17
广　西	0.00	0.00	0.00	0.00	0.00	0.00	0.00	0.67	0.00	0.00	0.08
黑龙江	0.00	0.00	0.00	0.00	0.00	0.00	0.76	0.00	0.00	0.00	0.08
吉　林	0.00	0.00	0.00	0.00	0.00	0.00	0.00	0.00	0.81	0.00	0.08
四　川	0.00	0.00	0.00	0.00	0.00	0.00	0.00	0.00	0.81	0.00	0.08

表 9-76 麻醉学 C 层人才的世界占比

单位：%

省　份	2013 年	2014 年	2015 年	2016 年	2017 年	2018 年	2019 年	2020 年	2021 年	2022 年	合计
北　京	0.73	0.82	1.38	0.72	0.94	1.07	0.61	1.58	1.13	0.81	0.99
上　海	0.73	0.91	0.69	0.81	0.77	0.09	0.38	0.75	1.13	0.56	0.69
广　东	0.31	0.55	0.99	0.72	0.60	0.36	0.46	0.75	0.84	1.13	0.68
江　苏	0.63	0.46	0.59	0.99	0.60	0.18	0.31	0.27	0.70	0.48	0.51
浙　江	0.63	0.27	0.20	0.36	0.60	0.44	0.31	0.69	0.35	0.40	0.43
湖　北	0.10	0.18	0.30	0.63	0.43	0.18	0.15	0.82	0.00	0.32	0.32
安　徽	0.00	0.00	0.00	0.18	0.68	0.36	0.15	0.21	0.35	0.40	0.24

续表

省 份	2013 年	2014 年	2015 年	2016 年	2017 年	2018 年	2019 年	2020 年	2021 年	2022 年	合计
山 东	0.00	0.09	0.20	0.18	0.34	0.44	0.23	0.14	0.14	0.32	0.21
四 川	0.10	0.00	0.00	0.18	0.17	0.18	0.23	0.55	0.07	0.40	0.20
天 津	0.00	0.09	0.20	0.36	0.51	0.18	0.00	0.07	0.21	0.08	0.17
湖 南	0.00	0.09	0.10	0.09	0.09	0.09	0.31	0.21	0.14	0.40	0.16
重 庆	0.00	0.09	0.10	0.27	0.34	0.18	0.08	0.07	0.21	0.16	0.15
河 南	0.00	0.00	0.10	0.45	0.09	0.09	0.08	0.27	0.14	0.16	0.14
吉 林	0.00	0.00	0.10	0.00	0.17	0.09	0.23	0.21	0.35	0.16	0.14
福 建	0.00	0.09	0.20	0.00	0.17	0.00	0.15	0.27	0.14	0.08	0.12
陕 西	0.00	0.46	0.20	0.00	0.17	0.00	0.00	0.00	0.21	0.08	0.11
辽 宁	0.00	0.00	0.10	0.09	0.26	0.00	0.15	0.00	0.14	0.16	0.09
河 北	0.00	0.18	0.10	0.09	0.26	0.00	0.08	0.00	0.14	0.00	0.08
江 西	0.00	0.00	0.00	0.09	0.26	0.00	0.00	0.21	0.07	0.00	0.07
广 西	0.00	0.00	0.00	0.00	0.00	0.00	0.00	0.14	0.14	0.00	0.03
贵 州	0.00	0.00	0.00	0.18	0.09	0.00	0.00	0.00	0.08	0.00	0.03
黑龙江	0.00	0.00	0.00	0.00	0.17	0.00	0.00	0.14	0.00	0.00	0.03
云 南	0.00	0.00	0.00	0.00	0.17	0.00	0.00	0.07	0.07	0.00	0.03
山 西	0.10	0.00	0.00	0.00	0.00	0.00	0.08	0.07	0.00	0.00	0.03
海 南	0.00	0.00	0.00	0.00	0.00	0.09	0.00	0.07	0.00	0.00	0.02
甘 肃	0.00	0.00	0.00	0.00	0.00	0.00	0.00	0.00	0.00	0.00	0.01
内蒙古	0.00	0.00	0.00	0.00	0.00	0.09	0.00	0.00	0.00	0.00	0.01
青 海	0.00	0.00	0.00	0.00	0.00	0.00	0.00	0.00	0.00	0.08	0.01
新 疆	0.00	0.00	0.00	0.00	0.00	0.00	0.00	0.00	0.00	0.08	0.01

二十七 肿瘤学

肿瘤学 A 层人才最多的是上海,世界占比为 1.33%;北京 A 层人才以 1.26% 的世界占比排名第二;广东、吉林、湖北、江苏、四川、天津也有一定数量的 A 层人才,世界占比均超过 0.2%;重庆、福建、辽宁、山东、浙江 A 层人才的世界占比均为 0.07%。

B 层人才最多的是上海，世界占比为 1.61%；广东、北京 B 层人才分别以 1.25%、1.24% 的世界占比排名第二、第三位；江苏、浙江、湖南、四川、湖北、河南、黑龙江、山东、天津、吉林、安徽、重庆、辽宁、福建、江西、陕西、广西、云南也有一定数量的 B 层人才，世界占比大于或等于 0.1%；河北、甘肃、新疆、贵州、山西、海南、青海、内蒙古 B 层人才的世界占比均低于 0.1%。

C 层人才最多的是上海，世界占比为 2.65%；广东、北京 C 层人才分别以 2.39%、2.01% 的世界占比排名第二、第三位；江苏、浙江、湖北有相当数量的 C 层人才，世界占比在 2%~1%；山东、湖南、河南、四川、天津、辽宁、重庆、黑龙江、福建、吉林、安徽、陕西、广西、江西、河北、云南、贵州、山西、甘肃也有一定数量的 C 层人才，世界占比均超过 0.1%；新疆、海南、内蒙古、宁夏、青海 C 层人才的世界占比均低于 0.1%。

表 9-77　肿瘤学 A 层人才的世界占比

单位：%

省　份	2013 年	2014 年	2015 年	2016 年	2017 年	2018 年	2019 年	2020 年	2021 年	2022 年	合计
上　海	0.00	0.00	0.00	0.81	1.46	1.48	0.68	2.42	2.41	2.40	1.33
北　京	0.00	0.00	0.00	1.63	1.46	1.48	0.68	0.61	1.81	3.59	1.26
广　东	0.99	0.92	0.00	0.00	0.73	0.00	1.37	1.21	0.60	1.20	0.74
吉　林	0.00	0.00	0.00	0.00	0.73	1.48	0.00	0.61	0.00	0.60	0.37
湖　北	0.00	0.00	0.00	0.00	0.73	0.00	0.00	1.21	0.00	0.00	0.22
江　苏	0.00	0.00	0.00	0.00	0.73	0.74	0.00	0.61	0.00	0.00	0.22
四　川	0.00	0.00	0.00	0.00	0.73	0.00	0.00	0.00	0.00	1.20	0.22
天　津	0.00	0.00	0.00	0.00	0.73	0.00	0.00	0.61	0.00	0.00	0.22
重　庆	0.00	0.00	0.00	0.00	0.00	0.00	0.00	0.61	0.00	0.00	0.07
福　建	0.00	0.00	0.00	0.00	0.00	0.00	0.00	0.00	0.00	0.60	0.07
辽　宁	0.00	0.00	0.00	0.00	0.00	0.00	0.00	0.00	0.60	0.00	0.07
山　东	0.00	0.00	0.00	0.00	0.00	0.74	0.00	0.00	0.00	0.00	0.07
浙　江	0.00	0.00	0.00	0.00	0.00	0.00	0.00	0.00	0.00	0.60	0.07

表 9-78 肿瘤学 B 层人才的世界占比

单位：%

省　份	2013 年	2014 年	2015 年	2016 年	2017 年	2018 年	2019 年	2020 年	2021 年	2022 年	合计
上　海	0.99	1.93	1.21	1.45	0.65	1.06	1.59	2.56	1.92	2.21	1.61
广　东	0.66	0.87	1.64	1.03	0.97	1.13	1.52	1.62	0.93	1.81	1.25
北　京	1.21	1.06	0.95	1.03	0.89	1.13	1.37	1.55	1.39	1.61	1.24
江　苏	0.66	0.77	1.12	0.68	0.49	0.68	1.16	1.15	0.99	1.61	0.96
浙　江	0.44	0.10	0.69	0.51	0.16	0.53	0.87	0.88	0.80	1.14	0.65
湖　南	0.00	0.10	0.17	0.17	0.32	0.53	0.72	0.67	0.86	1.41	0.55
四　川	0.11	0.19	0.26	0.51	0.08	0.30	0.58	0.74	0.73	1.48	0.54
湖　北	0.00	0.19	0.17	0.43	0.16	0.30	0.58	1.08	0.66	0.81	0.48
河　南	0.00	0.00	0.09	0.17	0.08	0.30	0.87	0.40	0.60	1.01	0.39
黑龙江	0.44	0.00	0.17	0.34	0.16	0.23	0.22	0.34	0.66	0.94	0.37
山　东	0.11	0.19	0.26	0.17	0.08	0.30	0.29	0.67	0.40	0.81	0.35
天　津	0.00	0.39	0.17	0.26	0.16	0.30	0.29	0.61	0.53	0.40	0.33
吉　林	0.22	0.10	0.26	0.17	0.16	0.30	0.36	0.27	0.40	0.60	0.30
安　徽	0.11	0.19	0.00	0.17	0.00	0.08	0.22	0.47	0.27	1.07	0.28
重　庆	0.00	0.19	0.17	0.17	0.24	0.23	0.29	0.40	0.27	0.60	0.28
辽　宁	0.00	0.10	0.00	0.26	0.08	0.30	0.22	0.34	0.27	0.54	0.23
福　建	0.00	0.00	0.09	0.26	0.00	0.15	0.14	0.27	0.40	0.67	0.22
江　西	0.11	0.00	0.00	0.26	0.00	0.08	0.07	0.20	0.33	0.54	0.17
陕　西	0.11	0.29	0.09	0.17	0.00	0.08	0.07	0.13	0.13	0.13	0.12
广　西	0.11	0.10	0.00	0.26	0.00	0.00	0.07	0.13	0.20	0.13	0.10
云　南	0.00	0.10	0.17	0.00	0.00	0.08	0.14	0.00	0.13	0.34	0.10
河　北	0.00	0.00	0.09	0.09	0.00	0.00	0.00	0.13	0.13	0.27	0.08
甘　肃	0.11	0.10	0.00	0.09	0.00	0.08	0.07	0.00	0.00	0.00	0.05
新　疆	0.00	0.00	0.00	0.00	0.00	0.08	0.14	0.07	0.07	0.00	0.04
贵　州	0.00	0.10	0.00	0.00	0.00	0.00	0.14	0.00	0.00	0.07	0.03
山　西	0.00	0.00	0.00	0.00	0.00	0.00	0.14	0.00	0.00	0.13	0.03
海　南	0.00	0.00	0.00	0.00	0.00	0.00	0.07	0.07	0.00	0.07	0.02
青　海	0.00	0.00	0.00	0.00	0.00	0.00	0.08	0.00	0.00	0.07	0.02
内蒙古	0.00	0.00	0.00	0.00	0.00	0.00	0.00	0.00	0.00	0.07	0.01

表 9-79　肿瘤学 C 层人才的世界占比

单位：%

省　份	2013 年	2014 年	2015 年	2016 年	2017 年	2018 年	2019 年	2020 年	2021 年	2022 年	合计
上　海	1.77	2.24	2.50	2.55	2.36	2.48	3.04	2.74	3.15	3.14	2.65
广　东	1.62	1.75	1.77	1.86	2.39	2.37	2.91	2.73	2.77	3.01	2.39
北　京	1.16	1.36	1.73	1.73	1.97	2.01	2.27	2.49	2.30	2.49	2.01
江　苏	0.87	1.36	1.49	2.06	1.71	1.99	1.97	1.92	2.17	1.99	1.80
浙　江	0.52	0.69	0.88	1.30	1.36	1.14	1.40	1.62	1.68	1.52	1.26
湖　北	0.47	0.53	0.68	0.84	1.01	1.01	1.07	1.37	1.29	1.32	1.00
山　东	0.49	0.59	0.62	0.81	0.89	1.05	1.04	1.05	1.07	1.10	0.90
湖　南	0.32	0.27	0.38	0.52	0.66	0.90	0.89	0.98	1.02	1.02	0.74
河　南	0.25	0.26	0.49	0.50	0.66	0.69	1.07	1.05	1.05	0.87	0.73
四　川	0.28	0.38	0.43	0.51	0.60	0.53	0.82	0.80	0.96	1.20	0.69
天　津	0.54	0.48	0.60	0.59	0.65	0.82	0.57	0.58	0.67	0.70	0.63
辽　宁	0.30	0.36	0.48	0.43	0.66	0.68	0.79	0.62	0.59	0.74	0.58
重　庆	0.26	0.37	0.51	0.51	0.49	0.47	0.57	0.56	0.44	0.70	0.50
黑龙江	0.22	0.30	0.41	0.39	0.44	0.48	0.59	0.43	0.48	0.45	0.43
福　建	0.19	0.24	0.30	0.31	0.24	0.35	0.48	0.41	0.61	0.53	0.38
吉　林	0.12	0.21	0.24	0.26	0.35	0.46	0.48	0.45	0.41	0.55	0.37
安　徽	0.11	0.22	0.36	0.23	0.32	0.35	0.34	0.33	0.59	0.58	0.36
陕　西	0.30	0.43	0.42	0.38	0.39	0.49	0.40	0.31	0.25	0.29	0.36
广　西	0.09	0.20	0.17	0.13	0.19	0.25	0.24	0.24	0.39	0.35	0.23
江　西	0.04	0.16	0.12	0.19	0.16	0.27	0.31	0.25	0.30	0.32	0.22
河　北	0.07	0.08	0.17	0.16	0.25	0.15	0.21	0.23	0.30	0.30	0.20
云　南	0.02	0.06	0.13	0.11	0.20	0.15	0.16	0.15	0.23	0.26	0.16
贵　州	0.03	0.02	0.07	0.10	0.14	0.08	0.17	0.15	0.18	0.20	0.12
山　西	0.07	0.04	0.10	0.06	0.12	0.09	0.11	0.08	0.17	0.28	0.12
甘　肃	0.02	0.05	0.08	0.08	0.07	0.08	0.18	0.20	0.15	0.18	0.12
新　疆	0.01	0.04	0.04	0.09	0.10	0.11	0.10	0.10	0.13	0.10	0.09
海　南	0.04	0.03	0.02	0.04	0.03	0.08	0.04	0.06	0.13	0.02	0.06
内蒙古	0.01	0.04	0.03	0.02	0.06	0.03	0.04	0.06	0.06	0.07	0.04
宁　夏	0.01	0.03	0.00	0.01	0.02	0.03	0.04	0.00	0.03	0.03	0.02
青　海	0.00	0.00	0.00	0.00	0.01	0.02	0.01	0.02	0.07	0.03	0.02

二十八 康复医学

康复医学 A 层人才仅分布在江苏、北京、天津，其中，江苏 A 层人才以 1.28% 的世界占比排名第一；北京、天津 A 层人才以 0.64% 的世界占比并列排名第二。

B 层人才最多的是上海，世界占比为 1.22%；北京 B 层人才以 1.16% 的世界占比排名第二；广东、江苏、湖北、安徽、福建、河北、山东、天津、浙江、重庆、甘肃、湖南、吉林、陕西、四川也有一定数量的 B 层人才，世界占比均超过 0.1%；广西、贵州、黑龙江、河南、新疆、云南 B 层人才的世界占比均为 0.06%。

C 层人才最多的是上海，世界占比为 0.67%；广东、北京、四川、江苏、浙江、天津、湖北、福建、辽宁、山东、重庆、安徽也有一定数量的 C 层人才，世界占比大于或等于 0.1%；湖南、河北、黑龙江、吉林、陕西、甘肃、山西、广西、贵州、海南、河南、江西、云南、内蒙古、宁夏 C 层人才的世界占比均低于 0.1%。

表 9-80 康复医学 A 层人才的世界占比

单位：%

省　份	2013 年	2014 年	2015 年	2016 年	2017 年	2018 年	2019 年	2020 年	2021 年	2022 年	合计
江　苏	7.69	0.00	0.00	0.00	0.00	0.00	0.00	0.00	5.88	0.00	1.28
北　京	0.00	0.00	0.00	0.00	5.88	0.00	0.00	0.00	0.00	0.00	0.64
天　津	0.00	0.00	0.00	0.00	5.88	0.00	0.00	0.00	0.00	0.00	0.64

表 9-81 康复医学 B 层人才的世界占比

单位：%

省　份	2013 年	2014 年	2015 年	2016 年	2017 年	2018 年	2019 年	2020 年	2021 年	2022 年	合计
上　海	0.80	0.00	1.43	0.00	0.66	0.00	1.03	2.27	1.67	3.85	1.22
北　京	0.00	0.00	0.00	0.00	0.00	0.00	2.56	1.14	3.33	3.21	1.16
广　东	0.80	0.00	0.00	1.36	0.66	0.74	1.54	0.57	1.11	1.28	0.84
江　苏	0.00	0.00	0.00	0.00	0.66	0.74	2.05	1.14	0.00	0.64	0.58

省　份	2013 年	2014 年	2015 年	2016 年	2017 年	2018 年	2019 年	2020 年	2021 年	2022 年	合计
湖　北	0.00	0.68	0.00	0.00	0.00	0.00	1.54	1.14	0.00	0.00	0.39
安　徽	0.00	0.00	0.00	0.68	0.00	0.00	0.51	0.57	0.00	0.64	0.26
福　建	0.00	0.68	0.00	0.00	0.00	0.00	0.00	0.57	0.00	0.64	0.19
河　北	0.00	0.00	0.00	0.00	0.00	0.00	0.00	0.57	0.56	0.64	0.19
山　东	0.00	0.00	0.00	0.00	0.00	0.00	0.00	0.00	1.11	0.64	0.19
天　津	0.00	0.00	0.00	0.00	0.00	0.00	0.00	0.57	0.56	0.64	0.19
浙　江	0.00	0.00	0.00	0.00	0.00	0.74	0.51	0.57	0.00	0.00	0.19
重　庆	0.00	0.00	0.00	0.00	0.00	0.00	0.00	0.57	0.00	0.64	0.13
甘　肃	0.00	0.00	0.00	0.00	0.00	0.00	0.51	0.00	0.56	0.00	0.13
湖　南	0.00	0.00	0.00	0.00	0.00	0.74	0.00	0.57	0.00	0.00	0.13
吉　林	0.00	0.00	0.00	0.00	0.66	0.00	0.00	0.57	0.00	0.00	0.13
陕　西	0.00	0.00	0.00	0.00	0.00	0.00	0.00	0.57	0.56	0.00	0.13
四　川	0.00	0.00	0.00	0.00	0.00	0.00	0.51	0.57	0.00	0.00	0.13
广　西	0.00	0.00	0.00	0.00	0.00	0.00	0.00	0.57	0.00	0.00	0.06
贵　州	0.00	0.00	0.00	0.00	0.00	0.00	0.00	0.57	0.00	0.00	0.06
黑龙江	0.00	0.00	0.00	0.00	0.00	0.00	0.00	0.57	0.00	0.00	0.06
河　南	0.00	0.00	0.00	0.00	0.00	0.00	0.00	0.57	0.00	0.00	0.06
新　疆	0.00	0.00	0.00	0.00	0.00	0.00	0.00	0.57	0.00	0.00	0.06
云　南	0.00	0.00	0.00	0.00	0.00	0.00	0.00	0.57	0.00	0.00	0.06

表 9-82　康复医学 C 层人才的世界占比

单位：%

省　份	2013 年	2014 年	2015 年	2016 年	2017 年	2018 年	2019 年	2020 年	2021 年	2022 年	合计
上　海	0.49	0.14	0.37	0.55	1.05	0.48	0.86	0.62	0.68	1.55	0.67
广　东	0.24	0.14	0.45	0.07	0.59	0.82	0.59	1.17	1.19	1.12	0.65
北　京	0.32	0.21	0.07	0.21	0.92	0.62	0.59	0.74	0.74	1.55	0.59
四　川	0.00	0.28	0.00	0.48	0.39	0.14	0.11	0.49	0.68	0.52	0.32
江　苏	0.08	0.00	0.07	0.14	0.20	0.21	0.32	0.49	0.51	0.95	0.30
浙　江	0.00	0.14	0.00	0.28	0.46	0.14	0.22	0.43	0.28	0.86	0.28
天　津	0.08	0.00	0.00	0.21	0.07	0.27	0.38	0.19	0.51	0.34	0.22
湖　北	0.16	0.07	0.15	0.07	0.13	0.00	0.38	0.56	0.23	0.26	0.21
福　建	0.08	0.14	0.00	0.07	0.07	0.07	0.16	0.37	0.23	0.43	0.16
辽　宁	0.00	0.00	0.15	0.07	0.20	0.14	0.27	0.12	0.11	0.17	0.13

续表

省　份	2013 年	2014 年	2015 年	2016 年	2017 年	2018 年	2019 年	2020 年	2021 年	2022 年	合计
山　东	0.24	0.00	0.00	0.07	0.07	0.07	0.27	0.25	0.17	0.00	0.12
重　庆	0.00	0.07	0.00	0.07	0.07	0.14	0.11	0.12	0.28	0.17	0.11
安　徽	0.08	0.00	0.00	0.00	0.13	0.14	0.05	0.12	0.28	0.17	0.10
湖　南	0.08	0.00	0.07	0.00	0.07	0.14	0.16	0.00	0.17	0.26	0.09
河　北	0.00	0.00	0.00	0.00	0.00	0.00	0.11	0.06	0.11	0.34	0.06
黑龙江	0.08	0.07	0.00	0.00	0.07	0.07	0.05	0.12	0.00	0.09	0.05
吉　林	0.00	0.00	0.00	0.00	0.07	0.07	0.16	0.06	0.06	0.09	0.05
陕　西	0.00	0.00	0.00	0.00	0.07	0.07	0.16	0.12	0.00	0.00	0.05
甘　肃	0.00	0.00	0.00	0.00	0.00	0.00	0.05	0.00	0.17	0.00	0.03
山　西	0.00	0.00	0.00	0.00	0.00	0.00	0.00	0.06	0.06	0.09	0.02
广　西	0.00	0.00	0.00	0.00	0.00	0.00	0.00	0.06	0.00	0.00	0.01
贵　州	0.00	0.00	0.00	0.00	0.00	0.07	0.00	0.00	0.06	0.00	0.01
海　南	0.00	0.00	0.00	0.00	0.00	0.07	0.00	0.06	0.00	0.00	0.01
河　南	0.08	0.00	0.00	0.00	0.00	0.00	0.00	0.00	0.00	0.00	0.01
江　西	0.00	0.00	0.00	0.00	0.00	0.07	0.00	0.00	0.00	0.00	0.01
云　南	0.08	0.00	0.00	0.00	0.00	0.00	0.00	0.00	0.06	0.00	0.01
内蒙古	0.00	0.00	0.00	0.00	0.00	0.00	0.00	0.00	0.00	0.00	0.01
宁　夏	0.00	0.00	0.00	0.00	0.00	0.00	0.00	0.00	0.00	0.09	0.01

二十九　医学信息学

医学信息学 A 层人才仅分布在福建和湖北，世界占比均为 1.09%。

B 层人才最多的是北京，世界占比为 1.76%；广东 B 层人才以 1.43% 的世界占比排名第二；湖北、上海、四川、安徽、浙江、福建、江苏、广西、陕西、山东、天津、重庆、河北、黑龙江、湖南、吉林、云南也有一定数量的 B 层人才，世界占比均超过 0.1%。

C 层人才最多的是北京，世界占比为 2.34%；广东、上海 C 层人才分别以 1.69%、1.19% 的世界占比排名第二、第三位；江苏、浙江、湖北、湖南、山东、辽宁、四川、安徽、福建、河南、天津、陕西、黑龙江、吉林、重庆、江西、甘肃也有一定数量的 C 层人才，世界占比均超过 0.1%；广西、云南、贵州、河北、新疆、山西、海南、内蒙古、宁夏 C 层人才的世界占比均低于 0.1%。

表9-83 医学信息学 A 层人才的世界占比

单位：%

省　份	2013 年	2014 年	2015 年	2016 年	2017 年	2018 年	2019 年	2020 年	2021 年	2022 年	合计
福　建	0.00	0.00	0.00	14.29	0.00	0.00	0.00	0.00	0.00	0.00	1.09
湖　北	0.00	0.00	0.00	14.29	0.00	0.00	0.00	0.00	0.00	0.00	1.09

表9-84 医学信息学 B 层人才的世界占比

单位：%

省　份	2013 年	2014 年	2015 年	2016 年	2017 年	2018 年	2019 年	2020 年	2021 年	2022 年	合计
北　京	0.00	0.00	1.47	1.33	3.70	2.63	2.83	0.81	1.60	2.59	1.76
广　东	0.00	0.00	1.47	0.00	2.47	5.26	0.00	0.81	3.20	0.86	1.43
湖　北	0.00	1.47	0.00	1.33	0.00	0.00	2.83	0.00	0.80	1.72	0.88
上　海	0.00	0.00	0.00	0.00	3.70	2.63	0.94	0.00	0.80	0.86	0.88
四　川	0.00	0.00	0.00	1.33	2.47	1.32	0.00	0.81	0.00	1.72	0.77
安　徽	0.00	0.00	0.00	0.00	0.00	1.32	0.94	0.00	0.80	0.86	0.44
浙　江	0.00	0.00	1.47	0.00	2.47	0.00	0.94	0.00	0.00	0.00	0.44
福　建	0.00	0.00	0.00	0.00	2.47	0.00	0.00	0.81	0.00	0.00	0.33
江　苏	0.00	0.00	0.00	0.00	0.00	0.00	0.00	0.81	0.00	1.72	0.33
广　西	0.00	1.47	0.00	0.00	0.00	0.00	0.00	0.00	0.80	0.00	0.22
陕　西	0.00	0.00	0.00	0.00	0.00	0.00	0.94	0.00	0.80	0.00	0.22
山　东	0.00	1.47	0.00	0.00	0.00	0.00	0.00	0.00	0.86	0.00	0.22
天　津	0.00	0.00	0.00	0.00	2.47	0.00	0.00	0.00	0.00	0.00	0.22
重　庆	0.00	0.00	0.00	0.00	0.00	0.00	0.00	0.00	0.00	0.86	0.11
河　北	0.00	0.00	0.00	0.00	0.00	0.00	0.00	0.00	0.00	0.86	0.11
黑龙江	0.00	0.00	0.00	0.00	0.00	0.00	0.00	0.00	0.00	0.86	0.11
湖　南	0.00	0.00	0.00	0.00	0.00	0.00	0.00	0.81	0.00	0.00	0.11
吉　林	0.00	0.00	0.00	0.00	0.00	1.32	0.00	0.00	0.00	0.00	0.11
云　南	0.00	0.00	0.00	0.00	0.00	0.00	0.00	0.00	0.00	0.86	0.11

表 9-85 医学信息学 C 层人才的世界占比

单位：%

省　份	2013 年	2014 年	2015 年	2016 年	2017 年	2018 年	2019 年	2020 年	2021 年	2022 年	合计
北　京	1.16	1.66	1.35	1.10	1.90	1.85	2.54	3.61	3.07	3.22	2.34
广　东	0.87	0.60	0.30	1.10	1.39	1.72	1.60	2.73	2.16	2.82	1.69
上　海	0.58	0.75	0.60	0.96	1.01	0.79	1.13	1.36	1.83	2.01	1.19
江　苏	0.58	0.00	0.15	0.69	0.89	1.06	1.03	0.88	0.91	2.01	0.89
浙　江	0.29	0.45	0.30	0.55	0.38	1.19	0.85	1.04	1.16	1.51	0.84
湖　北	0.14	0.15	0.30	0.69	0.76	1.06	0.56	1.52	1.00	0.81	0.77
湖　南	0.00	0.15	0.15	0.14	0.38	0.53	0.94	1.04	0.91	1.81	0.70
山　东	0.14	0.45	0.15	0.27	0.25	0.40	0.28	0.16	0.91	1.51	0.49
辽　宁	0.14	0.00	0.30	0.27	0.25	0.40	0.38	0.64	0.58	1.01	0.44
四　川	0.00	0.15	0.00	0.27	0.51	0.40	0.00	0.64	0.66	1.21	0.43
安　徽	0.14	0.00	0.00	0.00	0.63	0.40	0.38	0.88	0.50	0.50	0.40
福　建	0.14	0.00	0.15	0.14	0.51	0.13	0.19	0.56	0.66	0.50	0.34
河　南	0.14	0.15	0.00	0.14	0.25	0.13	0.28	0.88	0.66	0.20	0.34
天　津	0.00	0.15	0.00	0.27	0.13	0.13	0.47	0.08	0.33	0.40	0.22
陕　西	0.00	0.15	0.00	0.27	0.13	0.26	0.00	0.16	0.17	0.70	0.19
黑龙江	0.00	0.00	0.15	0.41	0.25	0.00	0.38	0.16	0.25	0.10	0.18
吉　林	0.14	0.00	0.00	0.00	0.38	0.13	0.28	0.08	0.25	0.20	0.16
重　庆	0.00	0.00	0.00	0.14	0.00	0.00	0.32	0.17	0.50		0.15
江　西	0.00	0.15	0.15	0.00	0.63	0.13	0.19	0.00	0.08	0.10	0.14
甘　肃	0.14	0.00	0.00	0.55	0.00	0.13	0.19	0.08	0.17	0.00	0.12
广　西	0.00	0.00	0.15	0.14	0.00	0.13	0.09	0.00	0.17	0.20	0.09
云　南	0.00	0.00	0.00	0.00	0.00	0.26	0.19	0.00	0.08	0.30	0.09
贵　州	0.14	0.00	0.00	0.00	0.00	0.00	0.19	0.00	0.08	0.30	0.08
河　北	0.00	0.00	0.00	0.00	0.00	0.26	0.09	0.08	0.25	0.00	0.08
新　疆	0.00	0.00	0.00	0.00	0.00	0.00	0.24	0.08	0.30		0.08
山　西	0.00	0.00	0.15	0.00	0.00	0.00	0.00	0.08	0.08	0.10	0.05
海　南	0.00	0.00	0.00	0.00	0.00	0.00	0.00	0.08	0.00	0.20	0.03
内蒙古	0.00	0.00	0.00	0.00	0.13	0.13	0.00	0.00	0.08	0.00	0.03
宁　夏	0.00	0.00	0.00	0.00	0.13	0.00	0.00	0.00	0.00	0.00	0.01

三十 神经影像学

神经影像学 A 层人才仅分布在上海和浙江，世界占比分别为 6.06%和 3.03%。

B 层人才最多的是北京，世界占比为 1.94%；其后是四川、天津，B 层人才的世界占比均为 0.43%；广东、江苏、云南也有一定数量的 B 层人才，世界占比均为 0.22%。

C 层人才最多的是北京，世界占比为 2.12%；上海、广东 C 层人才分别以 1.08%、1.06%的世界占比排名第二、第三位；四川、浙江、重庆、江苏、山西、湖南、辽宁、河南、天津、安徽、山东、陕西、福建、云南、湖北也有一定数量的 C 层人才，世界占比均超过 0.1%；内蒙古、广西、贵州、海南、黑龙江、甘肃、河北、江西、西藏 C 层人才的世界占比均低于 0.1%。

表 9-86 神经影像学 A 层人才的世界占比

单位：%

省　份	2013 年	2014 年	2015 年	2016 年	2017 年	2018 年	2019 年	2020 年	2021 年	2022 年	合计
上　海	0.00	0.00	0.00	0.00	0.00	0.00	0.00	33.33	0.00	0.00	6.06
浙　江	0.00	0.00	0.00	0.00	0.00	0.00	0.00	0.00	100.00	0.00	3.03

表 9-87 神经影像学 B 层人才的世界占比

单位：%

省　份	2013 年	2014 年	2015 年	2016 年	2017 年	2018 年	2019 年	2020 年	2021 年	2022 年	合计
北　京	2.78	3.70	0.00	0.00	2.22	4.08	0.00	3.45	0.00	4.00	1.94
四　川	0.00	0.00	0.00	0.00	0.00	2.04	0.00	1.72	0.00	0.00	0.43
天　津	0.00	0.00	0.00	0.00	0.00	0.00	1.61	1.72	0.00	0.00	0.43
广　东	0.00	0.00	0.00	0.00	0.00	2.04	0.00	0.00	0.00	0.00	0.22
江　苏	0.00	0.00	0.00	0.00	0.00	2.04	0.00	0.00	0.00	0.00	0.22
云　南	0.00	0.00	0.00	0.00	0.00	2.04	0.00	0.00	0.00	0.00	0.22

表 9-88　神经影像学 C 层人才的世界占比

单位：%

省份	2013 年	2014 年	2015 年	2016 年	2017 年	2018 年	2019 年	2020 年	2021 年	2022 年	合计
北 京	1.77	1.68	2.47	2.06	1.11	2.82	3.04	1.99	1.81	2.14	2.12
上 海	0.51	0.24	0.74	0.92	0.67	0.81	1.35	1.45	1.81	1.88	1.08
广 东	0.25	0.24	0.49	0.23	0.45	0.81	3.04	1.45	1.15	1.61	1.06
四 川	0.25	0.48	0.49	0.23	0.67	0.81	1.85	1.09	0.99	1.34	0.87
浙 江	1.01	0.48	0.00	0.46	0.45	0.20	0.84	0.54	0.66	2.41	0.68
重 庆	0.00	0.00	0.25	0.69	0.00	0.20	0.84	0.72	0.33	0.54	0.38
江 苏	0.51	0.00	0.49	0.23	0.67	0.00	0.34	0.72	0.49	0.00	0.36
山 西	0.25	0.00	0.49	0.23	0.45	0.20	0.51	0.72	0.00	0.00	0.30
湖 南	0.00	0.72	0.25	0.23	0.22	0.00	0.17	0.54	0.16	0.00	0.23
辽 宁	0.00	0.48	0.49	0.00	0.00	0.00	0.34	0.36	0.16	0.27	0.23
河 南	0.25	0.00	0.25	0.00	0.00	0.00	0.34	0.18	0.33	0.80	0.21
天 津	0.51	0.24	0.25	0.00	0.22	0.00	0.00	0.36	0.49	0.00	0.21
安 徽	0.00	0.00	0.25	0.23	0.00	0.00	0.17	0.54	0.16	0.27	0.19
山 东	0.25	0.00	0.25	0.23	0.22	0.00	0.17	0.36	0.00	0.27	0.19
陕 西	0.00	0.24	0.00	0.23	0.00	0.00	0.34	0.36	0.00	0.27	0.17
福 建	0.00	0.00	0.00	0.00	0.00	0.00	0.34	0.00	0.16	0.54	0.13
云 南	0.00	0.00	0.00	0.46	0.22	0.00	0.00	0.36	0.00	0.27	0.13
湖 北	0.25	0.00	0.25	0.00	0.00	0.00	0.34	0.00	0.00	0.00	0.11
内蒙古	0.00	0.00	0.00	0.46	0.00	0.00	0.00	0.00	0.16	0.00	0.06
广 西	0.00	0.00	0.00	0.23	0.00	0.00	0.00	0.00	0.16	0.00	0.04
贵 州	0.00	0.00	0.00	0.00	0.00	0.00	0.17	0.00	0.00	0.27	0.04
海 南	0.00	0.00	0.00	0.00	0.00	0.00	0.17	0.00	0.00	0.27	0.04
黑龙江	0.00	0.00	0.00	0.00	0.00	0.00	0.00	0.00	0.00	0.27	0.04
甘 肃	0.00	0.00	0.00	0.00	0.00	0.00	0.00	0.18	0.00	0.00	0.02
河 北	0.00	0.00	0.00	0.00	0.00	0.00	0.00	0.18	0.00	0.00	0.02
江 西	0.00	0.00	0.00	0.00	0.00	0.00	0.17	0.00	0.00	0.00	0.02
西 藏	0.00	0.00	0.00	0.00	0.00	0.20	0.00	0.00	0.00	0.00	0.02

三十一　传染病学

传染病学 A 层人才最多的是北京，世界占比为 3.31%；广东、湖北 A

层人才分别以 1.65%、1.38% 的世界占比排名第二、第三位；浙江、上海、甘肃、河南、江苏、吉林、山东、四川也有一定数量的 A 层人才，世界占比均超过 0.2%。

B 层人才最多的是北京，世界占比为 1.61%；广东、上海 B 层人才分别以 1.32%、1.08% 的世界占比排名第二、第三位；湖北、浙江、江苏、湖南、福建、安徽、河南、山东、四川、天津、重庆、河北、吉林、海南也有一定数量的 B 层人才，世界占比均超过 0.1%；黑龙江、江西、陕西、甘肃、贵州、内蒙古、辽宁、山西、新疆、云南 B 层人才的世界占比均低于 0.1%。

C 层人才最多的是北京，世界占比为 1.44%；广东 C 层人才以 1.06% 的世界占比排名第二；上海、湖北、浙江、江苏、河南、山东、四川、湖南、重庆、黑龙江、福建、安徽、辽宁、天津、吉林、云南、广西也有一定数量的 C 层人才，世界占比大于或等于 0.1%；甘肃、陕西、河北、江西、新疆、山西、海南、贵州、青海、宁夏、内蒙古 C 层人才的世界占比均低于 0.1%。

表 9-89 传染病学 A 层人才的世界占比

单位：%

省　份	2013 年	2014 年	2015 年	2016 年	2017 年	2018 年	2019 年	2020 年	2021 年	2022 年	合计
北　京	0.00	0.00	0.00	2.56	3.85	0.00	0.00	11.76	8.33	0.00	3.31
广　东	0.00	0.00	0.00	2.56	0.00	0.00	0.00	5.88	4.17	0.00	1.65
湖　北	0.00	0.00	0.00	0.00	0.00	0.00	0.00	7.84	2.08	0.00	1.38
浙　江	0.00	0.00	0.00	2.56	0.00	0.00	0.00	1.96	2.08	0.00	0.83
上　海	0.00	0.00	0.00	0.00	0.00	0.00	0.00	1.96	2.08	0.00	0.55
甘　肃	0.00	0.00	0.00	0.00	0.00	0.00	0.00	1.96	0.00	0.00	0.28
河　南	0.00	0.00	0.00	0.00	0.00	0.00	0.00	0.00	2.08	0.00	0.28
江　苏	0.00	0.00	0.00	0.00	0.00	0.00	0.00	0.00	2.08	0.00	0.28
吉　林	0.00	0.00	0.00	0.00	0.00	0.00	0.00	0.00	2.08	0.00	0.28
山　东	0.00	0.00	0.00	0.00	0.00	0.00	0.00	1.96	0.00	0.00	0.28
四　川	0.00	0.00	0.00	0.00	0.00	0.00	0.00	0.00	2.08	0.00	0.28

表 9-90 传染病学 B 层人才的世界占比

单位：%

省 份	2013 年	2014 年	2015 年	2016 年	2017 年	2018 年	2019 年	2020 年	2021 年	2022 年	合计
北 京	1.05	0.96	0.99	0.56	1.14	1.01	0.50	4.57	2.42	1.64	1.61
广 东	0.00	0.32	0.33	0.56	0.86	0.76	0.00	7.61	0.81	0.23	1.32
上 海	0.00	1.28	0.33	0.56	0.57	1.26	0.00	4.13	0.61	1.17	1.08
湖 北	0.00	0.00	0.00	0.28	0.29	0.00	0.25	5.43	1.62	0.00	0.95
浙 江	0.00	0.32	0.33	0.28	0.57	0.25	0.00	2.61	0.20	0.47	0.55
江 苏	0.35	0.32	0.00	0.28	0.57	0.00	0.00	0.65	0.20	0.70	0.32
湖 南	0.00	0.32	0.33	0.28	0.29	0.00	0.00	0.87	0.40	0.23	0.29
福 建	0.00	0.32	0.00	0.00	0.29	0.00	0.00	1.30	0.20	0.23	0.26
安 徽	0.00	0.32	0.00	0.00	0.29	0.00	0.00	0.87	0.61	0.00	0.24
河 南	0.00	0.32	0.00	0.00	0.00	0.50	0.00	0.43	0.40	0.47	0.24
山 东	0.00	0.32	0.00	0.00	0.00	0.50	0.25	0.43	0.61	0.00	0.24
四 川	0.00	0.00	0.00	0.00	0.00	0.25	0.00	1.09	0.00	0.47	0.21
天 津	0.00	0.00	0.33	0.28	0.00	0.00	0.00	0.65	0.00	0.00	0.18
重 庆	0.00	0.00	0.00	0.28	0.00	0.00	0.00	0.22	0.61	0.00	0.13
河 北	0.00	0.32	0.00	0.00	0.00	0.00	0.00	0.22	0.00	0.23	0.13
吉 林	0.00	0.32	0.66	0.00	0.00	0.25	0.00	0.22	0.00	0.00	0.13
海 南	0.00	0.00	0.00	0.00	0.00	0.00	0.00	0.87	0.00	0.00	0.11
黑龙江	0.00	0.00	0.00	0.00	0.00	0.25	0.00	0.43	0.00	0.00	0.08
江 西	0.00	0.32	0.00	0.00	0.29	0.00	0.00	0.22	0.00	0.00	0.08
陕 西	0.00	0.00	0.00	0.00	0.00	0.00	0.25	0.43	0.00	0.00	0.08
甘 肃	0.00	0.32	0.00	0.00	0.00	0.00	0.00	0.22	0.00	0.00	0.05
贵 州	0.00	0.00	0.00	0.00	0.00	0.00	0.00	0.22	0.00	0.00	0.03
内蒙古	0.00	0.00	0.00	0.00	0.00	0.00	0.00	0.00	0.20	0.00	0.03
辽 宁	0.00	0.00	0.00	0.00	0.00	0.00	0.00	0.22	0.00	0.00	0.03
山 西	0.00	0.00	0.00	0.00	0.00	0.00	0.00	0.22	0.00	0.00	0.03
新 疆	0.00	0.00	0.00	0.00	0.00	0.00	0.00	0.22	0.00	0.00	0.03
云 南	0.00	0.00	0.00	0.00	0.00	0.00	0.00	0.22	0.00	0.00	0.03

表 9-91　传染病学 C 层人才的世界占比

单位：%

省　份	2013 年	2014 年	2015 年	2016 年	2017 年	2018 年	2019 年	2020 年	2021 年	2022 年	合计
北　京	1.26	0.96	1.31	1.48	0.88	1.25	1.51	2.17	1.52	1.62	1.44
广　东	0.56	0.38	0.56	0.66	0.82	0.88	0.79	2.67	1.04	1.49	1.06
上　海	0.46	0.61	0.36	0.74	0.36	0.82	0.74	1.47	0.71	0.95	0.76
湖　北	0.21	0.06	0.16	0.03	0.24	0.32	0.32	2.74	0.92	0.50	0.64
浙　江	0.32	0.41	0.33	0.51	0.39	0.48	0.53	1.36	0.52	1.05	0.63
江　苏	0.18	0.13	0.16	0.20	0.36	0.43	0.42	1.01	0.60	0.62	0.45
河　南	0.14	0.16	0.23	0.09	0.09	0.27	0.21	0.57	0.27	0.52	0.27
山　东	0.18	0.13	0.20	0.03	0.24	0.21	0.29	0.53	0.35	0.30	0.26
四　川	0.07	0.06	0.16	0.14	0.18	0.24	0.19	0.48	0.21	0.30	0.22
湖　南	0.00	0.16	0.10	0.03	0.15	0.16	0.16	0.66	0.17	0.20	0.20
重　庆	0.14	0.13	0.03	0.09	0.03	0.11	0.16	0.42	0.19	0.20	0.16
黑龙江	0.14	0.10	0.13	0.14	0.09	0.16	0.24	0.13	0.21	0.20	0.16
福　建	0.04	0.10	0.13	0.09	0.06	0.13	0.11	0.42	0.15	0.22	0.16
安　徽	0.14	0.03	0.20	0.09	0.06	0.08	0.08	0.24	0.19	0.17	0.13
辽　宁	0.07	0.06	0.07	0.09	0.06	0.05	0.11	0.33	0.10	0.27	0.13
天　津	0.07	0.03	0.13	0.09	0.09	0.16	0.11	0.15	0.17	0.17	0.12
吉　林	0.04	0.10	0.09	0.09	0.09	0.16	0.19	0.15	0.10	0.12	0.12
云　南	0.07	0.06	0.13	0.09	0.09	0.11	0.03	0.18	0.25	0.10	0.12
广　西	0.07	0.00	0.07	0.06	0.15	0.05	0.21	0.18	0.08	0.10	0.10
甘　肃	0.00	0.00	0.16	0.06	0.18	0.11	0.11	0.15	0.06	0.02	0.09
陕　西	0.04	0.06	0.03	0.03	0.03	0.05	0.05	0.24	0.06	0.20	0.09
河　北	0.00	0.00	0.03	0.00	0.06	0.08	0.05	0.31	0.04	0.12	0.08
江　西		0.03	0.03	0.00	0.09	0.11	0.08	0.18	0.08	0.05	0.07
新　疆	0.00	0.00	0.00	0.03	0.03	0.08	0.08	0.20	0.08	0.07	0.07
山　西	0.00	0.06	0.00	0.03	0.00	0.03	0.03	0.13	0.06	0.05	0.04
海　南	0.00	0.00	0.00	0.03	0.00	0.03	0.03	0.04	0.08	0.12	0.04
贵　州	0.00	0.00	0.00	0.00	0.00	0.00	0.03	0.07	0.04	0.10	0.03
青　海	0.04	0.03	0.00	0.00	0.06	0.05	0.08	0.00	0.00	0.00	0.02
宁　夏	0.00	0.00	0.00	0.03	0.00	0.00	0.03	0.11	0.00	0.00	0.02
内蒙古	0.00	0.00	0.00	0.03	0.00	0.00	0.00	0.02	0.02	0.05	0.01

三十二　寄生物学

寄生物学 A 层人才最多的是广东，世界占比为 3.85%；北京 A 层人才以 2.88% 的世界占比排名第二；黑龙江、江苏 A 层人才以 1.92% 的世界占比并列排名第三；福建、湖南、陕西、四川、云南也有一定数量的 A 层人才，世界占比均为 0.96%。

B 层人才最多的是广东，世界占比为 2.30%；北京 B 层人才以 2.12% 的世界占比排名第二；湖北、上海、江苏、福建、四川、重庆、甘肃、黑龙江、云南、河南、湖南、吉林、山东、天津、新疆也有一定数量的 B 层人才，世界占比均超过 0.1%；安徽、广西、贵州、河北、辽宁、陕西、浙江 B 层人才的世界占比均低于 0.1%。

C 层人才最多的是北京，世界占比为 1.63%；上海、广东 C 层人才分别以 1.08%、1.03% 的世界占比排名第二、第三位；江苏、湖北、浙江、河南、山东、黑龙江、四川、福建、甘肃、湖南、吉林、安徽、广西、云南、重庆也有一定数量的 C 层人才，世界占比均超过 0.1%；河北、陕西、天津、新疆、海南、山西、江西、辽宁、贵州、宁夏、西藏、青海 C 层人才的世界占比均低于 0.1%。

表 9-92　寄生物学 A 层人才的世界占比

单位：%

省　份	2013 年	2014 年	2015 年	2016 年	2017 年	2018 年	2019 年	2020 年	2021 年	2022 年	合计
广　东	0.00	0.00	12.50	10.00	0.00	0.00	0.00	14.29	0.00	0.00	3.85
北　京	0.00	0.00	0.00	0.00	0.00	0.00	0.00	14.29	7.14	0.00	2.88
黑龙江	0.00	0.00	0.00	0.00	0.00	0.00	0.00	14.29	0.00	0.00	1.92
江　苏	0.00	0.00	0.00	0.00	0.00	0.00	0.00	14.29	0.00	0.00	1.92
福　建	0.00	0.00	0.00	0.00	0.00	0.00	0.00	7.14	0.00	0.00	0.96
湖　南	0.00	0.00	0.00	0.00	0.00	0.00	0.00	7.14	0.00	0.00	0.96
陕　西	0.00	0.00	0.00	0.00	0.00	0.00	0.00	7.14	0.00	0.00	0.96
四　川	0.00	0.00	0.00	0.00	0.00	0.00	0.00	7.14	0.00	0.00	0.96
云　南	0.00	0.00	0.00	0.00	0.00	0.00	0.00	7.14	0.00	0.00	0.96

表 9-93　寄生物学 B 层人才的世界占比

单位：%

省　份	2013 年	2014 年	2015 年	2016 年	2017 年	2018 年	2019 年	2020 年	2021 年	2022 年	合计
广　东	2.17	0.97	0.92	1.90	0.00	1.74	2.70	7.09	4.10	0.00	2.30
北　京	1.09	1.94	0.92	1.90	0.93	1.74	1.80	3.15	4.10	3.19	2.12
湖　北	0.00	0.00	0.00	0.95	0.93	1.74	0.00	2.36	1.64	0.00	0.83
上　海	0.00	0.00	0.00	0.00	0.00	0.87	0.00	3.15	0.82	3.19	0.83
江　苏	0.00	0.00	0.92	0.00	0.00	0.87	0.90	2.36	0.00	0.00	0.55
福　建	0.00	0.97	0.00	0.95	0.00	0.00	0.00	1.57	0.82	0.00	0.46
四　川	0.00	0.00	0.00	0.00	0.93	0.87	0.00	0.79	1.64	0.00	0.46
重　庆	0.00	0.00	0.00	0.00	0.00	0.87	0.00	1.57	0.82	0.00	0.37
甘　肃	1.09	0.97	0.92	0.00	0.00	0.00	0.00	0.00	0.00	0.00	0.28
黑龙江	0.00	0.00	0.00	0.00	0.00	0.87	0.00	0.00	0.82	0.00	0.28
云　南	0.00	0.00	0.00	0.95	0.00	0.00	0.90	0.79	0.00	0.00	0.28
河　南	0.00	0.00	0.00	0.95	0.00	0.00	0.00	0.79	0.00	0.00	0.18
湖　南	0.00	0.00	0.00	0.00	0.00	0.87	0.00	0.79	0.00	0.00	0.18
吉　林	0.00	0.00	0.92	0.95	0.00	0.00	0.00	0.00	0.00	0.00	0.18
山　东	0.00	0.00	0.00	0.00	0.00	0.87	0.00	0.79	0.00	0.00	0.18
天　津	0.00	0.00	0.00	0.95	0.00	0.00	0.00	0.00	0.82	0.00	0.18
新　疆	0.00	0.00	0.00	0.00	0.00	0.00	0.00	1.57	0.00	0.00	0.18
安　徽	0.00	0.97	0.00	0.00	0.00	0.00	0.00	0.00	0.00	0.00	0.09
广　西	0.00	0.00	0.00	0.95	0.00	0.00	0.00	0.00	0.00	0.00	0.09
贵　州	0.00	0.00	0.00	0.00	0.00	0.87	0.00	0.00	0.00	0.00	0.09
河　北	0.00	0.00	0.00	0.00	0.00	0.00	0.00	0.00	0.82	0.00	0.09
辽　宁	0.00	0.00	0.00	0.00	0.00	0.00	0.00	0.79	0.00	0.00	0.09
陕　西	0.00	0.00	0.00	0.00	0.00	0.87	0.00	0.00	0.00	0.00	0.09
浙　江	0.00	0.00	0.00	0.95	0.00	0.00	0.00	0.00	0.00	0.00	0.09

表 9-94　寄生物学 C 层人才的世界占比

单位：%

省　份	2013 年	2014 年	2015 年	2016 年	2017 年	2018 年	2019 年	2020 年	2021 年	2022 年	合计
北　京	1.32	1.30	1.01	2.42	1.47	1.46	1.19	2.09	2.08	1.79	1.63
上　海	0.51	1.00	0.65	1.16	0.82	0.82	1.09	1.44	1.28	1.99	1.08
广　东	0.51	0.40	0.65	0.72	0.55	0.64	1.46	1.84	1.60	1.69	1.03

省 份	2013年	2014年	2015年	2016年	2017年	2018年	2019年	2020年	2021年	2022年	合计
江 苏	0.30	0.30	0.55	0.72	0.73	0.45	0.82	0.88	1.44	0.89	0.73
湖 北	0.71	0.50	0.09	0.09	0.82	0.45	1.00	0.88	0.72	0.89	0.62
浙 江	0.10	0.70	0.09	0.81	0.27	0.64	0.46	0.40	0.64	0.70	0.48
河 南	0.10	0.20	0.46	0.36	0.27	0.73	0.46	0.72	0.32	0.50	0.42
山 东	0.00	0.20	0.28	0.09	0.09	0.45	0.36	0.24	0.48	0.80	0.30
黑龙江	0.10	0.10	0.09	0.18	0.18	0.36	0.36	0.32	0.48	0.40	0.26
四 川	0.00	0.10	0.09	0.18	0.27	0.09	0.46	0.64	0.24	0.20	0.23
福 建	0.20	0.30	0.18	0.27	0.09	0.09	0.18	0.24	0.24	0.30	0.21
甘 肃	0.00	0.20	0.18	0.18	0.00	0.27	0.36	0.16	0.32	0.30	0.20
湖 南	0.20	0.00	0.09	0.27	0.00	0.18	0.09	0.48	0.16	0.50	0.20
吉 林	0.00	0.20	0.09	0.18	0.00	0.27	0.09	0.56	0.24	0.20	0.19
安 徽	0.20	0.00	0.18	0.09	0.00	0.27	0.27	0.32	0.16	0.10	0.18
广 西	0.00	0.10	0.00	0.00	0.27	0.18	0.09	0.32	0.24	0.40	0.16
云 南	0.00	0.20	0.00	0.18	0.00	0.09	0.27	0.40	0.08	0.30	0.15
重 庆	0.10	0.00	0.00	0.00	0.27	0.00	0.18	0.08	0.16	0.00	0.11
河 北	0.00	0.00	0.09	0.00	0.09	0.09	0.18	0.00	0.08	0.30	0.08
陕 西	0.00	0.00	0.00	0.09	0.09	0.09	0.00	0.24	0.00	0.10	0.06
天 津	0.10	0.00	0.00	0.09	0.00	0.00	0.00	0.00	0.24	0.00	0.06
新 疆	0.00	0.00	0.09	0.00	0.00	0.00	0.09	0.08	0.00	0.30	0.05
海 南	0.00	0.00	0.09	0.00	0.00	0.09	0.00	0.08	0.00	0.10	0.04
山 西	0.00	0.00	0.00	0.00	0.00	0.00	0.00	0.00	0.16	0.00	0.04
江 西	0.00	0.00	0.00	0.00	0.00	0.00	0.00	0.16	0.08	0.00	0.03
辽 宁	0.00	0.00	0.00	0.00	0.00	0.00	0.09	0.16	0.00	0.00	0.03
贵 州	0.00	0.00	0.00	0.00	0.00	0.00	0.00	0.00	0.00	0.10	0.02
宁 夏	0.00	0.00	0.00	0.00	0.09	0.00	0.00	0.00	0.08	0.00	0.02
西 藏	0.00	0.00	0.00	0.00	0.00	0.00	0.00	0.00	0.08	0.00	0.02
青 海	0.00	0.00	0.00	0.00	0.00	0.00	0.09	0.00	0.00	0.00	0.01

三十三 医学化验技术

医学化验技术 A 层人才仅分布在浙江，世界占比为 8.33%。

B 层人才最多的是北京，世界占比为 1.81%；上海、湖南 B 层人才分别以 1.27%、1.09% 的世界占比排名第二、第三位；广东、湖北、吉林、山东、黑龙江、江苏、江西、山西、浙江、安徽、重庆、福建、甘肃、河南、辽宁、陕西、四川、新疆、云南也有一定数量的 B 层人才，世界占比均超过 0.1%。

C 层人才最多的是湖南，世界占比为 1.70%；北京 C 层人才以 1.60% 的世界占比排名第二；浙江、广东、上海、江苏、湖北有相当数量的 C 层人才，世界占比均超过 1%；山东、四川、辽宁、黑龙江、福建、重庆、江西、甘肃、河南、吉林、安徽、河北、天津、陕西、广西、山西、海南、新疆、云南也有一定数量的 C 层人才，世界占比大于或等于 0.1%；贵州、宁夏、内蒙古、青海 C 层人才的世界占比均低于 0.1%。

表 9-95　医学化验技术 A 层人才的世界占比

单位：%

省　份	2013 年	2014 年	2015 年	2016 年	2017 年	2018 年	2019 年	2020 年	2021 年	2022 年	合计
浙　江	0.00	0.00	25.00	0.00	20.00	0.00	0.00	0.00	0.00	0.00	8.33

表 9-96　医学化验技术 B 层人才的世界占比

单位：%

省　份	2013 年	2014 年	2015 年	2016 年	2017 年	2018 年	2019 年	2020 年	2021 年	2022 年	合计
北　京	0.00	2.13	0.00	0.00	4.26	1.82	0.00	5.56	3.57	1.56	1.81
上　海	0.00	4.26	0.00	0.00	0.00	0.00	1.28	3.70	0.00	3.13	1.27
湖　南	2.13	0.00	2.22	0.00	0.00	0.00	1.28	3.70	1.79	0.00	1.09
广　东	0.00	2.13	2.22	1.69	0.00	3.64	0.00	0.00	0.00	0.00	0.91
湖　北	0.00	0.00	0.00	0.00	0.00	0.00	0.00	5.56	0.00	0.00	0.54
吉　林	0.00	0.00	0.00	1.69	0.00	0.00	1.28	1.85	0.00	0.00	0.54
山　东	0.00	0.00	0.00	0.00	2.13	0.00	0.00	0.00	3.57	0.00	0.54
黑龙江	0.00	0.00	0.00	0.00	0.00	1.82	0.00	0.00	0.00	1.56	0.36
江　苏	0.00	0.00	0.00	0.00	0.00	0.00	1.28	1.85	0.00	0.00	0.36
江　西	0.00	0.00	0.00	1.69	0.00	0.00	0.00	1.85	0.00	0.00	0.36
山　西	0.00	0.00	0.00	0.00	2.13	0.00	0.00	1.85	0.00	0.00	0.36
浙　江	0.00	0.00	0.00	0.00	0.00	0.00	0.00	1.85	1.79	0.00	0.36

续表

省 份	2013 年	2014 年	2015 年	2016 年	2017 年	2018 年	2019 年	2020 年	2021 年	2022 年	合计
安 徽	0.00	0.00	0.00	0.00	0.00	0.00	0.00	0.00	0.00	1.56	0.18
重 庆	0.00	0.00	0.00	0.00	2.13	0.00	0.00	0.00	0.00	0.00	0.18
福 建	0.00	0.00	0.00	0.00	0.00	0.00	0.00	0.00	0.00	1.56	0.18
甘 肃	0.00	0.00	0.00	0.00	0.00	0.00	0.00	1.85	0.00	0.00	0.18
河 南	0.00	0.00	0.00	0.00	0.00	0.00	0.00	1.85	0.00	0.00	0.18
辽 宁	0.00	0.00	0.00	0.00	0.00	0.00	0.00	1.85	0.00	0.00	0.18
陕 西	2.13	0.00	0.00	0.00	0.00	0.00	0.00	0.00	0.00	0.00	0.18
四 川	0.00	0.00	0.00	0.00	0.00	0.00	1.28	0.00	0.00	0.00	0.18
新 疆	0.00	0.00	0.00	0.00	0.00	0.00	0.00	0.00	0.00	1.56	0.18
云 南	0.00	0.00	0.00	1.69	0.00	0.00	0.00	0.00	0.00	0.00	0.18

表 9-97 医学化验技术 C 层人才的世界占比

单位：%

省 份	2013 年	2014 年	2015 年	2016 年	2017 年	2018 年	2019 年	2020 年	2021 年	2022 年	合计
湖 南	0.45	1.22	2.11	0.78	0.61	0.99	1.97	3.87	2.48	2.10	1.70
北 京	0.45	1.95	1.64	0.78	1.42	1.19	1.41	3.87	1.03	2.10	1.60
浙 江	0.00	0.24	0.23	0.39	0.41	1.19	1.55	2.58	1.65	4.76	1.39
广 东	0.23	0.98	0.70	0.78	0.20	0.79	1.83	1.66	1.45	3.62	1.29
上 海	1.36	0.73	1.17	0.58	1.42	1.39	1.69	0.74	1.65	1.33	1.23
江 苏	1.59	0.49	0.47	1.16	0.81	0.40	1.69	1.66	0.62	1.14	1.05
湖 北	0.45	0.24	0.23	0.19	0.61	0.40	1.97	3.32	1.03	0.76	1.01
山 东	0.91	0.49	0.70	0.58	0.41	0.40	1.55	1.11	1.03	1.14	0.87
四 川	0.45	0.73	0.47	0.39	0.41	0.40	0.85	0.92	1.03	0.38	0.61
辽 宁	0.45	0.73	0.47	0.39	0.20	0.40	0.56	0.18	1.03	0.95	0.49
黑龙江	1.13	0.24	0.00	0.19	0.61	0.60	0.28	0.55	0.21	0.38	0.42
福 建	0.00	0.24	0.23	0.39	0.00	0.60	0.56	0.55	0.41	0.76	0.40
重 庆	0.23	0.00	0.23	0.39	0.81	0.60	0.14	0.55	0.41	0.19	0.36
江 西	0.23	0.00	0.00	0.19	0.81	0.60	0.42	0.37	0.21	0.19	0.32
甘 肃	0.00	0.00	0.23	0.00	0.00	0.40	0.42	0.55	0.21	0.95	0.30
河 南	0.00	0.00	0.00	0.00	0.79	0.14	0.18	0.41	0.95	0.30	0.30
吉 林	0.00	0.00	0.23	0.00	0.00	0.20	0.42	0.92	0.62	0.19	0.28
安 徽	0.00	0.00	0.00	0.19	0.61	0.20	0.56	0.00	0.21	0.57	0.26

续表

省　份	2013 年	2014 年	2015 年	2016 年	2017 年	2018 年	2019 年	2020 年	2021 年	2022 年	合计
河　北	0.00	0.00	0.23	0.19	0.00	0.40	0.28	0.00	0.41	0.95	0.26
天　津	0.00	0.24	0.00	0.58	0.20	0.40	0.28	0.18	0.21	0.38	0.26
陕　西	0.23	0.73	0.00	0.00	0.00	0.40	0.28	0.18	0.00	0.38	0.22
广　西	0.00	0.00	0.00	0.00	0.00	0.20	0.20	0.14	0.00	0.41	0.57	0.16
山　西	0.00	0.00	0.00	0.00	0.00	0.20	0.28	0.18	0.21	0.19	0.12
海　南	0.00	0.00	0.00	0.00	0.00	0.00	0.14	0.37	0.21	0.19	0.10
新　疆	0.00	0.00	0.00	0.39	0.41	0.00	0.00	0.18	0.00	0.00	0.10
云　南	0.00	0.00	0.00	0.00	0.00	0.20	0.40	0.14	0.00	0.19	0.10
贵　州	0.00	0.00	0.00	0.19	0.00	0.00	0.14	0.00	0.00	0.19	0.08
宁　夏	0.00	0.00	0.23	0.19	0.00	0.00	0.00	0.18	0.00	0.00	0.08
内蒙古	0.00	0.00	0.00	0.00	0.00	0.20	0.00	0.18	0.00	0.00	0.04
青　海	0.00	0.00	0.00	0.00	0.00	0.00	0.14	0.00	0.21	0.00	0.04

三十四　放射医学、核医学和影像医学

放射医学、核医学和影像医学 A 层人才最多的是上海，世界占比为2.59%；广东、北京 A 层人才分别以2.40%、2.03%的世界占比排名第二、第三位；湖北、四川有相当数量的 A 层人才，世界占比分别为1.66%、1.11%；江苏、湖南、江西、山东、浙江、重庆、福建、陕西、天津也有一定数量的 A 层人才，世界占比均超过0.3%。

B 层人才最多的是北京，世界占比为2.00%；广东、上海、湖北有相当数量的 B 层人才，世界占比在2%~1%；浙江、江苏、四川、陕西、福建、天津、山东、湖南、辽宁、黑龙江、安徽、吉林、重庆、河南、江西也有一定数量的 B 层人才，世界占比大于或等于0.1%；山西、贵州、甘肃、河北、内蒙古、宁夏、云南 B 层人才的世界占比均低于0.1%。

C 层人才最多的是北京，世界占比为2.04%；广东、上海 C 层人才分别以1.70%、1.55%的世界占比排名第二、第三位；江苏、浙江、四川、湖北、山东、辽宁、福建、天津、河南、重庆、陕西、湖南、安徽、黑龙江也有一

定数量的 C 层人才，世界占比均超过 0.1%；山西、广西、吉林、河北、贵州、江西、甘肃、云南、内蒙古、海南、新疆 C 层人才的世界占比均低于 0.1%。

表 9-98　放射医学、核医学和影像医学 A 层人才的世界占比

单位：%

省　份	2013 年	2014 年	2015 年	2016 年	2017 年	2018 年	2019 年	2020 年	2021 年	2022 年	合计
上　海	0.00	0.00	0.00	0.00	2.04	0.00	4.84	4.55	7.81	3.45	2.59
广　东	0.00	0.00	0.00	5.88	0.00	1.82	1.61	9.09	1.56	1.72	2.40
北　京	2.63	1.96	0.00	1.96	2.04	0.00	1.61	3.03	4.69	1.72	2.03
湖　北	0.00	0.00	0.00	0.00	0.00	0.00	0.00	12.12	1.56	0.00	1.66
四　川	0.00	0.00	0.00	0.00	0.00	2.04	1.82	4.55	1.56	0.00	1.11
江　苏	0.00	0.00	0.00	1.96	2.04	0.00	0.00	1.52	3.13	0.00	0.92
湖　南	0.00	0.00	0.00	0.00	0.00	0.00	0.00	4.55	1.56	0.00	0.74
江　西	0.00	0.00	0.00	0.00	0.00	0.00	0.00	4.55	1.56	0.00	0.74
山　东	0.00	0.00	0.00	0.00	0.00	0.00	0.00	4.55	0.00	0.00	0.55
浙　江	0.00	0.00	0.00	0.00	0.00	0.00	1.61	3.03	0.00	0.00	0.55
重　庆	0.00	0.00	0.00	0.00	0.00	0.00	0.00	1.52	1.56	0.00	0.37
福　建	0.00	0.00	0.00	0.00	0.00	0.00	0.00	0.00	1.56	1.72	0.37
陕　西	0.00	0.00	0.00	0.00	0.00	0.00	1.61	0.00	1.56	0.00	0.37
天　津	0.00	0.00	0.00	1.96	0.00	0.00	0.00	0.00	1.56	0.00	0.37

表 9-99　放射医学、核医学和影像医学 B 层人才的世界占比

单位：%

省　份	2013 年	2014 年	2015 年	2016 年	2017 年	2018 年	2019 年	2020 年	2021 年	2022 年	合计
北　京	1.31	1.30	0.63	0.87	1.01	1.77	1.96	3.53	3.58	3.10	2.00
广　东	0.00	1.08	0.21	0.65	0.40	1.18	1.60	3.36	2.56	3.10	1.53
上　海	0.79	0.43	0.84	0.22	1.01	1.18	1.60	2.35	2.22	1.55	1.29
湖　北	0.26	0.43	0.42	0.00	0.20	0.20	0.71	5.21	1.37	1.55	1.15
浙　江	0.79	0.22	0.00	0.00	0.80	0.79	0.53	1.85	1.02	0.39	0.67
江　苏	0.00	0.22	0.00	0.43	0.60	0.39	1.25	1.01	0.85	1.16	0.63
四　川	0.00	0.86	0.00	0.22	0.60	0.79	0.18	1.01	0.68	1.36	0.59
陕　西	0.00	0.22	0.42	0.22	0.00	0.00	0.36	0.34	0.68	0.39	0.28
福　建	0.00	0.22	0.00	0.22	0.00	0.20	0.18	0.67	0.34	0.39	0.24
天　津	0.26	0.22	0.21	0.22	0.20	0.00	0.18	0.50	0.51	0.00	0.24

续表

省　份	2013年	2014年	2015年	2016年	2017年	2018年	2019年	2020年	2021年	2022年	合计
山　东	0.00	0.22	0.00	0.22	0.00	0.20	0.18	0.50	0.34	0.19	0.20
湖　南	0.00	0.00	0.00	0.00	0.20	0.20	0.00	0.50	0.17	0.58	0.18
辽　宁	0.00	0.00	0.21	0.22	0.60	0.20	0.00	0.34	0.17	0.00	0.18
黑龙江	0.00	0.00	0.00	0.00	0.20	0.00	0.00	0.17	0.34	0.78	0.16
安　徽	0.00	0.00	0.00	0.00	0.00	0.00	0.36	0.50	0.00	0.39	0.14
吉　林	0.26	0.00	0.00	0.00	0.00	0.00	0.18	0.50	0.17	0.19	0.14
重　庆	0.00	0.22	0.00	0.00	0.00	0.00	0.00	0.67	0.00	0.00	0.10
河　南	0.00	0.00	0.00	0.22	0.40	0.39	0.00	0.00	0.00	0.00	0.10
江　西	0.00	0.22	0.00	0.00	0.00	0.00	0.18	0.34	0.00	0.19	0.10
山　西	0.00	0.00	0.21	0.00	0.00	0.20	0.36	0.00	0.00	0.00	0.08
贵　州	0.00	0.22	0.00	0.00	0.00	0.00	0.00	0.17	0.00	0.19	0.06
甘　肃	0.00	0.00	0.21	0.00	0.00	0.00	0.00	0.17	0.00	0.00	0.04
河　北	0.00	0.00	0.00	0.00	0.00	0.00	0.00	0.17	0.00	0.19	0.04
内蒙古	0.00	0.22	0.00	0.00	0.00	0.00	0.00	0.17	0.00	0.00	0.04
宁　夏	0.00	0.00	0.00	0.00	0.00	0.00	0.18	0.00	0.00	0.00	0.02
云　南	0.00	0.00	0.00	0.00	0.00	0.00	0.20	0.00	0.00	0.00	0.02

表 9-100　放射医学、核医学和影像医学 C 层人才的世界占比

单位：%

省　份	2013年	2014年	2015年	2016年	2017年	2018年	2019年	2020年	2021年	2022年	合计
北　京	0.82	1.11	1.33	1.41	1.45	2.03	2.79	2.76	2.90	3.02	2.04
广　东	0.42	0.94	0.98	1.15	1.15	1.71	2.34	2.25	2.63	2.69	1.70
上　海	0.50	0.85	0.98	1.12	0.82	1.29	1.87	2.27	2.48	2.71	1.55
江　苏	0.29	0.59	0.33	0.62	0.52	0.42	0.79	1.12	1.16	1.20	0.73
浙　江	0.13	0.35	0.26	0.37	0.46	0.54	0.92	0.81	1.06	1.29	0.65
四　川	0.35	0.31	0.33	0.46	0.52	0.46	0.95	0.75	1.04	0.91	0.63
湖　北	0.21	0.11	0.17	0.22	0.25	0.32	0.45	0.69	0.65	0.71	0.40
山　东	0.11	0.22	0.24	0.29	0.21	0.30	0.45	0.66	0.53	0.71	0.39
辽　宁	0.08	0.11	0.20	0.07	0.19	0.22	0.45	0.42	0.50	0.56	0.29
福　建	0.08	0.13	0.13	0.11	0.15		0.23	0.49	0.65	0.60	0.29
天　津	0.19	0.09	0.15	0.20	0.21	0.16	0.36	0.41	0.41	0.44	0.27
河　南	0.03	0.02	0.20	0.33	0.21	0.12	0.32	0.39	0.24	0.49	0.24

省 份	2013 年	2014 年	2015 年	2016 年	2017 年	2018 年	2019 年	2020 年	2021 年	2022 年	合 计
重 庆	0.21	0.17	0.11	0.22	0.13	0.18	0.36	0.31	0.36	0.27	0.24
陕 西	0.08	0.17	0.13	0.13	0.21	0.26	0.40	0.42	0.15	0.29	0.23
湖 南	0.05	0.15	0.15	0.15	0.17	0.06	0.16	0.36	0.53	0.33	0.22
安 徽	0.03	0.04	0.04	0.09	0.06	0.24	0.32	0.32	0.36	0.38	0.20
黑龙江	0.11	0.04	0.07	0.11	0.08	0.20	0.11	0.17	0.19	0.38	0.15
山 西	0.03	0.00	0.04	0.04	0.04	0.06	0.14	0.10	0.19	0.22	0.09
广 西	0.03	0.07	0.00	0.02	0.04	0.06	0.09	0.14	0.22		0.08
吉 林	0.03	0.02	0.02	0.02	0.04	0.02	0.05	0.12	0.15	0.16	0.07
河 北	0.00	0.04	0.00	0.00	0.00	0.00	0.09	0.15	0.10	0.18	0.07
贵 州	0.03	0.02	0.00	0.02	0.00	0.02	0.00	0.10	0.07	0.13	0.05
江 西	0.03	0.02	0.00	0.07	0.02	0.04	0.05	0.07	0.12	0.09	0.05
甘 肃	0.03	0.02	0.04	0.02	0.00	0.04	0.04	0.12	0.00	0.20	0.05
云 南	0.00	0.00	0.00	0.04	0.00	0.06	0.04	0.07	0.07	0.09	0.04
内蒙古	0.05	0.00	0.00	0.02	0.04	0.00	0.05	0.07	0.09	0.00	0.04
海 南	0.00	0.00	0.00	0.00	0.00	0.04	0.00	0.03	0.03	0.07	0.02
新 疆	0.00	0.00	0.00	0.00	0.00	0.00	0.02	0.03	0.07	0.02	0.02

三十五 法医学

各省份均没有法医学 A 层人才。

B 层人才仅分布在北京、辽宁、陕西、山东，其中，B 层人才最多的是北京，世界占比为 1.02%；辽宁 B 层人才以 0.68% 的世界占比排名第二；陕西、山东 B 层人才的世界占比均为 0.34%，并列排名第三。

C 层人才最多的是四川，世界占比为 1.22%；上海 C 层人才以 1.13% 的世界占比排名第二；北京、广东、江苏、辽宁、陕西、湖南、重庆、湖北、贵州、山西、天津、浙江、海南、河南、福建、内蒙古、云南也有一定数量的 C 层人才，世界占比均超过 0.1%；甘肃、广西、山东、新疆、吉林、青海、河北、江西 C 层人才的世界占比均低于 0.1%。

表 9-101　法医学 B 层人才的世界占比

单位：%

省　份	2013 年	2014 年	2015 年	2016 年	2017 年	2018 年	2019 年	2020 年	2021 年	2022 年	合计
北　京	0.00	0.00	3.03	0.00	0.00	3.33	0.00	3.13	0.00	0.00	1.02
辽　宁	0.00	0.00	0.00	0.00	2.38	3.33	0.00	0.00	0.00	0.00	0.68
陕　西	0.00	0.00	0.00	0.00	0.00	0.00	3.13	0.00	0.00	0.00	0.34
山　东	0.00	0.00	0.00	0.00	0.00	0.00	0.00	3.13	0.00	0.00	0.34

表 9-102　法医学 C 层人才的世界占比

单位：%

省　份	2013 年	2014 年	2015 年	2016 年	2017 年	2018 年	2019 年	2020 年	2021 年	2022 年	合计
四　川	0.74	0.31	0.35	0.91	1.92	1.19	3.14	0.53	1.22	1.56	1.22
上　海	0.00	0.62	0.70	1.52	1.20	1.78	2.57	0.53	0.61	1.56	1.13
北　京	0.37	0.62	0.35	2.74	0.48	2.08	0.86	0.53	0.61	0.78	0.95
广　东	0.00	0.62	0.00	0.30	1.20	0.89	1.14	1.07	0.91	1.95	0.82
江　苏	0.00	0.00	0.00	0.30	1.20	0.59	1.43	1.33	0.30	0.78	0.64
辽　宁	0.37	0.00	0.35	0.91	0.48	1.19	1.43	0.53	0.30	0.00	0.58
陕　西	0.00	0.00	0.70	0.61	0.24	0.30	0.86	0.27	0.61	0.78	0.43
湖　南	0.00	0.00	0.00	0.30	0.24	0.30	0.86	0.53	0.30	0.78	0.34
重　庆	0.00	0.31	0.00	0.48	0.30	0.00	0.27	1.22	0.39	0.31	
湖　北	0.37	0.31	0.70	0.61	0.00	0.30	0.29	0.53	0.00	0.00	0.31
贵　州	0.37	0.00	0.00	0.30	0.48	0.30	0.86	0.00	0.00	0.39	0.27
山　西	0.00	0.00	0.00	0.30	0.00	0.30	0.00	0.27	0.61	0.39	0.18
天　津	0.74	0.31	0.00	0.61	0.00	0.30	0.00	0.00	0.00	0.00	0.18
浙　江	0.00	0.00	0.35	0.00	0.24	0.30	0.86	0.00	0.00	0.00	0.18
海　南	0.00	0.00	0.00	0.00	0.24	0.59	0.29	0.27	0.00	0.00	0.15
河　南	0.00	0.00	0.00	0.30	0.00	0.30	0.86	0.00	0.00	0.00	0.15
福　建	0.00	0.00	0.00	0.00	0.00	0.00	0.00	0.00	0.61	0.39	0.12
内蒙古	0.00	0.00	0.00	0.00	0.00	0.30	0.29	0.27	0.30	0.00	0.12
云　南	0.00	0.31	0.00	0.30	0.00	0.00	0.29	0.00	0.00	0.39	0.12
甘　肃	0.00	0.00	0.00	0.30	0.00	0.00	0.29	0.00	0.00	0.00	0.09
广　西	0.00	0.00	0.00	0.30	0.24	0.00	0.29	0.00	0.00	0.00	0.09
山　东	0.00	0.00	0.35	0.00	0.00	0.30	0.29	0.00	0.00	0.00	0.09
新　疆	0.00	0.00	0.00	0.30	0.00	0.00	0.29	0.00	0.30	0.00	0.09

省 份	2013 年	2014 年	2015 年	2016 年	2017 年	2018 年	2019 年	2020 年	2021 年	2022 年	合计
吉 林	0.00	0.00	0.00	0.30	0.00	0.00	0.00	0.00	0.30	0.00	0.06
青 海	0.00	0.00	0.00	0.30	0.00	0.00	0.29	0.00	0.00	0.00	0.06
河 北	0.00	0.00	0.00	0.00	0.00	0.00	0.00	0.00	0.00	0.39	0.03
江 西	0.00	0.00	0.00	0.00	0.00	0.00	0.29	0.00	0.00	0.00	0.03

三十六 老年病学和老年医学

老年病学和老年医学 A 层人才最多的是北京，世界占比为 4.55%；山东、上海、天津 A 层人才的世界占比均为 1.52%，并列排名第二；广东、河南、浙江也有一定数量的 A 层人才，世界占比均为 0.76%。

B 层人才最多的是北京，世界占比为 1.30%；广东、上海 B 层人才以 1.02% 的世界占比并列排名第二；四川、浙江、湖北、江苏、湖南、山东、安徽、辽宁、河北、河南、江西、天津、云南也有一定数量的 B 层人才，世界占比均超过 0.1%；重庆、黑龙江、吉林、陕西 B 层人才的世界占比均为 0.07%。

C 层人才最多的是北京，世界占比为 2.04%；上海、广东、江苏、浙江有相当数量的 C 层人才，世界占比在 2%~1%；湖北、山东、四川、湖南、重庆、辽宁、河南、天津、福建、河北、黑龙江、吉林、陕西、云南、安徽、江西、广西也有一定数量的 C 层人才，世界占比均超过 0.1%；山西、贵州、甘肃、新疆、内蒙古、海南、宁夏、青海 C 层人才的世界占比均低于 0.1%。

表 9-103 老年病学和老年医学 A 层人才的世界占比

单位：%

省 份	2013 年	2014 年	2015 年	2016 年	2017 年	2018 年	2019 年	2020 年	2021 年	2022 年	合计
北 京	0.00	9.09	0.00	0.00	0.00	0.00	0.00	10.53	4.35	9.52	4.55
山 东	0.00	0.00	0.00	0.00	0.00	0.00	0.00	10.53	0.00	0.00	1.52
上 海	0.00	0.00	0.00	0.00	0.00	0.00	5.26	0.00	4.76	1.52

续表

省　份	2013 年	2014 年	2015 年	2016 年	2017 年	2018 年	2019 年	2020 年	2021 年	2022 年	合计
天　津	0.00	0.00	0.00	0.00	0.00	0.00	0.00	0.00	4.35	4.76	1.52
广　东	0.00	0.00	0.00	0.00	0.00	0.00	0.00	0.00	4.35	0.00	0.76
河　南	0.00	0.00	0.00	0.00	0.00	0.00	5.26	0.00	0.00	0.00	0.76
浙　江	0.00	0.00	0.00	0.00	0.00	0.00	0.00	0.00	0.00	4.76	0.76

表 9-104　老年病学和老年医学 B 层人才的世界占比

单位：%

省　份	2013 年	2014 年	2015 年	2016 年	2017 年	2018 年	2019 年	2020 年	2021 年	2022 年	合计
北　京	0.00	0.00	0.94	0.83	3.15	0.69	2.53	2.20	0.87	1.00	1.30
广　东	0.00	0.00	0.94	0.00	0.79	0.00	1.27	1.65	1.73	1.99	1.02
上　海	0.00	0.00	1.89	0.00	0.79	1.38	2.53	3.30	0.00	0.00	1.02
四　川	0.00	0.00	0.94	1.65	0.79	1.38	0.63	0.55	0.43	1.99	0.89
浙　江	0.00	0.97	0.94	0.00	0.79	0.00	1.65	0.87	0.50	0.61
湖　北	0.00	0.00	0.00	0.00	0.00	0.69	0.00	1.65	0.43	1.49	0.55
江　苏	0.00	0.00	0.00	0.00	0.00	0.69	1.27	0.00	0.00	2.49	0.55
湖　南	0.00	0.00	0.00	0.00	0.00	0.69	0.63	1.10	0.00	0.50	0.34
山　东	0.00	1.94	0.00	0.00	0.00	0.00	1.27	0.00	0.00	0.50	0.34
安　徽	0.00	0.00	0.00	0.83	0.79	0.00	0.00	0.00	0.00	0.50	0.20
辽　宁	0.00	0.97	0.00	0.00	0.00	0.00	0.63	0.55	0.00	0.00	0.20
河　北	0.00	0.00	0.00	0.00	0.00	0.00	1.10	0.00	0.00	0.14
河　南	0.00	0.00	0.00	0.00	0.00	0.00	0.55	0.43	0.00	0.14
江　西	0.00	0.00	0.00	0.00	0.00	0.00	0.55	0.00	0.50	0.14
天　津	0.00	0.00	0.00	0.00	0.00	0.00	1.27	0.00	0.00	0.00	0.14
云　南	0.00	0.00	0.00	0.00	0.00	0.00	0.55	0.00	0.00	0.14
重　庆	0.00	0.00	0.00	0.00	0.00	0.00	0.55	0.00	0.00	0.07
黑龙江	0.00	0.00	0.00	0.00	0.00	0.69	0.00	0.00	0.00	0.07
吉　林	0.00	0.00	0.00	0.00	0.00	0.00	0.00	0.00	0.50	0.07
陕　西	0.00	0.00	0.00	0.00	0.00	0.00	0.00	0.00	0.50	0.07

表 9-105　老年病学和老年医学 C 层人才的世界占比

单位：%

省　份	2013 年	2014 年	2015 年	2016 年	2017 年	2018 年	2019 年	2020 年	2021 年	2022 年	合计
北　京	0.76	0.68	0.85	1.54	2.10	2.53	2.26	2.30	2.98	2.47	2.04
上　海	0.32	0.29	0.85	0.77	0.81	0.60	1.86	2.30	2.19	2.47	1.47
广　东	0.43	0.29	0.56	0.60	0.56	0.89	2.26	2.13	2.37	1.94	1.42
江　苏	0.22	0.20	0.38	0.51	0.40	0.89	1.60	1.85	1.67	1.84	1.14
浙　江	0.22	0.29	0.28	0.26	0.24	0.45	1.20	2.13	2.23	1.60	1.10
湖　北	0.22	0.00	0.09	0.60	0.56	0.67	1.00	1.40	1.21	1.36	0.84
山　东	0.22	0.20	0.47	0.26	0.48	0.60	0.47	1.29	1.63	1.12	0.80
四　川	0.32	0.49	0.19	0.43	0.64	0.45	0.86	0.90	1.02	1.46	0.77
湖　南	0.00	0.10	0.19	0.09	0.16	0.37	0.47	1.12	1.81	0.92	0.67
重　庆	0.22	0.10	0.09	0.09	0.08	0.15	0.40	1.07	0.60	0.63	0.41
辽　宁	0.32	0.29	0.28	0.34	0.73	0.30	0.40	0.39	0.33	0.53	0.40
河　南	0.00	0.00	0.00	0.00	0.08	0.15	0.93	0.45	0.74	0.58	0.38
天　津	0.11	0.10	0.09	0.26	0.32	0.67	0.53	0.28	0.33	0.29	0.32
福　建	0.00	0.00	0.00	0.43	0.16	0.30	0.33	0.67	0.42	0.34	0.31
河　北	0.11	0.10	0.00	0.09	0.32	0.30	0.20	0.28	0.56	0.49	0.29
黑龙江	0.11	0.20	0.19	0.00	0.24	0.22	0.60	0.51	0.28	0.29	0.29
吉　林	0.00	0.00	0.00	0.17	0.24	0.37	0.27	0.39	0.33	0.19	0.22
陕　西	0.00	0.00	0.00	0.00	0.24	0.45	0.40	0.28	0.19	0.24	0.21
云　南	0.00	0.00	0.00	0.00	0.16	0.60	0.47	0.17	0.23	0.49	0.19
安　徽	0.22	0.00	0.00	0.00	0.00	0.22	0.20	0.22	0.33	0.19	0.16
江　西	0.00	0.00	0.00	0.09	0.08	0.00	0.20	0.34	0.42	0.15	0.16
广　西	0.00	0.00	0.00	0.00	0.08	0.15	0.33	0.34	0.23	0.10	0.15
山　西	0.22	0.00	0.00	0.00	0.08	0.07	0.20	0.06	0.14	0.05	0.08
贵　州	0.00	0.00	0.00	0.09	0.08	0.00	0.07	0.17	0.09	0.15	0.08
甘　肃	0.00	0.00	0.00	0.00	0.00	0.00	0.13	0.11	0.19	0.05	0.07
新　疆	0.00	0.00	0.00	0.17	0.00	0.00	0.07	0.06	0.09	0.15	0.06
内蒙古	0.00	0.00	0.09	0.00	0.00	0.00	0.13	0.06	0.09	0.00	0.04
海　南	0.00	0.00	0.00	0.00	0.00	0.07	0.07	0.00	0.05	0.00	0.02
宁　夏	0.00	0.00	0.00	0.00	0.00	0.00	0.07	0.06	0.05	0.00	0.02
青　海	0.00	0.00	0.00	0.00	0.00	0.00	0.00	0.06	0.00	0.10	0.02

三十七 初级卫生保健

初级卫生保健A层人才仅分布在广东，世界占比为3.13%。

B层人才仅分布在北京、广西、湖北、山东、四川，世界占比均为0.26%。

C层人才最多的是广东，世界占比为0.30%；北京、湖北、上海、浙江也有一定数量的C层人才，世界占比均超过0.1%；河南、江苏、山东、安徽、海南、黑龙江、江西、四川、云南、重庆、广西、河北、内蒙古、吉林、陕西、山西、天津C层人才的世界占比均低于0.1%。

表9-106　初级卫生保健A层人才的世界占比

单位：%

省　份	2013年	2014年	2015年	2016年	2017年	2018年	2019年	2020年	2021年	2022年	合计
广　东	0.00	0.00	0.00	0.00	0.00	0.00	0.00	25.00	0.00	0.00	3.13

表9-107　初级卫生保健B层人才的世界占比

单位：%

省　份	2013年	2014年	2015年	2016年	2017年	2018年	2019年	2020年	2021年	2022年	合计
北　京	0.00	0.00	0.00	0.00	0.00	0.00	0.00	1.96	0.00	0.00	0.26
广　西	0.00	0.00	0.00	0.00	0.00	0.00	0.00	1.96	0.00	0.00	0.26
湖　北	0.00	0.00	0.00	0.00	0.00	0.00	0.00	1.96	0.00	0.00	0.26
山　东	0.00	0.00	0.00	0.00	0.00	0.00	0.00	1.96	0.00	0.00	0.26
四　川	0.00	0.00	0.00	0.00	0.00	0.00	0.00	2.04	0.00	0.00	0.26

表9-108　初级卫生保健C层人才的世界占比

单位：%

省　份	2013年	2014年	2015年	2016年	2017年	2018年	2019年	2020年	2021年	2022年	合计
广　东	0.32	0.65	1.11	0.00	0.00	0.00	0.00	0.21	0.47	0.25	0.30
北　京	0.32	0.33	0.00	0.00	0.00	0.00	0.23	0.84	0.47	0.25	0.28
湖　北	0.00	0.00	0.00	0.32	0.64	0.69	0.00	0.42	0.71	0.00	0.28

续表

省　份	2013 年	2014 年	2015 年	2016 年	2017 年	2018 年	2019 年	2020 年	2021 年	2022 年	合计
上　海	0.32	0.00	0.00	0.00	0.32	0.35	0.23	0.21	0.47	0.00	0.19
浙　江	0.00	0.00	0.28	0.00	0.32	0.00	0.00	0.42	0.47	0.00	0.17
河　南	0.00	0.00	0.28	0.00	0.00	0.00	0.00	0.21	0.24	0.00	0.08
江　苏	0.00	0.00	0.28	0.32	0.00	0.00	0.00	0.21	0.00	0.00	0.08
山　东	0.00	0.33	0.00	0.32	0.00	0.00	0.00	0.21	0.00	0.00	0.08
安　徽	0.00	0.00	0.28	0.00	0.00	0.00	0.00	0.00	0.25	0.00	0.06
海　南	0.00	0.00	0.00	0.00	0.00	0.00	0.23	0.21	0.00	0.00	0.06
黑龙江	0.00	0.00	0.00	0.00	0.00	0.00	0.00	0.00	0.50	0.00	0.06
江　西	0.00	0.00	0.00	0.00	0.00	0.35	0.00	0.21	0.00	0.00	0.06
四　川	0.00	0.00	0.00	0.00	0.00	0.00	0.00	0.21	0.25	0.00	0.06
云　南	0.00	0.00	0.00	0.00	0.00	0.00	0.00	0.00	0.47	0.00	0.06
重　庆	0.00	0.00	0.00	0.00	0.00	0.00	0.00	0.00	0.25	0.00	0.03
广　西	0.00	0.00	0.00	0.00	0.00	0.00	0.00	0.00	0.25	0.00	0.03
河　北	0.00	0.00	0.00	0.00	0.00	0.00	0.00	0.00	0.25	0.00	0.03
内蒙古	0.00	0.00	0.00	0.00	0.00	0.00	0.00	0.00	0.25	0.00	0.03
吉　林	0.00	0.00	0.00	0.00	0.00	0.00	0.00	0.00	0.24	0.00	0.03
陕　西	0.00	0.00	0.00	0.00	0.00	0.00	0.00	0.00	0.25	0.00	0.03
山　西	0.00	0.00	0.00	0.00	0.00	0.32	0.00	0.00	0.00	0.00	0.03
天　津	0.00	0.00	0.00	0.00	0.00	0.00	0.00	0.00	0.24	0.00	0.03

三十八　公共卫生、环境卫生和职业卫生

公共卫生、环境卫生和职业卫生 A 层人才最多的是北京，世界占比为 1.80%；湖北、上海、山东、广东、安徽、浙江、重庆、福建、湖南、江苏、四川、新疆也有一定数量的 A 层人才，世界占比均超过 0.1%。

B 层人才最多的是北京，世界占比为 1.34%；广东、上海、江苏、湖北、天津、四川、浙江、山东、湖南、重庆、河南、福建、安徽也有一定数量的 B 层人才，世界占比均超过 0.1%；甘肃、河北、陕西、黑龙江、辽宁、江西、云南、广西、贵州、吉林、新疆、海南、山西、西藏 B 层人才的世界占比均低于 0.1%。

C层人才最多的是北京，世界占比为1.69%；广东、江苏、上海、湖北、浙江、山东、四川、湖南、河南、安徽、陕西、辽宁、黑龙江、天津、重庆、福建、吉林、甘肃也有一定数量的C层人才，世界占比大于或等于0.1%；广西、江西、河北、云南、贵州、山西、新疆、海南、内蒙古、宁夏、青海、西藏C层人才的世界占比均低于0.1%。

表9-109　公共卫生、环境卫生和职业卫生A层人才的世界占比

单位：%

省　份	2013年	2014年	2015年	2016年	2017年	2018年	2019年	2020年	2021年	2022年	合计
北　京	1.85	3.45	0.00	0.00	0.00	4.35	2.13	0.89	1.72	1.59	1.80
湖　北	0.00	1.72	0.00	0.00	0.00	0.00	2.13	0.89	0.86	0.79	0.90
上　海	0.00	0.00	0.00	0.00	0.00	0.00	2.13	0.89	0.00	1.59	0.75
山　东	0.00	1.72	0.00	0.00	0.00	0.00	1.06	0.89	0.00	0.79	0.60
广　东	0.00	0.00	0.00	0.00	0.00	0.00	0.00	0.89	0.86	0.79	0.45
安　徽	0.00	0.00	0.00	0.00	0.00	0.00	1.06	0.89	0.00	0.00	0.30
浙　江	0.00	1.72	0.00	0.00	0.00	0.00	0.00	0.00	0.00	0.00	0.30
重　庆	0.00	1.72	0.00	0.00	0.00	0.00	0.00	0.00	0.00	0.00	0.15
福　建	0.00	1.72	0.00	0.00	0.00	0.00	0.00	0.00	0.00	0.00	0.15
湖　南	0.00	0.00	0.00	0.00	0.00	0.00	0.00	0.00	0.00	0.00	0.15
江　苏	0.00	0.00	0.00	0.00	0.00	0.00	0.00	0.89	0.00	0.00	0.15
四　川	0.00	0.00	0.00	0.00	0.00	0.00	1.06	0.00	0.00	0.00	0.15
新　疆	0.00	0.00	0.00	0.00	0.00	0.00	0.00	0.00	0.00	0.79	0.15

表9-110　公共卫生、环境卫生和职业卫生B层人才的世界占比

单位：%

省　份	2013年	2014年	2015年	2016年	2017年	2018年	2019年	2020年	2021年	2022年	合计
北　京	1.02	0.95	0.71	1.62	0.96	1.00	1.76	1.89	1.07	1.83	1.34
广　东	0.00	0.38	0.43	0.59	0.27	0.75	0.70	1.09	1.48	0.67	0.73
上　海	0.41	0.76	0.86	0.73	0.96	0.87	0.35	0.40	0.66	1.08	0.72
江　苏	0.20	0.38	0.43	0.88	0.41	0.37	0.70	0.70	0.99	1.25	0.71
湖　北	0.00	0.57	0.71	0.73	0.27	0.37	0.82	0.99	0.41	0.75	0.60
天　津	0.20	0.57	0.43	0.73	0.14	0.25	0.35	0.20	0.25	0.67	0.38
四　川	0.00	0.57	0.57	0.59	0.00	0.12	0.23	0.30	0.41	0.67	0.37

续表

省　份	2013 年	2014 年	2015 年	2016 年	2017 年	2018 年	2019 年	2020 年	2021 年	2022 年	合计
浙　江	0.00	0.19	0.29	0.00	0.14	0.25	0.47	0.20	0.66	0.67	0.34
山　东	0.00	0.38	0.29	0.00	0.00	0.12	0.23	0.40	0.57	0.67	0.32
湖　南	0.00	0.00	0.43	0.73	0.27	0.37	0.23	0.30	0.25	0.33	0.30
重　庆	0.20	0.38	0.43	0.29	0.00	0.25	0.35	0.20	0.25	0.08	0.23
河　南	0.00	0.00	0.00	0.00	0.00	0.12	0.47	0.20	0.25	0.25	0.16
福　建	0.20	0.00	0.00	0.00	0.00	0.12	0.12	0.10	0.16	0.50	0.15
安　徽	0.00	0.00	0.00	0.00	0.14	0.12	0.23	0.10	0.33	0.17	0.13
甘　肃	0.00	0.00	0.00	0.00	0.00	0.12	0.12	0.20	0.16	0.08	0.09
河　北	0.20	0.00	0.00	0.00	0.00	0.12	0.00	0.30	0.00	0.17	0.09
陕　西	0.20	0.00	0.00	0.00	0.00	0.00	0.00	0.10	0.08	0.33	0.09
黑龙江	0.00	0.00	0.00	0.00	0.00	0.00	0.00	0.20	0.16	0.17	0.07
辽　宁	0.00	0.00	0.00	0.00	0.00	0.00	0.12	0.00	0.00	0.25	0.07
江　西	0.00	0.00	0.14	0.00	0.00	0.00	0.12	0.00	0.00	0.25	0.06
云　南	0.00	0.00	0.00	0.29	0.00	0.00	0.00	0.10	0.08	0.00	0.05
广　西	0.00	0.00	0.00	0.00	0.00	0.00	0.00	0.00	0.00	0.17	0.04
贵　州	0.00	0.00	0.00	0.00	0.00	0.00	0.00	0.10	0.08	0.08	0.04
吉　林	0.00	0.00	0.00	0.00	0.00	0.00	0.00	0.00	0.00	0.08	0.04
新　疆	0.00	0.00	0.00	0.00	0.00	0.00	0.00	0.00	0.08	0.17	0.04
海　南	0.00	0.00	0.00	0.00	0.00	0.00	0.00	0.10	0.00	0.08	0.02
山　西	0.00	0.00	0.00	0.00	0.00	0.00	0.00	0.00	0.00	0.08	0.02
西　藏	0.00	0.00	0.00	0.15	0.00	0.00	0.00	0.00	0.08	0.00	0.02

表 9-111　公共卫生、环境卫生和职业卫生 C 层人才的世界占比

单位：%

省　份	2013 年	2014 年	2015 年	2016 年	2017 年	2018 年	2019 年	2020 年	2021 年	2022 年	合计
北　京	0.97	0.89	1.14	1.12	1.43	1.50	2.09	1.96	1.83	2.76	1.69
广　东	0.16	0.30	0.33	0.59	0.54	0.73	1.13	1.08	1.19	1.48	0.86
江　苏	0.30	0.17	0.25	0.38	0.44	0.48	0.99	1.08	1.01	1.60	0.77
上　海	0.55	0.51	0.60	0.46	0.61	0.65	0.84	0.80	0.86	1.22	0.76
湖　北	0.18	0.11	0.32	0.43	0.41	0.49	0.87	1.11	0.87	1.24	0.69
浙　江	0.12	0.21	0.10	0.25	0.19	0.31	0.48	0.65	0.58	1.36	0.50
山　东	0.26	0.17	0.08	0.20	0.26	0.19	0.36	0.45	0.51	0.89	0.38

省　份	2013 年	2014 年	2015 年	2016 年	2017 年	2018 年	2019 年	2020 年	2021 年	2022 年	合计
四　川	0.04	0.06	0.06	0.21	0.17	0.43	0.45	0.51	0.44	0.79	0.37
湖　南	0.14	0.10	0.19	0.26	0.28	0.25	0.34	0.53	0.41	0.66	0.35
河　南	0.02	0.02	0.03	0.05	0.16	0.08	0.19	0.38	0.40	0.59	0.24
安　徽	0.04	0.10	0.05	0.03	0.12	0.17	0.34	0.29	0.24	0.44	0.21
陕　西	0.08	0.04	0.03	0.02	0.07	0.09	0.29	0.37	0.27	0.46	0.21
辽　宁	0.08	0.08	0.17	0.08	0.13	0.13	0.11	0.19	0.28	0.43	0.19
黑龙江	0.06	0.11	0.03	0.08	0.12	0.13	0.23	0.25	0.19	0.44	0.19
天　津	0.10	0.08	0.02	0.02	0.10	0.12	0.21	0.21	0.28	0.41	0.19
重　庆	0.12	0.06	0.10	0.03	0.04	0.15	0.23	0.24	0.16	0.47	0.18
福　建	0.06	0.06	0.06	0.03	0.06	0.08	0.11	0.24	0.24	0.45	0.17
吉　林	0.00	0.02	0.00	0.05	0.09	0.07	0.04	0.11	0.18	0.31	0.11
甘　肃	0.04	0.04	0.06	0.03	0.03	0.09	0.10	0.12	0.15	0.22	0.10
广　西	0.02	0.02	0.02	0.05	0.07	0.05	0.06	0.10	0.12	0.25	0.09
江　西	0.02	0.04	0.02	0.03	0.04	0.07	0.11	0.10	0.12	0.21	0.09
河　北	0.00	0.02	0.05	0.00	0.00	0.04	0.12	0.13	0.03	0.17	0.07
云　南	0.04	0.00	0.06	0.00	0.04	0.09	0.05	0.08	0.10	0.14	0.07
贵　州	0.02	0.00	0.02	0.02	0.04	0.08	0.05	0.09	0.09	0.13	0.06
山　西	0.06	0.02	0.00	0.02	0.02	0.01	0.06	0.07	0.04	0.18	0.05
新　疆	0.04	0.00	0.06	0.02	0.01	0.04	0.04	0.08	0.07	0.11	0.05
海　南	0.02	0.00	0.00	0.03	0.01	0.04	0.06	0.05	0.07	0.15	0.05
内蒙古	0.02	0.00	0.00	0.03	0.04	0.03	0.00	0.02	0.03	0.11	0.03
宁　夏	0.00	0.04	0.00	0.00	0.03	0.03	0.00	0.05	0.07	0.03	0.03
青　海	0.02	0.00	0.02	0.00	0.01	0.01	0.01	0.01	0.02	0.03	0.01
西　藏	0.00	0.00	0.00	0.00	0.00	0.00	0.00	0.02	0.03	0.01	0.01

三十九　热带医学

热带医学 A 层人才最多的是广东，世界占比为 3.37%；北京 A 层人才以 2.25% 的世界占比排名第二；福建、黑龙江、江苏、四川有相当数量的 A 层人才，世界占比均为 1.12%。

B 层人才最多的是广东，世界占比为 0.70%；北京、上海、福建、甘肃、河南、吉林、江苏、辽宁、山东、新疆也有一定数量的 B 层人才，世界占比均超过 0.1%；广西、海南、河北、黑龙江、湖北、湖南、陕西、四川、云南、浙江 B 层人才的世界占比均为 0.09%。

C 层人才最多的是北京，世界占比为 0.88%；上海、广东、江苏、河南、湖北、山东、云南、浙江、甘肃、湖南、吉林、广西、安徽、黑龙江、四川、海南也有一定数量的 C 层人才，世界占比均超过 0.1%；陕西、新疆、辽宁、重庆、福建、青海、贵州、河北、天津、西藏、江西、山西、宁夏、内蒙古 C 层人才的世界占比均低于 0.1%。

表 9-112　热带医学 A 层人才的世界占比

单位：%

省　份	2013 年	2014 年	2015 年	2016 年	2017 年	2018 年	2019 年	2020 年	2021 年	2022 年	合计
广　东	0.00	0.00	0.00	0.00	0.00	0.00	0.00	28.57	7.69	0.00	3.37
北　京	0.00	0.00	0.00	0.00	0.00	0.00	0.00	14.29	7.69	0.00	2.25
福　建	0.00	0.00	0.00	0.00	0.00	0.00	0.00	14.29	0.00	0.00	1.12
黑龙江	0.00	0.00	0.00	0.00	0.00	0.00	0.00	14.29	0.00	0.00	1.12
江　苏	0.00	0.00	0.00	0.00	0.00	0.00	0.00	14.29	0.00	0.00	1.12
四　川	0.00	0.00	0.00	0.00	0.00	0.00	0.00	14.29	0.00	0.00	1.12

表 9-113　热带医学 B 层人才的世界占比

单位：%

省　份	2013 年	2014 年	2015 年	2016 年	2017 年	2018 年	2019 年	2020 年	2021 年	2022 年	合计
广　东	0.00	1.49	0.00	0.00	1.12	0.00	0.75	2.97	0.00	1.18	0.70
北　京	0.00	0.00	0.00	1.09	0.00	0.00	1.49	2.97	0.00	0.00	0.53
上　海	0.00	0.00	0.71	0.00	0.83	0.00	1.98	0.00	1.18	0.44
福　建	0.00	0.00	0.00	0.00	0.00	0.00	0.00	0.99	0.78	1.18	0.26
甘　肃	0.00	0.00	0.71	0.00	0.00	1.65	0.00	0.00	0.00	0.00	0.26
河　南	0.00	0.00	0.00	0.00	0.00	0.83	0.00	0.99	0.78	0.00	0.26
吉　林	0.00	0.00	0.71	0.00	0.00	1.65	0.00	0.00	0.00	0.00	0.26
江　苏	0.00	0.00	0.71	0.00	0.00	0.00	0.00	0.99	0.00	0.00	0.18
辽　宁	0.00	0.00	0.00	0.00	0.00	0.00	0.00	1.98	0.00	0.00	0.18
山　东	0.00	0.00	0.00	0.00	0.00	0.00	0.75	0.99	0.00	0.00	0.18
新　疆	0.00	0.00	0.71	0.00	0.00	0.00	0.00	0.99	0.00	0.00	0.18

续表

省　份	2013 年	2014 年	2015 年	2016 年	2017 年	2018 年	2019 年	2020 年	2021 年	2022 年	合计
广　西	0.00	0.00	0.00	0.00	0.56	0.00	0.00	0.00	0.00	0.00	0.09
海　南	0.00	0.00	0.00	0.00	0.00	0.00	0.00	0.99	0.00	0.00	0.09
河　北	0.00	0.00	0.71	0.00	0.00	0.00	0.00	0.00	0.00	0.00	0.09
黑龙江	0.00	0.00	0.00	0.00	0.00	0.83	0.00	0.00	0.00	0.00	0.09
湖　北	0.00	0.00	0.00	0.00	0.00	0.00	0.00	0.99	0.00	0.00	0.09
湖　南	0.00	0.00	0.00	0.00	0.00	0.83	0.00	0.00	0.00	0.00	0.09
陕　西	0.00	0.00	0.00	0.00	0.00	0.00	0.00	0.99	0.00	0.00	0.09
四　川	0.00	0.00	0.00	0.00	0.00	0.00	0.00	0.99	0.00	0.00	0.09
云　南	0.00	0.00	0.00	0.00	0.00	0.00	0.00	0.99	0.00	0.00	0.09
浙　江	0.00	0.00	0.00	0.00	0.00	0.83	0.00	0.00	0.00	0.00	0.09

表 9-114　热带医学 C 层人才的世界占比

单位：%

省　份	2013 年	2014 年	2015 年	2016 年	2017 年	2018 年	2019 年	2020 年	2021 年	2022 年	合计
北　京	0.53	0.52	0.91	1.14	0.35	0.81	0.86	1.28	1.08	1.92	0.88
上　海	0.66	1.31	0.68	0.57	0.35	0.97	0.86	0.85	0.93	1.92	0.84
广　东	0.40	0.39	0.23	0.68	0.29	0.89	1.17	1.49	1.31	0.88	0.76
江　苏	0.26	0.66	0.45	0.57	0.46	0.16	0.31	0.43	0.62	0.74	0.45
河　南	0.00	0.39	0.68	0.23	0.12	0.40	0.39	0.64	0.39	0.59	0.38
湖　北	0.00	0.00	0.08	0.23	0.17	0.32	0.31	0.64	0.31	0.44	0.25
山　东	0.26	0.00	0.30	0.11	0.12	0.08	0.08	0.21	0.39	0.74	0.21
云　南	0.13	0.00	0.23	0.11	0.06	0.16	0.23	0.32	0.31	0.44	0.19
浙　江	0.00	0.26	0.15	0.46	0.00	0.00	0.23	0.53	0.31	0.15	0.19
甘　肃	0.00	0.26	0.08	0.23	0.06	0.00	0.16	0.21	0.39	0.44	0.17
湖　南	0.00	0.13	0.15	0.11	0.06	0.08	0.08	0.64	0.00	0.74	0.17
吉　林	0.00	0.26	0.00	0.23	0.06	0.00	0.00	0.64	0.23	0.29	0.16
广　西	0.00	0.00	0.00	0.11	0.06	0.08	0.16	0.32	0.23	0.74	0.15
安　徽	0.13	0.26	0.08	0.11	0.06	0.08	0.23	0.21	0.23	0.00	0.14
黑龙江	0.00	0.00	0.00	0.11	0.00	0.16	0.23	0.43	0.31	0.15	0.14
四　川	0.13	0.13	0.00	0.11	0.12	0.00	0.16	0.43	0.08	0.15	0.13
海　南	0.00	0.00	0.08	0.23	0.06	0.00	0.16	0.21	0.15	0.29	0.12
陕　西	0.00	0.00	0.00	0.00	0.12	0.16	0.08	0.21	0.00	0.29	0.08
新　疆	0.00	0.00	0.15	0.00	0.06	0.00	0.08	0.00	0.00	0.59	0.08
辽　宁	0.00	0.00	0.15	0.11	0.00	0.00	0.08	0.21	0.00	0.00	0.07

续表

省　份	2013 年	2014 年	2015 年	2016 年	2017 年	2018 年	2019 年	2020 年	2021 年	2022 年	合计
重　庆	0.00	0.00	0.00	0.00	0.06	0.08	0.16	0.00	0.15	0.15	0.06
福　建	0.00	0.00	0.08	0.00	0.06	0.00	0.08	0.21	0.00	0.29	0.06
青　海	0.13	0.00	0.08	0.11	0.00	0.00	0.16	0.00	0.08	0.00	0.06
贵　州	0.13	0.00	0.08	0.00	0.00	0.08	0.00	0.00	0.00	0.15	0.04
河　北	0.00	0.00	0.08	0.00	0.00	0.00	0.16	0.00	0.00	0.15	0.04
天　津	0.00	0.00	0.08	0.00	0.06	0.00	0.00	0.00	0.00	0.15	0.04
西　藏	0.00	0.00	0.00	0.00	0.06	0.00	0.08	0.00	0.00	0.00	0.04
江　西	0.00	0.00	0.00	0.00	0.00	0.00	0.00	0.21	0.00	0.00	0.03
山　西	0.00	0.00	0.15	0.11	0.00	0.00	0.00	0.00	0.00	0.00	0.03
宁　夏	0.00	0.00	0.00	0.11	0.00	0.00	0.00	0.00	0.00	0.00	0.02
内蒙古	0.00	0.00	0.08	0.00	0.00	0.00	0.00	0.00	0.00	0.00	0.01

四十　药理学和药剂学

药理学和药剂学 A 层人才最多的是北京，世界占比为 1.73%；广东、江苏 A 层人才的世界占比均为 1.50%，并列排名第二；其后是上海，A 层人才的世界占比为 1.27%；湖北、浙江、安徽、重庆、吉林、辽宁、四川、海南、河北、江西、陕西、天津、广西、黑龙江、河南、湖南、山东也有一定数量的 A 层人才，世界占比均超过 0.1%。

B 层人才最多的是北京，世界占比为 2.03%；上海、江苏、广东、四川、浙江有相当数量的 B 层人才，世界占比在 2%~1%；山东、辽宁、湖北、天津、湖南、安徽、吉林、重庆、河南、河北、陕西、黑龙江、福建、广西、江西、甘肃、云南也有一定数量的 B 层人才，世界占比均超过 0.1%；山西、新疆、贵州、海南、内蒙古、宁夏、青海、西藏 B 层人才的世界占比均低于 0.1%。

C 层人才最多的是北京和江苏，世界占比均为 2.35%；其后是广东、上海，C 层人才的世界占比分别为 2.16%、2.07%；浙江、山东、四川、湖北有相当数量的 C 层人才，世界占比在 2%~1%；辽宁、河南、湖南、吉林、天津、陕西、安徽、重庆、黑龙江、福建、江西、河北、云南、广西、贵州、山西、甘肃、新疆、海南也有一定数量的 C 层人才，世界占比大于或等于 0.1%；内蒙古、宁夏、青海、西藏 C 层人才的世界占比均低于 0.1%。

表 9-115　药理学和药剂学 A 层人才的世界占比

单位：%

省　份	2013 年	2014 年	2015 年	2016 年	2017 年	2018 年	2019 年	2020 年	2021 年	2022 年	合计
北　京	1.41	1.41	0.00	0.00	0.00	2.35	2.04	4.76	2.86	1.04	1.73
广　东	0.00	0.00	0.00	0.00	1.22	2.35	2.04	3.81	1.90	2.08	1.50
江　苏	0.00	1.41	0.00	2.56	0.00	3.53	1.02	1.90	0.00	4.17	1.50
上　海	1.41	0.00	0.00	0.00	2.44	0.00	2.04	0.00	1.90	4.17	1.27
湖　北	1.41	0.00	0.00	0.00	0.00	0.00	2.04	2.86	0.95	1.04	0.92
浙　江	0.00	0.00	0.00	0.00	0.00	1.18	1.02	1.90	0.95	0.00	0.58
安　徽	0.00	0.00	0.00	0.00	0.00	0.00	0.00	1.90	1.90	0.00	0.46
重　庆	1.41	0.00	0.00	0.00	0.00	0.00	1.02	0.00	0.95	0.00	0.35
吉　林	0.00	1.41	0.00	0.00	0.00	1.18	0.00	0.00	0.00	1.04	0.35
辽　宁	0.00	0.00	0.00	0.00	0.00	1.18	1.02	0.95	0.00	0.00	0.35
四　川	0.00	0.00	1.33	0.00	0.00	0.00	1.02	0.00	0.95	0.00	0.35
海　南	0.00	0.00	0.00	0.00	1.22	0.00	0.00	0.95	0.00	0.00	0.23
河　北	0.00	0.00	0.00	0.00	0.00	0.00	0.00	0.95	0.95	0.00	0.23
江　西	0.00	0.00	0.00	0.00	0.00	0.00	0.00	0.95	0.95	0.00	0.23
陕　西	0.00	0.00	0.00	0.00	0.00	1.18	0.00	0.00	0.00	0.00	0.23
天　津	0.00	0.00	0.00	0.00	0.00	0.00	0.00	0.00	1.90	0.00	0.23
广　西	0.00	0.00	0.00	0.00	0.00	0.00	0.00	0.95	0.00	0.00	0.12
黑龙江	0.00	0.00	0.00	0.00	0.00	0.00	0.00	0.00	0.00	0.00	0.12
河　南	0.00	0.00	0.00	0.00	0.00	0.00	1.02	0.00	0.00	0.00	0.12
湖　南	0.00	0.00	0.00	0.00	0.00	0.00	0.00	0.95	0.00	0.00	0.12
山　东	0.00	0.00	0.00	0.00	0.00	0.00	0.00	0.95	0.00	0.00	0.12

表 9-116　药理学和药剂学 B 层人才的世界占比

单位：%

省　份	2013 年	2014 年	2015 年	2016 年	2017 年	2018 年	2019 年	2020 年	2021 年	2022 年	合计
北　京	0.94	0.94	1.95	2.13	1.80	1.43	1.95	3.23	2.56	2.49	2.03
上　海	0.47	1.10	1.05	1.00	1.11	1.95	2.18	1.29	2.07	2.60	1.56
江　苏	0.78	0.63	0.75	0.57	0.97	1.17	2.53	2.37	1.68	1.73	1.41

续表

省　份	2013 年	2014 年	2015 年	2016 年	2017 年	2018 年	2019 年	2020 年	2021 年	2022 年	合计
广　东	0.63	0.47	0.30	1.00	0.83	1.17	1.26	2.26	1.78	1.63	1.22
四　川	0.00	0.31	0.15	0.71	0.41	1.30	1.26	1.94	1.68	1.84	1.07
浙　江	0.31	0.31	0.60	0.43	0.97	0.91	1.38	1.40	1.38	2.06	1.05
山　东	0.47	0.47	0.30	0.28	0.28	1.69	0.92	0.54	1.18	1.30	0.79
辽　宁	0.63	0.31	0.15	0.28	0.41	0.52	1.03	1.08	0.49	0.54	0.57
湖　北	0.31	0.00	0.00	0.14	0.28	0.52	0.46	1.40	0.39	1.41	0.55
天　津	0.16	0.16	0.15	0.00	0.28	0.52	0.11	0.75	0.69	0.87	0.41
湖　南	0.00	0.16	0.45	0.00	0.00	0.26	0.57	0.97	0.49	0.65	0.39
安　徽	0.00	0.16	0.15	0.14	0.28	0.13	0.23	0.54	0.79	0.76	0.36
吉　林	0.31	0.16	0.30	0.28	0.28	0.26	0.23	0.54	0.39	0.33	0.32
重　庆	0.31	0.47	0.15	0.00	0.41	0.39	0.11	0.11	0.39	0.54	0.29
河　南	0.00	0.00	0.15	0.00	0.14	0.39	0.46	0.43	0.49	0.54	0.29
河　北	0.00	0.00	0.00	0.00	0.14	0.52	0.23	0.54	0.20	0.33	0.22
陕　西	0.47	0.16	0.30	0.28	0.14	0.26	0.34	0.11	0.20	0.00	0.22
黑龙江	0.00	0.00	0.00	0.00	0.41	0.26	0.34	0.54	0.20	0.11	0.20
福　建	0.16	0.31	0.00	0.00	0.28	0.13	0.34	0.43	0.20	0.00	0.19
广　西	0.16	0.00	0.00	0.14	0.14	0.00	0.23	0.32	0.69	0.00	0.19
江　西	0.00	0.00	0.15	0.43	0.28	0.00	0.11	0.00	0.49	0.11	0.17
甘　肃	0.00	0.16	0.15	0.00	0.14	0.26	0.11	0.43	0.20	0.00	0.15
云　南	0.00	0.00	0.00	0.14	0.00	0.13	0.11	0.11	0.30	0.22	0.11
山　西	0.00	0.00	0.30	0.00	0.00	0.00	0.00	0.32	0.00	0.11	0.08
新　疆	0.00	0.00	0.00	0.00	0.14	0.00	0.11	0.32	0.00	0.00	0.06
贵　州	0.00	0.00	0.00	0.14	0.00	0.00	0.11	0.11	0.00	0.11	0.05
海　南	0.00	0.16	0.00	0.00	0.00	0.00	0.23	0.00	0.10	0.00	0.05
内蒙古	0.00	0.00	0.00	0.14	0.00	0.26	0.00	0.11	0.00	0.00	0.05
宁　夏	0.00	0.00	0.00	0.14	0.00	0.00	0.11	0.11	0.10	0.00	0.05
青　海	0.00	0.00	0.30	0.00	0.00	0.13	0.00	0.00	0.10	0.00	0.03
西　藏	0.00	0.00	0.00	0.00	0.00	0.00	0.00	0.11	0.00	0.00	0.01

表 9-117　药理学和药剂学 C 层人才的世界占比

单位：%

省　份	2013 年	2014 年	2015 年	2016 年	2017 年	2018 年	2019 年	2020 年	2021 年	2022 年	合计
北　京	1.69	1.71	1.88	1.86	2.18	2.26	2.46	2.91	3.01	2.88	2.35
江　苏	1.39	1.63	2.03	1.98	2.40	2.81	3.01	2.45	2.71	2.48	2.35
广　东	1.03	1.11	1.05	1.17	1.86	2.10	2.78	3.16	3.09	3.02	2.16
上　海	1.82	1.79	1.62	1.69	1.81	2.07	2.32	2.39	2.45	2.29	2.07
浙　江	0.78	0.83	1.18	0.92	1.33	1.47	1.75	1.80	1.94	2.39	1.51
山　东	0.69	0.80	0.76	1.14	1.19	1.33	1.82	1.42	1.42	1.45	1.25
四　川	0.47	0.47	0.62	0.75	0.66	0.78	1.22	1.60	1.90	2.44	1.18
湖　北	0.41	0.41	0.61	0.64	0.97	1.10	1.30	1.41	1.31	1.44	1.01
辽　宁	0.45	0.77	0.67	0.85	0.95	1.02	1.13	1.06	0.88	0.97	0.90
河　南	0.16	0.22	0.33	0.40	0.68	0.73	1.13	0.93	0.88	0.80	0.67
湖　南	0.23	0.22	0.26	0.36	0.44	0.69	0.80	0.81	0.74	0.86	0.58
吉　林	0.31	0.36	0.36	0.35	0.54	0.65	0.74	0.84	0.65	0.56	0.56
天　津	0.42	0.34	0.42	0.53	0.41	0.41	0.51	0.70	0.73	0.63	0.53
陕　西	0.42	0.45	0.36	0.51	0.43	0.74	0.70	0.66	0.41	0.45	0.52
安　徽	0.16	0.36	0.50	0.29	0.35	0.57	0.42	0.79	0.68	0.82	0.52
重　庆	0.38	0.36	0.41	0.32	0.40	0.50	0.44	0.60	0.44	0.58	0.45
黑龙江	0.23	0.34	0.26	0.33	0.32	0.41	0.38	0.57	0.32	0.49	0.38
福　建	0.17	0.23	0.26	0.25	0.40	0.35	0.32	0.37	0.40	0.52	0.34
江　西	0.11	0.09	0.23	0.14	0.19	0.23	0.33	0.41	0.47	0.52	0.29
河　北	0.11	0.09	0.09	0.19	0.21	0.28	0.29	0.41	0.32	0.39	0.25
云　南	0.11	0.17	0.17	0.17	0.32	0.27	0.22	0.24	0.28	0.30	0.23
广　西	0.17	0.09	0.11	0.16	0.18	0.17	0.36	0.32	0.28	0.21	0.22
贵　州	0.03	0.08	0.21	0.13	0.08	0.20	0.28	0.31	0.18	0.36	0.20
山　西	0.02	0.09	0.17	0.09	0.15	0.11	0.15	0.17	0.24	0.16	0.14
甘　肃	0.06	0.05	0.14	0.06	0.07	0.09	0.16	0.18	0.16	0.22	0.13
新　疆	0.03	0.03	0.05	0.09	0.18	0.08	0.07	0.14	0.17	0.09	0.11
海　南	0.08	0.03	0.06	0.09	0.08	0.15	0.06	0.06	0.13	0.22	0.10
内蒙古	0.06	0.03	0.06	0.04	0.07	0.08	0.07	0.10	0.11	0.16	0.08
宁　夏	0.02	0.02	0.12	0.04	0.04	0.04	0.09	0.12	0.11	0.08	0.07
青　海	0.02	0.00	0.03	0.01	0.01	0.05	0.05	0.07	0.02	0.07	0.04
西　藏	0.00	0.00	0.02	0.00	0.00	0.00	0.01	0.03	0.00	0.06	0.01

四十一 医用化学

医用化学 A 层人才最多的是上海,世界占比为 3.02%;湖北、江苏 A 层人才的世界占比均为 1.72%,并列排名第二;其后是天津,A 层人才的世界占比为 1.29%;北京、广东、安徽、海南、河北、河南、江西、吉林、山西、新疆、浙江也有一定数量的 A 层人才,世界占比均超过 0.4%。

B 层人才最多的是北京,世界占比为 3.01%;江苏 B 层人才以 2.01% 的世界占比排名第二;上海、广东、山东、浙江、四川、湖北有相当数量的 B 层人才,世界占比在 2%~1%;河南、陕西、辽宁、重庆、天津、湖南、贵州、广西、甘肃、云南、黑龙江、吉林、内蒙古、安徽、福建、海南、河北、江西、山西也有一定数量的 B 层人才,世界占比均超过 0.1%;宁夏、西藏 B 层人才的世界占比均低于 0.1%。

C 层人才最多的是北京,世界占比为 2.89%;其后是江苏、广东、上海,C 层人才的世界占比分别为 2.82%、2.58%、2.57%;山东、浙江、四川有相当数量的 C 层人才,世界占比在 2%~1%;湖北、辽宁、天津、河南、重庆、湖南、陕西、吉林、云南、安徽、广西、贵州、福建、江西、黑龙江、甘肃、新疆、河北、海南、山西、宁夏也有一定数量的 C 层人才,世界占比大于或等于 0.1%;内蒙古、青海、西藏 C 层人才的世界占比均低于 0.1%。

表 9-118 医用化学 A 层人才的世界占比

单位:%

省　份	2013 年	2014 年	2015 年	2016 年	2017 年	2018 年	2019 年	2020 年	2021 年	2022 年	合计
上　海	4.76	0.00	0.00	4.76	0.00	0.00	3.70	8.33	7.14	0.00	3.02
湖　北	0.00	0.00	4.55	0.00	4.55	0.00	0.00	4.17	3.57	0.00	1.72
江　苏	0.00	0.00	0.00	4.76	0.00	0.00	3.70	0.00	3.57	3.57	1.72
天　津	0.00	0.00	4.55	4.76	0.00	0.00	0.00	0.00	3.57	0.00	1.29
北　京	0.00	0.00	0.00	0.00	0.00	0.00	0.00	0.00	7.14	0.00	0.86
广　东	0.00	0.00	0.00	0.00	0.00	0.00	0.00	0.00	3.57	3.57	0.86
安　徽	0.00	0.00	0.00	0.00	0.00	0.00	0.00	0.00	3.57	0.00	0.43
海　南	0.00	0.00	0.00	0.00	0.00	0.00	0.00	0.00	0.00	3.57	0.43

续表

省 份	2013 年	2014 年	2015 年	2016 年	2017 年	2018 年	2019 年	2020 年	2021 年	2022 年	合计
河 北	0.00	0.00	0.00	0.00	0.00	0.00	0.00	0.00	3.57	0.00	0.43
河 南	0.00	0.00	4.55	0.00	0.00	0.00	0.00	0.00	0.00	0.00	0.43
江 西	0.00	0.00	0.00	0.00	0.00	0.00	0.00	0.00	3.57	0.00	0.43
吉 林	0.00	0.00	0.00	0.00	0.00	0.00	0.00	0.00	0.00	3.57	0.43
山 西	0.00	0.00	4.55	0.00	0.00	0.00	0.00	0.00	0.00	0.00	0.43
新 疆	0.00	0.00	0.00	0.00	0.00	0.00	3.70	0.00	0.00	0.00	0.43
浙 江	0.00	0.00	0.00	0.00	0.00	0.00	0.00	0.00	3.57	0.00	0.43

表 9-119　医用化学 B 层人才的世界占比

单位：%

省 份	2013 年	2014 年	2015 年	2016 年	2017 年	2018 年	2019 年	2020 年	2021 年	2022 年	合计
北 京	1.06	2.06	4.41	3.55	2.48	3.24	4.63	2.02	3.19	2.99	3.01
江 苏	1.59	2.06	0.98	0.00	2.48	1.85	3.47	2.42	0.80	3.85	2.01
上 海	1.06	2.58	0.49	0.51	1.49	2.31	3.09	1.21	2.79	3.42	1.96
广 东	1.59	2.06	2.45	1.52	2.48	0.93	1.16	2.02	2.39	2.14	1.87
山 东	1.59	0.52	0.98	0.51	0.50	1.85	3.47	1.61	2.39	2.14	1.64
浙 江	0.53	0.00	1.96	0.51	0.00	1.85	2.70	0.40	2.79	1.71	1.32
四 川	0.53	0.52	0.98	0.51	1.49	0.46	1.16	0.81	1.99	2.99	1.19
湖 北	0.00	0.00	0.00	0.51	2.97	1.39	1.93	0.81	1.20	0.85	1.00
河 南	1.06	0.00	0.49	0.00	0.00	0.00	0.77	0.81	2.39	1.71	0.77
陕 西	1.59	0.52	0.49	0.00	0.50	0.46	0.00	1.61	1.20	0.00	0.64
辽 宁	1.06	0.52	0.00	1.02	0.00	0.00	1.16	0.00	0.80	1.28	0.59
重 庆	1.06	1.03	0.49	0.00	0.00	0.93	0.00	0.00	0.00	1.71	0.50
天 津	0.53	0.52	0.00	0.00	0.00	0.46	0.39	0.81	0.40	1.28	0.46
湖 南	0.00	0.52	1.47	0.00	0.99	0.00	0.77	0.40	0.00	0.00	0.41
贵 州	0.00	0.52	0.49	0.00	0.00	0.00	0.77	0.40	0.40	0.85	0.36
广 西	0.00	0.00	0.49	0.00	0.00	0.00	1.16	0.00	0.40	0.85	0.32
甘 肃	0.00	0.52	0.49	0.00	0.00	0.00	0.93	0.39	0.40	0.00	0.27
云 南	0.53	0.00	0.98	0.00	0.99	0.00	0.39	0.00	0.00	0.00	0.27
黑龙江	1.06	0.00	0.00	0.00	0.00	0.46	0.39	0.00	0.00	0.43	0.23
吉 林	0.00	0.52	0.00	0.00	0.00	0.00	0.00	0.40	0.80	0.43	0.23
内蒙古	0.00	0.00	0.49	0.51	0.00	0.46	0.00	0.40	0.00	0.00	0.18

续表

省　份	2013 年	2014 年	2015 年	2016 年	2017 年	2018 年	2019 年	2020 年	2021 年	2022 年	合计
安　徽	0.00	0.00	0.00	0.00	0.50	0.00	0.00	0.00	0.40	0.43	0.14
福　建	0.00	0.00	0.00	0.00	0.00	0.00	0.39	0.81	0.00	0.00	0.14
海　南	0.00	0.52	0.00	0.00	0.00	0.00	0.00	0.00	0.40	0.43	0.14
河　北	0.53	0.00	0.00	0.00	0.50	0.00	0.00	0.00	0.00	0.43	0.14
江　西	0.00	0.00	0.49	0.00	0.00	0.00	0.00	0.00	0.00	0.43	0.14
山　西	0.00	0.00	0.49	0.00	0.00	0.00	0.39	0.40	0.00	0.00	0.14
宁　夏	0.00	0.00	0.49	0.00	0.00	0.00	0.00	0.00	0.40	0.00	0.09
西　藏	0.00	0.00	0.00	0.00	0.00	0.00	0.39	0.00	0.00	0.00	0.05

表 9-120　医用化学 C 层人才的世界占比

单位：%

省　份	2013 年	2014 年	2015 年	2016 年	2017 年	2018 年	2019 年	2020 年	2021 年	2022 年	合计
北　京	2.26	2.36	2.50	2.09	3.39	3.51	2.91	3.13	3.68	2.72	2.89
江　苏	2.42	1.90	2.50	2.80	1.79	2.86	3.38	2.92	3.72	3.36	2.82
广　东	2.04	2.00	1.95	1.78	2.39	2.72	2.99	2.67	3.19	3.52	2.58
上　海	2.20	2.36	2.35	2.19	2.74	2.90	2.99	2.29	2.54	2.96	2.57
山　东	1.07	1.28	1.05	1.02	1.64	1.97	2.16	2.12	1.45	1.92	1.61
浙　江	0.81	1.08	1.00	1.12	1.10	1.59	2.04	1.48	2.14	2.52	1.55
四　川	0.54	0.46	0.55	0.51	1.05	1.17	1.45	2.07	2.02	2.88	1.35
湖　北	0.70	0.46	0.45	0.61	1.25	1.08	1.18	1.06	1.53	1.16	0.98
辽　宁	0.64	0.92	0.70	1.02	0.80	1.03	0.90	0.68	0.89	0.80	0.84
天　津	0.70	0.82	0.75	0.76	0.85	0.89	0.71	0.55	0.73	0.72	0.74
河　南	0.27	0.15	0.35	0.46	0.80	0.80	1.22	0.47	1.13	1.04	0.70
重　庆	0.43	0.26	0.95	0.87	0.35	0.51	0.55	0.55	0.65	0.64	0.58
湖　南	0.32	0.57	0.30	0.51	0.60	0.80	0.59	0.72	0.53	0.58	0.58
陕　西	0.48	0.51	0.50	0.66	0.20	0.89	0.55	0.51	0.69	0.36	0.54
吉　林	0.38	0.41	0.40	0.46	0.25	0.51	0.43	0.55	0.85	0.52	0.49
云　南	0.43	0.67	0.35	0.51	0.40	0.51	0.63	0.38	0.40	0.48	0.48
安　徽	0.11	0.31	0.30	0.10	0.10	0.33	0.47	0.34	0.61	0.80	0.37
广　西	0.43	0.21	0.45	0.25	0.25	0.66	0.39	0.30	0.28	0.44	0.37
贵　州	0.16	0.41	0.50	0.20	0.20	0.37	0.35	0.59	0.20	0.44	0.35
福　建	0.32	0.36	0.35	0.36	0.25	0.47	0.31	0.25	0.20	0.56	0.34

续表

省　份	2013 年	2014 年	2015 年	2016 年	2017 年	2018 年	2019 年	2020 年	2021 年	2022 年	合计
江　西	0.27	0.26	0.45	0.10	0.35	0.23	0.35	0.13	0.36	0.64	0.32
黑龙江	0.21	0.15	0.30	0.05	0.20	0.23	0.59	0.51	0.12	0.40	0.29
甘　肃	0.11	0.31	0.30	0.05	0.10	0.23	0.12	0.34	0.36	0.28	0.22
新　疆	0.16	0.15	0.15	0.00	0.35	0.05	0.24	0.17	0.24	0.12	0.17
河　北	0.11	0.15	0.10	0.05	0.10	0.14	0.24	0.17	0.16	0.32	0.16
海　南	0.11	0.10	0.10	0.25	0.10	0.19	0.16	0.04	0.12	0.36	0.16
山　西	0.00	0.15	0.10	0.00	0.10	0.19	0.08	0.17	0.20	0.04	0.11
宁　夏	0.00	0.05	0.35	0.00	0.00	0.09	0.16	0.13	0.12	0.04	0.10
内蒙古	0.00	0.05	0.10	0.05	0.00	0.09	0.00	0.13	0.04	0.16	0.06
青　海	0.05	0.00	0.00	0.00	0.00	0.14	0.00	0.13	0.04	0.00	0.04
西　藏	0.00	0.00	0.05	0.00	0.00	0.00	0.00	0.00	0.04	0.12	0.02

四十二　毒理学

毒理学 A 层人才最多的是北京、广东、江苏，世界占比均为 2.00%，并列排名第一；湖北、陕西、浙江、上海有相当数量的 A 层人才，世界占比大于或等于 1%；甘肃、黑龙江、湖南、辽宁、四川、天津、西藏也有一定数量的 A 层人才，世界占比均为 0.50%。

B 层人才最多的是北京，世界占比为 2.87%；江苏、湖北、浙江、广东、黑龙江有相当数量的 B 层人才，世界占比在 2%~1%；山东、上海、陕西、河南、四川、辽宁、安徽、福建、湖南、江西、天津、甘肃、贵州、吉林、重庆、新疆、云南、海南、内蒙古也有一定数量的 B 层人才，世界占比大于或等于 0.1%；河北、山西 B 层人才的世界占比均为 0.05%。

C 层人才最多的是北京，世界占比为 3.04%；江苏、广东 C 层人才的世界占比分别为 2.80%、2.11%，分列第二、第三位；湖北、浙江、上海、山东有相当数量的 C 层人才，世界占比在 2%~1%；辽宁、湖南、陕西、黑龙江、四川、安徽、河南、天津、重庆、吉林、福建、江西、贵州、广西、山西、河北、甘肃、云南、新疆、海南也有一定数量的 C 层人才，世界占比均超过 0.1%；内蒙古、宁夏、青海、西藏 C 层人才的世界占比均低于 0.1%。

表 9-121 毒理学 A 层人才的世界占比

单位：%

省 份	2013 年	2014 年	2015 年	2016 年	2017 年	2018 年	2019 年	2020 年	2021 年	2022 年	合计
北 京	0.00	0.00	0.00	9.52	0.00	0.00	3.85	0.00	4.17	0.00	2.00
广 东	0.00	0.00	0.00	14.29	0.00	0.00	0.00	0.00	4.17	0.00	2.00
江 苏	0.00	0.00	0.00	4.76	0.00	0.00	0.00	4.00	4.17	5.00	2.00
湖 北	0.00	0.00	0.00	0.00	0.00	0.00	3.85	4.00	4.17	0.00	1.50
陕 西	0.00	0.00	0.00	4.76	0.00	4.35	0.00	0.00	4.17	0.00	1.50
浙 江	11.11	0.00	0.00	0.00	0.00	4.35	0.00	0.00	0.00	5.00	1.50
上 海	0.00	5.26	0.00	0.00	0.00	4.35	0.00	0.00	0.00	0.00	1.00
甘 肃	0.00	0.00	0.00	0.00	0.00	0.00	0.00	0.00	4.17	0.00	0.50
黑龙江	0.00	0.00	0.00	0.00	0.00	0.00	0.00	0.00	0.00	5.00	0.50
湖 南	0.00	0.00	0.00	4.76	0.00	0.00	0.00	0.00	0.00	0.00	0.50
辽 宁	0.00	0.00	0.00	0.00	0.00	0.00	3.85	0.00	0.00	0.00	0.50
四 川	0.00	0.00	0.00	0.00	0.00	0.00	0.00	0.00	0.00	5.00	0.50
天 津	0.00	0.00	0.00	0.00	0.00	0.00	0.00	0.00	4.17	0.00	0.50
西 藏	0.00	0.00	0.00	0.00	0.00	0.00	0.00	0.00	4.17	0.00	0.50

表 9-122 毒理学 B 层人才的世界占比

单位：%

省 份	2013 年	2014 年	2015 年	2016 年	2017 年	2018 年	2019 年	2020 年	2021 年	2022 年	合计
北 京	1.12	0.57	2.63	1.01	3.09	2.82	4.24	2.50	4.44	5.26	2.87
江 苏	0.56	0.00	0.53	1.51	0.00	0.94	2.54	2.50	2.22	4.31	1.60
湖 北	0.56	0.00	0.53	0.50	1.03	2.35	2.12	2.08	1.33	3.35	1.46
浙 江	0.00	0.57	1.05	1.51	1.03	1.41	2.12	0.83	1.33	3.83	1.41
广 东	0.00	0.00	1.05	1.01	0.00	3.39	1.25	2.22	1.44	1.12
黑龙江	0.56	0.00	0.53	0.00	0.00	0.42	1.25	1.78	5.74	1.02
山 东	0.00	0.00	0.53	0.00	0.00	0.94	1.27	1.25	1.78	1.91	0.83
上 海	0.00	0.00	0.00	0.50	1.03	0.47	1.69	2.08	0.89	0.96	0.83
陕 西	0.00	0.00	0.00	0.00	1.55	1.41	1.27	1.67	0.89	0.48	0.78
河 南	0.00	1.15	0.00	0.00	0.00	0.47	0.85	1.67	0.44	1.91	0.68

续表

省　份	2013 年	2014 年	2015 年	2016 年	2017 年	2018 年	2019 年	2020 年	2021 年	2022 年	合计
四　川	0.00	0.00	0.00	0.00	0.00	0.47	0.85	0.00	2.22	1.91	0.58
辽　宁	0.00	0.00	0.00	0.00	1.03	0.47	0.85	1.25	0.00	0.96	0.49
安　徽	0.56	0.57	0.00	0.50	0.00	0.94	0.00	0.42	0.89	0.00	0.39
福　建	0.56	0.00	0.00	0.00	0.00	0.00	0.42	1.25	0.44	0.96	0.39
湖　南	0.00	0.00	0.00	0.50	0.52	0.47	0.42	0.42	0.44	0.48	0.34
江　西	0.00	0.00	0.53	0.00	0.00	0.00	0.42	0.83	0.44	0.48	0.29
天　津	0.00	0.57	0.00	0.00	0.52	0.94	0.00	0.00	0.89	0.00	0.29
甘　肃	0.00	0.00	0.00	0.00	0.00	0.00	0.42	0.89	0.96		0.24
贵　州	0.00	0.00	0.00	0.00	0.00	0.00	0.42	0.44	0.96		0.19
吉　林	0.00	0.00	0.00	0.50	0.00	0.00	0.42	0.00	0.00	0.96	0.19
重　庆	0.00	0.57	0.53	0.00	0.00	0.00	0.00	0.00	0.44	0.00	0.15
新　疆	0.00	0.00	0.00	0.50	0.00	0.00	0.00	0.00	0.89	0.00	0.15
云　南	0.00	0.00	1.05	0.00	0.00	0.00	0.00	0.42	0.00	0.00	0.15
海　南	0.00	0.00	0.00	0.00	0.00	0.00	0.42	0.00	0.00	0.48	0.10
内蒙古	0.00	0.00	0.00	0.00	0.00	0.00	0.00	0.00	0.00	0.96	0.10
河　北	0.00	0.00	0.00	0.00	0.00	0.00	0.00	0.42	0.00	0.00	0.05
山　西	0.00	0.00	0.00	0.00	0.00	0.47	0.00	0.00	0.00	0.00	0.05

表 9-123　毒理学 C 层人才的世界占比

单位：%

省　份	2013 年	2014 年	2015 年	2016 年	2017 年	2018 年	2019 年	2020 年	2021 年	2022 年	合计
北　京	2.33	2.58	2.70	2.16	2.23	2.88	4.50	3.46	3.85	3.06	3.04
江　苏	1.92	1.72	1.35	2.01	1.97	2.55	3.49	3.77	4.35	4.12	2.80
广　东	0.84	1.09	0.92	1.06	1.12	1.84	2.94	2.72	4.08	3.70	2.11
湖　北	1.26	1.66	0.92	1.06	1.33	1.70	1.68	1.49	1.90	2.38	1.55
浙　江	1.02	1.15	1.14	1.51	1.12	1.23	2.10	1.45	1.95	1.90	1.48
上　海	0.84	1.15	1.24	0.95	1.17	1.51	1.09	1.18	1.59	1.16	1.20
山　东	0.66	0.40	0.54	0.45	0.90	0.99	1.72	1.23	1.77	1.64	1.07
辽　宁	0.84	0.75	0.65	0.55	0.48	0.80	0.84	0.70	1.31	1.00	0.80
湖　南	0.06	0.23	0.16	0.30	0.43	0.99	1.22	1.49	1.00	1.32	0.76
陕　西	0.54	0.63	0.38	0.65	0.53	0.57	1.05	0.88	1.04	1.11	0.75
黑龙江	0.36	0.23	0.27	0.25	0.37	0.80	0.80	0.70	1.72	1.53	0.73

省 份	2013年	2014年	2015年	2016年	2017年	2018年	2019年	2020年	2021年	2022年	合计
四 川	0.12	0.40	0.43	0.30	0.16	0.71	1.01	1.36	1.27	1.00	0.71
安 徽	0.42	0.34	0.32	0.45	0.37	0.76	0.67	0.57	1.31	1.16	0.65
河 南	0.00	0.17	0.38	0.35	0.48	0.33	1.05	0.88	0.82	1.16	0.59
天 津	0.18	0.29	0.22	0.40	0.21	0.61	0.72	0.79	0.82	0.58	0.50
重 庆	0.30	0.40	0.27	0.40	0.16	0.57	0.46	0.74	0.72	0.58	0.47
吉 林	0.42	0.29	0.16	0.00	0.32	0.38	0.63	0.39	0.82	1.06	0.45
福 建	0.12	0.29	0.11	0.20	0.27	0.42	0.76	0.74	0.77	0.58	0.45
江 西	0.06	0.23	0.16	0.05	0.21	0.38	0.50	0.66	0.63	0.69	0.37
贵 州	0.18	0.23	0.16	0.10	0.00	0.24	0.42	0.83	0.54	0.74	0.36
广 西	0.24	0.17	0.00	0.00	0.05	0.28	0.42	0.26	0.50	0.37	0.24
山 西	0.00	0.23	0.11	0.10	0.27	0.28	0.29	0.26	0.41	0.21	0.22
河 北	0.12	0.11	0.05	0.00	0.05	0.09	0.25	0.35	0.45	0.63	0.22
甘 肃	0.12	0.23	0.16	0.25	0.05	0.09	0.17	0.13	0.63	0.26	0.21
云 南	0.06	0.00	0.11	0.05	0.16	0.05	0.38	0.31	0.18	0.53	0.19
新 疆	0.06	0.11	0.00	0.05	0.11	0.09	0.13	0.09	0.18	0.48	0.13
海 南	0.00	0.06	0.05	0.00	0.16	0.05	0.13	0.18	0.23	0.26	0.11
内蒙古	0.18	0.00	0.05	0.00	0.00	0.05	0.17	0.09	0.18	0.16	0.09
宁 夏	0.00	0.00	0.05	0.00	0.00	0.05	0.08	0.04	0.32	0.11	0.07
青 海	0.00	0.00	0.00	0.00	0.05	0.05	0.13	0.00	0.05	0.11	0.04
西 藏	0.00	0.00	0.00	0.00	0.00	0.00	0.04	0.00	0.09	0.05	0.02

四十三 病理学

病理学 A 层人才仅分布在湖北,世界占比为 0.53%。

B 层人才最多的是江苏和上海,世界占比均为 0.57%;北京、广东、重庆、湖北、湖南、安徽、福建、黑龙江、河南、辽宁、山东、四川、浙江也有一定数量的 B 层人才,世界占比大于或等于 0.1%;广西、陕西、天津 B 层人才的世界占比均为 0.05%。

C 层人才最多的是上海,世界占比为 1.44%;广东 C 层人才的世界占比

为 1.19%，排名第二；其后是北京、江苏，C 层人才的世界占比分别为
1.12%、1.10%；山东、浙江、湖北、湖南、河南、四川、福建、辽宁、重
庆、陕西、天津、安徽、黑龙江、江西、吉林、河北、广西、山西、新疆也
有一定数量的 C 层人才，世界占比大于或等于 0.1%；贵州、内蒙古、云
南、甘肃、海南、宁夏 C 层人才的世界占比均低于 0.1%。

表 9-124　病理学 A 层人才的世界占比

单位：%

省　　份	2013 年	2014 年	2015 年	2016 年	2017 年	2018 年	2019 年	2020 年	2021 年	2022 年	合计
湖　北	0.00	0.00	0.00	0.00	0.00	0.00	0.00	4.35	0.00	0.00	0.53

表 9-125　病理学 B 层人才的世界占比

单位：%

省　　份	2013 年	2014 年	2015 年	2016 年	2017 年	2018 年	2019 年	2020 年	2021 年	2022 年	合计
江　苏	1.04	0.00	1.03	0.00	0.00	0.00	0.93	0.96	1.76	0.00	0.57
上　海	1.55	0.49	1.03	0.00	0.00	0.51	0.47	0.96	0.00	0.59	0.57
北　京	0.00	0.49	1.03	0.52	0.00	0.00	0.47	0.00	1.18	0.00	0.36
广　东	0.00	0.49	0.00	0.52	0.00	1.01	0.47	0.00	0.00	0.59	0.31
重　庆	0.00	0.00	1.03	0.52	0.00	0.51	0.47	0.00	0.00	0.00	0.26
湖　北	0.00	0.00	0.00	0.00	0.51	0.00	0.47	0.48	1.18	0.00	0.26
湖　南	0.00	0.00	0.51	0.52	0.00	0.00	0.47	0.00	0.00	0.59	0.21
安　徽	0.00	0.00	0.00	0.00	0.00	1.01	0.00	0.00	0.59	0.00	0.15
福　建	0.00	0.49	0.51	0.00	0.00	0.00	0.48	0.00	0.00	0.00	0.15
黑龙江	0.52	0.49	0.00	0.00	0.00	0.00	0.00	0.00	0.59	0.00	0.15
河　南	0.00	0.98	0.00	0.00	0.00	0.00	0.00	0.00	0.59	0.00	0.15
辽　宁	0.00	0.49	0.00	0.00	0.00	0.51	0.00	0.00	0.00	0.00	0.10
山　东	0.00	0.49	0.00	0.00	0.00	0.00	0.00	0.00	0.59	0.00	0.10
四　川	0.00	0.00	0.00	0.52	0.00	0.00	0.00	0.48	0.00	0.00	0.10
浙　江	0.00	0.00	0.51	0.00	0.00	0.00	0.00	0.48	0.00	0.00	0.10
广　西	0.00	0.00	0.51	0.00	0.00	0.00	0.00	0.00	0.00	0.00	0.05
陕　西	0.00	0.00	0.00	0.00	0.51	0.00	0.00	0.00	0.00	0.00	0.05
天　津	0.00	0.00	0.51	0.00	0.00	0.00	0.00	0.00	0.00	0.00	0.05

表 9-126 病理学 C 层人才的世界占比

单位：%

省　份	2013 年	2014 年	2015 年	2016 年	2017 年	2018 年	2019 年	2020 年	2021 年	2022 年	合计
上　海	1.02	1.71	2.71	0.88	1.08	1.41	1.67	1.27	1.12	1.46	1.44
广　东	1.13	1.14	1.33	1.19	0.62	1.15	1.32	1.17	1.05	1.83	1.19
北　京	0.91	0.93	0.97	0.52	0.92	1.26	1.96	1.03	0.93	1.77	1.12
江　苏	0.97	1.40	1.53	0.72	0.67	1.20	1.52	1.03	1.12	0.79	1.10
山　东	0.43	0.98	1.63	0.52	0.46	0.68	0.93	0.69	0.37	1.04	0.78
浙　江	0.38	0.41	1.17	0.31	0.77	0.84	1.08	0.98	0.43	0.91	0.74
湖　北	0.38	0.83	0.72	0.41	0.10	0.31	0.93	0.64	0.43	0.73	0.55
湖　南	0.59	0.52	0.72	0.21	0.15	0.26	0.78	0.44	0.62	0.67	0.49
河　南	0.11	0.41	1.38	0.36	0.26	0.31	0.49	0.29	0.43	0.55	0.46
四　川	0.05	0.26	0.31	0.21	0.36	0.47	0.49	0.39	0.37	0.85	0.37
福　建	0.11	0.41	0.51	0.16	0.05	0.16	0.39	0.39	0.25	0.67	0.31
辽　宁	0.16	0.47	0.72	0.10	0.10	0.21	0.44	0.34	0.12	0.30	0.30
重　庆	0.05	0.57	0.41	0.05	0.36	0.31	0.20	0.34	0.25	0.37	0.29
陕　西	0.48	0.52	0.41	0.21	0.10	0.26	0.49	0.10	0.19	0.06	0.29
天　津	0.48	0.26	0.77	0.10	0.10	0.21	0.24	0.15	0.19	0.30	0.28
安　徽	0.05	0.26	0.41	0.16	0.15	0.21	0.54	0.24	0.12	0.55	0.27
黑龙江	0.27	0.21	0.46	0.10	0.21	0.42	0.44	0.05	0.06	0.24	0.25
江　西	0.05	0.21	0.10	0.16	0.10	0.05	0.39	0.39	0.31	0.30	0.21
吉　林	0.00	0.21	0.15	0.10	0.31	0.21	0.39	0.15	0.12	0.24	0.19
河　北	0.00	0.21	0.51	0.00	0.05	0.10	0.24	0.10	0.31	0.37	0.19
广　西	0.05	0.21	0.31	0.05	0.05	0.26	0.10	0.20	0.12	0.24	0.16
山　西	0.11	0.21	0.26	0.05	0.00	0.00	0.00	0.00	0.00	0.12	0.10
新　疆	0.05	0.00	0.20	0.00	0.00	0.05	0.15	0.05	0.25	0.24	0.10
贵　州	0.05	0.05	0.15	0.05	0.00	0.10	0.00	0.10	0.06	0.12	0.08
内蒙古	0.11	0.16	0.05	0.00	0.05	0.00	0.15	0.05	0.00	0.18	0.07
云　南	0.00	0.05	0.00	0.00	0.00	0.05	0.29	0.00	0.06	0.18	0.07
甘　肃	0.05	0.00	0.10	0.00	0.00	0.05	0.10	0.05	0.06	0.06	0.05
海　南	0.00	0.05	0.10	0.00	0.00	0.00	0.05	0.05	0.06	0.06	0.04
宁　夏	0.00	0.05	0.05	0.05	0.00	0.00	0.05	0.00	0.06	0.06	0.03

四十四　外科学

外科学 A 层人才最多的是上海，世界占比为 0.61%；其后是广东、湖北，A 层人才的世界占比均为 0.25%；北京、江苏、浙江也有一定数量的 A 层人才，世界占比均为 0.12%。

B 层人才最多的是上海，世界占比为 0.66%；北京、湖北、浙江、广东、江苏、四川、山东、天津、福建也有一定数量的 B 层人才，世界占比均超过 0.1%；重庆、吉林、辽宁、湖南、陕西、安徽、广西、黑龙江、贵州、河北、内蒙古、江西、山西、新疆、云南 B 层人才的世界占比均低于 0.1%。

C 层人才最多的是上海，世界占比为 1.05%；北京、广东、四川、浙江、江苏、湖北、山东、重庆、辽宁、福建、天津、湖南、河南、安徽也有一定数量的 C 层人才，世界占比均超过 0.1%；河北、黑龙江、陕西、甘肃、江西、广西、吉林、云南、贵州、山西、内蒙古、新疆、海南、宁夏 C 层人才的世界占比均低于 0.1%。

表 9-127　外科学 A 层人才的世界占比

单位：%

省　份	2013 年	2014 年	2015 年	2016 年	2017 年	2018 年	2019 年	2020 年	2021 年	2022 年	合计
上　海	0.00	0.00	0.00	1.52	0.00	0.00	1.11	1.94	0.00	1.06	0.61
广　东	0.00	0.00	0.00	0.00	0.00	0.00	1.11	0.00	0.00	1.06	0.25
湖　北	0.00	0.00	1.45	0.00	0.00	0.00	0.00	0.97	0.00	0.00	0.25
北　京	0.00	0.00	0.00	0.00	0.00	0.00	1.11	0.00	0.00	0.00	0.12
江　苏	0.00	0.00	0.00	0.00	0.00	0.00	0.00	0.97	0.00	0.00	0.12
浙　江	0.00	0.00	1.45	0.00	0.00	0.00	0.00	0.00	0.00	0.00	0.12

表 9-128　外科学 B 层人才的世界占比

单位：%

省　份	2013 年	2014 年	2015 年	2016 年	2017 年	2018 年	2019 年	2020 年	2021 年	2022 年	合计
上　海	0.00	0.46	0.45	0.44	0.42	0.27	0.84	1.20	1.35	0.68	0.66
北　京	0.17	0.62	0.15	0.29	0.28	0.13	0.84	0.44	0.79	0.45	0.44
湖　北	0.34	0.00	0.00	0.15	0.00	0.54	0.12	0.98	0.67	0.23	0.33

续表

省 份	2013 年	2014 年	2015 年	2016 年	2017 年	2018 年	2019 年	2020 年	2021 年	2022 年	合计
浙 江	0.34	0.31	0.15	0.59	0.28	0.13	0.24	0.22	0.56	0.23	0.30
广 东	0.17	0.31	0.15	0.00	0.42	0.27	0.00	0.11	0.90	0.34	0.28
江 苏	0.00	0.00	0.15	0.15	0.14	0.00	0.36	0.11	0.34	0.57	0.20
四 川	0.00	0.00	0.00	0.00	0.14	0.13	0.12	0.11	0.67	0.34	0.17
山 东	0.00	0.00	0.45	0.15	0.14	0.00	0.36	0.22	0.00	0.23	0.16
天 津	0.00	0.00	0.00	0.00	0.00	0.13	0.12	0.33	0.45	0.23	0.15
福 建	0.00	0.00	0.00	0.00	0.28	0.00	0.12	0.22	0.45	0.11	0.13
重 庆	0.00	0.00	0.00	0.00	0.14	0.13	0.12	0.11	0.22	0.11	0.09
吉 林	0.00	0.00	0.00	0.00	0.00	0.00	0.12	0.11	0.34	0.11	0.08
辽 宁	0.00	0.00	0.00	0.29	0.00	0.00	0.12	0.00	0.11	0.23	0.08
湖 南	0.00	0.00	0.00	0.00	0.00	0.00	0.00	0.22	0.22	0.00	0.05
陕 西	0.00	0.00	0.00	0.00	0.14	0.00	0.00	0.11	0.11	0.11	0.05
安 徽	0.17	0.00	0.00	0.15	0.00	0.00	0.12	0.00	0.00	0.00	0.04
广 西	0.00	0.15	0.00	0.15	0.00	0.00	0.00	0.00	0.00	0.11	0.04
黑龙江	0.00	0.00	0.00	0.00	0.00	0.00	0.12	0.00	0.11	0.11	0.04
贵 州	0.00	0.00	0.00	0.00	0.14	0.00	0.12	0.00	0.00	0.00	0.03
河 北	0.00	0.00	0.00	0.00	0.00	0.00	0.00	0.00	0.11	0.11	0.03
内蒙古	0.00	0.00	0.00	0.00	0.14	0.00	0.00	0.11	0.00	0.00	0.03
江 西	0.00	0.00	0.00	0.00	0.00	0.00	0.00	0.00	0.00	0.11	0.01
山 西	0.00	0.00	0.00	0.00	0.00	0.00	0.00	0.00	0.11	0.00	0.01
新 疆	0.00	0.00	0.00	0.15	0.00	0.00	0.00	0.00	0.00	0.00	0.01
云 南	0.00	0.00	0.00	0.00	0.00	0.00	0.00	0.00	0.00	0.11	0.01

表 9-129 外科学 C 层人才的世界占比

单位：%

省 份	2013 年	2014 年	2015 年	2016 年	2017 年	2018 年	2019 年	2020 年	2021 年	2022 年	合计
上 海	0.98	1.11	1.06	0.92	0.75	1.07	1.10	1.14	1.01	1.31	1.05
北 京	0.61	0.66	0.76	0.76	0.71	0.79	1.07	1.15	1.39	1.42	0.96
广 东	0.51	0.30	0.51	0.48	0.44	0.49	0.75	0.67	0.83	0.70	0.58
四 川	0.23	0.24	0.36	0.25	0.41	0.42	0.49	0.50	0.63	0.76	0.44
浙 江	0.28	0.36	0.23	0.33	0.31	0.49	0.47	0.55	0.52	0.59	0.43
江 苏	0.28	0.35	0.31	0.28	0.31	0.45	0.41	0.46	0.53	0.53	0.40
湖 北	0.27	0.16	0.26	0.19	0.23	0.16	0.34	0.50	0.37	0.37	0.30
山 东	0.13	0.16	0.20	0.21	0.19	0.16	0.20	0.25	0.47	0.31	0.24

续表

省 份	2013 年	2014 年	2015 年	2016 年	2017 年	2018 年	2019 年	2020 年	2021 年	2022 年	合计
重 庆	0.20	0.16	0.17	0.15	0.23	0.21	0.16	0.22	0.39	0.34	0.23
辽 宁	0.15	0.11	0.19	0.12	0.10	0.17	0.21	0.14	0.21	0.30	0.17
福 建	0.07	0.06	0.12	0.10	0.16	0.11	0.22	0.26	0.25	0.23	0.17
天 津	0.18	0.19	0.19	0.15	0.17	0.16	0.20	0.08	0.22	0.12	0.16
湖 南	0.08	0.06	0.08	0.07	0.10	0.16	0.19	0.20	0.22	0.27	0.15
河 南	0.05	0.03	0.06	0.07	0.07	0.16	0.14	0.16	0.28	0.25	0.13
安 徽	0.02	0.05	0.11	0.03	0.06	0.07	0.21	0.14	0.20	0.20	0.12
河 北	0.05	0.08	0.05	0.00	0.09	0.05	0.05	0.08	0.16	0.18	0.09
黑龙江	0.13	0.03	0.06	0.06	0.04	0.04	0.11	0.13	0.12	0.14	0.09
陕 西	0.05	0.21	0.12	0.01	0.07	0.04	0.06	0.07	0.07	0.12	0.08
甘 肃	0.07	0.03	0.06	0.00	0.06	0.06	0.16	0.07	0.12	0.14	0.08
江 西	0.03	0.00	0.02	0.09	0.04	0.07	0.07	0.14	0.11	0.15	0.08
广 西	0.05	0.03	0.06	0.04	0.03	0.06	0.07	0.07	0.15	0.12	0.07
吉 林	0.05	0.08	0.00	0.03	0.06	0.04	0.09	0.07	0.09	0.07	0.06
云 南	0.00	0.02	0.00	0.01	0.03	0.00	0.05	0.09	0.09	0.11	0.05
贵 州	0.00	0.00	0.05	0.01	0.03	0.03	0.04	0.06	0.09	0.05	0.04
山 西	0.03	0.02	0.00	0.03	0.01	0.01	0.05	0.02	0.09	0.10	0.04
内蒙古	0.03	0.02	0.05	0.00	0.03	0.00	0.07	0.01	0.08	0.03	0.03
新 疆	0.02	0.02	0.00	0.01	0.00	0.01	0.02	0.03	0.04	0.12	0.03
海 南	0.00	0.00	0.03	0.00	0.04	0.00	0.02	0.02	0.02	0.08	0.03
宁 夏	0.00	0.00	0.00	0.00	0.01	0.01	0.00	0.00	0.01	0.04	0.01

四十五　移植医学

移植医学 A 层人才仅分布在福建和江苏，世界占比均为 0.61%。

B 层人才最多的是北京，世界占比为 0.75%；广东、上海、天津、江苏、湖北、四川、湖南、辽宁、山东、山西、浙江也有一定数量的 B 层人才，世界占比均超过 0.1%；安徽、重庆、吉林 B 层人才的世界占比均为 0.06%。

C 层人才最多的是北京，世界占比为 0.97%；广东、上海、江苏、湖北、浙江、重庆、四川、湖南、山东、天津、河南、陕西也有一定数量的 C 层人才，世界占比均超过 0.1%；辽宁、安徽、吉林、黑龙江、福建、山

西、云南、河北、甘肃、新疆、广西、贵州、江西、宁夏、海南、内蒙古 C
层人才的世界占比均低于 0.1%。

表 9-130 移植医学 A 层人才的世界占比

单位：%

省　份	2013 年	2014 年	2015 年	2016 年	2017 年	2018 年	2019 年	2020 年	2021 年	2022 年	合计
福　建	0.00	5.00	0.00	0.00	0.00	0.00	0.00	0.00	0.00	0.00	0.61
江　苏	6.25	0.00	0.00	0.00	0.00	0.00	0.00	0.00	0.00	0.00	0.61

表 9-131 移植医学 B 层人才的世界占比

单位：%

省　份	2013 年	2014 年	2015 年	2016 年	2017 年	2018 年	2019 年	2020 年	2021 年	2022 年	合计
北　京	0.61	0.51	0.55	0.00	1.57	2.94	0.00	0.00	0.65	0.62	0.75
广　东	0.61	0.00	0.00	0.00	0.52	1.18	0.00	0.59	0.00	0.62	0.35
上　海	0.61	0.51	0.00	0.00	1.05	0.59	0.00	0.59	0.00	0.00	0.35
天　津	0.61	0.00	0.00	0.00	0.52	1.18	0.00	0.00	0.62	0.00	0.29
江　苏	0.61	0.00	0.55	0.00	0.00	0.00	0.00	0.65	0.62	0.23	
湖　北	0.00	0.00	0.00	0.00	0.52	0.00	0.00	1.18	0.00	0.00	0.17
四　川	0.61	0.00	0.00	0.00	0.52	0.59	0.00	0.00	0.00	0.00	0.17
湖　南	0.00	0.00	0.55	0.00	0.52	0.00	0.00	0.00	0.00	0.00	0.12
辽　宁	0.61	0.00	0.00	0.00	0.52	0.00	0.00	0.00	0.00	0.00	0.12
山　东	1.22	0.00	0.00	0.00	0.00	0.00	0.00	0.00	0.00	0.00	0.12
山　西	0.00	0.00	0.55	0.00	0.52	0.00	0.00	0.00	0.00	0.00	0.12
浙　江	0.61	0.00	0.00	0.00	0.52	0.00	0.00	0.00	0.00	0.00	0.12
安　徽	0.00	0.00	0.00	0.00	0.00	0.59	0.00	0.00	0.00	0.00	0.06
重　庆	0.00	0.00	0.00	0.00	0.00	0.59	0.00	0.00	0.00	0.00	0.06
吉　林	0.00	0.00	0.00	0.00	0.00	0.00	0.00	0.59	0.00	0.00	0.06

表 9-132 移植医学 C 层人才的世界占比

单位：%

省　份	2013 年	2014 年	2015 年	2016 年	2017 年	2018 年	2019 年	2020 年	2021 年	2022 年	合计
北　京	0.90	1.27	0.88	0.83	0.94	0.95	1.47	1.15	0.66	0.51	0.97
广　东	0.48	0.58	0.55	0.59	0.55	0.89	0.65	0.58	0.66	0.29	0.59
上　海	0.48	0.37	0.82	0.35	0.28	0.71	0.92	0.75	0.60	0.22	0.56

续表

省　份	2013 年	2014 年	2015 年	2016 年	2017 年	2018 年	2019 年	2020 年	2021 年	2022 年	合计
江　苏	0.42	0.47	0.38	0.35	0.28	0.18	0.38	0.46	0.53	0.29	0.38
湖　北	0.48	0.37	0.27	0.06	0.22	0.24	0.27	0.92	0.40	0.22	0.35
浙　江	0.18	0.32	0.16	0.12	0.22	0.47	0.71	0.75	0.26	0.22	0.35
重　庆	0.24	0.21	0.22	0.06	0.06	0.18	0.27	0.40	0.33	0.14	0.21
四　川	0.18	0.05	0.16	0.12	0.22	0.30	0.38	0.29	0.20	0.14	0.21
湖　南	0.06	0.21	0.22	0.06	0.33	0.18	0.38	0.29	0.00	0.22	0.20
山　东	0.12	0.32	0.22	0.06	0.00	0.24	0.22	0.29	0.13	0.22	0.18
天　津	0.00	0.11	0.27	0.35	0.11	0.12	0.05	0.35	0.20	0.00	0.16
河　南	0.00	0.05	0.05	0.00	0.06	0.18	0.33	0.46	0.33	0.07	0.15
陕　西	0.12	0.00	0.16	0.00	0.17	0.12	0.05	0.23	0.26	0.00	0.11
辽　宁	0.18	0.11	0.05	0.00	0.06	0.24	0.11	0.17	0.00	0.00	0.09
安　徽	0.00	0.00	0.00	0.00	0.17	0.06	0.00	0.17	0.20	0.14	0.07
吉　林	0.06	0.05	0.00	0.00	0.06	0.00	0.11	0.06	0.26	0.07	0.07
黑龙江	0.06	0.05	0.00	0.00	0.00	0.11	0.00	0.16	0.06	0.00	0.06
福　建	0.00	0.05	0.05	0.00	0.06	0.00	0.00	0.17	0.13	0.07	0.05
山　西	0.00	0.00	0.00	0.05	0.17	0.12	0.05	0.12	0.00	0.00	0.05
云　南	0.06	0.05	0.00	0.00	0.00	0.12	0.05	0.06	0.00	0.14	0.05
河　北	0.00	0.00	0.00	0.00	0.00	0.18	0.11	0.06	0.07	0.00	0.05
甘　肃	0.06	0.00	0.00	0.00	0.00	0.12	0.05	0.12	0.07	0.00	0.04
新　疆	0.06	0.11	0.00	0.00	0.06	0.00	0.00	0.00	0.00	0.00	0.03
广　西	0.00	0.00	0.00	0.00	0.00	0.06	0.06	0.00	0.00	0.07	0.02
贵　州	0.00	0.00	0.00	0.00	0.00	0.06	0.05	0.00	0.00	0.07	0.02
江　西	0.00	0.00	0.00	0.00	0.00	0.00	0.00	0.00	0.00	0.00	0.01
宁　夏	0.00	0.00	0.00	0.00	0.00	0.00	0.05	0.00	0.07	0.00	0.01
海　南	0.00	0.00	0.00	0.00	0.00	0.00	0.05	0.00	0.00	0.00	0.01
内蒙古	0.00	0.00	0.00	0.00	0.00	0.06	0.00	0.00	0.00	0.00	0.01

四十六　护理学

护理学 A 层人才仅分布在北京、福建、广东、广西、湖北，其中，A 层人才最多的是北京，世界占比为 1.64%；福建、广东、广西、湖北 A 层人才的世界占比均为 0.55%。

B 层人才最多的是北京，世界占比为 0.87%；山东、广东、湖北、四川、上海、江苏、湖南、安徽、浙江、黑龙江、辽宁、重庆、吉林、天津、新疆也有一定数量的 B 层人才，世界占比均超过 0.1%；甘肃、河北、河南、山西、西藏 B 层人才的世界占比均为 0.06%。

C 层人才最多的是北京，世界占比为 0.74%；广东、四川、上海、湖北、江苏、山东、浙江、湖南、天津、吉林、辽宁、重庆、安徽、福建、河南、黑龙江、河北也有一定数量的 C 层人才，世界占比大于或等于 0.1%；甘肃、贵州、山西、广西、陕西、云南、江西、新疆、宁夏、海南、内蒙古 C 层人才的世界占比均低于 0.1%。

表 9-133　护理学 A 层人才的世界占比

单位：%

省　份	2013 年	2014 年	2015 年	2016 年	2017 年	2018 年	2019 年	2020 年	2021 年	2022 年	合 计
北　京	0.00	0.00	0.00	0.00	0.00	0.00	4.76	9.52	0.00	0.00	1.64
福　建	0.00	0.00	0.00	0.00	0.00	0.00	0.00	4.76	0.00	0.00	0.55
广　东	0.00	0.00	0.00	0.00	0.00	0.00	0.00	0.00	4.35	0.00	0.55
广　西	0.00	0.00	0.00	0.00	0.00	0.00	0.00	4.76	0.00	0.00	0.55
湖　北	0.00	0.00	0.00	0.00	0.00	0.00	0.00	4.76	0.00	0.00	0.55

表 9-134　护理学 B 层人才的世界占比

单位：%

省　份	2013 年	2014 年	2015 年	2016 年	2017 年	2018 年	2019 年	2020 年	2021 年	2022 年	合 计
北　京	1.44	0.71	0.00	0.00	0.64	1.16	0.52	0.00	1.43	2.40	0.87
山　东	0.00	0.00	0.00	0.00	0.64	2.33	0.52	1.45	1.43	0.96	0.81
广　东	2.16	0.71	0.00	0.00	0.64	0.58	0.52	0.97	0.48	1.44	0.75
湖　北	0.00	0.00	0.67	0.00	0.00	1.16	0.00	3.38	0.95	0.48	0.75
四　川	0.72	0.71	0.67	0.00	0.64	0.00	0.00	1.93	1.90	0.48	0.75
上　海	0.72	1.43	0.00	0.63	0.00	0.00	1.56	0.97	0.00	0.00	0.58
江　苏	0.72	0.71	0.67	0.63	0.00	0.00	0.00	0.97	0.95	0.48	0.52
湖　南	0.72	0.71	0.00	0.00	0.64	0.58	0.52	0.48	0.48	0.48	0.46
安　徽	0.00	0.00	0.00	0.00	1.28	0.58	0.00	0.48	1.43	0.00	0.40
浙　江	0.00	0.00	0.67	0.00	1.92	0.00	0.52	0.00	0.00	0.96	0.40
黑龙江	0.00	0.00	0.67	0.00	0.64	1.74	0.00	0.00	0.00	0.00	0.29
辽　宁	0.72	0.71	0.00	0.00	0.00	0.00	0.52	0.00	0.00	0.96	0.29

续表

省　份	2013 年	2014 年	2015 年	2016 年	2017 年	2018 年	2019 年	2020 年	2021 年	2022 年	合计
重　庆	0.00	0.71	0.00	0.00	0.00	0.00	0.00	0.00	0.95	0.48	0.23
吉　林	0.00	0.00	0.00	0.00	0.64	0.00	0.00	0.00	0.00	1.44	0.23
天　津	0.00	0.00	0.00	0.00	0.64	0.00	0.00	0.00	0.00	0.48	0.12
新　疆	0.00	0.00	0.00	0.00	0.00	0.00	0.00	0.00	0.00	0.96	0.12
甘　肃	0.00	0.00	0.00	0.00	0.00	0.00	0.00	0.48	0.00	0.00	0.06
河　北	0.00	0.00	0.00	0.00	0.00	0.58	0.00	0.00	0.00	0.00	0.06
河　南	0.00	0.00	0.00	0.00	0.00	0.00	0.00	0.00	0.48	0.00	0.06
山　西	0.00	0.00	0.00	0.63	0.00	0.00	0.00	0.00	0.00	0.00	0.06
西　藏	0.00	0.00	0.00	0.00	0.64	0.00	0.00	0.00	0.00	0.00	0.06

表 9-135　护理学 C 层人才的世界占比

单位：%

省　份	2013 年	2014 年	2015 年	2016 年	2017 年	2018 年	2019 年	2020 年	2021 年	2022 年	合计
北　京	0.15	0.36	0.35	0.18	0.26	0.54	1.26	1.20	1.29	1.15	0.74
广　东	0.08	0.58	0.41	0.18	0.51	0.54	0.68	1.05	1.15	1.44	0.71
四　川	0.00	0.15	0.07	0.31	0.13	0.36	0.73	0.90	1.15	1.32	0.57
上　海	0.30	0.29	0.28	0.37	0.45	0.54	0.42	0.55	1.01	0.98	0.55
湖　北	0.08	0.51	0.41	0.18	0.13	0.36	0.63	0.70	0.87	0.69	0.49
江　苏	0.15	0.07	0.21	0.31	0.26	0.54	0.26	0.85	1.15	0.52	0.48
山　东	0.00	0.07	0.41	0.12	0.64	0.42	0.47	0.50	1.10	0.52	0.46
浙　江	0.00	0.00	0.00	0.25	0.26	0.18	0.63	0.40	0.92	0.86	0.39
湖　南	0.23	0.15	0.21	0.18	0.38	0.06	0.42	0.45	0.41	1.09	0.37
天　津	0.00	0.15	0.41	0.43	0.06	0.24	0.47	0.15	0.18	0.29	0.24
吉　林	0.00	0.07	0.00	0.12	0.06	0.12	0.37	0.25	0.46	0.40	0.21
辽　宁	0.00	0.22	0.00	0.06	0.06	0.24	0.16	0.30	0.51	0.34	0.21
重　庆	0.15	0.15	0.00	0.00	0.00	0.06	0.21	0.15	0.55	0.40	0.18
安　徽	0.00	0.00	0.00	0.00	0.06	0.12	0.21	0.35	0.51	0.23	0.17
福　建	0.00	0.15	0.00	0.00	0.13	0.12	0.16	0.10	0.69	0.17	0.17
河　南	0.08	0.00	0.35	0.12	0.00	0.12	0.21	0.20	0.28	0.23	0.17
黑龙江	0.08	0.00	0.21	0.00	0.06	0.24	0.16	0.15	0.32	0.06	0.14
河　北	0.00	0.00	0.00	0.00	0.13	0.06	0.16	0.10	0.23	0.23	0.10
甘　肃	0.00	0.00	0.00	0.00	0.00	0.00	0.00	0.25	0.09	0.29	0.07
贵　州	0.00	0.00	0.00	0.00	0.00	0.12	0.00	0.10	0.18	0.23	0.07

续表

省　份	2013 年	2014 年	2015 年	2016 年	2017 年	2018 年	2019 年	2020 年	2021 年	2022 年	合计
山　西	0.00	0.00	0.00	0.00	0.00	0.00	0.05	0.30	0.14	0.11	0.07
广　西	0.00	0.00	0.00	0.00	0.06	0.06	0.10	0.10	0.05	0.23	0.07
陕　西	0.00	0.07	0.07	0.06	0.06	0.00	0.00	0.05	0.23	0.06	0.07
云　南	0.00	0.07	0.00	0.00	0.00	0.00	0.00	0.05	0.18	0.23	0.06
江　西	0.00	0.00	0.07	0.00	0.06	0.00	0.00	0.00	0.05	0.06	0.02
新　疆	0.08	0.00	0.07	0.00	0.00	0.00	0.00	0.00	0.05	0.00	0.02
宁　夏	0.00	0.00	0.00	0.00	0.00	0.06	0.00	0.00	0.00	0.06	0.01
海　南	0.00	0.00	0.00	0.00	0.00	0.00	0.05	0.00	0.00	0.00	0.01
内蒙古	0.00	0.00	0.00	0.00	0.00	0.00	0.00	0.00	0.00	0.06	0.01

四十七　全科医学和内科医学

全科医学和内科医学 A 层人才最多的是湖北，世界占比为 6.06%；北京、上海 A 层人才分别以 4.55%、2.27% 的世界占比排名第二、第三位；广东、湖南、四川有相当数量的 A 层人才，世界占比均为 1.52%；贵州、海南、河南、内蒙古、江西、辽宁、山东、浙江也有一定数量的 A 层人才，世界占比均为 0.76%。

B 层人才最多的是北京，世界占比为 1.88%；上海、湖北、江苏、浙江、湖南、广东、天津、河南、山东、四川、安徽、甘肃、黑龙江、内蒙古、江西、山西也有一定数量的 B 层人才，世界占比均超过 0.1%；重庆、广西、贵州、海南、河北、吉林、辽宁、陕西、新疆 B 层人才的世界占比均为 0.06%。

C 层人才最多的是北京，世界占比为 1.38%；上海、广东、湖北、江苏、四川、浙江、湖南、河南、山东、甘肃、重庆、安徽也有一定数量的 C 层人才，世界占比均超过 0.1%；辽宁、陕西、天津、广西、黑龙江、福建、云南、河北、山西、海南、吉林、江西、贵州、新疆、内蒙古、宁夏、西藏 C 层人才的世界占比均低于 0.1%。

表 9-136　全科医学和内科医学 A 层人才的世界占比

单位：%

省　份	2013 年	2014 年	2015 年	2016 年	2017 年	2018 年	2019 年	2020 年	2021 年	2022 年	合计
湖　北	0.00	0.00	0.00	0.00	0.00	0.00	0.00	38.10	0.00	0.00	6.06
北　京	0.00	0.00	0.00	0.00	0.00	0.00	6.25	23.81	0.00	0.00	4.55
上　海	0.00	0.00	0.00	0.00	0.00	0.00	0.00	14.29	0.00	0.00	2.27
广　东	0.00	0.00	0.00	0.00	0.00	0.00	0.00	9.52	0.00	0.00	1.52
湖　南	0.00	0.00	0.00	0.00	0.00	0.00	0.00	9.52	0.00	0.00	1.52
四　川	0.00	0.00	0.00	0.00	0.00	0.00	0.00	9.52	0.00	0.00	1.52
贵　州	0.00	0.00	0.00	0.00	0.00	0.00	0.00	4.76	0.00	0.00	0.76
海　南	0.00	0.00	0.00	0.00	0.00	0.00	0.00	4.76	0.00	0.00	0.76
河　南	0.00	0.00	0.00	0.00	0.00	0.00	0.00	4.76	0.00	0.00	0.76
内蒙古	0.00	0.00	0.00	0.00	0.00	0.00	0.00	4.76	0.00	0.00	0.76
江　西	0.00	0.00	0.00	0.00	0.00	0.00	0.00	4.76	0.00	0.00	0.76
辽　宁	0.00	0.00	0.00	0.00	0.00	0.00	0.00	4.76	0.00	0.00	0.76
山　东	0.00	0.00	0.00	0.00	0.00	0.00	0.00	4.76	0.00	0.00	0.76
浙　江	0.00	0.00	0.00	0.00	0.00	0.00	0.00	4.76	0.00	0.00	0.76

表 9-137　全科医学和内科医学 B 层人才的世界占比

单位：%

省　份	2013 年	2014 年	2015 年	2016 年	2017 年	2018 年	2019 年	2020 年	2021 年	2022 年	合计
北　京	1.80	2.56	1.88	1.11	1.48	1.11	1.64	4.17	0.85	1.75	1.88
上　海	0.60	0.00	1.25	1.11	0.74	1.11	0.00	2.78	0.42	0.87	0.91
湖　北	0.60	0.00	0.00	0.56	0.00	1.11	0.55	4.17	0.42	0.00	0.80
江　苏	0.00	0.00	0.63	0.56	0.74	1.11	0.55	1.39	0.42	0.44	0.57
浙　江	0.60	0.00	0.63	0.00	0.00	0.00	0.55	1.85	0.00	0.87	0.51
湖　南	0.60	0.00	0.63	0.56	0.74	1.11	0.55	0.46	0.00	0.44	0.46
广　东	0.60	0.00	0.63	1.11	0.00	1.11	0.00	0.46	0.42	0.00	0.40
天　津	0.60	0.00	0.00	0.00	0.00	0.00	0.00	1.85	0.00	0.87	0.40
河　南	0.00	0.00	0.00	0.00	0.00	0.00	0.55	0.93	0.42	0.00	0.23
山　东	0.60	0.64	0.00	0.56	0.00	0.00	0.00	0.46	0.00	0.00	0.23
四　川	0.60	0.00	0.00	0.56	0.00	1.11	0.00	0.00	0.00	0.00	0.17
安　徽	0.00	0.00	0.63	0.00	0.00	0.00	0.00	0.00	0.00	0.44	0.11
甘　肃	0.60	0.00	0.00	0.00	0.00	0.00	0.55	0.00	0.00	0.00	0.11
黑龙江	0.60	0.00	0.00	0.00	0.00	0.00	0.55	0.00	0.00	0.00	0.11
内蒙古	0.60	0.00	0.00	0.00	0.00	0.00	0.00	0.00	0.42	0.00	0.11

续表

省　份	2013 年	2014 年	2015 年	2016 年	2017 年	2018 年	2019 年	2020 年	2021 年	2022 年	合计
江　西	0.60	0.00	0.63	0.00	0.00	0.00	0.00	0.00	0.00	0.00	0.11
山　西	0.00	0.64	0.63	0.00	0.00	0.00	0.00	0.00	0.00	0.00	0.11
重　庆	0.60	0.00	0.00	0.00	0.00	0.00	0.00	0.00	0.00	0.00	0.06
广　西	0.60	0.00	0.00	0.00	0.00	0.00	0.00	0.00	0.00	0.00	0.06
贵　州	0.00	0.00	0.00	0.00	0.00	0.00	0.00	0.00	0.00	0.44	0.06
海　南	0.60	0.00	0.00	0.00	0.00	0.00	0.00	0.00	0.00	0.00	0.06
河　北	0.60	0.00	0.00	0.00	0.00	0.00	0.00	0.00	0.00	0.00	0.06
吉　林	0.60	0.00	0.00	0.00	0.00	0.00	0.00	0.00	0.00	0.00	0.06
辽　宁	0.60	0.00	0.00	0.00	0.00	0.00	0.00	0.00	0.00	0.00	0.06
陕　西	0.00	0.00	0.63	0.00	0.00	0.00	0.00	0.00	0.00	0.00	0.06
新　疆	0.00	0.00	0.00	0.00	0.00	0.00	0.00	0.00	0.42	0.00	0.06

表 9-138　全科医学和内科医学 C 层人才的世界占比

单位：%

省　份	2013 年	2014 年	2015 年	2016 年	2017 年	2018 年	2019 年	2020 年	2021 年	2022 年	合计
北　京	1.03	1.31	0.85	1.37	1.28	1.10	1.43	2.13	1.28	1.72	1.38
上　海	0.84	0.59	0.43	0.42	0.41	0.44	0.54	1.00	0.37	0.72	0.58
广　东	0.13	0.59	0.37	0.18	0.46	0.39	0.78	1.22	0.54	0.63	0.55
湖　北	0.13	0.26	0.06	0.12	0.29	0.39	0.36	1.90	0.79	0.59	0.55
江　苏	0.13	0.20	0.49	0.24	0.64	0.55	0.36	0.27	0.29	0.54	0.37
四　川	0.26	0.33	0.30	0.36	0.35	0.33	0.18	0.41	0.29	0.36	0.32
浙　江	0.06	0.26	0.24	0.12	0.00	0.06	0.24	0.50	0.33	0.32	0.23
湖　南	0.06	0.13	0.18	0.18	0.17	0.28	0.12	0.45	0.17	0.14	0.20
河　南	0.06	0.13	0.06	0.12	0.06	0.06	0.36	0.45	0.04	0.27	0.17
山　东	0.06	0.00	0.06	0.24	0.06	0.24	0.41	0.12	0.23	0.16
甘　肃	0.00	0.13	0.06	0.18	0.06	0.06	0.00	0.18	0.25	0.27	0.13
重　庆	0.13	0.20	0.18	0.00	0.00	0.00	0.06	0.27	0.08	0.27	0.12
安　徽	0.13	0.13	0.06	0.00	0.06	0.00	0.06	0.27	0.08	0.23	0.11
辽　宁	0.19	0.20	0.00	0.00	0.00	0.11	0.00	0.09	0.08	0.14	0.08
陕　西	0.19	0.00	0.00	0.18	0.00	0.00	0.24	0.00	0.04	0.14	0.08
天　津	0.00	0.07	0.00	0.06	0.17	0.00	0.12	0.00	0.12	0.18	0.08
广　西	0.00	0.13	0.06	0.06	0.06	0.00	0.30	0.05	0.04	0.05	0.07
黑龙江	0.00	0.07	0.12	0.18	0.06	0.06	0.18	0.00	0.04	0.05	0.07

续表

省　份	2013 年	2014 年	2015 年	2016 年	2017 年	2018 年	2019 年	2020 年	2021 年	2022 年	合计
福　建	0.06	0.07	0.06	0.00	0.06	0.00	0.12	0.09	0.04	0.09	0.06
云　南	0.00	0.07	0.06	0.00	0.00	0.00	0.06	0.09	0.12	0.09	0.05
河　北	0.00	0.07	0.00	0.00	0.12	0.00	0.00	0.05	0.04	0.14	0.04
山　西	0.00	0.00	0.06	0.00	0.06	0.00	0.00	0.09	0.08	0.05	0.04
海　南	0.00	0.07	0.00	0.00	0.00	0.00	0.00	0.05	0.00	0.05	0.03
吉　林	0.06	0.00	0.00	0.00	0.00	0.00	0.18	0.05	0.00	0.05	0.03
江　西	0.06	0.07	0.06	0.00	0.00	0.00	0.06	0.05	0.00	0.09	0.03
贵　州	0.00	0.00	0.00	0.00	0.00	0.00	0.00	0.05	0.04	0.05	0.02
新　疆	0.00	0.00	0.00	0.00	0.00	0.00	0.12	0.00	0.00	0.05	0.02
内蒙古	0.00	0.00	0.00	0.00	0.00	0.00	0.06	0.00	0.00	0.05	0.01
宁　夏	0.00	0.00	0.00	0.00	0.00	0.00	0.00	0.00	0.04	0.00	0.01
西　藏	0.00	0.00	0.00	0.06	0.00	0.00	0.00	0.00	0.00	0.00	0.01

四十八　综合医学和补充医学

综合医学和补充医学 A 层人才最多的是北京，世界占比为 12.31%；广东 A 层人才以 9.23% 的世界占比排名第二；陕西、上海、浙江、湖北、江西、山东的 A 层人才比较多，世界占比在 5%~3%；安徽、甘肃、广西、海南、河北、江苏、辽宁、宁夏、山西、四川、天津有相当数量的 A 层人才，世界占比均为 1.54%。

B 层人才最多的是北京，世界占比为 7.01%；上海 B 层人才以 3.88% 的世界占比排名第二；广东、四川、江苏、浙江、湖北、山东、天津、湖南、陕西有相当数量的 B 层人才，世界占比在 3%~1%；黑龙江、云南、安徽、重庆、甘肃、河南、辽宁、广西、河北、内蒙古、吉林、福建、贵州、海南、宁夏、江西、青海、山西、新疆也有一定数量的 B 层人才，世界占比均超过 0.1%。

C 层人才最多的是北京，世界占比为 6.49%；江苏、广东 C 层人才分别以 4.73%、4.32%的世界占比排名第二、第三位；上海的 C 层人才比较多，世界占比为 3.94%；四川、浙江、山东、天津、湖北、吉林、辽宁、陕西有相当数量的 C 层人才，世界占比在 3%～1%；湖南、安徽、云南、江西、河南、重庆、黑龙江、福建、广西、甘肃、新疆、河北、贵州、山西、内蒙古、海南、宁夏、青海也有一定数量的 C 层人才，世界占比均超过 0.1%；西藏 C 层人才的世界占比为 0.06%。

表 9-139　综合医学和补充医学 A 层人才的世界占比

单位：%

省　份	2013 年	2014 年	2015 年	2016 年	2017 年	2018 年	2019 年	2020 年	2021 年	2022 年	合计
北　京	20.00	0.00	0.00	28.57	0.00	0.00	0.00	25.00	33.33	12.50	12.31
广　东	0.00	0.00	0.00	0.00	0.00	16.67	14.29	50.00	22.22	0.00	9.23
陕　西	20.00	14.29	0.00	0.00	20.00	0.00	0.00	0.00	0.00	0.00	4.62
上　海	20.00	0.00	0.00	0.00	0.00	0.00	0.00	25.00	11.11	0.00	4.62
浙　江	0.00	0.00	14.29	0.00	0.00	0.00	0.00	0.00	22.22	0.00	4.62
湖　北	0.00	0.00	0.00	0.00	0.00	0.00	0.00	25.00	11.11	0.00	3.08
江　西	0.00	0.00	14.29	0.00	0.00	0.00	0.00	0.00	11.11	0.00	3.08
山　东	0.00	0.00	0.00	14.29	0.00	0.00	14.29	0.00	0.00	0.00	3.08
安　徽	0.00	0.00	0.00	0.00	0.00	0.00	0.00	0.00	11.11	0.00	1.54
甘　肃	0.00	14.29	0.00	0.00	0.00	0.00	0.00	0.00	0.00	0.00	1.54
广　西	0.00	0.00	0.00	14.29	0.00	0.00	0.00	0.00	0.00	0.00	1.54
海　南	0.00	0.00	0.00	0.00	0.00	0.00	0.00	25.00	0.00	0.00	1.54
河　北	0.00	0.00	0.00	0.00	0.00	0.00	0.00	0.00	11.11	0.00	1.54
江　苏	0.00	14.29	0.00	0.00	0.00	0.00	0.00	0.00	0.00	0.00	1.54
辽　宁	20.00	0.00	0.00	0.00	0.00	0.00	0.00	0.00	0.00	0.00	1.54
宁　夏	0.00	0.00	0.00	0.00	0.00	0.00	0.00	0.00	11.11	0.00	1.54
山　西	0.00	0.00	14.29	0.00	0.00	0.00	0.00	0.00	0.00	0.00	1.54
四　川	0.00	0.00	0.00	0.00	0.00	0.00	14.29	0.00	0.00	0.00	1.54
天　津	0.00	0.00	0.00	0.00	0.00	0.00	0.00	0.00	11.11	0.00	1.54

表 9-140 综合医学和补充医学 B 层人才的世界占比

单位：%

省　份	2013 年	2014 年	2015 年	2016 年	2017 年	2018 年	2019 年	2020 年	2021 年	2022 年	合计
北　京	8.96	9.09	10.45	4.48	3.92	7.41	9.38	2.74	7.50	6.17	7.01
上　海	4.48	6.06	4.48	1.49	3.92	3.70	4.69	5.48	2.50	2.47	3.88
广　东	0.00	1.52	0.00	2.99	3.92	0.00	7.81	5.48	3.75	3.70	2.99
四　川	0.00	1.52	4.48	2.99	0.00	0.00	3.13	6.85	2.50	3.70	2.69
江　苏	1.49	1.52	4.48	0.00	1.96	1.85	6.25	4.11	2.50	1.23	2.54
浙　江	0.00	0.00	0.00	0.00	3.92	3.70	3.13	2.74	2.50	3.70	1.94
湖　北	0.00	0.00	0.00	1.49	0.00	0.00	1.56	4.11	2.50	1.23	1.19
山　东	0.00	1.52	1.49	0.00	0.00	3.70	0.00	1.37	2.50	1.23	1.19
天　津	2.99	1.52	1.49	0.00	0.00	1.85	0.00	1.37	1.25	1.23	1.19
湖　南	0.00	0.00	0.00	0.00	1.96	0.00	4.69	1.37	0.00	2.47	1.04
陕　西	2.99	1.52	2.99	0.00	1.96	0.00	1.56	0.00	0.00	0.00	1.04
黑龙江	1.49	1.52	1.49	0.00	0.00	3.70	1.56	0.00	0.00	0.00	0.90
云　南	0.00	0.00	0.00	1.49	1.96	0.00	4.69	0.00	1.25	0.00	0.90
安　徽	0.00	0.00	0.00	0.00	0.00	0.00	1.56	0.00	2.50	2.47	0.75
重　庆	1.49	1.52	1.49	0.00	0.00	0.00	0.00	0.00	0.00	1.23	0.60
甘　肃	0.00	0.00	2.99	0.00	0.00	0.00	0.00	1.37	1.25	0.00	0.60
河　南	1.49	0.00	0.00	0.00	1.96	0.00	1.56	0.00	1.25	0.00	0.60
辽　宁	1.49	0.00	0.00	1.49	0.00	0.00	1.56	1.37	0.00	0.00	0.60
广　西	0.00	0.00	1.49	0.00	0.00	1.85	1.56	0.00	0.00	0.00	0.45
河　北	0.00	0.00	1.49	0.00	0.00	0.00	0.00	0.00	0.00	2.47	0.45
内蒙古	0.00	0.00	1.49	0.00	0.00	3.70	0.00	0.00	0.00	0.00	0.45
吉　林	1.49	0.00	0.00	0.00	1.96	0.00	0.00	0.00	1.25	0.00	0.45
福　建	0.00	1.52	0.00	0.00	0.00	1.85	0.00	0.00	0.00	0.00	0.30
贵　州	1.49	0.00	0.00	0.00	0.00	0.00	0.00	0.00	0.00	1.23	0.30
海　南	0.00	0.00	0.00	1.49	0.00	0.00	1.37	0.00	0.00	0.00	0.30
宁　夏	0.00	0.00	0.00	0.00	0.00	1.85	0.00	0.00	1.25	0.00	0.30
江　西	0.00	0.00	0.00	0.00	0.00	0.00	0.00	0.00	0.00	1.23	0.15
青　海	1.49	0.00	0.00	0.00	0.00	0.00	0.00	0.00	0.00	0.00	0.15
山　西	0.00	0.00	0.00	0.00	1.96	0.00	0.00	0.00	0.00	0.00	0.15
新　疆	0.00	0.00	0.00	0.00	0.00	0.00	0.00	0.00	1.25	0.00	0.15

表 9-141　综合医学和补充医学 C 层人才的世界占比

单位：%

省　份	2013 年	2014 年	2015 年	2016 年	2017 年	2018 年	2019 年	2020 年	2021 年	2022 年	合计
北　京	6.66	5.36	5.87	5.95	5.22	6.65	7.10	6.24	8.78	6.30	6.49
江　苏	3.25	2.53	4.85	4.27	4.42	2.77	4.89	5.22	7.32	6.58	4.73
广　东	2.01	2.38	2.50	2.74	4.42	3.33	5.21	5.81	6.83	7.00	4.32
上　海	3.72	3.87	3.38	3.35	2.81	2.40	4.10	4.93	5.49	4.34	3.94
四　川	0.93	0.60	0.59	0.61	0.80	2.40	3.15	3.34	5.85	6.30	2.61
浙　江	0.93	1.64	0.88	1.52	2.21	1.85	1.74	3.05	4.63	3.92	2.32
山　东	0.93	1.19	0.59	0.91	1.20	1.66	2.21	2.90	2.93	2.66	1.77
天　津	1.39	0.74	1.32	1.68	1.81	2.03	1.42	1.60	1.95	1.96	1.59
湖　北	0.93	0.45	1.47	1.68	1.61	0.55	1.74	1.16	2.68	2.24	1.50
吉　林	0.46	0.74	0.88	1.68	1.20	1.29	0.79	2.03	2.32	2.10	1.39
辽　宁	1.39	1.04	0.88	1.07	1.41	1.11	1.10	1.45	2.07	1.68	1.34
陕　西	2.01	1.93	0.73	1.52	1.41	0.92	1.10	1.16	1.10	0.84	1.27
湖　南	0.62	0.89	1.17	1.07	0.60	0.92	1.26	1.45	0.98	0.84	0.99
安　徽	0.15	0.30	1.03	0.46	0.80	0.55	0.32	1.31	1.34	2.80	0.95
云　南	0.15	0.60	0.88	1.52	1.20	1.29	0.79	1.16	0.98	0.56	0.90
江　西	0.31	0.00	0.15	0.46	0.80	0.74	1.42	0.87	1.34	1.82	0.81
河　南	0.31	0.15	0.59	0.30	0.60	0.92	0.79	1.02	1.34	1.40	0.76
重　庆	0.15	0.60	0.59	1.07	0.80	0.37	0.63	1.16	0.49	0.98	0.69
黑龙江	0.77	0.74	0.44	0.15	0.60	0.37	1.26	0.73	0.24	1.26	0.66
福　建	0.93	0.15	0.73	0.76	0.40	0.37	0.63	0.44	1.10	0.56	0.63
广　西	0.62	0.15	0.29	0.46	0.20	0.37	0.47	1.31	0.61	0.42	0.50
甘　肃	0.15	0.30	1.03	0.46	0.00	0.18	0.79	0.73	0.24	0.28	0.43
新　疆	0.15	0.45	0.59	0.30	0.80	0.00	0.63	0.15	0.73	0.42	0.43
河　北	0.00	0.60	0.44	0.61	0.20	0.18	0.47	0.29	0.00	0.56	0.40
贵　州	0.15	0.15	0.15	0.15	0.00	0.55	0.95	0.58	0.61	0.42	0.38
山　西	0.00	0.30	0.44	0.15	0.20	0.00	0.63	1.16	0.49	0.14	0.37
内蒙古	0.31	0.15	0.15	0.30	0.00	0.18	0.00	0.44	0.49	0.42	0.26
海　南	0.15	0.15	0.15	0.15	0.40	0.00	0.00	0.15	0.12	0.42	0.18
宁　夏	0.00	0.15	0.00	0.15	0.00	0.18	0.32	0.29	0.49	0.00	0.17
青　海	0.00	0.00	0.00	0.00	0.00	0.55	0.16	0.44	0.12	0.00	0.12
西　藏	0.00	0.00	0.00	0.00	0.00	0.00	0.00	0.29	0.00	0.28	0.06

四十九　研究和实验医学

研究和实验医学 A 层人才最多的是广东，世界占比为 1.80%；北京、上海 A 层人才以 1.44% 的世界占比并列排名第二；浙江、湖北、重庆、江苏、山东、黑龙江、湖南、辽宁、陕西、天津也有一定数量的 A 层人才，世界占比均超过 0.1%。

B 层人才最多的是北京，世界占比为 1.93%；上海、广东 B 层人才分别以 1.79%、1.55% 的世界占比排名第二、第三位；江苏、浙江有相当数量的 B 层人才，世界占比分别为 1.24%、1.06%；湖北、四川、湖南、山东、安徽、河南、陕西、天津、重庆、辽宁、福建、吉林、河北、黑龙江、广西、江西也有一定数量的 B 层人才，世界占比均超过 0.1%；云南、贵州、海南、山西、甘肃、青海、宁夏 B 层人才的世界占比均低于 0.1%。

C 层人才最多的是广东，世界占比为 2.93%；上海、北京 C 层人才的世界占比分别为 2.87%、2.52%，分列第二、第三位；其后是江苏，C 层人才的世界占比为 2.34%；浙江、山东、湖北有相当数量的 C 层人才，世界占比在 2%~1%；四川、湖南、河南、辽宁、天津、陕西、重庆、吉林、安徽、黑龙江、福建、江西、河北、广西、云南、贵州、甘肃、新疆、山西、海南也有一定数量的 C 层人才，世界占比均超过 0.1%；内蒙古、宁夏、青海、西藏 C 层人才的世界占比均低于 0.1%。

表 9-142　研究和实验医学 A 层人才的世界占比

单位：%

省　份	2013 年	2014 年	2015 年	2016 年	2017 年	2018 年	2019 年	2020 年	2021 年	2022 年	合计
广　东	0.00	0.00	1.96	0.00	1.92	1.75	5.00	4.41	1.41	0.00	1.80
北　京	0.00	0.00	1.96	0.00	0.00	5.26	3.33	1.47	0.00	1.56	1.44
上　海	0.00	0.00	1.96	0.00	1.92	1.75	3.33	4.41	0.00	0.00	1.44
浙　江	0.00	0.00	0.00	1.92	1.92	1.75	0.00	1.47	0.00	0.00	0.72
湖　北	0.00	0.00	0.00	0.00	0.00	0.00	4.41	0.00	0.00	0.00	0.54
重　庆	0.00	0.00	0.00	0.00	0.00	0.00	0.00	2.94	0.00	0.00	0.36

续表

省 份	2013 年	2014 年	2015 年	2016 年	2017 年	2018 年	2019 年	2020 年	2021 年	2022 年	合计
江 苏	0.00	0.00	1.96	0.00	0.00	1.75	0.00	0.00	0.00	0.00	0.36
山 东	0.00	0.00	3.92	0.00	0.00	0.00	0.00	0.00	0.00	0.00	0.36
黑龙江	0.00	0.00	0.00	0.00	0.00	0.00	0.00	1.47	0.00	0.00	0.18
湖 南	0.00	0.00	0.00	0.00	0.00	0.00	1.67	0.00	0.00	0.00	0.18
辽 宁	0.00	0.00	0.00	0.00	1.92	0.00	0.00	0.00	0.00	0.00	0.18
陕 西	0.00	0.00	0.00	0.00	0.00	0.00	1.67	0.00	0.00	0.00	0.18
天 津	0.00	0.00	0.00	1.92	0.00	0.00	0.00	0.00	0.00	0.00	0.18

表 9-143 研究和实验医学 B 层人才的世界占比

单位：%

省 份	2013 年	2014 年	2015 年	2016 年	2017 年	2018 年	2019 年	2020 年	2021 年	2022 年	合计
北 京	1.49	1.01	1.75	1.70	1.56	1.75	2.50	3.39	2.03	1.37	1.93
上 海	0.60	0.51	1.54	1.70	1.56	1.36	2.85	3.06	1.41	2.22	1.79
广 东	1.19	1.01	0.66	0.64	1.76	1.94	1.96	2.58	1.56	1.54	1.55
江 苏	1.49	0.76	0.66	1.06	1.17	1.94	1.07	1.61	1.41	1.03	1.24
浙 江	0.00	0.51	0.00	1.70	1.17	0.58	1.78	1.77	1.25	1.03	1.06
湖 北	0.00	0.25	0.88	0.21	0.00	0.78	0.71	2.26	0.94	0.34	0.71
四 川	0.60	0.25	0.22	0.21	0.39	0.00	0.36	2.10	1.41	0.51	0.67
湖 南	0.00	0.76	0.44	0.21	0.20	0.97	0.71	1.13	0.63	0.51	0.59
山 东	0.60	0.25	0.44	0.21	0.00	0.58	0.71	0.32	1.09	1.37	0.59
安 徽	0.30	0.25	0.22	0.00	0.39	0.58	0.36	0.81	0.00	0.51	0.35
河 南	0.00	0.00	0.22	0.21	0.20	0.19	0.89	0.48	0.47	0.51	0.35
陕 西	0.30	0.00	0.22	0.21	0.20	0.58	0.89	0.32	0.00	0.17	0.29
天 津	0.00	0.00	0.00	0.21	0.20	0.39	0.71	0.16	0.47	0.34	0.28
重 庆	0.00	0.25	0.22	0.00	0.59	0.00	0.00	0.81	0.31	0.17	0.26
辽 宁	0.00	0.25	0.44	0.42	0.00	0.00	0.18	0.48	0.31	0.34	0.26
福 建	0.00	0.25	0.00	0.42	0.00	0.59	0.00	0.16	0.31	0.17	0.24
吉 林	0.00	0.51	0.44	0.00	0.00	0.58	0.18	0.48	0.00	0.00	0.22
河 北	0.00	0.00	0.22	0.00	0.39	0.39	0.18	0.32	0.16	0.00	0.18
黑龙江	0.00	0.00	0.22	0.21	0.00	0.00	0.36	0.48	0.00	0.00	0.14
广 西	0.00	0.00	0.00	0.00	0.00	0.19	0.36	0.32	0.16	0.00	0.12
江 西	0.00	0.00	0.44	0.21	0.00	0.19	0.00	0.00	0.16	0.17	0.12

续表

省 份	2013 年	2014 年	2015 年	2016 年	2017 年	2018 年	2019 年	2020 年	2021 年	2022 年	合计
云 南	0.00	0.00	0.22	0.00	0.00	0.00	0.00	0.00	0.31	0.17	0.08
贵 州	0.00	0.00	0.00	0.00	0.00	0.19	0.18	0.00	0.16	0.00	0.06
海 南	0.00	0.00	0.22	0.00	0.20	0.00	0.00	0.00	0.16	0.00	0.06
山 西	0.00	0.00	0.00	0.00	0.00	0.00	0.00	0.32	0.00	0.17	0.06
甘 肃	0.00	0.00	0.00	0.00	0.00	0.00	0.00	0.00	0.31	0.00	0.04
青 海	0.00	0.00	0.00	0.00	0.00	0.00	0.18	0.00	0.16	0.00	0.04
宁 夏	0.00	0.00	0.00	0.00	0.00	0.00	0.00	0.16	0.00	0.00	0.02

表 9-144　研究和实验医学 C 层人才的世界占比

单位：%

省 份	2013 年	2014 年	2015 年	2016 年	2017 年	2018 年	2019 年	2020 年	2021 年	2022 年	合计
广 东	1.05	1.39	1.46	1.70	2.63	2.80	4.52	4.65	3.89	3.26	2.93
上 海	1.25	2.25	1.79	2.59	2.71	3.18	4.13	3.64	3.26	2.81	2.87
北 京	1.08	1.39	2.05	1.84	2.77	2.65	3.57	3.05	2.63	3.11	2.52
江 苏	0.88	1.03	1.68	1.97	2.23	3.10	3.54	3.03	2.60	2.18	2.34
浙 江	0.51	0.85	0.96	1.14	1.81	1.99	2.60	2.62	1.98	1.77	1.73
山 东	0.34	0.72	0.78	1.00	1.17	1.39	2.39	1.85	1.29	1.14	1.28
湖 北	0.20	0.59	0.81	0.78	1.05	1.35	1.67	2.29	1.56	1.25	1.24
四 川	0.17	0.54	0.59	0.57	0.78	1.01	1.35	1.42	1.15	1.41	0.96
湖 南	0.31	0.34	0.54	0.66	0.77	1.15	1.42	1.32	0.99	1.22	0.92
河 南	0.14	0.26	0.59	0.68	0.80	1.23	1.47	1.33	1.10	0.81	0.90
辽 宁	0.31	0.28	0.48	0.53	0.58	0.88	1.18	1.25	0.76	0.68	0.74
天 津	0.28	0.18	0.48	0.66	0.60	0.90	1.35	0.82	0.76	0.72	0.71
陕 西	0.20	0.31	0.59	0.40	0.48	0.76	1.20	1.10	0.54	0.38	0.63
重 庆	0.26	0.28	0.28	0.55	0.64	0.70	0.83	0.91	0.55	0.89	0.62
吉 林	0.11	0.18	0.37	0.38	0.66	0.66	0.81	0.63	0.46	0.47	0.50
安 徽	0.17	0.15	0.33	0.28	0.24	0.38	0.88	0.84	0.66	0.64	0.50
黑龙江	0.14	0.18	0.41	0.36	0.46	0.66	0.79	0.63	0.55	0.39	0.48
福 建	0.26	0.36	0.24	0.40	0.46	0.44	0.59	0.58	0.49	0.50	0.45
江 西	0.11	0.10	0.20	0.19	0.34	0.26	0.43	0.41	0.32	0.29	0.28
河 北	0.09	0.10	0.15	0.23	0.30	0.40	0.34	0.30	0.33	0.25	0.26
广 西	0.09	0.08	0.11	0.21	0.26	0.16	0.34	0.26	0.43	0.13	0.22

省　份	2013年	2014年	2015年	2016年	2017年	2018年	2019年	2020年	2021年	2022年	合计
云　南	0.11	0.05	0.13	0.17	0.28	0.16	0.29	0.30	0.28	0.27	0.22
贵　州	0.06	0.03	0.04	0.11	0.08	0.18	0.32	0.28	0.13	0.20	0.15
甘　肃	0.00	0.15	0.04	0.02	0.08	0.12	0.27	0.30	0.16	0.20	0.15
新　疆	0.00	0.13	0.13	0.06	0.14	0.18	0.29	0.21	0.16	0.04	0.14
山　西	0.09	0.00	0.09	0.13	0.14	0.10	0.25	0.18	0.16	0.16	0.14
海　南	0.03	0.03	0.09	0.11	0.12	0.22	0.07	0.08	0.09	0.20	0.11
内蒙古	0.00	0.08	0.04	0.06	0.12	0.08	0.13	0.07	0.04	0.04	0.07
宁　夏	0.00	0.00	0.07	0.02	0.06	0.10	0.09	0.07	0.08	0.13	0.07
青　海	0.00	0.00	0.02	0.02	0.02	0.06	0.04	0.05	0.00	0.11	0.03
西　藏	0.00	0.00	0.00	0.02	0.00	0.04	0.00	0.08	0.00	0.00	0.02

第二节　学科组

在医学各学科人才分析的基础上，按照 A、B、C 三个人才层次，对各学科人才进行汇总分析，可以从学科组层面揭示人才的分布特点和发展趋势。

一　A层人才

医学 A 层人才最多的是北京，占该学科组全球 A 层人才的 1.41%；上海、广东、湖北、江苏、浙江、四川、湖南、山东、天津、重庆、福建、辽宁、吉林、安徽也有一定数量的 A 层人才，世界占比大于或等于 0.1%；江西、黑龙江、陕西、河南、海南、河北、山西、贵州、新疆、广西、甘肃、内蒙古、云南、宁夏、青海、西藏 A 层人才的世界占比均低于 0.1%。

在发展趋势上，部分省份 A 层人才的世界占比呈现相对上升趋势，其中，北京、上海的增幅相对较大。

表 9-145   医学 A 层人才的世界占比

单位：%

省　份	2013 年	2014 年	2015 年	2016 年	2017 年	2018 年	2019 年	2020 年	2021 年	2022 年	合计
北　京	0.88	0.66	0.28	0.84	0.88	1.26	1.19	3.26	2.08	1.61	1.41
上　海	0.62	0.08	0.09	0.34	0.56	0.74	1.12	2.25	0.95	1.42	0.90
广　东	0.27	0.08	0.28	0.92	0.32	0.67	0.73	2.72	1.07	0.74	0.86
湖　北	0.09	0.25	0.19	0.08	0.32	0.15	0.40	4.50	0.84	0.31	0.83
江　苏	0.35	0.16	0.19	0.59	0.24	0.67	0.33	0.89	0.51	0.68	0.49
浙　江	0.09	0.08	0.37	0.34	0.16	0.37	0.26	0.89	0.34	0.37	0.35
四　川	0.00	0.00	0.09	0.00	0.16	0.22	0.26	0.77	0.28	0.37	0.25
湖　南	0.09	0.00	0.00	0.17	0.00	0.07	0.20	0.95	0.17	0.06	0.20
山　东	0.09	0.16	0.19	0.08	0.00	0.15	0.13	0.71	0.06	0.19	0.19
天　津	0.09	0.00	0.09	0.25	0.24	0.07	0.07	0.18	0.45	0.19	0.17
重　庆	0.09	0.08	0.00	0.08	0.00	0.22	0.07	0.47	0.11	0.19	0.14
福　建	0.09	0.25	0.00	0.08	0.08	0.15	0.00	0.36	0.06	0.19	0.13
辽　宁	0.09	0.00	0.00	0.00	0.08	0.22	0.13	0.36	0.00	0.25	0.12
吉　林	0.00	0.08	0.00	0.00	0.08	0.30	0.07	0.18	0.06	0.19	0.10
安　徽	0.00	0.08	0.00	0.08	0.00	0.00	0.07	0.41	0.22	0.00	0.10
江　西	0.00	0.00	0.00	0.00	0.00	0.07	0.00	0.36	0.28	0.00	0.09
黑龙江	0.00	0.00	0.00	0.08	0.00	0.00	0.00	0.36	0.06	0.25	0.09
陕　西	0.09	0.08	0.00	0.08	0.08	0.15	0.13	0.12	0.11	0.06	0.09
河　南	0.00	0.00	0.09	0.00	0.00	0.00	0.07	0.36	0.11	0.06	0.08
海　南	0.00	0.00	0.00	0.00	0.08	0.00	0.00	0.41	0.00	0.06	0.07
河　北	0.00	0.00	0.00	0.00	0.00	0.00	0.00	0.30	0.17	0.00	0.06
山　西	0.09	0.00	0.19	0.00	0.00	0.07	0.00	0.12	0.00	0.06	0.05
贵　州	0.00	0.00	0.00	0.00	0.00	0.15	0.00	0.12	0.00	0.12	0.04
新　疆	0.00	0.00	0.00	0.00	0.00	0.00	0.13	0.12	0.00	0.12	0.04
广　西	0.00	0.00	0.00	0.08	0.00	0.00	0.00	0.18	0.00	0.06	0.04
甘　肃	0.00	0.08	0.00	0.00	0.00	0.07	0.00	0.12	0.06	0.00	0.04
内蒙古	0.00	0.00	0.00	0.00	0.00	0.07	0.07	0.12	0.00	0.06	0.04
云　南	0.00	0.00	0.00	0.00	0.00	0.00	0.07	0.18	0.00	0.06	0.04
宁　夏	0.00	0.00	0.00	0.00	0.00	0.00	0.07	0.06	0.06	0.00	0.02
青　海	0.00	0.00	0.00	0.00	0.00	0.00	0.07	0.12	0.00	0.00	0.02
西　藏	0.00	0.00	0.00	0.00	0.00	0.00	0.00	0.06	0.06	0.00	0.01

二 B层人才

B层人才最多的是北京，世界占比为 1.21%；上海、广东、江苏、湖北、浙江、四川、山东、湖南、天津、河南、重庆、安徽、辽宁、福建、黑龙江、吉林、陕西也有一定数量的 B 层人才，世界占比均超过 0.1%；河北、江西、云南、广西、甘肃、贵州、山西、新疆、海南、内蒙古、宁夏、青海、西藏 B 层人才的世界占比均低于 0.1%。

在发展趋势上，多数省份 B 层人才的世界占比呈现相对上升趋势，其中，北京、上海、广东的增幅相对较大。

表 9-146 医学 B 层人才的世界占比

单位：%

省 份	2013 年	2014 年	2015 年	2016 年	2017 年	2018 年	2019 年	2020 年	2021 年	2022 年	合计
北 京	0.78	0.87	0.83	0.88	0.92	1.06	1.36	1.89	1.51	1.54	1.21
上 海	0.39	0.75	0.66	0.63	0.77	0.79	1.07	1.47	1.15	1.22	0.93
广 东	0.32	0.42	0.49	0.56	0.54	0.67	0.83	1.51	1.15	1.06	0.80
江 苏	0.29	0.29	0.43	0.33	0.35	0.48	0.78	0.78	0.67	0.93	0.56
湖 北	0.10	0.15	0.23	0.24	0.24	0.32	0.46	1.86	0.57	0.58	0.52
浙 江	0.18	0.18	0.30	0.25	0.34	0.38	0.62	0.74	0.68	0.76	0.47
四 川	0.11	0.19	0.23	0.27	0.20	0.27	0.35	0.63	0.66	0.76	0.39
山 东	0.14	0.20	0.20	0.15	0.11	0.34	0.37	0.48	0.48	0.49	0.31
湖 南	0.04	0.11	0.18	0.14	0.18	0.24	0.30	0.48	0.33	0.42	0.26
天 津	0.10	0.13	0.12	0.13	0.12	0.19	0.20	0.33	0.29	0.33	0.20
河 南	0.03	0.07	0.06	0.05	0.07	0.14	0.30	0.32	0.34	0.39	0.19
重 庆	0.11	0.14	0.15	0.10	0.14	0.15	0.11	0.27	0.27	0.28	0.18
安 徽	0.04	0.09	0.05	0.09	0.09	0.12	0.18	0.30	0.29	0.34	0.17
辽 宁	0.10	0.12	0.07	0.13	0.08	0.14	0.23	0.30	0.16	0.26	0.17
福 建	0.05	0.09	0.03	0.10	0.11	0.10	0.11	0.32	0.19	0.24	0.14
黑龙江	0.14	0.02	0.06	0.10	0.06	0.17	0.15	0.16	0.20	0.31	0.14
吉 林	0.08	0.07	0.10	0.06	0.05	0.13	0.13	0.20	0.17	0.19	0.12
陕 西	0.13	0.09	0.09	0.06	0.07	0.08	0.14	0.16	0.17	0.12	0.12
河 北	0.03	0.03	0.05	0.02	0.04	0.11	0.05	0.17	0.10	0.13	0.08
江 西	0.03	0.03	0.07	0.08	0.02	0.04	0.07	0.08	0.11	0.18	0.07

续表

省　份	2013 年	2014 年	2015 年	2016 年	2017 年	2018 年	2019 年	2020 年	2021 年	2022 年	合计
云　南	0.02	0.01	0.07	0.05	0.04	0.05	0.08	0.07	0.10	0.10	0.06
广　西	0.03	0.03	0.03	0.06	0.01	0.03	0.08	0.11	0.10	0.07	0.06
甘　肃	0.03	0.05	0.07	0.01	0.01	0.06	0.06	0.13	0.09	0.05	0.06
贵　州	0.03	0.03	0.02	0.01	0.01	0.03	0.09	0.07	0.05	0.08	0.04
山　西	0.01	0.01	0.06	0.01	0.04	0.01	0.06	0.08	0.03	0.06	0.04
新　疆	0.00	0.00	0.03	0.02	0.02	0.01	0.03	0.07	0.05	0.04	0.03
海　南	0.01	0.02	0.02	0.02	0.01	0.01	0.03	0.09	0.03	0.03	0.03
内蒙古	0.01	0.02	0.03	0.02	0.01	0.06	0.03	0.05	0.02	0.02	0.03
宁　夏	0.00	0.00	0.02	0.01	0.01	0.01	0.03	0.04	0.03	0.01	0.01
青　海	0.01	0.00	0.00	0.01	0.01	0.02	0.01	0.01	0.02	0.01	0.01
西　藏	0.00	0.00	0.00	0.01	0.01	0.00	0.01	0.01	0.01	0.01	0.01

三　C 层人才

C 层人才最多的是北京，世界占比为 1.51%；上海、广东 C 层人才分别以 1.25%、1.20% 的世界占比排名第二、第三位；江苏、浙江、湖北、四川、山东、湖南、河南、辽宁、天津、重庆、陕西、安徽、福建、吉林、黑龙江、江西、河北、广西、云南也有一定数量的 C 层人才，世界占比大于或等于 0.1%；甘肃、贵州、山西、新疆、海南、内蒙古、宁夏、青海、西藏 C 层人才的世界占比均低于 0.1%。

在发展趋势上，多数省份 C 层人才的世界占比呈相对上升趋势，其中，北京、上海、广东、江苏、浙江的增幅相对较大。

表 9-147　医学 C 层人才的世界占比

单位：%

省　份	2013 年	2014 年	2015 年	2016 年	2017 年	2018 年	2019 年	2020 年	2021 年	2022 年	合计
北　京	0.99	1.05	1.19	1.18	1.32	1.46	1.74	1.88	1.86	2.04	1.51
上　海	0.88	1.00	1.06	1.09	1.06	1.20	1.42	1.43	1.49	1.60	1.25
广　东	0.60	0.70	0.77	0.83	1.00	1.14	1.46	1.63	1.65	1.76	1.20

续表

省　份	2013 年	2014 年	2015 年	2016 年	2017 年	2018 年	2019 年	2020 年	2021 年	2022 年	合计
江　苏	0.51	0.57	0.70	0.78	0.77	0.91	1.10	1.10	1.20	1.28	0.92
浙　江	0.32	0.40	0.45	0.51	0.58	0.64	0.80	0.92	0.94	1.14	0.70
湖　北	0.25	0.29	0.33	0.37	0.46	0.49	0.66	1.04	0.80	0.81	0.58
四　川	0.21	0.26	0.29	0.32	0.40	0.45	0.59	0.66	0.73	0.94	0.51
山　东	0.25	0.33	0.34	0.36	0.41	0.48	0.63	0.62	0.64	0.73	0.50
湖　南	0.15	0.19	0.21	0.24	0.28	0.36	0.47	0.52	0.49	0.58	0.37
河　南	0.09	0.11	0.20	0.21	0.25	0.30	0.44	0.45	0.46	0.46	0.31
辽　宁	0.17	0.21	0.24	0.24	0.27	0.31	0.37	0.36	0.38	0.45	0.31
天　津	0.19	0.18	0.26	0.26	0.27	0.30	0.32	0.32	0.35	0.40	0.29
重　庆	0.18	0.19	0.22	0.23	0.24	0.26	0.29	0.35	0.32	0.39	0.27
陕　西	0.17	0.21	0.19	0.18	0.18	0.24	0.27	0.26	0.22	0.26	0.22
安　徽	0.08	0.12	0.16	0.11	0.15	0.21	0.25	0.29	0.32	0.39	0.22
福　建	0.09	0.12	0.13	0.13	0.15	0.17	0.24	0.28	0.30	0.35	0.21
吉　林	0.08	0.11	0.11	0.13	0.18	0.19	0.24	0.24	0.24	0.27	0.19
黑龙江	0.12	0.13	0.13	0.13	0.15	0.20	0.23	0.22	0.21	0.28	0.18
江　西	0.04	0.07	0.08	0.07	0.11	0.10	0.15	0.18	0.20	0.23	0.13
河　北	0.04	0.05	0.06	0.07	0.10	0.13	0.12	0.14	0.16	0.22	0.11
广　西	0.06	0.07	0.07	0.07	0.08	0.09	0.14	0.13	0.17	0.18	0.11
云　南	0.04	0.05	0.06	0.06	0.08	0.09	0.11	0.12	0.15	0.17	0.10
甘　肃	0.03	0.05	0.06	0.05	0.04	0.07	0.11	0.11	0.12	0.15	0.08
贵　州	0.02	0.03	0.05	0.05	0.05	0.06	0.10	0.12	0.10	0.14	0.08
山　西	0.04	0.04	0.05	0.04	0.06	0.05	0.09	0.09	0.11	0.13	0.07
新　疆	0.02	0.03	0.04	0.03	0.05	0.05	0.07	0.07	0.08	0.09	0.05
海　南	0.02	0.02	0.03	0.03	0.04	0.04	0.04	0.05	0.06	0.11	0.05
内蒙古	0.02	0.02	0.03	0.02	0.03	0.03	0.05	0.03	0.05	0.06	0.04
宁　夏	0.01	0.01	0.02	0.01	0.02	0.02	0.03	0.02	0.04	0.02	0.02
青　海	0.01	0.00	0.00	0.00	0.01	0.02	0.02	0.02	0.02	0.03	0.01
西　藏	0.00	0.00	0.00	0.00	0.00	0.01	0.00	0.01	0.01	0.01	0.01

第10章 交叉学科

交叉学科是指跨学科组的多学科交叉的学科。在同一学科组内部的多学科交叉学科，归入各学科组，并已在前文相关学科组中进行了分析。

第一节　A层人才

交叉学科A层人才最多的是北京，占该学科组全球A层人才的6.73%，显著高于其他省份；湖北、广东的A层人才分别以2.88%、1.92%的世界占比排名第二、第三位；安徽、海南、江西、陕西、上海、天津有一定数量的A层人才，世界占比均为0.96%。

表10-1　交叉学科A层人才的世界占比

单位：%

省　份	2013年	2014年	2015年	2016年	2017年	2018年	2019年	2020年	2021年	2022年	合计
北　京	0.00	0.00	9.09	0.00	9.09	11.11	0.00	21.43	7.14	0.00	6.73
湖　北	0.00	10.00	0.00	0.00	0.00	0.00	7.69	7.14	0.00	0.00	2.88
广　东	0.00	0.00	0.00	0.00	0.00	11.11	7.69	0.00	0.00	0.00	1.92
安　徽	0.00	0.00	0.00	0.00	0.00	0.00	7.69	0.00	0.00	0.00	0.96
海　南	0.00	0.00	0.00	0.00	0.00	0.00	7.69	0.00	0.00	0.00	0.96
江　西	0.00	0.00	0.00	0.00	0.00	0.00	7.69	0.00	0.00	0.00	0.96
陕　西	0.00	10.00	0.00	0.00	0.00	0.00	0.00	0.00	0.00	0.00	0.96
上　海	0.00	0.00	0.00	0.00	0.00	0.00	0.00	7.14	0.00	0.00	0.96
天　津	0.00	0.00	0.00	0.00	0.00	11.11	0.00	0.00	0.00	0.00	0.96

第二节　B层人才

交叉学科B层人才最多的是北京，占该学科组全球B层人才的4.43%；

广东、上海、江苏、浙江有相当数量的 B 层人才，世界占比在 3%~1%；湖北、湖南、四川、安徽、河南、辽宁、吉林、山东、天津、福建、陕西、云南、重庆、河北、山西、甘肃、海南、黑龙江、江西也有一定数量的 B 层人才，世界占比均超过 0.1%；广西、贵州、青海、新疆 B 层人才的世界占比均为 0.09%。

表 10-2　交叉学科 B 层人才的世界占比

单位：%

省　份	2013 年	2014 年	2015 年	2016 年	2017 年	2018 年	2019 年	2020 年	2021 年	2022 年	合计
北　京	3.80	5.68	3.85	2.59	5.56	8.33	3.33	3.85	2.31	4.72	4.43
广　东	1.27	2.27	2.88	0.86	3.17	3.79	0.00	1.54	0.77	3.94	2.08
上　海	0.00	0.00	1.92	0.86	3.17	0.76	3.33	3.85	0.77	4.72	2.08
江　苏	0.00	1.14	1.92	0.00	0.79	4.55	1.67	0.00	0.77	2.36	1.39
浙　江	1.27	1.14	1.92	2.59	0.79	0.76	0.83	0.77	0.00	0.79	1.04
湖　北	0.00	3.41	1.92	1.72	0.00	1.52	0.00	0.00	0.77	0.79	0.95
湖　南	0.00	1.14	0.96	0.00	0.79	2.27	0.00	2.31	0.00	0.79	0.87
四　川	0.00	1.14	1.92	0.00	0.79	1.52	0.00	2.31	0.77	0.00	0.87
安　徽	1.27	1.14	0.96	0.00	1.59	0.76	0.00	0.00	0.77	0.79	0.69
河　南	0.00	1.14	0.96	0.00	0.00	1.52	0.00	0.77	0.77	1.57	0.69
辽　宁	1.27	0.00	1.92	0.00	0.00	1.52	0.83	0.00	0.77	0.00	0.61
吉　林	0.00	0.00	0.96	1.72	0.00	0.76	0.00	0.77	0.77	0.00	0.52
山　东	0.00	0.00	0.96	0.00	0.79	1.52	1.67	0.00	0.00	0.00	0.52
天　津	0.00	0.00	0.96	0.00	0.79	0.00	0.83	0.00	0.77	1.57	0.52
福　建	0.00	0.00	0.96	0.00	0.00	1.52	0.83	0.00	0.77	0.00	0.43
陕　西	0.00	0.00	0.00	0.00	0.00	2.27	0.83	0.00	0.00	0.79	0.43
云　南	0.00	0.00	0.00	0.00	0.00	1.52	0.00	0.77	0.77	0.00	0.35
重　庆	0.00	1.14	0.96	0.00	0.00	0.76	0.00	0.00	0.77	0.00	0.26
河　北	0.00	0.00	0.96	0.00	0.00	1.52	0.00	0.00	0.00	0.00	0.26
山　西	0.00	0.00	1.92	0.00	0.00	0.00	0.00	0.00	0.00	0.00	0.26
甘　肃	0.00	0.00	0.00	0.00	0.00	0.00	0.00	0.00	0.00	0.79	0.17
海　南	0.00	0.00	0.96	0.00	0.00	0.00	0.00	0.00	0.00	0.79	0.17
黑龙江	0.00	0.00	0.00	0.00	0.00	0.76	0.00	0.00	0.00	0.00	0.17
江　西	0.00	0.00	0.96	0.00	0.00	0.76	0.00	0.00	0.00	0.00	0.17
广　西	0.00	0.00	0.00	0.86	0.00	0.00	0.00	0.00	0.00	0.00	0.09

续表

省　份	2013 年	2014 年	2015 年	2016 年	2017 年	2018 年	2019 年	2020 年	2021 年	2022 年	合计
贵　州	0.00	0.00	0.00	0.86	0.00	0.00	0.00	0.00	0.00	0.00	0.09
青　海	0.00	1.14	0.00	0.00	0.00	0.00	0.00	0.00	0.00	0.00	0.09
新　疆	0.00	0.00	0.00	0.00	0.00	0.76	0.00	0.00	0.00	0.00	0.09

第三节　C 层人才

交叉学科 C 层人才最多的是北京，占该学科组全球 C 层人才的 3.92%；上海、广东、江苏、浙江有相当数量的 C 层人才，世界占比在 2%~1%；湖北、四川、陕西、安徽、天津、山东、辽宁、湖南、河南、重庆、黑龙江、福建、吉林、云南、甘肃、广西、河北、新疆、江西、山西也有一定数量的 C 层人才，世界占比大于或等于 0.1%；内蒙古、贵州、海南、青海、宁夏 C 层人才的世界占比均低于 0.1%。

表 10-3　交叉学科 C 层人才的世界占比

单位：%

省　份	2013 年	2014 年	2015 年	2016 年	2017 年	2018 年	2019 年	2020 年	2021 年	2022 年	合计
北　京	2.88	4.51	4.21	3.01	5.34	3.20	4.67	3.43	4.08	3.65	3.92
上　海	1.31	0.99	1.27	2.57	2.11	1.09	2.67	2.34	2.51	2.35	1.98
广　东	1.18	1.21	0.78	1.06	2.19	1.33	1.75	2.26	1.88	2.59	1.68
江　苏	0.39	1.54	1.67	1.42	1.86	1.25	1.42	1.87	1.25	1.38	1.44
浙　江	0.39	0.77	0.88	0.62	1.13	0.70	0.92	2.03	1.57	1.13	1.06
湖　北	0.39	0.77	0.59	0.35	0.57	1.17	0.92	0.70	0.86	0.81	0.73
四　川	0.26	0.22	0.88	0.71	0.32	0.70	0.50	0.94	0.86	0.65	0.63
陕　西	0.13	0.55	0.29	0.62	0.81	0.62	0.55	0.24	0.41	0.48	0.48
安　徽	0.52	0.33	0.39	0.27	0.65	0.78	0.50	0.31	0.47	0.32	0.46
天　津	0.52	0.22	0.49	0.09	0.65	0.31	0.67	0.47	0.31	0.73	0.45
山　东	0.26	0.11	0.49	0.44	0.57	0.39	0.67	0.31	0.71	0.32	0.44
辽　宁	0.92	0.33	0.20	0.53	0.81	0.23	0.42	0.47	0.24	0.24	0.42

续表

省 份	2013 年	2014 年	2015 年	2016 年	2017 年	2018 年	2019 年	2020 年	2021 年	2022 年	合计
湖 南	0.26	0.22	0.29	0.00	0.49	0.55	0.67	0.55	0.47	0.24	0.39
河 南	0.13	0.22	0.10	0.18	0.32	0.39	0.17	0.23	0.55	0.73	0.32
重 庆	0.13	0.22	0.20	0.27	0.40	0.39	0.42	0.39	0.08	0.49	0.31
黑龙江	0.13	0.11	0.39	0.62	0.16	0.16	0.17	0.55	0.39	0.24	0.30
福 建	0.26	0.11	0.10	0.09	0.32	0.23	0.33	0.39	0.39	0.57	0.29
吉 林	0.52	0.33	0.10	0.18	0.49	0.16	0.25	0.16	0.08	0.49	0.26
云 南	0.13	0.11	0.20	0.09	0.16	0.70	0.17	0.16	0.16	0.32	0.23
甘 肃	0.26	0.11	0.20	0.09	0.32	0.08	0.33	0.31	0.08	0.41	0.22
广 西	0.13	0.00	0.10	0.09	0.24	0.08	0.17	0.08	0.08	0.24	0.12
河 北	0.26	0.22	0.00	0.27	0.24	0.16	0.08	0.00	0.00	0.08	0.12
新 疆	0.13	0.33	0.10	0.09	0.08	0.00	0.08	0.23	0.16	0.08	0.12
江 西	0.13	0.00	0.10	0.00	0.24	0.16	0.00	0.16	0.16	0.00	0.10
山 西	0.13	0.00	0.00	0.00	0.16	0.00	0.17	0.16	0.16	0.16	0.10
内蒙古	0.13	0.00	0.00	0.00	0.16	0.08	0.00	0.00	0.08	0.16	0.06
贵 州	0.00	0.00	0.10	0.00	0.08	0.00	0.08	0.08	0.08	0.08	0.05
海 南	0.00	0.00	0.10	0.00	0.24	0.08	0.00	0.00	0.00	0.08	0.05
青 海	0.00	0.00	0.00	0.09	0.00	0.00	0.08	0.00	0.00	0.08	0.03
宁 夏	0.00	0.00	0.00	0.00	0.08	0.00	0.00	0.00	0.00	0.00	0.01

第11章 自然科学

在各学科人才分析的基础上，按照 A、B、C 三个人才层次，对所有学科人才进行汇总分析，可以从总体层面揭示自然科学基础研究人才在各省份的分布特点和发展趋势。

第一节 A 层人才

自然科学 A 层人才最多的是北京，世界占比为 4.31%；广东以 2.01% 的世界占比排名第二；江苏、上海、湖北、浙江有相当数量的 A 层人才，世界占比在 2% ~ 1%；四川、山东、湖南、辽宁、安徽、天津、陕西、河南、黑龙江、福建、重庆、吉林、江西、甘肃、山西、河北、广西、云南也有一定数量的 A 层人才，世界占比大于或等于 0.1%；贵州、海南、新疆、内蒙古、宁夏、青海、西藏 A 层人才的世界占比均低于 0.1%。

在发展趋势上，各省份 A 层人才均呈现相对上升趋势，其中，北京、广东、江苏、上海、湖北、浙江、四川、山东、湖南、辽宁、陕西、河南的增幅相对较大。

表 11-1 自然科学 A 层人才的世界占比

单位：%

省　份	2013 年	2014 年	2015 年	2016 年	2017 年	2018 年	2019 年	2020 年	2021 年	2022 年	合计
北　京	2.63	2.56	3.32	3.67	3.94	4.56	5.01	4.81	5.77	5.33	4.31
广　东	0.34	0.67	1.02	1.33	1.20	1.59	2.73	3.51	2.86	3.29	2.01
江　苏	0.86	1.00	1.61	1.27	1.41	1.62	1.77	1.80	2.27	3.34	1.77
上　海	0.77	0.81	0.86	1.25	1.37	1.85	1.71	2.08	2.21	3.00	1.68
湖　北	0.50	0.83	1.11	0.67	1.48	1.01	1.52	2.73	1.66	2.40	1.48

续表

省　份	2013 年	2014 年	2015 年	2016 年	2017 年	2018 年	2019 年	2020 年	2021 年	2022 年	合计
浙　江	0.36	0.23	0.69	0.56	0.93	0.79	0.87	1.45	1.85	3.15	1.18
四　川	0.16	0.23	0.17	0.52	0.51	0.56	0.73	1.30	1.19	2.20	0.83
山　东	0.20	0.17	0.19	0.42	0.33	0.70	0.81	0.91	1.46	2.02	0.80
湖　南	0.18	0.15	0.31	0.50	0.75	0.59	0.85	1.35	1.09	1.54	0.79
辽　宁	0.36	0.40	0.19	0.27	0.69	0.72	0.52	0.82	0.88	1.09	0.63
安　徽	0.29	0.44	0.46	0.23	0.42	0.61	1.00	0.66	0.79	0.62	0.58
天　津	0.16	0.10	0.42	0.48	0.29	0.73	0.66	0.76	0.67	0.98	0.56
陕　西	0.20	0.25	0.35	0.42	0.38	0.49	0.65	0.42	0.59	1.36	0.54
河　南	0.05	0.00	0.10	0.12	0.26	0.10	0.19	0.99	0.99	1.13	0.45
黑龙江	0.11	0.50	0.38	0.42	0.47	0.30	0.35	0.37	0.52	0.59	0.41
福　建	0.45	0.15	0.17	0.33	0.18	0.24	0.32	0.61	0.53	0.77	0.39
重　庆	0.09	0.06	0.13	0.17	0.35	0.37	0.11	0.51	0.47	0.91	0.34
吉　林	0.34	0.21	0.23	0.33	0.29	0.33	0.30	0.33	0.29	0.53	0.32
江　西	0.00	0.00	0.06	0.08	0.07	0.31	0.16	0.30	0.37	0.45	0.20
甘　肃	0.18	0.04	0.04	0.19	0.09	0.03	0.11	0.12	0.23	0.27	0.14
山　西	0.02	0.00	0.10	0.17	0.05	0.16	0.14	0.15	0.16	0.29	0.13
河　北	0.07	0.00	0.04	0.02	0.02	0.10	0.11	0.21	0.33	0.26	0.13
广　西	0.00	0.00	0.02	0.06	0.04	0.05	0.09	0.18	0.19	0.29	0.10
云　南	0.00	0.04	0.17	0.02	0.02	0.04	0.14	0.15	0.19	0.20	0.10
贵　州	0.00	0.00	0.00	0.06	0.04	0.09	0.05	0.04	0.07	0.24	0.06
海　南	0.00	0.00	0.00	0.04	0.04	0.00	0.05	0.16	0.01	0.18	0.05
新　疆	0.00	0.02	0.00	0.02	0.02	0.00	0.05	0.04	0.09	0.12	0.04
内蒙古	0.00	0.02	0.00	0.00	0.00	0.07	0.06	0.07	0.07	0.06	0.04
宁　夏	0.00	0.00	0.00	0.00	0.00	0.00	0.03	0.01	0.01	0.17	0.03
青　海	0.00	0.00	0.00	0.00	0.04	0.00	0.02	0.06	0.03	0.03	0.02
西　藏	0.00	0.00	0.00	0.00	0.00	0.00	0.00	0.01	0.01	0.02	0.01

第二节　B 层人才

自然科学 B 层人才最多的是北京，世界占比为 4.60%；其后是江苏、广东、上海，世界占比分别为 2.38%、2.29%、2.07%；湖北、浙江、山东、四

611

川有相当数量的 B 层人才，世界占比在 2%～1%；湖南、辽宁、天津、安徽、陕西、福建、河南、黑龙江、重庆、吉林、江西、广西、甘肃、山西、河北、云南也有一定数量的 B 层人才，世界占比均超过 0.1%；贵州、新疆、海南、内蒙古、宁夏、青海、西藏 B 层人才的世界占比均低于 0.1%。

在发展趋势上，各省份 B 层人才均呈现相对上升趋势，其中，北京、江苏、广东、上海、湖北、浙江、山东、四川、湖南、辽宁、天津、陕西、福建、河南、黑龙江的增幅相对较大。

表 11-2 　自然科学 B 层人才的世界占比

单位：%

省　份	2013 年	2014 年	2015 年	2016 年	2017 年	2018 年	2019 年	2020 年	2021 年	2022 年	合计
北　京	3.36	3.63	3.55	3.96	4.41	4.97	5.24	4.66	5.47	5.71	4.60
江　苏	1.24	1.38	1.53	1.76	2.14	2.36	2.69	2.70	3.23	3.73	2.38
广　东	0.78	1.00	1.07	1.37	1.84	2.34	2.71	2.97	3.46	3.89	2.29
上　海	1.26	1.47	1.36	1.48	1.92	2.21	2.35	2.37	2.64	2.91	2.07
湖　北	0.66	0.83	0.99	1.09	1.30	1.53	1.53	2.27	1.93	2.37	1.52
浙　江	0.68	0.69	0.82	0.80	1.02	1.27	1.37	1.64	2.10	2.58	1.37
山　东	0.39	0.45	0.46	0.52	0.70	1.08	1.25	1.36	1.91	2.27	1.12
四　川	0.32	0.44	0.45	0.53	0.73	0.94	1.05	1.27	1.56	2.04	1.00
湖　南	0.32	0.41	0.54	0.48	0.76	1.13	1.17	1.25	1.37	1.53	0.95
辽　宁	0.47	0.41	0.66	0.67	0.71	0.83	0.94	0.93	1.14	1.31	0.84
天　津	0.39	0.34	0.58	0.51	0.68	0.74	0.90	0.98	1.09	1.16	0.77
安　徽	0.47	0.61	0.42	0.57	0.57	0.75	0.93	0.82	0.90	0.99	0.73
陕　西	0.27	0.37	0.40	0.40	0.43	0.63	0.72	0.80	0.98	1.32	0.67
福　建	0.23	0.39	0.33	0.35	0.41	0.57	0.63	0.76	0.83	1.02	0.58
河　南	0.16	0.16	0.17	0.14	0.21	0.48	0.74	0.87	1.11	1.18	0.57
黑龙江	0.35	0.29	0.46	0.47	0.46	0.57	0.54	0.58	0.73	1.00	0.57
重　庆	0.25	0.23	0.25	0.30	0.36	0.47	0.49	0.60	0.74	0.95	0.49
吉　林	0.25	0.34	0.29	0.25	0.39	0.39	0.41	0.47	0.55	0.75	0.43
江　西	0.07	0.09	0.14	0.21	0.14	0.20	0.22	0.31	0.31	0.49	0.23
广　西	0.05	0.04	0.07	0.13	0.10	0.13	0.17	0.25	0.36	0.47	0.19
甘　肃	0.13	0.13	0.16	0.11	0.15	0.18	0.16	0.19	0.24	0.35	0.19
山　西	0.06	0.07	0.08	0.14	0.12	0.17	0.17	0.22	0.25	0.30	0.17
河　北	0.06	0.07	0.07	0.06	0.08	0.22	0.16	0.24	0.25	0.35	0.17

省 份	2013年	2014年	2015年	2016年	2017年	2018年	2019年	2020年	2021年	2022年	合计
云 南	0.08	0.09	0.08	0.10	0.09	0.11	0.14	0.23	0.23	0.27	0.15
贵 州	0.02	0.04	0.03	0.05	0.02	0.06	0.09	0.08	0.12	0.21	0.08
新 疆	0.01	0.03	0.03	0.05	0.08	0.06	0.11	0.06	0.12	0.16	0.08
海 南	0.01	0.01	0.01	0.02	0.04	0.07	0.03	0.09	0.11	0.17	0.06
内蒙古	0.02	0.02	0.03	0.03	0.03	0.03	0.07	0.05	0.05	0.08	0.04
宁 夏	0.00	0.00	0.01	0.01	0.01	0.02	0.03	0.05	0.06	0.08	0.03
青 海	0.02	0.00	0.01	0.00	0.01	0.02	0.02	0.02	0.03	0.04	0.02
西 藏	0.00	0.00	0.00	0.00	0.01	0.00	0.01	0.01	0.02	0.01	0.01

第三节　C层人才

　　自然科学C层人才最多的是北京，世界占比为4.47%；其后是江苏、广东、上海，世界占比分别为2.55%、2.30%、2.14%；湖北、浙江、山东、四川有相当数量的C层人才，世界占比在2%~1%；湖南、辽宁、天津、安徽、陕西、河南、福建、黑龙江、重庆、吉林、江西、甘肃、河北、广西、山西、云南、贵州、新疆也有一定数量的C层人才，世界占比均超过0.1%；海南、内蒙古、宁夏、青海、西藏C层人才的世界占比均低于0.1%。

　　在发展趋势上，各省份C层人才均呈现相对上升趋势，其中，北京、江苏、广东、上海、湖北、浙江、山东、四川、湖南、辽宁、天津、安徽、陕西、河南的增幅相对较大。

表11-3　自然科学C层人才的世界占比

单位：%

省 份	2013年	2014年	2015年	2016年	2017年	2018年	2019年	2020年	2021年	2022年	合计
北 京	3.13	3.46	3.71	3.89	4.32	4.78	5.10	4.82	5.05	5.49	4.47
江 苏	1.31	1.55	1.81	2.04	2.38	2.65	2.95	2.94	3.23	3.69	2.55
广 东	0.90	1.07	1.21	1.44	1.88	2.33	2.80	3.03	3.41	3.70	2.30

续表

省份	2013 年	2014 年	2015 年	2016 年	2017 年	2018 年	2019 年	2020 年	2021 年	2022 年	合计
上 海	1.48	1.61	1.71	1.80	1.97	2.11	2.38	2.38	2.59	2.82	2.14
湖 北	0.75	0.86	1.02	1.16	1.40	1.58	1.75	1.88	1.86	2.06	1.49
浙 江	0.76	0.82	0.85	0.96	1.10	1.30	1.52	1.67	1.96	2.27	1.38
山 东	0.53	0.58	0.65	0.71	0.93	1.18	1.45	1.49	1.68	1.93	1.17
四 川	0.43	0.53	0.59	0.69	0.86	1.05	1.20	1.23	1.38	1.62	1.01
湖 南	0.44	0.50	0.53	0.63	0.76	0.98	1.15	1.16	1.19	1.35	0.91
辽 宁	0.52	0.52	0.56	0.60	0.75	0.83	0.95	0.96	1.07	1.15	0.82
天 津	0.40	0.45	0.54	0.58	0.67	0.81	0.93	0.93	0.99	1.04	0.76
安 徽	0.40	0.49	0.52	0.57	0.63	0.73	0.84	0.83	0.89	1.01	0.71
陕 西	0.31	0.37	0.41	0.48	0.54	0.72	0.89	0.89	0.98	1.15	0.71
河 南	0.18	0.23	0.28	0.32	0.39	0.52	0.71	0.86	1.01	1.08	0.60
福 建	0.31	0.37	0.39	0.42	0.50	0.58	0.68	0.72	0.82	0.87	0.59
黑龙江	0.36	0.40	0.46	0.47	0.54	0.64	0.63	0.68	0.71	0.81	0.59
重 庆	0.25	0.30	0.36	0.40	0.45	0.54	0.61	0.66	0.71	0.89	0.54
吉 林	0.33	0.36	0.38	0.34	0.41	0.49	0.54	0.55	0.54	0.65	0.47
江 西	0.13	0.14	0.19	0.18	0.21	0.28	0.32	0.35	0.40	0.45	0.28
甘 肃	0.21	0.19	0.21	0.21	0.22	0.25	0.28	0.29	0.34	0.39	0.27
河 北	0.09	0.13	0.14	0.15	0.17	0.22	0.27	0.28	0.32	0.41	0.23
广 西	0.08	0.09	0.10	0.12	0.14	0.19	0.25	0.30	0.38	0.48	0.23
山 西	0.09	0.11	0.13	0.14	0.18	0.21	0.25	0.24	0.27	0.31	0.20
云 南	0.08	0.11	0.11	0.11	0.14	0.17	0.19	0.22	0.27	0.31	0.18
贵 州	0.03	0.05	0.06	0.06	0.06	0.11	0.12	0.15	0.17	0.22	0.11
新 疆	0.04	0.05	0.06	0.07	0.09	0.09	0.12	0.12	0.15	0.21	0.11
海 南	0.02	0.02	0.04	0.04	0.06	0.06	0.08	0.10	0.14	0.23	0.08
内蒙古	0.03	0.03	0.05	0.05	0.05	0.07	0.08	0.08	0.10	0.12	0.07
宁 夏	0.01	0.01	0.02	0.01	0.02	0.02	0.04	0.05	0.06	0.07	0.03
青 海	0.02	0.01	0.01	0.02	0.03	0.04	0.04	0.04	0.04	0.06	0.03
西 藏	0.00	0.00	0.00	0.00	0.01	0.01	0.01	0.02	0.02	0.02	0.01

图书在版编目（CIP）数据

中国基础研究人才指数报告 . 2023 ∕ 柳学智等著.
北京：社会科学文献出版社，2024.8. --ISBN 978-7
-5228-3895-3

Ⅰ. C964.2

中国国家版本馆 CIP 数据核字第 20244U7Y51 号

中国基础研究人才指数报告（2023）

著　　者∕柳学智　苗月霞　刘　晔　等

出 版 人∕冀祥德
组稿编辑∕宋　静
责任编辑∕吴云苓
责任印制∕王京美

出　　版∕社会科学文献出版社·皮书分社（010）59367127
　　　　　地址：北京市北三环中路甲 29 号院华龙大厦　邮编：100029
　　　　　网址：www.ssap.com.cn
发　　行∕社会科学文献出版社（010）59367028
印　　装∕天津千鹤文化传播有限公司

规　　格∕开　本：787mm×1092mm　1/16
　　　　　印　张：39　字　数：595 千字
版　　次∕2024 年 8 月第 1 版　2024 年 8 月第 1 次印刷
书　　号∕ISBN 978-7-5228-3895-3
定　　价∕298.00 元

读者服务电话：4008918866